Edition Maritim

Rod Heikell

Griechische Küsten

Edition Maritim

Autor und Verlag übernehmen für Irrtümer, Fehler oder Weglassungen keinerlei Gewährleistung oder Haftung. Die Pläne dienen zur Orientierung und nicht zur Navigation; sie ersetzen also keineswegs Seekarten oder Seehandbücher.

Die Deutsche Bibliothek - CIP-Einheitsaufnahme

Heikell, Rod:
Griechische Küsten / Rod Heikell. [Aus dem Engl. von Eva Grieger].
– 2. Aufl. – Hamburg : Ed. Maritim 1998
(Nautischer Reiseführer)
Einheitssacht.: Greek waters pilot <dt.>
ISBN 3-89225-294-7

2. Auflage 1998
ISBN 3-89225-294-7

Titel der englischen Originalausgabe:
Greek Waters Pilot

Published by Imray, Laurie, Norie & Wilson Ltd., St. Ives

Umschlag: Buchholz/Hinsch/Hensinger, Hamburg
Übersetzung: Eva Grieger, Hamburg
Satz: Utesch GmbH, Hamburg
Druck und Bindung: Westermann Druck Zwickau GmbH, Zwickau
Titelbild: Pythagoreion/Samos (Wyn Hoop, Hamburg)
Rückseitenfoto: Spetsai (Peter Kleinoth, Genua)

Printed in Germany 1998

Inhalt

Vorwort

In Griechenland haben sich in den letzten Jahren viele Dinge verändert, wenn auch eher langsam und nicht radikal. Vielerorts sind an der Festlandsküste und auf den Inseln mit finanzieller Hilfe der EU Marinas gebaut worden. Allerdings sind viele Yachthäfen bisher unfertig geblieben, obwohl die EU-Gelder seit Jahren geflossen sind. Vor einigen Jahren machte eine Gesetzesänderung es möglich, daß Marinas nun auch von privaten Investoren gebaut werden dürfen; und so sind nun an vielen Stellen private Yachthäfen im Bau. Die Größe dieser Bauvorhaben variiert zwischen Großprojekten wie Olympic Marine an der attischen Küste und kleineren Anlagen mit ein paar Schwimmstegen wie zum Beispiel in Lakki auf der Insel Leros. Unabhängig von der Größe tragen all diese neuen Marinas aber dazu bei, daß sich die so dringend benötigte Kapazität an Liegemöglichkeiten erhöht. Natürlich gibt es auch eine Reihe von Zeitgenossen, die in diesen Bautätigkeiten die Zerstörung der wundervollen Küsten sehen. Allerdings bieten die griechischen Gewässer für Yachten eine solche Vielzahl an Möglichkeiten, daß dieses Argument nur bedingt richtig ist.

Die Einführung von Liegegebühren in den griechischen Häfen hat ebenfalls für hitzige Diskussionen und böswillige Gerüchte unter den Yachties gesorgt, die von vielen Yachtmagazinen noch angeheizt wurden. Tatsächlich ist die Höhe der Liegekosten – falls sie denn überhaupt gefordert werden – äußerst moderat. All jenen, die meinen, sich trotzdem beschweren zu müssen, kann man nur den Rat geben, ihre Yacht doch nach Nordeuropa zu verlegen. Dort werden für einen Ankerplatz oft weit höhere Gebühren verlangt als für einen Liegeplatz in einem griechischen Hafen.

Für die neue Auflage dieses Buches wurde der gesamte Text überarbeitet und sämtliche Pläne korrigiert, an vielen Stellen neue Pläne eingefügt. Neu sind auch die vielen farbigen Luftaufnahmen, die einen Eindruck von der Lage und dem Ansteuerungsbereich des Hafens oder Ankerplatzes geben sollen. Natürlich konnten nicht alle in diesem Buch beschriebenen Plätze mit Luftaufnahmen versehen werden. Es wurde daher eine repräsentative Auswahl für die beliebteren Reviere getroffen.

Danksagung

Wie immer haben mir auch dieses Mal zahlreiche Leute, die die Veränderungen in diesen Revieren beobachtet und zu Papier gebracht haben, mit ihrem Material geholfen. Und auch wenn an dieser Stelle nicht alle genannt werden können, möchte ich besonders den folgenden Freunden danken: Hans van Rijn von der SY ALK, der um Euböa, die Nördlichen Sporaden und über Chios bis hinunter in den Dodekanes wertvolle Recherchen durchführte. Alan Wilkinson, der die Imray Karten zeichnet, hat ausgedehnte Reisen in Griechenland unternommen und dieses Buch systematisch auf Korrekturen durchgesehen. Nigel Patten, der immer noch auf die höchsten Berge Griechenlands steigt, um seine Aufnahmen zu machen, war wieder eine unschätzbare Informationsquelle für die »etwas abgelegeneren Plätze«. Claire James und Konteradmiral D. C. Jenkin sowie mein alter Freund Julian Blatchley sandten eine Fülle von nützlichen Informationen. Mein Dank gilt auch J. Paloubis von Olympic Marine, Chris (Meg) Mortimer von der Sunsail Marina Vounaki, Roger Stafford von Sea Trade Marine, L & K de Maat von der SY NJORD, M. S. R. Napier, Peter Beard, P. A. Sinker, A. M. Boas, Steve Goulden, Tony Palmer, Bo Lindskog, Harry Houghton, Dr. Lampalzer und Makis Paviatos von der Firma Yacht Agency Rhodes. Die Luftaufnahmen dieser Auflage wurden von Peter Kleinoth gemacht. Wie immer haben Willie Wilson und sein Imray-Team für dieses Buch, das Sie nun in Händen halten, alles bestens organisiert und koordiniert. Alle Fehler (ich habe versucht, ihre Zahl so gering wie möglich zu halten) sind meine.

Rod Heikell, London 1998

Einführung

Die Yacht und ihre Ausrüstung

Maschine
Eine zuverlässige Maschine ist unbedingt notwendig, um die Yacht bei den unvermeidbaren Windstillen vorwärtszumotoren. Des weiteren braucht man ihn, um auch einmal gegen starken Wind anzumotoren. Ein kraftvoller Motor stellt eine unschätzbare Hilfe dar, wenn starke Winde und die kurzen steilen Seen des Mittelmeers die Einsteuerung in den Hafen erschweren, was leider häufig vorkommt. Ein Benzinmotor, ob als Innen- oder Außenborder, kann im heißen Mittelmeerklima sehr gefährlich werden, da die hohen Außentemperaturen das Benzin leichtverdampfen lassen, und die Gefahr einer Explosion ungleich höher ist als in gemäßigteren Klimazonen. Steht der Erwerb einer neuen Maschine an, sollte man eine Marke wählen, für die man im Mittelmeerraum Ersatzteile bekommt. Eine weniger bekannte Marke mag zwar bei der Anschaffung zunächst preiswerter sein, kann aber erhebliche Kosten verursachen, wenn Ersatzteile an Mittelmeerhäfen nachgeschickt werden müssen.

Elektrizität/Stromanschlüsse
In den meisten griechischen Häfen gibt es leider keine Stromanschlüsse, an denen man seine Batterien aufladen oder »Energie-verschlingende« Geräte anschließen kann. In den Marinas und ein paar wenigen Häfen sind Stromanschlüsse zwar vorhanden, man sollte sich allerdings nicht darauf verlassen. Das bedeutet, daß zunächst einmal der Verbrauch genau festgestellt werden muß und die Yacht dann mit Batterien ausgerüstet wird, die die entsprechende Leistung erbringen. Selbstverständlich ist auch zu überlegen, wie die Batterien aufgeladen werden. Die meisten Yachten setzen dabei auf Solarzellen oder Windgeneratoren, um die Ladekapazität der Lichtmaschine zu unterstützen.

Schattig und kühl: Über dem Cockpit spannt sich ein Bimini-Sonnenverdeck und Windhutzen sorgen für einen kühlen Luftzug unter Deck.

Belüftung
Die meisten in Europa gebauten Yachten haben für das heiße Mittelmeerklima ausreichende Belüftungsmöglichkeiten. Zusätzliche Luken sowie Lüfter und Wärmeschutzisolierungen können bei Bedarf weitere Abhilfe schaffen.
Windhutzen, die frische Luft durch das Vorluk unter Deck leiten, sind eine preiswerte Investition, die sich schnell bezahlt macht. Ob im Selbstbau oder als handelsübliches Modell – die relativ bescheidenen Kosten haben sich schnell amortisiert.

Kühlschrank
Ein Kühlschrank wird im Mittelmeerraum von vielen als notwendig erachtet. Er beansprucht die Bordbatterie allerdings ganz erheblich, so daß es sinnvoll sein kann, eine zweite Batterie anzuschaffen, die man im Wechsel arbeiten läßt.
Der Anteil eines Kühlschrankes an der Stromverbrauchsbilanz einer Yacht liegt zwischen 50 und 60 %. Absorber- und Peltier-Kühlschränke arbeiten bei den hohen Außentemperaturen nicht besonders effektiv. Modelle mit Kompressoren belasten die Bordbatterie sehr stark. Am besten arbeiten Kompressoren mit Speicherkühlung (kostspielig in der Anschaffung und im Einbau), da diese direkt vom Bootsmotor angetrieben werden und keinen eigenen Strom benötigen.
Generell kann man sagen, daß die meisten Kühlschränke nicht ausreichend isoliert sind – eine Isoliermaterialstärke von 10 cm Dicke sollte das Minimum sein. Empfehlenswert ist ein Modell, das von oben geöffnet wird, da die kalte Luft nicht bei jedem Öffnen des Kühlschrankes auf den Boden verströmt.

Eis
Große Eisblöcke oder -stangen können fast überall erworben werden. Die meisten Fischerboote benötigen Eis für ihre eigenen Kühlsysteme oder als einzige Möglichkeit, den frischen Fang zu kühlen.
In den meisten Häfen gibt es Eis-Fabriken, die die Fischer versorgen, und für gewöhnlich ist es kein Problem, den »Eis-Mann« ausfindig zu machen.

Einige Eis-Fabrikate enthalten Chemikalien, die das Schmelzen verzögern sollen – sie sind daher für Drinks ungeeignet.
In größeren Häfen, die regelmäßig von Yachten angelaufen werden, ist es aber kein Problem, Eiswürfel zu bekommen, die für diese überaus wichtigen kühlen Getränke verwendet werden können. Ob in Blöcken oder Würfeln – Eis ist die billigste Methode, Lebensmittel frisch zu halten, und während des Hochsommers ist Eis eine Ergänzung zum vorhandenen Kühlschrank, der bei den hohen Außentemperaturen ohnehin Mühe hat, den Inhalt zu kühlen.

Dusche
Eine Dusche an Bord einer Yacht ist immer sinnvoll. Allerdings kann es im Mittelmeerraum angenehm sein, wenn die Dusche an Deck bzw. im Cockpit angeschlossen werden kann, so daß man sich nach dem Schwimmen im Meer mit Süßwasser abspülen kann. Eventuell benötigt man in diesem Fall einen größeren oder zweiten Wassertank. Eine preiswerte Alternative stellt ein Gartensprenger, der mittels Druck arbeitet, dar. Ersetzt man die Düse durch einen Duschkopf, pumpt den Druck auf, hat man im Nu eine preiswerte und transportable Duscheinrichtung. Hauptsächlich auf einem schwarzen Kunststoffsack, an dem ein Schlauch mit einem Duschkopf angebracht ist, basiert eine weitere Duschmöglichkeit. Mittels Fall am Mast hochgezogen, arbeitet diese »Solardusche« ganz hervorragend. Passen Sie auf, daß das Wasser nicht zu heiß wird!

Anker
Ganz gleich, welchen Anker man persönlich bevorzugt, die folgenden Informationen sollen helfen, mit den unterschiedlichen Ankergründen, die man in den griechischen Gewässern antrifft, bestmöglich zurechtzukommen.
Oft besteht der Ankergrund aus festem Sand, der stark verkrautet ist, und einige Ankertypen haben Schwierigkeiten, sich einzugraben. Es ist in der Praxis üblich, etwas achteraus zu gehen, wenn der Anker ausgebracht ist, um sicherzugehen, daß er auch wirklich gefaßt hat. Andernfalls kann es sein, daß der Anker sich nur im Krautbewuchs verfangen hat und beim leisesten Windhauch anfängt zu schlieren.
Bruce-Anker: Ein guter Hauptanker mit hoher Haltekraft auch bei wenig Kettenlänge, der sich bei einer ganzen Reihe unterschiedlicher Grundformen einsetzen läßt. Allerdings hat der Bruce-Anker auf stark verkrauteten Böden Schwierigkeiten, zu fassen. Gelegentlich sammelt er dicke Krautklumpen, von denen er beim Einholen befreit werden muß.
Bügelanker: Ein Yachtanker ohne bewegliche Teile mit hoher Haltekraft. Der halbbogenförmige Bügel dreht den Anker auf dem Meeresboden bei Zug auf die Flunke, so daß diese sich eingraben kann. Der Anker faßt gut in hartem Sandgrund und in dichtem Seegrasbewuchs.
CQR-Anker: Ein guter Hauptanker, der gut in Sand und Schlamm hält, allerdings nicht auf sehr weichem Modder. Auf stark verkrautetem Grund besteht die Gefahr, daß dieser Anker sich nicht eingräbt und sich gelegentlich im Kraut verfängt, das anschließend entfernt werden muß.
Danforth-Anker: Ein Anker, der gut durch Krautbewuchs geht, aber ebenso wie der CQR-Anker leicht Krautbüschel aufnimmt. Der Danforth läßt sich besonders gut als Warpanker benutzen.
Delta-Anker: Eine neue Ankerform, ähnlich dem CQR-Anker, allerdings ohne beweglichen Teil. Diese starre Konstruktion aus einem Stück macht ihn nicht nur besonders stark – durch seine Form dreht er sich stets so, daß er faßt, ganz gleich, wie er auf dem Grund landet.
Draggen: Die Faltdraggen, die man in Westeuropa kaufen kann, sind nur auf felsigem Untergrund sinnvoll. Manche Skipper schwören auf die großen Draggen, die die griechischen Fischer benutzen.
Fortress: Ein modifizierter Danforth, der aus Aluminium besteht und daher besonders leicht ist. Dieser Anker widerlegt die herkömmliche Meinung, daß Anker schwer sein müssen, wenn sie gut halten sollen. In der Praxis kann dieser Anker sehr gut mit dem Dingi ausgebracht werden.
Stockanker: Dieser Anker gräbt sich auch auf verkrauteten Böden sehr gut ein, allerdings hat er nicht die Haltekraft wie die Pflugscharanker. Wie auch immer, er hält auf steinigen Böden, stark verkrautetem Untergrund und besonders weichem Schlamm, in dem die meisten anderen Ankertypen nicht fassen – eine gute Alternative zum Danforth.

Ankerkette/Ankerleine/Festmacher
Es ist sinnvoll, zwei starke Leinen als Achterleinen vorzubereiten, wenn man mit dem Heck zur Pier festmacht. An dem Ende der Leine, das über einen Poller gelegt wird, kann man ein Auge aus einem Stück Kette anstecken (wenn man an einer Mooring festmacht, kann man zusätzlich einen soliden Karabinerhaken oder Schäkel anschlagen), so verringert man das Schamfilen der Leinen. Vorsicht ist ohnehin geboten, damit man Umstehenden oder Leuten, die einem beim Festmachen helfen, nicht den Schädel einschlägt. Die Leinen sollten recht kräftig sein, da der Schwell, der sich in einigen Häfen bei Starkwinden entwickelt, sehr viel stärker sein kann, als man es von anderen Segelrevieren kennt.

Gas
In den meisten großen Städten ist Camping GAZ erhältlich, auf den Inseln kann es jedoch schwierig werden, weil man hier oft wochenlang keine Gelegenheit zum Auffüllen findet und die Vorräte langsam aber sicher zur Neige gehen.
Für Yachten, die mit Propangasanlagen ausgestattet sind, können in Griechenland Adapter gekauft werden, damit griechische Gasflaschen verwendet werden können. Wie anderswo auch, ist die gängige Praxis die, daß man die leere Gasflasche gegen eine volle austauscht. Wenn man vorhat, längere Zeit zu bleiben und größere Mengen Gas für den Betrieb von Kühlschrank, Herd bzw. Heizung benötigt werden, ist es günstiger, wenn man auf griechisches Gas umstellt, das verhältnismäßig preiswert ist. Gasfüllstationen gibt es in Gouvia, Preveza, Kalamata, Piräus, Kalymnos und Irakleion.

Petroleum
Es wird immer schwieriger, in griechischen Häfen Petroleum aufzutreiben, da das allgegenwärtige Flaschengas es

verdrängt hat. Normalerweise wird es von einem Händler im Ort verkauft, dessen Laden allerdings alles mögliche sein kann – vom allgemeinen Lebensmittelgeschäft bis zum Weinhändler. Man muß nach »Petroleum katharon« fragen. Methylalkohol kann man in normalen Lebensmittelgeschäften bekommen.

Ersatzteile
Die meisten Teile für Yachtausrüstungen sind nun in Griechenland erhältlich oder können, da Griechenland EU-Mitglied ist, dorthin bestellt werden. Insgesamt gesehen, sind die Kosten für Ausrüstungsgegenstände höher als in den meisten anderen EU-Staaten. Alle importierten Ausrüstungsteile unterliegen der griechischen Mehrwertsteuer. Einheimische Produkte können oft ebensogut verwendet werden, insbesondere Farbe, Klebstoffe, Dichtungsmittel, Klampen und Beschläge aus Bronze oder rostfreiem Stahl, Batterien und Tauwerk. Kleine Werkstätten oder Metallfabriken besitzen oft die erforderliche Kenntnis und die entsprechenden Maschinen, um Beschläge oder Teile für eine Yacht herstellen zu können.

Antifouling
In den warmen Gewässern des Mittelmeers bewächst das Unterwasserschiff einer Yacht schneller als in nördlichen Gewässern. Folglich muß ein anderes Antifouling verwendet werden.
Selbstpolierende Antifoulings wie International Micron, Blakes und Hempels Blau sind gut, so lange eine Yacht in Bewegung ist und nicht längere Zeit vor Anker oder an einem festen Liegeplatz liegt. Dann nämlich übersteigt die Algen- und Korallenwurmbildung die selbstpolierende Kraft des Antifoulings, und es baut sich schnell ab. Hart Antifoulings wie Blakes tinfree Tiger, Hempels Hard Racing und Venziani haben sich ebenfalls bewährt, obwohl sie dazu neigen, sich schneller abzubauen. Sie haben den Vorteil, daß man sie leicht abschrubben kann und vor einem erneuten Anstrich nicht vollständig entfernen muß.
Vor Ort produzierte Weich-Antifoulings sind überall zu finden, preiswert und wirkungsvoll. Ihre Wirkung reicht für eine achtmonatige Segelsaison problemlos aus – erst danach verlieren sie an Wirkungskraft. Wenn man seine Yacht jedes Winterhalbjahr an Land stellt, sind die regional produzierten Weich-Antifoulings in ihrer Effizienz unschlagbar. Die Kosten belaufen sich auf etwa ein Drittel der sonst üblichen Antifoulings.

Laufplanken (Passerelles)
Laufplanken können eine kunstvolle Gangway sein oder einfache Bohlen. Man sollte sich versichern, daß das Fall, das das landseitige Ende der Planke stützt, kräftig genug ist und aus einem wirklich stabilen Mast kommt.

Sonnensegel
Im Mittelmeer gehört ein gutes Sonnensegel zur notwendigen Ausrüstung. Da man einen Großteil der Zeit im Cockpit verbringt, sollte das Sonnensegel so gestaltet sein, daß eine bequeme Sitzhöhe über den Cockpitbänken gewährleistet ist. Ideal sind außerdem Seitenteile, wenn die Sonne gegen Abend tief steht.
Das Sonnensegel sollte aus dunklem Tuch gefertigt werden, weil helle Materialien ein unangenehm grelles Licht erzeugen. Nylon und Terylen beginnen schon bei der leichtesten Brise zu schlagen und zu knallen.
Ein ständiges Sonnensegel, das über dem Cockpit aufgeriggt ist, ähnlich dem Bimini-Sonnenverdeck in den USA oder der Karibik, schützt einen nicht nur im Hafen vor der Sonnenglut, sondern auch beim Segeln und Motoren.

Navigationsinstrumente
An Navigationsausrüstung benötigt man nicht mehr als in nördlicheren Gewässern auch, in der Praxis meistens weniger. Abgesehen von einem Steuerkompaß, einem Handpeilkompaß und einer Logge ist mehr kaum notwendig.
Sinnvoll ist ein Funkpeiler, auch wenn man sich nicht auf die Peilfunkstellen verlassen sollte. Viele Funkfeuer sind für den Flugverkehr eingerichtet, und die Standorte und Frequenzen können oft ohne vorherige Benachrichtigung geändert werden.
Ein Echolot ist recht hilfreich, auch wenn man nach einer Weile mit dem Einschätzen von Wassertiefen im klaren Wasser recht vertraut geworden ist. Es ist nichts Ungewöhnliches, wenn man auf 7 bis 10 m Tiefe den Meeresboden sehen kann. Nachts oder in trübem Gewässer kann das Echolot jedoch recht gute Dienste leisten. Man sollte auch bedenken, daß es eine Zeitlang dauert, bis man Wassertiefen sicher schätzen kann. Als Faustregel kann man sich merken, daß tiefblaues Wasser 15 m und mehr bedeutet, türkisfarbenes Wasser etwa 10 m Tiefe ausmacht, grün schimmerndes Meer etwa 5 m Tiefe bedeutet. Wenn Felsen oder Riffe dicht unter der Wasseroberfläche liegen, erscheint das Wasser braun. Die Farben verändern sich jedoch mit dem Grund, und an manchen Stellen macht Schlamm das Wasser trübe und reduziert so die Sicht.
Praktisch ist an Bord auch ein UKW-Sprechfunkgerät, damit man sich mit anderen Yachten oder Hafeneinrichtungen verständigen oder Hilfe herbeirufen kann. Es ist jedoch schwierig, wenn nicht gar unmöglich, nach dem Ruf »Hellas Radio« eine Antwort zu erhalten. Vielleicht ist es sinnvoller, wenn man ein Amateurfunkgerät oder eine Satellitenkommunikationsanlage installiert.

Elektronische Navigationshilfen
In Zeiten rapide fallender Preise für elektronische Instrumente sieht man immer mehr GPS-Antennen auf den Masten sprießen. Diese modernen Navigationssysteme sind im Mittelmeer genauso nützlich wie überall sonst auf der Welt.
Global Positioning System (GPS): Dieses elektronische System zur Standortbestimmung ist nach einigen Anfangsschwierigkeiten jetzt voll funktionsfähig, und die Kosten für die Empfänger sind in letzter Zeit erheblich gefallen. Die erzielbare Genauigkeit liegt mit 95% Wahrscheinlichkeit bei 100 und mit 99,9% Wahrscheinlichkeit bei 300 m. Über aller Begeisterung für die Genauigkeit dieses Systems darf man nicht vergessen, daß es in erster Linie für die amerikanische Marine und Luftwaffe eingerichtet wurde und jederzeit – wie während des Golfkrieges – für die zivile Nutzung in bestimmten Gegenden ausgeschaltet werden kann. Darüber hinaus ist berichtet worden, daß

auch die italienische Marine im Bereich ihrer Anlagen und während ihrer Manöver den Empfang stört, so daß keine genaue Ortsbestimmung mehr möglich ist. Das System ist absichtlich auf Ungenauigkeit programmiert, die hoffentlich in naher Zukunft verringert wird. Um jetzt schon diese Ungenauigkeiten auszugleichen, ist das Verfahren Differential-GPS, sprich DGPS, entwickelt worden, dessen Genauigkeit zwischen 5 und 10 m liegt.

Seekarten-Plotter: Immer mehr Yachten werden mit diesen Geräten in Verbindung mit einem elektronischen System zur Standortbestimmung ausgerüstet, das jederzeit auf einer digitalen Seekarte den Standort der Yacht anzeigt. Das Hauptproblem dieser Geräte ist bis jetzt noch die Speicherkapazität für die Seekarten. Ausführliche Seekarten erfordern eine große Speicherkapazität. Daher werden in der Praxis kleinmaßstäbliche Karten digitalisiert und dann auf dem Bildschirm vergrößert, um eine großmaßstäbliche Abbildung zu erhalten. Daher sind auf diesen Karten viele Angaben einer großmaßstäblichen Karte nicht vorhanden.

Radar: Die Radargeräte der neuen Generation sind sehr viel kompakter und verbrauchen nur noch ein Bruchteil des Stromes der älteren Geräte, weshalb sie inzwischen ein ausgesprochen nützliches Navigationsinstrument sind. Ihr Hauptvorteil liegt darin, daß sie eine Karte des Ist-Zustandes der Umgebung zeichnen. Das kann besser sein, als Breiten- und Längenangaben in eine oftmals ungenaue Karte einzutragen.

Zur Beachtung: Obwohl inzwischen zahlreiche Seekarten für Griechenland mit grundlegenden Korrekturen neu herausgegeben wurden, ist es noch nicht gelungen, den Verlauf der Küsten und Inseln insgesamt zu aktualisieren. In vielen Fällen weichen daher die Angaben über die geographische Breite und Länge eines bestimmten Ortes von den mit Hilfe von Satelliten-Systemen zur Standortbestimmung ermittelten Angaben erheblich ab. In manchen Fällen erreichen diese Abweichungen Größenordnungen bis zu einer viertel Seemeile. Während man via GPS-Navigator einen Standort bis auf 100 m genau erhält, kann die Karte, in der man diesen Standort einzeichnet, Ungenauigkeiten bis zu einer viertel Seemeile beinhalten, vor allem was die geographische Länge betrifft. Es braucht daher wohl kaum erwähnt zu werden, daß in Landnähe mit größter Vorsicht zu navigieren ist. Der Navigation nach Sicht ist daher immer noch am ehesten zu trauen.

Warnung: Die meisten griechischen Seekarten wurden im 19. Jahrhundert unter Verwendung astronomischer Standorte zur Bestimmung geographischer Längen und Breiten erstellt. Bei späteren Beobachtungen wurden erhebliche Fehler festgestellt, in manchen Fällen bis zu 1,5 Minuten bei den Längengraden. Während man heute seine Position bis auf 100 bzw. 200 Meter bestimmt hat, plottet man auf griechischen Karten, die Abweichungen von bis zu 1,5 Seemeilen aufweisen. Die Praxis, das Kartendatum der Seekarte in den GPS-Empfänger einzugeben und Korrekturwerte hinzuzufügen, damit die Seekarte zur elektronischen Ortsbestimmung benutzt werden kann, stiftet bei griechischen Seekarten nur weitere Verwirrungen, da die alten Karten eine ganze Reihe von Ungenauigkeiten aufweisen. Zum Beispiel kann ein Kap um 0,5 Seemeilen von seiner tatsächlichen Position abweichen, während ein zweites auf derselben Karte um 1,5 Seemeilen abweicht. Eine Lösung kann nur von den zuständigen Hydrographischen Diensten kommen, die anhand von Satelliten-Aufnahmen die Seegebiete genau vermessen und entsprechend neu kartieren müßten. Es ist unwahrscheinlich, daß dies in nächster Zukunft passieren wird, und so muß man sich mit Seekarten begnügen, die auf Vermessungen des 19. Jh. beruhen, hier und da, so gut es den Hydrographischen Instituten möglich war, aktualisiert.

Ein weiteres Problem ist, daß die alten »Faden«-Karten des 19. Jahrhunders auf das metrische System umgestellt wurden, so daß sie wie neue Vermessungen aussehen. Selbst wenn die Seekarte einen Vermerk trägt, daß sie auf griechischen Vermessungen beruht, basiert sie trotzdem auf den Admiralty-Vermessungen des 19. Jahrhunderts.

Es braucht daher eigentlich nicht ausdrücklich betont zu werden, daß man in Landnähe oder bei riskanten Navigationen größte Vorsicht an den Tag legen bzw. von den ungünstigsten Angaben ausgehen sollte.

Versorgungsmöglichkeiten

Treibstoff

Wenn in den Hafenbeschreibungen »Treibstoff am Kai« oder »in der Nähe« angegeben ist, bezieht sich das in aller Regel auf Dieselkraftstoff. In den sogenannten »Yacht-Service-Stationen« – markiert mit einem blauen Wimpel, auf dem ein Steuerrad mit Seepferdchen zu erkennen ist – hat man sich auf die Treibstoffübernahme für Yachten eingestellt. Die Liegeplätze an den Kais zum Bunkern sind blau-gelb schraffiert gekennzeichnet.

In manchen Fällen ist auch Benzin erhältlich, meistens muß man sich aber mit einem Kanister zu einer Tankstelle in die Stadt begeben, wenn man Benzin benötigt.

An manchen Orten ist Treibstoff auch zollfrei zu bekommen, auch wenn der damit verbundene Aufwand eigentlich nur zu rechtfertigen ist, wenn man eine wirklich große Menge benötigt. Nur für das zollfreie Bunkern von Treibstoff kann ein Transitlog von Vorteil sein. Zollfreier Treibstoff kostet etwa die Hälfte des »normalen« Preises. Zollfrei erhält man für gewöhnlich meist nur 300 Liter oder etwas mehr, und außerdem murrt der Tankwart auch wegen des Papierkriegs, der damit zusammenhängt.

Um Treibstoff zollfrei einkaufen zu können, muß man dem Zoll einen Bankbeleg vorlegen, der nachweist, daß man Devisen in Drachmen umgetauscht hat. Man erhält dann vom Zoll einen »rosa Beleg«, mit dem man zum Tankwart geht. Der Zoll genehmigt den Kauf und versieht den »rosa Beleg« mit dem Preis für den zollfreien Treibstoff; danach bekommt man seinen Kraftstoff.

Entlang dieses bürokratischen Weges gibt es zahlreiche Fallstricke: angefangen beim Zoll, der die Existenz von »rosa Belegen« schlicht leugnet, über den Tankwart, der sich weigert, seinen Treibstoff zollfrei zu verkaufen, bis zum Tankwart, der zu seinem Kumpel beim Zoll geht, um den gesamten Vorgang abzuwürgen. Was die Bequemlichkeit angeht, zollfreien Kraftstoff zu erwerben, sind manche Häfen besser als andere, aber meist verlangt diese Prozedur Hartnäckigkeit.

Wasser

Was den Deutschen und Engländern die Diskussion um die wesentlichen Unterschiede ihrer verschiedenen Biere und den Franzosen ihrer Weine ist, ist den Griechen das Wasser. Den Griechen geht die Bedeutung des Wassers über alles, es zu vergeuden wird als Beleidigung empfunden. Auf vielen Inseln und in manchen Regionen des Festlandes ist Wasser nur in begrenzten Mengen erhältlich. Die bedenklichste Zeit ist gegen Ende des Sommers, wenn auch in Gebieten, in denen Wasser normalerweise verfügbar ist, die Reservoire leer sind und die Kommunen ihre öffentlichen Zapfstellen abdrehen.

In den meisten Häfen gibt es einen Einheimischen, der zum »Wassermann« berufen wurde und dafür zuständig ist, die Wasserversorgung zu kontrollieren und die Gebühren dafür einzunehmen. Die Höhe der Gebühren wird normalerweise von der örtlichen Ratsversammlung festgelegt, kann aber davon abweichen – je nachdem, was der »Wassermann« glaubt, kassieren zu können. Man sollte sich vorher nach dem Preis erkundigen, und wenn er zu hoch erscheint, ruhig etwas handeln. In manchen Häfen bringt auch ein örtlicher Unternehmer das Wasser per Tankwagen: In diesem Fall ist der Preis natürlich nicht festgelegt, und die Kosten sind automatisch höher, da der Lieferservice eingerechnet wird. Sinnvoll für das Auffüllen der Wassertanks ist die Anschaffung einer Schlauchleitung (etwa 25 m) mit verschiedenen Anschlußmöglichkeiten.

Das Wasser kann meistens bedenkenlos getrunken werden, es sei denn, ein Schild weist ausdrücklich darauf hin, daß es sich nicht um Trinkwasser handelt. Sollte die Wasserqualität zweifelhaft sein, sollte man die erforderliche Menge von Wasser-Reinigungstabletten hinzufügen oder Kalium-Permanganat benutzen.

Neuerdings ist es auch in Griechenland überall möglich, Wasser in Flaschen zu kaufen. Daß das Wasser in Flaschen besser ist, ist eher die Meinung der Abfüller, als daß es etwas über die Wasserqualität aussagt, die man aus den meisten Zapfstellen bekommt. Darüber hinaus sollte an dieser Stelle einmal festgestellt werden, daß schon genug Plastikflaschen, in denen Mineralwasser abgefüllt war, die Strände Griechenlands und seine Meere verschmutzen. In der letzten Zeit haben die milden trockenen Winter in Europa dafür gesorgt, daß der verfügbare Wasservorrat im Sommer im Mittelmeerraum immer knapper geworden ist. Im Sommer 1990 gab es in Athen Wochen, in denen man nur noch für zwei Tage Wasser in seinem Reservoir hatte, und auch 1991 mußte das Wasser wieder rationiert werden. Auch wenn viele Optimisten immer noch glauben, es handle sich hierbei nur um kurzfristige klimatische Störungen, die sich alsbald von selber wieder reguliert haben werden, mehren sich die Beweise dafür, daß der eigentliche Verursacher, der »Treibhaus-Effekt«, weiter dazu beitragen wird, daß Wassermangel im Mittelmeerraum zukünftig zu einem alltäglichen Bestandteil des Lebens werden wird.

Man sieht immer wieder Yachties, die verstohlen die Decks ihrer Boote mit Frischwasser schrubben, obwohl das verboten ist. Diese Crews müssen sich dann auch nicht wundern, wenn sie überhaupt kein Wasser mehr bekommen. In den letzten Jahren ist es immer wieder vorgekommen, daß sich kleine Gemeinden geweigert haben, Wasser an Yachten abzugeben, da dieses kostbare Naß sehr knapp ist und es auf Yachten immer wieder sorglos verschwendet wurde. In der Tat wird es in den kleinen Gemeinden zu Recht als Beleidigung empfunden, wenn die Wasservorräte kaum über den Sommer reichen und man zusehen muß, wie dann damit »Lustyachten« gewaschen werden. Man sollte nicht meinen, nur weil man für das Wasser bezahlt hat, könne man es auch verschwenden.

Die altmodische Art, Yachten mit Hilfe einer Bootsschleppe aufzuslippen, wirkt zwar primitiv, funktioniert aber oft besser als weit modernere Anlagen (Levkas).

Aufslippen

Überall in Griechenland gibt es Bootswerften, die Caïquen über eine Bootsschleppe aus dem Wasser holen können, auch Yachten können auf diese Weise an Land gebracht werden. Wenn die Anlagen auch manchmal recht primitiv sind, gibt es eigentlich nie schwere Beschädigungen. In

In Griechenland ist es üblich, „römisch-katholisch“, also mit Bug oder Heck zum Kai festzumachen.

Rhodos und Lavrion können Yachten per Travellift aus dem Wasser genommen werden. Ohne Zweifel wird es mit Zunahme des Yachttourismus auch weitere Verbesserungen der Yachtversorgung und Travellifte geben; die alte Methode ist aber ebenso sicher und außerdem preiswerter. Man sollte sich vorher nach dem Preis erkundigen, da diese sehr unterschiedlich sein können.
Folgende Orte sind besonders beliebt, um Yachten aufzuslippen: Korfu, Preveza, Levkas, Nydrion, Katakolon, Patras, Kalamaki, Lavrion (Gaidouromandra), Aigina, Spetsai, Porto Cheli, Volos, Rhodos und Irakleion.

Festmachen
Normalerweise macht man in den Häfen mit Bug oder Heck zum Kai fest und bringt vor der Mole oder dem Kai einen Anker aus. Das Festmachen mit Bug oder Heck zum Kai ist immer dem Anlegen längsseits vorzuziehen, da man so besser vor Ungeziefer und Insekten, insbesondere aber Küchenschaben, geschützt ist. Außerdem ist die Yacht bei dieser Art des Festmachens (»römisch-katholisch«) auch vor Beschädigungen durch Wellenschlag besser gesichert als beim Längsseitsliegen. Auch wenn ausreichend Raum zum Längsseitsgehen vorhanden ist, sollte man die andere Variante wählen.
Es erfordert etwas Übung, um mit dem Heck unter Rückwärtsfahrt am Kai anzulegen, insbesondere bei starkem Seitenwind oder einer schmalen Lücke zwischen zwei anderen Yachten. Es empfiehlt sich, immer genügend Fender außenbords zu haben und die Yacht das letzte Stück zum Kai lieber zu warpen, als an ihren Platz zu motoren.
Yachten bis zu 10 oder 13 m Länge lassen sich vorwärts leichter manövrieren, so daß man es vorziehen sollte, mit Bug zum Kai festzumachen. Wenn eine Steinschüttung den Grund dicht am Kai unrein macht (was häufig der Fall ist), vermeidet man auf diese Weise auch eine Beschädigung der Ruderanlage. Darüber hinaus ist die Privatsphäre besser geschützt, da man so vom Kai weder ins Cockpit noch in die Kajüte Einblick hat.
In Griechenland gibt es nur sehr wenige ausgelegte Moorings, und wenn, dann sind diese entweder mit einer Leine am Kai oder einer kleinen Boje festgemacht.
Oft benutzen Fischer ausgelegte Moorings, deren Leinen dann am Kai befestigt sind. Meist handelt es sich um Schwimmleinen, die sich leicht im Ruder oder im Propeller verfangen können, wenn man in der Nähe dieser Fischerboote festgemacht hat.

Segel
Segeltuch leidet unter der starken mediterranen Sonneneinstrahlung mehr, als es in weiter nördlichen Regionen der Fall ist. Es ist empfehlenswert, das Großsegel mit einer Persenning zu schützen und die Vorsegel wegzustauen, sobald sie nicht mehr benötigt werden. Wenn man eine Rollfock hat, sollte man am Vor- oder Unterliek einen Opferstreifen anbringen, der das Segel in eingeholtem Zustand schützt.
Rollreffanlagen sind nun auch für Großsegel allgemein üblich geworden, was Bände für die praktische Handhabung und Verläßlichkeit dieser Anlagen spricht.

Müll/Abfall
Ausgesprochen betrüblich ist die zunehmende Verschmutzung der Weltmeere durch den Menschen. Die Belastung der Seegebiete um die griechischen Küsten herum, insbesondere durch Plastikmüll, hat ständig zugenommen. Zum Teil sind daran die Einheimischen schuld (in nahezu jedem griechischen Dorf kann man beobachten, wie Müll einfach ins Meer geworfen wird), zum anderen Landurlauber und leider auch Yachtcrews. Niemand an Bord irgendeiner Yacht hat das Recht, das Meer, das allen gehört, zu verschmutzen – und wer das glaubt, gehört eben nicht an Bord.
In den meisten Häfen sind Müllcontainer aufgestellt, in die man seinen Abfall entsorgen kann – aber nicht ins Meer!

Seenotrettungsdienste
Einen Rettungsdienst, wie man ihn von den deutschen Küsten kennt, gibt es hier nicht. Alle Häfen mit Stationen der Wasserschutzpolizei haben auch ein Polizeiboot. In den größeren Häfen ist dies ein stark motorisiertes, bei jedem Wetter seetüchtiges Boot, das auf Notsignale reagiert. Die Küstenfunkstellen sind auf UKW-Kanal 16 oder 2182 kHz hörbereit.

Versicherung
Eine umfassende Versicherungspolice ist auch im östlichen Mittelmeer zu empfehlen, und es schadet nichts, wenn man sich informiert, welche Versicherungsgesellschaft dieses Fahrtgebiet abdeckt und die besten Konditionen bietet. Zur Zeit besteht zwar in Griechenland keine Versicherungspflicht für Privatyachten, aber Vorsicht ist ja bekanntermaßen besser als Nachsicht.

Auf vielen Fährverbindungen zwischen den Inseln und dem Festland verkehren Tragflächenboote, die mit einer Geschwindigkeit von bis zu 30 kn unterwegs sind.

Allgemeine Informationen

Fremdenverkehrsämter
In allen Orten und größeren Städten gibt es Touristenbüros, wo man hilfreiche Karten und Broschüren der Region bekommen kann.

Banken
Euro-, Post- und Traveller-Schecks, Kreditkarten wie z. B. von Visa, Access oder American Express können in den Städten, größeren Orten und vielbesuchten Touristenpunkten eingelöst werden. Hier findet man oft auch Geldautomaten. Im allgemeinen gibt es nur wenige Orte, gleich welcher Größe, wo man weder in einer Bank oder Post noch in einem der Reisebüros, die zumeist nebenbei als Wechselstube fungieren, Geld umtauschen kann. Banken haben montags bis freitags von 08.00 bis 14.00 Uhr geöffnet. Wenn man sich Geld aus dem Ausland nach Griechenland schicken lassen möchte, ist das eine ermüdende Angelegenheit von endloser Dauer. Man kann sich darauf einrichten, daß es im wahrsten Sinne des Wortes Wochen dauert, bis man sein Geld hat.

Feiertage
Feste Feiertage sind der 1. Januar (Neujahr), der 6. Januar, der 25. März (Tag der Unabhängigkeit), der 23. April (Fest des Heiligen Georgs), der 1. Mai (Tag der Arbeit), der 15. August (Mariä Himmelfahrt), der 16. Oktober (Dimitrius-Tag), der 28. Oktober (Ochi-Tag: Gedenktag des »Nein« (Ochi) zum Ultimatum Italiens 1940), der 25. und 26. Dezember (Weihnachten).
Bewegliche Feiertage sind der erste Tag der Fastenzeit, Karfreitag, Ostern und Pfingsten.

Wäscherei
In den meisten Orten gibt es jemanden, der Wäsche zum Waschen annimmt. Oft haben Wäschereien auch Trockner. Die Gebühren richten sich üblicherweise nach der Anzahl der Wäschestücke, so daß es sich nicht rechnet, wenn man seine Unterwäsche weggibt. In Griechenland gibt es nur sehr wenige Waschsalons, wo man seine Wäsche selber waschen kann. Auch wenn die Preise variieren, sind sie meistens vergleichsweise hoch. Man sollte sich also zunächst nach den Kosten erkundigen.

Sicherheit
Im großen und ganzen ist Griechenland ein ehrliches Land, aber in den Städten und größeren Urlaubsorten steigt die Kriminalitätsrate an. Man sollte vernünftige Vorsichtsmaßnahmen treffen. Was Diebstahl betrifft, haben die Häfen und Marinas um Athen und Rhodos herum einen schlechten Ruf.

Drogen
In Griechenland werden für das Einführen von Drogen wie Haschisch und Heroin drastische Strafen verhängt. Und nach allem, was man so hört, sind griechische Gefängnisse primitiv eingerichtet, und es geht dort recht rauh zu. Wenn an Bord einer Yacht Drogen gefunden werden, kann die Yacht beschlagnahmt werden. Man sollte es also lieber lassen und darauf achten, daß auch andere Crewmitglieder keine Drogen mit sich führen. Ein kleiner Moment des »high-seins« rechtfertigt kaum die Beschlagnahmung der Yacht sowie einen verschärften Gefängnisaufenthalt.

Gesundheitswesen
Die Qualität medizinischer Versorgung variiert von gut in den Städten bis mittelmäßig in den kleinen Ortschaften. In den Städten ist auch die zahnärztliche Versorgung gut, in abgelegenen Regionen ist sie nicht existent. Die Arzthonorare schwanken ebenfalls zwischen mäßig und recht hoch. Mit den anderen EU-Staaten bestehen Gegenseitigkeitsabkommen, über die man sich vor der Abreise in der Heimat informieren sollte.

Medikamente
Falls man spezielle Medikamente benötigt, sollte man sich diese vor der Abreise zu Hause besorgen. Die meisten Heilmittel und Medikamente sind in Griechenland frei käuflich (inklusive Antikonzeptiva, Breitbandantibiotika, antibiotischer Puder etc.). Sie können allerdings unter anderen Markennamen gehandelt werden.

Post
Was Briefe betrifft, ist die griechische Post verläßlich und schnell; für die Verteilung von Paketsendungen hingegen benötigt sie immense Zeit. Eine Privatadresse ist immer einem »Postlagernd«/«Poste Restante« vorzuziehen.

Fernmeldewesen
Telefon
In allen Städten und den meisten Dörfern findet man ein Telefonamt (OTE), von dem Auslandsgespräche geführt werden können. Selbst in den kleinsten Dörfern gibt es inzwischen überall Münzfernsprecher, zum Beispiel in einem Hotel, einem Geschäft, einer Taverne oder (am häufigsten) in einer »Periptero« – das ist ein Kiosk, der von Zigaretten bis hin zu Süßigkeiten alles verkauft. Die Gebühren können geringfügig (in Hotels gelegentlich erheblich) höher sein als in einem Telefonamt (OTE). Heutzutage sind auch in Griechenland Telefonkarten überall erhältlich; zumeist bekommt man sie in Lebensmittelläden oder anderen Geschäften wie besagten Peripteros, in denen auch öffentliche Fernsprecher vorhanden sind. Von einigen Ausnahmen (auf den kleinsten Inseln) einmal abgesehen, sind alle Telefone dem Selbstwählferndienst angeschlossen. Nachdem nun nach und nach auch in Griechenland neue Kommunikationsanlagen installiert worden sind, ist der Service spürbar besser geworden, und die Direktwahl eines Auslandsgespräches dauert auch nicht mehr länger als in anderen Ländern. Verzögerungen entstehen eigentlich nur noch in den Spitzenzeiten, wenn eine Vielzahl von Geschäftsgesprächen abgewickelt wird.
Fax
Viele Reisebüros und Büroartikelgeschäfte bieten einen Fax-Service an, für den allerdings horrende Gebühren verlangt werden.

Lebensmittel
Mit Ausnahme sehr kleiner Ortschaften hat man kaum Schwierigkeiten, sich mit den Grundnahrungsmitteln zu versorgen. In den großen Städten und den beliebten Urlaubsorten gibt es eine große Palette importierter Waren, und selbst in kleinen Ortschaften findet man die allgegenwärtigen Artikel, ohne die viele Touristen einfach nicht auszukommen scheinen. Wieso manche Menschen gerade in Griechenland ein überwältigendes Verlangen nach »Gebackenen Bohnen in Tomatensauce« oder Spaghetti-Fer-

tiggerichten haben, bleibt deren Geheimnis. Das Angebot an frischem Obst und Gemüse ist jahreszeitlich bedingt. Nun, da Griechenland Mitglied der EU ist, ist die Auswahl größer geworden, die Preise sind allerdings auch gestiegen.

Die Geschäfte haben von Mitte Mai bis Mitte Oktober am Montag, Mittwoch und Samstag von 08.00 bis 15.00 Uhr und am Dienstag, Donnerstag und Freitag von 08.00 bis 14.00 sowie von 17.30 bis 20.30 Uhr geöffnet, auch wenn manche Ladenbesitzer ihre Geschäfte über die Mittagszeit geöffnet lassen oder abends länger aufhaben, falls genug Kunden kommen. Montags sind viele Geschäfte geschlossen, und manche auch am Mittwoch.

Fleisch: Wenn überhaupt, wird Fleisch hier nicht sehr abgehangen. Außerdem wird nach der am östlichen Mittelmeer verbreiteten Art geschlachtet, so daß man keine der in Westeuropa bekannten Fleischzuschnitte erhält. Am teuersten sind Lamm und Rind, die preiswertesten Stücke bekommt man von Schwein und Huhn. Fleischwaren sind zwar nicht übertrieben teuer, aber auch nicht von der besten Qualität, wenn man sie mit anderen europäischen Ländern vergleicht.

Fisch: Ist teuer. Große Fische wie der Red Snapper und der Zackenbarsch sind sehr teuer, und die Preise für Krabben und Hummer sind beachtlich – mit Sicherheit so hoch wie in Italien und Frankreich, eventuell höher.

Obst und Gemüse: Sind recht preisgünstig und gewöhnlich auch frisch. In den kleinen Orten gibt es Obst und Gemüse nach Jahreszeit. Alle frischen Produkte sollten gut gewaschen werden.

Grundnahrungsmittel: Sind selbst in den kleinsten Dörfern zu bekommen. Viele Artikel wie Zucker, Reis, Hülsenfrüchte, Bohnen etc. werden lose verkauft. Ob lose oder abgepackt, alle diese Artikel können Ungeziefer wie z. B. den Getreidekäfer enthalten.

Käse: Importierte Sorten wie Holländischer Gouda oder Edamer sind fast überall zu bekommen und nicht übertrieben teuer. Einheimische Hartkäsesorten wie der »Kaseri« sind recht gut, und »Feta«, ein weicher Schafskäse, der überall zu haben ist, wird sehr geschätzt.

Konserven: Einheimische Konserven sind ganz hervorragend und preisgünstig, die Auswahl ist allerdings nicht besonders groß. Fleisch in Dosen ist zumeist importiert und teuer.

Brot: Griechisches Brot frisch aus dem Ofen ist am Morgen ein Hochgenuß; leider hält es sich nicht lange. Kleine Milchbrote, »Tsoureki« genannt, halten sich besser und lassen sich gut auftoasten, wenn sie altbacken sind oder man ein, zwei Tage in der Einsamkeit verbringt, wo es nichts Frisches zu kaufen gibt. Hier und da kann man auch dunkles oder Roggenbrot kaufen, was sich auch besser hält als das übliche Weißbrot.

Kaffee und Tee: Von Instantkaffee sind die gängigsten Marken im allgemeinen überall erhältlich, auch wenn sie hier teurer sind als in anderen europäischen Ländern. Auch guter Filterkaffee ist überall zu bekommen und nicht allzu teuer. Einheimische Kaffees sind sehr fein gemahlen und tendieren dazu, Filter und Kaffeemaschinen zu verstopfen. Mit griechischen Teebeuteln läßt sich leider nur ein fade schmeckender Tee bereiten; importierte Teebeutel sind teurer und manchmal schwer aufzutreiben. Gut und preiswert ist dagegen loser Tee, der örtlich abgepackt wird.

Wein, Bier und Spirituosen: Flaschenweine, die es in großer Zahl gibt, variieren zwischen exzellent und grauenhaft. Weine aus einheimischen Lagen sind oft sehr preiswert und lose zu bekommen – man sollte sie jedoch vor dem Kauf verproben. An den Geschmack des allgegenwärtigen Retsina muß man sich erst gewöhnen. Im allgemeinen ist Wein jedoch preisgünstig.

Das einheimische Bier ist ebenfalls sehr wohlschmeckend und günstig. Hervorragende Qualität haben die einheimischen Spirituosen wie »Ouzo« (vergleichbar mit Pernod) und Branntwein (süßlich), die man lose vom Faß kaufen kann. Importierte alkoholische Getränke sind teuer.

Empfehlenswert: Griechischer Yoghurt ist einer der besten der Welt! Weicher Käse wie »Feta« ist ebenfalls von sehr guter Qualität. Außerdem sind Dosenobst und der einheimische Branntwein empfehlenswert.

Formalitäten bei der Ein- und Ausreise

Griechenland ist Mitglied der Europäischen Union und unterliegt damit dem Umsatzsteuer-Binnenmarktgesetz, das am 1. Januar 1993 in Kraft getreten ist. Dieses Gesetz besagt, daß seit dem 1. Januar 1993 die Zollschranken zwischen den Mitgliedsstaaten der Europäischen Gemeinschaft gefallen sind und Waren nun ungehindert von einem Land ins andere verbracht werden können.

1. Folgende Länder sind Mitgliedsstaaten des Europäischen Binnenmarktes: Großbritannien, Irland, Dänemark, Niederlande, Deutschland, Luxemburg, Belgien, Frankreich, Spanien, Portugal, Italien und Griechenland. Die Kanalinseln, Gibraltar, Malta und Zypern gehören nicht zu diesem Abkommen. Die neuen Mitglieder der Europäischen Union, Finnland, Schweden, Schweiz und Österreich gehören automatisch dem Europäischen Binnenmarkt an.
2. Durch das Umsatzsteuer-Binnenmarktgesetz ist es möglich geworden, eine Yacht von einem EU-Land in ein anderes einzuführen, ohne Zoll- oder Steuerabgaben zu entrichten. Voraussetzung für die abgabenfreie Einfuhr ist jedoch, daß für die Yacht beim Kauf oder Erwerb die im Erwerbsland geltende Mehrwertsteuer entrichtet wurde.

Wie dem auch sei, man unterliegt auch weiterhin anderen verschiedenen Einfuhr- und Zollgesetzen, die in den einzelnen Ländern in Kraft sind (z. B. das Mitführen unerlaubter Drogen oder unerlaubter Waffenbesitz an Bord ist in den meisten Ländern strafbar). Stichprobenartige Kontrollen werden von allen Ländern durchgeführt.

3. Mehrwertsteuer muß in dem Land entrichtet werden, wo das Boot stationiert oder in dem EU-Land, in dem es registriert ist. In der Praxis werden Yachten deshalb oft von einem Land ins andere transportiert, um den eventuell günstigeren Mehrwertsteuersatz auszunutzen.
4. Der Nachweis der entrichteten Mehrwertsteuer bzw. die Befreiung von dieser Steuer muß vorgelegt werden, wenn man nicht erneut diese Steuer entrichten will.

Spetsai: Fischer haben einen Schwertfisch gefangen.

Zoll (Telenion)

Griechenland ist Mitglied der Europäischen Union, und so gilt hier das Binnenmarktgesetz. Ein Mehrwertsteuernachweis bzw. eine Bescheinigung der Befreiung davon ist mitzuführen. Yachten aus anderen EU-Staaten, für die die Entrichtung der Mehrwertsteuer nachgewiesen werden kann, können ohne weitere Beschränkungen in Griechenland verbleiben.

Yachten aus Nicht-EU-Staaten sollten im ersten angelaufenen Port of Entry beim Zoll gemeldet werden. Hier wird ein Transit-Log ausgestellt, das 6 Monate Gültigkeit hat und weitere 6 Monate verlängert werden kann, bevor die Yacht Griechenland wieder verlassen und einen Nicht-EU-Staat anlaufen muß.

Das Transit-Log wird in vierfacher Ausfertigung ausgestellt: Zwei Exemplare verbleiben beim Zoll, eines erhält der Hafenkapitän und ein Exemplar bleibt an Bord. Auf Anfrage ist das Transit-Log den Behörden in den weiteren angelaufenen Häfen vorzulegen. Dem Transit-Log ist eine Crewliste beigefügt. Änderungen in der Crewzusammensetzung sind im Transit-Log von den Hafenbehörden zu vermerken. Bei der Ausklarierung wird von den Hafenbehörden das Transitlog einbehalten und der Eintrag im Reisepaß des Eigners gelöscht.

Einreiseformalitäten

Yachten aus EU-Staaten, für die Mehrwertsteuer entrichtet wurde bzw. die davon befreit sind, können von einem anderen EU-Staat kommend Griechenland theoretisch ohne weitere Formalitäten anlaufen. In der Praxis wird dieses Gesetz eher noch willkürlich »interpretiert«. Transit-Logs sind in einigen Häfen für EU-Yachten (hauptsächlich an der W-Küste Griechenlands und im Ionischen Meer) freiwillig, scheinen aber wiederum in anderen Regionen (an der E-Küste Griechenlands, dem Dodekanes und den östlichen Sporaden) obligatorisch zu sein. Transit-Logs sind jedoch in vielerlei Hinsicht hilfreich, damit man auch in abgelegenen Gegenden der Wasserschutzpolizei etwas vorlegen kann, falls diese vor Ort mit den EU-Richtlinien nicht so vertraut ist.

Von See kommend, klariert man auf jeden Fall im ersten Port of Entry ein. Die griechische Gastlandflagge sollte geführt werden.

Yachten aus Nicht-EU-Staaten sollten außer der Gastlandflagge die internationale Signalflagge »Q« setzen, wenn sie in den ersten Anlaufhafen, der ein ausgewiesener Port of Entry sein muß, einlaufen. Hier wird ihnen ein Transit-Log ausgestellt, das Angaben über Boot und Ausrüstung, Crewzusammensetzung und Eigner enthält. Ein Transit-Log ist 6 Monate gültig, kann aber um weitere 6 Monate verlängert werden.

Paßvorschriften

Sowohl für die Einreise wie für die Ausreise nach bzw. aus Griechenland genügt ein Personalausweis oder gültiger Reisepaß. Bürger aus den Mitgliedsstaaten der EU können sich unbefristet im Land aufhalten.

Bootsdokumente

Beim Einklarieren müssen eine Crewliste, ein Eigentumsnachweis und ein Dokument, aus dem hervorgeht, daß die Yacht für die Seefahrt zugelassen ist, vorgelegt werden. Beim Einklarieren wird ein Eintrag im Reisepaß des Eigners oder Schiffsführers vorgenommen. Nach deutschem

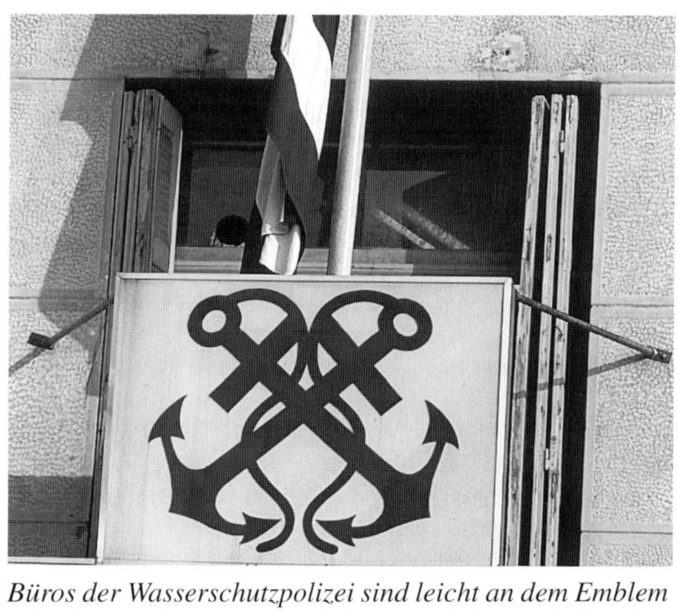

Büros der Wasserschutzpolizei sind leicht an dem Emblem mit den zwei gekreuzten Ankern und der griechischen Flagge zu erkennen.

Recht registerpflichtige Yachten müssen in einem Seeschiffsregister eingetragen sein und die entsprechenden Unterlagen an Bord haben.
Die griechischen Behörden erkennen als Grenzdokument den Internationalen Bootsschein für Wassersportfahrzeuge an. Dieser wird in Deutschland vom Deutschen Segler-Verband, vom Deutschen Motoryachtverband und vom ADAC Ref. Sportschiffahrt ausgestellt.
Auch in Griechenland können nun Motorboote ohne Skipper gechartert werden, mancher wird sich in der Törnplanung nun etwas freier fühlen. Leider bleibt die Beschränkung der Bootslänge auf maximal 8,00 m bestehen.

Führerschein
In Griechenland muß der Führer eines ausländischen Sportbootes im Besitz jenes amtlichen Führerscheines sein, der im jeweiligen Heimatstaat für das Befahren vergleichbarer Gewässer gilt.
Deutsche Sportbootfahrer müssen also für das Führen eines Segel- oder Motorbootes mit einer Maschinenleistung von mehr als 3,68 kW (5 PS) an der Propellerwelle den Sportbootführerschein See besitzen. Der Segelführerschein BR bzw. BK wird von einigen Charterunternehmen zur Feststellung der seemännischen und nautischen Kenntnisse des Charterskippers verlangt.

Seefunkzeugnis
Für das Benutzen einer an Bord fest eingebauten Seefunkstelle ist das entsprechende Sprechfunk- bzw. Betriebszeugnis erforderlich. Voraussetzung für den Betrieb ist das Vorliegen der Abnahme- bzw. Genehmigungsurkunde der zuständigen deutschen Postbehörden. Damit unterliegt eine Seefunkstelle in griechischen Gewässern keiner weiteren Erlaubnis.
Der Betrieb von CB-Funkgeräten ist in griechischen Gewässern nicht erlaubt. Die Behörden verweigern den Betrieb bei der Einreise bzw. Einklarierung und verplomben derartige Anlagen.

Wechsel der Crew
Bei einer Yacht, die nicht gewerblich genutzt wird und deren Eigentümer an Bord ist, erlauben die griechischen Hafenbehörden den ein- oder mehrmaligen privaten Crewwechsel. Falls der Skipper eine dritte Person ist, muß dazu vorher eine entsprechende Genehmigung der o. a. Behörden eingeholt werden.

Hafengebühren
Früher gab es in Griechenland mit Ausnahme der Marinas überhaupt keine Liegegebühren in Häfen, dann wurden bescheidene Beträge gefordert. Später trat eine überarbeitete Gebührenordnung für Hafengebühren in Kraft.
Die Einführung von Hafengebühren hat zu heftigen Diskussionen geführt.
Die Berechnungsgrundlage ist einfach und stellt sich grob wie folgt dar:
Bruttoraumzahl x 100,– Dx.
Ein Liegeplatz längsseits: Lüa (in Fuß) x 100,– Dx pro Tag.
Mit Bug oder Heck: Lüa (in Fuß) x 33,33 Dx pro Tag. Die MwSt. beträgt 18 % und ist auf den Gesamtbetrag zu zahlen. Charterboote zahlen die Hälfte. Für kleine Boote gibt es ebenfalls Sonderpreise.
Bisher sind die Hafengebühren noch recht moderat, und das nicht zuletzt deshalb, weil oft überhaupt keine Gebühren verlangt werden. Grob geschätzt wurde in den beiden letzten Jahren in weniger als der Hälfte der Häfen Liegegebühren kassiert, was nun wiederum daran liegt, daß die zuständigen Behörden oft keine Zeit für den »Papierkram« haben, den Hafengebühren mit sich bringen.
Es wird wohl noch eine ganze Zeit dauern, bis sich die Verwirrungen um die Gebühren gelegt haben. In der Zwischenzeit sollte man vielleicht ein wenig Griechisch lernen und damit die Hafenpolizei amüsieren, die im Auftrag des Finanzministeriums die Gebühren zwar eintreiben soll, die ganze Angelegenheit aber zum Teufel wünscht.

Hafenpolizei/Wasserschutzpolizei
Die Büros der Wasserschutzpolizei sind meistens am Hafen zu finden. An ihrem Emblem, zwei gekreuzte Anker, ist das Büro der »Limenario« ebenso leicht zu erkennen wie an einer übergroßen griechischen Flagge am Gebäude.
Die Wasserschutzpolizei fertigt den Großteil der Papiere ab, aber man kann sich auch seine Post dorthin senden lassen. Manchmal können die Beamten auch mit einem Wetterbericht dienen, auch wenn griechische Wettervorhersagen einiges zu wünschen übrig lassen. Wenn man den Wunsch nach einem Wetterbericht äußert, kann es einem passieren, daß ein Beamter zum Fenster geht, dieses öffnet und nach einem Blick hinaus verkündet, daß das Wetter gut sei.
Interessanterweise kann die Wasserschutzpolizei Yachten am Auslaufen hindern, wenn der Wetterbericht mehr als Wind Bft 6 ankündigt. Oft ist es den Beamten aber auch egal. Bestehen die Beamten jedoch auf diesem Recht, muß der Skipper ein Dokument unterzeichnen, in dem festgestellt wird, daß der Skipper über die Wetterbedingungen aufgeklärt wurde und ihn bei jeglichem Schadensfall die alleinige Schuld trifft.
Die Beamten der Wasserschutzpolizei sind im allgemeinen ausgesprochen höflich und hilfsbereit, auch wenn ihre Arbeitsweise eben mit der »typisch griechischen Verachtung für Hast und Eile« erledigt wird, was viele westeuropäische Zeitgenossen nicht nachvollziehen können. Gelegentlich kann man auch einmal an einen Beamten geraten, der etwas ungehobelt oder schwierig ist – das ist für die griechische Bürokratie aber eher untypisch.

Ports of Entry – in alphabetischer Reihenfolge
Aegio
Agios Nikolaos (Kreta)
Alexandropolis (Nordgriechenland)
Argostoli (Kephallinia)
Chalkis (Euböa)
Chania (Kreta)
Chios (Östliche Sporaden)
Ermoupolis (Syros)
Gaios (Insel Paxoi/Ionisches Meer)
Irakleion (Kreta)
Itea (Golf von Korinth)
Kalamata (Peloponnes)

Katakolon (Peloponnes)
Kavala (Nordgriechenland)
Kerkyra (Korfu/Ionisches Meer)
Kos (Dodekanes)
Lavrion (Saronischer Golf)
Levkas (Ionisches Meer)
Myrina (Limnos)
Mytilini (Lesvos)
Navplion (Argolischer Golf)
Patras (Golf von Patras)
Pylos (Westlicher Peloponnes)
Pythagoreion (Samos)
Preveza (Ionisches Meer)
Rhodos (Rhodos)
Symi (Dodekanes)
Thessaloniki (Nordgriechenland)
Volos (Nordgriechenland)
Vouliagmeni Marina (Saronischer Golf)
Zakynthos (Ionisches Meer)
Zea-Marina (Saronischer Golf)

Weitere wichtige Bestimmungen

Es gibt noch eine ganze Reihe von Gesetzen, die zwar kein spezifisches Seerecht sind, aber Auswirkungen auf Yachtfahrer haben. Das erste davon hat etwas mit der Länge der Zeitspanne zu tun, die man in Griechenland verbleiben darf. Normalerweise dürfen Besucher aus Nicht-EU-Staaten ohne gültiges Visum nicht einmal drei Monate (meistens zwei Monate, inklusive US-Amerikaner) in Griechenland verbleiben, und nach Ablauf dieser drei Monate muß um eine Verlängerung ersucht werden.
Reist man auf einer Yacht ein, kann man auf unbegrenzte Zeit bleiben, wenn man auf der Yacht bleibt. Probleme ergeben sich dann, wenn man auf einer Yacht einreist und diese dann aus irgendwelchen Gründen verläßt. In einem solchen Fall sollte man eine Fotokopie das Transitlogs mit sich führen, wenn man Griechenland auf eine andere Weise als mit der Yacht wieder verlassen möchte.
Das zweite Gesetz, das möglicherweise von Interesse sein kann, bezieht sich auf den Erwerb und Export von Antiquitäten. Jedes Jahr verliert Griechenland wertvolle und unersetzliche antike Stücke, die zum Teil auf Yachten außer Landes geschmuggelt werden. Alle Antiquitäten, die in Griechenland gefunden werden, müssen dem Staat ausgehändigt werden. Yachten, auf denen Antiquitäten gefunden werden, kommen »an die Kette« und werden beschlagnahmt. Dieses Gesetz gilt auch für Antiquitäten und Kunstgegenstände, die man käuflich erworben hat. Es zahlt sich daher aus, wenn man sich vorher erkundigt, welche Gegenstände überhaupt ausgeführt werden dürfen.
Die dritte gesetzliche Vorschrift bezieht sich auf das Verbot von Preßluftflaschen bei der Unterwasserjagd. Harpunen dürfen nur zusammen mit Maske und Schnorchel benutzt werden, jedoch nicht mit einem Preßluftgerät. Diese Apparate dürfen nur zum Sporttauchen oder Filmen benutzt werden, ausgenommen von dieser Erlaubnis sind allerdings Seegebiete, in denen möglicherweise Antiquitäten auf dem Meeresgrund ruhen. Die Sperrgebiete für das Tauchen mit Preßluftflaschen sind derart weiträumig, daß es für das griechische Touristenbüro einfacher war, eine Liste der Seegebiete aufzustellen, in denen es erlaubt ist:
Vor der Halbinsel Kassandra (Chalkidiki)
Innerhalb eines Gebietes, das sich 500 Meter von der Küste des Vorgebirges des Ortes Polirono bis zum Kap Ak Glarokavos erstreckt.
Vor der Halbinsel Sithonia (Chalkidiki)
Vor Ak Armenistis bis zum Kap Drepanon an der Ostküste in einem ähnlichen Gürtel wie oben.

Vor der Halbinsel Athos (Chalkidiki)
1. In einem Gebiet, das sich 500 Meter seewärts der Küste in der Bucht Ormos Provlaka zwischen Pyrgos und dem Xerxes-Kanal erstreckt.
2. In einem Streifen, der 300 Meter parallel zur Küste verläuft, entlang der Nordküste von Nisis Ammouliani vom Kap Ak Trigonia bis zum Kap Ak Kokkino.
Mykonos
In einem Streifen, der sich 500 Meter von der Küste der Insel seewärts erstreckt, mit Ausnahme des Gebietes zwischen dem Kap Ak A. Georgios bis zum Kap Ak Alogomandra.

Korfu (Kerkyra)
1. In einem 500 Meter breiten Streifen um die Küsten der Insel herum zwischen dem Kap Ak Roda bis zum Kap Ak Drastis.
2. In einem vergleichbaren Seegebiet zwischen Palöokastritsa und Ak Arkoudila, mit Ausnahme des Seegebietes um die Inselgruppe Lagoudia herum.
3. In einem 500 Meter breiten Streifen zwischen dem Kap Ak Koundouri bis Ak Agni, mit Ausnahme der Gewässer um die Inseln Vido und Lazaretto herum.
Paxoi
In einem 500 Meter breiten Streifen um die Insel herum, mit Ausnahme des Gebietes um Voutsi.

Levkas
1. In dem üblichen 500 m breiten Gürtel um die Westküste der Insel herum von Geropetra bis Ak Doukaton.
2. In einem ebenfalls 500 m breiten Streifen um die Ostküste der Insel von einem Punkt am Strand, der in Linie mit dem Dorf Katouna peilt, bis zur östlichen Einfahrtshuk von Ormos Rouda, jedoch nicht in der Bucht oder um die Insel Madouri herum.
3. In einem 500 m breiten Streifen um die Insel Meganision herum.

Kephallinia
1. In einem 500 m breiten Streifen um die Küsten der Insel herum, mit Ausnahme des Ithaka-Kanals zwischen Phiskardo und Ormos Antisami sowie Ormos Sami und A. Evphimia.
2. Ebenfalls ausgeschlossen sind die Bereiche der Küste zwischen Ak Kapri und Ak Mounda, die Gewässer um die kleine Insel Varani sowie der Küstenstrich zwischen Ak Ortholithia und Ak Atheras.

Zakynthos
In einem Gebiet von 500 Metern Breite um die Insel herum. Außerdem zahlt es sich aus, wenn man sich zunächst bei der örtlichen Wasserschutzpolizei erkundigt, ob für ein Gebiet »Zutritt verboten« gilt, weil der Archäologische Dienst dort Antiquitäten auf dem Meeresgrund vermutet.

Badezonen
Aus Sicherheitsgründen dürfen Motorboote und Jet-Ski vor den Stränden in einer Entfernung von 200 m vom letzten Badegast nicht in Betrieb genommen werden. Außerdem ist zu beachten, daß die zum Schutz der Badegäste durch Seezeichen gekennzeichneten Korridore vom Strand zum Meer genau eingehalten werden müssen. Das Fahren von Jet-Ski ist an Samstagen und Sonntagen von 1200 bis 1600 Uhr und an Wochentagen von 1200 bis 1400 Uhr verboten.

Yachtcharter
Das alte Steuergesetz Nr. 438 aus dem Jahr 1976 über Boote, die länger als 1 Jahr in Griechenland verbleiben, ist für EU-Yachten aufgehoben worden. Die Teile dieses Gesetzes, die sich auf die Vercharterung von Sportbooten in Griechenland beziehen, sind als nationales Steuergesetz weiterhin in Kraft.
Danach dürfen nur Yachten verchartert werden, die in Griechenland registriert sind und die griechische Flagge führen. Im Ausland gecharterten Yachten ist das Befahren der griechischen Küstengewässer nicht gestattet. Bei Zuwiderhandlung haben sowohl der Skipper wie auch der Eigner schwere Strafen zu erwarten. Das gilt auch für das Verchartern von Yachten unter fremder Flagge in Griechenland.

Essen und Trinken

Griechenland ist kein Land für Liebhaber der Haute Cuisine. Wie in anderen Mittelmeerländern auch gehört das Essengehen in Griechenland zwar zum täglichen Leben, aber das Essen selbst stellt keine so verfeinerte Kunst wie in Italien oder Frankreich dar und entspricht auch nicht dem sorgfältig zubereiteten Mahl der Levante. Die Griechen essen deshalb beileibe nicht schlecht!
Die Nahrung ist stets frisch, unkompliziert zubereitet und appetitlich, die Auswahl jedoch oft begrenzt. Das Essen wird oft kalt oder lauwarm serviert, und die Garnierung ist einfach. In den größeren Städten und Orten ist die Auswahl auf den Speisekarten natürlich größer als in kleinen Ortschaften oder auf den Inseln.
Deutlich spürbar ist aber, daß der Speiseplan von der jeweiligen Jahreszeit abhängig ist. Obwohl die meisten Obst- und Gemüsesorten in Griechenland erhältlich sind, scheinen sie nur während der Erntesaison verwendet zu werden. Aprikosen zum Beispiel reifen im Juni und sind dann bestenfalls für zwei Wochen in den Geschäften erhältlich. Das ist für Besucher aus dem reichen Westeuropa recht überraschend, weil man es eigentlich gewöhnt ist, fast das ganze Jahr hindurch fast jedes Obst kaufen zu können. Die Saisonabhängigkeit der Zutaten bedingt jedoch die Abwechslung der angebotenen Speisen in den Tavernen. Natürlich trifft das vorwiegend auf kleine Dorftavernen zu, die ihre Speisen eben nach dem »Gemüse der Saison« richten, wohingegen größere Orte mit besser sortierten Märkten auch Gerichte wie beispielsweise »Moussaka« (normalerweise nur während der Auberginen-Ernte angeboten) das ganze Jahr über servieren.
Seit im Sommer eine ständig steigende Zahl an Touristen in den Urlaubsorten einfällt, muß eine beachtliche Menge an Lebensmitteln importiert werden. Oft kommen die »Kalamari« tiefgefroren aus Kalifornien, das Lamm – ebenfalls gefroren – aus Neuseeland. »Feta« wurde möglicherweise in Dänemark produziert, und selbst die Auberginen im Moussaka sind in Spanien gereift. Nur in kleinen, abgelegenen Orten bekommt man noch regional angebautes Gemüse, zu Salaten zusammengestellt oder über Holzkohle gegrillt.
Im allgemeinen werden in den Tavernen die Gerichte für den Tag am Morgen vorbereitet, zum Mittagessen gekocht und heiß serviert. Diese Ofengerichte verbringen dann den Rest des Tages auf einer Wärmeplatte oder im Ofen, so daß sie am Abend bestenfalls noch lauwarm sind. Man wird also feststellen, daß es in Griechenland vorteilhafter ist, wenn man überbackene Speisen wie Moussaka, gefülltes Gemüse oder Pastitsio am Mittag ißt und am Abend lieber etwas Gegrilltes oder Gebratenes wählt.
In den letzten Jahren hat der Siegeszug der Mikrowelle dafür gesorgt, daß das Essen am Abend schnell wieder aufgewärmt werden kann; es ist aber abgestandenes Mittagessen, das aufgewärmt wurde und nicht mehr so appetitlich.
Man sollte auch nicht erwarten, daß man das Essen dampfend heiß auf den Tisch gestellt bekommt, weil es in Griechenland einfach nicht üblich ist, Essen siedend heiß zu sich zu nehmen, und so können Kellner in den Tavernen manchmal nicht verstehen, warum Ausländer bei der Bestellung immer wieder das Wort »zeste« (heiß) wiederholen. In den größeren Touristenorten wird das Essen schon heißer serviert, als es sonst üblich ist. Das ist aber immer noch die Ausnahme, nicht die Regel.
Wenn man das erste Mal zum Essen in eine Taverne geht, sollte man sich nicht von der Speisekarte verwirren lassen. Falls es überhaupt eine gibt, ist dort eine riesige Auswahl

Griechenland ist zwar kein Reiseland für Gourmets, dafür bieten viele Tavernen außer einem schmackhaften Mahl eine wunderschöne Kulisse.

an Speisen ausgedruckt, von denen nur manche mit einem Preis ausgewiesen sind. Das sind die Gerichte, die an diesem Tag auch serviert werden. Oben auf der Karte steht zumeist das Datum.
Auf den Speisekarten werden immer zwei Preise angegeben: rechts ein vergleichsweise höherer Preis als links. Der eine beinhaltet Service, der andere nicht. Da Essen aber immer serviert wird, also mit Service ist, bedeutet das, daß der höhere Preis die Bedienung schon mit einschließt und folglich kein Trinkgeld mehr erforderlich ist.
Ein kleiner Tip: Man sollte sein komplettes Menü nicht auf einmal bestellen; Hauptgericht, Beilagen und Vorspeisen werden sonst auch gleichzeitig an den Tisch gebracht. In Griechenland wird langsam und in aller Ruhe und Gemächlichkeit gegessen, und es ist ganz in Ordnung, wenn man den ganzen Abend an seinem Tisch sitzt.

Das Menü
Man kann sein Mahl mit etwas Appetitanregendem beginnen. Zu den gängigen Vorspeisen zählen Tzatziki (Yoghurt, der mit geraspelter Gurke und Knoblauch gewürzt wurde), Taramasalata (Dorschrogen zu einer Paste verarbeitet), Auberginensalat oder Merithes, kleine gebratene Fische (die ganz, mit Kopf und allem gegessen werden). Kalamares (fritierte kleine Tintenfische), Bohnen, grüne Bohnen in Tomatensauce und der allgegenwärtige griechische Salat, der sich aus folgenden Zutaten (oder Teilen davon) zusammensetzt: Tomaten, Zwiebeln, grüne Peperoni, Oliven, Gurken, Feta (Schafskäse), das Ganze mit Olivenöl und Oregano gewürzt.
Der Vorspeise kann eine Suppe oder ein Gemüsegericht folgen: Fisch-, Kutteln- oder Bohnensuppe sind üblich, das Gemüse ist oft gefüllt, so daß man Tomaten, Paprika oder Auberginen meist mit einer Füllung aus Reis und Käse serviert bekommt. Zu dieser Kategorie gehören auch Dolmades (gefüllte Weinblätter, die in einer Tomatensauce gekocht werden). Knoblauch wird häufig und äußerst großzügig verwendet. Auch Zitronen sind sehr beliebt. Man findet sie auf dem Tellerrand bei fast jedem Gericht, und vom gekochten Ei bis zur Zitronensuppe oder Reispudding werden Zitronen mitgekocht.
Für den Hauptgang bieten sich folgende Gerichte an: gegrilltes Fleisch (Rind, Schwein oder Lamm), gegrillter Fisch (je nachdem, was die Fischer gefangen haben), Souvlaki (Fleischstücke vom Schwein oder Rind, die auf Stäbchen gespießt über Holzkohle gegrillt wurden), Kebabs (eine größere Variante des Souvlaki, mit Tomaten und Zwiebeln zwischen den Fleischstücken), Lamm im Ofen gebacken, Stifado (Rindfleisch aus dem Schmortopf), Sofrito (Rindfleisch in Knoblauchsauce), Moussaka (Auberginenauflauf), Pastitsio (Lamm oder Rind im Teigmantel), gegrilltes Hühnchen, Lamm oder Rind, griechische Nudeln mit einer großen Auswahl an Saucen und wahrscheinlich ein übriggebliebenes Mittagsgericht.
In den größeren Städten ist die Auswahl umfangreicher, und es gibt eventuell »Spezialitäten« – je nach Lust und Können des Kochs. In den Dörfern und auf den kleineren Inseln muß man sich daran gewöhnen, daß die Auswahl eben begrenzt ist. Griechische Bratkartoffeln werden zu allem und jedem serviert, und auch wenn sie heiß (sie werden meistens von Hand bereitet) ausgesprochen lecker sind, kann man sie lauwarm kaum als besonders ansprechend bezeichnen.
Üblicherweise wird das Mahl mit frischen Früchten beendet, gelegentlich werden aber auch Süßigkeiten wie Crème Caramel oder Eis angeboten. Kleine Kuchen, Torten und Süßigkeiten werden eher in Bäckereien gegessen. Hier gibt es auch Baklava (mit Walnüssen gefüllter Kuchen, der in Honig getaucht wird), Loukamathes (Beignets, d. h. kleine, schmalzgebackene und gefüllte Krapfen, die mit Honig glasiert werden), Kadaifi (Nüsse und Honig mit kleingeschnittenen Kuchenstücken) und den besten Yoghurt der Welt, den man je nach Geschmack pur oder mit Honig und Früchten ißt.

Die Weine
In Griechenland wird seit Jahrtausenden Wein angebaut, gekeltert und getrunken; in der Antike wurde Wein in alle Teile der damals bekannten Welt transportiert. Auf den Wein, der in Amphoren abgefüllt wurde, goß man Pinienharz, um die Gefäße für den Transport zu verschließen. Es wird angenommen, daß dies die »Erfindung« der Retsinaweine war, die heute noch so hergestellt werden. Zum Geschmack dieser Weine gibt es nur zwei Meinungen: Entweder man liebt Retsina oder halt nicht.
Man sollte sich nicht durch die Vielzahl der Flaschenabfüllungen verwirren lassen, denn gegenüber dem Retsina, den man lose vom Faß kaufen kann, sind sämtliche Flaschenvarianten zweitklassig. Retsina wird überall in Griechenland hergestellt. Oft sind Tavernen oder Cafés nicht nur wegen ihrer Kochkunst berühmt, sondern auch wegen ihres Retsinas.
Örtlich gekelterte Weine, geharzt oder nicht, sind meistens lose zu bekommen und werden in den Tavernen literweise ausgeschenkt. Diese Weine sind sehr unterschiedlich, ausgesprochen wohlschmeckend oder einfach schauderhaft, in letzterem Fall kann man ihnen aber immer noch zugute halten, daß sie wenigstens preiswert sind. Man sollte diese Weine jedoch möglichst nicht längere Zeit transportieren, da sie dafür nicht geeignet sind und sich nicht halten.
Flaschenweine gibt es ebenfalls in einer großen Bandbreite an Qualitäten; als hervorragend ist der »Robola« oder »Achaia Claus Château« einzustufen (die Flaschen sind numeriert). Marken von gleichbleibender Qualität sind u. a. »Demestica« (rot oder weiß), »Robola« (rot oder weiß), »Manzavino« (rosé), »Atlantis« (weiß), »St. Helena« (weiß), »Cambas« (rot und weiß), »Limnos« (rot), »Samenä, (weiß). »Porto Carras« (rot und weiß), »Agrilos« (rot), »Apellis« (rot), »Nikteri« (weiß) oder CAIR (Sekt).
In Griechenland wird aber auch Bier gebraut, und die üblichen »Henninger« oder »Amstel« schmecken und sind außerdem preiswert.
Außer Bier und Wein gibt es noch verschiedene andere Getränke, die es verdienen, vorgestellt zu werden. Als erstes einmal der »Ouzo«, das Nationalgetränk der Griechen. Er ähnelt im Geschmack dem französischen Pastis und kann auch ohne Wasser getrunken werden. Der griechische Weinbrand ist ebenfalls sehr beliebt; mit Cola und Eis gemixt ergibt er einen erfrischenden Longdrink. »Metaxa« und »Botrys« sind zwei der bekanntesten Marken.

Ouzo und Branntwein sind auch lose erhältlich und ausgesprochen preiswert. Man nimmt einfach eine Flasche mit in die »Cava« oder die Weinhandlung (in kleinen Ortschaften bekommt man lose Weine und Spirituosen beim Lebensmittelhändler) und kann sich dann einen Liter oder mehr vom gewünschten Getränk mitnehmen.

Weitere Leckereien
Verschiedene Köstlichkeiten findet man nur selten auf Speisekarten, trotzdem sind sie ein bedeutender Bestandteil des griechischen Lebens. Da wäre zunächst die »Galaktopolia«, die Meierei, in der man frischen Yoghurt aus Kuh- oder Schafsmilch bekommen kann.
Wahrscheinlich haben diese Meiereien auch viele Sorten vorrätig, bei denen man nicht den Eindruck hat, Yoghurt zu essen, sondern sehr schmackhafte geschlagene Sahne. In der Galaktopolia bekommt man auch Feta (weichen Schafskäse), einheimischen Honig und Eier.
In manchen Cafés kann man auch Wurst vom Bratrost bekommen, die aus Lammfleisch, Knoblauch und Kräutern besteht, »Kokoretsi« heißt und ausgesprochen lecker ist. An jeder Bushaltestelle oder Fährterminal gibt es Kioske, in denen man vom Bratspieß »Souvlaki« aus Rind- oder Schweinefleisch, das in Zitronensaft, Knoblauch und Kräutern mariniert wurde, als kleinen Snack bekommen kann. Vielfach gibt es auch als Imbiß »griechische Hamburger«: Fladenbrot, das mit Souvlaki, Tomaten, Zwiebeln und einem Klacks Yoghurt gefüllt wird. Oft bieten diese Kioske auch »Tiropitta« (kleine Pasteten mit Käse) oder »Spinakopitta« (Spinatpasteten) an.
Kali oretsi – guten Appetit!

Meerestiere

Wenn man an die Artenvielfalt nördlicher Meere und ihrer Küsten gewöhnt ist, ist die Fauna des Mittelmeeres zunächst eine Enttäuschung: Sie ist lange nicht so üppig und mannigfaltig, wie man sich das vielleicht vorgestellt hat. Es gibt weniger Seevögel, und gute Speisefische sind selten und schwer zu fangen; der Meeresboden ist vielerorts, verglichen mit dem Roten Meer oder der Atlantikküste Frankreichs, geradezu langweilig.
Es gibt eine ganze Reihe von Gründen für diese geringe Zahl von Meerestieren. Zunächst einmal hat das Mittelmeer keine Gezeiten und somit fehlen auch jene Bereiche, die bei Flut überspült sind, bei Ebbe jedoch trockenfallen. Aber gerade hier können sich eine artenreiche Flora und Fauna entwickeln und existieren, die das gesamte Ökosystem des Meeres beeinflussen. Ein zweiter Faktor ist, daß das Mittelmeer sehr viel länger und intensiver befischt wurde, als jedes andere Seegebiet. Besonders verheerend hat sich das Fischen mit Dynamit nach dem Zweiten Weltkrieg ausgewirkt, das teilweise bis heute praktiziert wird – obwohl es mit schweren Strafen belegt ist und einige Risiken birgt. In fast jedem Dorf trifft man auf einen Mann, dem eine Hand oder ein Arm fehlt, weil er sich mit dem Zünder verschätzt hat.
Auch wenn das Leben im Meer auf den ersten Blick enttäuschend wirkt, hat man auf einer Yacht doch die beste Möglichkeit, die Fauna im östlichen Mittelmeer zu entdecken und zu erkunden. An vielen Stellen kann man Delphine, Wale, Schildkröten, Fliegende Fische, Thun- und Schwertfische beobachten. Und das warme Wasser des Mittelmeeres lädt zu Unterwasserexpeditionen mit Maske und Schnorchel ein.

Wale und Delphine
Leider sind Delphine vor den Küsten Griechenlands in den letzten Jahren immer seltener geworden. Natürlich sind immer noch Exemplare anzutreffen, und gelegentlich kann man auch eine Delphinschule beobachten, die die Yacht begleitet und um das Boot herum spielt. Das Nachleuchten, das Delphine nachts um die Yacht herum erzeugen, gehört zu den wunderbarsten Erlebnissen bei einem Törn. Der Rückgang der Delphine hat mehrere Ursachen. Ihre Nahrungsgrundlagen, normalerweise Makrelen und Thunfische, sind geringer geworden. Treibnetze, in Italien üblich und unglücklicherweise in letzter Zeit wieder zunehmend verwendet, fangen Delphine ebenso wie Schwert- oder Thunfische. Schätzungen über die Zahl der getöteten Tiere variieren, aber vermutlich ist eher in Tausenden als in Hunderten zu rechnen.
Letztlich trägt natürlich auch die Verschmutzung des Meeres durch Schwermetalle, PCBs und andere krebserregende Stoffe, die Verklappung giftiger Chemikalien etc. zum Rückgang dieser Meeressäuger bei. Man kann nur dazu aufrufen, Gruppen, die sich vehement für das Überleben dieser Säugetiere einsetzen, zu unterstützen. Delphine haben dem Menschen noch nie Schaden zugefügt, im Gegenteil, es gibt zahlreiche Geschichten, in denen diese Tiere Menschen in Seenot aktive Hilfe geleistet haben. Unterstützen Sie Greenpeace oder andere Umweltorganisationen mit Ihrer Spende oder Unterschrift!
Bereits in der Antike wurden Delphine beschrieben und oft auf Mosaiken dargestellt. Aristoteles und Plinius beschrieben sie als Freunde des Menschen, und Herodot berichtet die Geschichte des Dichters Arion von Lesvos, der von meuternden Seeleuten über Bord geworfen wurde und von einem Musik-liebenden Delphin gerettet wurde. Griechische Fischer unserer Tage lieben Delphine nicht so sehr wie ihre Vorfahren, weil sie der Meinung sind, Delphine würden ihnen den Fang schmälern. Es machen sogar Geschichten die Runde, nach denen diese friedlichen Kreaturen Fischer getötet haben sollen.
Die Familie der Wale wird in Zahn- und Bartenwale unterteilt. Im östlichen Mittelmeer leben vorwiegend Zahnwale, zu deren Nahrungsgrundlage Fische gehören und die ihre Zähne zum Fang ihrer Beute benötigen. Zu dieser Gattung zählen u. a. Tümmler, Delphine, Pilotwale und Orcas. Gewöhnliche Delphine (Delphinus delphis) sind am häufigsten zu beobachten. Weniger häufig sind Große Tümmler (Tursiops truncatus) und der Gemeine Tümmler (Phocoena phocoena). Pilotwale (Globicephala melaena), die bis zu 8,5 m lang werden können, sind ziemlich häufig. Aber auch von Nördlichen Entenwalen (Hyperoodon ampullatus), Rissos Delphinen bzw. Rundkopfdelphinen (Grampus oriseus) und Mörderwalen (Orcinus orca) ist im östlichen Mittelmeer berichtet worden.

Mönchsrobben

Die Mönchsrobben des Mittelmeeres (Monachus monachus) gehören zu den seltensten Robbenarten und stehen außerdem auf der Liste der zwölf gefährdetsten Tierarten. Das warme Wasser des Mittelmeeres ist typisch für den Lebensraum dieser Tierart, auch wenn an der Atlantikküste von Marokko vereinzelt Mönchsrobben auftreten. Schätzungen zufolge sollen nur noch 500 bis 800 Exemplare existieren, die Hälfte davon in Griechenland.

Das Eindringen des Tourismus in den Lebensraum dieser Tiere stellt das größte Problem dar. Illegales Speerfischen von Sporttauchern verringert das Nahrungsangebot der Robben. Urlauber sind zwar als die Hauptschuldigen ausgemacht worden, und es hat bereits mehrere Verurteilungen gegeben, aber die Schuld liegt nicht allein hier. Kleine Motorboote und Schlauchboote mit starken Außenbordern gelangen auch an stille abgelegene Stellen und in Meereshöhlen, in denen diese Tiere zurückgezogen leben. Alle, sowohl an Land wie auch von See her, sollten Höhlen an der Küste unberührt lassen, von felsigen Küstenlinien Abstand halten und prinzipiell so wenig Lärm wie möglich machen – Robben sind sehr leicht zu erschrecken. Beobachtungen illegaler Fischmethoden, ob von Tauchern oder mit Dynamit, sollten der Wasserschutzpolizei oder anderen Behörden mitgeteilt werden.

Gute Speisefische

Obwohl die Gewässer um Griechenland in gewissem Grad überfischt sind, gibt es noch genügend gute Speisefische. Wenn man die Hoffnung aufgegeben hat, selber welche zu fangen, begibt man sich am besten in eine Taverne. Fisch wird meist gegrillt und ohne Sauce oder Beigaben serviert. Besonders lecker sind folgende Fischarten:

Thunfisch (Tonnos): Im Sommer ist diese Fischart in den nördlicheren Gewässern anzutreffen, im Winter wandern Thunfische nach Süden ins Mittelmeer. Ihr weißes Fleisch ist etwas ölig, aber sehr delikat.

Schwertfisch (Xsifia): Wie Thunfisch und ebenso lecker.

Zackenbarsch (Sfriritha): Diese Fische lieben sandige oder felsige Gründe, und wenn man Glück hat, kann man in den etwas abgelegeneren Gebieten selber einen Zackenbarsch fangen. Angenehm weißes Fleisch.

Seebarben (Barbouni): Schmackhaftes weißes Fleisch, aber voller kleiner Gräten!

Brassen (Fragi, Sinagritha): Schmackhaft und nicht allzu viele Gräten.

Weißfisch (Merithes): Werden oft als Vorspeise serviert; die gekochten kleinen Fische werden als Ganzes verspeist.

Kraken (Octopothi): Manchmal etwas zäh, aber immer wohlschmeckend. Eingelegte Tintenfische sind sehr delikat.

Tintenfisch (Kalamari): Normalerweise tiefgefroren.

Garnelen (Garides): Oft teuer, aber nicht immer frisch. Am besten kauft man Garnelen direkt vom Boot und kocht sie selber.

Langusten (Astakos): Fast so delikat wie Hummer. Man sollte sich seine Mayonnaise selber zubereiten (die griechischen Produkte sind grauenhaft) und zum Langustenessen mit an Land nehmen.

Griechische Fischfangmethoden

Wenn Fischerboote in Sicht kommen, sollte man wachsam nach im Wasser treibenden Netzen und Leinen Ausschau halten. Einige der Fischfangmethoden können für Yachten gefährlich werden, wenn man nicht weiß, was dabei vor sich geht. Folgende Fangmethoden werden benutzt:

1. Fischen mit Schleppnetzen; einzeln oder zu zweit.
2. Fischen mit Schlagnetzen; in Griechenland »Grigia« genannt. Dabei arbeiten eine große Caïque, eine kleinere Netz-Caïque und zwei bis vier kleine Caïquen zusammen. Die kleinen Caïquen versuchen, mit Hilfe von starken Gas- oder Lichtbogenlampen die Fische an die Wasseroberfläche zu locken, während die große Caïque und ihre Helfer das Netz in einem Halbkreis um den Schwarm legt und ihn »einsackt«. Auf diese Weise werden große Mengen Makrelen und Sardinen gefangen. Die Lampen sind schon von weitem auszumachen.
3. Netzfischen vor der Küste; eine lange Trosse mit einem Netz daran führt vom Land zu einer Caïque. Um die Fische ins Netz zu treiben, fährt die Caïque im Kreis. Für Yachten kann diese Methode gefährlich werden, da die Trosse zwischen der Caïque und der Küste dicht unter der Wasseroberfläche schwimmt.
4. Stellnetze in einer Bucht oder in Küstennähe. Üblicherweise wird das Netz beschwert, damit es unter der Wasseroberfläche schwebt; manchmal werden auch Netze ausgelegt, die an der Oberfläche liegen.
5. Lampera. Eine Gaslampe an Bord einer Caïque soll Fische anlocken, die dann mit Speer oder Haken gefangen werden. Diese Methode wird oft für den Krakenfang benutzt.
6. Leinenangeln von einer Caïque. Die Leinen mit den Haken sind an Korkschwimmern befestigt, die man treiben läßt.

Fischzucht

Bei Griechenlands Eintritt in die EU wurden Bewilligungen für alle möglichen Arten von Unternehmen gegeben, darunter auch für die Errichtung von Fischzuchtanlagen, und in den letzten Jahren sind diese wie Pilze überall aus dem Boden geschossen.

Bedauerlicherweise gelten die Erfordernisse für Fischzuchtanlagen gleichzeitig auch für gute Ankerplätze – gut geschützt vor heftigen Winden und vernünftige Wassertiefen, um die Zuchtkäfige zu verankern. Folglich haben sich in einer Anzahl von Buchten, die früher nur von Yachten und Fischerbooten benutzt wurden, diverse Fischfarmen ausgedehnt, die nun den Großteil der Bucht für sich beanspruchen.

In den meisten Fällen sind die Betreiber von Fischzuchtanlagen aber bereit, die Ankerplätze – falls Platz vorhanden ist – von Yachten benutzen zu lassen. In einigen wenigen Fällen haben die Betreiber ihr Mißfallen kundgetan und Yachten aktiv von den Ankerplätzen vertrieben. In Port Pantelimon im Ionischen Meer weist der Betreiber offiziell wirkende Papiere vor, nach denen ihm die alleinige Nutzung der Bucht zusteht. Die Rechtmäßigkeit solcher Praktiken ist zweifelhaft, insbesondere da es unmöglich ist, etwas, das unterhalb der Hochwassermarken liegt, zu besitzen. Selbst solche Begüterten wie Onassis und Niarchos besaßen auf ihren Privat-Inseln diesen Abschnitt des Strandes unterhalb der Hochwassermarken oder gar den Meeresgrund nicht – sehr zu ihrer Verärgerung. Auch wenn Fischfarmen von dieser Regelung ausgenommen sind, ist es vermutlich illegal. Mit Sicherheit hätten Stadtverwaltungen in der Nähe von Fischfarmen diese Ankerverbote aufgehoben oder den Betreibern die Genehmigung entzogen.

Yachties »kostet« es oft nur eine Frage, um sich mit den Betreibern von Fischzuchten zu arrangieren (bis die Bewilligungen auslaufen). Auch wenn Fischfarmen möglicherweise die Lösung des naturbedingten Mangels an Fisch im östlichen Mittelmeer bedeuten, sollten solche Programme behutsam gehandhabt und die Betreiber eventuell geschult werden. Da das EU-Programm am Auslaufen ist, haben bereits verschiedene Fischfarmen ihren Betrieb wieder eingestellt.

Gefährliche Meerestiere

Im Mittelmeer leben nicht mehr gefährliche Meerestiere, als man sie in den nördlicheren Gewässern vor heimischen Küsten auch findet. Die warmen Temperaturen des Wassers bewirken jedoch, daß man sich häufiger dort aufhält und so die Chance größer ist, diesen Tieren zu begegnen.

Haie: Vor Haien fürchten sich Schwimmer am meisten, auch wenn sie sie der Wahrscheinlichkeit nach kaum fürchten müssen. Filme wie »Der weiße Hai« haben unter Schwimmern geradezu eine Phobie hervorgerufen, die jenseits jeder Realität ist.

Gelegentlich bringen Fischer mal einen Hai aus den Tiefwassergebieten mit – meistens handelt es sich dabei um einen Makrelenhai oder Sandhai.

Muränen: Gehören zur Familie der Muraenidae. Sie kommen im östlichen Mittelmeer recht häufig vor und gehören oft zum Fang der Fischer. Muränen leben in Höhlen oder Felsspalten. Wenn man sie belästigt, können sie angreifen und beißen. Normalerweise ziehen sie sich zurück und werden nur aggressiv, wenn man sie provoziert.

Auf den ersten Blick ein schöner Fang, aber der große Fisch (vorn) ist ein Drachenfisch, und selbst bei toten Tieren kann das Gift ihrer Stacheln erhebliche Schmerzen verursachen.

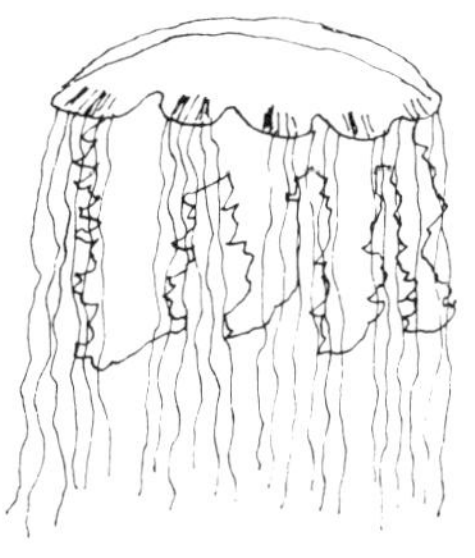

Cynanea lamarckii

Aurelia aurita

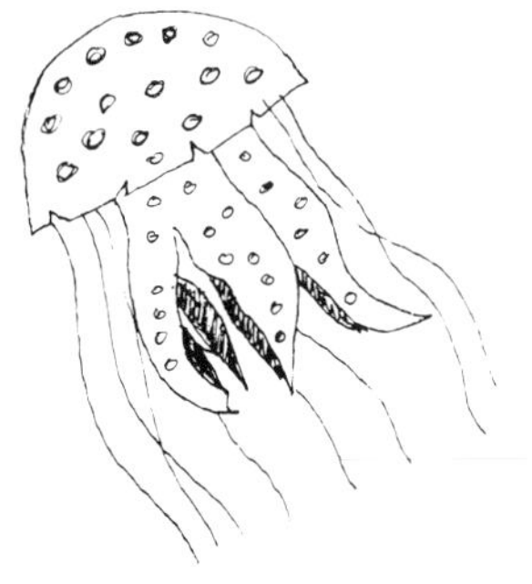

Pelagia noctiluca

Kraken oder Tintenfische: Sind sehr scheu und greifen nicht an. Sie haben mehr Angst vor dem Menschen als umgekehrt.

Stechrochen (Dasytatis pastinaca): Sind im Mittelmeer häufig. Sie leben im flachen Wasser, teilweise graben sie sich im Sand ein. Wenn man versehentlich auf sie tritt, schlagen sie mit ihrem Schwanz aus und stechen dabei mit dem daran befindlichen giftigen Stachel. Das Gift verursacht an der getroffenen Stelle starke Schmerzen sowie Schweißausbrüche, Herzrasen und Unwohlsein, aber nur ganz selten den Tod. Man sollte den betroffenen Fuß zunächst mit sehr heißem Wasser betupfen und dann einen Arzt aufsuchen.

Drachenfische: Gehören zur Familie der Trachinidae. Die beiden häufigsten Arten sind das Petermännchen (Trachinus draco) und die Viperqueise (Trachinus vipera). Die Kiemen- und Rückenstacheln enthalten Gift. Wenn Drachenfische sich gestört fühlen, richten sie ihre Stacheln auf und greifen an. Das Gift verbreitet sich im ganzen Körper und löst erhebliche Schmerzen aus. Das Opfer kann das Bewußtsein verlieren, manchmal tritt sogar der Tod ein. Ein Gegengift ist nicht bekannt. Man sollte die Wunde in sehr heißem Wasser baden und so schnell wie möglich ärztliche Hilfe in Anspruch nehmen.

Hinweis: Wenn man durch Wasser läuft, in dem sich Rochen oder Drachenfische aufhalten könnten, sollte man Badeschuhe tragen und beim Gehen die Füße über den Grund schleifen lassen. Tote Rochen oder Drachenfische sollte man nicht anfassen!

Quallen: Von allen beschriebenen Tierarten ist ein Zusammentreffen mit Quallen am wahrscheinlichsten. Zu bestimmten Jahreszeiten und an bestimmten Stellen treten Quallen in beachtlicher Zahl auf. Alle Quallen haben Tentakel, weil sie sich damit fortbewegen. Manche Arten haben jedoch mächtigere Tentakel als andere und verdienen folglich mehr Respekt.

Ohrenqualle (Aurelia aurita): Ist die häufigste Quallenart. Sie hat einen durchscheinenden gewölbten Körper, der einen Durchmesser von bis zu 25 cm haben kann, mit vier rot-violetten Halbmonden, die um ihre Mitte angeordnet sind. Transparente, leicht violette sehr lange Tentakel hängen herab. Ein flüchtiger Kontakt mit ihnen wirkt wie das Brennen von Nesseln, intensivere Berührungen können schmerzhaft sein.
Leuchtqualle (Pelagia noctiluca): Eine muschelförmige Quallenart, die bis zu 10 cm Durchmesser groß werden kann. Sie ist leicht an ihrer braungelben Färbung zu erkennen und mit »Warzen« bedeckt. Ihre langen Tentakel können üble, schmerzhafte Striemen hinterlassen.
Blaue Nesselqualle (Cyanea lamarckii): Eine blau-violette Quallenart, deren Körper wie eine Untertasse geformt ist und die eine Größe von bis zu 30 cm Durchmesser erreichen kann. Sie ist leicht an einer Vielzahl gekräuselter Fangarme an ihrer Unterseite zu erkennen. Eine Berührung mit ihren langen Tentakeln kann schmerzhafte Striemen hinterlassen. Es gibt noch eine braune Variante dieser Quallenart, die Gelbe Haarqualle (Cyanea capillata), die einen Durchmesser von 50 cm erreichen kann.
Die mediterrane ***Seewespe (Charybdea marsupialis):*** Sie hat einen durchscheinenden gelb-roten kastenförmigen Schirmkörper, der bis zu 6 cm hoch sein kann. Sie ist äußerst selten; Berührungen mit dieser Quallenart sind jedoch sehr schmerzhaft.
Die ***Portugiesische Galeere (Physalia physalis):*** Sie hat einen großen auffälligen Körper, der aus dem Wasser ragt und 30 cm lang sowie 10 cm hoch werden kann. Unter Wasser breiten sich extrem lange Tentakel aus. Portugiesische Galeeren sind sehr selten und können gefährliche Verletzungen verursachen.
Blumenkohlqualle (Rhizostoma pulmo): Eine gewölbte blau-weiße Quallenart, die bis zu 90 cm Durchmesser groß werden kann. Ihre Fangarme bilden an ihrer Unterseite eine grau-grüne blumenkohlähnliche Masse. Sie hat keine langen Tentakel und gilt allgemein als ungefährlich.
Auch wenn für die Quallengifte kein Gegenmittel bekannt ist, gibt es doch eine Reihe von Möglichkeiten, die Schmerzen zu lindern. Salmiakgeist, doppelkohlensaures Natrium, Olivenöl, Zucker und Äthylalkohol können verwendet werden. Das Auflegen von frischem Fleisch scheint die Protein-Basis der Gifte zu zerstören. Zum Aufholen des Ankers sollte man in Quallengebieten Handschuhe tragen, weil die Tentakel, inbesondere die der Pelagia, an der Ankerkette hängengeblieben sein können.
Borstenwürmer: An manchen Stellen treten diese Borstenwürmer, die zur Familie der Nereidae gehören, in Massen auf. Sie sind schwarz und können bis zu 25 cm lang werden. Eine Berührung mit ihnen kann Hautreizungen ähnlich der von Brennesseln auslösen.
Seeigel (Paracentrotus lividus und ***Arbacia lixula):*** Leben an Felsküsten in großen Kolonien. Ihre Stacheln enthalten zwar kein Gift, dringen aber tief in den Fuß ein und brechen ab, wenn man versehentlich auf sie tritt. Seeigelstacheln sind äußerst schmerzhaft. Es ist darauf zu achten, daß sich die betroffenen Stellen nicht anschließend entzünden.

Umweltverschmutzung

Da das Mittelmeer relativ abgeschlossen ist und die Bevölkerung an seinen Küsten zunimmt, ist eine wachsende Verschmutzung unausweichlich. Die geringere Bevölkerungsdichte am östlichen Mittelmeer bedingt auch eine geringere Verschmutzung des Meeres – verglichen mit der westlichen Hälfte. Aber auch hier gibt es Problemzonen, wie zum Beispiel den schwerbelasteten Saronischen Golf und die Gewässer um Thessaloniki. Schätzungen zufolge befinden sich etwa 50% der griechischen Industrie um Athen herum, worunter die Qualität von Luft und Wasser schwer gelitten hat. Auch um die Ionischen Inseln herum gibt es Verschmutzungen, die hauptsächlich von den zahlreichen Öltankern verursacht werden, die hier kostenlos auf See ihre Tanks reinigen, nachdem sie die Adria verlassen haben.
Bis zum Jahr 1975, als die Vereinten Nationen ein Umwelt-Programm verabschiedeten, in dem festgelegt wurde, daß alle Mittelmeeranrainerstaaten, unabhängig von kulturellen und politischen Unterschieden, gemeinsam ein Programm ausarbeiten sollten, um das Meer zu reinigen, war nichts zum Schutz des Meeres getan worden.
1980 stimmten alle Staaten bis auf Albanien einem 10-Milliarden-Dollar-Programm zur Reinhaltung des Mittelmeeres zu. Seitdem sind einige Fortschritte erzielt worden, aber es bleibt immer noch viel zu tun. Es scheint so, als sei das politische Engagement erlahmt und als hänge es nun nur noch an Umweltschutzorganisationen, den nötigen Druck auszuüben, um den Weg weiterzugehen und das Meer zu schützen und besser reinzuhalten.
Zukünftige Schutzmaßnahmen werden wahrscheinlich auch Yachtsportler betreffen. Aber schon heute wird kein verantwortungsbewußter Skipper seinen Müll einfach über Bord werfen – schon gar nicht Plastikmüll.
In den Häfen gibt es bereits gesetzliche Regelungen, die Geldstrafen bis zu 10 000 Drachmen vorsehen, wenn Chemietoiletten oder Altöl einfach ins Wasser »entsorgt« werden. Leider werden diese gesetzlichen Maßnahmen noch nicht rigide genug durchgesetzt.
Charterboote müssen grundsätzlich mit Abwassertanks versehen sein, die im Hafen zu benutzen sind und nur draußen auf See ausgepumpt werden sollten. Es ist sehr gut möglich, daß Normen für die Umweltverträglichkeit von Yachten eingeführt werden – und das ist nur richtig so. Manche Yachtsportler werden über die zusätzlichen Kosten fluchen, sollten aber die Notwendigkeit solcher Maßnahmen einsehen, da nicht nur das Mittelmeer, sondern auch die anderen Meere und Ozeane von Verschmutzungen auf die eine oder andere Art bedroht werden.

Geschichte

Segeln in Griechenland

Wenn man an Griechenland denkt, stellt man sich das Meer und die Inseln vor; die Ägäis, die von Hunderten von Inseln übersät ist, zwischen denen nur vergleichsweise kurze Distanzen liegen. Die Navigation ist mehr ein »Ausschauhalten« nach der nächsten Insel, auf die man dann zuhält. Auf diese Weise ist es möglich, von einer Seite der Ägäis von Insel zu Insel hüpfend zur anderen Seite zu gelangen. Dazu kommt ein »fahrplanmäßiger« Sommerwind, der konstant aus N-lichen Richtungen weht, und man hat ein ideales Klima, um die Technik von Segelbooten und die für ihre Bedienung erforderlichen Fertigkeiten zu entwickeln. Aus diesen Gründen kennt man Segelboote in diesem Teil der Welt bereits aus frühen Epochen der Geschichte. Bis zur Einführung von Dampf- und Dieselmaschinen war Segeln die hauptsächliche Transportart für Waren und Passagiere.

In diesem Zusammenhang wäre es überraschend, wenn sich nicht auch die Volkskunst und die Mythologie mit dem Meer beschäftigt hätten. Homers erste große Epik handelt denn ja auch von einem Seemann und Schiffbruch: die Odyssee.

Die Legende von Jason und seinen Argonauten auf der Jagd nach dem goldenen Vlies fügt dem eine weitere Seefahrergeschichte hinzu. Erstaunlich ist aber, daß es in dieser allgemeinen Stimmung von »Segeln und Abenteuer« kaum Berichte vom Segeln als Freizeitvergnügen gibt. Bei Pausanias findet sich ein Hinweis, daß es während des Festes zu Ehren von Dionysos u. a. auch Preise für die Gewinner von Tauchwettbewerben und Segelregatten gegeben hätte. Allerdings gibt es gewisse Uneinigkeiten bei der Übersetzung des Wortes »Bootsregatta«, das durchaus auch als »Schwimmwettbewerb« gedeutet werden kann, so daß selbst diese Quelle über den Gebrauch von Segelbooten zum reinen Vergnügen mit Vorsicht zu betrachten ist.

Erst als Griechenland unter römische Herrschaft gerät, findet sich ein erster konkreter Hinweis auf das Segeln zum

Die Griechen haben offensichtlich eine Vorliebe dafür, ihre Kirchen an schier unerreichbar scheinenden Plätzen zu errichten: auf Bergspitzen, einsamen Huken oder schroffen Felswänden.

Vergnügen – in einem Gedicht von Catullus. Heute ist Catullus nur noch wenigen bekannt, zu Lebzeiten jedoch stiftete er, was den dichterischen Stil angeht, so etwas wie eine Revolution an. Er war ein Zeitgenosse Ciceros und bewegte sich in den höchsten Regierungskreisen: Angeblich soll er Cäsar zu verschiedenen Gelegenheiten unterhalten haben. Abgesehen von seinen literarischen Verdiensten hatte Catullus ein kleines Segelboot, das nur zu seinem Vergnügen gebaut worden war und mit dem er ganz bemerkenswerte Törns unternahm. Nachdem er seinen Bruder östlich der Dardanellen in Alexandreia besucht hatte, segelte er quer durch die Ägäis und die Adria hinauf zur Mündung des Po. Den Po segelte er soweit hinauf, wie es möglich war, ließ sein Boot aufslippen und über Land zum Gardasee transportieren. In einer Villa an den Ufern des Gardasees setzte Catullus sich schließlich zur Ruhe und verbrachte seine letzten Jahre damit, Gedichte zu schreiben und mit Freunden auf dem Gardasee segeln zu gehen. Auch wenn es zwischenzeitlich Segelyachten gegeben haben muß, segelten erst im 19. Jahrhundert wieder Leute zu ihrem Vergnügen in den griechischen Inseln. Im 19. Jahrhundert und später zu Beginn des 20. Jahrhunderts segelten vornehme Herren mit ihren Yachten im Mittelmeer, wobei diese Törns oft mit Jagdausflügen oder Amateur-Ausgrabungen verbunden waren. Nach heutigen Maßstäben waren deren »Yachten« übrigens kleine Schiffe – großartige Schöpfungen der Bootsbaukunst, von denen selbst eine Kopie heutzutage ein kleines Vermögen kosten würde; vermutlich ebensoviel, wie deren Erhalt verschlingt. Manche segeln heute als Charterschiffe – natürlich nicht für Mittellose.

Bis vor dreißig Jahren war Griechenland als Segelrevier kaum bekannt. Nur eine Handvoll Yachten kreuzten »nur so zum Vergnügen« zwischen den Inseln, ein paar nahmen auch Chartergäste mit. Wenn man Segelberichte aus dem Griechenland jener Tage liest, wirken sie so wie heutige Berichte aus dem Pazifik – es scheint unendlich weit entfernt und klingt recht exotisch.

Das moderne, stark verbesserte Design kleiner Yachten hat vielen lange Seepassagen möglich gemacht, und so sind Yachten jeder Form und Größe in Griechenland heute eine Alltäglichkeit.

Die Seereisen der Helden

Der Buchautor Tim Severin setzte 1984 in Volos (dem antiken Iolcos) Segel, um der Route zu folgen, auf der Jason und die Argonauten auf ihrer Suche nach dem goldenen Vlies gesegelt sein müssen. Das Boot von Severin und seiner Crew war eine mit zwanzig Rudern versehene Kundschafter-Galeere, eine Replik jener Galeeren, die zu Homers Zeiten benutzt wurden. Im Mai überquerte das Schiff die nördliche Ägäis, passierte die Dardanellen und lief im Juni in Istanbul ein. Von dort führte die Route weiter durch den Bosporus ins Schwarze Meer, wo man entlang der Nordküste die Mündung des Rion in Georgien, dem Land des Goldenen Vlieses, ansteuerte.

1985 erkundete dasselbe Boot dann im Mittelmeer die Irrfahrten des Odysseus auf seinem Heimweg von Troja. Es war das erste Mal, daß man anhand von praktischen Experimenten versuchte, die Routen dieser beiden antiken

Seereisen aufzuspüren, und Severin zog hinsichtlich der Fahrten des Odysseus einige recht unorthodoxe Schlüsse. Früher war man immer davon ausgegangen, daß Odysseus durch das gesamte Mittelmeer geweht worden war; nach Libyen, Tunesien, Gibraltar, Malta und Italien. Nach Meinung von Severin jedoch wählte Odysseus für die Heimfahrt eine vernünftige und folgerichtige Route nach Ithaka. Alle bei Homer beschriebenen Orte lassen sich in Griechenland wiederfinden. Zum Beispiel kann man auf Kreta in den Legenden der Insel den einäugigen Zyklopen wiedererkennen, von dem Historiker annahmen, er lebte auf Sizilien. Eine wirklich verblüffende Hypothese, die jeden, der einmal in Griechenland segeln war, fasziniert. Es bleibt natürlich jedem selbst überlassen, welche Hypothese er für am schlüssigsten hält: die von Severin oder die etwas konventionellere Interpretation der Irrfahrt des Odysseus.
Die Replik der Galeere, mit der die Reiserouten der Helden nachgesegelt wurden, wurde übrigens auf Spetsai unter Anwendung antiker Techniken gebaut, wobei die einzelnen Planken aus Samospinie mit Zapfen und Zargen miteinander verbunden wurden. Die Galeere mißt 16 m Lüa., ist 2,85 m breit und hat einen Tiefgang von 0,3 m. Sie trägt eine Segelfläche von 28 m^2 und wird mit einem Zwillingsruder am Heck gesteuert. Die Crew setzte sich aus einem bunten internationalen Völkchen zusammen, zu dem u. a. Griechen, Türken, Russen, ein Bulgare, ein Syrer, ein Australier, Amerikaner, Norweger sowie Engländer und Iren gehörten.

Allgemeines
Die meisten Besucher reisen ohne die Segnungen klassischer Bildung nach Griechenland. Homer, Herodot, Thukydides, Plato, Aristoteles, Pausanias, Livius, Plinius und Catullus sind bestenfalls Namen, die man »mal gehört« hat. Und selbst wenn man sogar eines ihrer Werke gelesen haben sollte, sind sie uns doch nicht so vertraut wie den Schülern früherer Generationen: der Ruhm Griechenlands, die Macht, die byzantinische Pracht, die Greueltaten der Sarazenen und Türken, die romantischen Leidenschaften eines Lord Byron und anderer Hellasbegeisterter, die meist nur wenige kennen. In Griechenland besteht für viele Reisende die eigentliche Schwierigkeit darin, die antiken Orte, Denkmäler, Kastelle und Festungsanlagen überhaupt in den Ablauf der Geschichte richtig einzuordnen. Die folgende kurze Abhandlung griechischer Geschichte soll nur einen Überblick geben. Bei Detailfragen, exakten Daten oder weiterführenden Erklärungen muß anderweitig nachgeschlagen werden.

Prähistorische Zeit
Über das Leben in der Steinzeit (dem Neolithikum) ist aus dem ägäischen Raum kaum etwas bekannt. Da einige der Ägäisinseln bewohnt waren, müssen die Menschen zu jener Zeit auch gereist sein, denn irgendwie müssen sie ja dorthin gekommen sein. Beträchtliche Bedeutung kam dem Ort Milos zu, da dort Obsidian (Flintstein) gefunden wurde, der zur Herstellung von Messern, Schneiden, Speer- und Pfeilspitzen usw. benötigt wurde.

Kykladenkultur
Um 4000 v. Chr. lebten Menschen der Steinzeit in kleinen Kolonien auf den Kykladen und Kreta. Diese Gemeinschaften, die zumeist aus Bauern und Fischern bestanden, gediehen mit der Zeit, und man hat Kunstgegenstände aus Stein, Ton und Obsidian, später aus Metall gefunden. Kennzeichnend für diese Zivilisation waren geometrische Skulpturen, die man auch auf dem griechischen Festland und in Kleinasien ebenso wie als Grabbeigaben auf den Kykladen fand. Einige dieser Statuetten stellen Harfenspieler dar, und so hat diese Kultur den Spitznamen »Harfenisten« bekommen. Aus der weiten Verbreitung dieser geometrischen Statuen hat man die Schlußfolgerung gezogen, daß in der Ägäis Segelschiffe verkehrten, die selbst bis nach Frankreich und Spanien gelangt sein müssen.

Minoische Kultur (2000–1450 v. Chr.)
Um 2000 v. Chr. wanderten vom Balkan und der Türkei neue Völker in die Ägäis ein und brachten den »Fortschritt« der Bronzezeit mit. Diese Leute verstanden sich aber nicht nur auf die Kunst von Bronzearbeiten, sondern auch auf die Technik Mesopotamischer Drehkeramik. Und sie brachten die Muttergottheiten des Ostens mit. Das minoische Reich, dessen Zentren auf Kreta und Thira lagen, blühte auf und wurde zu einer vorherrschenden Kultur im östlichen Mittelmeerraum.
Es war eine bemerkenswert fortschrittliche und friedliche Kultur. Knossos auf Kreta war keine Festung, sondern ein Palast, der ebenso schön wie praktisch angelegt war. Minoische Künstler schufen Fresken, Keramiken und Schmuck, die sowohl anmutig wie auch höchst kompliziert waren und es mit heutiger Töpferkunst oder Schmuckdesign durchaus aufnehmen können. Die minoische Flotte trieb im gesamten Mittelmeer Handel und sorgte für Ordnung und Frieden unter dem Patronat der Muttergottheiten.
Die Zivilisation endete abrupt, vermutlich durch die erdgeschichtliche Katastrophe des Vulkanausbruchs auf Thira 1450 v. Chr. – eine der schwersten Eruptionen, von denen man weiß. Die Flutwellen und Erdbeben sowie der Aschenregen löschten die minoische Kultur »über Nacht« aus.

Mykenische Kultur, Dorer und Phönizier (1500–1100 v. Chr.)
Nach dem Verschwinden der minoischen Kultur wurde der Stadtstaat Mykene auf dem Peloponnes das Zentrum politischer und kultureller Macht in der Ägäis. Von 1300 bis 1100 v. Chr. war dieses Volk, die Achäer der Dichtung Homers, beherrschend; dann wurde es von den Dorern abgelöst, die von Norden her vordrangen. Mit den Dorern begann die Eisenzeit. Für gut zwei Jahrhunderte dämmerte Griechenland nun im Griff einer Epoche, die als das »dunkle Zeitalter« in die Geschichte eingegangen ist. In dieser Epoche verschwanden Schrift und Malereien. Die Dorer siedelten um die östlichen Sporaden und den Dodekanes, während die Phönizier von den südlichen Mittelmeerküsten aus die Seehandelsrouten kontrollierten. Um 900 v. Chr. entwickelte sich aus dem Chaos des »dunklen Zeitalters« eine selbständige Sprache.

Die griechische Klassik (800–27 v. Chr.)
Was heute als die »klassische« und »hellenische« Periode bekannt ist, begann um 800 v. Chr. und dauerte bis zur römischen Machtübernahme an. Vor dieser Epoche, die als Geburtsstunde der Stadtstaaten (Polis) angesehen wird, gab es kein vereinigtes Griechenland. Durch eine große Kolonisationsbewegung waren überall am Mittelmeer und am Schwarzen Meer Stadtstaaten entstanden, die sich zum Teil zu mehr oder weniger mächtigen Bündnissen zusammengeschlossen hatten.
Homer, Sappho, Alkaios und Archilochos gehören zu dieser frühen griechischen Kultur. Um 500 v. Chr. mußten sich die Griechen zum ersten Mal gegen die von Osten vordringenden Perser, die bei dieser Gelegenheit Naxos eroberten, zur Wehr setzen. Neun Jahre später holten die Perser zum zweiten Schlag aus, und die berühmten Schlachten von Marathon und Salamis wurden geschlagen. In der Seeschlacht von Salamis wurde die persische Flotte zerstört und die Perser wurden zurückgedrängt.
Athen, nunmehr der mächtigste Stadtstaat, gründete den Ersten Attischen Seebund (delisch-attischer Seebund), dem viele andere Stadtstaaten beitraten. Auf diese Weise kontrollierte Athen fast ganz Griechenland.
Bei verschiedenen Gelegenheiten verließen einige Stadtstaaten den Bund wieder, aber erst der Peloponnesische Krieg (431–404 v. Chr.) brachte Athen ernsthaft in Bedrängnis. Schließlich gewann Sparta den Krieg, wurde aber nicht so einflußreich wie zuvor Athen. In der Zwischenzeit wuchs die Macht der Inseln Rhodos, Kos, Chios und Lesvos. 330 v. Chr. eroberte Philipp II. von Makedonien einen Großteil Griechenlands; ein Werk, das sein bemerkenswerter Sohn, Alexander der Große, später vollendete. Griechenland gedieh auch weiterhin, aber ein Teil des Landes geriet unter römische Vorherrschaft.

Die Römer (27 v. Chr.–330 n. Chr.)
Im Jahre 27 v. Chr. wurde Griechenland ein Teil des römischen Imperiums. Fast vierhundert Jahre lang blieb Griechenland unter römischer Herrschaft, auch wenn das Land kulturell gesehen, kaum von Rom beeinflußt wurde. Griechisch blieb die offizielle Sprache, und den meisten Stadtstaaten wurde eine gewisse Autonomie gestattet. Nach und nach wurde Griechenland aber vom Christentum durchdrungen, das antike Rituale und Religionen verdrängte. Diese Entwicklung wurde mit dem Übertritt des römischen Kaisers Konstantin zum Christentum und der Gründung des Byzantinischen Reiches besiegelt.

Caïquen sind die traditionellen Frachtschiffe Griechenlands.

Das Byzantinische Reich (330–1204 n. Chr.)
Die Gründung der Stadt Konstantinopel und die Ausbreitung des Christentums bestimmten den Aufstieg des ersten christlichen Staates. 6 n. Chr. drangen zahlreiche Stämme nach Süden vor: Slawen, Awaren, Hunnen und Bulgaren fielen in Griechenland ein, auch wenn die Streitkräfte der Byzantiner viele Städte schützen konnten. Trotzdem wurden viele Inseln entvölkert und Städte dem Erdboden gleichgemacht. Als später auch noch die Sarazenen in der Ägäis ihr Unwesen trieben, wurden manche Inseln völlig verlassen. Kreta wurde von den Sarazenen für eine gewisse Zeit (810-961) vollständig eingenommen. Der Kaiser Nikephoros II. Phokas gewann die Insel zurück, aber die Macht der Byzantiner war am Schwinden. Die Kirchenbauten, genauer gesagt die Mosaiken und Fresken darin, sind eine bleibende Erinnerung an Byzanz.

Die Franken und Venezianer (1204–1550)
Auf dem vierten Kreuzzug wurde Konstantinopel 1204 geplündert und das Byzantinische Reich zwischen Venedig und zahlreichen anderen italienischen Abenteurern aufgeteilt. Auf den östlichen Sporaden setzten sich die Familien Gattelusi und Giustianini fest, Naxos kam in den Besitz von Marco Sanudo, und der Peloponnes erstarkte unter dem Geschlecht der Villehardouin zu einem der wichtigsten Herzogtümer. Auf Rhodos errichteten die Ritter des Johanniterordens ihre gut befestigte Hochburg, die sie 1522 an die Türken verloren. In dieser Zeit baute Venedig Kastelle und Festungen, die die Haupthäfen entlang der Handelsroute in die Ägäis sicherten. Viele dieser Festungen wurden noch von den Türken während ihrer Besatzungszeit gehalten.

Die türkische Besatzungszeit (1460–1830)
1453 nahmen die Türken Konstantinopel ein und beendeten die Herrschaft der Byzantiner; gegen Ende des 16. Jahrhunderts war ein Großteil Griechenlands unter türkischer Besatzung. Die türkische Okkupation war teilweise pure Tyrannei, auch wenn die Greueltaten der Türken oft übertrieben worden sind. Im 17. Jahrhundert gewannen die Venezianer einen Teil ihrer Besitzungen im Westen wieder zurück, und englische Abenteurer reisten kreuz und quer durch Griechenland und sammelten wertvolle Antiquitäten ein, die man heute im Britischen Museum bewundern kann. Heutzutage ist von der Türkenherrschaft kaum noch etwas zu sehen, da während der Unabhängigkeitskämpfe und auch danach die meisten Minarette und Moscheen zerstört wurden – mit Ausnahme auf Kreta und den östlichen Sporaden.

Der Unabhängigkeitskrieg (1822–1830)
1822 metzelten die Türken 25 000 Menschen auf Chios nieder. Diese Bluttat löste den leidenschaftlich geführten

Unabhängigkeitskrieg aus, und weite Teile Griechenlands erhoben sich gegen die türkischen Herrscher. Die Inseln Ydra und Spetsai unterstützten den Krieg höchst wirkungsvoll mit ihren großen Flotten, und der Krieg wurde endgültig gewonnen, als die alliierten Truppen aus Engländern, Russen und Franzosen die türkische Flotte in der Seeschlacht von Navarino einkesselten und zerstörten.

Das 20. Jahrhundert
Die junge Republik hatte einen äußerst wackeligen Start, und nach einer Serie von Attentaten setzte der Westen den damals noch unmündigen Prinzen Otto von Bayern auf den griechischen Thron. Er war nicht sehr populär und wurde durch Prinz Wilhelm von Dänemark ersetzt, der als Georg I. Nachfolger des bayerischen Thronprätendenten wurde und der sich als tragbar erwies. Schritt für Schritt gewann Griechenland an Land dazu: 1881 Thessalien und Epirus und die nördlichen Ägäisinseln nach dem Balkankrieg 1913. Im Ersten Weltkrieg kämpften die Griechen auf Seiten der Westmächte, und nach der Niederlage der Türken marschierten griechische Truppen an der Seite der Entente in Konstantinopel ein und unternahmen den verhängnisvollen Fehler, Gebiete in Kleinasien zu erobern. Als die Griechen schließlich zurückgedrängt wurden, wurde die türkische Bevölkerung, die noch in Griechenland lebte, gegen Griechen aus der Türkei ausgetauscht.
Im Zweiten Weltkrieg stand Griechenland an der Seite der Alliierten und gewann am Ende des Krieges den Dodekanes. Zu Beginn des Krieges hatte Griechenland versucht, neutral zu bleiben. Aber als Mussolini dem damaligen griechischen Ministerpräsidenten Joannis Metaxas eine Koalition vorschlug, schickte dieser ein kurzes Antwortschreiben mit »Ochi« – Nein!
Briten, Neuseeländer und Australier kämpften auf griechischem Boden, wurden von den anrückenden Deutschen aber überwältigt. Bis 1944 blieb Griechenland von den Deutschen besetzt.
Nach dem Krieg wurde das Land von einem blutigen Bürgerkrieg zerrissen, bis ab 1947 eine Reihe konservativer Regierungen wieder für Ruhe sorgte. Ein Putsch konservativ gerichteter Militärs leitete 1967 eine siebenjährige selbstherrliche Diktatur ein. Erst mit Karamanlis kehrte die Demokratie 1974 nach Griechenland zurück. 1981 wurde die erste sozialistische Regierung unter Papandreou ins Amt gewählt. 1986 trat Griechenland der Europäischen Gemeinschaft bei.

Klima und Wetter

An dieser Stelle sollen nur einige allgemeine Hinweise gegeben werden, da genaue und detaillierte Beschreibungen der spezifischen Wetterformen den einzelnen Abschnitten vorangestellt sind.

Windstärke
Alle Windstärken sind nach der Beaufort-Skala angegeben.

Winde
In den Sommermonaten kommen die Winde im Ionischen Meer und in der Ägäis vorwiegend aus N-lichen Richtungen. Die Beständigkeit N-licher Winde in der Ägäis war bereits in der Antike bekannt; damals erhielt dieser Wind den Namen »Etesien«, was von »Etos« (jährlich) abgeleitet ist. Heute ist der türkische Name »Meltemi« allgemein gebräuchlich.
Dieser Wind beginnt im Juni bzw. Anfang Juli zu wehen, erreicht im Juli/August seine größte Stärke und flaut gegen Ende September/Anfang Oktober wieder ab. In der N-lichen Ägäis kommt der Meltemi aus NE, in der mittleren Ägäis aus N und im S-lichen Bereich der Ägäis aus NW bis WNW: Tatsächlich beschreibt der Wind von der N-lichen zur S-lichen Ägäis einen Bogen von NE bis NW. In seinen Stärken variiert er von Bft 4 bis Bft 7–8. Im N und S der Ägäis weht der Meltemi weit weniger als in der Mitte.
Der Meltemi ist eine Folge unterschiedlicher Luftdruckgebiete: zwischen dem Tiefdruckgebiet über Pakistan (Monsun-Tief), dessen Einfluß bis ins östliche Mittelmeer spürbar ist, und dem Hochdruckgebiet über den Azoren, das das westliche Mittelmeer beeinflußt. Das Gefälle zwischen diesen beiden stabilen Druckgebieten erzeugt im Sommer konstante N-liche Winde.
Im Winter sind die Gradienten über dem östlichen Mittelmeer nicht sehr ausgeprägt, und der Wind kommt selten konstant aus einer Richtung. N-liche und S-liche Winde treten etwa in derselben Häufigkeit auf. Winterstürme sind das Ergebnis kleiner Tiefs, die in E-liche Richtung ziehen: entweder SE-wärts nach Zypern oder NE-wärts zum Schwarzen Meer. Auch wenn diese Tiefdruckgebiete nur eine geringe Ausdehnung haben, können sie doch recht schwere Stürme verursachen. Im Winter 1979/80 wurden bei einem Sturm 10–11 Windstärken gemessen, und in einer ungeschützten Bootswerft auf Kreta wurde eine Yacht aus ihrem Lagerbock gerissen.
Diese Tiefs können sich sehr schnell entwickeln, und ihre Zugbahnen sind nur schwer vorherzusagen, weil sie so schnell ziehen.
Oft wirken diese Tiefs im Ionischen Meer und in der S-lichen Ägäis nach.

Der Turm der Winde
Wenn man durch das alte Viertel von Athen, die Plaka, schlendert, kommt man unweigerlich am »Turm der Winde« vorbei, der in unmittelbarer Nähe des Römischen Marktes steht. Erbaut wurde der Turm im 1. Jahrhundert v. Chr. von dem makedonischen Astronomen, Andronikos von Kyrrhos, und der achteckige Turm ist aus mehreren Gründen bemerkenswert: An allen acht Seiten sind Marmortafeln mit geflügelten Figuren angebracht, die den jeweiligen Wind, der aus dieser Richtung weht, symbolisieren. Ursprünglich war der Turm mit einer Kuppel versehen, auf der eine drehbare Bronzefigur des Triton mit ihrem Stab in die Richtung zeigte, aus der der Wind kam. Der Turm besaß aber auch eine Wasser- sowie acht Sonnenuhren, die zwischen den Figuren der Winde angebracht waren. Die Wasseruhr, für die ein Behälter an der Südseite des Daches mit Wasser gespeist wurde, zeigte die Stunden

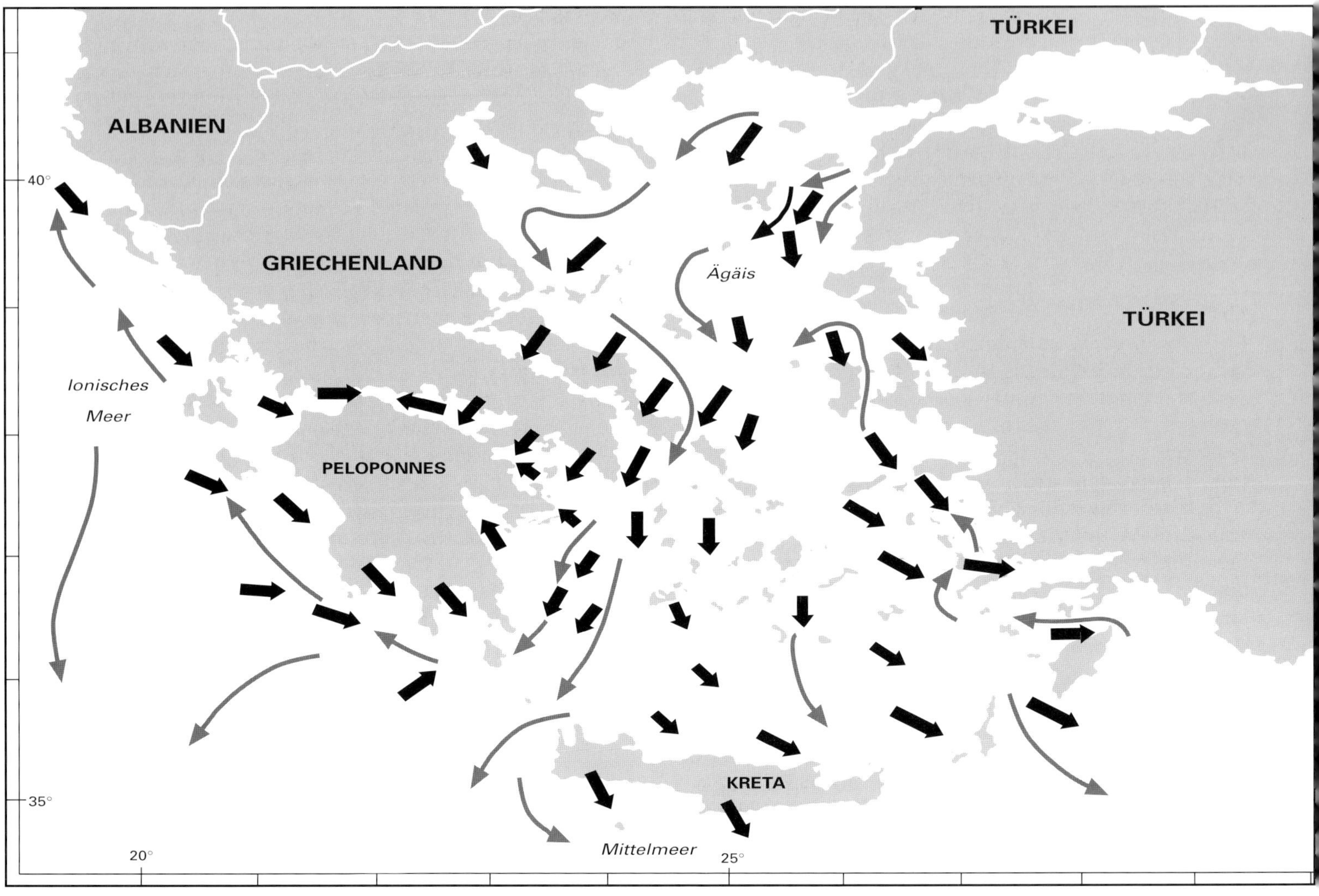

Windbezeichnungen Nordwind: Vorias, Boreas, Tramontana; Nordostwind: Vorias Anatolikos, Gregorio, Grego; Ostwind: Anatolikos, Levante, Ageliotes; Südostwind: Notios Anatolikos, Sirocco, Souroko, Euros; Südwind: Notios, Ostra; Südwestwind: Notios Ditikos, Garbis; Westwind: Pounente, Ditikos, Zephyros; Nordwestwind: Vorias Ditikos, Maistro, Schiron; Nordwind: Etesians, Meltemi

an. Das Bemerkenswerteste aber ist, daß die acht Seiten des Turmes exakt nach der Kompaßrose ausgerichtet sind. Das ist insofern erstaunlich, weil der Kompaß in seiner Urform erst mehr als tausend Jahre später in Europa eingeführt wurde.

Darüber hinaus fliegen die Figuren, die die Winde darstellen, gegen den Uhrzeigersinn, was genau der Richtung entspricht, in der auch Tiefdruckgebiete drehen, die ins Mittelmeer hineinkommen. Die Winde der Tiefdruckgebiete treten nach dem selben Muster und der selben Folge auf, wie am Turm gezeigt.

Die Figuren

Nord: Boreas – grimmiger und kalter Nordwind; dargestellt von einem bärtigen alten Mann, der in einen dicken Mantel gehüllt ist, an dessen Falten der Wind zerrt.

Nordost: Kaikias – bitterkalter Wind; dargestellt von einem Mann, der ein Gefäß hält, aus dem Oliven fallen. Die Darstellung soll die Gefahr dieses Windes für die wertvolle Ernte ausdrücken.

Ost: Agiliotis – ein hübscher junger Mann trägt Blumen und Früchte, was die milde, freundliche Natur dieses Windes beschreibt.

Südost: Euros – von einem alten Mann symbolisiert, der seinen rechten Arm in seinen Mantel eingehüllt hat; Vorbote eines stürmischen Südost-Windes.

Süd: Notios – eine säuerlich dreinschauende Figur leert eine Urne, die Regen und schwüles Wetter beinhaltet.

Südwest: Libs – dargestellt von einer Figur, die sich gegen den Bug eines Schiffes stemmt. Dieses Symbol stellt die Widrigkeit dieses Windes für Schiffe dar, die von Athen auslaufen.

West: Zephyros – ein schöner Jüngling, der einen Schwall Blumen in die Luft wirft, stellt den milden West-Wind dar.

Nordwest: Skeiron – ein bärtiger Mann mit einem Gefäß in der Hand symbolisiert diesen Wind. Diese Darstellung kann verschieden interpretiert werden: Entweder trägt er dieses Gefäß, um gelegentliche Regenschauer anzudeuten, oder aber als Holzkohlengefäß, mit dem er die Flüsse austrocknet.

Nebel

Nebel sind sehr selten. Sie treten im Winter oder im Frühjahr auf, wobei ihre größte Häufigkeit im Januar an der Einfahrt zu den Dardanellen (3,8 %) und im Saronischen Golf (2,6 %) beobachtet wurde. Langjährige Segelerfahrungen in griechischen Gewässern haben gezeigt, daß Nebel höchst selten auftritt.

Frühnebel
In manchen Seegebieten, insbesondere im nördlichen Ionischen Meer und in Nordgriechenland, kann beim Zusammentreffen bestimmter Bedingungen in den frühen Morgenstunden Nebel auftreten. Normalerweise löst sich dieser Nebel aber bereits am Morgen wieder auf, kann unter besonderen Umständen aber auch bis zum Mittag anhalten.

Sicht
Im Sommer können Staubpartikel in der Luft die Sicht auf bis zu 2 Seemeilen herabsetzen; das kommt jedoch nur äußerst selten vor.

Gewitter
Im Frühjahr und Herbst treten Gewitter, die von Sturmböen begleitet werden, am häufigsten auf. Für gewöhnlich sind diese Gewitter kurz, sie können zwischen einer und drei Stunden andauern. Das Auftreten von Gewittern über dem Festland und den Inseln ist unterschiedlich: Im Frühjahr und Herbst ist die Häufigkeit von Gewittern über dem Festland größer, im Winter über den Inseln.

Wasserhosen
Im Winter und Frühjahr sind in manchen Regionen Wasserhosen beobachtet worden. Glaubwürdige Berichte von diesem Phänomen kommen hauptsächlich aus dem Norden des Ionischen Meeres, insbesondere aus dem Gebiet um die Einfahrt in den Golf von Patras sowie der Passage zwischen Kephallinia und Zakynthos.

Luftfeuchtigkeit
Die relative Luftfeuchtigkeit ist im östlichen Mittelmeer sehr gering. Im Winter beträgt der durchschnittliche Wert um 14.00 Uhr GZ 50–75 %, im Sommer 35–55 %.

Wassertemperatur
Die monatlichen Durchschnittswerte variieren erheblich. Im Winter (Februar) betragen die mittleren Werte 10° C im Norden und 16° C im Süden. Im Sommer (August) ist das Wasser im Norden durchschnittlich 23° C warm, im Süden 25° C.

Wolken
Im Sommer sind Wolken oder gar geschlossene Wolkendecken selten. In den nördlicheren Regionen und im Ionischen Meer treten in den Wintermonaten häufiger Wolken auf als in den südlicheren Gebieten.

Seegang
Auch wenn der Seegang nie so hoch wird wie die Atlantikdünung, können Winde aus westlichen oder südlichen Richtungen doch gelegentlich schon einmal recht starken Seegang verursachen. Im Mittelmeer sind die Seen aber kürzer und steiler und können heftiger sein als beispielsweise im Englischen Kanal. Läuft man bei Windstärken von Bft 5 bis 6 einen Kurs luvwärts, kann das eine sehr feuchte und ungemütliche Angelegenheit werden.

Strömungen
Im östlichen Mittelmeer gibt es einen Strom, der in etwa gegen den Uhrzeigersinn gerichtet ist. Er setzt vor der türkischen Küste entlang nordwärts, dreht in der nördlichen und mittleren Ägäis nach Westen bzw. Südwesten, bevor er dicht unter der griechischen Küste um den Peloponnes herum nach Norden ins Ionische Meer setzt. Durch die vielen Inseln und Meerengen kann der Strom abgelenkt werden, so daß er an manchen Stellen genau entgegengesetzt zum Hauptstrom setzt. Wo immer es möglich ist, werden die Besonderheiten einzelner Passagen oder Seegebiete in den jeweiligen Kapiteln beschrieben.

Wasserstand
Im großen und ganzen wird die Höhe des Meeresspiegels im östlichen Mittelmeer stärker vom Wind als von den Gezeiten beeinflußt. Auch der Luftdruck beeinflußt den Wasserstand. Bei hohem Luftdruck und ablandigem Wind sinkt der Meeresspiegel, und folglich steigt er bei niedrigem Luftdruck und auflandigem Wind.

Gezeiten
Der Tidenhub bei Springhochwasser variiert zwischen 10 und 80 Zentimeter. Die größten Gezeitenunterschiede treten im Pagasäischen Golf, Pagasitikos Kolpos, und im Golf von Euböa auf. Mit Ausnahme der Meerenge zwischen Euböa und dem griechischen Festland, wo bei Chalkis Stärken bis zu 7 kn erreicht werden können, sind Gezeitenströme in Griechenland im allgemeinen schwach.

Routen
Da der Wind im Sommer konstant aus Nord weht, ist das Planen einer Törnroute recht einfach. Im Frühjahr sollte man im Norden bleiben und erst mit den nördlichen Sommerwinden seinen Kurs nach Süd oder Ost absetzen.

Wettervorhersage
Da alle griechischen Seegebiete von großen hohen Landmassen umgeben sind, ist es extrem schwierig, Windrichtungen und -stärken vorherzusagen. Auch wenn der griechische Wetterdienst sein Bestes tut, lassen sich für viele Seegebiete keine genauen Vorhersagen treffen. Warnungen vor Tiefdruckgebieten werden zwar gegeben, aber auch hierbei ist die Entwicklung oft schwer vorhersagbar.

Seewetterbericht

Rundfunksender

Zeit (GZ)	Name	Frequenz (kHz)
0330 (Sommerzeit)	Athinai	729
in Englisch	Kerkyra	1008
und Griechisch	Khania	1512
	Komotoni	1404
	Patrai	1485
	Rodos	1494
	Samos	1602
	Thessaloniki	1044
	Volos	1485
	Zakinthos	827

Um 1030 Uhr (SZ) werden auf den o. a. Frequenzen in Griechisch Sturmwarnungen und eine Übersicht über das Wetter im Mittelmeer ausgestrahlt.
Alle o. a. Zeitangaben gelten während der Winterzeit eine Stunde später.
Der Rundfunksender Voice of America strahlt zu jeder vollen Stunde in Englisch für das Gebiet Athen und Attika eine kurze Wetterübersicht auf 1590 kHz aus.

UKW-Sprechfunk
Die abgesetzten UKW-Stationen der Küstenfunkstelle Athinai geben auf Ersuchen und gebührenfrei in englischer oder griechischer Sprache für die griechischen Küstengewässer und Seegebiete Sturmwarnungen und Vorhersagen (Ruf: Hellas Radio).

Station	UKW-Kanal	Position
Andros	24	37°51'N 024°56'E
Astypalea	23	36°36'N 026°20'E
Chios	85	33°23'N 026°03'E
Faistos	26, 27	35°00'N 025°12'E
Gerania	02, 64	38°00'N 023°20'E
Ikaria	25, 28	37°37'N 026°17'E
Kalamata (Monastri)	27	37°13'N 021°58'E
Kalamata (Petalidi)	03, 24, 86	36°56'N 021°52'E
Karpathos	03	35°28'N 027°10'E
Kefallinia	26, 27,28	38°08'N 020°40'E
Kerkyra	02, 03, 64	39°45'N 019°52'E
Knossos	83, 84	35°17'N 024°53'E
Koryfi	87	37°46'N 021°26'E
Kythira	85, 86	36°09'N 022°59°E
Lichada	01	38°52'N 022°53'E
Limnos	82, 83	39°52'N 025°04'E
Milos	82	36°41'N 024°24'E
Moystakos	04	35°18'N 023°37'E
Mytilini	01, 02	39°04'N 026°21'E
Parnis	61, 62, 63	38°10'N 023°44'E
Patmos	84	37°18'N 026°32'E
Patra	85	38°14'N 021°47'E
Perama	25, 26, 86, 87	37°58'N 023°35'E
Petalidi	23, 83, 84	36°56'N 021°52'E
Pilion	03, 60	39°22'N 022°57'E
Poros	27, 28, 88	37°30'N 023°27'E
Rodos	01, 03	36°16'N 027°56'E
Sfendami	23, 24	40°25'N 022°31'E
Sitia	85, 86	35°12'N 026°06'E
Syros	03, 04	37°27'N 024°56'E
Thasos	25, 85	40°47'N 024°43'E
Thessaloniki	03, 23, 26	40°38'N 022°57'E
Thira	26, 87	36°25'N 025°26'E
Tsoukalas	26, 27	40°23'N 023°28'E

Alle Stationen hören UKW-Kanal 16 ab und geben Sammelanrufe um h+00 stündlich auf den jeweiligen Arbeitskanälen.

Grenzwelle
Auf Grenzwelle strahlen die griechischen Küstenfunkstellen in Englisch und Griechisch Seewetterberichte wie folgt aus:

Zeit (UTC)	KüFüSt	Frequenz (kHz)
0703, 0933, 1503, 2103	Athinai	2590
0703, 0903, 1533, 2133	Chios	1820
	Iraklion	2799
	Kerkyra	2830
	Limnos	2730
	Rodos	2624

Im griechischen Fernsehen werden Wetterberichte (mit synoptischen Karten, auf denen Windrichtungen und -stärken angegeben sind) nach den Nachrichten um 21.30 Uhr Ortszeit ausgegeben. In nahezu jedem Café gibt es ein Fernsehgerät, wo man diese Wetterberichte sehen kann.

Deutschsprachige Seewetterberichte

Deutsche Welle
Während des Reisejournals strahlt die Deutsche Welle eine ausführliche Wetterlage, Vorhersage für 24 Stunden sowie Stationsmeldungen nach der Bordwetterkarte Nr. 11 des Seewetteramtes aus:
Montags bis samstags zwischen 15.55 und 16 Uhr (UTC), am Sonntag zwischen 17.55 und 18 Uhr (UTC) auf 6075, 9545 und 15135 kHz (WZ 1 Std. später).
Über Satellit Astra 1A: Transponder 2 auf 11,229 GHz mit der Frequenz 7,38 MHz; via Eutelsat II-F1: Transponder 27 auf 11,163 GHz mit der Frequenz 7,02 MHz.

Radio Österreich International
Um 05.45 (UTC) werden auf 6155, 13730, 15410 und 17870 kHz sowie um 15.45 (UTC) auf 6155, 9880 und 13730 kHz Seewetterberichte für das östliche Mittelmeer vom 29. 3. bis 31. 10. eines Jahres ausgestrahlt.

NAVTEX (Navigational Warnings by Telex)
In Griechenland soll NAVTEX gut funktionieren, auch wenn die Positionierung der Küstenfunkstellen nicht immer optimal ist. Die Empfangsantenne sollte so hoch wie möglich angebracht werden, damit der Empfang nicht von Landmassen blockiert werden kann. Die NAVTEX-Meldungen werden in Griechenland in englischer Sprache übermittelt.
Die nautischen Warnnachrichten werden in drei Dringlichkeitsstufen unterschieden:
»Vital« (lebenswichtig) - sofortige Übermittlung.
»Important« (wichtig) - für die Übermittlung in der nächst erreichbaren Sendeperiode.
»Routine« - für die Übermittlung in der nächsten planmäßigen Sendeperiode.
Für die folgenden Themen werden nachstehende Kennzeichnungen benutzt:
A Nautische Warnnachrichten
B Meteorologische Warnnachrichten
C Eisberichte
D Informationen über Seenotfälle
E Wettervorhersagen
F Informationen der Lotsendienste
G Informationen über DECCA

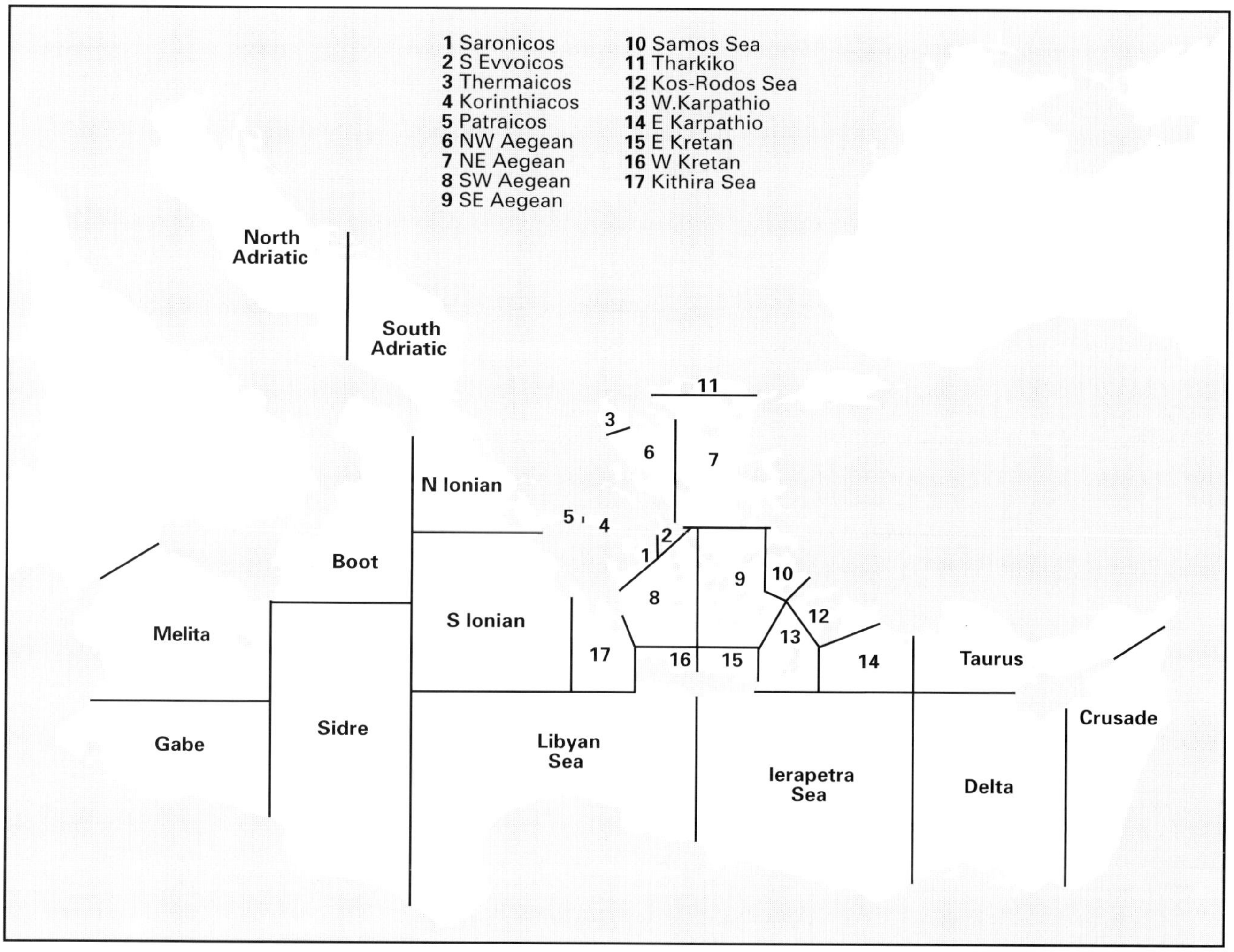

Griechische Wettervorhersagegebiete.

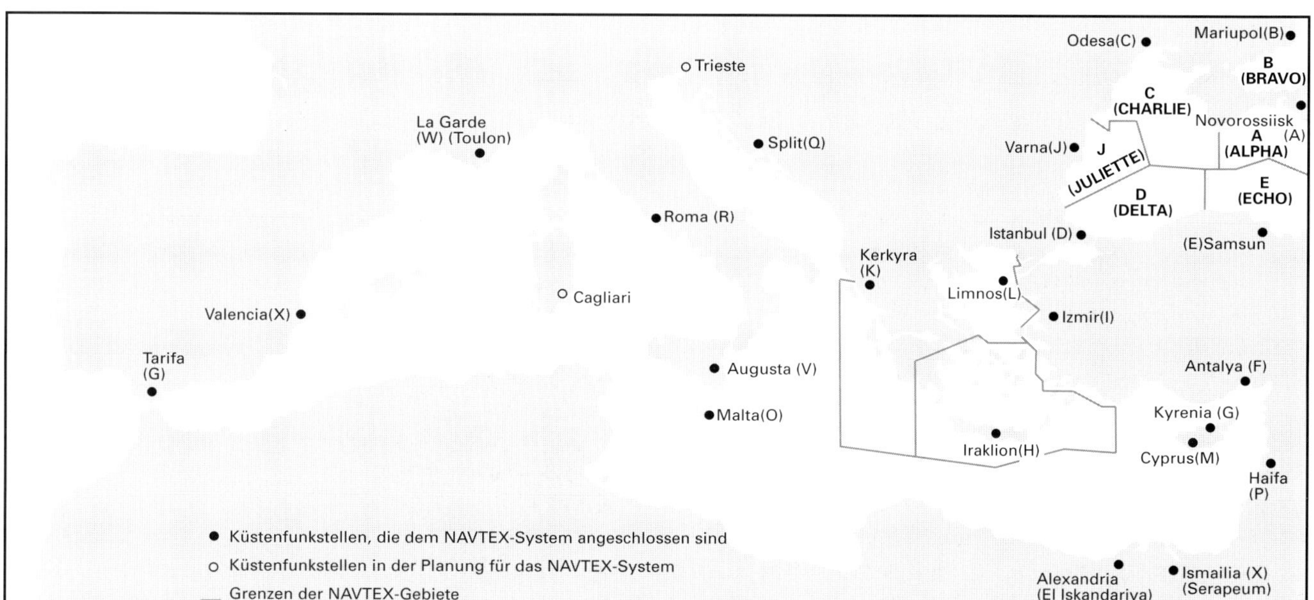

NAVTEX-System im Mittelmeer und Schwarzen Meer (NAVAREA III)

H Informationen über LORAN-C
I Informationen über OMEGA
J Informationen über SATNAV
K Informationen über sonstige elektronische Navigationsverfahren
L Nautische Warnnachrichten; Fortsetzung zu A
V
W Spezielle Nachrichten (national geregelt)
Y
Z QRU (Es liegen keine Meldungen vor)

Regionale Wetterregeln

Das Folgende ist eine kurze Zusammensetzung regionaler Wetterregeln, die an vielen Orten und bei vielen Gelegenheiten gesammelt wurden. Natürlich kann sich niemand für die Richtigkeit solcher Beobachtungen verbürgen, aber als hilfreicher Hinweis bei der Törnplanung sind sie allemal zu verwenden.

1. Eine lange weiße zigarettenförmige Wolke über einer Insel (insbesondere in den Kykladen) ist ein sicheres Vorzeichen für Meltemi. Die Wolke bildet sich normalerweise schon, bevor der Wind zu wehen beginnt und bleibt dann aber auch während des Meltemis an ihrem Platz.
2. Wenn tiefe dicke Wolken die Gipfel der Berge verhängen, ist dies im Ionischen Meer die Vorwarnung eines heftigen Maistros, des trockenen Nordwestwindes.
3. Wenn im Sommer das Deck am Morgen trocken ist, bedeutet das Wind, ist es dagegen jedoch betaut, ist mit wenig oder gar keinem Wind zu rechnen.
4. Die Formen der einzelnen Phasen bei Neumond kündigen an, ob es im nächsten Monat heftige Winde geben wird oder nicht. Wenn sich die Sichel in der Neumondphase senkrecht oder seitwärts formt (der Mond kann das Wasser nicht halten), sind keine Starkwinde zu erwarten. Entwickelt sich der Mond horizontal (der Mond kann das Wasser halten), dann wird der kommende Monat sehr windig.

Flugfunkfeuer

Station	Position	Kennung	Frequenz (kHz)	Reichweite (sm)
Preveza	38°55,00'N 020°46,00'E	PRV	353	50
Kerkyra	39°35,20'N 019°54,63'E	KEK	403	25
Amalias (nur am Tage)	37°46,50'N 021°20,83'E	AML	367	100
Kalamata (nur am Tage)	37°03,50'N 022°01,60'E	KTA	348	45
Korinthos	37°55,77'N 022°56,18'E	KOR	392	50
Aigina	37°46,02'N 023°25,60'E	EGN	382	50
Kavouri	37°48,92'N 023°45,60'E	KVR	357	200
Cap Sounion	37°40,27'N 024°02,89'E	SUN	319	50
Milos	36°41,90'N 024°02,89'E	MLO	378	25
Nisos Thira	36°24,07'N 025°28,85'E	THR	307	80
Karystos	38°00,86'N 024°24,83'E	KRS	285	50
Alexandroupolis	40°51,45'N 025°56,65'E	ALP	351	100
Kastellorizon	36°08,60'N 029°34,60'E	KZO	416	25
Skiathos	39°10,50'N 023°30,07'E	SKC	326	(0,025 kW)
Limnos/ Ormos Moudros	39°55,48'N 025°14,93'E	LIO	429	150
Samos	37°41,18'N 026°55,02'E	SMO	375	80
Rodos/ Paradisi	36°25,17'N 028°07,12'E	ROS	339	150
Kos	36°47,70'N 027°05,50'E	KOS	311	25
Karpathos	35°25,25'N 027°09,03'E	KRC	314	25
Soudha	35°31,39'N 024°09,62'E	SUD	409	200

Küstenfunkstellen

Auf UKW und auf 2182 kHz verwendet man beim Anruf der griechischen Küstenfunkstellen »Hellas Radio«. Wenn man eine Antwort bekommen möchte, ist es geschickter, wenn man sein Rufzeichen statt des Yachtnamens angibt. Alle Stationen der Wasserschutzpolizei sind mit UKW-Sprechfunkgeräten ausgestattet und hören auf Kanal 08, 12, 16 und 19.

Nachfolgend die wichtigsten Küstenfunkstellen:

Küstenfunkstelle	Rufzeichen	Anruf	Sammelruf	Zeit
Athinai	SVN	2182 kHz	2590 kHz	h+05 gerade Stunde
Chios	SVX	2182 kHz	1820 kHz	h+03 jede Stunde
Limnos	SVL	2182 kHz	2730 kHz	h+05 jede Stunde

Der Kanal von Korinth (Dioryx Korinthou) ist auf UKW-Kanal 11 zu erreichen. Der Ruf für den Lotsen lautet »Isthmia Pilot«.

Die Kanalbehörde ÑCorinth Canal Co. SA, Isthmiaì hält jeweils am Dienstag zwischen 08.00 und 18.00 Uhr (GZ) den Kanal für Wartungsarbeiten geschlossen.

Hinweise zu Hafenplänen und andere Angaben

Die Aussprache der griechischen Namen ergibt einige Probleme. Nicht zuletzt sind diese Schwierigkeiten dafür verantwortlich, daß eine korrekte Übersetzung ins Deutsche zu unterschiedlichen Schreibweisen führt. Auch örtlich gesprochene Dialekte überlagern das Neugriechische wie zum Beispiel bei Levkas, das regional als Levkada bezeichnet wird. Um die Verwirrung aber perfekt zu machen, existieren auch noch »alte« Namen, die Venezianer, Türken, Franzosen, Italiener oder Engländer geprägt haben und die immer noch für einen Ort gebräuchlich sind, wie beispielsweise Korfu statt Kerkyra, Santorin statt Thira, Kreta statt Kriti, Piräus und nicht Pireefs.

Wegen dieser Unterschiede wurden die Ortsbezeichnungen und Schreibweisen gewählt, die auch auf den deutschen Seekarten zu finden sind.

Abkürzungen

In diesem nautischen Reiseführer werden alle Kompaßrichtungen in den international gebräuchlichen Großbuchstaben angegeben. So ist u. a. Nord eben N, Südost ist SE etc.

Hafenpläne
Hafenpläne und Karten dienen ausschließlich der Illustration des Textes, der die Informationen stets in der gleichen Form übersichtlich wiedergibt: Allgemeines, Ansteuerung, Liegeplatz, Versorgung.
Da viele Pläne nach eigenen Skizzen des Autors angefertigt wurden, sollten sie nicht zur Navigation verwendet werden.

Fotos
Die meisten Fotos in diesem Buch wurden vom Autoren aufgenommen, viele davon unter erschwerten Bedingungen – bei unterbesetzter Crew, beim Einhandsegeln oder schlechten Lichtverhältnissen. Folglich läßt die Qualität manchmal etwas zu wünschen übrig. Außerdem gibt es viele Gebiete, in denen Fotografieren aus Gründen »militärischer Sicherheit« verboten ist. Derselbe Grund, weshalb auch Luftbilder kaum verfügbar sind.

Richtungsangaben
Kurse, Peilungen und Richtlinien sind in Graden von 0° bis 360° rechtweisend angegeben. Die Angaben zu den Peilungen der einzelnen Sektoren der Leuchtfeuer sind rechtsherum zählend und von See bzw. von einer Yacht aus angegeben.

Mißweisung
In griechischen Gewässern ist die Mißweisung sehr gering und kann für die allgemein üblichen kleinen Törns vernachlässigt werden. Die Abweichungen variieren von 0,5 bis 2 Grad, meistens beträgt die Mißweisung etwas mehr als 1 Grad Ost.

Tiefenangaben
Alle Tiefen sind in Metern angegeben und basieren auf mittlerem Springniedrigwasser. Die Lotungen des Autors können gelegentlich einen halben Meter weniger betragen, als es tatsächlich der Fall ist. Das liegt u. a. an dem unebenen Meeresboden; in der Praxis wird dies aber nicht erheblich sein.

Kurzübersicht

Zu Beginn jedes Kapitels gibt die »Kurzübersicht« eine Zusammenfassung der Informationen: Ports of Entry, Sperrgebiete, Funkfeuer und die wichtigsten Leuchtfeuer. Danach folgt eine tabellarische Übersicht der Häfen und Ankerplätze, die in dem jeweiligen Kapitel beschrieben werden. Informationen über Schutz, Liegeplatz und ob es Treibstoff, Wasser und Lebensmittel gibt, sind so auf einen Blick zu entnehmen. Komprimierte Angaben mit Hilfe eines solchen Rasters zu geben ist schwierig und die Angaben naturgemäß unvollständig. Eine solche Übersicht kann bei der Routenplanung jedoch ganz hilfreich sein und als »Gedankenstütze« bei der Wahl des Hafens dienen.

Abkürzungen in Kurzübersicht
Schutz
A – hervorragend
B – gut bei vorherrschenden Winden
C – vernünftiger Schutz, aber ungemütlich, gelegentlich gefährlich
O – Schönwetterplatz, der nur bei ruhigem Wetter aufgesucht werden sollte
Liegeplatz
A – mit Bug oder Heck
B – längsseits
O – auf Reede
Treibstoff
A – am Kai
B – in der Stadt
O – nicht erhältlich oder nur begrenzt
Wasser
A – am Kai
B – in der Stadt
O – nicht erhältlich oder nur begrenzt
Lebensmittel
A – hervorragend
B – die meisten Lebensmittel sind erhältlich
C – mageres Angebot
O – keine / nicht erhältlich
Tavernen
A – hervorragende Auswahl
B – durchschnittliche Auswahl
C – eine oder zwei Tavernen
O – nicht vorhanden
Hinweis: Diese Daten sagen nichts über die Qualität des Essens in den Tavernen aus.

Hafenpläne
Hafenpläne und Karten veranschaulichen den Text.

Hafengebühren
Zur Orientierung sind bei einigen Hafenbeschreibungen die Hafengebühren genannt; als Beispiel dienen hier die täglich anfallenden Kosten für eine 12-m-Yacht während der Saison. Da die Höhe dieser Gebühren von Saison zu Saison schwanken kann, wurden die Preise in Kategorien zusammengefaßt:
1 – keine Liegegebühren
2 – niedrige Liegegebühren (ca. DM 45,–)
3 – mittlere Liegegebühren (DM 45,– bis 75,–)
4 – hohe Liegegebühren (DM 75,– bis 105,–)
5 – sehr hohe Liegegebühren (über DM 105,–)

Symbole und Abkürzungen in den Plänen
Alle Pläne sind nach Nord ausgerichtet. Die Entfernungen sind in Metern (m) oder Seemeilen (Nautical Miles) angegeben, die Tiefen in Metern (m). Die verwendeten Symbole und Abkürzungen entsprechen den Spezifikationen der International Hydographic Organization. Nachfolgend wurden die wichtigsten Begriffe aus den Karten übersetzt.

 : Wegpunkt

: Wassertiefen in Meter

: Gebiet mit Wassertiefe von 1 m und weniger

 : Felsen, weniger als 2 m unter Kartennull

 : Felsen, überspült bzw. in Höhe Kartennull

	Untiefe oder Felsen mit der angegebenen Wassertiefe
	Wrack, teilweise über Wasser
	Stromwirbel
	Wrack
	gefährliches Wrack
	Steinschüttung an einer Mole
	Felsen, ständig über Wasser
	Klippen
	Ankerplatz
	Ankern verboten
	Kirche
	Schornstein
	Ruinen
	Windmühle
	Kastell, Festung
	Häuser, Gebäude
	Flughafen
	Wasserschutzpolizei
	Zoll
	Fischzucht
	Pinie
	Baum
	Wasser
	Treibstoff
	Travellift
YC	Yachtclub
	Touristenbüro
	Postamt
O.T.E.	Telefonamt
	Stromanschluß
▲	Einreisehafen (Port of Entry)
○	Funkfeuer
	Ölplattform
	Yachten
	Yachthafen, Marina
	Yachtliegeplatz
	Caïquen oder einheimische Boote
	Leuchtfeuer
	Leuchtturm
	Bake
	Backbord-Fahrwassertonne
	Steuerbord-Fahrwassertonne
	Festmachetonne
Aero	Luftfahrtfeuer
Dir	Leitfeuer
F	Festfeuer
Fl	Blitzfeuer
Fl (2)	Blitzfeuer mit Gruppen
Iso	Gleichtaktfeuer
Ldg	Richtfeuer
LFl	Blinkfeuer
Oc	Unterbrochenes Feuer
Q	Funkelfeuer
VQ	Schnelles Funkelfeuer
R	Rot
G	Grün
W	Weiß
B	Schwarz

Y	Gelb
M	Seemeile
hor	waagerecht
occ	zeitweise
vert	senkrecht
s	Sand
m	Schlick
w	Seegras
r	Fels

Aero RC	Flugfunkfeuer
Anc./Ancient	antik
Anchorage	Ankerplatz
Approach	Ansteuerung
Awash	überspült
Bar	Barre
Belfry	Glockenturm
Bn/Beacon	Bake
Buoyed channel	betonnte Fahrrinne
Breakwater	Wellenbrecher
Cable	Kabel
Castle	Kastell, Festung
Causeway	Damm
Cave	Höhle
Cemetery	Friedhof
Chandler	Bootszubehör
Chapel	Kapelle
Chimney	Schornstein
Clock tower	Uhrturm
Coaster	Küstenfrachtschiff
Commercial quay	Handelskai
Communication tower	Funkturm
Concrete block	Betonblock
Conspic.	auffällig
Cupola	Kuppel
Customs	Zoll
Dome	Dom
Dredged channel	gebaggerte Fahrrinne
Ferry	Fähre
Ferry turning area	Wendestelle für Fähren
Fish farm	Fischzucht
Floating dock	Schwimmdock
Footbridge	Fußgängerbrücke
Foul	unrein
Freshwater spring	Süßwasserquelle
Fuel	Treibstoff
Fuel barge	Bunkerboot
Generating station	Kraftwerk
Grave	Grab
Gust	Böe
Harbourmaster	Hafenmeister
Hard standing	Landstellplatz
Hydrofoil	Tragflügelboot
Jetty	Anleger
Laid mooring	Mooring, saisonal
Least depth	Mindesttiefe
Ledge	Riffkante
Local boat	einheimisches Boot
Loading gantry	Ladebrücke
LtHo	Leuchtturm

Marina office	Marinabüro
Monastery	Kloster
Mont	Monument
Mooring buoy	Festmachetonne
Mill	Mühle
Mosque	Moschee
Mud flat	Schlickbank
Mussel bed	Muschelkultur
Nautical mile	Seemeile
Ore slap heap	Schlackehalde
Overhead cable	Überwasserkabel
Partially submerged	teilweise unter Wasser
Patrol boat	Küstenwachboot
Permanent mooring	Dauermooring
Pilot	Lotse
Pine	Pinie
Pipeline	Rohrleitung
Port Captain	Hafenkapitän
Port of Entry	Einreisehafen
Power Station	Elektrizitätswerk
Prevailling wind	Hauptwindrichtung
Prohibited	verboten
Pylon	Hochspannungsmast
Quay	Kai
Ravine	Schlucht
Reclaimed land	aufgespültes Land
Reef	Riff
Rk/Rock	Fels
RoTr	Funkturm
Ruined Houses	Ruinen
Salt plan	Saline
Scarf	Abbruchkante
Sewer outlet	Abwassereinleitung
Shallow	Untiefe
Shelve	Sockel
Shower	Dusche
Slipway	Slipbahn
Slope	Hang
Spire	Kirchturm
Steep cliff	Steilklippe
Steep-to	steil
Step	Stufe
Submerged	unter Wasser
Tomb	Grabstätte
Tr/Tower	Turm
Travel-lift	Travellift
Tripper boat	Ausflugsboot
Tug	Schlepper
Turret	Türmchen
Unlit	unbefeuert
Wall	Stadtmauer
Wharf	Ladeplatz
Wind-gen.	Windmotor
Windmill	Windmühle
Wooded	bewaldet
Work on progress	im Bau
Wreck	Wrack
Yard	Werft

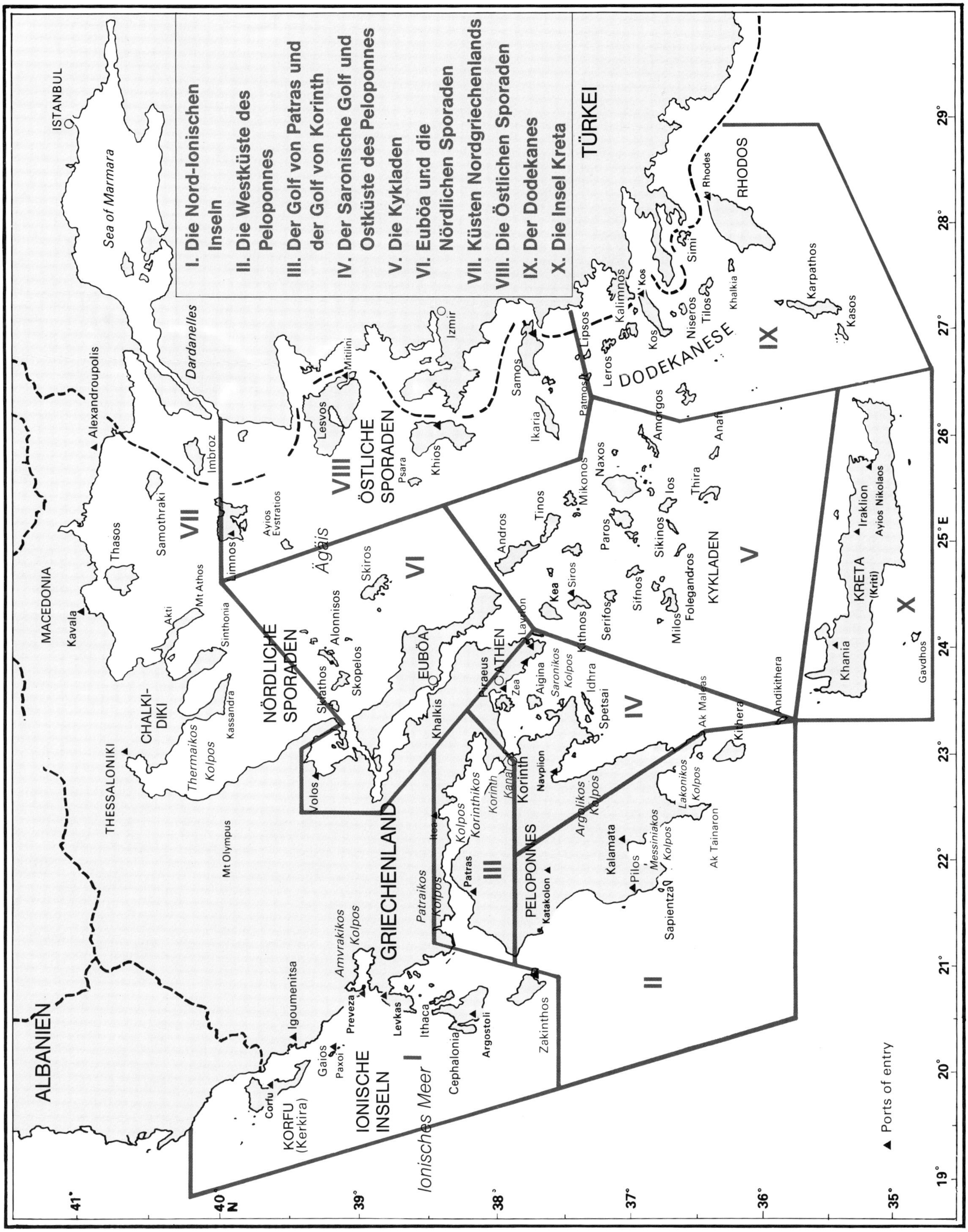
I. Die Nord-Ionischen Inseln
II. Die Westküste des Peloponnes
III. Der Golf von Patras und der Golf von Korinth
IV. Der Saronische Golf und Ostküste des Peloponnes
V. Die Kykladen
VI. Euböa und die Nördlichen Sporaden
VII. Küsten Nordgriechenlands
VIII. Die Östlichen Sporaden
IX. Der Dodekanes
X. Die Insel Kreta
TÜRKEI
ALBANIEN
MACEDONIA
GRIECHENLAND
IONISCHE INSELN
KORFU (Kerkira)
NÖRDLICHE SPORADEN
ÖSTLICHE SPORADEN
KYKLADEN
DODEKANESE
KRETA (Kriti)
PELOPONNES
EUBÖA
CHALKI-DIKI
RHODOS
ATHEN
ISTANBUL
Sea of Marmara
Dardanelles
Ägäis
Ionisches Meer
▲ Ports of entry

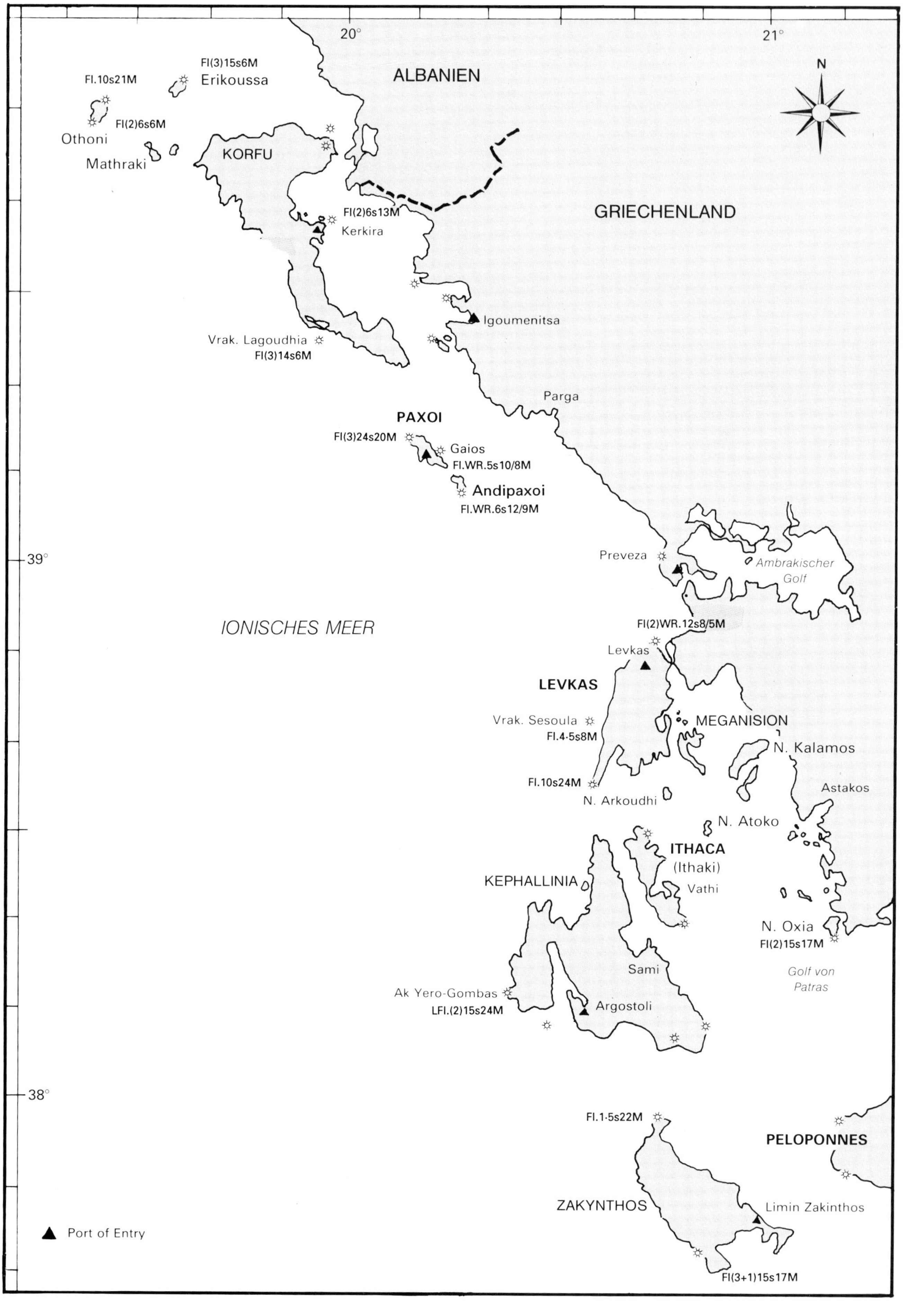
20°
21°
N
ALBANIEN
GRIECHENLAND
Fl.10s21M
Fl(3)15s6M
Erikoussa
Fl(2)6s6M
Othoni
Mathraki
KORFU
Fl(2)6s13M
Kerkira
Igoumenitsa
Vrak. Lagoudhia
Fl(3)14s6M
Parga
PAXOI
Fl(3)24s20M
Gaios
Fl.WR.5s10/8M
Andipaxoi
Fl.WR.6s12/9M
39°
Preveza
Ambrakischer Golf
IONISCHES MEER
Fl(2)WR.12s8/5M
Levkas
LEVKAS
Vrak. Sesoula
Fl.4·5s8M
MEGANISION
N. Kalamos
Fl.10s24M
N. Arkoudhi
Astakos
N. Atoko
ITHACA
(Ithaki)
KEPHALLINIA
Vathi
N. Oxia
Fl(2)15s17M
Sami
Golf von Patras
Ak Yero-Gombas
LFl.(2)15s24M
Argostoli
38°
Fl.1·5s22M
PELOPONNES
ZAKYNTHOS
Limin Zakinthos
Port of Entry
Fl(3+1)15s17M

Die Nord-Ionischen Inseln

Von Korfu (Kerkyra) bis Zakynthos

Die meisten Yachten benutzen den »Stiefelabsatz« Italiens als Absprung für die Ansteuerung Korfus, das nur durch die 70 Seemeilen breite Straße von Otranto vom italienischen Festland getrennt wird. Korfu gehört zu einer Gruppe von sieben Inseln, den Heptanes, die im Ionischen Meer liegen.
Südlich von Korfu liegen Paxoi, Antipaxoi, Levkas, Ithaka, Kephallinia und Zakynthos sowie die Insel Kythira.
Die Ostküste des Ionischen Meeres wird von Albanien, dem griechischen Festland sowie dem Peloponnes gebildet. Manche Yachten laufen direkt von Sizilien, Malta oder Preveza auf dem griechischen Festland kommend Levkas, Argostolion auf Kephallinia oder Zakynthos an, da diese Häfen alle »Ports of Entry« (Einreisehäfen) sind.
Das Ionische Meer verdankt seinen Namen der Göttin Io, die eine Priesterin der Hera und kurze Zeit auch die Geliebte des Zeus war. So war der Ärger unvermeidlich, als Hera entdeckte, daß ihr Gatte Zeus sie mit Io betrog. Aus Angst vor Heras Zorn verwandelte Zeus seine Geliebte in eine weiße Kuh. Hera, die sich damit nicht überlisten ließ, schickte eine Viehbremse, die die unglückliche Io solange quälte, bis diese sich ins Meer stürzte, um dem stechenden Insekt zu entkommen – daher der Name »Ionisches Meer«.
Geschichtliche Bedeutung erlangten die Ionischen Inseln durch ihre Lage als »Zwischenstopp« auf der Route von der Ägäis nach Italien und Sizilien. Korfu gilt als das homerische Scheria, die Heimat der Phäaken, die Odysseus schließlich am Ende seiner langen Irrfahrt nach Ithaka übersetzten. Keine Legende, sondern geschichtlich nachgewiesen ist, daß Korfu das antike Corcyra ist, das damals das Sprungbrett nach Syrakus auf Sizilien darstellte – beide Inseln waren Kolonien der mächtigen Stadt Korinth.
Die sieben Inseln (auch »Eptanissos« genannt) waren bis zum 14. Jahrhundert keine Einheit. Das änderte sich erst unter der Herrschaft Venedigs, das gegen die Tyrannei der Genueser und Normannen zu Hilfe gerufen wurde. Die Venezianer, die ihre Handelswege um den Peloponnes herum in die Ägäis festigen wollten, forderten den Wandel zu einer politischen Einheit. Die Jahrhunderte venezianischer Besetzung haben den Ionischen Inseln ein italienisches Flair gegeben. Noch heute kann man hier viele der knorrigen Olivenbäume sehen, die während der Herrschaft der Venezianer gepflanzt wurden, so daß die einheimische Bevölkerung bis heute ihre Steuerschulden in Olivenöl entrichtet. Später beeinflußten Franzosen und Engländer die Inseln, bis diese schließlich 1864 an Griechenland zurückfielen.

Für all jene, die sich Griechenland als ausgedörrten, mit blendend weißen Häusern gesprenkelten Felsen vorstellen, dürften die Ionischen Inseln eine gelinde Überraschung sein. Sie sind nicht das bekannte Griechenland aus den Reisebroschüren: Schattiges grünes Land, mit roten Ziegeln gedeckte, italienisch anmutende Häuser – eine eigenwillige Mischung aus französischer und italienischer Architektur sowie englischem Geschmack (auf Korfu spielen die Einheimischen Cricket, und man kann überall Biskuittörtchen und Ingwerlimonade kaufen) haben sich zu einem Ganzen verbunden, das zweifelsohne Griechenland ist. Immergrüne Zypressen, Pinien, Ulmen und selbst im Hochsommer grüne Felder und Blumen – und überall sieht man den matten dunklen Schimmer der Olivenbäume, der typisch für das flachere Land ist, während Pinien und die für das Mittelmeer so typische Maquis oder Macchia (gebüschartiger Bewuchs des Mittelmeeres, der aus Baumheide, Hartlaubgehölzen, aber auch aus Gewürzkräutern wie Thymian, Majoran u. ä. besteht) die höhergelegenen Hänge überziehen. Wenn der Wind richtig steht, kann man den intensiven, aromatischen Duft der Maquis bis zu einer Seemeile hinaus aufs Meer riechen.
Das üppige Grün der Inseln steht in unmittelbarem Gegensatz zu den kahlen Bergrücken Albaniens und des griechischen Festlandes, die das Ionische Meer nach Osten begrenzen. Diese unwirtliche Kulisse der Inseln gibt einen Vorgeschmack auf das, was kommt. Geschütztes Fahrwasser und eine Vielzahl kleiner Ankerplätze, die nur mit Yachten erreichbar sind, liegen zwischen den Inseln und dem Festland, da hier der Wind nur sehr selten stark weht. Von diesem geschützten Revier aus, das von den Inseln Levkas, Ithaka und Kephallinia begrenzt wird, fährt man vorbei an der rauhen, fast englisch anmutenden Landschaft der Insel Zakynthos, bis man den felsigen Hängen des Peloponnes gegenübersteht.
Von den Ionischen Inseln aus hat man zwei Möglichkeiten, in die Ägäis zu kommen: Entweder nimmt man die antike Handelsroute, die um die Kaps des Peloponnes herum verläuft, oder man setzt Kurs auf den Golf von Patras, läuft durch den Golf von Korinth sowie den Korinth Kanal, der das Festland vom Peloponnes trennt, und erreicht so die Ägäis.

Das Wetter im Nord-Ionischen Meer

Im Sommer sind die Winde recht beständig. Von Juni bis Ende September weht es normalerweise aus NW bis WNW. Wind von Bft 2 bis 5 kommt erst gegen Mittag auf; gegen Abend schläft er wieder ein. Morgens kann eine leichte Brise, die kaum 1 bis 2 Windstärken erreicht, aus E

oder SE wehen. Zwischen Oktober und April/Mai kann es aus N oder S blasen. Stürme neigen dazu, eher aus S bis SE zu kommen.
»Maistro« wird ein Wind genannt, der im Juli und August aus NW kommt und etwas stärker weht als sonst üblich. Vorsicht ist an der Lee-Seite hoher gebirgiger Inseln geboten, da hier Fallböen auftreten können. Besonders im Seegebiet zwischen den Inseln Levkas, Ithaka, Kephallinia sowie Zakynthos und dem Festland können diese Böen sehr stark sein. Gewöhnlich liegen dichte weiße, zigarrenförmige Wolken um die Bergspitzen der Inseln, wenn mit starken Winden zu rechnen ist. In den Abendstunden besteht die Gefahr von Fallwinden, die aus den Bergen des Festlandes kommen. Sie wehen im allgemeinen aus NE-lichen Richtungen mit einer Stärke von Bft 5 bis 6.
Im Sommer ist das Wetter im Norden des Ionischen Meeres meist sonnig mit sehr wenig Regen, und die Temperaturen erreichen im Juli /August etwa 32° Celsius. Im Frühling und Herbst können heftige Gewitter mit starken Böen auftreten; sie sind allerdings nur von kurzer Dauer. Während der Wintermonate hat Korfu die höchste Niederschlagsmenge Griechenlands, die auch der Grund für die üppige grüne Vegetation der Insel ist. Weiter nach S und E nimmt die Niederschlagstätigkeit rapide ab.

Wichtige Angaben

Ports of Entry

Kerkyra (Korfu)
Igoumenitsa
Preveza
Gaios (Paxoi)
Levkas
Argostolion
Zakynthos

Sperrgebiete

Zwischen der NE-Küste Korfus und dem Festland besteht ein Sperrgebiet, das sich bis zu einer Seemeile seewärts der Grenze zu Albanien bis nach Nisis Prasoudi erstreckt. Außerdem besteht ein Sperrgebiet um Limin Vathy unmittelbar N-lich von Preveza.
Theoretisch benötigt man eine Befahrens-Erlaubnis für die Sperrgebietszonen um Korfu und die benachbarte Festlandsküste, die man vor Antritt der Reise bei der Marine beantragen muß. In der Praxis ist dies aber nicht nötig, und es hat bisher noch keine Probleme gegeben, wenn diese formelle Erlaubnis nicht vorlag. So wird Vathy in der Nähe von Preveza auch von Yachten ohne diese Erlaubnis angelaufen. Wie auch immer, man sollte nicht vergessen, daß diese Zonen auch auf den aktuellsten griechischen Seekarten als Sperrgebiete ausgewiesen sind.
Hinweis: Vor der albanischen Küste und nahe des griechischen Festlands sowie auf Korfu sind Fälle von Piraterie bekannt geworden. Yachten sollten sich so weit wie möglich von der albanischen Küste fernhalten, da die politische Lage im Land derzeit äußerst unsicher ist. Bei der Einsteuerung in die Meerenge zwischen Korfu und Albanien sollte man sich so dicht unter der Küste von Korfu halten, wie es navigatorisch vertretbar ist. Yachten, die von Italien aus die Insel ansteuern, können ihren Kurs auch um die S-Spitze der Insel herum setzen und dann N-wärts nach Gouvia fahren, wenn man unbedingt dorthin möchte. Es kann aber sehr viel sinnvoller sein, alternativ Paxos, Preveza oder Levkas anzusteuern. Bei den vorherrschenden sommerlichen Winden aus NW ist dies auch kein Problem. Gegenwärtig ist die griechische Marine in diesen Gewässern verstärkt präsent, was Yachten eine gewisse Sicherheit garantiert. Da nicht abzusehen ist, wie sich die politische Lage in Albanien entwickeln wird, sollte man die Veränderungen in dieser Region genaustens verfolgen.

Die wichtigsten Leuchtfeuer

Nisis Othonoi (NE Huk) (Ak. Kastri): Fl.10s21M
Nisis Othonoi (SW Huk): Fl(2)6s6M
Nisis Errikousa (Ak. Potamopoulo): Fl(3)15s6M

Kerkyra (Korfu)
Ak. Aikaterini: Fl.10s6M
Ak. Sidero (Zitadelle / Korfu-Stadt): Fl(2)6s13M
Ak. Levkimmis: Fl.6s6M
Vr. Lagoudia: Fl(3)14s6M
Nisis Prasoudi (Igoumenitsa): Fl(2)9s 8M
Nisis Syvota: Fl(3)20s 12M

Paxoi
Lakka: Fl(3)24s20M
Nisis Panagia: Fl.WR.5s10/8M
Nisos Antipaxoi: Fl.WR.6s12/9M
Ak. Mytikas (Preveza): Fl.WR.3s7/5M

Levkas
Fort Santa Maura (N-Einfahrt des Levkas-Kanal): Fl(2)WR.12s8/5M
Nisis Sesoula: Fl.4,5s M
Ak. Doukato: Fl.10s24M

Kephallinia
Ak. Gerogompos: LFl(2)15s24M
Nisis Vardianoi: Fl.WR.7,5s6/3M
Nisis Kalogeros: Fl.4s8M
Nisis Pontikos: Fl.3s8M
Ak. Katelios: Fl(2)WR.15s11/8M
Ak. Kapri: Fl(3)WR.9s6/4M
Ak. Phiskardo: Fl.3s6M

Ithaka
Ak. A. Nikolaou: Fl.(3)15s7M
Ak. A. Ioannis: Fl.12s6M
Ak. Pisaitos: Fl.5s6M
Ak. Oxia: Fl(2)15s17M

Zakynthos (Zante)
Ak. Skinari: Fl.1,5s22M
Nisis A. Nikolaos: Fl.2s7M
Ak. Kryoneri: Fl(2)16s6M
Ak. Keri: Fl(3 + 1)15s17M

Kurzübersicht

	Schutz	Liegeplätze	Treibstoff	Wasser	Lebensmittel	Restaurants	Hafenplan
Korfu und die umliegenden Inseln							
Nisis Othonoi							
Ormos Phyki (N Bucht)	C	C	O	O	O	O	
Ormos Ammos (S Bucht)	B	C	O	B	C	C	•
Nisis Errikousa (S Bucht)	B	AC	O	B	C	C	•
Kerkyra (Korfu)							
* Kassiopi	C	AC	B	B	B	A	•
* A. Stephanos	B	C	O	B	C	B	•
* Kouloura	C	C	O	O	O	C	•
Kalami	C	C	O	O	O	C	•
Agni	C	C	O	O	O	C	•
Hafen Gouvion	A	ABC	AB	B	A	A	•
Hafen Kerkyra	A	AB	A	A	A	A	•
Benitsai	O	C	O	O	C	B	
Petriti	B	AC	O	A	C	B	
Kavos	C	A	O	O	O	O	•
Paläokastritsa	B	AC	B	B	B	A	•
A. Georgiou	O	C	O	O	O	C	
Paxoi							
Lakka	B	AC	B	B	C	B	•
Longos	C	C	O	O	C	C	
Gaios	A	A	B	B	B	B	•
Mongonisi	A	AC	O	O	O	C	•
Festlandsküste							
* Pagania	A	C	O	O	O	O	•
* Sagiada	B	A	O	A	B	B	•
Ormos Valtou	A	C	O	O	O	O	•
Igoumenitsa	C	AB	B	B	B	B	•
Nisis Syvota und Mourtos	B	AC	B	B	B	B	•
Parga	B	AC	B	B	B	A	•
A. Ioannou	C	C	O	O	O	O	
Ligia	B	A	O	O	C	C	•
Preveza	B	AB	B	A	A	B	•
Amvrakikos Kolpos (Ambrakischer Golf)							
Vonitsa	B	AC	B	B	B	C	•
Loutraki	C	C	O	B	C	C	
Amphilochia	C	BC	B	B	B	C	•
Menidion	B	AC	O	B	C	C	•
Koronisia	B	AB	O	B	C	C	
Levkas und die umliegenden Inseln							
Levkas (Stadt)	A	AB	A	A	A	A	•
Ligia	C	C	O	B	C	C	
Nikiana	B	A	O	A	C	C	
Nydrion	B	AC	B	A	B	A	•
Tranquil Bay	A	C	O	O	O	O	•
Ormos Vlychon	A	AC	B	B	C	C	•
Syvota	A	AC	O	A	C	B	•
Vasiliki	B	A	B	A	B	B	•

	Schutz	Liegeplätze	Treibstoff	Wasser	Lebensmittel	Restaurants	Hafenplan
Meganision							
Spartochorion	B	AC	O	B	C	C	•
Vathy	A	AC	O	O	C	C	•
Abelike und Kapali	B	C	O	O	O	O	•
Ormos Atherinos	B	C	O	O	O	C	•
Ithaka							
Phrikes	B	A	O	B	C	C	•
Kioni	B	AC	O	O	C	C	•
Vathy	A	AC	B	B	B	B	•
Pera Pigadi	B	AC	O	O	O	O	•
A. Andreou	C	C	O	O	O	O	
Polis	C	C	O	O	C	C	
Kephallinia							
Argostolion	A	AB	A	A	A	B	•
Lixourion	B	A	B	B	B	C	•
Ay Kyriakis	C	A	O	O	O	C	
Assos	C	AC	O	B	C	B	•
Phiskardo	A	AC	B	A	B	A	•
A. Evphimia	B	AC	B	A	C	B	•
Sami	C	AB	B	A	B	C	•
Poros	B	AC	B	B	B	B	•
Festlandsküste							
Palairos (Zaverda)	B	A	B	A	B	B	•
Vounaki	B	A	A	A	C	C	•
Mytika	C	AC	B	B	C	C	•
Kalamos							
Kalamos	B	A	O	B	C	C	•
Leone	B	C	O	O	O	O	•
Episkopi	B	AB	O	O	O	O	
Kastos							
Kastos	B	A	O	O	C	C	•
Marathia	C	C	O	O	O	O	
Astakos	B	A	B	A	B	C	•
Panteleimon	A	C	O	O	O	O	•
Platygiali	B	C	O	O	O	O	•
Nisis Petalas	B	C	O	O	O	O	•
Nisis Oxeia	C	C	O	O	O	O	
Zakynthos (Zante)							
A. Nikolaos	B	C	O	O	O	C	•
Zakynthos	A	A	A	A	A	A	•
Roma	O	C	O	O	O	C	
Lagana	C	AC	O	O	C	B	•
Keri	C	C	O	O	O	C	
Vromi	C	C	O	O	O	O	

* siehe »Sperrgebiete«

Die Inseln Othonoi und Errikousa

Bei der Überfahrt von Italien nach Korfu passiert man die beiden Inseln Othonoi und Errikousa, die nördlich von Korfu liegen. Sie haben recht brauchbare Ankerbuchten, die gern von Yachten angelaufen werden, die den Seeschlag von Italien nach Korfu unterbrechen möchten.

Nisis Othonoi

Karten: BA 206, Imray G11, D 604

Obwohl Nisis Othonoi ein geradezu verwegen steiles Eiland ist (500 m hoch und an der Westseite nichts als Steilklippen), kann man es durch den hier auftretenden sommerlichen Dunstschleier oft erst aus einer Entfernung von 2 bis 3 Seemeilen ausmachen. Es gibt hier zwei Ankerplätze: Phyki im N sowie Ammos im S. Im Sommer benutzt man normalerweise die S-liche Bucht Ammos, da dann die vorherrschenden Winde aus NW bis WNW kommen.

Ormos Ammos

39°50,5'N 019°24,5'E

Ansteuerung

Von N kommend, ist der Leuchtturm, der auf dem NE-Zipfel der Insel steht, gut zu sehen. Von der Westseite bis zur SW-Spitze kann man den zweiten Leuchtturm, der auf der SW-Huk steht, erst ausmachen, wenn man bereits sehr dicht unter Land ist. Die Häuser des kleinen Dorfes werden bei der Einsteuerung in die Bucht sichtbar.
Gefahren: Ein Riff, Yph. Aspri Petra, liegt direkt in der S-lichen Ansteuerung. Hier sollte man besonders aufmerksam navigieren. Auch vor der E-Seite der Einfahrt muß man sich von Unterwasserfelsen freihalten. Am besten steuert man diesen Ankerplatz aus einer SW-lichen Richtung an, wobei ein Ausguck die sichere Einfahrt unterstützen sollte.

Liegeplätze

Man ankert bequem auf 2 bis 10 Meter Wassertiefe, ohne die direkte Einfahrt in den kleinen Hafen zu blockieren. Die hier verkehrenden Fähren kommen mit hoher Geschwindigkeit heran und benötigen den gesamten Platz in der Einfahrt zum Manövrieren.
Der Grund besteht aus Sand und Seegras, hält aber meistens gut. Allerdings gibt es im Inneren des Hafens einige Felsen, die beim Ankern Probleme machen können. Wenn gerade keine Fähre den Platz benötigt, kann man auch mit dem Bug zum Kai festmachen, wobei aber einige Vorsicht vonnöten ist, da es an verschiedenen Stellen am Kai sehr schnell flach wird. Alternativ kann man auch mit einer langen Leine an der Außenseite des Wellenbrechers ankern.
Schutz: Bei den normalen NW-Winden können gelegentlich Böen auftreten, die Schwell in der Bucht verursachen, aber bei ruhigem Wetter ist dieser Ankerplatz sicher.

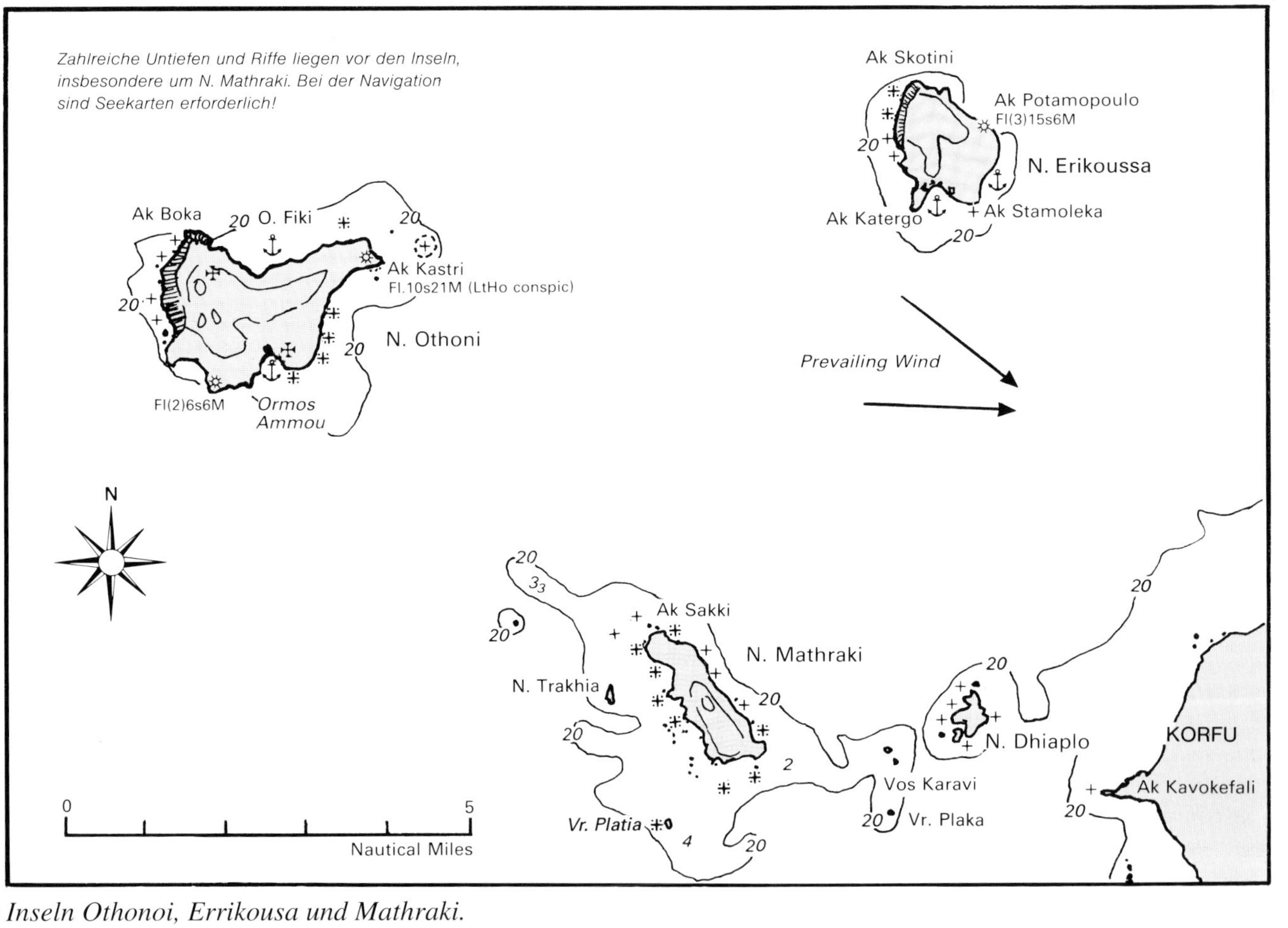

Die Inseln Othonoi, Errikousa und Mathraki.

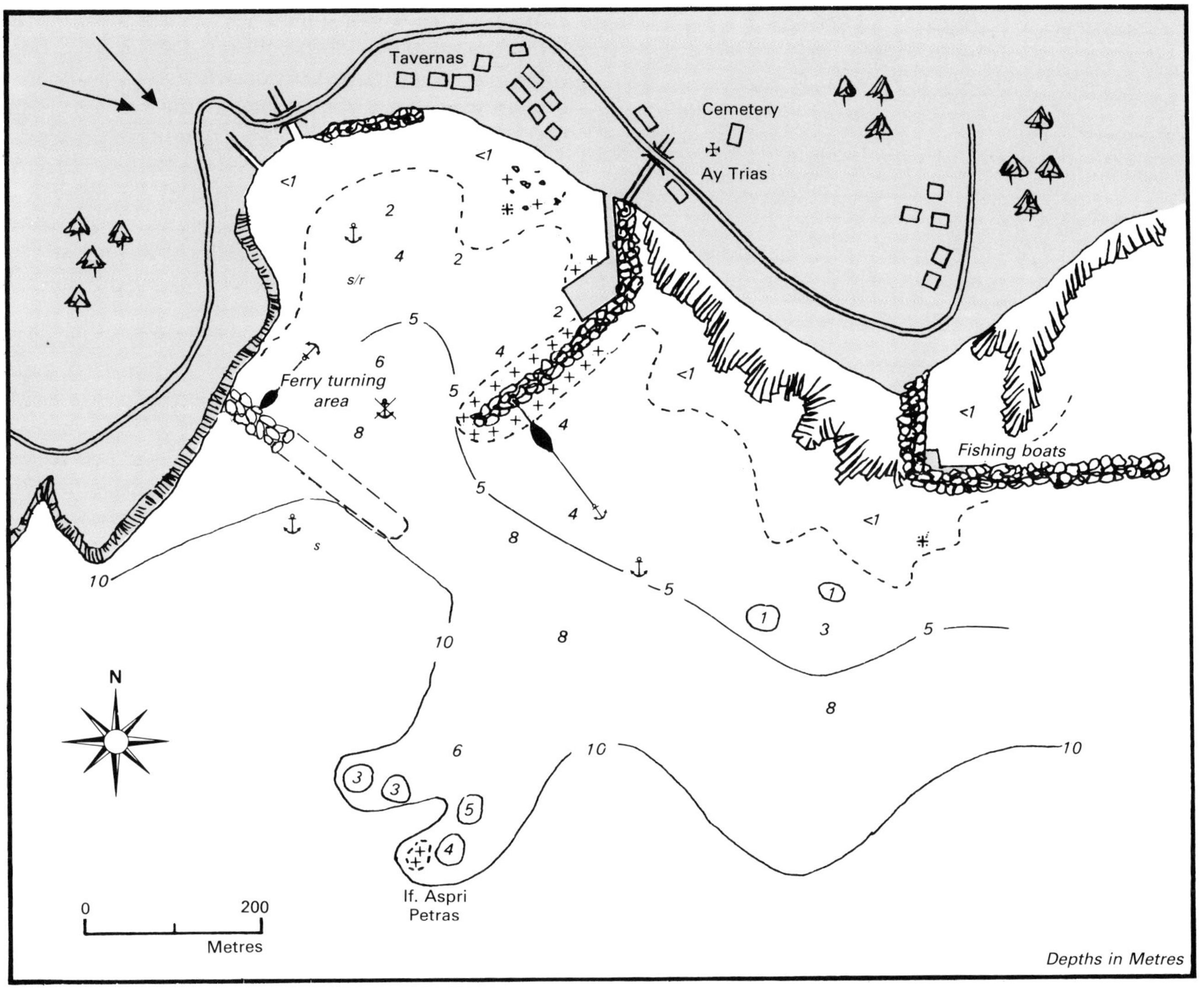

Die Bucht Ormos Ammos.

Versorgung
An Land gibt es verschiedene Tavernen, die oft frischen Fisch anbieten. Man kann ein begrenztes Angebot an Lebensmitteln bekommen, und falls man geradewegs von Italien und ohne Drachmen eingelaufen ist, lassen sich hier sogar kleine Geldbeträge umtauschen.
Hinweis: Yachten sollten es vermeiden, in den E-lich gelegenen kleinen Fischerhafen einzulaufen, da die Einfahrt mit Felsen gespickt ist und die Wassertiefen variieren.

Ormos Phyki

Einen guten Ankerplatz bei Winden aus S und SE bietet diese Bucht im Norden der Insel. Wegen verschiedener Über- und Unterwasserfelsen in der Nähe der Bucht ist allerdings eine umsichtige Navigation bei der Ansteuerung notwendig.
Da der Untergrund unrein ist, sollte man, egal welchen Anker man fährt, zur Vorsicht eine zusätzliche Trippleine ausbringen. Von der Mitte der Bucht dehnt sich ein Riff, so daß Vorsicht – besonders dicht unter Land – geboten ist. Selbst bei SW-Stürmen bietet diese Bucht einen Schutz, der bei Winden aus diesen Richtungen wirklich ganz exzellent ist.

Errikousa

39°52,5'N 019°35,2'E

Genau E-lich von Othonoi in einer Entfernung von rund 7 Seemeilen liegt Errikousa. Die Insel ist flacher als Othonoi, aber ebenso wie dieses im sommerlichen Dunst erst aus einer Distanz von 1,5 bis 2 Seemeilen auszumachen. Hier gibt es nur ein Dorf, das im S an einer weiten, sandigen Bucht liegt, die guten Schutz vor den vorherrschenden Winden aus NW bietet.

Die südliche Bucht

Die Ansteuerung ist gefahrlos – bis auf die beiden kurzen Riffe, die sich von den zwei Kaps, Ak Katergo und Ak Stamoleka, zu beiden Seiten der Bucht ins Meer erstrecken. Man ankert auf 3 bis 6 m Wassertiefe über gut haltendem Grund, der sanft zum Ufer hin ansteigt.
Vorsicht vor einem Kabel (vermutlich ein Stromkabel), das ungefähr 150 m vom Strand entfernt verläuft.
Dieser Ankerplatz bietet guten Schutz vor den vorherrschenden Winden aus NW.

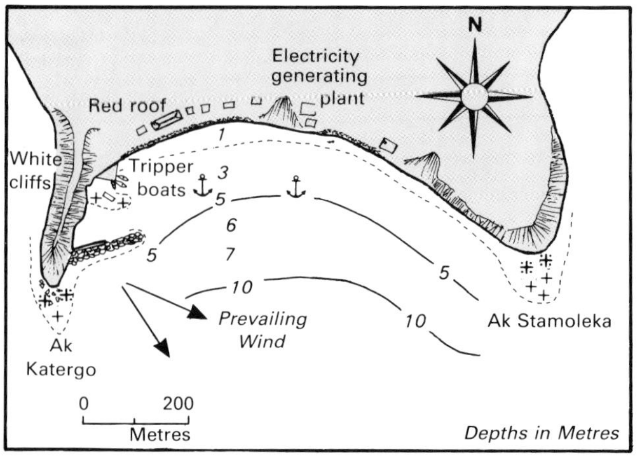

Die südliche Bucht von Errikousa.

Im W der Bucht gibt es einen kleinen Hafen, der am Kai meist nur 1,5 bis 2,5 m Wassertiefe aufweist. Vorsicht, da der Grund unrein ist. Ein Teil des Hafens wird von den Überresten einer alten Landungsbrücke blockiert.

An Land findet man einige Tavernen, die oft vorzüglichen frischen Fisch anbieten. Ein begrenztes Angebot an Lebensmitteln ist zu erhalten. Ausflugsboote, die von Korfu kommen, legen hier im Sommer an. Aber wenn sie um 16.00 Uhr alle wieder verschwunden sind, ist dieser Ankerplatz sehr still und friedlich.

Hinweis: An der E-Seite der Insel befinden sich ganz entzückende kleine Buchten – Schlupfwinkel, die nur bei ruhigem Wetter oder einer leichten Brise aus NW bis WNW mit der Yacht erkundet werden sollten.

Die Insel Korfu (Kerkyra)

Die meisten Leute wissen nur sehr wenig über das Ionische Meer, aber es gibt kaum jemanden, der noch nie etwas von Korfu gehört hat.

Seit Homers Zeiten bis heute wird Korfu als üppiges grünes Paradies gepriesen, das jeden Besucher mit seinem sanften Zauber einfängt. Im Zeitalter des Pauschalreise-Urlaubers wird Korfus Zauber allerdings durch ständig einschwebende und startende Verkehrsflugzeuge, die immer mehr Touristen auf die Insel bringen, langsam zerstört.

Von allen Ionischen Inseln hat Korfu die meisten Urlauber zu Gast, und so ist es überraschend, daß man auf dieser Insel immer noch reizvolle, stille Plätzchen findet.

Wie eine schwere Sichel liegt die Insel Korfu vor der Küste Albaniens und dem griechischen Festland. Die Meerenge zwischen Korfus Nordküste und Albanien beträgt gerade mal eine Seemeile, und so kann man den albanischen Militärstützpunkt Butrino von Korfu aus klar und deutlich erkennen.

Im Gegensatz zu den kahlen Bergen Albaniens ist die Insel vom Gipfel des Pantokrator im Norden bis zur flachen Küste im Süden verschwenderisch grün. Das Landesinnere besteht aus schroffen Hängen, die durch grüne Täler und grasbewachsene Felder unterbrochen werden. Es fällt einem wirklich schwer zu glauben, daß man in Griechenland ist, wenn man an den Hängen des Agii Deka Kühe grasen sieht.

Ein Nebenprodukt des Tourismus ist die reichhaltige Auswahl von Reiseführern, die den Urlauber über die Geschichte, sehenswerte Orte sowie Dinge, die er unbedingt hier oder da unternommen haben muß, unterrichten. Es wurde hier daher dem Versuch widerstanden, die gesamte Historie Korfus aus diesen Führern zusammenzuschreiben und statt dessen eine eher lose Zusammenfassung der geschichtlichen Ereignisse und Invasionen, die auch den Charakter der übrigen Ionischen Inseln bestimmt haben, verfaßt.

Ca. 1200 v. Chr.: Es wird angenommen, daß Korfu das homerische Scheria, die Heimat der Phäaken, ist. Der Ort Paläokastritsa an der W-Küste der Insel wird als der Platz angesehen, an dem die Burg des Königs Alkinoos stand. Die Phäaken, die Odysseus auf seine Heimatinsel Ithaka übersetzten, zogen sich durch diesen Fährdienst den Zorn des Meergottes Poseidon zu, der daraufhin ihr Schiff zu Stein werden ließ. Der Sage nach ist das Inselchen Pontikonisi (Mäuseinsel) nahe Kanoni dieses versteinerte Schiff.

Ca. 734 bis 434 v. Chr.: In dieser Zeit wurde Korfu von Korinth kolonisiert. Die Unabhängigkeit von der Mutterstadt reizte jedoch, und so bat man die Athener um Unterstützung gegen die Korinther, die ihrerseits natürlich das gegnerische Sparta als Beistand für die Unterwerfung Korfus gewannen. So wurde Korfu der indirekte Anlaß für den verheerenden Peloponnesischen Krieg, der Athen und das »klassische« Griechenland auslöschte.

229 v. Chr.: Korfu wird römische Kolonie.

722 n. Chr.: Korfu wird bei der Trennung des Römischen Reiches in Ost- und Westrom Teil des Byzantinischen Reiches.

1080 bis 1386: Nach einer Reihe normannischer und sizilianischer Herrscher bat Korfu die Venezianer, die Ordnung auf der Insel wiederherzustellen. Korfu blieb unter der Herrschaft Venedigs bis 1797.

1460: Der Leichnam des heiligen Spiridon wird auf Korfu beigesetzt. Er wird der Schutzpatron der Insel. Jedes Jahr finden vier Prozessionen statt, bei denen der Leichnam des Heiligen in seinem silbernen Sarg mitgeführt wird: am Palmsonntag, am Ostersonntag, am 11. August und am 1. Sonntag im November.

Übrigens scheint jeder zweite männliche Bewohner Korfus auf den Namen Spiros, nach dem Schutzheiligen, getauft zu sein.

1431, 1537, 1716: Bedeutsame Angriffe der Türken auf Korfu.

1797: Korfu kommt unter französische Herrschaft, wird also vorübergehend napoleonisch. Die Franzosen legen in der Stadt Korfu regelmäßige Straßen an und beginnen an der Esplanade mit dem Bau von Häusern, die mit schönen Arkaden geschmückt sind.

1814: Korfu wird von den Briten übernommen, die Ingwerbier, Cricket und den typisch englischen Kuchen »Fruit Cake« einführen.

1864: Korfu wird an Griechenland abgetreten.

Viele dieser Einflüsse, denen Korfu im Laufe der Geschichte ausgesetzt war, sind heute noch spürbar, da sie sich zu einem eigenständigen architektonischen und kulturellen Stil entwickelt haben: die unheimliche Medusa im Museum, die venezianischen Forts und der Galeerenhafen, die französische Architektur, die eine zweite »Rue de Rivoli« weit von Paris entfernt hat entstehen lassen, sowie Cricket und »Fruit Cake« am Sonntag oder byzantinische Kapellen … und dennoch unzweifelhaft Griechenland …

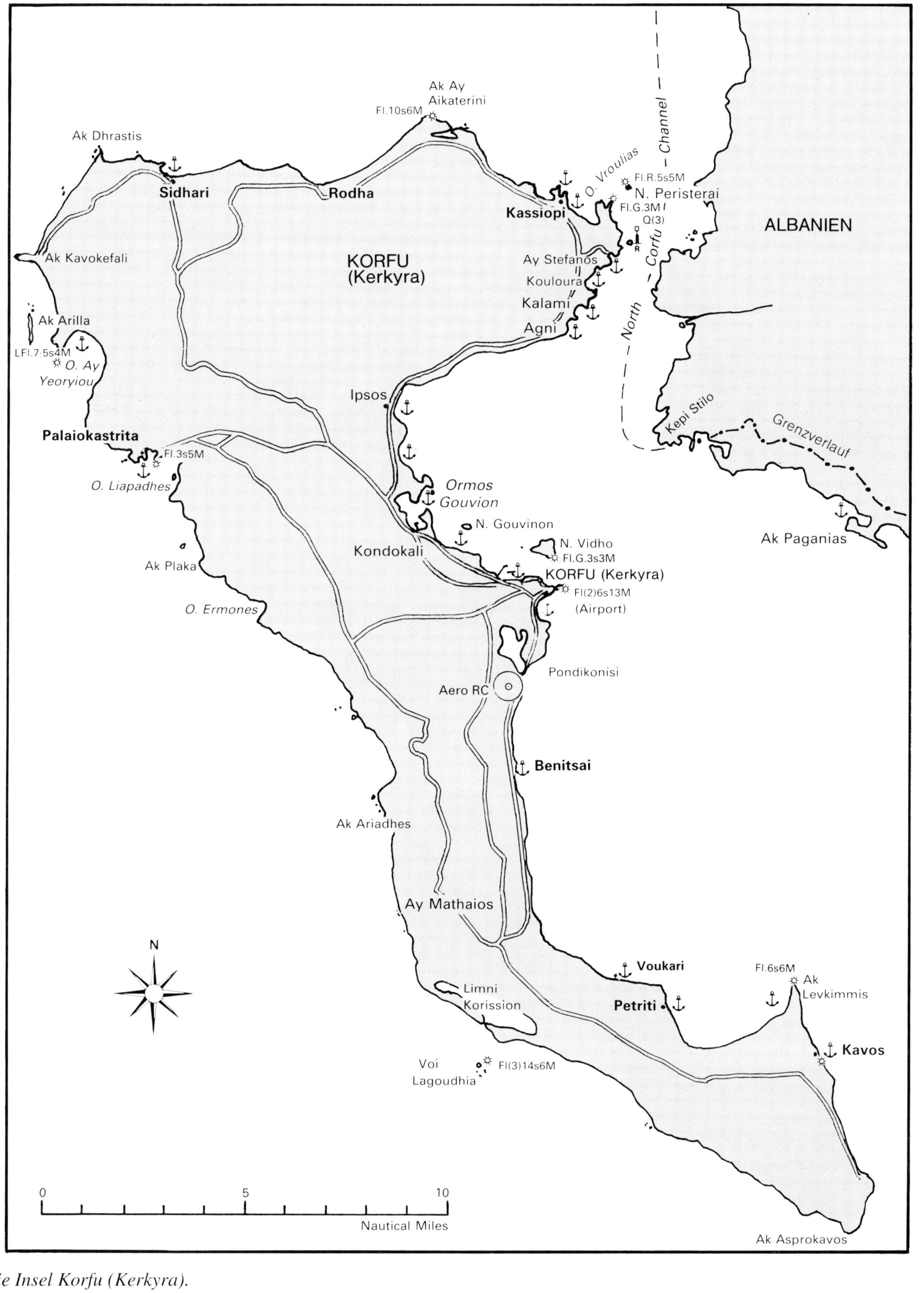

Die Insel Korfu (Kerkyra).

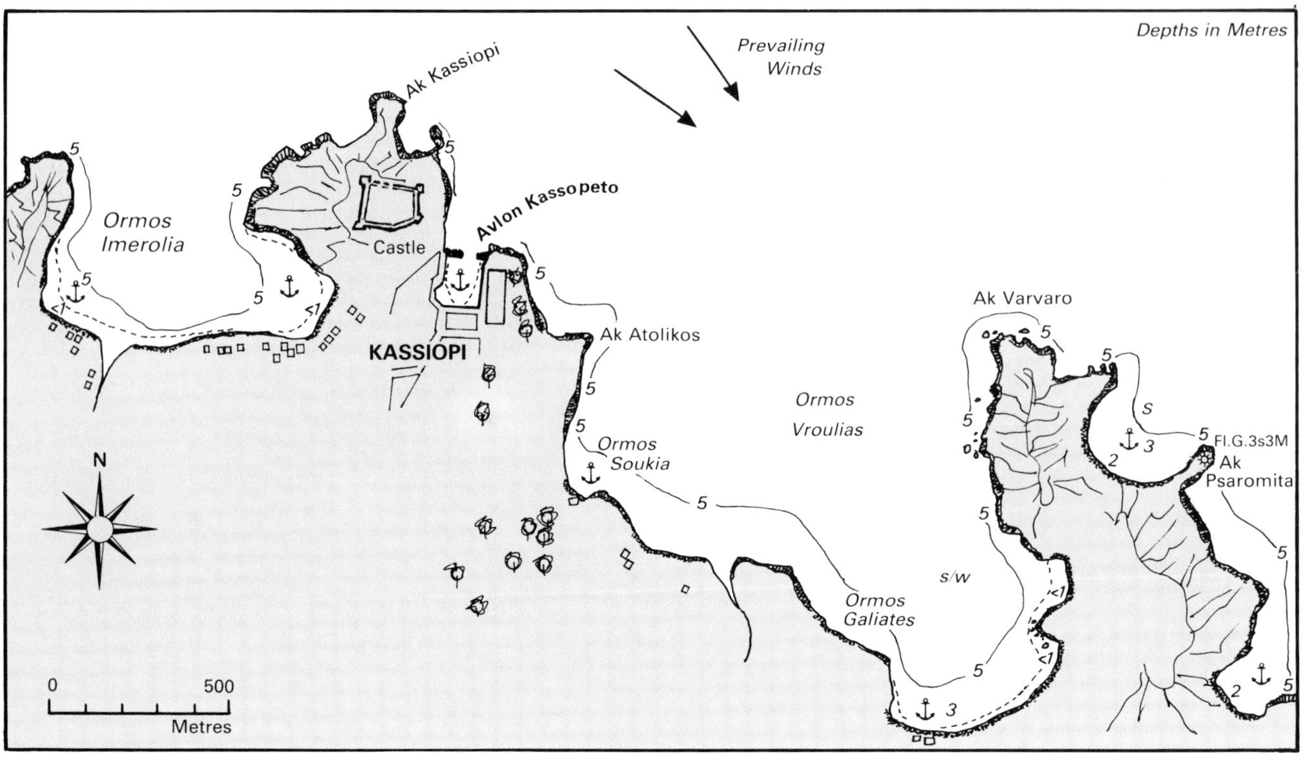

Von Ormos Imerolia bis zum Kap Ak Psaromyta.

Korfus Nordküste

Hinweis: Bei der Ansteuerung der NE-Küste der Insel Korfu ist wegen der unsicheren politischen Lage in Albanien erhöhte Vorsicht geboten (siehe Hinweis zu Beginn dieses Kapitels).

Kassiopi

39°47,5'N 019°55,4'E / Karten: D 604, BA 206

Allgemeines

Kassiopi ist ein aufstrebender Urlaubsort mit zahlreichen kleinen Hotels sowie Appartements mit Selbstversorgung, die um den ursprünglichen Stadtkern herum entstanden sind. Im Juli und August ist es hier mit Urlaubern überfüllt, aber außerhalb der Saison erhält der ehemals kleine Fischerort etwas von seinem Charme zurück.

Ansteuerung

Von W kommend, sieht man die Burg auf der Landspitze sowie einige Häuser um Ormos Imerolia herum. Bei der Ansteuerung von E sind die Gebäude von Kassiopi leicht zu erkennen. Der kleine Hafen selbst ist aber erst auszumachen, wenn man bereits in die Bucht eingelaufen ist.

Liegeplätze

Eine kurze Mole erstreckt sich in W-E-Richtung. Hinter dem Molenkopf findet man etwa 4 Meter Wassertiefe, die zum Fuß der Mole hinauf um 1 m Tiefe abnimmt. Die Mole bietet einigen Schutz bei NW-Winden. Alternativ kann man in der Mitte des Hafens ankern.

Schutz: Hinter der kurzen Mole ist man gut geschützt. Bei den vorherrschenden NW-Winden kann es beim Ankern in der Mitte des Hafens recht ungemütlich, wenn nicht gar gefährlich werden. Am Kai, der sich um die gesamte Bucht zieht, beträgt die Tiefe oft weniger als 1 m.

Versorgung

Wasser nur von privat. Im Ort gibt es eine Tankstelle und gute Versorgungsmöglichkeiten, zahlreiche Tavernen und Restaurants jeder Art. Bank, Post und eine Motorroller-Vermietung sind ebenfalls vorhanden.

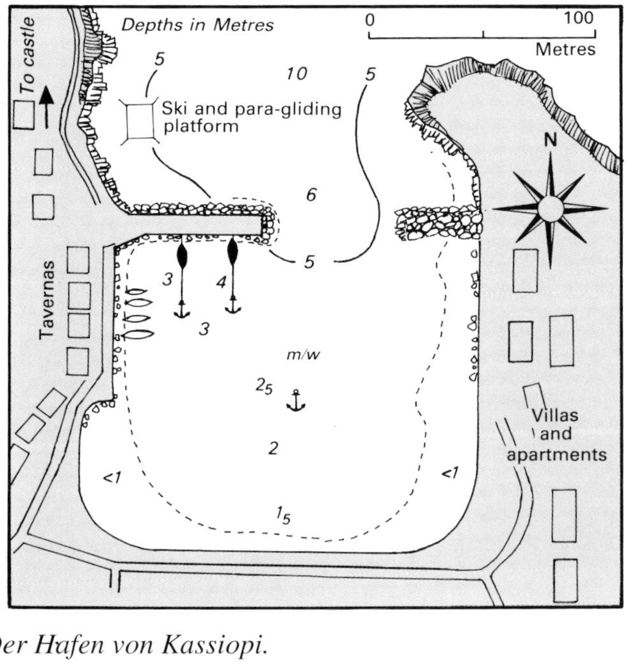

Der Hafen von Kassiopi.

Der Hafen von Kassiopi aus NNW.

Ormos Vourlias

Die große Bucht liegt unmittelbar E-lich von Kassiopi. Bei ruhigem Wetter lassen sich an der W-Seite sowie im Inneren der Bucht schöne Ankerplätze finden. Der Grund besteht meistens aus Sand und Seegras. An der E-Seite der Landzunge, Ak Varvaro, befindet sich eine kleine Bucht, die durch die Landspitze Ak Psaromyta recht gut geschützt wird.

Korfus Ostküste

Die Meerenge zwischen Korfu und Albanien (Voreion Stenon Kerkyras)

Karten: D 604 Plan D, Imray G11

Von N kommend, passiert man zwischen Nisis Peristerai und Korfu und läuft vorsichtig in den Kanal ein, bis man die Steinbake auf Yph. Serpa, einer gefährlichen Untiefe,

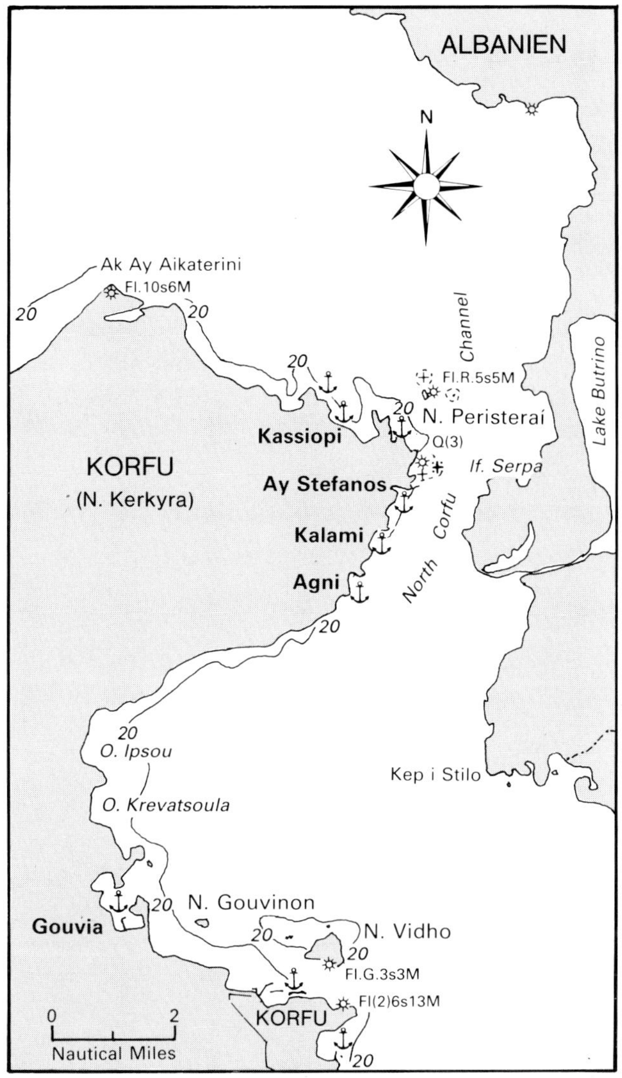

Die Meerenge zwischen Korfu und Albanien.

ausmachen kann. Die Bake sollte man mit gutem Abstand an Steuerbord lassen, da sie nicht ganz genau auf dem Ende des Riffs steht.
Die Fahrt durch die Meerenge, vorbei an der Außenseite von Yphalos Serpa, verläuft weniger als eine Seemeile von der albanischen Küste entfernt. Nachts kann man sich am Leuchtturm auf Nisis Peristerai (Fl.R.5s5M), dessen Feuer schon von weitem gut zu sehen ist, orientieren.

Nisis Peristerai mit dem Leuchtturm am N-Eingang der Meerenge zwischen Korfu und Albanien.

Die Ankerbucht A. Stephanos aus NW.

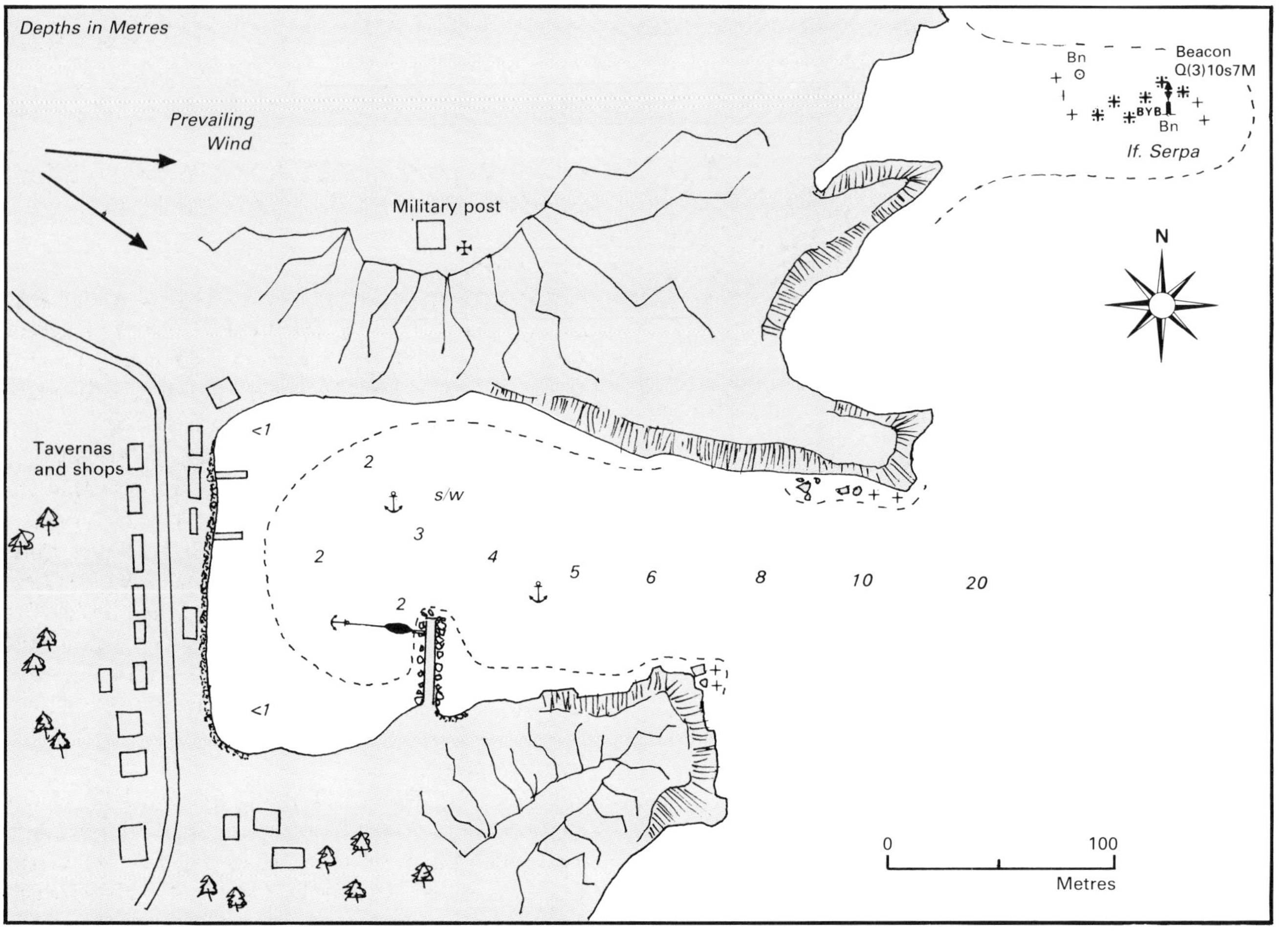

Die Bucht Ormos Agios Stephanos.

Ist man in die Passage eingelaufen, wird das Feuer der Bake (Q(3)10s7M), die das Ende des Riffs Yph. Serpa bezeichnet, sichtbar.
Hinweis: In der Nähe der albanischen Küste ist erhöhte Vorsicht angeraten (siehe Hinweis am Anfang des Kapitels).

Ormos Agios Stephanos

39°46'N 019°57'E / Karten: D 604 Plan D

Hinweis: Dieser Hafen liegt in einem offiziell ausgewiesenen Sperrgebiet, in der Praxis kümmert sich aber kaum jemand darum.
Unmittelbar S-lich von Yph. Serpa öffnet sich eine kleine Bucht. Auch wenn man hier direkt unterhalb eines Militärpostens liegt, werden gegen das Ankern keine Einwände erhoben.
Man hält auf die Mitte der Bucht zu und ankert auf 3 bis 6 m Wassertiefe. Der Grund besteht aus Schlick mit dickem Krautbewuchs, der einen guten Halt des Ankers schwer macht, aber der Schutz vor NW-Winden ist hier ausgezeichnet. An der S-Seite der Bucht befindet sich eine grobe Steinmole, die normalerweise mit einheimischen Booten belegt ist. Lebensmittel sind in begrenzter Auswahl zu haben, und rund um die Bucht finden sich verschiedene Tavernen. Auch wenn eine Anzahl von Ferienbungalows gebaut wurde, ist die Bucht immer noch ruhig und für einen Übernachtungsstopp gut geeignet.

Ormos Kouloura

39°44,8'N 019°56,4'E / Karten: D 604 Plan D, Imray G11

Hinweis: Dieser Hafen liegt in einem Sperrgebiet, in der Praxis kümmert sich aber kaum jemand darum.
S-lich von Agios Stephanos findet man diese kleine Bucht mit einem winzigen Hafen, der, im SE der Bucht gelegen, von Untiefen umgeben ist. Yachten mit maximal 1 m Tief-

Der winzige Hafen von Kouloura aus SW.

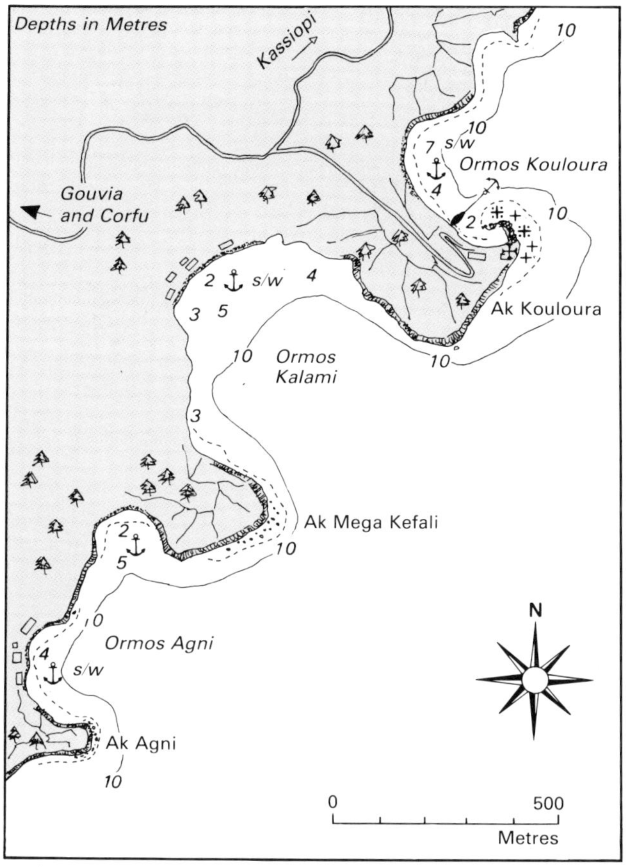

Die Ankerbuchten Kouloura, Kalami und Agni.

gang können vorsichtig von N aus einsteuern. Die Bucht bietet ausgezeichneten Schutz. Alternativ kann man mit einer langen Leine zum Land hin auf 5 bis 10 m Wassertiefe unmittelbar W-lich des kleinen Hafens ankern. Eine weitere Möglichkeit besteht im W der Bucht auf 8 bis 15 m Tiefe. Der Untergrund ist stark verkrautet. Guter Schutz vor den vorherrschenden NW-Winden.
Oberhalb des Hafens gibt es eine Taverne, die zur Mittagszeit häufig überfüllt ist, wo es abends aber weit weniger hektisch zugeht.

Ormos Kalami

39°44,6'N 019°55,8'E / Karten: D 604 Plan D, Imray G11

Hinweis: Dieser Hafen liegt in einem Sperrgebiet, in der Praxis kümmert sich aber kaum jemand darum.
Unmittelbar S-lich von Kouloura liegt die Bucht Ormos Kalami, die nach S und E hin offen ist, aber guten Schutz vor den vorherrschenden NW-Winden bietet. Man ankert auf 4 bis 6 m im NW der Bucht. Begrenzte Versorgungsmöglichkeiten und einige Tavernen.

Ormos Agni

39°44,2'N 019°55,8'E

Unmittelbar S-lich von Kalami befindet sich diese Bucht, die ebenfalls guten Schutz vor Winden aus NW bietet, auch wenn es hier böig sein kann. Man ankert am N-lichen oder S-lichen Ende. An Land gibt es einige Tavernen.

Ormos Gouvion (Marina Gouvia)

39°39,5'N 019°51,5'E / Karten: D 604, BA 726, Imray G11

Eine große geschützte Bucht im NW der Stadt Korfu mit der Marina Gouvia an ihrem S-lichen Ende.

Allgemeines

Kontokali war ursprünglich ein kleiner Fischerhafen, aber das war lange, bevor Hotels und Ferienwohnungen entlang der Küste gebaut wurden. Heute lebt der Ort von hauptsächlich britischen Urlaubern, die hier mit englischen Zeitungen, englischem Essen und Bier und einigen wenigen griechischen Dingen ihre Ferien verbringen.
Die Marina wurde erst kürzlich an die IKG Hellenic Marinas Gesellschaft verkauft und wird nun langsam ausgebaut und erweitert. Der Hafenplan zeigt die (geplante) endgültige Anlage der Marina, die Basis zahlreicher Charteryachten ist. Auch zum Überwintern ist dieser Platz sehr beliebt. Übrigens, im Winter regnet es ... und regnet ... Man sollte sich auf eine feuchte Zeit einrichten, wenn man hier die Wintermonate verbringen will.

Ansteuerung

Auffällig: Bei der Ansteuerung aus S ist Nisis Gouvion schon recht bald zu erkennen, bei der aus N sind Ak Kommeno und Vr. Phoustanopidima gut zu sehen. Auffällig sind zwei große Hotelbauten an der N-Seite der Einfahrt, von der ein mit roten und grünen Tonnen markiertes Fahrwasser in die Bucht leitet. Bei der Einsteuerung sollte man sich dicht unter der N-Seite halten, um nicht auf die Untiefen zu geraten, die sich von S erstrecken. Eine Peillinie zwischen dem kleinen Inselchen vor Ak Kommeno, Vr. Phoustanopidima (es ist mit dem Kap durch eine Fußgängerbrücke verbunden, so daß es aussieht, als ob es ein Teil davon ist) und einem roten Haus direkt oberhalb des Ladekais hält einen von den Untiefen frei, außerdem markieren die Tonnen deutlich, wo das Fahrwasser verläuft.
Nachts gibt es keine Feuer, die einen in die Bucht leiten, aber die kegelförmigen Tonnen, die das Fahrwasser markieren, sind Fl.G. und Fl.R. befeuert und etwa eine Seemeile weit sichtbar. Der Kopf der Marina-Pier ist mit (2F.R(vert)3M) befeuert. Auf die Befeuerung der Fahrwassertonnen sollte man sich nicht unbedingt verlassen.
Gefahren: Die S-liche Hälfte der Einfahrt ist durch eine flache Schlickbank unpassierbar. Die zuvor beschriebenen Tonnen bezeichnen jedoch das Fahrwasser, in dem man von der Untiefe freibleibt.

Liegeplätze

1. ***Marina Gouvia:*** Man bekommt einen Platz zugewiesen und liegt mit Bug oder Heck zum Kai. Die Leinen der ausgelegten Mooringtonnen können am Kai aufgenommen werden, und Yachten sollten es vermeiden, den eigenen Anker zu benutzen – es sei denn, es fehlt eine Mooringtonne, was hier und da vorkommt. Obwohl die Marina anfangs auf 5 bis 6 m Wassertiefe ausgebaggert war, sind Bereiche auf weniger als 2,5 m verschlickt. Der Schutz in der Marina hängt davon ab, wo man festgemacht hat. Die

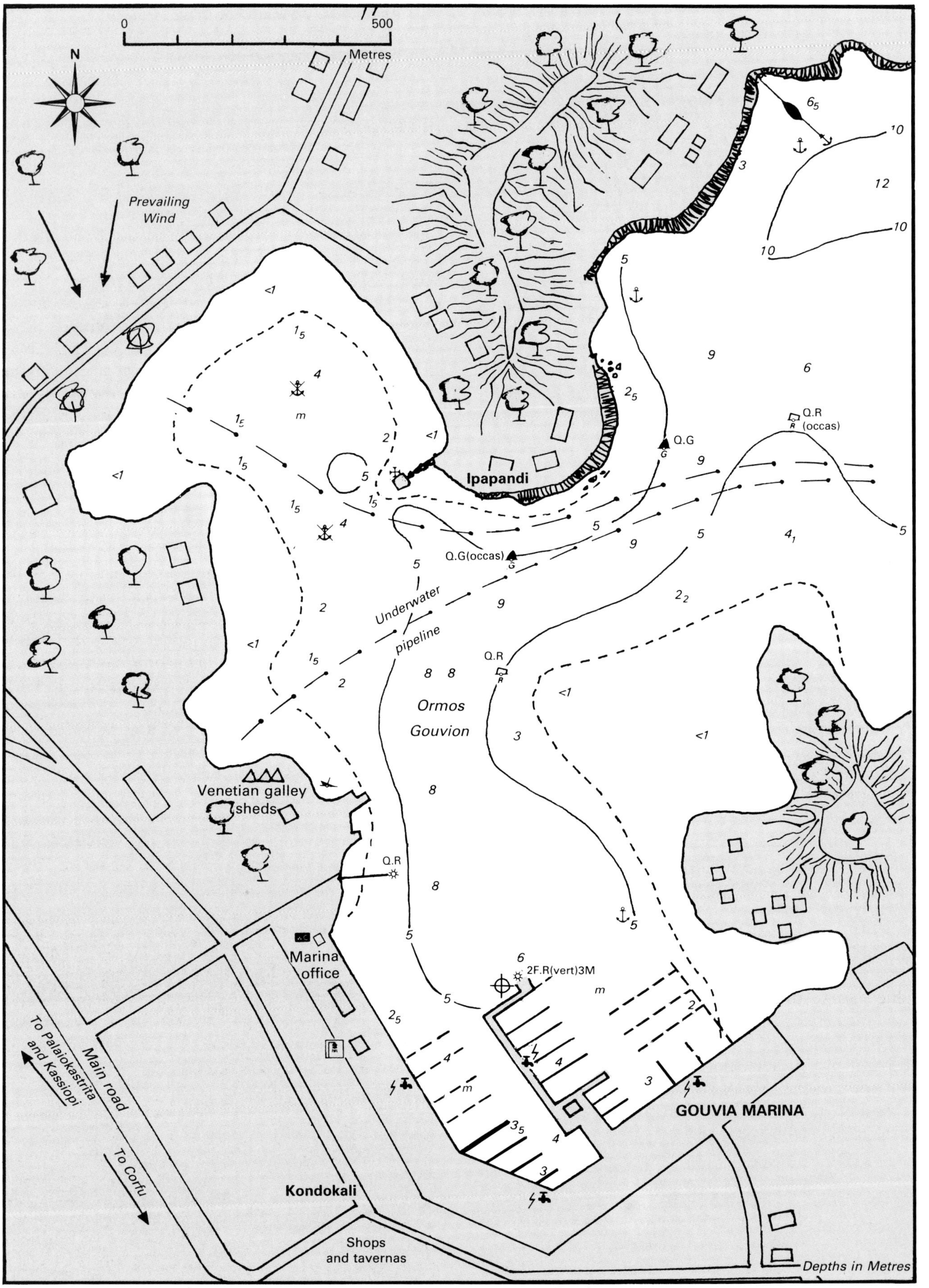

Die Bucht Ormos Gouvion mit der Marina Gouvia (die gestrichelten Linien zeigen den geplanten Ausbau der Marina).

Liegeplätze am Kai vor dem Marinabüro sind bei starken NE-Winden gefährlich. Gleiches gilt für Liegeplätze an der E-Seite der langen Hauptpier bei stürmischen Winden aus N bis NE.
2. ***Südlicher Ankerplatz:*** Man ankert genau E-lich der Marina-Pier auf 2 bis 5 m. Der Untergrund besteht aus Schlick und hält ausgezeichnet. Zwar ist dieser Platz gegen den Schwell, der durch N-liche Winde in der Bucht verursacht wird, nicht geschützt, aber der gute Halt des Schlickgrundes macht dies wieder wett.
Hinweis:
1. Neuerdings ist das Ankern im N der Bucht Ormos Gouvion verboten.
2. Zwei Kanalisationsrohre verlaufen von der W-Seite quer durch die Bucht zur Einfahrt. Im N-Teil der Bucht sollen nur noch 1,8 m Wassertiefe über den Steinen stehen, die das Abwasserrohr bedecken.
Behörden: Hafenmeister und Marina-Personal. Es werden Liegegebühren erhoben: Kategorie 2.

Versorgung
Marina Gouvia
Service: Wasser (kein Trinkwasser) am Kai. Trinkwasser kann per Tankwagen bestellt werden. Stromanschlüsse (funktionieren nicht immer) sind ebenfalls am Kai. Duschen und Toiletten sind neben dem Marina-Büro – was von den meisten Liegeplätzen aus ein beträchtlicher Spaziergang ist.
Treibstoff bekommt man am Bunkerquai.
Reparaturen: Ein 75 t-Mobil-Kran steht zur Verfügung. Außerdem gibt es zwischen der Marina und der Stadt Korfu diverse Bootswerften. Mechanische Reparaturen und Arbeiten am Motor sowie an GFK- und Holzrümpfen können ausgeführt werden. Arbeiten an der Elektrik und Hilfe bei kleineren Problemen an der Elektronik sind ebenso möglich, außerdem ein paar Segelreparaturen. Der Yachtausrüster Force 5 Chandlers bietet eine gute Auswahl an Ersatzteilen. Yacht Maintenance Service ist eine seit langem etablierte Firma, die Reparaturen an der Mechanik, Holz- und GFK-Arbeiten sowie allgemeine Instandhaltungsarbeiten an Yachten ausführen kann. Ein Wachdienst kann bestellt werden. Ansprechpartner ist Brian Clarke: Telefon, Anrufbeantworter, Fax 0661-90 382.
Verschiedene Ausrüster findet man in der Nähe der Marina in Kontokali.
Lebensmittel: In Kontokali bestehen gute Versorgungsmöglichkeiten. Großer Supermarkt in der Nähe. Eine Reihe kleiner Supermärkte liefert auch in die Marina. Stangeneis ist von einem Lieferwagen erhältlich, der im Sommer seine Runden fährt.
Restaurants: In Kontokali stehen verschiedene Bars und Tavernen zur Auswahl.
Sonstiges: Post, Wechselstube, Gas- und Camping GAZ-Station, Auto- und Motorrad-Vermietung sind vorhanden. In unregelmäßigen Abständen verkehrt auch ein Bus nach Korfu-Stadt. Seine Post kann man sich in die Marina senden lassen: IKG Hellenic Marinas, Marina Gouvia, PO Box 29, Korfu, Griechenland. Telefon Korfu 0661-91 475, 91 376, Fax 0661-91 829.

Hafen Kerkyra (Korfu)

WP 39°37,7'N 019°55'E / Karten: BA 2406, Imray G11, D 604

Allgemeines
Die Stadt Korfu gehört zu jenen Orten, die einem immer besser gefallen, je länger man sich dort aufhält. Bedauerlicherweise ist der alte Hafen wegen der Abwässer übelriechend und im Sommer völlig überfüllt, was einem den Aufenthalt in der Stadt verleiden kann. Marina Gouvia ist zu weit entfernt; es sei denn, man hat an Land einen eigenen fahrbaren Untersatz. Aber auch die Heerscharen von Touristen, die sich durch die engen Gassen Korfus schieben, können einen schaffen. Nichtsdestotrotz sollte man sich von Korfu bezaubern lassen. Auch wenn es viel zu sehen und erleben gibt, ist es doch immer ein Vergnügen, einfach nur umherzuschlendern. Und abseits der »Touristen-Pfade«, auf denen man höchstens überflüssigen Schnick-Schnack kaufen kann, findet man immer noch sehr viel von der alten Stadt.

Ansteuerung
Auffällig: Bei der Ansteuerung aus N verdeckt Nisis Vido einen Teil der Stadt. Schon von weitem bilden Nisis Vido und der Felsen Vr. Navsika markante Landmarken. In der Nähe des Hafens kann man die Häuser der Stadt erkennen. Bei der Ansteuerung von S her erkennt man schon aus einiger Entfernung die venezianische Zitadelle und den Leuchtturm auf dem Kap Ak Sidero. Gute Landmarken bilden die rote Spitze eines Glockenturmes in der Stadt und zwei Funkmasten im W des Ortes.
Hinweis: Die Durchfahrt zwischen Nisis Vido und Vr. Navsika ist gefahrlos.
Nachts navigiert man nach dem Leuchtfeuer auf Ak Sidero (Fl(2)6s13M) und beim Näherkommen nach den Befeuerungen der Hafeneinfahrten. Der alte Hafen ist am E-lichen Ende mit Fl.R.3s3M und der freistehende Wellenbrecher mit Q.G.3M und Fl.R.2s4M befeuert. Das Ende des neuen Wellenbrechers ist mit einer Leuchttonne

Blick aus E auf die Festungsanlage von Korfu mit der Stadt im Hintergrund.

Ansteuerungen des Kaps Ak Sidero und des Hafens der Stadt Korfu aus NW.

(Fl.G.) gekennzeichnet. Klar zu erkennen sind auch die roten Feuer auf den Funkmasten in der Stadt, und im Sommer wird die Zitadelle nachts angestrahlt.

Hinweis: Der Hafen wird von einer beachtlichen Anzahl von Fähren angelaufen, die von Italien oder – kleinere Fährschiffe – von Igoumenitsa kommen. Yachten müssen diesen Fähren stets Vorfahrt gewähren und sollten – besonders im Ansteuerungsbereich – gut auf herankommende Fähren achten.

Liegeplätze
Benötigt man ein Transitlog, macht man zunächst am Zollkai fest. Nach dem Erhalt des Transitlogs kann man im alten Hafen E-lich des Handelskais festmachen. Bei heftigen NW-Winden kann man auch erst im alten Hafen anlegen und sich dann sein Transitlog beschaffen, da es bei den vorherrschenden NW-Winden am Zollkai gefährlich werden kann. Im Sommer ist es am besten, frühmorgens einzulaufen, damit man vom Zollkai verschwunden ist, wenn die NW-Winde gegen Mittag einsetzen. Den komfortabelsten Platz im alten Hafen findet man am äußeren Wellenbrecher, von dem man durch die NW-Winde gut freigehalten wird. Der Stadtkai ist meistens mit einheimischen Booten belegt, und es gibt hier wenig Platz. In jedem Fall ist das Hafenbecken vor dem Stadtkai stark verschlickt, so daß hier ohnehin nur kleine Yachten mit Bug zum Kai festmachen können.
Schutz: Im alten Hafen, in dem nur Stürme aus S Schwell verursachen können, ist man sehr gut geschützt. Wie bereits erwähnt, ist der Zollkai Winden aus NW ausgesetzt.
Behörden: Zoll, Einwanderungsbehörde und Wasserschutzpolizei befinden sich neben dem Zollbereich. Hier kann ein Transitlog erworben werden, und da alle zuständigen Behörden dicht beieinander sind, ist es ein vergleichsweise einfaches Prozedere.

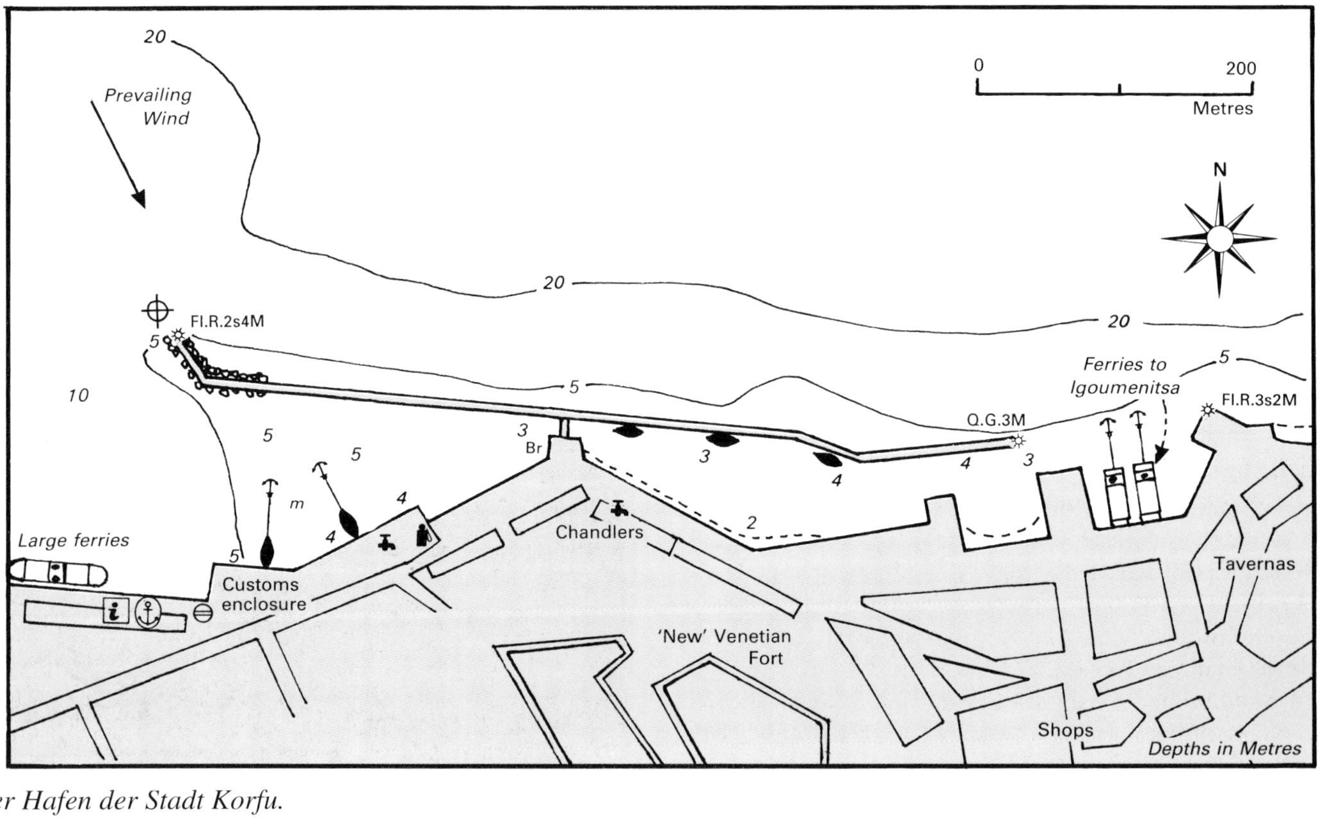

Der Hafen der Stadt Korfu.

Versorgung
Wasser am Zollkai. Hinter dem Sanitärblock im alten Hafen gibt es außerdem einen Wasserhahn.
Treibstoff am Zollkai.
Reparaturen: Verschiedene Bootswerften im Westen der Stadt. Mechanische Reparaturen sind größtenteils möglich, auch wenn die Ersatzteile in Athen bestellt werden müssen. GFK-, Holz- und Stahlarbeiten können ausgeführt werden. Reparaturen an Motor, Elektrik und (kleine Probleme) Elektronik. Schiffsausrüster sind an der Hafenpromenade.
Lebensmittel: Gute Einkaufsmöglichkeiten. Es gibt einige kleine Supermärkte direkt am Hafen, aber es empfiehlt sich, in die Stadt zu gehen, wo man mehr Auswahl hat. Stangeneis kann bestellt werden.
Restaurants: Eine Vielzahl von Tavernen, die sich hauptsächlich um den Platz SE-lich des Hafens schart, steht zur Wahl. Zahlreiche Bars sind überall in der Stadt zu finden.
Sonstiges: Es gibt hier die Post und Telefonämter, die rund um die Uhr geöffnet haben und auch Geld wechseln, Banken und Wechselstuben. Gas- und Camping GAZ-Station, Krankenhaus, Auto-, Motorrad- und Fahrrad-Vermietungen. Bus-Verbindungen zu den meisten Orten der Insel. Fährdienste nach Brindisi, Patras und Igoumenitsa. Flüge ins In- und Ausland und eine regelmäßige Flugverbindung nach Athen.

Bootswerften
Unmittelbar W-lich des Handelshafens gibt es ein paar Bootswerften. Yachten zwischen 20 und 25 t können hier mit einem Travellift oder Slipwagen aus dem Wasser geholt und an Land gestellt werden. Die meisten mechanischen Arbeiten, Reparaturen an Maschine, GFK und Holz können ausgeführt werden.

Corfu Yacht Club
In einer Bucht E-lich des alten Hafens an der N-Seite des Kaps Ak. Sidero findet man einen kleinen Hafen, der dem Corfu Yacht Club gehört. Da es sich um einen Privathafen handelt, darf er von Gastyachten nicht angelaufen werden; es sei denn, es wurde vorab etwas anderes vereinbart.

Ormos Garitsa

S-lich des Kaps Ak Sidero kann man auf 5 bis 12 m Tiefe über gut haltendem Schlick ankern. Der Platz ist vor den vorherrschenden Winden aus NW gut geschützt.

Naok Yacht Club
Der Yachthafen an der W-Seite von Garitsa gehört dem einheimischen Yachtclub. Im Sommer gibt es hier eine begrenzte Zahl von Gastliegeplätzen, die sich vom Ende der Mole in den Hafen hinein erstrecken. Am äußeren Ende der Mole findet man 2 bis 3 m Wassertiefe. Man macht mit Heck oder Bug zur Mole auf einem angewiesenen Platz oder da, wo man möchte, fest. Guter Schutz vor den vorherrschenden Sommerwinden. Duschen und Wasser gibt es im Yachtclub. Es werden Liegegebühren erhoben.

Benitsai

Ein ungeschützter Ankerplatz etwa 5 Seemeilen S-lich von Korfu-Stadt. Auffällig ist ein großes weißes Hotel N-lich von Benitsai. Man ankert auf 3 bis 10 m. Dieser Ankerplatz ist nur bei ruhigem Wetter zu empfehlen. Bei Winden aus N, die sich durch den schmalen Kanal zwischen Korfu und dem Festland schleusen, steht hier Schwell. Es gibt einen kleinen Hafen, der aber stets mit einheimischen Booten und Ausflugsdampfern belegt ist. Benitsai ist ein aufstrebender Ferienort mit zahlreichen Tavernen und Bars für die Urlauber in den Hotels und Appartements, die um das ursprüngliche Dorf herum gebaut wurden.

Petriti

39°27,2'N 020°00,3'E / Karten: D 604

Allgemeines
Petriti hat nur wenige Besucher und gehört zu diesen verschlafenen Nestern, für die man schnell sein Herz entdeckt. Die Umgegend, die von einem Flüßchen bewässert wird, ist wunderbar grün. Der Strand ist sandig und das Wasser klar.

Ansteuerung
Eben um das Kap Ak Voukari herum, 7 Seemeilen SE-lich von Benitsai, liegt der kleine Fischerhafen Petriti. Von N kommend, ist das kleine Dorf nicht zu sehen, aber ein ausgewaschener Steilhang ist recht markant. Hat man die Öffnung der Bucht erreicht, werden die Hafenmole und Gebäude gut sichtbar. Von E kommend, sind die Häuser des kleinen Weilers leicht zu erkennen.
Gefahren: Bei der Ansteuerung aus E muß man sich von einer Untiefe freihalten, die sich vom flachen Kap Ak Levkimmis aus erstreckt.

Liegeplätze
Man ankert in der Bucht auf 2 bis 4 m über gut haltendem Schlick, Sand und Seegras. Eine Mole erstreckt sich von NW in SE-licher Richtung, hinter der die Wassertiefe etwa

Ormos Garitsa an der S-Seite des Kaps Ak Sidero.

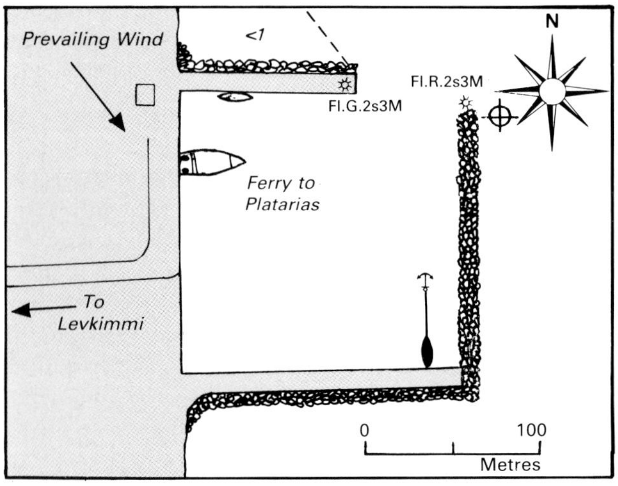

Der neue Hafen Kavos ist noch im Bau.

1,5 bis 2,5 m beträgt. Der Grund des Hafens ist unrein, so daß Vorsicht geboten ist. Hinter der Mole, die mit einheimischen Fischerbooten belegt ist, finden normalerweise aber 2 bis 3 kleine Yachten Platz.
Hinweis: An der W-Seite des Hafens hat eine Charterfirma eine Pier gebaut. Wenn die Charteryachten nicht im Hafen sind, kann man hier eventuell festmachen. Vorher anfragen!
Schutz: Vor den vorherrschenden Winden ist man gut geschützt, auch wenn gelegentlich Schwell in den Hafen steht.

Versorgung
Wasser bekommt man an der alten Mole und an der Charterpier. Telefone sind vorhanden. Begrenztes Versorgungsangebot, aber gute Tavernen.

Ak Levkimmis

Das flache Kap Ak Levkimmis E-lich von Petriti ist aus der Entfernung schwer auszumachen, auch wenn das Feuer, das in der Nähe der Spitze steht, eventuell zu erkennen ist. Man sollte einen respektvollen Abstand vom Kap halten, da sich eine Untiefe etwa eine halbe Seemeile E-lich und fast eine ganze Seemeile N-lich des Kaps erstreckt.

Levkimmi-Kanal

Unmittelbar S-lich des Kaps Ak Levkimmis ist die Einfahrt zu dem Kanal, der in die Stadt Levkimmi, die gut zu sehen ist, führt. Die Einfahrt zum Kanal ist verschlammt, und auch die Tiefen im Kanal sind unterschiedlich – nach letzten Berichten etwa 1 bis 1,5 m.

Kavos

WP 39°26'N 020°05'E (Fl.R.2s3M)

Der neue Hafen unmittelbar S-lich von Levkimmi befindet sich zwar noch im Bau, wird aber schon benutzt. Eigentlich wurde dieser Hafen für Fähren gebaut, die zwischen Platarias und Kavos verkehren. Die Fährschiffe beanspruchen den W-Kai. Man macht mit möglichst gutem Abstand zum Fährkai fest. Die Hafeneinfahrt ist nach N und somit auch für die vorherrschenden Winde offen, was diesen Hafen gelegentlich sehr ungemütlich, bei Starkwinden aus N sogar gefährlich machen kann. Heftige Winde aus S verursachen Schwell. Bisher gibt es noch keine Versorgungseinrichtungen.
An Land herrscht reges Urlaubertreiben, und die Diskos und Bars haben bis in die frühen Morgenstunden geöffnet.

Korfus Westküste

Ormos Agios Georgiou (Agios Georgis)

Eben N-lich von Paläokastritsa liegt diese weite sandige Bucht. Man ankert auf 4 m Wassertiefe im N-Teil der Bucht oder bei ruhigem Wetter vor A. Georgiou. Die vorherrschenden WNW-Winde verursachen Schwell in der Bucht. An Land gibt es eine Taverne.

Paläokastritsa (Limin Alipa)

Ansteuerung WP 39°40,3'N 019°42,8'E (Feuer auf dem Kap Ak Kosteri)
Hafen WP 39°40,4'N 019°42,6'E (Fl.R.3M) / Karten: D 604, BA 2402, Imray G11

Allgemeines
Ein Aquarell des Malers Edward Lear zeigt diesen Ort wie er war, bevor die Hotels gebaut wurden: eine wundervolle Bucht mit einigen wenigen Fischerhäusern, die von einem Mönchskloster bewacht wird. Heute umringen gigantische Hotels die Bucht, die das Landschaftsbild beträchtlich trüben. Aber der Blick über die See und die Aussicht vom

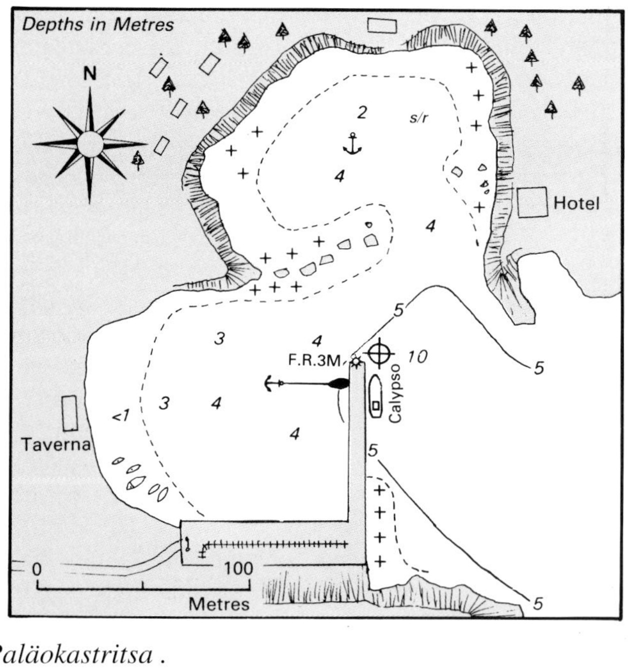

Paläokastritsa .

Der Hafen von Paläokastritsa aus NE; eine felsige Untiefe vor der N-Seite der Einfahrt macht die Ansteuerung schwierig.

Kloster sind immer noch großartig. Hotels werden nun keine mehr gebaut, da die Behörden entschieden haben, daß es genug sind. Allerdings schießen noch immer Gebäude für Service-Einrichtungen aus dem Boden. In der Nähe des Hafens unterhalb eines Hügels befindet sich ein Lagerhaus der NATO; fotografieren ist also verboten, obwohl man eine Ansichtskarte mit eben diesem Lagerhaus kaufen kann.

Ansteuerung
Die Ansteuerung ist bei Tag und Nacht schwierig!
Auffällig: Schon aus der Ferne sind die Häuser des Dorfes Lakones auf dem Hügel über Paläokastritsa zu erkennen. Beim Näherkommen bilden die großen Hotelblöcke um die Bucht und das Kloster beste Landmarken. Die Hafenmole sieht man erst, wenn man bereits in die Bucht eingelaufen ist.
Nachts navigiert man nach dem Feuer auf dem Kap Ak Kosteri (Fl.3s 5M) und dem befeuerten Molenkopf (F.R.3M). Eine Ansteuerung bei Nacht ist nicht zu empfehlen.
Gefahren: Wenn man in den Hafen einsteuert, sollte man sich dicht unter dem Molenkopf halten, um sich von der felsigen Untiefe freizuhalten, die tagsüber gut zu erkennen ist (überspülte Felsen), nachts aber nicht ausgemacht werden kann.
Die vorherrschenden NW-Winde drücken eine schwere Brandung gegen die Küste, die den Schwell zurückwirft und eine böse Kreuzsee entstehen läßt.

Liegeplätze
Man liegt mit Heck oder Bug zur Mole. Der Hafen ist stets mit einheimischen Booten voll belegt, aber normalerweise findet sich irgendwo immer noch ein Plätzchen. Wenn nicht, dann ankert man im N der Bucht, wobei man sich vor der felsigen Untiefe in der Einfahrt des Hafens freihalten muß. Der Grund besteht aus Sand, der gut hält.
Schutz: Der Hafen ist vor Winden aus NW gut geschützt, wird bei Starkwinden aus S jedoch gefährlich. Dann baut sich eine schwere See auf, und die Wellen brechen sich über der Mole. Wenn heftige Stürme aus S zu erwarten sind, sollte man den Hafen umgehend verlassen.

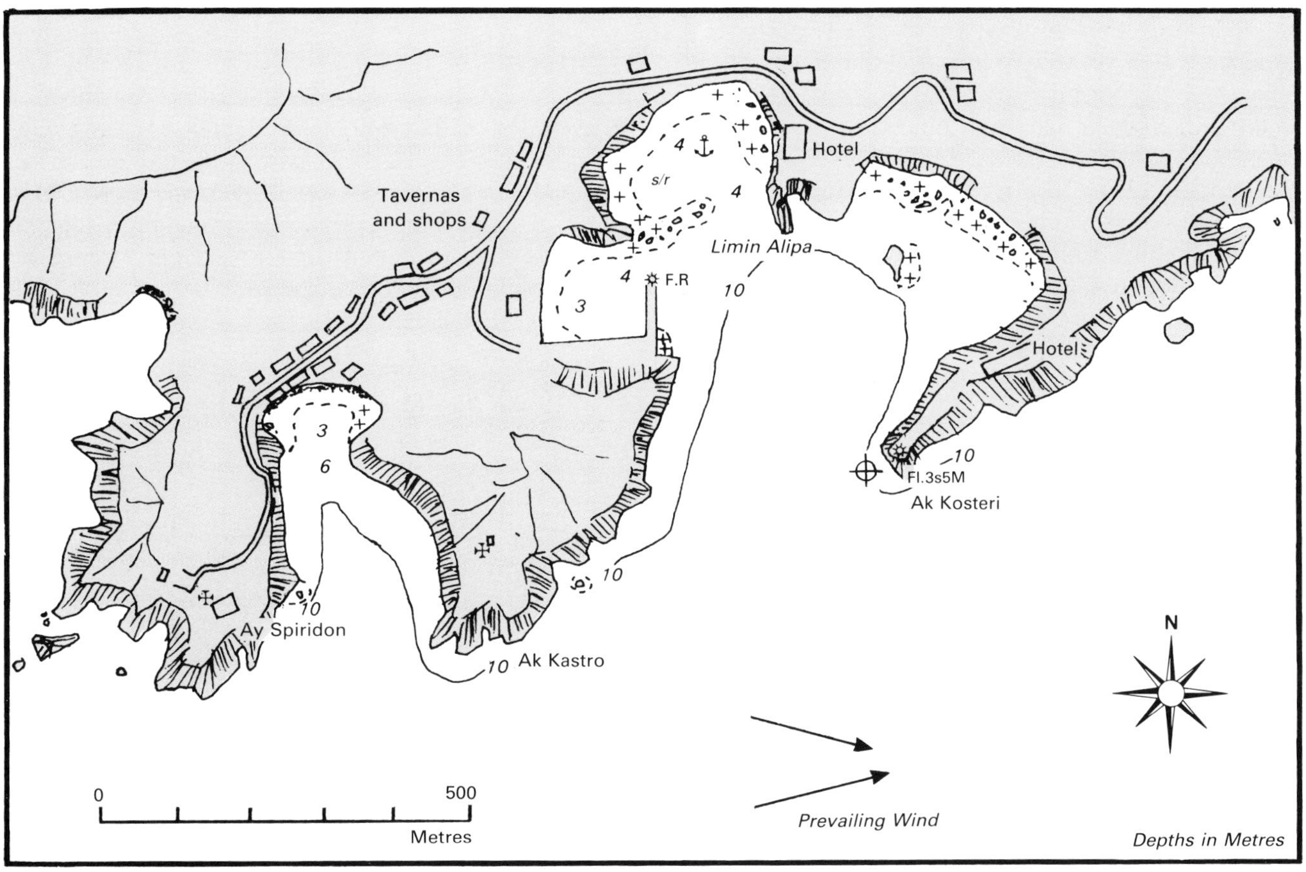

Ansteuerungen des Hafens Paläokastritsa (Limin Alipa).

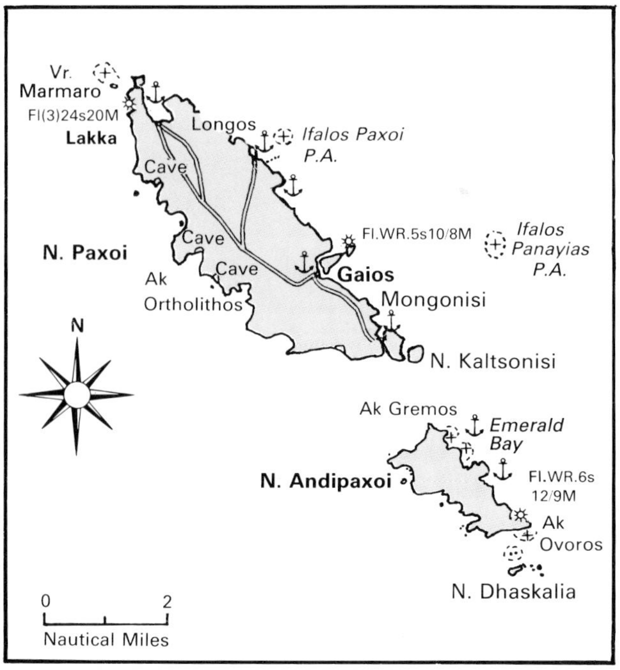

Die Inseln Paxoi und Antipaxoi.

Versorgung
Wasser und Treibstoff im Ort. Die meisten Dinge des täglichen Bedarfs sind erhältlich. Zahlreiche Tavernen und Bars; die Preise können jedoch recht hoch sein, da es ringsherum keine anderen Möglichkeiten gibt. Es besteht eine Busverbindung nach Korfu-Stadt.

Die Inseln Paxoi und Antipaxoi

7 Seemeilen S-lich von Korfu liegen die Insel Paxoi und ihre winzig kleine Nachbarin Antipaxoi. Paxoi ist 5 Seemeilen lang und 2 breit und für sein Olivenöl so berühmt, daß das noble Kaufhaus Harrods in London anscheinend nur das Produkt dieser Insel verkauft. Regelmäßig kommen Touristen von Korfu herüber, und in den letzten Jahren wurden hier viele Villen gebaut. Die Insel ist außerdem ein beliebtes Ziel von Flottillen-Seglern, so daß die Häfen und Ankerplätze im Sommer stets voll belegt sind.
Antipaxoi, das unmittelbar S-lich von Paxoi liegt, ist nur spärlich besiedelt. Die wenigen Bewohner bauen Wein und Oliven an, sind aber bei ihrer Versorgung auf Paxoi angewiesen. Die Insel bietet ein paar hübsche Ankerplätze, die aber nur bei gutem Wetter sicher sind.

Ormos Lakka

WP 39°14,7'N 020°07,7'E / Karten: BA 2402, Imray G11, D 604

Am N-Ende von Paxoi liegt diese fast vollständig von Land umschlossene Bucht.

Allgemeines
Der Ankerplatz liegt malerisch unterhalb olivenbestandener Hänge, und in einem kleinen Dorf im Scheitel der Bucht schmiegen sich ein paar Häuser aneinander. Im Sommer unterrichtet hier eine Segelschule, und zwischen den Dingis, Surfbrettern, Charteryachten und Ausflugsbooten liegt man in einem recht bunten Durcheinander.

Ansteuerung
Auffällig: Die genaue Lage der Bucht ist aus der Entfernung nur schwer auszumachen. Von W kommend, ist der Leuchtturm auffällig. Von N oder E kommend, sind die Befeuerungen der Einfahrt erst zu sehen, wenn man nah herangekommen ist.
Nachts navigiert man nach dem Hauptfeuer des Leuchtturms (Fl(3)24s20M) und beim Näherkommen nach der Befeuerung der Einfahrt (Fl.G.2s3M) und (FL.R.2s3M).

Liegeplätze
Man ankert in der Bucht, wo man mag oder in der NW-Ecke mit einer langen Leine zum Land. Kleine Yachten finden auch am Kai Platz, aber man muß beachten, daß die Wassertiefen hier unterschiedlich sind. Der Grund besteht aus Sand und Seegras und hält gut.
Schutz: Die Bucht ist vor den vorherrschenden Winden gut geschützt. Bei starken Winden aus NE wird das Liegen im Hafen ungemütlich, wenn nicht gar gefährlich. Bei NE-Winden sollte man sich so weit wie möglich in den E-Teil des Hafens verholen.

Versorgung
Wasser ist (manchmal) am Kai erhältlich.
Lebensmittel: Begrenzte Auswahl an Lebensmitteln.
Restaurants: Verschiedene Tavernen und Bars stehen zur Auswahl.
Sonstiges: Post, Telefonamt und Fähre nach Parga.

Longos

Karten: D 604, BA 2402

An der E-Küste von Paxoi zwischen Lakka und Gaios liegt dieser winzige Hafen, der so klein ist, daß es Yachten verboten ist, ihn anzulaufen; der zur Verfügung stehende Platz ist ausschließlich einheimischen Fischer- und Ausflugsbooten vorbehalten.

Die Einfahrt zur Bucht von Lakka aus NE; der Leuchtturm auf dem Bergrücken bildet eine markante Landmarke.

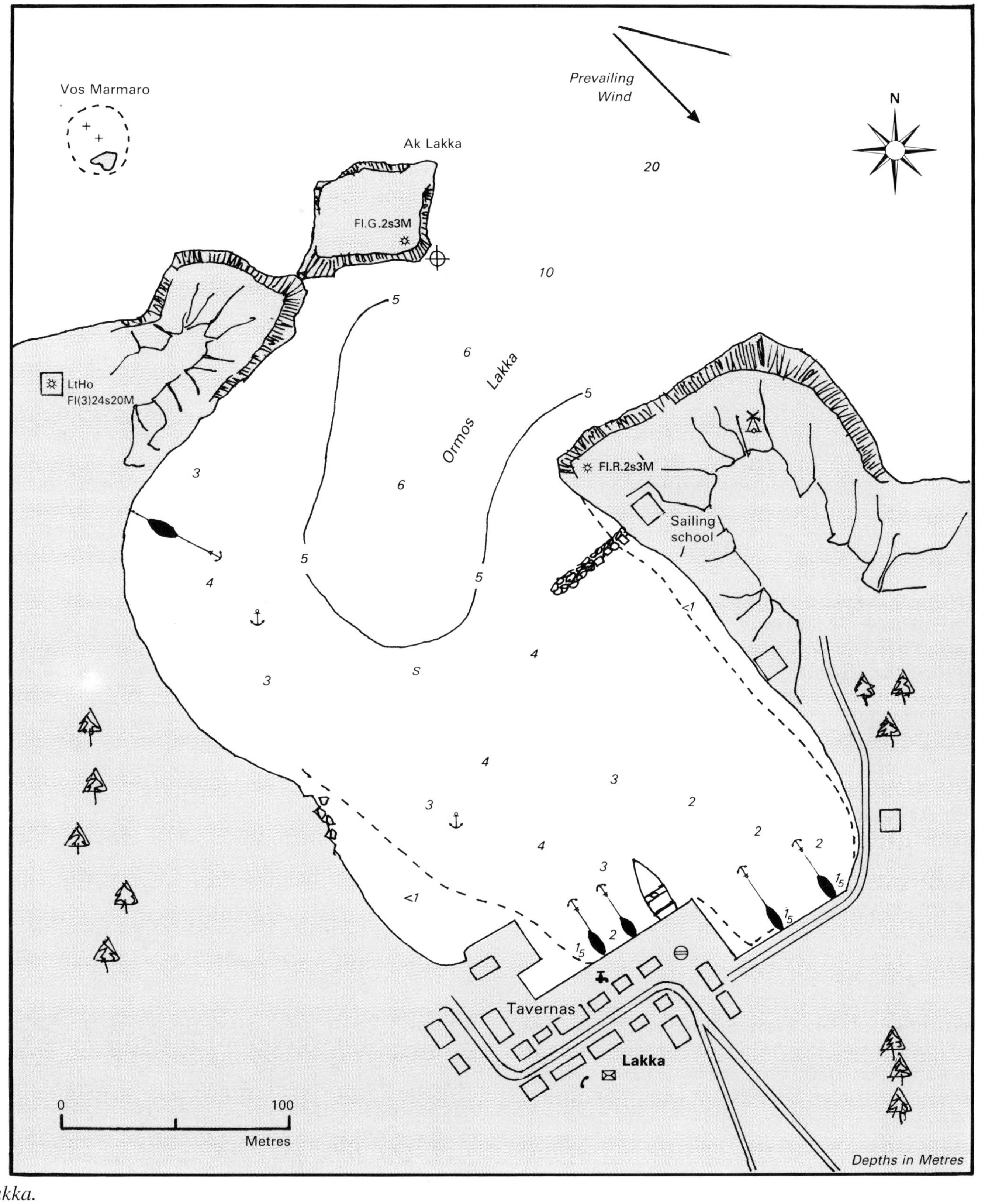
Vos Marmaro
Ak Lakka
Prevailing
Wind
N
Fl.G.2s3M
LtHo
Fl(3)24s20M
Ormos Lakka
Fl.R.2s3M
Sailing
school
Tavernas
Lakka
0
100
Metres
Depths in Metres

Lakka.

Ansteuerung von Longos aus E; der Schornstein der alten Seifensiederei ist sehr prägnant.

Man kann entweder mit dem Bug zur Mole und einer langen Leine festmachen oder ankern, wobei man ebenfalls eine lange Leine zur N-Seite der Bucht ausbringt. Die vorherrschenden Winde verursachen Schwell in der Bucht, so daß es an diesen Liegeplätzen nicht recht gemütlich ist. Bis jetzt bietet der neue Wellenbrecher, der N-lich des Hafens im Bau ist, noch keine brauchbaren Liegeplätze.
Die meisten Lebensmittel sind hier erhältlich, und zahlreiche Tavernen und Bars findet man um den Hafen herum. Es ist bedauerlich, daß kein annehmbarer Liegeplatz in Longos zu finden ist, denn dieses kleine Fischerdorf mit seinen schneeweißen Häusern unter olivenbestandenen Hängen, die sich um den Miniaturhafen drängen, ist ein ausgesprochen hübscher Ort.

Yph. Paxoi

Schätzungsweise eine halbe Seemeile E-lich von Longos liegt ein Riff, Yph. Paxoi, das selbst bei ruhigem Wetter schwer auszumachen ist. Man kann zwischen dem Riff und der Insel passieren, muß aber vorsichtig navigieren, und es ist klug, wenn man einen Ausguck auf dem Vorschiff postiert. Manche glauben, daß die Angaben in der Seekarte falsch sind und das Riff dichter an Nisos Paxoi liegt.

Yph. Panagia

Dieses Riff erstreckt sich schätzungsweise 2,5 Seemeilen E-lich von Port Gaios. Es ist von einer Untiefe umgeben und schwer zu erkennen, wenn der Wind das Wasser aufpeitscht. Das Riff liegt eben S-lich der direkten Route von Gaios nach Parga, so daß Vorsicht bei der Navigation geboten ist.

Port Gaios

WP 39°12,4'N 020°11,7'E (Fl.R.3s3M) / Karten: BA 2402, Imray G11, D 1092 Plan F

Allgemeines
Im Sommer ist Gaios stark bevölkert, da der Ort für Urlauber von Korfu ein beliebtes Ausflugsziel ist. Fährschiffe, Flottillen-Boote und Yachten wirbeln rein und raus und blockieren den kleinen Hafen. Wenn man im Sommer hier einen Liegeplatz bekommen möchte, muß man am frühen Nachmittag da sein.
Trotzdem ist Gaios ein attraktiver Ort. Wenn man in seinem Cockpit sitzt, ist man im wahrsten Sinne des Wortes mitten in der Stadt und kann den Rummel um sich herum beobachten. Eine andere Möglichkeit wäre, auf dem Marktplatz inmitten des geschäftigen Treibens einen Ouzo zu schlürfen und zu beobachten, wie sich die eigene Yacht sanft im Hafen hin und her wiegt. Vermutlich streichen einem dabei ein paar Katzen um die Beine, die um kleine Bissen betteln.

Ansteuerung
Auffällig: Von N kommend, ist die Einfahrt zum Hafen schwer auszumachen. Aus der Entfernung sind die Häuser und ein hoher Schornstein in Longos zu sehen. Beim Näherkommen wird der Leuchtturm auf Nisis Panagia, der von einer strahlend weißen Mauer umgeben ist und die Einfahrt zum N-lichen Kanal markiert, sichtbar.
Von S aus kann man den Leuchtturm auf Nisis Antipaxoi gut erkennen. Nähert man sich Gaios, wird eine Vielzahl weißer Villen und der Leuchtturm mit der Mauer auf Nisis Panagia sichtbar, bevor die Gebäude von Port Gaios selbst zu sehen sind.
Nachts navigiert man nach den Feuern auf Antipaxoi (Oc.WR.6s12/9M) und Nisis Panagia (Fl.WR.5s10/8M). Die N-Einfahrt ist mit Fl.R.3s3M und Fl.G.3s3M befeuert.

Blick vom Stadtkai von Port Gaios nach NW.

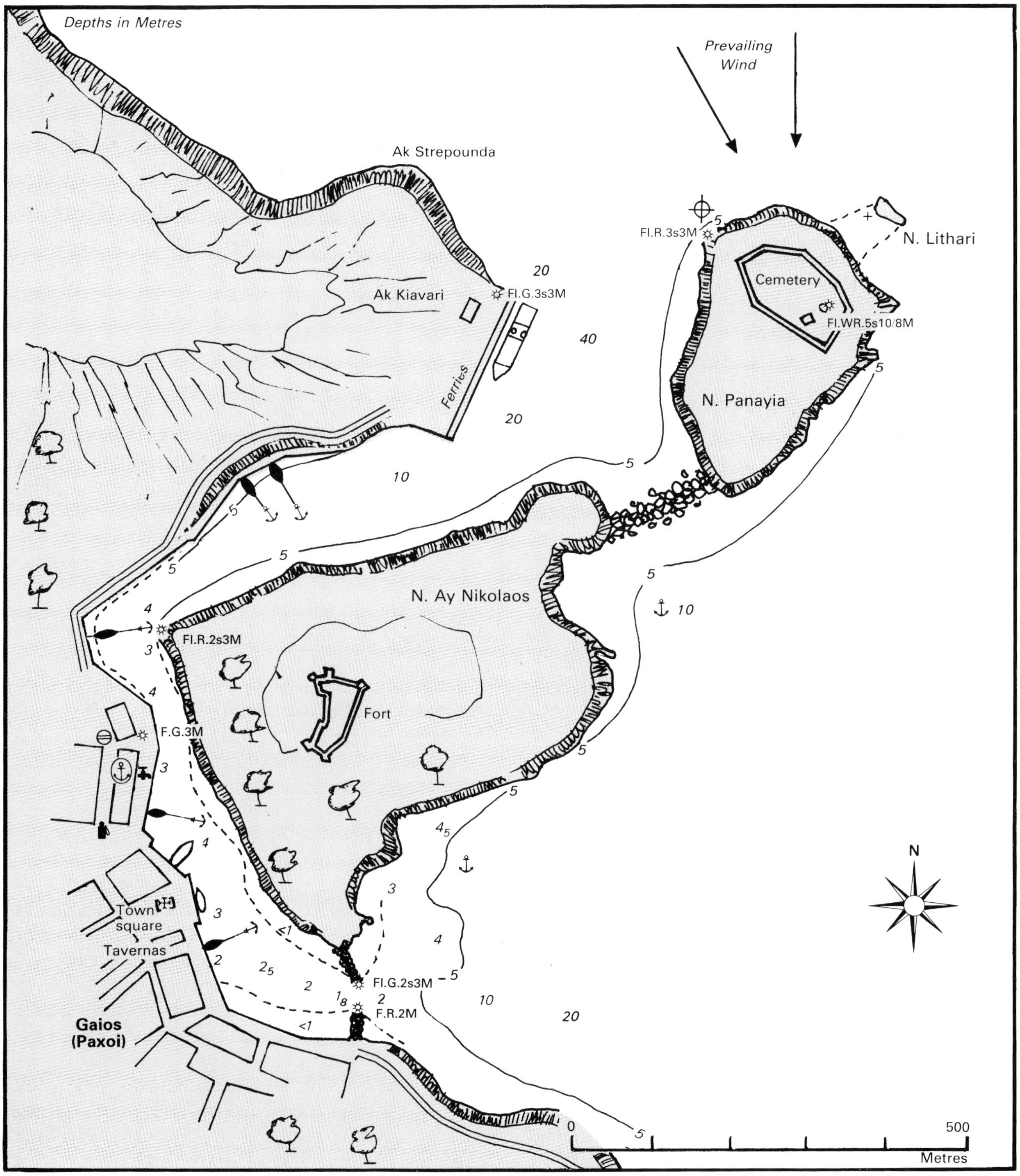

Port Gaios.

Die Biegung des Kanals wird von einem Feuer (Fl.R.2s3M) und die S-Einfahrt mit Fl.G.2s3M und F.R.2M bezeichnet; man kann sich nicht immer auf die Feuer verlassen. Das N-liche Ende des Kais ist mit F.G.3M befeuert.

Gefahren: Bei der Ansteuerung aus E ist Vorsicht vor der Untiefe Yph. Panagia geboten. Fähren und Ausflugsboote laufen unentwegt in den Hafen ein und aus. In der N-Einfahrt des Kanals ist die Biegung so scharf, daß man nicht sehen kann, ob Fahrzeuge entgegenkommen. In der S-Einfahrt sollte man warten, bis kein weiteres Boot passiert, da die Wassertiefe nur knapp 2 m beträgt und kein Platz für Manöver vorhanden ist.

Zu den Ufern hin ist es im S-Teil des Kanals sehr seicht, aber Baggerarbeiten sind bereits im Gange.

Liegeplätze

Man macht mit Bug oder Heck zum Stadtkai fest, wobei der Platz für die Fähren und Ausflugsboote freibleiben muß. Der Grund besteht aus Schlick, der gut hält.

Im Sommer kann es am Kai so voll sein, daß man keinen Platz bekommt.

Yachten können aber auch am N-Ufer der N-Einfahrt mit langer Leine zum Land liegen, da die Wassertiefe hier zum Ankern ausreicht. Man kann aber auch in der W-Ecke der N-Einfahrt einen Platz finden. Große Yachten können hinter dem Damm, der Nisis A. Nikolaos und Nisis Panagia verbindet, vor Anker gehen. Der Halt des Ankers im Grund ist hier aber nicht unbedingt sicher.
Schutz: Vor den vorherrschenden Sommerwinden ist man hier gut geschützt. Bei starken S-lichen Winden ist der Schwell am Stadtkai so stark, daß es besser sein kann, sich einen Liegeplatz in der N-Einfahrt zu suchen.
Hinweis: Vertörnte Anker sind bei den vielen Booten, die nach Gaios kommen, leider an der Tagesordnung, und man kann nicht viel dagegen machen. Am besten bleibt man gelassen und richtet sich auf etwas körperliche Arbeit am Morgen ein, an dem man den Hafen verlassen möchte.
Behörden: Hier gibt es Zoll und Wasserschutzpolizei.

Versorgung
Wasser: Wasser ist von Privat erhältlich oder kann von einem kleinen Tankwagen geliefert werden. Der Wasserhahn auf dem Stadtkai ist im Sommer oft abgestellt. Bei einer derartigen Flut von Touristen ist Wasser auf der Insel zu einem knappen Gut geworden.
Lebensmittel: Die meisten Lebensmittel sind erhältlich. Da viele Dinge per Fähre hierhergebracht werden, kann es aber gelegentlich zu Versorgungsengpässen kommen.
Restaurants: Zahlreiche Tavernen stehen zur Wahl. Besonders empfehlenswert sind die Tavernen an der Straße, die aus dem Ort herausführt.
Sonstiges: Post, Telefonamt, Bank, Motorradvermietung und Fährverbindungen nach Patras, Parga und Korfu.

Mongonisi

39°11'N 020°12,5'E

An der S-Spitze von Paxoi, kaum mehr als eine Seemeile SW-lich von Gaios, liegt die von Land umschlossene Bucht Mongonisi. Aus der Entfernung ist die Einfahrt schwer auszumachen, aber beim Näherkommen kann man sie erkennen. In der Bucht liegt man mit dem Bug zum Kai an der NE- oder S-Seite oder ankert in der Mitte auf 3 bis 5 m. Der Grund, der aus Sand und Seegras besteht, hält gut, wenn der Anker erst einmal durch das Kraut gedrungen ist. Der Schutz vor den vorherrschenden Winden ist gut, auch wenn bei starken Winden aus N bis NW der W-liche Teil des Ankerplatzes extrem ungemütlich wird. An Land gibt es eine Taverne mit Bar. Tagsüber pendeln Schnellboot-Fähren nach Gaios.

Nisos Antipaxoi

An der NE-Seite der Insel befinden sich zwei Buchten, die unter dem Namen Emerald Bay bekannt geworden sind und sich als Tagesankerplätze eignen. Zahlreiche Ausflugsboote verkehren während des Tages von und nach Paxoi. Wenn am Abend aber wieder Ruhe eingekehrt ist, ist dies ein wundervoll friedliches Plätzchen. Wenn die vorherrschenden Winde auffrischen, steht Schwell an der Küste, und die Ankerplätze sollten verlassen werden. Auch

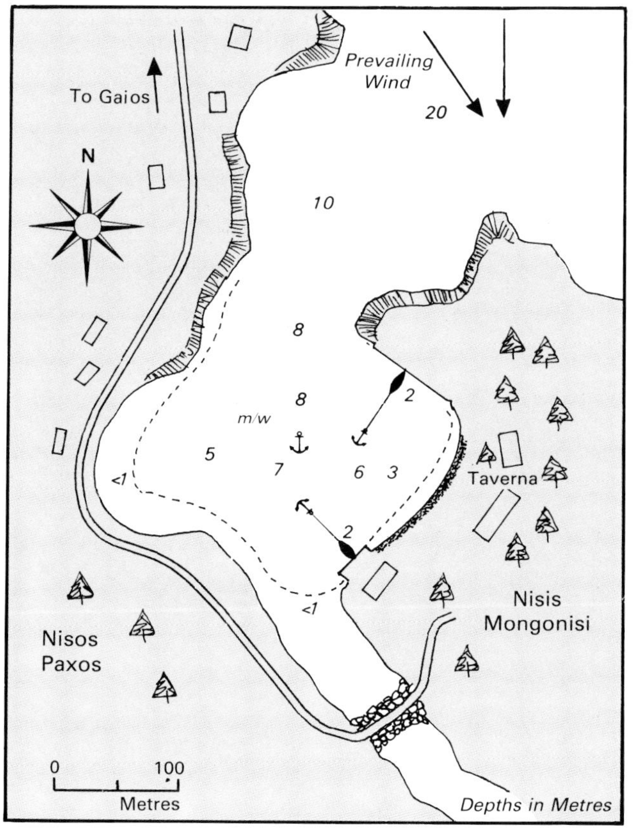

Mongonisi.

S-liche Winde bauen Schwell an der Küste auf. Im NE der Buchten haben im Sommer mehrere Tavernen geöffnet.
Der Küste von Antipaxoi, insbesondere zur S-Spitze hin, sind Über- und Unterwasserfelsen vorgelagert, die Vorsicht bei der Navigation verlangen. Von dem winzigen Inselchen Nisi Daskalia vor der S-Spitze von Antipaxoi sollten sich Yachten gut freihalten.

Die Festlandsküste zwischen Korfu und Preveza

Hinweis: Wie bereits zu Beginn dieses Kapitels erwähnt, sollten sich Yachten derzeit von den Buchten fernhalten, die nahe der albanischen Grenze liegen, da die politische Lage in diesem Land recht unsicher ist.
Korfu gegenüber erheben sich die Berge des albanischen Epirote-Gebirges auf beeindruckende 1300 m Höhe. Auf den zerklüfteten Spitzen liegt oft bis in den April hinein Schnee. Nach S flacht die Küste ab, das Gebirge zieht sich nun in einem weiten Bogen ins Landesinnere, während salzige Marschen um Preveza und Levkas den Küstenstrich kennzeichnen. Die stark gegliederte Küste bietet einige gute Häfen und Ankerplätze, die meisten liegen weit ab vom Inlandstourismus.

Ftelias

39°41' N 020°12,5' E

Die Bucht Ftelias befindet sich dicht hinter der albanischen Grenze. Bei der Ansteuerung ist eine hohe zerklüf-

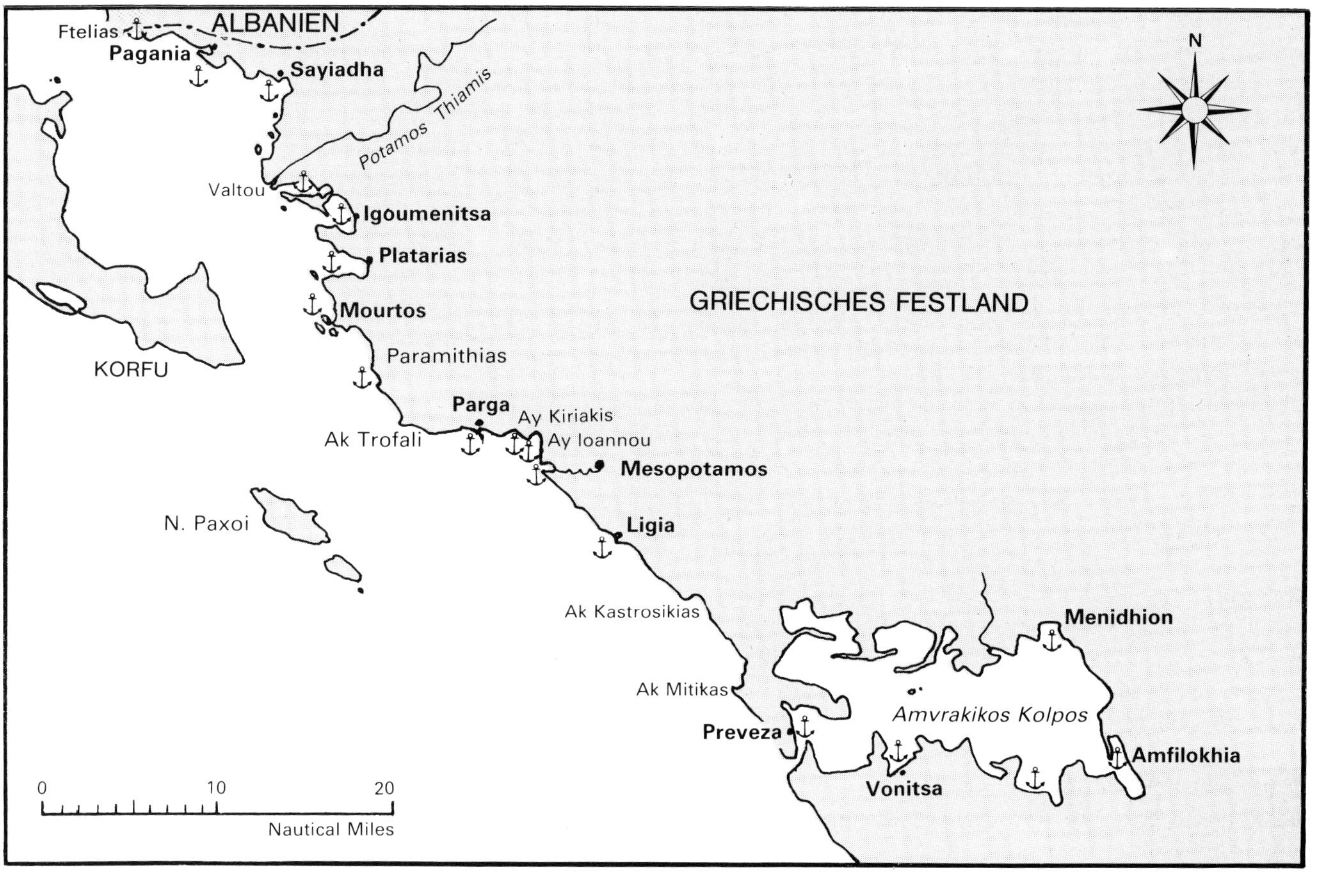

Die Festlandsküste von Pagania bis Preveza.

tete Insel auf albanischer Seite sowie eine flache felsige Insel auf griechischer Seite auszumachen. Beim Einlaufen in die Bucht bleibt die griechische Insel an Stb. Vor der N-Seite der Bucht erstrecken sich die Anlagen einer Fischzucht. Die Wassertiefen nehmen von der Einfahrt bis auf 10 m vor der Fischfarm sowie auf 3 m hinter der Biegung ab. Man ankert über Schlick, wo es einem gefällt. Keine Versorgungsmöglichkeiten.
Hinweis: Im Moment ist ein Anlaufen der Bucht aus den bereits erörterten Gründen nicht zu empfehlen.

Pagania

39°40'N 020°06'E

Allgemeines
Ein idyllisches kleines Plätzchen, das nur von wenigen Yachten besucht wird. Die einzigen Anwohner sind die Bauern, die an der NE-Seite der Bucht leben.
Gelegentlich erscheint ein griechisches Kontrollboot der Küstenwache, das Yachten zum Verlassen des Hafens auffordern kann.

Ansteuerung
Von S ist die Einfahrt nur schwer zu erkennen. Aus der Entfernung ist aber die Straße auszumachen, die wirkt, als wäre sie in die Hügel eingeschnitten und dort verschwindet, wo die Landspitze mit Pagania liegt. Ist man erst einmal in der Einfahrt, sieht man sogleich die Gebäude des Bauerngehöftes.

Hinweis: Von W erstrecken sich die Anlagen einer Fischzucht, die tagsüber aber gut zu erkennen sind, in die Bucht. Es sind allerdings nicht die einzigen Fischzuchtanlagen, die in dieser Bucht betrieben werden.

Liegeplätze
Man ankert in SW oder SE der Bucht. Der Grund besteht aus Schlick mit Bewuchs, hält aber gut. Die Bucht ist bei jedem Wetter gut geschützt.

Versorgung
Auf dem Bauernhof kann man eventuell ein paar Eier erhalten, das ist allerdings alles.

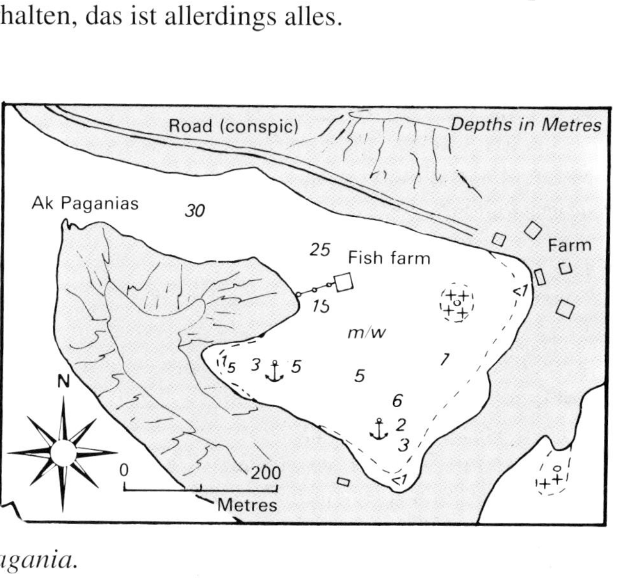

Pagania.

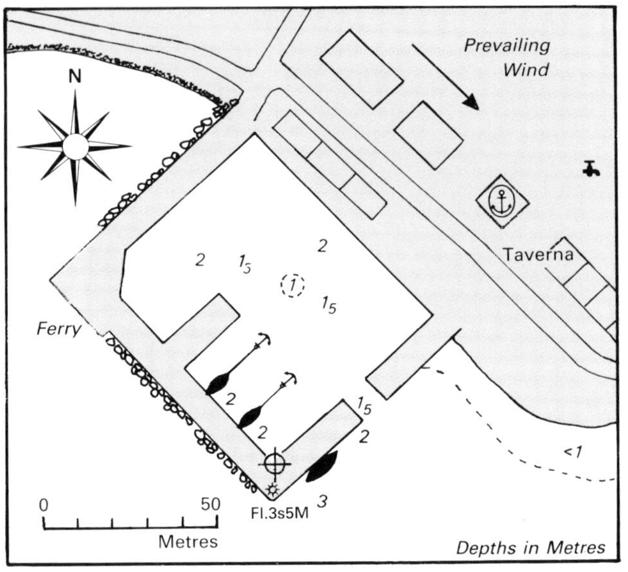

Sagiada.

Sagiada

WP 39°37,5'N 020°10,9'E (Fl.3s5M)

Allgemeines
Ein freundlicher kleiner Ort, der vom Tourismus unberührt geblieben ist. Die Taverne von Alexis ist dafür bekannt, daß man dort frische Krabben und Fisch essen kann.
Hinweis: Pagania und Sagiada liegen beide in einem offiziell ausgewiesenen Sperrgebiet, für dessen Befahren – zumindest theoretisch – eine Erlaubnis erforderlich ist. In der Praxis ist das aber normalerweise nicht nötig.

Ansteuerung
Schon aus der Entfernung sind die Häuser des Dorfes zu erkennen, den Hafen sieht man erst, wenn man dichter herangekommen ist.
Die alte Hafeneinfahrt an der NW-Seite ist geschlossen worden, dafür wurde eine neue an der SE-Seite geöffnet.

Liegeplätze
Nur sehr flachgehende Yachten mit höchstens 1,40 m Tiefgang sollten den Versuch unternehmen, hier einzulaufen. Die neue Hafeneinfahrt an der SE-Seite ist schmal und wird von Felsen gesäumt. Vermutlich ist sie durch die simple, griechische Methode entstanden, einfach mit Dynamit ein Loch in den alten Wall zu sprengen. Am besten macht man an der Außenmole längsseits fest, da der Ankerhalt nur gering ist. Vorsicht vor einer Untiefe in der Mitte des Hafens. Der Schutz im Hafen hat sich mit der neuen Hafeneinfahrt verbessert. Yachten können aber auch am Kai neben der Einfahrt festmachen, da hier der Schutz vernünftig ist.

Versorgung
Wasser gibt es in der Nähe des Kais. Ein Gemüseladen, ein Bäcker sowie einige Tavernen und die Wasserschutzpolizei sind ebenfalls vorhanden.

Ormos Valtou

Ansteuerung WP 39°30,6,5'N 020°9,3'E (Feuer auf Nisis Prasoudi) Karten: BA 2406

N-lich der Insel Nisis Prasoudi und der Zufahrt zum Hafen Igoumenitsa liegt die abgeschlossene einsame Bucht

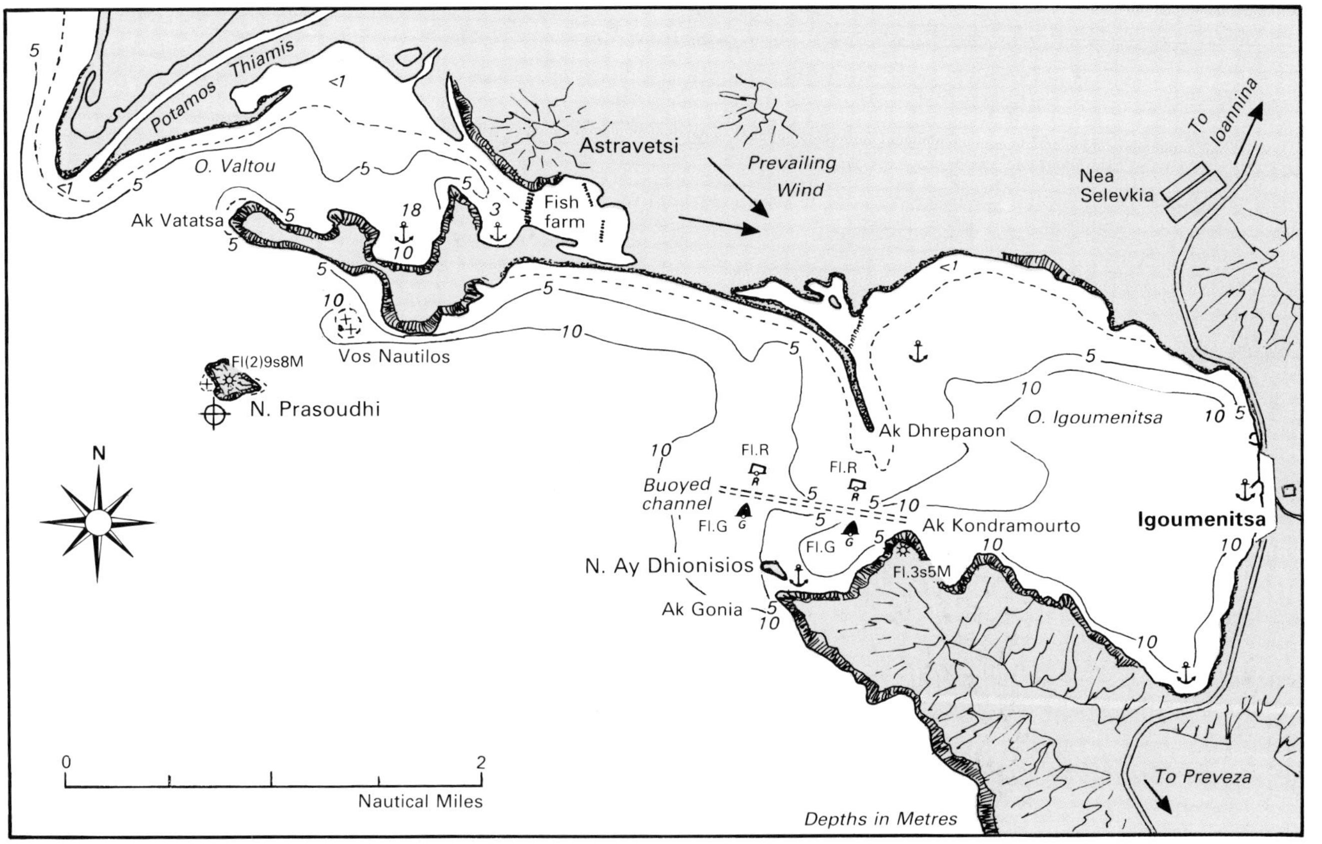

Die Buchten Ormos Valtou und Igoumenitsa.

Amorgos: In einer Felsnische zwischen Himmel und Meer wurde dieses byzantinische Kloster erbaut (oben links). Über der Ostküste des Peloponnes braut sich ein Gewitter zusammen (oben rechts). Die Marina Gouvia an der Ostküste von Korfu aus SE. Das Foto zeigt die Marina vor dem weiteren Ausbau (siehe Seite 51).

Das Kap Ak Sidero mit der venezianischen Festung aus NE (oben); Port Gaios auf der Insel Paxoi mit den vorgelagerten Inseln A. Nikolaos und Nisis Panagia aus SW.

Die nördliche Einfahrt des Levkas-Kanals und die Stadt Levkas aus S (oben); Assos auf Kephallinia ist nur bei ruhigem Wetter so idyllisch.

Levkas: Nydrion und die Bucht Ormos Vlychon aus NNE (oben); die Nordostküste der Insel Meganision mit dem Hafen Vathy sowie den Buchten Kapali, Abelike und Atherinos aus NW.

Ormos Valtou, die auch als Igoumenitsa Creek bekannt ist. Beim Einlaufen muß das Flachwassergebiet umfahren werden, das sich in der Mündung des Flusses Potamos Thyamis gebildet hat. Der Ankerplatz befindet sich in der dritten Ausbuchtung auf 3 bis 8 m Wassertiefe und bietet rundum hervorragenden Schutz. Der Grund besteht aus Sand und Seegras. Vom Ufer her dehnt sich ein Flach, und Fischzuchtanlagen verschließen den Scheitel der Bucht. Ein langer Sandstrand zieht sich an der N-Seite entlang, und die Umgebung lädt zu einem Spaziergang ein. Das hügelige Land fällt zum Schwemmland des Flußdeltas ab, das als die antike Insel Sivota angesehen wird, in deren Nähe die Korinther und die Bewohner Korfus sich 433 v. Chr. eine Seeschlacht lieferten, die als Beginn des Peloponnesischen Krieges angesehen wird.

Igoumenitsa

Ansteuerung WP 39°30,6,5'N 020°9,3'E (Feuer auf Nisis Prasoudi)
Hafen WP 39°30,1'N 020°15,7'E (2F.R(vert)5M) / Karten: BA 2406

Allgemeines

Igoumenitsa ist ein wenig attraktiver, ungemütlicher Fährhafen, auch wenn die weite Bucht insgesamt ganz hübsch ist. 1979 zerstörte ein Erdbeben einen Teil der Gebäude, und 200 Personen mußten noch sechs Monate danach in Zelten wohnen.
Die Stadt eignet sich als Ausgangsort für einen Besuch in Ioannina und Dodona.

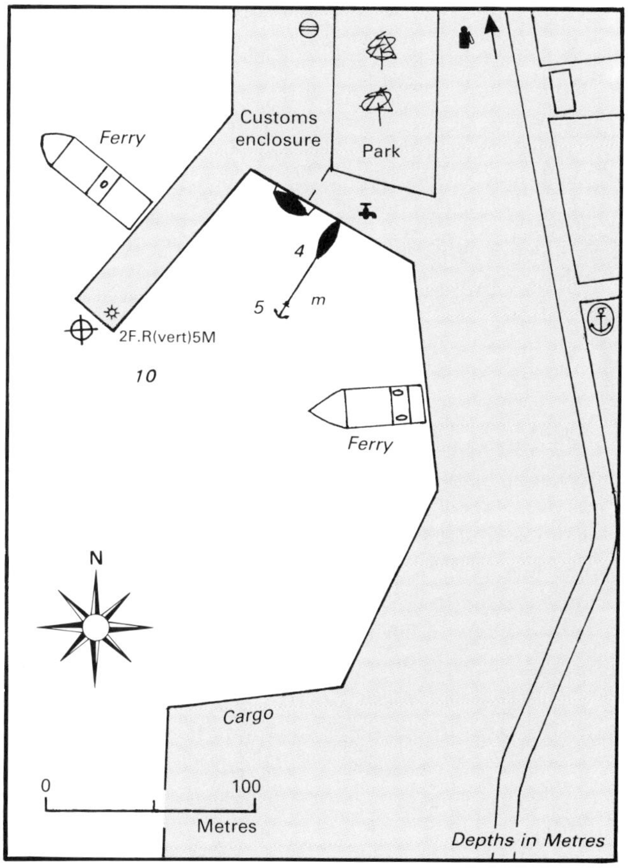

Igoumenitsa.

Blick auf die Einfahrt von Ormos Igoumentisa aus ESE; rechts im Bild das Kap Ak Drepanon.

Ansteuerung

Auffällig: Die Insel Nisis Prasoudi ist leicht zu erkennen, und die Stadt Igoumenitsa ist schon an der Einfahrt der Bucht auszumachen. Drei Tonnenpaare wurden gut sichtbar ausgelegt, um die Fahrrinne zu markieren. Die Ansteuerungen und die Einfahrt werden normalerweise vom ständigen Ein- und Auslaufen der Fähren nach Korfu bestimmt.
Nachts navigiert man nach dem Feuer auf Nisis Prasoudi (Fl(2)9s8M) und dem Feuer auf der S-Seite der Einfahrt, Kap Ak Kontramourto (Fl.3s5M). Die Tonnen, die die Fahrrinne markieren, sind mit Q.G. und Q.R. befeuert. Der Kopf der Hafenmole von Igoumenitsa ist mit einem weiteren Feuer (2F.R(vert)5M) bezeichnet.

Liegeplätze

Entlang des Kais macht man mit Bug oder Heck fest. Der Grund besteht aus Schlick, der gut hält.
Schutz: Man liegt einigermaßen geschützt, auch wenn es bei starken NW-Winden sehr ungemütlich wird und es besser sein kann, wenn man im N der Bucht ankert. N-lich der Hauptpier gibt es einen kleinen Fischerhafen, der für gewöhnlich voll belegt ist. Die Wassertiefen variieren hier zwischen 1 und 2 m.
Ankerplatz: Yachten können vor dem N-lichen Ufer der Bucht ankern, wo sie vor den vorherrschenden Winden gut geschützt sind. Guten Schutz in malerischer Umgebung findet man auch vor Nisis A. Dionisios. Bei ruhigem Wetter kann man sich auch einen Ankerplatz am S-lichen Ende der Ormos Igoumenitsa suchen.
Behörden: Igoumenitsa ist »Port of Entry«, und so befinden sich Zoll, Wasserschutzpolizei und Einwanderungsbehörde in der Nähe des Hafens.

Versorgung

Wasser am Kai.
Treibstoff in der Nähe des Kais.
Lebensmittel: gute Einkaufsmöglichkeiten.
Restaurants: In der Stadt findet man zahlreiche Tavernen und Imbisse.

Sonstiges: Post, Telefonämter, Bank, Gas und Camping GAZ. Unregelmäßige Busverbindungen nach Preveza und Athen, Auto-Fähren nach Korfu sowie Fähren nach Patras und Italien (Brindisi, Ancona und Bari).

Platarias

39°27'N 020°16,5'E

Ein kleiner Fährhafen in der Bucht Ormos Platarias. Auch wenn die Fähren nach Kavos und Korfu den Hafen benutzen, finden Yachten hier einen Liegeplatz.
Die Häuser des Dorfes und der Hafen sind erst zu erkennen, wenn man in die Bucht eingelaufen ist. Man macht mit Bug oder Heck im Inneren des Hafenbeckens fest, wo die Wassertiefe größtenteils 2 m beträgt. Guter Schutz vor den vorherrschenden Winden.
Wasser gibt es am Kai, und die meisten Lebensmittel sind zu bekommen. Verschiedene Tavernen stehen zur Auswahl.

Mourtos und die vorgelagerten Syvota-Inseln

Eben S-lich der Bucht Ormos Platarias liegen die Stadt Mourtos sowie die dem Festland vorgelagerten Syvota-Inseln, eine Gruppe von drei Inseln: Nisis Syvota, Nisis A. Nikolaos und Nisis Mavros Notos.

Allgemeines
Das Dorf Mourtos ist ein hübscher Ort in bewaldeter Umgebung mit freundlichen Einheimischen. Die Sandbarre Bucht, früher einmal ein stilles Fleckchen, wird nun von einem monströsen Hotel-Betonklotz überragt, zu dem ein Wirrwarr von Moorings für die hoteleigenen Boote und Dingis gehört. Bis spät in die Nacht hinein stört laute Musik vom Hotel die Ruhe.
Auch wenn der Name »Syvota-Inseln« es vermuten läßt: Sie sind nicht die antike Insel »Sybota«, bei der 433 v. Chr. die Seeschlacht zwischen Korinthern und Einwohnern Korfus geschlagen wurde. Die flachen Hügel etwas nördlich von Igoumenitsa gelten als das historische »Sybota«.

Ansteuerung
Auffällig: Von N kommend, sind der Leuchtturm auf Nisis Syvota und ein dreigeschossiges Haus auf dem Festland gut auszumachen. Wenn man sich dem Dorf Mourtos nähert, sind die Häuser auf dem Hügel leicht zu erkennen. Von S her sind die Inseln schlecht zu identifizieren, aber man sieht den Leuchtturm auf Nisis Syvota.
Nachts kann man sich nur an dem Feuer dieses Leuchtturms (Fl(3)20s12M) und der Befeuerung des Molenkopfes (Fl.R.3M) in Mourtos orientieren. Beim ersten Besuch sollte man eine Nachtansteuerung vermeiden.
Gefahren: Auf keinen Fall sollte man versuchen, zwischen den Inseln Nisis Syvota und Nisis A. Nikolaos zu passieren, da die Durchfahrt von einem quer nach S verlaufenden Riff blockiert wird. Die Durchfahrt zwischen dem Festland und den Inseln ist an einer Stelle nur 2 m tief (siehe Plan). Bei der Ansteuerung von S hält man sich E-lich, um sich von dem Riff freizuhalten, das sich von der Insel Nisis Syvota ins Meer erstreckt.

Liegeplätze
Es gibt eine ganze Anzahl von Möglichkeiten:
1. ***Mourtos:*** Bei ruhigem Wetter ankert man in der Bucht von Mourtos oder macht mit dem Bug zur Mole fest. Für flachgehende Boote ist es auch an einigen Plätzen möglich, mit dem Heck zur Pier anzulegen, aber dabei ist Vorsicht geboten, da die Wassertiefen unterschiedlich sind. Der Raum hinter der kurzen Mole ist normalerweise von Fischerbooten belegt. Der Schutz vor den vorherrschenden NW-Winden, die hier ungehindert hineinwehen, ist dementsprechend nicht der beste. Nur bei leichten Winden ist die Wahl dieses Ankerplatzes vertretbar, jedoch nicht, wenn es kräftig aus NW bläst.
2. ***Kloster-Bucht:*** Diese kleine Einbuchtung befindet sich NW-lich vom Mourtos-Kai. Man ankert mit langer Leine zum Land oder legt sich an den Landesteg. Der Schutz ist hier besser, als es den Anschein hat.
3. ***Mittlere Bucht:*** Diese kleine Einbuchtung befindet sich unmittelbar hinter der N-Einfahrt der Passage. Man ankert auf 3 bis 7 m Wassertiefe und bringt – wenn möglich – eine lange Leine zum Land aus. Der Grund besteht aus Schlick, der dick mit Seegras bewachsen ist und gut hält, wenn der Anker erst durch den Bewuchs gedrungen ist. Auf diesem Plätzchen ist man gut geschützt und bestens aufgehoben; nach Mourtos ist es nur ein kleiner Trip mit dem Dingi. Die kleine Bucht an der NW-Seite ist größtenteils zu flach und wird außerdem von Unterwasserfelsen gesäumt.
4. ***Sandbarre Bucht:*** An der S-lichen Ausfahrt der Meerenge liegt im Schutz der Insel Nisis Mavros Notos diese kleine Bucht. Die Moorings der Segeldingis, die zum Hotel auf dem Hang gehören, nehmen den meisten Platz ein. Neuerdings sind rund um die Bucht Ankerverbots-Schilder aufgestellt. Die Rechtmäßigkeit solcher Praxis ist recht zweifelhaft, da alles bis zur Hochwassermarke dem Staat gehört und weder ge- noch verkauft werden kann. Obwohl es daher eigentlich möglich wäre, hier zu ankern, machen die Jet-Skifahrer und Wasserski-Boote – gar nicht zu reden vom Hotelpersonal – den Aufenthalt hier völlig unerträglich. Am besten verzichtet man ganz auf diesen Platz.
5. ***End Bay:*** An der E-Seite von Nisis Mavros Notos kann man recht guten Schutz vor den vorherrschenden NW-Winden finden. Man ankert auf 4 bis 10 m Tiefe über Sand und Seegras. Sollten bereits viele andere Yachten hier ankern, ist es ratsam, eine lange Leine zum N- oder S-Ufer auszubringen, damit die Yacht nicht vor Anker schwoit.
Hinweis:
1. In der Passage zwischen der Insel A. Nikolaos und dem Festland nehmen die Wassertiefen abrupt bis zu 2 m über einer Sandbarre ab, bevor sie ebenso abrupt wieder zunehmen.
2. Durch die vorherrschenden Winde bedingt, kann S-setzender Schwell in der engen Durchfahrt stehen.

Versorgung
Mourtos:
Wasser aus örtlichen Quellen.
Treibstoff gibt es 600 m weiter im Dorf.

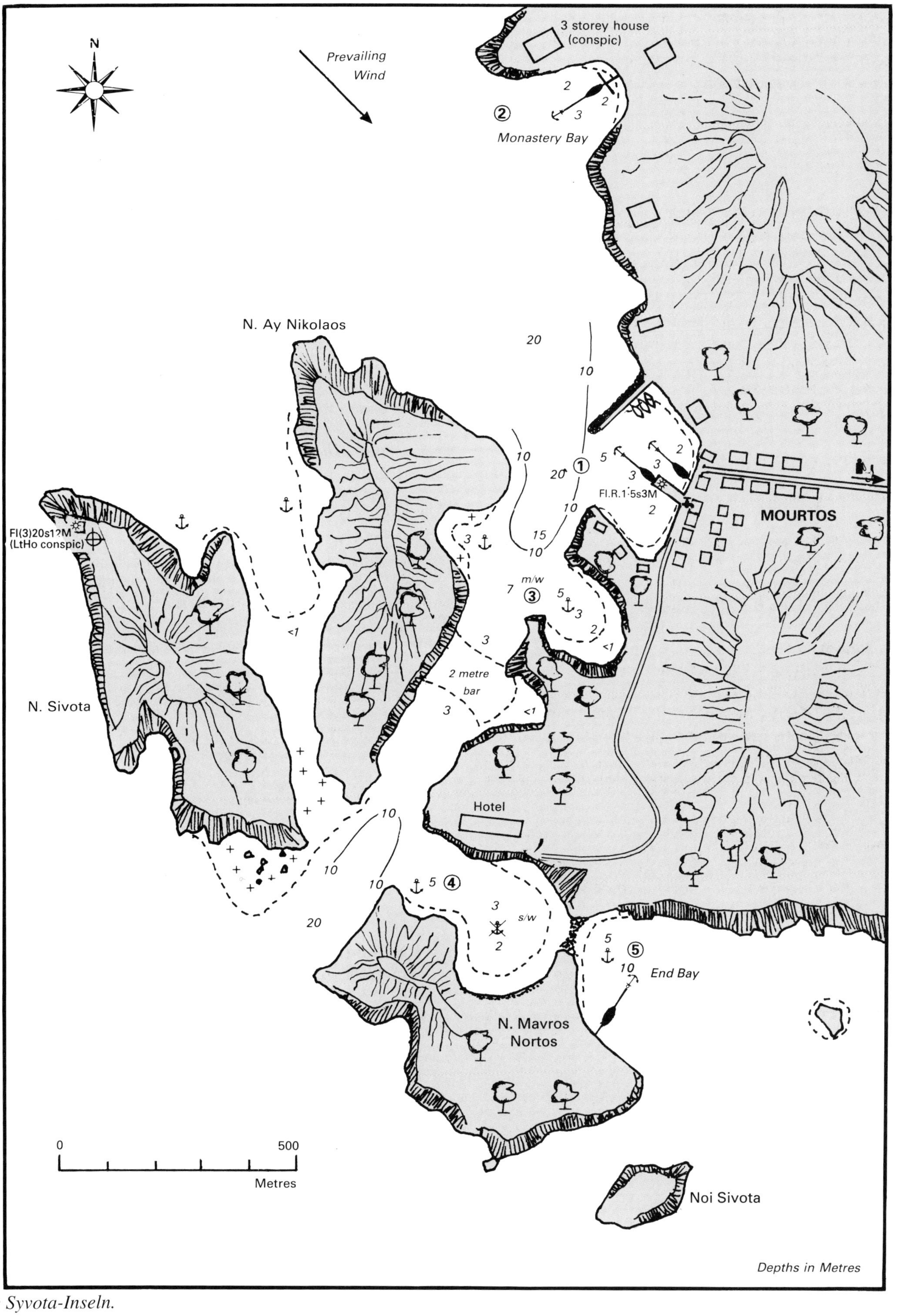

Die Syvota-Inseln.

Lebensmittel: Sind am Hafen erhältlich; Geschäfte mit größerer Auswahl und einen Bäcker findet man im Dorf (600 m).
Restaurants: Am Hafen und im Dorf findet man gute Tavernen.
Sonstiges: Post, Telefonamt und eine Busverbindung nach Igoumenitsa.

Parga

39°17'N 020°23,4'E / Karten: BA 2406, D 604

Allgemeines
Parga ist ein malerischer Ort, der an den steil zum Meer hin abfallenden Hängen erbaut wurde. Vom kleinen Hafen aus um die Bucht herum zur Ortschaft benötigt man zu Fuß etwa zwanzig Minuten. Ist der Rückweg erst für den späten Abend geplant, sollte man eine Taschenlampe mitnehmen. Die Berghänge, die die Bucht einrahmen, sind bewaldet, meistens mit Pinien oder Oliven und einigen Laubbäumen im Küstenvorland. Das Kastell auf dem Vorgebirge zwischen den beiden Buchten ist normannischen Ursprungs (ca. 1337). Durch den gigantischen Felsen, auf dem es erbaut ist, sowohl seeseitig wie landwärts geschützt, war diese Burg von jeher schwer einzunehmen. Die Venezianer betitelten sie als »Auge und Ohr Korfus«, und folglich genossen die Bewohner Pargas besondere Handelsprivilegien von Venedig. Der berüchtigte Ali Pasha versuchte mehrmals, das Kastell einzunehmen, schließlich auch (mit britischer Unterstützung) erfolgreich. Als die Franzosen 1814 die Burg hielten, überredeten britische Agenten die Bewohner Pargas, die Garnison zu stürzen und an die Briten auszuliefern. Nach zwei Jahren britischer Besatzung verkauften die Engländer das Kastell an

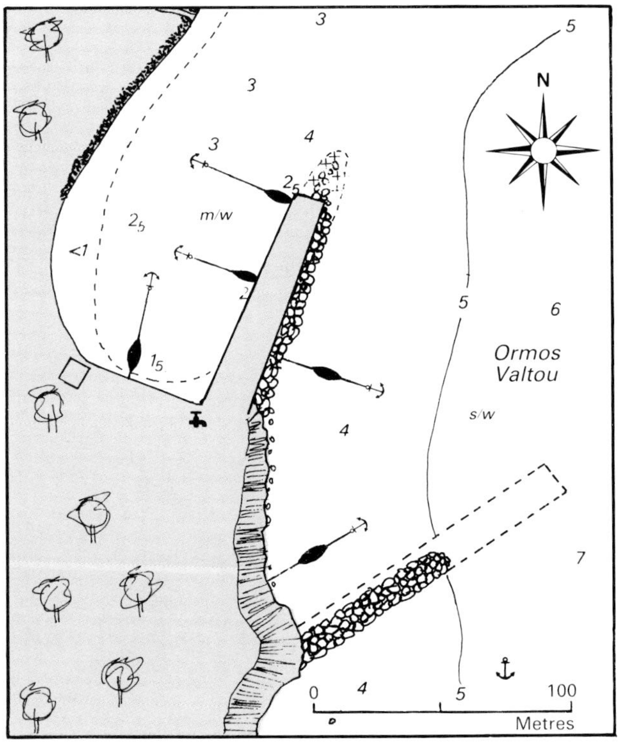

Ormos Valtou.

Die Ansteuerung des kleinen Hafens in der Bucht Valtou aus SE.

Ali Pasha, um ihren Anspruch im Ionischen Meer durch den Bund mit den Türken zu stärken. Die Bewohner Pargas mußten ihre Stadt räumen und auf den Inseln leben, von denen sie erst Generationen später zurückkehrten. Parga wurde erst 1913 griechisch.

Ansteuerung
Auffällig: Von W kommend, fällt insbesondere das Fort in Kastelli auf den Hügeln NW-lich von Parga auf. Beim Näherkommen ist der Glockenturm auf dem Kap Ak A. Spiridonos zu erkennen. Bei der Ansteuerung von S sind der Glockenturm, das Kastell und die Gebäude von Parga auszumachen. Die kleine weiße Kirche auf dem Inselchen Nisis A. Nikolaos ist ebenfalls gut zu sehen. *Nachts* navigiert man nach dem Feuer auf dem Kastell von Parga (Fl(2)6s6M), das man von S her gut ausmachen kann, bei der Ansteuerung aus W aber schwer zu erkennen ist. Der kleine Hafen von Ormos Valtou ist nicht befeuert.
Gefahren: Schätzungsweise 100 m vor den Kap Ak A. Spiridonos erstreckt sich ein gefährliches Riff, das bei ruhigem Wetter gut zu sehen, bei Seegang mit Gischt jedoch kaum auszumachen ist.

Liegeplätze
Die meisten Yachten zieht es in den kleinen Hafen an der W-Seite von Ormos Valtou. Man macht mit Bug oder Heck zum Kai fest. Alternativ kann man S-lich der Mole mit langer Leine zum Land oder zur alten Mole ankern. Der Ankerhalt im Grund ist nicht der beste; man sollte sich versichern, daß der Anker auch wirklich gefaßt hat. Der neue Wellenbrecher S-lich der alten Mole bietet einigen Schutz, wenn man sich, mit langer Leine zum Land, dicht dahinterklemmt. Es ist nicht ausgeschlossen, daß der Wellenbrecher in naher Zukunft noch verlängert wird, um weitere Liegemöglichkeiten für Yachten zu schaffen. Auch wenn der Kai von Parga den Eindruck erweckt, er würde ausreichenden Schutz bieten, so läuft doch mit der Nachmittagsbrise Schwell in den Hafen, und bei S-lichen Winden wird dieser Platz unhaltbar. Normalerweise ist er ohnehin mit örtlichen Fähren und Ausflugsbooten belegt.
Schutz: Im Hafen von Ormos Valtou ist man gut geschützt.

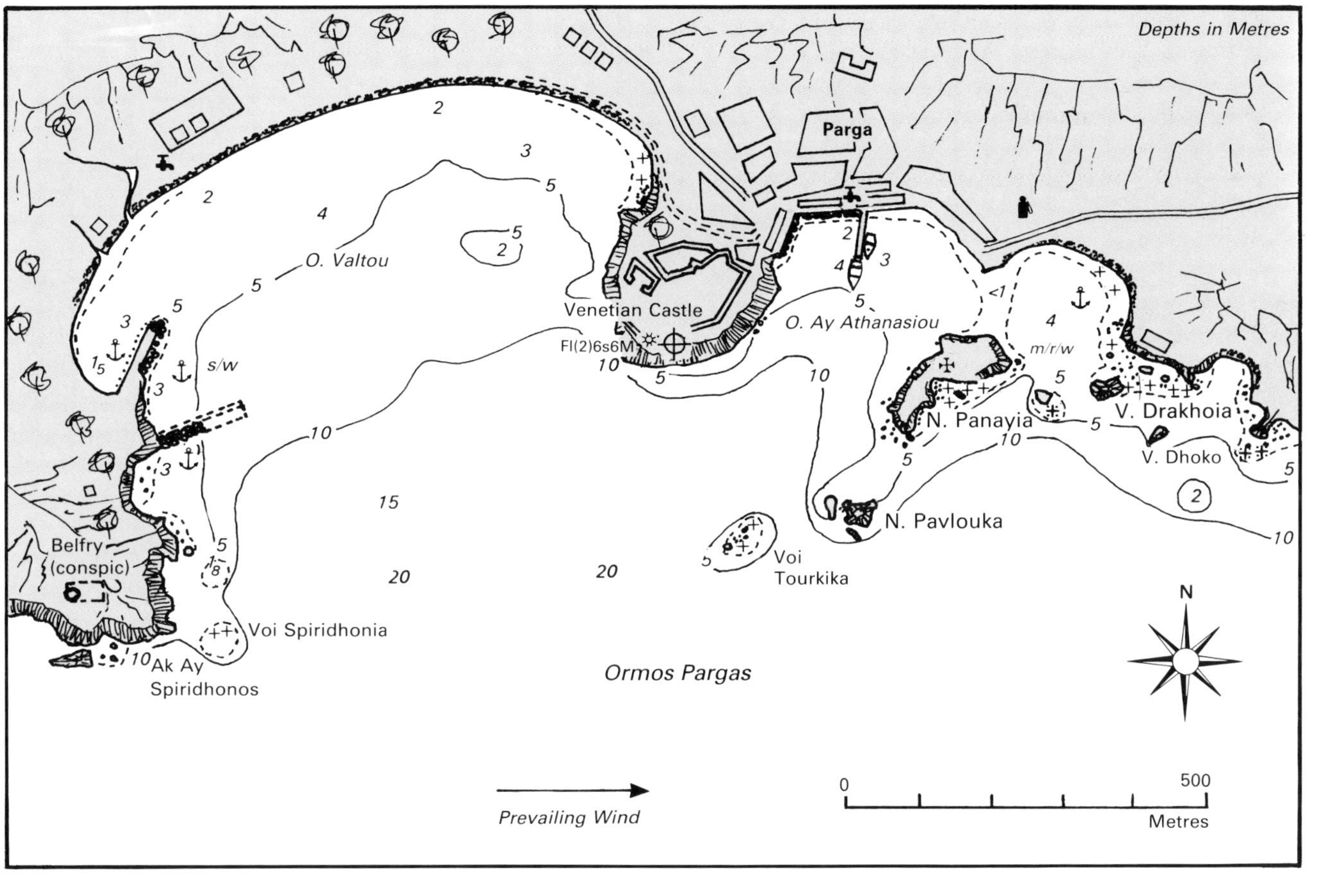

Ormos Parga.

Versorgung
Wasser bekommt man am Fuß der Mole. Im Sommer haben Tavernen und Bars am Strand geöffnet. Für jeglichen Proviant muß man nach Parga fahren, wo gute Versorgungsmöglichkeiten bestehen. Außerdem bietet Parga Tavernen, Post, Telefonamt, Bank sowie unregelmäßige Busverbindungen nach Igoumenitsa und eine Fähre nach Paxos.

Ormos A. Kyriakis

Eine große Bucht 1 Seemeile E-lich von Nisis A. Kyriakis. In der NW-Ecke findet man recht guten Schutz vor den vorherrschenden Winden. Man ankert auf 3 bis 10 m über Sandgrund mit Seegrasbewuchs, der gut hält. An Land gibt es verschiedene Hotels und Villen sowie eine Zahl von Tavernen und Bars, die im Sommer geöffnet haben.

Ormos A. Ioannou

39°16,2'N 020°28,2'E

3 Seemeilen E-lich von Parga befindet sich die Bucht A. Ioannou, die guten Schutz vor Winden aus NW gewährt, auch wenn etwas Schwell hineinsteht. Man ankert im NW der Bucht auf 4 bis 10 m über Schlick, Fels und Seegras; der Halt ist an einigen Stellen miserabel. Eine zweite kleine Einbuchtung in der NW-Ecke wird jetzt von Muschelzuchtbänken versperrt. An der W-Seite entspringt am Grund der Bucht eine Süßwasserquelle. Der behäbige, trübe Strudel Frischwasser ist leicht zu erkennen.

Ormos Phanari

2 Seemeilen S-lich von Ormos A. Ioannou liegt die Bucht Phanari, die größtenteils versandet ist. Yachten müssen sich an die N-Seite quetschen. Geringer Schutz vor den vorherrschenden Winden.

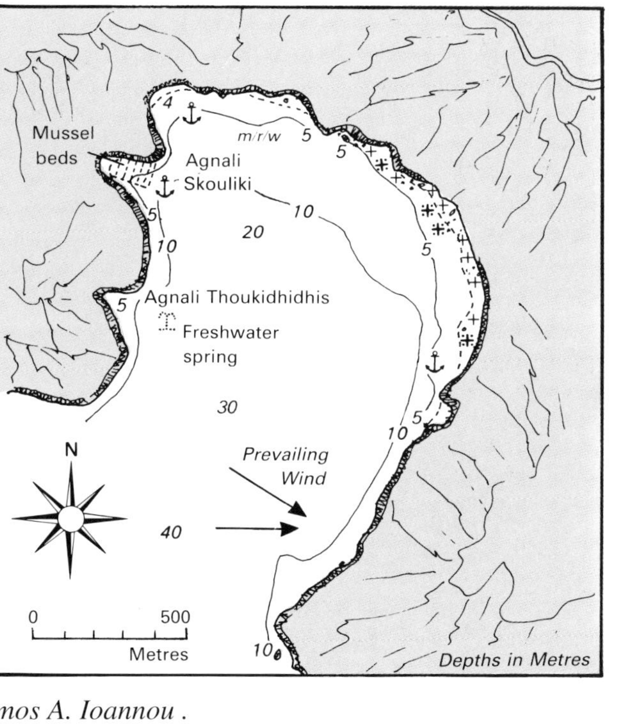

Ormos A. Ioannou .

Der Hafen Ligia aus NE. Die Felsen unmittelbar vor der Einfahrt sind gut zu erkennen.

Felsen-Bucht

Ungefähr 2 Seemeilen S-lich von Phanari liegt diese kleine Bucht, die überraschend guten Schutz vor Winden aus NW bietet. Sie ist an einigen großen Felsen zu erkennen, die genau in der Einfahrt liegen. Nur kleine Yachten können sich hineindrücken, da die Wassertiefen nur 1,5 bis 2 m betragen. Der Grund besteht aus Sand. Vor dem S-Ufer kann man auf 3 m Tiefe ankern.

Ligia

6 Seemeilen SE-lich der kleinen Felsen-Bucht befindet sich der Hafen Ligia. Etwa 1 Seemeile NW-lich des

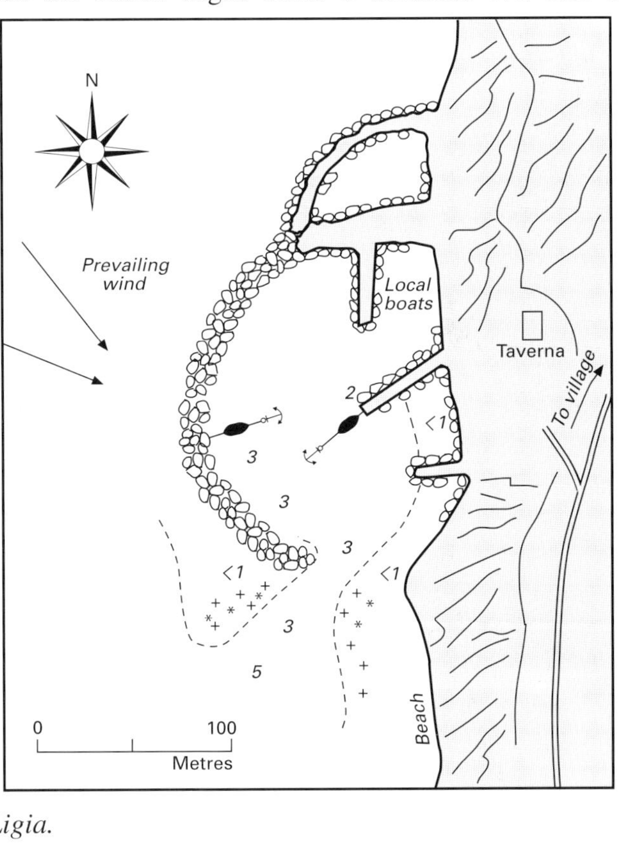

Ligia.

Hafens erstreckt sich ein Riff in einiger Entfernung zur Küste. Die Hafeneinfahrt ist mit Felsen gespickt, so daß bei der Einsteuerung äußerste Vorsicht geboten ist. Bei Schwell kann die Einfahrt in den Hafen ziemlich knifflig werden; am besten steuert man bei ruhigem Wetter mit einem Ausguck am Bug nach Ligia ein. Die Ansteuerung erfolgt aus SW zwischen felsigen Riffen zu beiden Seiten. An der groben Mittelpier wird mit Bug zur Pier festgemacht; alternativ kann man mit langer Leine zum Land oder dem groben Wellenbrecher ankern. Der Schutz vor den vorherrschenden Winden ist gut. Bei Winden aus S kann Schwell in den Hafen stehen.
Am Hafen und in der kleinen Ortschaft, die sich oberhalb der Bucht auf dem Berg erhebt (ein Spaziergang von rund 20 Minuten), findet man begrenzte Versorgungsmöglichkeiten und Tavernen.

Preveza

Ansteuerung WP 38°56,7'N 020°45,7'E (Q.Y.7M)
Hafen WP 38°57,4'N 020°45,3'E (Fl.G.2s3M) /Karten: D 658, BA 2405

Allgemeines
Preveza ist ein Handelshafen, der inmitten von üppigen Obstgärten und Feldern mit Gemüseanbau liegt. Landschaftlich hat Preveza nicht viel zu bieten, aber in der betriebsamen Stadt findet man in den Nebenstraßen interessante Geschäfte und Werkstätten. Die meisten Leute entwickeln mit der Zeit eine gewisse Zuneigung zu Preveza. 6 Kilometer N-lich der Stadt befinden sich die Ruinen von Nikopolis, die von Octavian, dem späteren Kaiser Augustus, zur Erinnerung an seinen Sieg über Marcus Antonius in der Seeschlacht von Aktium im Herbst 31 v. Chr. errichtet wurden. Die Schlacht, die in der Ansteuerung von Preveza ausgefochten wurde, bestimmte maßgeblich das weitere Geschick des Römischen Reiches. Man sollte nicht versäumen, die Ruinen der »Siegesstadt« zu besuchen. Das große Theater, eine Villa und die Stadtmauern sind gut erhalten. Ein kleines Museum beherbergt eine interessante Sammlung historischer Gegenstände.

Ansteuerung
Auffällig: Von N oder S kommend, sind ein flacher, dicht bewaldeter Hügel und das Kastell A. Georgios auf der N-Seite des Fahrwassers gut zu sehen. An der S-Seite der Meerenge von Preveza liegt der Flughafen von Aktion. Im Sommer kann man oft Flugzeuge von hier starten und landen sehen. Aus der Entfernung sind die Tonnen, die die Fahrrinne in der Passage bezeichnen, schwer zu erkennen. Beim Näherkommen ist der Tonnenstrich aber auszumachen und die Navigation kein Problem.
Nachts navigiert man nach dem Feuer auf Ak Mytikas (Fl.WR.3s7/5M, der rote Sektor deckt den Bereich 078°-135° ab). Richtfeuer (066°) leiten in die Passage: Q.Y.7M und LFl.Y.6s7M. Die Tonnen, die die Fahrrinne markieren, sind mit Q.G. und Q.R. befeuert. Ak Akri ist mit LFl.7,5s5M und der Molenkopf des Hafens mit Fl.G.2s3M befeuert.

Gefahren:
1. Im betonnten Fahrwasser setzt oft ein Strom mit bis zu 3 Knoten. Wenn die vorherrschenden Winde aus NW über das flacher werdende Wasser und gegen den Strom stehen, bilden sich Grundseen, die im Sommer eher ungemütlich als gefährlich sind.
2. Das Fahrwasser soll auf 8 m Wassertiefe ausgebaggert sein, an einigen Stellen betragen die Tiefen aber nur 5 bis 6 m. Auch außerhalb des Fahrwassers weichen die tatsächlichen Tiefen durch Versandungen von den Angaben in der Karte ab.
3. Man sollte stets ein Auge auf die Autofähren haben, die zwischen Preveza und Aktion hin- und herpendeln, auch wenn diese ihrerseits auf Yachten Rücksicht nehmen.
4. Ein neuer Straßentunnel, der vom Fährterminal zur Stadt führt, ist im Bau. Gelegentlich sind Arbeitsboote, die am Tunnelbau beteiligt sind, im Fahrwasser vermurt. Die Arbeiten sollen in Kürze abgeschlossen sein.

Liegeplätze
Im Hafen macht man mit Bug oder Heck zur W-Pier fest, unmittelbar außerhalb des Hafens kann man längsseits gehen. Da die Wassertiefen am Kai im Hafen schwanken, ist Vorsicht geboten. Der Grund besteht aus Schlick und hält ausgezeichnet.
Schutz: Vor den vorherrschenden Winden ist man hier gut geschützt. Bei starken SE-Winden kann es allerdings un-

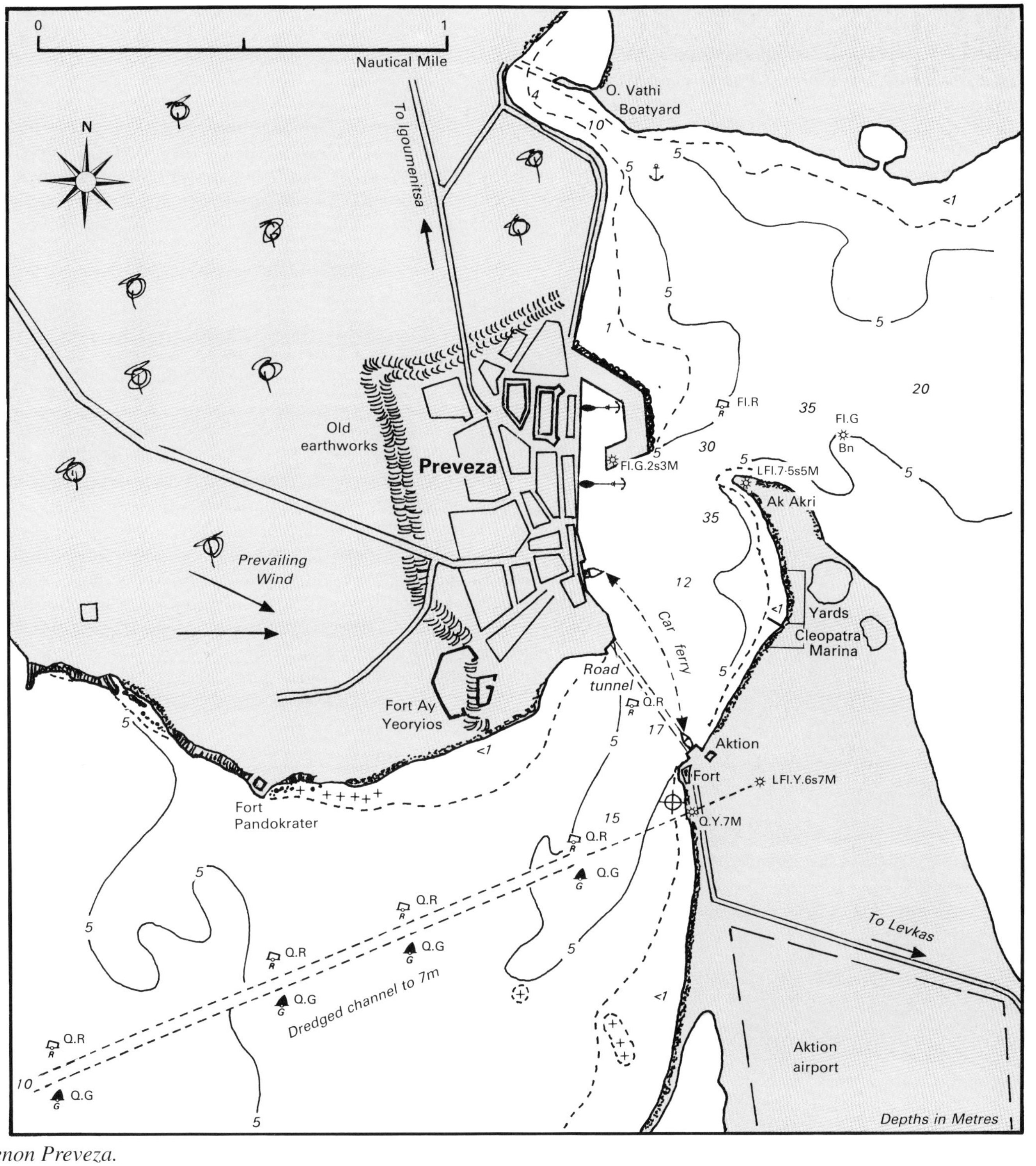

Stenon Preveza.

Die Ansteuerung des Hafens von Preveza aus SE.

gemütlich werden. In diesem Fall ist man am besten im Hafen am S-Ende der Mole aufgehoben.
Behörden: Preveza ist »Port of Entry«, Einreisehafen, und so gibt es hier Wasserschutzpolizei, Zoll und eine Einwanderungsbehörde. Von einem Büro zum anderen ist es ein ganz ordentlicher Spaziergang. Aber das Touristenbüro am Hafen ist hilfsbereit und bietet Stadtpläne an.

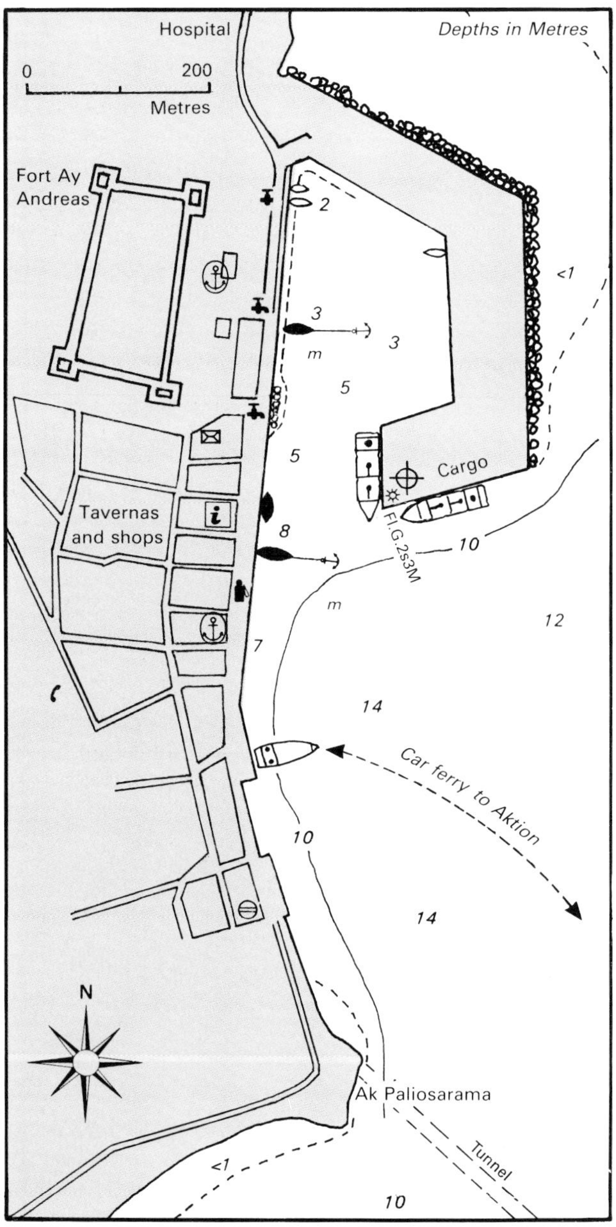

Preveza.

Versorgung
Wasser am Kai.
Treibstoff am Kai.
Reparaturen: Gleich N-lich des Fährkais und des Straßentunnels gibt es zwei Bootswerften.
1. *Preveza Marine*: Yachten können hier mit einem hydraulischen Trailer aus dem Wasser genommen werden. Arbeiten an der Mechanik, Holz- und kleinere GFK-Reparaturen können vorgenommen werden. Preveza Marine, Atintanou 53, 48100 Preveza. Tel.: 0682-24 305, Fax: 0682-29 805.
2. *Cleopatra Marina*: Keine Marina, sondern eine Bootswerft. Yachten, die darauf warten, aufgeslippt zu werden, können an einem Schwimmsteg festmachen. 50-t-Travellift vorhanden. Wasser und Strom. Die meisten Arbeiten an der Mechanik und der Maschine können ausgeführt werden. GFK- und Holzreparaturen. Duschen und Toiletten sind ebenfalls vorhanden. Cleopatra Marina, El. Venizelou 3, 48100 Preveza. Tel.: 0682-22 724, Fax: 0682-23 013. Werft-Tel.: 0682-23 015.
In Preveza können ein paar Reparaturen an der Mechanik und der Maschine von Einheimischen ausgeführt werden. Eisenwarengeschäfte und ein begrenztes Angebot an Schiffsausrüstung sind vorhanden.
Lebensmittel: Gute Einkaufsmöglichkeiten für alle Dinge des täglichen Bedarfs. Stangeneis kann bestellt werden.
Restaurants: Zahlreiche Tavernen, von denen einige eher durchschnittlich sind. In einer Nebenstraße gibt es eine Retsina-Taverne, die hervorragende gegrillte Sardinen mit Salat anbietet.
Sonstiges: Post, Telefonamt, Bank, Gas und Camping GAZ. Busverbindungen nach Igoumenitsa, Levkas und Athen. Inlandsflüge und im Sommer internationale Charter-Flüge vom Flughafen Aktion.

Der Hafen von Preveza aus SE.

Nikopolis

Nachdem Julius Cäsar 44 v. Chr. einem Attentat zum Opfer gefallen war, wurde bis 31 v. Chr. ein Bürgerkrieg um seine Nachfolge geführt. Am 2. 9. 31 v. Chr. entschied sich das Schicksal der damals bekannten Welt mit Octavians Sieg über Antonius. Marcus Antonius, im Bund mit der ägyptischen Königin Kleopatra, sammelte seine Truppen und Schiffe in Aktium in der Absicht, in Italien einzumarschieren. Um der Landung seines Rivalen zuvorzukommen, machte Octavian Mytikas zu seinem Stützpunkt. Einen Sommer lang lagen sich die gegnerischen Flotten gegenüber und warteten darauf, daß der andere den ersten Schritt unternehmen würde. Möglicherweise entschied Marcus Antonius die Angelegenheit, indem er sich entschloß, die Flotte in die Mündung des Kanals zu verlegen. Octavian wartete auf die NW-Winde, die sich am Nachmittag einstellten, damit seine schnelleren und manövrierfähigeren Galeeren die gegnerische Flotte angreifen konnten. Die Schlappe, die Antonius' Flotte beigebracht wurde, vergrößerte sich noch durch die Flucht Kleopatras mit ihren ägyptischen Schiffen. Antonius folgte ihr und überließ seine Männer und Schiffe Octavian, der die Flotte des Rivalen zerstreute.
Zur Erinnerung an seinen Sieg erbaute Octavian Nikopolis, die »Siegesstadt«, an der Stelle, von der aus er seine Schiffe befehligt hatte. Die Stadt wuchs schnell zur Hauptstadt der Region, da sie zwangsweise mit Bewohnern der weiteren Umgebung bevölkert wurde. Die noch erhaltene Stadtmauer umfaßte etwa ein Fünftel der ehemaligen Stadt, die sich mit Theatern, Tempeln, Bädern und drei Häfen rühmen konnte, einem in Mytikas sowie zwei weiteren im Ambrakischen Golf.
Hier verbrachte der Apostel Paulus einen Winter und schrieb seine Briefe an Titus. Gegen Ende des 4. Jahrhunderts n. Chr. wurde die Stadt von den Goten unter König Alerich zerstört. Obwohl sie verkleinert wieder aufgebaut wurde, wurde sie angesichts der slawischen Invasionen aus dem N schnell wieder aufgegeben.

Der Ambrakische Golf

Nur wenige Yachten laufen in den Ambrakischen Golf ein, obwohl er ein schönes Segelrevier mit interessanten Ankerplätzen darstellt. Um den Golf herum gibt es unzählige antike Orte: Nikopolis, von Octavian zum Gedenken an seinen Sieg über Marcus Antonius erbaut; das venezianische Kastell bei Vonitsa, das auf einer früheren byzantinischen Burg errichtet wurde; die Überreste von Limnaea in der Nähe von Karvasaras; das antike Arta und seine berühmte Brücke über den Fluß Arachthos.
Bei der Einsteuerung in den Golf von Preveza aus hält man auf die rote Tonne (Fl.R) zu und bleibt so gut frei von der Untiefe vor Ak Akri (weiße Bake LFl.7,5s5M). Dann läßt man die weiße Bake mit dem grünen Band (Fl.G.7,5s3M) und die befeuerte grüne Tonne an Steuerbord. Im Golf findet man – bis auf die N-Küste, die an einigen Stellen versandet ist und sich die Untiefen weiter ausdehnen können, als in der Karte vermerkt – gute Wassertiefen.

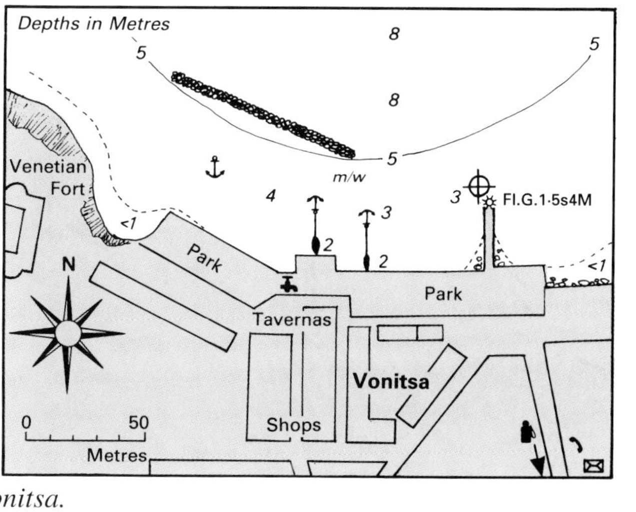

Vonitsa.

Vonitsa

WP 38°55,3'N 020°53,2'E (Fl.G.1,5s4M)

Allgemeines
Über der Stadt thront eine mächtige Burg, die von den Venezianern auf den Ruinen eines byzantinischen Kastells errichtet wurde. Von hier hat man einen wunderschönen Blick über den Golf. Glaubt man Alexander Paradissis, so starb hier Robert Guiscard zusammen mit 10 000 Männern seiner normannischen Truppen an einer Epidemie. Aber auch der Ort Phiskardo auf Kephallinia erhebt Anspruch auf diesen historischen Ruhm.

Ansteuerung
Läuft man in die Bucht Ormos Vonitsa ein, werden die Häuser und die Burg sichtbar. Die kleine Einbuchtung an der W-Seite ist erst zu sehen, wenn man in der Einfahrt ist. Der Wellenbrecher vor Vonitsa, der keine Verbindung zum Land hat, ist leicht zu erkennen.

Liegeplätze
Man macht mit Bug oder Heck zum städtischen Kai fest oder ankert im Schutz des freiliegenden Wellenbrechers. Da die Tiefen am Kai variieren, ist Vorsicht geboten. Der Schutz vor den vorherrschenden NW-Winden ist ganz ordentlich. Der neue Wellenbrecher, der ohne Landverbindung aufgeschüttet wurde, bietet kaum zusätzlichen Schutz vor den überbrechenden Seen, die bei NW-Wind entstehen. Alternativ kann man in der kleinen Bucht, Ay Markou, an der W-Seite ankern. Die Wassertiefen sind ziemlich groß und variieren zwischen 8 bis 15 m, so daß eine lange Leine zum Land ausgebracht werden muß. Der Grund ist durch Geröll von einer Muschelzuchtanlage unrein, die früher an der N-Seite der Bucht betrieben wurde. Am besten ankert man an der S-Seite der Einfahrt vor einer kleinen Flachstelle auf 5 m.

Versorgung
Wasser am Kai und Treibstoff im Ort. Die meisten Lebensmittel sind erhältlich, und verschiedene Tavernen stehen zur Auswahl. Auch Post, Telefonamt und Bank sind vorhanden. Busverbindungen nach Athen und Levkas.

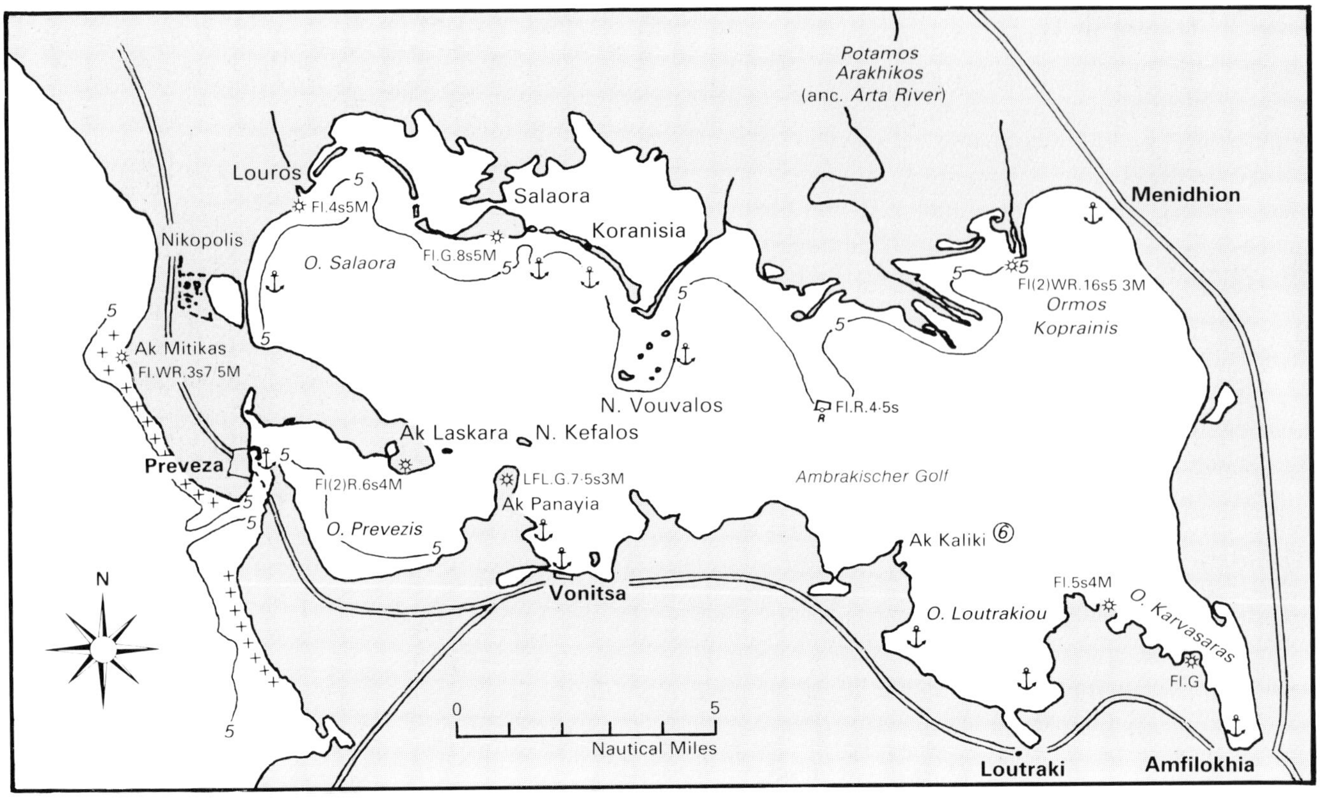

Der Ambrakische Golf (Amvrakikos Kolpos).

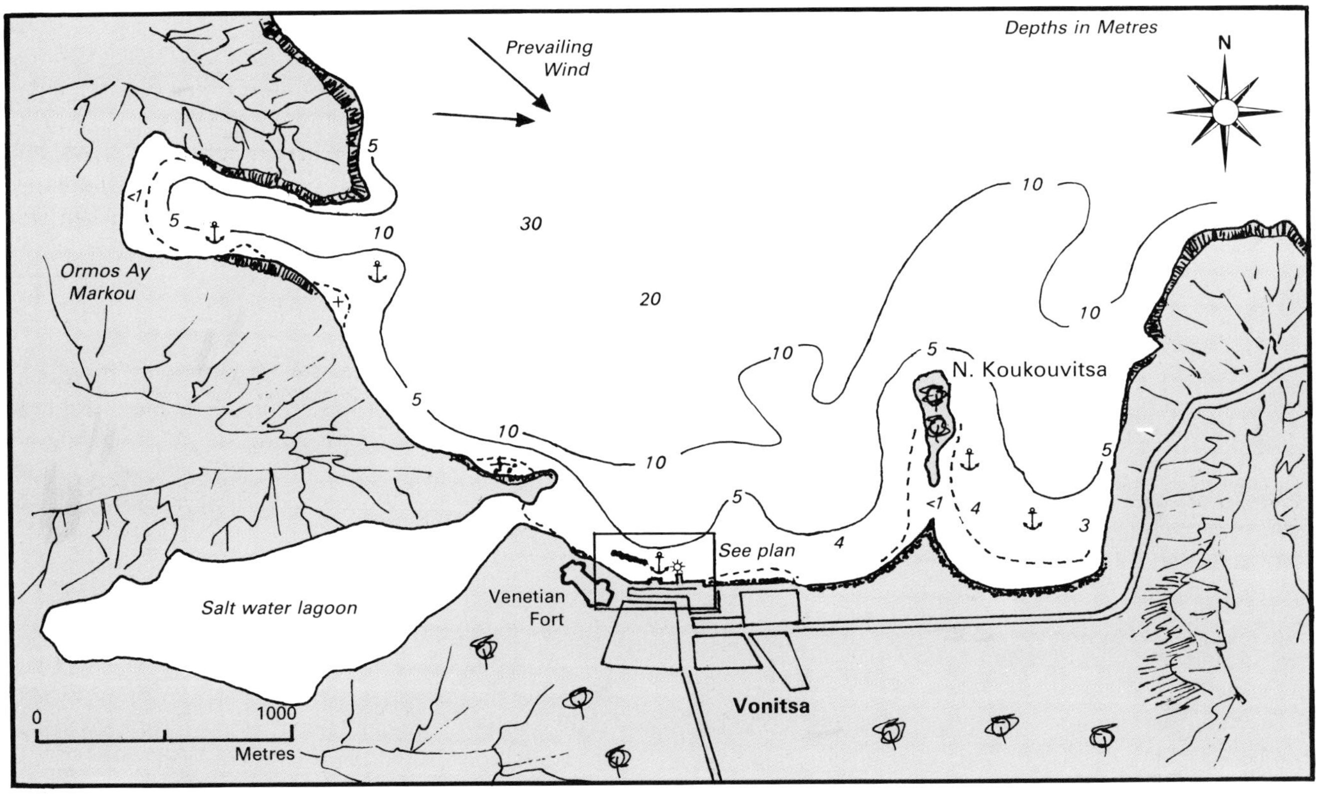

Vonitsa mit Ansteuerungen.

Ormos Paliomylou

Eine einsame Bucht an der W-Seite von Ormos Loutrakiou. Der größte Teil wird von einer Fischfarm in Anspruch genommen, die aber nicht mehr bewirtschaftet wird. Guter Schutz vor NW-Winden.

Loutrakion

Der Ankerplatz liegt unterhalb eines kleinen Dorfes gleichen Namens. Genau wie Paliomylou ist auch hier der größte Teil der Bucht von einer Fischfarm belegt, aber vielleicht findet man doch noch irgendwo ein Plätzchen. Begrenztes Lebensmittelangebot und Taverne im Ort.

Amphilochia

WP 38°52,1'N 021°09,8'E (Fl.G.2s3M)

Dieser kleine Hafen und das Dorf liegen im SE des Golfs. Man kann am Kai längsseits festmachen, sollte aber einen Anker ausbringen, um sich von der Mole freizuhalten. Denn die kräftigen Nachmittagswinde verursachen ganz erheblichen Schwell, der gegen den Kai brandet, und so ist es besser, im Hafen zu ankern, auch wenn die Wassertiefen zwischen 12 und 15 m betragen. Bei den vorherrschenden Winden ist es im Hafen stets ungemütlich und kann sogar gefährlich werden.
Treibstoff und Wasser im Ort. Gute Versorgungsmöglichkeiten und Tavernen. In der Nähe der Stadt befinden sich die Überreste der antiken Stadt Limnaea.
H. M. Denham zufolge starben die meisten Fische im Golf, als Anfang dieses Jahrhunderts ein kleiner Vulkan in dieser Bucht ausbrach.

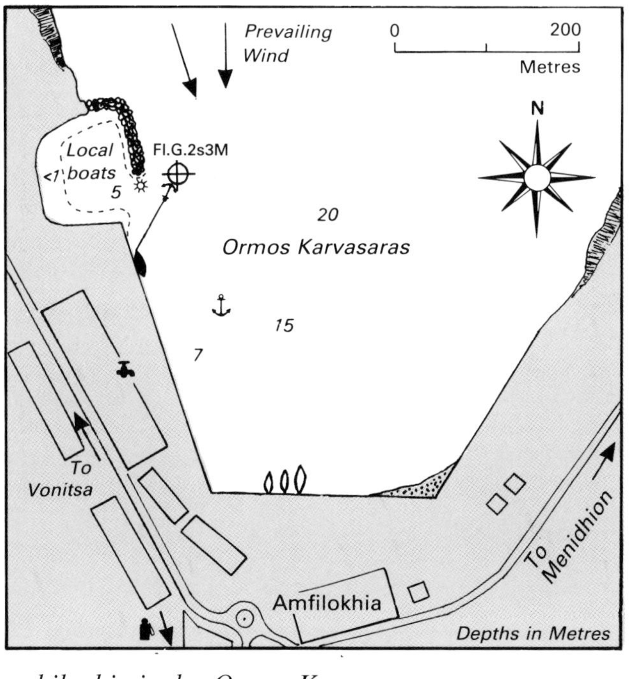

Amphilochia in der Ormos Karvasaras.

Der Hafen von Menidion aus W.

Menidion

39°02'N 021°08'E

Im NE des Golfes in der Bucht Ormos Koprainis befindet sich der kleine Hafen von Menidion. Normalerweise finden Yachten kleiner und mittlerer Größe einen Platz am Ende der Mole, wo sie mit dem Bug zur Mole festmachen können. Andernfalls ankert man über Schlickgrund, der gut hält. Der Schutz vor den vorherrschenden Winden ist ebenfalls gut.
Einige Tavernen und ein begrenztes Lebensmittelangebot im Ort. Man kann sich ein Taxi nehmen und nach Arta (18 km) fahren. Vom antiken Arta ist wenig geblieben, aber seine mittelalterliche Brücke mit dem hübschen kleinen Museum daneben sowie die exzentrische byzantinische Kirche sind unbedingt einen Besuch wert.
Hinweis: Früher war der Fluß Arachthos, der in der Nähe von Menidion in den Golf mündet, bis Arta schiffbar, aber

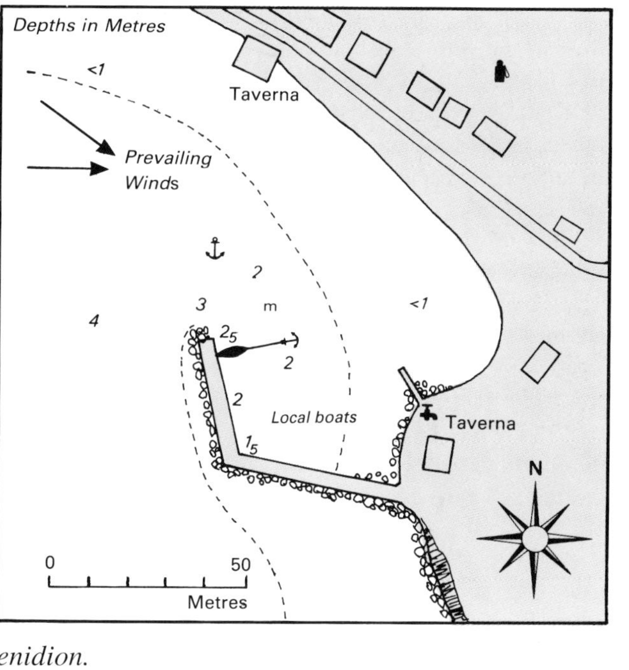

Menidion.

ein Wasserkraftwerk beschränkt den Wasserstand im Sommer derart, daß es praktisch unmöglich, wenn nicht gar gefährlich ist, den Fluß zu befahren. Wenn das Wasser durch die Staustufe strömt, steigt der Wasserspiegel sehr schnell an.

Vouvalos und die umliegenden Inseln

Die Inseln bieten guten Schutz vor den vorherrschenden Winden. Die beiden kleinen Inseln sind durch eine Kiesbarre verbunden; in der Lagune, die auf diese Weise zwischen den Inseln gebildet wird, können Yachten in der Mitte auf 2 bis 3 m Tiefe gut geschützt ankern. Früher gab es um die Inseln herum eine Vielzahl von Muscheln.

Korakonisia

39°00,9'N 020°54,8'E

Dieser kleine Fischerhafen liegt zwischen Salaora und den Vouvalos-Inseln. Die Einfahrt zum Hafen ist versandet, aber kleine Yachten können sich vorsichtig hineintasten. Man sollte sich dicht unter dem Kopf des W-lichen Wellenbrechers halten, wo die Wassertiefe in der Einfahrt noch 1,5 m beträgt. Im Zweifelsfall sollte man die Einfahrt und den Hafen erst erkunden. Im Hafen ist man gut geschützt, und an Land gibt es eine Taverne.

Levkas, Meganision und die umliegenden Inseln

Die Insel Levkas wird nur durch einen Kanal vom Festland getrennt, der in seiner heutigen Form erst um die Jahrhundertwende von der griechischen Regierung gebaut wurde. Frühere Kanaldurchstiche wurden beispielsweise im 7. Jahrhundert v. Chr. von den Korinthern gegraben und später von Kaiser Augustus während der römischen Besatzungszeit. Unmittelbar E-lich des heutigen Kanals verläuft eine Rinne durch die Salzmarschen, die anscheinend ein altes Kanalbett ist. Eine Reihe verfallener Steine im W bilden den Überrest einer alten türkisch-venezianischen Brücke.
Die Hauptstadt von Levkas liegt an einer Biegung des Kanals, der durch das Lagunengebiet zwischen Insel und Festland führt. Ebenso wie viele andere Städte, die im Bereich des Erdbebengürtels liegen, wurde Levkas nach dem schweren Erdbeben 1953 wieder aufgebaut, aber im Gegensatz zu Vathy, Ithaka oder Zakynthos nicht in einem bestimmten Stil. Folglich ist die Stadt ein wildes Durcheinander aus Holz-, Wellblech- und gemauerten Häusern, die sich an engen Gassen zusammendrängen. Trotz der chaotischen Bauweise hat die Stadt ihren eigenen Charme. Tatsächlich ist sie das kulturelle Zentrum der Umgebung: Jedes Jahr im August veranstaltet die Stadtverwaltung ein Folklore-Festival mit Musikgruppen, Tanz und Ausstellungen in der Stadt. Die einheimischen Bands proben bereits Wochen vorher, um ihre mißtönenden Beiträge zu vervollkommnen, Ladenbesitzer dekorieren ihre Geschäfte, die Polizei schmückt die Straßen mit Flaggen und Bannern, und in Levkas herrscht ein geschäftiges Treiben von Einheimischen und Besuchern, die sich amüsieren.
Die flachen Salzmarschen und die sandige Landspitze im N der Insel sind ein bemerkenswerter Kontrast zu dem steilen Gebirgszug aus Kalkstein, der die übrige Insel formt. Levkas ist hauptsächlich im S und an der E-Seite besiedelt, wo es wunderschön bewaldete Stellen gibt.
Das große Fort, das am N-Eingang des Kanals liegt, wurde im Mittelalter um 1300 erbaut und heißt Santa Mavra, nach der kleinen Kapelle, die im Inneren des Forts steht. Später wurde es von den Türken und Venezianern benutzt. Der große Komplex ist einen Besuch wert.
Sehenswert ist auch der Galeerenhafen, der an die E-Mauer grenzt. Am S-Ende des Kanals liegt eine venezianische Festung, die einst die Ansteuerungen in die Bucht, Ormos Drepanou, bewachte.
An der SW-lichen Landspitze der Insel befindet sich ein steiles weißes Kliff, der »Leukadische Felsen«, von dem sich der Sage nach die Dichterin Sappho von Lesvos, die im 6. Jahrhundert vor Christus lebte, aus unglücklicher Liebe zum schönen jungen Phaon hinabgestürzt haben soll.
Später wurden hier Straftäter die Klippen hinunter ins Meer gestürzt; fielen sie unverletzt in die See, sah man dies als Gottesurteil an, zog sie wieder aus dem Wasser und begnadigte sie.
Vor dem Kliff gibt es keine Ankermöglichkeiten, aber der kleine Hafen von Vasiliki ist nicht weit entfernt.
Vor der E-Küste liegen mehrere kleine grüne Inseln, unter anderem Skorpios, das private Eiland des verstorbenen Aristoteles Onassis, sowie die Insel Meganision, die auf der Seekarte wie eine gigantische Kaulquappe aussieht und an ihrer N-Seite ein halbes Dutzend geschützter Ankerplätze bietet.
In dieser Gegend spielt der Roman »Levkas Man« von Hammond Innes, der sich auf die These stützt, daß diese Inseln die Überreste einer Landbrücke seien, über die einst die ersten Menschen von Afrika nach Europa eingewandert sind. Vieles von dem, was in diesem Buch beschrieben wird, beruht auf den tatsächlichen Ausgrabungsergebnissen des deutschen Archäologen Wilhelm Dörpfeld, der Überreste neolithischer Kultur in der Nähe von Evgiros im S Levkas' entdeckte. Dörpfeld vertrat außerdem die umstrittene These, daß Levkas das homerische Ithaka, die Heimat des Odysseus, war, da sie seiner Meinung nach alle topographischen Gegebenheiten Homers erfüllt. Und in der Tat entdeckte er in der Nähe von Sivota und Vasiliki Überreste aus mykenischer Zeit. Dörpfeld vermutete, daß die Bewohner Levkas' während des Mittelalters von ihrer Heimatinsel vertrieben wurden und auf der fernen, heute als Ithaka bekannten Insel siedelten, der sie ihren Namen und ihre kulturelle Identität übertrugen. Wie dem auch sei, die »amtliche« archäologische Meinung bevorzugt noch immer das heutige Ithaka als »eigentliche« Heimat von Odysseus.

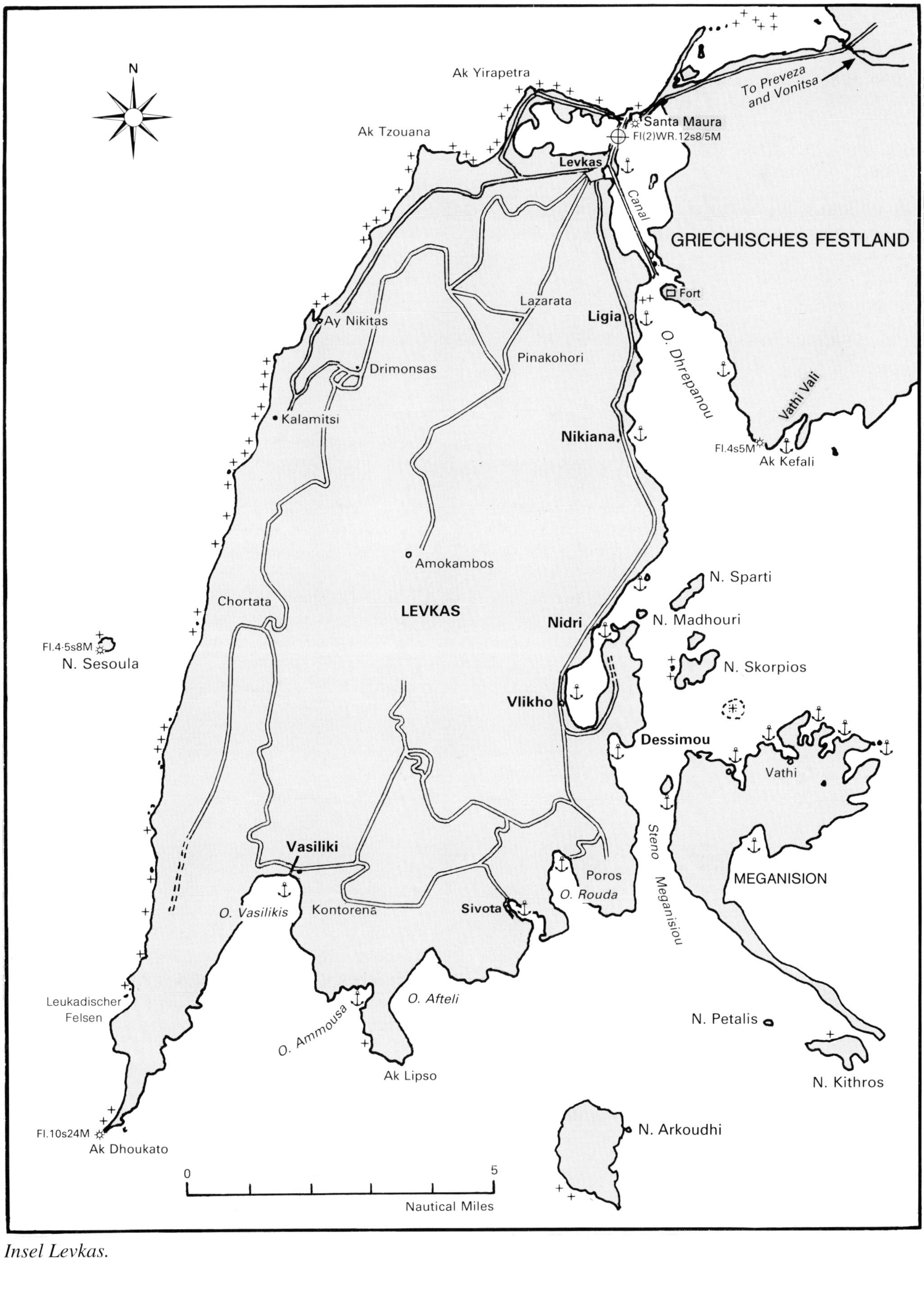

Die Insel Levkas.

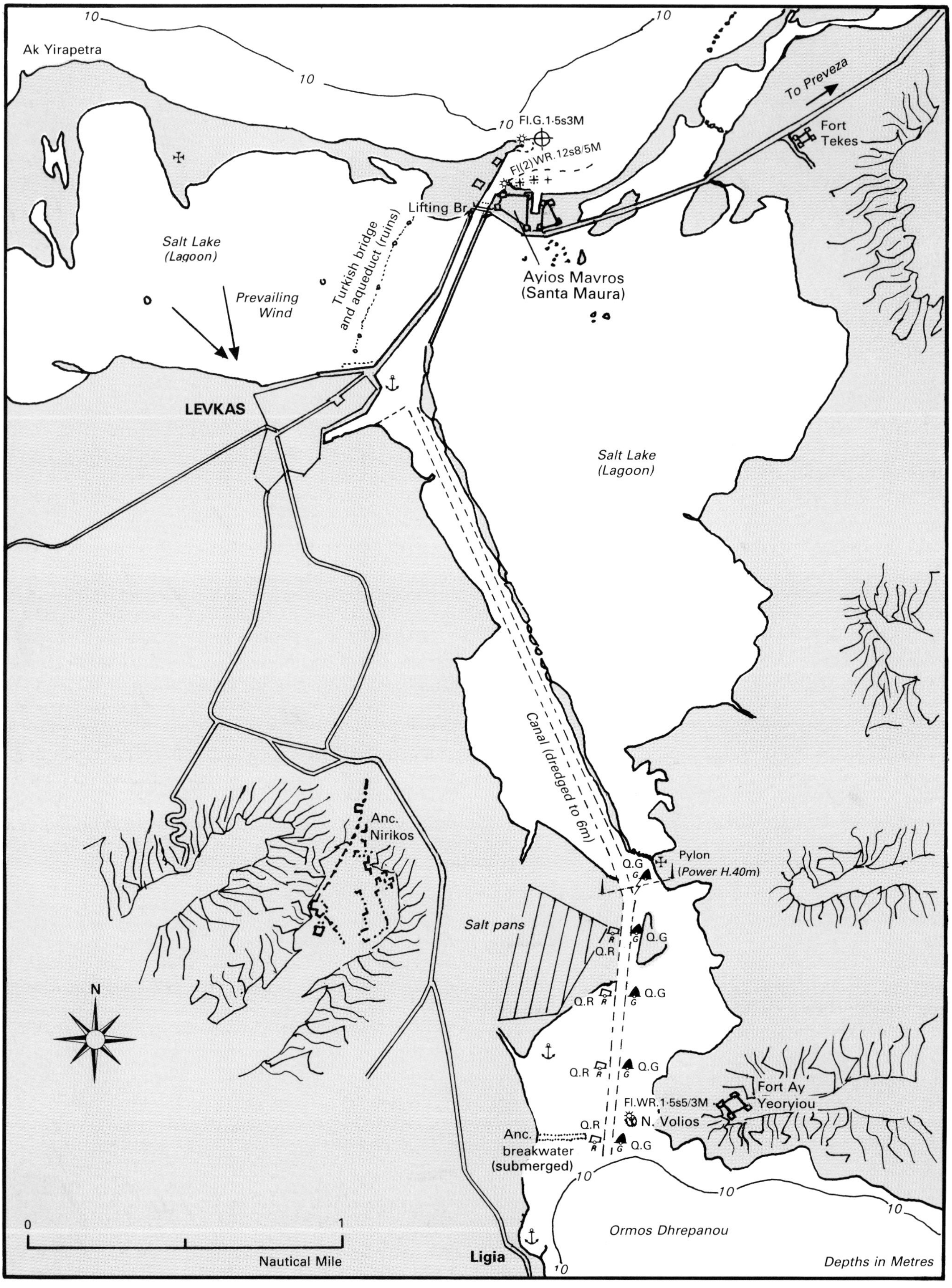

Der Levkas-Kanal.

Ansteuerung des Levkas-Kanals aus N; das große Fort A. Mavra und der Wellenbrecher sind leicht zu erkennen.

Der Kanal von Levkas

WP 38°50,9'N 020°43,3'E (Fl.G.1,5s3M / Feuer auf der N-Einfahrt) / Karten: BA 2405, Imray G12, G121, D1092

Durch die Salzmarschen zwischen der eigentlichen Insel und dem Festland verläuft ein Kanal, der Levkas zu einer »richtigen« Insel macht und Booten die Durchfahrt zur E-lichen Inselseite ermöglicht.
Der Kanal wurde kürzlich erweitert und auf eine Mindesttiefe von 6 m ausgebaggert; es gibt Stellen, die tiefer sind. Die vorherrschenden Winde drücken einen auf Legerwall, und es bietet sich nur die schmale Kanaleinfahrt, um sich aus dieser gefährlichen Situation zu befreien. Die erste Einsteuerung in den Kanal von Levkas kann wirklich haarsträubend sein. An Bord sollte man alles gut vorbereitet haben: alle Segel geborgen und verstaut, den Anker klar zum Fallen, falls die Maschine ausfällt, bevor man die Einfahrt passiert hat.

Ansteuerung aus Nord

Bei der Ansteuerung der Insel am Nachmittag ist die Einfahrt des Kanals im Dunst nur schwer auszumachen. Gelegentlich kann der Dunst selbst die hohen Gebirgszüge »unsichtbar« machen, so daß man die Insel erst aus einer Distanz von 3 bis 4 Seemeilen erkennen kann. Beim Näherkommen heben sich das Lagerhaus und eine Weinkellerei auf der W-Seite sowie das große Fort A. Mavra auf der E-Seite des Kanals deutlich gegen die flachen Sandbänke der Landspitzen Yera im W und Plaka im E ab. Von NW kommend, erkennt man zwei Windmühlen, die auf der Landspitze Yera stehen, dahinter die Gebäude der Stadt Levkas.
Beim Umrunden der Schutzmole werden die beiden rostigen Faßtonnen, die Unterwasserfelsen und eine Untiefe an der SE-Seite des Kanals markieren, sichtbar – man kann sich aber nicht darauf verlassen, daß sie auf ihren korrekten Positionen liegen. Eine Sandbarre dehnt sich von der W-lichen Landzunge der Einfahrt in den Kanal. Auch wenn hier regelmäßig gebaggert wird, muß man vorsichtig navigieren, da diese Stelle immer wieder versandet und die vorherrschenden N-lichen Sommerwinde für eine schnelle Ausdehnung der Barre sorgen. Gleich hinter der Einfahrt kreuzen zwei Seilfähren und eine bewegliche Brücke, die sowohl geklappt wie auch gedreht werden kann, den Kanal. Wird die Brücke geklappt, entsteht eine 9 m breite Lücke an der W-Seite des Kanals. Für größere Schiffe wird die Brücke zur Seite geschwenkt, so daß sie parallel zum E-lichen Damm liegt. Diese Kombination von Fähren und beweglicher Brücke macht die Durchfahrt am N-lichen Kanalende kompliziert. Wenn die Seilfähren und die bewegliche Brücke den Kanal für die Passage von Booten freimachen, wird das Signal auf dem E-Ufer (zwei Dreiecke, Spitze auf Spitze über einem Kreis) gesenkt, und es ertönt ein Signalton auf der Brücke. Sollte dieses nicht funktionieren, macht der Brückenmeister durch wildes Schwenken der Arme klar, daß man durchfahren kann. Die Brücke öffnet stündlich, wobei Boote, die nach N laufen, Vorfahrt vor dem S-gehenden Verkehr haben. Im Kanal kann ein Strom bis zu 1,5 Knoten setzen, der das Manövrieren schwierig macht. Bis nach Levkas-Stadt ist es nur ein kurzes Stück durch den Kanal.

Ansteuerung aus Süd

Kommt man aus S, ist das Fort A. Georgiou, das auf einer Anhöhe auf der E-Seite der Einfahrt zum Kanal liegt, schon von weitem auszumachen. Näherkommend erkennt

Die bewegliche Brücke (A. Mavra) an der N-Einfahrt des Kanals von Levkas.

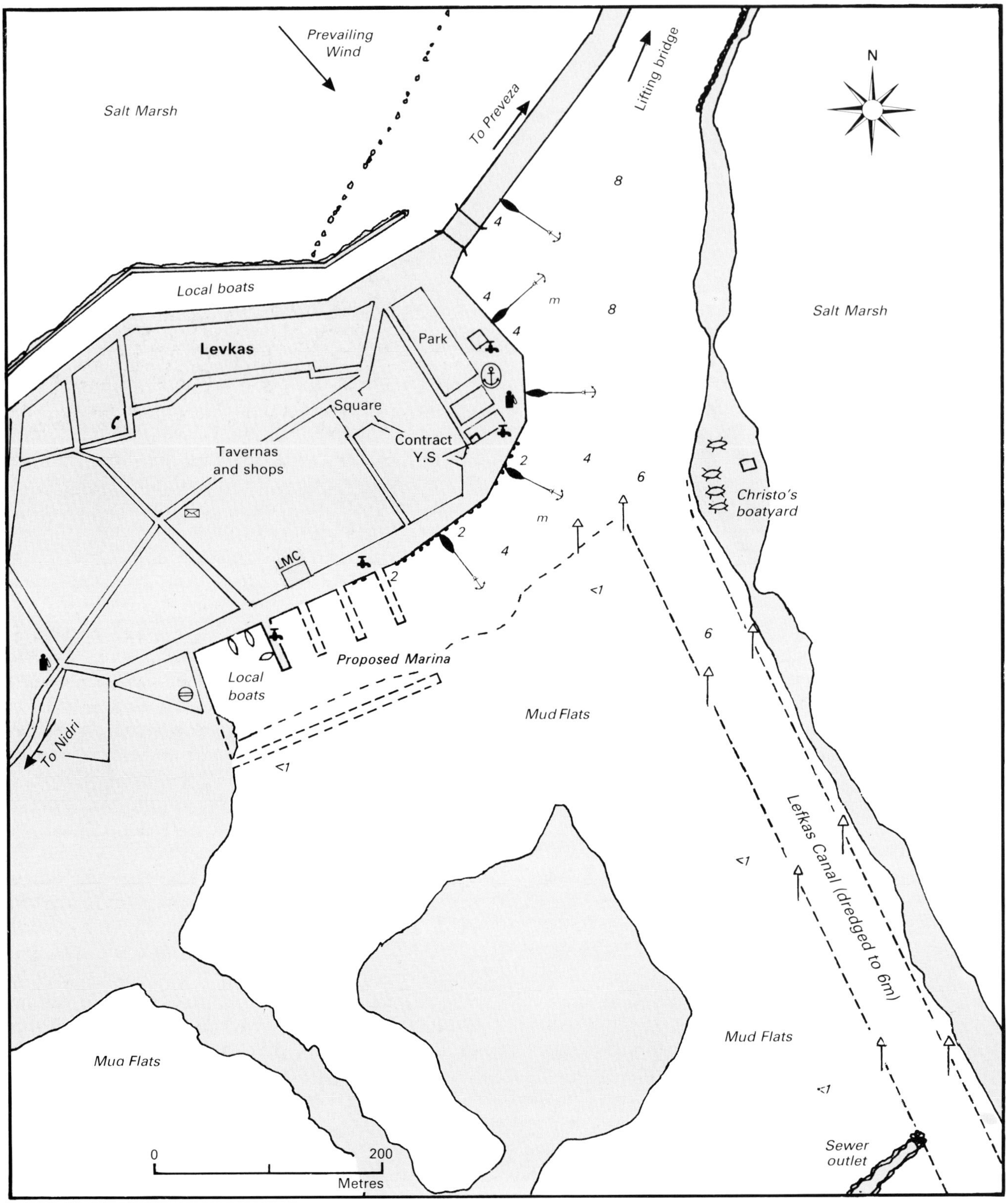
Prevailing Wind
Salt Marsh
To Preveza
Lifting bridge
N
Local boats
Levkas
Park
Square
Tavernas and shops
Contract Y.S
LMC
Salt Marsh
Christo's boatyard
Proposed Marina
Local boats
Mud Flats
To Nidri
Lefkas Canal (dredged to 6m)
Mud Flats
Mud Flats
Sewer outlet
0
200
Metres

Levkas.

man an der Einfahrt das Inselchen Nisis Volios, das befeuert ist, sowie das erste Tonnenpaar, das die Fahrrinne des Kanals markiert. Der weitere Verlauf des Kanals durch die Salzmarschen wird von Stangen mit Kegeltoppzeichen und Leuchttonnen gekennzeichnet. Die Betonnung erfolgt von Ormos Drepanou aus.
Yachten sollten nicht versuchen, außerhalb des Tonnenstrichs »abzukürzen«, da sich E-lich des Kanals ein Riff befindet und W-lich der Fahrrinne die Überreste eines alten Wellenbrechers liegen.
Nachts: Von N kommend, richtet man sich bei einer Nachtansteuerung nach dem Feuer auf dem Fort A. Mavra (Fl(2)WR.12s8/5M, der rote Sektor deckt den Bereich 075°–120° ab) und dem Feuer auf dem Kopf der kurzen Mole, die die W-Einfahrt in den Kanal schützt (Fl.G.1,5s3M).
Bei der S-lichen Ansteuerung navigiert man nach den Feuern auf dem Kap Ak Kephali (Fl.4s5M), der Insel Nisis Volios (Fl.WR.1,5s8s5/3M, der rote Sektor deckt 293°–335° ab) und den befeuerten Tonnen, die die Fahrrinne des Kanals markieren (Q.G. und Q.R.)

Blick aus S (vom Fort) auf die N-Einfahrt des Levkas-Kanals mit dem Wellenbrecher, der die Einfahrt schützt.

Die Stadt Levkas

38°50'N 020°42,8'E / Karten: D 1092 Plan C

Nur ein kurzes Stück den Kanal entlang liegt die Stadt Levkas an der Stelle, an der der Kanal eine Biegung macht und nach SE weiterführt. Die Gebäude der Stadt sind leicht zu erkennen, und der Hafen ist kaum zu verfehlen.

Allgemeines

Nach dem schweren Erdbeben 1953 entwickelte sich Levkas zu einem Zentrum der Region. Immer wieder traten kleine Erderschütterungen auf, die letzte 1981, bei der aber nur einige Häuser in der Stadt Risse bekamen. Unterhalb der Bibliothek gibt es ein kleines Museum, das Ikonen und Antiquitäten, die die Erdbeben überstanden haben, beheimatet. Die Burg Santa Mavra an der Nordeinfahrt des Kanals ist nicht die einzige Festung von Levkas, allerdings die augenfälligste. S-lich der heutigen Stadt findet man die Ruinen des antiken Levkas, oder »Nirikos«, wie die Stadt in mykenischer Zeit genannt wurde. Gewaltige Mauern umgaben einen Ort, der größer war als das heutige Levkas. Um nach Nirikos zu gelangen, kann man sich ein Taxi nehmen oder einen Spaziergang entlang der Straße machen, die an der W-Seite des Kanals verläuft.
Die Stadt Levkas ist das Zentrum, von dem aus Zigaretten nach Italien geschmuggelt werden. Von den Niederlanden oder Belgien kommend, werden die Zigaretten per Frachter hierhergebracht, und von hier aus geht es mit schnellen Motorbooten zur italienischen Küste. Die Schmuggelgeschäfte sind heutzutage allerdings zurückgegangen, da die italienische Polizei härter durchgreift und sich die Gewinnspannen verringert haben.

Liegeplätze

Mit Bug oder Heck macht man zwischen der NE- und S-Seite des Hafens am Stadtkai fest. An der S-Seite ist allerdings Vorsicht geboten, da hier Geröll liegt, das teilweise bis über die Wasseroberfläche reicht. Yachten sollten in diesem Bereich besser mit dem Bug zum Kai liegen. Der Grund besteht aus dickem Schlick, der gut hält, aber an einigen Stellen so weich ist, daß der Anker nicht richtig fassen kann. Wenn der Hafen überfüllt ist, kann man auch mit Bug oder Heck zur W-Seite des Kanals eben oberhalb der Straßenbrücke ankern.

Der Stadtkai von Levkas aus N (vom Damm).

Schutz: In Levkas liegt man rundum gut geschützt. Die Liegeplätze an der S-Seite haben zwar den Vorteil, daß man von den vorherrschenden NW- bis W-Winden vom Kai freigehalten wird, aber der Schotter, der hier den Grund unrein macht, verlangt Aufmerksamkeit. Außerdem wehen einem diese vorherrschenden Winde den ganzen Staub aus der Stadt über die Yacht. Auf Liegeplätzen an der NE-Seite liegt man quer zu den vorherrschenden Winden, was normalerweise kein Problem ist, es sei denn, der Wind ist sehr stark, oder der Anker treibt. An den Liegeplätzen oberhalb der Straßenbrücke wird man ebenfalls von den NW-Winden vom Kai freigehalten. S-liche Winde verursachen im Hafen beachtlichen Schwell, so daß Vorsicht geboten ist.
Hinweis: Es gibt Pläne für den Bau einer kleinen Marina, deren Lage bereits auf dem Plan von Levkas eingetragen ist. Im wesentlichen sollen vom Kai aus drei Anlegestege sowie die Installation von Wasser- und Stromanschlüssen gebaut werden. Die Arbeiten waren aber bei Redaktionsschluß dieses Buches unterbrochen worden.
Behörden: Der Hafen ist Einreisehafen, Port of Entry, und so gibt es hier Zoll, Wasserschutzpolizei und die Einwanderungsbehörde.
Hinweis: Auf keinen Fall sollte man, wenn man von S kommt bzw. nach S laufen möchte, den Tonnenstrich, der den Kanal bezeichnet, verlassen und die »Ecke« abkürzen, die E-lich der Stadt zwischen Hafen und Kanal gebildet wird. Jedes Jahr laufen Yachten auf dieser E-Ecke auf, ungeachtet der Stangen, die diese Schlickbank markieren, oder der schlammig braunen Farbe des Wassers, die anzeigt, daß die Tiefe nur etwa einen halben Meter beträgt.

Versorgung
Wasser am Kai.
Treibstoff am Kai an der E-Ecke des Hafens.
Reparaturen: Die kleine Werft in der Nähe kann die meisten mechanischen Reparaturen sowie einfache Arbeiten an der Maschine ausführen. GFK und Holzarbeiten, Reparaturen an der Elektrik und einfache Arbeiten an der Elektronik und an den Segeln. Schiffsausrüster (siehe Contract Yacht Services weiter unten).
Lebensmittel: Gute Versorgungsmöglichkeiten. Verschiedene Supermärkte sind in der Nähe des Kais, andere Geschäfte in der Stadt: eine ideale Gelegenheit, seine Vorräte aufzufüllen. Levkas' Wein, Taol, ist sehr schmackhaft. Man kann ihn in der Stadt lose vom Faß kaufen. Stangeneis ist im Supermarkt, der hinter Contract Yacht Services liegt, zu bekommen.
Restaurants: Zahlreiche Tavernen in der Stadt.
Sonstiges: In der Stadt findet man zahlreiche Tavernen, Post, Telefonamt, Bank, Gas und Camping GAZ, Auto- und Motorrad-Vermietungen. Gelegentlich verkehren Busse um die Insel herum. Fährverbindung nach Meganision, internationale und Inlandsflüge vom Flughafen in Aktion.
Contract Yacht Services ist eine englisch geführte Ausrüstungsfirma, die seit mehr als fünfzehn Jahren tätig ist. In Verbindung mit der Werft gegenüber bietet Contract Yacht Services Winterlager sowie alle Instandhaltungsarbeiten für Yachten an. Alle notwendigen Arbeiten können ausgeführt werden: an der Mechanik, der Maschine, an der Inneneinrichtung, Reparaturen an Holz, GFK.
Und vieles mehr kann vor Ort oder in Piräus geregelt werden. Segelreparaturen und Wartung von Rettungsinseln. Auch Bewachungsdienst wird angeboten – die Firma hat viele Stammkunden, die ihre Boote in Joes Obhut lassen. Da nur eine begrenze Anzahl von Yachten beaufsichtigt werden kann, sollte man rechtzeitig buchen. Das Büro befindet sich in der Nähe des SE-Kais: Joe Charlton, Petrou Filippa 3a, 31100 Levkas, Telefon: 0645-24 446, Fax: 0645-24 490.
Yacht Assist wird ebenfalls von Contract Yacht Services betrieben und ist so etwas wie ein »mobiles Einsatzkommando«. Das Speedboot mit Werkstatt an Bord kommt havarierten Yachten zwischen Korfu und Kephallonia zu Hilfe. Tel.: 0645-24 446, Fax: 0645-24 490.
Levkas Marine Services befindet sich ein Stück entfernt von Contract Yacht Services ebenfalls am Kai. Hier werden Reparaturen an Mechanik und Maschine ausgeführt. Ebenso Arbeiten an GFK und Holz. Yachtausrüstung. Bewachung. Wartung von Rettungsinseln. Man meldet sich bei: Theo Georgakis, Golemi 18-20, 31100 Levkas, Tel.: 0645-25 036, Fax: 0645-25 550. Mobiltelefon 093-23 15 95.

Lygia

Unweit der S-lichen Einfahrt in den Kanal von Levkas liegt dieser kleine Fischerhafen. An der kurzen Mole, wo die Wassertiefen 2 bis 5 m betragen, drängen sich normalerweise die Boote der einheimischen Fischer. Am Kai hinter der Mole ist es meistens zu flach, aber für kleine Yachten gibt es ein paar Plätzchen, an denen sie Bug zum Kai festmachen können, falls zwischen den Booten der Anwohner etwas frei ist. Die meisten Yachten ankern auf 3 bis 7 m über Schlamm mit dichtem Krautbewuchs. Dies ist nicht gerade der gemütlichste Platz, wenn die Nachmittagsbrise genau hineinweht.
Wasser am Kai. Begrenztes Lebensmittelangebot und verschiedene Tavernen an Land. Die einheimischen Fischer versorgen manche der Tavernen mit ausgezeichnetem frischen Fisch.

Lygia aus NW.

Die Barock-Villa der Familie Valaoritis auf der Insel Madouri.

Nikiana

Der kleine Hafen liegt schätzungsweise 1,5 Seemeilen S-lich von Lygia. An der äußeren Hälfte des Wellenbrechers findet man Wassertiefen von 2 bis 4 m vor. Man macht mit Bug oder Heck an der Mole fest. Es kann schwierig werden, hier einen Liegeplatz zu finden, da außer den ortsansässigen Fischerbooten auch noch ein Stützpunkt mit Charteryachten existiert. Der Grund besteht aus Schlick, Sand und Seegrasbewuchs, der gut hält, wenn der Anker erst einmal gefaßt hat. Der Liegeplatz ist rundum geschützt. Tavernen und ein begrenztes Versorgungsangebot an Land.

Hinweis: In den Ansteuerungen von Nydrion und der Bucht Ormos Vlychon liegen drei Inseln: Sparti, Cheloni und Madouri. Vor der Insel Sparti befindet sich ein Flach mit 2 m Wassertiefe, das zu beachten ist. Zwischen dem Inselchen Cheloni und Levkas ist vorsichtiges Navigieren angebracht, da sich hier Untiefen erstrecken.

Nydrion (Nidri)

38°42'N 020°43,8'E / Karten: BA 2402, Imray G 121

Allgemeines

Im Sommer ist Nydrion ein geschäftiges kleines Zentrum, so eine Art »Wegekreuz« für private Yachten und Charterflottillen, die N- oder S-wärts unterwegs sind. Dazu kommen ein großes Wassersportzentrum sowie viele Unterkunftsmöglichkeiten an Land, die diesen Urlaubsort zu einem der betriebsamsten auf Levkas machen. Trotzdem hat sich viel von dem ursprünglichen Charme erhalten.

Vom lebhaften Hafenviertel aus hat man einen großartigen Blick über die Bucht und die Inseln bis zum Gebirgszug auf dem gegenüberliegenden Festland. Die Barock-Villa auf der Insel Madouri, die in der Ansteuerung von Nydrion liegt, gehört der Familie Valaoritis, Nachfahren von Aristoteles Valaoritis (1824 bis 1879), Griechenlands National-Dichter, der auch die griechische Nationalhymne komponierte.

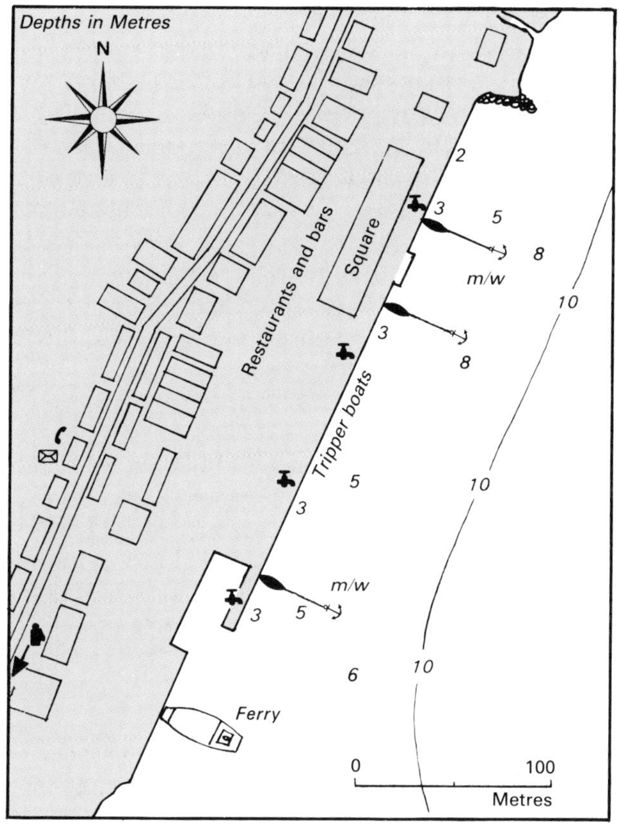

Nydrion.

Ansteuerung

Die Ansteuerung ist einfach und bei Tage gefahrlos. Von N kommend, ist die Stadt schwer auszumachen, aber die Orientierung an den Inseln Sparti, Cheloni und Madouri ist problemlos, und beim Näherkommen werden die Häuser der Stadt Nydrion sichtbar. Bei der Ansteuerung aus S ist die Stadt erst zu sehen, wenn man die Landzunge, die der Insel Madouri gegenüberliegt, gerundet hat. Läuft man Nydrion zum ersten Mal an, sollte man von einer Nachtansteuerung absehen.

Hinweis: Nydrion ist ein Zentrum des Wassersports, und eine Charterbasis hat hier ihren Sitz, so daß man ständig auf Yachten, Motorboote, Segel-Dingis, Surfer, Ausflugsboote und Fähren achten muß.

Der Stadtkai von Nydrion aus E.

Liegeplätze
Man macht mit Bug oder Heck am Stadtkai von Nydrion fest, der im Sommer ständig dicht belegt ist, so daß man eventuell S-lich des Kais ankern muß. Der Grund besteht aus Schlick mit Bewuchs, der im allgemeinen gut hält.
Schutz: Die vorherrschenden Winde machen das Liegen am Kai ungemütlich, aber selten gefährlich. Der Schwell, der durch die Ausflugsboote und örtlichen Fähren verursacht wird, ist weitaus lästiger als die Windböen.
Behörden: Im Hafen gibt es Wasserschutzpolizei.

Versorgung
Wasser am Kai.
Treibstoff an der Straße nach Vlychon.
Reparaturen: Bei einer Werft etwas S-lich der Stadt kann man die Yacht aufslippen lassen. Mechanische Reparaturen, Arbeiten an der Elektrik und den Segeln. Schiffsausrüstung.
Lebensmittel: Gute Versorgungsmöglichkeiten. Stangeneis bekommt man bei einem Fischhändler in der High Street.
Restaurants: Tavernen und Restaurants erstrecken sich von einem Ende der Stadt bis zum anderen.
Sonstiges: Es gibt hier Post, Telefonamt, Bank, Gas und Camping GAZ, Auto- und Motorrad-Vermietung. Gelegentlich verkehren Busse nach Levkas. Fährverbindung nach Meganision.

Tranquil Bay

Gegenüber der Stadt Nydrion befindet sich eine Bucht, deren Name genau das ausdrückt, was sie früher einmal war: ruhig, still und friedlich – Tranquil Bay. Der Ankerplatz bietet in jeder Beziehung guten Schutz in hübscher Umgebung. Man ankert auf 8 bis 12 m über weichem Schlick mit Krautbewuchs, der gut hält, wenn der Anker erst gefaßt hat. An der S- und E-Seite der Bucht erstreckt sich eine schlammige Untiefe, von der man sich freihalten sollte. Sie ist manchmal schwer zu erkennen.
Die Hänge, die diese Bucht umgeben, sind dicht bewaldet; zumeist sind es Oliven und Zypressen, die hier wachsen, und es gibt kaum Besiedlung, die den Frieden und die Ruhe stören könnte – bis auf die vielen anderen Yachten, die diesen Ankerplatz ebenfalls benutzen. Eine ganze Anzahl von Yachten hat hier schon schwimmend überwintert. Zur Versorgung oder für ein kaltes Bier ist es zur Stadt Nydrion hinüber eine längere Ruderstrecke – ein Außenborder ist da sehr willkommen. Wasser kann man sich aber von einem Wasserhahn in der Nähe der kleinen Kapelle am Eingang zur Bucht besorgen.
Der Archäologe Dörpfeldt, der die konventionellen Theorien über die Heimat des Odysseus in Frage stellte, indem er Levkas für Homers tatsächliches Ithaka erklärte, ist für Nydrion so etwas wie ein Volksheld. Auf der N-Seite der Bucht, direkt oberhalb seiner wunderschönen Villa, die ein kleines Museum beherbergt, wurde zu seinem Gedenken ein Obelisk aufgestellt. Leider benötigt man eine Genehmigung des Direktors für Altertümer in Athen, um diesen Ort zu besichtigen.

Die Bucht Tranquil Bay gegenüber der Stadt Nydrion aus W.

Ormos Vlychon

S-lich von Nydrion und Tranquil Bay liegt die Bucht Ormos Vlychon, deren schmale Einfahrt sich wie ein Flaschenhals zu einer ovalen, völlig von Land umschlossenen Bucht erweitert. Man liegt hier bei jedem Wetter gut geschützt und hat eine ganze Reihe von Ankerplätzen zur Auswahl. Der Grund besteht überall aus Schlick mit Bewuchs und hält gut, wenn der Anker gefaßt hat.
1. Vor der NE-Seite der Bucht ankert man auf 5 bis 6 m. Guter Schutz vor den vorherrschenden Winden, die oft als Fallböen von N herabstoßen. Nette Tavernen an der E-Seite.
2. An der NW-Seite vor der Werft ankert man auf 5 bis 6 m, wobei man auf eine Untiefe, die sich von der NW-Ecke erstreckt, achten muß.
3. Vor dem Kai des Dorfes Vlychon. Dieser Ankerplatz ist bei den vorherrschenden Winden der ungemütlichste Fleck, aber ganz akzeptabel, da der Grund aus Schlick mit Kraut besteht und gut hält. Eine Yacht kann auch mit Bug oder Heck am mittleren Teil des Kais auf 2 bis 4 m Tiefe festmachen. Das kann aber auch ungemütlich sein, da die vorherrschenden Winde Fallböen verursachen. Das Wasser am Kai ist kein Trinkwasser. Auf der anderen Seite der Straße gibt es ein Standrohr, aus dem Trinkwasser erhält-

Vlychon aus SSW.

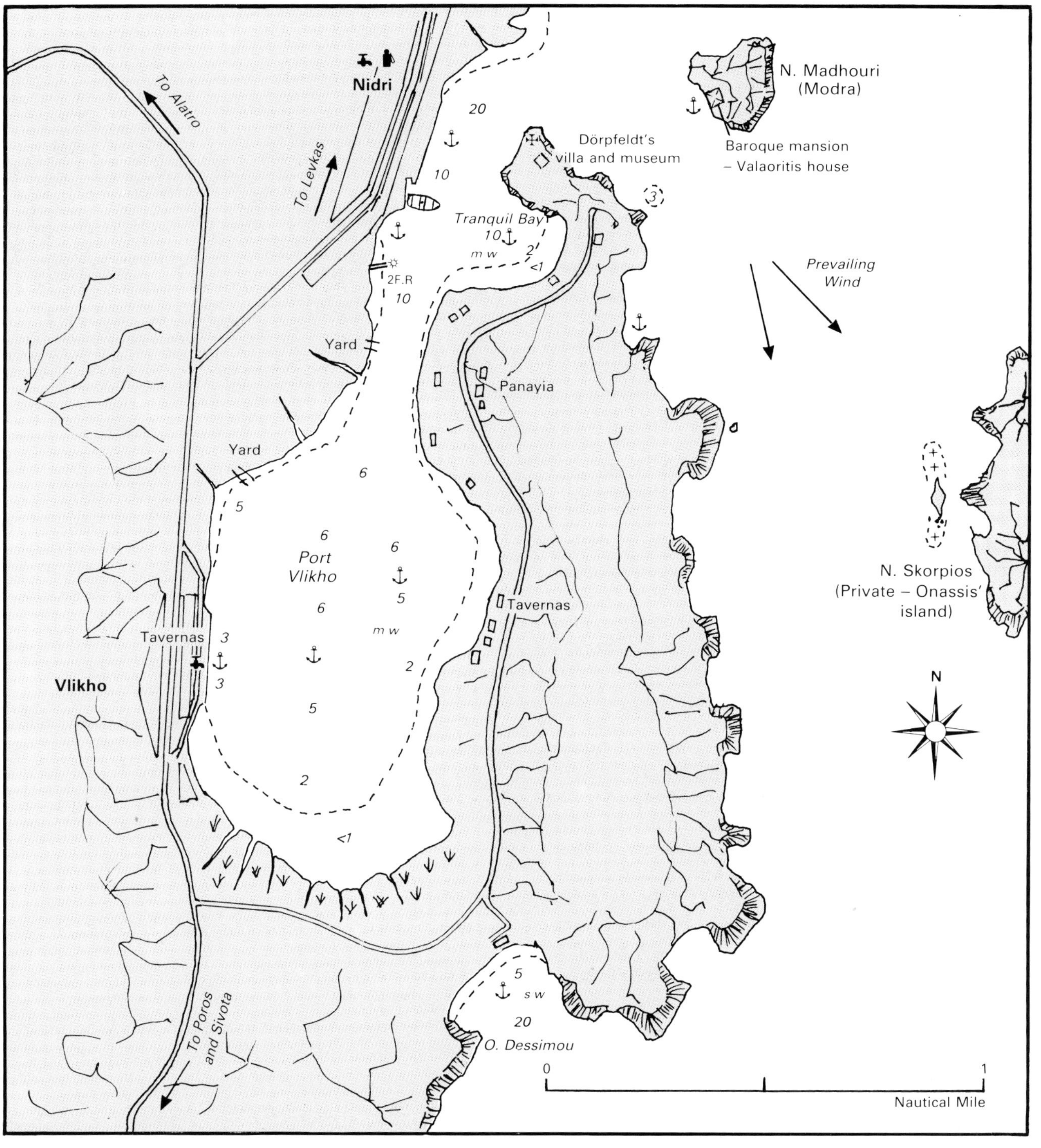

Port Vlychon mit Ansteuerungen.

lich ist. Im Dörfchen Vlychon findet man ein begrenztes Versorgungsangebot sowie verschiedene Tavernen. Nach Nydrion, wo Touristen entweder durchreisen oder nur für einen kurzen Bummel Zeit zu haben scheinen, ist Vlychon ein ruhiger erholsamer Ort.

Wenn gegen Abend der Wind abflaut, kann man es sich am Kai bequem machen.

Ormos Dessimou

1 Seemeile S-lich der Insel Madouri befindet sich diese große Bucht, die ziemlich tief ist. Man ankert in der N-Ecke auf 10 bis 15 m. Guter Schutz vor den vorherrschenden Winden. An Land sind ein Campingplatz sowie eine Taverne.

Ormos Rouda

An der SE-Küste von Levkas liegt diese weite Bucht, in deren Scheitel man auf 5 bis 15 m ankern kann. Die vorherrschenden Winde verursachen Fallböen, und es kann Schwell in die Bucht stehen. Am Ufer gibt es eine Taverne.

Ormos Syvota

38°37,5'N 020°41,2'E

Allgemeines
Diese gut geschützte Bucht, die von steilen mit Olivenbäumen bewachsenen Hängen umgeben ist, ist ein malerischer Ort, dessen Schönheit aber nun von einigen Appartementneubauten bedroht wird. Die örtliche Gemeinde ist sehr bemüht, der großen Zahl von Yachten, die diese Bucht anläuft, ausreichend Unterkunftsmöglichkeiten zu schaffen – schließlich hängt davon in starkem Maß der Verdienst der Tavernen ab. Yanni, dem eine Taverne gehört, ist sehr hilfsbereit, und Stavros' Taverne kann ebenfalls empfohlen werden. Die Bucht von Syvota wird manchmal von Segelflottillen, die dann die ganze Bucht belegen, zum Überwintern benutzt.

Ormos Syvota aus NW.

Ansteuerung
Die Ansteuerung ist bei jedem Wetter einfach. Von weitem ist die Einfahrt nur schwer zu erkennen, aber beim Näherkommen wird eine Reihe von Häusern sichtbar, die an der W-Seite der Einfahrt an den Hängen erbaut wurden. Das Dorf selbst ist erst zu sehen, wenn man die Landspitze, die in die Bucht hineinragt, gerundet hat.
Hinweis: Die vorherrschenden Winde verursachen manchmal Fallböen, die von den umliegenden Höhen in die Bucht einfallen.

Liegeplätze
Man ankert, wo es einem beliebt, auf 3 bis 10 m, auch wenn man durch die große Anzahl von Yachten in der Bucht gezwungen sein kann, sich weiter draußen auf 10 bis 20 m Tiefe einen Liegeplatz zu suchen. Der Grund besteht aus Schlick mit dichtem Bewuchs, der gut hält, wenn der Anker erst einmal gefaßt hat – das kann etwas Arbeit machen. Am Kai, der an der W- und S-Seite verläuft, betragen die Wassertiefen größtenteils 2 bis 3 m. Falls man einen Platz findet, macht man mit Bug oder Heck fest, gewöhnlich belegen hier Charteryachten den gesamten Raum. Am N-Ende des W-Kais variieren die Wassertiefen zwischen 1 und 2 m, so daß man den möglichen Liegeplatz zunächst mit dem Dingi erkunden sollte.
Schutz: Guter Schutz bei jedem Wetter. Die vorherrschenden Winde können Fallböen in der Bucht verursachen, daher ist besonders darauf zu achten, daß der Anker wirklich gefaßt hat. Diese Bucht eignet sich zum Überwintern im Wasser.

Versorgung
Wasser gibt es am Kai.
Lebensmittel: Begrenztes Lebensmittelangebot in einem kleinen Laden am N-Ende des Dorfes.
Restaurants: Um die Bucht herum findet man verschiedene Tavernen.
Sonstiges: Münzfernsprecher und Taxis.

Ormos Vasiliki

WP 38°37,7'N 020°36,4'E (F.G.3M) / Karten: D 658, BA 2402, Imray G121

Allgemeines
Bevor die Wassersportzentren nach Vasiliki kamen, war der Ort ein kleines verschlafenes Nest, das von Bauern und

Ansteuerung von Vasiliki aus S.

Ormos Syvota.

Fischern bewohnt wurde. Heute lebt man hier auf eine etwas hausbackene Art mit dem sommerlichen Touristenschwarm, ohne allerdings die fruchtbaren Felder hinter dem Strand zu vernachlässigen. Für Windsurfer machen die regelmäßig auftretenden starken Fallböen Vasiliki zu einem der zehn schönsten Surfreviere der Welt.

Dieser sichere Hafen liegt dem weißen Kliff, von dem sich die Dichterin Sappho in den Tod stürzte, sowie dem Kap Ak Doukato am nächsten. Hier befand sich auch der Apollon-Tempel, der in der Antike der Austragungsort der panhellenischen Spiele war, die zu Ehren dieser Gottheit abgehalten wurden. Heute sind nur noch wenige Bruchstücke und Scherben zu sehen.

Ansteuerung

Auffällig: Der weiße Leuchtturm auf dem Kap Ak Doukato ist leicht auszumachen. Nach dem Einsteuern in die weite Bucht werden die Häuser des Ortes Ponti an der W-Seite des schönen Strandes sichtbar. Von E kommend, sind die Gebäude von Vasiliki erst zu sehen, wenn man bereits tief in die Bucht eingelaufen ist.

Nachts: Bei einer Nachtansteuerung ist Vorsicht geboten. Man navigiert nach dem Feuer des Leuchtturms auf Ak Doukato (Fl.10s24 sm) und der Befeuerung der Hafenmole (F.G.3M occas).

Gefahren: Parallel zur Hafenmole verläuft eine alte Außenmole.

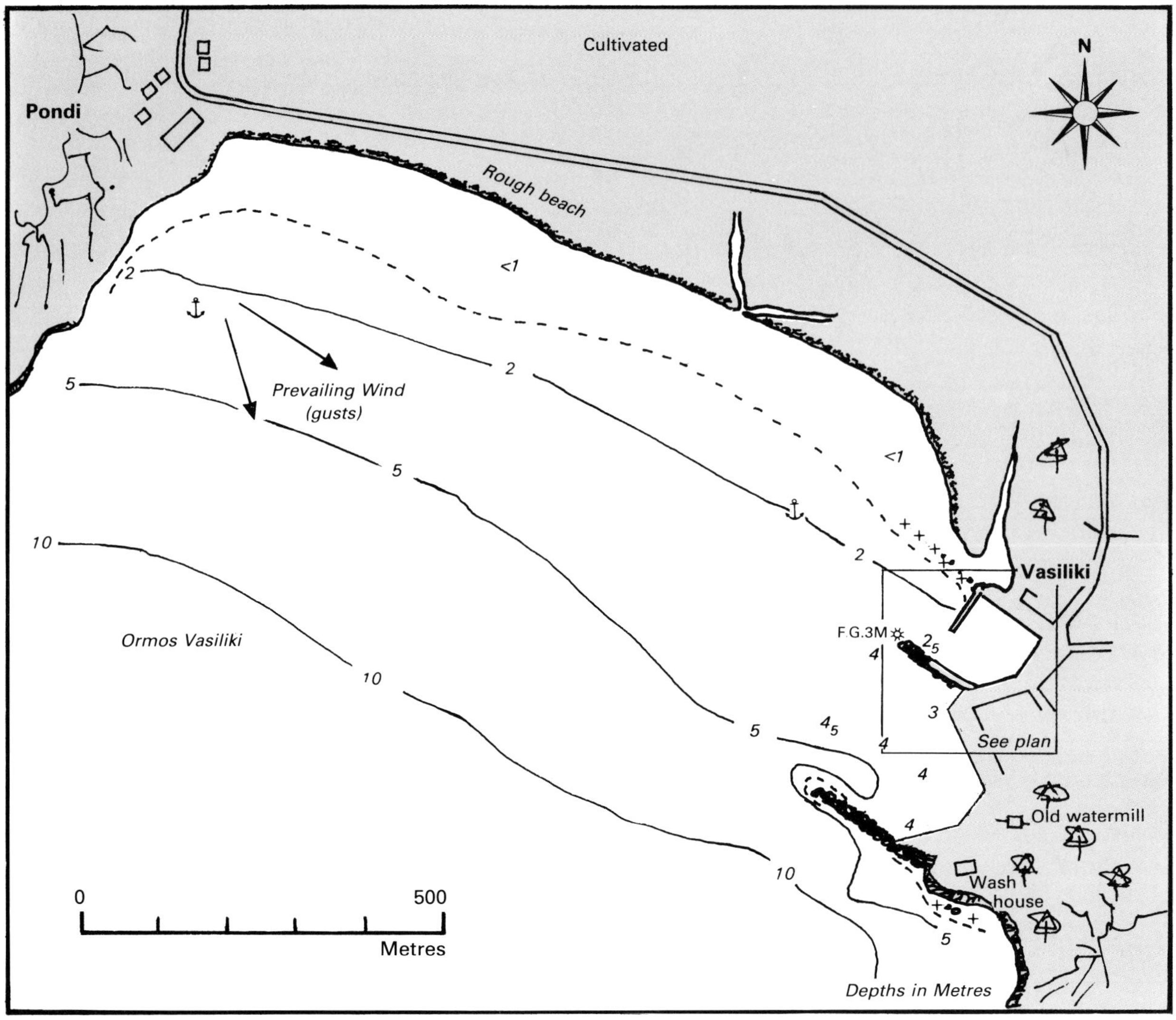

Ormos Vasiliki.

Die vorherrschenden Winde verursachen schwere Fallböen, die in die Bucht stehen.

Liegeplätze

Wo es einem zusagt, macht man mit Bug oder Heck zum Kai fest. Der Grund besteht aus Schlick, der gut hält.
Schutz: Auch wenn die vorherrschenden Winde in den Hafen stehen, was eher störend als gefährlich ist, findet man hier guten Schutz.
Ankerplatz: Bei ruhigem Wetter oder leichten NW-Winden kann man in der Bucht ankern. Man liegt vor Ponti auf 2 bis 5 m über Sand oder unterhalb des alten Wellenbrechers, gut frei vom Fähranleger.
Hinweis: Der Hafen neigt zur Versandung. In den letzten Jahren haben die Tiefen kontinuierlich abgenommen.

Versorgung

Wasser am Kai. Eine natürliche Quelle begünstigt diese Ecke von Levkas und sorgt für die Bewässerung der ausgedehnten Felder. Gleich S-lich der Stadt befindet sich ein Waschhaus mit vier Trögen, durch die ständig kaltes Quellwasser rinnt.
Treibstoff am Rand des Ortes.
Lebensmittel: Die meisten Lebensmittel sind erhältlich.

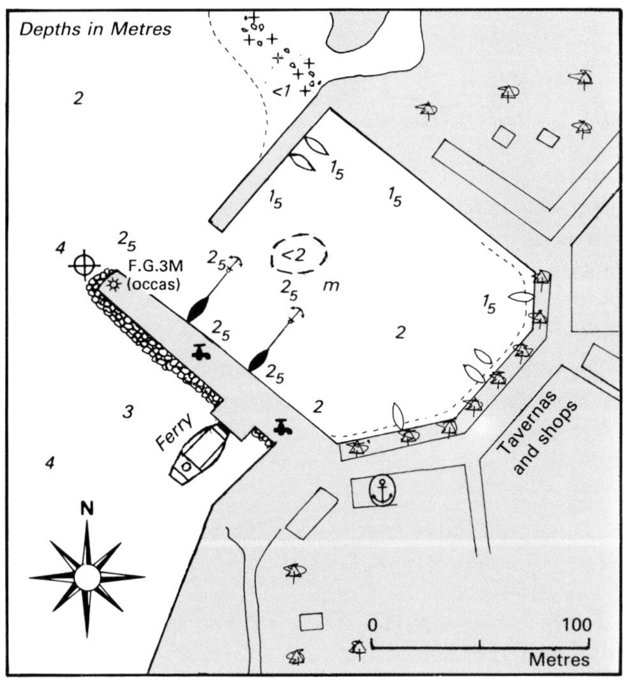

Vasiliki.

Restaurants: Tavernen im Dorf.
Sonstiges: Post, Münztelefon, Wechselstube und eine Fährverbindung nach Phiskardo.

Die Inseln Skorpios und Skorpidi

Gleich E-lich der Bucht Ormos Vlychon liegen die beiden Inseln Skorpios und Skorpidi, die im Privatbesitz der Familie Onassis sind. Ursprünglich wurden sie vom verstorbenen Aristoteles Onassis erworben. Wenn man zwischen den Inseln segelt, kann man Onassis' Motoryacht »Christina« sehen, die hier an zwei großen Mooringtonnen liegt. Die gesamte Insel Skorpios wurde als Park angelegt, der von einer beträchtlichen Anzahl fester Mitarbeiter gepflegt wird. An der SW-Spitze befindet sich ein Bauernhof, der frische Milch und Fleisch liefert, an der E-Seite liegen eine Gärtnerei, Lagerhäuser und die Wohngebäude der Angestellten. Ärgerlich für all jene Leute, die sich Inseln kaufen, um sich Privatsphäre zu schaffen, ist, daß allein der Erwerb genügt, um Touristen anzulocken. Von Nydrion aus werden täglich Ausflüge mit Caïquen nach Skorpios angeboten. Man kann um die Inseln segeln, man kann sogar vor Skorpios ankern – an Land gehen darf man nicht. Alle Ankerplätze liegen vor der S-Küste der Insel. Im SW befindet sich ein Schlupfwinkel mit einem kleinen Strandhaus, das Jackie Onassis besonders liebte. Etwas E-lich befindet sich eine sandige Landzunge, bei der Yachten auf beiden Seiten ankern können. Der beste Platz ist an der E-Seite dieser Landzunge vor einem Sandstrand.

Die Insel Meganision

WP 38°40'N 020°48,5' E (Ak Elia) / Karten: D 658, BA 1620, Imray G121

Diese Insel, deren Form an einen der berühmten Tintenkleckse des Schweizer Psychiaters Hermann Rorschach erinnert, liegt unmittelbar E-lich von Levkas. Die Meerenge zwischen den Inseln, Stenon Meganision genannt, ist eine der schönsten Passagen des Ionischen Meeres: mit den hohen, jäh zum Meer hin abstürzenden Hängen von Levkas auf der einen Seite und den flacheren, sanfteren Formen Meganisions, dessen ausgefranste Küste von Stränden gesäumt wird, auf der anderen. Der Wind in der Passage ist launisch, und oft hat man am S-lichen Ausgang Winde aus S und am N-lichen Ende N-Winde.
Die N-Küste wird von mehreren Naturhäfen und zahlreichen geschützten Buchten bestimmt. Das kristallklare blaue Wasser des Meeres wird hier zumeist von Zypressen und Olivenbäumen eingerahmt – eine Kombination, die bei Seglern sehr beliebt ist. In der Hochsaison Juli / August ist es schwierig, außerhalb dieser Zeit aber kein Problem, Einsamkeit und Ruhe zu finden.
An der SW-Küste von Meganision, am »Schwanz der Insel«, gibt es einige kleine Buchten. Die bekannteste unter ihnen ist die Papanicolis, eine weite Bucht, von der unter Einheimischen das Gerücht geht, daß hier die U-Boote der griechischen Marine während des Zweiten Weltkrieges versteckt gewesen wären. S-lich der Papanicolis befindet sich noch eine ganze Anzahl kleiner, aber 200 bis 300 m tief ins Land einschneidender Buchten. Es gibt hier einige recht gute Angelmöglichkeiten.

Yph. Cheiromyti

Zwischen den Inseln Skorpios und Meganision liegen eine Untiefe und ein Riff. Im Sommer ist das Riff meistens bezeichnet, aber man sollte sich nicht darauf verlassen. Bei ruhigem Wetter sind Riff und Untiefe gut zu erkennen, aber wenn die vorherrschenden Winde das Wasser aufwühlen, kann es schwierig werden, diese Gefahrenstellen auszumachen. An windstillen Tagen kann man vor einer dieser Untiefen ankern und am Riff tauchen gehen.

Ormos Spilia (Spartochorion)

38°39,6'N 020°45,6'E

Allgemeines
Das Dorf erreicht man über eine gewundene, mit Zypressen bestandene Straße, aber es ist den steilen Aufstieg wirklich wert. Bevor man das Dorf erreicht, hat man von einer Biegung der Straße einen phantastischen Blick über den N-lichen Teil des »Binnenmeeres«. Auch wenn man am Fuß der Berge einkehrt, sollte man den steilen Aufstieg auf sich nehmen, zum einen wegen der wunderbaren Aussicht, zum anderen wegen des bezaubernden Dorfes selbst.

Ansteuerung
Das Dorf Spartachorion, das hoch oben auf dem Berg an der W-Seite der Bucht thront, ist aus N und W leicht auszumachen. Wenn man in die Bucht einläuft, ist der Hafen gleich zu sehen.

Liegeplätze
Wo man an der Pier Platz findet, macht man mit Bug oder Heck fest. Um ausreichend Spielraum zu haben, sollte man den Anker bereits in tieferem Wasser ausbringen. Guter Schutz vor den vorherrschenden Winden, auch wenn gegen Abend die Brise aus NE einige Liegeplätze an der W-Seite des Hafen ungemütlich macht. Man sollte sich versichern,

Der Hafen von Spartochorion aus SW.

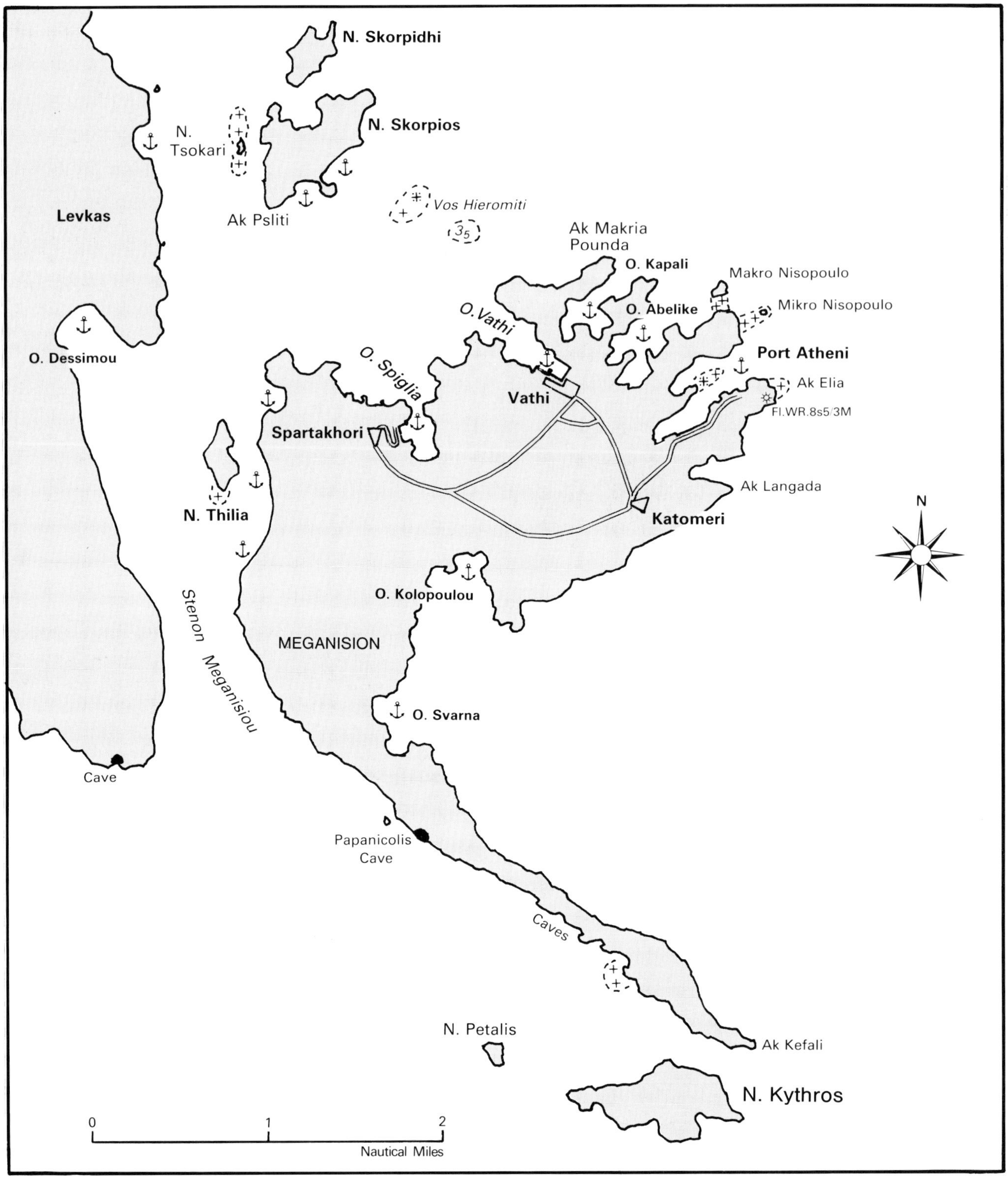

Die Insel Meganision.

daß der Anker gefaßt hat, wenn man hier festgemacht hat. *Ankerplatz:* Im Scheitel der Bucht kann man vor dem Strand ankern. Die Wassertiefen sind jedoch recht beachtlich.

Versorgung

Wasser gibt es in begrenzter Menge in den Tavernen, kleiner Supermarkt am Hafen. Tavernen findet man am Hafen, im Scheitel der Bucht und im Dorf. Die Taverne »Porto Spiglia« ist bei Flottillen-Seglern sehr beliebt.

Vathy

38°39,8'N 020°48'E

Allgemeines

Der Ort ist die nominelle Hauptstadt der Insel, auch wenn man es dem staubigen kleinen Dorf kaum ansieht. Es ist ein bezaubernder Platz, der selbst im Sommer halb verschlafen wirkt. Man kann hier schöne Spaziergänge durch Olivenhaine ins Inselinnere unternehmen.

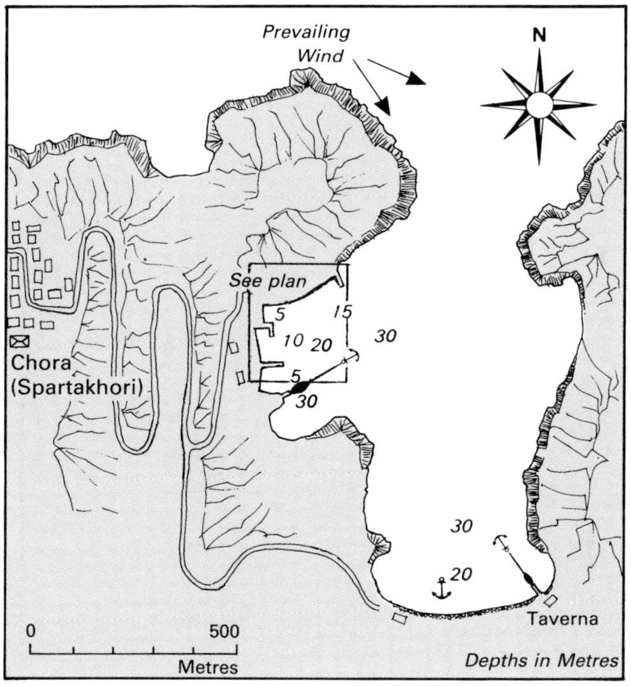

Spartochorion.

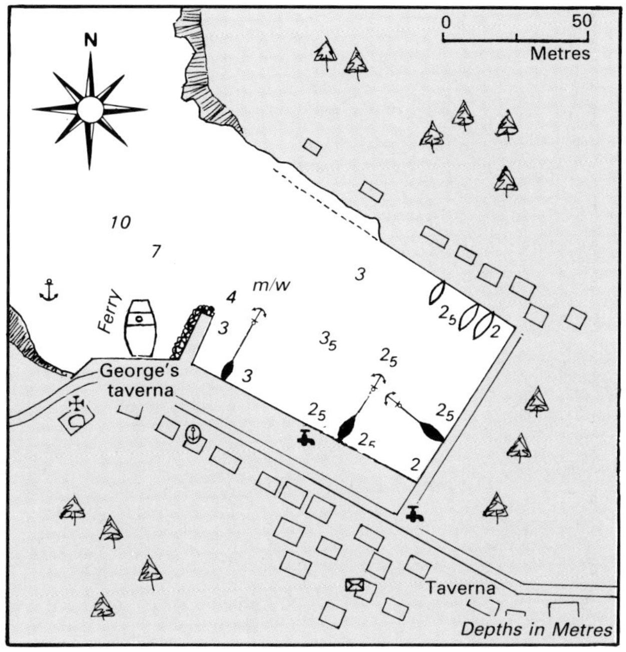

Vathy.

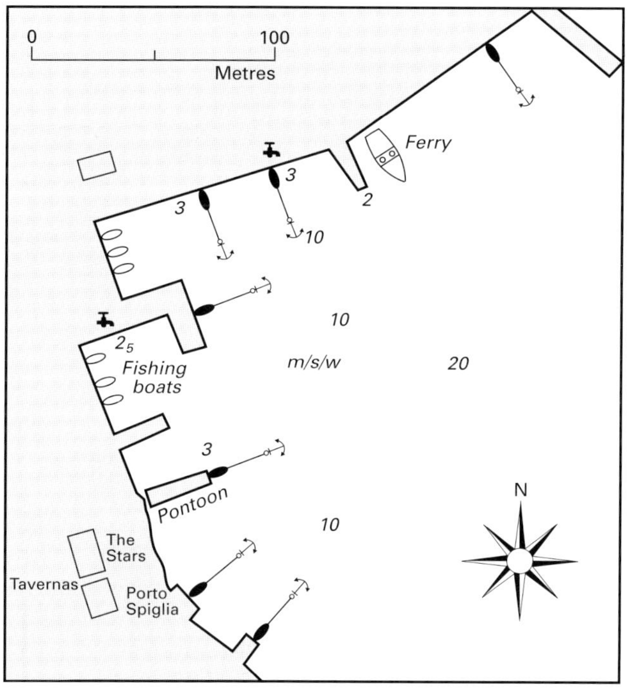

Spartochorion

Ansteuerung
Die Einfahrt zur Bucht ist schwer auszumachen, und die Häuser des Dorfes kann man erst sehen, wenn man bereits in die Bucht eingelaufen ist.

Liegeplätze
Man ankert in der Bucht oder macht mit Bug oder Heck am Kai fest. Der Schutz vor den vorherrschenden Winden ist gut. Abends kann ein NE-Wind das Liegen ungemütlich machen, für gewöhnlich flaut er aber nach einigen Stunden wieder ab.

Versorgung
Wasser gibt es in der Nähe des Kais, auch wenn es im Sommer oft abgestellt ist. Begrenztes Lebensmittelangebot und einige Tavernen. Bei Georges, gleich hinter der Mole, gibt es oft frischen Fisch.

Ormos Kapali und Abelike

Zwischen Vathy und Atheni liegen diese beiden großen, zerklüfteten und stark gegliederten Buchten. Abgesehen von ein paar Riffen, die sich unweit der felsigen Küste erstrecken und gut auszumachen sind, gibt es keine Gefahrenstellen. Wie man auf dem Plan unschwer erkennen kann, gibt es eine ganze Anzahl von Stellen, an denen eine Yacht ankern kann. In beiden Buchten findet man zufriedenstellende Wassertiefen, meist zwischen 10 und 15 m bis dicht unter Land. Man ankert, wo es einem beliebt, mit langer Leine zum Land. Es gibt in den Buchten nur wenig Platz zum Schwojen. Der Grund ist schlammig mit Krautbewuchs und hält gut, wenn der Anker erst durch das Kraut gedrungen ist. Die kleinen Einbuchtungen, die man in beiden Buchten findet, können im Sommer überfüllt sein, aber insgesamt ist dies trotz allem ein friedlicher Platz. Es gibt keine Versorgungsmöglichkeiten, was aber nichts ausmacht, da es von Kapali nur ein 10-minütiger Spaziergang über den Bergrücken nach Vathy ist.
Hinweis: In Abelike ist neuerdings ein Teil der Bucht für Schwimmer und Badende abgesperrt. Von dem Unrat, den Yachten hier am Strand zurückgelassen haben, sollen große Ratten angezogen worden sein. Viele Yachten und ihre Crews versuchen seit Jahren, diesen Platz sauberzuhalten, und es ist jedem zu empfehlen, das Gleiche zu tun. Diese Bucht ist kein Platz, um seinen Müll abzuladen oder zu vergraben!

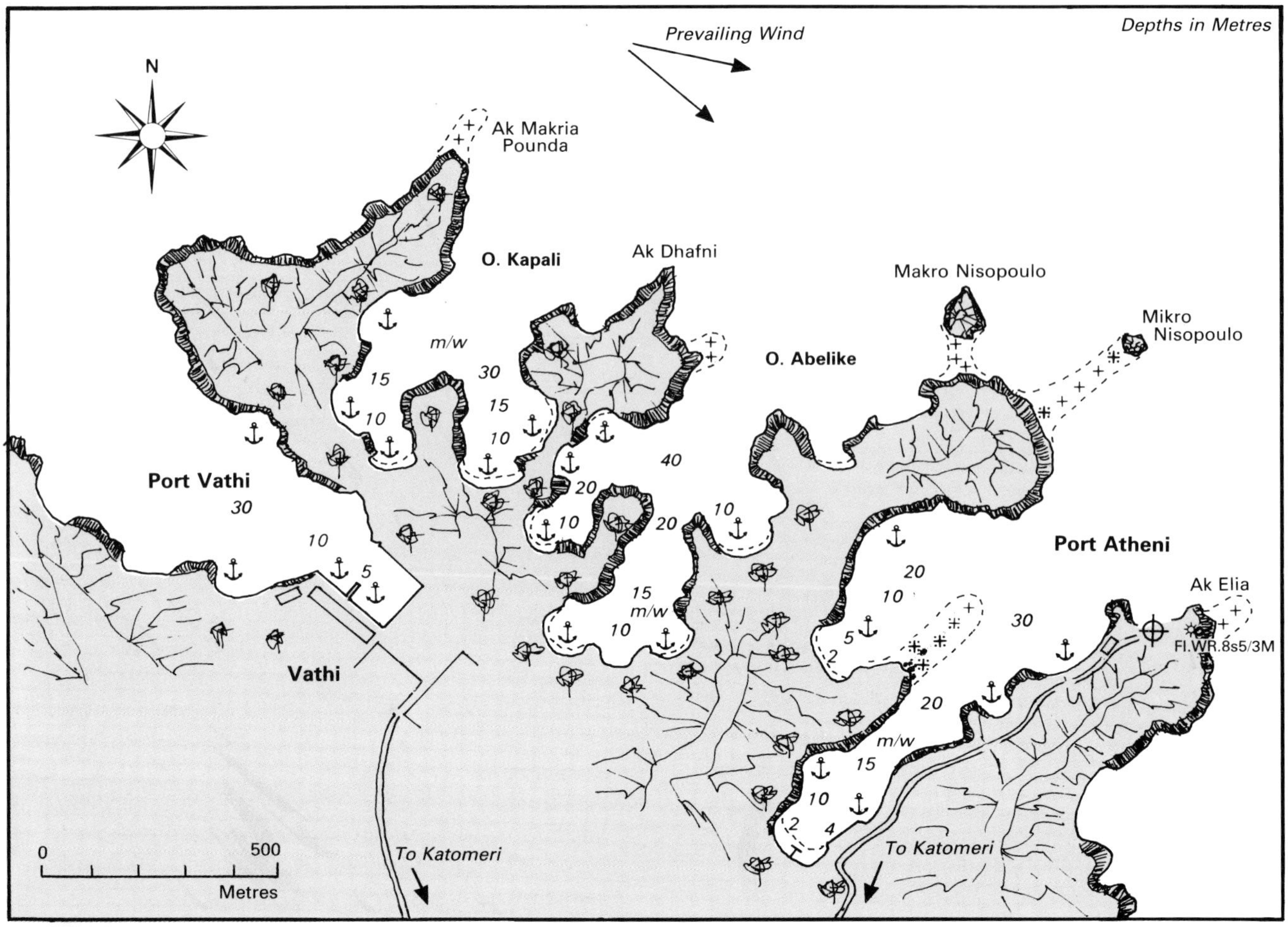

Die NE-Küste von Meganision: Vathy bis Ormos Atherinos.

Ormos Atherinos

Allgemeines

Von Atheni zum kleinen Dorf Katameri ist es nur ein malerischer Spaziergang durch Olivenhaine von rund 30 Minuten. Da es hier keine Straßenbeleuchtung gibt, sollte man die Taschenlampe nicht vergessen, wenn man erst nach Einbruch der Dunkelheit zurückkehren möchte.

Ansteuerung

Von N oder W kommend, sind die beiden Inselchen Megalo Nisopoulo und Mikro Nisopoulo leicht zu erkennen. Von E sieht man das Feuer auf der E-Seite der Einfahrt. Die zwei Inselchen passiert man seeseitig, da sie beide durch Riffe mit Meganision verbunden sind.
Hinweis: In der Mitte der Bucht erstreckt sich ein Riff, das größtenteils überspült ist. Im Sommer laufen hier immer wieder Yachten auf. Vorsicht beim Navigieren ist geboten!

Liegeplätze

Es gibt verschiedene Stellen, an denen man ankern kann.
1. Die meisten Yachten ankern mit langer Leine zum Land an der W-Seite der Bucht. Bis auf den innersten Teil der Bucht betragen die Wassertiefen zwischen 10 und 20 m. Der Grund ist Sand mit Seegrasbewuchs, der gut hält.
2. An der E-Seite sowie im Scheitel der Bucht.
3. Im Scheitel der Bucht. Die Tiefen sind bis ins Innerste hinein recht groß. Der Grund besteht aus Schlick, Sand und dickem Kraut und hält gut, wenn der Anker erst gefaßt hat.
4. Mit Bug oder Heck am Kai, der sich im SE-Teil des Scheitels der Bucht befindet. Vor dem Kai betragen die Wassertiefen 2 bis 4 m.
Im allgemeinen ist der Schutz gut, auch wenn nachts gelegentlich NE-Winde wehen, die aber nach wenigen Stunden wieder abflauen.

Versorgung

An der E-Seite der Bucht hat eine Taverne geöffnet, die mit unerfreulich lauter Musik die Gegend beschallt. Ein paar Lebensmittel und einige Tavernen findet man in Katomeri.

Die Insel Ithaka (Nisis Ithaki)

Homer zufolge ist diese Insel die Heimat des Odysseus. Archäologen können darüber diskutieren, ob dies nun so ist oder nicht, aber Homer liefert noch immer die beste Beschreibung der Insel:

»Aber in Ithaka fehlen zur Fahrt die Bahn und die Auen.
Geiß-Land ist es und holder zu schauen denn irgendein Roßland;
Bietet ein Eiland doch, das rings vom Meere bedrängt ist,
Rossen nur wenig Raum, und Ithaka minder denn alle.«
Homer, Odyssee / 4. Gesang, Vers 602-608

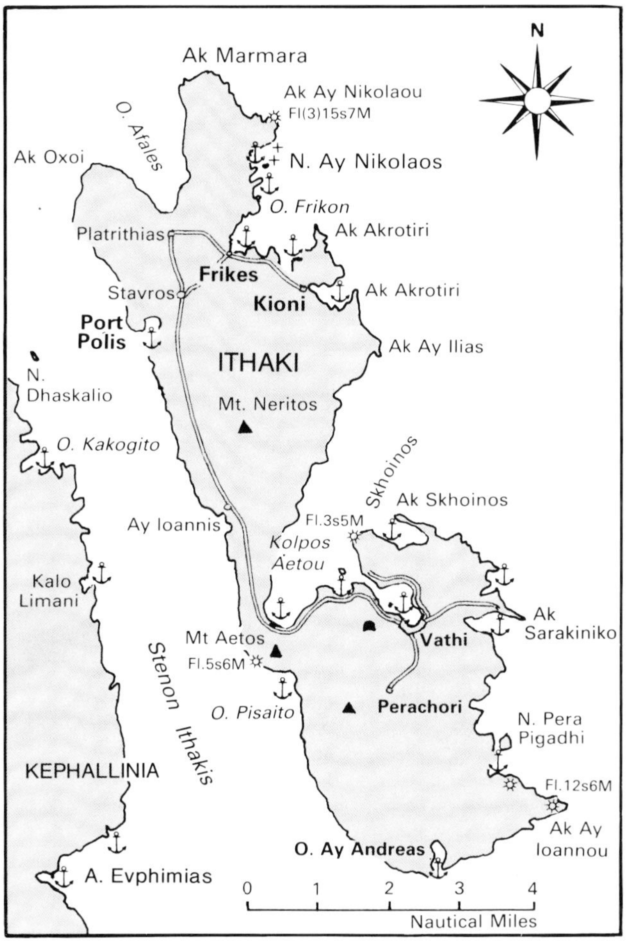

Die Insel Ithaka (Ithaki).

Die Insel besteht aus zwei Hälften, die durch eine schmale Landenge verbunden sind, die das Rückgrat des Golfs von Molo, Kolpos Aetou, bildet. Die steilen Berge sind kahl und felsig, auch wenn sich ein paar Täler in Grün gehüllt haben, das von unterirdischen Quellen gespeist wird.

Wie viele der anderen Ionischen Inseln, hat Ithaka eine ausgeprägte Seefahrer-Tradition, und eine Menge junger Leute verdient ihren Lebensunterhalt in der Handelsschifffahrt. Noch mehr sind nach Australien oder Südafrika ausgewandert, obwohl eine beträchtliche Zahl früher oder später wieder nach Hause zurückkehrt.

Vathy ist der wichtigste Hafen der Insel, auch wenn es noch eine ganze Anzahl anderer Häfen und Ankerplätze gibt, die für einen Übernachtungsstopp passend sind. Einer dieser Häfen ist Polis, eine Bucht S-lich der Stadt Stavros, wo sich der Schullehrer um ein kleines Museum kümmert, das eine Sammlung von Ausgrabungsfunden beherbergt, die an der Stelle gefunden wurden, an der angeblich der Palast des Odysseus gestanden haben soll.

Auch wenn der Standort des Palastes nicht schlüssig nachgewiesen werden konnte, so fand man hier doch Gerätschaften und Masken, die eine spätere Heldenverehrung Odysseus' bezeugen. Die Tatsache, daß Ithaka in einem Erdbebengebiet liegt, könnte bedeuten, daß der Palast bei einem Beben vollständig verschüttet wurde, oder aber das Objekt Homerischer Epik wohnte in einem vergleichsweise bescheidenen Heim.

Odysseus und Ithaka

Trotz des archäologischen Mangels an Beweisen und trotz der Gegenthese Dörpfeldts, daß Levkas das eigentliche Ithaka ist, wird das heutige Ithaka immer noch von der Archäologie als die insulare Heimat des Odysseus angesehen. Folglich sind die Orte, die bei Homer erwähnt werden, fast alle auf der Insel wiedererkannt worden. Der Hafen Polis ist das antike Polis, das oben auf dem Hügel stand. Gleich nördlich davon, auf der Spitze des Berges Pelikata, wurden die Ruinen einer bronzezeitlichen Siedlung gefunden, die allgemein als der Palast des Odysseus angesehen wird. Alles, was davon blieb, sind Teile einiger Mauern und eine gepflasterte Straße. An der N-Seite der Bucht von Polis befindet sich eine Höhle, die Höhle der Nymphen, in der Archäologen irdene Gefäße, Masken und Überreste von Bronzearbeiten gefunden haben, die auf eine spätere Heldenverehrung Odysseus' hindeuten. Der Hafen Phrikes kann als das Reithron der Odyssee identifiziert werden. Die Bucht Ormos Pera Pigadi liegt am Fuß der Quelle Arethusa. Über dieser Quelle, die heute noch sprudelt, liegt der Rabenfels, Korax, der heute noch diesen Namen trägt. Oberhalb dieses Platzes befindet sich das Plateau Marathia, wo Odysseus vermutlich den Schweinehirten Eumaneus traf. Auf dem Berg Aetos auf der Landenge, die die beiden Teile Ithakas verbindet, finden sich die kärglichen Überreste von dem, was einst ein Tempel oder Schrein gewesen sein könnte. Natürlich ist dies alles größtenteils Spekulation, und tatsächlich konnte Dörpfeldt genauso schlüssig die Orte auf Levkas nachweisen.

Die Meerenge von Ithaka (Diavlos Ithakis)

Vorsicht: Die vorherrschenden Winde, die am Nachmittag aus W bis NW wehen, verursachen starke Fallböen, die sich von den hohen Bergrücken Kephallinias und Ithakas hinab in die Meerenge zwischen den beiden Inseln stürzen. Wenn der »Maistro« im Juli und August weht, können diese Fallböen sehr hart werden. Die Bucht Ormos Phrikon und der Kolpos Aetou am S-Ende der Durchfahrt sind hierfür die berüchtigsten Orte.

Phrikes

WP 38°27,6'N 020°39,9'E (Fl.R.2s2M) / Karten: BA 720, D 1092 Plan H, Imray G121

Allgemeines

Dieses malerische Ansichtskarten-Dorf am Fuß einer bewaldeten Schlucht verdankt einem Flüßchen, das hier ins Meer mündet, seine selbst im Sommer herrlich grüne Umgebung. Auf einer felsigen Anhöhe über dem Dorf stehen ein paar Windmühlen. Wen wundert es, daß dieses ehemals abgeschiedene Dorf zunehmend mehr Touristen anlockt. Es ist aber immer noch ein Kleinod und unbedingt einen Besuch wert.

Ansteuerung

Der kleine Hafen steckt in der W-Ecke der Bucht Ormos Phrikon an der NE-Küste Ithakas. Erst wenn man nahe

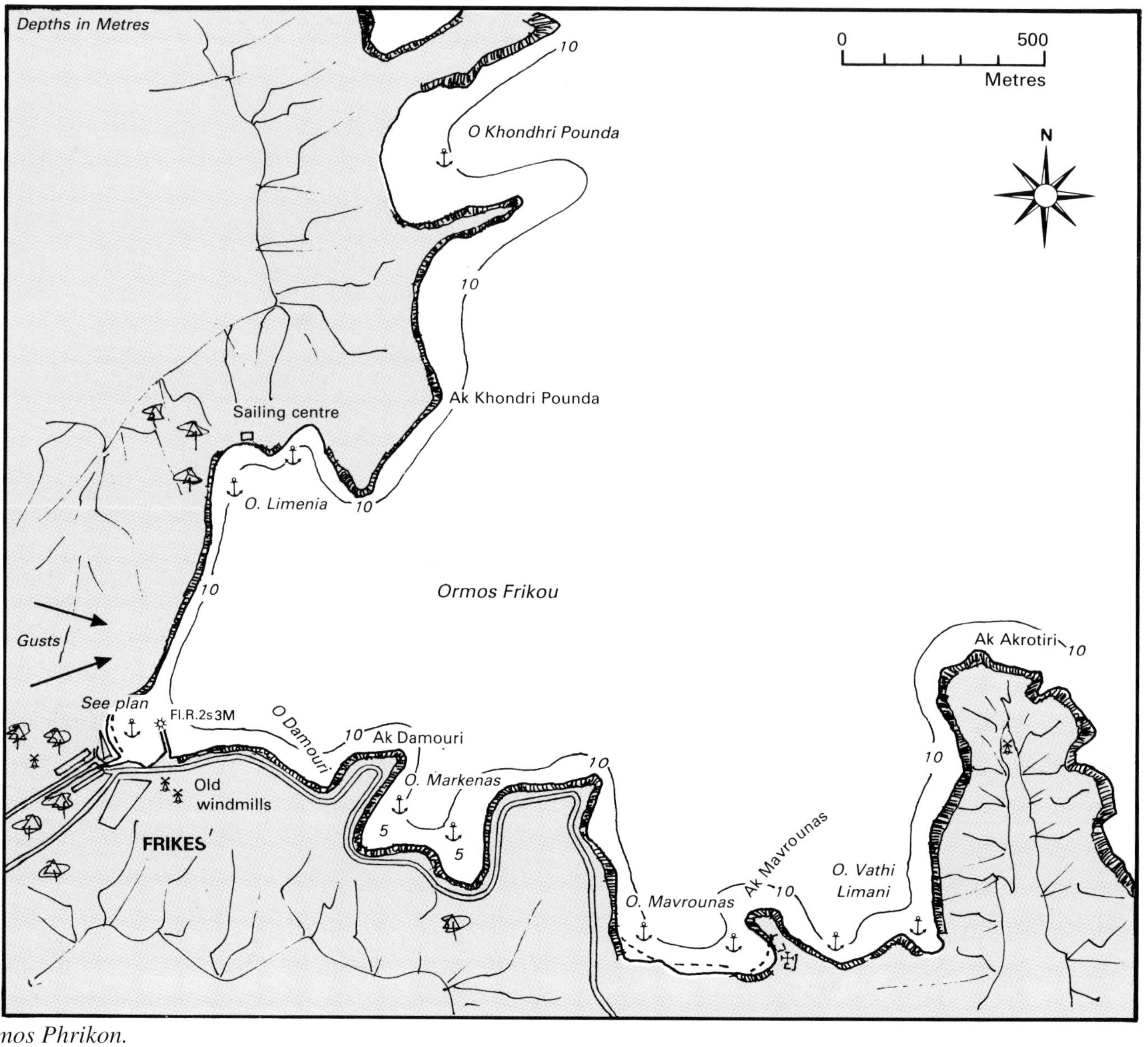

Ormos Phrikon.

herangekommen ist, werden die Häuser des Dorfes sichtbar. Die beiden Windmühlen auf der Anhöhe über dem Dorf bilden gute Landmarken. Um die Inselchen, die dem Kap Ak A. Nikolaou vorgelagert sind, liegen Über- und Unterwasserfelsen, von denen man sich freihalten muß.

Hinweis: Die vorherrschenden Winde verursachen starke Fallböen, die aus der Bucht Ormos Phrikon stehen. Vorsicht ist geboten.

Liegeplätze

Im Hafen macht man längsseits oder mit dem Heck zur Mole fest. Der starken Fallböen wegen, die die vorherrschenden NW-Winde verursachen, geht man vorzugsweise längsseits an den Kai. Größere Yachten legen sich mit dem Heck und langer Leine an die Außenseite der Mole, gut frei vom Fähranleger.

Versorgung

Wasser im Dorf. Die meisten Lebensmittel sind erhältlich, und es gibt eine ganze Anzahl guter Tavernen. Fährverbindung nach Phiskardo und Vasiliki im Sommer.

Ankerplätze in der Bucht Ormos Phrikon

Im allgemeinen sind die Ankerplätze an der N- und W-Seite der Bucht Ormos Phrikon bei den vorherrschenden Winden die besten.

Ansteuerung von Phrikes aus E.

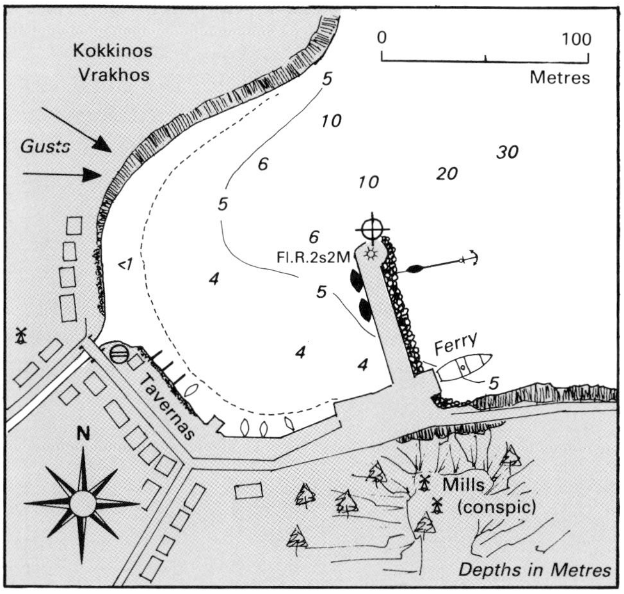

Phrikes.

Die Bucht ***A. Nikolaos*** unterhalb des Kaps Ak A. Nikolaou bietet guten Schutz, auch wenn hier Fallböen auftreten. Der Schutz in ***Chondri Punta*** ist ganz ordentlich, auch wenn hier Schwell hineinsteht.
Limenia ist eine Bucht, die zwei Scheitelpunkte hat und unterhalb des Kaps Ak Chondri ganz vernünftigen Schutz bietet. In der W-lichen der beiden kleinen Einbuchtungen ist ein Wassersportzentrum. Unmittelbar E-lich von Phrikes liegt ***Damori***, wo man aber kaum Schutz findet. Schönwetterankerplätze sind Mavrounas ebenso wie ***Vathy Limani***. Der Grund besteht meist aus Schlick, Kieselsteinen und Seegras; der Halt ist nicht überall gut.

Kioni

WP 38°27'N 020°41,5'E (F.G.3M) / Karten: D1092 Plan N, BA 2402

Allgemeines

Die schneeweißen Häuser des Ortes ziehen sich an den Hängen um den Scheitel der Bucht herum. Der Ort scheint mehr Häuser als Einwohner zu haben, was in der Tat daran liegt, daß die meisten nach Australien oder in die USA ausgewandert sind, ihre Häuser aber nicht verkauft haben. In den letzten 20 Jahren sind die Schülerzahlen hier von 600 auf 20 zurückgegangen. Im Sommer verkehrt eine Caïque nach Vathy. Über den Höhenrücken hinweg kann man schöne Spaziergänge unternehmen.

Ansteuerung

Auffällig: Von N oder S kommend, ist die Ansteuerung einfach und ohne jede Gefahr. Die Ruinen der drei Windmühlen auf der S-lichen Einfahrtshuk sowie die Häuser auf dem Bergrücken sind leicht zu unterscheiden.

Liegeplätze

Man macht mit Bug oder Heck am Kai fest. Da der Grund steil abfällt, muß man den Anker bereits in tiefem Wasser fallen lassen und ausreichend viel Kette zur Hand haben.

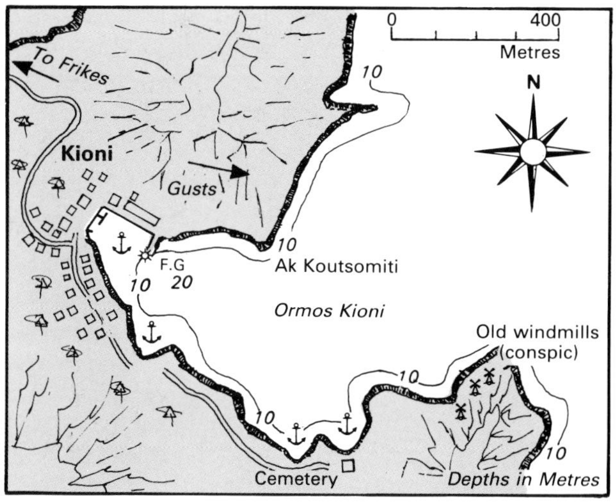

Ormos Kioni.

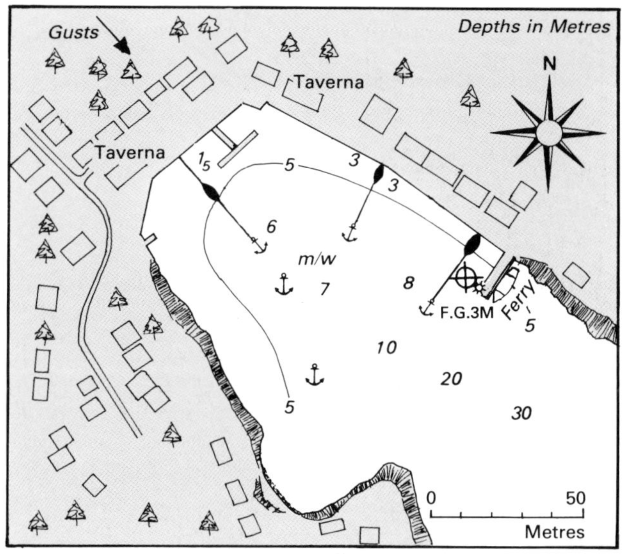

Kioni.

Der Hafen von Kioni aus SW.

Alternativ kann man auch auf 10 bis 20 m in der Bucht ankern. Der Grund besteht aus hartem Schlick mit Seegrasbewuchs, der Halt ist an einigen Stellen unsicher. Die vorherrschenden Winde verursachen starke Fallböen; man sollte sich also versichern, daß der Anker gut gefaßt hat.

Hinweis: Bei ruhigem Wetter oder leichten W-Winden kann man vor dem Friedhof im SE ankern, allerdings sind auch hier die Tiefen zum Ankern beträchtlich.

Versorgung

Wasser ist nur aus Zisternen erhältlich, die meisten Lebensmittel (Bäcker und Lebensmittelgeschäft) sind zu bekommen, verschiedene Tavernen am Hafen.

Vathy (Ithaka)

38°22,2'N 020°42,8'E / Karten: D 658, D 1092 Plan L, BA 2402, Imray G12

Allgemeines

1953 richtete ein Erdbeben in Vathy so starke Zerstörungen an, daß heute zwar der größte Teil der Stadt um den Hafen herum neu, aber nicht besonders attraktiv ist. Der Hafen brummt vor Geschäftigkeit und ein- und auslaufenden Caïquen. Wenn die Fähre Patras–Brindisi einläuft, kommt der ganze Ort zum Gucken.

Vathy ist der beste Hafen, um sich ein Auto oder Motorrad zu mieten und das Innere der Insel zu erkunden. Stavros, der Platz, den man für den ehemaligen Standort des Odysseus-Palastes hält, ist nur eine Fahrtstunde entfernt. Ende August findet in Vathy ein »Ithaka Theater Festival« statt.

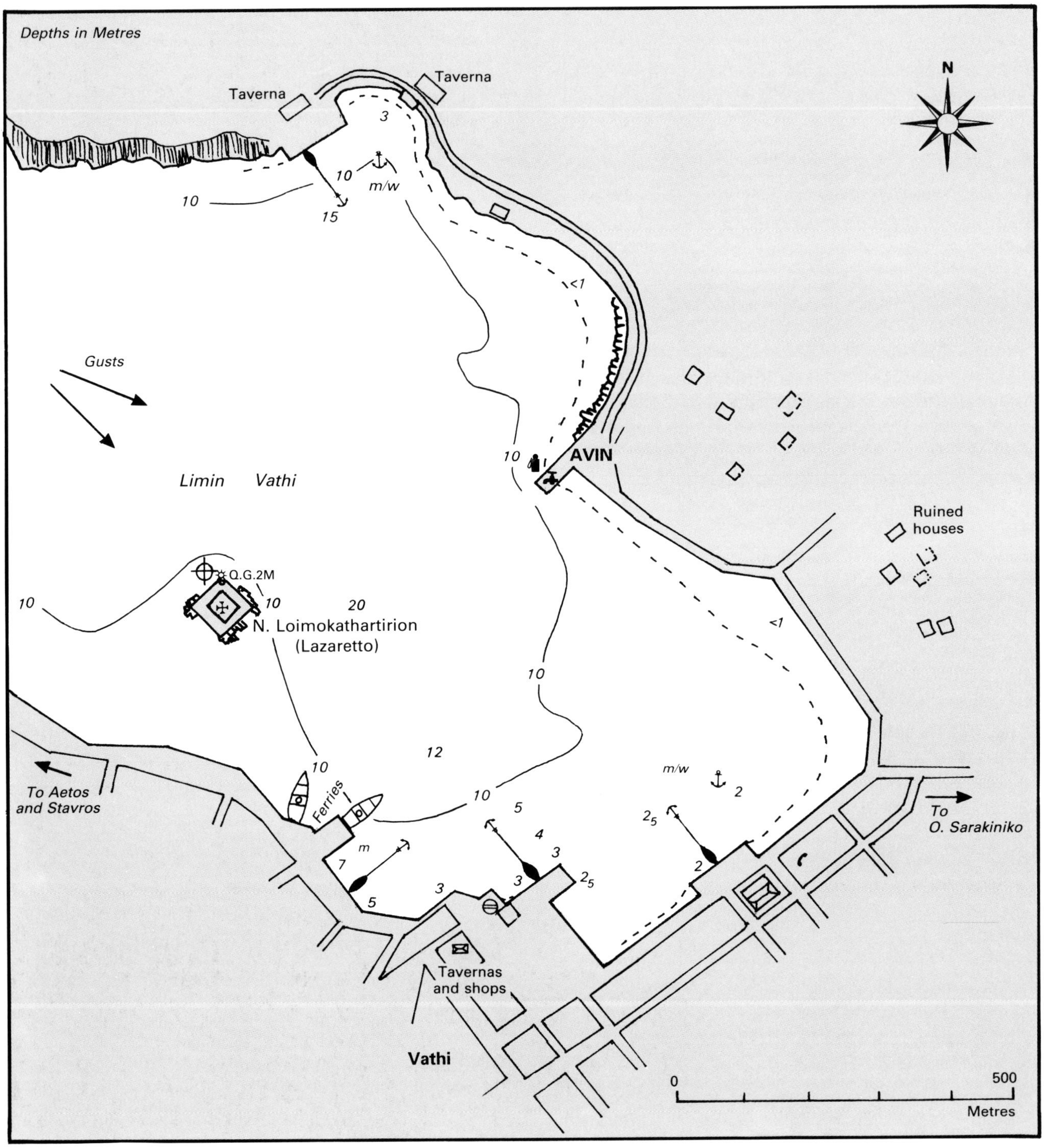

Vathy (Ithaka).

Ansteuerung
Auffällig: Von N oder S kommend, sind ein Glockenturm sowie die »Narben«, die Erdarbeiten beim Bau der Straße auf dem Berg Korini hinterlassen haben, gute Landmarken. Wenn man in die Bucht Kolpos Aetou eingelaufen ist, sind die Kapelle und das Leuchtfeuer auf der Huk Ak A. Andreou leicht zu unterscheiden. Das Leuchtfeuer auf dem Inselchen Nisis Skartroupo, das in der flaschenhalsengen Einfahrt zum Hafen Vathy liegt, ist ebenfalls zu sehen.
Nachts navigiert man nach dem Feuer auf Kap Ak A. Andreou (Fl.3s5M) sowie dem auf Nisis Skartroupo (Fl.G.4s3M). Ist man erst in den Hafen von Vathy eingelaufen, richtet man sich nach dem Feuer auf dem Mini-Inselchen Loimokathartirion (Q.G.2M) mitten im Hafen.
Gefahren: Die vorherrschenden Winde verursachen schwere Fallböen im Kolpos Aetou.

Liegeplätze
An der W-Seite des Kais, unterhalb der Fähranleger, macht man mit Bug oder Heck fest. Oder man liegt mit dem Heck an der Außenseite der Mole, die das Hafenbecken schützt. Yachten können auch mit Bug oder Heck zum Kai festmachen, der im Scheitel der Bucht etwas hervorspringt, oder im E der Bucht ankern. Im NE ist ein neuer Kai gebaut worden; auch hier kann man mit Bug oder Heck festmachen oder in der Bucht ankern. Der Grund besteht überall aus Schlick mit dickem Bewuchs, so daß der Anker erst hält, wenn er durch das Kraut gedrungen ist.
Schutz: Die vorherrschenden Winde wehen zuweilen mit einiger Stärke in die Bucht, daher ist ein sicherer Halt des Ankers besonders wichtig. Wenn sich der Wind in der Abenddämmerung gelegt hat, gibt es keine weiteren Beeinträchtigungen. Es steht kein Schwell in die Bucht, und wenn man sichergestellt hat, daß der Anker hält, liegt man hier rundum gut geschützt.
Behörden: Wasserschutzpolizei und Zoll.

Versorgung
Wasser gibt es am Bunkerkai oder wird von einem kleinen Tankwagen geliefert.
Treibstoff bekommt man am Bunkerkai an der E-Seite der Bucht. Die Firma AVIN bietet außer Treib- auch Schmierstoffe und Wasser an. Tel.: 0674-33 316, Fax: 0674-33 006.
Reparaturen: Nur begrenzte Reparaturen an der Mechanik möglich.
Lebensmittel: Gute Versorgungsmöglichkeiten. Der dunkle liebliche Ithaka-Wein sowie ein guter regionaler Weißwein sollten »en gros« erworben werden. Auch Stangeneis ist erhältlich.
Restaurants: Verschiedene Tavernen im Ort und an der N-Seite der Bucht.
Sonstiges: Post, Telefonamt, Bank, Auto- und Motorrad-Verleih. Fährverbindung nach Patras, Korfu, Astakos, A. Evphimia und Italien.

Ankerplätze im Kolpos Aetou

WP 38°22,6'N 020°42'E (Fl.G.4s3M) / Karten: Imray G12

Ormos Aetou: Bei ruhigem Wetter kann man im SW des Golfs ankern. Man liegt auf 5 bis 10 m an der W-Seite. Auf dem Weg in die Bucht hinein muß man sich von einem Riff freihalten, das etwa in der Mitte liegt.
Ormos Dexia: Bei ruhigem Wetter kann man unterhalb der Insel Nisos Skartroupo auf 5 bis 12 m Tiefe ankern.
Ormos Schoinos: Im SW der weiten Bucht ankert man auf 8 bis 12 m Wassertiefe, was aber nur bei leichten W-Winden vertretbar ist.

Ormos Sarakiniko

An der E-Küste Ithakas, eben oberhalb des Kaps Ak Sarakiniko, liegt diese Bucht, die man leicht an den Gebäuden erkennen kann. Vor dem Strand ankert man auf 3 bis 10 m Tiefe über Sand, Seegras und Felsen. Der Schutz vor den vorherrschenden Winden, die oft als Böen in die Bucht fallen, ist ganz ordentlich. Die Ormos Sarakiniko ist ein ausgesprochen idyllischer Platz, an dem man bei ruhigem Wetter auch einen Übernachtungsstopp einlegen kann. Die Stadt Vathy ist nur etwa eine Stunde Fußmarsch über den Bergrücken hinweg entfernt.

Pera Pigadi

38°20,2'N 020°45'E / Karten: BA 720, D 1092 Plan Q, Imray G 121

Dicht vor der SE-Küste Ithakas liegt das kleine Inselchen Pera Pigadi, das erst als einzelne Insel zu unterscheiden ist, wenn man bereits sehr dicht heran ist. S-lich dieses

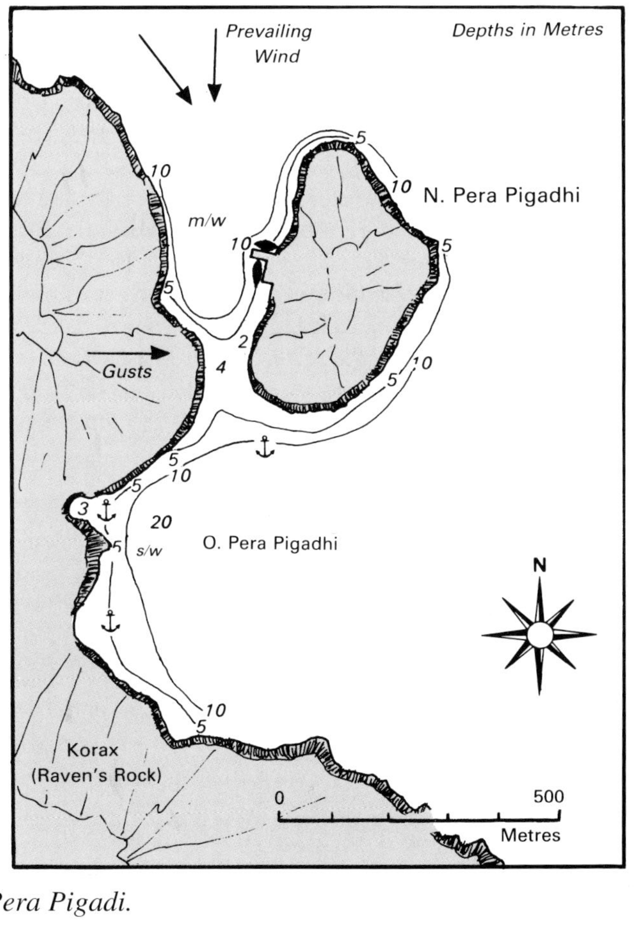

Pera Pigadi.

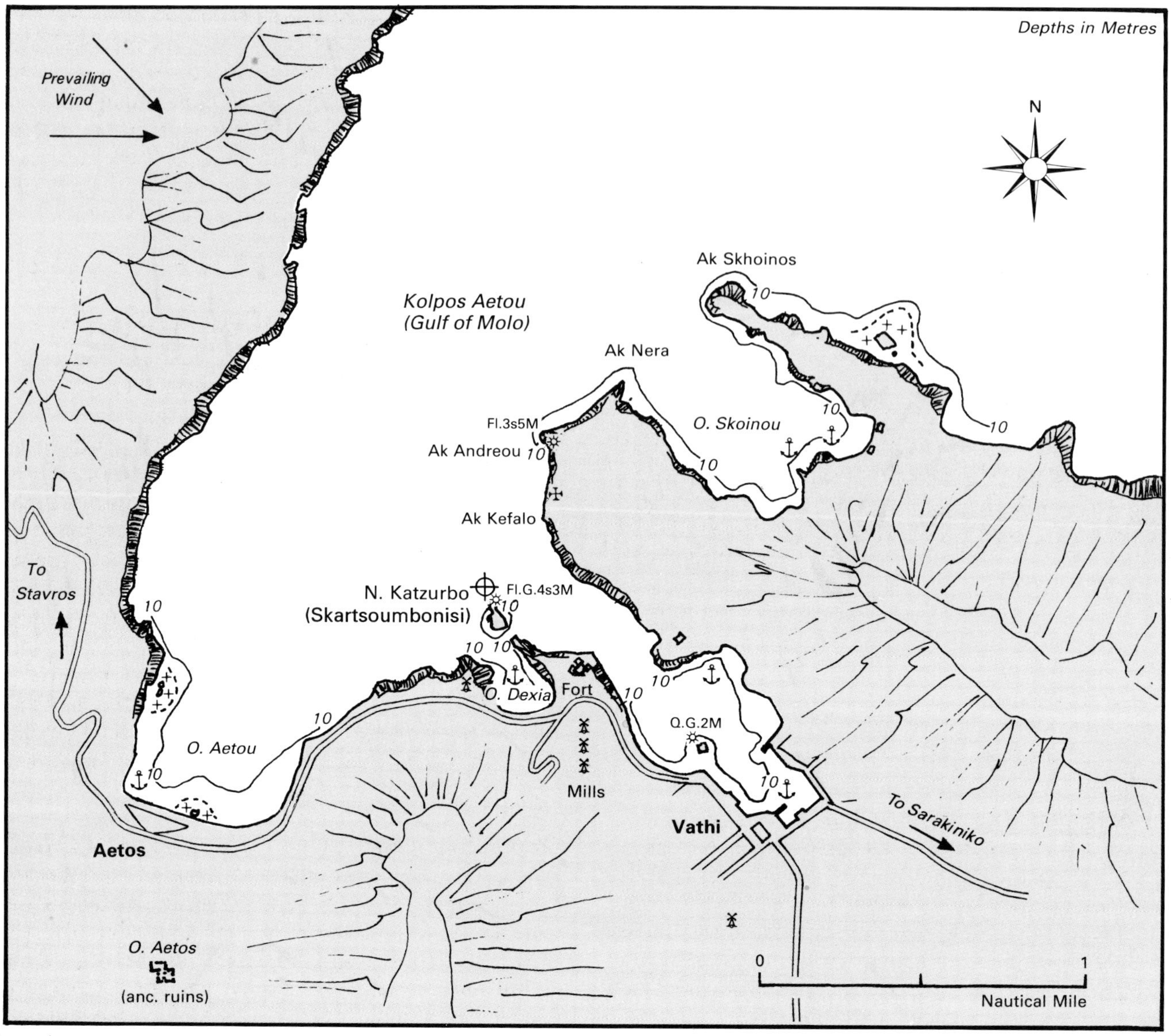

Kolpos Aetou.

Inselchens befindet sich an der Küste Ithakas die Bucht Ormos Pera Pigadi. Man ankert in der Bucht oder eben S-lich des Eilandes, an dessen kleinem Kai für mehrere Yachten Platz zum Längsseitsgehen ist. Die Passage zwischen Ithaka und Pera Pigadi hat eine Wassertiefe von etwa 4 m, was kaum zu glauben ist, weil das Wasser so klar ist, daß man den Eindruck bekommt, man würde

Die Passage zwischen Ithaka und Pera Pigadi aus S.

gleich den Grund berühren. Außerhalb der Durchfahrt nehmen die Tiefen schnell wieder zu, so daß man etwa auf 10 bis 20 m in der Bucht oder S-lich des Inselchens ankert. Der Grund besteht aus Sand und Seegras und hält gut. Der Wind kommt hier erst am Nachmittag auf, was den Liegeplatz gefährlich machen kann, es sei denn, man steckt tief in der Bucht oder liegt sicher am Kai.
Es hat Berichte von großen Ratten gegeben, die auf Yachten einfielen, die hier am Kai festgemacht hatten.
Die steilen Hänge oberhalb von Ormos Pera Pigadi heißen »Koraka«, entsprechend dem »Korax« der Odyssee.

Ormos A. Andreou

Karten: BA 720, D 1092 Plan P

An der S-Küste von Ithaka findet man diesen beeindruckenden, einsamen Ankerplatz. Man ankert auf 8 bis 15 m im Scheitel der Bucht oder in der kleinen Einbuchtung an der W-Seite mit einer langen Leine zum Land. Die vorherrschenden Winde, die in der Meerenge zwischen

Ithaka und Kephallinia hindurchgeschleust werden, verursachen Schwell, der in die Bucht steht und das Liegen ungemütlich, aber nicht gefährlich macht. Die Bucht ist nach S offen.

Kapelle und Leuchtturm auf dem Kap Ak A. Andreou (aus SW) in der unmittelbaren Ansteuerung von Vathy (Ithaka).

Ormos Polis

Karten: BA 720, D 1092 Plan K

Diese weite große Bucht liegt an der NW-Küste Ithakas. Man ankert vor dem Strand oder macht mit dem Heck am

Dorische Säulen zieren den Leuchtturm auf dem Kap Ak A. Theodoros.

Ende einer schmalen Mole fest. Der Grund fällt steil ab, so daß man auf 10 bis 20 m Tiefe ankern muß. Die am Nachmittag auftretenden Winde, die durch die Meerenge wehen, machen das Liegen ungemütlich, aber nicht gefährlich. S-liche Winde stehen ungehindert in die Bucht, so daß man besser nach Phiskardo ablaufen sollte.

Die Insel Kephallinia

Karten: D 658, 1092, BA 2402, Imray G12

Nur durch die schmale Wasserstraße von Ithaka getrennt, liegt Kephallinia, die größte der Ionischen Inseln, im Meer. Wie die Nachbarinsel Ithaka ist auch Kephallinia steil und zerklüftet. Von N aus verläuft ein gezackter Gebirgsgrat nach S zum höchsten Berg der Ionischen Inseln, dem Nero, der sich mit einer Höhe von 1600 m über dem Meer erhebt. Die meisten Steilhänge bestehen aus kahlen Felsen, aber in den Tälern, insbesondere an der Ostseite der Insel, findet man wunderschöne Pinienwälder, die sich bis zum Meer erstrecken. Ein Großteil dieser Wälder setzt sich aus einer einheimischen Kiefernart, der Abies cephalonica, zusammen, einer hohen schlanken Pinie, die, entgegen ihres Namens, überall in Griechenland anzutreffen ist.

In der Antike war die Insel Kephallinia ein Teil von Odysseus' Königreich, und tatsächlich ist es Archäologen gelungen, hier Beweise für die Existenz antiker Städte zu finden, die von Homer beschrieben wurden. Es gab vier wichtige Städte: Pale, Krane, Same und Pronoi. Same oder Sami (ähnlich wie Pale – Pali oder Krane – Krani), auf den Bergen unmittelbar nördlich des kleinen Fährhafens gleichen Namens erbaut, war die bedeutendste. Von allen vier Städten sind ausgedehnte Ruinenfelder geblieben, von denen die von Krani besonders gut erhaltene Überreste aus mykenischer Besatzungszeit sind. Die hier gefundenen Gräber werden als die schönsten angesehen, die in Griechenland aus mykenischer Zeit erhalten geblieben sind.

Auf Kephallinia erzeugt man einige recht gute Weine. Auch wenn diese nach griechischem Maßstab nicht billig sind (tatsächlich betragen die Preise fast das Doppelte des allgegenwärtigen Demesticas), sind der weiße und rote Robola ganz ausgezeichnet, und für all diejenigen, die gern einen Rosé trinken, ist der Manzavino zu empfehlen.

Der Erdbebengürtel, der auch den anderen Ionischen Inseln das Leben schwermacht, berührt auch Kephallinia. Während seiner Rundreise über die Ionischen Inseln vermerkte Edward Lear 43 kleinere Beben allein im Jahr 1863. Mit Ausnahme der Stadt Phiskardo, die auf einem Untergrund aus weichem Ton erbaut wurde, zerstörte das schwere Erdbeben von 1953 fast alle Städte vollständig. Die danach errichteten Stahlbetonbauten sind von einer Eintönigkeit, die man schwerlich mit der Anmut der Architektur des 19. Jahrhunderts in Phiskardo vergleichen kann.

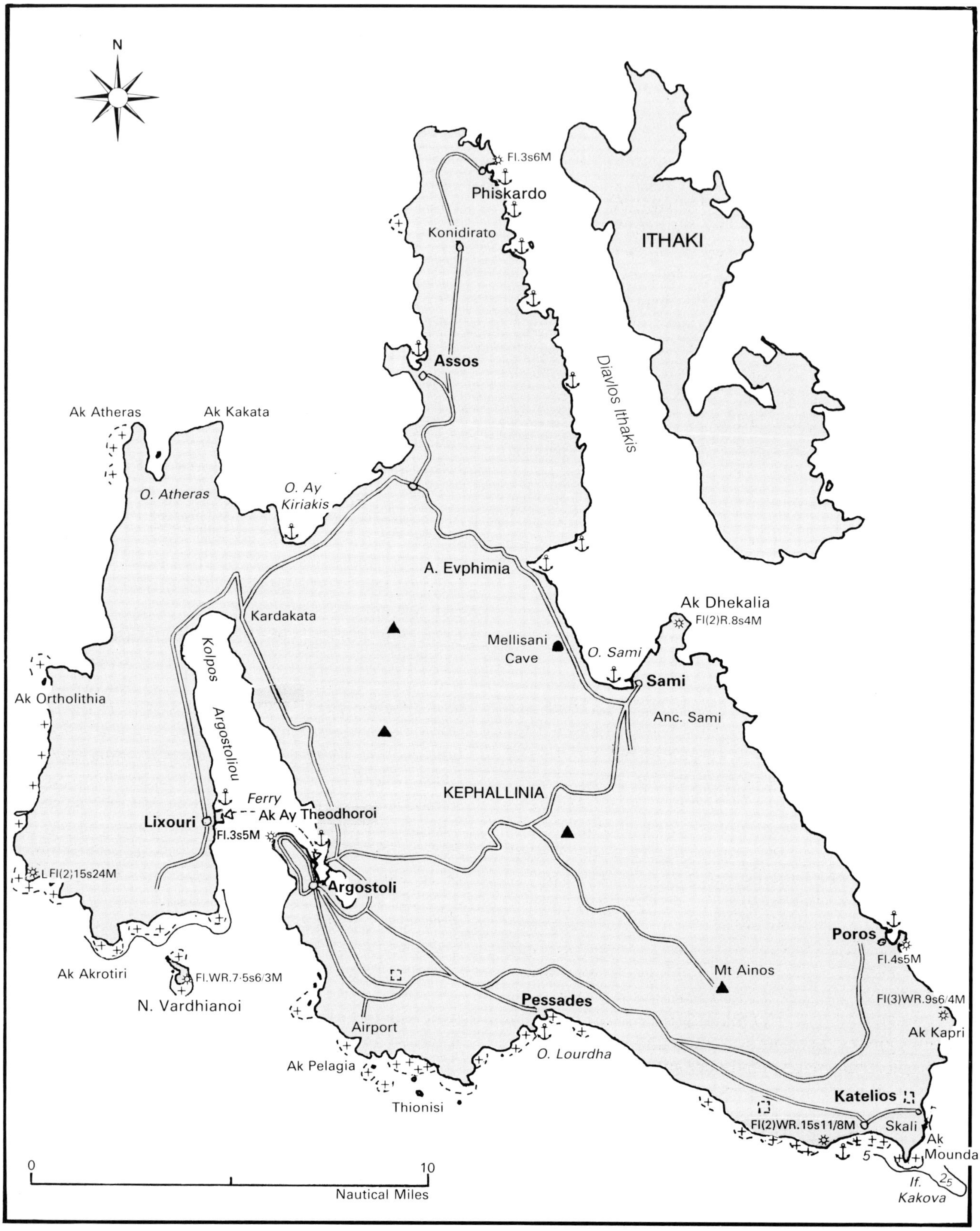

Die Insel Kephallinia.

Ormos Argostoliou

WP 38°11,2'N 020°29,5'E (Fl.G.3s3M)
Karten: BA 2402, Imray G12, D 1092 Plan J

Allgemeines
Vom Hafen aus wirkt Argostolion wie eine Grenzstadt – eine griechische Ortschaft für einen Italo-Western. Bis zum Erdbeben 1953 war es eine elegante Stadt, die wie ein etwas größeres Phiskardo wirkte. Nach dem Beben wurde die Stadt weitestgehend wiederaufgebaut, mit den allgegenwärtigen Stahlbetonklötzen. Aber hier und da sind ein paar Gebäude erhalten geblieben, die einen Eindruck davon geben, wie die Hauptstadt einmal war. In der Stadt gibt es ein ausgezeichnetes Museum, das viele antike Gegenstände ausstellt, die in der Umgebung gefunden wurden. Auf der Landspitze Ak Theodoron steht eine Rekonstruktion der Mühle, die der Engländer Stevens im 19. Jh. gebaut hatte. Sie wird von Seewasser angetrieben, das durch einen unterirdischen Schacht strömt. Österreichische Wissenschaftler, die dem Wasser Farbstoff beimischten, zeigten, daß dieses Wasser möglicherweise bei Melissani in der Nähe von Sami wieder an die Oberfläche tritt. Nach dem Erdbeben 1953 ist der Wasserfluß sehr viel schwächer geworden. Auf der Landspitze befindet sich außerdem ein Leuchtturm, der im dorischen Stil erbaut wurde und von See her eine gute Landmarke ist.

Ansteuerung
Auffällig: Von W kommend, ist der große Leuchtturm auf Ak Gerogompos gut auszumachen. Von E aus sind die Insel Nisis Dionisi und ein weißes Hotelgebäude auf Ak Pelagia leicht zu erkennen. Zwischen der flachen Insel Vardianoi und Kephallinia kann man gefahrlos passieren. Es ist jedoch klüger, die kleine Insel an Backbord zu lassen und in den Golf von Argostoliou einzulaufen. Sobald man im Golf ist, werden die Stadt Lixourion und ein Leuchtturm, der im dorischen Stil auf dem Kap Ak A. Theodoros erbaut wurde, sichtbar. Nach dem Runden der grünbewaldeten Hügel des Kaps hält man sich in der Mitte des Meeresarmes, der den Hafen von Argostolion bildet. Man läßt die Beton-Bake an Steuerbord, auch wenn zwischen der Bake und dem Hafenkai drei Meter Tiefe vorhanden sind, gibt es dicht am Kai doch untiefe Stellen.
Nachts navigiert man nach dem Feuer auf Ak Gerogompos (LFl(2)15s24M) und beim Näherkommen nach dem Feuer auf Nisis Vardianoi (Fl.WR.7,5s6/3M, der rote Sektor deckt 080°-107° ab). Die Reichweite des Feuers auf Nisis Vardianoi scheint kleiner zu sein als angegeben. Nach dem Einlaufen in die Bucht richtet man sich nach dem Feuer auf Ak A. Theodoros (Fl.3s5M) und der Leuchtbake (Fl.G.3s3M).
Gefahren: Von Ak Pelagia verläuft SE-lich ein Riff, ein weiteres Riff liegt W-lich von Ak A. Nikolaos.
Hinweis: Wenn die Winde am Nachmittag auffrischen (im Sommer erreichen sie regelmäßig Bft 5 bis 6) und genau in die Ansteuerungen hineinstehen, kann die erste Einfahrt in diese schmale »Sackgasse« ziemlich haarsträubend werden.

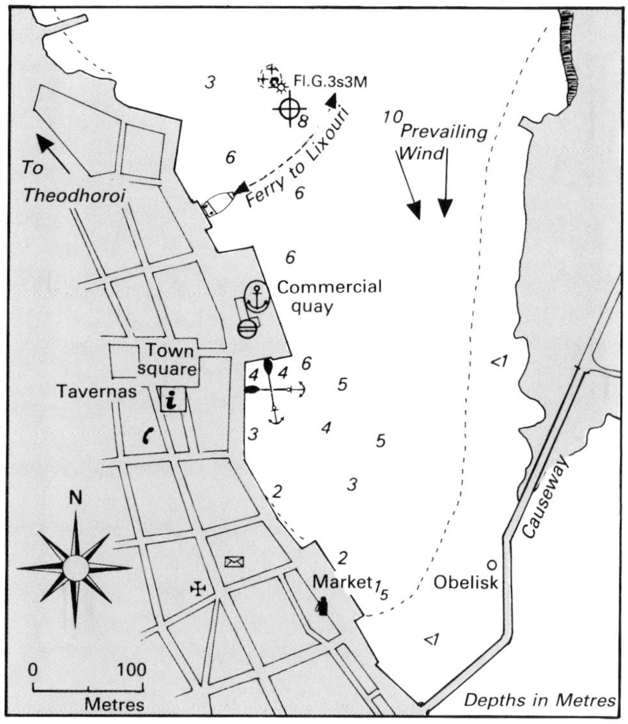

Argostolion.

Liegeplätze
Man kann mit Bug oder Heck zum Kai am S-Ende des Fährkais oder am N-Ende des W-Kais festmachen. Wenn man nach Griechenland einläuft, geht man an das S-Ende des Fährkais, wo sich der Zollbereich befindet. Der Grund besteht aus Schlick, der gut hält.
Schutz: Der Fährkai gewährt guten Schutz vor den vorherrschenden Winden, die in die Bucht hineinstehen.
Behörden: Argostolion ist Port of Entry: Wasserschutzpolizei, Zoll und Einwanderungsbehörde.
Ankerplatz: Wer es vorzieht zu ankern, verholt sich in die kleine Bucht, die sich an der E-Seite der Einfahrt befindet; der Schutz hier ist allerdings mäßig.
Hinweis: N-lich des Handelskais befindet sich ein kleines Hafenbecken, das aber ausschließlich einheimischen Booten vorbehalten ist.

Der Stadtkai von Argostolion (aus E) von der gegenüberliegenden Seite der Bucht.

Versorgung
Wasser am Kai.
Treibstoff kann von einem kleinen Tankwagen angeliefert werden. Die nächstgelegene Tankstelle befindet sich S-lich des Yachthafens am Markt. *Reparaturen:* Arbeiten an der Mechanik und Maschine können ausgeführt werden, ebenso an der Elektrik. Verschiedenen Berichten zufolge werden hier Notreparaturen recht ordentlich ausgeführt. Gutsortierte Eisenwarengeschäfte, aber leider nur begrenzte Auswahl an Schiffsausrüstung. N-lich des Zollgeländes stehen an Land ein paar Boote, aber es gibt in dieser Gegend keine gute Werft. *Lebensmittel:* Gute Versorgungsmöglichkeiten in der Stadt, Stangeneis kann geliefert werden.
Restaurants: Diverse Tavernen und ein paar grauenhafte Fast-Food-Bars sind in der Stadt.
Sonstiges: Post, Telefonamt, Banken, Gas und Camping GAZ, Auto-, Motorrad- und Fahrrad-Verleih. Busverbindungen zu fast allen Orten der Insel. Autofähren verkehren regelmäßig nach Lixourion. Internationale und Inlandsflüge vom Flughafen etwas außerhalb der Stadt.

Lixourion

WP 38°12,1'N 020°26,6'E (Fl.R.1,5s3M) / Karten: BA 2402

Allgemeines
Die vorherrschenden Winde verursachen Schwell, und der ständige Gestank der Abwässer sorgt dafür, daß nur wenige Yachten die Schwesterstadt von Argostolion am gegenüberliegenden Ufer des Golfs anlaufen. Die Stadt, die vornehmlich von landwirtschaftlichen Erzeugnissen und Heimindustrie lebt, ist eigentlich ganz hübsch.

Ansteuerung
Der Stadt Argostolion genau gegenüber, auf der anderen Uferseite des Golfs, liegt Lixourion. Die Gebäude der Stadt und die Hafenmole sind leicht zu erkennen. Die Einfahrt ist mit Fl.R.3M und Fl.G.3M befeuert.

Liegeplätze
An der N- oder W-Mole macht man mit Bug oder Heck zum Kai fest. Der Grund besteht aus weichem Schlick, der kaum hält, bevor der Anker sich eingegraben hat. Der vorherrschende NW-Wind kann im Hafen Schwell verursachen, der das Liegen äußerst unangenehm macht.
Im Hafen sind Wasserschutzpolizei und Zoll stationiert.

Versorgung
Wasser und Treibstoff in der Nähe des Kais, Duschen sind auf der S-Mole. Post, Telefonamt, Bank, gute Einkaufsmöglichkeiten und Tavernen in der Stadt. Eine Autofähre verkehrt regelmäßig nach Argostolion.

Ormos A. Kyriakis

Geeignet ist dieser Mini-Hafen in der Bucht Ormos A. Kyriakis nur für kleine Yachten und bei ruhigem Wetter. Die Einfahrt hat 2 bis 3 m Tiefe, im Inneren sind es nur 1 bis 3 m. Man macht im Schutz des äußeren Wellenbrechers

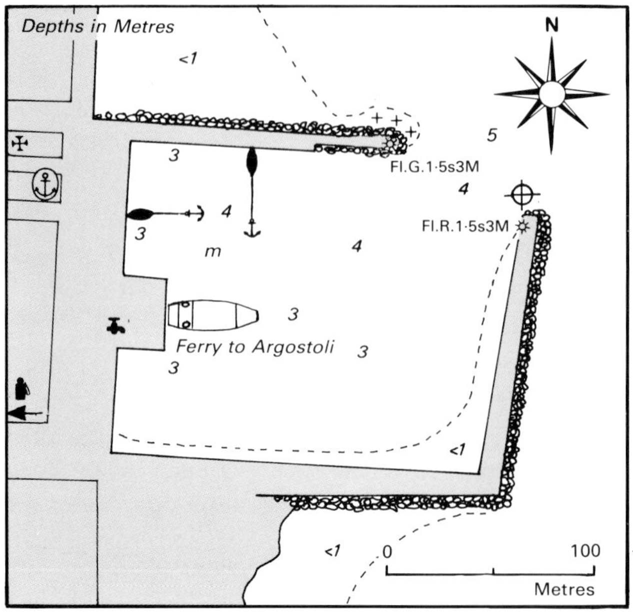

Lixourion.

mit einer langen Leine zum Land hin fest. Da die Tiefen im Hafen variieren, ist Vorsicht geboten.
A. Kyriakis mit seinen wenigen einheimischen Fischerbooten und ein paar schlichten Tavernen an Land ist ein kleines Juwel.

Assos

38°22,8'N 020°32,2'E

Allgemeines
Im Sommer ist dieser malerische kleine Hafen bei Touristen sehr beliebt, aber aufgrund seines mangelndes Schutzes vor den vorherrschenden Winden wird er nur von wenigen Yachten angelaufen.
Das venezianische Kastell, das eine Stadt beträchtlicher Größe umschließt, wurde im 16. Jahrhundert erbaut und ist unbedingt einen Besuch wert.

Ansteuerung
Dieser Naturhafen liegt 6 Seemeilen S-lich des Kaps Ak Daphnoudi (Vlioti) an der W-Küste der Insel. Auf der

Assos aus S.

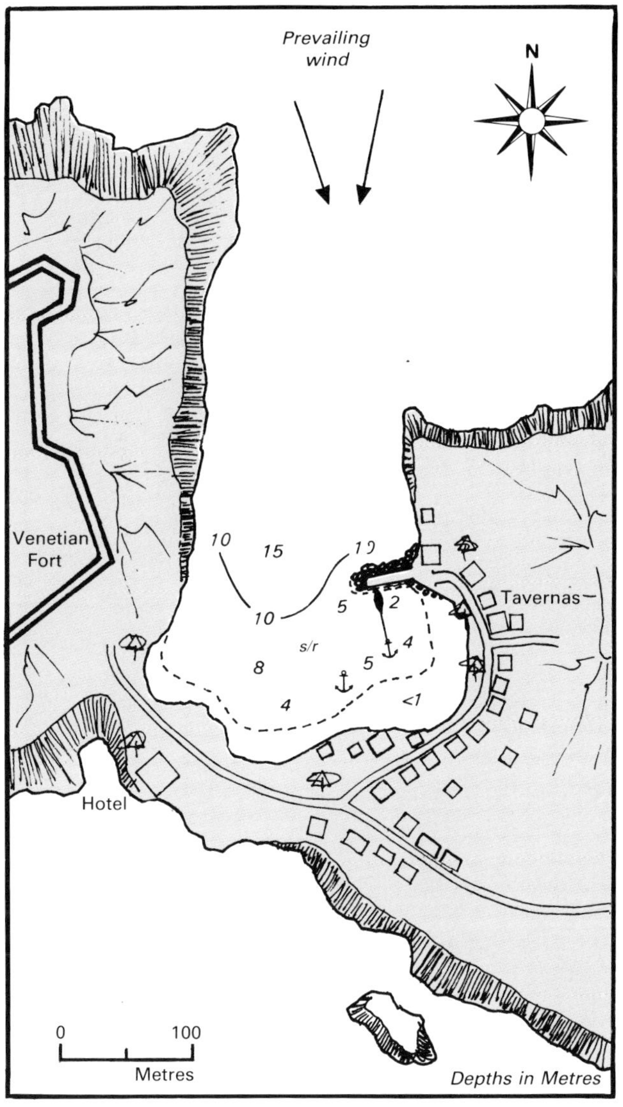

Assos.

Landspitze, die die W-Seite des Hafens bildet, steht ein großes venezianisches Kastell, das in natura genauso markant ist, wie es auf dem Plan den Anschein hat; normalerweise kann man es bereits aus einiger Entfernung ausmachen. Beim Näherkommen sind die Häuser des Dorfes und die Mole zu erkennen.

Liegeplätze
Man macht an der Mole mit Bug oder Heck und langer Leine zum Land hin fest oder ankert in der Bucht. An der kurzen Mole und am Kai findet man Wassertiefen zwischen 1,5 und 2 m. Vom Ufer aus macht Geröll den Grund in beträchtlichem Abstand unrein, was das Liegen dicht unter Land schwierig macht. In der Bucht ist es verhältnismäßig tief, meistens um die 7 bis 10 m, wobei der Grund zum Kai hin steil ansteigt. Der Grund besteht aus Schlick, Kiesel und Seegras, der Halt ist nicht überall gut. Bei den vorherrschenden NW-Winden steht Schwell in die Bucht, was das Liegen ungemütlich, bei starken NW-Winden gefährlich macht. In der Nähe gibt es keinen ausreichend geschützten Liegeplatz, da der Schwell in die Bucht Ormos Myrton ebenso stark hineinsteht wie an der S-Seite der Huk.

Versorgung
An Land findet man einige nette Tavernen und ein begrenztes Lebensmittelangebot.

Phiskardo

WP 38°27,7'N 020°34,7'E (F.R.2M) / Karten: BA 2402, Imray G121, D 1092 Plan D

Allgemeines
Bei Yachten ist Phiskardo sehr beliebt, und in der Saison ist es am Kai entsprechend voll. Der sichere Hafen und die malerischen alten Häuser aus dem vorigen Jahrhundert inmitten grüner Pinienhaine sind größtenteils im Original erhalten geblieben. Ein Denkmalschutzgesetz soll darüber wachen, daß dies auch in Zukunft so bleibt. Phiskardo war der einzige Ort auf Kephallinia, der von dem verheerenden Erdbeben 1953 verschont blieb, das große Teile der Ionischen Inseln verwüstete. Die Stadt ist nach dem normannischen Abenteurer Robert Guiscard (Guiscardo/Phiscardo/Fiskardho) benannt worden, der diese Gegend für kurze Zeit regierte und von dem man glaubt, daß er hier 1085 an einem Fieber gestorben ist. Zum Verdruß der heimatlichen Geschichtsforschung ist aber auch überliefert worden, daß er in Vonitsa am Ambrakischen Golf verstarb – ebenfalls an Fieber.
Die Ruine eines normannischen Turmes, der N-lich der Bucht auf der Landspitze steht, wird als Teil einer Kirche angesehen, die ihm zu Ehren hier erbaut wurde.

Ansteuerung
Auffällig: Auch wenn es offensichtlich ist, daß die Bucht am N-lichen Ausgang der Straße von Ithaka liegt, kann es schwierig werden, ihre genaue Lage zu bestimmen. Von NE kommend, fällt eine Reihe neuer Häuser unmittelbar N-lich von Phiskardo auf. Beim Näherkommen werden die beiden Turmruinen, der große steinerne Leuchtturm und das kleinere venezianische Leuchtfeuer auf der N-Huk der Bucht Ormos Phiskardo, sichtbar. Wenn die Sonne tief am Himmel steht, können diese Landmarken bei der Ansteuerung aus NE schwer zu erkennen sein. Gut auszumachen sind die neuen Villen und das Hotel auf der S-Seite der Bucht. Von S kommend, kann man die Häuser

Der Stadtkai von Phiskardo, dem einzigen Ort der Insel, der von dem verheerenden Erdbeben 1953 verschont blieb.

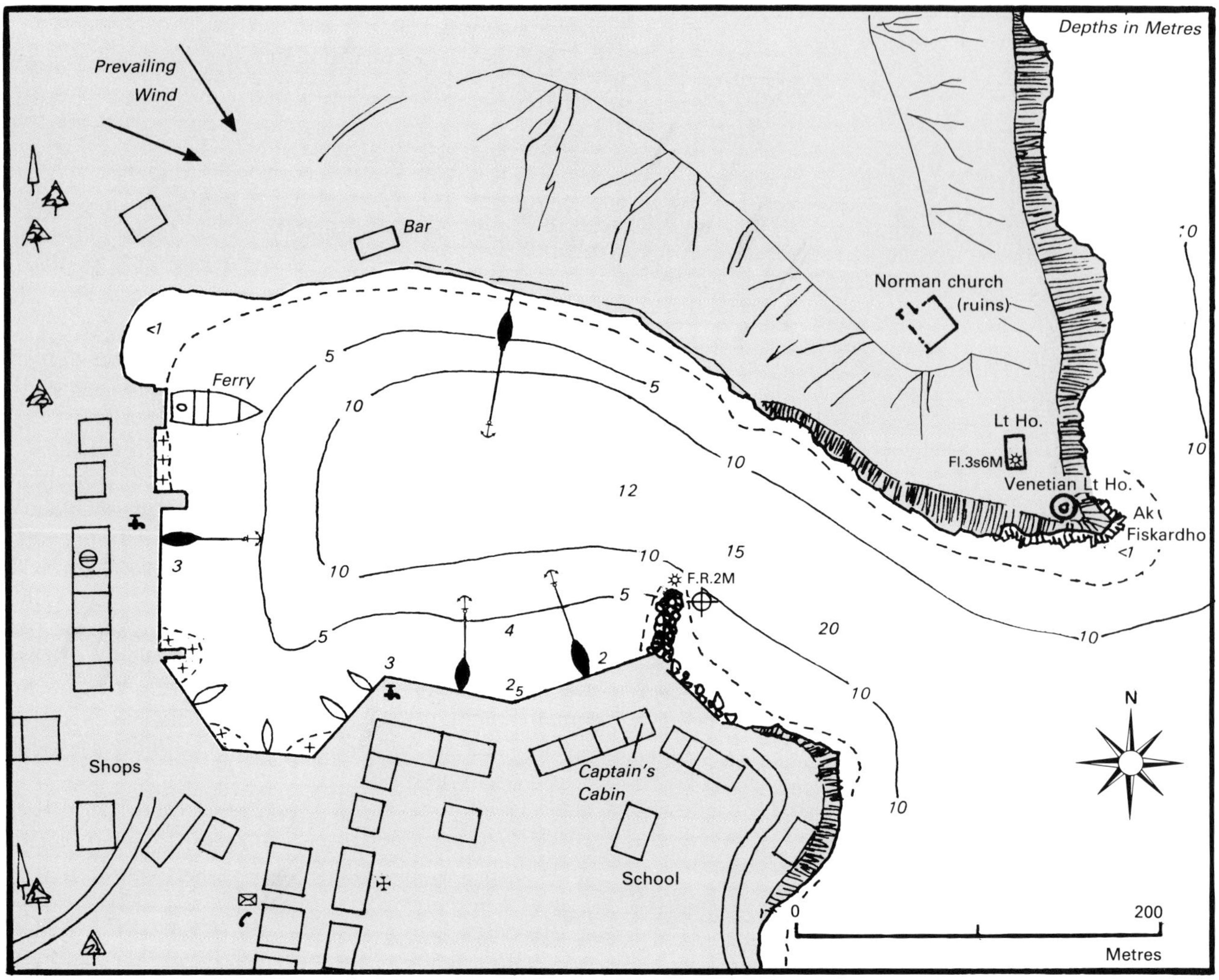

Phiskardo.

in der Bucht leicht erkennen, wenn man erst die Insel Nisis Daskalio mit der kleinen Kapelle passiert hat. *Nachts* richtet man sich nach dem Feuer auf der Huk Ak Phiskardo (Fl.3s6M) und den Feuern auf dem Kopf des kurzen Wellenbrechers (F.R.2M).

Liegeplätze

Am S- oder W-Kai macht man mit Bug oder Heck fest. Am S-Kai ist Vorsicht geboten, da hier Geröll an einigen Stellen den Grund in der Bucht unrein macht. Im SW-Teil sollte man nicht anlegen, da dort die einheimischem Caïquen festmachen. Im Sommer kann der Hafen oft recht voll sein, so daß man im N-Teil der Bucht mit einer langen Leine zum Land ankern muß. Der Grund besteht aus Sand, Fels und Seegrasbewuchs, der einigermaßen hält.
Schutz: Die Bucht bietet ganz ausgezeichneten Schutz vor Winden aus allen Richtungen, auch wenn bei länger anhaltenden S-Winden Dünung in die Bucht steht, was aber eher ungemütlich als gefährlich ist.
Behörden: Zoll im Hafen.

Blick auf den Hafen und den Stadtkai von Phiskardo aus NW.

Phiskardo: der moderne und der venezianische Leuchtturm auf der N-Seite der Einfahrt (aus SW).

Versorgung
Wasser am W-Kai.
Treibstoff kann von einem kleinen Tankwagen geliefert werden.
Lebensmittel: Gute Einkaufsmöglichkeiten, Stangeneis kann bestellt werden.
Restaurants: Nette Tavernen und Bars. Bei Yachties ist Tassos aus dem »Captain's Cabin« wohlbekannt. Er kann einem meist sagen, wo man was bekommen kann oder wen man fragen muß.
Sonstiges: Post, Telefonamt, Geldumtausch ist möglich, Auto- und Motorrad-Vermietung, Fährverbindung nach Phrikes und Vasiliki.

Die Ostküste zwischen Phiskardo und A. Evphimia

An diesem grünen, bewaldeten Küstenabschnitt gibt es eine ganze Anzahl kleiner Buchten, die sich auch für einen Übernachtungsstopp eignen: Palaiokaravo, Ormos Kakogito und Kalo Limeni bieten alle Schutz vor dem NW-Wind, auch wenn von den Bergen herunter Fallböen auftreten können und etwas Schwell in einige der Buchten laufen kann. Bis auf Kalo Limini, wo an Land einige Häuser stehen, sind die Buchten einsam und verlassen. Beim Ankern ist stets Vorsicht geboten, da der Grund an einigen Stellen aus losen Kieselsteinen besteht.

A. Evphimia

WP 38°18,2'N 020°36,1'E (Q.G.3M) / Karten: Imray G121

Allgemeines
Bis zum Erdbeben 1953 war dies der Haupthafen an der E-Küste von Kephallinia, danach wurde er aber verlassen, und Sami trat an seine Stelle.
Wenn man den Grottensee von Melissani und die Tropfsteinhöhlen von Drogarati besuchen will, ist dies der beste Ausgangspunkt. Auf dem See von Melissani, der in einer unterirdischen Höhle liegt, kann man sich von einem Bootsmann herumfahren lassen.
Im Sommer ist es oft sehr voll, aber der Besuch lohnt sich – sowohl der angenehmen Kühle wegen als auch wegen des kristallklaren Wassers des unterirdischen Sees.

Ansteuerung
Auffällig: Von N kommend, sind die Häuser der Stadt und die Mole erst zu sehen, wenn man die Huk Ak Agriosyko gerundet hat. Von E kommend, ist die Stadt von der S-Spitze Ithakas aus bereits gut zu erkennen. Beim Näherkommen wird die kurze Mole sichtbar.
Nachts navigiert man nach dem Feuer auf der Huk Ak Dichalia (Fl(2)R.8s4M), und beim Näherkommen richtet man sich nach dem Feuer auf dem Molenkopf (Q.G.2M).
Hinweis: Die Meerenge zwischen Kephallinia und Ithaka hat den Ruf, ausgesprochen stürmisch zu sein, was der Autor nach zwei Segelsommern in diesem Revier aber nicht bestätigen kann und den schlechten Ruf daher für unbe-

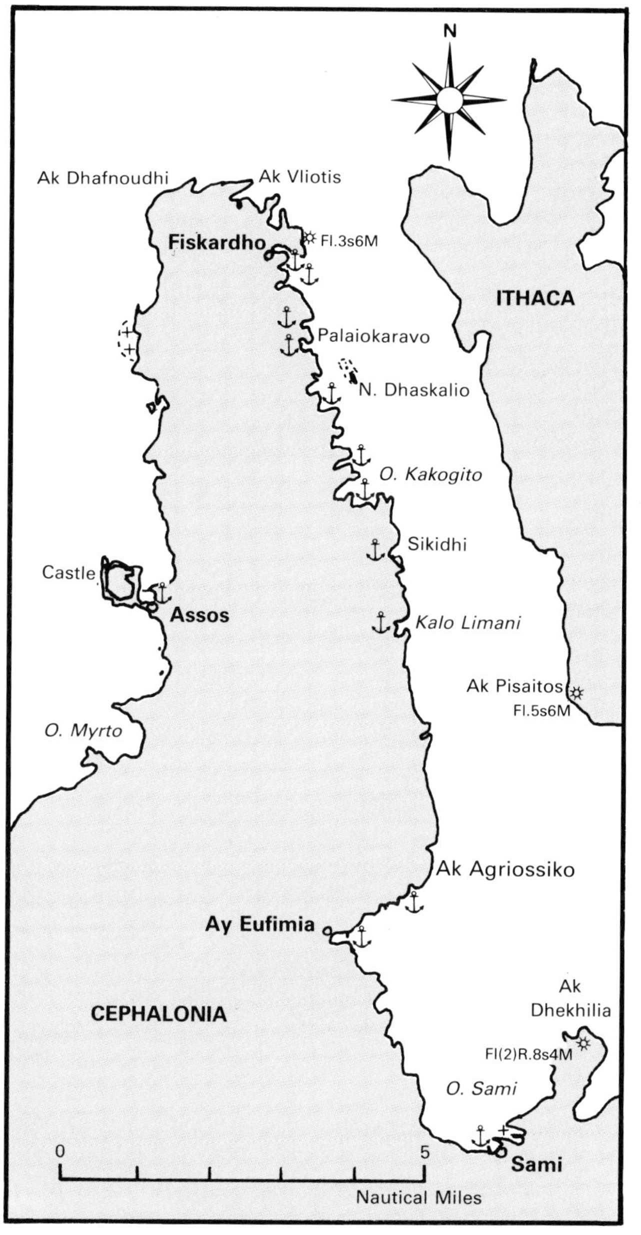

Diavlos Ithakis.

Blick von der S-Huk der Einfahrt auf A. Evphimia (aus SSE).

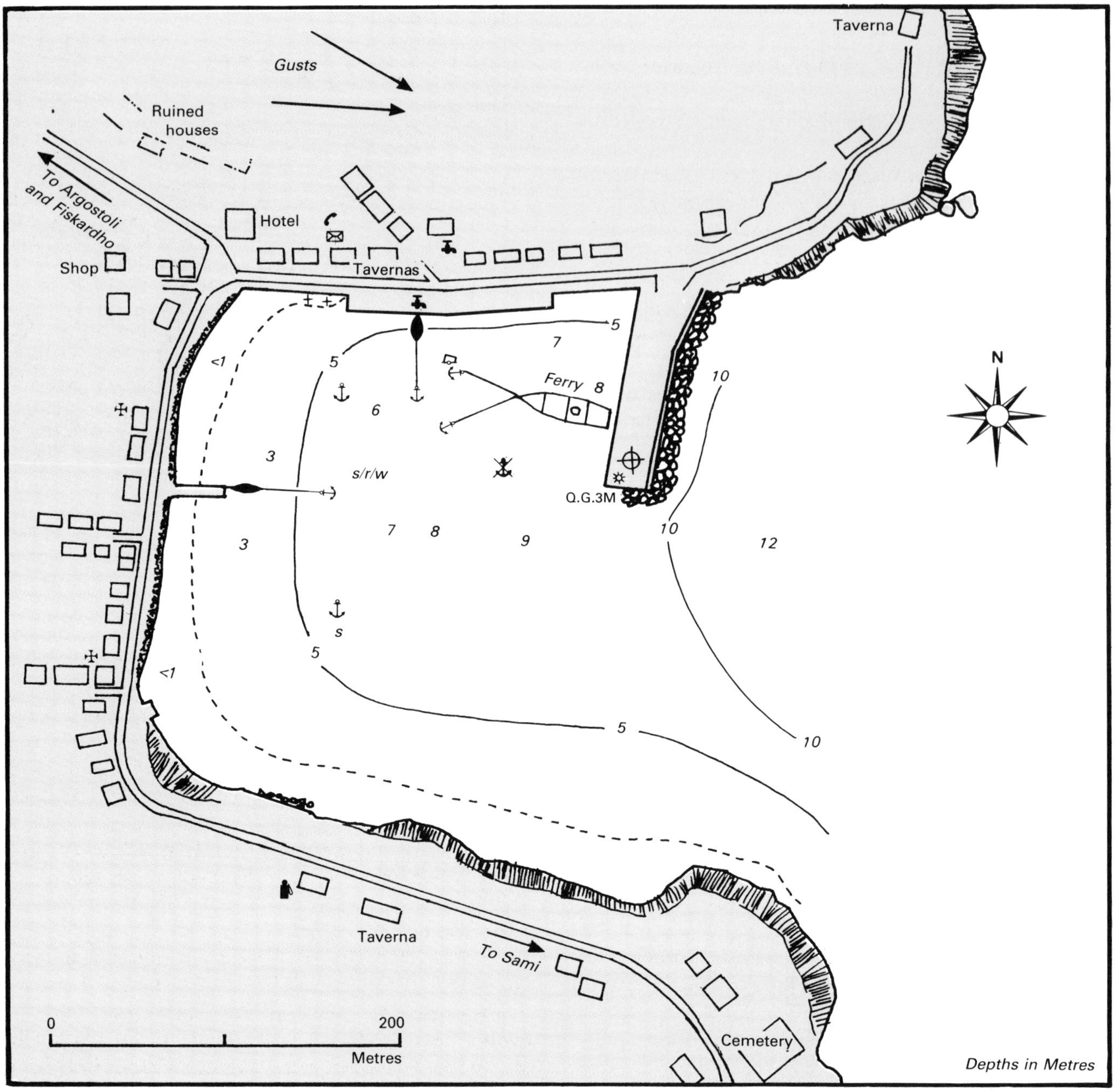

A. Evphimia.

gründet hält. Für gewöhnlich weht der Wind im Kolpos Aetou (Golf von Molo) und in der Bucht Ormos Phrikon weitaus stärker als in der Passage zwischen den beiden Inseln. Wie dem auch sei, in der Meerenge kommt der Wind entweder aus N (was er für gewöhnlich tut) oder aus S, wobei mit Fallböen, die die Berge hinunterjagen, zu rechnen ist.

Liegeplätze

Am N-Kai macht man mit Bug oder Heck fest; die Plätze sind ausgewiesen. Man kann auch ankern, wenn man sich gut von dem Bereich freihält, den die ein- und auslaufende Fähre benötigt. Der Grund besteht aus Sand, Fels und Seegrasbewuchs, der nicht überall den besten Halt bietet.

Schutz: Der Schutz vor den vorherrschenden Winden ist gut, auch wenn man hier querschiffs zu den gelegentlich auftretenden Fallböen liegt. Man sollte sich also versichern, daß sich der Anker gut eingegraben hat, um die Yacht vom Kai freizuhalten. Am Abend flaut der Wind ab. Mit starkem SE-Wind steht Schwell in den Hafen.

Versorgung

Wasser am Kai.

Treibstoff kann von einem kleinen Tankwagen geliefert werden. Eine Tankstelle befindet sich an der S-Seite der Bucht.

Lebensmittel: Die meisten Lebensmittel sind erhältlich.

Restaurants: Es gibt verschiedene Tavernen. Die, die vom Molenfuß aus ein Stück die Küste hinunter liegt, ist recht empfehlenswert.

Sonstiges: Post, Telefonamt, Geldumtausch, Fährverbindung nach Vathy und Astakos.

Sami

WP 38°15,3'N 020°38,8'E (Fl.R.2s4M) / Karten: BA 2402

Allgemeines

Nach dem verheerenden Erdbeben von 1953 wurde Sami vollständig wiederaufgebaut und als Fährhafen der Insel eingerichtet. Die grünbewaldeten Hänge über der Stadt sind ganz reizvoll, aber die Stadt Sami selbst ist weitgehend neu, auch wenn die Patina der vergangenen Jahre den Anblick etwas gemildert hat. Dieser Hafen ist eine Alternative zu A. Evphimia, wenn man den Grottensee von Melissani und die Tropfsteinhöhlen von Drogarati besuchen möchte. Die Ruinen des antiken Sami sind in der Nähe der heutigen Stadt; viel ist allerdings nicht mehr zu sehen.

Ansteuerung

Auffällig: Von N kommend, ist das zweigeschossige Gebäude, das den Kai säumt, unterhalb der grünen Hänge leicht zu erkennen. Kommt man von S, muß man erst das Kap Ak Dichalia runden, bevor die Häuser der Stadt sichtbar werden.
Nachts richtet man sich nach dem Feuer auf Ak Dichalia (Fl(2)R.8s4M) und dem Feuer auf dem Molenkopf (Fl.R.2s4M).

Liegeplätze

Man kann mit Bug oder Heck zum Kai an der S-Seite des Hafens festmachen. Der Grund, der aus Schlick besteht, hält gut.
Schutz: Wenn die vorherrschenden Winde in den Hafen hineinbrausen, liegt man hier zwar einigermaßen sicher, aber äußerst ungemütlich.
Behörden: Hier gibt es Wasserschutzpolizei und Zoll.

Versorgung

Wasser gibt es am Kai beim Molenfuß, auch wenn es etwas schwierig werden kann, den Mann zu finden, der es andreht.
Treibstoff in der Nähe des Kais.
Lebensmittel: Gute Einkaufsgelegenheiten nahe des Kais.
Restaurants: Verschiedene Tavernen und Bars stehen zur Auswahl.
Sonstiges: Post, Telefonamt, Bank, Auto- und Motorrad-Vermietung, Fährverbindung nach Patras.

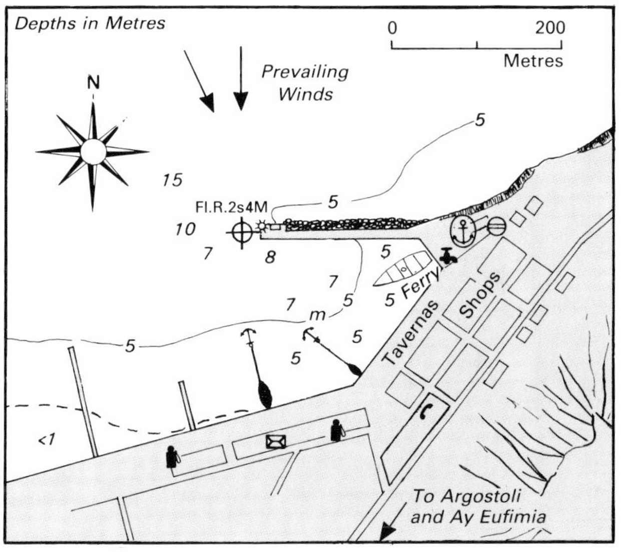

Sami.

Poros

WP 38°08,9'N 020°46,9'E (Q.G.2M) / Karten: D 1092 Plan O, D 658
Der kleine Hafen versteckt sich unterhalb des Kaps Ak Pronos.

Allgemeines

Die Lage dieses Dorfes ist geradezu spektakulär: Auf einem schmalen, flachen Streifen Land wurde es zwischen einer steilen Schlucht auf der einen Seite und dem Meer auf der anderen erbaut. Trotzdem ist der Tourismus hier nur bescheiden ausgeprägt, da die meisten Leute, die mit der Fähre von Kyllini kommen, sich kaum Zeit nehmen und im Bus nach Argostolion sitzen, bevor man überhaupt bemerkt hat, daß sie angekommen sind.

Ansteuerung

Auffällig: Bei der Ansteuerung aus N sind die Gebäude des Ortes leicht auszumachen, und beim Näherkommen wird der Wellenbrecher sichtbar. Von S kommend, sind das Dorf und der Hafen erst zu sehen, wenn man das Kap Ak Pronos gerundet hat.
Nachts navigiert man nach dem Feuer auf Ak Kapros (Fl(3)WR.9s6/4M) und dem Feuer auf dem Molenkopf (Q.G.2M).
Gefahren: Die vorherrschenden Winde können die gesamte Küste hinunter starke Fallböen verursachen.

Liegeplätze

Am neuen Kai in der SW-Ecke des Hafens macht man mit Bug oder Heck zum Kai fest. Der Grund besteht aus Schlick und Kraut; der Halt ist meistens gut.
Schutz: Die vorherrschenden Winde, die von N herabblasen, machen das Liegen ungemütlich, aber nicht gefährlich.

Blick vom Kap Ak Pronos (aus NE) auf den Hafen von Poros (Foto: Nigel Patten).

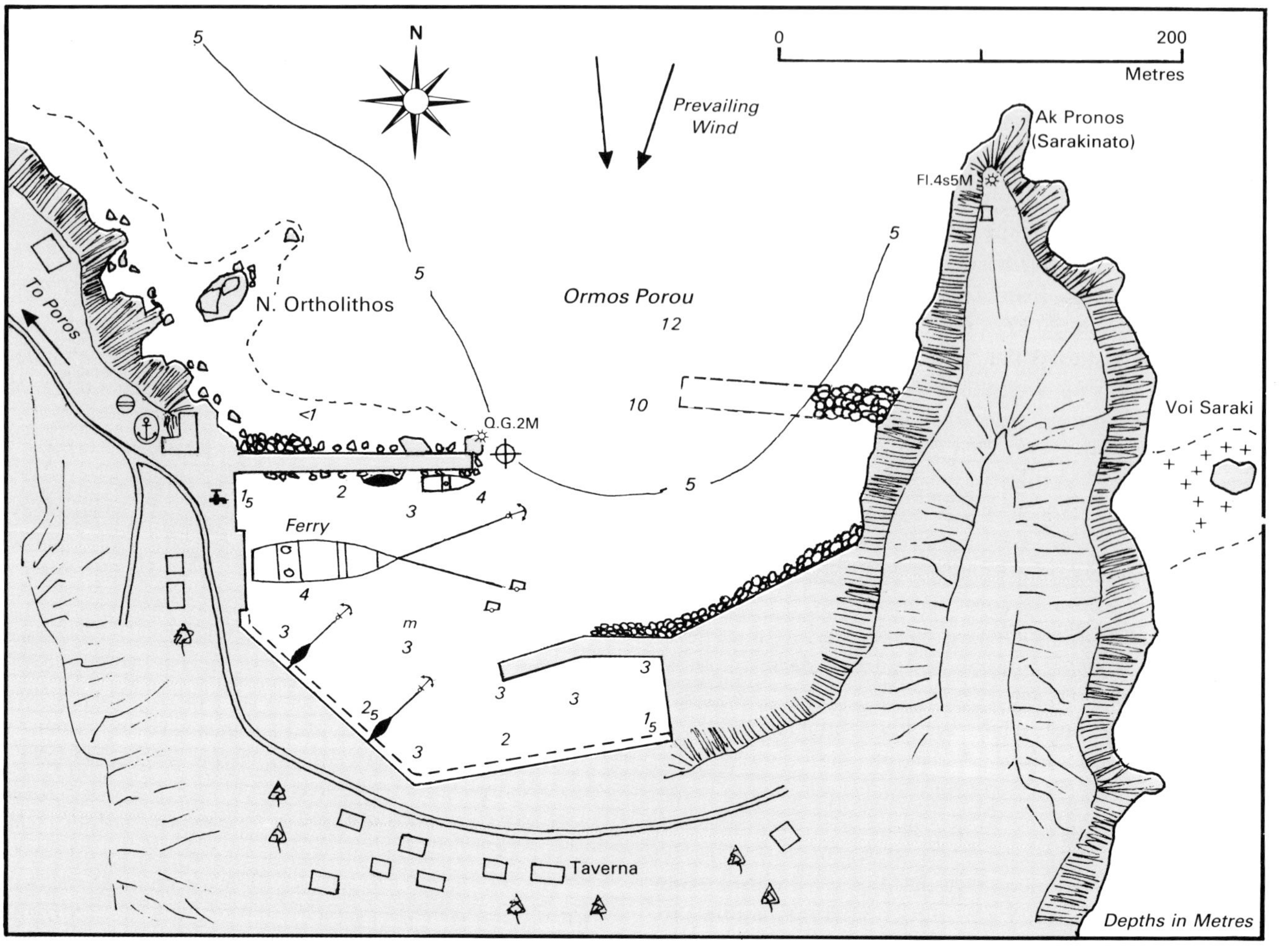

Ormos Porou mit dem Hafen Poros.

Wenn der Wind zum Abend hin abflaut, wird dieser Platz angenehmer. Es kann aber auch vorkommen, daß der Wind die ganze Nacht anhält; dann ist an Schlaf kaum zu denken.
Behörden: Im Hafen gibt es Wasserschutzpolizei.
Hinweis: Yachten sollten sich gut frei vom Fähranleger halten. Normalerweise läßt die einlaufende Fähre zunächst ihren Anker fallen und bringt dann zusätzlich eine Leine zu einer der Mooringbojen im Hafen aus.

Versorgung
Wasser gibt es in der Nähe des Fähranlegers.
Treibstoff im Ort.
Lebensmittel: Nur in begrenzter Auswahl erhältlich.
Restaurants: Am Hafen gibt es eine empfehlenswerte Taverne und weitere im Dorf.
Sonstiges: Post, Gas, Busverbindung nach Argostolion, Fähre nach Kyllini.

Yph. Kakava

Um sich von der Untiefe Kakava freizuhalten, wird dem N-S-gehenden Verkehr empfohlen, zwischen dem Kap Ak Kapros und der W-Spitze der Insel Nisis Atoko guten Abstand von der Küste zu halten; der E-W-gehende Verkehr hält sich von der Untiefe frei, indem er das Kastell A. Georgios und Ak Koronis in Linie peilt. Während die Orientierungspunkte für den E-W-Verkehr leicht auszumachen sind, ist die Landmarke von Nisis Atoko im sommerlichen Dunst oft schwer zu erkennen. Auch wenn selbst große Caïquen über die Untiefe hinwegfahren, sollte man sich von dieser Gefahrenstelle freihalten.

Ormos Kateleios

WP 38°03,8'N 020°44,6'E (Feuer Ak Kateleios)

Unterhalb des Kaps Ak Mounta öffnet sich eine weite Bucht, in der man im NW etwas Schutz vor den vorherr-

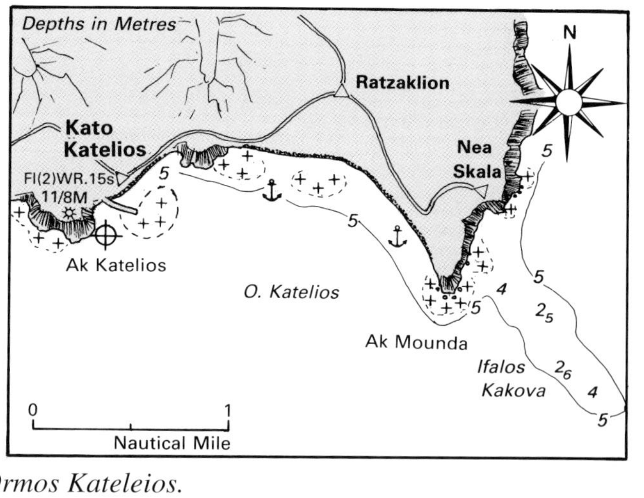

Ormos Kateleios.

schenden Winden finden kann, die hier um die S-Spitze von Kephallinia herum aus W kommen. Ein einzelner provisorischer Wellenbrecher schützt ein paar Fischerboote.

Pesades

Von diesem winzigen Fährhafen verkehrt eine Fähre nach A. Nikolaos auf Zakynthos. Der kleine Hafen und der Fähranleger liegen im Schutz von Ak Sosti in der Bucht Ormos Lourda. Kleine Yachten finden eventuell Platz, wenn sie sich am Ende des kurzen Wellenbrechers hineinquetschen.

Die Festlandsküste mit den vorgelagerten Inseln bis zur Insel Oxeia

Die Steilküste des griechischen Festlands begrenzt dieses geschützte Seerevier nach E. Die ausgewaschenen braunen Bergrücken erheben sich steil aus dem Meer, an einigen Stellen bis zu 1 575 Metern. Sie bilden einen imposanten Hintergrund für die Inseln, die verstreut im Meer liegen. Die beiden größten Inseln, Kalamos und Kastos, die dicht vor der Küste liegen, sind gleichzeitig auch die einzigen bewohnten. Die Form der Insel Kalamos erinnert an einen großen gestrandeten Wal mit dem schmalen dünnen Kastros dicht an seiner Seite. Weiter S-lich liegt die Inselgruppe der Echinaden, deren größte Insel Dragonera ist, verstreut vor den Marschlanden am Fuß der Berge. Diese zahlreichen kleinen Eilande sind alle unbewohnt, auch wenn auf den größeren Schafe und Ziegen grasen. Nur wenige Yachten besuchen dieses Seegebiet, obwohl es eine ganze Anzahl sicherer Ankerplätze und Häfen gibt. Vermutlich liegt das daran, daß sich dieses Revier abseits der »Hauptstraße des Yachtsports« im Golf von Patras sowie der Ägäis befindet und nur sehr spärlich mit Tavernen bestückt ist. Für jene Skipper, die entlegene Ankerplätze lieben und unwirtliche Landschaften reizvoll finden, ist dieses Seegebiet das geeignete Revier.

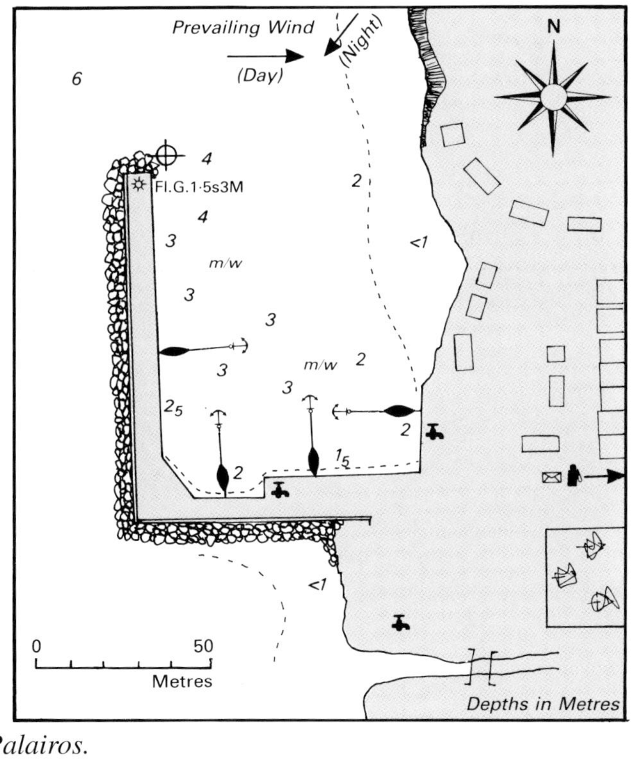

Palairos.

Vathy-Vali

Unmittelbar S-lich des Levkas-Kanals befindet sich an der Festlandsküste diese kleine enge Einbuchtung. Auch wenn jetzt eine Fischzuchtanlage den größten Teil der Bucht beansprucht, ist es immer noch möglich, sich hineinzuschieben. Außer bei S-Winden findet man hier guten Schutz.

Palairos (Zaverda)

WP 38°46,9'N 020°52,8'E (Fl.G.1,5s3M)

Allgemeines
Palairos ist größtenteils eine bäuerliche Ansiedlung, die nun ein zusätzliches Einkommen von der Charterbasis bezieht, die hier eingerichtet wurde. Das Dorf, das vornehmlich auf die Bedürfnisse der Landbevölkerung, die auf den umliegenden Höfen lebt, ausgerichtet ist, wirkt durch seine intakte Art recht anziehend, und seine Bewohner sind ein freundliches Völkchen. Über dem Dorf erheben sich unvermittelt schroff die Berghänge der Akarnanischen Berge bis zu 1 575 Meter hoch, karge steinige Hänge ohne jeglichen Baum oder auch nur Macchia.

Ansteuerung
Die Häuser des Ortes, die sich den Berghang hinunter ziehen, sind leicht zu erkennen. Beim Näherkommen ist die Hafenmole auszumachen.
Der Molenkopf ist befeuert (Fl.G.1,5s3M).

Liegeplätze
Man macht mit Bug oder Heck zum Kai fest, wo es einem sinnvoll erscheint. Im Hafen ist eine Segelflottille beheimatet, und im Sommer kann es sehr voll werden. Der Grund besteht aus Schlick mit Seegrasbewuchs; der Halt ist annehmbar. Der Schutz vor den vorherrschenden Winden ist gut. Nachts können NE-Winde auftreten, die Fallböen verursachen, nach 2 bis 3 Stunden läßt der Wind aber wieder nach.

Versorgung
Wasser gibt es am Kai.
Treibstoff kann geliefert werden.
Lebensmittel: Gute Einkaufsmöglichkeiten in der Stadt.
Restaurants: Zahlreiche Tavernen stehen in der Stadt zur Auswahl. Das Restaurant »Alte Mühle« liegt im oberen Teil der Stadt, was einen ordentlichen Spaziergang bedeutet – den ist es aber wert.
Sonstiges: Post, Telefonamt, unregelmäßige Busverbindungen nach Vonitsa und Mytika.

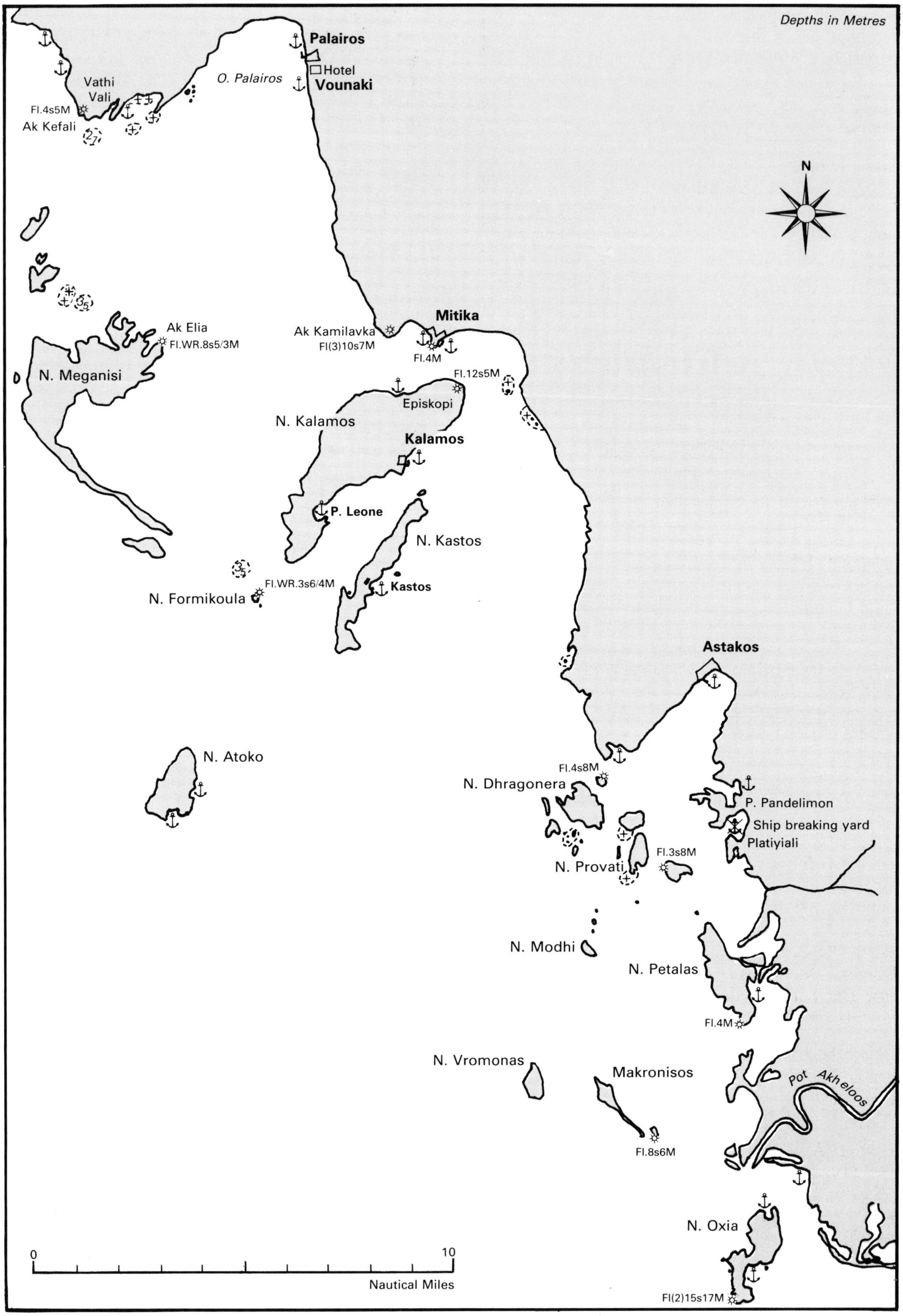

Die Festlandsküste mit den vorgelagerten Inseln: Levkas bis Nisis Oxeia.

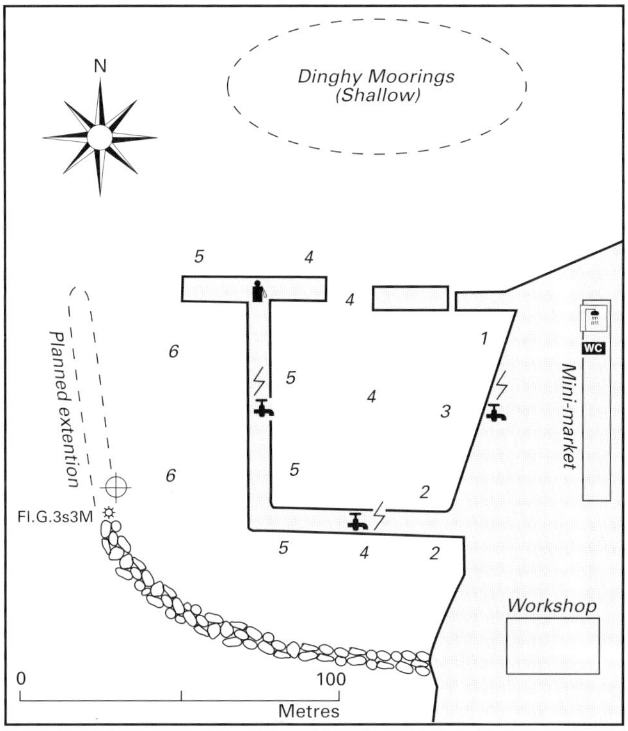

Vounaki Marina.

Vounaki Marina

WP 38°46'N 020°52,8'E

Allgemeines
Auch wenn Vounaki die regionale Hauptbasis der Charterfirma Sunsail ist, können Fahrtenyachten im Hafen festmachen. Das Hotel steht allerdings nur Kunden der Firma Sunsail zur Verfügung, die übrigen Einrichtungen des Hafens können jedoch auch von anderen Gastyachten genutzt werden.
Sunsai Vounaki Marina, Palairos, A. K. 30012, Griechenland. UKW-Kanal 10. Tel./Fax: 0643-41 944.

Ansteuerung
Der Hafen befindet sich unmittelbar S-lich von Palairos und ist durch den Hotelkomplex im Hintergrund leicht auszumachen. Beim Näherkommen wird der Wellenbrecher des Hafens sichtbar. Die Ansteuerung sollte aus W erfolgen, da der Bereich unmittelbar N-lich des Hafens, wo die Dingis an Moorings liegen, untief ist.
Nachts: Der Schutzwellenbrecher ist mit Fl.G.3s7m3M befeuert. Der Hafen ist auf UKW-Kanal 10 zu erreichen.

Liegeplätze
Insgesamt stehen 60 Liegeplätze auf Wassertiefen zwischen 2 und 6 m zur Verfügung. Man macht mit Bug oder Heck an einem zugewiesenen oder selbst ausgewählten Platz fest. Die Leinen der ausgelegten Mooringtonnen können am Kai aufgenommen werden.
Schutz: Die Liegeplätze im Hafen sind gut geschützt, auch wenn Starkwinde aus W Sorgen bereiten können. In naher Zukunft soll der Schutzwellenbrecher nach N verlängert werden, um den Schutz im Hafen zu verbessern.
Behörden: Hafenmeister. Liegegeld: Kategorie 2. Die erste Übernachtung ist kostenlos.

Versorgung
Service: Wasser- und Stromanschlüsse sind in der Nähe jedes Liegeplatzes. Duschen und Toiletten vorhanden.
Treibstoff bekommt man am Bunkerkai im Hafen.
Reparaturen: 15-t-Kran. Arbeiten sind an Mechanik und Maschine möglich. GFK-Werkstatt. Segelmacherei. Yachtausrüstung.
Lebensmittel: Kleiner Supermarkt. Bessere Auswahl findet man in Palairos, das zu Fuß in etwa 15 Minuten zu erreichen ist.
Restaurants: Eine Taverne, weitere in Palairos.
Sonstiges: Wäscherei. Gas. Telefone und Fax. Autovermietung und Flugtickets.

Mytika

WP 38°40,17'N 020°56,7'E (Feuer Ak Mytika)

An der E-Seite der Huk Ak Mytika befindet sich ein Kai, der allerdings nur während der morgendlichen Flaute, also bevor Wind aufkommt, akzeptabel ist. An der S-Seite der Landspitze Ak Mytika ist ein neuer Hafen gebaut worden, der größtenteils Wassertiefen von 2 bis 3 m bietet. Zum Strand hin nimmt die Tiefe ab. Die einheimischen Fischerboote liegen am NE-Kai; eventuell ist dort ein Platz zu bekommen. Vorsicht ist vor zahlreichen Mooringleinen geboten, die vor dem Kai im Wasser schwimmen. Man kann im Hafen auch mit langer Leine zur SW-Seite ankern. Der Hafen ist vor den vorherrschenden Winden gut geschützt.
An Land kann man die meisten Lebensmittel bekommen, und es gibt verschiedene Tavernen und Bars. Caïquen-Fähren verkehren nach Kalamos und Kastos.

Mytika aus W.

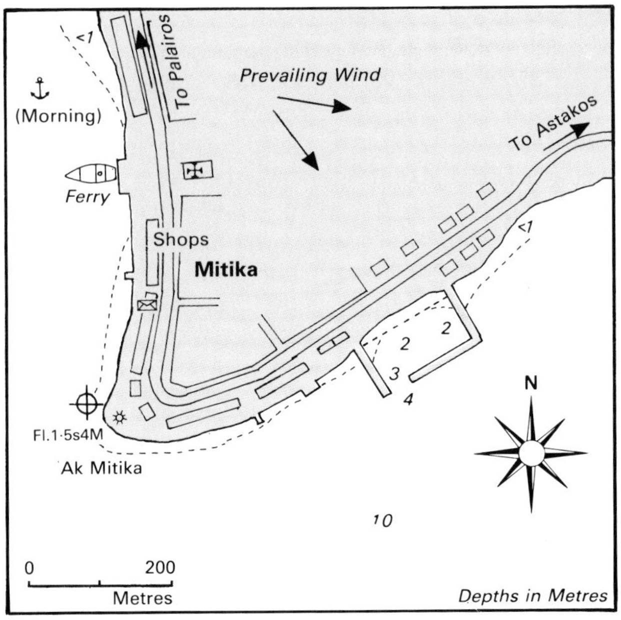

Mytika.

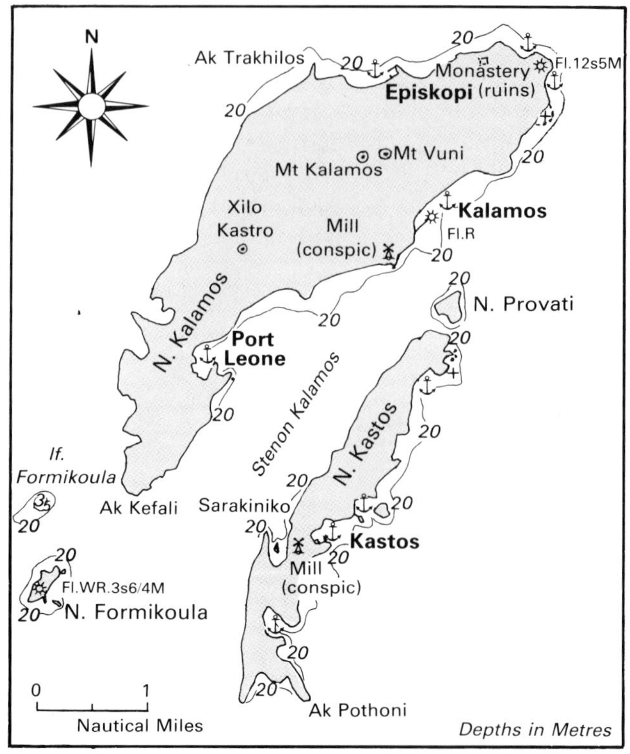

Die Inseln Kalamos und Kastos.

Die Insel Kalamos

Hafen Kalamos

WP 38°37,4'N 020°56'E (Fl.R.2s3M) / Karten: D 658

Allgemeines
In der Stadt Kalamos sowie im NE der Insel gibt es kühle grüne Pinienhaine, die sich bis zum Meer erstrecken. Die Inselbewohner leben vom Fischfang, etwas Landwirtschaft und vermutlich Überweisungen aus dem Ausland. Bedauerlicherweise stirbt dieser Ort, da es die jungen Leute wegen der besseren Jobs zum Festland zieht und nur die Älteren zurückbleiben.

Ansteuerung
Einfach und unkompliziert! Von N kommend, sind die Häuser von Kalamos auf dem Berg gut auszumachen, von S her sind einige alte Windmühlen einschließlich derjenigen, die auf der Felsnase vor dem Hafen steht, zu erkennen. Am Nachmittag, wenn der vorherrschende Wind Fallböen in der Meerenge zwischen Kalamos und Kastos verursachen kann, ist Vorsicht geboten.

Liegeplätze
Man macht mit Bug oder Heck an der Mole fest. Am Kai entlang sowie im Scheitel des Hafens gibt es keine ausreichenden Tiefen. Der Grund besteht aus Schlick, Sand und Bewuchs und hält meistens gut. Der Schutz vor den vorherrschenden Winden ist ebenfalls gut. Starke SE-Winde machen das Liegen im Hafen ungemütlich und sogar gefährlich, wenn der Starkwind länger anhält.

Versorgung
Im Ort gibt es einen kleinen Supermarkt, einen Bäcker und einige Tavernen sowie die Post.

Leone

38°35,8'N 020°54'E

Im S der Insel befindet sich der Naturhafen Leone, ein Ankerplatz, der nur nach E offen ist und Schutz vor den vorherrschenden Winden bietet. Aus der Entfernung ist die

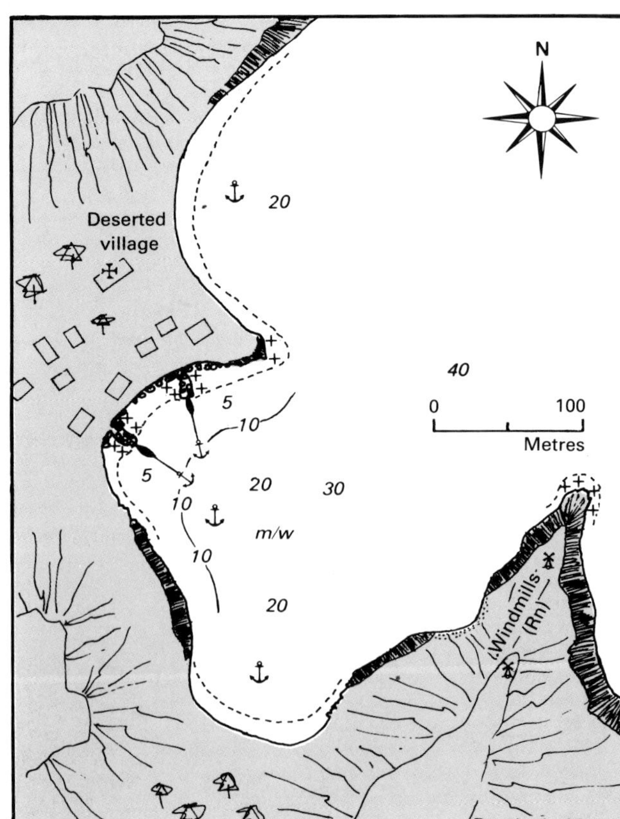

Leone.

Blick über den Hafen Vathy auf der Insel Ithaka und den Kolpos Aetou (oben); Phiskardo auf der Insel Kephallinia aus N.

Im Hafen von Agios Evphimia sind auch heute noch solche alten Fischer-Caïquen anzutreffen (oben links); eine kleine Kapelle auf der Halbinsel Methanon.

Zwischen Levkas und Meganision gibt es zwar lauschige Ankerplätze – die Wassertiefen sind jedoch recht erheblich (oben rechts); Leonidion am Argolischen Golf.

Der Hafen Zakynthos aus NW (oben); Blick auf den Ankerplatz von Kagio im Lakonikos Kolpos (Lakonischer Golf).

Gytheion mit der Insel Kranai im Lakonikos Kolpos aus ESE (oben); Blick auf Aigina aus SE, imVordergrund die neue „Marina“.

Bei der S-lichen Ansteuerung des Hafens Kalamos bildet diese Windmühle auf der Huk eine gute Landmarke.

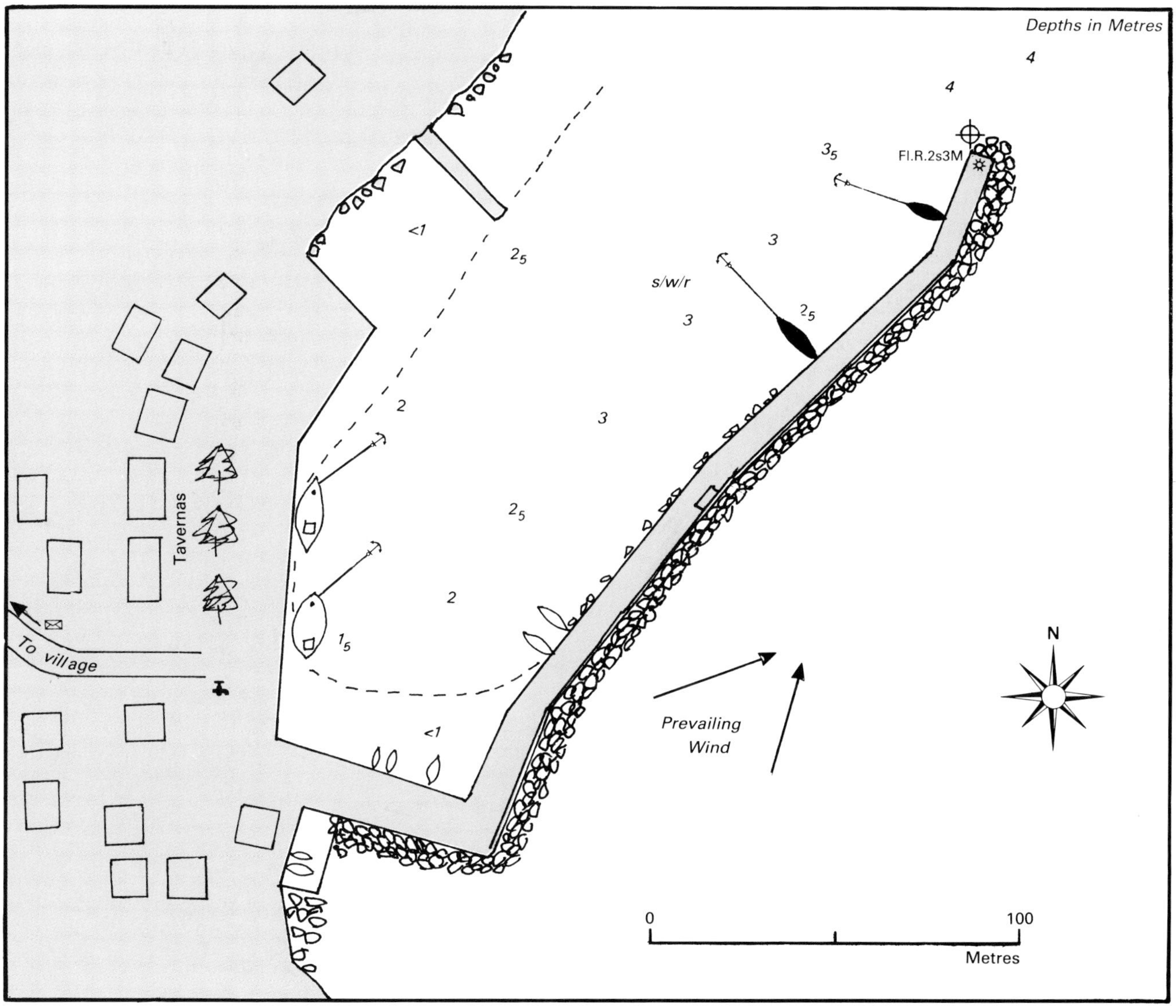

Kalamos.

Einfahrt der Bucht schwer auszumachen, aber beim Näherkommen erkennt man zwei alte Windmühlen auf der E-Huk der Bucht. Die Bucht ist sehr tief, so daß man schätzungsweise auf 10 bis 20 m ankern muß. Ein paar Yachten können so weit in die Bucht einlaufen, daß sie an der verfallenen Pier vor dem Ort festmachen können. Der Grund besteht aus Sand, Schlick und Seegrasbewuchs, der meist gut hält.

Das kleine Dorf liegt seit dem Erdbeben 1953, bei dem die Wasserversorgung zerstört wurde, verlassen da. Die Bewohner haben sich dafür entschieden auszuwandern, anstatt das Dorf wieder aufzubauen. Jeden Sonntag kommen drei oder vier Leute aus Kalamos, um die Kirche zu säubern und ein paar Gebete zu sprechen.

Episkopi

Ein kleiner Hafen an der N-Seite von Kalamos. Ein paar kleine Yachten können hier vorsichtig einlaufen, da kaum Platz zum Manövrieren vorhanden ist und die Tiefen von 2 m an der Außenmole über 1,5 m in der Mitte zum Strand hin abnehmen. Keine Versorgungsmöglichkeiten.

Die Insel Kastos

Hafen Kastos

38°34'N 020°55,4'E

Allgemeines

Die Bewohner von Kastos wurden 1976 wegen eines vermuteten Ausbruchs von Typhus evakuiert; nach und nach sind die Insulaner wieder zurückgekehrt, allerdings liegt die Einwohnerzahl im Winter nur bei etwa 30 Personen.

Das Dorf und seine Lage sind wunderbar, und man kann im flachen Wasser um die Insel herum sehr gut schnorcheln.

Ansteuerung

Von N kommend, ist die Lage des Hafens an der flachen Insel Prasonisi sowie den Häusern von Kastos leicht auszumachen. Von S her ist eine Windmühle auf der Landspitze, die den Hafen schützt, gut zu sehen.

Der Ort selbst wird erst sichtbar, wenn man die besagte Landspitze gerundet hat.

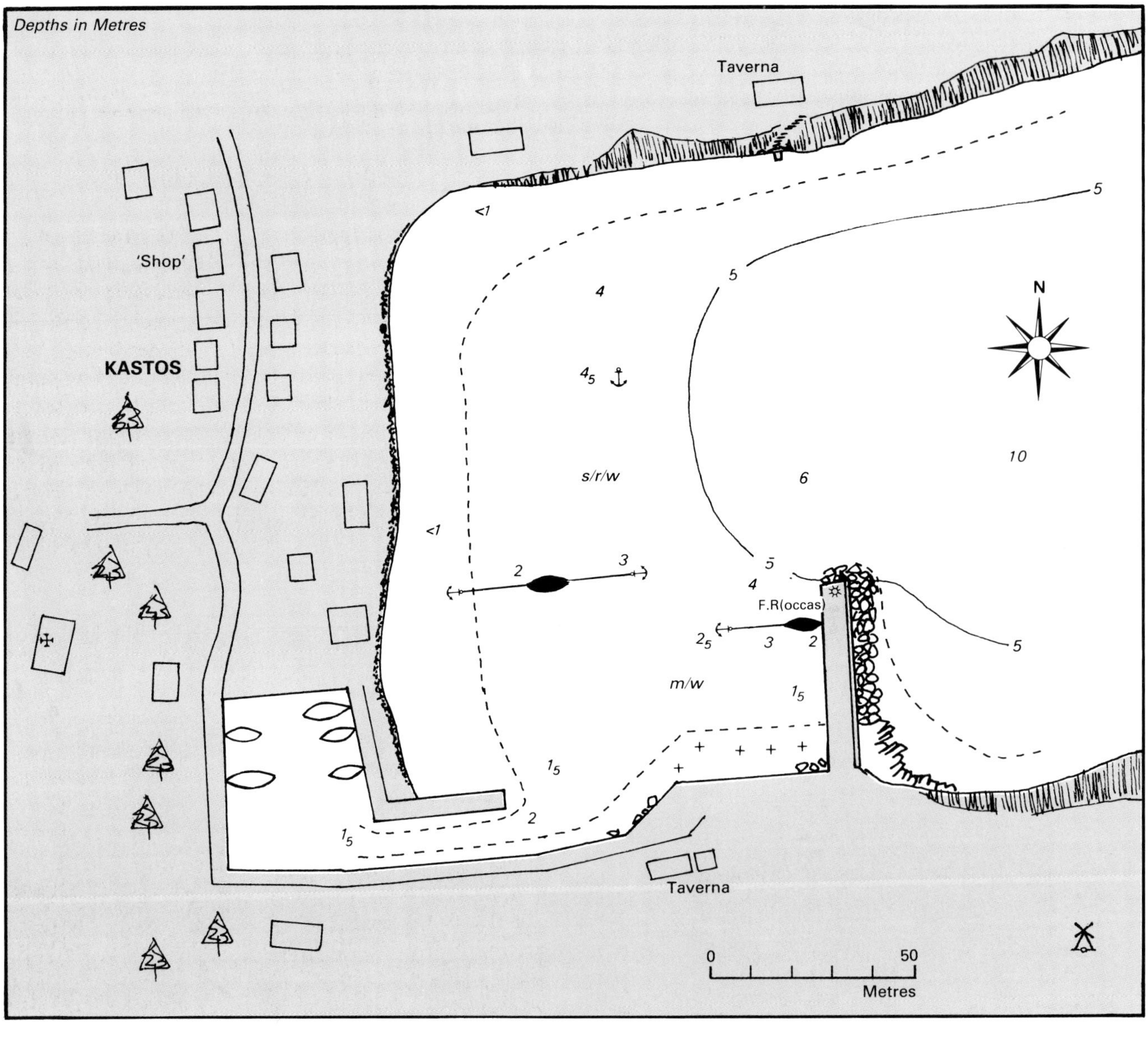

Kastos.

Der Hafen Kastos aus WSW.

Liegeplätze
Am äußeren Ende der kleinen Mole macht man mit Bug oder Heck fest, oder man ankert in der Bucht. Der Grund besteht aus Schlick mit Seegrasbewuchs, der gut hält, wenn der Anker erst gefaßt hat. Der Schutz hinter der Mole ist gut, vor Anker liegt man sicher genug, obwohl die vorherrschenden Winde Schwell in die Bucht stehen lassen, der die Yachten rollen läßt.

Versorgung
Es gibt ein paar Tavernen und, wenn man Glück hat, einige Lebensmittel. Die meisten Versorgungsgüter werden mit Caïquen von Astakos gebracht.

Ankerplätze um die Insel Kastos

An der W-Seite der Insel liegt der Ankerplatz Sarakiniko, der aber nur bei ruhigem Wetter zu empfehlen ist, da die vorherrschenden Winde hier geradewegs hineinstehen.
An der E-Seite gibt es mehrere Buchten und Einbuchtungen, die man erkunden kann. Im SE der Insel findet man sogar eine Bucht, die sich für einen Übernachtungsstopp eignet.

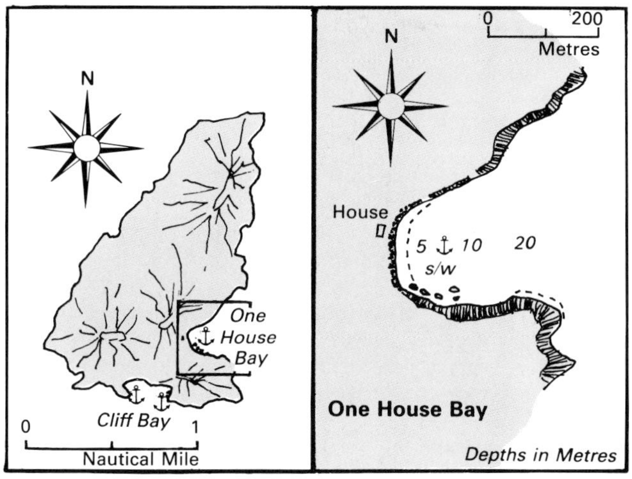

Die Insel Atokos.

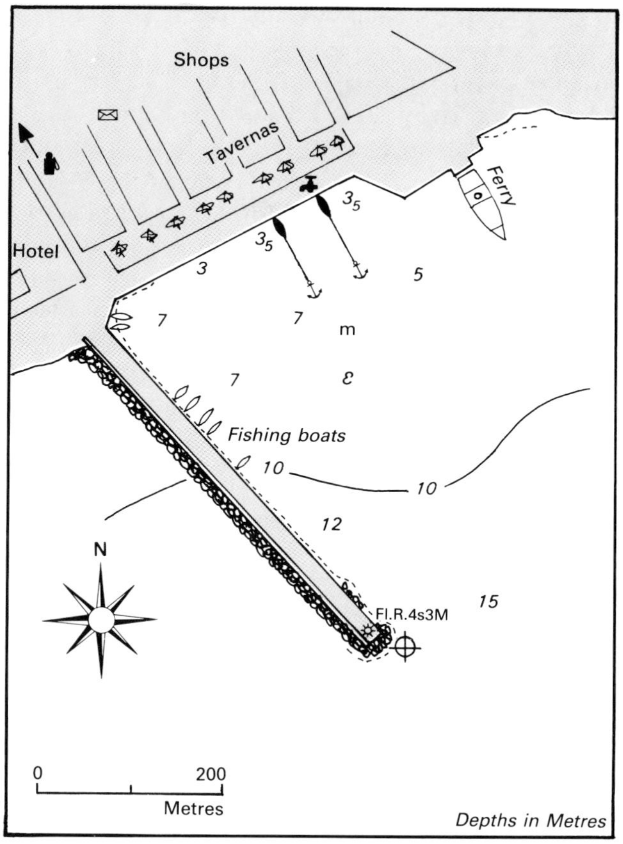

Astakos.

Die Insel Atokos

Genau E-lich des Ortes Phrikes auf Ithaka liegt die Insel Nisis Atokos, die an ihrer kuppelförmig gewölbten Gestalt schon von weitem zu erkennen ist. Die Insel bietet zwei Ankerplätze. Bei ruhigem Wetter oder leichten NW-Winden kann man in der Bucht an der S-Seite der Insel, Cliff Bay, ankern, auch wenn es hier sehr tief (10 bis 15 Meter) ist. Der Ankerplatz an der SE-Seite, eine Bucht mit einem Haus, bietet besseren Schutz sowie geringere Tiefen und ist folglich stärker besucht. Man ankert auf 5 bis 12 m über Sand, der gut hält, und ist vor NW-Winden gut geschützt. Bei beständigem Wetter kann man über Nacht bleiben. Klares türkisblaues Wasser und ein einsames Haus am Strand.

Ansteuerung von Astakos aus SW.

Astakos

WP 38°31,8'N 021°05,6'E (Fl.R.4s3M)

Allgemeines
Astakos lebt hauptsächlich von Landwirtschaft und Fischfang sowie ein bißchen Tourismus, der im wesentlichen aus griechischen Urlaubern besteht. Astakos bedeutet »Hummer«, aber entgegen der gängigen Vorstellung »Nomen est omen« scheinen die Restaurants der Stadt dieses köstliche Krustentier nie anzubieten. Da stellt sich die Frage, ob es in einer Stadt mit dem Namen »Hummer« tatsächlich keinen gibt oder ob ihn die Einheimischen für sich selbst zurückhalten.

Ansteuerung
Auffällig: Ist man in die Bucht Ormos Astakou eingelaufen, sind die Gebäude der kleinen Stadt auszumachen, und beim Näherkommen wird der Wellenbrecher des Hafens gut sichtbar. Erst kürzlich wurde ein neuer flacher Wellenbrecher E-lich des alten gebaut.
Nachts richtet man sich nach dem Feuer auf dem Kopf des Wellenbrechers (Fl.R.4s3M).

Liegeplätze
Man macht mit Bug oder Heck am N-Kai fest, wobei man sich gut frei vom Fähranleger hält. Wenn das Tragflügelboot in den Hafen einläuft, müssen sich ein paar Yachten eventuell von manchen Bereichen des Kais verholen. Sollte also zufällig ein Platz an der Mole frei sein, ist es besser, gleich hier festzumachen. Entlang der Mole macht Geröll den Grund unrein, so daß Vorsicht beim Anlegen geboten ist. Der Grund besteht aus gut haltendem Schlick. Guter Schutz vor den vorherrschenden Winden, aber für Winde aus S-lichen Richtungen offen.

Versorgung
Wasser am Kai.
Treibstoff kann von einem Tankwagen geliefert werden.
Reparaturen: Kleinere Reparaturen an der Mechanik möglich. Schiffsausrüster. Caïquen können in einer Werft auf der anderen Seite der Bucht aus dem Wasser gehoben werden.
Lebensmittel: Gute Versorgungsmöglichkeiten in der Stadt.
Restaurants: Verschiedene Tavernen am Hafen und in der Stadt.
Sonstiges: Post, Telefonamt, Banken, Fähren nach Ithaka und A. Evphimia auf Kephallinia.

Ankerplätze in der Nähe von Astakos

Port Marathia: Im SW von Astakos liegt die verlassene kleine Bucht Marathia, die guten Schutz vor den vorherrschenden Winden bietet. Man ankert im Scheitel der Bucht über Schlick. Die neue Küstenstraße, die im N der Bucht verläuft, hat leider die Ruhe und Schönheit dieses Ortes zunichte gemacht.
Boulder Bay: Unmittelbar vor Astakos befindet sich diese Bucht, die man an einem vorspringenden Felsbrocken in der Nähe des Strandes erkennt. Man ankert vor dem Strand, wo es einem gefällt. Die vorherrschenden WNW-Winde verursachen Fallböen.

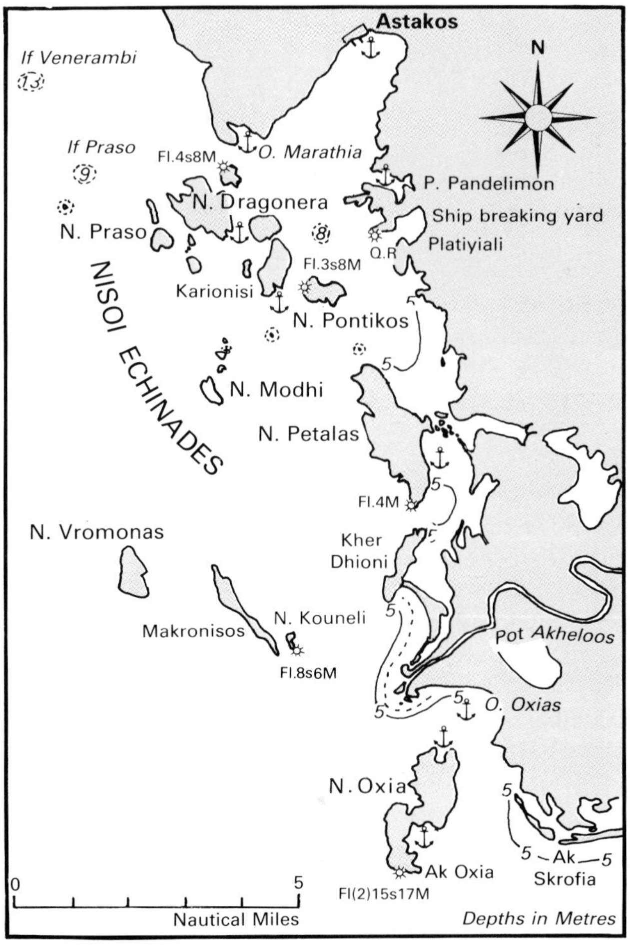

Die Festlandsküste mit den vorgelagerten Inseln Dragonera und den Echinaden.

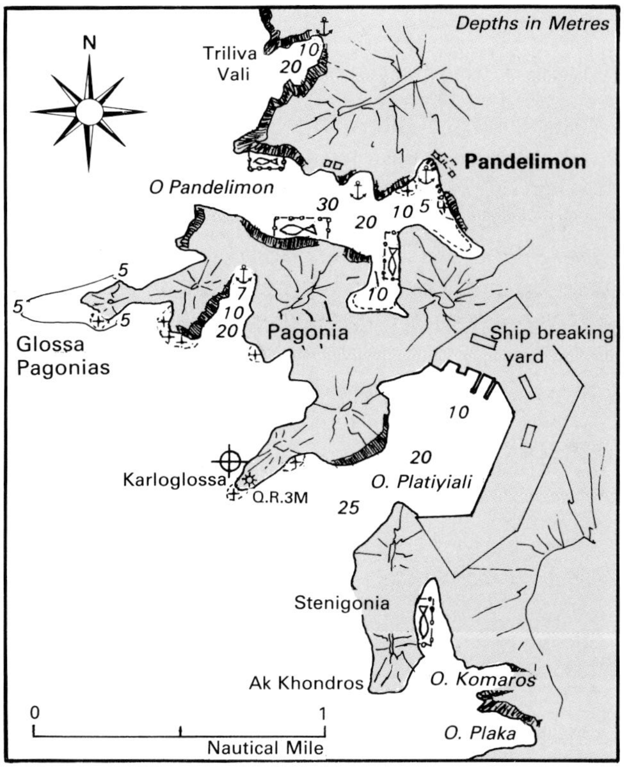

Panteleimon und Platygiali.

Ankerplätze um Dragonera und die Echinaden

Nisis Dragonera hat an seiner SE-Spitze eine winzige Einbuchtung, die kleine Yachten als Ankerplatz benutzen können. An der N-Seite gibt es zwei kleine Buchten, in denen man ankern kann, bis Wind aufkommt.
Nisis Karlonisi bietet kleinen Yachten einen Ankerplatz in der engen Durchfahrt zu seiner Nachbarinsel Provati. Es ist auf ein Riff zu achten, das von W aus verläuft.

Limin A. Panteleimonos

Dieser Fjord teilt sich in seinem Inneren in zwei Buchten, die nun teilweise von Fischzuchtanlagen blockiert werden. Die Begrenzung der beiden Fisch-Farmen wird durch kleine Plastikbojen markiert. In der Vergangenheit ist es hin und wieder vorgekommen, daß Yachten das Ankern in der Bucht von Angestellten der Fischzuchtbetriebe verboten wurde; in letzter Zeit war dies aber nicht mehr der Fall. Man ankert im E oder S der Bucht, letztere Möglichkeit bietet besseren Schutz. Der Schlickgrund mit Krautbewuchs hält gut, wenn der Anker erst gefaßt hat. Das Liegen in der E-lichen Bucht kann zwar ungemütlich, aber kaum gefährlich werden, wenn bei den vorherrschenden Winden hier Dünung hineinsteht. In der S-lichen Bucht sollte man eine lange Leine zum Land ausbringen. Hier gibt es keine Versorgungsmöglichkeiten, wenn man davon absieht, daß man bei den Farmen Fisch kaufen kann.
Hinweis: Wegen der Verschmutzung (Futter und Exkremente) wird die Lage der Zuchtkäfige öfters gewechselt. Folglich sollte man sich nicht darauf verlassen, daß die betonnten Gebiete auch tatsächlich die aktuelle Lage der Zuchtkäfige anzeigen.

Platygiali

WP 38°28,5'N 021°05'E (Feuer Karlogossa)

Unmittelbar S-lich von Panteleimonos liegt diese weite Bucht. Vor einiger Zeit wurden gewaltige Betonschutzwälle errichtet und Kaianlagen gebaut, und an Land wurde die Infrastruktur zur hier bestehenden Abwrackwerft verbessert. Trotz des vielen Geldes, das hier investiert wurde, scheint die Zukunft der Bauarbeiten nicht recht sicher zu sein.

Komaros

Diese kleine Bucht, die jetzt aber komplett von einer Fischzuchtanlage beansprucht wird, befindet sich S-lich von Platygiali.

Die Insel Petala

2,5 Seemeilen S-lich von Platygiali liegt diese große Insel dicht unter der Küste. Guten Schutz vor den vorherrschenden Winden findet man, wenn man sich hinter der SE-Spitze der Insel »versteckt«. Man ankert hier auf 2 bis 3 m Wassertiefe. Der Grund, der aus klebrigem Schlick besteht, steigt zu den Marschen im N sanft an. Der Schutz ist weitaus besser, als es zunächst den Anschein hat.
Bemerkenswert ist eine Höhle, die sich oberhalb dieses Ankerplatzes befindet. An einem späten Herbstabend konnte der Autor hier einen großen Vogel beobachten, der in der Nähe der Höhle saß. Anhand einer Schwungfeder, die er bei der Höhle fand, konnte ermittelt werden, daß es sich hierbei um ein Geierbrutpaar handelte. Diese scheuen Tiere, die eine enorme Flügelspannweite haben, wird man aber im Sommer nicht zu Gesicht bekommen, da sie sich dann in weniger belebte Gegenden zurückziehen.

Der Fluß Acheloos (Potamos Akheloos)

3 Seemeilen S-lich der Insel Petala mündet der längste Fluß Griechenlands, der Acheloos, ins Meer. Der genaue Mündungsort ist schwer zu bestimmen, weil der vom Fluß mitgeführte Schwemmsand Untiefen gebildet hat, die sich fast bis zu einer Seemeile ins Meer hinaus erstrecken. Man sollte vorsichtig navigieren und sich gut vom Flachwassergebiet freihalten, da sich die Untiefen weiter auszudehnen scheinen, als in der Karte verzeichnet ist.

Die Insel Oxeia

Diese hohe Insel, deren Rückgrat von einem zerklüfteten Gebirgszug gebildet wird, liegt in der Einfahrt zum Golf von Patras. Die »stachelige« Form der Insel ist unverwechselbar. Von W und E her ist der Leuchtturm an der S-Seite (Fl(2)15s17M) gut auszumachen. Es gibt nur zwei mittelmäßige Ankerplätze, die beide auf sehr großen Wassertiefen liegen.
1. ***N-Bucht:*** In dieser Bucht hat sich eine Fischfarm breitgemacht, die keinen Platz mehr zum Ankern läßt.
2. ***E-Bucht:*** An der E-Seite bietet eine Bucht Schutz vor den vorherrschenden W-lichen Winden. Man ankert auf 15 bis 20 m mit langer Leine zum Land. Die Landschaft rundum ist wirklich sensationell, und man liegt – von ein paar Fischerbooten abgesehen – in völliger Einsamkeit.
3. ***Ormos Oxeias:*** Unterhalb der Landspitze, die von der Flußmündung des Acheloos gebildet wird, kann man etwas Schutz vor den vorherrschenden Winden finden. Man ankert auf 4 bis 6 m über Schlick, Sand und Seegras.

Die Insel Zakynthos

Zakynthos, das seinen antiken Namen nun auch offiziell wieder angenommen hat, ist die S-lichste der Ionischen Inseln, den Heptanes. (Kythira und Antikythira, die ursprünglich auch zu den Heptanes gehörten, stehen nun unter eigener Verwaltung.)
Wie eine Schale, die einen wertvollen Inhalt birgt, umschließen die Berge von Zakynthos die fruchtbare Ebene in ihrer Mitte mit Ausnahme einer Stelle, an der sich diese Ebene bis zum Sand des Lagunenstrandes erstreckt. Die Venezianer gaben Zakynthos den Beinamen »Blume der

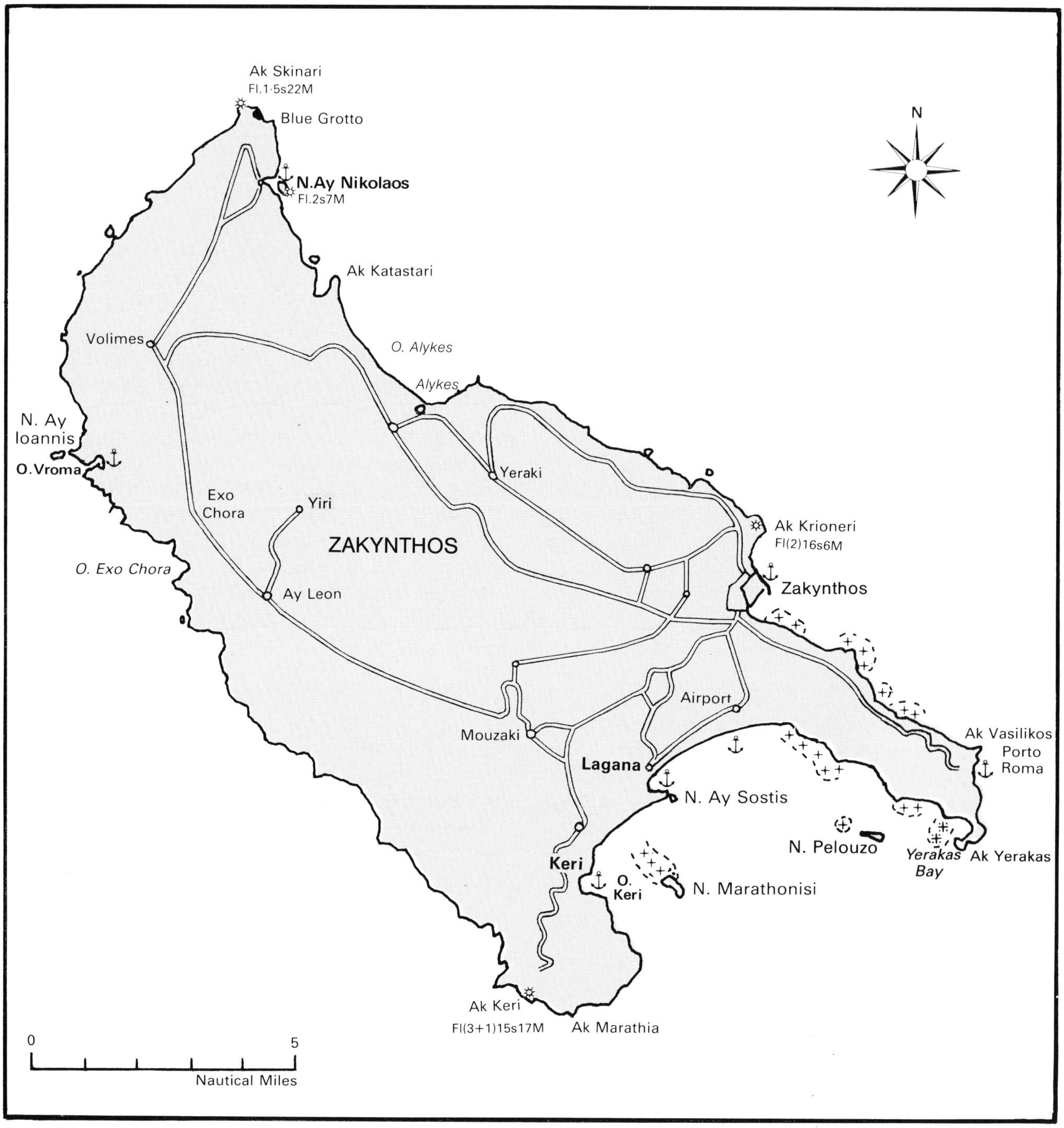

Die Insel Zakynthos.

Levante«, und schaut man hinunter auf die Ebene, auf der Wein, einige Sorten kleinwüchsiger Johannisbeersträucher, Feigen, Oliven, Orangen und Zitronen angebaut werden, ist leicht zu verstehen, warum.
Zakynthos ist eine »italienische« Insel. Bevor das Erdbeben 1953 den Großteil der venezianischen Bauwerke zerstörte, muß Zakynthos wie eine venezianische Miniatur gewirkt haben.

»Nur in Italien selbst fand man sonst noch diesen eigenartigen barocken Stil, in dem sich der Geist des 17. und 18. Jahrhunderts widerspiegelte. Dann, 1953, kam das große Erdbeben, das die ganze venezianische Vergangenheit verschlang und eine zerstörte Stadt zurückließ. Sie kam sozusagen wieder auf die Beine, doch ist sie heute wie eine schöne Frau, der man Salzsäure ins Gesicht geschüttet hat. Hier und da ein Bogen, eine Hängelampe, die Ruine einer Arkade - das ist alles, was von ihrer gerühmten Schönheit übriggeblieben ist.«
Lawrence Durell, Griechische Inseln

Die Stadt Zakynthos blickt über eine geschützte Bucht, die seit der Antike Kriegsflotten beherbergt hat. Jeder, der nach S fahren wollte, brauchte Zakynthos, um die Wasserstraße in den Golf von Patras sowie die Route um den Peloponnes herum zu kontrollieren. So kamen erst die Athener, dann Philip von Makedonien, die Römer, Vandalen, Normannen, Türken, Venezianer, Franzosen, Russen und schließlich die Briten, um die Insel zu besetzen. Während Zakynthos unter britischer Herrschaft stand, war die Insel für die Türken ein Quell ständigen Ärgernisses. Für Grie-

chen war es ein leichtes, hierher zu entfliehen und Schutz unter der neutralen Ionischen Flagge zu suchen - nur, um sich wenig später wieder herauszuwagen und die Türken auf dem Festland zu bekämpfen.
25 Seemeilen S-lich von Zakynthos, deren Verwaltung sie unterstehen, befinden sich die entlegenen Strophaden-Inseln. Auf der größten Insel war früher ein blühendes Kloster beheimatet, das durch türkische Plünderung vernichtet wurde.

Der Hafen Zakynthos

WP 37°46'N 020°54,4'E (Fl.G.1,5s5M) / Karten: BA 2402, Imray G12, D 1092 Plan E

Allgemeines

Bis zu seiner völligen Zerstörung durch das Erdbeben 1953 bestand der Ort größtenteils aus venezianischen Bauten. Beim Wiederaufbau versuchte man, das italienische Flair zu erhalten: Breite Boulevards, mit Arkaden versehene Läden, zentrale Plätze und eindrucksvolle öffentliche Gebäude bilden nun wieder das Stadtbild. Ein Museum in der Stadt beherbergt einige Relikte aus der Vergangenheit, insbesondere ein paar schöne Ikonen, die nach dem Erdbeben wiedergefunden wurden.
Möchte man das Inselinnere erkunden, so ist Zakynthos der geeignete Ort, seine Yacht zurückzulassen. Eine sehr malerische Landschaft mit kleinen Dörfern und nur wenigen Touristen findet man an der W-Küste der Insel.

Ansteuerung

Auffällig: Bei der Ansteuerung aus N erscheinen die Berge E-lich der Ebene, die vom Skopio mit seinen 520 m beherrscht wird, von weitem wie eine einzelne Insel. Nähert man sich dem Kap Ak Kryoneri, bilden die Hotels am Strand N-lich des Kaps sowie ein Turm auf den Bergen unmittelbar darüber gute Landmarken. Die Häuser von Zakynthos bleiben verdeckt, bis man das Kap gerundet hat, dann aber ist auch die N-Mole leicht auszumachen. Kommt man von S, heben sich die Häuser der Stadt gut von den kahlen, ausgewaschenen Felsen im Hintergrund ab.
Nachts navigiert man von N aus nach den Feuern auf Ak Skinari (Fl.1,5s22M), A. Nikolaos (Fl.2s7M) und Ak Kryoneri (Fl(2)16s6M). Von S aus richtet man sich nach den Feuern Ak Keri (Fl(3+1)15s17M) und Ak Kryoneri (Fl(2)16s6M). Eben W-lich der Stadt ist ein rotes Flugfeuer bereits aus 5 Seemeilen Entfernung auszumachen. Zwei einander abwechselnde Blitz-Flugfeuer etwa 3 Seemeilen W-lich der Stadt sind ebenfalls sichtbar. Die Hafeneinfahrt selbst ist mit (Fl.G.1,5s5M) sowie (Fl.R.1,5s3M) befeuert. Von S kommend, ist die Befeuerung der Hafeneinfahrt vor den Lichtern der Stadt von weitem nur schwer zu erkennen.
Gefahren:
1. Das Riff, Yph. Dimitris, das von einer Untiefe umgeben ist, erstreckt sich etwa 900 m ESE-lich der Hafeneinfahrt. Berichten zufolge soll sich das Riff gesenkt haben und nun mehr als 2 m Wasser darüber stehen. Wie dem auch sei, Vorsicht zahlt sich immer aus. Eine rote Spitztonne markiert diese Gefahrenstelle.
2. Am Ende einer Ölpipeline nahe der Küste ist eine Gruppe unbefeuerter Mooringtonnen ausgelegt.
3. Nach den Fähren, die hier ständig ein- und auslaufen, sollte man stets gut Ausschau halten.

Liegeplätze

An der N-Mole (A. Nikolaos), N-lich des hervorspringenden Ladekais, macht man mit dem Heck zum Kai fest. Am Stadtkai und an der N-Mole sollte man sich vom Fähranleger gut freihalten. Der Grund besteht aus Schlick und hält gut.
Zakynthos Marina: Unterhalb des S-lichen Wellenbrechers (A. Dimitrios) ist ein neuer Wellenbrecher gebaut worden, der das umschließt, was einmal die neue Zakynthos Marina werden soll. Gegenwärtig ist aber nur der grobe Wellenbrecher fertig aufgeschüttet; es gibt noch keine Kais, Anleger oder Schwimmstege. Bei Fertigstellung der Marina sollen die wichtigsten Versorgungseinrichtungen vorhanden sein: Wasser und Strom, Duschen und Toiletten. Die Bauarbeiten an der neuen Marina scheinen jedoch ins Stocken gekommen zu sein, und seit einiger Zeit hat sich nichts mehr getan. Ob dieses Projekt noch eines Tages fertiggestellt wird, bleibt abzuwarten.

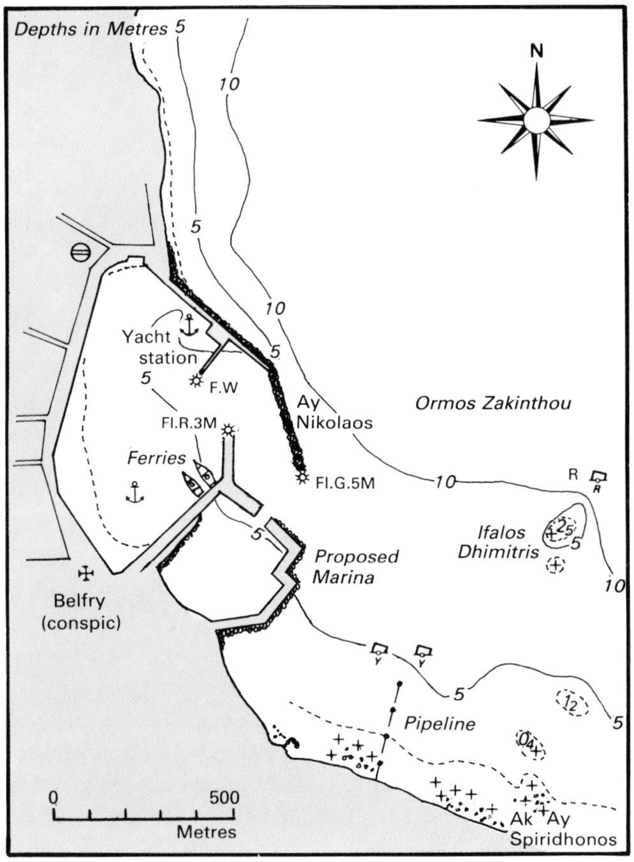

Ansteuerungen des Hafens von Zakynthos.

Die Ansteuerung des Hafens Limin Zakynthos aus E.

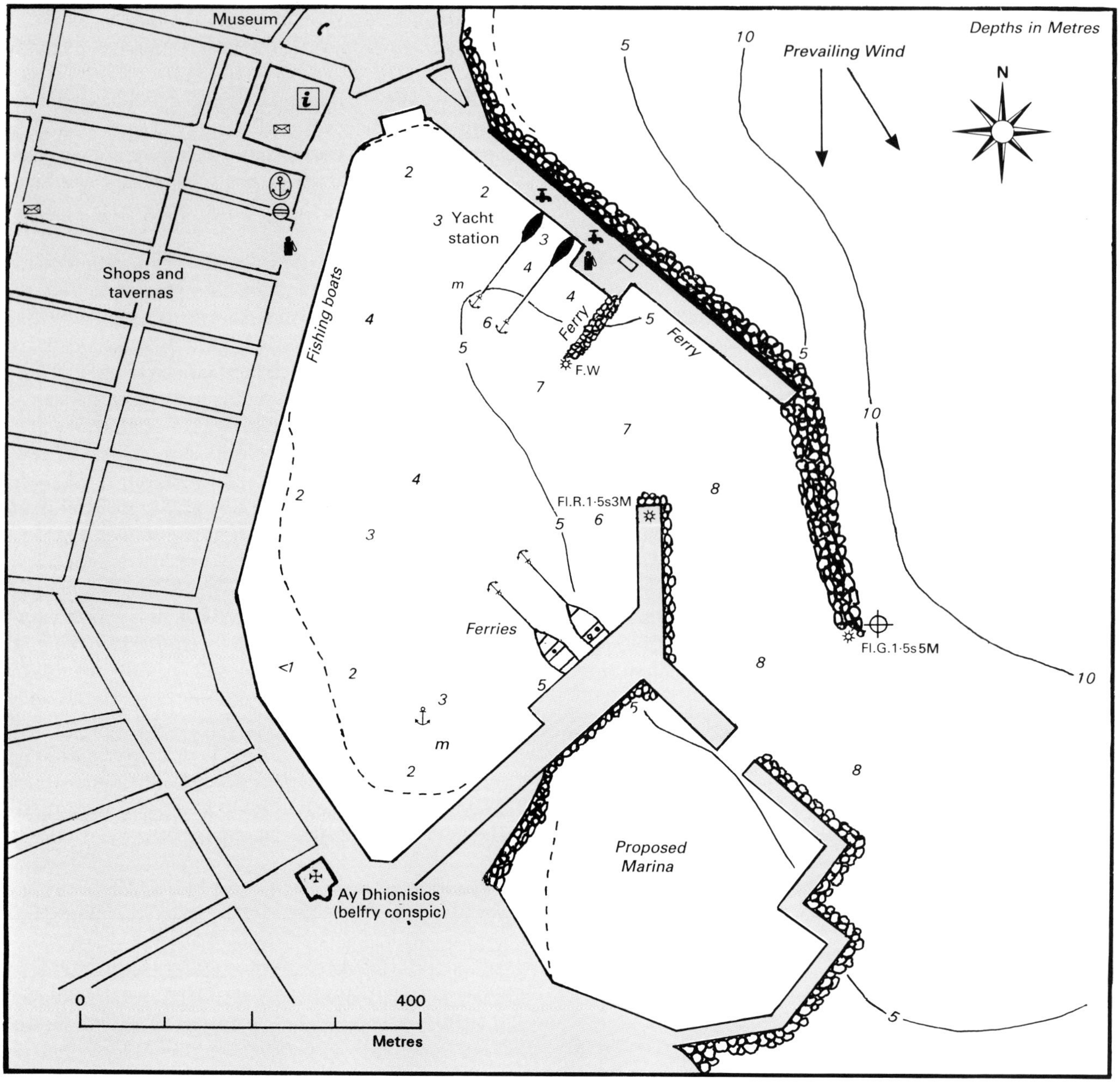

Limin Zakynthos.

Schutz: Der Schutz vor den vorherrschenden NW-Winden ist gut. Bei starken S-Winden baut sich im Hafen Dünung auf, so daß es vorteilhafter sein kann, vor der W-Seite zu ankern.
Behörden: Zakynthos ist Port of Entry, dementsprechend sind Zoll, Wasserschutzpolizei und Einwanderungsbehörde vor Ort.
Ankerplatz: Yachten können im SW-Teil des Hafens auf 3 bis 4 m Tiefe über Schlickgrund ankern, wenn sie sich vom Manövrierbereich der Fähre gut freihalten. Schutz und Ankerhalt sind gut. Auf diesem Ankerplatz ist man bestens aufgehoben, wenn starke S-liche Winde die Liegeplätze am N-Kai unhaltbar machen.

Versorgung
Service: Wasser und Treibstoff am Kai.
Reparaturen: Caïquen können am Fuß der S-Mole aufgeslippt werden. Begrenzte Reparaturarbeiten an der Mechanik sind möglich, Eisenwarenhändler und Schiffsausrüster am Ort.
Lebensmittel: Gute Einkaufsmöglichkeiten in der Stadt.
Restaurants: Tavernen in der Stadt.
Sonstiges: Post, Telefonamt, Banken, Gas, Camping GAZ, Auto- und Motorrad-Vermietung in der Stadt. Fährverbindung nach Kyllini. Inlandsflüge und internationale Flugverbindungen.

Ormos A. Nikolaos

Diese Bucht, deren Einfahrt teilweise durch das vorgelagerte Inselchen A. Nikolaos geschützt wird, liegt an der N-Spitze von Zakynthos. An beiden Seiten dieser kleinen Insel kann man in die Bucht einlaufen, muß sich aber von einem Riff und einer Untiefe freihalten, die sich vor der N-Spitze von A. Nikolaos N-wärts sowie S-lich der N-Einfahrt in die Bucht erstrecken. An der NE-Seite des Inselchens steht ein Feuer: Fl.2s7M.

Man ankert auf 5 bis 10 m, muß aber beachten, daß der Ansteuerungsbereich des Fähranlegers unbedingt freibleiben muß. Man kann beim Ankern auch eine lange Leine zur Außenseite des groben Wellenbrechers ausbringen. Der Wind, der sich zum Nachmittag erhebt, kann starke Fallböen in der Bucht verursachen, deshalb sollte man sich versichern, daß der Anker gefaßt hat.
An Land gibt es verschiedene Tavernen, und im Sommer besteht eine Fährverbindung nach Pesades auf Kephallinia. Örtliche Caïquen bieten Tagesausflüge zu den Grotten an der N-Spitze der Insel an. Diese Höhlen, die nur vom Meer aus zugänglich sind, können sich durchaus mit der »Blauen Grotte« auf Capri messen.

Porto Roma

An der E-Seite des SE-lichen Zipfels der Insel befindet sich dieser Schönwetterankerplatz. Die Lagune unmittelbar S-lich der Huk Ak Vasilikos ist frei von Riffen, und die Nachmittagsbrise verursacht hier, im Gegensatz zur N-Seite von Ak Kalogera, keinen Schwell. In Porto Roma liegt man vor NW- bis W-Winden geschützt, aber es steht Schwell hinein. Am Strand gibt es eine Taverne, und ein paar weitere sind mit einem kurzen Spaziergang erreichbar.

Die Bucht Geraki

Unmittelbar N-lich des Kaps Ak. Geraki öffnet sich diese Bucht. Die Einsteuerung sollte mit einem Kurs von etwa 040° zum Strand hin erfolgen. Am Tag sind die Felsriffe, die sich von beiden Seiten in die Einfahrt schieben, leicht zu erkennen. Man ankert, wo es einem beliebt. Der natürliche Schutz vor den vorherrschenden NW-Winden ist gut, auch wenn der Wind manchmal um die S-Spitze von Zakynthos herum genau auf den Ankerplatz steht. An Land gibt es verschiedene Tavernen.
Der Strand gehört zu einer Schutzzone für Meeresschildkröten, die hier ihre Eier ablegen. Das Betreten des Strandes nach Einbruch der Dunkelheit ist verboten.

Die Bucht von Lagana

Bei beständigem Wetter kann man vor dem Strand von Lagana ankern. Der sandige Grund steigt zum Ufer hin sanft an. Da der Ankerplatz nach S hin völlig ungeschützt ist, baut sich bei entsprechendem Wind starker Schwell in der Bucht auf. Erst vor kurzem ist dieser Strand für den Tourismus erschlossen worden, und so gibt es nun zahlreiche Tavernen und Hotels entlang der Küste.
Der Strand ist ein wichtiger Brutplatz der Karettschildkröte, die jetzt geschützt ist. Während der Brutzeit von Mai bis Oktober ist es verboten, in der Nähe des Brutplatzes zu ankern.

Lagana

Port Lagana ist der Fischereihafen des Dorfes Lithakia. Auf der deutschen Seekarte Nr. 658 ist am W-lichen Ende der Laganabucht ein namenloses Inselchen (Nisis Agios Sostis) eingezeichnet. An der Landspitze hinter dem Inselchen ist ein kleiner Hafen gebaut worden, der Tiefen

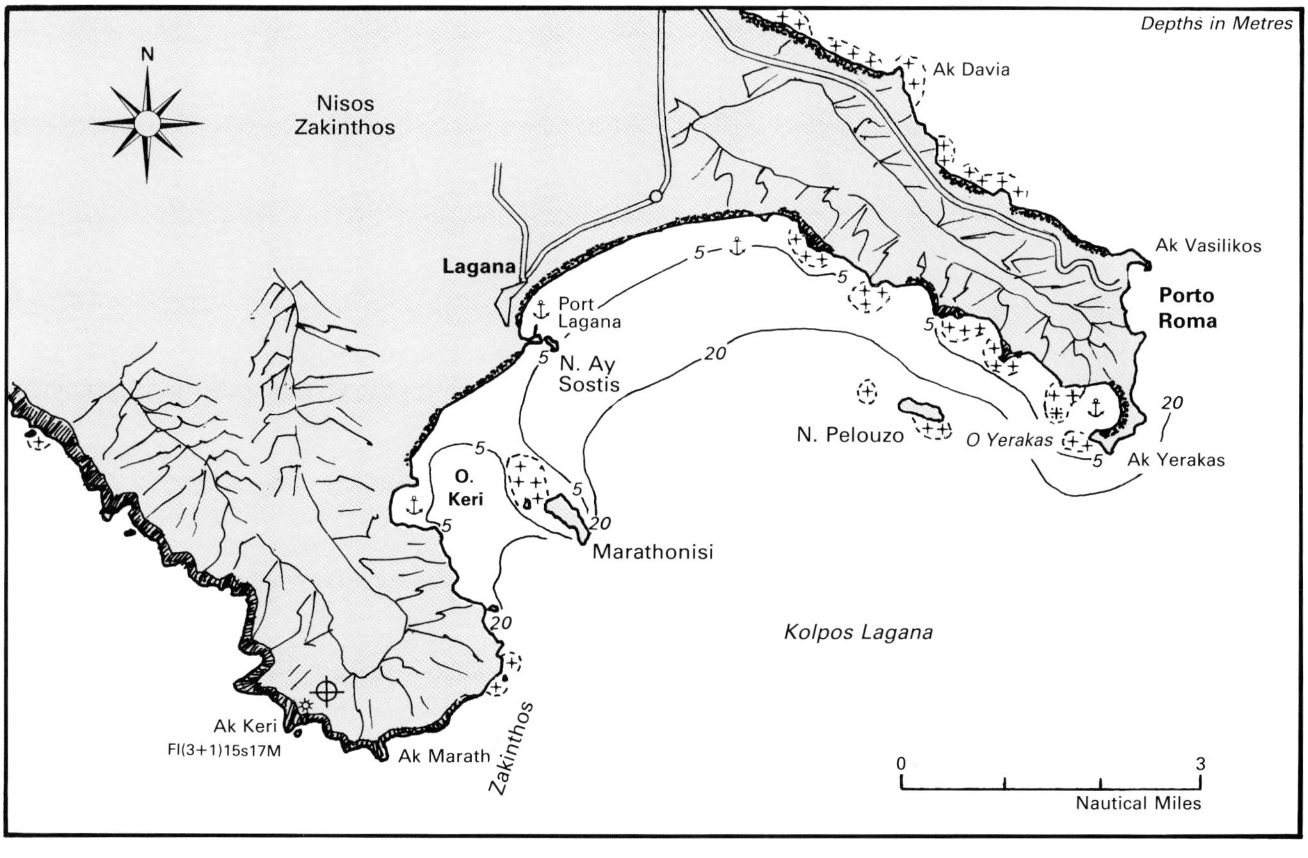

Zakynthos: Kolpos Lagana.

zwischen 1,5 und 3 m bietet. Vorsicht: Unterhalb der Wasseroberfläche spannen sich Taue von einer Mole zur anderen. Normalerweise ist dieser Hafen, der nach SE hin offen ist, ohnehin mit einheimischen Fischerbooten und Schiffen voll belegt. Am Strand gibt es eine Taverne und, was noch schlimmer ist, eine Diskothek.

Ormos Keri

An der E-Seite der Landspitze Ak Marathia sowie W-lich der Insel Nisis Marathonisi findet man diesen Ankerplatz, wo man auf 2 bis 4 m Wassertiefe zu beiden Seiten einer groben Steinmole ankern kann; an der E-Seite ist es deutlich tiefer als im W. Schotter und Geröll von der Mole machen den Grund in beträchtlichem Abstand unrein, so daß es schwierig ist, bis dicht an die Mole heranzukommen. Nach S und E ist dieser Ankerplatz offen, aber der Schutz vor NW- bis W-Winden ist ausgezeichnet.

Die berühmten Pechbrunnen, die bereits Herodot beschrieben hat, existieren noch immer; sie liegen etwas landeinwärts.

Ormos Vromi

An der NW-Küste von Zakynthos liegt dieser tiefe Fjord, der recht guten Schutz vor den vorherrschenden Winden bietet, auch wenn Fallböen die Hänge hinabfegen können. Gefährlich wird dieser Ankerplatz bei Winden aus S, wenn Schwell in die Bucht steht. Am besten bringt man beim Ankern eine lange Leine zum Land aus, da nachts Fallwinde von den umliegenden Höhen kommen können. Der Ankerplatz und seine Umgebung sind sehr malerisch, auch wenn die neue Straße dem Ort etwas von seiner Abgeschiedenheit genommen hat. Im Sommer hat hier eine schlichte Taverne geöffnet, und Ausflugsboote laufen die Bucht an.

Die Westküste des Peloponnes

Von Zakynthos bis Kythira

Das Bild, das vom N-Teil des Ionischen Meeres zurückbleibt, ist meistens die angenehme Erinnerung an schöne Segeltage zwischen wogenden grünen Inseln. Im Gegensatz dazu ist die Landschaft im S-lichen Teil des Ionischen Meeres wild und rauh. Hohe Bergrücken, die oft bis ins Frühjahr hinein mit Schnee bedeckt sind, begrenzen größtenteils schmale Küstenstriche, die, am Fuß der Berge gelegen, im Lauf der Zeit von den Sturzbächen der Schneeschmelze dort angespült wurden. Vom Zentrum des Peloponnes, der dünnbesiedelten Hochebene Arkadiens, verlaufen die Gebirgszüge unregelmäßig in alle Richtungen zum Meer, auch wenn die beiden mächtigsten, das Taygetos-Gebirge und der Parnon, sich nach S ziehen, wo sie im Kap Ak Tainaron bzw. Ak Malea enden.
Die Menschen, die in dieser rauhen Gebirgslandschaft leben, sind zäh und widerstandsfähig. Im Altertum war der Peloponnes als die »Insel des Pelos« (daher eben Peloponnisos bzw. Peloponnes) bekannt, dessen Lebensgeschichte (Pelos war ein Sohn des Tantalos) sich recht phantastisch liest: U. a. wurde er von seinem Vater in Stücke geschlagen und als Ragout für die Götter geschmort. Zeus machte ihn später wieder lebendig. Er errang die Macht auf der Insel, indem er den König Oinomaos beim Streitwagenrennen austrickste: Pelos entfernte die Bolzen der Räder am Wagen seines Kontrahenten – und gewann so die Tochter des Königs, Hippodameia, und die Herrschaft.
Mehr geschichtliche Substanz als der Mythos von Pelos beinhaltet die Tatsache, daß etwa 2000 v. Chr. die ersten griechisch sprechenden Menschen auf dem Peloponnes erschienen. Es war ein kriegerischer Stamm, der möglicherweise das Vorbild für die Heldenepen von Perseus und Perikles lieferte. Später übernahm die mächtige Stadt Mykene die Herrschaft, und noch später, etwa 850 v. Chr. traten die höchst kriegerischen Spartaner ins Rampenlicht der Geschichte. Das beachtliche Gebiet des antiken Spartas lag eingekeilt zwischen den Gebirgszügen des Taygetos und des Parnon. In einer Schlucht im Taygetos-Gebirge wurden schwache oder verwachsene Kinder, die nicht in die militärische Gesellschaft Spartas paßten, zum Sterben ausgesetzt. Vom antiken Sparta ist nur wenig erhalten geblieben, aber das Wort »spartanisch« ist in unser Vokabular als Bezeichnung für einen Lebensstil eingegangen.
An der Küste entlang zeugen Festungen und Kastelle, die an strategisch wichtigen Punkten wie Pylos, Methoni, Koroni und Kythira angelegt wurden, von der Bedeutung der peloponnesischen Küste als Teil der Handelsroute zwischen der Ägäis und Europa. Bevor der Kanal von Korinth gebaut wurde, verlief der Großteil des Handels zwischen E und W entlang dieser einsamen Küstenstriche. Wer also in der Lage war, diese Route zu kontrollieren, hatte gleichzeitig die Kontrolle über den Warenfluß von Gewürzen, insbesondere Pfeffer, Seide, wertvollen Metallen und Edelsteinen, Perlen, Opium, Parfum – eben allen exotischen Reichtümern des Orients nach Europa.
Die Venezianer und – in geringerem Maß – die Türken hinterließen bleibende Monumente. Oft sind ihre Festungsanlagen auf den Mauern weit älterer Siedlungen erbaut.
Selbst heutzutage geht ein größerer Teil des Schiffsverkehrs zum E-lichen Mittelmeer an diesen Küsten entlang anstatt durch den Kanal von Korinth. Möglicherweise ist die bedrohlich wirkende Geographie des Peloponnes daran schuld, daß vergleichsweise wenig Yachten vor diesen Küsten kreuzen. Ganz sicher haben sich die beiden Kaps Ak Tainaron und Ak Maleas im S des Peloponnes den Ruf erworben, kleine »Kap Hoorns« zu sein. Eigentlich ist das Wetter hier nicht schlechter als in vielen anderen Revieren der Ägäis, und es gibt hinreichend Häfen und Ankerplätze, die im Fall schlechten Wetters Zuflucht gewähren. Zudem ist man hier abseits des Touristenstromes, und Yachten mit schmalen Bordkassen sparen die Gebühren für den Kanal von Korinth.

Das Wetter im Süden des Ionischen Meeres

Zwischen Katakolon und Methoni, der N-lichen Hälfte des S-Ionischen Meeres, ist das Wetter mit dem im N vergleichbar: Um den Mittag herum brisen NW-liche Winde auf, die gegen Abend wieder abflauen. Manchmal kann der Wind mehr aus W als aus NW kommen und stärker wehen als die Bft 3 bis 5 im N des Ionischen Meeres.
In der S-lichen Hälfte des S-Ionischen Meeres kommt der Wind mehr aus W bis SW und kann abends länger anhaltend sein. Der Wind neigt dazu, in die weiten Buchten Messiniakos Kolpos und Lakonikos Kolpos hineinzuwehen, aber auch an den W-Seiten der Golfe können Fallböen auftreten. Ablandiger Wind tritt am Morgen selten auf. Im Gebiet des Kaps Ak Maleas und der Insel Kythira sowie manchmal im Golf Lakonikos Kolpos kann ein NE-Wind wehen, der zwar den ganzen Tag anhält, aber selten Stärke 4 erreicht, meistens zwischen Bft 2 bis 3 liegt. Von Oktober bis März/April herrschen Winde aus SE vor, auch wenn starke N-Winde in Begleitung nahegelegener Tiefdruckgebiete auftreten können.
Was das Wetter betrifft, so gibt es im S des Ionischen Meeres zwei Schwierigkeiten. Die erste hat mit den sehr hohen

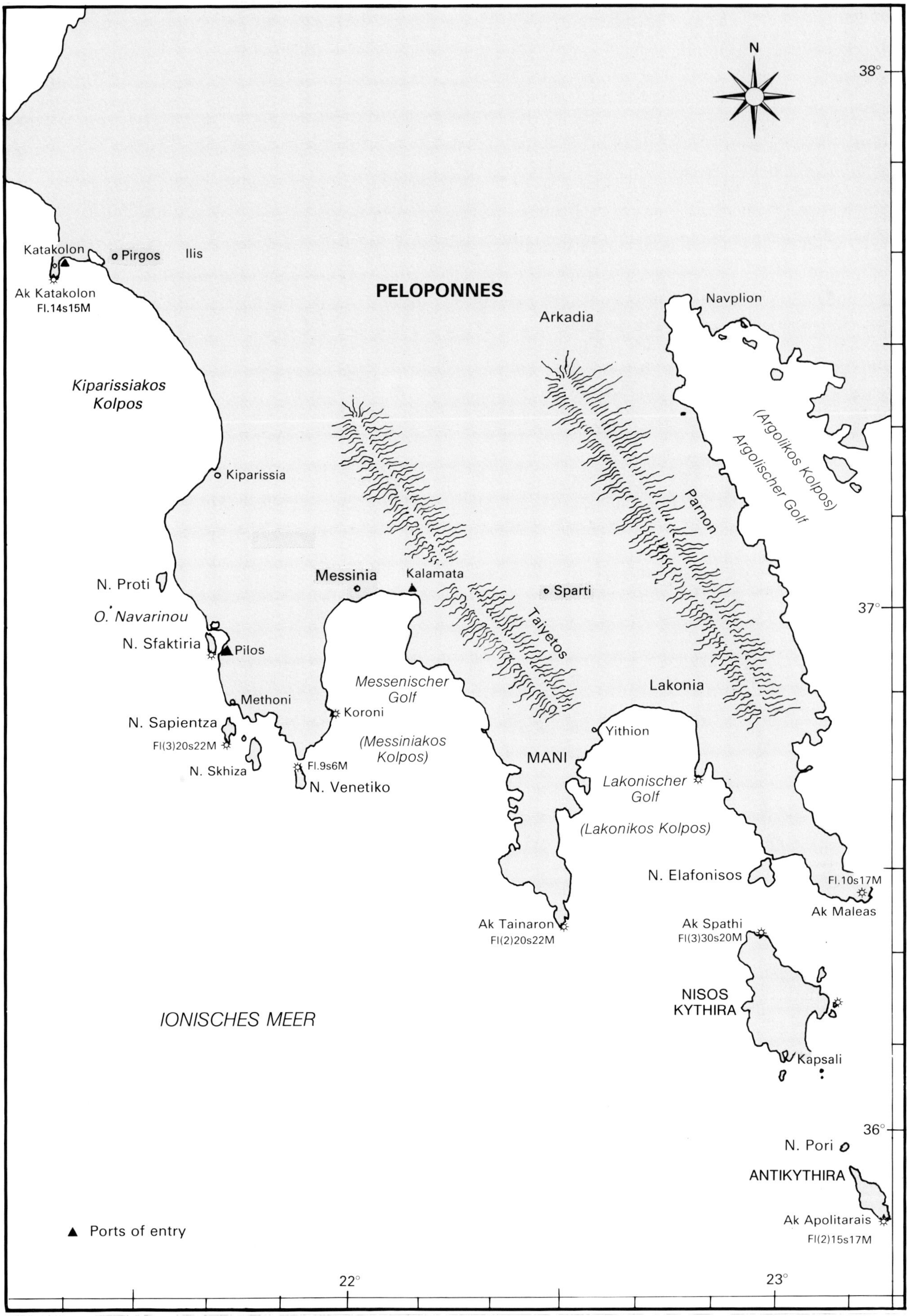
N
38°
37°
36°
22°
23°
Katakolon
Pirgos
Ilis
Ak Katakolon
Fl.14s15M
PELOPONNES
Navplion
Arkadia
Kiparissiakos
Kolpos
(Argolikos Kolpos)
Argolischer Golf
Parnon
Kiparissia
N. Proti
O. Navarinou
N. Sfaktiria
Pilos
Messinia
Kalamata
Sparti
Taiyetos
Messenischer
Golf
Lakonia
Methoni
Koroni
N. Sapientza
Fl(3)20s22M
(Messiniakos
Kolpos)
Yithion
N. Skhiza
Fl.9s6M
N. Venetiko
MANI
Lakonischer
Golf
(Lakonikos Kolpos)
N. Elafonisos
Fl.10s17M
Ak Maleas
Ak Tainaron
Fl(2)20s22M
Ak Spathi
Fl(3)30s20M
NISOS
KYTHIRA
IONISCHES MEER
Kapsali
N. Pori
ANTIKYTHIRA
Ak Apolitarais
Fl(2)15s17M
▲ Ports of entry

Gebirgszügen zu tun, an deren Lee-Seiten schwere Fallböen auftreten können. Insbesondere an den jeweils beiden Seiten der Kaps Tainaron bzw. Maleas gibt es harte Böen, die die Gebirgszüge und Kythira hinuntersausen. Nachts können Fallwinde auftreten, die ohne Vorwarnung kommen und recht stark sein können.
Das zweite Problem dieses Seegebietes liegt darin, daß im allgemeinen von sechs Tiefdruckgebieten, die über Griechenland hinwegziehen, sich drei über der Meerenge zwischen Ak Maleas und Kreta zusammenziehen. Folglich kann sich das Wetter um die S-Spitze des Peloponnes herum, besonders im Frühjahr und im Herbst, sehr plötzlich verschlechtern. Bei der Suche nach einer Schutzmöglichkeit sollte man immer daran denken, daß sich die starken sommerlichen S-Winde oft drehen und sich daher schnell in heftige N-Winde verwandeln. Dies trifft allerdings nicht ganz für das Frühjahr und den Herbst zu; dann kann ein starker S-Wind länger anhaltend sein und von einem nur schwachen N-Wind gefolgt werden. Im Sommer kann es um die Küsten herum zu Gewittern kommen, die von schweren Sturmböen begleitet werden. Diese Gewitter dauern aber nie sehr lange an. Im Sommer sind die Temperaturen geringfügig höher als im N des Ionischen Meeres. Eine Ausnahme bildet die Insel Kythira, auf der das Klima mehr dem von Kreta entspricht.

Wichtige Angaben

Ports of Entry

Katakolon
Plios
Kalamata

Sperrgebiete

Die Insel Nisis Schiza wird von der Luftwaffe als Schießplatz benutzt. Yachten sollten sich aus der unmittelbaren Umgebung dieses Gebietes fernhalten. Das Ankern vor der Insel sowie das Betreten sind verboten.

Die wichtigsten Leuchtfeuer

Ak Katakolon: Fl.4s15M
Nisis Stamphani: Fl(2)15s17M
Nisis Proti: Fl.1,5s6M
Nisis Pylos: Fl(2)10s7M
Ak Karsi (Nisis Sapientza): Fl.3s5M
Nisis Sapientza (SW-Gipfel): Fl(3)20s22M
Nisis Venetiko: Fl.9s6M
Ak Kitries: Fl(2)12s6M
Ak Tainaron (Kap Matapan): Fl(2)20s22M
Nisis Kranan(Gytheion): Fl(3)18s9M
Ak Xylis: Fl.3s5M
Ormos Vatika: Fl.3s6M
Ak Zovolo: Fl.7s8M
Ak Maleas: Fl.10s17M
Ak Spathi (Kythira): Fl(3)30s20M
Vr. Antidragonera (Kythira): Fl(3)15s6M
Ak Apolytarais (Antikythira): Fl(2)15s17M

Kurzübersicht

	Schutz	*Liegeplätze*	*Treibstoff*	*Wasser*	*Lebensmittel*	*Restaurants*	*Hafenplan*
Katakolon bis Ormos Navarinou							
Katakolon	A	A	A	A	B	B	•
Kyparissia	C	C	B	B	B	B	•
Nisis Proti	C	C	O	O	O	O	•
Ak Marathos	C	A	B	B	C	C	•
Pylos	C	AB	A	A	B	B	•
Pylos Yachthafen	A	AB	B	B	B	B	•
Messiniakos Kolpos (Messenischer Golf)							
Methoni	B	AC	B	B	B	B	•
Port Longo	B	C	O	O	O	O	•
Phinakunda	B	AC	O	B	C	B	•
Maratho	C	C	O	O	O	O	
Koroni	B	C	B	B	B	B	•
Petalidi	B	C	B	B	B	B	•
Kalamata	A	A	A	A	A	A	•
Kardamyli	C	C	O	O	B	B	•
Limeni	C	C	O	B	C	C	•
Dyros	O	C	O	B	O	C	•
Mezappos	C	C	O	B	C	C	•
Gerolimin	O	C	O	B	C	O	
Lakonikos Kolpos (Lakonischer Golf)							
Porto Kagio	B	AC	O	O	C	C	•
Ormos Skoutari	C	C	O	O	O	O	•
Gytheion	B	AB	A	A	A	A	•
Elaia	B	AC	B	B	B	C	•
Plitra	B	A	O	B	O	C	•
Nisos Elaphonisos	C	C	O	O	O	O	•
Elaphonisos	B	AC	O	B	B	C	•
Neapolis	C	AC	B	B	B	B	•
Kythira und Antikythira							
Pelagia	C	AB	O	B	C	C	
Nisis Makri	C	C	O	O	O	O	
A. Nikolaou	C	C	O	O	C	O	•
Ormos Kapsali	C	ABC	A	A	B	B	•
Ormos Potamos	O	C	B	O	C	C	•

Von Katakolon zur Bucht von Navarino

Steuert man den Golf Kyparissiakos Kolpos, der in der Antike den Namen »Golf von Arkadien« trug, aus N an, erscheint die Küstenlinie flach und ohne besondere Landmarken. Das Hinterland der sich weit ausdehnenden Bucht besteht größtenteils aus Salzmarschen, hinter denen flache Hügelketten liegen. Zum S-lichen Ende des Golfs steigen diese Hügel unvermittelt schroff zu einem Bergmassiv

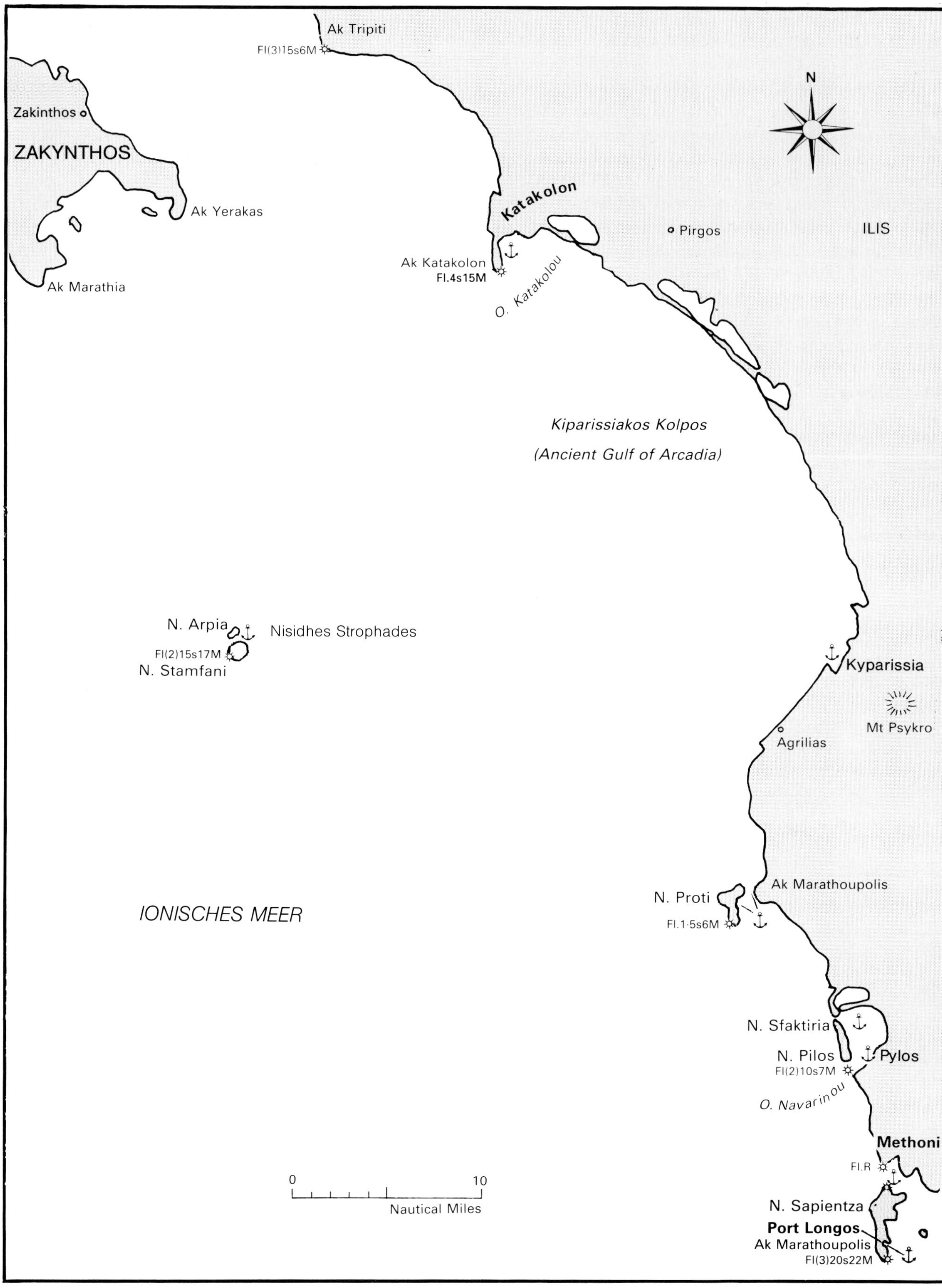

Von Katakolon bis Methoni.

hinter dem Ort Kyparissia an. Unmittelbar S-lich des Golfs liegt die große geschützte Bucht von Navarino – einem weiten Naturhafen, der ungefähr 3,5 mal 2 Seemeilen mißt. Ist das Wetter beständig, kann man vor dem N-lichen Ende ankern, entweder in der Nähe des Sikia-Kanals, der nicht schiffbar ist, oder weiter E-lich vor der flachen sandigen Festlandsküste. Von hier aus kann man die Insel Sphakteria erkunden, um die während des Peloponnesischen Krieges hart gerungen wurde, was man sich in der zerklüfteten, einsamen Landschaft leicht vorstellen kann. Die Eroberung der Insel, die vom athenischen Geschichtsschreiber Thukydides (ca. 455 bis 400 v. Chr.) überliefert wurde, gelang einer Gruppe von Athenern unter der Führung von Demosthenes, indem sie die etwa 400 Mann starke spartanische Streitmacht auf Sphaktiria belagerte. 292 Spartaner sollen sich ergeben haben: Damit wurde der Mythos zerstört, daß Spartaner stets bis zum Tode kämpfen würden.
Viele Jahre später wurde diese Bucht der Schauplatz der Schlacht von Navarion, die den griechischen Unabhängigkeitskrieg endgültig entschied.

Katakolon

WP 37°38,8'N 021°19,6'E (Q.R.) / Karten: D 658, BA 2404

Allgemeines
Katakolon wurde 1875 erbaut, als der Handel mit Rosinen und Korinthen prächtig gedieh. Heutzutage wird dieser Hafen von kleinen Frachtern und Kreuzfahrtschiffen angelaufen, die Katakolon als Ausgangsort für einen Besuch im nahegelegenen Olympia benutzen. Wenn man also einen Besuch des antiken Olympia plant, ist dies die beste Gelegenheit, seine Yacht zurückzulassen. Für gewöhnlich wird man bereits von Taxifahrern, die eine Fahrt zur antiken Stätte anbieten, angesprochen. Man kann sich aber auch ein Motorrad mieten, den Bus oder die Bahn bis Pirgos nehmen, dort umsteigen und so nach Olympia gelangen.

Ansteuerung
Auffällig: Der Leuchtturm auf dem Kap Ak Katakolon ist eine gute Landmarke, egal, ob man von N oder S kommt. Schon aus einiger Entfernung kann das flache Kap, dessen Form an die Tragfläche eines Flugzeugs erinnert, ausgemacht werden. Kommt man von N, kann man den Wellenbrecher und das Dorf erst sehen, wenn man das Kap Ak Katakolon gerundet hat, von S aber ist der Wellenbrecher leicht zu erkennen.
Nachts steuert man nach dem Feuer des Leuchtturms auf Ak Katakolon (Fl.4s15M) und dem Feuer auf dem Kopf des Wellenbrechers (Q.R.2M).

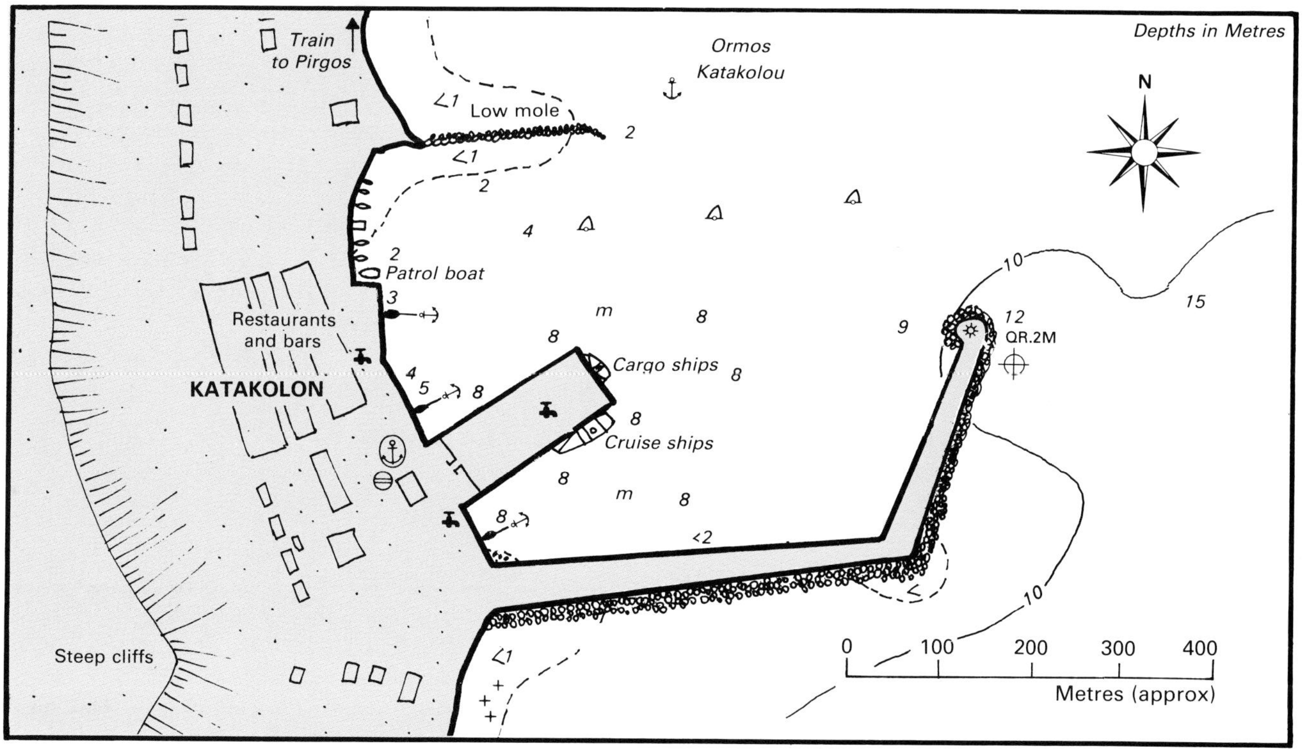

Katakolon.

Das Kap Ak Katakolon aus E.

Die Einfahrt in den Hafen Katakolon aus E.

Blick auf den Hafen Katakolon aus NW (Foto: Nigel Patten)

Blick vom Wellenbrecher auf den Hafen Kyparissia (Foto: Neville Bulpitt).

Gefahren: An der E-Seite von Ak Katakolon muß man sich von einem Riff und einer Untiefe freihalten. Man sollte mindestens 700 m Abstand zur Küste halten.
Hinweis: Die drei kleinen roten Spitztonnen an der N-Seite des Hafens markieren die Begrenzung der Fahrwasserrinne für große Schiffe. Sie liegen allerdings nicht immer an ihrem Platz.

Liegeplätze
Man macht mit Bug oder Heck zu beiden Seiten des zentralen Ladekais fest oder geht am Mittelkai längsseits. Man kann aber auch NE-lich der flachen Mole ankern. Der Grund besteht aus Schlick und Lehm, der ausgezeichnet hält.

Schutz: Vor den vorherrschenden Winden ist man gut geschützt. Bei unbeständigem Wetter macht man an der S-Seite des Ladekais fest.
Behörden: Da der Hafen Port of Entry ist, gibt es hier Zoll, Wasserschutzpolizei und Einwanderungsbehörde.

Versorgung
Wasser gibt es am Kai.
Treibstoff in der Stadt. Ein kleiner Tankwagen liefert aber auch direkt an den Kai.
Reparaturen: Der Ionian Yacht Services von Yannis Kalofonos kann Yachten bis zu 16 t aufslippen; größere Yachten können nach Vereinbarung aus dem Wasser genommen werden. Yannis benutzt einen Kran und einen speziell konstruierten Trailer, um die Yachten in die Werft zu bringen. Der einzige Nachteil besteht darin, daß der Mast gelegt werden muß. Reparaturen an der Mechanik und der Maschine können ausgeführt werden, ebenso kleine GFK- und allgemeine Reparaturen. Bewachung. Tel. 0621-21 353 (im Winter) und 0621-21 302 (im Sommer).
Lebensmittel: Ein begrenztes Angebot ist im Ort erhältlich, die besseren Versorgungsmöglichkeiten bestehen in Pirgos.
Restaurants: Zahlreiche Tavernen und für die Größe des Ortes eine ungeheure Zahl von Pizzerias.
Sonstiges: Post, Telefone, Bus- und Bahnverbindung nach Pirgos, Taxis und Motorrad-Vermietung.

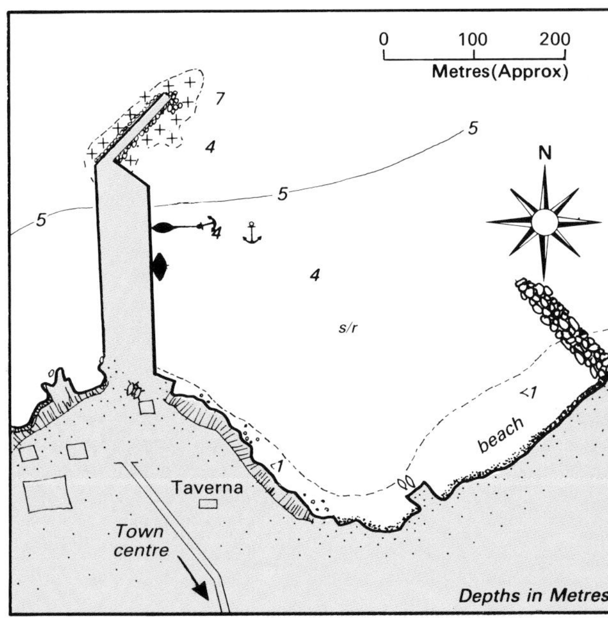

Kyparissia.

Kyparissia (Ormos Kyparissias)

37°15'N 021°41'E / Karten: D 658, BA 189

Allgemeines
Früher war Kyparissia ein wichtiger Hafen für das nahegelegene Messene, heute liegen hier – wegen des geringen Schutzes – nur noch wenige Fischerboote. Für Segler ist es schade, daß der Hafen so ungeschützt ist, weil die Stadt und die umliegende Landschaft wunderschön sind. Segelt man die Küste entlang, kommt man schnell zu der Überzeugung, daß man etwas versäumen würde, wenn man die Gelegenheit zu einem Landgang ungenutzt ließe.
Um Kapital aus den nahen Sandstränden zu schlagen, wurden hier ein paar neue Hotels gebaut.

Ansteuerung
Unterhalb des steilen Gipfels Psikro (1 350 m) ist die Stadt Kyparissia gut auszumachen. Von W kommend, ist eine Disneyland-Burg, die an der Strandpromenade von Agrilias (ca. 5 Seemeilen W-lich von Kyparissia) steht, ebenso auffällig wie deplaziert.
Nachts erleichtern hier keine Feuer die Navigation.
Gefahren: Bei starken NW- bis W-Winden wird es sehr kabbelig, weil der Schwell von den Küsten zurückgeworfen wird. Da der Schutz vor steifen NW- bis W-Winden ohnehin nicht der beste ist, sollte man sich nach einem anderen Schlupfloch umsehen.

Liegeplätze
Am Wellenbrecher gibt es einen Kaiabschnitt, an dem man mit Bug oder Heck zum Kai festmachen oder davor ankern kann. Im Hafen sind zahlreiche Dauermoorings ausgelegt, und an der Wasseroberfläche schwimmen diverse Festmacheleinen. Der Grund besteht aus hartem Sand, der mit ein paar Felsen durchsetzt ist, aber gut hält, wenn der Anker erst gefaßt hat. Der Schutz vor N- und W-Winden ist gerade ausreichend, aber selbst normale NW- bis N-Winde verursachen ungemütliche Dünung im Hafen. Bei starken Winden aus N sind die nächstgelegenen Ankerplätze, die Schutz bieten, die Bucht Ormos Navarinou oder Methoni. Bei N- oder W-Stürmen wird das Liegen im Hafen gefährlich. Berichte von Einheimischen, daß ein N-Sturm im Winter 1990 jedes Boot, das im Hafen lag, auf Grund setzte, sagen eigentlich alles.
Hinweis: E-lich des Hafens ist ein neues Hafenbecken gebaut worden. Obwohl es noch nicht vollständig fertig ist, kann es von Yachten schon benutzt werden. Man liegt dort gut geschützt.

Ormos Tavernas an der S-Küste der Insel Arpyia. Im Hintergrund ist das Kloster auf der Nachbarinsel Stamphani zu sehen (Foto: Nigel Patten).

Versorgung
Wasser bekommt man in der Taverne nahe des Kais.
Treibstoff 500 m weiter im Ort.
Lebensmittel: Gute Versorgungsmöglichkeiten in der Stadt.
Restaurants: Tavernen im Hafen und im Ort.
Sonstiges: Post, Telefonamt, Bank, Gas, Camping GAZ, Busverbindung nach Pilos und Patras.

Die Strophaden

Ungefähr 32 Seemeilen direkt W-lich von Kyparissia und 26 Seemeilen genau S-lich des Kaps Ak Gerakas auf der Insel Zakynthos liegen diese einsamen Inseln im Meer. Auf der Insel Stamphani steht ein Leuchtfeuer mit der Kennung Fl(2)15s17M. Auf Nisis Arpyia, der N-lichen Insel, bildet eine Kirche auf der N-Huk eine gute Landmarke. Der Leuchtturm und das Kloster von Nisis Stamphani sind gut auszumachen.
Früher unterhielten die Inseln ein wohlhabendes Kloster; heute lebt hier nur noch ein Mönch, der mit Hilfe eines Traktors ein bißchen Landwirtschaft betreibt: eine Herde Schafe, etwas Federvieh, Weinstöcke und ein bißchen Gemüseanbau.
Früher herrschte auf der Insel eine Kaninchenplage; Besucher, die die Insel erst kürzlich angelaufen haben, berichteten jedoch, daß eine Menge leerer Patronenhülsen herumlagen, Kaninchen aber nicht zu sehen waren.
Ormos Tavernas ist eine Bucht an der S-Seite von Nisis Arpyia. Die Ansteuerung dieses Ankerplatzes sollte nur

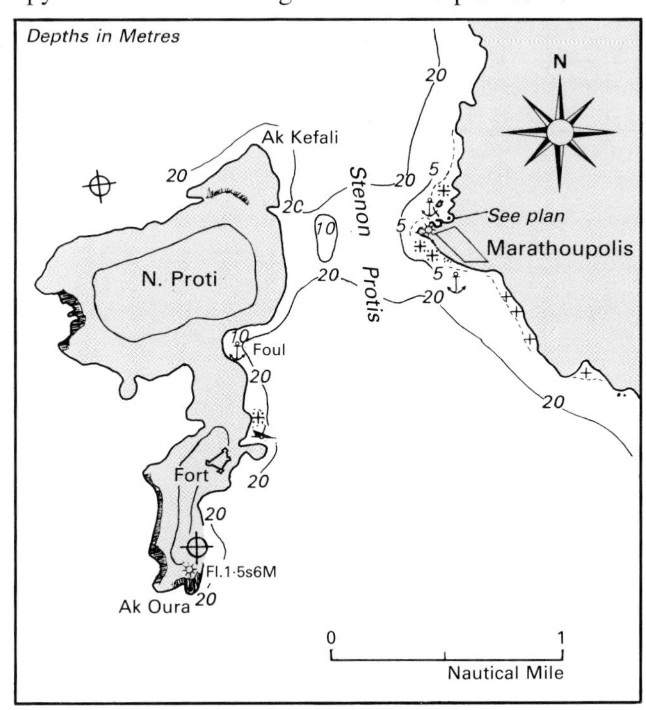

Stenon Protis.

Marathopolis an der Passage Diavlos Protis. Der kleine Caïquenhafen befindet sich an der N-Seite der Landzunge.

aus E erfolgen, da die W-Seite der Passage zwischen Arpyia und Stamphani mit Über- und Unterwasserfelsen gespickt ist. Man ankert auf 4 bis 10 m. Wasser bekommt man aus ein paar Quellen an Land.

Ormos Prasa: Diese Bucht an der S-Küste von Nisis Stamphani eignet sich nicht als Ankerplatz, weil die gesamte Küstenlinie eine einzige flache Felsklippe ist und der Meeresgrund durch große Fels- und Geröllblöcke unrein ist.

Hinweis: Bei unbeständigem Wetter sollte man nicht im Archipel bleiben, da sich das Meer bei Sturm um die Inseln herum in eine Art riesige »Waschmaschine« verwandelt; so wirbelt und braust es. Allein diese Vorstellung sollte einen dazu veranlassen, das Gebiet um die Inseln unverzüglich zu verlassen, sobald schlechtes Wetter heraufzieht.

Das Kloster auf der Insel Stamphani bildet eine gute Landmarke (Foto: Nigel Patten).

Nisis Proti und die Passage Diavlos Protis

WP 37°02'N 021°33'E (Fl.1,5s6M) / Karten: BA 207, D 677

An der E-Küste der Insel Proti gibt es nur eine kleine Bucht, die manchmal von Fischern aufgesucht wird, um sich vor Winden aus NW zu schützen. Man ankert auf 6 bis 10 m in der Bucht oder weiter S-lich an der N-Seite der kleinen Landspitze, wobei allerdings Vorsicht geboten ist, weil hier Überreste eines Wracks einen Teil der Bucht blockieren, was nach Verlautbarungen aber gut zu erkennen ist. Bei Winden aus NW steht Schwell in die Bucht und macht das Liegen ungemütlich, aber nicht gefährlich. An Land gibt es nur ein paar verlassene Häuser.

Einheimische Fischerboote ankern auch vor der SW-Seite des Ortes Marathopolis, wo man erstaunlicherweise recht guten Schutz vor den NW-Winden findet, auch wenn hier Schwell hineinsteht.

Hinweis: Das Feuer, das früher auf dem Kap Ak Marathopolis vor dem Ort brannte, befindet sich nun an der S-Spitze von Nisis Proti und hat die Kennung Fl.1,5s6M.

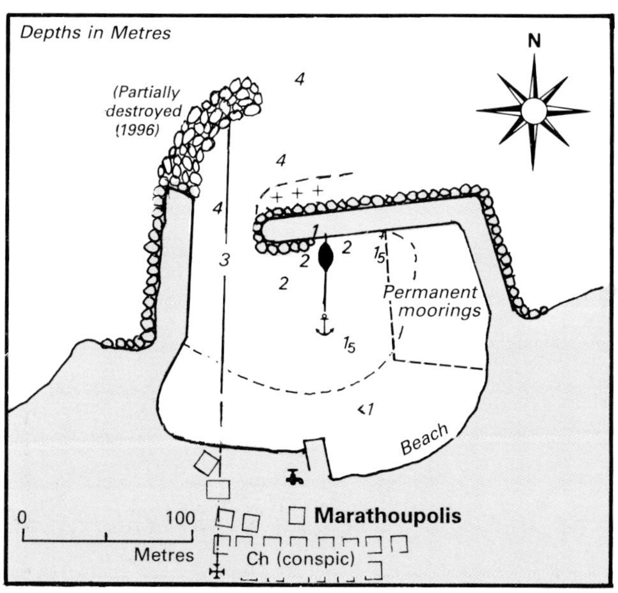

Marathopolis

Marathopolis

37°04'N 021°34,5'E

Allgemeines

Man kann das Dorf nicht gerade als besonders attraktiv bezeichnen, aber es wirkt heiter und unbeschwert, und seine Lage an der Meerenge ist einfach wunderbar.

Ansteuerung

Im NE der Passage, zwischen Proti und dem Festland, liegt dieser kleine Hafen im N des Kaps Ak Marathopolis, der für kleinere Yachten bis ca. 10 m Lüa geeignet ist. Die Einfahrt ist nicht ganz einfach, da felsige Untiefen die Passage an beiden Seiten flankieren. Am Tag steuert man den Ort am besten aus N an, wobei man ständig nach den Untiefen Ausschau hält.

Auffällig: Eine Kirche mit zwei blauen Kuppeldächern bildet eine gute Landmarke. Für die unmittelbare Einsteuerung in den Hafen bringt man die Kirche mit einem cremefarbenen Haus am Hafen in Linie.
Nachts: Da es hier keine Befeuerungen gibt, ist die Ansteuerung bei Nacht gefährlich.
Gefahren: Schon bei moderaten NW-Winden steht bereits ein beachtlicher Schwell in der Einfahrt, so daß Vorsicht geboten ist. Bei starken NW- bis W-Winden baut sich in den Ansteuerungen eine schwere See auf, und von einem Anlaufen des Hafens ist abzuraten.
Hinweis: Ein Teil der neuen Verlängerung der W-Mole ist kürzlich bei einem schweren Wintersturm zerstört worden. In der Nähe der Hafeneinfahrt ist daher Vorsicht geboten.

Liegeplätze

Am äußersten Ende der Mole, die im N des Hafens von E nach W verläuft, findet man 2 m Wassertiefe vor. Man macht mit dem Bug zur Mole gleich neben der Einfahrt fest. Die E-Seite des Hafens ist mit Dauermoorings versehen. Der Hafen ist mit Fischerbooten stets voll belegt, so daß es schwierig werden kann, einen Liegeplatz zu finden.
Schutz: Der Schutz bei mäßigen N- bis NW-Winden ist ganz ordentlich, bei Winden aus S ist er gut.

Versorgung

Wasser gibt es im Ort, Tavernen und ein begrenztes Lebensmittelangebot ebenfalls.

Pylos (Navarino)

WP 36°54,9'N 021°41,6'E (F.G.3M) / Karten: BA 2404, D 1092 Plan A, Imray G15

Allgemeines

Pylos wurde größtenteils von den Franzosen nach der Schlacht von Navarino im 19. Jh. erbaut. Auf einem schattigen Platz erinnert ein Denkmal an die drei Admirale, die Befehlshaber der Flotte, die den Sieg über die türkische Seemacht errang. Das Fort W-lich des Hafens, das von See her so gut auszumachen ist, wurde ursprünglich von den Venezianern erbaut und später von den Türken erweitert. Innerhalb seiner Mauern steht eine eindrucksvolle Moschee, die nun eine Kirche ist. Morgens ab 9.30 Uhr kann das Fort besichtigt werden.
Von Pylos aus sollte man einen Ausflug nach Epano Englianos und dem antiken Pylos machen, das als die mykenische Stadt des Königs Nestor angesehen wird. Tatsächlich ist davon nur noch wenig zu sehen: gerade mal die Grundmauern verschiedener Gebäude und einige Gegenstände, die nicht nach Athen geschleppt wurden.

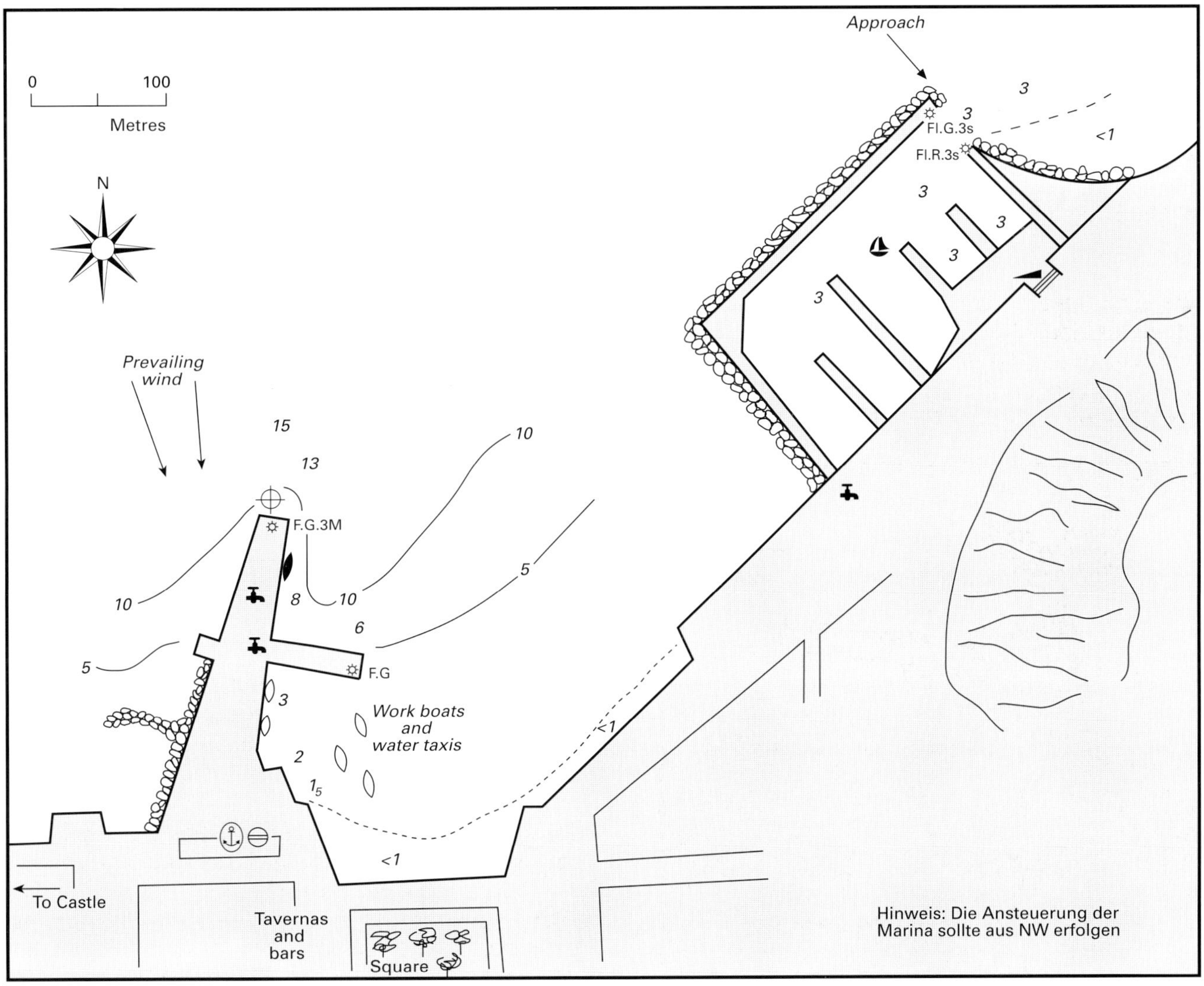

Pylos/Navarino.

Nisis Pylos aus E.

Pylos: die neue Marina aus W.

Ansteuerung
Auffällig: Die beiden Inseln Sphaktiria und Pylos sind leicht zu erkennen. Ein großer natürlicher Bogen im Fels von Nisis Pylos sowie der Leuchtturm und ein weißes Denkmal auf der Insel bilden gute Landmarken. Das große venezianische Fort mit der auffälligen Kirche auf der S-Seite der Einfahrt ist leicht zu erkennen, wenn man in die Bucht Ormos Navarinou einläuft. Beim Näherkommen wird die kleine Stadt Pylos sichtbar, und die Pier, die von der Stadt genau seewärts verläuft, ist ebenfalls gut auszumachen.
Nachts navigiert man nach dem Feuer auf Nisis Pylos (Fl(2)10s7M), dem Feuer auf Ak Neokastro vor dem venezianischen Fort (Fl.G.3s6M) und dem Feuer am Kopf der Pier (F.G.3M). Das Feuer auf der Insel Chelonisi (Fl.WR.3s4/2M) am N-Ende von Ormos Navarinou kann auch ganz hilfreich sein. Die Einfahrt der neuen Marina ist mit Fl.G.3s und Fl.R.3s befeuert.
Gefahren: Bei mittleren bis starken W-Winden baut sich in den Ansteuerungen von Ormos Navarinou eine schwere See auf. In der Bucht ist es vergleichsweise ruhig, aber es können schwere Fallböen von Nisis Sphaktiria in die Bucht stehen.
Hinweis: Ormos Navarinou wird von großen Schiffen zur Versorgung angelaufen. Auf ein- oder auslaufende Schiffe sollte man daher besonders achten. In der Bucht ankern gewöhnlich mehrere Schiffe.

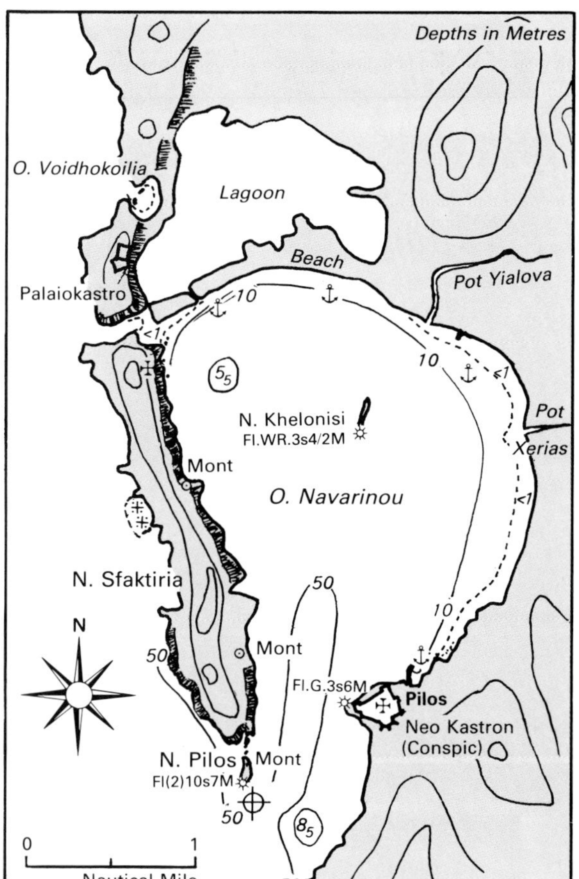

Ormos Navarinou.

Liegeplätze
Yachten machen in der neuen Marina fest, die unmittelbar NE-lich der Pier von Pylon gebaut wurde. Die Einsteuerung sollte unbedingt aus NW bis N erfolgen, keinesfalls aber aus W. In der Marina-Einfahrt beträgt die Wassertiefe 3,3 m, im Inneren größtenteils 3 m. Die Leinen der ausgelegten Mooringtonnen können am Kai aufgenommen werden. Von Yachten und ein paar wenigen Fischerbooten wird die Marina bereits seit mehreren Jahren benutzt.
Schutz: Der Schutz in der Marina ist gut.
Behörden: Pylos ist Port of Entry. Zoll, Wasserschutzpolizei und Einwanderungsbehörde sind alle zusammen in dem Gebäude am Fuß der Pier untergebracht.

Versorgung
Wasser bekommt man an der Hauptpier und nahe der Marina.
Treibstoff ist in der Stadt erhältlich, kann aber auch von einem Tankwagen in die neue Marina oder an die Pier geliefert werden.
Reparaturen: 20-t-Kran in der Marina. Begrenzte Reparaturen an der Mechanik sind möglich.
Lebensmittel: Gute Versorgungsmöglichkeiten.
Restaurants: Um den Hafen herum und in der Stadt gibt es zahlreiche Tavernen.
Sonstiges: Post, Telefonamt, Gas und Camping GAZ, Busse nach Methoni, Kalamata und Kyparissia.

Der N-liche Teil von Ormos Navarinou

Im N-lichen Teil der Bucht kann man ankern, wo es einem gefällt. Der Grund, der aus Sand und Schlick besteht, hält gut, wenn der Anker erst gefaßt hat, was aus verschiedenen Gründen schwierig werden kann. Der Grund steigt sehr schnell zu den Sandstränden am Ufer hin an, so daß man auf 8 bis 10 m liegt. Guter Schutz vor den vorherrschenden Winden, die von NW bis N in die Bucht hineinwehen. Wenn der Wind gegen Abend abgeflaut ist, kann das Liegen hier trotzdem ungemütlich werden, weil der letzte Schwell durch die Einfahrt in die Bucht hineinsteht. Im Sommer haben verschiedene kleine Snackbars geöffnet, ansonsten gibt es hier kaum etwas. Von einem Ankerplatz im NW der Bucht aus kann man der Insel Nisis Sphaktiria einen Besuch abstatten. Eine flache Barre verschließt die N-liche Einfahrt zur Bucht, daher ist es möglich, über die Barre zur Insel hinüberzuwaten.

Wenn der persönliche Schwung ausreicht, kann man auch den Gipfel des Kaps Ak Koryphasion erklimmen, auf dem eine venezianische Burg steht, die vom Ankerplatz aus gut zu sehen ist. Die Burg wurde auf den Ruinen einer früheren fränkischen Burganlage erbaut sowie den Ruinen des »zweiten« Pylos, das hier stand, nachdem das »erste« bei Englianos rätselhafterweise durch ein Feuer zerstört wurde. Es gibt hier nichts zu sehen, auch wenn die Höhle, die ganz in der Nähe liegt, Nestors Höhle getauft wurde.

Die Seeschlacht von Navarino

Zu einer Zeit, in der die griechischen Streitkräfte während des Unabhängigkeitskrieges auf einem Tiefpunkt angekommen waren, veränderte das Gefecht in der Bucht von Navarino die gesamte Lage und entschied den Krieg definitiv.

Am 6. Juli 1827 einigten sich Großbritannien, Rußland und Frankreich im Londoner Vertrag darauf, daß Griechenland unabhängig werden sollte – allerdings unter türkischer Oberhoheit. Das Ergebnis dieser Winkelzüge erlaubte den drei Mächten eine bewaffnete »Vermittlung« ihrer Flotten, um die Einhaltung des Vertrages zu garantieren. Die Griechen stimmten den Bedingungen des Vertrages zu, die Türken lehnten ihn ab. Am 20. Oktober 1827 lief die vereinigte europäische Flotte zu einer Machtdemonstration in die Bucht von Navarino ein, wo sich die türkisch-ägyptischen Seestreitkräfte versammelt hatten. Die vereinigte europäische Flotte war zahlenmäßig unterlegen (26 europäische Schiffe mit 1 270 Kanonen gegenüber 87 türkisch-ägyptischen Schiffen mit 2 450 Kanonen) und eigentlich befanden sich deren Länder nicht im Krieg mit der gegnerischen Flotte...

Die Schiffe der türkisch-ägyptischen Flotte ankerten in einem Dreiviertelkreis hinter der Einfahrt. Theoretisch gesehen eine Falle, der ein Schiff, das hineinlief, nicht entkam, da es von allen Seiten unter Feuer genommen werden konnte, bevor es wenden und flüchten konnte. Admiral Codrington ließ seine Flotte einlaufen, derweil auf den Decks Kapellen spielten und die Kanonenpforten nur halb geöffnet waren. In der Mitte der Falle ließ er ankern. Ein Schuß, von einem ägyptischen Schiff abgefeuert, löste die Schlacht aus, die vor Anker ausgetragen wurde und unerbittlich den ganzen Nachmittag und die folgende Nacht tobte. Codrington gewann schließlich, weil die europäischen Soldaten in der Hitze der Schlacht ihre Aufgaben an den Kanonen besser bewältigten als ihre Gegner. Sir Codrington wurde für seine Tat nicht zur Rechenschaft gezo-

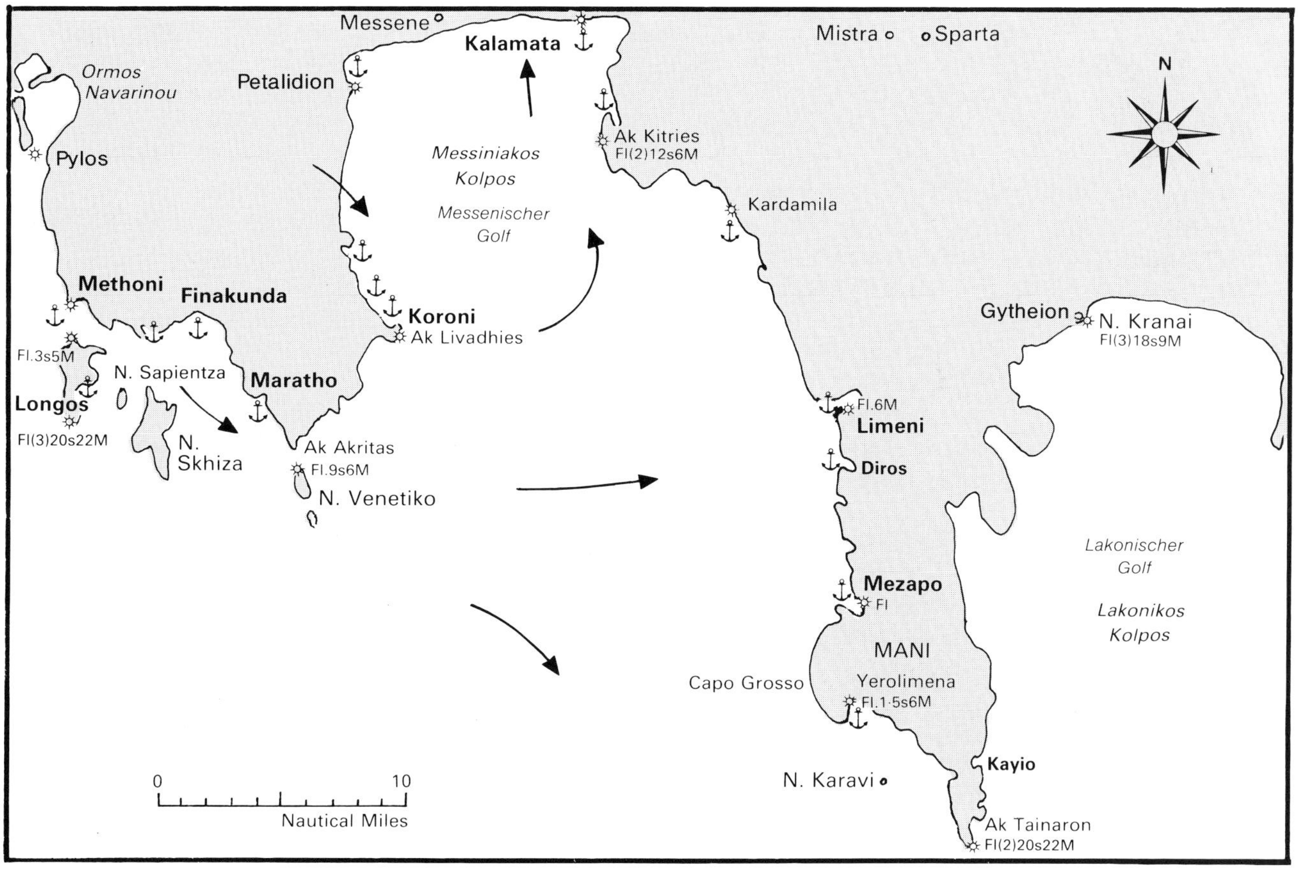

Der Messenische Golf (Messiniakos Kolpos). Die Pfeile zeigen die Hauptwindrichtungen an.

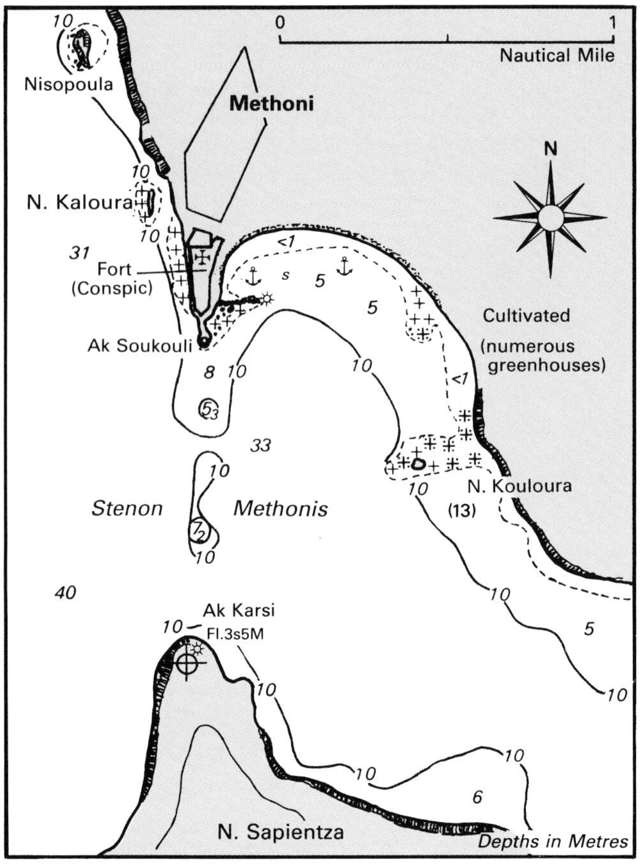

Stenon Methonis.

gen, auch wenn die britische Regierung ihr Bedauern über diesen Vorfall ausdrückte. Frankreich stürzte sich auf die verbliebene Opposition auf dem Peloponnes, und am Ende war Griechenland frei.

Die Reede von Methoni und der Messenische Golf

5 Seemeilen weiter S-lich von Ormos Navarinou liegt die einst bedeutende Hafenstadt Methoni, die von einem riesigen Kastell überragt wird, hinter einer kleinen Landspitze versteckt. Folgt man dem Küstenverlauf rund weitere 12 Seemeilen, öffnet sich zwischen der Insel Nisis Venetiko und dem Kap Ak Tainaron (Kap Matapan) der weite Messenische Golf (Messiniakos Kolpos). An der W-Seite begrenzen vergleichsweise »zahme« Gebirgszüge den Golf. Die größtenteils grünen und bewaldeten Hänge ziehen sich bis hinunter zu feinen Sandstränden. In den Sommermonaten bieten die Häfen Koroni und Petalidi recht guten Schutz. Im Scheitel des Golfs erstrecken sich die flachen Marschen der Makaria-Ebene, an deren E-lichem Ende sich die große Hafenstadt Kalamata befindet. Das Taigetos-Gebirge, das sich S-lich zur Halbinsel Mani erstreckt, wo es im Kap Ak Tainaron endet, erhebt sich hoch über der Stadt (2307 m). Tainaron, das auch Matapan genannt wird, ist das antike Tenaron, das als Zugang zur Unterwelt angesehen wurde. Und bei all dem, was so um das Kap herumliegt, kann es für Skipper auch das Ende der Welt werden. Tainaron ist beinahe das S-lichste Kap

Das venezianische Kastell und der türkische Festungsturm in Methoni aus NE.

Europas, nur das Kap Tarifa in der Einfahrt der Straße von Gibraltar liegt noch 14 Seemeilen S-licher.

Methoni

WP 36°48,7'N 021°42,5'E (Fl.R.3s3M) / Karten: BA 1683, Imray G15

Allgemeines

Der Hafen, der zu einer riesigen Festungsanlage gehört, zählt mit seinen Sandstränden zu den schönsten Häfen an der W-Küste des Peloponnes. Schon Homer erwähnte Methoni als »reich an Weinen«; später machten die Venezianer die Weine und Schinken der Region berühmt. Auch heute noch wird das Hinterland intensiv bebaut, und man kann bei der Ansteuerung des Hafens oft das Glas der Gewächshäuser in der Sonne blitzen sehen.

Das venezianische Kastell bewachte früher die Schifffahrtsroute um den Peloponnes herum; Methoni und Koroni wurden deshalb auch »die Augen der Republik« genannt. Später eroberten es die Türken, und Cervantes, der Autor des berühmten »Don Quixote«, saß hier als Gefangener ein. Der Zugang zum Kastell, das von 10.00 bis 16.00 Uhr zu besichtigen ist, befindet sich an der NE-Mauer.

Ansteuerung

Auffällig: Das venezianische Kastell sowie ein türkischer Turm auf dem Kap Ak Sakkouli sind markante Landmarken, wenn man von N oder S kommt. Die Silhouette des türkischen Turms ist unverwechselbar. Von W und S aus ist der Leuchtturm auf der S-Huk der Insel Nisis Sapientza leicht auszumachen. Hat man die Reede von Methoni erst erreicht, ist der kleine Hafen gut zu erkennen. *Nachts* richtet man sich nach dem Feuer auf der S-Huk von Nisis Sapientza (Fl(3) 20s22M), dem Feuer auf Ak Karsi im N von Sapientza (Fl.3s5M) sowie dem Feuer am Kopf des Wellenbrechers (Fl.R.3s3M).

Gefahren: Bei Winden aus W-lichen Richtungen wird die See zwischen Ak Sakkouli und Ak Karsi schnell kabbelig, aber auf der kurzen Strecke zur Reede von Methoni beruhigt sie sich wieder.

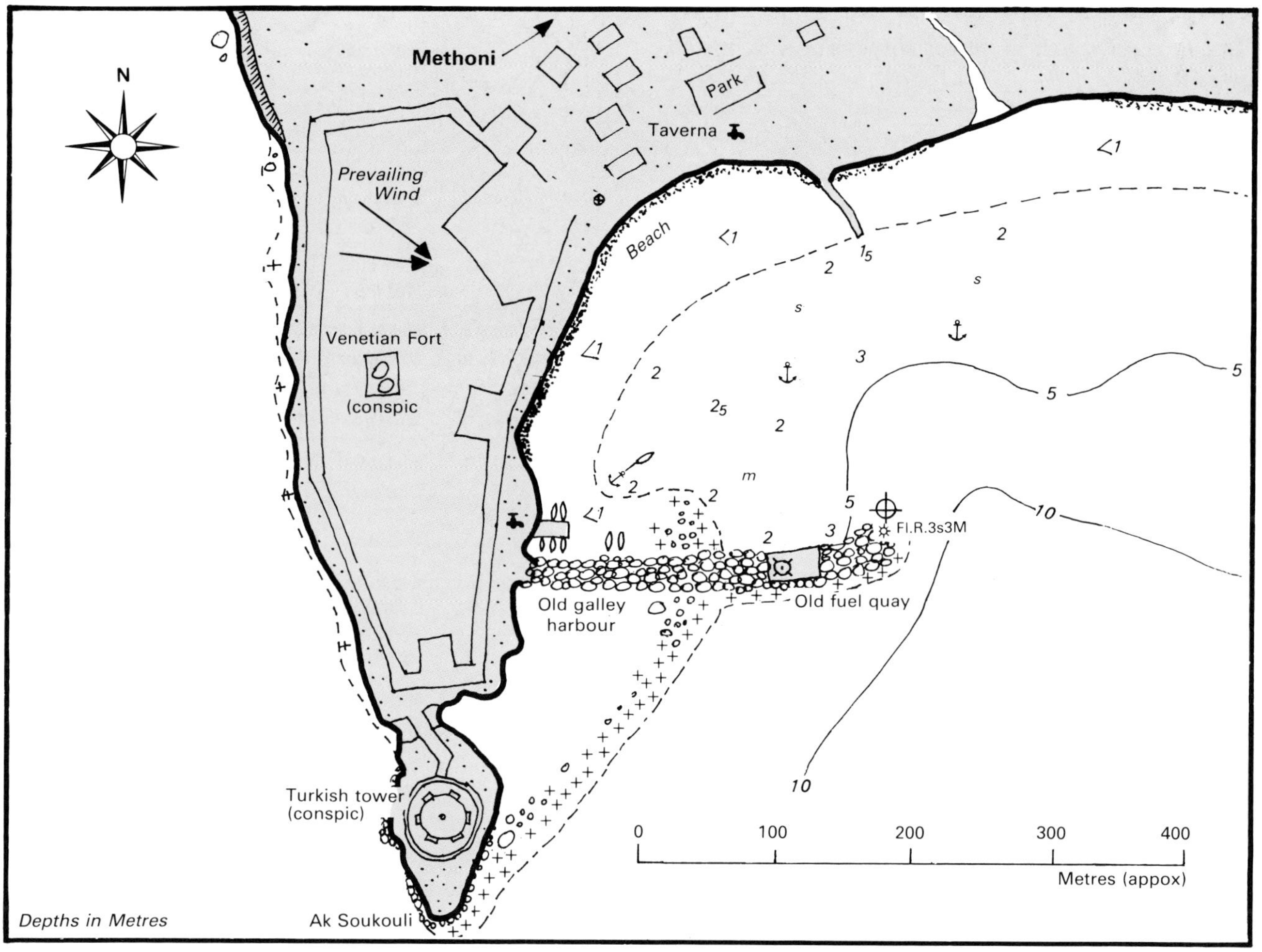

Methoni.

Nisis Sapientza: Blick vom Leuchtturm auf Longos (Foto: Neville Bulpitt).

Von Nisis Kouloura verläuft ein Riff, von dem man sich gut freihalten muß, nach W. Normalerweise brechen sich die Seen darüber.
Reichlich Abstand sollte man auch von der Insel Schiza halten, die von der Luftwaffe als Schießplatz benutzt wird.

Liegeplätze
Man ankert im Schutz des Wellenbrechers. Der Grund besteht aus Schlick oder Sand, N-lich des Wellenbrechers zumeist Sand, der gut hält.
Schutz: Außer vor starken SE-Winden ist man hier gut geschützt.

Versorgung
Wasser gibt es am Fuß des Wellenbrechers oder am Strand.
Treibstoff erhält man in der Stadt, etwa 500 m vom Strand entfernt.
Reparaturen: Begrenzte Reparaturen an der Mechanik.
Lebensmittel: Gute Versorgungsmöglichkeiten in der Ortschaft.
Restaurants: Verschiedene Tavernen am Strand und im Ort.
Sonstiges: Post, Telefonamt, Gas und Camping GAZ, Busverbindung nach Pylos.

Longos

36°45,5'N 021°42'E

Im SE der Insel Nisis Sapientza befindet sich in einer einsamen Bucht der Hafen Longos. Der Leuchtturm ist schon von weitem auszumachen. Die E-Seite der Bucht wird neuerdings von einer Fischzuchtanlage beansprucht, trotzdem finden etwa 3 bis 4 Yachten Platz zum Ankern. Im S-lichen Teil der Bucht ankert man auf 5 bis 6 m über sandigem Grund und liegt gut geschützt. Starke E-liche Winde verursachen jedoch Schwell in der Bucht.
Über einen Trampelpfad kann man von der Bucht aus zum Leuchtturm gelangen, der nun von einer beeindruckenden Anlage mit Solarzellen umgeben ist. Da Griechenland erst verhältnismäßig spät damit begonnen hat, seine Leuchtfeuer zu modernisieren, konnte man verschiedene technische Entwicklungen überspringen und die Feuer, die größtenteils mit Gasflaschen betrieben wurden, direkt auf Solarbetrieb umstellen.

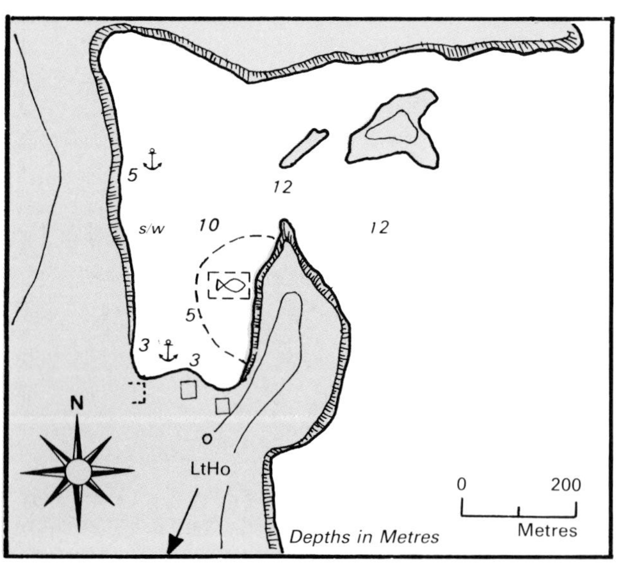

Longos.

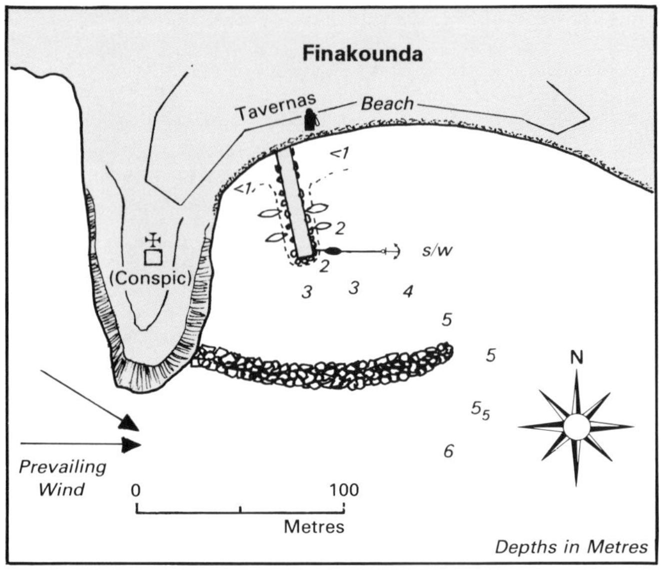

Phinakunda.

Nisis Schiza

Die Insel ist ein militärisches Sperrgebiet, das die Luftwaffe als Übungsplatz für Bombenabwürfe benutzt. Nur wer den Nervenkitzel liebt, den in Masthöhe herandonnernde F 111s auf Bombardierungsflügen auslösen, sollte sich der Insel nähern. Alle anderen sind gut beraten, sich von der gesamten Insel fernzuhalten. Übrigens benutzt die Luftwaffe echte Bomben und Raketen.

Phinakunda

Ungefähr 5 Seemeilen E-lich des Kaps Ak Karsi auf der Insel Sapientza liegt der kleine Hafen Phinakunda in der gleichnamigen Bucht. Der Ort, der sich am Rand des Strandes entlangzieht, ist leicht zu erkennen, wenn man in die weite Bucht

Die W-liche Einfahrtshuk, Ak Akritas, des Messenischen Golfs aus E.

einläuft. Eine auffällige Landmarke bildet eine Kirche, die auf der Landspitze steht, die den Hafen schützt. Beim Näherkommen wird ein grober Wellenbrecher sichtbar. Es gibt keinerlei Befeuerung. Vorherrschende Winde, die aus W-lichen Richtungen kommen, verursachen oft beträchtlichen Schwell, der durch die Einfahrt in den Hafen steht.
Man macht mit Bug am Kopf der Pier fest oder geht im Schutz des Wellenbrechers vor Anker und ist vor den vorherrschenden W-Winden gut geschützt. Der Hafen ist jedoch nach Süden hin offen.
Treibstoff ist in der kleinen Ortschaft unweit der neuen Pier erhältlich. Es gibt zahlreiche Tavernen und ein begrenztes Lebensmittelangebot. Die einstige Stille des Fischerdorfs wurde durch den Bau eines Wassersportzentrums zerstört. Phinakunda hat aber seinen sympathischen Charakter behalten. Die Umgebung des Dorfes, dessen Häuser sich dicht um den Strand zusammendrängen, ist mit seinem fruchtbaren Hinterland und den steilen Felsvorsprüngen einfach wunderschön.

Maratho

3,5 Seemeilen NW-lich von Ak Akritas befindet sich diese winzige Bucht. Aus der Entfernung ist diese Einbuchtung schwer auszumachen. Der Sandstrand, der sich um den Scheitel der Bucht zieht, ist aber zwischen den Felsen zu beiden Seiten zu sehen. Vor der N-Seite der Einfahrt liegen überspülte Felsen, von denen man sich gut freihalten muß. Man ankert auf 2 bis 4 m über Schlick und Sand, der gut hält. Der Schutz vor W-lichen Winden sowie Winden aus N bis E, die gelegentlich aus dem Messiniakos Kolpos wehen, ist ganz ordentlich.

Koroni

WP 36°48,1'N 021°57,6'E (Fl.R.1,5s3M) / Karten: D 677, BA 1683, Imray G15

Allgemeines
Koroni ist sehr reizvoll an steilen Hängen unterhalb und innerhalb eines venezianischen Forts gelegen und hat noch einige schöne alte Häuser zu bieten. Zuwanderer aus dem antiken Korone (Coron), das heute Petalidi heißt, gaben der Stadt ihren Namen. Die Venezianer erkannten sofort, daß die Landspitze von Koroni der ideale Platz für Verteidigungsanlagen war, die ihre Handelsroute um den Peloponnes herum wirkungsvoll schützen konnten.

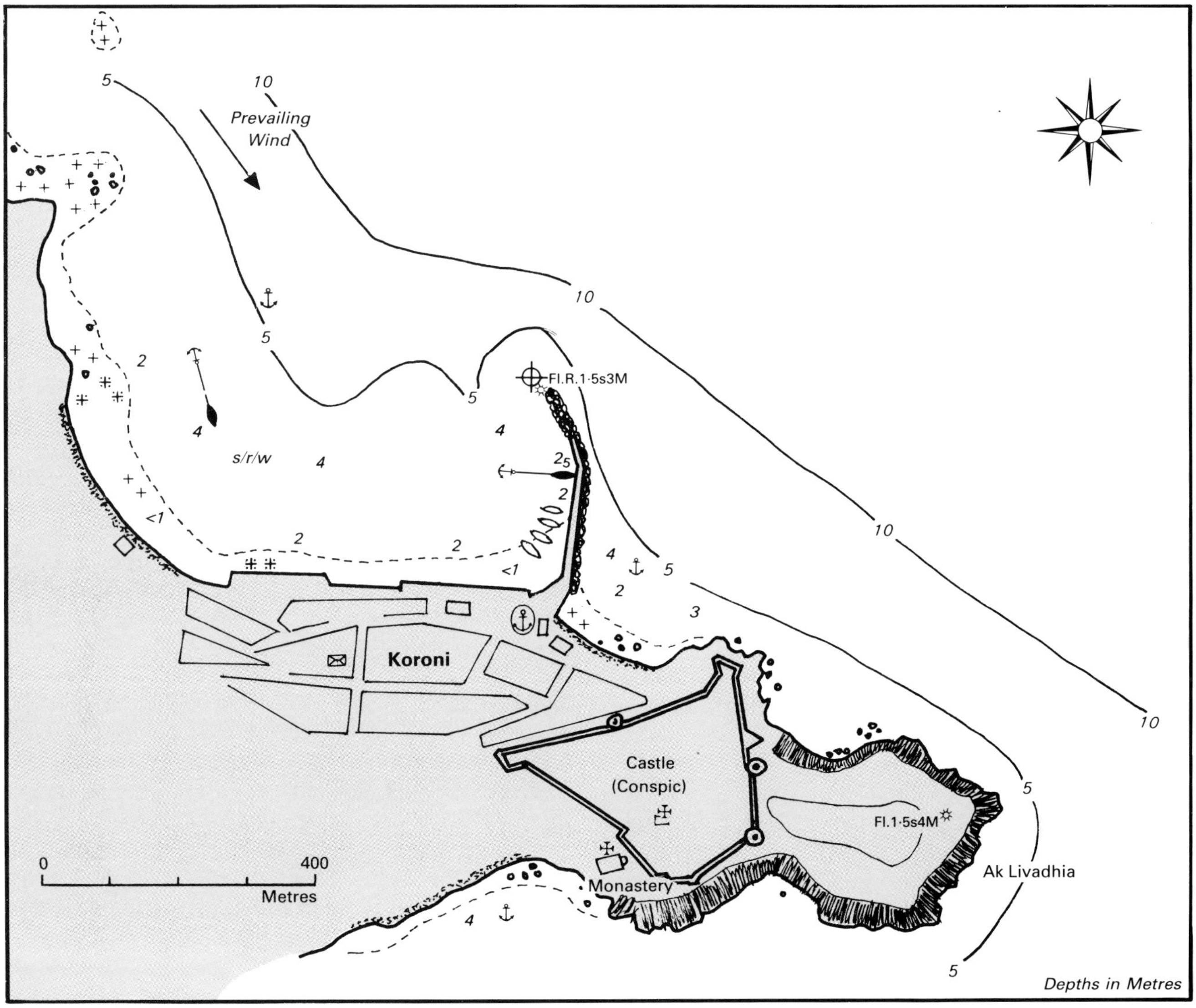

Koroni.

Blick vom venezianischen Kastell über den Hafen Koroni (aus SE)

Das Fort ist größtenteils unversehrt geblieben, teilweise besteht es aus Mauerwerk, das aus der antiken Stadt Asine, die ganz in der Nähe lag, stammt. Das Kastell, das heute teilweise von einem Kloster genutzt wird, ist stark überwuchert und ein wundervoll friedlicher Ort.
Von der Hafenmole aus verläuft eine Straße zu seinem wuchtigen Eingangstor, das am E-lichen Ende des Ortes ist. Neben Methoni war dies für die Venezianer das zweite »Auge der Republik«.
Auf der Hafenpromenade muß man an einigen Stellen mit Geruchsbelästigungen rechnen, weil hier Abwasserrohre ihren Inhalt in den Hafen ergießen.
Abends ist die Promenade recht belebt: Einheimische spazieren hier entlang, und ein paar Touristen sitzen in den umliegenden Tavernen. Einige Restaurants (»Ouzerien«) haben sich auf Tintenfisch spezialisiert, der über Holzkohlenfeuern gegrillt wird.

Ansteuerung
Auffällig: Wenn man von N oder S kommt, bildet das Kastell auf der Landspitze eine gute Landmarke. Von N aus sind auch die Häuser von Koroni unterhalb der Burg gut auszumachen. Von S kommend, sind die Häuser auf dem Bergrücken sowie um die Bucht herum zu sehen; der Hafen ist erst auszumachen, wenn man das Kap Ak Leivadies gerundet hat.
Nachts richtet man sich nach dem Feuer auf Ak Leividies (Fl.1,5s4M) und dem Feuer auf dem Kopf des Wellenbrechers, der den Hafen schützt (Fl.R.1,5s3M).

Liegeplätze
An der W-Seite der Bucht ankert man auf 2 bis 5 m Tiefe. Da der Grund, der größtenteils aus Schlick, Sand und Seegras besteht und gut hält, nur ganz sanft ansteigt, kann man sich an die Küste herantasten, bis man einen geeigneten Platz gefunden hat, an dem man den Anker fallen läßt. Große Felsbrocken machen den Grund unrein, und man sollte sich vorsehen, einem dieser Felsen zu nahe zu kommen. Auf der Mole verläuft ein Fußweg aus Beton, vor

Die Festung von Koroni wurde von den Venezianern „das Auge und Ohr der Republik" genannt.

dessen Ende Yachten auf etwa 2 m Tiefe mit dem Bug festmachen können, was aber nicht besonders ratsam ist, weil die vorherrschenden Winde genau auf die Mole stehen und der Grund mit Dauermoorings übersät ist.
Schutz: Der Schutz vor den vorherrschenden Winden, die normalerweise von S über die Landspitze hinwegwehen oder von den Bergen von NW bis W kommen, ist gut. Nachts kann ein NE-Wind das Liegen unangenehm, aber nicht gefährlich machen.
Ankerplätze: Bei ruhigem Wetter oder leichten W-lichen Winden kann man vor der E-Seite des Wellenbrechers ankern. Ein sehr idyllischer Platz unterhalb der Festung!
An der S-Seite der Landzunge, die im Kap Ak Leivadies ausläuft, kann man vor einem wundervollen Strand ankern. Der Strand, der sich hier an der Küste entlangzieht, ist bei den Einheimischen im Sommer sehr beliebt.

Versorgung
Wasser ist nicht leicht zu bekommen, kann aber von einem Tankwagen geliefert werden.
Treibstoff ist etwa 1,5 Kilometer vom Dorf entfernt erhältlich.
Lebensmittel: Gute Einkaufsmöglichkeiten im Ort.
Restaurants: Tavernen und Ouzerien am Hafen.
Sonstiges: Post, Telefonamt, Bank, Gas und Camping GAZ. Regelmäßige Busverbindungen nach Kalamata.

Von Koroni bis Petalidi

Zwischen Koroni und Petalidi ist die Küste wunderschön bewaldet, und eine ganze Anzahl verlockender Buchten mit sandigen Stränden lädt bei beständigem Wetter zum Ankern ein. Zu Homers Zeiten war dieser Landstrich ein Teil des antiken Messene, das später von den Spartanern erobert wurde. Viele Messener flohen damals nach Sizilien. Ihre Nachkommen eroberten das Land ihrer Väter zurück und nannten es wieder Messana, also das heutige Messina mit der Straße von Messina.

Ormos Petalidi

WP 36°57,6'N 021°56,2'E (Fl.4s4M) / Karten: D 677, BA 189

Im NW des Golfs liegt diese reizvolle, geschützte Bucht. Von der sandigen Landspitze aus wurde eine kurze grobe Mole aufgeschüttet, die in NE-licher Richtung verläuft und die Bucht bis auf starke Winde aus NE und E schützt. Eine Kirche, ein zweigeschossiges Haus sowie das Leuchtfeuer bilden gute Landmarken. Wo es einem gefällt, ankert man auf 2 bis 4 m Tiefe über gut haltendem Sand. Wasser und Treibstoff sind in der Stadt erhältlich. Aus den beiden Leitungen, die sich unmittelbar N-lich der alten Betonpfeiler befinden, fließt wunderbar frisches Bergquellwasser. Tavernen und gute Versorgungsmöglichkeiten. Die alte Ortschaft ist einen Besuch wert.

Hinweis zum Wetter
Im Spätsommer bilden sich oft dunkle Wolken über der Makaria-Ebene im Hinterland von Kalamata, dem Taige-

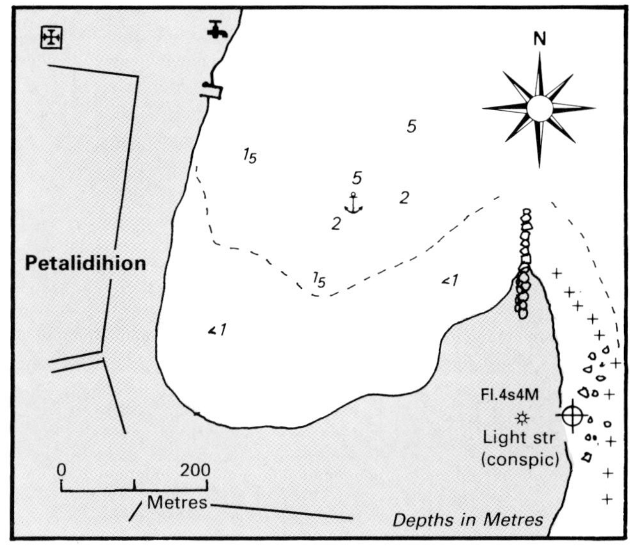

Petalidi.

tos-Gebirge sowie der Halbinsel Mani. Auch wenn diese Wolken recht bedrohlich wirken, bleibt es meistens trocken. Gelegentlich gibt es aber doch etwas Regen, der dann mit heftigen Böen einhergeht. Nach Meinung der Bewohner von Kalamata dauert der Sommer hier von Mai bis August.
Manchmal beeinflußt das Wetter über dem Festland auch das Wetter weiter draußen im Messenischen Golf, so daß dort Böen auftreten können. Normalerweise kommt der vorherrschende Wind aus W und weht bis in den untersten Teil des Golfs, wird dort abgelenkt und weht nun aus SW, um dann schließlich in Kalamata aus S zu kommen.

Kalamata

WP 37°01,3'N 022°07,2'E (Fl.R.3M) / Karten: D 677, BA 2404, Imray G15

Allgemeines
Früher war Kalamata der Haupthafen des Peloponnes, nun aber ist die Handelsschiffahrt zurückgegangen, und Stadt und Hafen wirken eher unscheinbar als unattraktiv. Die schweren Schäden des letzten Erdbebens sind noch nicht ganz beseitigt, so wirken Teile der Stadt heruntergekommen, während andere wiederaufgebaut wurden.
Die Stadt hat einige Überraschungen parat: Spaziert man von der W-Seite des Hafenbeckens geradeaus zur Stadtmitte, kommt man zu einem Park, durch den man fast bis zum Zentrum gehen kann. Im Park befindet sich der alte Bahnhof, und um ihn herum stehen zahlreiche restaurierte Lokomotiven und Waggons aus allen Epochen: für Eisenbahnfans also ein absolutes Muß und ein amüsanter Spaziergang für Neugierige.
Während der Frankenherrschaft war Kalamata die Hauptstadt dieser Region. Der grausame Guillaume de Villehardoui (1218–1287) wurde hier geboren und starb auch hier. Oberhalb der Stadt sind die Überreste seiner Burg zu sehen, die er hier erbaute. Allerdings sind große Teile der Ruine Überreste späterer Um- und Anbauten der Venezianer. Die Franzosen erbauten im 19. Jh. das moderne Kalamata: Die alten Gebäude aus dieser Zeit sind heute jedoch größtenteils verfallen.

Die Hafeneinfahrt von Kalamata aus SE.

Will man dem antiken Messene oder Mistras einen Besuch abstatten, tut man dies am besten von Kalamata aus: Der Hafen ist sicher und liegt Messene am nächsten. Für einen Abstecher nach Mistras ist auch Gytheion ganz passabel.

Ansteuerung
Die Ansteuerung ist bei Tag und Nacht problemlos.
Auffällig: Die dichtzusammengedrängten Häuser der kleinen Stadt sind gut auszumachen. Von weitem ist die genaue Lage des Hafens schwer zu erkennen, aber beim Näherkommen werden eine große Getreidemühle an der W-Seite und der Wellenbrecher des Hafens sichtbar.
Nachts richtet man sich nach dem Feuer auf Ak Kitries (Fl(2)12s6M) sowie den Feuern auf der Einfahrt Fl.R.1,5s3M und Fl.G.1,5s3M. Die innere Mole ist mit Q.G.2M befeuert. Vor dem Lichterschein der Stadt sind die Hafenfeuer schwer auszumachen, besonders irritierend ist die helle Beleuchtung des Rummelplatzes hinter dem Hafen.

Liegeplätze
An der W-Seite des Hafenbeckens macht man längsseits fest. Das einzige Problem besteht darin, daß der Kai sehr hoch ist und man zuweilen Schwierigkeiten hat, vom Boot herunter- bzw. wieder hinaufzukommen.

Der Leuchtturm auf dem Kap Ak Kitries aus SW.

Schutz: Man ist bei jedem Wetter hervorragend geschützt.
Behörden: Der Hafen ist Port of Entry. Wasserschutzpolizei, Zoll und Einwanderungsbehörde sind nicht weit vom Kai entfernt.

Versorgung
Wasser bekommt man am N-Kai des Hafenbeckens oder von einem Café an der W-Seite des Hafenbeckens.
Treibstoff bekommt man unweit des Kais; er kann aber auch von einem kleinen Tankwagen geliefert werden.
Reparaturen: Es gibt kaum Reparaturmöglichkeiten für Yachten, außer einigen Werkstätten in der Stadt, die mechanische, elektrische und andere Reparaturen an der Maschine sowie einfache Holzarbeiten ausführen. Gut sortierte Eisenwarenläden.
Lebensmittel: Beste Versorgungsmöglichkeiten. Ein großer Supermarkt ist direkt am Hafen.
Restaurants: Hervorragende Tavernen gibt es in der Nähe, die guten frischen Fisch zu vernünftigen Preisen anbieten. Am Hafen findet man gute Ouzerien und einheimische Tavernen.
Sonstiges: Post, Telefonamt, Banken, Gas, Camping GAZ (Service-Stelle E-lich des Hafens). Auto- und Motorrad-Vermietung. Busverbindung nach Athen und zu den meisten Orten auf dem Peloponnes. Inlandsflüge und internationale Flugverbindungen.
Hinweis: Von einer Haltestelle hinter dem Hafen fahren Linienbusse in die Stadt – Bus Nr. 1.

Kalamata Marina

Karten: Imray G15

Unmittelbar W-lich des Hafens von Kalamata ist eine neue Marina entstanden. Bei Redaktionsschluß zu diesem Buch waren alle wesentlichen Bauten abgeschlossen. Nun fehlen nur noch die Versorgungseinrichtungen, um die Marina zu komplettieren. Gegenwärtig ist die Marina mit einheimischen Booten voll belegt; das soll sich aber ändern und die Marina für Yachten ausgewiesen werden.

Allgemeines
Im wesentlichen ist die neue Marina fertig, aber der »letzte Schliff« fehlt noch. Der Zeitplan für die Fertigstellung der

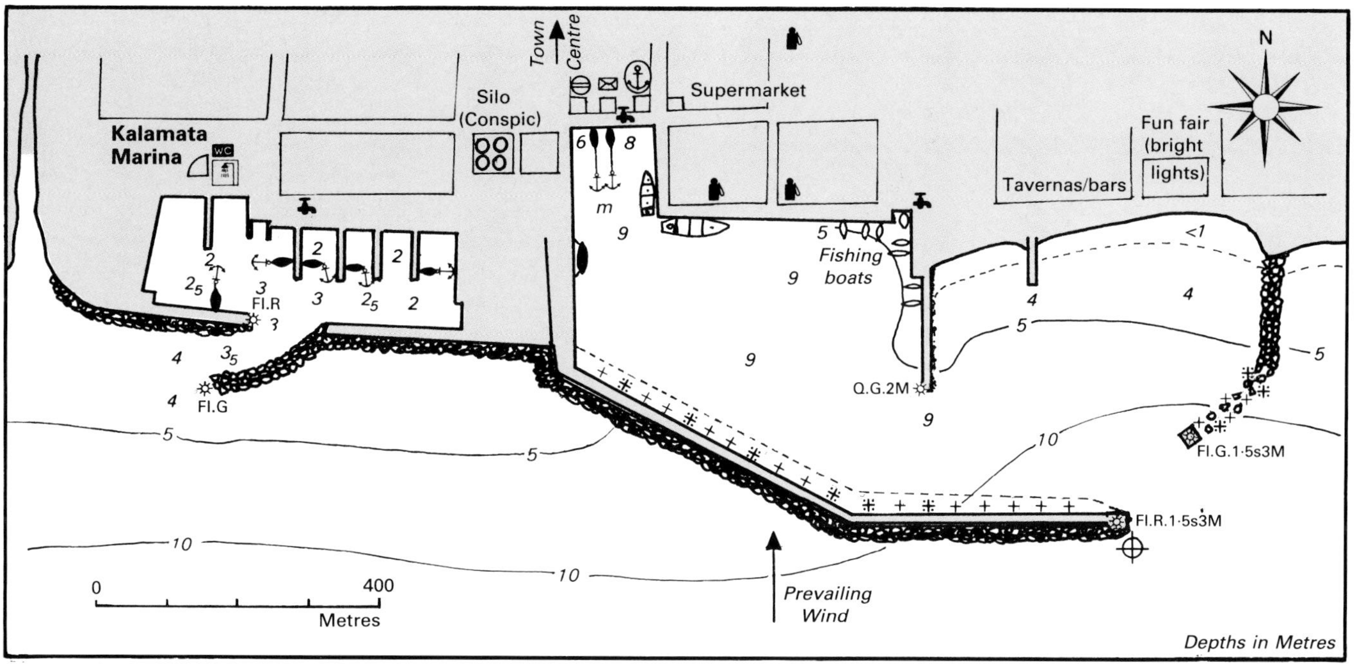

Kalamata.

Marina scheint »schwierig bis unsicher«, auch wenn die Behörden darauf beharren, daß es »nächstes Jahr« sein wird. Man muß eben abwarten.

Ansteuerung
Unmittelbar W-lich des Hafenbeckens von Kalamata befindet sich die Marina, deren Einfahrt aus der Entfernung schwer auszumachen ist, weil sich die Arme der Wellenbrecher überlappen und so den Eindruck vermitteln, ein einziger massiver Steinwall zu sein. Beim Näherkommen kann man dann die Einfahrt erkennen. Die Einfahrt ist mit Fl.R.3s3M und Fl.G.3s3M befeuert.

Liegeplätze
Man macht mit Bug oder Heck bzw. längsseits fest, wo es einem beliebt. Da in der Marina nur wenig Platz zum Manövrieren ist, sollte man an Deck alles parat liegen haben. Zahlreiche Fischerboote haben sich in der Marina »häuslich« eingerichtet und Dauermoorings ausgelegt, so daß Vorsicht geboten ist.
Schutz: Im Sommer ist der Schutz recht gut; starke südliche Winde verursachen jedoch Schwell, der gefährlich werden kann.
Behörden: Zukünftig soll ein Liegegeld erhoben werden.

Versorgung
Wasser aus einem Hahn (wird von der nahegelegenen Bar geöffnet) auf dem Kai. Wenn die Marina fertiggestellt ist, soll es Wasser- und Stromanschlüsse an jedem Liegeplatz geben. Duschen und Toiletten sind im Bau.

Ormos Kitries

Die weite Bucht von Kitries befindet sich an der N-Seite des Kaps Ak Kitries. Bei den vorherrschenden S-lichen Winden verspricht die Bucht guten Schutz und ganz passablen Schutz bei den normalerweise recht seltenen N-Winden. Man kann in der Bucht ankern, wo es einem gefällt.
An Land haben Tavernen geöffnet. Die Hänge, die die Bucht umgeben, sind terrassenförmig angelegt und mit Oliven- und Zitronenbäumen bestanden. Um den Strand herum stehen verstreut Villen, und die Terrassen sind hier flacher. Die Bucht ist wirklich ein ganz bezaubernder Fleck, der sich bei beständigem Wetter auch für einen Übernachtungsstopp eignet.

Kardamyli

36°53,2'N 022°14'E

5 Seemeilen SSE-lich von Ak Kitries liegt dieser ungeschützte Ankerplatz. Vor dem Dorf befindet sich ein kleiner Hafen, in dessen Einfahrt die Wassertiefe nur 2 m be-

Kardamyli: Blick über den Hafen und die kleine Insel aus NE.

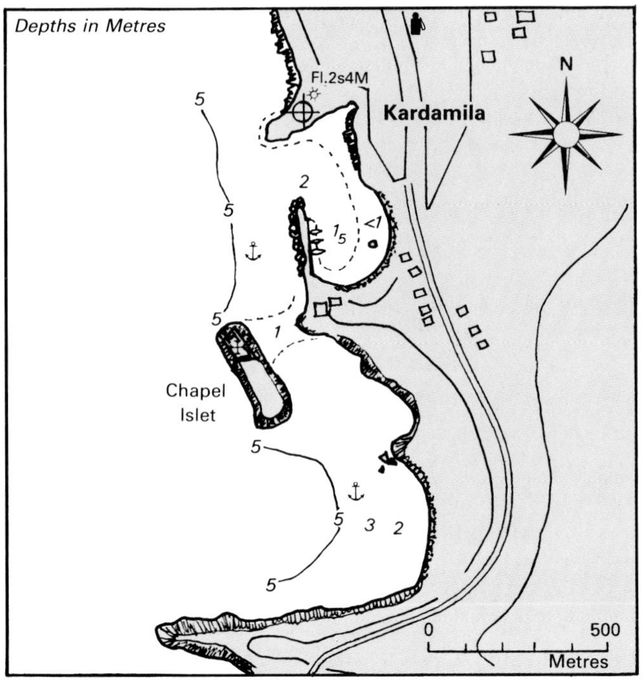

Kardamyli.

trägt, im Inneren des Hafens sind es nur noch 1 bis 1,5 m. Man ankert auf 4 bis 8 m vor der Mole im Schutz des kleinen Inselchens oder läßt den Anker in der S-lich anschließenden Bucht fallen. Eigentlich steht ständig Schwell in die Bucht, der das Liegen ungemütlich macht, bei unbeständigem Wetter ist dieser Ankerplatz unhaltbar.
Im Ort gibt es zahlreiche Tavernen und gute Versorgungsmöglichkeiten, auch Treibstoff ist erhältlich.
Das Dorf mit seinen Ziegeldächern und vielen Kletterpflanzen ist recht hübsch. Allerdings ist es von Besuchern völlig überlaufen, die »wie Professoren« umherspazieren und der Inspiration des Literaten, der hier lebt, nachspüren (vermutlich flüchtet dieser vor dem sommerlichen Besucherschwarm): Patrik Leigh Fermor. Seine wundervollen Beschreibungen Griechenlands einerseits und alle möglichen esoterischen Abhandlungen andererseits machen eine literarische Einordnung schwierig. Seine beiden Bücher über Griechenland, »Mani« und »Roumeli«, sollten aber auf jeder Bücherliste ganz oben stehen.

Ormos Limeni

WP 38°40,6'N 022°22'E (Fl.1,5s6M)

Allgemeines

Etwa in der Mitte der W-Küste der Halbinsel Mani befindet sich diese große Bucht, die einen idealen Ankerplatz bietet, wenn man seinen Törn von Kalamata nach Kagio unterbrechen möchte. Die Tatsache, daß die Bucht nach W hin offen ist, hält die meisten Leute vom Anlaufen ab. Diejenigen jedoch, die ihr Glück einmal versuchen möchten, werden – zumal im Sommer – kaum Probleme haben, und es ist ein wunderschöner Platz mit einer großartigen Umgebung. Im Sommer gibt es im kleinen Dorf Limeni ein bißchen Tourismus, aber nichts Überwältigendes. In den Tavernen bekommt man einfaches, aber gutes Essen ser-

Limeni: Blick auf den Ankerplatz an der S-Seite der Bucht aus SW.

viert und kann den schönen Blick über Bucht und Meer genießen.
Zwei architektonische Besonderheiten sind an der Bucht auffällig. Die erste ist ein Mani-Dorf auf den Bergen oberhalb von Limeni. In Wirklichkeit ist dies aber ein Hotel- und Appartementkomplex, der dem Mani-Stil nachempfunden wurde. Die großen Fenster und Gebäude an der Rückseite verraten es.
Die zweite Besonderheit ist etwas, das wie die Kopie einer schottischen Presbyterianerkirche aussieht. Tatsächlich ist es eine Festung, die von Petros Mavromichalis, einem Familienoberhaupt von Aeropolis, auf dem Bergrücken erbaut wurde.

Ansteuerung

18 Seemeilen SE-lich von Ak Kitries liegt diese weite Bucht, die aus der Entfernung schwer zu erkennen ist. Von der Einfahrt aus ist die Schlucht, die das Land im Scheitel der Bucht teilt, gut auszumachen, und beim Einlaufen werden die Häuser um die Bucht herum sichtbar. Das Pseudo-Mani-Dorf oberhalb von Limeni sowie die Kirche und das

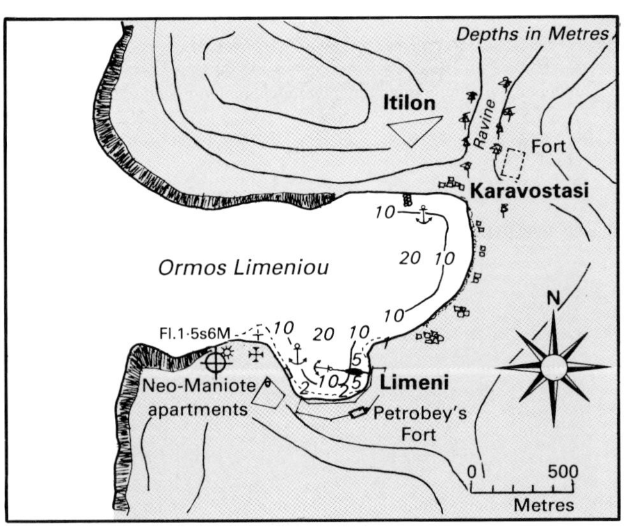

Ormos Limeni.

Leuchtfeuer auf der S-lichen Einfahrtshuk sind gute Landmarken.
Nachts navigiert man nach dem Feuer auf der S-lichen Einfahrtshuk (Fl.1,5s6M); eine nächtliche Ansteuerung ist jedoch nicht zu empfehlen.

Liegeplätze

Mit einer langen Leine zum Land ankert man E-lich von Limeni in der kleinen Einbuchtung, die ganz schön tief ist. Man liegt auf 10 bis 12 m Tiefe über sandigem Grund mit Seegrasbewuchs und vereinzelten Steinen. Bei beständigem sommerlichen Wetter weht der vorherrschende Wind nur leicht in die Bucht und macht das Liegen etwas ungemütlich, aber es ist ganz vertretbar.
Eine weitere Ankermöglichkeit findet sich im NE der Bucht, wo sich ein kurzer steinerner Wellenbrecher von der Küste aus erstreckt. Der geringe Platz dahinter ist für einheimische Fischerboote reserviert.

Versorgung

Wasser gibt es aus örtlichen Quellen. Verschiedene Tavernen findet man in Limeni und um den Strand im Scheitel der Bucht herum.

Ormos Dyros

Etwa 3 Seemeilen S-lich von Limeni befindet sich diese Bucht, deren Einfahrt aus der Entfernung nur schwer zu erkennen ist. N-lich der Bucht fällt ein schmaler Turm auf, der im Dorf Pyrgos steht, aber entlang dieser Küste gibt es eine ganze Menge Türme. Die Bucht bietet kaum Schutz vor den vorherrschenden Winden, aber man kann hier während der morgendlichen Windstille ankern und den berühmten Tropfsteinhöhlen von Dyros einen Besuch abstatten. Man ankert in der NE- oder SE-Ecke der Bucht, wo ein paar einheimische Boote an Moorings liegen. Die Höhlen und das Eingangsgebäude befinden sich an der SE-Seite der Bucht. Die Tropfsteinhöhlen sind spektakulär – sie gehören zu jenen Erlebnissen, die man lange nicht vergißt und die mit Worten kaum zu beschreiben sind. Die Besichtigungen der Höhlen werden streng kontrolliert, und es empfiehlt sich, zu kommen, bevor die Autos und Busse zur Besichtigungstour anrollen. Ein kurzes Stück von den Höhlen entfernt, steht an der Straße eine Bude, an der man die Eintrittskarten bekommt. Der Führer stakt und schiebt ein flachgehendes Boot durch die unterirdischen Gänge, die buchstäblich von Stalaktiten tropfen. Leider hat es sich in den letzten Jahren eingebürgert, daß die Führer so schnell wie nur irgend möglich durch die Höhlen rasen – sollte einem so etwas passieren, ist ein Protest durchaus gerechtfertigt. Die miteinander verbundenen Gänge sind zur Bequemlichkeit der Touristen beleuchtet, und obwohl diese Tour durch die Tropfsteinhöhlen recht teuer ist, taucht man mit dem dumpfen Gefühl wieder auf, daß in den von der Route abzweigenden Gängen, die sich in tintiger Dunkelheit verlieren, noch weit mehr zu entdecken wäre.
Zwischen Limeni und Dyros, und tatsächlich auch noch S-lich von Dyros, gibt es im Kliff eine ganze Menge Höhlen. Es scheint, als sei die ganze Gegend mit unterirdischen Gängen und Höhlen durchsetzt. Falls es zum Ankern vor Dyros zu rauh ist, kann man auch nach Gytheion segeln und von dort einen Bus nehmen.
In Dyros gibt es eine kleine Post und eine Bude mit Geldumtausch, eine Bar, Café und Taverne.

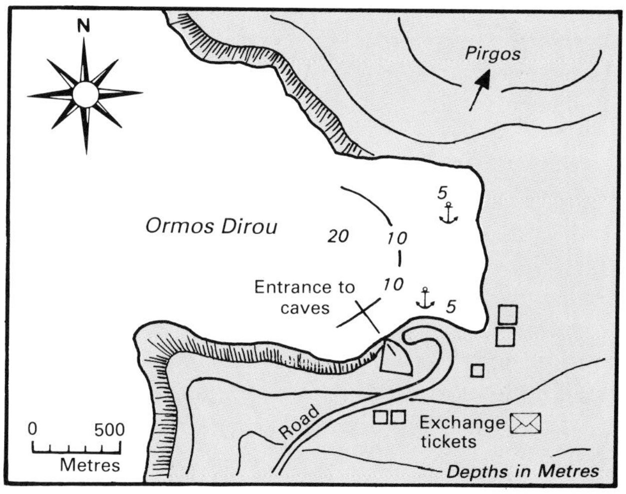

Ormos Dyros.

Ormos Mezappos

WP 36°32,8'N 022°23,2'E (Fl.3s5M)

Rund 10 Seemeilen S-lich von Limeni befindet sich diese große Bucht mit dem Ort Mezappos im SE. Das gewaltige felsige Massiv des Capo Grosso unmittelbar S-lich ist kaum zu verfehlen. Auf einer schmalen Halbinsel, die die Bucht teilweise schützt (wegen ihrer Form als »Tigani« – Bratpfanne – bezeichnet), steht die Ruine eines Kastells, das aber erst auszumachen ist, wenn man bereits sehr nah herangekommen ist. In der Einfahrt der Bucht sind die Häuser des Ortes Mezappos zu sehen.
Man ankert mit langer Leine zum Land vor dem winzigen Hafen. Ganz kleine Yachten können eventuell im Hafen einen Liegeplatz finden. Dabei ist allerdings Vorsicht geboten, weil der Grund unrein ist. Die Bucht bietet etwas Schutz vor den vorherrschenden Winden. Nachts können Fallwinde aus N-lichen Richtungen das Liegen ungemütlich, wenn nicht gar gefährlich machen. An Land gibt es Tavernen und ein begrenztes Versorgungsangebot.

Das berüchtigte Kap Tainaron mit dem Leuchtturm aus E.

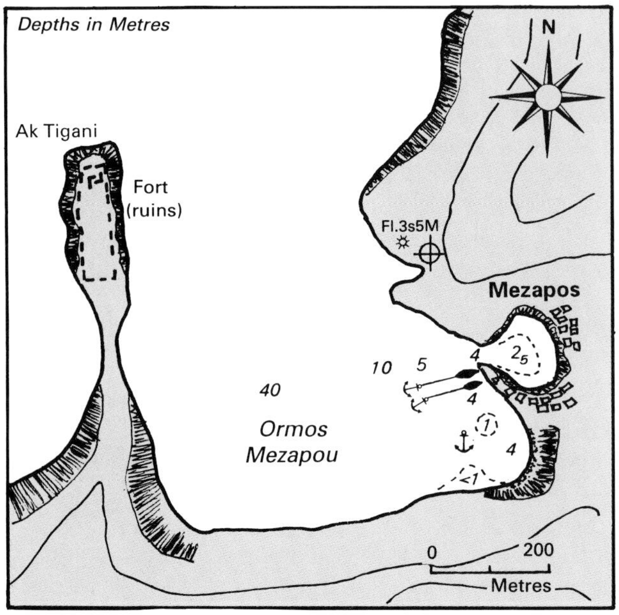

Ormos Mezappos.

Der kleine Fischerhafen Mezappos liegt recht imposant am Fuß senkrecht aufragender Felsen. Der Ort hatte lange Zeit den Ruf, das örtliche Schmuggler- und Piratennest zu sein; dieses Flair hat er immer noch.
Tim Severin identifizierte auf seiner Reise, bei der er den Versuch unternahm, die Route Odysseus' nachzuvollziehen, Mezappos und seinen Hafen als den Ort, an dem Odysseus mit seinen Männern von den menschenfressenden Riesen, den Lästrygonen, mit Steinen beworfen wurde. Bis auf Odysseus' Galeere wurden dabei alle Schiffe versenkt. Früher hielt man Bonifacio, das S-Kap Korsikas, für diesen Ort.

Capo Grosso

Unmittelbar SW-lich von Mezappos erhebt sich das gewaltige Massiv des Capo Grosso, ein riesiges steiles Felsmassiv, das nicht zu verkennen ist, wenn man es erblickt. Aus dem Meer steigen die Felsen jäh auf 250 m und mehr an, von Schluchten durchzogen und mit Höhlen gespickt. Ein paar dieser Höhlen wurden zugemauert, und es wird behauptet, daß in ihnen die Schätze von Piratenfamilien aus Mezappos versteckt sind.
An der S-Seite des Capo Grosso, kurz vor dem Hafen Gerolimin gibt es in den Felsen eine riesige natürliche Höhle, die von See her leicht zu erkennen ist. Diese Höhle wurde in der Antike als der Zugang zur Unterwelt, dem Hades, angesehen. Der Sage nach lag der Eingang hier am Kap Tainaron (Matapan).

Gerolimin

36°28,9'N 022°24,04'E

Diese Bucht versteckt sich im S des Capo Grosso. Hier gibt es für die Fischerboote einen kleinen Kai, an dem zwei oder drei kleine Yachten festmachen können. Da die Bucht nach W und S hin offen ist, steht unvermeidlich Schwell hinein. Man sollte sich nicht darauf verlassen, daß man hier vor jeglichem Wetter geschützt ist, sondern diesen Ankerplatz nur bei ruhigem Wetter aufsuchen.
An Land gibt es Lebensmittel und natürlich Tavernen. Früher war dies einmal der wichtigste Fährhafen der Halbinsel Mani.

Der Lakonische Golf (Lakonikos Kolpos)

Um das Kap Ak Tainaron (Matapan) herum erstreckt sich der von Steilküsten umgebene und tief eingebuchtete Lakonische Golf. Im W vom Taigetos-Gebirge und im E vom Parnon begrenzt, wirkt dieses Revier äußerst furchterregend, auch wenn das Wetter im Scheitel des Golfs oft weit beständiger und ruhiger ist als vor der S-Spitze des Peloponnes. An der E-Seite muß erst die Insel Nisis Elaphonisos gerundet werden, bevor man sich dem Kap Ak Maleas gegenübersieht.
Genau wie in der Antike ist die Passage zwischen Ak Maleas und der Insel Kythira auch heute noch eine wichtige Schiffahrtsstraße von und in die Ägäis. Und so stehen die Chancen gut, einer erheblichen Anzahl großer Schiffe in der Passage zu begegnen.
Ak Maleas ist eine gebirgige Landspitze, die eine Höhe von rund 780 m erreicht und einen furchterregenden Ruf genießt.
An diesem Kap wurde Odysseus nach S in das Land der Lotus-Esser verweht.
Selbst mit Hilfe der modernen Wettervorhersage sollte man sich vor diesem Kap in acht nehmen.

Limin Asomaton und Ormos Vathi

Karten: BA 712

Diese beiden kleinen Einbuchtungen an der E-Seite des Ak Tainaron sind bei beständigem Wetter ganz brauchbare Ankerplätze für einen Übernachtungsstopp. In beiden können bei Winden aus W bis SW Fallböen auftreten, und da sie nach SE hin offen sind, steht massiver Schwell hinein.
Nur 1 Seemeile weiter N-lich findet man in Limin Kagio besseren Schutz.

Porto Kagio

36°25,6'N 022°29,4'E (Fl.8M) / Karten: BA 1092

Allgemeines
In der Antike hieß diese Bucht Psamathous, und die Venezianer nannten sie Porto Quaglio, von dem der heutige Name abgeleitet ist. »Quaglio« bedeutet Wachtel, und offensichtlich wurden hier große Mengen Wachteln gefangen und für den Export eingesalzen. Die Bucht wurde nicht nur von den Venezianern genutzt, auch die Türken und verschiedene maniotische Piraten, von denen der bekannteste Katsonis war, nutzten sie. Auf dem Kai im SE

Blick auf Porto Kagio aus SW (Foto: Nigel Patten).

steht ein Denkmal für den Freiheitskämpfer, der gleichzeitig Pirat war.
Anfang der 80er Jahre lebten im Ort sowie in dem kleinen Dorf im S der Bucht nur noch wenige Familien. Seit hier im Sommer ein paar Yachten einen kleinen Stopp einlegen und auch einige Campingbusse kommen, hat sich der Ort wieder etwas belebt.

Ansteuerung
Auffällig: Auf den Bergrücken stehen zwei kleine Ortschaften, deren sogenannte »Geschlechtertürme« ebenso wie die Ruine des Klosters auf der NW-Seite gute Landmarken bilden. Beim Näherkommen werden eine kleine Kirche auf der S-Huk und das Leuchtfeuer sichtbar. Die Häuser des Dorfes sind erst zu erkennen, wenn man in die Bucht eingelaufen ist.
Nachts navigiert man nach den Feuern auf Ak Tainaron (Fl(2)20s22M) und dem Feuer auf der Einfahrt (Fl.5s8M).
Gefahren: Bei starken W-lichen Winden können heftige Böen aus der Bucht sowie von den umliegenden hohen Bergen in die Ansteuerung stehen.

Liegeplätze
Bei normalen W- bis SW-Winden ankert man im S der Bucht auf 4 bis 10 m. Die Fallböen aus den Bergen sind hier weder besonders heftig noch sehr häufig. Auf den Halt des Ankers kann man sich in der S-lichen Einbuchtung nicht immer verlassen, da der Grund aus hartem Sand und Krautbewuchs sowie einigen Felsen besteht. Man kann auch mit langer Leine zum Kai im der SE-Ecke festmachen. Hier liegt man hübsch versteckt unter der Küste und ist vor E- bis NE-Winden gut geschützt. Wenn bei unbeständigem Wetter gelegentlich starke NE-Winde auftreten, ist man in der N-lichen Einbuchtung am besten aufgehoben. Da der Grund in dieser Bucht sehr schnell von 30 m Tiefe zur Küste hin ansteigt, gibt es hier nur 2 bis 3 Liegeplätze auf vernünftigen Wassertiefen. Der Grund besteht aus Sand und Seegrasbewuchs und hält gut.
Schutz: Die Bucht bietet guten Schutz vor den vorherrschenden W- bis SW-Winden; in der kleinen Einbuchtung im N liegt man gut geschützt vor NE-Winden.

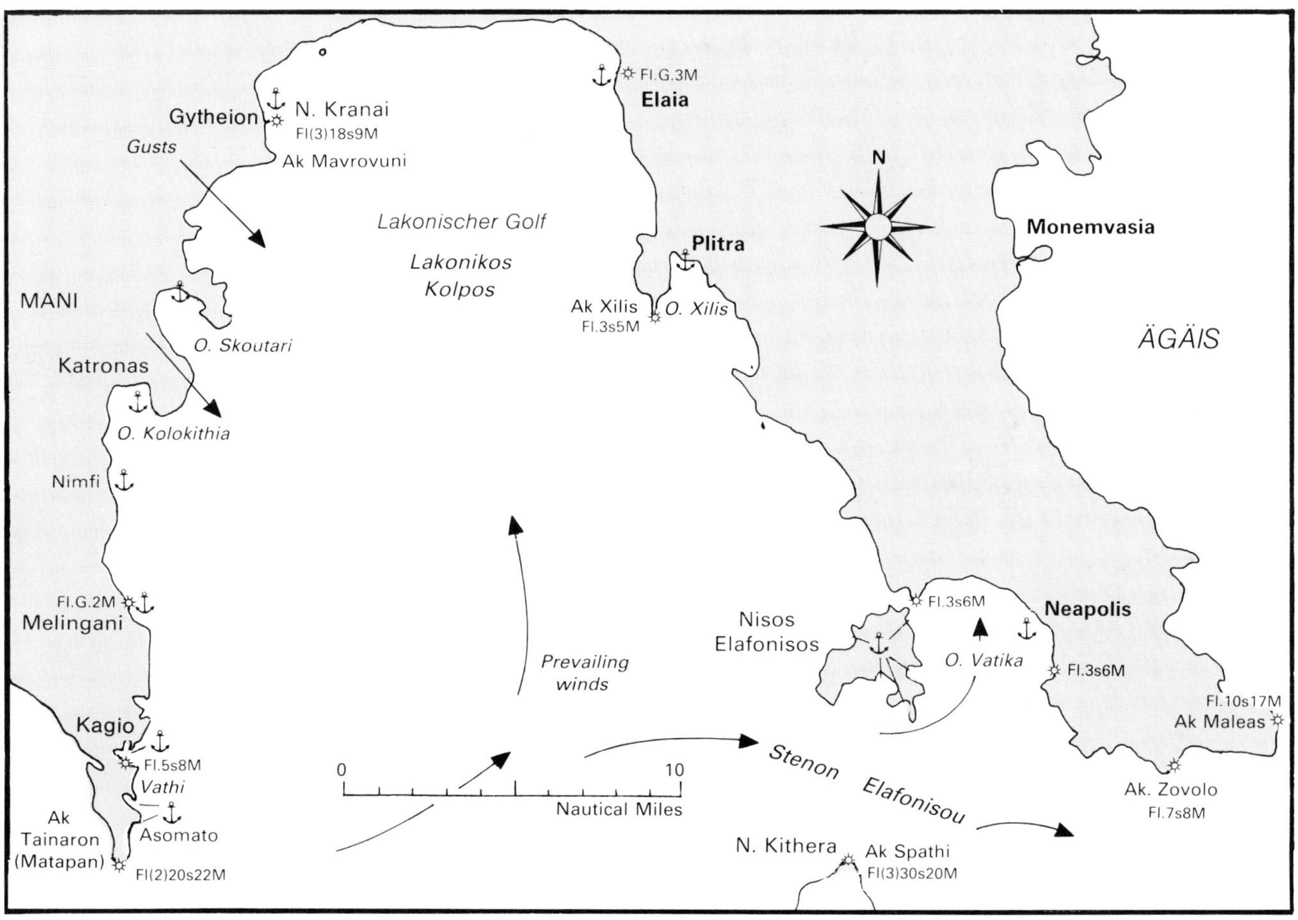

Der Lakonische Golf (Lakonikos Kolpos). Die Pfeile zeigen die Hauptwindrichtungen an.

Ansteuerung des Hafens Kagio aus ENE.

Versorgung
Wasser aus örtlichen Quellen. Im Sommer gibt es verschiedene Tavernen. Von einem kleinen Lieferwagen, der in die Bucht kommt, kann man Obst und Gemüse kaufen.

Ormos Melingani

Die Bucht von Melingani liegt 5 Seemeilen N-lich von Porto Kagio und gewährt nur bedingt Schutz. Sie ist leicht an ein paar Häusern zu erkennen, die in ihrem Scheitel stehen, sowie an einem Leuchtfeuer, das die Kennung (Fl.G.1,5s4M) hat und an der N-Seite der Bucht steht.

Porto Nimphi

4 Seemeilen N-lich von Melingani befindet sich diese schmale kleine Bucht, die nach E hin offen ist. Die Ortschaft liegt oberhalb der Bucht auf den Bergen. Bei W-Winden können heftige Böen auftreten.

Kotronas

Am N-lichen Ende der Bucht Kalokythias liegt das Dorf Kotronas. Bei W-lichen Winden kommen schwere Böen von den Bergen herunter.

Ormos Skoutari

36°39'N 022°31'E / Karten: BA 712

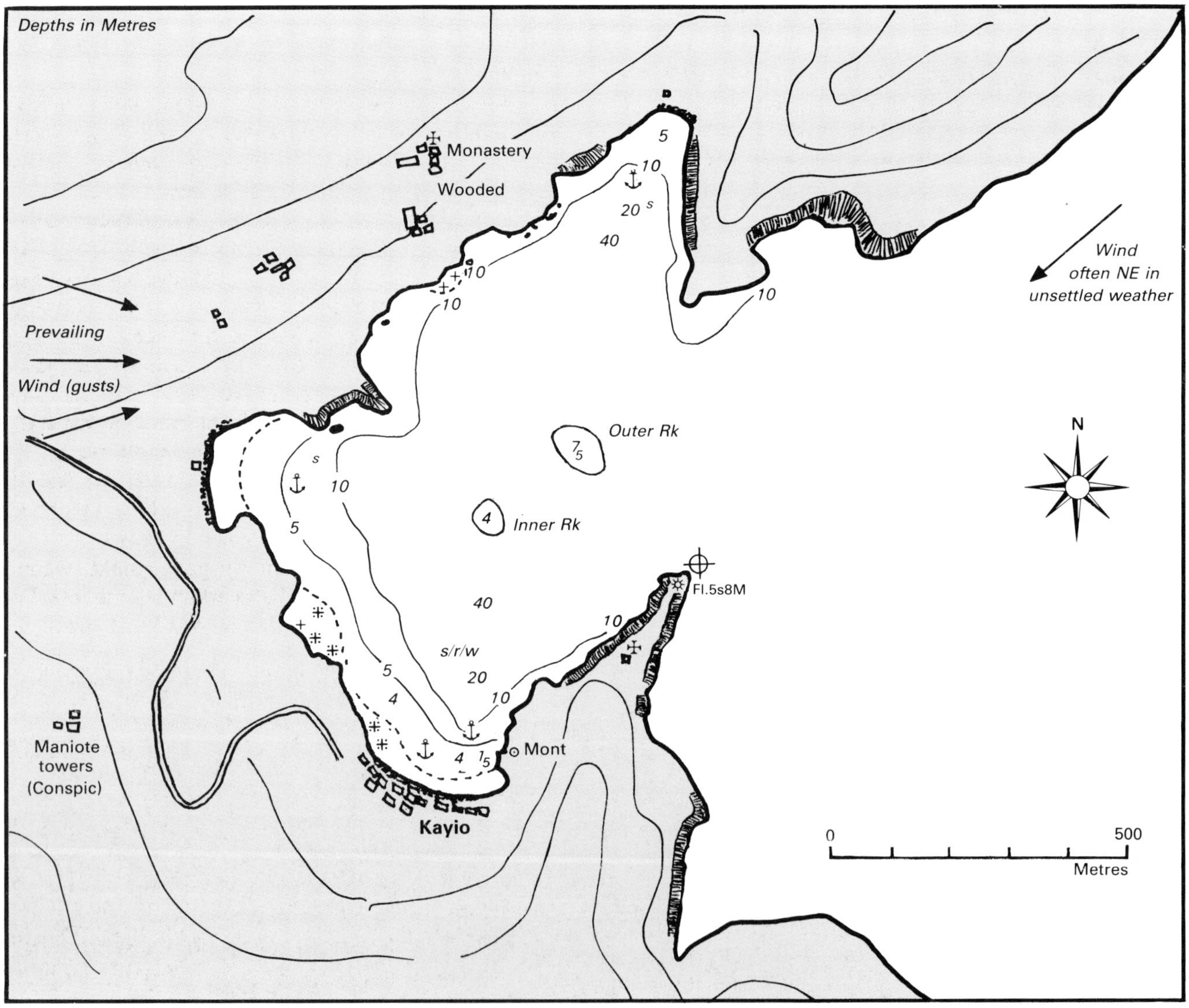

Porto Kagio.

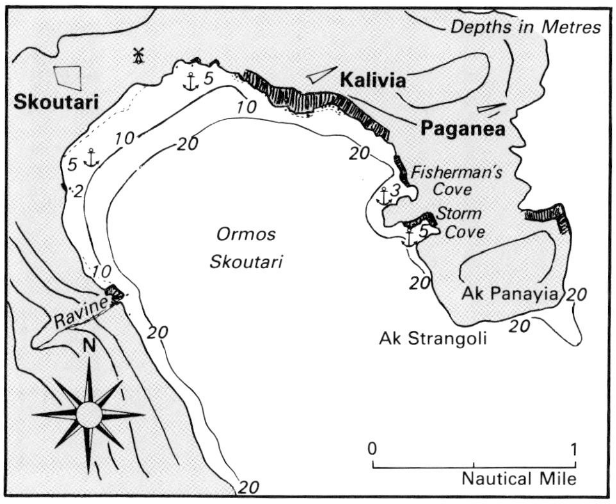

Ormos Skoutari.

Zwischen den beiden Kaps Ak Stavri und Ak Pagania befindet sich die weite Bucht Ormos Skoutari, die verschiedene Schönwetterankerplätze bietet.

Skoutari: Hier ankert man unterhalb des Dorfes vor dem Strand oder in einer kleinen felsigen Einbuchtung etwas N-lich davon in der Nähe einer auffälligen Höhle. Oft kommen schwere Fallböen von den umliegenden hohen Bergen herab.

Fisherman's Cove: Diese attraktive kleine Einbuchtung, in deren Scheitel sich ein kleiner Strand erstreckt, kann man, je nachdem wie heftig die Fallböen sind, als Ankerplatz benutzen. Die Bucht ist nach W bis NW hin offen.

Storm Cove: Unmittelbar S-lich der Fisherman's Cove befindet sich diese Bucht, in der man recht gut geschützt ist, wenn man sich nur weit genug hineinzwängt.

Hinweis zum Wetter

Im Umkreis von Skoutari ist die Stärke der Fallböen recht unterschiedlich. Manchmal herrscht beinahe Windstille, und dann wieder treten heftige Fallböen auf, die normalerweise am Nachmittag kommen und bis zur Dämmerung anhalten. Für die Passage zwischen Gytheion und Melingani sollte man möglichst früh am Morgen starten und auf der Hut sein. Die beiden letztgenannten Buchten bieten guten Schutz vor Winden aus NE, die gelegentlich im Golf wehen.

Blick auf den Hafen Gytheion (Foto: Nigel Patten).

Gytheion

WP 36°45,6'N 022°34,3'E (Fl.R.3s3M) / Karten: BA 1683, Imray G15

Allgemeines

Auch wenn Gytheion ein ganz ausgezeichneter Platz ist, von dem aus man den Lakonischen Golf, Lakonikos Kolpos, und den hübschen Ort selbst erkunden kann, wird er nur von wenigen Yachten angelaufen.

Die Geschichte des Ortes reicht weit zurück: Angeblich von Herakles und Apollon gegründet, gehörte er zu mykenischen und phönizischen Kolonien und war der Haupthafen Spartas. Nach dem Niedergang Spartas wurde er der wichtigste Hafen der Freien Lakonischen Liga und später Manis. Bevor jedoch all dies Geschichte wurde, beschrieb Homer in seiner Ilias Kranai als die Insel, auf der Paris und die schöne Helena ihre erste Nacht miteinander verbrachten, nachdem sie zusammen durchgebrannt waren.

Bekanntermaßen war das Ergebnis davon die Belagerung der Stadt Troja und die Schlacht der Helden – nicht zu vergessen die Geburt der griechischen Literatur.

Gytheion bildet einen guten Ausgangspunkt, wenn man die mittelalterliche Stadt Mistra erkunden möchte. Die bemerkenswert stark befestigte Stadt wird von engen Gassen

Die Ansteuerung von Gytheion aus SSE. Im Hintergrund die verschneiten Gipfel des Taigetos.

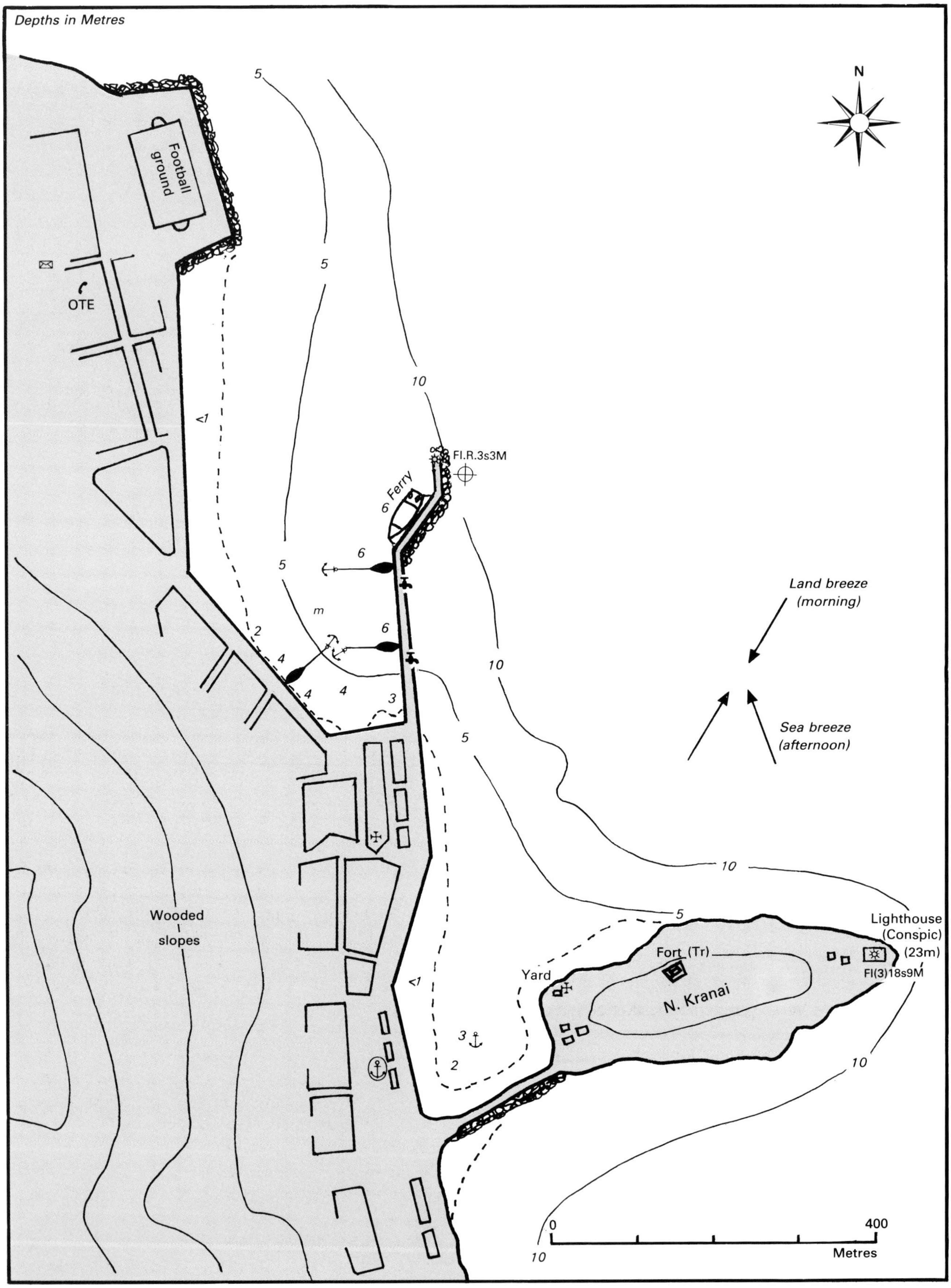

Depths in Metres
Football ground
OTE
Ferry
Fl.R.3s3M
Land breeze (morning)
Sea breeze (afternoon)
Wooded slopes
Yard
Fort (Tr)
N. Kranai
Lighthouse (Conspic) (23m)
Fl(3)18s9M
0
400
Metres
N

Gytheion.

durchzogen und von einem mächtigen Kastell gekrönt. Die Größe und der komplette Erhalt der Stadt inmitten einer bedrohlich wirkenden Landschaft hinterlassen starke Eindrücke; gleichzeitig ist dies aber auch ein großartiges Beispiel bester byzantinischer Architektur. Von Gytheion aus kann man Mistra mit dem Bus oder Taxi besuchen.

Ansteuerung
Auffällig: Bei der Ansteuerung aus SE, insbesondere in der Abenddämmerung, ist die genaue Lage der Stadt Gytheion nur schwer auszumachen. Am Tag bilden die Ortschaft Mavrovounion, die auf dem gleichnamigen Kap liegt, und der hohe, achteckige weiße Leuchtturm auf der Insel Nisis Kranan gute Landmarken. Bei der Ansteuerung aus S werden die Gebäude der Stadt erst sichtbar, wenn man das Kap Ak Mavrovounion vollständig gerundet hat.
Nachts navigiert man nach dem Feuer auf Nisis Kranan (Fl(3)18s9M) und dem Feuer auf dem Molenkopf (F.R.3s3M).
Gefahren: In den Ansteuerungen ist Vorsicht geboten, da dort heftige Fallböen von den hohen Bergen heruntersausen können.

Liegeplätze
An der Mole, wo man auf guten Wassertiefen liegt, macht man mit Bug oder Heck fest. Der Schlickgrund hält den Anker gut.
Schutz: Vor den vorherrschenden Winden liegt man gut geschützt. Bei starken Winden aus NW können Böen vom Taigetos-Gebirge kommen. In einem solchen Fall macht man am besten mit dem Bug zum W-Kai fest, da man so durch den Wind vom Kai freigehalten wird. Starke NE-liche Winde sollen Schwell verursachen.
Behörden: Wasserschutzpolizei und Zoll.
Hinweis: E-lich des Ortes soll eine neue Mole gebaut werden, um den Schutz im Hafen zu verbessern.

Versorgung
Wasser gibt es am Kai.
Treibstoff gibt es etwas außerhalb des Ortes, kann aber auch von einem Tankwagen geliefert werden.
Reparaturen: Begrenzte mechanische Reparaturen sind möglich.
Lebensmittel: Gute Versorgungsmöglichkeiten ganz in der Nähe.
Restaurants: Tavernen und vorzügliche Fischrestaurants in der Nähe.
Sonstiges: Post, Telefonamt, Bank, Gas und Camping GAZ. Busverbindung nach Sparta und Athen. Zweimal wöchentlich laufen Fähren aus Piräus Gerolimin, Neapolis, Monemvasia und Kythira an.

Elaia

WP 36°44,6'N 022°47,8'E (Fl.G.3M)

An der Ostküste des Golfs, gegenüber von Gytheion, ist die größere Ortschaft Elaia gut auszumachen.
Außer bei starken NW-Winden liegt man in diesem Hafen bei jedem Wetter gut geschützt. An der Innenseite der

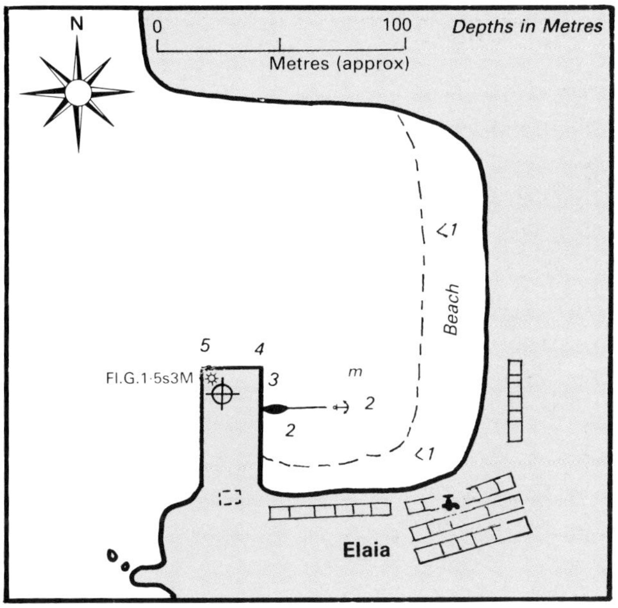

Elaia.

Mole macht man mit dem Heck fest. Wasser ist in der Stadt erhältlich, ebenso die meisten Lebensmittel. Busverbindung nach Gytheion.

Ormos Xylis und Plitra

Ormos Xylis WP 36°39,4'N 022°49'E (Fl.3s5M)
Plitra WP 36°41,2'N 022°50,3'E (Q.G.3M)

Allgemeines
Auch wenn Plitra im Sommer durch seine Sandstrände ein paar Touristen anlockt, ist der Ort nicht sehr attraktiv. Aber man kann sich an diesen verschlafenen kleinen Platz gewöhnen, und an der Küste entlang läßt es sich sehr gut schnorcheln.
Hinweis: Die Bucht Archangelos im SE von Ormos Xylis wird von ein paar Yachten als Ankerplatz benutzt. Da diese Einbuchtung nach N bis NW hin offen ist, kann der Ankerplatz bei den vorherrschenden Winden unhaltbar werden. Die vorherrschenden Winde neigen dazu zu drehen und dann aus W bis SW nach Ormos Xylis hineinzuwehen.

Ansteuerung
Auffällig: Das steile felsige Kap Ak Xylis ist gut auszumachen, wenn man die Bucht von S oder W her ansteuert. Beim Näherkommen sind die Häuser von Plitra und die Hafenmole leicht zu erkennen.
Nachts navigiert man nach dem Feuer auf dem Kap Ak Xylis (Fl.3s5M) und dem Feuer auf dem Molenkopf (Q.G.3M).
Gefahren: Schätzungsweise 30 m N-lich des Molenkopfes befinden sich einige Über- und Unterwasserfelsen, von denen man sich gut freihalten sollte. Die Felsen sind mit einer eisernen Signaltonbake markiert. Die Ansteuerung bei Nacht ist zwar möglich, aber man muß sich von den Felsen, die sich N-lich der Mole erstrecken, in acht nehmen, weil die Bake nicht befeuert ist.

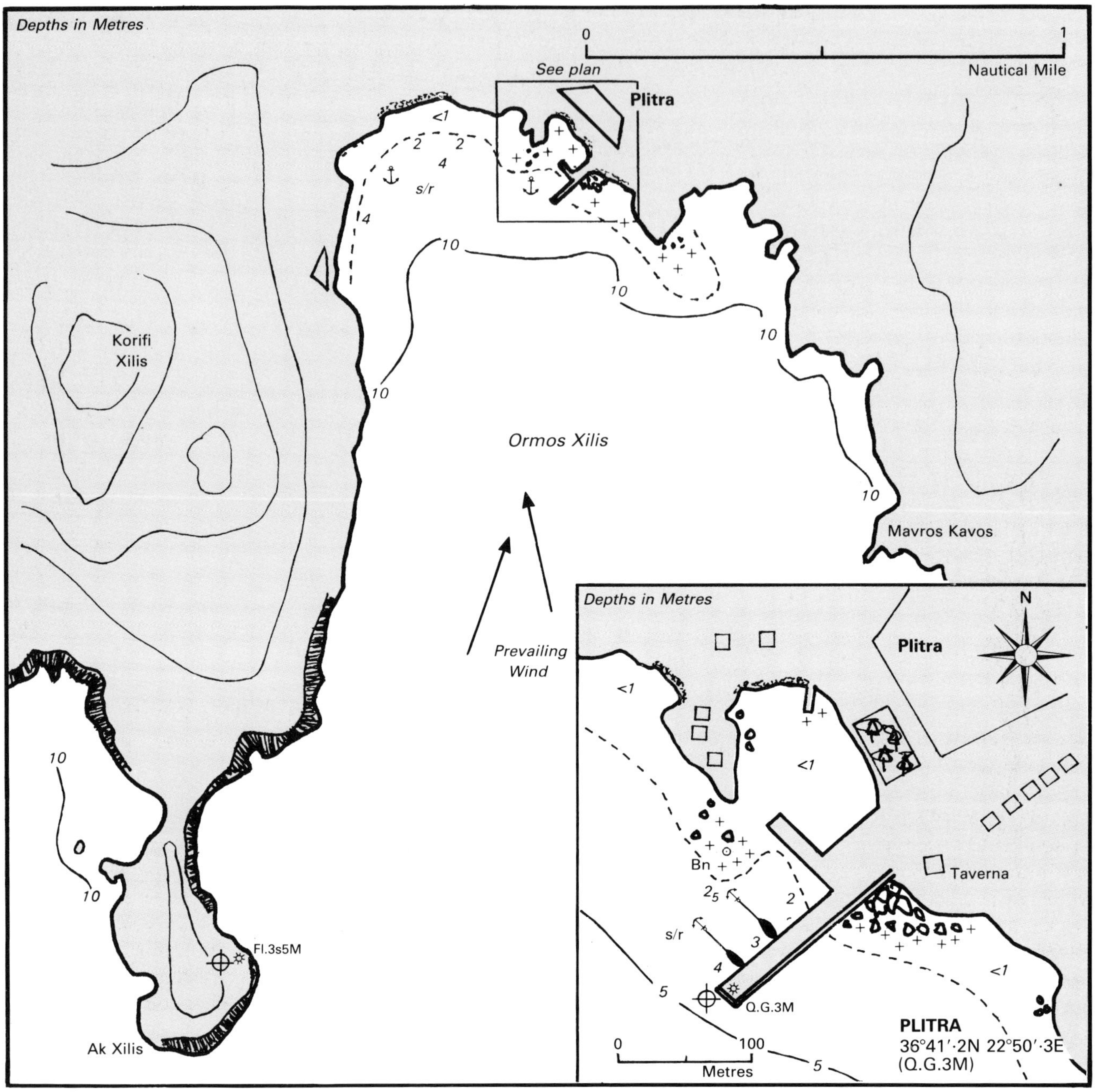

Ormos Xylis.

Liegeplätze

Am äußeren Ende der Mole macht man mit Bug oder Heck fest. Der Ankergrund besteht größtenteils aus Steinen, und der Grund ist wegen der zahlreichen Dauermoorings unrein. Es ist also Vorsicht geboten, und es kann nichts schaden, wenn man am Anker eine Trippleine anbringt.

Schutz: Außer bei starken Winden aus S liegt man hier rundum gut geschützt; die einheimischen Fischer lassen ihre Boote hier das ganze Jahr über liegen. Bei normalen Winden aus SW steht etwas Schwell um den Molenkopf herum in den Hafen, der das Liegen ein bißchen ungemütlich macht.

Versorgung

Wasser gibt es nur aus örtlichen Quellen. Im Sommer haben verschiedene Tavernen am Strand geöffnet. Wenn man etwas einkaufen möchte, muß man 4 Kilometer zum nächstgelegenen Ort zurücklegen.

Nisos Elaphonisos und die Passage

Karten: BA 712

An der N-Seite der Meerenge zwischen Kythira und dem Peloponnes liegt die Insel Elaphonisos, die nur durch eine untiefe Passage vom Festland getrennt wird. Falls es jemanden danach verlangt, können Menschen mit stählernen Nerven versuchen, die Passage zu durchfahren. Elaphonisos bedeutet »Insel der Hirsche«, auch wenn hier noch nie jemand einen Hirsch gesehen hat.

In der Antike war die Insel, die einen Handelsposten besaß, unter dem Namen »Onugnathos« (Eselsmaul) bekannt. Mit etwas Phantasie kann man die Form der Insel so deuten.

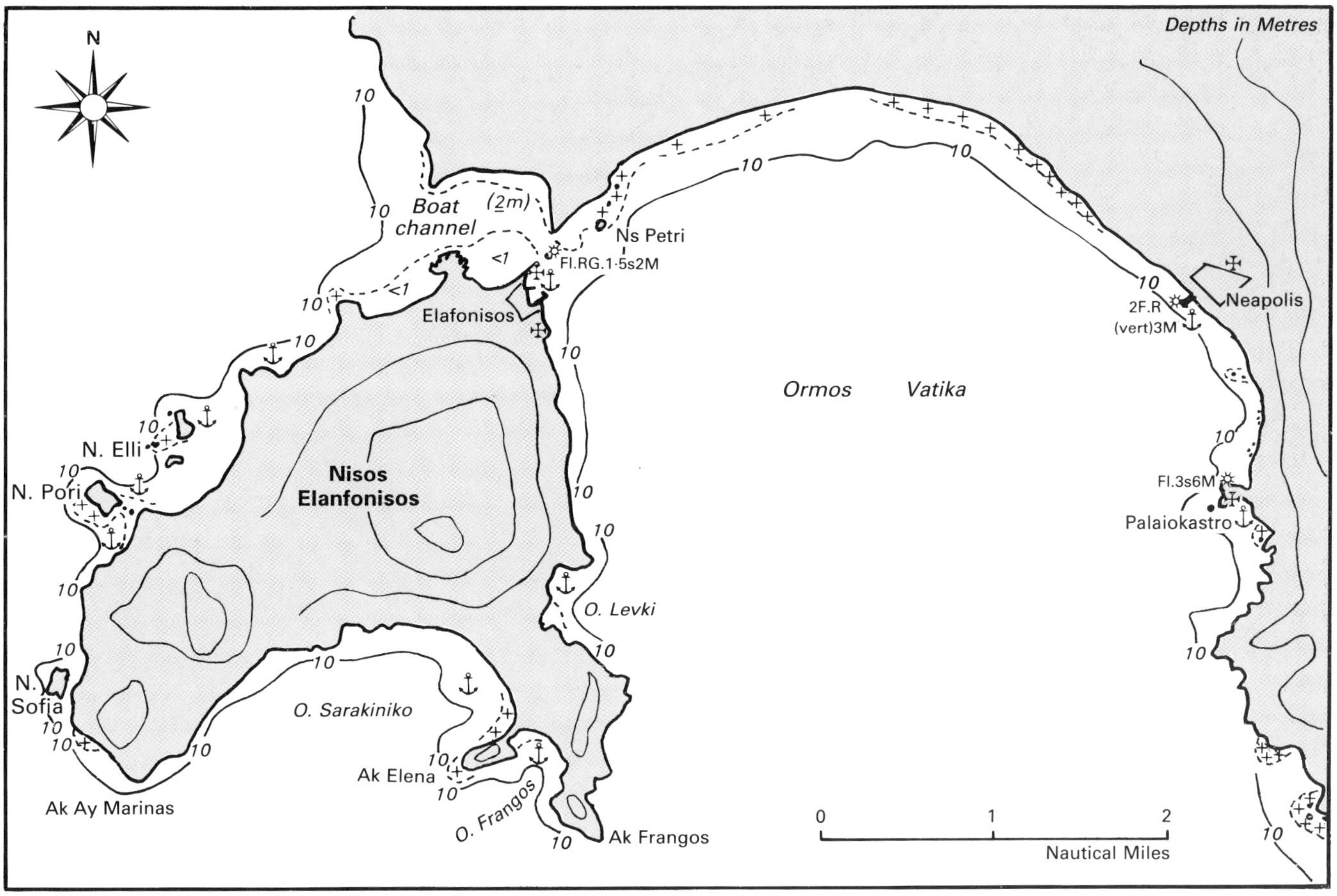

Die Insel Elaphonisos und die Bucht Ormos Vatika.

Es gibt eine ganze Reihe von Ankermöglichkeiten sowie den Hafen der Ortschaft Elaphonisos im NE der Insel:
An der ***W-Küste*** findet man mehrere Ankerplätze um und zwischen den Inseln Nisis Pori und Nisis Elli. Wo es einem gefällt, kann man über Sandgrund ankern.
Bucht Ormos Sarakiniko: Diese weite Bucht an der S-Küste von Elaphonisos bietet vor dem Strand an der E-Seite der Bucht einen guten Ankerplatz über Sandgrund, der den Anker gut hält. Je nachdem, wie heftig der Wind tagsüber weht, liegt man hier recht ordentlich geschützt.
Ormos Phrangos: Unmittelbar E-lich von Sarakiniko findet man diese Bucht, in der man vor dem Strand über Sandgrund ankern kann. Der Halt ist recht gut, so daß man bei ruhigem Wetter auch über Nacht bleiben kann. An der E-Küste der Insel bietet die Bucht Ormos Levki guten Schutz vor den vorherrschenden Winden.

Blick über den Fischerhafen Elaphonisos zur Kirche.

Ormos Levki: Diese Bucht befindet sich an der E-Seite der Insel und bietet guten Schutz vor den vorherrschenden Winden. Der Grund besteht aus Sand und Fels; der Ankerhalt ist insbesondere am S-lichen Ende der Bucht gut.
Die wunderschönen Sandstrände, das kristallklare Wasser und die einsame Umgebung bilden die Hauptattraktionen dieser Ankerplätze. Im Sommer stoßen gelegentlich Camper oder Caravans nach Sarakiniko und Phrangos vor.

Hinweis zum Wetter

Im Sommer weht es normalerweise aus W, aber in Ormos Vatika drehen die Winde auf S. Nachts kann ein NE-Wind aufkommen, der dann auch den folgenden Tag anhält. Bei wechselhaftem Wetter ist Vorsicht geboten, da die Winde in diesem Revier ausgesprochen heftig werden können.

Der Hafen Elaphonisos

WP 36°30,8'N 022°59'E (Fl.RG.1,5s2M)

Allgemeines

Das Dorf gehört zwar zur etwas baufälligen Sorte, dafür ist man hier aber sehr gastfreundlich. Auf der Festlandseite, dem herrlichen Sandstrand gegenüber, nur durch das türkisfarbene Wasser in der Passage getrennt, zelten griechische Urlauber. Abends können die Amüsements einen recht hohen Lärmpegel erreichen.

Ansteuerung

Auffällig: Bei der Ansteuerung aus S ist die Kirche, die auf ihrem Platz weit in die Passage hineinsteht, gut auszuma-

Der Caïquenhafen Elaphonisos.

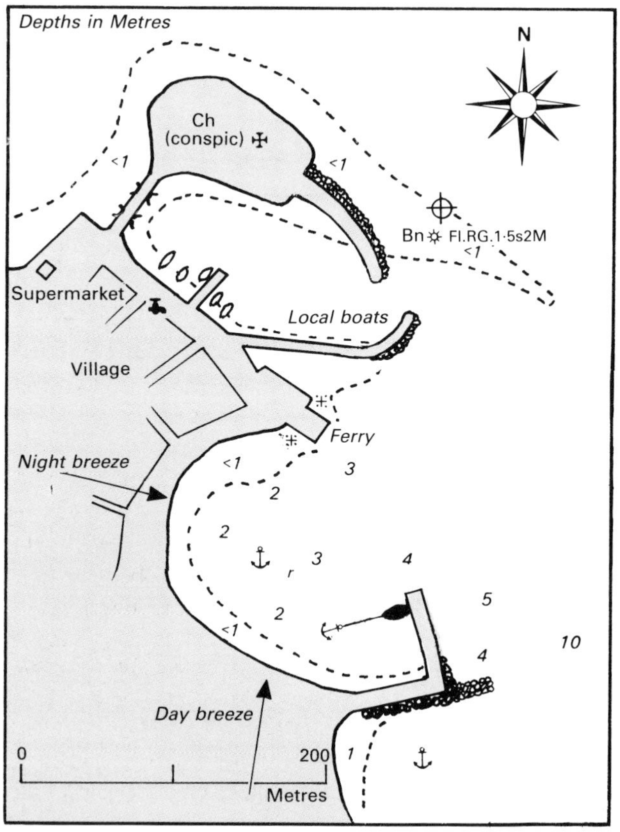

Elaphonisos.

chen. Auch die Häuser des Ortes sind zu erkennen, nur die grobe Steinmole des Hafens wird erst sichtbar, wenn man näher herangekommen ist.

Nachts richtet man sich nach dem Feuer an der E-Seite von Ormos Vatika (Fl.3s6M) und der befeuerten Bake, Vr. Stavros (Fl.RG.1,5s2M). Die Hafeneinfahrt ist nicht befeuert.

Liegeplätze

Man ankert in der Bucht. An der Mole hinter der S-Einfahrt macht man mit Bug oder Heck fest. Der Felsgrund ist nur mit einer dünnen Schicht Sand bedeckt und hält folglich schlecht. Vorsichtshalber sollte man zum Anker hinabschnorcheln, um sich davon zu überzeugen, daß er gefaßt hat.

Schutz: Der Hafen ist vor den vorherrschenden Winden gut geschützt, aber nach S offen. Starke S-liche Winde verursachen Schwell.

Hinweis: Der Fischerhafen N-lich des Fährhafens ist mit einheimischen Booten voll belegt.

Versorgung

Nicht weit vom Fischerhafen gibt es einen Wasserhahn, und im Dorf sind die meisten Lebensmittel erhältlich. Tavernen und Bars ziehen sich am Hafen entlang. Es gibt ein Telefonamt und eine Fährverbindung zum gegenüberliegenden Festland. Außerdem verkehrt eine Fähre nach Kythira.

Die Passage zwischen Elaphonisos und dem Festland

Elaphonisos wird nur durch eine flache Bootspassage vom Festland geschieden – an dem türkisfarbenen Wasser N-lich vom Dorf Elaphonisos gut zu erkennen. Für Yachten mit weniger als 2 m Tiefgang ist die Passage bei ruhigem Wetter befahrbar. Bei dem geringsten Schwell sollte man die Insel E-lich umfahren. Beim Passieren der Durchfahrt ist ein Ausguck am Bug, der die Yacht dirigiert, unerläßlich. Außerdem sollte man das Echolot nicht aus den Augen lassen. Aber selbst mit diesen Vorsichtsmaßnahmen und ruhigem Wetter erfordert die Passage, die fast eine Seemeile lang ist und Wassertiefen zwischen 2 und 2,5 m aufweist, eiserne Nerven. Im klaren Wasser ist jeder Gegenstand auf dem Grund zu erkennen.

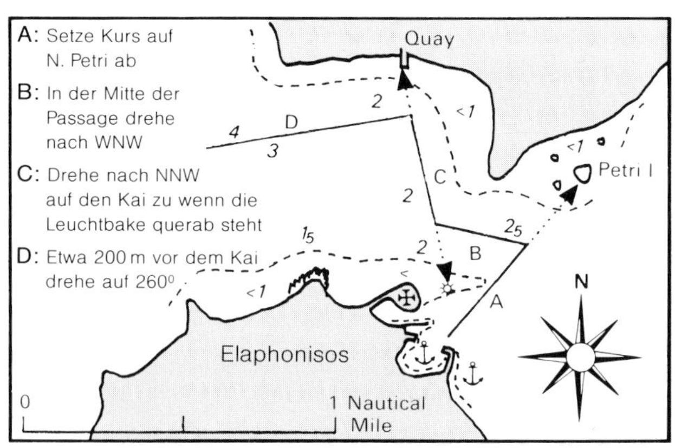

Die Passage zwischen der Insel und dem Festland.

Die S-liche Einfahrtshuk, Ak A. Ilios, von Ormos Vatika aus SE.

Neapolis

WP 36°29,6'N 023°03,9'E (2F.R.3M)

Die große Stadt, an der E-Seite der Bucht Ormos Vatika gelegen, ist bereits aus einiger Entfernung auszumachen. Eine gute Landmarke bildet eine große Kirche im Hintergrund der Stadt. Vor dem Hafen erstreckt sich der Fähranleger, an dem bei ruhigem Wetter auch Yachten anlegen können. An der NW-Seite macht man mit Bug oder Heck fest oder geht längsseits. Die SE-Seite wird von Fähren und Fischerbooten benutzt. Schon bei geringem Schwell sollte man es vorziehen zu ankern. Bei den normalen Sommerwinden, leichten SW- oder W-Winden, ist der Hafen gut genug geschützt, um hier die Nacht zu verbringen. Es kann aber sein, daß es nicht besonders gemütlich ist.
Wasser und Treibstoff gibt es in der Stadt, wo man auch gute Versorgungsmöglichkeiten und zahlreiche Tavernen findet sowie Post und Telefonamt. Eine Fähre verkehrt nach Piräus. Neapolis ist eine recht interessante Stadt, die nur ein bißchen regionalen Tourismus hat und ansonsten als Kreisstadt der Region fungiert. Ebenso wie in Elaphonisos ist es auch hier leider entsetzlich laut.
Der winzige Fischerhafen der Stadt ist für Yachten zu klein und zu flach. Der Grund in der Einfahrt ist unrein und bietet gerade 1,7 m Tiefe; im Inneren des Hafens ist es noch weniger. Unmittelbar in der Einsteuerung soll ein Felsen liegen, über dem knapp 2 m Wasser stehen sollen. Auch wenn der Hafen nicht für Yachten geeignet ist, so können doch kleine Motorboote, die weniger als 1 m Tiefgang haben, hier Schutz finden. Besondere Vorsicht ist allerdings vonnöten.

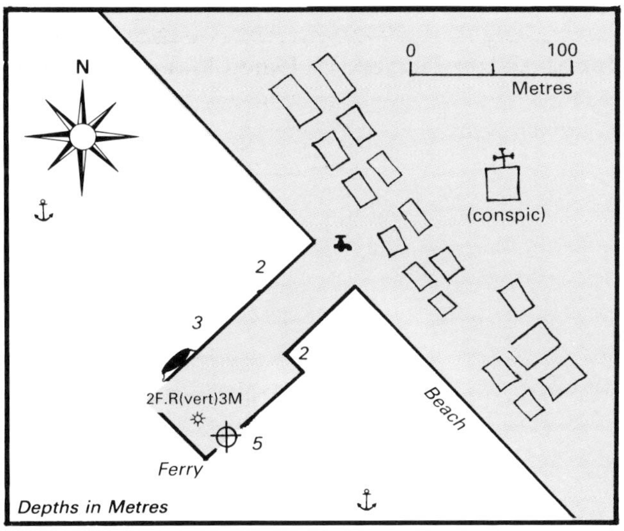

Neapolis.

Palaiokastro

36°29,4'N 023°03,8'E

Etwa 1 Seemeile S-lich von Neapolis wurde im Schutz der Landzunge, auf der eine markante Kirche steht, ein neuer Kai gebaut. Vor dem Kai betragen die Wassertiefen 4 bis 5 m. Außer vor Winden aus NNE ist der Platz gut geschützt. Ein Café ist ganz in der Nähe.

Ak Maleas

Der Ruf des Kaps, Ak Maleas, ist nicht der beste, und gelegentlich gibt es sich alle Mühe, ihm gerecht zu werden. Aber es gibt auch Flautentage, an denen man um diese Huk herum motoren muß. Bei der Ansteuerung aus W sind die Ormos Sarakiniko und ihre Umgebung beliebte Ankerplätze für Yachten, die vor dem Runden des Kaps auf das Abflauen heftiger Gegenwinde warten. Im Sommer kann sich hier ein ganzer Pulk von Yachten versammeln, die auf günstigeres Wetter warten. Leider sind die Winde um die Insel Elaphonisos herum nicht immer ein guter Hinweis auf die Windverhältnisse am Kap. Es kann also vorkommen, daß man zum Erstaunen aller anderen Yachten mit zwei gesteckten Reffs im Groß und einer Fock von der Größe eines Taschentuchs ausläuft, um anschließend das Kap unter Motor zu runden, weil dort völlige Windstille herrscht. Natürlich kann man auch gezwungen sein, reumütig auf den Ankerplatz zurückzukehren, nachdem man vor den schweren Böen am Ak Maleas kapitulieren mußte. Es gibt keine zuverlässige Methoden, das Wetter im Sommer am Kap vorherzubestimmen.
Im Frühjahr und Herbst verursachen Tiefdruckgebiete in der Umgebung des Kaps Starkwinde und schweren Seegang. Es ist einfach eine »windige Ecke«, wenn Tiefs in der Nähe sind. Im Zweifelsfall ist es immer besser, sich an einem geschützten Platz in Sicherheit zu bringen.

Der Leuchtturm auf dem Kap Ak Maleas.

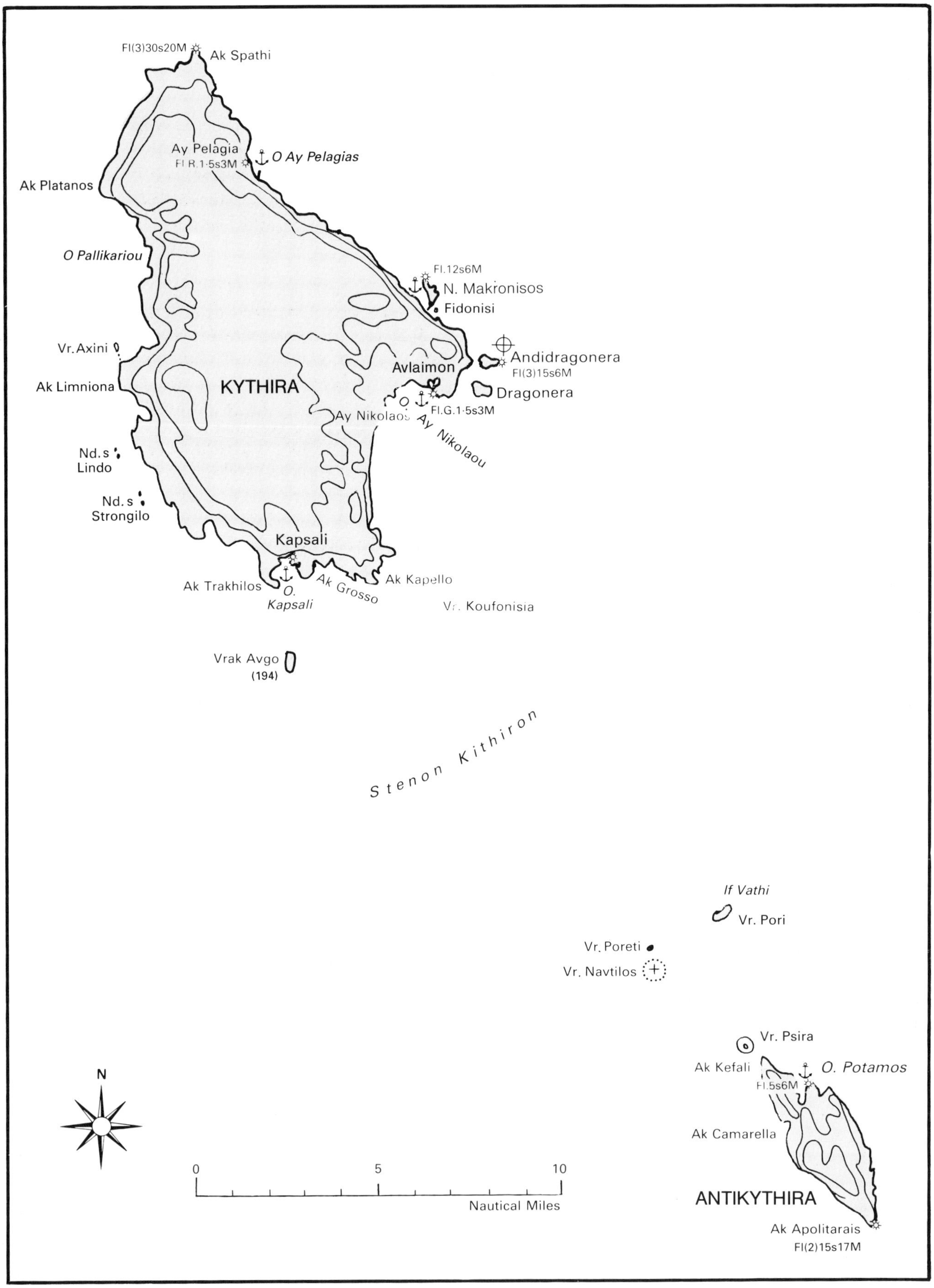

Die Inseln Kythira und Antikythira.

Beim Runden des Ak Maleas sollte man nicht vergessen, den Mönchen in der Einsiedelei auf dem Kap zu winken; sie sind die einzigen, die an diesem einsamen Punkt der Welt über die großen und kleinen Schiffe wachen, die hier passieren.

Nisos Kythira und Antikythira

Kythira und Antikythira bilden eine »Inselbrücke« zwischen dem Peloponnes und Kreta. Bereits in der Antike spielten die Inseln eine bedeutende Rolle als »Trittsteine« auf der Handelsroute um den Peloponnes herum in die Ägäis. In der Nähe von Avleimono wurde bei Ausgrabungen ein minoischer Handelsposten (ca. 2000 bis 1450 v. Chr.) entdeckt. Später siedelten hier Phönizier (die Insel galt als reich an Purpurschnecken, die die Phönizier zur Herstellung des berühmten roten Farbstoffes benutzten), Mykener, Römer und Venezianer als Herren der Inseln.
Außerdem erhebt Kythira noch einen weiteren Anspruch auf antiken Ruhm: Aphrodite wurde hier geboren. Allerdings beanspruchen auch noch andere Inseln diesen göttlichen Ruhm für sich, insbesondere Zypern. Wahrscheinlich haben die Phönizier die Göttin und ihr Kriegsschiff auf diesen einsamen Felsinseln eingeführt. Später wurde sie von den Griechen übernommen und Kythira als ihr Geburtsort angesehen.
Lawrence Durell beschreibt die menschlichste der Göttinnen wie folgt:

»Als Urania verkörperte sie die reine, ideale Liebe; als Genetrix oder Nymphia war sie Beschützerin der rechtmäßigen Ehe und aller ernstgemeinten Bindungen; als Pandemos oder Porne war sie Schutzpatronin der Dirnen und betrachtete Wollust und käufliche Liebe mit Wohlwollen. Alles, was mit Leidenschaft zu tun hatte, von der edelsten bis zur verderbtesten, gehörte in ihren Bereich. Gerade durch ihre Vollkommenheit, die so viele Eigenschaften umfaßt, gewinnt sie unsere Herzen. Durch sie wurde die Liebe so allumfassend, daß sie jede menschliche Schwäche in sich einschloß.
Aber Aphrodite setzte ihre Macht zuweilen auch mutwillig ein – etwa, als es ihr in den Sinn kam, Zeus selbst unter seinem Thron im Olymp ein kleines Feuer zu machen, worauf dieser von einem Schürzenjagdfieber geschüttelt wurde, wie es die Götterwelt noch nicht erlebt hatte. Ob ihr denn gar nichts heilig sei, fragte Zeus sie, als er entflammt war wie ein brennender Christbaum! Doch, wird sie wohl geantwortet haben, alles ist heilig, ohne Unterschied, auch das Lachen. Vor allem das Lachen.«
Lawrence Durell, Griechische Inseln

Als die »Union der Sieben Inseln« ausgerufen wurde, wurden Kythira und Antikythira, unabhängig von ihrer großen Entfernung zu den übrigen Ionischen Inseln, ebenfalls Teil der Heptanesoi.
Kythira wird heutzutage nur von wenigen Touristen besucht, die sich über ein ruhiges Plätzchen freuen, aber alles in allem ist Kythira verhältnismäßig unberührt geblieben.

18 Seemeilen S-lich von Kythira liegt das winzige Eiland Antikythira, ein felsiges steiles Inselchen, das sich jäh aus dem Meer erhebt und von nur wenigen Seelen bewohnt wird. Der einzige Hafen, der nur bei ruhigem Wetter sicher ist, lockt nicht gerade viele Yachten an.
Zu Beginn dieses Jahrhunderts wurde vor der Küste von Antikythira das Wrack eines Schiffes entdeckt, das hier im ersten Jh. v. Chr. mit seiner wertvollen Ladung aus Bronze- und Marmor-Statuen sank. Die Funde sind im Nationalmuseum in Athen ausgestellt.

Pelagia

4 Seemeilen S-lich des Kaps Ak Spathi liegt Pelagia, der Fährhafen von Kythira. Die kleine Ortschaft und die Mole sind von See her gut auszumachen. Die Mole, die sich etwa 100 m lang NE-lich erstreckt, bietet guten Schutz vor Winden aus SW bis W. Die Wassertiefe beträgt am Molenkopf 4 m. Bei starken Winden aus SW bis W stehen heftige Fallböen in den Hafen. Wenn der Wind auf NE dreht, was häufig geschieht, sollte der Hafen sofort verlassen werden.

Nisis Makronisos

5 Seemeilen SE-lich von Pelagia befindet sich die Insel Nisis Makronisos, die mit Kythira durch eine Sandbarre verbunden ist und guten Schutz vor SW und W-Winden bietet. Der Ankerplatz, der ebenso wie Pelagia nach NE hin offen ist, befindet sich über Sandgrund, in dem der Anker gut hält. Bei SW und W-Winden stehen Fallböen in die Bucht. Im Admiralty Pilot ist ein Wrack unmittelbar N-lich der Klippen, Vr. Makronisos, S-lich von Makronisos angegeben.
Hinweis: Von der N-Spitze der Insel erstreckt sich nun eine neue Mole nach W, und an einem langen Kai wird noch gebaut. Auch eine neue Brücke, die das Inselchen mit Kythira verbindet, ist entstanden. Obwohl es so aussieht, als wäre der neue Kai für die Handelsschiffahrt gedacht, ist der endgültige Verwendungszweck noch nicht ganz geklärt. Wenn der Hafen allerdings eines Tages fertig ist, wird er auch für Yachten interessant, die an der NE-Küste von Kythira unterwegs sind.

Ormos Nikolaou (Avlemon)

WP 36°13,3'N 023°04,8'E (Fl.G.3M)

Im NE der Bucht Ormos A. Nikolaou befindet sich der kleine Naturhafen Limin Avlemonos, der sich in NE-licher Richtung erstreckt und im äußeren Teil Wassertiefen von 6 bis 12 m aufweist. Die alte stummelartige Mole, hinter der kleine Yachten recht guten Schutz finden, wurde verlängert. Die Wassertiefen betragen dort etwa 2 m. Der Grund besteht aus Sand und Felsen und hält schlecht. Der Admiralty Pilot empfiehlt Limin Avlemonos als den besten Hafen der Insel Kythira für kleine Boote; bei SW- bis W-Winden steht jedoch ein beachtlicher Schwell hinein. Wegen dieses Schwells und des begrenzten Platzangebots sollte man sich für einen Übernachtungsstopp besser in den Hafen von Ormos Kapsali verholen.

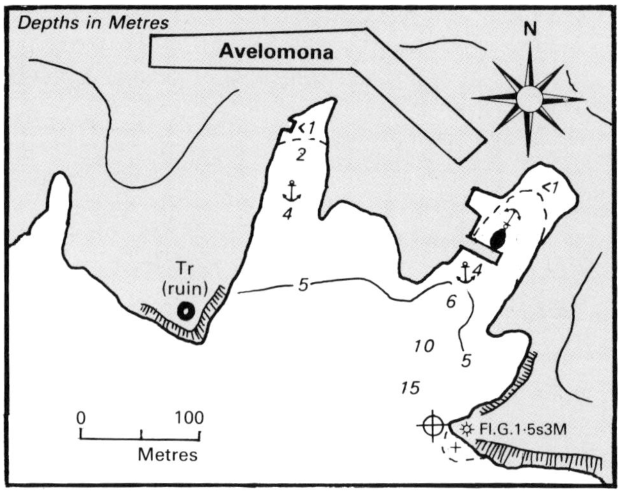

Ormos A. Nikolaou.

Ankerplatz in der Ormos A. Nikolaou (Foto: Nigel Patten).

Nachts navigiert man nach dem N-lichsten Feuer auf den Klippen von Vr. Antidragonera (Fl(3)15s6M) und dem Feuer auf der S-lichen Einfahrtshuk (Fl.G.1,5s3M) in den Hafen. Die kleine Ortschaft Avlemon hat in den letzten Jahren eine Renaissance erlebt und sich entsprechend herausgeputzt. Es gibt eine Taverne, und ein begrenztes Angebot an Lebensmitteln ist erhältlich.

Ormos Kapsali

WP 36°08,6'N 023°00,1'E (Fl.3s10M) / Karten: BA 712

Allgemeines
Die Bucht Ormos Kapsali ist ausgesprochen pittoresk, ebenso wie der von Mauern umgebene Hauptort (Kythira) und die venezianische Festung, die beide hoch über der Bucht thronen. Auch wenn heutzutage Potamos das wirtschaftliche Zentrum der Insel bildet, so fungiert die ummauerte Chora immer noch als Hauptstadt. Das Kastell, das auf einem Felsen errichtet wurde, der schier uneinnehmbar wirkt, wurde 1316 von den Venezianern zum

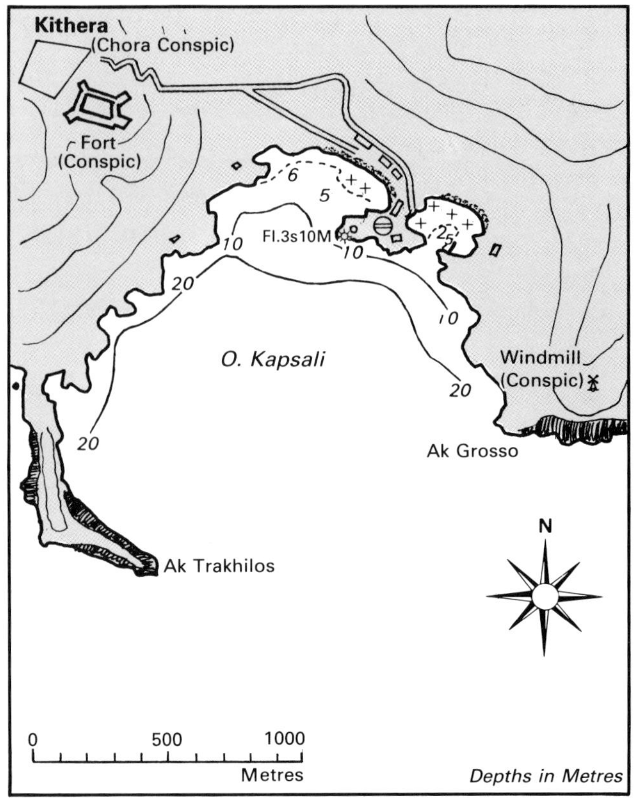

Ansteuerung der Bucht Ormos Kapsali.

Schutz ihrer neuen Handelsroute um den Peloponnes herum gebaut. Dieser malerische Ort ist wirklich einen Besuch wert, auch wenn sein Hafen kaum Schutz bietet. Im Sommer ist das Liegen im Hafen jedoch meistens vertretbar, wenn auch ungemütlich.

Ansteuerung
Auffällig: Schon von weitem ist das Inselchen Nisis Avgo – was Eierinsel bedeutet, da die Form in etwa einem Ei gleicht – gut auszumachen. Von S oder E kommend, bilden die Windmühle auf dem Kap Ak Grosso und das Kastell

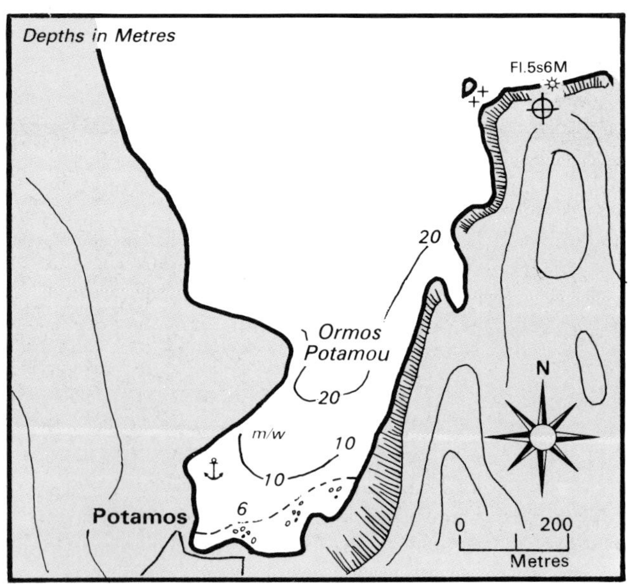

Ormos Potamos.

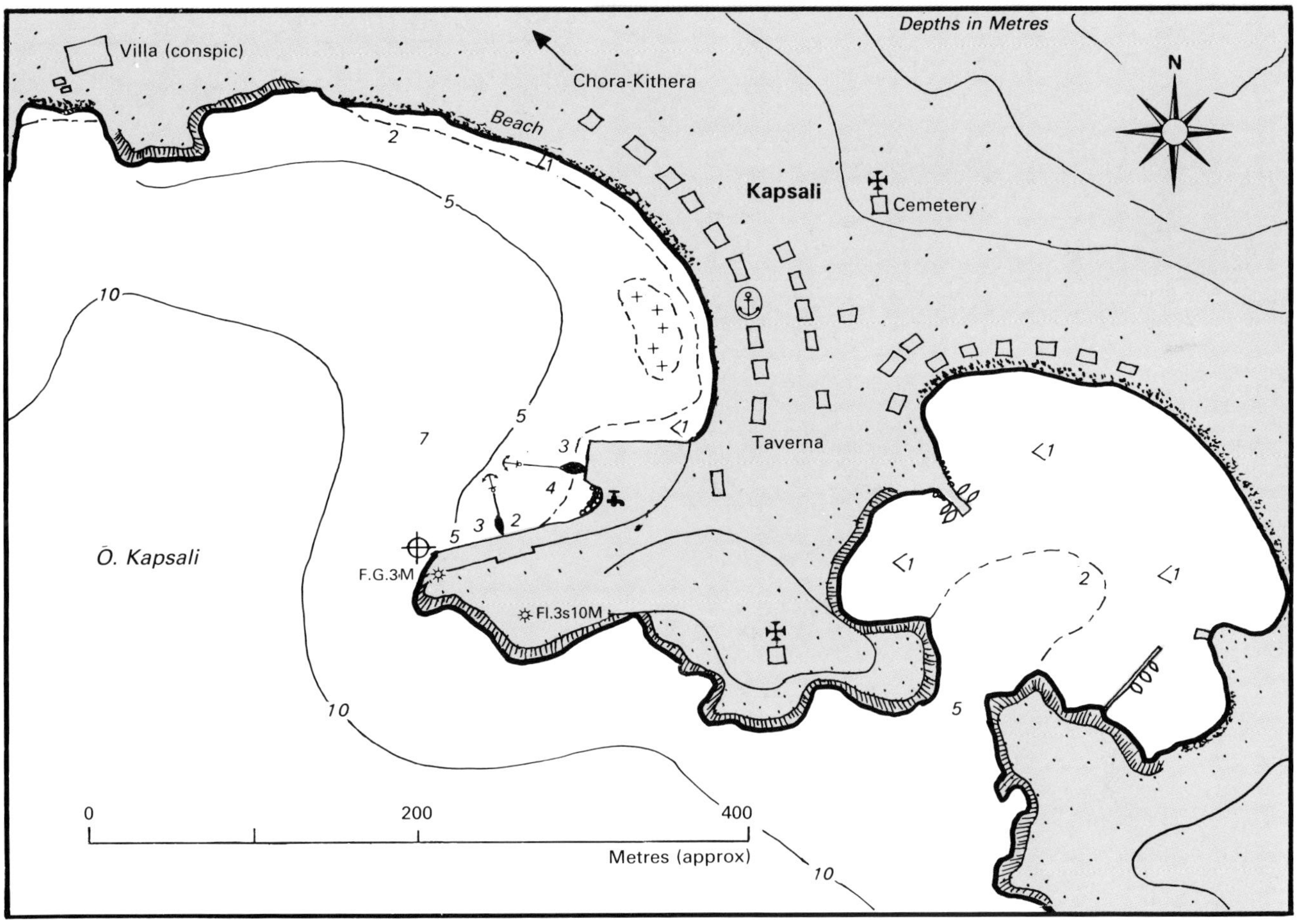

Ormos Kapsali.

oberhalb der Chora gute Landmarken. Bei der Ansteuerung aus W ist die Festung erst zu sehen, wenn man sich dem Kap Ak Trachilos genähert hat. Beim Einlaufen in die Bucht werden zwei große weiße Villen W-lich des Hafens sowie der Leuchtturm oben auf der Klippe sichtbar.
Nachts navigiert man nach dem Feuer des Leuchtturms auf der Steilklippe (Fl.3s10M) und dem Feuer am Ende des Kais (F.G.3M).

Der Kai an der SE-Seite von Kapsalion aus SE (Foto: Nigel Patten).

Gefahren: Bei starken W-lichen Winden fegen Böen von den Bergen hinunter in die Bucht, und um die Küste herum steht erheblicher Schwell.

Liegeplätze
Nur die W-liche Einbuchtung ist für Yachten tief genug zum Ankern, die E-liche Bucht ist flach und der Grund unrein. Am äußeren Teil des Kais macht man mit dem Heck zum Kai oder längsseits fest, wenn kein Schwell steht. Der Grund, der aus Sand und Fels mit Seegrasbewuchs besteht, hält einigermaßen, wenn der Anker erst gefaßt hat.
Schutz: Egal, aus welcher Richtung der Wind kommt, ständig steht Schwell in den Hafen, der das Liegen ungemütlich macht. Bei starken S-lichen Winden sollte man den Hafen verlassen.
Hinweis: Ohne ausdrückliche Erlaubnis der Wasserschutzpolizei ist das Ankern im Hafen verboten. Verstöße können mit einer Geldbuße geahndet werden.
Behörden: Wasserschutzpolizei und Zoll.

Versorgung
Wasser bekommt man per Schlauch von einem Café am Kai.
Lebensmittel: Am Hafen findet man nur ein begrenztes Angebot, bessere Versorgungsmöglichkeiten bestehen im Hauptort, der Chora.
Restaurants: Tavernen sind am Hafen.
Sonstiges: Post und Telefonamt in der Chora.

Ormos Kapsali aus NW (Foto: Nigel Patten).

Ormos Potamos

WP 35°53,5'N 023°17,7'N (Fl.5s6M) / Karten: BA 712

Der Naturhafen von Ormos Potamos befindet sich an der N-Küste von Antikythira. Es ist eine schmale Bucht, die S-wärts verläuft und nach N offen ist. Man ankert auf 6 bis 12 m im S-lichen Teil der Bucht, in deren Scheitel Über- und Unterwasserfelsen liegen. Schwell steht fast ständig in die Bucht hinein, und selbst bei mäßigen N-Winden ist dieser Ankerplatz unhaltbar.
An Land gibt es nur ein spärliches Versorgungsangebot. Trotz der unsicheren Ankerplätze ist die Insel auf ihre einsame, karge Art sehr schön.

Der Golf von Patras und der Golf von Korinth

(Patriakos Kolpos und Korinthiakos Kolpos)

Steuert man den Golf von Patras aus W her an, ist der Küstenstrich flach, auch wenn sich im Hintergrund hohe Berge erheben. Ein Großteil dieser Küstenebene besteht aus Salzmarschen, und insbesondere im N des Golfs, erstrecken sich Untiefen ein gutes Stück seewärts.

Bei der **Ansteuerung** der schmalen Einfahrt in den Golf von Korinth steigt die Küste abrupt zu hohen Bergen an. Zwei hohe Gebirgszüge, die von winterlichen Sturzbächen vernarbt sind und von tiefen Schluchten durchzogen werden, flankieren den Kanal von Korinth. An der S-Küste erhebt sich der Kyllini (Zyria) zu einer Höhe von 2377 m, und an der N-Küste reicht der Gipfel des Parnassos 2454 m hoch. Bis in das späte Frühjahr hinein sind diese Bergspitzen mit Schnee bedeckt.

Von der Straße von Rion bis zum Kanal von Korinth mißt der Golf von Korinth eine Länge von 60 Seemeilen. Die hohen Berge rings um den Golf lassen ihn eher wie einen See wirken, und tatsächlich erinnert die gesamte Szenerie sehr an einen Alpensee. Auf dem schmalen Streifen Schwemmland an der S-Küste wird intensiver Weinbau betrieben, und reizvolle Strände säumen die Küste. An der N-Küste sind die Berge meist kahl und ohne jegliche Vegetation, obwohl es auch hier und da grüne Flecken gibt – insbesondere bei Navpaktos und Itea -, die im Kontrast zu ihrer kahlen felsigen Umgebung stehen.

Die Geschichte des Golfs ist eng mit dem Schicksal der Stadt Korinth verbunden. Immerhin erspart die Durchfahrt durch den Kanal von Korinth einen Umweg von fast 150 Seemeilen zwischen dem Ionischen Meer und Athen. In der Antike wurden Schiffe auf einer Schleifbahn, dem Diolkos, über den Isthmus transportiert, und Korinth kontrollierte diese Passage zwischen dem Ionischen Meer und der Ägäis. Von der archaischen Epoche bis zum Ende der römischen Herrschaft florierte die Stadt, die mit ihrem Einkommen aus dem Diolkos reich wurde. 522 und 551 wurde Korinth von Erdbeben zerstört, danach erlangte es nie wieder seine ehemalige Größe. Die Stadt und die Kontrolle über den Golf fiel im Lauf der Zeit verschiedenen Invasoren in die Hände: 1147 plünderten die Normannen Korinth, 1212 wurde es von Villhardouin erobert, 1458 von den Türken, 1612 von den Malteser Rittern, 1687 von den Venezianern und schließlich 1715 ein weiteres Mal von den Türken. Seit Beginn des Unabhängigkeitskrieges gehört die Stadt zu Griechenland. Heutzutage ist davon in Korinth kaum noch etwas zu spüren, aber sein Ruhm und

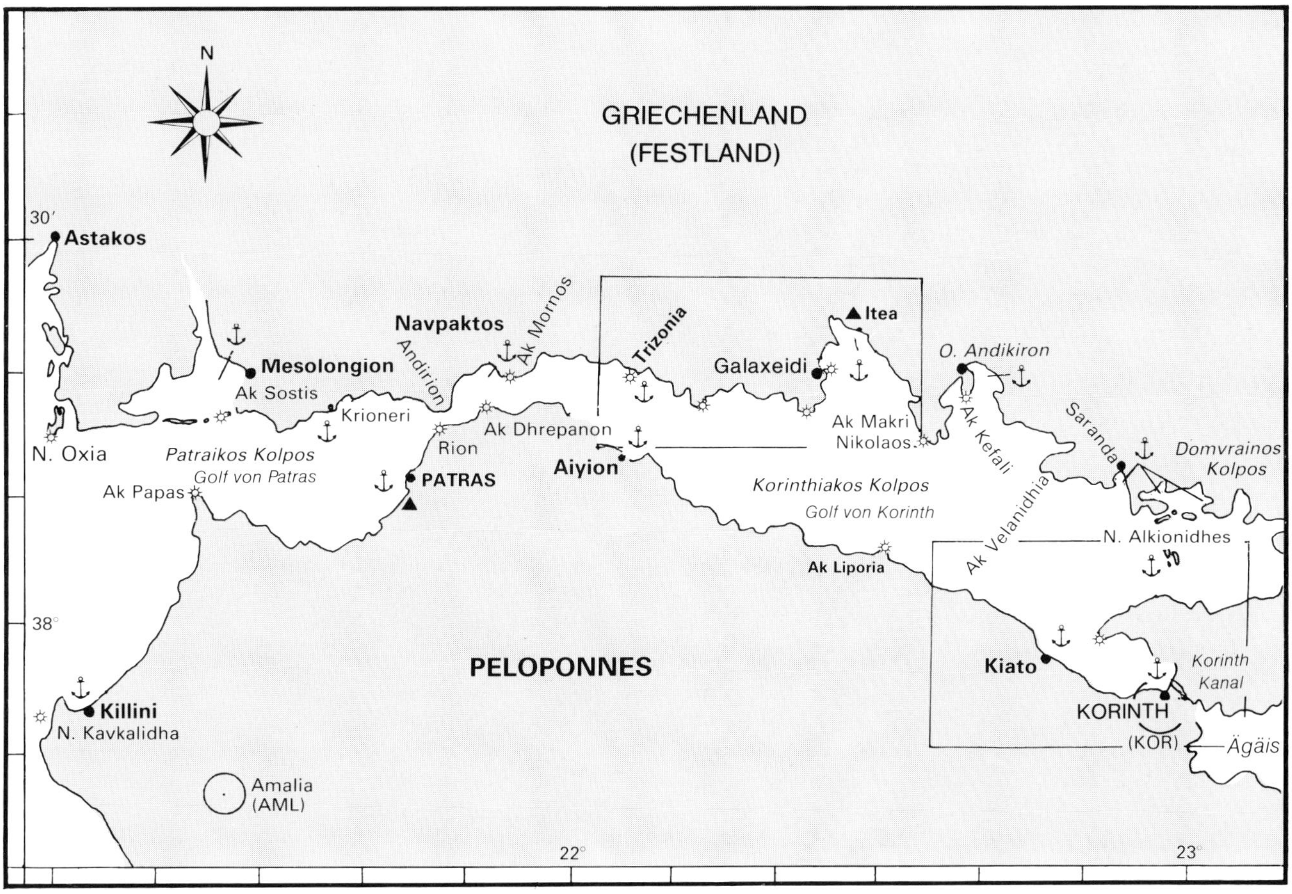

die ehemalige Größe sind in Kultur und Sprache eingegangen. An der Einfahrt in den Golf von Patras haben sich zwei maritime Begebenheiten zugetragen, von denen die eine von geschichtlicher Bedeutung ist, die andere bestenfalls eine Fußnote der Historie. Fährt man die Meerenge zwischen der Insel Oxeia und Skropha weiter entlang, wird die Küste flacher, bevor die Stadt Mesolongion, die über den Salzmarschen zu schweben scheint, in Sicht kommt. In und um die Meerenge von Oxeia fand die Seeschlacht von Lepanto statt. Die Türken, die ihre Flotte in Navpaktos, damals als Lepanto bekannt, vorbereitet hatten, trafen in diesem entlegenen Gebiet auf die vereinigte christliche Flotte unter der Führung von Don Juan d'Austria, dessen Streitmacht sich aus Galeeren aus Venedig, Genua, dem Vatikan, Spanien, Sizilien und Neapel zusammensetzte. In dieser großen Seeschlacht, die die letzte war, die mit Galeeren ausgefochten wurde, erlebten die türkischen Verbände eine vernichtende Niederlage: 250 ihrer Galeeren wurden versenkt oder erobert, 15 000 Galeerensklaven befreit und die türkische Vorherrschaft zur See beendet.
Cervantes, der Autor des Romans »Don Quichotte«, nahm an dieser Seeschlacht teil und verlor dabei seine linke Hand. Der verstorbene Peter Throckmorton unternahm den Versuch, einige der Galeeren, die in dieser Schlacht versenkt wurden, ausfindig zu machen, konnte aber in dem dicken Schlick, der den Grund bedeckt, nichts entdecken.
Es war ebenfalls an dieser Stelle – in Lee von Scrofa -, daß am Silvesterabend des Jahres 1823 ein kleines Segelschiff versuchte, einem türkischen Kriegsschiff zu entkommen. An Bord dieses Segelschiffes, das auf dem Weg von Kephallinia nach Mesolongion war, befand sich Lord Byron. Der ionische Skipper hatte sich zunächst dafür entschieden zu ankern, bis die Türken vorbeigezogen wären. Offenbar fühlten sie sich aber nicht sicher und segelten daher weiter N-lich nach Astakos, später nach Dragomestre. Schließlich fanden drei Schiffe aus Mesolongion Byrons Schiff und eskortierten es sicher in die sumpfige Festung. Obwohl Lord Byron die See und Schiffe liebte, verstand er doch recht wenig davon, und seine Begleiter waren in nautischen Dingen noch unerfahrener.
Byron konnte im griechischen Unabhängigkeitskrieg ohnehin wenig ausrichten, und eigentlich war es dann mehr sein Fiebertod am 19. April 1824, der die Welt auf den griechischen Kampf um Freiheit aufmerksam machte.
Viele Yachten laufen durch den Golf von Patras und den Golf von Korinth – aber eigentlich nur deshalb, weil sie den Weg in die Ägäis abkürzen wollen. Schließlich sparen sie so einen 150-Seemeilen-Trip um den Peloponnes herum. Für Skipper, die keine Eile haben, in die Ägäis zu kommen, sind die beiden Golfe – insbesondere der Golf von Korinth – phantastische Reviere mit vielen attraktiven Häfen und Ankerplätzen. Die S-Küste des Golfs von Korinth ist verhältnismäßig ausgeglichen und bietet somit nur wenige sichere Ankermöglichkeiten. Die N-Küste ist jedoch stark gegliedert, und viele reizvolle und sichere Ankerplätze, die in geringer Entfernung voneinander liegen, laden ein.

Das Wetter im Golf von Patras und im Golf von Korinth

Im Sommer herrschen Winde aus W-lichen Richtungen vor. Über die flachen Salzmarschen an der N-Seite des Golfs von Patras wehen Winde aus NW bis WNW. Die hohen Berge, die den Golf von Korinth umgeben, lenken den Wind ab, so daß er hier aus W kommt. Normalerweise erhebt sich der Wind gegen Mittag und hält bis in die Abendstunden an; im Juli und August kann er Stärken von Bft 5 bis 6 erreichen. In Korinth kann der Wind gelegentlich auch aus NE kommen und manchmal direkt in den Golf von Patras stehen. Auch hier wird er geschleust und verwandelt sich in den beiden Golfen in E-Wind. Im Golf von Krissa (Kolpos Krissaios) und in der Bucht Ormos Antikyron herrscht oft Windstille, auch wenn es in der Mitte des Golfs kräftig weht. Im Frühjahr und Herbst variieren die Windrichtungen zwischen E und W, weil sie von den Winden im Ionischen Meer sowie der Ägäis abhängig sind. Im Golf von Patras treten häufig recht heftige Gewitterstürme auf, die im Frühjahr und Herbst einige Zeit andauern können. Bei unbeständigem Wetter sind Wasserhosen keine Seltenheit.
Obwohl man mit Fallböen von den hohen Bergen herunter rechnen muß, sind diese erfahrungsgemäß selten stärker als Winde in der Mitte der beiden Golfe. Die Berge scheinen den Wind auf der Länge der Golfe auch eher zu schleusen (nach W oder E), als ihm ein Hindernis zu sein, von dem dann Fallböen hinuntersausen. Nur in Korinth ist das bei NE-Winden nicht der Fall; hier kommen Fallböen von einiger Härte von den Bergen herunter.

Wichtige Angaben

Ports of Entry

Patras
Itea

Sperrgebiete

Der Hafen an der E-Seite der Bucht Antikyron sowie seine unmittelbare Umgebung gehören zu einem Sperrgebiet.

Die wichtigsten Leuchtfeuer

Ak Oxeia: Fl(2)15s17M
Nisis Kavkalida (Kyllini): LFl.WR.20s12/9M
Ak Pappas: LFl(2)20s10M
Ak A. Sostis: Fl.WR.5s17/14M
Rion: Fl.G.6s4M
Antikyron: Fl.R.6s4M
Ak Mornos: Fl(3)15s6M
Ak Drepanon: Fl.10s22M
Nisis Trizonia: Fl.4s4M
Ak Psaromyta: Fl(2)15s21M
Ak Andromachi: Fl(3)15s6M

Der Hafen Methana aus SE (oben); Blick aus NW auf die Halbinsel Poros und die Einfahrt in die Ormos Parou.

Sonnenuntergang über dem Hafen von Poros (oben); Die Stadt Poros aus W.

Der Hafen von Ermioni wird von der Landzunge Ak Kastri geschützt (oben); der Hafen Ydra aus NW.

Ormos Baltizas auf der Insel Spetsai aus SW. Auf der Landzunge, die die Bucht nach E schützt, steht ein markanter Leuchtturm (oben); Blick von der venezianischen Festung auf die kleine Insel Bourtzoi.

Nisis Apsiphia (Galaxeidi): Fl.7s5M
Ak Makri Nikolaos: Fl.4,5s5M
Ak Lykoporia: Fl(2)16s10M
Ak Kephali: Fl.3s4M
Ak Melangavi: Fl.10s17M

Kurzübersicht

	Schutz	*Liegeplätze*	*Treibstoff*	*Wasser*	*Lebensmittel*	*Restaurants*	*Hafenplan*
Kyllini	B	A	B	A	B	B	•
Mesolongion	A	ABC	B	A	B	B	•
Kryoneri	O	C	O	O	O	C	
Patras	B	A	A	A	A	A	•
Patras Yachthafen	A	A	B	A	A	B	•
Navpaktos	B	A	A	A	B	B	•
Nisis Trizonia	A	C	O	B	C	C	•
Aigion	C	AC	B	B	B	A	•
Kallitheas	B	C	O	B	C	C	•
Erateini	C	C	B	B	C	C	•
Panormou	C	C	O	O	O	O	
Vidavis	C	C	O	O	O	C	
Anemokampi	B	O	O	O	O	C	•
Galaxeidi	A	A	B	B	B	A	•
Itea	A	A	B	B	B	B	•
Antikyron	B	C	B	B	C	C	•
A. Saranis	B	C	O	B	C	C	
Kolpos Domvrainis	B	C	O	O	O	O	
Nisoi Alkyoniden	C	C	O	O	O	O	•
Agriliou	O	C	O	O	O	O	
Loutraki	O	C	B	B	B	B	
Korinth	A	AB	B	B	A	B	•
Korinth-Kanal	O	O	O	O	O	O	•
Kiaton	B	A	B	A	A	B	•

Der Golf von Patras

(Patriakos Kolpos)

Kyllini

37°56,5'N 21°09'E / Karten: BA 2404, D 1092 Plan R

Allgemeines

Zu Zeiten der Venezianer war der Hafen unter dem Namen Glarenza bekannt und ein wichtiges Glied in der Kette der Landposten entlang der Handelsroute um den Peloponnes herum. Heute ist es schwer vorstellbar, daß dieser staubige kleine Ort, der nun einen Fährterminal nach Zakynthos besitzt, einst eine weltoffene blühende Stadt war, die von fremden See- und Kaufleuten auf dem Weg vom oder zum Orient wimmelte und erfüllt war vom Klang fremder Sprachen.

Die mächtige Festung, Burg Chlemutsi, wurde 1220 von Geoffroy II. de Villehardouin auf den S-lichen Höhen angelegt und ging später an die Venezianer, die sie Castel Tournese nannten. Die Türken eroberten die Burg während ihrer Besatzungszeit auf dem Peloponnes, und schließlich zerstörte Ibrahim Pasha 1825 die Anlage, die erst in jüngster Zeit restauriert wurde und unbedingt einen Besuch wert ist. Von der oberen Plattform aus hat man einen wunderbaren Blick über die Ansteuerungen des Golfs von Patras sowie die umliegende Landschaft.

Ansteuerung

Tatsächlich liegt der Hafen noch außerhalb des Golfs, nämlich 20 Seemeilen SW-lich der Einfahrt. Das Castel Tournese auf dem Berg im Hintergrund von Kyllini ist bereits von weitem eine markante Landmarke. Gut zu erkennen ist auch der Leuchtturm auf der Insel Nisis Kavkalida. Beim Näherkommen heben sich die Gebäude der Stadt sowie die Hafenmole von Kyllini von der flachen Küstenlinie ab.

Nachts richtet man sich nach dem Feuer auf Nisis Kavkalida (LFl.WR.20s12/9M, der rote Sektor deckt den Bereich 059°-092° ab) und der befeuerten Tonne (Fl.G.) in der Einfahrt.

Gefahren: Unmittelbar NW-lich des Hafens erstreckt sich von der Landspitze aus ein Riff seewärts, von dem man sich gut freihalten sollte, weil es schwer zu erkennen ist. Die unmittelbare Einsteuerung in den Hafen sollte aus NE erfolgen.

Liegeplätze

An der W-Mole macht man mit Bug oder Heck an den gekennzeichneten Liegeplätzen fest. Schotter und Geröll von der Mole machen den Grund an einigen Stellen unrein, der aus Schlick besteht und den Anker bestens hält.

Schutz: Man ist vor den vorherrschenden Winden gut geschützt. Der Hafen ist nach E hin offen.

Behörden:: Zoll und Wasserschutzpolizei.

Hinweis: Am NE-Kai werden Bauarbeiten durchgeführt.

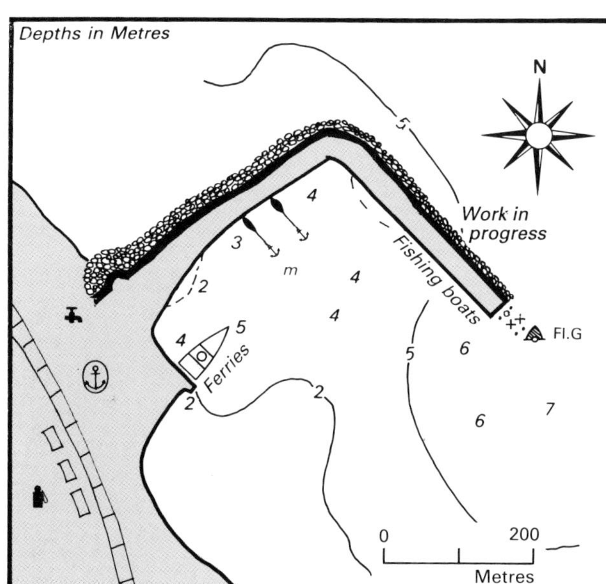

Kyllini.

Versorgung
Wasser gibt es am Kai.
Treibstoff in der Stadt.
Lebensmittel: Die meisten Lebensmittel sind in Kyllini erhältlich.
Restaurants: Tavernen finden sich entlang des Hafens.
Sonstiges: Post und Telefonamt, Wechselstube sowie Bus- und Bahnverbindung nach Patras und eine Fähre nach Zakynthos.

Ak Scrofa

An der N-lichen Einfahrt in den Golf von Patras finden seit Jahren umfangreiche Bauarbeiten um das Kap Ak Scrofa statt. Der Grund dafür ist nicht genau bekannt, kann aber mit der Großbaustelle des Hafens von Platigiali in Zusammenhang stehen. Egal, was dabei herauskommt, für Yachten dürfte das Ergebnis kaum interessant sein.

Mesolongion

WP 38°19,5'N 021°24,7'E / Karten: BA 1676, Imray G13, D 659 Plan B

Allgemeines
Weder der Hafen noch die Stadt selbst sind besonders reizvoll, aber die Einheimischen sind sehr freundlich, und man kann sich an diesen Ort gewöhnen. Am Zufahrtskanal zum Hafen stehen ein paar recht interessante Fischerhütten auf Stelzen im flachen Wasser, die ein wenig an die Pfahlbauten in SE-Asien erinnern. Dieses Bild wird noch dadurch verstärkt, daß die Einheimischen bis zu den Knien durch die salzigen Marschen waten und Rechen durch den Schlick ziehen, um Schalentiere zu sammeln – meistens die riesigen goldschalenen Fächermuscheln. Die umliegenden Salzmarschen sind die Heimat vieler Wasservögel. Wer Mesolongion wegen seiner Verbindung mit Lord Byron besucht, wird enttäuscht: Kaum etwas erinnert an den Dichter, der hier starb. Es gibt ein Denkmal und ein kleines Museum mit ein paar Erinnerungsstücken an die Unabhängigkeitskämpfe.

Ansteuerung
Auffällig: Der weiße Leuchtturm auf der Insel Nisis A. Sostis sowie eine Häusergruppe an der Einfahrt des Zufahrtskanals sind als erstes auszumachen. Von weitem sind die roten und grünen Tonnen, die das ausgebaggerte Fahrwasser bezeichnen, nur schwer zu erkennen, und bei schlechten Sichtverhältnissen kann es in Arbeit ausarten, sie zu finden, bevor man unmittelbar davor steht. Sind die Tonnen erst einmal ausgemacht, folgt man den vier Bakenpaaren, die den Kanal markieren.
Nachts navigiert man nach dem Feuer des Leuchtturms auf Nisis A. Sostis (Fl.WR.5s17/14M, der rote Sektor deckt 293°-010° ab) und dem befeuerten äußeren Tonnenpaar (Fl.R.4,5s und Fl.G.4,5s). Die Fahrwasserbaken sind mit

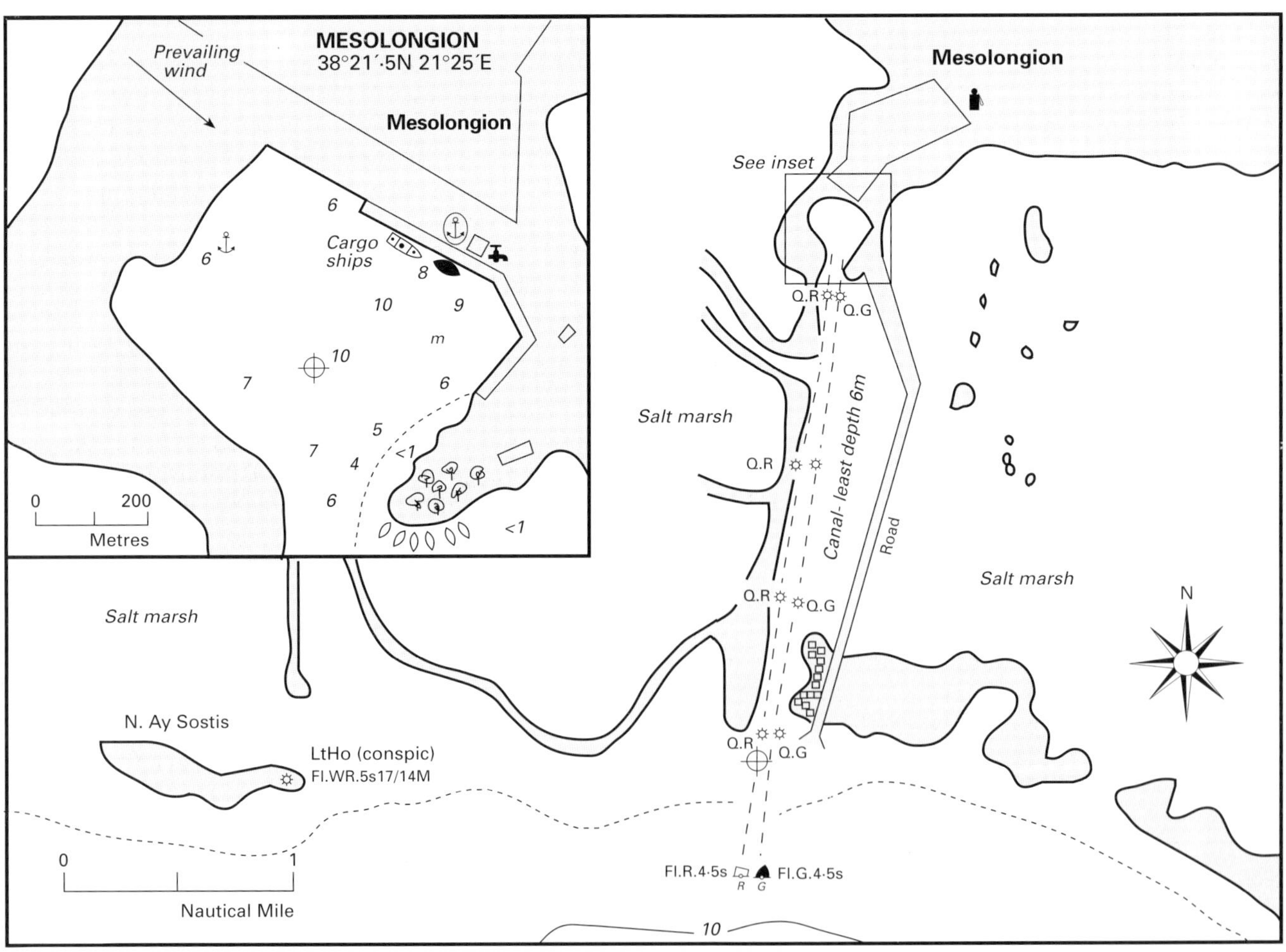

Mesolongion.

Pfahlbauten an der E-Seite der Einfahrt zum Zufahrtskanal des Hafens Mesolongion.

Q.R. und Q.G.2M gekennzeichnet. Die Feuer der Tonnen am seeseitigen Ende der Einsteuerungsrinne sind schwer auszumachen, und die Feuer der Baken, die das Fahrwasser markieren, sind vor den Lichtern der Stadt nicht gut zu erkennen.
Hinweis: 1986 wurde der Zufahrtskanal das letzte Mal auf Tiefen von mindestens 6 m ausgebaggert, stellenweise sind es auch 8 m. Bei der Einfahrt in das Hafenbecken sollte man auf gar keinen Fall die Ecke »abkürzen«, sondern auf die Mitte des Beckens zuhalten, um sich so von den Untiefen an der E-Seite freizuhalten.

Liegeplätze
Am N-Kai macht man mit Bug fest oder geht längsseits. Die meisten Yachten machen längsseits fest, einige ziehen es jedoch vor, vor der W-Seite des Hafenbeckens zu ankern. Der Schlickgrund hält den Anker gut.
Schutz: Hier liegt man vor allen Winden exzellent geschützt, obwohl die vorherrschenden Winde Schwell verursachen, der quer durch das große Becken bis in den NE-Teil steht.
Behörden: Wasserschutzpolizei und Zoll.

Versorgung
Wasser gibt es am Kai, duschen kann man im Hotel SE-lich des Hafenbeckens. *Treibstoff* ist nur in der Stadt erhältlich, was einen beträchtlichen Marsch von rund 30 Minuten erforderlich macht.
Reparaturen: Kleinere mechanische Reparaturen können ausgeführt werden. Eisenwarenläden.
Lebensmittel: Gute Versorgungsmöglichkeiten. Stangeneis ist erhältlich.
Restaurants: Für eine Stadt dieser Größe gibt es bedauerlicherweise kaum gute Tavernen. Die Cafés um den zentralen Platz herum sind dafür aber ganz erfreulich.
Sonstiges: Post, Telefonamt, Bank und eine Busverbindung nach Athen.

Kryoneri

Am Fuß der steilen Hänge des Varasavon (922 m) gelegen, bietet diese offene Bucht nur wenig Schutz vor den vorherrschenden Winden. Am mittleren Abschnitt einer kurzen Pier vor dem Ort betragen die Wassertiefen zwischen 2 und 5 m; hier findet man auch etwas Schutz vor den E-Winden. Am Kopf der Pier sowie an der E-Seite ist es untief. Am Hafen gibt es eine Taverne.
Vorsicht: Vor dem Kap Ak Evinou zwischen Mesolongion und Kryoneri erstreckt sich eine Untiefe, die an ihrem Ende mit einer Leuchttonne mit Kardinaltoppzeichen S bezeichnet ist (Q(6)+LFl.15s).

Patras (Limin Patrai)

WP 38°15,6'N 021°44'E (Fl.G.5s8M) / Karten: BA 2404, Imray G13, D 659 Plan G

Allgemeines
Patras ist die größte Stadt auf dem Peloponnes und die drittgrößte Griechenlands. Die Stadt und der Hafen sind laut und schmuddelig, aber ungemein lebendig. Wenn man nach Patras einläuft, findet man es auf den ersten Blick furchtbar, und es dauert etwas, bis man dahinterkommt, daß es eigentlich ganz schön ist.
Der Karneval (Ende Februar / Anfang März, traditionell 10 Tage vor Beginn der Fastenzeit) wird in Patras mit der gleichen Begeisterung gefeiert wie Ostern.
Geschichtlich gesehen, war Patras schon immer ein bedeutendes Handelszentrum und gleichzeitig das W-liche Tor nach Griechenland. Während der Freiheitskämpfe wurde Patras gefeiert, weil sein Bischof der erste war, der die griechische Flagge aufzog. Dieses Patriotismus' wurde jahrelang in ganz Griechenland gedacht, und er war das Thema zahlreicher Bilder, die man nun in vielen Museen bewundern kann. Auf den Akt des Bischofs reagierten die Türken mit der Zerstörung der Stadt, die anschließend mit einem rechtwinkligen System von Straßen neu angelegt wurde.
Die Weine dieser Region sind ganz ausgezeichnet, den allgegenwärtigen Demestica eingeschlossen. Für den Besuch in der Weinkellerei Achaia-Clauss, der Demestica und andere Weine keltert, sollte man sich etwas Zeit nehmen.

Ansteuerung
Auffällig: Schon von weitem sind die Gebäude der Stadt leicht zu erkennen. Die Kuppel der Kirche A. Andreas nahe der S-lichen Hafeneinfahrt ist gut auszumachen. Etwas landeinwärts der N-lichen Einfahrt bildet ein Schornstein eine gute Landmarke. Der äußere Wellenbrecher ist

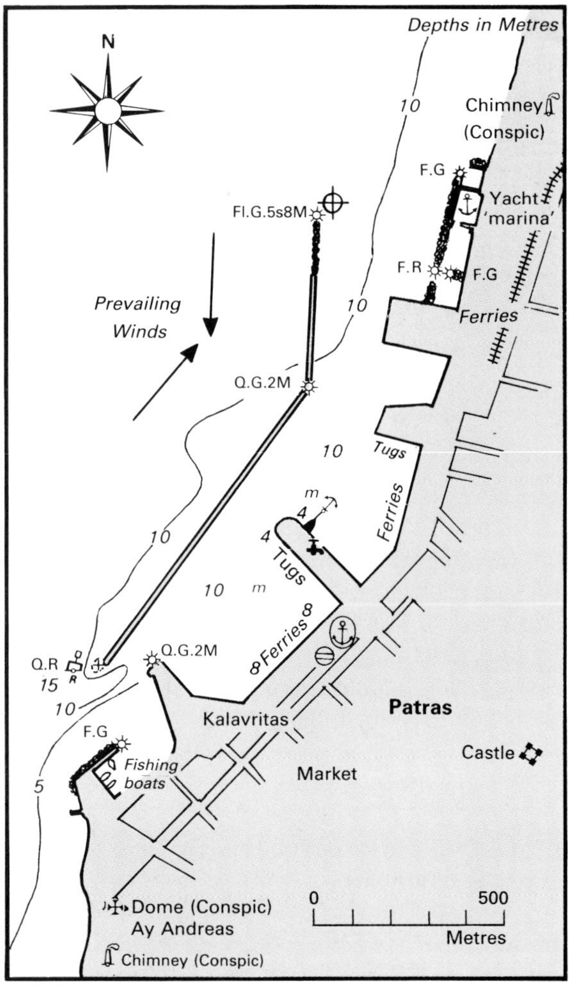

Patras.

recht flach und schwer zu erkennen, bevor man davor ist, aber die Frachtschiffe und Fähren, die den Hafen anlaufen, zeigen einem den rechten Weg.
Nachts: Die S-liche Hafeneinfahrt ist mit Q.G.2M auf dem inneren Wellenbrecher, die Tonne davor mit Q.R. befeuert. Die N-liche Einfahrt ist mit (Fl.G.5s8M) befeuert, und vor der Marina ist eine Tonne mit der Befeuerung Fl.R. ausgelegt. Das Knie des Wellenbrechers ist mit Q.G.2M befeuert. Wenn man mehr als 1 bis 2 Seemeilen entfernt ist, sind die Hafenfeuer vor den Lichtern der Stadt nur schwer zu unterscheiden. In Nächten mit ruhigem Wetter dümpeln vor dem Hafen unzählige Fischerboote mit hellen Lampen, die auf- und niedertanzen und den Eindruck von Navigationsfeuern vermitteln. Eine sichere Navigationshilfe stellt das Flugfeuer Fl.R. auf Profitis, 6,5 Seemeilen SE-lich des Kaps Ak Pappas, dar.
Gefahren: Bei frischen Winden aus W kann die See vor dem Wellenbrecher kabbelig werden, was aber eher lästig als gefährlich ist.
Außerordentlich wichtig ist ein aufmerksamer Ausguck in den Ansteuerungen und im Hafen, da hier ein ständiges Kommen und Gehen großer Fähren herrscht.

Liegeplätze
An der zentralen Mole macht man mit Bug oder Heck fest oder geht längsseits. Der Grund besteht aus Schlick, der gut hält.
Schutz: Bei Starkwind steht im Hafen fast immer Schwell, der das Liegen ungemütlich, aber normalerweise nicht gefährlich macht. Schlepper und Arbeitsboote, die im Hafen ein- und auslaufen, verursachen einigen Wellenschlag.
Behörden: Patras ist Port of Entry, und so sind Wasserschutzpolizei, Zoll und Einwanderungsbehörde in der Nähe des Kais.
Hinweis: In den letzten Jahren hatten Yachten zunehmend Schwierigkeiten, an der Mittelmole einen Liegeplatz zu finden, da diese weitgehend mit großen Schleppern und Arbeitsbooten belegt ist.

Versorgung
Wasser gibt es am Kai – wenn der »Wassermann« geruht, es anzustellen. *Treibstoff* ist in der Nähe des Kais erhältlich; er kann aber auch von einem kleinen Tankwagen geliefert werden.
Reparaturen: In der Nähe der Marina gibt es eine Werft, wo man seine Yacht aufslippen kann. Die meisten mechanischen Reparaturen werden ausgeführt, Arbeiten an der Maschine und der Elektrik sind möglich. Es gibt gut sortierte Eisenwarenläden und Schiffsausrüster.
Lebensmittel: Gute Versorgungsmöglichkeiten.
Restaurants: Zahlreiche Tavernen aller Kategorien, darunter verschiedene Lokale mit vorzüglichem Fisch, sind um den Hafen gruppiert.
Sonstiges: Post, Telefonamt, Banken, Gas, Camping GAZ, Auto- und Motorrad-Vermietung. Regelmäßig verkehren Busse nach Athen (etwa 2,5 Stunden Fahrt), und Fähren laufen Ithaka, Korfu und Italien an.

S-Einfahrt in den Handelshafen von Patras.

Antirrion an der N-Seite der Meerenge, die den Golf von Patras vom Golf von Korinth trennt.

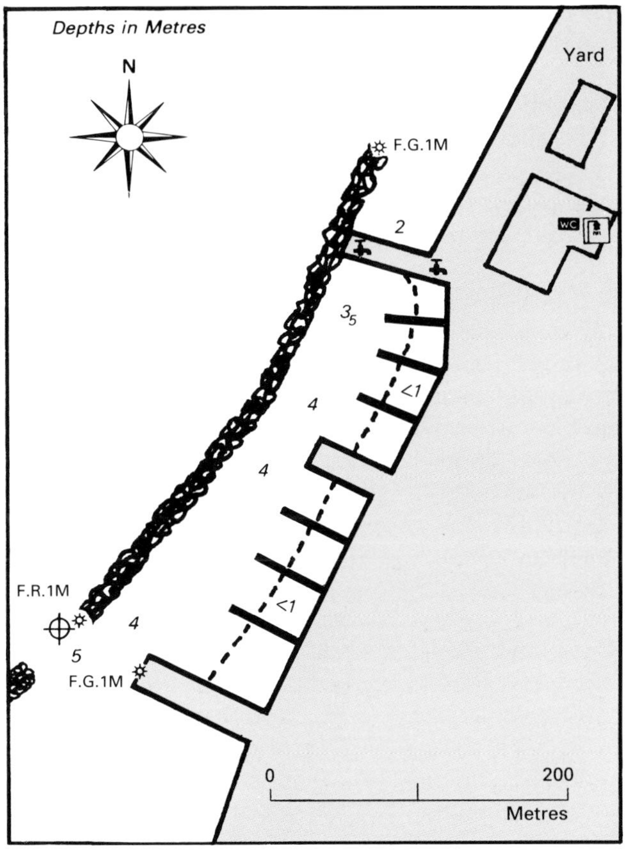

Patras Yachthafen.

Yachthafen Patras

WP 38°15,7'N 021°44,3'E (F.R.1M)

Das ehemalige Caïquen-Becken N-lich des Handelshafens ist nun eine Marina. Man steuert den Yachthafen aus S an, indem man sich dicht unter dem äußeren Wellenbrecher hält. Die Wassertiefe in der Einfahrt beträgt 4 m, im Inneren des Hafenbeckens sind es 1 bis 4 m. Der Yachthafen ist ständig mit einheimischen Yachten überfüllt, und es ist nicht sicher, daß man hier einen Platz findet. In der Marina liegt man rundum gut geschützt. Wasser und Strom, (kalte) Duschen und Toiletten sind vorhanden. Yachten können gekrant werden. Ein Supermarkt ist etwa 500 m Richtung Patras entfernt.
Hafenmeister Llanos Vasilli, Tel.: 0 61-42 91 30
Nautilus Yachting: Diese Firma hält ein paar Gastliegeplätze bereit und bietet verschiedene Serviceleistungen inklusive dem Ein- oder Ausklarieren einer Yacht an. Außerdem bekommt man hier Treibstoff, Wasser, Lebensmittel etc. Der Service ist natürlich nicht kostenlos und wird hauptsächlich von größeren Yachten in Anspruch genommen. Nautilus Yachting ist auf UKW-Kanal 12 oder unter Tel.: 061-62 26 76 / 27 00 19 sowie Fax: 061-62 14 00 zu erreichen.

Diavolos Rion und Antirrion

(Die Straße von Rion und Antirrion)

Nur 1 Seemeile breit ist diese Wasserstraße, die die W-liche Zufahrt zum Golf von Korinth bildet. Eine gute Landmarke ist das venezianische Kastell, das oberhalb von Rion steht, ein weiteres befindet sich auf Antirrion. In der Meerenge setzt ein Strom, der bis zu 2 kn erreichen kann, je nachdem, aus welcher Richtung der Wind kommt. Trotz der vorherrschenden W-Winde setzt der Strom normalerweise W-wärts. Steht der Wind gegen den Strom, ist dies leicht an einem kleinen Stück kabbeligen Wassers zu erkennen. Vorsichtiges Navigieren sollte wegen der zahlreichen Autofähren, die zwischen Rion und Antirrion verkehren, selbstverständlich sein.
Die Passage ist an beiden Seiten befeuert: Rion mit Fl.G.6s4M und Antirrion mit Fl.R.6s4M.

Der Golf von Korinth
(Korinthiakos Kolpos)

Navpaktos (Lepanto)

WP 38°23,5'N 021°49,7'E (Fl.G.3M) / Karten: D 659 Plan A

Allgemeines
Im Schatten der venezianischen Festungsanlagen, die heute ein Park sind, liegt der mittelalterliche Hafen, der von schönen alten Platanen gesäumt wird – ein bezaubernder Ort.
Leider kann man das von den neugebauten Betonsiedlungen zu beiden Seiten der Altstadt nicht sagen. Bedauerlicherweise ist der Hafen auch kein ruhiges Plätzchen: Lebhafter Verkehr rumpelt und braust über die Straße um den

Hafen. Die Einheimischen sind ein freundliches Völkchen, und das öffentliche Leben und Treiben konzentriert sich auf den Platz am Hafen. Nachts dröhnt zermürbend laute Musik aus der Bar an der W-Seite des Hafens. Um den Tumulten zu entkommen, ist ein Spaziergang hinauf zum Kastell unbedingt zu empfehlen. In Navpaktos herrscht kein Wassermangel, und daher kommt es einem merkwürdig vor, in der Sommerhitze Wasser plätschern zu hören, insbesondere wenn man weiß, daß es nicht weit entfernt äußerst knapp ist.
Im Mittelalter war die Stadt unter dem Namen Lepanto bekannt. Hier rüsteten sich die Türken vor der Seeschlacht von Lepanto neu aus.
Der mittelalterliche Hafen ist einer der schönsten seiner Art im Mittelmeer und sollte auf keinem Besuchsprogramm fehlen.

Navpaktos' mittelalterlicher Hafen ist erhalten geblieben.

Ansteuerung

Auffällig: Die Mauern der Festungsanlage auf dem Berg sowie die Gebäude der Stadt sind schon von weitem auszumachen. Bei der Ansteuerung werden die burgartigen Mauern des Hafens sichtbar.
Nachts ist die Hafeneinfahrt mit Fl.G.1,5s3M befeuert.
Hinweis: Der mittelalterliche Hafen ist nicht sehr groß, so daß man an Deck alles klariert haben sollte, bevor man einläuft. Weil es einfach keinen Platz gibt, sollten große Yachten gar nicht erst versuchen, sich in den Hafen zu quetschen.

Liegeplätze

An der S-Seite des Hafens macht man mit Bug oder Heck zum Kai oder vor dem Bunkerpier fest; wo immer man eben Platz findet. Vorsicht vor Schwimmleinen einheimischer Fischerboote. Der Grund besteht aus weichem Schlick, der nicht überall den besten Halt bietet. Im Juli und August ist der kleine Hafen derart überfüllt, daß man möglicherweise gar keinen Platz mehr findet. Allerdings bedarf es auch nicht vieler Yachten, um einen Hafen die-

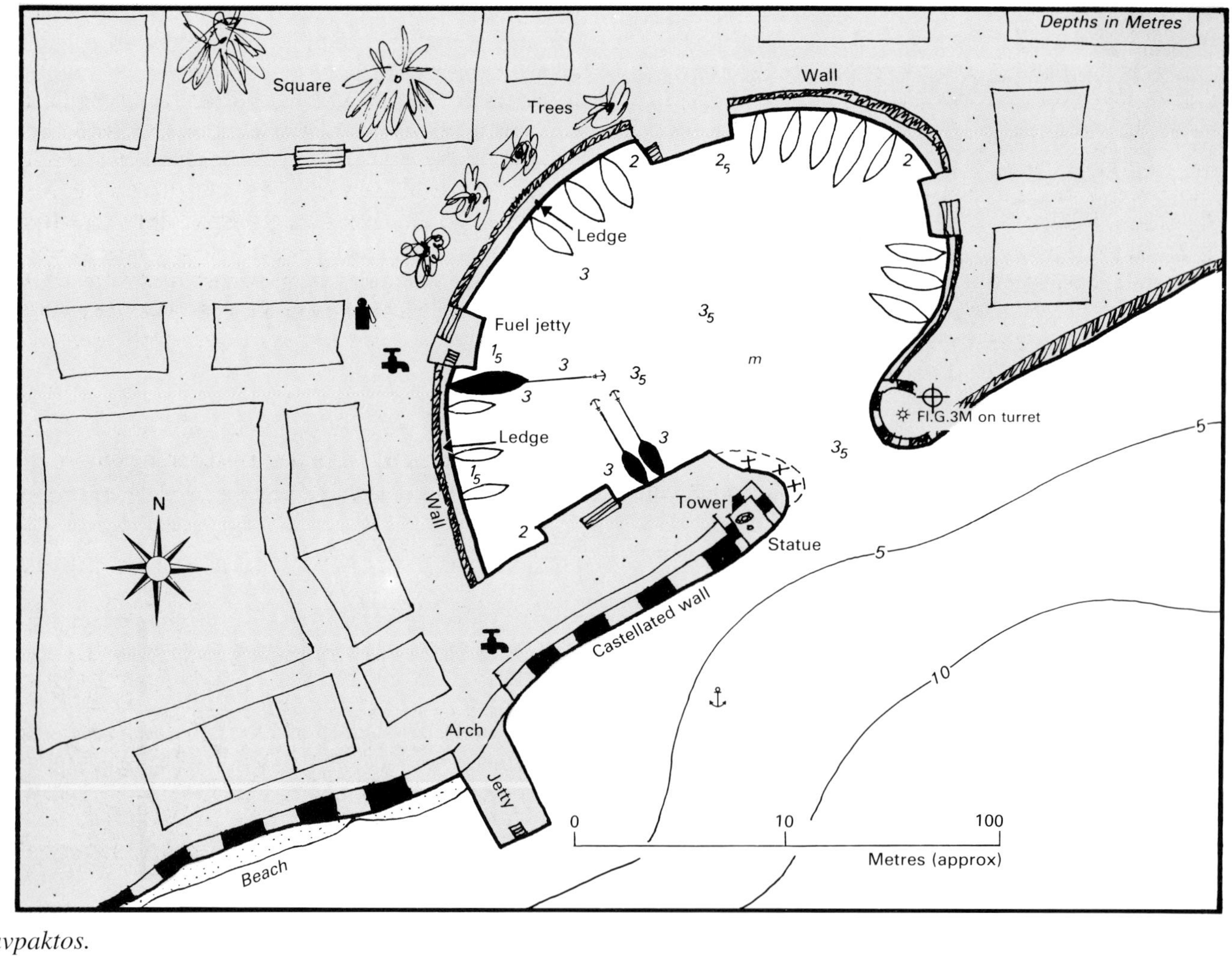

Navpaktos.

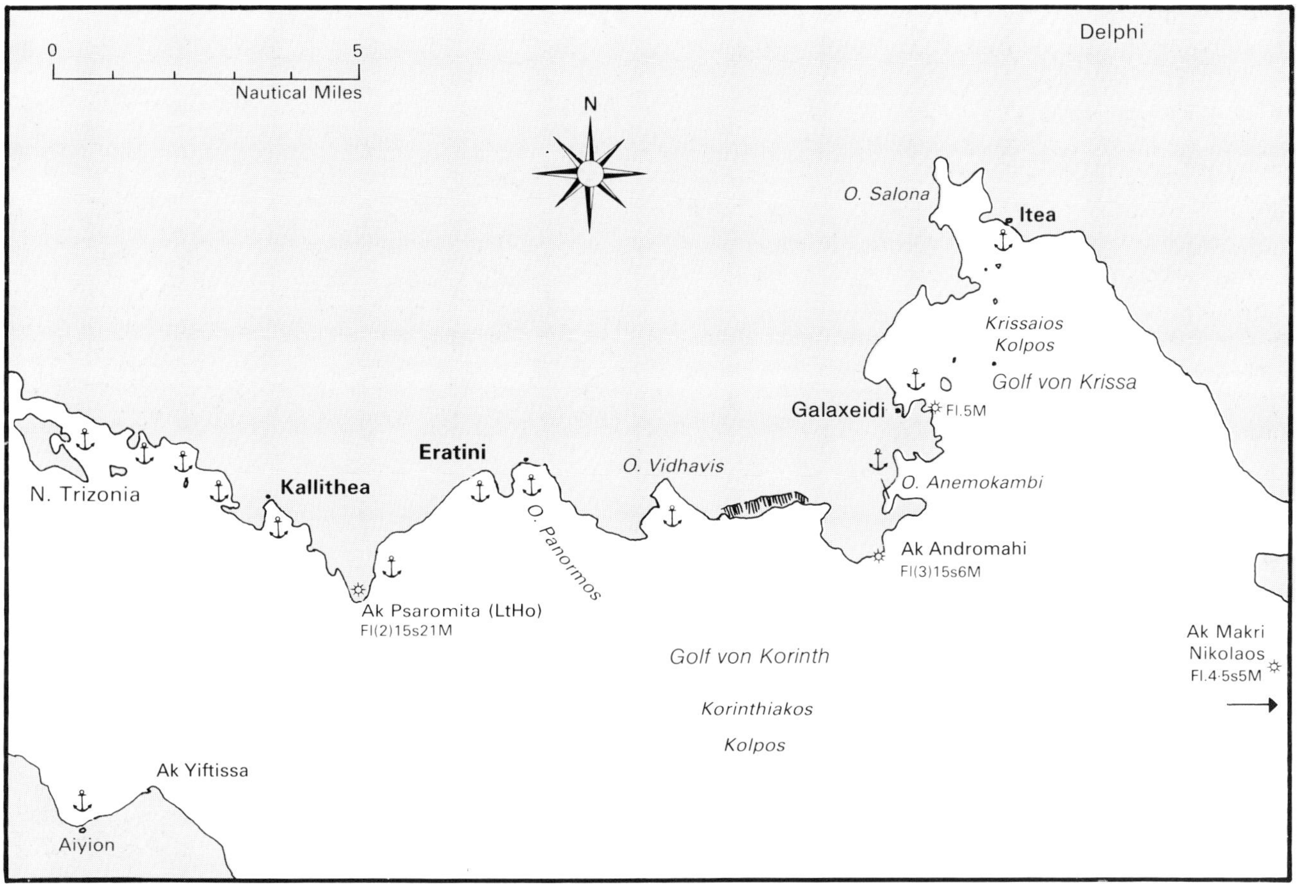

Der Golf von Korinth (Korinthiakos Kolpos).

ser Größe zu füllen. Gegen vertörnte Anker kann man ebensowenig machen wie gegen das leidige Herummanövrieren ohne jeglichen Platz. Bei beständigem Wetter sollten große Yachten vor dem Strand W-lich des Hafens ankern und bei unbeständigem Wetter nach Patras oder Trizonia ablaufen.

Schutz: Im Hafen ist man vor den vorherrschenden Winden recht ordentlich geschützt, auch wenn länger anhaltende W-Winde Dünung aufbauen. Winde aus SW und SE, die in die Bucht stehen, verursachen Schwell, der im Sommer eher unangenehm als gefährlich ist.

Versorgung

Wasser gibt es am Kai.

Treibstoff unweit des Kais, zum Bunkerkai kann auch ein Schlauch verlegt werden.

Reparaturen: Minimale mechanische Reparaturen können ausgeführt werden. Eisenwarengeschäfte.

Lebensmittel: Gute Einkaufsmöglichkeiten für Proviant jeder Art. Stangeneis ist erhältlich.

Restaurants: In der Stadt stehen zahlreiche Tavernen zur Auswahl.

Sonstiges: Post, Telefonamt, Bank, Gas, Camping GAZ. Es besteht eine Busverbindung nach Antirrion, wo man die Fähre nach Rion erreichen kann, um mit dem Bus weiter nach Athen oder Patras zu fahren.

Nisis Trizonia

WP 38°22'N 022°04,7'E (Fl.4s4M)

Allgemeines

Um die Bucht herum ist das Land saftig grün und zumeist mit Wein und Oliven bebaut. Das kleine Fischerdorf hat sich mit den Jahren nur wenig verändert – trotz der vielen Yachten, die diese geschützte Bucht anlaufen. Auch wenn man nicht zum Essen an Land gehen möchte, so sollte man sich doch wenigstens auf einen Kaffee, Branntwein oder Ouzo an Land begeben und sich auf dem kleinen Dorfplatz, der den Hafen überblickt, eine Sitzgelegenheit suchen – der Abend kann dabei schnell sehr lang werden.

Ansteuerung

Vor den hohen Bergen des Festlands ist die Insel nur schwer auszumachen. Bei der Ansteuerung aus W ist eine

Auf der Insel Trizonia wird an einem neuen Yachthafen gebaut (Foto: Nigel Patten).

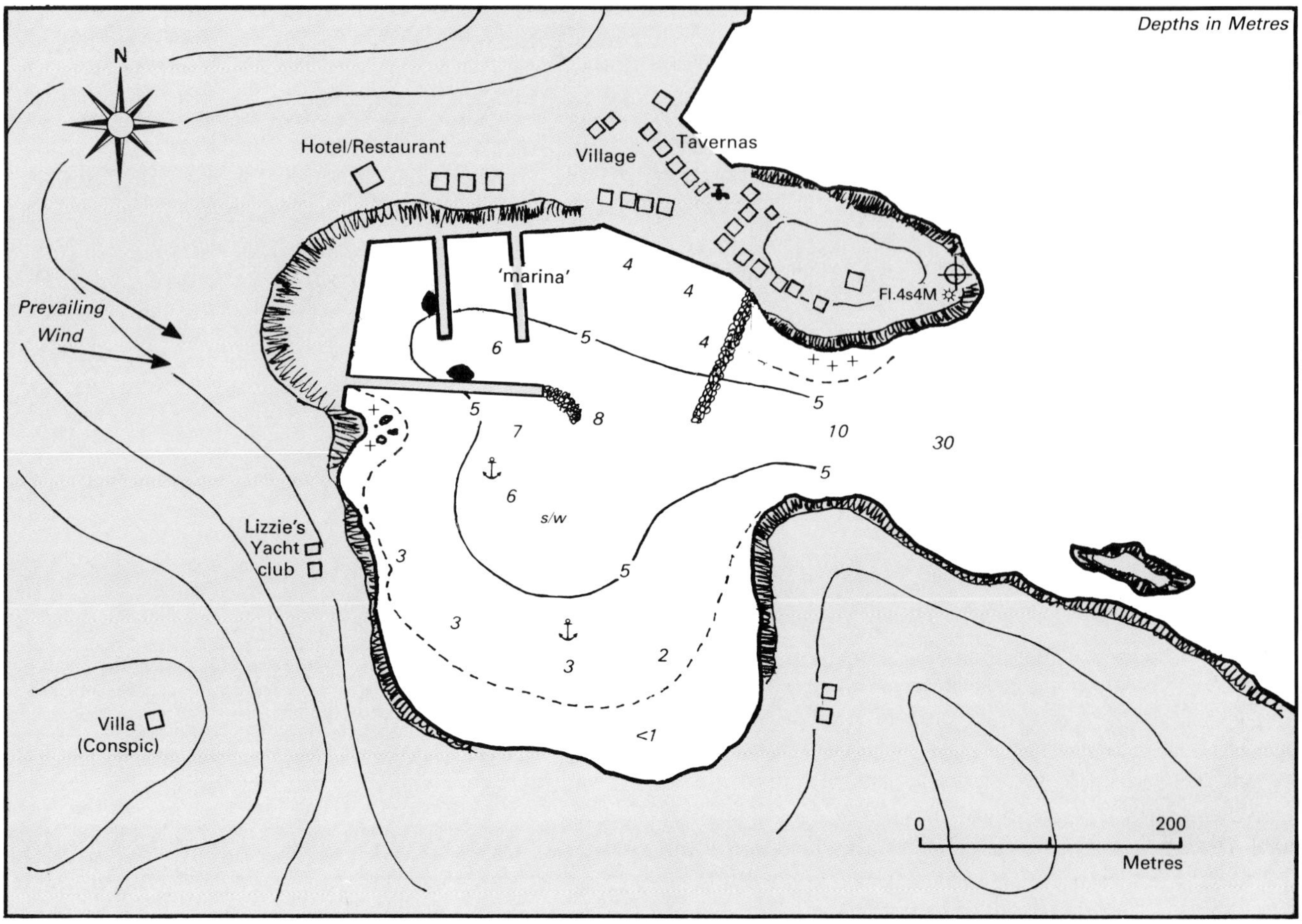

Nisis Trizonia.

Villa auf dem Bergrücken von Nisis Trizonia gut zu sehen. Von E kommend, ist die steile Böschung auf Nisis A. Ioannis eine gute Landmarke. Beim Näherkommen wird das Dorf auf dem gegenüberliegenden Festland sichtbar. Das kleine Inseldorf sowie die Einfahrt in die Bucht sind erst auszumachen, wenn man bereits nah herangekommen ist.

Liegeplätze

Man ankert in der Bucht, wo es einem passend erscheint. Der Grund besteht aus Schlick mit Seegrasbewuchs und hält gut, wenn der Anker erst gefaßt hat.

In der Bucht ist man bei jedem Wetter gut geschützt, obwohl bei NW- bis W-Winden Fallböen auftreten können.

Hinweis: An der N-Seite der Bucht von Trizonia wird ein neuer Yachthafen gebaut. Von der N-lichen Einfahrtshuk erstreckt sich nun ein Wellenbrecher nach SSW, und an der W-Seite der Bucht wurde eine Mole gebaut. Von der N-Seite, an der sich nun ein Kai entlangzieht, wurden zwei Betonpiers ausgelegt.

Yachten benutzen die »Marina« bereits seit einiger Zeit. Man muß aber aufpassen, daß man die Bauarbeiten nicht behindert. Wann und ob dieses Projekt fertiggestellt wird, ist nicht bekannt.

Versorgung

Wasser bekommt man auf dem kleinen Dorfplatz, wo auch die meisten Lebensmittel erhältlich sind und verschiedene Tavernen zur Auswahl stehen. Das Restaurant, das auch ein paar Tische am Hafen hat, bietet exzellenten frischen Fisch und andere Gerichte an. Das Hotel mit Restaurant an der NW-Seite der Bucht bietet Telefon- und Fax-Gelegenheit. Eine Caïque dient als Fährverbindung zum Festland. *Lizzie's Yacht Club* wird eigentlich von Alison geführt und ist auch kein richtiger Yachtclub, sondern ein gemütliches Restaurant mit Bar. Außerdem bekommt man hier Duschen, Wäscherei und einen Buch-Tauschhandel geboten. Auch Post für Yachten wird hier aufbewahrt. Lizzies' Yacht Club ist von der Marina aus auf der Straße oder per Dingi (hölzerner Landesteg) zu erreichen.

Lizzie's Yacht Club, Nisis Trizonia, Korinthiakos Kolpos, 33058 Doridos, Griechenland. Tel.: 0266-71 580.

Aigion

WP 38°15,2'N 022°04,7'E (Fl.R.3M) / Karten: BA 2404, Imray G13, D 659 Plan F

An der S-Seite des Golfs, der Insel Trizonia gegenüber, liegt die weite Bucht von Aigion, ein Handelshafen und Anleger der Fähre von Kallitheas. Man ankert in der Bucht oder macht mit dem Heck zum Anleger fest. Die Wassertiefe davor beträgt 7 m. Bei starken Winden aus W und E ist die Bucht, die nach N hin offen ist, nicht sicher. An Land findet man gute Versorgungsmöglichkeiten und Tavernen.

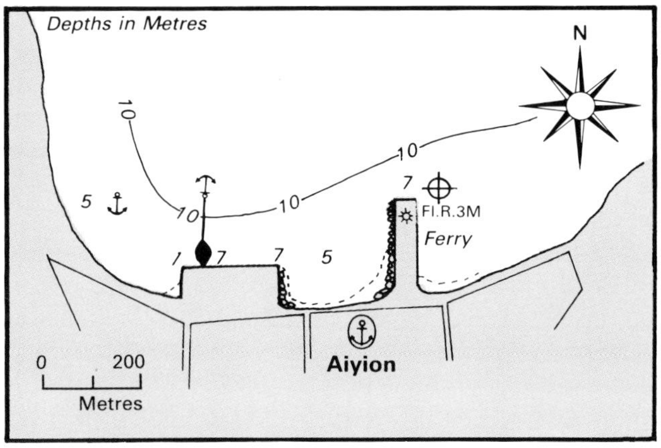

Aigion.

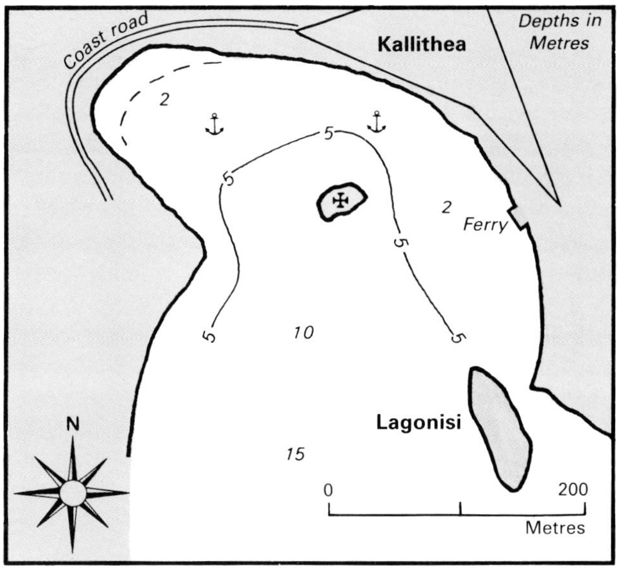

Skala Kallitheas.

Skala Kallitheas

38°21'N 022°09,5'E

Dieser Ankerplatz ist 4 Seemeilen von Nisis Trizonia entfernt. An der E-Seite der Einfahrt liegt das kleine Eiland Lagonisi, und tiefer in die Bucht hinein befindet sich ein weiteres Inselchen, auf dem eine Kirche steht. Die Bucht, die nach S offen ist, krümmt sich nach NW und bietet daher Schutz vor W-Winden, bei E-Winden steht etwas Schwell hinein. Man ankert auf 3 bis 6 m über Sandgrund, der gut hält, unmittelbar N-lich des Inselchens mit der Kapelle.
An Land gibt es Tavernen, und ein paar Lebensmittel sind erhältlich. Eine Fähre verkehrt nach Aigion. Der Ankerplatz ist immer noch sehr schön, auch wenn ihm die neue Küstenstraße etwas von seinem Charme genommen hat.

Das Kap Ak Psaromita mit dem Leuchtturm aus W.

Ak Psaromyta

Ungefähr eine halbe Seemeile N-lich des Leuchtturms auf dem Kap gibt es eine winzige Einbuchtung, in der man gut vor W-Winden geschützt liegt.

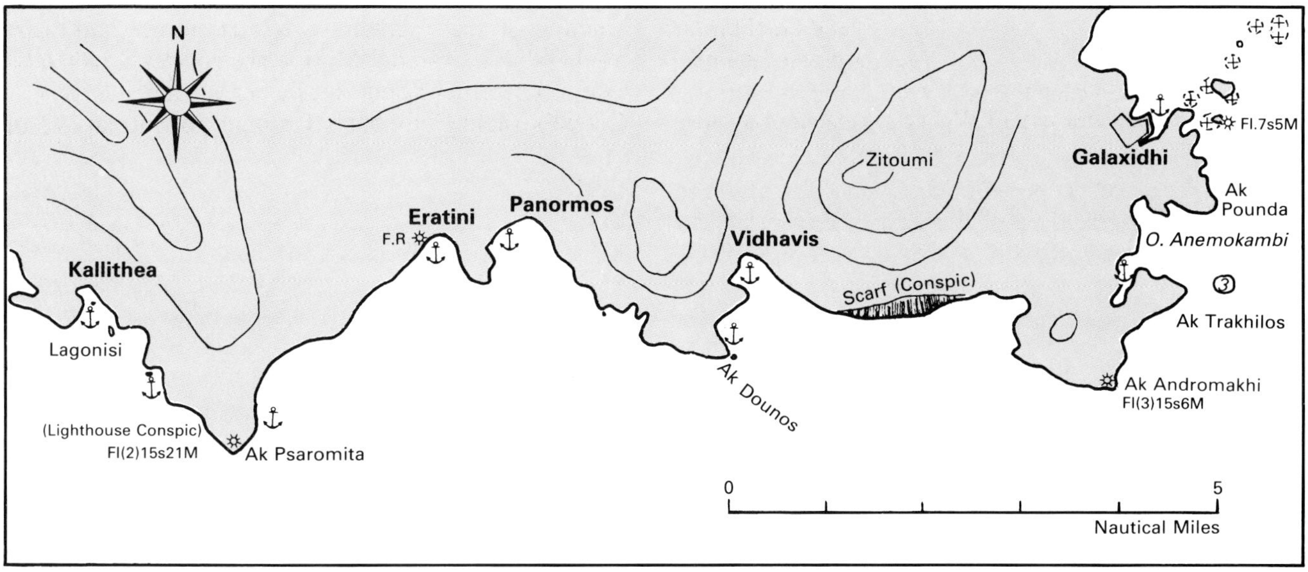

Von Kallitheas bis Galaxeidi.

Ormos Erateinis

3 Seemeilen NE-lich von Ak Psaromyta, dem Kap mit dem auffälligen Leuchtturm, befindet sich diese Ankerbucht. Ein großes weißes Hotel, das hinter dem Strand W-lich von Erateini steht, bildet eine gute Landmarke. Bei der Ansteuerung ist eine Kirche, die in der Ortschaft steht, gut auszumachen. Diese Bucht bietet recht brauchbaren Schutz vor den vorherrschenden Winden, auch wenn etwas Schwell hineinsteht. Bei unbeständigem Wetter ist es aber kein sicherer Ankerplatz.
Man ankert vor dem Dorf auf 5 bis 12 m Tiefe. Am Kopf einer kleinen Pier sind 3 m Wassertiefe vorhanden, und falls Platz ist, kann man hier mit Bugleinen und Heckanker festmachen. Im Dorf findet man Post und Telefonamt, und die meisten Lebensmittel sind hier erhältlich. Im Sommer haben einige Tavernen geöffnet.
Hinweis: Erst kürzlich ist an der E-Seite der Bucht ein kleiner Hafen gebaut worden, in dem nun einheimische Fischerboote liegen. Die Wassertiefen scheinen auch nur für kleine Yachten ausreichend zu sein, aber es sieht aus, als liege man hier gut geschützt. Der skizzierte Plan ist mit Vorsicht zu betrachten.

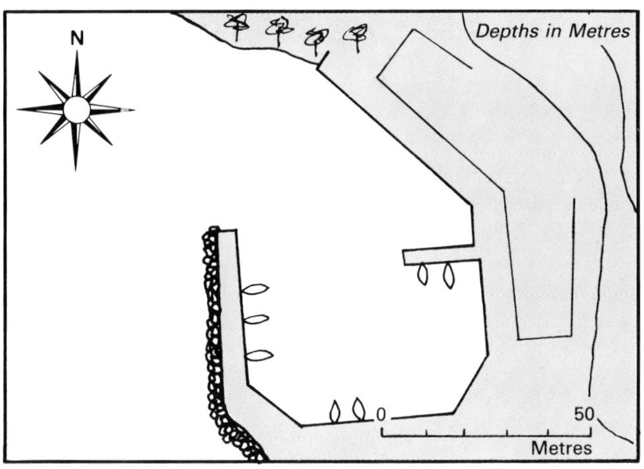

Der Caïquen-Hafen von Erateinis.

Ormos Panormou

Unmittelbar E-lich von Erateini liegt dieser Ankerplatz auf der anderen Seite der Landspitze. Der Schutz ist dem in Erateini vergleichbar. Im Scheitel der Bucht befinden sich Untiefen, von denen man sich freihalten muß. Bei ruhigem Wetter sind diese Flachs aber gut auszumachen. Im Sommer haben hier Tavernen geöffnet, und ein begrenztes Lebensmittelangebot ist vorhanden.

Ormos Vidavis

2 Seemeilen E-lich der Bucht Panormou, an der E-Seite des Kaps Ak Dounos gelegen, befindet sich diese Ankermöglichkeit. Die kleine Insel Xeronisi vor dem Kap ist leicht zu erkennen. Vidavis bietet guten Schutz vor Winden aus W; bei E-Winden steht jedoch etwas Schwell in die Bucht, die nach S hin offen ist. Im Scheitel der Bucht ankert man auf 3 bis 6 m Tiefe über gut haltendem Grund. An der E-Seite der Bucht gibt es einen kleinen Hafen; die Wassertiefe am Ende des Kais beträgt knapp 2 m. An Land findet man: Tavernen, Mini-Supermarkt und Telefone. Eine entsetzliche Straße, die sich um die Bucht herumzieht, hat die Idylle völlig ruiniert, auch wenn der Platz immer noch ganz anziehend wirkt. Bei ruhigem Wetter gibt es einen wunderschönen Ankerplatz im N von Xeronisi.

Ormos Anemokampi

38°21'N 022°23'E

Unmittelbar N-lich des Kaps Ak Andromachi liegt diese Bucht, die fast ganz von Land umschlossen ist. Das Leuchtfeuer auf dem Kap ist erst zu sehen, wenn man dicht herangekommen ist. Im Ansteuerungsbereich liegen die Felsklippen, Yph. Trachilou, etwa 0,4 Seemeilen E-lich

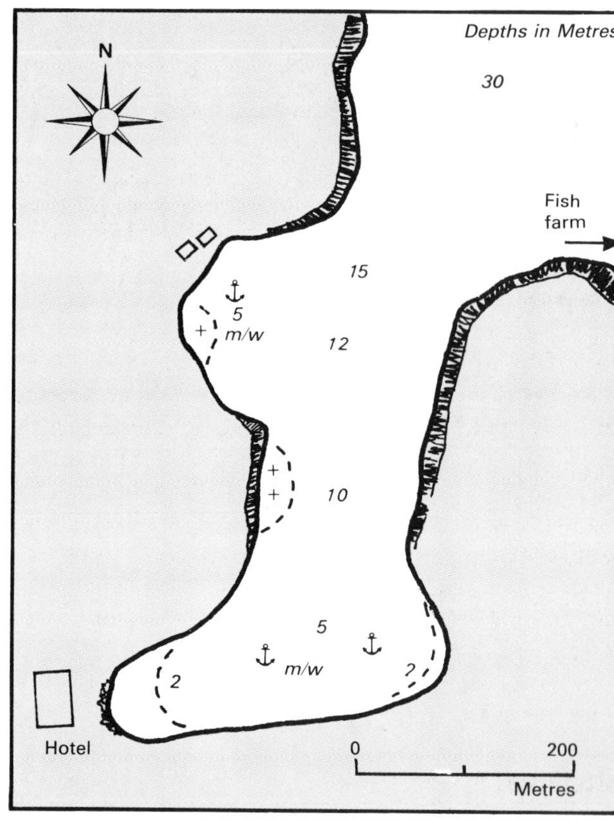

Ormos Anemokampi.

Das Kap Ak Andromachi aus W. Das Leuchtfeuer ist erst auszumachen, wenn man dicht herangekommen ist.

Die Inseln Apsiphia (mit einem einzelnen Baum und einer Hütte links) und A. Georgios (die Kapelle ist eben sichtbar) in der Ansteuerung von Galaxeidi.

Die Ansteuerung des Hafens Galaxeidi aus NE. Die rechteckige Bake markiert ein Riff. Die Kathedrale in der Stadt ist gut zu erkennen.

von Ak Trachilou, der S-lichen Einfahrtshuk der Bucht. Über diesen Klippen stehen 3 m Wasser, und bei ruhigem Wetter sind sie leicht zu erkennen. In der weiten Bucht vor Anemokampi sowie in der kleinen Einbuchtung an der N-Seite gibt es jetzt Fischzuchtanlagen, die von großen Tonnen markiert werden. Bei Tag bereitet die Ansteuerung keinerlei Probleme, nachts ist jedoch Vorsicht geboten. Man ankert gut geschützt auf 3 bis 12 m über Schlickgrund mit Seegras, der gut hält. Am Scheitel der Bucht steht ein Hotel mit Restaurant: eine Folge der neuen Straße. Im Sommer kommen Camper hierher, aber der Platz ist immer noch einen Besuch wert.

Galaxeidi

WP 38°22,8'N 022°23,2°E (Q.RG.2M) / Karten: Imray G13, D 659 Plan C

Allgemeines

Die kleine, schmale und ruhige Bucht versteckt sich hinter den felsigen Inselchen und steinigen Hügeln und ist von weitem nicht zu sehen. Dieser Hafen gehört zu den schönsten des Golfs: An seiner E-Seite wird er von einer mit Pinien bestandenen Halbinsel begrenzt, im W kauert er sich hinter einen felsigen Erdwall. Im 18. und 19. Jh. war Galaxeidi ein blühender Hafen – bis die Türken dieses Gebiet besetzten und seine Flotte aufbrachten. In einem Museum am Hafen sind verschiedene Kuriositäten ausgestellt, u. a. auch Galionsfiguren von einheimischen Schiffen aus der Blütezeit des Hafens. Seit nunmehr über hundert Jahren ist es im Hafen still geworden, und nur Yachten suchen hier noch Schutz. Der Tourismus ist be-

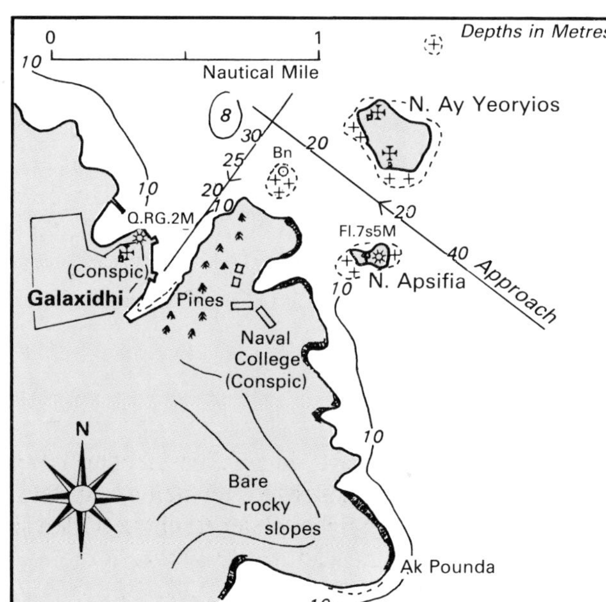

Ansteuerungen von Galaxeidi.

scheiden, aber ein paar exquisite Tavernen und Andenkenläden für den gehobenen Bedarf mit entsprechenden Preisen ziehen sich den Hafen entlang.
Galaxeidi ist der sicherste Hafen in der Nähe Delphis. Örtliche Busse oder Taxis bringen einen dorthin.

Ansteuerung

Die Ansteuerung des Hafens sollte zwischen den Inseln Nisis Apsiphia und Nisis A. Georgios erfolgen, bis man an der Steinbake, die das Riff E-lich der Einfahrt bezeichnet,

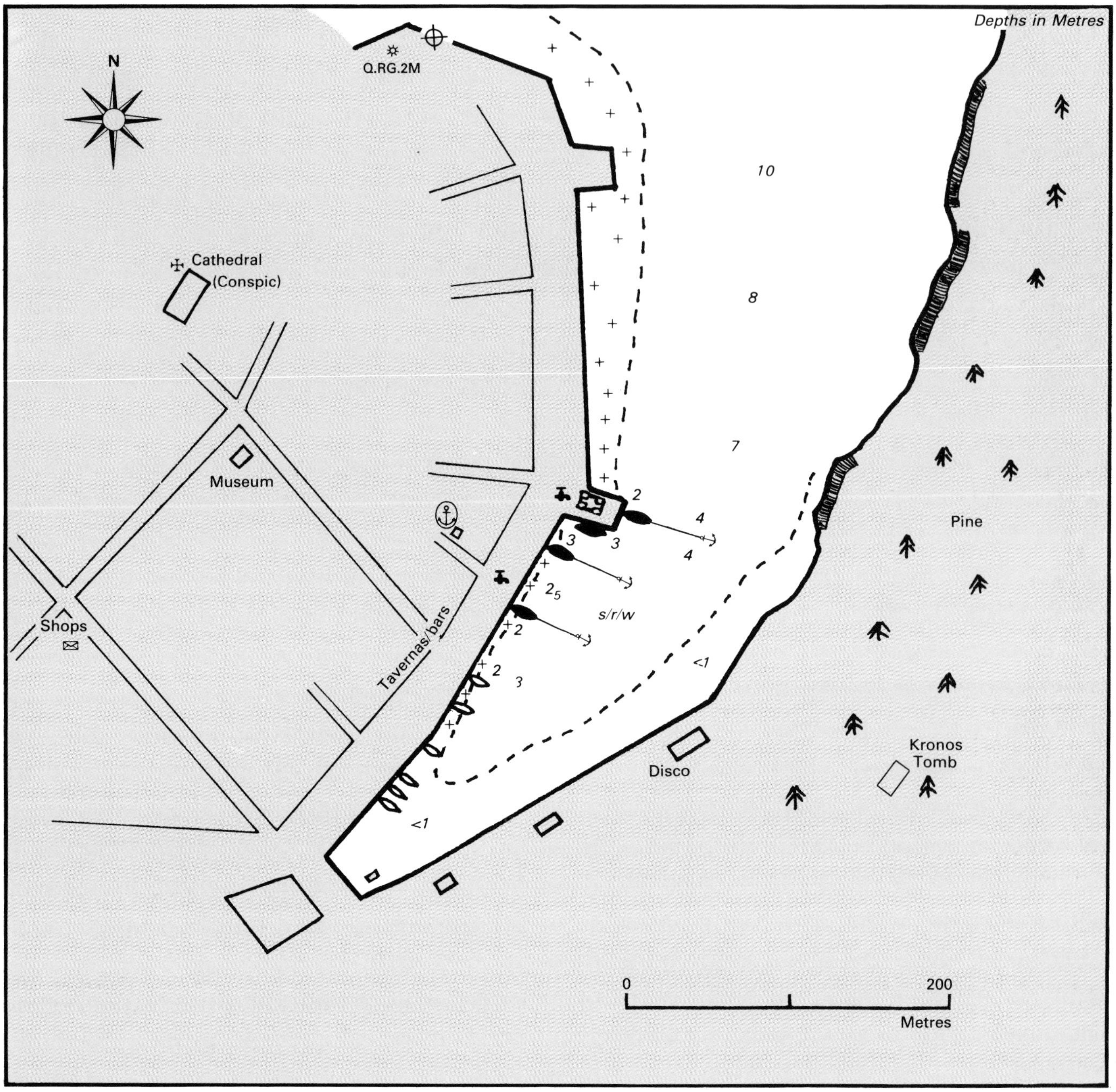

Galaxeidi.

vorbei ist und dann in den Hafen einlaufen kann, wie aus dem Plan ersichtlich.

Auffällig: Befindet man sich auf Höhe des Kaps Ak Pounta, sind die beiden Inseln Apsiphia und A. Georgios gut zu unterscheiden. Auf Apsiphia stehen neben dem Leuchtfeuer auch ein weißer Schuppen und ein einzelner Baum. Auf der S-Spitze von A. Georgios erhebt sich eine Kirche, und eine weitere steht auf der NW-Huk. Auf der Landzunge, die Galaxeidi schützt, bilden die Gebäude einer Seefahrtsschule eine gute Landmarke. Die Bake (ungefähr rechteckig), die das Riff in der Einfahrt nach Galaxeidi markiert, ist leicht zu erkennen. Wenn man die Insel A. Georgios erreicht hat, werden die Gebäude des Ortes und die auffällige Kathedrale sichtbar.

Nachts navigiert man nach dem Feuer auf Nisis Apsiphia (Fl.7s5M) und dem Feuer vor der W-Seite der Hafeneinfahrt (Q.RG.2M 080°-R-216° / 216°-G-347°). Die nächtliche Ansteuerung des Hafens ist nicht zu empfehlen.

Gefahren: Wie aus dem Plan ersichtlich, säumen Riffe die beiden Inseln Apsiphia und A. Georgios, was vorsichtiges Navigieren erforderlich macht.

Auch an der E-Seite der Einfahrt erstreckt sich ein Riff, das von einer Steinbake bezeichnet wird. Wenn einheimische Boote zwischen Riff und Küste passieren, sollte dies nicht zur Nachahmung verleiten – selbst bei einigen Ortskenntnissen nicht!

Liegeplätze

Am Kai an der W-Seite macht man mit Bug oder Heck fest. Das Festmachen mit dem Bug zum Kai ist allerdings günstiger, da Geröll vor dem Kai den Grund unrein macht. Der Schlickgrund mit Seegrasbewuchs hält gut.

Schutz: Man liegt hier bei jedem Wetter gut geschützt, auch wenn bei NE-Winden Schwell in den Hafen steht, der das Liegen ungemütlich, aber nicht gefährlich macht. Eine

Blick vom E-Ufer der schmalen Bucht auf Galaxeidi.

gezeitenbedingte Dünung, ähnlich dem Marrobio, der in einigen Häfen an der S-Küste Siziliens zu beobachten ist, soll auch hier gelegentlich auftreten.
Behörden: Wasserschutzpolizei.

Versorgung
Wasser gibt es am Kai.
Treibstoff kann von einem kleinen Tankwagen geliefert werden.
Reparaturen: Begrenzte mechanische Reparaturen sind möglich. Es gibt ein Eisenwarengeschäft.
Lebensmittel: Gute Versorgungsmöglichkeiten im Ort.
Restaurants: Diverse Tavernen um den Hafen herum und in der Stadt.
Sonstiges: Post, Telefonamt, Wechselstube, Gas und eine Busverbindung nach Itea, von wo man weiter nach Delphi fahren kann. Man kann auch Taxis nach Delphi nehmen.

Itea

WP 38°25,8'N 022°25,5'E (Fl.RG.3s4M) / Karten: Imray G13, D 659

Allgemeines
Die Hafenpromenade ist recht hübsch, während die restliche Stadt ein bißchen schmuddelig wirkt und (verglichen mit dem zauberhaften Galaxeidi) für Yachties wenig zu bieten hat. Von Itea kommt man allerdings bequemer nach

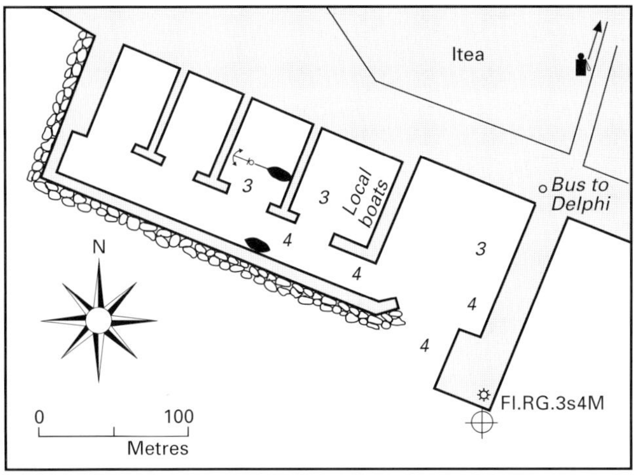

Itea.

Delphi, und in den Seitenstraßen gibt es interessante Werkstätten, die das umliegende Bauernland mit allen möglichen Gerätschaften beliefern. Dies ist aber auch wirklich alles, was Itea zu bieten hat. Wo das fruchtbare Umland nicht die Narben von Tagebauminen trägt, ist ein Großteil der Hänge und Ebenen mit Olivenbäumen bestanden.

Ansteuerung
Die Gebäude der kleinen Stadt Itea sind bereits von weitem auszumachen. In der Ansteuerung liegen die beiden Inselchen Molimeno und Staphida, von denen man sich gut freihalten muß. Staphida ist von Untiefen und Riffen umgeben.
Der Kopf der Pier ist befeuert: Fl.RG.3s4M.

Liegeplätze
Man macht mit Bug oder Heck fest, wo es einem beliebt. Die Leinen der ausgelegten Mooringtonnen können am Kai aufgenommen werden.
Schutz: Der Hafen ist bei jedem Wetter gut geschützt.
Behörden: Itea ist Port of Entry, Wasserschutzpolizei, Zoll und Einwanderungsbehörde sind vor Ort. Es wird ein Liegegeld erhoben.

Versorgung
Wasser und Strom an allen Liegeplätzen.
Treibstoff ist in der Stadt erhältlich, kann aber auch von einem kleinen Tankwagen geliefert werden.
Reparaturen: Einfache mechanische Reparaturen und Arbeiten an der Maschine sind möglich.
Lebensmittel: Gute Versorgungsmöglichkeiten in der Nähe. Stangeneis ist erhältlich.
Restaurants: Zahlreiche Tavernen und Bars finden sich um den Hafen herum. Ursprünglichere Lokale findet man versteckt in den Seitenstraßen.
Sonstiges: Post und Telefonamt. Von einer Bushaltestelle nahe des Hafens verkehrt ein Bus nach Athen, der auch in Delphi hält.

Delphi

Von Galaxeidi oder Itea aus ist es recht einfach, das antike Delphi zu besuchen. Weil Delphi als einer der spektakulärsten Orte des klassischen Altertums gilt, ist es im Sommer mindestens ebenso spektakulär überlaufen: Zeitweise reihen sich bis zu dreißig Busse hintereinander an der Straße entlang. Am besten besucht man Delphi im Frühjahr.
In der Antike wurde Delphi als Mittelpunkt der Welt angesehen. Seine Lage inmitten von Schluchten, Felsklippen und jähen Abstürzen an den Hängen des Parnaß-Gebirges, eine der Attraktionen Delphis, trug erheblich zu seiner Aura des Geheimnisvollen bei. Seinen Namen hat die Kultstätte vom Gott Apollon Elphinos, der in der Gestalt eines Delphins verehrt wurde. Neben Apollon sind noch andere Götter mit Delphi verbunden, insbesondere Dionysos und Athene.
Das Orakel von Delphi war über die Grenzen Griechenlands hinaus bekannt, und es ist interessant festzustellen,

daß die Orakelworte vage und oft sehr derb waren, trotzdem aber den Ruf hatten, glaubhafter zu sein als andere. Die Bedeutung des Orakels schwand in römischer Zeit. 1892 begannen französische Archäologen damit, Delphi auszugraben. Ein Museum beherbergt die wichtigsten Funde.

Ormos Salona

Karten: BA 2402, Imray G13

Diese Bucht, am NW-lichen Scheitel des Golfs von Krissa gelegen, wird von einer ganzen Reihe geschützter Einbuchtungen entlang ihrer Küste gesäumt. Bei jedem Wind wird ein blutroter Staub aus den Tagebauminen, die das Land an der Küste scheußlich entstellt haben, aufgewirbelt, und Land und See färben sich rot. In einigen der kleinen Buchten wurden in der letzten Zeit Fisch-Farmen angelegt, so daß es eigentlich keinen Grund mehr gibt, den Golf weiter hinaufzufahren.
Die Bucht Ormos Salona war der Schauplatz, an dem Frank Abney Hastings den Wert von dampfgetriebenen Schiffen in mehr als einer Hinsicht beweisen konnte: Nur mit einer kleinen Eskorte dampfte er in die Bucht und zerstörte eine weitaus größere türkische Flotte. In gewisser Weise ist es eine Ironie des Schicksals, daß ausgerechnet in der Bucht, in der das erste eiserne Dampfschiff in einer Schlacht zum Einsatz kam, heute jede Menge Eisenerz abgebaut wird.

Ormos Antikyron

WP 38°21,6'N 022°38,8'E (Fl.3s4M) / Karten: BA 2405, Imray G13, D 659

Die weite Bucht E-lich des Kaps Ak Makry Nikolas bietet eine Reihe von Ankerplätzen, die man je nach Wind und Wetterlage anlaufen kann:

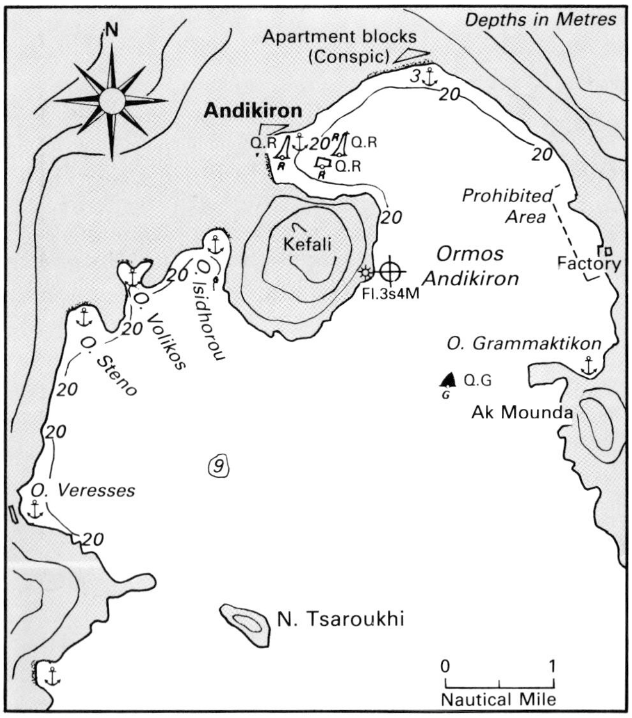

Ormos Antikyron.

Ormos Veresses: liegt unmittelbar NW-lich des Kaps Ak Trachilos und bietet guten Schutz bei Winden aus W, wird aber bei NE-Winden unhaltbar. Man ankert auf 3 bis 10 m.
Ormos Isidorou: liegt an der S-Seite von Kephali, der hohen Landzunge an der W-Seite von Antikyron. Man ist hier vor Winden aus W und NE bis E gut geschützt, obwohl W-liche Winde um das Kap Ak Pangalos herum laufen und in die Bucht hineinstehen können. Man ankert auf 5 bis 10 m Tiefe. Vor dem Strand mit dem Café liegen große Mooringblöcke aus Beton auf dem Grund, daher ist Vorsicht geboten. An Land gibt es ein Café. Unmittelbar W-lich von Isidorou laden zwei weitere Ankerbuchten zu Entdeckungen ein:
Ormos Antikyron: Diese weite Bucht öffnet sich zwischen Kephali im W und Ak Mounta im E. Um den Scheitel dieser Bucht herum steht die Stadt Antikyra (Aspra Spitia). Die Hochhäuser des Vororts im NE sind leicht zu erkennen. An der W-Seite der Bucht befindet sich eine Militärbasis. An der SW-Seite sind zwei rot-weiße befeuerte Mooringtonnen (Q.R.) ausgelegt. Am Kai vor der Stadt kann man mit Bugleinen und Heckanker festmachen, oder man geht an einen Kai am E-Ende der Stadt. Man kann in der Bucht auch ankern, die Wassertiefen sind allerdings erheblich: 8 bis 10 m. Der Schutz ist ganz ordentlich, auch wenn NE- bis E-Winde das Liegen im W-Teil der Bucht ungemütlich, wenn nicht gar gefährlich machen. Wasser gibt es am Stadtkai; außerdem bietet der Ort gute Versorgungsmöglichkeiten und Tavernen. Auch Post und Telefonamt sind vorhanden.
Hinweis: An der W-Seite der Bucht befindet sich eine Militärbasis.
Ormos Grammatikou: Diese Bucht liegt SE-lich von Antikyron, und obwohl sie als militärisches Sperrgebiet ausgewiesen ist, kann man hier ankern. Fotografieren ist allerdings verboten.

Ormos A. Saranti

Die Bucht Ormos A. Saranti liegt 6 Seemeilen E-lich des Kaps Ak Velanidia und bietet guten Schutz vor den vorherrschenden Winden. Die Bucht, die nach S hin offen ist, ist sehr tief, so daß man damit rechnen muß, auf 15 bis

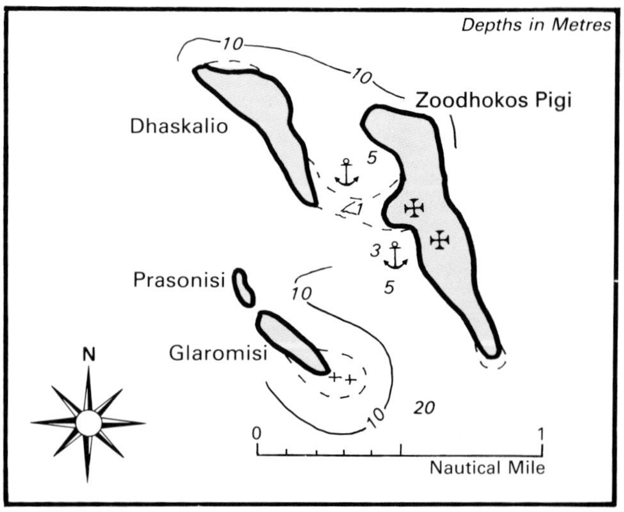

Nisoi Alkyonides.

20 m zu ankern. Es ist auch notwendig, eine lange Leine zum Land hin auszubringen. An Land gibt es mehrere Tavernen.

Kolpos Domvrainis

E-lich des Kaps Ak Tampourlo öffnet sich der Golf, Kolpos Domvrainis, dessen Küste stark gegliedert ist. Eine Anzahl kleiner Inseln liegt verstreut in der Einfahrt zum Golf.
Der Ankerplatz vor der Ortschaft Alyki ist zu empfehlen. An manchen Stellen hält der Grund jedoch nicht sonderlich gut. An Land gibt es verschiedene Tavernen.

Ormos Livadostrou

Unmittelbar E-lich vom Golf Domvrainis liegt diese große Bucht mit mehreren größeren und kleineren Einbuchtungen, die allemal eine Erkundung wert sind.

Nisoi Alkyonides (Kala Nisia)

38°07'N 022°59'E

Eine kleine Gruppe von drei Inseln, die Alkyniden, liegt S-lich vom Golf Domvrainis im Golf Kolpos Alkyonidon. Schutz vor Winden aus W und E findet man zwischen den Inseln Daskalio und Zoodochos Pigi. Von Daskalios' S-Spitze erstreckt sich zur Inselmitte von Zoodochos Pigi eine Barre mit nur 1 m Wassertiefe. Man ankert in der Bucht S-lich der Barre vor dem Kloster auf Zoodochos, wo man vor Winden aus E und NE geschützt ist. Ein weiterer Ankerplatz, auf dem man vor W-Winden geschützt ist, befindet sich N-lich der Barre zwischen den beiden Inseln. Der Sandgrund hält den Anker gut.

Ormos Agriliou

3 Seemeilen E-lich vom Kap Ak Melangavi, dessen Leuchtturm schon von weitem auszumachen ist, liegt diese flache Bucht, deren ungeschützter Ankerplatz gelegentlich von Yachten angelaufen wird, die auf eine Passage durch den Kanal von Korinth warten. Auch wenn die Bucht nach allen Seiten hin offen ist, so findet man doch etwas Schutz vor NE-Winden.

Ormos Loutrakiou

Karten: BA 2404, Imray G13, D 659 Plan E

N-lich der Einfahrt zum Kanal von Korinth liegt diese offene Bucht, die gelegentlich von Yachten angelaufen wird, die auf eine Passage durch den Kanal warten. Um die Bucht herum reihen sich große Hotels aneinander, die schon aus der Entfernung auszumachen sind. Obwohl dieser Ankerplatz nach W und S hin offen ist, findet man doch etwas Schutz vor NE-Winden. Man ankert, wo es einem passend erscheint, auf 3 bis 6 m über Sandgrund mit Seegrasbewuchs und vereinzelten Steinen. An manchen Stellen ist der Halt ungewiß.

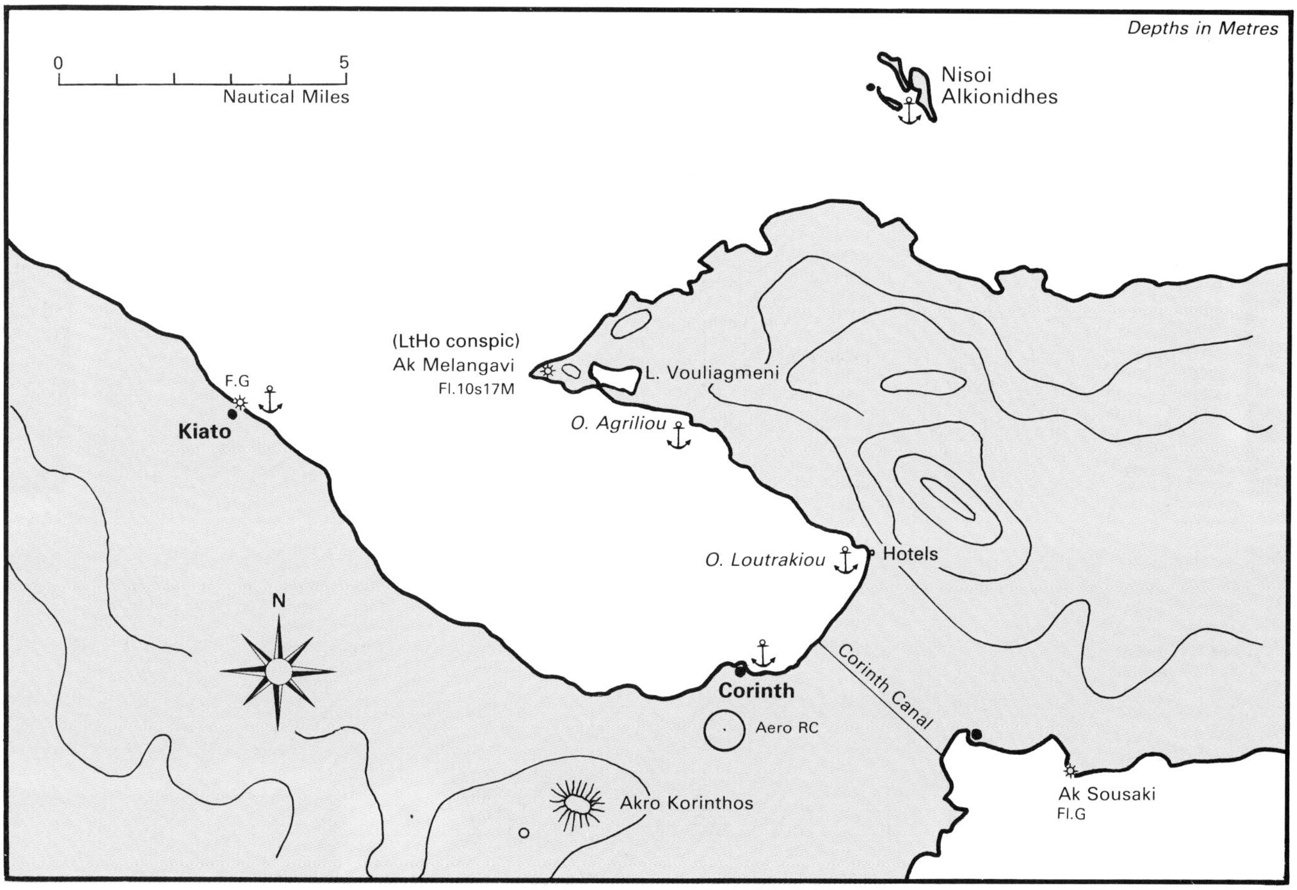

Ansteuerungen des Kanals von Korinth.

Der Kanal von Korinth (Dioryx Korinthou)

Karten: BA 1600, Imray G13, D 659 Plan H

Der Kanal, den Schiffe bis zu 10 000 Tonnen passieren können, ist 6,3 Kilometer lang und 25 m breit, der maximal erlaubte Tiefgang beträgt 7 m. 76 Meter hoch über dem Meeresspiegel ragt das Kalksteinmassiv, in das der Kanal geschnitten wurde. Wegen Instandhaltungsarbeiten am abbröckelnden Kalkstein sowie für Baggerarbeiten ist der Kanal dienstags geschlossen.

Die Wellenbrecher, die das NW-Ende des Kanals von Korinth schützen (Poseidonia), sind von See her schwer auszumachen. Die Köpfe der Wellenbrecher sind mit Iso.R.2s und Iso.G.2s befeuert; diese Feuer sollen eine Tragweite von etwa 10 Seemeilen haben, auch wenn es tatsächlich weit weniger zu sein scheint. Obwohl hinter dem S-lichen Wellenbrecher Platz zum Ankern ist, sehen die Behörden dies nicht gern, außerdem ist hier der Halt des Grundes schlecht. Es ist besser, wenn man nach Korinth abläuft oder außen etwas herumtuckert.

Aus der Ägäis kommend, sind der Signalmast auf der S-Bank sowie die Bürogebäude der Kanalzone schon aus einiger Entfernung zu erkennen. Dieses Kanalende wird von einer Mole geschützt, deren Kopf mit Iso.G.2s 10M befeuert ist. An der S-Seite ist die Einfahrt mit Iso.R.2s 10M befeuert. Je nach Windrichtung steht ein Strom von 1 bis 3 Knoten von einem Kanalende zum anderen. Wenn man hinter einem großen Schiff den Kanal passiert, können sich weitere Komplikationen daraus ergeben, daß die Schiffsschraube hinter sich einen Waschmaschinen-Effekt produziert. Bewegliche hydraulische Straßenbrücken, die sich an den beiden Enden des Kanals befinden, öffnen einen Abschnitt, um Yachten passieren zu lassen; bei großen Schiffen schwingen sie zur Seite. Die folgenden Signale, die die Einfahrt in den Kanal betreffen, werden an den Signalmasten an den beiden Zufahrten zum Kanal gezeigt:

Der Kanal von Korinth (Foto: Aerofilms).

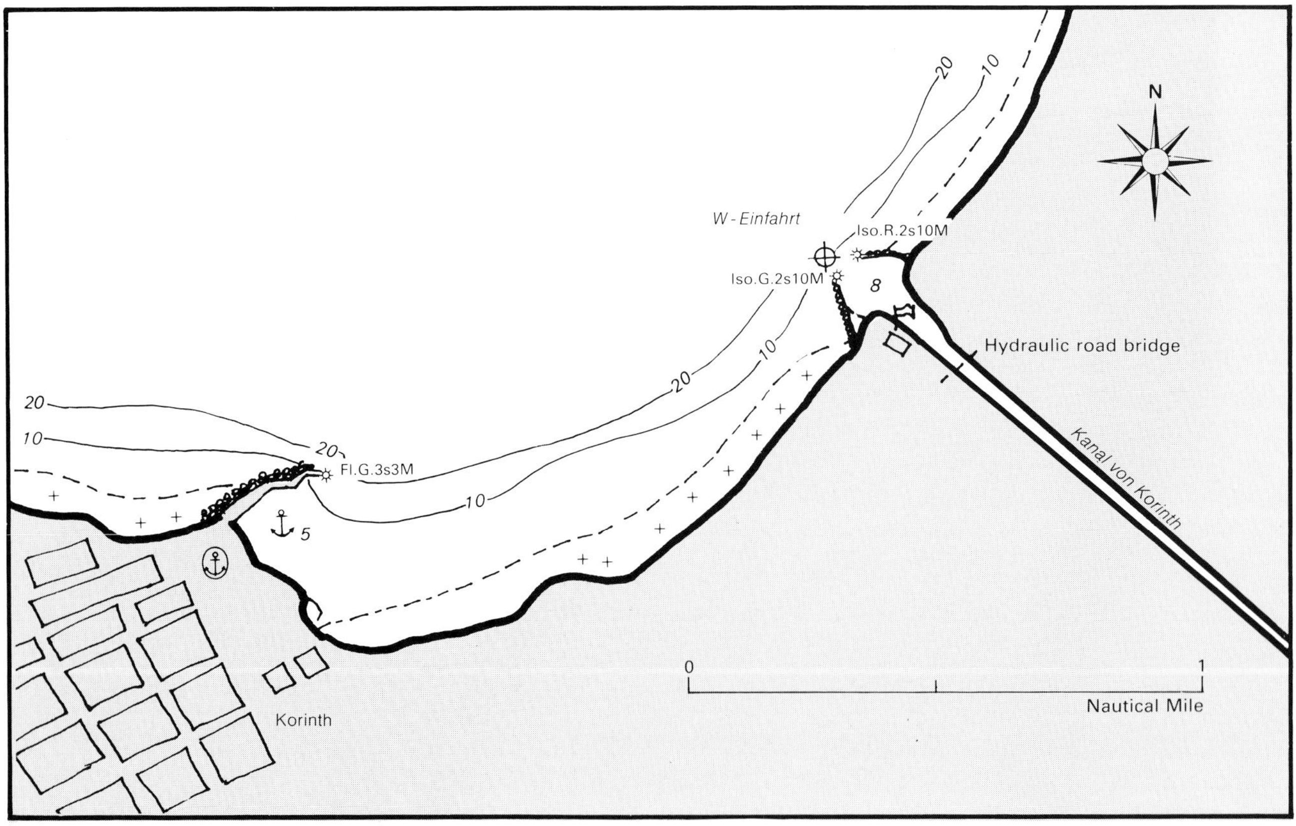

Die W-liche Einfahrt in den Kanal von Korinth.

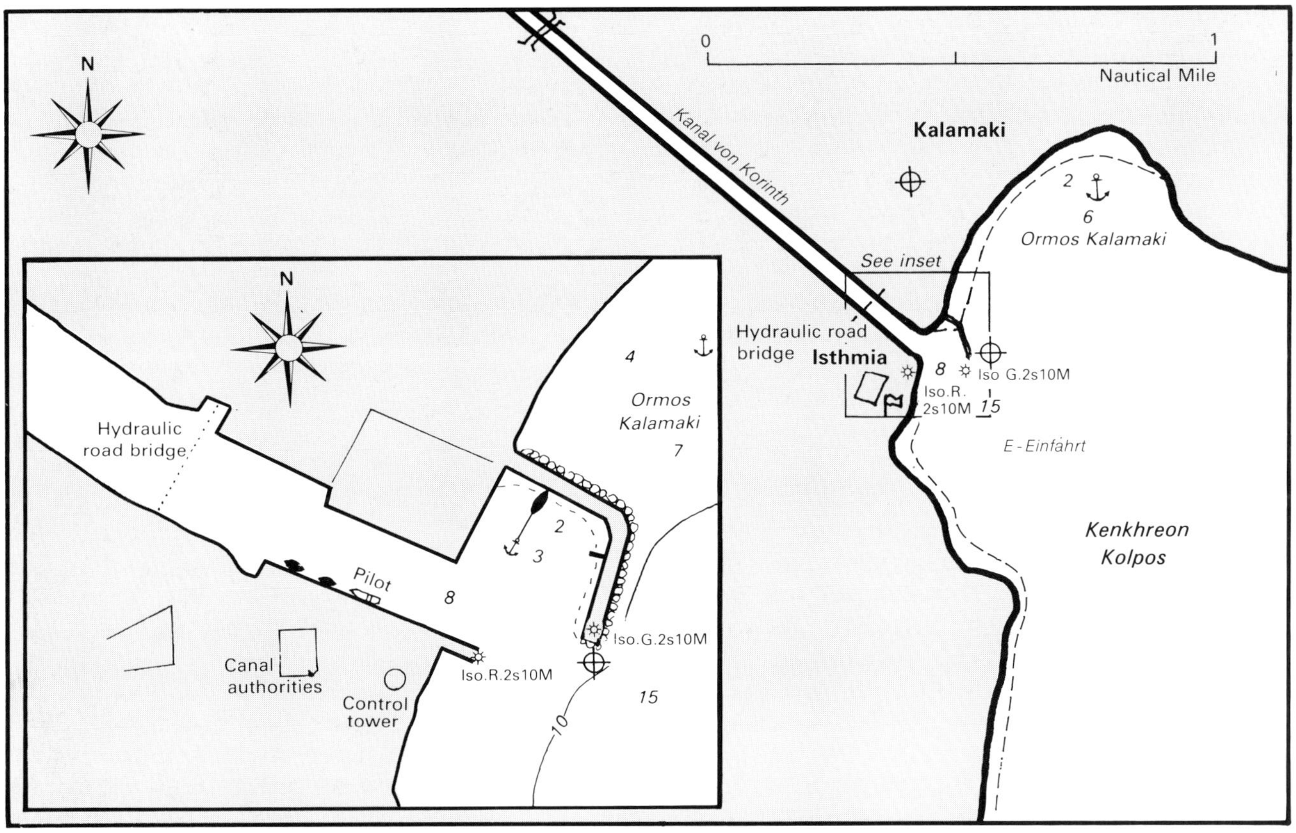

Die E-liche Einfahrt in den Kanal von Korinth.

Am Tag	Bei Nacht	Signal
Blaue Flagge	1 weißes Feuer	Einfahrt frei
Rote Flagge	2 weiße Feuer skr.	Einfahrt verboten

Die Behörden der Kanalzone sind auf UKW-Kanal 11 hörbereit. Eventuell muß man mit seiner Yacht bis zu 3 Stunden warten, bevor man in den Kanal einfahren darf. Der Papierkrieg und die Kanalgebühren sind in Isthmia am ägäischen Ende des Kanals zu erledigen. Am Kai an der S-Seite des Kanals macht man längsseits fest. Dabei muß man sich vor dem groben Stahlbeton sowie den verstärkenden Eisenstangen, die an einigen Stellen herausragen, in acht nehmen. Etwa die Hälfte des Kais ist in der Zwischenzeit repariert und mit Fendern versehen. Große Yachten können den Lotsen so bestellen, daß er schon draußen längsseits kommt.

Vermutlich ist der Kanal von Korinth, wenn man es durchschnittlich pro Seemeile rechnet, der teuerste Kanal der Welt. Die Gebühren für Yachten werden nun nach Länge über alles eingestuft, und der Gesamtpreis für die Durchfahrt errechnet sich aus Grundgebühren, Durchfahrtsgebühr der Yacht nach Lüa und Mehrwertsteuer. 1997 erhob die Kanalververwaltung zum Beispiel 6000,– Drachmen Grundgebühr, 2300,– Drachmen pro Meter der Yacht sowie 18% MwSt. Je nach Umrechnungskurs beträgt der Preis für die Durchfahrt einer 9 m-Yacht grob gerechnet DM 165,–, der einer 11 m-Yacht etwa DM 210,–. Gezahlt werden kann in bar oder per Euroscheck.

An Sonn- und Feiertagen sowie in den Ferien werden dann auf die ohnehin hohen Preise noch einmal 30 % zusätzlich auf den Preis geschlagen, weitere 25 % werden bei nächtlichen Passagen verlangt. Yachten, die ihre Bescheinigungen abgeändert haben oder Kopien vorlegen, müssen höhere Kanalgebühren bezahlen. Angesichts der hohen Inflationsrate, der Wechselkurse etc. ist ohnehin nicht abzusehen, wie sich die Kanalgebühren entwickeln werden.

In der Antike wurden Schiffe über eine Schleifbahn, den Diolkos, über den Isthmus transportiert. Überreste dieser Bahn können heute noch an der N-Seite besichtigt werden. Bei der Verfolgungsjagd auf Antonius nach der Seeschlacht von Aktium ließ Oktavian seine Schiffe über diese Landenge schleppen. Verschiedene griechische und römische Herrscher machten Pläne, hier einen Kanal zu bauen, aber lediglich Nero ließ tatsächlich mit Grabungsarbeiten beginnen. Die 6000 Juden, die er als Arbeiter einsetzte, erreichten aber nicht einmal den Fels, bevor der Aufstand von Gallien losbrach und Neros gesamte Aufmerksamkeit verlangte.

Fahrt durch den Kanal von Korinth (Foto: Bodo Müller).

Der Hafen von Korinth aus NE.

Der heutige Kanal wurde 1882 von einer französischen Gesellschaft begonnen und mit einer griechischen 1893 beendet. Nach schwerer Beschädigung im Zweiten Weltkrieg wurde der Kanal anschließend erweitert. An seiner höchsten Stelle wird er von zwei Brücken, einer Eisenbahn- und einer Straßenbrücke, überspannt.
Achtung: Von den umliegenden Bergen kommen schwere Fallböen, die an der Ägäis-Seite bei NE-Winden teilweise wirklich gefährlich werden können.

Korinth

WP 37°56,7'N 022°56,1'E (Fl.G.3M) / Karten: BA 1600, Imray G13, D 659 Plan H

Allgemeines

Korinth ist eine moderne, geschäftige, aber schwer zu beschreibende Stadt – eben ein Ort, der nach diversen Erdbeben stets in größter Eile wieder aufgebaut wurde.
Korinth wirkt mehr wie ein Kreuzweg, den man nur passiert, als wie ein Zentrum.
Vom antiken Korinth, das auf dem Plateau hinter dem heutigen Platz der Stadt stand, kann man eigentlich dasselbe sagen. Die Ruinen der berüchtigten Stadt sind aber unbedingt einen Besuch wert.
Das antike Korinth kontrollierte nicht nur den Handel vom Festland auf dem Peloponnes, sondern auch die Handelsroute von der Ägäis über den Isthmus ins Ionische Meer.

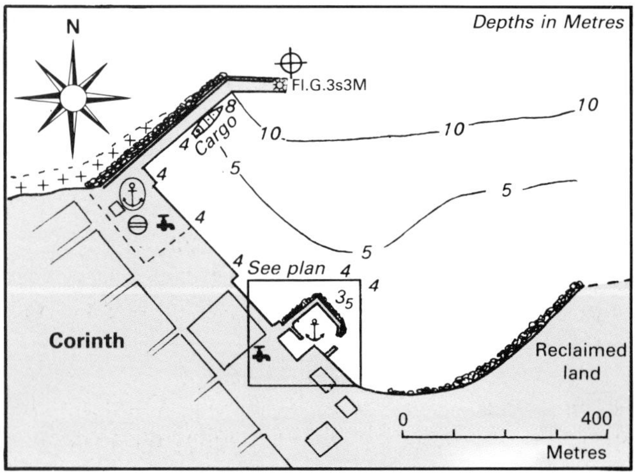

Korinth.

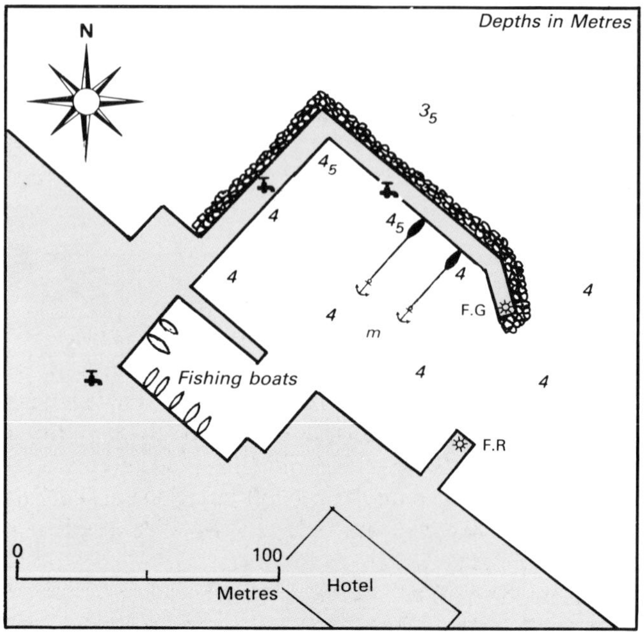

Der Yachthafen von Korinth.

Diese Lage machte es reich und mächtig. Die Korinther waren gute Seeleute, denen eine große Flotte gehörte, mit der sie neue Kolonien auf Korfu und Syrakus gründeten und verteidigten. Es wird den Korinthern zugeschrieben, die Trireme erfunden zu haben. Die besondere Aufmerksamkeit der Korinther galt naturgemäß den Göttern der See – Poseidon und Palaimon. Letzterer war der Beschützer der Häfen, und der Sage nach war er ursprünglich Melikertes, der auf einem Delphin nach Korinth getragen wurde. Das Leben der Korinther war zunächst recht hart, und hart arbeiten konnten sie auch: Ihre Töpferwaren waren über das Mittelmeer hinaus bekannt, und seit dem 5. Jh. v. Chr. wurde ihr architektonischer Stil, der auch in den Kolonien verwendet wurde, einer der bekanntesten und populärsten Stile – fortgeführt durch Byzanz und bis in die heutige Zeit beliebt. Zwischen dem 4. und 2. Jh. v. Chr. geriet Korinth in Verruf: eine schnellebige Stadt, deren Einwohner selbst in einer Zeit lockeren Lebenswandels bekannt waren für ihre Laster.
»Korinther« – Dieser Begriff bildete sich zu Beginn des 19. Jh. für einen hart trainierenden Sportler heraus, zu dessen Disziplinen Boxen, Pferderennen und Yachtsegeln gehörte. Diese Bezeichnung hat sich bis heute erhalten und ist nun der Name vieler Yacht-Clubs.

Ansteuerung

Auffällig: Von weitem ist der Hafen nur schwer auszumachen. Die hochaufragenden Gebäude der Stadt Korinth sind aber leicht zu erkennen; unmittelbar NE-lich dieses Häusermeers befindet sich der Hafen. Beim Näherkommen wird die Hafenmole sichtbar.
Nachts richtet man sich nach dem Feuer auf dem Kap Ak Melangavi (Fl.10s17M) sowie den Feuern auf der Kanaleinfahrt (Iso.R.2s10M und Iso.G.2s10M); die Reichweite der Feuer scheint aber geringer zu sein als angegeben. Der Kopf der Hafenmole ist mit Fl.G.3s3M befeuert, was vor dem Hintergrund der hell erleuchteten Stadt aber nur schwer zu erkennen ist. Entlang des Kais stehen vier Flutlicht-

strahler. Die Einfahrt zur Marina ist mit F.R. und F.G. befeuert, man sollte sich jedoch nicht darauf verlassen.
Gefahren: Bei starken NE-Winden können an diesem Ende des Golfs schwere Fallböen auftreten. Bei starken W-lichen Winden baut sich hier eine grobe See auf, aber wenn man erst einmal hinter der Mole ist, kommt man in ruhiges Wasser.

Liegeplätze
Im Yachthafen können Yachten bis zu 20 m Länge mit Bug oder Heck zum Kai festmachen. An der Außenseite der Mole scheinen die Tiefen an einigen Stellen recht unterschiedlich zu sein. Yachten mit 2,5 bis 3 m Tiefgang sollten sich vorsichtig in den Hafen tasten, auch wenn im Hafenbecken fast überall 4 m Tiefe vorhanden sind. Der Grund besteht aus Schlick und hält gut. Sehr große Yachten sollten besser im Handelshafen, wo dies möglich ist, längsseits gehen.
Schutz: Im neuen Yachthafen liegt man bei jedem Wetter gut geschützt; der äußere Hafen kann bei starken NE-Winden gefährlich werden.
Behörden: Wasserschutzpolizei und Zoll sind im Hafen.

Versorgung
Wasser: Auf dem Platz beim Yachthafen und auf dem Kai des Handelshafens gibt es Wasser – falls man den »Wassermann« ausfindig gemacht hat.
Treibstoff erhält man in der Stadt; er kann aber auch von einem Tankwagen geliefert werden.
Reparaturen: Mechanische Reparaturen und Arbeiten an der Maschine sind möglich. In der Stadt findet man gut sortierte Eisenwarenläden.
Lebensmittel: Beste Versorgungsmöglichkeiten. Verschiedene große Supermärkte und einen kleinen Obst- und Gemüsemarkt gibt es am N-Ende der Stadt und in einigen Straßen am Hafen.
Restaurants: In der Stadt gibt es Tavernen.
Sonstiges: Post, Telefonamt, Banken, Gas, Camping GAZ, Auto- und Motorrad-Vermietung. Busse verkehren nach Patras und Athen.

Kiaton

WP 38°00,9'N 022°45,3'E (Fl.G.3s6M) / Karten: Imray G13, D 659

Allgemeines
Auch wenn Kiaton hauptsächlich von seinem geschäftigen Handelshafen lebt, hat sich dieser Ort doch zu einem beliebten Urlaubsort entwickelt, weil in der Nähe schöne Badebuchten liegen. Das umliegende Land wird intensiv mit Wein und Zitronen bebaut.

Ansteuerung
Auffällig: Die Stadt Kiaton ist schon aus einiger Entfernung auszumachen, und beim Näherkommen ist die hohe Mauer der Hafenmole leicht zu erkennen. Eine gute Landmarke bildet eine Kathedrale mit einem Kuppeldach aus roten Ziegeln und einem Glockenturm im Hintergrund des Hafens.

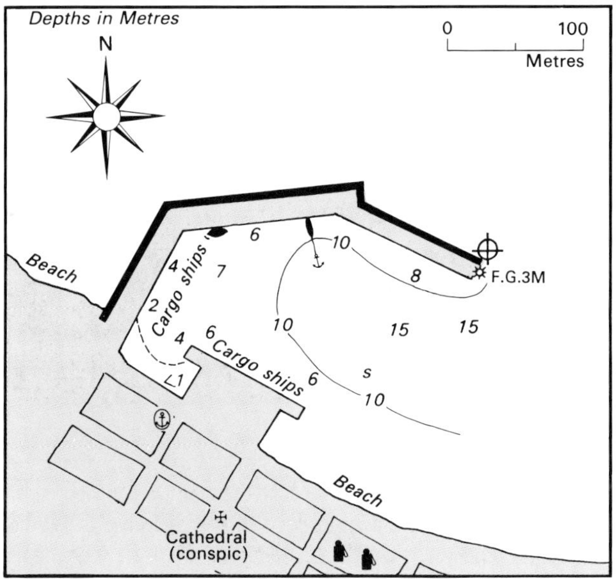

Kiaton.

Nachts: Das Feuer auf dem Kopf des Wellenbrechers (Fl.G.3s6M) ist vor dem Hintergrund der beleuchteten Stadt nur schwer auszumachen. Ein grünes Neonlicht im E des Hafens hat eine gute Reichweite.

Liegeplätze
Wo entsprechend Platz ist, macht man mit Bug oder Heck zur Mole bzw. längsseits fest. In der Nähe des Molenkopfes ist der Hafen 15 m tief, und so sollte man (wenn irgend möglich) längsseits gehen.
Schutz: Der Schutz vor W-Winden ist gut, auch wenn Schwell um den Kopf der Mole hineinsteht.
Der Hafen ist nach E hin offen und wird bei Winden aus diesem Quadranten gefährlich. Bei starken N-lichen Winden sollten Yachten besser unter den hohen Teil der Hafenmole als dem flachen in der Nähe des Fußes der Mole festmachen, da Gischt über die flache Hafenmauer hinüberspritzt.
Hinweis: Ein Teil der Mole hat sich abgesenkt, und so ist das äußere Molenende nun vom Rest getrennt. Der abgesenkte Teil wird eben überspült. Vorsicht beim Einlaufen sowie bei der Suche nach einem Liegeplatz.
Behörden: Wasserschutzpolizei und Zoll.
Hinweis: Der kleine Hafen unmittelbar E-lich des Haupthafens ist permanent mit einheimischen Booten überfüllt, und die Wassertiefen sind sehr unterschiedlich. Es gibt ein paar untiefe Stellen.

Versorgung
Wasser bekommt man unweit des Kais.
Treibstoff ist in der Stadt erhältlich, kann aber auch von einem kleinen Tankwagen geliefert werden.
Lebensmittel: In Kiaton findet man gute Versorgungsmöglichkeiten.
Restaurants: Tavernen in Hafennähe.
Sonstiges: Post, Telefonamt, Bank, Gas, Camping GAZ, Autovermietung und eine Busverbindung nach Athen.

Der Saronische Golf und die Ostküste des Peloponnes

Um das Kap Ak Maleas herum oder auch durch den Kanal von Korinth gelangt man in die Ägäis, wobei das folgende Kapitel den SW-lichsten und NW-lichsten Teil dieses Seegebietes vorstellt.
Die Ägäis hat ihren Namen von Aegeus, dem Vater von Theseus, der sich in die See stürzte, als er glaubte, sein Sohn wäre auf Kreta umgekommen. Theseus war gemeinsam mit anderen jungen Männern und Mädchen aus Athen als Opfergabe für den Minotaurus nach Kreta gesandt worden. Aber mit Ariadnes Hilfe konnte er das Ungetüm überlisten und entkommen. Ariadne, die er von Kreta mit sich nahm, ließ er später recht schnöde auf Naxos zurück. Vielleicht verdunkelten ihm die Götter wegen dieser undankbaren Tat das Gedächtnis, denn er vergaß das mit seinem Vater verabredete Zeichen, daß alles in Ordnung und der Sohn am Leben sei, wenn sein Schiff weiße Segel trüge. Falls das Schiff schwarze Segel aufgezogen hätte, könne Aegeus sehen, daß sein Kind umgekommen sei. Aegeus, der die schwarzen Segel des aufkommenden Schiffes erblickte, wurde darüber so vom Schmerz übermannt, daß er sich in die See stürzte.
Geographisch gesehen, trennt die Ägäis Europa von Asien, obwohl die Inseln der Ägäis eine Brücke bilden, die die beiden Kontinente verbindet. Ohne Kompaß und Sextanten konnten die Kaufleute der Antike zwischen diesen Inseln kreuzen, da sie jeweils nur ein paar Stunden ohne Landsicht waren. Aber ebenso wichtig wie die Inselbrücke war der Wind, der im Sommer regelmäßig aus N kommt. Dieser Wind, der heute den türkischen Namen Meltemi trägt, wurde damals etesischer Wind genannt – abgeleitet vom griechischen Wort etos (Jahr) –, weil er regelmäßig jedes Jahr weht. Die Händler konnten mit diesem Wind durch die Ägäis segeln und im Frühjahr oder Herbst, wenn die N-lichen Winde nur leicht und die S-lichen nur selten wehen, zurückkehren. Im Winter können die Winde grimmig und wild sein, und so verbot mancher Staat den Händlern, zu dieser Jahreszeit zu segeln.
Das Gebiet, das in diesem Kapitel beschrieben wird, umfaßt drei geschichtlich bedeutsame Zentren: Mykene, im Scheitel des Argolischen Golfs gelegen, bildete während der mykenischen Epoche ein wirtschaftliches und kulturelles Zentrum, das später durch die minoische Kultur abgelöst wurde und den Stoff für Homers Epen lieferte.
Athen war natürlich der Mittelpunkt des »klassischen Altertums«, aber es ist zu einfach, wenn man dieser antiken Stadt zuviel zuschreibt und darüber die Beiträge der anderen antiken Stadtstaaten zu Griechenlands Kunst, Rhetorik, Wissenschaft und Handel vergißt. Letzten Endes waren die Flotten der Inseln Ydra (Hydra) und Spetsai von entscheidender Bedeutung für den Ausgang des Unabhängigkeitskrieges, und die Städte Navplion und Aigina waren beide zu verschiedenen Zeiten Hauptstädte des neuen freien Griechenlands.
Im Saronischen Golf trifft man auf die höchste Konzentration an Yachten in ganz Griechenland. Die meisten davon sind in Marinas, die entlang der attischen Küste liegen, beheimatet. Von diesen Marinas aus operiert auch eine beträchtliche Zahl von Charterunternehmen. Viele Yachten folgen den saronischen Pfaden nach Aigina, Poros, Ydra und Spetsai sowie zu den umliegenden Häfen und Ankerplätzen. Falls man es also vermeiden möchte, im Sommer mit der Menge der Charteryachten auf den üblichen Kursen zu segeln, sollte man die E-Küste des Peloponnes anlaufen, wo man ursprüngliche Häfen und unverdorbene Ankerplätze vorfindet.

Das Wetter im Saronischen Golf und an der E-Küste des Peloponnes

Je nach Seegebiet kann der Sommerwind sehr unterschiedlich sein. Entlang der Festlandsküste vom Kanal von Korinth bis zum Kap Ak Sounion sowie im Seegebiet zwischen der Festlandsküste und Methana ist der vorherrschende Wind der Meltemi. Mit etwa Bft 4 bis 6 weht er von NNE bis NE. Er kann um das Kap Ak Sounion herum allerdings stärker sein. Um die Halbinsel Methanon herum und in Poros ist er normalerweise schwächer. Der Meltemi beginnt im Juli zu wehen und flaut im Oktober wieder ab. Wenn der Meltemi nicht weht – und er ist in diesem Revier nicht so verläßlich wie in den Kykladen oder dem Dodekanes –, kommt der Wind in dieser Region generell aus S. Für gewöhnlich erhebt er sich gegen Mittag, weht am Nachmittag mit Stärken von Bft 3 bis 5, gelegentlich etwas mehr und flaut zur Nacht hin ab. Im Argolischen Golf kann man sich im Sommer zu 90 % auf diesen Wind verlassen. Die E-Küste des Peloponnes hinunter kann der Wind ein schwacher Meltemi aus NE sein oder ein S-licher Wind aus SE oder SW. In der gesamten Region kommt der Wind im Frühjahr und Herbst aus überwiegend S-lichen Richtungen und ist im allgemeinen nicht sehr stark. Im großen und ganzen gibt es in diesem Seegebiet kaum Probleme mit dem Wetter. Wenn der Meltemi weht, können von den hohen Bergen um die Einfahrt in den Kanal von Korinth sowie um das Kap Sounion herum schwere Fallböen auftreten. Entlang der E-Küste des Peloponnes können auch nachts Fallböen auftreten. Besonders berüchtigt dafür ist Astrous, weil diese Winde ohne jede Vorwarnung kommen und oft Stärken von Bft 6 bis 7 erreichen, auch wenn kurz zuvor noch Flaute geherrscht hat. Die Winde

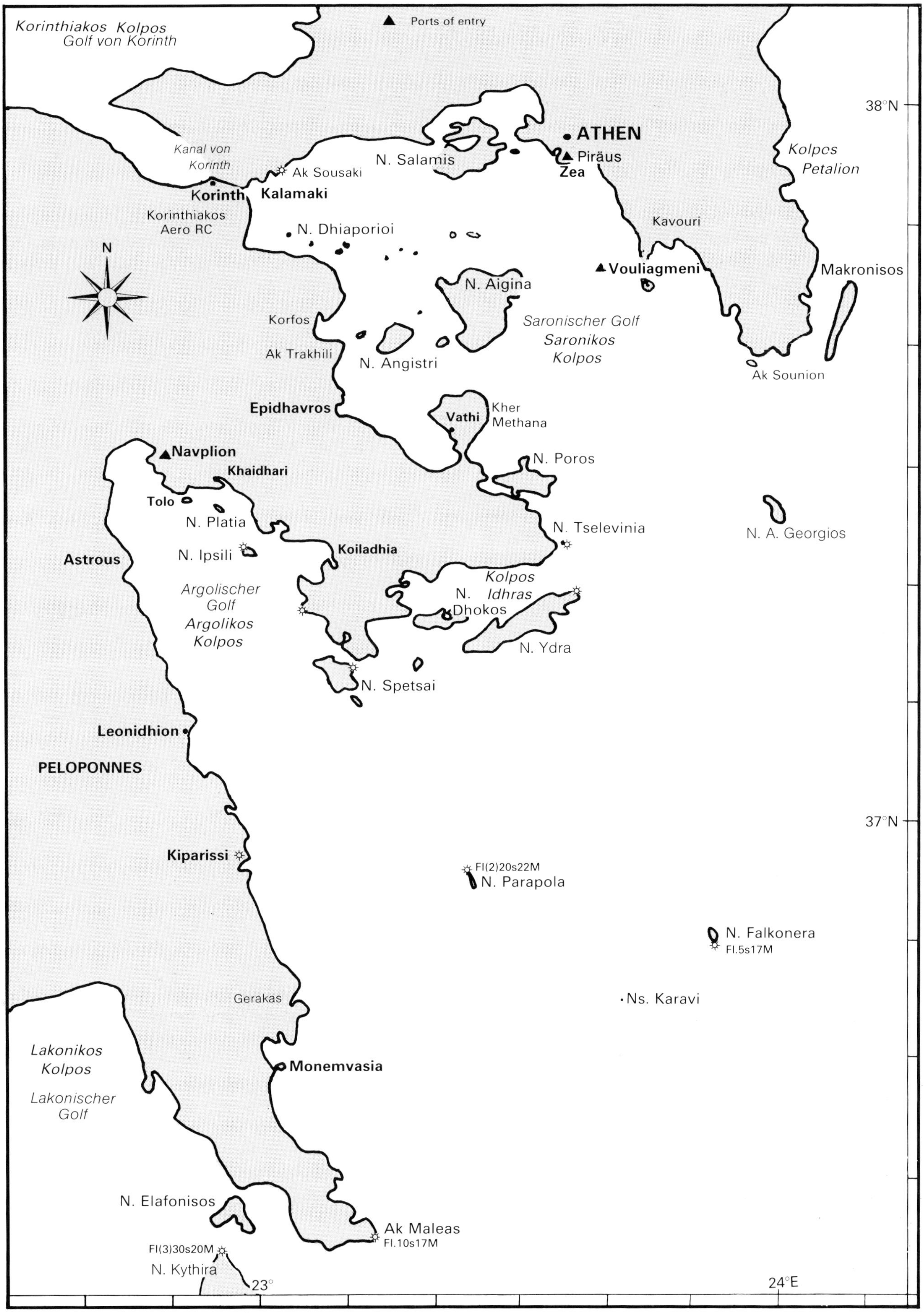
Korinthiakos Kolpos
Golf von Korinth
▲ Ports of entry
Kanal von Korinth
Korinth
Kalamaki
Ak Sousaki
N. Salamis
ATHEN
Piräus
Zea
Kolpos Petalion
Korinthiakos Aero RC
N. Dhiaporioi
Kavouri
N
Vouliagmeni
Makronisos
N. Aigina
Korfos
Saronischer Golf
Saronikos Kolpos
Ak Trakhili
N. Angistri
Ak Sounion
Epidhavros
Vathi
Kher Methana
Navplion
N. Poros
Khaidhari
Tolo
N. Platia
N. Tselevinia
N. A. Georgios
N. Ipsili
Koiladhia
Astrous
Kolpos Idhras
N. Dhokos
Argolischer Golf
Argolikos Kolpos
N. Ydra
N. Spetsai
Leonidhion
PELOPONNES
38°N
37°N
Kiparissi
Fl(2)20s22M
N. Parapola
N. Falkonera
Fl.5s17M
Gerakas
Ns. Karavi
Lakonikos Kolpos
Lakonischer Golf
Monemvasia
N. Elafonisos
Ak Maleas
Fl.10s17M
Fl(3)30s20M
N. Kythira
23°
24°E

können 4 bis 6 Stunden anhalten. Im Frühjahr und Herbst können Gewitter, die von Sturmböen begleitet werden, auftreten. Durchschnittlich halten sie aber nur 1 bis 2 Stunden an.
Der Saronische und der Argolische Golf haben beide ein sehr mildes, sonniges Klima, das sie bei Yachten im Winterhalbjahr sehr beliebt macht.

Wichtige Angaben

Ports of Entry

Zea Marina
Vouliagmeni
Navplion

Sperrgebiete

1. Das Befahren der Bucht Ormos Salaminos ist in einem Gebiet, das sich eine halbe Seemeile vor dem S-lichen Strand sowie zwischen einem Punkt, der eine Seemeile E-lich von Ak Petritis liegt und einem zweiten Punkt zwei Seemeilen E-lich von Petritis erstreckt, verboten.
2. Es ist verboten, in ein Gebiet NE-lich der Bucht Kolpos Elevsinos, eine Seemeile E-lich von Limin Elevsis, einzulaufen.
3. Mit Ausnahme eines schmalen Fahrwassers ist das Kreuzen zwischen Salamis und der NE-Küste des Festlandes verboten. Das Befahren dieser Meerenge ist nachts verboten.
4. Es ist verboten, außerhalb des oben beschriebenen Fahrwassers zu ankern.
5. Es ist verboten, in den N-lichen Teil der Bucht unmittelbar N-lich der Stadt Poros, wo sich eine Marineschule befindet, einzulaufen und dort zu ankern.
6. Die kleine Insel Nisis Ypsili wird von der griechischen Marine als Schießplatz benutzt.
7. Obwohl nicht als Sperrgebiet ausgewiesen, werden die drei kahlen Felsklippen, Nisides Karavi (36°46'N 23°36'E) von der griechischen Luftwaffe als Schießplatz benutzt.

Die wichtigsten Leuchtfeuer

Kanal von Korinth (W-Einfahrt): Iso.R.2s10M
Kanal von Korinth (Molenfeuer): Iso.G.2s10M
Ormos Sophikou (Korphos): Fl.4s5M
Ak Kalamaki: Fl.2s6M

Festlandsküste
Ak Sousaki: Fl.G.10s12M
Ak Karas: Fl.WR.4s8/6M
Ak Kongchi: Fl.3s9M
Nisis Psyttaeia: Fl(2)15s25M
Ak Phylatouri: Fl(2)14s5M
Poros Themistokleous: LFl.G.6s13M
Piräus Hafen: LFl.R.6s13M
Zea Marina (S-Mole): Fl(2)R.6s7M
Mounichias (N-Mole): Iso.G.2s6M
Mounichias (S-Mole): Iso.R.2s8M
Ellinikon (Flugfeuer): AlFl.WG.6s15M
Nisis Phleves: Fl(3)10s8M
Vouliagmeni (Molenfeuer): Fl(3)R.12s7M

Aigina
Ak Plakakia: Fl(2)15s7M
Ak Tourlos: Fl.3,6s5M
Nisis Moni: Fl(2)WRG.10s7-4M
Nisis Lagousa: LFl.7,5s5M

Poros
Ak Dana (N-Einfahrt): Fl.WR.4s8/5M
Ak Stavros S-Spitze: Fl.RG.3s4/4M

Ydra
Ak Zourva: Fl(3)20s17M
Nisis Dokos (SE-Huk): Fl(2)WR.12s6/4M
Nisis A. Georgios (SE-Spitze): Fl(2)15s17M

Spetsai
Ak Fanari (Baltiza): Fl.WR.5s18/14M
Ak Mavrokavos: Fl.WR.2s5/3M
Nisis Petrokaravo: Fl(2)9s7M

Argolikos Kolpos
Ak Korakas: Fl.7s5M
Nisis Ypsili (SW-Huk): Fl.5s9M
Limin Khaidari (E-Huk): Fl(3)WR.15s5/3M
Ak Skala (NisisTolo): Fl(2)WR.10s5/3M
Ak Panagitsa (Navplion): Fl.1,5s5M
Ak Astrous: Fl.3s5M
Ak Sampateki LFl.7,5s4M

E-Peloponnes
Nisis Parapola: Fl(2)20s22M
Nisis Phalkonera (S-Huk): Fl.5s17M
Nisis Monemvasia: Fl.5s11M
Ak Maleas: Fl.10s17M

Kurzübersicht

	Schutz	*Liegeplätze*	*Treibstoff*	*Wasser*	*Lebensmittel*	*Restaurants*	*Hafenplan*
Attische Küste							
Ormos Kalamaki	C	C	B	B	C	C	
Salamis	B	AC	B	A	B	B	•
Zea Marina	A	AB	A	A	A	A	•
Mounichias	A	A	B	A	A	A	•
Phaliron	B	A	B	A	A	A	•
Kalamaki (Alimos)	A	A	A	A	A	A	•
Glyphada 4	A	A	B	A	B	A	•
Glyphada 1, 2, 3	A	A	A	A	B	A	•

	Schutz	*Liegeplätze*	*Treibstoff*	*Wasser*	*Lebensmittel*	*Restaurants*	*Hafenplan*
Voula	B	AB	B	A	B	B	
Vouliagmeni	A	A	A	A	C	B	•
Varkiza	B	A	B	A	B	B	•
Ormos Anavyssou	B	C	B	B	C	B	•
Sounion	C	C	O	O	O	B	•
Peloponnes und vorgelagerte Inseln bis Poros							
Ormos Linari	C	C	O	O	O	O	
Phrangolimani	C	C	O	O	O	O	
Ormos Dymani	C	C	O	O	O	O	
Limin Sophikou	A	AC	B	A	B	B	•
Ormos Selonta	B	C	O	O	O	O	
Nea Epidavros	O	C	O	B	O	C	
Palaia Epidavros	B	AC	B	A	B	B	•
Vathy (Methanon)	A	AC	O	O	O	C	•
Aigina	A	A	B	A	A	A	•
Perdika	C	AC	O	B	B	B	•
A. Marinas	O	C	O	O	O	B	•
Souvalas	C	A	O	O	C	C	•
Angistri	C	A	O	B	C	C	•
Dorousa	B	C	O	O	O	C	
Methana	A	A	B	A	A	B	•
Poros	A	ABC	A	A	A	A	•
Nisis Soupia	C	C	O	O	O	O	
Ydra und der Argolische Golf							
Ermioni	A	AC	B	A	A	B	•
Limin Ydra	B	A	O	A	A	A	•
Mandraki (Ydra)	C	C	O	O	O	C	•
Ormos Skintos	B	C	O	O	O	C	•
Baltizas (Spetsai)	A	AC	A	A	A	A	•
Dapias (Spetsai)	C	A	B	B	A	A	•
Ormos Zogiorgia (Spetsai)	B	C	O	O	O	C	
Porto Cheli	A	AC	B	B	A	B	•
Koilas	A	AC	O	B	B	C	•
Kaidari	A	C	O	B	B	B	•
Tolo	C	AC	B	B	A	A	•
Navplion	A	AB	B	A	A	A	•
Paralion Astrous	A	A	B	A	B	B	•
Tilos	B	A	B	B	B	C	
Leonidion	C	A	O	A	C	B	•
Poulithra	C	A	O	O	C	C	•
Phokianos	C	C	O	O	O	O	
Peloponnes							
Kyparissi	B	AC	B	B	C	B	•
Geraka	A	AC	O	O	C	B	•
Monemvasia	B	AC	B	B	A	A	•
Ormos Monemvasia	B	C	O	O	O	O	•

Athen und die Küste des attischen Festlands

Der Küstenabschnitt zwischen dem Kanal von Korinth und dem Kap Ak Sounion ist größtenteils gebirgiges Ödland. Die weite flache Ebene von Attika erstreckt sich um Athen herum; heute ist sie weitestgehend bebaut: mit der Metropole selbst, Piräus sowie deren Vorstädten. Die Küste entlang zieht sich eine ganze Anzahl von Industrieansiedlungen. Die petrochemische Raffinerie in der Nähe des Kanals, deren gasförmige Nebenprodukte abgefackelt werden, ist nachts eine gute Ansteuerungshilfe. Tatsächlich befinden sich mindestens 60 % der gesamten griechischen Industrie um die Hauptstadt herum: die Werften und die Marine-Basis in der Nähe von Perama, auf Salamis zahlreiche Fabriken und Werke zwischen Perama und Piräus. Hohe Appartementblocks säumen zwischen Piräus und Glyphada die Küste, eine Autobahn und eine Eisenbahnlinie verlaufen zwischen Athen und dem Kanal von Korinth parallel zur Küste.

Athen ist eine verhältnismäßig moderne Stadt, deren neuzeitliche Architektur sich nur schlecht mit den antiken Ruinen in ihrem Zentrum verträgt. Weil es die jungen Leute von den Inseln sowie den ländlichen Gegenden des Festlandes in der Hoffnung auf Arbeit zu Tausenden in die Hauptstadt zog, ist Athen schnell gewachsen. Folglich wurden die Vororte ohne große Planung oder langes Nachdenken schnell hochgezogen, um die Zuwanderer unterzubringen – dementsprechend ist das Ergebnis: Die Vororte sind ausgesprochen unattraktiv.

Von See her kommend, kann man gelegentlich eine grüngraue Wolke, den gefürchteten Nefos, über der Stadt stehen sehen. Es ist eigentlich nicht überraschend, daß viele Leute Athen zur fürchterlichsten Hauptstadt Europas »gekürt« haben. Die Einwohnerzahl Athens liegt inzwischen bei rund 3 Millionen, etwa einem Drittel der gesamten griechischen Bevölkerung.

Athen ist das Pendant zur französischen Riviera, zum einen wegen seiner Lage, seiner Kommunikationsmöglichkeiten und seiner Infrastruktur und zum anderen, weil hier ein Großteil des Kapitals konzentriert ist. Von den insgesamt 9 Marinas in ganz Griechenland befinden sich 6 an diesem Küstenabschnitt. Alle Marinas sind voll belegt, und viele der Yachten haben griechische Eigner. Das ist insofern bemerkenswert, als es nur einen verschwindend geringen Prozentsatz der griechischen Bevölkerung ausschließlich zum Vergnügen aufs Wasser zieht.

Die meisten Charterunternehmen befinden sich in Zea oder Kalamaki. Eine Yacht, die in die Ägäis einläuft, ist mit großer Wahrscheinlichkeit in Athen oder einer der umliegenden Marinas beheimatet, weil es nur hier alle Versorgungseinrichtungen und sämtliche Ersatzteile sowie nautische Ausrüstung jeglicher Art gibt. Davon einmal abgesehen, läßt sich kaum ein Grund dafür finden, dieses Revier anzusteuern. Die See ist verschmutzt und dreckig, die Landschaft ist für das übrige Griechenland eher untypisch. Man hat dann zwar Athen, aber nicht Griechenland gesehen.

Der Kanal von Korinth

siehe Kapitel »Golf von Korinth« Seite 188.

Ormos Kalamaki

Wenn man auf eine Passage durch den Kanal von Korinth warten muß, bzw. ihn gerade durchfahren hat, kann man in der Bucht Ormos Kalamaki, unmittelbar N-lich der Einfahrt zum Kanal, ankern. Man ist in dieser Bucht gut vor dem Meltemi geschützt, auch wenn Fallböen von den umliegenden hohen Bergen her auftreten können. Der Ankergrund besteht aus Sand mit Krautbewuchs und hält nur mittelmäßig. Fischerboote liegen hier rund ums Jahr an Mooringtonnen. An Land gibt es Tavernen.

Bootswerft Kalamaki

An der E-lichen Einfahrtshuk gibt es eine kleine Bootswerft, bei der Yachten aufgeslippt werden können. Man kann in der Bucht ankern, um sich vorab bei der Werft zu erkundigen. Yachten werden per Kran an der E-Huk über die Slipanlage aus Beton, vor der die Wassertiefe 4 m beträgt, aus dem Wasser gezogen und anschließend in die Werft transportiert.
Die Werft ist zwar etwas abgelegen, und in der Nähe gibt es kaum Versorgungseinrichtungen, der Besitzer ist aber sehr freundlich und hilfsbereit. Eine Taverne ist allerdings nicht weit.

Die Insel Salamis (Salamina)

Salamis ist ein dürres felsiges Eiland ohne jegliche Vegetation, dessen Küste stark gegliedert ist. Die Insel bietet aber nur wenige Ankerplätze für Yachten, da an einem Großteil der Küste Ankerverbote wegen umfangreicher Militäranlagen bestehen. Das ist aber kein besonders großer Verlust, da das Wasser stark verschmutzt ist (eine dreckig-braune ölige Färbung mit allerlei widerlichem Treibgut), und die nahe Küste ist industrielles Ödland.
Achtung: Bis zu ungefähr 6 Seemeilen E-lich der Einmündung des Kanals von Korinth in den Golf von Kengchreon können bei Meltemi Fallböen aus den Bergen an der N-Seite des Golfs kommen. Die Fallböen werden schwächer, je weiter man nach S oder E abläuft.

Militärisches Sperrgebiet

Das Gebiet zwischen dem Kanal von Korinth und der Insel Salamis wird von der Marine oft als militärisches Übungsgelände benutzt. Das Inselchen Nisis Ypsili, das in diesem Revier liegt, wird als Ziel für Schießübungen benutzt.

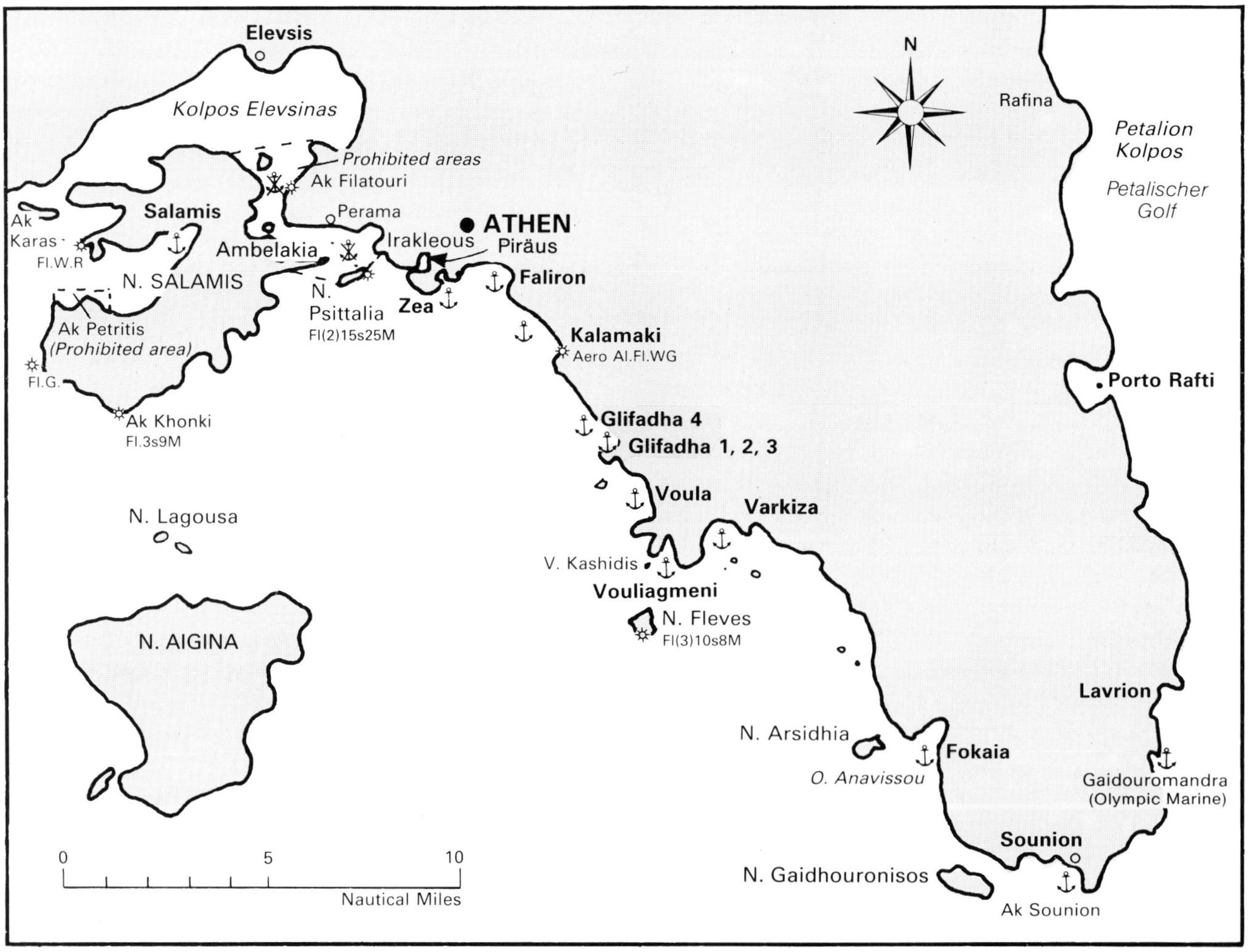

Von Salamis bis zum Kap Sounion.

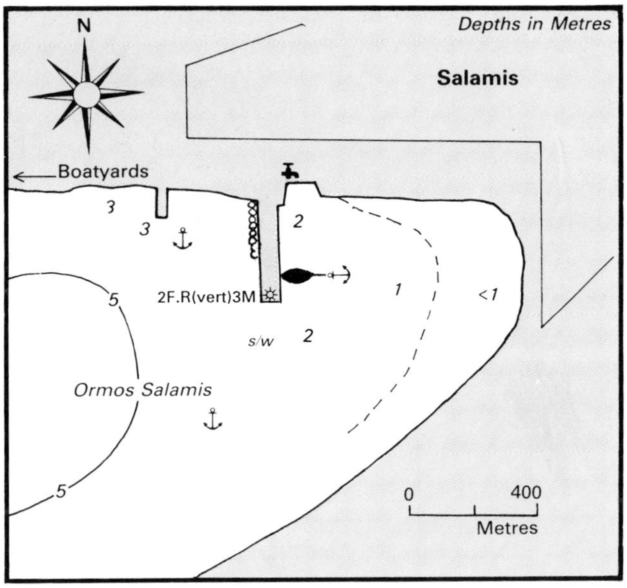

Salamis.

Ormos Salaminos

Sperrgebiete
1. Ein bis zwei Seemeilen E-lich von Ak Petritis, der S-lichen Einfahrtshuk der Bucht, ist das Befahren der Küstengewässer bis zu 1 Seemeile vor dem Strand verboten.
2. In einem Gebiet um Elevsis im Kolpos Elevsinos ist das Befahren verboten.
3. Bis auf eine schmale Fahrrinne ist das Befahren des Seegebietes zwischen der NE-Küste von Salamis und der gegenüberliegenden Festlandsküste verboten. Nachts gilt hier ein generelles Befahrensverbot. Ohne besondere Genehmigung ist es großen Schiffen nicht gestattet, in das Seegebiet zwischen Salamis, der Insel Psyttaleia und dem Festland einzulaufen. Ankern ist in diesem Gebiet verboten.

Salamis (Salamina)

37°57,7'N 023°29,6'E (2F.R.3M) / Karten: D 1079

Allgemeines
Der Ort macht einen heruntergekommenen Eindruck, aber die Einheimischen sind sehr nett, und die Atmosphäre ist unbeschwert und gastfreundlich, so daß es nicht allzu unangenehm ist, wenn man hier etwas Zeit verbringen muß, weil die Yacht bei der Werft aufgeslippt ist.

Ansteuerung
Im Scheitel der Bucht Salamis liegt die Ortschaft gleichen Namens. Die Werft an der N-Seite sowie die Häuser des Ortes sind leicht auszumachen.
Nachts navigiert man nach dem Feuer auf Ak Karas (Fl.WR.4s8/6M) sowie dem Feuer auf dem Kopf der Pier in Salamis (2F.R.(vert)3M).

Liegeplätze
Man ankert auf 2 bis 4 m Tiefe oder macht mit dem Heck an der Innenseite der inneren Mole fest, wo man auf 2 m Wasser liegt. Falls Platz ist, kann man auch an der kurzen Pier anlegen, die 2 bis 3 m Tiefe bietet. Normalerweise sind sowohl Pier als auch Mole dicht bei dicht mit Fischerbooten belegt. Der Sandgrund, der mit Seegras bewachsen ist, hält gut.
Schutz: Man liegt hier gut geschützt vor dem Meltemi. S-liche Winde peitschen in der Bucht eine kurze steile See auf.

Versorgung
Wasser gibt es am Fuß der Mole.
Treibstoff im Ort.
Lebensmittel: Beste Versorgungsmöglichkeiten.
Restaurants: Tavernen.
Sonstiges: Post und Telefonamt. Es besteht eine Busverbindung nach Paloukia, und eine Fähre verkehrt zum Festland (Perama und Piräus).

Werften
W-lich des Ortes befindet sich eine ganze Reihe von Werften, die Yachten bis zu 40 t aufslippen können. Auf den Werften werden allgemeine Reparaturen sowie Arbeiten an der Maschine ausgeführt, ebenso Schweißarbeiten und maschinelle Arbeiten. Man ankert vor dem Werftgelände, wo man außer bei starken Winden aus SW recht guten Schutz findet.

Ormos Ampelakia

An der E-Küste von Salamis ist in der Bucht, die Perama unmittelbar gegenüberliegt, eine neue Werft entstanden. Diese Werft befindet sich im SW der Bucht und bietet sowohl Kaianlagen wie einen kurzen Pier, wo Yachten festmachen können. Die Werft verfügt über einen 100-t-Travellift und Landstellplätze. Alle Reparaturen können ausgeführt werden, inklusive Arbeiten an rostfreiem Stahl, Holz, GFK. Reparaturen an der Mechanik und allgemeine Arbeiten an der Maschine können ausgeführt werden, alles weitere kann in Piräus arrangiert werden. Informationen erhält man bei Theo Bekris, Bekris & Co. Ltd, 18902 Ampelakia, Salamis. Telefon (Büro) 412 51 11, (Werft) 467 15 88/467 41 20 Fax.: 453 28 58, Telex 21 30 72 THEO GR.

Die Seeschlacht von Salamis

Am 27./28. September des Jahres 480 v. Chr. fand in den engen Windungen der Meerenge zwischen der NE-Küste von Salamis und dem gegenüberliegenden Festland (eben jenem Revier, das heute Sperrgebiet ist) die Seeschlacht von Salamis statt: Die gegnerischen Parteien waren die Griechen auf der einen Seite und die Perser unter Führung ihres Königs Xerxes auf der anderen. Der athenische Staatsmann Themistokles hatte den Schlachtplan der Griechen, der erst kürzlich zusammen mit dem Stein von Troizen im Sund von Trikeri entdeckt wurde, bemerkenswert detailliert ausgearbeitet. Die Schlacht ist als einer der großen strategischen Siege in die Seekriegsgeschichte eingegangen. Die Perser, die ihre Flottenbasis in Phaliron

Die Einsteuerungen nach Zea Marina aus SE.

hatten, beabsichtigten, die Griechen zwischen ihren Seestreitkräften und dem Landheer, das die Küste entlangmarschierte, in die Zange zu nehmen. Eine konventionelle Schlacht zwischen den beiden feindlichen Streitkräften hätte zweifellos zu einer Niederlage der zahlenmäßig weit unterlegenen Griechen geführt. Daher erdachte sich Themistokles eine Falle. Er ließ bei den Persern die Information durchsickern, daß sich die griechische Armee zurückziehen wolle, und sofort schickte Xerxes seine Schiffe los, um die Griechen in der Meerenge von Salamis einzuschließen. 200 ägyptische Schiffe verbarrikadierten die W-liche Zufahrt, während die übrige persische Flotte sich vor der E-lichen Einfahrt in Aufstellung brachte. Auf einem Hügel auf dem Festland hatte Xerxes auf seinem goldenen Thron Platz genommen, um den Sieg seiner Streitkräfte zu verfolgen. Die griechische Flotte tauchte auf, um sich gleich darauf zurückzuziehen; offensichtlich völlig konfus. Hinter einem Kap jedoch ordnete sich die griechische Flotte erneut in Schlachtformation, und die nachfolgenden feindlichen Schiffe wurden vollständig überrascht, als sie gewahr wurden, daß man bereits auf sie wartete. Die wendigen Trieren der Griechen veranstalteten sofort ein totales Durcheinander in der schmalen Passage, so daß die schweren persischen Kriegsschiffe, die auf diesem engen Raum kaum manövrierfähig waren, hoffnungslos durcheinandergebracht wurden. Berichten zufolge war die Verwirrung so perfekt, daß sich persische Schiffe aus Versehen gegenseitig versenkten. Diese Schlacht wurde für Xerxes zu einer vernichtenden Niederlage, und die persische Bedrohung in der Ägäis war vorerst beendet.

Werften

Etwa 3 Seemeilen W-lich von Piräus liegt an der Festlandsküste der Ort Perama, wo es mehrere Werften gibt, die Yachten bis zu 200 t aus dem Wasser heben können. Ein Travellift kann Yachten bis zu 100 t aufslippen. Alle mechanischen Arbeiten sowie Reparaturen an der Maschine können ausgeführt werden. Reparaturen an Holz und GFK sowie an Elektrik und Elektronik können vereinbart werden.

Da es hier keine geeigneten Ankerplätze gibt und das Befahren dieser Gewässer eingeschränkt ist, sollte man sich von Zea aus anmelden.

Piräus – Handelshafen

Der riesige Hafen ist ausschließlich für Fähren und große Handelsschiffe reserviert. Yachten sollten gar nicht erst versuchen, hier einzulaufen und einen Liegeplatz zu finden.

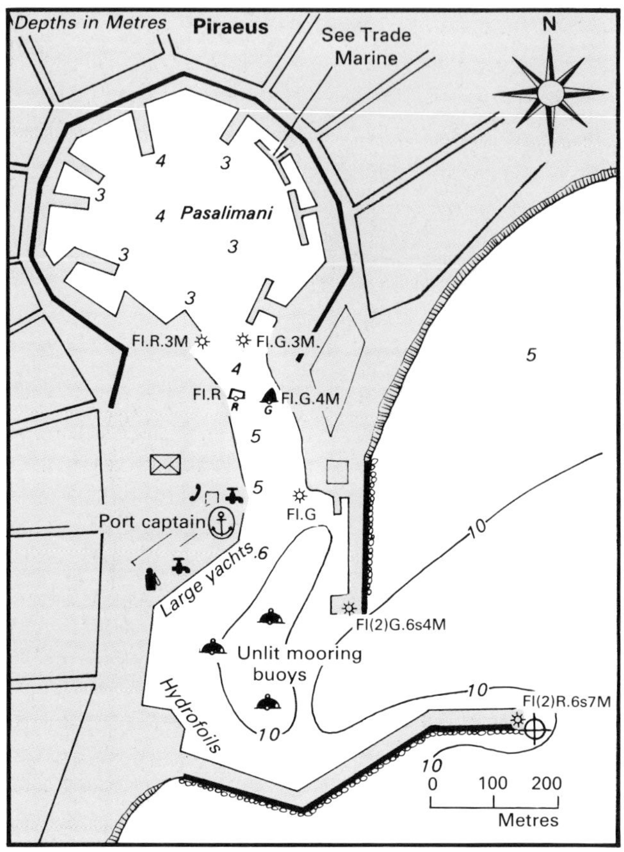

Zea Marina.

Zea Marina

37°56'N 023°39,2'E (Fl(2)R.7M) / Karten: BA 1596, Imray G14, D 1081 Plan A

Allgemeines

Zea ist ein lauter, schmutziger und ständig überfüllter Hafen, und wer nach seiner Ankunft von den verhältnismäßig friedvollen Inseln hier keine Kopfschmerzen bekommt, gehört zu den wenigen Glücklichen. Man kann sich aber an Piräus gewöhnen. Es gibt ein paar Annehmlichkeiten, die man sonst nirgends in Griechenland findet: Kinos mit den neuesten Filmen, eine Auswahl an Restaurants (chinesische, indische, französische, italienische und Steak-Häuser), Bars und Nachtclubs, internationale Presse, die nur einen Tag alt ist, sowie Schaufenster, die mit all jenen Konsumgütern vollgestopft sind, die man eigentlich nicht braucht – schon gar nicht auf einem Boot – aber man kann einen netten Schaufensterbummel machen.

In der Nähe des Handelshafens, von Zea aus nur über einen Hügelkamm hinweg, befindet sich der Markt sowie

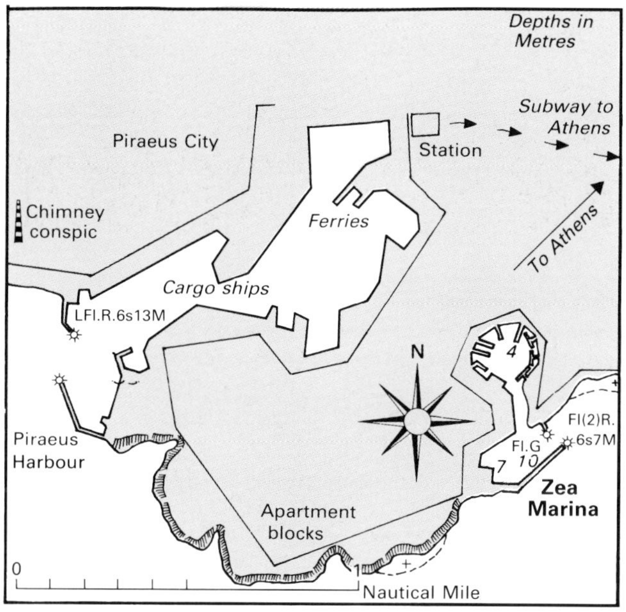

Salamis Piräus-Handelshafen und Zea Marina.

ein Labyrinth von Gassen mit winzigen Läden, die mit einer bunten Mischung von Waren aller Art vollgestopft sind; ein faszinierender Ort zum Herumschlendern und Stöbern.

Entlang des Kais im äußeren Hafenbecken vor den Büros der Zea Marina sind die großen Luxusyachten der wirklich reichen Leute festgemacht: Trotz der glühenden Hitze ist der Glanz des Messings untadelig, und für den Preis der Blumenarrangements auf den Salontischen könnten kleine Yachten vermutlich eine Woche lang an einem Mooringplatz liegen. Wenn man Piräus gesehen hat, sollte man die Gelegenheit für einen Ausflug nach Athen nutzen, nicht zuletzt, um die Akropolis und das Nationalmuseum zu besuchen.

Ansteuerung

Frachtschiffe und Fähren, die vor Anker liegen oder unterwegs sind, drängen sich auf der Reede vor der Küste von Salamis und Piräus. Man sollte besondere Vorsicht bei der Navigation walten lassen, wenn man sich durch dieses Wirrwarr steuert – insbesondere nachts.

Auffällig: Die Appartementblocks von Piräus mit ihren zahlreichen Stockwerken sind markante Landmarken, während die Vororte von Athen, die sich weitverstreut die Küste entlangziehen, es schwierig machen, Piräus und Zea Marina zu lokalisieren. Ein hoher Schornstein mit weißen und roten Streifen bildet W-lich von Piräus eine gute Ansteuerungshilfe, und das Stadion von Phaliron ist leicht zu erkennen. Zwischen Piräus und Zea befindet sich ein Felsvorsprung, der mit Appartements bebaut ist. Beim Näherkommen werden der Handelshafen von Piräus (ständig laufen Fähren ein und aus) sowie die äußere Mole von Zea sichtbar.

Nachts sind folgende Feuer besonders gut auszumachen: Auf der SE-Huk von Salamis weist das Feuer auf dem Kap Ak Kongchi (Fl.3s9M) den Weg, das Feuer auf Nisis Psyttaleia (Fl(2)15s25M); das Feuer im Handelshafen von Piräus (LFl.R.6s13M); das Feuer auf dem äußeren Molenkopf von Zea (Fl(2)R.6s7M); das Flugfeuer des Flughafens (AlFl.WG.6s15M) sowie das Feuer auf Nisis Fleves (Fl(3)10s8M). Oft sind die Feuer vor dem Hintergrund der beleuchteten Städte Athen und Piräus nur schwer auszumachen.

Die Hafeneinfahrt von Zea ist mit (Fl(2)R.6s7M) und (Fl(2)G.6s4M) befeuert. Die Fahrrinne nach Pasalimani ist ebenfalls befeuert: Fl.G.1,5s4M und Fl.R.1,5s3M.

Gefahren: In der Ansteuerung und auf der Reede von Piräus ist wegen des großen Schiffsverkehrs besondere Vorsicht bei der Navigation geboten. Die Tragflügelboote und die neuen Fähren steuern den Hafen mit beachtlichen Geschwindigkeiten (25 bis 30 kn) an, weshalb man auf sie besondere Wachsamkeit verwenden sollte. Es besteht ein Verkehrstrennungsgebiet für ein- und auslaufende Schiffe, aber man sollte sich nicht zu sehr darauf verlassen, daß sich alle Schiffe korrekt daran halten.

Bei Meltemi können Fallböen im Ansteuerungsbereich auftreten.

Liegeplätze

Liegeplätze werden von einem Marina-Mitarbeiter zugewiesen; möglicherweise am äußeren Ende der Mole, wenn man nur kurze Zeit bleiben möchte. Das innere Hafenbecken (Pasalimani) ist grundsätzlich belegt, da die meisten Liegeplätze von Dauerliegern, meist Athener Yachten, beansprucht werden.

Schutz: In Pasalimani ist man bei jedem Wetter exzellent geschützt. Bei starken S-lichen Winden kann es im äußeren Hafenbecken recht ungemütlich werden, wenn der Schwell, der von der Küste zurückgeworfen wird, Dünung entstehen läßt.

Behörden: Der Hafen ist Port of Entry, daher sind Wasserschutzpolizei, Zoll und Einwanderungsbehörde vor Ort. Außerdem gibt es einen Hafenkapitän und Marina-Personal. In der Marina werden Liegegebühren erhoben. Kategorie: 2.

Versorgung

Service: Alle Liegeplätze sind mit Wasser- und Stromanschlüssen (220 V) ausgerüstet. Duschen und Toiletten sind vorhanden.

Treibstoff ist am Kai erhältlich.

Reparaturen: Arbeiten sind an der Mechanik, der Maschine, der Elektrik und Elektronik möglich; außerdem

Einfahrt der Zea Marina aus N.

werden Holz- und GFK-Arbeiten ausgeführt. Die meisten Ersatzteile für Schiffsmaschinen sowie alle Arten von Bootsausrüstungen sind erhältlich oder können bestellt werden. Reparaturen jeder Art können ausgeführt werden: sehr spezielle Reparaturen am Schiffsdiesel, GFK-Arbeiten, Reparaturen an der Elektrik- und Elektronik. Hochwertiger rostfreier Edelstahl ist erhältlich, und Reparaturen können ausgeführt werden. Die meisten Arten exotischer Hölzer sind ebenfalls vorrätig. Galvanisieren ist möglich; Propeller können repariert werden, Masten und Riggs repariert oder angefertigt werden. Segelmacher gibt es ebenso wie gut sortierte Schiffsausrüster in der Nähe der Marina. Auch Seekarten und die entsprechenden nautischen Unterlagen sind zu bekommen. Von einem Büro neben dem Marine-Krankenhaus kann man griechische Seekarten beziehen. Außerdem findet man ausgezeichnete Eisenwarenläden und Werkzeuggeschäfte. Falls Reparaturarbeiten hier nicht ausgeführt oder organisiert werden können, ist es sehr zweifelhaft, ob dies in Griechenland überhaupt möglich ist. Obwohl es gelegentlich vorkommt, werden Yachten nicht generell in Zea aufgeslippt.

Sea Trade Marine: Die Firma von Roger Stafford wurde von Sea Trade Marine übernommen; Roger ist aber noch als Berater in der Firma tätig. Der Pier in Pasalimani wird noch betrieben und sämtliche Reparaturen und Bewachung können vereinbart werden. Zu erreichen ist die Firma unter der Adresse: Sea Trade Marine, 4 Akti Themistocleous, Zea Marina, 18536 Piräus, Tel.: 01-413 64 16, 451 13 22, Fax: 01-422 15 57.

Lebensmittel: Ausgezeichnete Versorgungsmöglichkeiten und verschiedene Märkte in der Nähe. Stangeneis kann bestellt werden.

Restaurants: In der nahen Umgebung findet man Tavernen und Restaurants aller Art.

Sonstiges: Post und Telefonamt in der Marina. Banken in der Nähe. Konsulate aller europäischen und der meisten Überseestaaten sind in Athen. Gas und Camping GAZ, Auto- und Motorrad-Vermietung. Busverbindung nach Athen und von da aus zu allen Zielen in Griechenland. Außerdem gibt es eine U-Bahn nach Athen sowie Fährverbindungen zu den meisten Zielen der Ägäis. Zu den Inseln des Saronischen Golfs und den Häfen an der E-Küste des Peloponnes verkehren Tragflügelboote. Inlandsflüge zu allen Flughäfen Griechenlands sowie internationale Flüge in alle Welt.

Auskünfte: Zea Marina, Tel.: 451 14 80 / 451 39 44 / 451 36 23.

Mounichias

WP 37°56,3'N 023°39,7'E (Iso.R.8M) / Karten: Imray G14, D 1081 Plan B

Allgemeines

Der fast kreisrunde Hafen liegt unmittelbar E-lich von Zea Marina und wird vom »Königlich Hellenischen Yacht Club« verwaltet. Ausländische Yachten sind hier nicht immer willkommen. Am besten macht man erst einmal in Zea fest und klärt dann vorab mit der Verwaltung, ob es möglich ist, einen Liegeplatz in Mounichias zu bekommen.

Mounichias aus WNW.

Ansteuerung

Die Ansteuerung ist einfach und problemlos. Die Hafeneinfahrt ist an beiden Seiten befeuert: Iso.G.2s6M und Iso.R.2s8M.

Liegeplätze

Alle Liegeplätze sind mit Moorings ausgestattet, und man bekommt seinen Platz vom Marina-Personal zugewiesen. Viele Yachten liegen in der Hafenmitte an Bug- und Heckmoorings. Der Hafen ist bei jedem Wetter gut geschützt.

Versorgung

Um die Marina herum findet man zahlreiche zumeist teure Restaurants, insbesondere mit Fischspezialitäten, sowie Cafés. In der Nähe gibt es Einkaufsmöglichkeiten. Yacht Club.

Phaliron (Marina Flisvos)

WP 37°56,1'N 023°40,8'E (Fl.G.7M) / Karten: BA 1599, Imray G14, D 1081

Ansteuerung

Der Hafen, dessen äußerer Wellenbrecher leicht zu erkennen ist, liegt an der E-Seite der Bucht Ormos Phalirou.

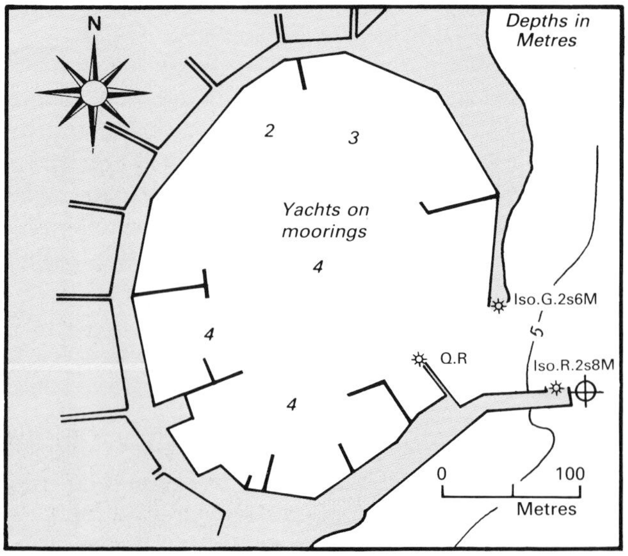

Mounichias.

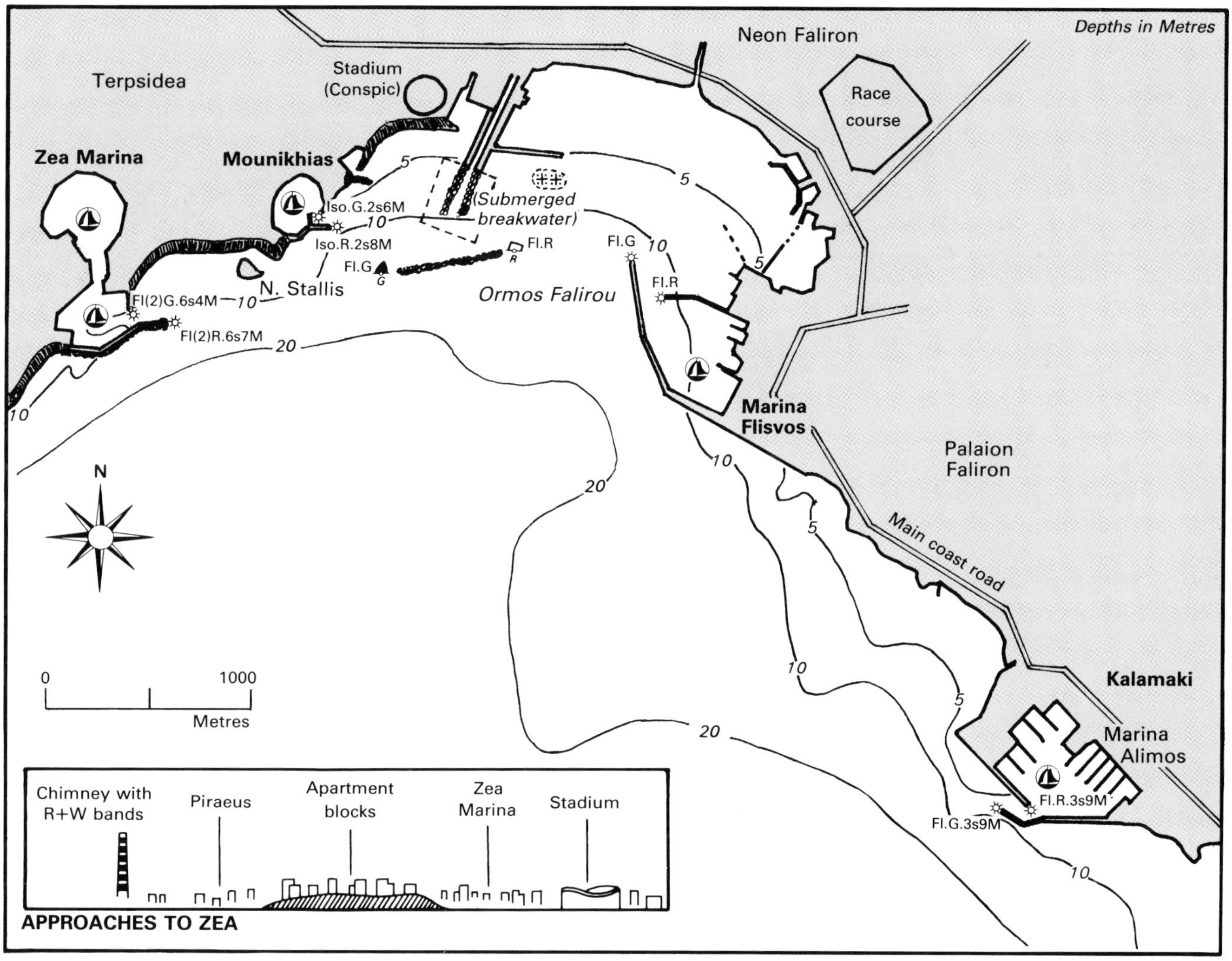

Von Zea bis Kalamaki.

Nachts richtet man sich nach den Feuern auf den Köpfen der Wellenbrecher: (Fl.G.4s7M) auf dem äußeren und (F.R.4s7M) auf dem N-lichen.

Liegeplätze

Man macht mit Bug oder Heck zum Kai an einem Platz fest, den man zugewiesen bekommen oder sich selbst ausgesucht hat. Große Yachten liegen entlang der äußeren Mole im S. Für Gastyachten gibt es nur wenige Liegeplätze, weshalb viele es vorziehen, ihren Kurs auf Zea oder Kalamaki abzusetzen. *Schutz*: Phaliron ist nach S hin offen, und bei starken W-Winden kann es hier sehr kabbelig werden.

Kalamaki (Alimos Marina) aus NE.

Versorgung

Service: An allen Liegeplätzen gibt es Wasser- und Stromanschlüsse.
Treibstoff kann von einem Tankwagen an den Kai geliefert werden.
Lebensmittel: Gute Versorgungsmöglichkeiten.
Restaurants: Zahlreiche Tavernen.
Auskünfte: Tel. 982 92 18 / 982 85 37.

Kalamaki (Alimos Marina)

WP 37°54,8'N 023°42,1'E (Fl.G.9M) / Karten: Imray G14, D 1081

Allgemeines

Kalamaki ist eine der modernsten Marinas, die sich schnell mit Yachten gefüllt hat. Die umliegenden Vororte bestehen aus tristen Appartementblocks, und die Marina sieht nicht viel besser aus. Schlimmer noch als das Aussehen aber ist,

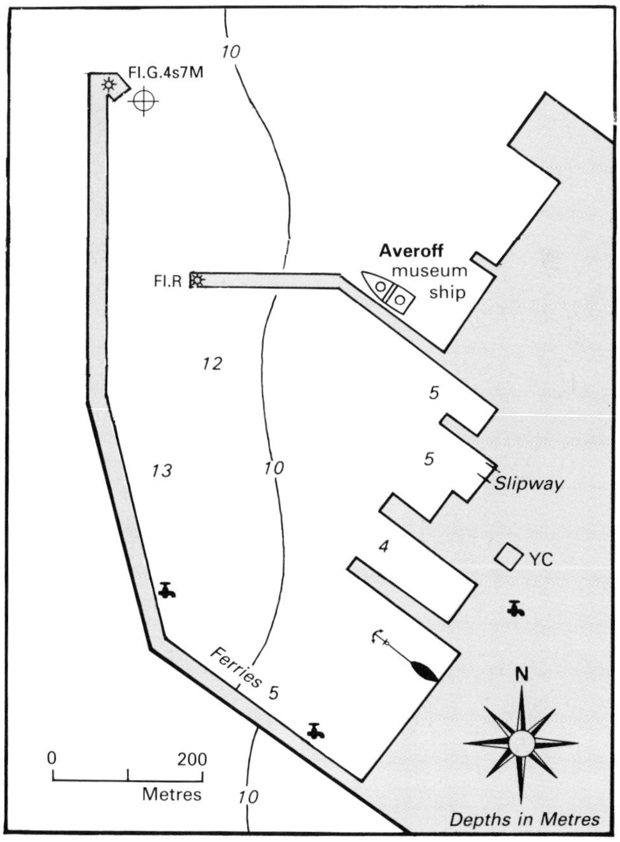

Phaliron.

daß sie sich genau in der Einflugschneise des nahegelegenen Flughafens befindet. Diese besondere Lage und die trostlose Umgebung machen Kalamaki bei niemandem beliebt. Nachts dröhnt aus einer Disco in der Marina so laute Musik, daß die Außenhaut von GFK-Yachten vibriert.

Ansteuerung

Etwa 2,25 Seemeilen SE-lich von Mounichias befindet sich die Marina Kalamaki.

Auffällig: Ein großer blauer Hangar am Flughafen im SE bildet eine gute Landmarke. Fährt man ein Stück die Küste entlang, sind die beiden äußeren Molen sowie die Masten der in der Marina liegenden Yachten schon bald auszumachen. Unmittelbar W-lich der Marina befindet sich ein Friedhof, dessen grüner Rasen und ein weißes Kreuz leicht zu erkennen sind. Die Einfahrt zur Marina ist aber erst zu sehen, wenn man bereits dicht davor ist.

Nachts ist die Marina-Einfahrt mit Fl.G.3s9M sowie Fl.R.3s9M befeuert. Trotz der Reichweite dieser Feuer kann es schwierig werden, sie vor dem Hintergrund der hellen, blinkenden Lichter entlang des Hafens auszumachen.

Die Marina ist auf UKW-Kanal 16 zu erreichen.

Gefahren: Ein Riff erstreckt sich SW-lich des Kaps Ak A. Kosmas, etwa 1 Seemeile S-lich der Marina. Ein Leuchtturm mit der Kennung Q(9)15s5M kennzeichnet das Ende des Riffs.

Liegeplätze

Wo immer man Platz findet, kann man an der W-Mole mit Bug oder Heck festmachen. Die Leinen der ausgelegten Mooringtonnen können an Bojen oder am Kai aufgenommen werden. Theoretisch sind die Liegeplätze an der inneren W-Mole (Plätze A bis E) für Gastyachten reserviert, aber der Hafen ist mit Dauerliegern derart überfüllt, daß es einen zur Verzweiflung treiben kann, bevor man einen Liegeplatz gefunden hat. Auch Nachfragen im Marina-Büro sind nicht weiter hilfreich.

Schutz: Im Hafen liegt man bei jedem Wetter gut geschützt.

Behörden: Wasserschutzpolizei und Zoll, außerdem gibt

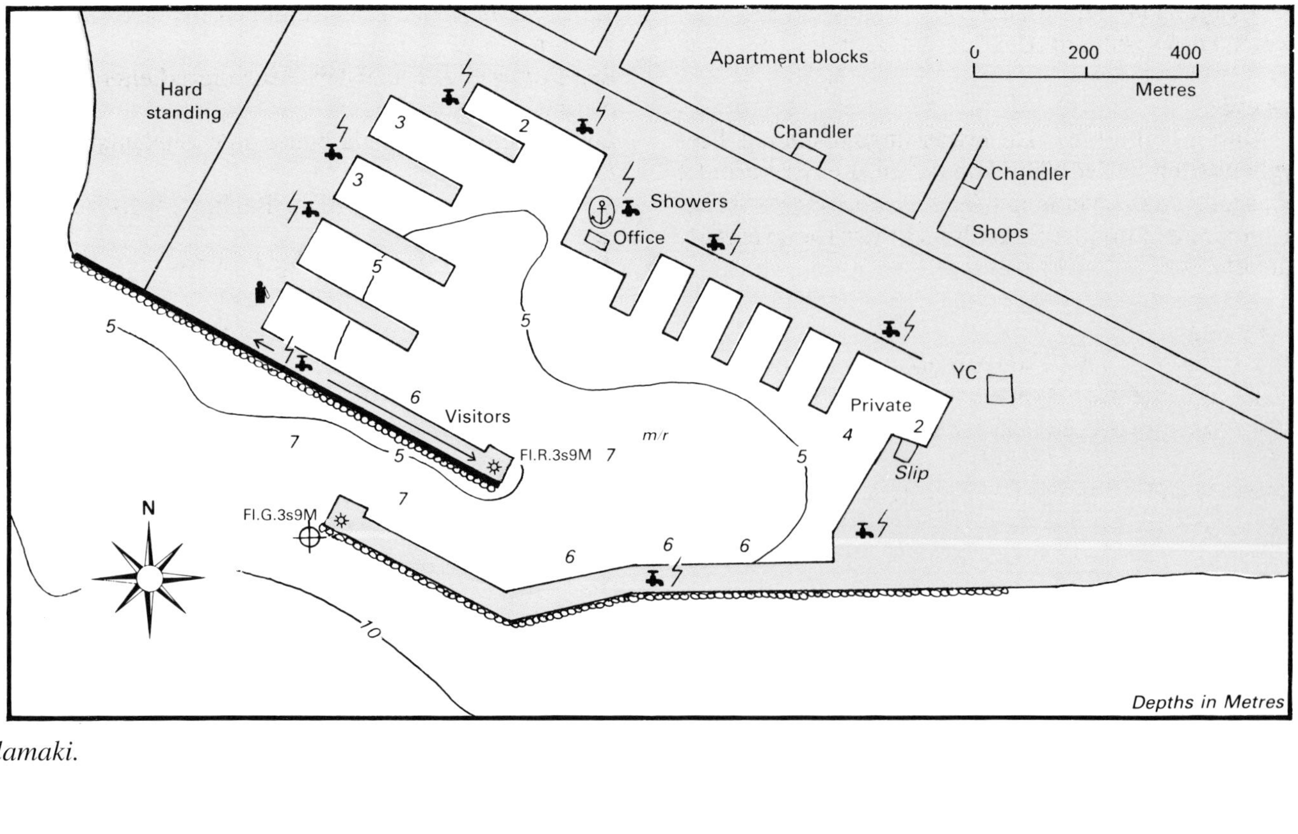

Kalamaki.

es einen Hafenkapitän und Marina-Personal. Es werden Liegegebühren erhoben. Kategorie: 2.
Hinweis: Die Marina bietet wenig Sicherheit, und zahlreiche Skipper sind der Ansicht, daß ein Wachdienst praktisch obligatorisch sein sollte. Frauen sollten sich davor hüten, hier nachts allein herumzuspazieren.

Versorgung
Service: Wasser- und Stromanschlüsse (220 V) gibt es in der Nähe jedes Liegeplatzes. Duschen und Toiletten befinden sich in der Nähe des Büros.
Treibstoff gibt es am Kai.
Reparaturen: Die meisten mechanischen Arbeiten können ausgeführt werden. Einfache Arbeiten an der Maschine oder an rostfreiem Stahl können organisiert werden. Ebenfalls möglich sind Holz- und GFK-Arbeiten, Reparaturen an der Elektrik und Elektronik. Segelmacher und Schiffsausrüster findet man entlang der Hauptstraße an der Küste. Yachten können von einem Kran an Land gesetzt werden – falls Landstellplätze frei sind.
Lebensmittel: In der Nähe gibt es gute Versorgungsmöglichkeiten; Stangeneis kann bestellt werden.
Restaurants: Entlang der Küstenstraße findet man ein paar Tavernen und Restaurants, aber nichts Besonderes.
Sonstiges: In Phaliron findet man Post, Telefonamt und Banken. Gas, Camping GAZ, Auto- und Motorrad-Vermietung. Regelmäßig verkehren von einer Haltestelle außerhalb der Marina Busse nach Athen und Piräus.
Auskünfte: Tel. 982 86 42 / 981 33 15 / 982 18 50.

Glyphada Marina 4

WP 37°52,3'N 023°44'E (F.G.3M)

Obwohl diese Marina die Nr. 4 im Namen hat, ist sie die erste der Glyphada Marinas, auf die man trifft, wenn man, von Athen kommend, die Küste entlangfährt.

Allgemeines
Diese Marina gehört zu den etwas angenehmeren Liegemöglichkeiten in der Nähe von Athen. Leider befindet sich diese Anlage genau in der Einflugschneise des Flughafens von Athen und ist folglich nicht der ruhigste Aufenthaltsort.

Ansteuerung
Schätzungsweise 3 Seemeilen SE-lich von Kalamaki befindet sich dieser Hafen. Von einem Riff, das sich SE-lich des Kaps Ak A. Kosmas erstreckt, muß man sich freihalten.
Nachts ist die Hafeneinfahrt mit F.G.3M sowie F.R.3M befeuert.

Liegeplätze
Man bekommt einen Platz zugewiesen, an dem man mit Bug oder Heck zum Kai festmacht. Die ausgelegten Moorings sind am Kai befestigt. Normalerweise ist der Hafen so stark überfüllt, daß man froh sein kann, wenn man überhaupt einen Liegeplatz findet.

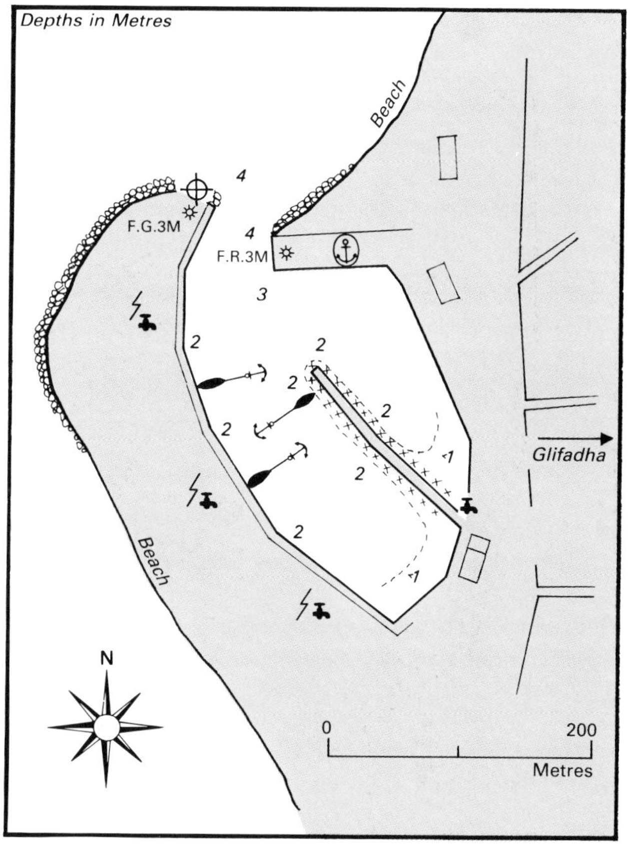

Glyphada Marina 4.

Schutz: Man liegt hier bei jedem Wetter gut geschützt.
Behörden: Wasserschutzpolizei und Hafenkapitän. In der Marina werden Liegegebühren erhoben. Kategorie: 2 bis 3.

Versorgung
Service: Jeder Liegeplatz ist mit Wasser- und Stromanschluß ausgestattet.
Treibstoff kann von einem Tankwagen an den Kai geliefert werden.
Reparaturen: Die meisten Reparaturarbeiten lassen sich organisieren.
Lebensmittel: Glyphada bietet gute Einkaufsmöglichkeiten.
Sonstiges: Post, Telefonamt, Banken, Auto- und Motorrad-Vermietung.
Auskünfte: Tel.: 894 19 67 / 894 79 79.

Glyphada Marina (1, 2, 3)

WP 37°51,8'N 023°44,6'E (Marina 3: F.R.)

Allgemeines
Diese Marinas sind im wesentlichen privat, und es gibt nur wenige Liegeplätze für Gastyachten. Eigentlich ist das aber kein Verlust, da die Marinas in der Einflugschneise des nahen Flughafens liegen und deshalb nicht sonderlich angenehme Aufenthaltsorte darstellen. Durchschnittlich alle zehn Minuten überfliegen die Jets diesen Bereich in einer Höhe von 100 bis 200 m mit einem derart ohrenbetäubenden Lärm, daß man das Gefühl hat, es würde einem das Trommelfell platzen.

Hinweis: Seit einiger Zeit ist geplant, die vier Glyphada-Marinas umzubauen und zu einem großen Marina-Komplex zusammenzufassen. Die neue Supermarina soll dann eine Kapazität von 1 800 Liegeplätzen haben. Auch an Land sind diverse Baumaßnahmen zur Vervollständigung der Anlage geplant. Bei Drucklegung dieses Werkes war der erste Spatenstich aber noch nicht getan, obwohl die Bekanntgabe der Pläne bereits mehr als zehn Jahre zurückliegt.

Ansteuerung
Auffällig: Die großen Hotels um die Bucht Ormos Glyphadas herum bilden gute Landmarken. Ebenso markant ist eine Kirche mit einer blauen Kuppel im Hintergrund des Hafens. Beim Näherkommen werden die Masten der im Hafen liegenden Yachten sowie eine Plakatwand auf dem Molenkopf sichtbar.
Nachts sind alle drei Marina-Einfahrten mit jeweils F.G.3M und F.R.3M befeuert. Man kann sich vorstellen, daß dies zu Verunsicherungen führen kann. Außerdem erschwert der helle Lichtschein der dahinter liegenden Orte die Identifizierung noch zusätzlich.

Liegeplätze
In der Marina 3 bekommt man einen Platz zugewiesen, an dem man mit Bug oder Heck zum Kai festmacht. Die Leinen der ausgelegten Mooringtonnen können am Kai aufgenommen werden. Die Marina ist klein und überfüllt, und man kann froh sein, wenn man überhaupt einen Liegeplatz findet.
Schutz: Man ist gut geschützt, auch wenn starke S-liche Winde ziemlich ungemütlichen Schwell in die Marina stehen lassen.

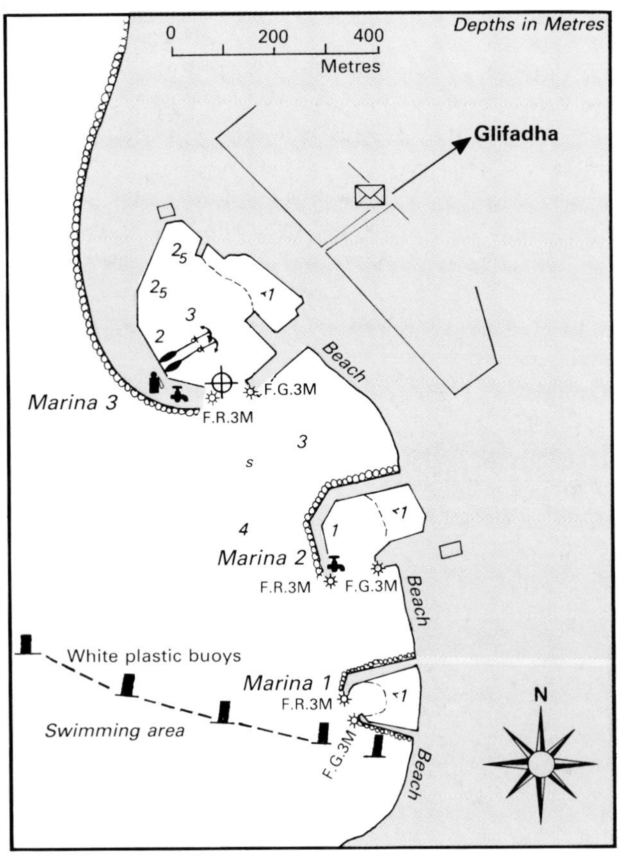

Glyphada Marina (1, 2, 3).

Behörden: Wasserschutzpolizei und Hafenkapitän. Es werden Liegegebühren erhoben.
Ankerplatz: Yachten, die auf ihre Crewmitglieder warten, die auf dem nahen Flughafen landen, müssen vor der Marina ankern. Bei der Wahl des Ankerplatzes ist unbedingt darauf zu achten, daß man sich von den Hafenansteuerungen und den Badezonen freihält.

Versorgung
Service: Wasser- und Stromanschlüsse befinden sich an fast allen Liegeplätzen, andernfalls sind sie ganz in der Nähe.
Treibstoff bekommt man am Kai.
Reparaturen: Kleine mechanische Arbeiten sind möglich. Schiffsausrüster.
Lebensmittel: Gute Versorgungsmöglichkeiten in der Stadt.
Restaurants: Tavernen findet man in Glyphada.
Sonstiges: Busverbindungen nach Athen und Piräus. Der Athener Flughafen ist ganz in der Nähe.

Voula

Dieser kleine Hafen liegt S-lich von Glyphada. Die Mole, hinter der Wassertiefen von 2 bis 4 m vorhanden sind, verläuft von der Küste aus zunächst nach S und macht dann einen Bogen nach E. In der Einfahrt wird das Ende des Fahrwassers durch eine kleine Tonne markiert. Hier einen Platz zu finden kann recht schwierig werden, da der kleine Hafen von einheimischen Yachten belegt ist. In der Nähe gibt es gute Einkaufsmöglichkeiten und Tavernen.

Vouliagmeni

WP 37°48,3'N 023°46,6'E (Fl.R.1,5s2M) / Karten: D 672

Allgemeines
Vouliagmeni war die erste Marina, die in Griechenland gebaut wurde. Von den Planern wurde dafür ein wundervolles Plätzchen ausgesucht, weitab vom Gewühl in Athen und Piräus. Auf der Halbinsel an der W-Seite der Bucht befindet sich ein vornehmer Vorort mit sehr exklusiven Villen, teilweise wahren Landgütern, die von waldigen Hängen diskret beschattet werden. Das Niveau der Marina ist dementsprechend: Sie ist voll mit »kleinen Schiffen«, die Millionen von Dollars wert sind.

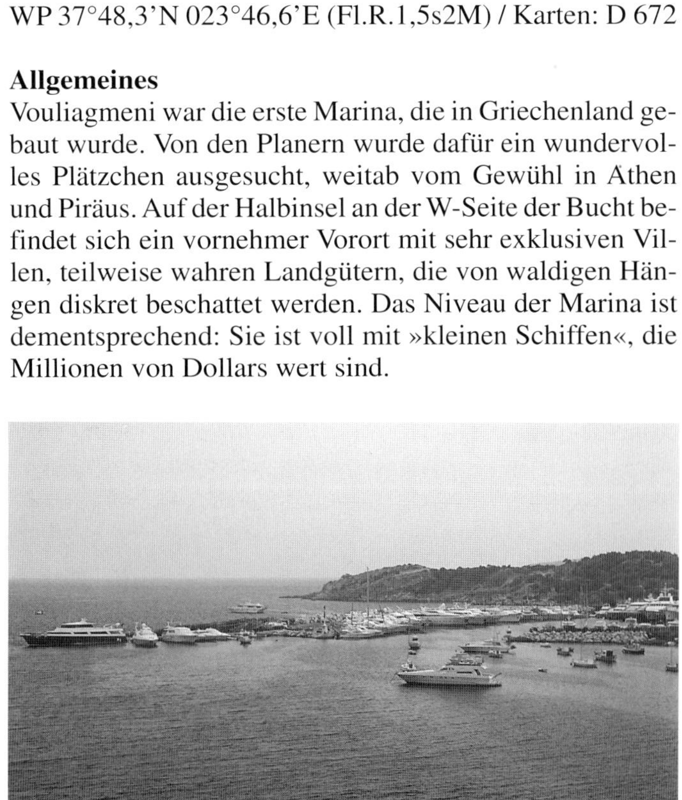

Die Einfahrt der Marina Vouliagmeni aus N.

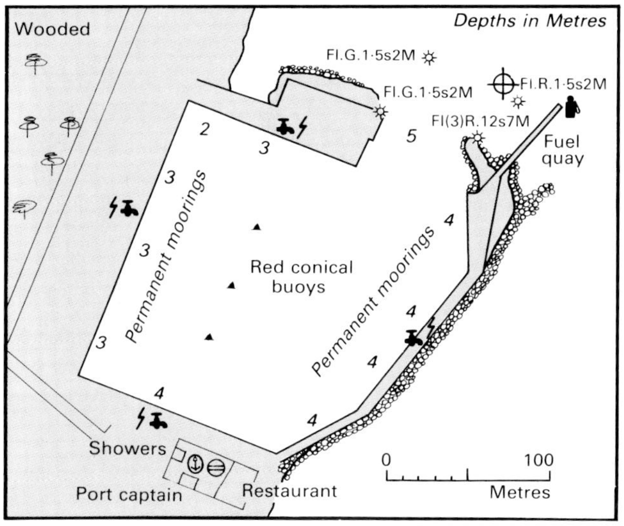

Vouliagmeni.

Ansteuerung

Auffällig: Auf dem Berg oberhalb der Marina thront ein Hotel, das eine gute Landmarke bildet. Sobald man in die Bucht Ormos Vougliamenis einläuft, wird die Marina, die an der W-Seite liegt, sichtbar.
Nachts navigiert man nach dem Feuer auf der Insel Nisis Phleves (Fl(3)10s8M) und der Befeuerung der Marina-Einfahrt: (Fl(3)R.12s7M), (Fl.R.1,5s2M) und (Fl.G.1,5s2M).
Gefahren: Von der Felsklippe Vr. Kasidis, die sich schätzungsweise 350 m W-lich der Einfahrt zur Bucht Ormos Vouliagmenis erstreckt, muß man sich gut freihalten. Zwischen Klippen und Festland gibt es zwar eine Passage, aber es ist ratsamer, die Gefahrenstellen seewärts zu umfahren.

Liegeplätze

Man bekommt einen Liegeplatz zugewiesen, an dem man mit Bug oder Heck zum Kai festmacht. Die Leinen der ausgelegten Mooringtonnen können am Kai oder an kleinen Bojen aufgenommen werden. Normalerweise ist die Marina ständig ausgebucht, aber wenn man nur einen kurzen Besuch plant, läßt sich eventuell ein freies Plätzchen finden.
Schutz: Man liegt hier gut geschützt, auch wenn heftige S-liche Winde Dünung verursachen, die von der Küste reflektiert wird und das Liegen im Hafen ungemütlich macht.
Behörden: Vouliagmeni ist Port of Entry; Wasserschutzpolizei, Zoll und Einwanderungsbehörde sind vor Ort. Hafenkapitän und Marina-Personal. Es werden Liegegebühren erhoben. Kategorie: 3.

Versorgung

Service: Wasser und Stromanschlüsse gibt es in der Nähe jedes Liegeplatzes. In einem Gebäudeblock sind Duschen und Toiletten untergebracht.
Treibstoff ist am Kai erhältlich.
Reparaturen: Die meisten Reparaturen lassen sich vereinbaren.
Lebensmittel: Die meisten Lebensmittel und Stangeneis sind erhältlich.
Restaurants: Tavernen sind in der Nähe.
Sonstiges: Von der Marina aus kann man Taxis bestellen.
Auskünfte: Tel.: 896 00 12 / 896 04 15.

Varkiza aus WNW.

Varkiza (Ormos Varis)

WP 37°49,1'N 023°48,3'E (F.R.3M)

Allgemeines

Der kleine Hafen ist mit einheimischen Booten überfüllt, kleine Yachten können aber eventuell einen Liegeplatz finden. Varkiza gehört bereits zu den etwas entfernteren Vororten von Athen und besteht größtenteils aus langweiligen Appartementblöcken und einer breiten Küstenstraße, die die Pendler von und nach Athen benutzen.

Ansteuerung

Dieser kleine Hafen befindet sich im NW der weiten Bucht, unmittelbar E-lich von Ormos Vouliagmenis.
Nachts ist die Hafeneinfahrt mit F.R.3M befeuert.

Liegeplätze

An der äußeren Mole macht man mit Bug oder Heck fest, oder man versucht, im inneren Hafenbecken einen Platz zu finden. Der Ankergrund besteht aus Sand, Seegrasbewuchs und Felsen und hält schlecht.

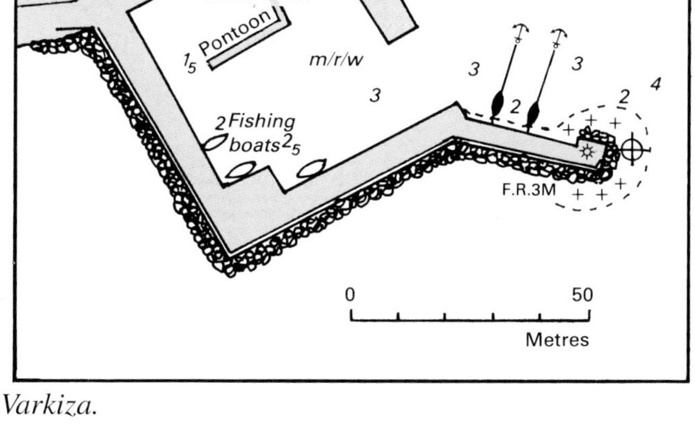

Varkiza.

Schutz: Im Hafenbecken ist man gut geschützt, die Mole bietet nur mäßigen Schutz vor dem Meltemi.

Versorgung
Wasser gibt es am Kai.
Treibstoff kann von einem Tankwagen an den Kai geliefert werden.
Lebensmittel: Die meisten Einkäufe können in der Umgebung getätigt werden.
Restaurants: Tavernen befinden sich in der Nähe.

Ormos Anavyssou

Diese weite Bucht, in deren Einfahrt die Insel Nisis Arsida liegt, bietet eine Reihe von Ankermöglichkeiten rund um die Bucht:
1. Einen Ankerplatz an der W-Seite, der aber dem Meltemi ausgesetzt ist.
2. Im NW liegen zahlreiche Boote an Dauermoorings. Dieser Platz ist recht gut vor dem Meltemi geschützt.
3. Vor dem Ort Palaia Phokaia. Hier existiert ein kleiner Hafen, der aber größtenteils untief ist, und man sollte besser von einem Versuch absehen, hier einzulaufen. Vor dem Hafen kann man auf 3 bis 5 m Wassertiefe ankern. Vorsicht ist vor einigen Stellen mit korallenähnlichen Felsen geboten, an denen sich der Anker vertörnen kann. Man ist vor dem Meltemi gut geschützt, auch wenn Fallböen in die Bucht stehen können. Wasser gibt es am Fuß der Mole, Treibstoff ist in der Stadt erhältlich, wo man auch gute Versorgungsmöglichkeiten und Tavernen findet.

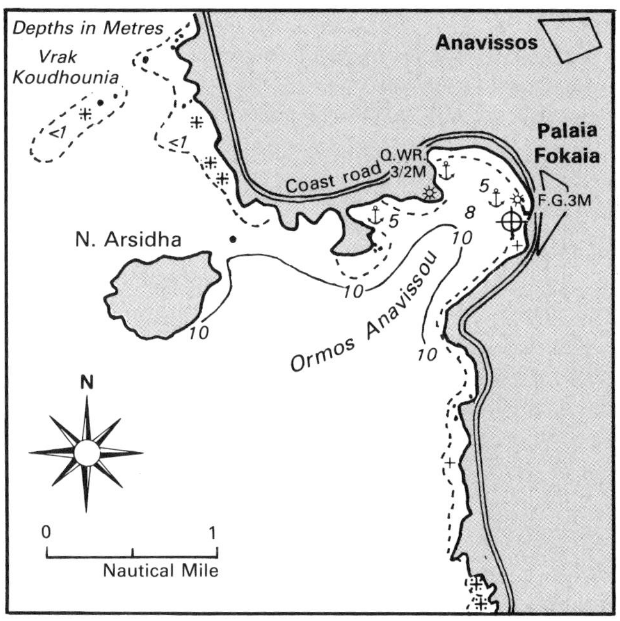

Ormos Anavyssou.

Ankerplatz an der W-Seite von Ormos Anavyssou. Den Sommer über sind hier Yachten an Dauermoorings festgemacht.

Nisis Gaidouroniso

S-lich des Kaps Ak Kataphygi liegt dicht unter der Küste dieses bucklige Inselchen, das an seiner NE-Seite mit LFl.14s5M befeuert ist. Eine Passage zwischen Insel und Festland ist möglich. Man muß allerdings auf ein Riff achten, das nur eben überspült wird und etwa in der Mitte des Fahrwassers am E-lichen Ende der Passage liegt.
Bei Winden aus W bis SW gibt es einen ganz brauchbaren Ankerplatz an der NE-Spitze. Zwar sind hier die Anlagen einer Fischfarm ausgelegt, trotzdem reicht der Platz aber immer noch für eine Reihe von Yachten zum Ankern.

Sounion

Die Bucht, die unterhalb des Kaps Ak Sounion liegt, wird oft von Yachten angelaufen, die darauf warten, daß sich

Ankerplatz unterhalb von Ak Sounion aus NE (Foto: Nigel Patten).

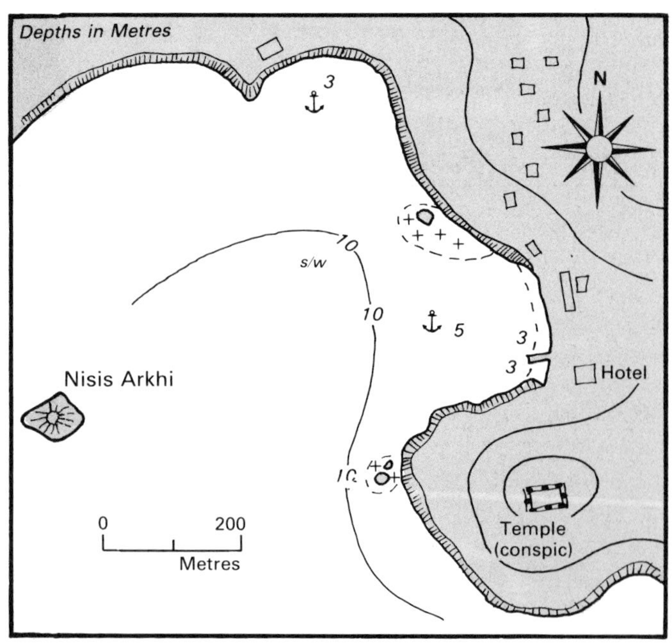

Sounion.

der Meltemi legt, bevor sie in den Petalischen Golf, Kolpos Petalion, weiterfahren oder nach Athen zurückkehren. Ein Tempel, der schon von weitem auf dem Kap auszumachen ist, bildet eine gute Landmarke. Man kann sich aussuchen, wo man den Anker fallen läßt. Der Sandgrund mit Seegrasbewuchs hält nur schlecht. Im N der Bucht vor der Kapelle gibt es eine Stelle auf 3,5 m über Sandgrund mit gutem Halt. Der Ankerhalt sollte auf jeden Fall geprüft werden, da es schon öfter vorgekommen ist, daß sich Yachten bei Fallböen losgerissen haben. Obwohl heftige Fallböen in die Bucht stehen können, ist man vor dem Meltemi gut geschützt. An Land gibt es Tavernen.
Der Poseidon-Tempel, der auf dem Kap steht, ist mit einem kleinen Fußmarsch vom Strand aus leicht zu erreichen. Er wurde 444 v. Chr., vermutlich vom Athener Stadtbaumeister Hephaisteion, erbaut. Es empfiehlt sich, dem Tempel früh am Morgen einen Besuch abzustatten, da er später mit Tagesausflüglern aus Athen überlaufen ist.

Die Saronischen Inseln und die angrenzende Küste des Peloponnes

Die Küste
Dieses Kapitel behandelt den Küstenabschnitt zwischen dem Kanal von Korinth und dem Kap Ak Skyllaion sowie um die Landspitze herum bis zum Kap Ak Mouzaki, das gegenüber der NW-Huk der Insel Nisis Dokos liegt. Das Land ist überwiegend gebirgig. Die Küste entlang verläuft ein Gebirgszug, der Höhen zwischen 600 und 900 m erreicht. Der Halbinsel Methanon gegenüber befindet sich der höchste Gipfel, der Ortholiti, der eine Höhe von 1 120 m erreicht. Die höher gelegenen Hänge sind felsig, kahl und ohne Vegetation, die tiefer gelegenen Gebiete sind jedoch dicht mit Pinien bewachsen. Die Halbinsel Methanon, besser gesagt Chersonisos Methanon (fast eine Insel – nur durch eine schmale Landenge mit dem Festland verbunden), ist ein erloschener Vulkan.

Ormos Linari

5 Seemeilen SE-lich des Kanals von Korinth an der S-Küste des Kolpos Kengchreon befindet sich diese Bucht, die nach NW bis W offen ist und nur wenig Schutz bietet. Bei starken N-lichen Winden steht Schwell hinein. Keine Versorgungsmöglichkeiten.

Phrangolimani

Diese Bucht, die fast ganz von Land umschlossen wird, liegt etwa 3,5 Seemeilen E-lich von Linari. Das Wasser ist bis dicht unter die Küste tief, und man muß den Anker auf 15 bis 20 m Tiefe fallen lassen und eine lange Leine zum Land hin ausbringen. Der Grund besteht aus hartem Sand mit Seegrasbewuchs und hält schlecht. Bei starken N-lichen Winden steht Schwell in der Bucht, um deren SW-Seite sich ein Strand herumzieht. Insgesamt betrachtet, ist der Schutz nicht so gut, wie es auf den ersten Blick den Anschein hat. An den Hängen oberhalb der Bucht stehen Sommerhäuser.

Ormos Dymani

1 Seemeile SE-lich von Phrangolimani befindet sich diese Bucht, die nur nach NE hin offen ist: ein reizvoller Schönwetterankerplatz, leider ohne jegliche Versorgungsmöglichkeiten. Auch hier sind die Hänge mit Sommerhäusern bebaut.

Nisoi Diaporioi

E-lich des Kaps Ak Speiri liegt diese Inselgruppe, die unbewohnt ist. Die Passage zwischen den beiden größten Inseln, A. Thomas und A. Ioannis, ist flacher, als es in der Seekarte BA 1657 verzeichnet ist. Über einem Riff, das die beiden Eilande verbindet, stehen an der tiefsten Stelle, die in der Nähe von Nisis A. Ioannis liegt, 3 bis 4 m Wasser.

Nisis Ypsili

Diese Insel liegt ESE-lich von Nisoi Diaporioi und wird von der griechischen Marine als Schießplatz benutzt.

Limin Sophikou (Korphos)

WP 37°45,5'N 023°07,7'E (Fl.4s5M) / Karten: D 672

Allgemeines
Diese Bucht ist sehr reizvoll, was man von den grauenhaften Betonklötzen, die rundherum an den Hängen gebaut wurden, nicht sagen kann. Das beste an Korphos ist die Taverne am Hafen, wo man freundliche Einheimische treffen kann. Sehr hilfsbereit zu Yachties ist John von der Taverne »The Crab«. Tel.: 0741-952 16/853 25.

Ansteuerung
Diese Bucht befindet sich 1,5 Seemeilen W-lich von Ak Trelli und ist fast ganz von Land umschlossen. In der Ansteuerung liegt die kleine Insel Petronisi, die von Fischzuchtanlagen umgeben und leicht zu erkennen ist. Die Häuser der Ortschaft werden erst sichtbar, wenn man in die Bucht einläuft.
Nachts ist die E-liche Einfahrtshuk mit Fl.4s5M befeuert. Bei entsprechender Vorsicht ist ein Anlaufen bei Nacht möglich.
Gefahren: Ein Riff erstreckt sich fast 400 m vom Kap Ak Trelli aus. Bei Dünung ist es schwer auszumachen. Da das Kap sehr flach ist, läßt sich die genaue Lage des Riffes nur schwer erkennen. Bei Winden aus W bis NW kommen gefährliche Fallböen von den Bergen ringsum.

Liegeplätze
Man ankert in der Bucht auf 10 bis 12 m oder macht mit Bug oder Heck zum Kai an der N-Seite fest, genau vor ein paar Tavernen. Vor dem neuen Kai betragen die Wassertiefen zumeist 3 bis 4 m; zu den Enden hin sollte man nur

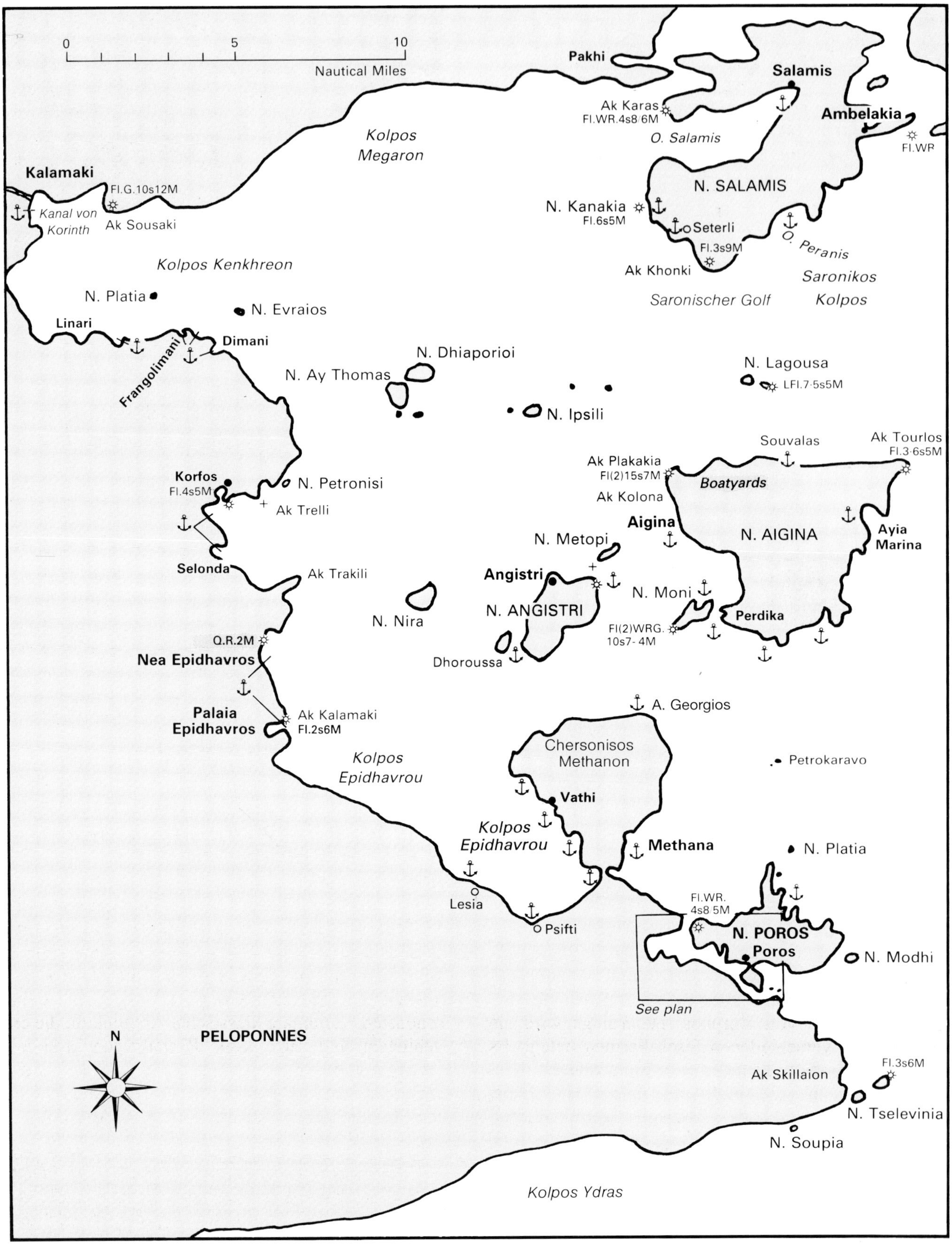

Vom Kanal von Korinth bis Poros.

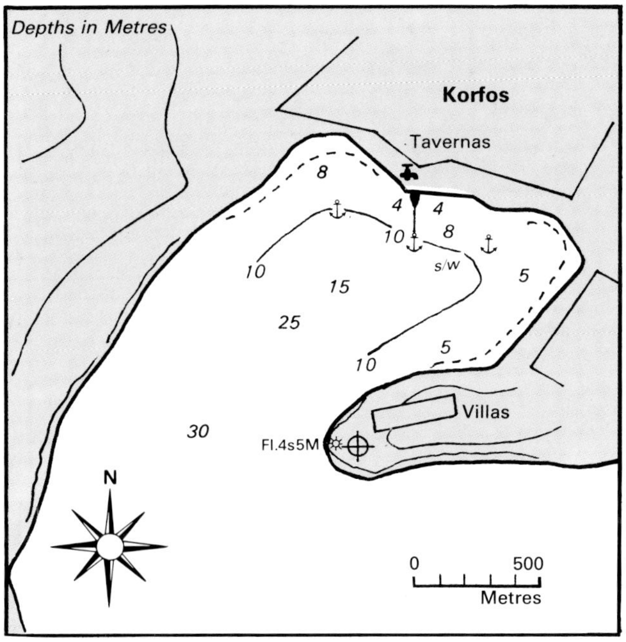

Limin Sophikou (Korphos).

Die Hafenpromenade von Korphos aus S vom Ankerplatz aus.

mit Vorsicht anlegen. Der Grund besteht aus Schlick und Seegrasbewuchs, der an manchen Stellen kaum hält. Der Ankerhalt sollte unbedingt überprüft werden.
Schutz: Auch wenn bei Winden aus W-lichen Richtungen schwere Fallböen auftreten können, ist man in Korphos rundum gut geschützt.

Versorgung
Wasser gibt es am Kai.
Treibstoff kann von einem Tankwagen an den Kai geliefert werden.
Lebensmittel: Im Ort bestehen gute Versorgungsmöglichkeiten.
Restaurants: Tavernen findet man entlang der Hafenpromenade.
Sonstiges: Post, Telefonamt und eine unregelmäßige Busverbindung nach Athen.

Ormos Selonta

Diese schmale, fjordähnliche und tiefe Bucht befindet sich 2 Seemeilen S-lich von Korphos; neuerdings wird sie weitgehend von verschiedenen Fisch-Farmen belegt. Es ist aber immer noch möglich, sich zwischendurch zu schlängeln. Zum Ankern ist es fast überall sehr tief. Selbst mit den Fisch-Farmen ist diese Bucht, die nach E bis SE offen ist, immer noch ein sehr ruhiges und angenehmes Plätzchen.

Nea Epidavros

Dieser Hafen, der nach N über E bis S hin offen ist, sollte wirklich nur bei schönem, beständigem Wetter angelaufen werden. Er befindet sich etwa 3 Seemeilen N-lich von Palaia Epidavros. Es gibt eine kurze Pier, an der die Wassertiefen für eine Yacht jedoch nicht ausreichen (1 bis 1,5 m). Außerdem macht Geröll den Grund vor der Pier an einigen Stellen unrein. Die Köpfe der Pier und der Mole sind mit Fl.R.1,5s2M und Fl.G.3s3M befeuert. Bei ruhigem Wetter kann man auf 4 bis 8 m vor dem Ort ankern. An Land laden Tavernen zu einem Besuch ein.

Palaia Epidavros

WP 37°38,3'N 023°09,5'E (Fl.R. Molenfeuer)

Allgemeines
Dieses sehr reizvolle kleine Dorf liegt am Fuß steiler bewaldeter Hänge. Allerdings befindet sich die Hauptattraktion des Ortes eine rund 30minütige Taxifahrt entfernt: das antike Theater von Epidavros, das als das besterhaltene aller antiken Theater in Griechenland gilt. Es ist eines der schönsten Exemplare klassischer Architektur, die erhalten geblieben sind. Behutsame Restaurierungsarbeiten sind unternommen worden, der größte Teil jedoch ist noch im Originalzustand zu sehen. Die Akustik kann man einfach nur als perfekt bezeichnen: Auf jedem der rund 14 000

Die Einsteuerung von Limin Sophikou aus S unmittelbar vor der Einfahrt.

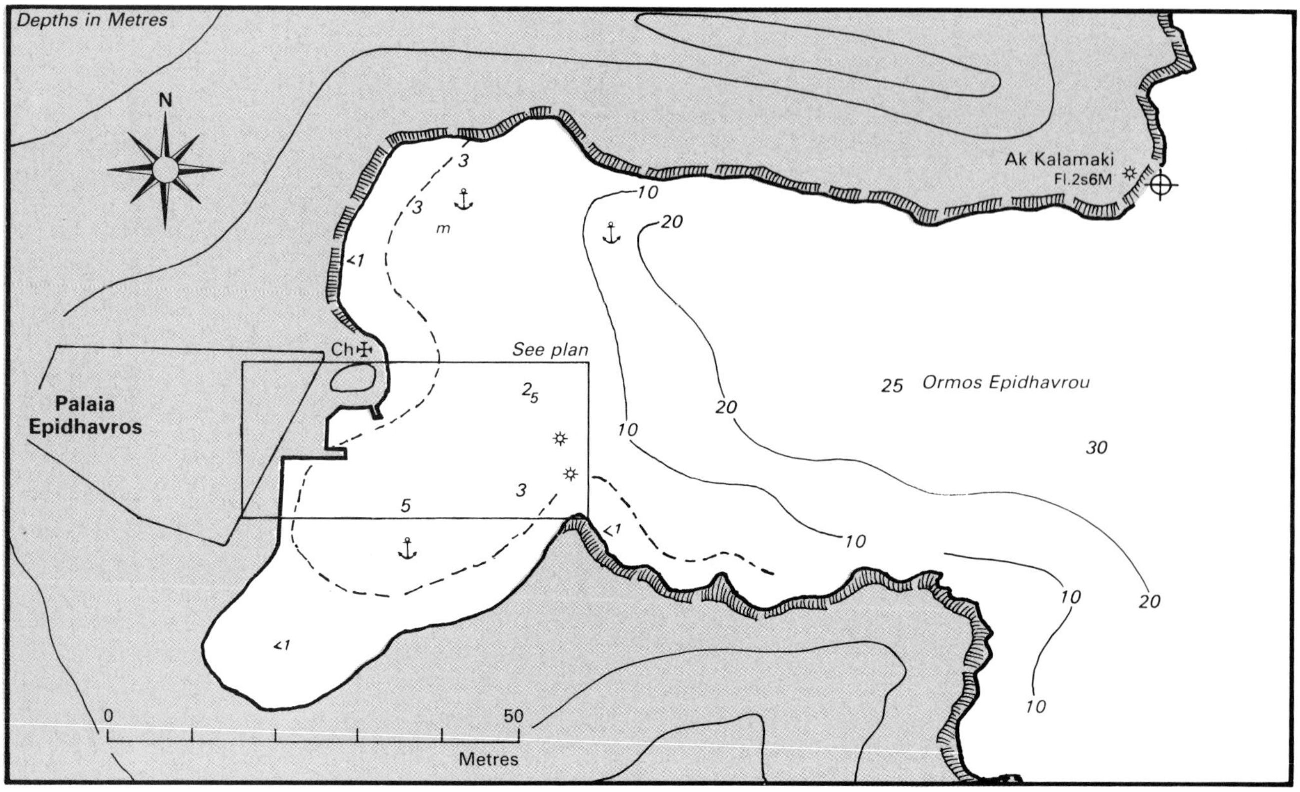

Ansteuerungen von Palaia Epidavros.

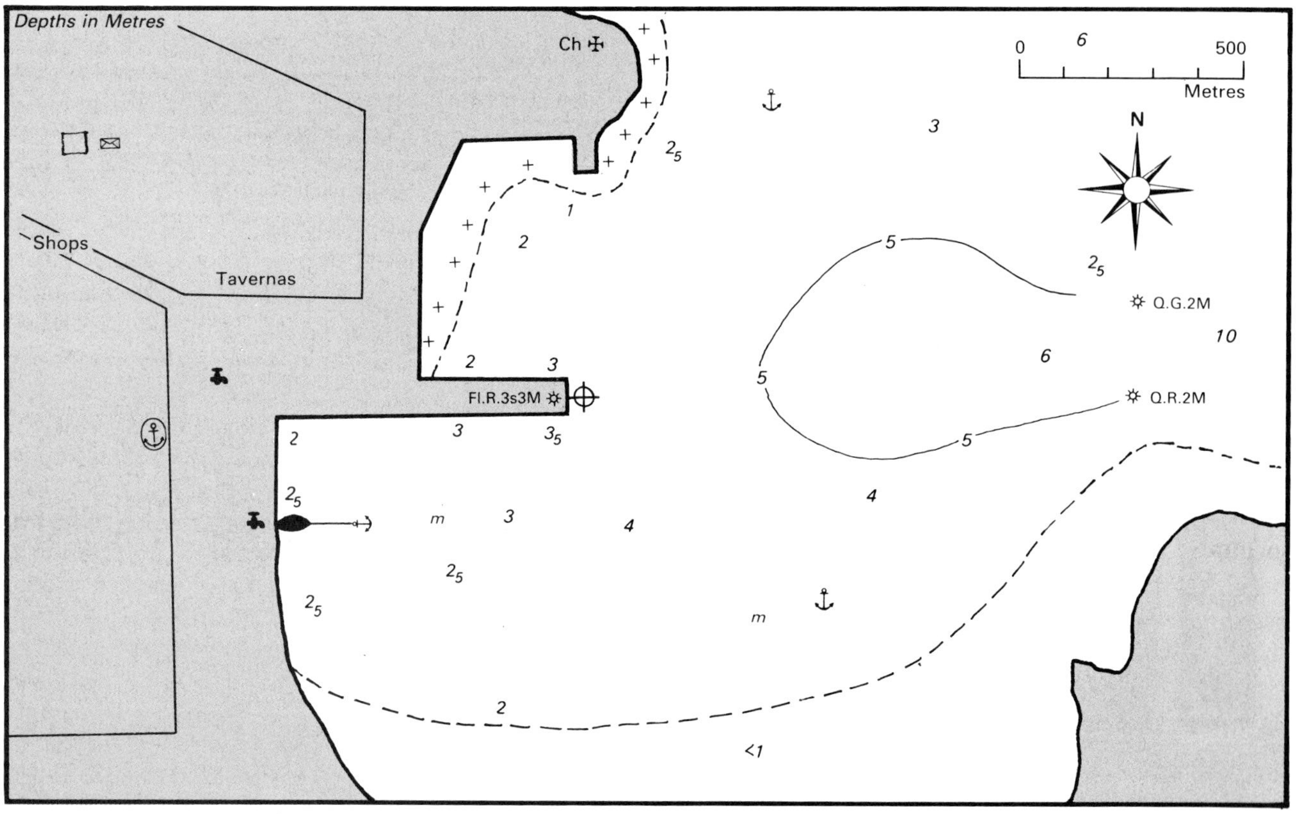

Palaia Epidavros.

Sitzplätze ist es klar und deutlich zu vernehmen, wenn auf der Bühne ein Stück Papier raschelt oder eine Münze zu Boden fällt. Im Sommer finden hier Festivals statt, bei denen klassische antike Dramen aufgeführt werden. In Palaia Epidavros kann man sowohl Fahrgelegenheit wie Sitzplatz buchen.
In der Antike war dieser Ort jedoch nicht wegen des Theaters berühmt, sondern wegen der Kultstätte des Heilgottes Asklepios bekannt, wo Kranke und Gebrechliche geheilt wurden. Ähnlich wie in Delphi, so standen auch hier ausgedehnte Tempelanlagen, Krankenhäuser, Sanatorien, Liegehallen und ein Badehaus. Heute sind von den Gebäuden nur noch wenige Ruinen zu sehen, aber der pinienbewachsene Ort strahlt noch immer ein Gefühl von Ruhe und Stille aus.

Ansteuerung
Auffällig: Die Einfahrt zur Bucht Ormos Palaia Epidavron ist von See her nur schwer auszumachen. Die Straße, die sich an der S-Seite der Bucht wie eine Narbe durch die Berge zieht, bildet aber eine gute Landmarke. Beim Näherkommen werden das Leuchtfeuer sowie eine Kirche an der N-Seite der Bucht sichtbar. Die Ortschaft Palaia Epidavros im Scheitel der Bucht ist erst zu sehen, wenn man in der Einfahrt ist. Zwischen zwei Baken, die das Fahrwasser in der Bucht bezeichnen, hält man auf den Kai zu.
Nachts navigiert man nach dem Feuer auf der N-Huk der Einfahrt, Ak Kalamaki (Fl.2s6M). Auch die beiden Baken sind befeuert: Q.G.2M und Q.R.2M. Ein weiteres Feuer steht auf dem Kopf der Pier (Fl.R.3s3M).

Liegeplätze
An der Pier oder am Kai macht man entweder mit Bug oder Heck fest oder ankert in der Bucht. Der Ankergrund besteht aus Schlick und Seegrasbewuchs und hält recht ordentlich.
Schutz: Auch wenn die Bucht nach E hin offen ist, liegt man hier gut geschützt. Winde aus E-lichen Richtungen treten im Sommer selten, und wenn, dann nur schwach auf.
Behörden: Im Hafen gibt es Wasserschutzpolizei.
Hinweis: Wasserschutzpolizei und Hotelliers sehen es nicht so gern, wenn man zu dicht unter dem Strand ankert. Das ist verständlich, denn wer schwimmt schon gern in den Abwässern anderer.

Versorgung
Wasser gibt es am Kai.
Treibstoff im Ort.
Lebensmittel: Gute Versorgungsmöglichkeiten.
Restaurants: Tavernen sind am Hafen und im Ort zu finden.
Sonstiges: Post, Telefonamt, Wechselstube, Gas und Motorrad-Vermietung. Taxis.

Ormos Vathy (Halbinsel Methanon)

WP 37°35,7'N 023°20,3'E (F.R.3M)

Allgemeines
Abseits der üblichen Charteryacht-Kurse liegt dieser wundervolle kleine Ort. Nicht weit entfernt davon befindet

Vathy: Blick von der NW-Seite über den Hafen.

sich auf den schwarzen Basalthängen ein alter Krater, der den vulkanischen Ursprung der Halbinsel verrät.
Hinweis: S-lich der kleinen Ortschaft befinden sich ein paar einsame Buchten, die sich aber nur als Schönwetterankerplätze anbieten. Bei schönem, beständigem Wetter kann man auch vor der SW-Seite des Kolpos Epidavron ankern.

Ansteuerung
Vathy ist ein kleiner Fischerhafen, der an der W-Küste der Halbinsel Methanon zu finden ist. Der grobe felsige Wellenbrecher und die Häuser des Ortes sind von N aus erst auszumachen, wenn man bereits nah herangekommen ist.
Nachts: Die N-liche Einfahrt ist mit F.R.3M befeuert.

Liegeplätze
Am Kai an der S-Seite macht man mit Bug oder Heck zum Kai direkt vor den Tavernen fest. Man kann auch im Hafen ankern, wobei dann eine lange Leine zum groben Wellenbrecher ausgebracht werden sollte. Der Grund besteht

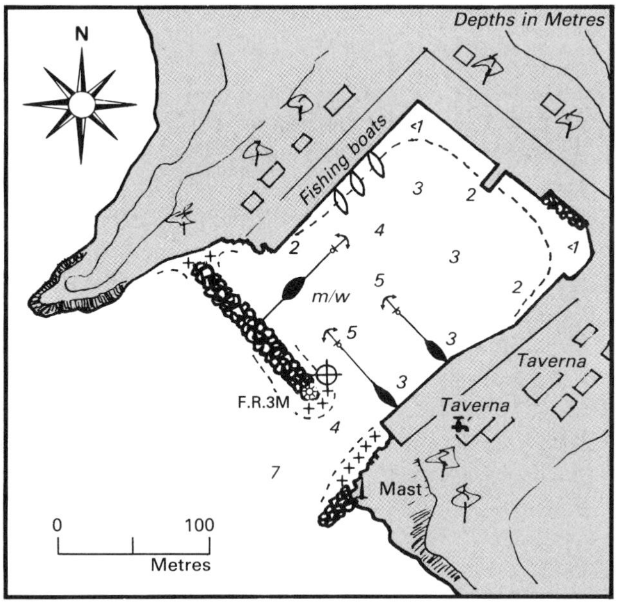

Vathy.

aus Schlick mit Seegrasbewuchs, der eigentlich ganz gut hält, an manchen Stellen aber etwas sehr weich ist.
Schutz: Im Hafen ist man gut geschützt, auch wenn Starkwinde aus N bis NE Fallböen verursachen. Diese sind aber eher unangenehm als gefährlich.

Versorgung
An Land gibt es verschiedene Tavernen und Cafés. Zur Stadt Methana besteht eine unregelmäßige Busverbindung.

Die Insel Aigina

Diese Insel, deren Form ungefähr ein Dreieck bildet, liegt 12 Seemeilen SW-lich von Zea Marina. Der Berg Oros erhebt sich im S der Insel, die größtenteils karg und felsig ist, zu einer Höhe von 534 m. Nur in Küstennähe gibt es ein paar bewaldete Gebiete auf der Insel.
Ihre Lage, von der aus alle Zugänge zur Ägäis zu überwachen sind, machte sie bereits mit dem Beginn des Handels in diesem Revier so immens wichtig. Die ersten Bewohner waren Menschen aus dem Neolithikum, die später von einem bronzezeitlichen Volk (ca. 2000 v. Chr.) vertrieben wurden. Etwa um 1400 v. Chr. kam die mykenische Kultur nach Aigina, aber ein paar Jahrhunderte später scheint sie wieder verschwunden zu sein. Später wurde Aigina erneut kolonialisiert; die neuen Bewohner begannen, sich eine Handelsflotte aufzubauen. Bei Ausbruch des Peloponnesischen Krieges entschied sich die Inselbevölkerung für die Seite der Spartaner – ihre Beziehungen zu Athen waren nie die besten –, was nach Beendigung des Krieges die Unterwerfung durch Athen zur Folge hatte. Aigina erlangte danach nie wieder seine wirtschaftliche Größe und mußte die bekannte Serie von Invasoren über sich ergehen lassen: Römer, Byzantiner, Sarazenen, Venezianer, Türken. Von 1826 bis 1928 war die Stadt die Hauptstadt des neuen freien Griechenlands: Hier wurden die ersten neuzeitlichen griechischen Münzen geprägt und die neue Nationalflagge aufgezogen.
Bei Urlaubern und Athenern ist die Insel gleichermaßen sehr beliebt. Das Tragflügelboot benötigt für die Strecke von Zea aus nur 20 Minuten, und für die smoggeplagten Athener ist Aigina ein beliebtes Ausflugsziel. Touristen, die Athen besuchen, machen häufig Tagesausflüge hierher. Folglich ist das Seegebiet zwischen Aigina und Athen geradezu aufgewühlt von hin- und herbrausenden Fähren und Tragflügelbooten. Am Wochenende kommen dann noch die Athener Sportboote hinzu, die zwischen Athen und Aigina pendeln.

Aigina

WP 37°44,7'N 023°25,5'E (Fl.5s6M) / Karten: BA 1657, Imray G14, D 672

Allgemeines
Die kleine Stadt, die sich um den Hafen schmiegt, ist ein freundlicher, etwas biederer Ort – trotz der ungeheuren Zahl von Touristen, die sich hier jeden Sommer einfindet. Aigina gilt als der erste Ort, an dem man nach dem Unabhängigkeitskrieg die griechische Nationalflagge hißte. Sie unterscheidet sich jedoch von der heutigen: Ihre Farben waren Rot und Gold.
Eine einzelne Säule auf dem Kap Ak Kolona ist alles, was heute noch an den Tempel der Aphrodite erinnert, der einst das Kap krönte.

Ansteuerung
Auffällig: Die Stadt Aigina ist schon von weitem zu erkennen. Beim Näherkommen wird die dorische Säule auf dem Kap Ak Kolona, unmittelbar NW-lich der Stadt, so-

Aigina: Die W-Huk Ak Plakakia aus SW.

Die Hafeneinfahrt von Aigina aus SW.

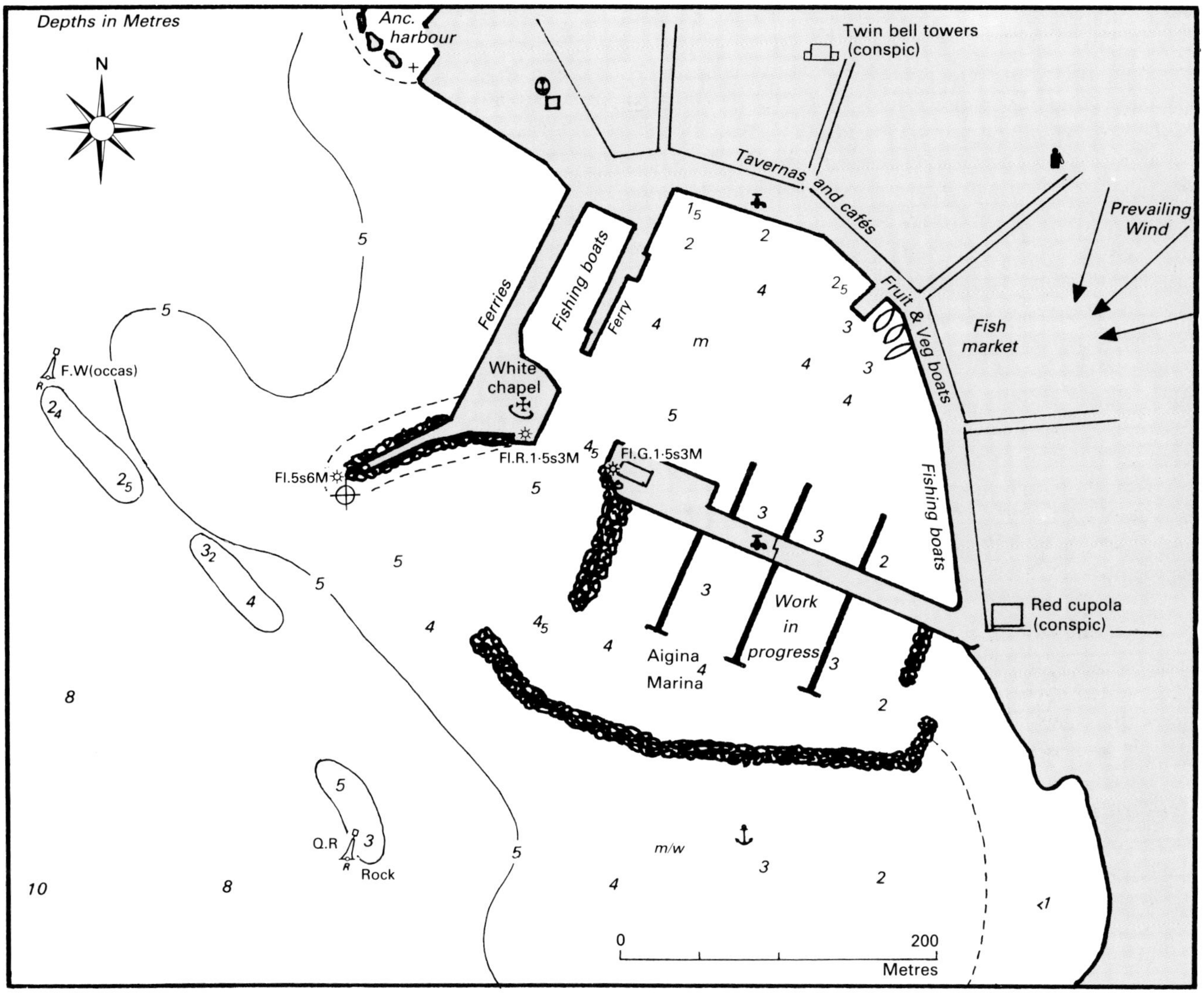

Aigina.

wie eine weiße Kapelle neben dem äußeren Ende der W-Mole sichtbar. Die rote Kegeltonne markiert ein Riff, über dem 3 m Wasser stehen.

Nachts navigiert man nach dem Feuer auf Ak Plakakia (Fl(2)15s7M), dem auf Nisis Moni (Ak Kostis Fl(2)WRG.10s11-8M; der weiße Sektor deckt 296°–322° ab, der die sichere Passage durch die Untiefen zwischen Aigina und Angistri weist) sowie den Feuern der Hafeneinfahrt: Fl.5s6M, Fl.R.1,5s3M und Fl.G.1,5s3M.

Gefahren: Bei der Ansteuerung aus S muß man sich von einem Flachwassergebiet freihalten, das sich E-lich von Nisis Metopi nach Aigina erstreckt. Das Fahrwasser zwischen den Inseln weist Mindesttiefen von 8 bis 9 m auf.

In der Hafeneinfahrt ist besondere Vorsicht beim Navigieren geboten, da hier zahlreiche Fähren und Tragflügelboote mit hoher Geschwindigkeit ein- und auslaufen. Ein aufmerksamer Ausguck ist unerläßlich.

Liegeplätze

Man macht mit Bug oder Heck zum Stadtkai fest. Die S-Mole ist mit Privat- und Charteryachten belegt. In den Sommermonaten ist der Hafen oft sehr überfüllt.

Schutz: Man liegt hier gut geschützt, auch wenn stürmische S-liche Winde ungemütlichen Schwell in den Hafen stehen lassen. Der Grund, der an einigen Stellen nur mäßig hält, besteht aus Schlick, der mit einigen Felsen durchsetzt ist. Einige Yachten überwintern hier im Wasser.

Behörden: Wasserschutzpolizei und Zoll.

Versorgung

Service: Wasser bekommt man am Kai – falls man den »Wassermann« auftreiben kann. Stromanschlüsse sind ebenfalls auf dem Kai.

Treibstoff ist in einiger Entfernung vom Hafen erhältlich, kann aber auch von einem Tankwagen geliefert werden.

Reparaturen: Begrenzte mechanische Reparaturen sind möglich. Eisenwarenläden.

Lebensmittel: Gute Versorgungsmöglichkeiten. Am Stadtkai machen Caïquen fest, von denen man frisches Obst und Gemüse kaufen kann. Stangeneis ist erhältlich.

Restaurants: Entlang der Hafenpromenade findet man nette Tavernen.

Sonstiges: Post, Telefonamt, Banken, Gas, Camping GAZ, Motorrad-Vermietung, Fahrradverleih. Zu den anderen Orten auf der Insel bestehen Busverbindungen. Nach Piräus und den anderen Inseln im Saronischen Golf verkehren Fähren.

Aigina Marina

Unmittelbar an der Außenseite des S-lichen Wellenbrechers ist eine neue Marina gebaut worden. Ein freiliegender Wellenbrecher bietet Schutz vor Winden aus S-lichen Richtungen. Bei Drucklegung dieses Werkes schienen die Bauarbeiten jedoch zum Erliegen gekommen zu sein, und bisher sind noch keinerlei Versorgungseinrichtungen vorhanden. Ein paar Yachten ankern zwar in der unfertigen Marina, dabei ist aber Vorsicht angebracht, weil der Grund durch alte Moorings und Geröll unrein ist. Falls die Marina einmal fertig wird, werden ihre dringend benötigten Liegeplätze den alten Hafen etwas entlasten. Wasser- und Stromanschlüsse sollen gelegt werden.

Perdika

37°41'N 023°27'E

Allgemeines
Diese Bucht ist landschaftlich sehr reizvoll. In den Sommermonaten füllt sie sich allerdings sehr schnell mit Yachten, die ihr einen Besuch abstatten. Es ist ratsam, möglichst früh hier einzulaufen, um dann ein wenig im Ort umherzuschlendern und am Hafen ein kühles Getränk zu schlürfen.

Ansteuerung
Die kleine Bucht befindet sich an der SW-Spitze der Insel Aigina; das Dorf liegt an der N-Seite der Bucht und ist von See her leicht auszumachen.
Nachts navigiert man nach den Feuern auf Nisis Moni (Fl(2)WRG.10s11-8M) und dem Feuer auf dem äußeren Molenkopf (Fl.R.1,5s2M).

Liegeplätze
Man ankert in der Bucht auf 3 bis 4 m. An der W-Seite der kurzen Pier, an der man – falls Platz ist – mit Bug oder Heck festmachen kann, beträgt die Tiefe 3 m. W-lich der Pier ist eine neue Mole gebaut worden, an der

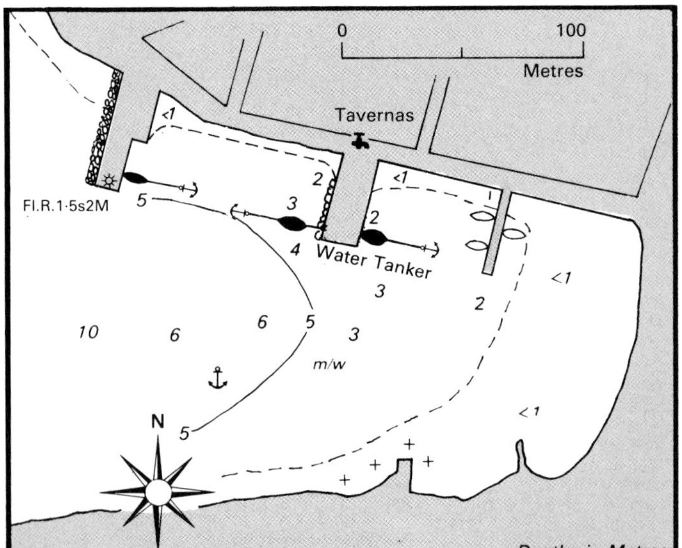

Perdika.

Der Pier in Perdika aus NE.

man (bei vorhandenem Platz) mit Bugleine und Heckanker festmachen kann. Die Wassertiefe am Kai zwischen den beiden Molen beträgt 1,5 bis 1,8 m, so daß man vorsichtig navigieren muß, wenn man hier anlegen will. Der Schlickgrund, der mit Seegras bewachsen ist, hält gut.
Schutz: Man ist vor den üblichen Sommerwinden recht geschützt, auch wenn die Bucht nach W hin offen ist. Bei frischen bis starken Winden aus NW bis W wird es auf den Liegeplätzen im äußeren Teil des Hafens sehr ungemütlich, eventuell sogar gefährlich.

Versorgung
Wasser gibt es am Kai, Treibstoff etwa 500 m vom Ort entfernt. Ein Lebensmittelgeschäft ist ebenfalls vorhanden. Am Hafen gibt es ein paar nette Tavernen, von denen sich einige auf Fischgerichte spezialisiert haben.

Nisis Moni

Vor der N-Küste der Insel kann man bei ruhigem Wetter auf 8 bis 10 m Wassertiefe ankern. Im Sommer hat eine Taverne geöffnet. Die S-Küste der Insel besteht aus verwittertem, kahlem Fels, die N-Küste ist teilweise bewaldet.

Ormos A. Marinas

Diese weite Bucht befindet sich nahe der NE-Huk der Insel Aigina. Ein großes Hotel am Hafen bildet eine gute Landmarke. Bei ruhigem Wetter kann man in der NW-Ecke auf 4 bis 6 m Wassertiefe ankern. Der Ankergrund besteht aus Sand mit Seegrasbewuchs. Ein kleiner Kai im NW der Bucht ist für Caïquen-Fähren reserviert, die Tagesausflügler bringen, die den Tempel der Aphaia besuchen möchten. Es ist ratsam, eine Wache an Bord zurückzulassen, wenn man sich zu einer Besichtigungstour zum Tempel entschließt, denn manchmal kann es hier sehr plötzliche Wetteränderungen geben.
Der Tempel der Aphaia, ca. 5–6 v. Chr. erbaut, steht an der NE-Spitze der Insel und wird als Beispiel vollkommener klassischer Architektur angesehen. In A. Marinas ankern Kreuzfahrtschiffe, um ihren Passagieren Gele-

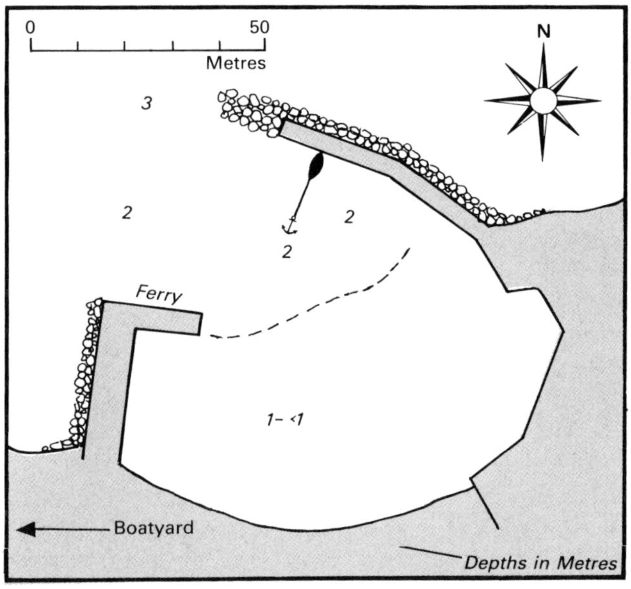

Souvalas.

genheit zu einem Besuch des Tempels zu geben. Bei beständigem Wetter ist dies die nächstgelegene Ankermöglichkeit; bei weniger gutem Wetter sollte man in der Stadt Aigina festmachen und von dort aus den Bus benutzen.

Souvalas

Etwa in der Mitte der N-Küste befindet sich dieser kleine Hafen, dessen kurze Mole (ca. 50 m) sich von der E-Seite der Bucht W-wärts erstreckt. An der Innenseite sind 2 m Tiefe vorhanden. Falls Platz ist, kann man mit dem Bug zur Mole festmachen. Da die Tiefen unterschiedlich sind und nur wenig Raum zum Manövrieren zur Verfügung steht, sollte man entsprechend vorsichtig navigieren. An Land gibt es Tavernen.

Werft

An der N-Küste der Insel Aigina, W-lich des Hafens Souvalas, gibt es zwei Bootswerften.

Asprakis Boatyard: 60-t-Travellift, begrenzte Reparaturmöglichkeiten für Yachten. Kaum Versorgungseinrichtungen. Auch wenn die Werft etwas abgelegen ist, läßt sich der Transport der Yacht organisieren. Tel.: 0297-239 25, Fax: 0297-261 12.

Nicht weit von dieser Werft entfernt gibt es noch eine zweite, die Yachten und Boote auf die altmodische Art aufslippt: mit Hilfe einer Bootsschleppe. Das wirkt vielleicht primitiv, funktioniert aber bestens.

Die Insel Angistri

4 Seemeilen W-lich von Aigina, mit der sie durch ein Flachwassergebiet (8 bis 9 m Tiefe im Fahrwasser nahe Aigina) verbunden ist, liegt die kleine Insel Angistri, die sehr bergig und dicht mit Pinien bewachsen ist. Der höchste Punkt der Insel befindet sich an der E-Küste und mißt 296 m. Auf Angistri leben nur wenige Menschen.

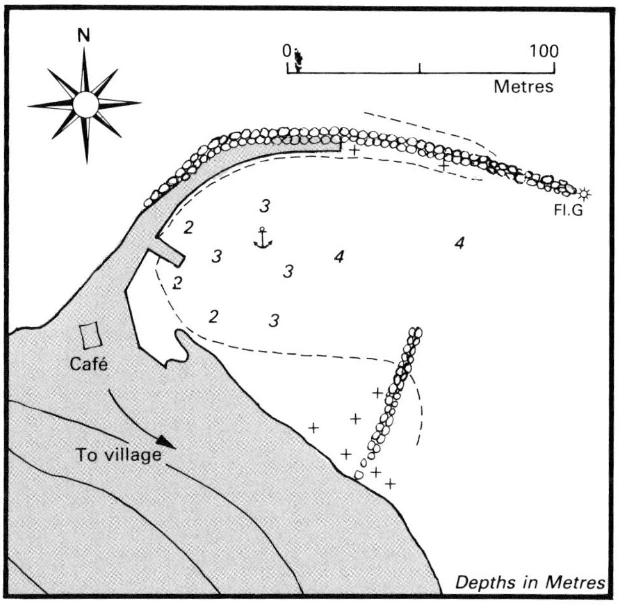

Angistri.

Angistri

37°43'N 023°21'E

Allgemeines

Im Sommer kommen Ausflugsboote von Aigina herüber, aber die Insel hat sich ihren Zauber bewahrt. Erst in letzter Zeit sind um den Hafen ein paar Villen gebaut worden.

Ansteuerung

Der kleine Hafen befindet sich an der NW-Spitze der Insel. Steuert man ihn von E her an, ist jedoch Vorsicht geboten, da sich zwischen Angistri und Nisis Metopi ein Riff und eine Untiefe erstrecken. Der Wellenbrecherkopf ist mit Fl.G. befeuert.

Liegeplätze

Hinter dem Wellenbrecher gibt es eine kurze Pier, an der man mit Bug oder Heck festmachen kann. Mit dem Bug zum Kai kann man auch N-lich der Pier anlegen. Vorsicht, der Grund ist durch schwere Mooringketten unrein. Wenn

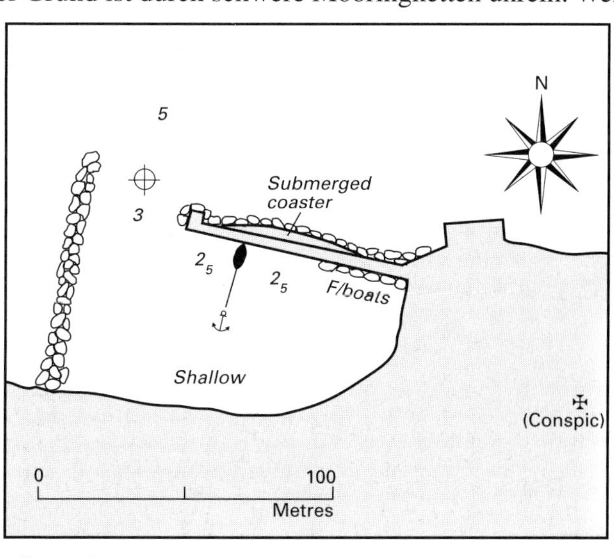

A. Georgios.

man sich von den Ansteuerungen des Kais freihält, an dem einheimische Fähren über Nacht festmachen, kann man im Hafen auch ankern. Ein Großteil des Kais wird von den Fähren beansprucht. Abgesehen von starken NE- bis E-Winden liegt man hier gut geschützt. Bei besagten Winden aus NE-E sollte man den Hafen besser verlassen.

Versorgung
Im Hafen gibt es Tavernen und Cafés, im Dorf Angistri sind einige Lebensmittel erhältlich.

Ankerplätze vor Nisis Dorousa

Vor der SW-Huk der Insel Angistri liegt dieses kleine Eiland. Die schmale Passage zwischen den beiden Inseln ist tief und ohne Gefahrenstellen. Gegenüber von Nisis Dorousa gibt es eine Anzahl kleiner Buchten, die vor den normalen Sommerwinden (SE oder NE) guten Schutz in wunderschöner Umgebung bieten. Man kann ankern, wo man mag. Im Sommer hat hier eine Taverne geöffnet.

A. Georgios

Dieser kleine Hafen liegt an der NE-Huk der Halbinsel Methanon. Unmittelbar hinter dem Hafen erhebt sich eine große Kirche, die eine gute Landmarke bildet. Beim Näherkommen werden die Wellenbrecher und ein alter Küstenfrachter, der gesunken ist und mit Ballast gefüllt wurde, sichtbar. Hinter dem äußeren Wellenbrecher können nur wenige Yachten mit Bug oder Heck festmachen. Der Schutz vor den vorherrschenden Winden ist gut, auch wenn Starkwinde aus N-lichen Richtungen das Liegen recht ungemütlich machen.
An Land findet man ein begrenztes Lebensmittelangebot und Tavernen.

Methana

WP 37°34,6'N 023°23,5'E (Fl.G.3s3M)

Allgemeines
Die (bleibende) Erinnerung, die man von Methana mitnimmt, ist nicht etwa eine besonders schöne Ansicht, sondern ein »Duft«. Der typische Geruch verfaulter Eier wird durch Schwefelwasserstoff, der im Hafen hochblubbert, verursacht und ist so durchdringend, daß die Ortschaft oberhalb von Methana »Vromoliman« – stinkendes Ufer – genannt wird. In den Gebäuden an der W-Seite des Hafens sind Schwefelbäder untergebracht, die von Menschen mit Rheuma-Erkrankungen besucht werden. Wer mag, kann ein kostenloses Bad im Hafen nehmen. Angeblich sollen Boote, die hier liegen, keine Probleme mit Fouling haben, da der Schwefel im Wasser jeglichen Bewuchs abtötet.

Ansteuerung
Auffällig: Schon von weitem ist der Ort Methana leicht auszumachen. Die Marina befindet sich am S-Rand der Stadt.

Die Hafeneinfahrt von Methana aus SE.

Nachts navigiert man nach dem Feuer auf der Landzunge (Fl.G.3s3M) sowie den Feuern auf der schmalen Hafeneinfahrt (Q.G.3M und Q.R.3M). Dabei ist Vorsicht geboten.
Gefahren: Beim Passieren der schmalen Hafeneinfahrt muß mit besonderer Vorsicht navigiert werden.

Liegeplätze
An der W- oder N-Seite macht man mit Bug oder Heck zum Kai fest. Die Tiefen am Kai schwanken zwischen 1,5 und 2,5 m. Eine eventuelle Grundberührung ist hier aber nicht so tragisch, da der Boden überall aus klebrigem, schwarzem Schlick besteht. Dieser Schlick hält den Anker zwar sehr gut, ist aber recht unschön, wenn man den Anker wieder aufholt.
Schutz: Man liegt in Methana bei jedem Wetter gut geschützt, und es gibt eine ganze Reihe von Yachten, die hier im Wasser überwintert.
Behörden: Wasserschutzpolizei und Zoll. Methana ist als Marina ausgewiesen. Liegegebühren: Kategorie 2.

Versorgung
Wasser gibt es am Kai.
Treibstoff unweit des Kais, kann aber auch von einem Tankwagen geliefert werden.
Reparaturen: Ein paar Arbeiten an der Mechanik können ausgeführt werden. Eisenwarengeschäfte.
Lebensmittel: Gute Versorgungsmöglichkeiten in Methana. Stangeneis ist erhältlich.
Restaurants: Tavernen in der Ortschaft.
Sonstiges: Post, Telefonamt, Bank, griech. Gas, Camping GAZ. Fährverbindung nach Piräus sowie zu den Inseln im Saronischen Golf.
Auskünfte: Tel. 0298-923 24 (Rathaus) oder 922 79 (Wasserschutzpolizei).

Petrokaravo

Diese Gruppe zerklüfteter Felsen (der höchste ist 15 m) liegt etwa 3,5 Seemeilen S-lich der S-Spitze von Aigina. Bis dicht an die Felsen heran sind die Wassertiefen beachtlich. Petrokaravo wird sowohl vom roten Sektor des Feuers auf Nisis Moni (Fl(2)WRG.10s11-8M) wie auch dem roten Sektor des Feuers auf der W-Huk von Poros (Ak Dana Fl.WR.4s8/5M) abgedeckt.

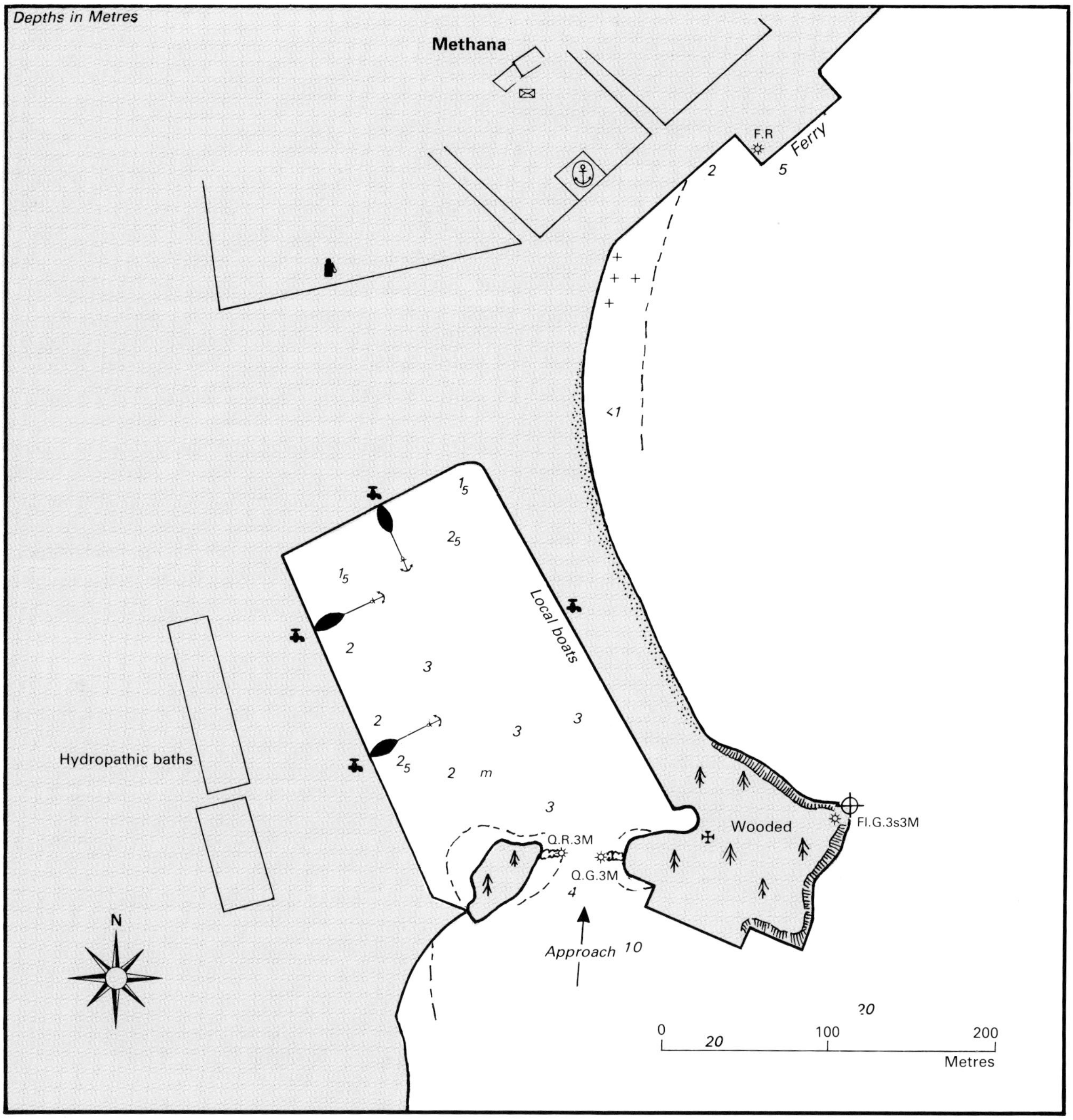

Methana.

Nisis Platia

Etwa 1,5 Seemeilen NE-lich der N-Spitze von Poros liegt diese kleine Insel (7 m hoch), die von einem Riff umgeben und nicht befeuert ist.

Die Halbinsel Poros

Der »Rorschach-Klecks« des Saronischen Golfs! Nur eine sehr schmale und an einigen Stellen auch recht flache Passage trennt die Insel Poros von der Küste des Peloponnes. Die Insel ist stark bewaldet; ein Großteil des Baumbestandes sind Pinien, aber es wachsen hier auch Oliven- und Zitronenbäume, und an einigen Stellen wird Landwirt-

Das Leuchtfeuer an der „Ecke" der W-lichen Einfahrt nach Poros aus W. Im Hintergrund ist die Stadt Poros zu erkennen.

Ak Dana mit dem Leuchtturm an der W-lichen Einfahrt nach Poros aus W.

schaft betrieben. Die meisten Inselbewohner leben in Poros-Stadt.
In der Antike war die Insel unter dem Namen »Kaularia« bekannt und Zentrum des »Kaularischen Bündnisses« – einer maritimen Konföderation im 7. Jh. v. Chr., der u. a. auch Athen, Aigina, Epidavros und Poros angehörten. Zweckmäßigerweise war Poseidon der Schutzpatron dieser Konföderation, und ein paar Ruinen des Poseidontempels, den man im 6. Jh. v. Chr. ihm zu Ehren an der malerischen E-Küste der Insel errichtet hatte, sind heute zu besichtigen.
Eine Marineeinheit sowie eine Kadettenschule sind unmittelbar N-lich der Stadt Poros untergebracht.

Poros

WP 37°29,7'N 023°27,8'E (Feuer Ak Stavros Fl.RG.3s4M)
Karten: BA 1599, Imray G14, D 672, Plan A

Allgemeines
Die kleine Halbinsel, auf der die Stadt Poros erbaut wurde, ist vulkanischen Ursprungs und war in der Antike als Sphäria bekannt. Der Name Poros bedeutet »Meerenge« oder »Fähre« und kommt aus dem Lateinischen. Die Stadt, an felsigen Hängen gelegen, ist sehr reizvoll, und die Ansteuerung von Poros gehört zu den schönsten ganz Griechenlands. Poros ist ein beliebter Urlaubsort, aber auch Tagesausflügler kommen von Athen hierher. Trotzdem hat der Ort es geschafft, ausgesprochen liebenswert zu bleiben.
Hat man im Hafen einen Liegeplatz am S-Kai bekommen, ist dies nicht unbedingt ein Glücksfall, da es im Sommer zu Geruchsbelästigungen kommen kann: Die Abwässer der Stadt werden hier in den Hafen eingeleitet. Falls der Gestank allein es noch nicht geschafft haben sollte, einem den Schlaf zu rauben, können die zahlreichen Bars um den Hafen herum abhelfen: Die neuesten Hits aus den Charts dröhnen mit trommelfellerschütternder Lautstärke durch die Nacht.

Ansteuerung
Auffällig: Bei der Ansteuerung von N ist das schmale Fahrwasser in die große, fast ganz von Land umschlossene

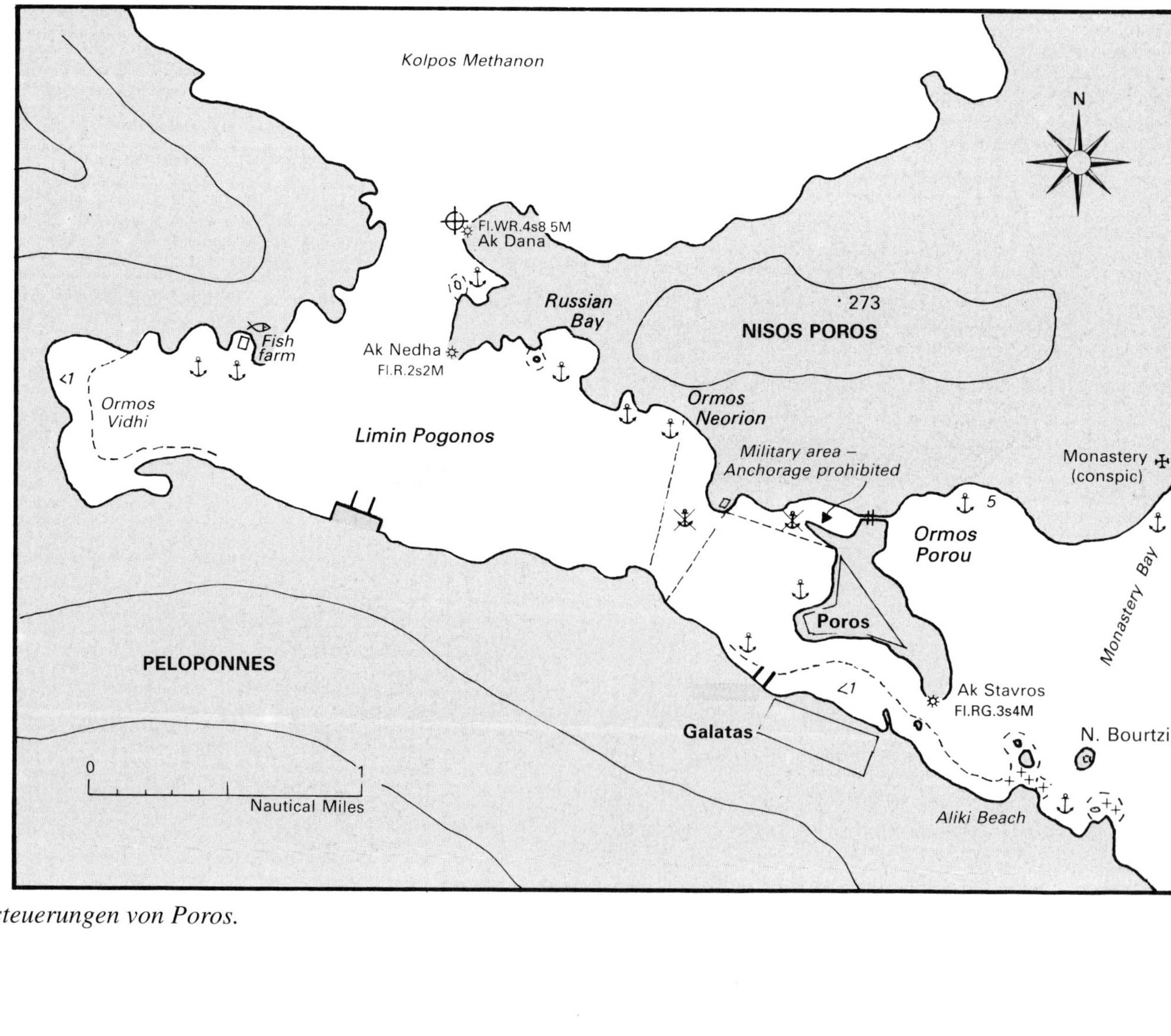

Ansteuerungen von Poros.

Blick auf die Stadt Poros und den Yachtkai an der N-Seite der Halbinsel aus WNW.

Bucht aus der Entfernung nur schwer auszumachen. Die zahlreichen Fähren, die unablässig in diesem Revier kreuzen, scheinen aus dem Nichts zu kommen und irgendwo wieder zu verschwinden. Kommt man näher heran, wird der Leuchtturm auf der E-Huk der Einfahrt sichtbar. Nach dem Einlaufen in die große Bucht ist die Stadt Poros leicht zu erkennen. Eine markante Landmarke ist ein niedriger blauer Glockenturm.
Von S kommend, sind die Häuser der Stadt über die flache Landzunge hinweg zu sehen, aber es ist schwierig, die Einfahrt zur schmalen Passage auszumachen. In der Meerenge sollte man sich dicht unter der Küste Poros' halten und einen Ausguck aufmerksam nach den Fähren Ausschau halten lassen, die wie Raketen aus der engen Passage geschossen kommen.
Nachts: Bei der Einsteuerung aus N navigiert man nachts nach den beiden Feuern auf der E-Huk der Einfahrt (Ak Dana Fl.WR.4s8/5M und Ak Neda Fl.R.2s2M). Schwierig ist eine nächtliche Ansteuerung aus S, da unbefeuerte Inseln im Ansteuerungsbereich liegen. Der rote Sektor des Feuers auf der S-Spitze von Poros deckt diese Inseln ab (Ak Stavros Fl.RG.3s4M: 284°-R.-309°).
Gefahren: Die Passage nach Poros ist an der peloponnesischen Seite untief, weshalb man dicht unter der Küste Poros' bleiben sollte. Einheimische Caïquen machen ein recht gutes Geschäft damit, unvorsichtige Skipper und ihre Yachten aus dem klebrigen Schlick zu ziehen. Vor Fähren und Tragflügelbooten, die mit einiger Geschwindigkeit ein- und auslaufen, ist besondere Vorsicht geboten.

Liegeplätze

Am Kai an der N-Seite macht man mit Bug oder Heck fest, am Kai an der S-Seite der schmalen Passage mit dem Heck zum Kai oder längsseits. Da der Kai sehr niedrig ist, muß entsprechend gut gefendert werden. Die Fähren und insbesondere das Tragflügelboot verursachen Schwell, der das Liegen recht ungemütlich machen kann. Wenn man längsseits festgemacht hat, sollte man auf seine Ankerkette und die Fender achten. Der Halt des Ankergrundes ist im

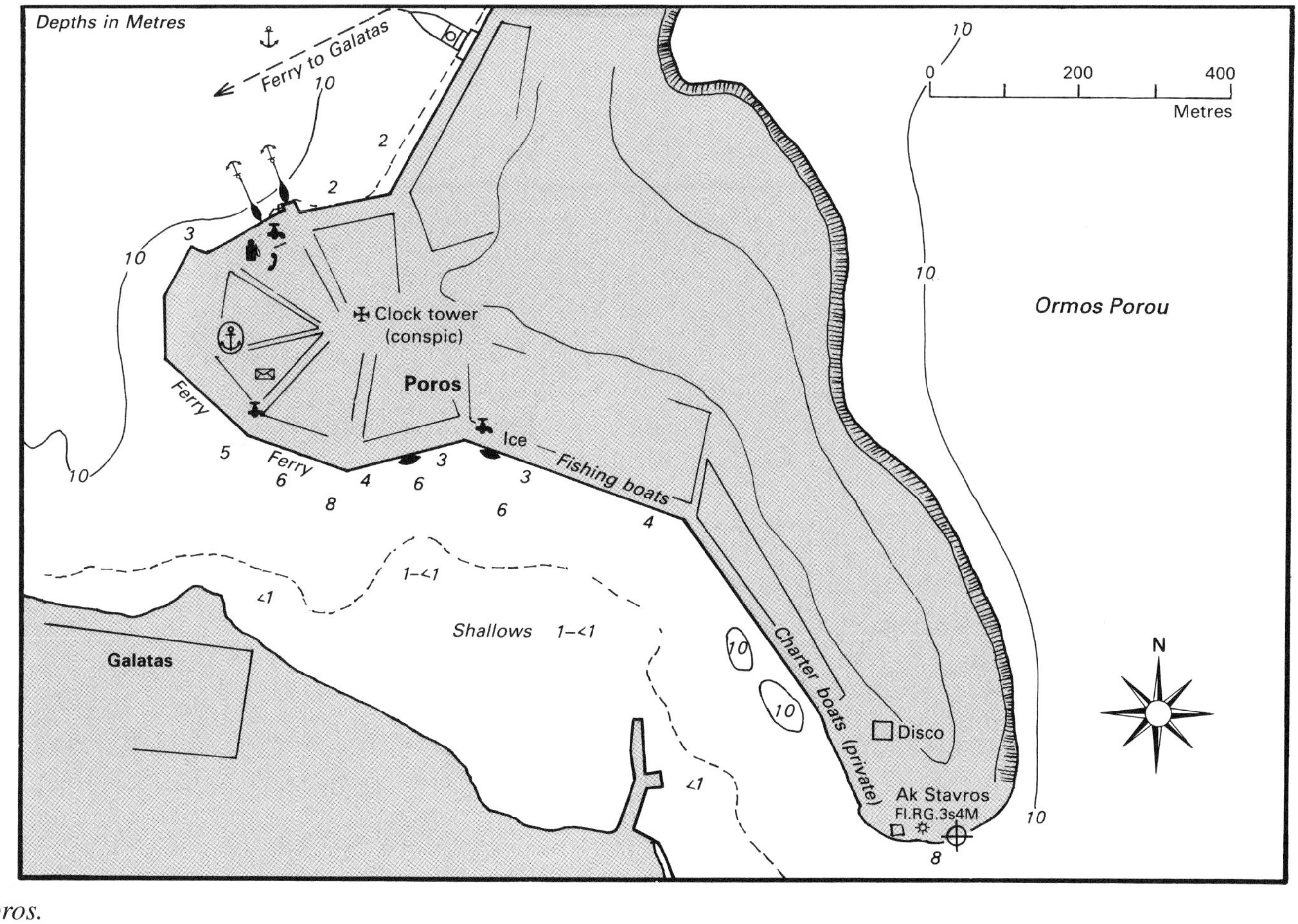

Poros.

Die Insel Kea: der Hafen A. Nikolaou aus E. Im Vordergrund die Ormos Vourkari, Ormos Leivadi im Hintergrund links (oben); Mericha auf der Insel Kythnos aus SE. Im Hintergrund die beiden Buchten Ormos Phykadia und Apokreiosis.

Kythnos: Blick auf Loutra mit dem Yachtkai vor der Ortschaft aus SSE. Im Vordergrund rechts die Ormos A. Irini (oben);
Syros: Blick aus SSE über das Kap Ak Velostasi in die Bucht Ormos Phoinika.

Monemvasia: Blick von der Zitadelle herab auf die Altstadt (oben). Insel Seriphos: Die Häuser der Chora auf dem Berg sind von See her gut auszumachen (unten links); der Marmorbogen auf einer kleinen Halbinsel Vakkhos vor dem Hafen von Naxos ist eine gute Landmarke (unten rechts).

Phoinikas auf Thira: Blick von der Ortschaft hinunter auf den Anleger (oben links, Foto: Nigel Patten); im Hafen von Volos bessert ein Fischer seine Netze aus (oben rechts). Blick über das Kap Ak Akrotiri auf den Hafen Tinos aus ESE.

N-Teil des Hafens sehr unterschiedlich. In der Passage besteht der Grund aus Schlick und hält ausgezeichnet.
Schutz: In Poros liegt man rundum gut geschützt, auch wenn starke W-liche Winde am N-Kai einige Dünung entstehen lassen. Heftige Fallböen kommen bei starken S-Winden von den Bergen des Peloponnes.
Behörden: Wasserschutzpolizei und Zoll.

Versorgung
Wasser gibt es am Kai. In verschiedenen Bars um den Hafen herum kann man duschen.
Treibstoff kann von einem Tankwagen an den Kai geliefert werden. Es gibt Eisenwarenläden und zwei Schiffsausrüster.
Reparaturen: Ein paar Arbeiten an der Mechanik können ausgeführt werden. Lebensmittel: Poros bietet gute Versorgungsmöglichkeiten; Stangeneis ist erhältlich.
Restaurants: Am Hafen und dahinter finden sich zahlreiche Tavernen, ebenso auf der gegenüberliegenden Seite der Meerenge in Galatas.
Sonstiges: Post, Telefonamt und Banken, Gas, Camping GAZ. Auto- und Motorrad-Vermietung sowie Fahrradverleih. In der Nähe des N-Kais gibt es einen Waschsalon. Nach Galatas hinüber verkehrt eine Caïque als Fähre. Außerdem bestehen Fährverbindungen nach Piräus und zu den anderen Inseln des Saronischen Golfs.

Ankerplätze um Poros

1. ***Ormos Vidi***: In dieser Bucht oder einer der kleinen Einbuchtungen an der N-Seite kann man ankern. Das Wasser ist hier etwas trübe. Im Scheitel der Bucht steht am Strand eine Taverne.
2. ***Ak Dana***: Diese kleine Bucht, die unterhalb des Kaps Ak Dana liegt, bietet klares Wasser und guten Schutz vor den vorherrschenden Winden.
3. ***Russian Bay***: Unterhalb des Kaps Ak Nedha befindet sich eine kleine Insel, die leicht zu erkennen ist, weil auf ihr eine weiße Kapelle steht. Man ankert in der Bucht hinter dem Inselchen Nisis Daskalia. Der Schlickgrund mit Seegrasbewuchs bietet guten Halt, wenn der Anker erst einmal durch das Kraut gedrungen ist. Man liegt gut geschützt vor den vorherrschenden Winden.
4. ***Ormos Neorion***: In der Bucht SE-lich von Daskalia, in der man guten Schutz findet, liegen zahlreiche Charteryachten an Dauermoorings.
5. ***Aliki***: SE-lich der Passage von Poros liegt diese Felsklippe, die durch ein Riff mit dem Festland verbunden ist. Zwischen Nisis Bourtzi und Aliki kann man passieren. Man ankert über Sandgrund und liegt gut geschützt. Am Strand ist eine Taverne.
6. ***Ormos Porou***: Bis dicht unter Land ist diese Bucht sehr tief, und der Halt ist nur gering. An Land gibt es eine Taverne.
7. ***Monastery Bay***: wie Ormos Porou.

Nisides Tselevinia

Spathi und Skylli sind zwei Inseln, die S-lich von Poros liegen, kurz bevor man »um die Ecke« in den Kolpos Ydras einläuft.
Die Passage zwischen den beiden Inseln ist tief und ohne Gefahrenstellen.
Besondere Vorsicht ist aber vor den zahlreichen Fähren und Tragflügelbooten angeraten, die mit hoher Geschwindigkeit (die Fähren mit ca. 15 bis 20 kn, die Tragflügelboote mit rund 30 kn) durch die schmale Meerenge heranbrausen. Eine Passage zwischen Nisis Spathi und dem Peloponnes wird durch ein Riff versperrt, das eben überspült ist. Vor der SW-Spitze der Insel liegt ein kleines Eiland, hinter dem man einen abgeschiedenen Ankerplatz findet.

Nisis Soupia

Etwa 1,5 Seemeilen W-lich von Nisis Spathi liegt dieses winzige Inselchen, dessen Form (von E aus betrachtet) an einen zusammengekauerten Frosch erinnert. In der Durchfahrt, die dicht unter der Küste an der E-Seite der Insel vorbeiführt, befindet sich ein gefährlicher Fels, der eben überspült wird. Man sollte die W-liche Durchfahrt wählen und im Schutz der Insel ankern, wo man bei schönem Wetter gut geschützt ist. Der Grund ist dick mit Seegras bewachsen und hält an manchen Stellen nur schlecht. An Land steht ein kleiner Bauernhof, und das Ufer wird von Maulbeerbäumen gesäumt.

Hydra Strand Hotel

Schätzungsweise 8,5 Seemeilen W-lich von Nisis Spathi steht dieser riesige Hotelkomplex, der von See her gut auszumachen ist. Zu der Hotelanlage gehört ein kleiner Hafen, der in seinem Inneren Wassertiefen von 2 m aufweist. Normalerweise ist er aber mit Caïquen belegt, die als Fähren dienen.

Ermioni

WP 37°23,2'N 023°15'E (F.R.2M)

Allgemeines
Auch wenn es heute ein paar kleine Hotels gibt, ist die Ortschaft vom Tourismus relativ unberührt geblieben.

Blick auf die kurze E-Mole in Ermioni aus WSW.

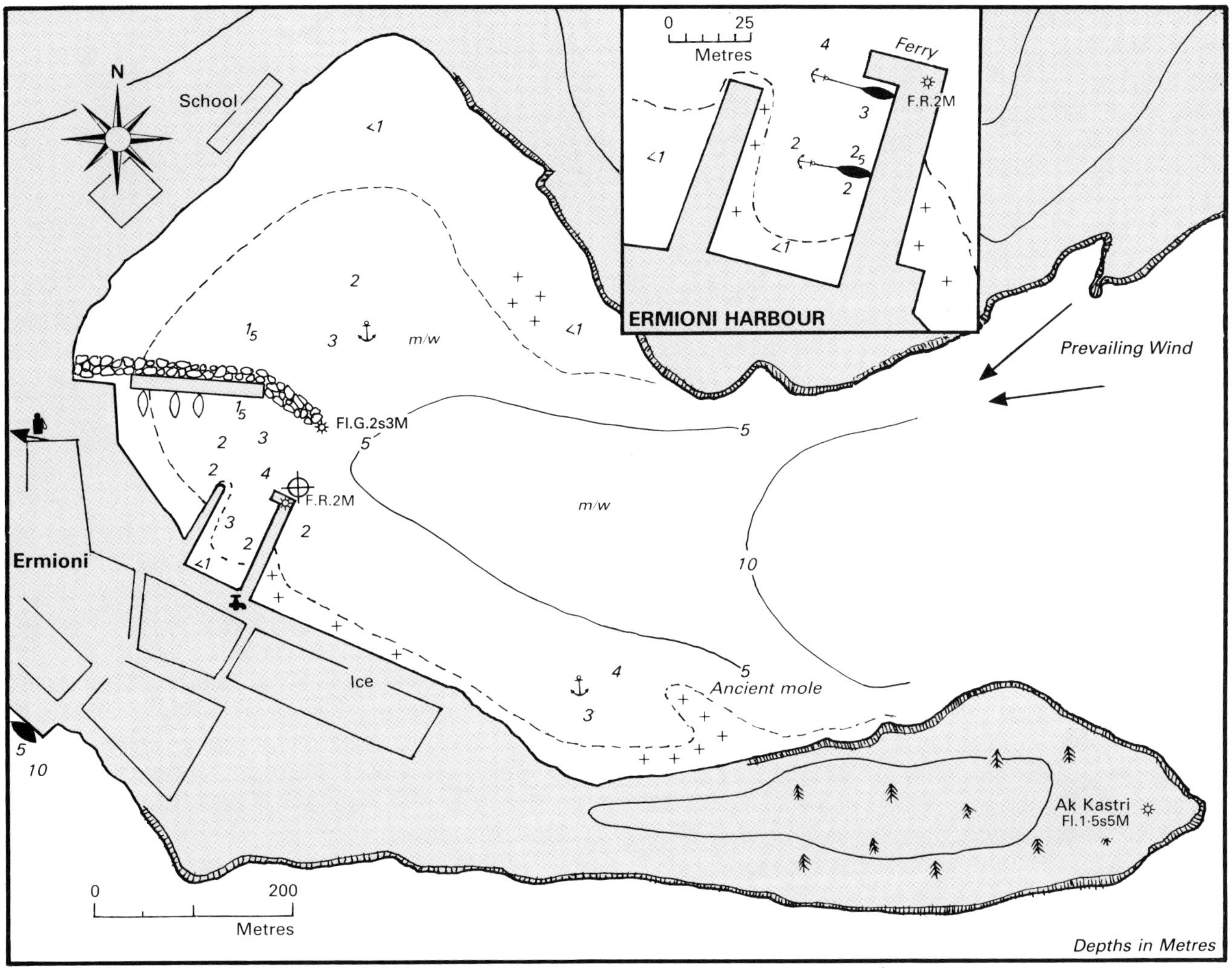

Ermioni.

Ein Spaziergang durch die Stadt und über den Bergrücken hinweg führt einen zur S-Seite der Landzunge, wo es wundervoll still und friedlich ist. Von einer Bar an der Uferpromenade hat man einen traumhaften Blick über das Meer.

Ansteuerung

Auffällig: Die Ortschaft Ermioni, die auf dem Bergrücken der Landzunge steht, ist von See her leicht auszumachen. Die Spitze der Landzunge ist bewaldet, überwiegend mit Nadelhölzern.

Nachts navigiert man nach dem Feuer auf Ak Kastri (Fl.1,5s5M) und dem Molenfeuer (F.R.2M). Der Kopf des neuen Wellenbrechers ist ebenfalls befeuert (Fl.G.2s3M).

Gefahren: Von den Ruinen der antiken Mole an der N-Seite der Landzunge sollte man sich gut freihalten.

Liegeplätze

Falls man Platz findet, macht man hinter der äußeren Mole mit Bug oder Heck fest. Größere Yachten sollten in der Bucht ankern. Im Sommer kann es im Hafen recht voll werden. Der Schlickgrund ist mit Seegras bewachsen und mit einigen Felsen durchsetzt. Der Halt ist an manchen Stellen entsprechend schlecht.

Schutz: Hinter der Mole liegt man rundum gut geschützt. Yachten könnten hier sogar im Wasser überwintern. Zusätzlichen Schutz vor N-Winden bietet ein neuer Wellenbrecher, der sich im W von der Küste seewärts erstreckt. Allerdings schützt er nicht vor NE-lichen Winden, die ziemlich grimmig von den Bergen herabwehen können.

Behörden: Wasserschutzpolizei.

Hinweis: An der S-Seite der Halbinsel gibt es einen neuen, etwas hervorspringenden Kai, vor dem die Wassertiefen 2 bis 5 m betragen. Der Grund fällt aber schnell auf Tiefen von 10 m und mehr ab. Weil unter Wasser Trümmer und Geröll liegen, ist ein Teil des Kais nicht benutzbar. Nach S und E hin ist der Kai vollständig offen, so daß man hier keinen perfekten Rundumschutz erwarten kann. Bei ablandigen Winden ist dies jedoch ein wunderschöner Platz, der, verglichen mit der anderen Seite der Landzunge, selbst im Sommer verhältnismäßig friedlich ist.

Versorgung

Wasser gibt es am Kai.

Treibstoff im Ort.

Reparaturen: Begrenzte mechanische Arbeiten sind möglich. Eisenwarenläden.

Lebensmittel: Gute Versorgungsmöglichkeiten. Stangeneis ist erhältlich.

Restaurants: An der Hafenpromenade und auf der S-Seite der Landzunge findet man Tavernen.
Sonstiges: Post, Telefonamt, Bank, Gas sowie Auto- und Motorrad-Vermietung. Es bestehen Fährverbindungen nach Piräus und zu den anderen Inseln im Saronischen Golf.

Ormos Kapari

Diese weite Bucht befindet sich unmittelbar S-lich von Ermioni. Bei normalen Sommerwinden findet man im SW dieser Bucht guten Schutz. Man ankert auf 2 bis 5 m über Sandgrund, der mit Seegras bewachsen ist und den Anker gut hält. Vr. Kapari ist ein kleines Inselchen umgeben von Felsklippen, das etwas E-lich der S-lichen Einfahrtshuk, Ak Steno, liegt. Einige der Felsen werden gerade eben überspült und sind nur schwer auszumachen. Von Vr. Kapari sollte man sich gut freihalten.

Die Insel Ydra (Hydra)

Die schmale, lange Insel erstreckt sich parallel zur Küste des Peloponnes und begrenzt den Kolpos Ydras nach S. Die gesamte Insel ist gebirgig; der höchste Gipfel, der Eros, erhebt sich in ihrem Zentrum auf eine Höhe von 590 m. Außerdem ist die Insel vollständig kahl, ohne jede Vegetation, trocken und öde.
Im Altertum war Ydra bedeutungslos. Erst während der Jahrhunderte unter türkischer Herrschaft blühte die Insel

Das Kap Ak Mouzaki aus SE.

wirtschaftlich auf und baute sich eine bedeutende Handelsflotte auf. Sie brauchte zwar keine Steuern zu zahlen, mußte aber Seeleute an die türkische Marine abtreten.
1821 war Ydra die erste Insel, die die Unabhängigkeitskämpfe mit ihrer beachtlichen Zahl von 150 Schiffen unterstützte. Der befehlshabende Admiral der griechischen Flotte, Admiral Miaoulis, stammte wie viele andere Kapitäne und Seeleute, die sich nun gegen die Türken stellten, von Ydra. Es wird behauptet, daß die Unabhängigkeitskämpfe ohne die Flotte von Ydra mit ihren Seeleuten nie gewonnen worden wären.
Nach dem Krieg erholte sich die Insel wirtschaftlich nicht wieder und verlor an Bedeutung, bis sie von anspruchs-

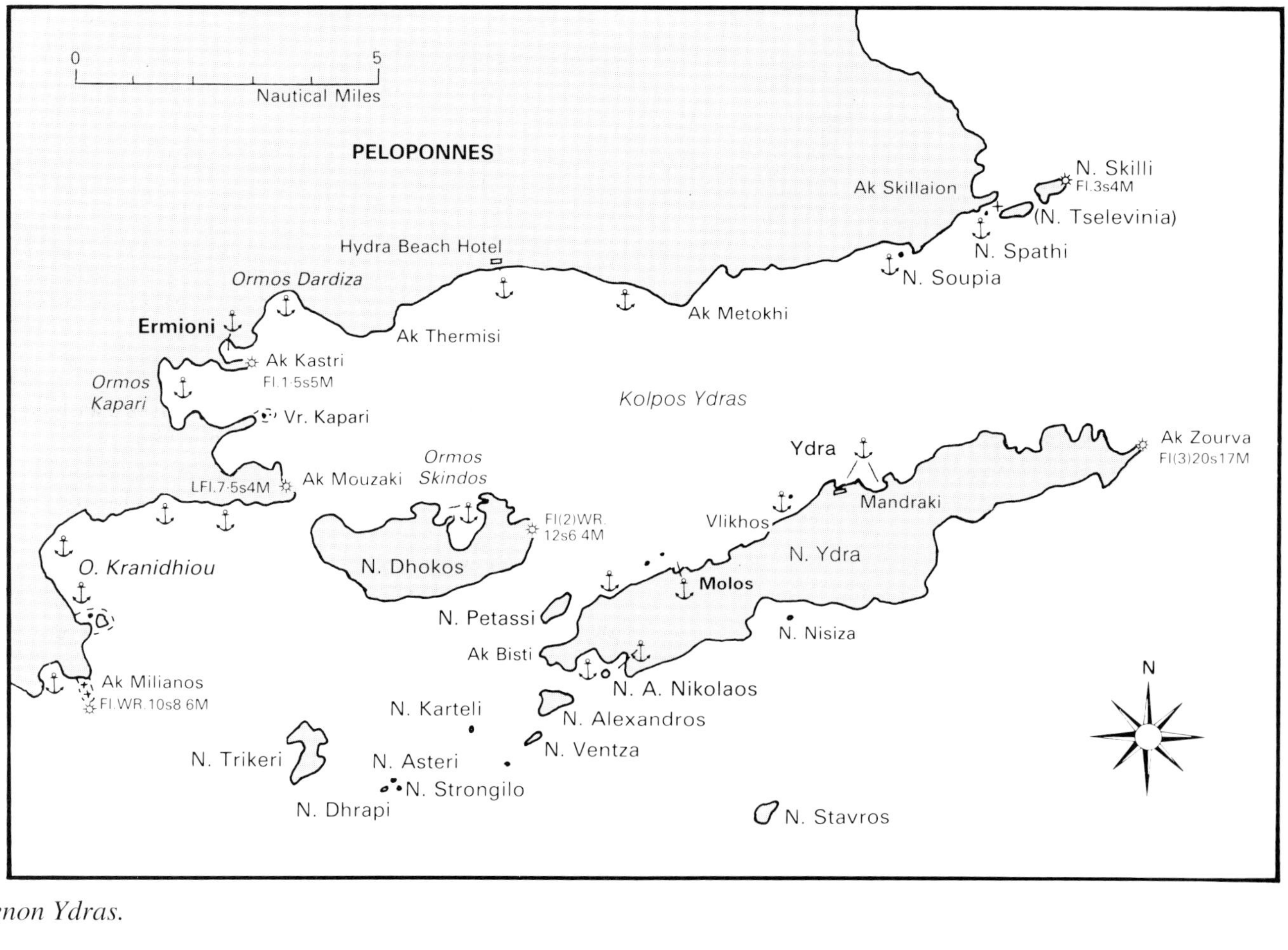

Stenon Ydras.

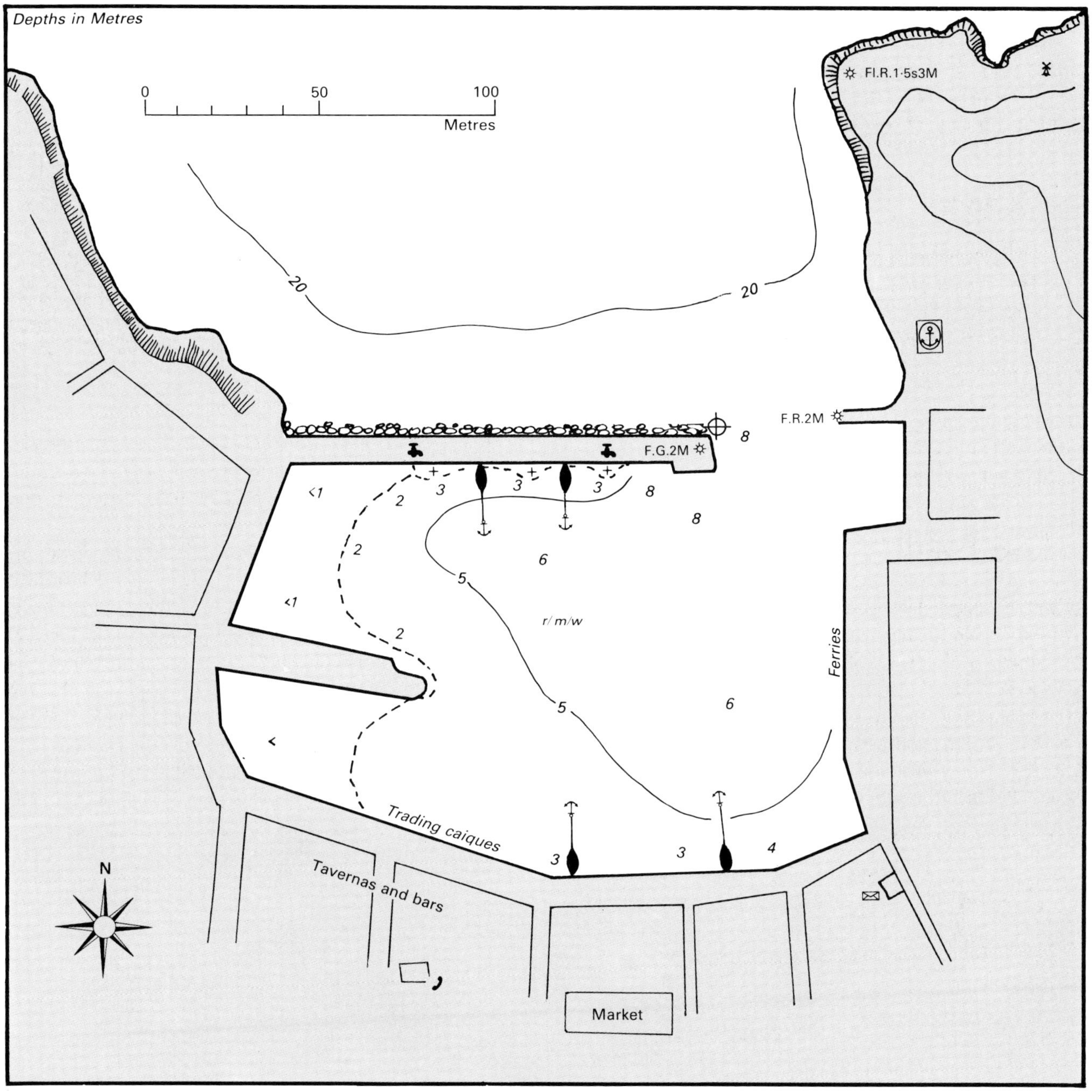

Limin Ydra.

vollen Reisenden wiederentdeckt wurde. In den Kindertagen des Tourismus kam Ydra bei den Reichen und Berühmten als Badeort in Mode; heute wird die Insel von einer größeren Zahl von Urlaubern besucht, die täglich mit den Fähren von Piräus kommen.

Limin Ydra (Hafen Ydra)

WP 37°21,1'N 023°28'E (F.G.2M)/Karten: D 672 Plan D

Allgemeines
Zu den Gebäuden der Stadt zählen noch viele große, sehr herrschaftliche Häuser, die aus jenem goldenen Zeitalter stammen, als Ydra eine umfangreiche Handelsflotte besaß. In den 50er und 60er Jahren kam Ydra als Badeort in Mode, und eine Künstlerkolonie siedelte sich an, zu der u.a. der Liedermacher und Sänger Leonard Cohen gehörte, ein Meister bedrückender, selbstmordschwangerer Balladen. Er hat noch immer ein Haus hier.
Später entwickelte sich Ydra zu einer beliebten Urlaubsinsel, die touristisch aber nicht so stark erschlossen wurde wie Mykonos oder Rhodos. Zahlreiche Bauten aus dem 18. und 19. Jahrhundert sind erhalten geblieben. In den Sommermonaten laufen täglich zehn Fähren die Insel an, und möglicherweise sind noch ein bis zwei Kreuzfahrtschiffe im winzigen Hafen festgemacht oder ankern dort.

Ansteuerung
Auffällig: Das weiße Kloster auf dem Berg oberhalb des Hafens ist bereits von weitem auszumachen. Beim Näherkommen wird die kleine Stadt, die sich malerisch an den Hängen um die Hafenbucht zieht, sichtbar. Wie auf den Tribünen eines natürlichen Amphitheaters stehen die Häuser um den Hafen herum.

Der Hafen von Ydra aus WNW (Foto: Nigel Patten).

Nachts navigiert man nach dem Feuer auf der E-Seite (Fl.R.1,5s3M) sowie der Befeuerung der Hafeneinfahrt (F.R.2M und F.G.2M).
Gefahren: Bei der Einsteuerung in den Hafen ist besondere Vorsicht geboten, da zahlreiche Boote, Fähren und Tragflügelboote sowie Yachten die schmale Einfahrt mit einiger Geschwindigkeit passieren.

Liegeplätze
Am Stadtkai oder an der N-Mole macht man mit Bug oder Heck fest. Geröll macht den Grund vor der Mole an einigen Stellen unrein, also Vorsicht beim Festmachen! Falls irgend möglich, sollte man sich bei N- bis NW-Winden an der N-Mole einen Platz suchen. Im Sommer ist der Hafen stark belegt; dann ist es nichts Ungewöhnliches, im Päckchen zu liegen. Vertörnte Ankerketten gehören dann zur Tagesordnung. Der Grund, der an manchen Stellen nur recht dürftig hält, besteht aus Schlick mit Seegrasbewuchs und ist mit einzelnen Felsen durchsetzt.
Schutz: Bei heftigen N- bis NW-Winden entsteht gefährlicher Schwell, und der einzige sichere Liegeplatz ist dann an der N-Mole.
Behörden: Wasserschutzpolizei und Zoll.

Versorgung
Wasser gibt es am Kai.
Lebensmittel: Die Ortschaft bietet gute Versorgungsmöglichkeiten. Stangeneis bekommt man auf dem Markt.
Restaurants: Am Hafen und in der Stadt findet man zahlreiche Tavernen.
Sonstiges: Post, Telefonamt, Bank, Gas, Camping GAZ. Es bestehen Fährverbindungen nach Piräus und zu den anderen Inseln im Saronischen Golf.

Mandraki

37°21'N 023°29'E

Ein Hotelblock im Scheitel der Bucht Mandraki, die etwa 0,75 Seemeilen E-lich von Ydra liegt, bildet eine gute Landmarke. Zu beiden Seiten der Einfahrt wurden Wellenbrecher aufgeschüttet, die den Schutz in der Bucht stark

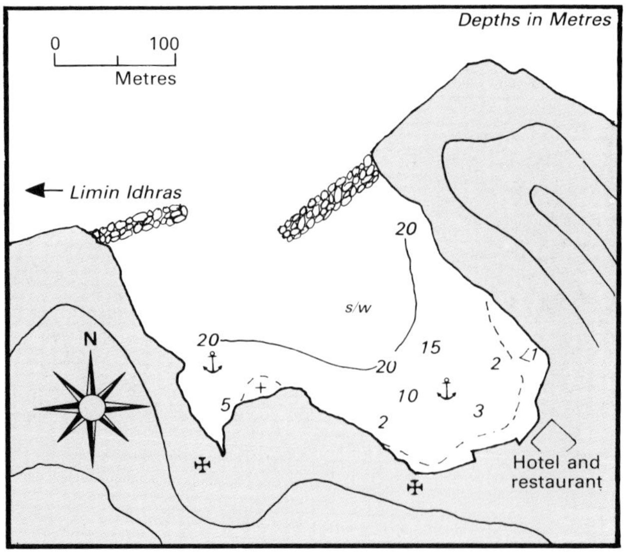

Mandraki.

verbessert haben. Der Ankerplatz ist nach S hin gut geschützt, nach N ist der Schutz nun recht ordentlich. Man ankert auf 3 bis 6 m Wassertiefe. Der Grund besteht aus Sand, Schlick und Seegrasbewuchs und hält gut. An Land gibt es Tavernen. Für die Fahrt nach Ydra bietet ein Wassertaxi seine Dienste an.
Bei Fortführung der Bauarbeiten an den Wellenbrechern ist Vorsicht geboten. Wie die endgültige Anlage in Mandraki einmal aussehen soll, ist leider nicht bekannt.

Ankerplätze SW-lich von Limin Ydra

Verschiedene Ankerplätze finden sich entlang der N-Küste sowie an der SW-Seite von Ydra, die alle Schutz vor den vorherrschenden SE-Winden bieten. Gelegentlich können an Ydras Küsten Fallböen auftreten, die aber in Stärke und Dauer variieren.
1. ***Vlychos***: Man ankert vor dem Dorf. An Land gibt es eine Taverne.
2. ***Ormos Molos***: Diese kleine Bucht liegt dem Inselchen Nisis Kivolos genau gegenüber. An Land hat eine Taverne geöffnet.
3. ***Petassi***: Gegenüber der NE-Spitze von Nisis Petassi findet man mehrere kleine Einbuchtungen, in denen man ankern kann.
4. ***Bisti***: Unterhalb des Kaps Ak Bisti befindet sich eine Bucht, in der man ankern kann, auch wenn sie sehr große Wassertiefen aufweist.
5. ***A. Nikolaos***: Diese weite Bucht NE-lich von Nisis A. Nikolaos bietet einen Schönwetterankerplatz auf kristallklarem Wasser in phantastischer Umgebung. Wenn sich die vorherrschenden Winde erheben, steht Schwell hinein.

Nisis Dokos

Eine rauhe kahle Insel vor der SW-Spitze Ydras. Die Passage zwischen Ydra und Dokos, Stenon Petassi genannt, ist tief und ohne Gefahrenstellen. Zwischen den beiden

Dokos: Ankerplatz in der W-lichen Bucht Skintos.

Inseln sind die Winde sehr unterschiedlich – oft flauen sie vollständig ab. Man sollte besser durch diese Meerenge motoren, bevor die Winde wieder aufbrisen.
An der Bucht Ormos Skintos an der N-Küste der Insel leben noch zwei Familien.

Ormos Skintos

37°20,5`N 023°20'E

Diese weite Bucht, die an ihren Ufern noch eine ganze Reihe kleinerer Einbuchtungen aufweist, bietet bei normalen Sommerwinden guten Schutz.
Ankerplätze
1. An der E-Seite ankert man auf 2 bis 5 m und bringt, falls nötig, eine lange Leine zum Land hin aus. Yachten können auch im SW des Ankerplatzes ankern. Der Schutz vor den vorherrschenden Winden ist recht ordentlich, auch wenn es zeitweise ungemütlich werden kann. Über die Mittagszeit ist diese Bucht für einen Pausenstopp sehr beliebt, nachts ist sie meist einsam und verlassen. Der Ankerplatz ist über die Bucht hin nach W und NW offen.
2. Im NW befindet sich eine weitere kleine Einbuchtung, in der eine Reihe von Häusern entlang des Strandes gebaut wurden und die guten Schutz bietet. Man ankert auf 7 bis

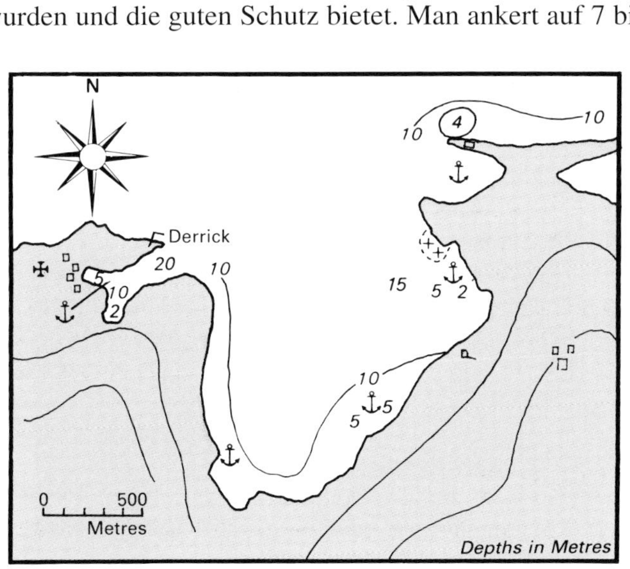

Ormos Skintos.

10 m über Sandgrund mit Seegrasbewuchs. Früher war hier eine große Mooringtonne ausgelegt, die in der Zwischenzeit aber verschwunden ist. Ihre kräftige Mooringkette liegt jedoch noch immer auf dem Grund.

Nisis Trikkeri

Etwa in der Mitte zwischen den Inseln Ydra und Spetsai befindet sich diese kleine Insel, um die herum man oft Fischerboote beobachten kann. Zwischen Trikkeri und Ydra zieht sich eine ganze Kette von kleinen Inseln und Eilanden: Asteri, Drapi, Strongylo, Disakki, Tagari, Karteli, Ventza und Alexandros. An der E-Seite der schmalen Bucht Baltizas steht ein Feuer (Ak Phanari Fl.WR.5s18/14M – der rote Sektor deckt 254°-278°), dessen roter Sektor vor den Inselchen und Felsklippen ebenso wie vor Yph. Trikkeri (auf 5 m Tiefe) und Yph. Milianos (auf 7 m Tiefe), die zwischen Nisis Trikkeri und Spetsai liegen, warnt.

Der Argolische Golf
(Argolikos Kolpos)

Der Argolische Golf erstreckt sich hinter den S-lichsten Inseln des Saronischen Golfs, Spetsai und Ydra, N-wärts. Er wird von hohen Bergen umrahmt – nur in seinem Scheitel ist das Land flacher: Hier liegt die Ebene von Argos. Die Bergrücken an der W-Seite des Golfs sind die ersten Ausläufer des Parnon-Gebirges, das sich die E-Küste des Peloponnes entlang bis zum Kap Maleas zieht. Die kargen Berge sind rauh und wild, und die Küste wirkt nicht sehr einladend. Im allgemeinen reicht tiefes Wasser bis dicht unter Land, und die Berghänge stürzen sich jäh ins Meer. Im Winter ist der höchste Gipfel mit Schnee bedeckt, der oft noch bis ins späte Frühjahr hinein liegen bleibt.

Ak Milianos

Etwa eine viertel Seemeile S-lich des Kaps Ak Milianos erstreckt sich ein Riff, das teilweise überspült wird und über dem sich die See bricht. Die weiße Kirche auf dem Kap bildet eine gute Landmarke. Das Ende des Riffs wird durch ein kleines Leuchtfeuer bezeichnet (Fl.WR.10s8/6M, der rote Sektor deckt 314°–357° sowie die Felsklippen Yph. Milianos und Yph. Trikkeri ab).
In der Bucht unmittelbar W-lich von Ak Milianos gibt es verschiedene reizvolle Schönwetterankerplätze.

Die Insel Spetsai

In der E-lichen Ansteuerung des Argolischen Golfs liegt die Insel Spetsai, deren Form in etwa oval ist. Ihr gesamtes Erscheinungsbild wirkt sanfter als das ihrer Nachbarinseln Ydra und Dokos, und ihr Klima wird als äußerst milde und gesund beschrieben. Ein großer Teil der Insel ist mit Pinien bewachsen, die zu Beginn des Jahrhunderts bei einem Aufforstungs-Projekt angepflanzt wurden.

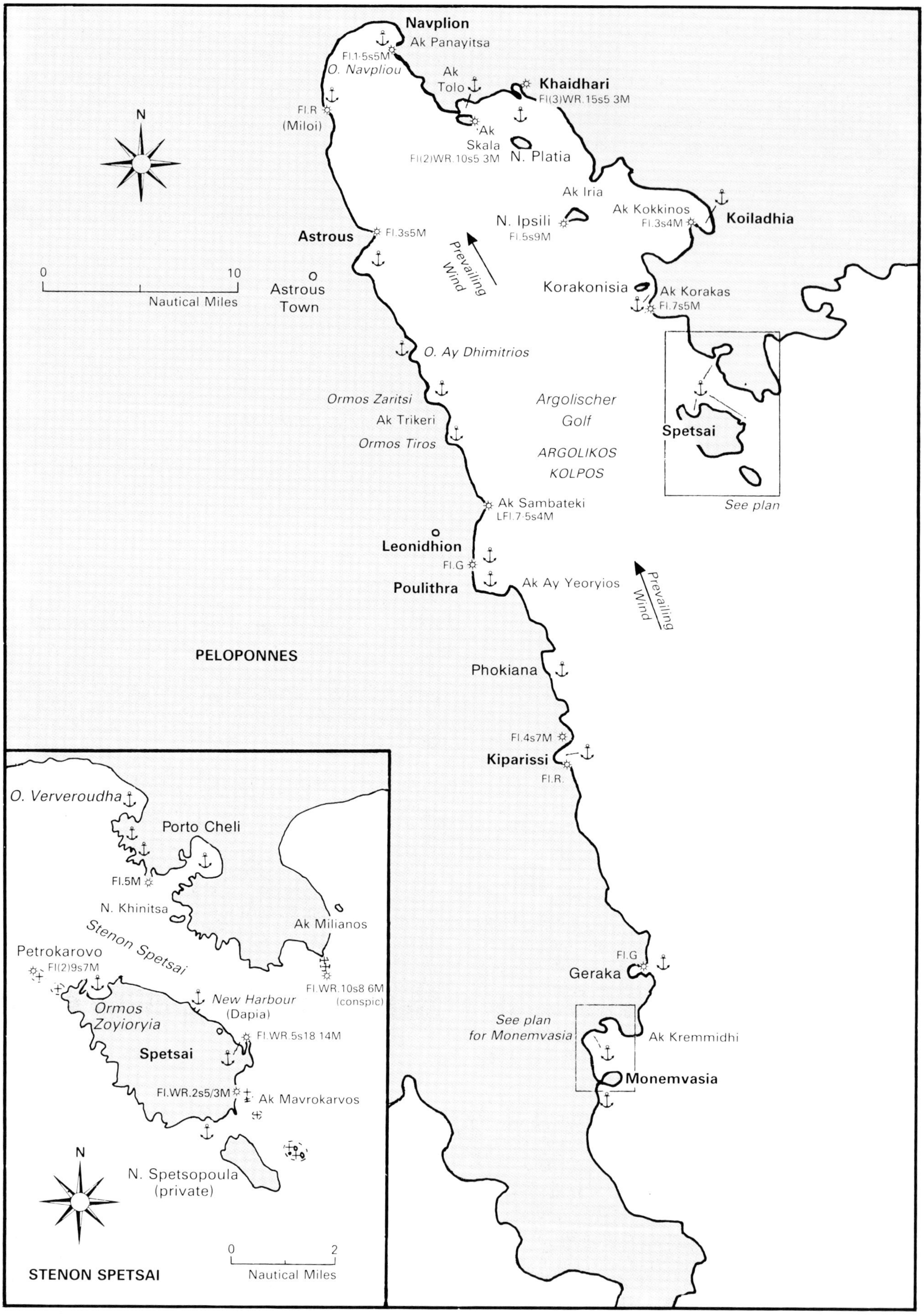

Der Argolische Golf (Argolikos Kolpos) und der E-liche Peleponnes.

Die meisten Inselbewohner leben in der Stadt Spetsai, die an der N-Küste der Insel liegt und, von E kommend, gut zu erkennen ist. Ydra und Spetsai waren die ersten beiden Inseln, die sich gemeinsam gegen die Türken auflehnten und ihre Handelsschiffe der »griechischen Sache« zur Verfügung stellten. Die örtliche Heldin hieß »Boubalina« (viele einheimische Boote sind nach ihr benannt); sie befehligte die Flotte von Spetsai nach dem Tod ihres Mannes. Ihr herausragender Verdienst war die Zerstörung eines Teils der türkischen Flotte bei Navplion mit Hilfe brennender Schiffe, die sie auf die gegnerische Flotte zutreiben ließ. Dieser großen Tat wird jedes Jahr im September mit einer Regatta gedacht, bei der eine kleine Caïque, die wie ein altes Handelsschiff hergerichtet ist, in Brand gesetzt wird. Das Ganze wird von einem lautstarken Feuerwerk und ebensolcher Fröhlichkeit begleitet.
Die Flotte von Spetsai konnte sich nach dem Unabhängigkeitskrieg wirtschaftlich ebensowenig erholen wie die ydriotische Flotte.
Die Stadt Spetsai zeigt in ihrem Erscheinungsbild mehr Ähnlichkeit mit Städten der italienischen Riviera als mit anderen griechischen Städten, obwohl architektonische Zusätze der letzten Zeit diesen Eindruck etwas verwischen. Um der großen Zahl von Touristen, die im Sommer auf der Insel einfallen, entsprechende Unterbringungen anbieten zu können, wurde eine Reihe großer Hotels in der Stadt gebaut.

Ormos Baltizas (Balza-Bucht)

WP 37°16'N 023°10'E (Q.R.2M) / Karten: BA 1683, Imray G14, D 672 Plan B

Allgemeines
Spetsai ist eine ausgesprochen hübsche Stadt, die bei Urlaubern und Athenern gleichermaßen beliebt ist. In vielen Restaurants auf Spetsai bekommt man ein hervorragendes Gericht serviert, das eine Spezialität der Insel ist: Fisch à la Spetsiosa. Fisch, Tomaten und grüner Paprika werden zusammen in einem Schmortopf unter einer Käseschicht gegart. Dieses Gericht sollte man unbedingt probieren.
Die Umgebung von Spetsai und der alte Hafen eignen sich wunderbar für Spaziergänge. Es gibt verschiedene Bootswerften, die Caïquen bauen, und Schiffe aus Spetsai genießen den Ruf, die besten Griechenlands zu sein.
Tim Severin ließ seine Galeere, mit der er die mutmaßliche Fahrtroute von Jason und den Argonauten sowie die Irrfahrt des Odysseus von Troja zurück nach Ithaka nachsegelte, hier auf der Insel bauen.

Um den Hafen herum stehen noch viele der großartigen alten Häuser, die während der Blütezeit der Insel im 18. und 19. Jahrhundert erbaut wurden, als die Handelsflotte Spetsais im ganzen E-lichen Mittelmeer Handel trieb.
Autoverkehr ist auf der Insel verboten (Motorräder bedauerlicherweise nicht), und es macht viel Spaß, im alten Stadtviertel herumzustreunen.

Ansteuerung
Auffällig: Die Häuser der Stadt Spetsai, die sich die sanft ansteigenden Hänge und um die N-Küste herum entlangziehen, sind bereits von weitem leicht zu erkennen. Beim Näherkommen ist der Leuchtturm, der auf der E-lichen Einfahrtshuk zum Hafen, Ak Phanari, steht, gut auszumachen. Ebenso markant sind mehrere schneeweiße Windmühlentürme, die nun in Wohnhäuser umgewandelt wurden.
Nachts navigiert man nach dem Feuer auf dem Kap Ak Phanari (Fl.WR.5s18/14M) und dem Feuer auf der Spitze der Landzunge (Q.R.2M).
Gefahren: Beim Runden der Landspitze ist Vorsicht beim Navigieren geboten, da hier einige Über- und Unterwasserfelsen sowie ein kleines Riff liegen.
Bei S-lichen Winden ist die See in der Hafeneinfahrt oft kabbelig.

Liegeplätze
Falls man das Glück hat, einen Platz zu finden, macht man mit Bug zum Kai im inneren Hafen fest; andernfalls ankert man mit langer Leine zum Land in der Bucht. Ormos Bal-

Ormos Baltizas: Blick vom Ankerplatz im Außenhafen hinüber zum Leuchtturm.

Ansteuerung der Balza-Bucht aus NW (Foto: Rosie Rigby).

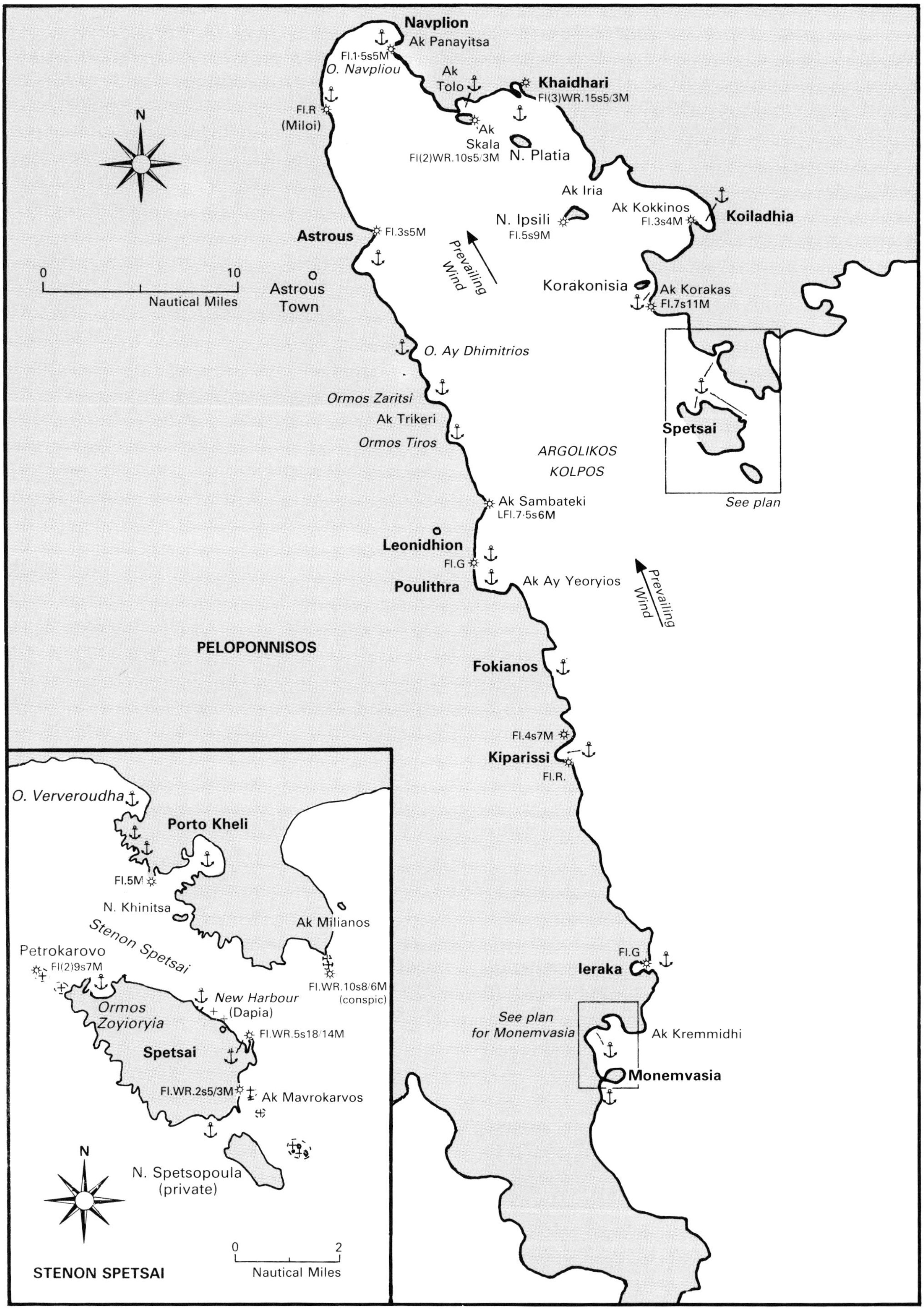

Die Insel Spetsai - Ormos Baltizas.

tizas ist in den Sommermonaten ein beliebtes Ziel für Yachten: Im inneren Hafen ist es dann brechend voll, und auch der äußere Hafen ist so überfüllt, daß man nicht genügend Schwojraum findet. Der Ankergrund besteht im äußeren Hafen aus Sand mit Seegrasbewuchs (an einigen Stellen hält er kaum), und im SW macht die schwere Kette einer großen Mooringtonne den Grund unrein. Exzellenten Halt bietet der Schlickgrund im inneren Hafen.
Schutz: Bei heftigen NW-Winden wird das Liegen im äußeren Hafen für kleine Yachten sehr ungemütlich, wenn nicht gar gefährlich. Dagegen liegt man im inneren Hafen bei jedem Wetter gut geschützt, und eine ganze Anzahl von Yachten überwintert hier im Wasser.
Behörden: Wasserschutzpolizei und Zoll.

Versorgung
Wasser gibt es am Kai.
Treibstoff ist ebenfalls am Kai erhältlich.
Reparaturen: Alle drei Werften, die um den Hafen herum liegen, können Yachten aufslippen; allerdings muß man rechtzeitig buchen, wenn man einen Platz bekommen möchte. Kleine mechanische Reparaturen und traditionelle Holzarbeiten können ausgeführt werden. Eisenwarenläden und kleine Schiffsausrüster.
Lebensmittel: In der Stadt und in Hafennähe bestehen gute Versorgungsmöglichkeiten.
Sonstiges: Post, Telefonamt, Banken, Gas, Camping GAZ, Motorrad-Vermietung, Fahrradverleih und Pferdekutschen. Über die Meerenge von Spetsai hinweg verkehrt eine Autofähre nach Kosta. Nach Piräus und den anderen Inseln des Saronischen Golfs gehen Fähren und Tragflügelboote.

Der neue Hafen von Spetsai

WP 37°16,2'N 023°09,5'E (F.R.3M)

Dapias, der neue Haupthafen der Insel vor der Stadt Spetsai, hat eine Mole und einen kleinen Bootshafen. Die Mole ist für die Fähren und der Bootshafen für einheimische Caïquen-Fähren reserviert. Yachten werden von der Wasserschutzpolizei abgewiesen.
An der W-Seite des Fähranlegers und des kleinen Bootshafens gibt es eine weitere kurze Mole sowie einen Kai, vor dem Unterwasserfelsen liegen. Vor der W-Seite der Mole sind 2 bis 5 m Wassertiefe vorhanden, und man kann mit dem Heck zur Mole festmachen, wo es einem beliebt. Für gewöhnlich steht hier bei den normalen Sommerwinden ein ungemütlicher Schwell; bei N-lichen Winden muß man diesen Platz verlassen.
Hinweis: Zwischen dem neuen Hafen von Spetsai und der Bucht Ormos Baltizas wird die Küste von Unterwasserfelsen gesäumt, die sich bis zu 100 m weit seewärts erstrecken.

Ormos Zogiorgia

In dieser weiten Bucht im NW kann man auf 5 bis 8 m Tiefe ankern. An der W-Seite der Bucht befindet sich eine kleine Einbuchtung, die mit Ausnahme von Winden aus NE bis E guten Schutz gewährt. Der Sandgrund, der mit ein paar Felsen durchsetzt ist, hält gut.
Nachts können aus dem NW des Argolischen Golfs gelegentlich Fallwinde kommen, die das Liegen in der Bucht ungemütlich, manchmal sogar gefährlich machen. Schutz vor Winden aus dieser Richtung bietet die Einbuchtung an der W-Seite. Die Umgebung des Ankerplatzes mit ihrem bewaldeten Küstenvorland und das kristallklare Wasser der Bucht sind sehr reizvoll. An Land gibt es eine Taverne.

Nisis Petrokaravo

Vor der NW-Huk von Spetsai liegt diese kleine Insel, die mit Fl(2)9s7M befeuert ist. Zwischen Spetsai und Nisis Petrokaravo erstreckt sich ein Riff. Unter der Küste von Spetsai ist das Fahrwasser in der Passage tiefer als zum Inselchen hin. Am sichersten ist allerdings ein Kurs, der Nisis Petrokaravo seeseitig passiert.

Die Insel Petrokaravo vor der NW-Huk von Spetsai aus NW.

Spetsopoula

Diese kleine Insel befindet sich vor der SE-Spitze von Spetsai und ist im Privatbesitz des Reeders Stavros Niarchos, dessen Flotte den Schiffen des verstorbenen Onassis harte Konkurrenz machte. Das Anlegen ist verboten. An der N-Seite der Insel gibt es einen privaten Hafen, in dem man gelegentlich die große Yacht des Reeders liegen sehen kann. Eine Reihe von Riffen zwingt zum äußerst vorsichtigen Navigieren zwischen Spetsai und Spetsopoula.

Porto Cheli

WP 37°18,9'N 023°07,7'E (Fl.1,5s5M) / Karten: BA 1683, Imray G14, D 672

Allgemeines
Der lange Kai wurde 1960 gebaut, als Cheli zur NATO-Zone erklärt wurde. Der Plan wurde aber wieder fallengelassen, und die einzigen Zeugen dieses Vorhabens sind der unfertige Hafen sowie eine kleine Start- und Landebahn in der Nähe, die heute von Sportflugzeugen benutzt wird. Im Laufe der Jahre wurden Bäume angepflanzt und Straßen gebaut, so daß das einstmals staubige Becken heute sehr viel ansprechender wirkt.
Cheli oder »Heli« bedeutet im Griechischen »Aal«, was vermutlich auf das zahlenmäßig große Vorkommen dieser

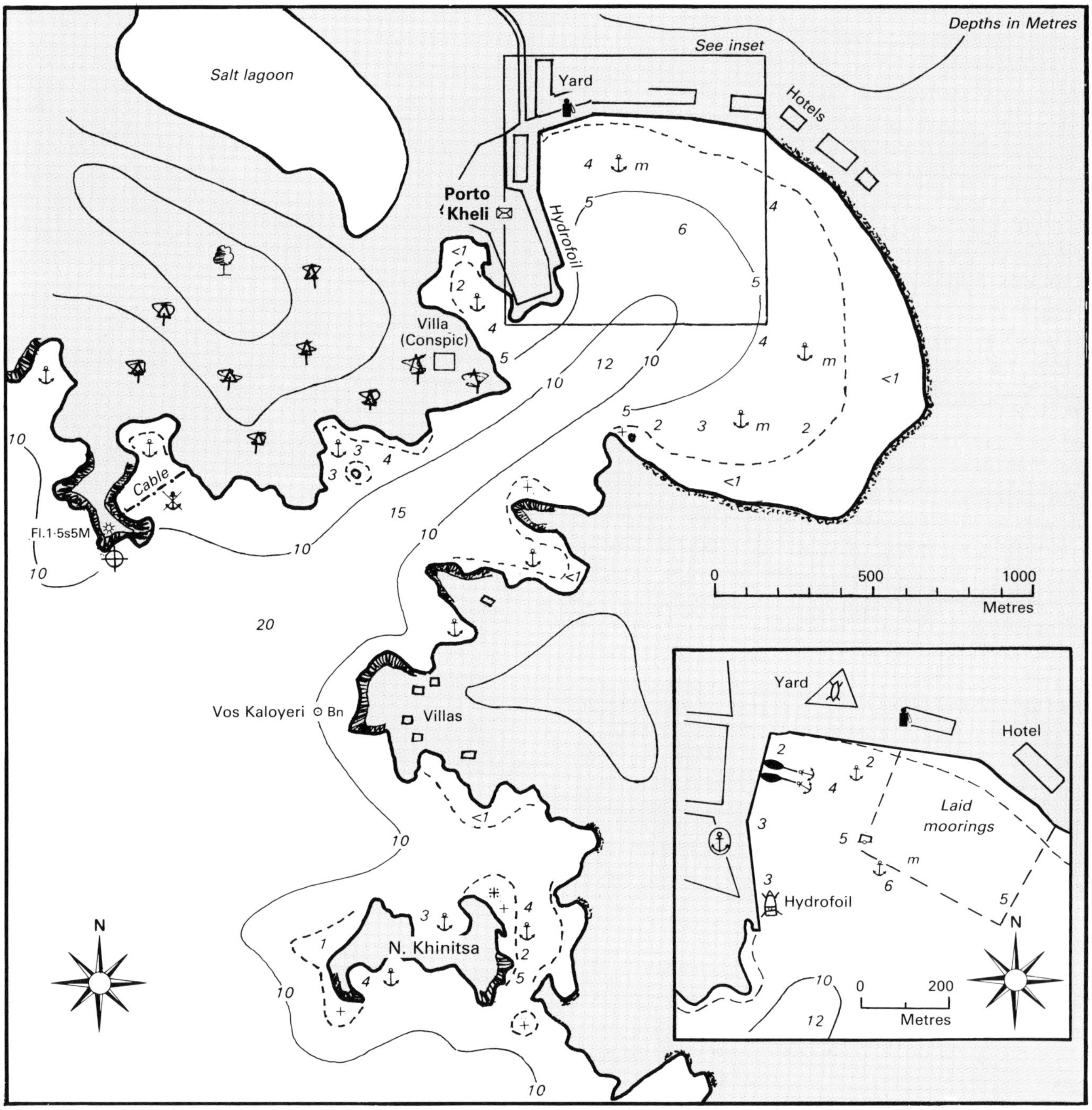

Porto Cheli.

Tiere zurückzuführen ist, insbesondere in der abgeschlossenen Salzlagune an der W-Seite. Die fast ganz von Land umschlossene Bucht ist nicht unattraktiv und für den Wassersport geeignet. Kein Wunder also, daß hier eine Reihe von Hotels entstand und die Bucht im Sommer übersät ist mit Segelbooten, Dingi-Seglern, Gleitschirmfliegern, Wasser- und Jet-Skiläufern, einigen Badenden und Schwimmern, die ihren Weg durch die hüpfende oder schnell gleitende Plastik-Flotte sowie wirbelnde Schraubenwellen machen.

Ansteuerung
Auffällig: Von W kommend, ist ein großes weißes Hotel an der SE-Seite der Einfahrt sowie eine Anzahl großer Villen an der E-Seite der Passage gut auszumachen. Von E her ist Nisis Chinitsa leicht zu erkennen. Beim Näherkommen werden das Leuchtfeuer auf der W-Seite sowie die Bake, die das Riff vor der E-Huk der Einfahrt markiert, sichtbar.
Nachts: Eine nächtliche Ansteuerung kann schwierig werden, da nur ein Feuer auf der W-Huk (Fl.1,5s5 M) brennt.
Achtung: Die Passage zwischen Nisis Chinitsa S-lich der Hafeneinfahrt und dem Festland ist im Fahrwasser 2 m tief, der Grund ist aber unrein, und beim Passieren der Meerenge ist besonders umsichtige Navigation angebracht. Sicherer ist es, das kleine Eiland seeseitig zu passieren.

Liegeplätze
Man macht mit Bug oder Heck zum Kai fest oder ankert im Hafen. Der Grund, der aus klebrigem Schlick besteht, hält hervorragend.
Schutz: In Porto Cheli liegt man bei jedem Wetter ausgezeichnet geschützt. Trotzdem kann die täglich auftretende

Porto Cheli aus NE.

SE-Brise durch die Dünung, die durch die Bucht in den Hafen steht, das Liegen am Kai ungemütlich machen. Zahlreiche Yachten überwintern in Porto Cheli im Wasser.
Behörden: Wasserschutzpolizei und Zoll.
Ankerplätze: Zu beiden Seiten der Einfahrt nach Porto Cheli hinein gibt es zahlreiche kleine Einbuchtungen, in denen man je nach Wetterlage und Windrichtung ankern kann. Im allgemeinen ist der Schutz, den diese Ankerplätze bieten, ausreichend für einen Übernachtungsstopp.

Versorgung
Wasser: Das örtliche Wasser ist brackig; Trinkwasser liefert ein Tankwagen.
Treibstoff ist unweit des Kais erhältlich, kann aber auch von einem Tankwagen geliefert werden.
Reparaturen: Die Bootswerft kann Yachten aufslippen, einige mechanische Reparaturen sind möglich. Zwei Yachtausrüster. Eine Firma unter deutscher Leitung, Frank's Yacht Service, kümmert sich um Yachten an Land und im Wasser. Winterlager und Reparaturarbeiten können ausgeführt werden. Die meisten mechanischen Reparaturen und einfache Arbeiten an der Maschine lassen sich arrangieren, ebenso die Wartung von Rettungsinseln. Yachten mit mehr als 7 t können gekrant werden. Zu erreichen ist Franks Yacht Service unter der Adresse Frank Wenzlaff, Odos Kosta 2, 21300 Porto Cheli.
Lebensmittel: Der Ort bietet gute Versorgungsmöglichkeiten, auch Stangeneis ist erhältlich.
Restaurants: Um den Hafen und im Ort findet man nette Tavernen.
Sonstiges: Post, Telefonamt, Bank, Gas, Camping GAZ. Es besteht eine Busverbindung nach Athen, ein Tragflügelboot verkehrt nach Piräus und zu den anderen Inseln des Saronischen Golfs.

Nisis Korakonisia

Unmittelbar N-lich vom Kap Ak Korakas, das mit Fl.7s11M befeuert ist, liegt diese kleine Insel. An der Küste unmittelbar N-lich der Insel gibt es eine schmale Bucht, in der man vor den normalen Sommerwinden gut geschützt ist. Man ankert über Sand- und Steingrund, der

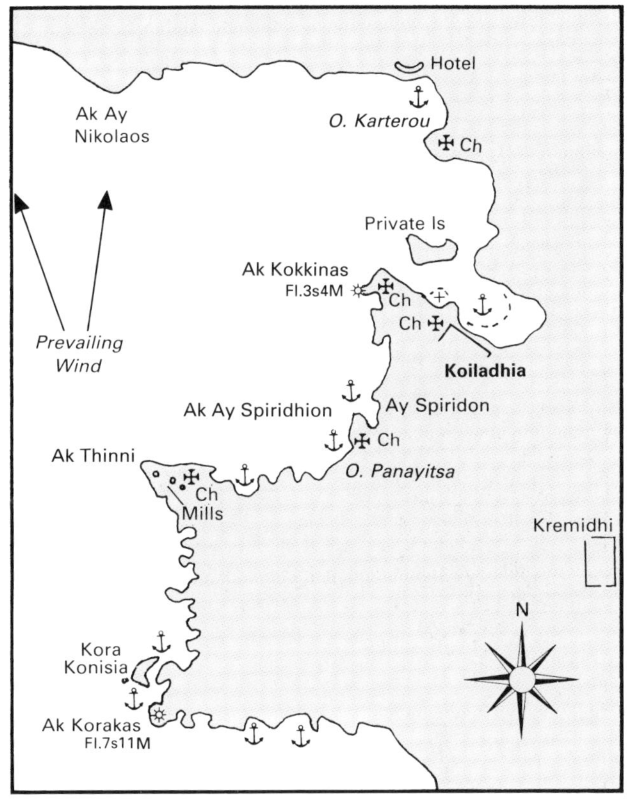

Von Korakas bis zum Kap A. Nikolaos.

gut hält. Um den Strand herum stehen ein paar Häuser. Auch an der E-Seite der Insel gibt es eine kleine Einbuchtung, in der man ankern kann. Die Umgebung dieser Ankerplätze ist wunderschön.

Ak A. Spyridon

Eben N-lich dieser Landspitze, auf der eine weiße Kirche steht, gibt es eine Bucht, die recht ordentlichen Schutz vor den vorherrschenden Winden bietet. Man ankert auf 4 bis 5 m Wassertiefe vor dem Strand, an dem im Sommer eine Taverne geöffnet hat. In der Nähe findet man noch weitere Schönwetterankerplätze vor wundervollen Sandstränden.

Koilas (Ormos Koiladia)

WP 37°25,4'N 023°06,8'E (Fl.3s4M)

Koilas ist ein lebhaftes Fischerdorf, dessen Einwohner eine ansehnliche Flotte an Fischerbooten unterhalten. Die Häuser aus Stahlbeton entsprechen nicht unbedingt den Vorstellungen, die man sich von einem griechischen Dorf macht, aber man gewöhnt sich an ihren Anblick, und die Einheimischen sind ein freundliches Völkchen.
In der Franchthi-Höhle, die E-lich des Ankerplatzes gut erkennbar ist, wurden zahlreiche prähistorische Funde gemacht; u. a. ein Skelett aus dem Mesolithikum, das älteste, das je in Griechenland gefunden wurde.

Ansteuerung
In der Einfahrt zur weiten Bucht, Ormos Koiladia, die zum E-lichen Teil des Golfs gehört, liegt die kleine Insel Koiladia.

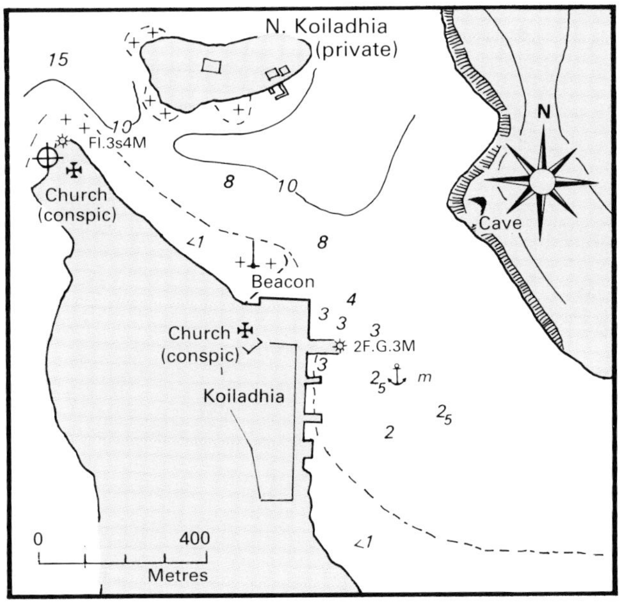

Koilas.

Auffällig: Die weiße Kirche auf dem Kap Ak Kokkinos bildet eine gute Landmarke. Beim Näherkommen wird die große Dorfkirche sichtbar. Nisis Koiladia in der Zufahrt ist leicht zu erkennen.
Nachts: Eine Nachtansteuerung erfordert umsichtiges Navigieren. Am besten richtet man sich nach dem Feuer auf dem Kap Ak Kokkinos (Fl.3s4M) sowie dem Feuer auf dem Kopf der Pier (2F.G(vert)3M).
Gefahren: Von einem Riff, das die Passage zwischen der Insel Koiladia und dem Kap Kokkinas säumt, sollte man sich gut freihalten.

Liegeplätze
Vor dem Dorf ankert man auf 2 bis 3 m über Schlickgrund, der ausgezeichnet hält. Für gewöhnlich ist die kurze Pier vor der Stadt mit Fischerbooten überfüllt, aber mit etwas Glück läßt sich vielleicht ein Plätzchen finden.
Schutz: In der Bucht ist man bei jedem Wetter gut geschützt, und einige Boote liegen hier das ganze Jahr über an Moorings.

Blick auf die Ortschaft Koilas mit der markanten Kathedrale aus SE.

Hinweis: Die Insel Koiladia ist im Privatbesitz eines Schiffseigners, und der kleine Hafen an der SE-Seite ist ebenfalls privat.

Versorgung
Wasser gibt es am Kai.
Treibstoff in der Stadt.
Lebensmittel: Die meisten Lebensmittel und Stangeneis sind erhältlich.
Restaurants: Um den Hafen herum findet man verschiedene Tavernen, die oft guten frischen Fisch auf ihrer Speisekarte haben.
Sonstiges: Post, Telefonamt, Gas und Taxis.

Nisis Ypsili und Nisis Plateia

Diese beiden Inseln liegen im NE des Golfs. Die Form von Nisis Ypsili, der S-licheren der beiden, ist steil und in etwa halbmondförmig. Die Gestalt von Nisis Plateia im N ist flacher.
Um Nisis Ypsili herum gibt es keine Ankerplätze, da die Wassertiefen bis dicht unter Land erheblich sind. Im N von Plateia findet man einen Ankerplatz, der vor der Nachmittagsbrise, die den Golf hinaufweht, geschützt ist. Eine Fischzucht nimmt neuerdings einen Großteil des Ankerplatzes ein.

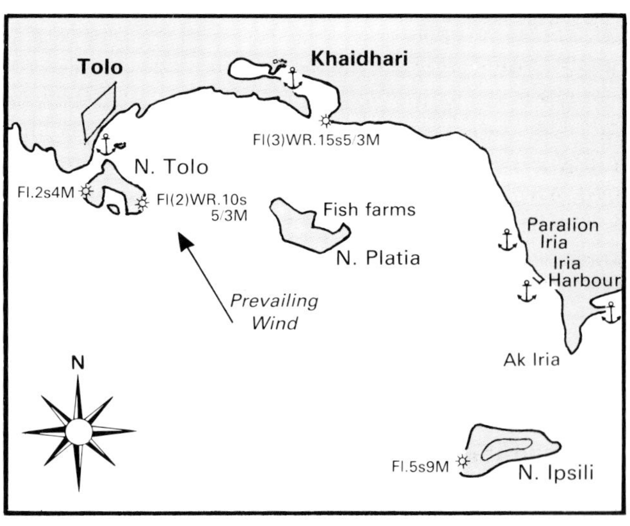

Von Ak Iria bis Tolo.

Weitere Ankermöglichkeiten

An der E-Seite des Kaps Ak Iria findet man in einer kleinen Bucht einen abgeschiedenen Ankerplatz, der durchaus einen Besuch wert ist. Bei beständigem Wetter kann man vor dem langen Sandstrand des Dörfchens Kantia ankern. Da man auf diesem Platz der Nachmittagsbrise ungeschützt ausgesetzt ist, sollte man darauf vorbereitet sein, den Platz zu verlassen, wenn sich der Wind erhebt. An Land gibt es eine Taverne.

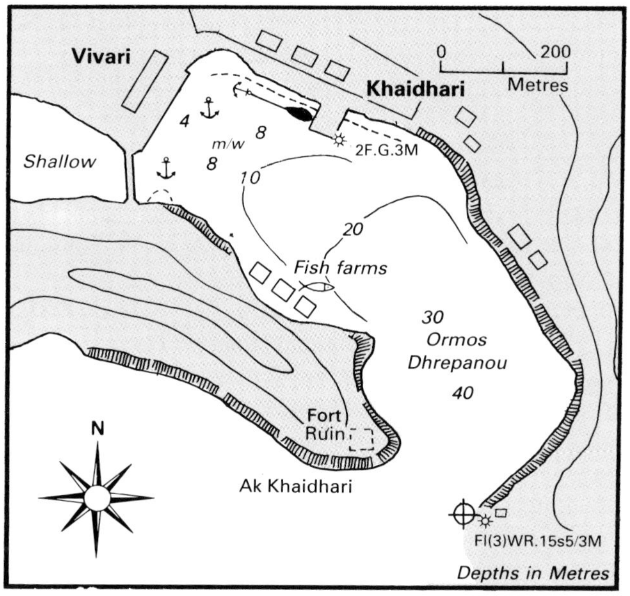

Ormos Drepanou mit Limin Chaidari.

Ormos Drepanou (Limin Chaidari)

WP 37°31,4'N 022°56,1'E (Fl(3)WR.15s5/3M)

Die Einfahrt in die tiefe, fjordähnliche Bucht ist von See her nur schwer auszumachen. Auf der W-Seite steht eine Ruine, und beim Näherkommen wird ein Leuchtfeuer (Fl(3)WR.15s5/3M) auf der E-Seite sichtbar. Im Scheitel des Meeresarms ankert man auf 3 bis 8 m über Schlickgrund mit Seegrasbewuchs, der gut hält. An der NW-Seite der Mole kann man auch mit Bugleinen und Heckanker festmachen. Man liegt hier bei jedem Wetter gut geschützt, und eine ganze Reihe von Yachten überwintert in dieser Bucht. An Land findet man Tavernen und Cafés.

Tolo

WP 37°30,9'N 022°51,5'E (2F.R.3M)

Allgemeines

Das ehemals kleine Fischerdorf Tolo hat sich aufgrund seiner Sandstrände zu einem Urlaubsort gemausert. Neuerdings wird Tolo von Pauschalreisenden bevölkert, und es gibt kaum noch etwas, was daran erinnert, daß ursprünglich Fisch die Haupterwerbsquelle war.

Ansteuerung

Auffällig: Die beiden Inseln Plateia und Tolo, die dicht vor der Küste liegen, sind leicht zu erkennen. Eine weiße Kirche mit einer kegelförmigen Spitze, die hinter dem Dorf Tolo steht, bildet eine gute Landmarke. Der kleine Hafen befindet sich am Stenon Tolo am SW-lichen Rand der Ortschaft.

Nachts navigiert man nach dem Feuer auf der S-Huk der Insel Tolo, Ak Skala, (Fl(2)WR.10s5/3M), dem Feuer auf dem Kap Ak Chaidari (Fl(3)WR.15s5/3M) sowie der Befeuerung auf Ak Megali (Fl.2s4M). Der Molenkopf ist mit 2F.R(vert)3M befeuert.

Gefahren: Ungefähr eine dreiviertel Seemeile SE-lich des Kaps Ak Skala erstreckt sich das Riff, Yph. Tolo, das

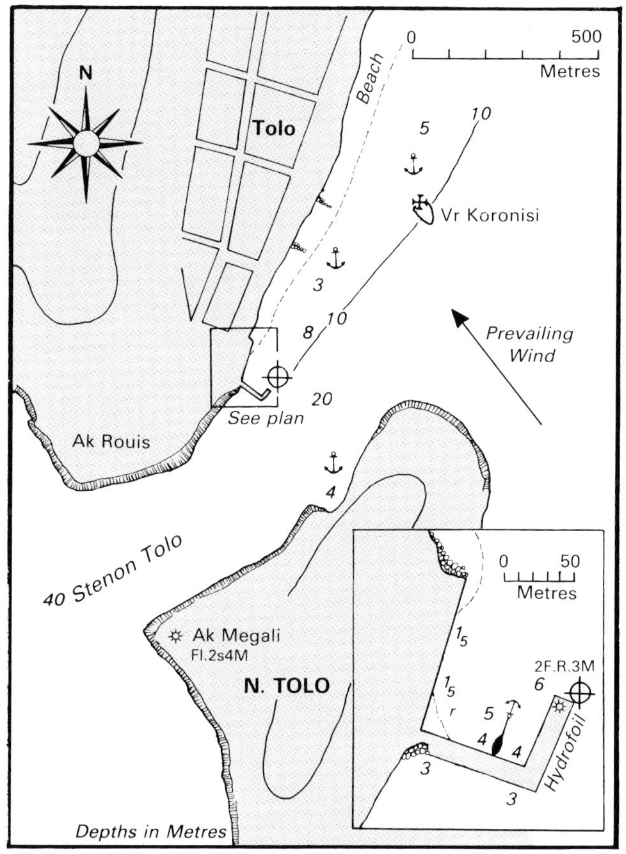

Tolo.

gleichzeitig die SE-Spitze von Nisis Tolo darstellt. Über dem Riff stehen rund 3,5 m Wasser. Die Gefahrenstelle wird von den roten Sektoren der Feuer auf Ak Skala (315°–343°) sowie auf Ak Chaidari (046°-058°) abgedeckt.

Liegeplätze

Man ankert vor dem Dorf oder geht längsseits bzw. mit Bug oder Heck an den S-Teil der Mole. Das Innere des kleinen Hafens ist normalerweise mit Fischerbooten überfüllt, deren Eigner daran Anstoß nehmen, wenn Yachten an ihren Liegeplätzen festmachen. Der Ankergrund besteht aus Sand, der gut hält.

Schutz: Wenn am Nachmittag Wind aufkommt, kann der Ankerplatz vor dem Dorf etwas unruhig werden, aber

Blick über den Hafen Tolo hinüber zur Insel Tolo aus NW.

der Sandgrund hält den Anker gut. Vor der Nachmittagsbrise ist man entlang der Außenseite der Mole zwar geschützt, Winden aus W-lichen Richtungen aber völlig ausgeliefert.

Versorgung
Wasser gibt es nur in begrenzten Mengen aus privaten Quellen.
Treibstoff ist im Ort erhältlich.
Lebensmittel: Gute Einkaufsmöglichkeiten.
Restaurants: Am Hafen findet man zahlreiche Tavernen, von denen mehrere oft frischen Fisch anbieten.
Sonstiges: Post, Telefonamt, Bank, Gas, Camping GAZ, Auto-Vermietung. Es besteht eine Busverbindung nach Navplion, und eine Caïque verkehrt als Fähre nach Spetsai.

Ormos Karathona

Die weite Bucht zwischen Tolo und Navplion bietet an ihrem S-Ende einen Ankerplatz, auf dem man etwas Schutz vor den vorherrschenden S-lichen Winden, die den Golf hinaufwehen, findet.
Ein Wellenbrecher bietet zusätzlichen Schutz, falls es einem gelingt, dahinter einen Liegeplatz zu ergattern. Auf diesem Ankerplatz sollte man eine lange Leine zum Land hin ausbringen. An Land gibt es eine Taverne.

Navplion

WP 37°34,1'N 022°47,6'E (Fl.G.3M) / Karten: BA 1683, D 672 Plan C

Allgemeines
Diese große Stadt mit ihren vielen Gebäuden aus dem 18. und 19. Jahrhundert, die zumeist nicht mehr als zwei oder drei Stockwerke haben und mit Balkonen und Fensterläden versehen sind, ist ein wirkliches Juwel. Die Häuser scheinen fast von der üppigen Vegetation, von der sie umgeben sind, verschlungen zu werden. Und sie scheinen darin zu wetteifern, welches Haus die größte Bougainvillea hat und welches am stärksten von Clematis überwuchert wird. Die engen, kopfsteingepflasterten Straßen winden sich zu unauffälligen Villen und weniger dezenten öffentlichen Gebäuden, von denen viele aus goldgelbem Sandstein erbaut wurden, der seine Farbe von der Sonne aufzunehmen scheint. Läden und Tavernen sind überall versteckt. Navplion gehört zu den Orten, an denen man nur allzu gern leben würde.
Die Stadt war für die Argolis schon immer bedeutsam. Nach dem Unabhängigkeitskrieg war Navplion eine kurze Zeit lang die Hauptstadt des jungen Nationalstaates Griechenland – bevor Athen dazu ernannt wurde.
Das Museum am Platz ist in einem Gebäude untergebracht, das ursprünglich von den Venezianern als Marinearsenal erbaut wurde. Hier ist eine ganze Reihe interessanter Exponate zu besichtigen, zu denen auch eine mykenische Rüstung gehört, was wiederum daran erinnert, daß dieses Gebiet einst zum Herzstück von Mykene gehörte. Tatsächlich kann es gut möglich sein, daß Navplion ein mykenischer Hafen war. Die Stadt wird auch als Geburtsort von Palamedes angesehen, dem man die Erfindung des Leuchtturms sowie die Kunst der Navigation und des Würfelspieles zuschreibt.
Er gab auch der venezianischen Festung, Palamidi, die man über einen gewundenen Treppenweg mit fast 1000 Stufen erreicht, den Namen. Der steile Anstieg ist ausgesprochen lohnenswert, nicht bloß wegen der Erkundung eines der besterhaltenen Stücke venezianischer Militärarchitektur, die noch existieren, sondern auch wegen der wunderschönen Aussicht, die man von hier über den Argolischen Golf hat. Aus militärischer Sicht war die riesige Anlage leider schon bald nach ihrer Fertigstellung überholt. Für Besichtigungen ist die Zitadelle von 08.00 bis 18.45 Uhr geöffnet.

Ansteuerung von Navplion aus SSW: links die Insel Bourtzi, rechts das Leuchtfeuer auf dem Kap Ak Panagitsa.

Ansteuerung
Auffällig: Die große Stadt ist erst auszumachen, wenn man Akronauplia gerundet hat. Die Kapelle auf dem Kap Ak. Chondros sowie das Hotel auf Akronauplia bilden gute Landmarken. Die Festung von Palamidi ist ebenfalls zu erkennen. Hat man die Hafeneinfahrt erreicht, wird das kleine Kastell auf dem Inselchen Bourtzi sichtbar.
Nachts navigiert man nach dem Feuer auf Ak Panagitsa (Fl.1,5s5M) und der Befeuerung der Hafeneinfahrt (befeuerte Tonnen Q.R. und Fl.G.3s3M).

Liegeplätze
Im großen Hafenbecken macht man mit Bug oder Heck zum Kai fest oder geht längsseits. Im weichen, klebrigen Schlickgrund faßt der Anker nicht immer.
Schutz: Man liegt hier gut geschützt, auch wenn starke NW-Winde eine ungemütliche Dünung entstehen lassen.
Behörden: Der Hafen ist Port of Entry und so sind Zoll, Wasserschutzpolizei und Einwanderungsbehörde vor Ort.
Hinweis: Bei sommerlicher Hitze kann es im Hafen zu starken Geruchsbelästigungen kommen, weil die Abwässer der Stadt ungeklärt in den Hafen eingeleitet werden.

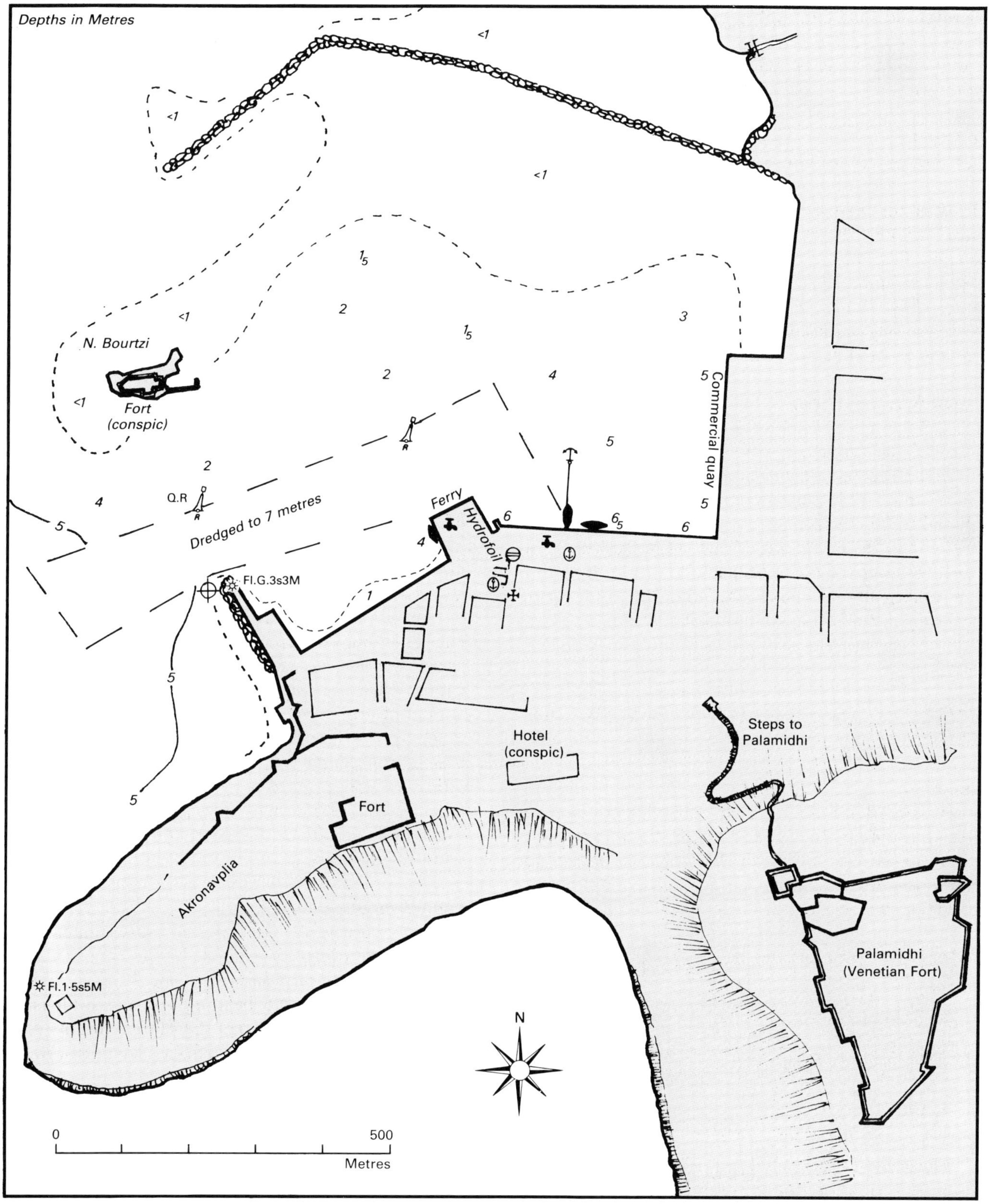

Navplion.

Versorgung

Wasser gibt es am Kai, auch wenn es schwierig werden kann, den »Wassermann« aufzutreiben.
Treibstoff ist in der Stadt erhältlich.
Reparaturen: Einige mechanische Reparaturen sind möglich. Gut sortierte Eisenwarenläden.
Lebensmittel: Navplion bietet ausgezeichnete Versorgungsmöglichkeiten, auch Stangeneis ist erhältlich.
Restaurants: Zahlreiche Tavernen, darunter einige recht anspruchsvolle, die man in und um die alten Straßen herum findet.
Sonstiges: Post, Telefonamt, Banken, Gas, Camping GAZ sowie Auto- und Motorrad-Vermietung. Es besteht eine Busverbindung nach Athen, und Tragflügelboote verkehren nach Piräus.

Mykene

Vom Scheitel des Argolischen Golfs rund 9 Meilen landeinwärts gelegen, befand sich die antike Stadt Mykene, die zwischen 1650 und 1100 v. Chr. das Zentrum einer großen hellenischen Kultur war. Auch wenn es wissenschaftlich gesehen nur eine Vermutung ist, so wird es doch allgemein akzeptiert, daß die mykenische Periode mit den Achäern, die Homer in seinen Werken »Ilias« und »Odyssee« verewigt hat, übereinstimmt – auch wenn Homer möglicherweise Ereignisse, die sich tatsächlich über fünf Jahrhunderte zugetragen haben, in einem engeren Zeitrahmen zusammengefaßt hat.

Obwohl der Ort bereits sehr früh besiedelt wurde, erlangte er erst zwischen 1700 und 1650 v. Chr. herum Bedeutung. Von seiner Lage aus ließen sich die Ansteuerungen in den Argolischen Golf überwachen und ebenso die natürliche Landroute durch die Berge nach Korinth. Die Mykener waren ein kriegerisches Volk, das Griechenland schon bald beherrschte. Ihre Ländereien umfaßten den gesamten Peloponnes, die Ägäischen Inseln, das griechische Festland und Kreta. Ihr kultureller Einfluß reicht sogar noch weiter: Kleinasien, Zypern, Ägypten und die Ionischen Inseln gehörten dazu. Mykenes Reichtum war legendär: Ihre Toten wurden mit üppigen Grabbeigaben bestattet. Vieles davon ging durch Grabräuber späterer Jahrhunderte verloren. Erwähnenswert ist in diesem Zusammenhang insbesondere die berühmte goldene Totenmaske, die Heinrich Schliemann bei Ausgrabungen fand und fälschlicherweise für die des Agamemnon hielt. 1100 v. Chr. ging die mykenische Epoche plötzlich zu Ende, wofür die Wissenschaft bis heute keine Erklärung hat. Von Navplion aus kann man bequem mit dem Bus oder Taxi die Ruinen dieser antiken Stadt besuchen, und auch für Laien gibt es so viel zu sehen, daß sich ein Besuch auf jeden Fall lohnt. Die Ruinenstadt, die auf einem fast baumlosen Berg liegt, kann im Sommer unerträglich heiß sein. Es ist empfehlenswert, seinen Besuch frühmorgens zu machen und eine Kopfbedeckung sowie etwas zu trinken mitzunehmen.

Die Mole von Paralion Astrous aus E.

Kiverion

An der Küste des Peloponnes, der Bucht Ormos Karathona gegenüber, befindet sich diese weite Bucht, in der man aber nur bei wirklich ruhigem Wetter ankern kann. Wenn gegen Nachmittag der Wind aufkommt, sollte man diesen Ankerplatz verlassen. An Land gibt es Tavernen.

Paralion Astrous

WP 37°24,9'N 022°46,1'E (F.G.5M)

Allgemeines

Astrous ist ein geschäftiges Fischerstädtchen und Urlaubsort. Die ursprüngliche Ortschaft wurde an den Hängen oberhalb des Hafens erbaut, ein neuerer Teil zieht sich entlang des Sandstrandes, der die Bucht säumt. Der Hafen gehört zu den schönsten des Golfs, und selbst mit seinen touristischen »Zutaten« ist der Ort ein sehr liebenswertes und sehr griechisches Dorf geblieben.

Das mittelalterliche Kastell auf dem Berg ist noch in recht gutem Zustand und den kurzen Spaziergang bergan durchaus wert. Von hier aus hat man einen wunderschönen Blick über den Golf.

In der Dorfchronik findet sich die Geschichte von einem unterirdischen Gang, der angeblich vom Kastell herab zu einer Höhle auf Höhe des Meeresspiegels an der S-Seite der Landzunge führen soll. Spuren eines solchen Ganges lassen sich aber leider nicht finden.

Auf dem Bergrücken der Landzunge steht die Ruine eines großen antiken Gebäudes.

Strenggenommen heißt nur das Dorf um den Hafen herum Paralion Astrous, und der Hauptort, der etwa 4 Kilometer landeinwärts liegt, wird Astros genannt. Es ist ein nüchterner, von der Landwirtschaft geprägter Ort, der inmitten einer Region liegt, die als »Obstgarten« bekannt ist.

Das große Kloster, Moni Loukous, ist nur etwa 4 Kilometer entfernt und unbedingt einen Besuch wert.

Ansteuerung

Auffällig: Die felsige Landzunge, die mit der Küste des Peloponnes nur durch einen niedrigen Isthmus (auf dem die Stadt steht) verbunden ist, wirkt von weitem wie eine Insel. Beim Näherkommen werden das Kastell sowie einige Häuser auf der Landzunge sichtbar. Der Leuchtturm bildet eine gute Landmarke. Von N oder E kommend, ist die Ortschaft erst zu sehen, wenn man die Landspitze gerundet hat.

Das Kap Ak Astrous mit dem Leuchtturm aus SW.

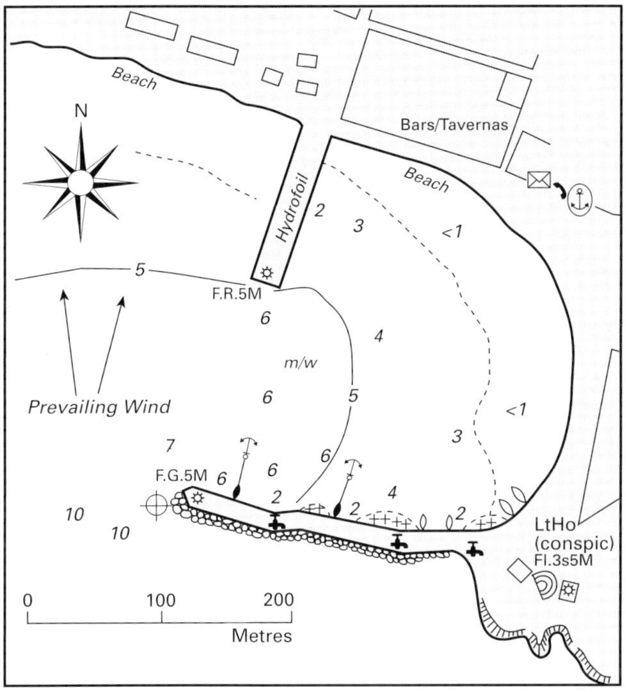

Paralion Astrous.

Nachts navigiert man nach dem Feuer auf Ak Astrous (Fl.3s5M) und der Befeuerung der Hafeneinfahrt (F.R.5M und F.G.5M).

Liegeplätze
An beiden Molen kann man mit Bug- oder Heckanker und Leinen zum Land dort festmachen, wo es einem recht ist. An der S-Mole macht Schotter den Grund an einigen Stellen unrein. Der Schlickgrund mit Seegrasbewuchs hält den Anker an einigen Stellen nur schlecht.
Schutz: Man ist vor den vorherrschenden Winden gut geschützt. Vorsicht ist während der Nacht geboten, da Astrous für die Fallböen berüchtigt ist, die gegen Abend von den Bergen herunterfegen und bis zu vier Stunden anhalten können.
Behörden: Wasserschutzpolizei.

Versorgung
Wasser gibt es am Fuß der S-Mole.
Treibstoff ist etwas außerhalb des Ortes erhältlich.
Lebensmittel: Im Ort sind die meisten Lebensmittel und Stangeneis erhältlich. Bessere Versorgungsmöglichkeiten bestehen aber in der Stadt Astrous, die rund 4 Kilometer entfernt ist.
Sonstiges: Post, Telefonamt sowie eine unregelmäßige Busverbindung zur Stadt Astrous und nach Tripolis. Ein Tragflügelboot verkehrt nach Navplion und Piräus.

Ankerplätze zwischen Astrous und Tyros

An der Steilküste zwischen Astrous und Tyros lassen sich verschiedene Ankerplätze finden, die sich bei ruhigem Wetter für einen Mittagsstopp eignen.
1. ***A. Dimitriou***: Eine Bucht unterhalb von Ak A. Dimitriou. Wenn man sich ganz tief in diese kleine Einbuchtung hineinzwängt, kann man bei entsprechender Vorsicht eventuell sogar über Nacht bleiben. Bei jeglichen Winden aus N sollte man jedoch den Ankerplatz sofort verlassen.
2. ***Ormos Kryoneri***: Man kann im SW dieser Bucht, die sich aber wirklich nur für eine kleine Mittagspause eignet, ankern.

Ormos Tyros

Ein kleiner Hafen in der Bucht Ormos Tyros bietet guten Schutz vor den vorherrschenden Winden aus SE. Eine gute Landmarke bilden drei Windmühlen, die auf einem Bergrücken stehen.
Hinter der kurzen Mole betragen die Wassertiefen 2 bis 6 m. Vorsicht ist trotzdem geboten, da etwa ein Drittel vom Fuß der Mole entfernt ein Felsen liegt. An der kurzen Mole macht man mit Bug oder Heck fest, wobei das äußere Ende für das Tragflügelboot freibleiben muß. Vorsicht ist auch vor schwimmenden Festmacherleinen geboten. In Tyros liegt man gut geschützt.
Wasser bekommt man aus einer örtlichen Quelle, Treibstoff kann geliefert werden. Im Dorf gibt es Tavernen, und ein begrenztes Lebensmittelangebot ist erhältlich. Das Tragflügelboot verkehrt nach Piräus.

Leonidion

WP 37°08,8'N 022°53,6'E (Fl.G.3M)

Ansteuerung von Leonidion aus E: Fast die gesamte Mole entlang erstreckt sich der Strand.

Die Mole von Leonidion aus N.

Allgemeines
Das kleine Dorf, das unterhalb des hoch aufragenden Kliffs steht, ist ein schöner, fast unverdorbener Ort. Das fruchtbare Tal, in dem Zitronen, Oliven, Feigen und Gemüse angebaut werden, windet sich zwischen den hohen Bergen zum Städtchen Leonidion, einem bescheidenen, vom Tourismus unberührten Ort. Mit dem Taxi benötigt man etwa 30 Minuten, um zum Kloster Elonas zu gelangen, dessen spektakuläre Lage hoch oben auf den Klippen an die Klöster von Meteore erinnert. Es ist einen Besuch wert. Die Umgebung bildet das Parnon-Gebirge, das mit seinen Felsabstürzen von 600 bis 700 m rauh und wild wirkt.
In der Region um Leonidion herum wird bis heute von den älteren Einwohnern ein Dialekt gesprochen, der »Tsakonika« genannt wird und vermutlich eine Verbindung zwischen dem antiken Dorisch und dem modernen Griechisch darstellt.

Ansteuerung
Auffällig: Der Hafen ist von weitem schwer auszumachen. Eine Mühle, die in ein Wohnhaus umgewandelt wurde, steht N-lich des Hafens am Strand. Beim Näherkommen wird eine weiße Kirche im Hintergrund von Leonidion sichtbar. Auch das Hotel im Ort ist auszumachen. Nur ein kleines Stück der Mole ist erkennbar, weil sie größtenteils vom Strand, der sich an der Außenseite der Mole fortsetzt, verdeckt wird.
Nachts navigiert man nach dem Feuer auf dem Kap Ak Sampateki (LFl.7,5s6M) sowie dem Feuer auf dem Molenkopf (Fl.G.1,5s3M).
Gefahren: Schon bei den normalen S-lichen Winden wird die See in der Ansteuerung kabbelig.

Liegeplätze
Man macht mit Bug oder Heck zum Kai an der Mole fest. Der Grund besteht aus hartem Sand mit ein paar Felsen und hält an manchen Stellen schlecht.
Schutz: Am Tag verursachen die regelmäßig auftretenden SE-Winde unangenehmen Schwell im Hafen. Bei stürmischen Winden aus S-lichen Richtungen muß der Hafen verlassen werden.
Behörden: Wasserschutzpolizei.

Versorgung
Wasser gibt es am Kai.
Lebensmittel: Begrenzte Auswahl. In der Stadt Leonidion, die etwa 4 Kilometer entfernt ist, bestehen bessere Versorgungsmöglichkeiten.
Restaurants: Um den Hafen herum findet man nette Tavernen.
Sonstiges: Bank in der Stadt Leonidion. Taxis stehen zur Verfügung, und ein Tragflügelboot verkehrt nach Piräus.

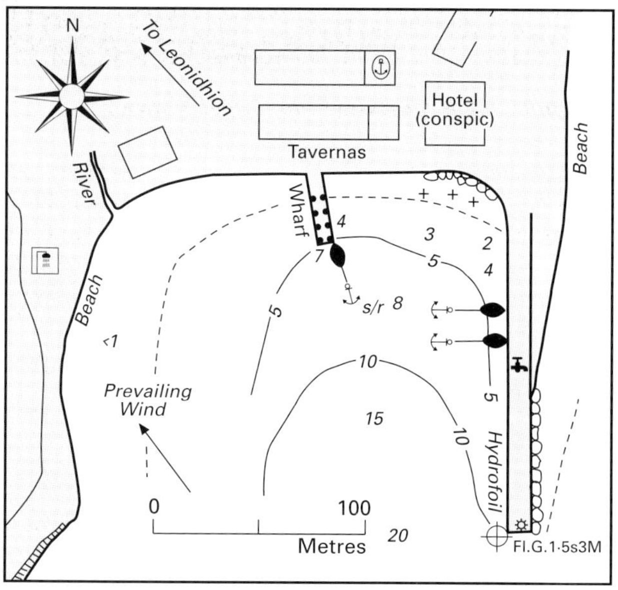

Leonidion.

Ormos Poulithra

WP 37°07'N 022°54,2'E (F.R.3M)

Dieser kleine Fischerhafen ist 2 Seemeilen S-lich von Leonidion gelegen. Eine weiße Kirche in der Nähe des Hafens bildet eine gute Landmarke. An der kurzen Mole, hinter der man guten Schutz vor den normalen sommerlichen Winden findet, kann man mit Bug oder Heck zur Mole festmachen. Bei N-lichen Winden steht Schwell in den Hafen. Das Dörfchen Poulithra ist zu Fuß etwa 20 Minuten entfernt. An Land gibt es Tavernen.

Ormos Phokianos

Gleich S-lich des Kaps Ak Tourkovigla findet man diese Bucht, die guten Schutz vor N-lichen Winden bietet, jedoch bei den normalen sommerlichen SE-Winden nicht angelaufen werden sollte. Eine kleine Einbuchtung im NE bietet recht ordentlichen Schutz. Um den Scheitel der Bucht herum verläuft ein Strand, hinter dem die Hänge steil emporsteigen – ein wundervoll wild-romantischer Platz.

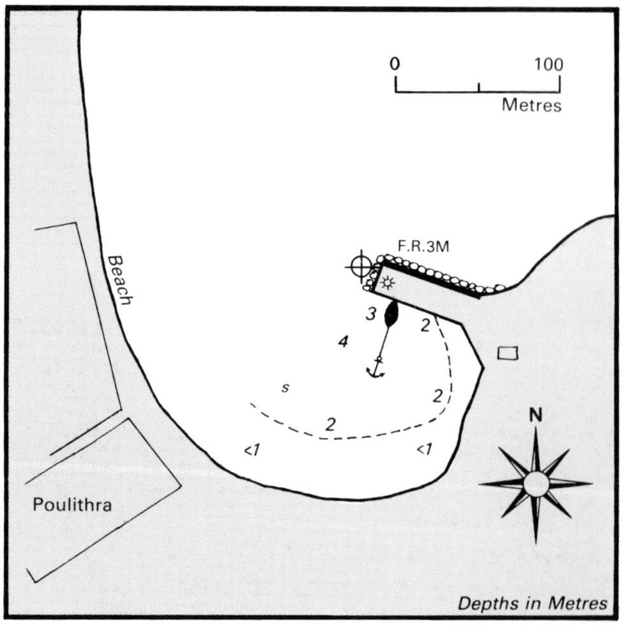

Ormos Poulithra.

Kyparissi

WP 36°59,1'N 023°00,3'E (Leuchtfeuer Ak Aspro Kortia)

Allgemeines
Das kleine Dorf ist noch völlig ursprünglich, und die Bucht, die von hohen Bergen umgeben wird, ist sehr malerisch.

Ansteuerung
Diese weite Bucht ist etwa 5 Seemeilen von Phokianos entfernt. Von weitem kann es schwierig werden, die Einfahrt zur Bucht auszumachen, und die Häuser des Dorfes sind erst zu sehen, wenn man in die Bucht einläuft.
Nachts navigiert man nach den Feuern zu beiden Seiten der Einfahrt: N-Seite (Ak Aspro Kortia) Fl.4s7M sowie S-Huk (Ak Nisaki) Fl.R.1,5s3M.

Liegeplätze
Man hat die Wahl zwischen mehreren Ankerplätzen, die man anlaufen kann.
1. Man ankert vor dem Dorf oder geht am Fähranleger des Ortes längsseits. Der Schutz ist recht gut, auch wenn bei SE-lichen Winden Schwell in die Bucht stehen kann, der das Liegen ungemütlich macht. Bei Winden aus N kann dieser Liegeplatz unhaltbar werden.
2. Man macht mit Bug oder Heck zum Kai im SE der Bucht fest. Der Grund fällt schnell ab, so daß dicht unter Land die Wassertiefen 15 bis 20 m betragen. Der Ankerplatz ist gut geschützt, auch wenn bei Winden aus N-lichen Richtungen etwas Schwell hineinstehen kann. Ein wirklich ruhiges Plätzchen; an Land gibt es lediglich eine Kapelle.
3. An der N-Seite der Bucht befindet sich eine kleine Einbuchtung, in der man etwas Schutz vor Winden aus NE hat.
4. N-Pier: Eine kurze Pier an der N-Seite der Bucht wird von Tragflügelbooten zum Anlegen benutzt. Hier kann

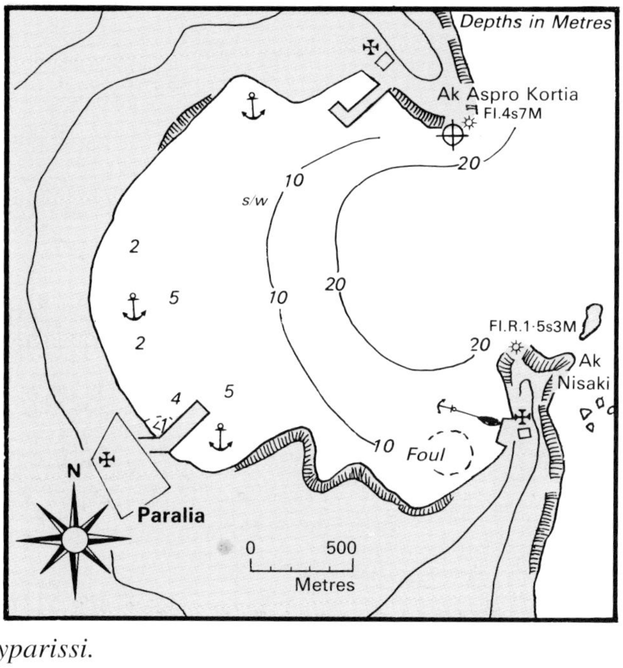

Kyparissi.

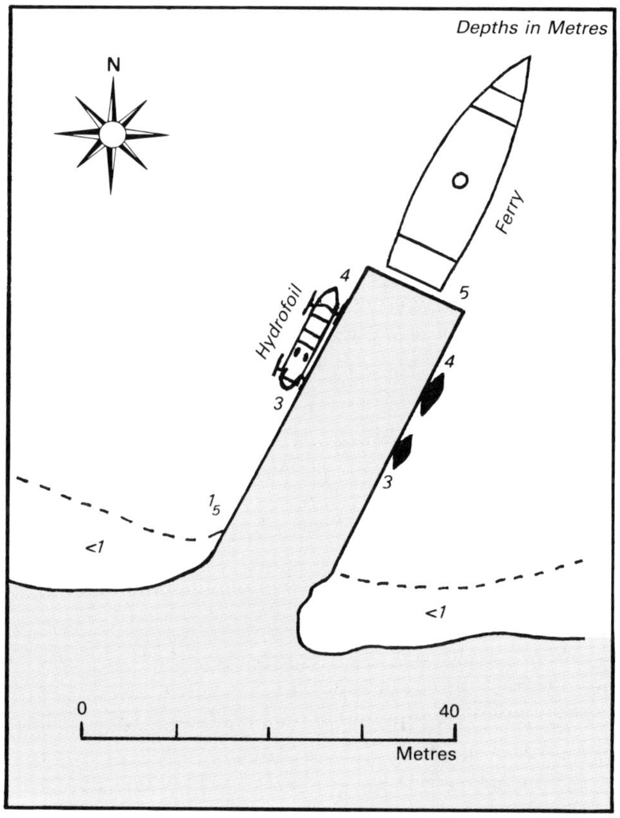

Der Stadtkai von Kyparissi.

Ankerplatz vor Kyparissi (Foto: Nigel Patten).

man eventuell festmachen, wenn der Liegeplatz an der S-Pier unhaltbar wird. Man macht mit Bug oder Heck zur Pier fest oder geht längsseits. Guter Schutz vor Winden aus NE sowie etwas Schutz vor SE-Winden. Von diesem Liegeplatz aus sind es zum Dorf etwa 3 Kilometer, man kann auch ein Taxi nehmen.
Hinweis: Der Grund, der größtenteils aus Sand und dickem Seegrasbewuchs besteht, hält nicht überall besonders gut.

Versorgung
Im Dorf findet man Lebensmittel und Tavernen, Post und Telefonamt. Fähre und Tragflügelboot verkehren nach Piräus und Monemvasia.

Gerakas

WP 36°47,2'N 023°05,3'E (Leuchtfeuer Ak Kastro)

Allgemeines
Das kleine Dorf, das von den sehr bedrohlich wirkenden Bergen des Parnon umgeben wird, ist von den Einflüssen der restlichen Welt kaum berührt worden. Ohne den kühlenden Meltemi döst das gesamte Dorf während der heißen Nachmittagsstunden, bevor es mit Beginn der kühleren Abendstunden wieder zum Leben erwacht.
Oben auf der Einfahrtshuk findet man die ausgedehnten Ruinenfelder einer Akropolis, die vermutlich mykenischen Ursprungs ist.

Ansteuerung
Selbst aus der Nähe ist die schmale Einfahrt zwischen den hohen Kliffs kaum auszumachen.
Auffällig: Von N kommend, bildet eine Kirche, die auf einer Kuppe etwa 1 Seemeile NW-lich des Kaps Ak Vathy steht, eine gute Landmarke. Bei der Ansteuerung aus N ist das Leuchtfeuer erst zu erkennen, wenn man bereits sehr nah herangekommen ist.
Nachts: Eine nächtliche Ansteuerung ist ausgesprochen schwierig, da das Leuchtfeuer auf der Einfahrt (Ak Kastro Fl.G.3s5M) bis auf einen Bereich zwischen 240°–200° verdeckt wird.

Blick auf Gerakas vom Kap Ak Kastro aus E.

Gefahren: In der Einfahrt und in den Ansteuerungen entstehen bei Starkwinden aus N-lichen Richtungen Kreuzseen.

Liegeplätze
Man macht mit dem Bug zum Kai fest. Dabei ist Vorsicht angebracht, da die Wassertiefen am Kai variieren und einige Unterwasserfelsen den Grund unrein machen. Flach-

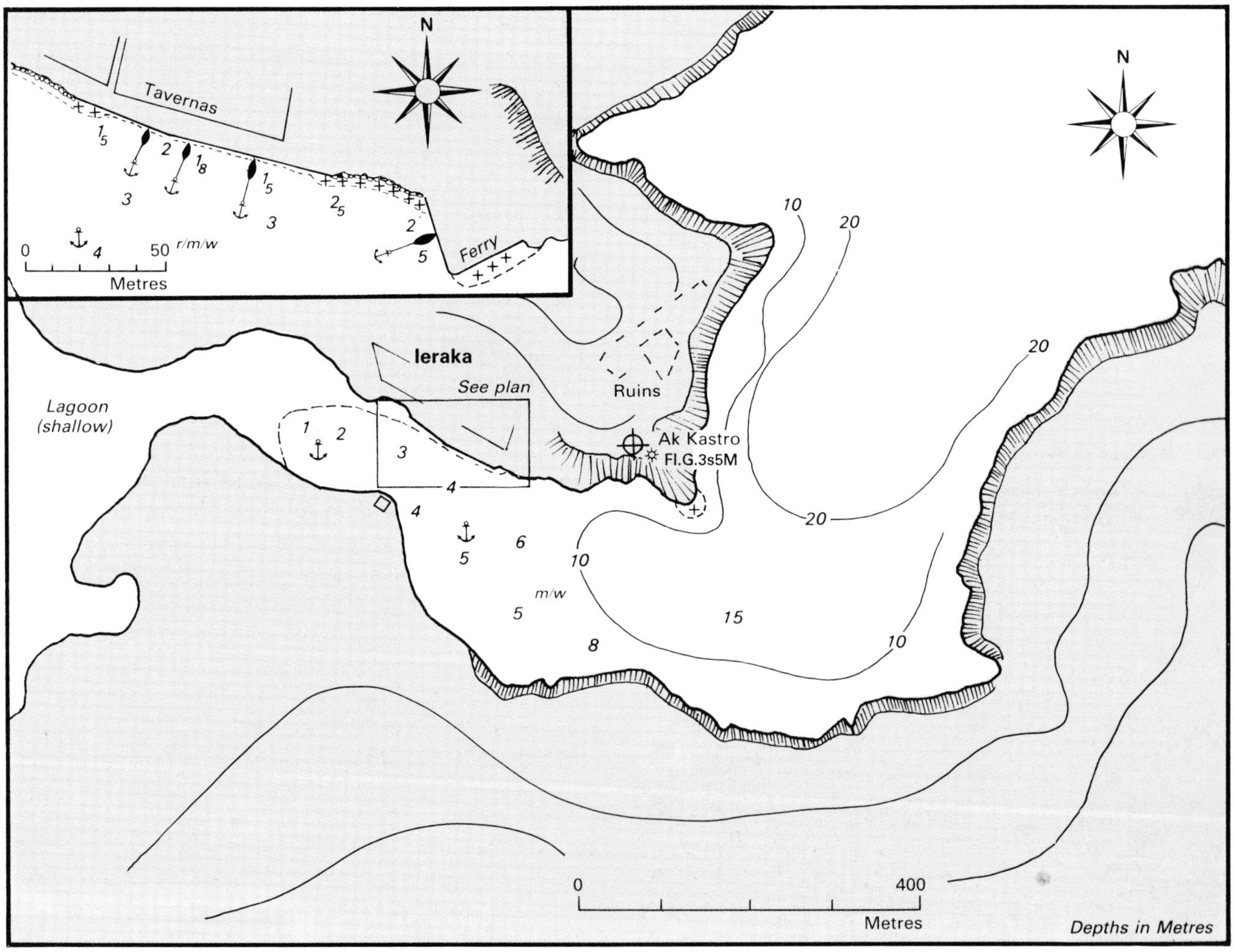

Gerakas.

gehende Boote können durch den »Flaschenhals« hindurchfahren und in der Einfahrt zur Lagune ankern. Der Schlickgrund mit Seegrasbewuchs und einigen Felsen hält den Anker recht ordentlich.
Schutz: Man liegt hier bei jedem Wetter gut geschützt, auch wenn sich bei starken N-Winden Schwell entwickelt, der das Liegen zwar ungemütlich, aber nicht gefährlich macht. Am Kai läßt der Schwell die Yachten beachtlich rollen. Man sollte dann zum Essen an Land gehen.

Versorgung
An Land findet man Tavernen und ein Café. Die Tavernen bieten nur eine begrenzte Auswahl an Speisen an. Vermutlich bekommt man die Frage gestellt, ob man lieber Schweinegeschnetzeltes oder Fisch möchte. In einem kleinen Laden können ein paar Lebensmittel gekauft werden. Fährverbindung nach Piräus.

Monemvasia

WP 36°41,4'N 023°02,5'E (F.R.2s3M) / Karten: BA 1683, Imray G15

Allgemeines
Der antike Name der Insel Monemvasia war »Minoa«, was auf kretischen Einfluß hinweist. Bis zum 20. Jahrhundert war Monemvasia ein bedeutender Hafen, die letzte Anlaufmöglichkeit vor Rundung des gefürchteten Kap Maleas. Die befestigte alte Stadt ist byzantinischen Ursprungs, obwohl sehr viel von den Venezianern erneuert wurde. Einen Besuch der alten Ansiedlung, die ganz allmählich wieder zum Leben erwacht, sollte man auf gar keinen Fall versäumen. Die Andenkenläden und Restaurants haben dem besonderen Charme der Stadt nichts anhaben können.
Es gibt eine ganze Reihe von interessanten Kirchen, aber wenn man der schönsten von ihnen, der Agia Sophia, einen Besuch abstatten möchte, so bleibt einem nichts weiter übrig, als den steilen gepflasterten Serpentinenweg hinter dem Dorf zu erklimmen.
Der befestigte Weg und der Tunnel, die ins Kastell führen, dessen eiserne Pforten noch vollständig intakt sind, sind ebenso beeindruckend wie die Befestigungsanlagen

Nisis Momenvasia: die Altstadt auf der Halbinsel aus SE.

selbst, die hoch oben auf dem Berg stehen. Falls man unterwegs einmal außer Atem kommt, sollte das eine gute Entschuldigung für eine Pause sein, um in aller Ruhe den faszinierenden Ausblick über die Dächer des alten Ortes hinweg auf das Meer zu genießen. Die Agia Sophia steht unmittelbar an einem senkrechten Felssturz an der N-Seite. In ihrem Inneren finden sich schöne Fresken, und von ihrem Standort am Klippenrand aus bietet sich ein atemberaubender Blick sowohl auf das wilde Hinterland des Peloponnes als auch auf den weiten Umkreis der Bucht Monemvasia.
Die Franzosen nannten den Ort früher »Malmsey« oder »Malvoise« nach dem berühmten Malvasierwein, der in seiner Glanzzeit von diesem Hafen aus verschifft wurde (was nicht zwingend heißen muß, daß er auch hier angebaut wurde). Der schwere süße Rotwein wurde ein Exportschlager, weil er problemlos transportiert werden konnte, und so war die Nachfrage in Zeiten ausgedehnter Segelschiffsreisen groß.
Bei dieser Gelegenheit sei bemerkt, daß eine Yacht kein geeigneter Aufenthaltsort für gute Weine ist. Insbesondere zarte Weißweine sowie einige empfindlichere Rotweine nehmen diese Lagerung ausgesprochen übel. An Bord sollte man gute Weine trinken, bevor sie verderben.

Ansteuerung
Auffällig: Eine gute Landmarke bildet die bucklige Insel von Monemvasia (erinnert ein bißchen an Gibraltar), die durch einen Damm mit dem Peloponnes verbunden ist. Sie ist bereits von weitem zu erkennen. Beim Näherkommen wird die Ortschaft Monemvasia auf dem Festland sichtbar. Von S kommend, ist das Dorf auf der Insel auszumachen.
Nachts richtet man sich nach dem Feuer auf der äußersten Spitze von Nisis Monemvasia (Fl.5s11M) und dem Feuer auf dem Molenkopf (F.R.2s3M).
Gefahren: Bei Meltemi können heftige Fallböen in den Ansteuerungsbereichen der Bucht auftreten.

Liegeplätze
An der Mole macht man mit Bug oder Heck fest oder ankert an der S-Seite der Landzunge vor dem kleinen Fischerdorf. Zum Fuß der Mole hin ist Vorsicht beim Navigieren angeraten, da der Grund hier unrein ist und die Wassertiefen über dem felsigen Untergrund sehr schnell abnehmen. Vom Kopf der Mole, wo sich der Liegeplatz der Fähre und des Tragflügelbootes befindet, sollte man sich gut freihalten. Der Sandgrund, mit Seegrasbewuchs und mit Felsen durchsetzt, hält an manchen Stellen nur schlecht.
Schutz: An der Mole liegt man gut geschützt, auch wenn der Meltemi Schwell in die Bucht stehen läßt. So entsteht hinter der Mole Dünung, die die Yachten rollen läßt, was manchmal sehr ungemütlich werden kann. Man sollte sich unbedingt versichern, daß man ausreichend Fender ausgebracht hat. Der Ankerplatz, der S-lich der Insel Monemvasia liegt, ist vor dem Meltemi ausreichend geschützt; je nach Windstärke rollt das Boot auch hier. Nach S hin ist der Ankerplatz offen.
Behörden: Wasserschutzpolizei und Zoll.

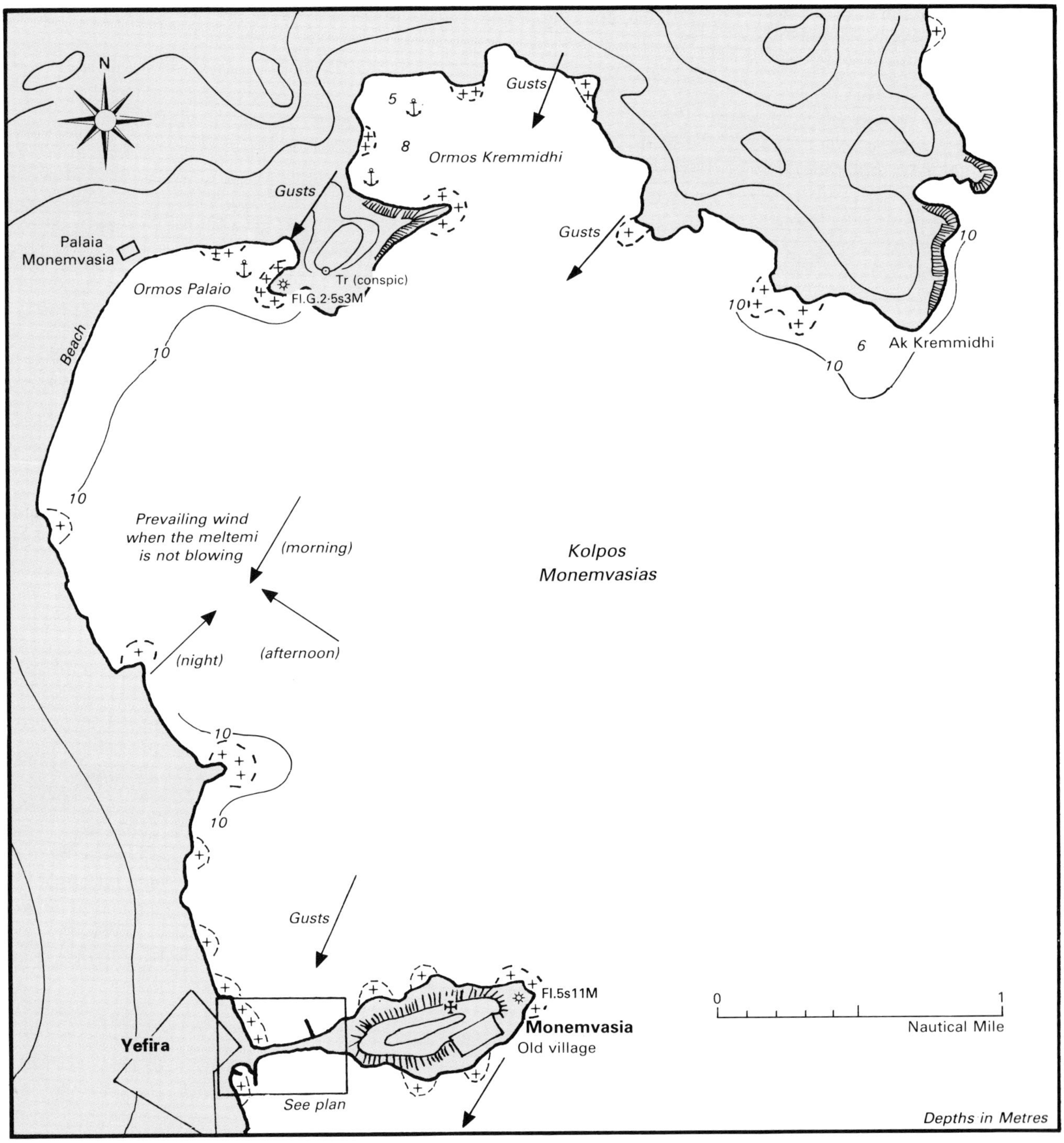

Die Ansteuerungen von Monemvasia.

Monemvasia Marina
Unmittelbar S-lich von Gefira ist an der Küste eine neue Marina im Bau. Bei Redaktionsschluß dieses Buches war ein Teil der Außenmole fertiggestellt, ein Anleger und zwei Schwimmstege installiert, so daß nun für rund 40 Yachten bis 15 m Lüa Liegeplätze vorhanden sind. Wann die Versorgungseinrichtungen verfügbar sein werden, steht noch nicht fest.

Hinweis: Gegenwärtig scheinen die Arbeiten an der Marina ins Stocken geraten zu sein. Die gestrichelten Linien auf dem Plan zeigen, wie die Marina einmal aussehen soll. Ein Termin für die Fertigstellung ist aber leider nicht bekannt.

Versorgung
Wasser kann von einem Tankwagen geliefert werden.
Treibstoff erhält man in der Nähe des Molenfußes. Er kann aber auch von einem Tankwagen geliefert werden.
Reparaturen: Minimale mechanische Reparaturen sind möglich. Eisenwarenläden.
Lebensmittel: Gute Versorgungsmöglichkeiten. Stangeneis ist erhältlich.
Restaurants: Nette Tavernen in der Stadt. Im alten Ortsteil auf der Insel findet man ein paar ganz exzellente Tavernen, die in romantischer Umgebung zwischen den Steilhängen und dem Meer liegen. Gute »Ouzeries« mit Fisch- und Tintenfisch-Spezialitäten gibt es um den Fischerhafen herum.

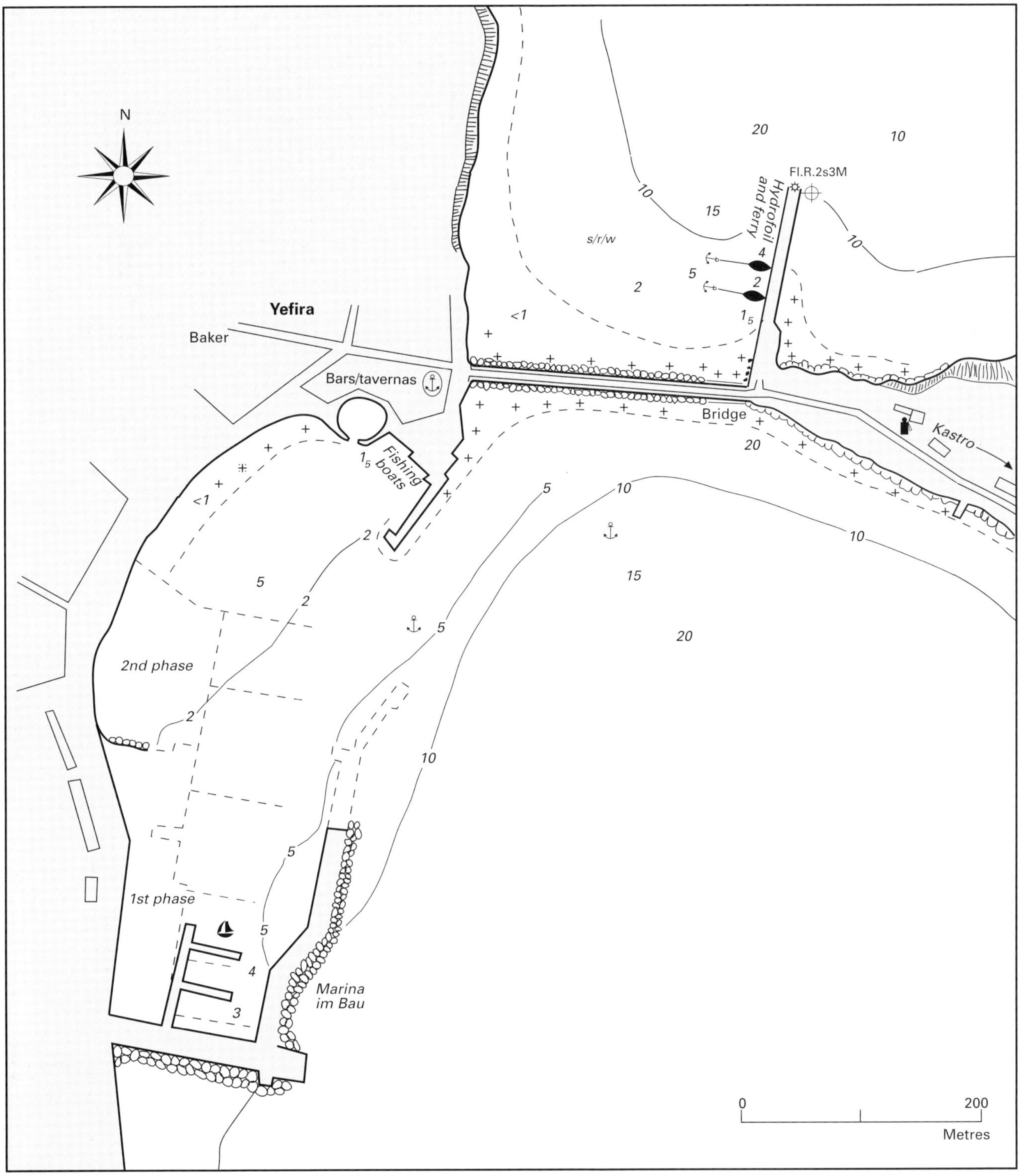

Monemvasia.

Sonstiges: Post, Telefonamt, Gas und Camping GAZ. Eine Fähre (Tragflügelboot und reguläre Fähre) verkehrt nach Piräus.

Ankerplätze in der Bucht Kolpos Monemvasias

1. ***Ormos Palaio***: Im NW von Kolpos Monemvasias gibt es eine kleine Bucht, die bis auf Winde aus W bis SW guten Schutz bietet. Vorsicht vor einem Riff, das vor der S-lichen Einfahrt zur Bucht liegt! Die S-Huk ist mit Fl.G.2,5s3M befeuert. Man ankert auf 6 bis 8 m über Sandgrund. Ungefähr von der 6-m-Linie bis in den Scheitel der Bucht sind Dauermoorings ausgelegt, die den Ankergrund unrein machen. Um die Bucht herum stehen ein paar Villen und Fischerhäuschen.

2. ***Ormos Kremmydi***: Gleich hinter der Landzunge von Ormos Palaio liegt dieser Ankerplatz, der nach S bis SE hin offen ist. Man ankert auf 5 bis 8 m über Sandgrund. Die heftigen Fallböen, die bei Meltemi in die Bucht stehen, machen diesen Ankerplatz im Vergleich zu Ormos Palaio weniger geeignet.

Inseln vor der Küste des Peloponnes

Zwischen der Küste des Peloponnes sowie Milos und Siphnos liegen verschiedene kleine, unbewohnte Inseln.

Nisis Parapola

(Position des Leuchtfeuers 36°55,8'N 023°17,2'E)

Ungefähr 21 Seemeilen vor der Küste, etwa in der Mitte zwischen Kyparissi und Gerakas, liegt diese kleine Insel. Sie ist mit 227 m recht hoch und am Tag gut auszumachen. An ihrer N-Seite ist sie mit Fl(2)20s 22M befeuert. Berichten zufolge bietet die Bucht an der SW-Küste der Insel etwas Schutz vor NE-Winden.

Nisides Karavi

36°46'N 023°36'E

Aus der Entfernung wirkt diese Gruppe von drei Inseln wie eine. Auch wenn die höchste Erhebung nur 33 m beträgt, ist der Archipel tagsüber gut zu erkennen. Von dieser Inselgruppe sollte man sich lieber fernhalten, da sie gelegentlich von der griechischen Luftwaffe als Übungsgebiet zum Zielschießen benutzt wird. In der einschlägigen Literatur ist allerdings nichts darüber zu finden, daß diese Inseln zu einem Sperrgebiet gehören.

Nisis Phalkonera

36°50,4'N 023°53,4'E

Ungefähr auf halbem Weg zwischen Parapola und Milos liegt diese verwegen hohe Insel, die am Tag leicht zu erkennen ist. Nachts ist sie im S mit (Fl.5s17M) befeuert. Eine Bucht an der SW-Seite bietet Schutz vor N-Winden. Ebenso wie bei den anderen Inseln der Umgebung sind auch hier heftige Fallböen an den Lee-Seiten sehr wahrscheinlich.

Die Kykladen (Kikladhes Nisoi)

Ihren Namen hat diese Inselgruppe von Delos, dem antiken Zentrum von Handel und Religion, um das die Kykladen mehr oder minder kreisförmig (»kyklois« bedeutet »Kreis«) angeordnet sind.
An dieser Stelle soll keine detaillierte Beschreibung der Inseln erfolgen, sie werden später im einzelnen vorgestellt. Um etwas Ordnung in die verstreut liegenden Inseln zu bringen, werden sie in drei Bereiche eingeteilt: die N-lichen, mittleren und S-lichen Kykladen.
Zu den N-lichen Kykladen gehören: Kea, Kythnos, Syros, Andros, Tinos, Mykonos, Dilos und Rineia.
Zu den mittleren Kykladen zählen: Seriphos, Siphnos, Antiparos, Paros, Naxos, Denousa, Irakleia, Schinousa, Kouphonisos, Amorgos, Levitha
Zu den S-lichen Kykladen gehören: Milos, Kimolos, Pholegandros, Sikinos, Ios, Thira, Anaphi.

Das Wetter in den Kykladen

Im Sommer ist der berüchtigte Meltemi der vorherrschende Wind, der aus N bis NW weht. Sporadisch beginnt der Meltemi ab Juni zu wehen und erreicht im Juli, August, September seine größte Stärke, bevor er Ende September/Anfang Oktober wieder abflaut. Im Juli und August kann der Meltemi mit Bft 5 bis 6 wehen, aber gelegentlich auch 7 bis 8 Windstärken erreichen. Er kann ein bis drei Tage andauern, aber auch mal zwei Wochen »am Stück« wehen. Es läßt sich nie voraussagen, wie lange der Meltemi anhält. Durch thermische Einflüsse bedingt, verliert der Meltemi nachts an Kraft, frischt am Tag aber wieder auf. Zu Beginn im Juni und später Ende September ist der Wind beträchtlich schwächer; etwa Bft 3 bis 4, und es können in diesen Zeiten auch Winde aus anderen Richtungen auftreten.
Die Richtung, aus der der Meltemi weht, ist in den Kykladen unterschiedlich: Im N-lichen Teil kommt er aus NE, dreht im mittleren Teil auf N und dreht im S-lichen Teil weiter auf NW bis WNW. Im SW des Archipels ist der Meltemi geringfügig schwächer als im N und E der Kykladen. Wenn man also keinen ungemütlichen Törn gegen eine starke Brise in einer kurzen, steilen See anbolzen möchte, sollte man den Meltemi unbedingt in seine Routenplanung mit einbeziehen. Auch sollte man bedenken, daß die Fall-

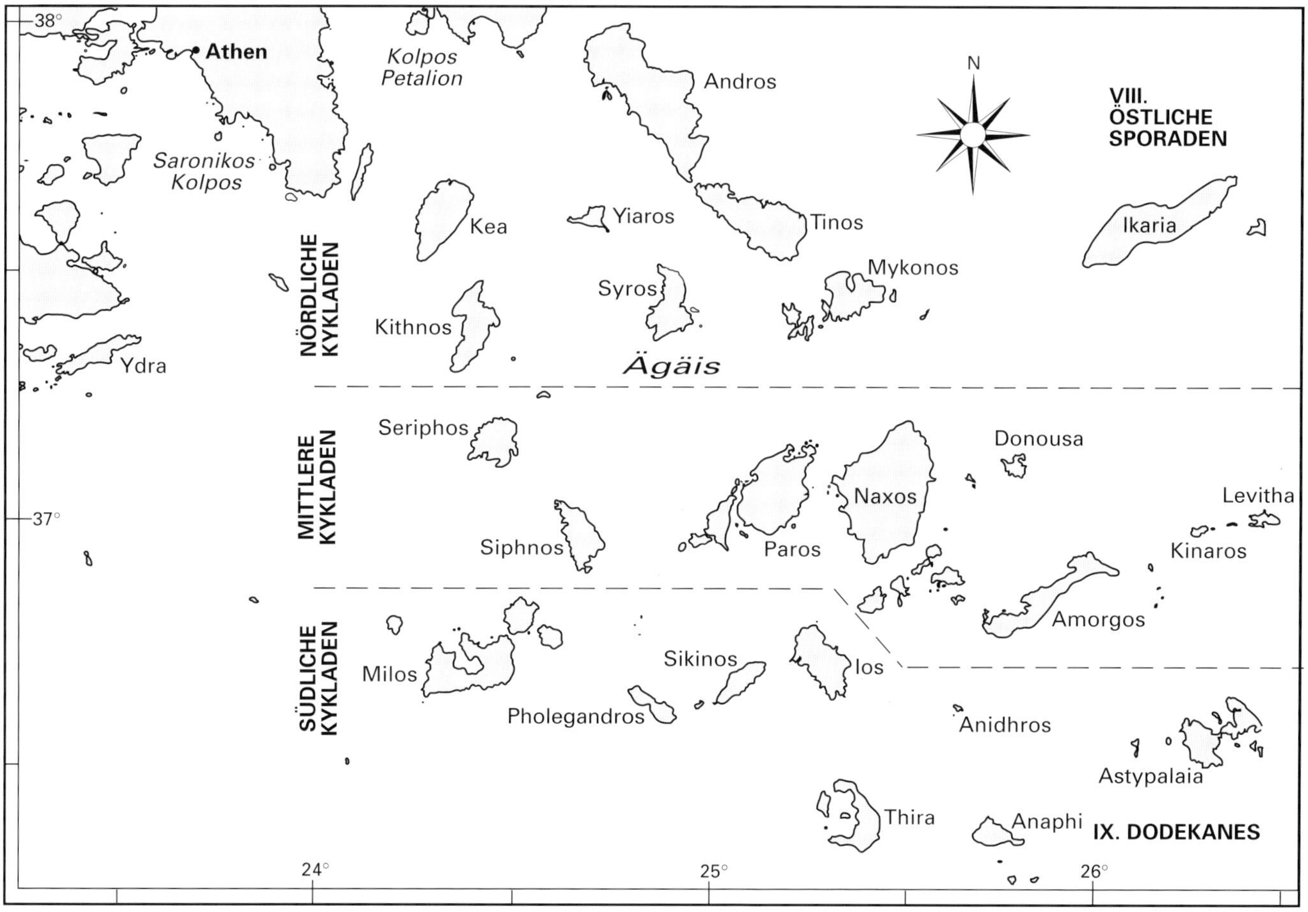

böen, die an den Lee-Küsten der Inseln auftreten, zusätzliche Probleme verursachen können.
Immer wieder wird die Frage diskutiert, wie man mit dem »Wind von vorn« durch die Kykladen zurückkommt. Eine Möglichkeit besteht darin, nach S abzulaufen und in einem weiten Halbkreis um die S-lichen Kykladen herumzusegeln, da der Wind in diesem Seegebiet bekanntlich schwächer ist. Dann dreht man auf N und geht zwischen den Saronischen Inseln hindurch. Von Kos oder Kalimnos aus hält man auf Astypalaia, Anaphi, Thira, Ios, Pholegandros, Kimolos und Milos zu. Gelegentlich kann der Meltemi jedoch auch um die Inseln Ios, Pholegandros und Milos herum ebenso stark sein wie anderswo. In einem solchen Fall bleibt einem dann gar nichts anderes übrig, als zur Küste des Peloponnes abzulaufen. Manche behaupten, man sollte in den E-lichen Kykladen oder dem Dodekanes nach N halten und dann seinen Kurs nach W durch die N-lichen Kykladen absetzen. Eines läßt sich allerdings ganz sicher sagen: Bei Meltemi ist ein E-licher Kurs durch die Kykladen in jedem Fall einem W-lichen vorzuziehen.
Überwiegend aus N-lichen Richtungen kommt der Wind im Frühjahr und Herbst, obwohl auch Winde aus S auftreten können. Stürme kommen für gewöhnlich aus N oder SE.
Hinweis: An den Lee-Küsten der Inseln muß mit dem Auftreten gefährlicher Fallböen, die von den hohen Bergen herabsausen, gerechnet werden. Diese Fallböen können beträchtlich stärker sein als der Wind, der von der offenen See weht. Hier kann man die Erfahrung machen, daß die Fallböen Stärken von Bft 7 bis 8 erreichen, während der Seewind mit Stärken von Bft 5 bis 6 weht.
Manchmal werden die Fallböen, die sehr plötzlich und mit ziemlicher Heftigkeit auftreten, von leichten Wirbelwinden begleitet. Dafür berüchtigt sind u. a. die Straße von Doro zwischen Euböa und Andros, die S-Küste von Andros und Tinos, Gyaros, die Passage von Kea, Mykonos, Naxos sowie die Inseln S-lich davon, die S-Küste von Amorgos, Kimolos, Pholegandros sowie die S-Küste von Ios.
In den Sommermonaten ist das Klima in den Kykladen sehr heiß, die Temperaturen liegen durchschnittlich bei 25°/26° C; oft erreichen sie aber auch 33° bis 35°. Auf vielen Inseln wird zum Ende der Saison das Wasser knapp, weil die Niederschläge während des Sommers in den Kykladen zu gering sind.
Schnee sieht man nur auf den Gipfeln der Insel Andros, und gelegentlich schneit es im Winter auf Tinos.

Wichtige Angaben

Ports of Entry

Ermoupolis (Syros)

Sperrgebiete

Um die Insel Gyaros herum besteht im Umkreis von 2 Seemeilen ein Sperrgebiet.
Die Karavi-Inseln werden gelegentlich von der Luftwaffe als Schießplatz benutzt.

Die wichtigsten Leuchtfeuer

Kea
A. Nikolaou: Fl(2)10s15M
Ak Tamelos: Fl(2)15s17M
Kythnos
Ak Kephalos: Fl.4s9M
Ak A. Dimitrios: Fl.15s7M
Ak Mericha: Fl.WR: 1,5s5/3M
Syros
Nisis Gaidaros: Fl.6s9M
Ermoupolis: Fl.G.3s6M
Ak Trimessos: Fl(2)14s12M
Ak Velostasi: Fl(3)12s6M
Andros
Ak Phassa: Fl.10s25M
Ak Kastri: Fl.6s8M
Ak Kolona: Fl.3s5M
Ormos Kastrou: Fl(2)15s6M
Ak Gria: Fl.20s25M
V. Kalogeroi: Fl(2)15s17M
Tinos
Nisis Dysvato: Fl.10s16M
Ak Leivadia: Fl.15s7M
Limin Tinou: Fl.R.3s7M
Mykonos
Ak Armenistis: Fl.10s22M
Nisides Prasonisia: Fl.3s6M
Nisis Nata: Fl.3s6M
Seriphos
Ak Spathi: Fl(3)30s19M
Ak Kyklops: Fl(2)14s9M
Siphnos
Ak Philippos: Fl.5s9M
Ak Kokkala: Fl(3)12s9M
Antiparos
Ak Korakas: LFl.12s14M
Paros
Yph. Paroikia: Fl(2)10s6M
Ak Kratzi: Fl(3)WR.15s6/4M
Naxos
Ormos Naxou: Fl.WR.3s5/3M
Ak Stavros: Fl(2)16s13M
V. Amarides: Fl.WR.4s5/3M
V. Kopria: Fl(2)12s10M
Donousa
Ak Kalota: Fl(3)15s10M
Irakleia
Nisis Mikros Avelos: Fl(3)10s6M
Schinousa
Myrsini: Fl.4s6M
Amorgos
Ak Gonia: Fl.8s11M
Ak A. Ilias: Fl(2)16s6M
Ak Langadia: Fl.5s 8M
Nisidhes Liadi (N): Fl(2)20s9M
Levitha
Ak Spano: LFl.16s10M
Milos
Nisidhes Akradia: Fl.10s10M

Ak Bomparda: Fl.4,4s6M
Antimilos: Fl.2s8M
Nisis Paximadi: Fl(2)15s8M
Nisis Ananes: Fl(3)12s9M
Polyaigos
Ak Maskoula: Fl.5s19M
Pholegandros
Ak Aspropounta: Fl(3)30s17M
Sikinos
Ormos Skala: Fl.1,5s5M
Ios
Ak Phanari: Fl.4s7M
Thira
Ak Akrotiri: Fl.10s24M
Epanomeria: Fl.4s7M
Nisidhes Christiani: Fl(3)9s10M
Anaphi
Ak Petradia: Fl.4s5M

Kurzübersicht

	Schutz	*Liegeplätze*	*Treibstoff*	*Wasser*	*Lebensmittel*	*Restaurants*	*Hafenplan*
Nördliche Kykladen							
Kea							
A. Nikolaou	B	AC	B	B	B	B	•
Ormos Pisa	C	C	O	O	O	O	
Ormos Kavia	B	C	B	B	C	C	•
Kalydonychi	B	C	O	O	O	O	•
Ormos Polais	O	C	O	O	O	O	•
Kythnos							
Ormos Phykiada	B	C	O	O	O	O	•
Ormos Kolona	B	C	O	O	O	O	•
Mericha	B	AC	B	B	C	C	•
Loutra	C	AC	O	B	C	C	•
A. Stephanou	B	C	O	B	O	O	•
Kanala	O	C	O	O	O	O	
Syros							
Ermoupolis	B	AB	B	B	A	A	•
Nisis Gaidaros	B	C	O	O	O	O	
Ormos Varis	B	C	O	O	C	C	•
Phoinika	B	AC	B	B	C	B	•
Ormos Galissas	C	C	O	B	C	C	
Ormos Kyni	C	C	O	B	C	C	
Ormos Delphino	B	C	O	O	O	O	•
Ormos Megas Lakkos	C	C	O	O	O	O	•
Andros							
Gavrion	B	AC	B	B	B	B	•
Batsi	B	AC	B	A	B	B	•
Palaioupoleos	O	C	O	O	O	C	
Kastrou	C	AC	B	B	B	B	•
Korthiou	O	C	O	B	C	C	
Tinos							
Tinos	A	A	B	A	A	B	•
Ormos Panormou	C	C	O	B	C	C	
Mykonos							
Mykonos	C	A	B	B	A	A	•
Ormos Ornos	B	C	O	O	O	C	•
Ormos Plati Gialos	B	C	O	O	O	C	
Ormos A. Annas	B	C	O	O	O	C	
Rineia							
Ormos Schino	C	C	O	O	O	O	•
Südbucht	B	C	O	B	O	O	•
Ormos Miso	B	C	O	O	O	O	•
Mittlere Kykladen							
Seriphos							
Leivadion	B	AC	B	A	B	B	•
Ormos Koutala	C	C	O	O	O	O	•
Siphnos							
A. Georgiou	B	C	O	O	O	C	•
Kamarais	C	AC	O	A	B	B	•
Ormos Vathy	B	C	O	O	O	C	•
Ormos Phykiada	C	C	O	O	O	O	•
Ormos Platys Gialos	C	C	O	O	O	C	•
Pharos	B	C	O	B	C	C	•
Kastro	O	C	O	B	B	C	•
Antiparos							
Ormos Despotikou	B	C	O	O	O	O	•
Antiparos	C	C	O	O	B	C	•
Paros							
Paroikia	B	AC	B	B	A	A	•
Ormos Naousis	A	C	O	O	O	O	•
Naousa	B	AC	B	A	B	B	•
Piso Leivadi	B	AC	O	A	C	B	•
Aliki	C	C	O	O	O	C	
Naxos							
Naxos	B	ABC	B	A	A	A	•
Ormos A. Prokopiou	C	C	O	O	O	O	
Ormos Kouroupa	C	C	O	O	O	O	
Ormos Kalanto	C	C	O	O	O	O	•
Apollona	O	C	O	B	C	C	•
Donousa							
Ormos Roussa	C	C	O	O	O	O	•
Ormos Dendron							
Ormos Stavros	B	C	O	O	C	C	•
Irakleia							
A. Georgiou	C	C	O	O	C	C	•
Ormos Pigadi	C	C	O	O	O	O	
Schinousa							
Ormos Myrsini	B	C	O	O	O	C	•
Agrilos	C	C	O	O	O	O	
Kouphonisia							
S-Bucht	C	C	O	B	C	C	
Parianos	B	AC	O	O	O	O	•
Drima und Antikaros	C	C	O	O	O	O	•
Amorgos							
Katapola	B	AC	O	A	B	B	•
Ormos Kolophana	C	C	O	O	O	C	
Kalotyri	C	C	O	O	O	O	•

	Schutz	*Liegeplätze*	*Treibstoff*	*Wasser*	*Lebensmittel*	*Restaurants*	*Hafenplan*
Ormos A. Annas	C	AC	O	B	C	C	•
Levitha							
Ormos Levitha	A	C	O	O	O	O	•
Ormos Pningo	B	C	O	O	O	O	
Südliche Kykladen							
Milos							
Adamas	B	AC	B	A	B	B	•
Apollonia	B	AC	O	B	C	C	•
Voudia	C	C	O	O	O	O	•
Kimolos							
Sikia	C	C	O	O	O	O	•
Psathi	C	AC	O	O	C	C	•
Semina	B	C	O	O	O	O	
Pyrgonisi	B	C	O	O	O	O	•
Prasonisi	O	C	O	O	O	O	
Polyaigos							
Nisis Manolisi	C	C	O	O	O	O	•
Pholegandros							
Karavostasi	B	ABC	O	O	C	B	•
Vathy	C	C	O	O	O	O	•
Sikonos							
Skala	C	C	O	B	C	C	
Ios							
Ios	A	A	O	B	B	B	•
Ormos Koumparas	C	C	O	O	O	O	
Ormos Mylopotamou	C	C	O	O	O	O	•
Ormos Manganari	B	C	O	O	O	C	•
Ormos Treis Klisies	B	C	O	O	O	O	•
Thira							
A. Nikolaos	C	C	O	O	C	C	
Phoinikos	C	C	O	O	C	C	
Skala Thira	C	A	O	O	A	A	•
Nea Kammeni	B	AB	O	O	O	O	•
Monolithos	C	A	O	B	O	C	•
Anaphi							
S-Küste	C	C	O	O	O	C	
Skala	C	C	O	O	C	C	

Die Nördlichen Kykladen

Die Insel Kea

Etwas mehr als 12 Seemeilen E-lich des Kaps Ak Sounion in den Ansteuerungen des Golfs, Kolpos Petalion, liegt diese zerklüftete, gebirgige Felsinsel. An der E-Küste entlang verläuft ein hoher Gebirgszug, dessen höchster Gipfel, der Agias Ilias, sich mit 561 m nur ein paar Kilometer S-lich der N-Spitze der Insel an der E-Küste erhebt. Die meisten Inselbewohner leben in der »Chora« (Kea), dem Hauptort der Insel, oder in A. Nikolaos.
Die Insel ist weitestgehend kahl, obwohl es in Küstennähe auch Landstriche mit landwirtschaftlicher Bebauung und bewaldete Stellen gibt.
Im Gegensatz zu heute war die Bedeutung der Insel in der Antike beträchtlich: Mit ihren vier Städten galt sie als »Tetrapolis« (Vier-Städte-Staat). Die beiden Dichter Simonides und sein Neffe Bakchylides sowie der Physiker Erasistratos stammen von Kea. Von den antiken Städten sind nur ein paar Ruinen geblieben.

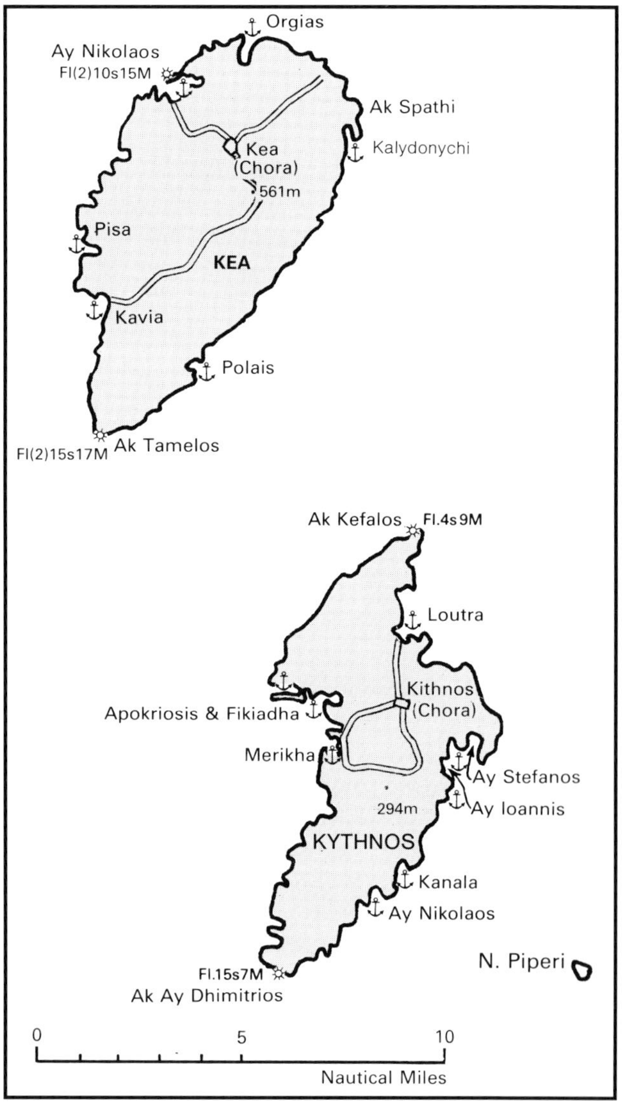

Die Inseln Kea und Kythnos.

Limin A. Nikolaou

WP 37°40,1'N 024°18,5'E (Leuchtfeuer auf Ak A. Nikolaou)
Karten: BA 1538, Imray G31, D 1089 Plan A

Allgemeines
Im Sommer ist die weite Bucht von A. Nikolaou oft mit Yachten aus Athen überfüllt. Das malerische Dorf Vourkarion ist das beliebteste Ziel.
Früher, als noch Dampfer zwischen den Häfen im Schwarzen Meer und Europa hin- und herpendelten, war die Bucht als Bunkerstation für Kohle bedeutsam.
Neuere Ausgrabungen amerikanischer Archäologen haben am N-Ufer der Bucht eine bedeutende bronzezeitliche Siedlung, die etwa zwischen 2000 und 1400 v. Chr. bewohnt war, zu Tage gefördert. Töpferwaren, Gebrauchs- und Ziergegenstände sowie die klassischen Figurinen der Kykladen wurden zwischen den Mauern der Gebäude gefunden, von denen heute viele unter dem Meeresspiegel liegen.
Der Ort auf dem Berg, der aus dicht zusammengedrängten grell-weißen Häusern besteht, ist ausgesprochen pittoresk und einen Besuch wert. Dabei empfiehlt es sich, für die Hintour den Bus zu nehmen und den Rückweg (den Berg hinunter) zu Fuß zu machen. Ein etwa 20minütiger Spaziergang von der Chora aus in E-licher Richtung führt einen zu dem großen steinernen Löwen, den ein ionischer Künstler etwa 600 v. Chr. aus einer Felswand geschlagen hat.

Ansteuerung
Auffällig: Von N aus ist die Chora (Kea) auf dem Berg hinter dem Hafen zu erkennen. Obwohl die Lage des Hafens im NW der Insel unzweifelhaft ist, kann die Einfahrt von weitem schwer auszumachen sein. Beim Näherkommen werden die Kapelle mit dem Feuer auf der N-Huk sowie eine Kirche auf der S-Huk der Einfahrt sichtbar.
Nachts navigiert man nach den Feuern auf den beiden Einfahrts-Huken (N-Huk: Fl(2)10s15M; S-Huk: Fl.1,5s3M). Die Mole von Korissia ist mit Fl.G.3s3M befeuert.
Hinweis: Bei Meltemi können heftige Fallböen aus den hohen Bergen, die den Hafen umgeben, herabkommen.

Liegeplätze
Es gibt drei Möglichkeiten:
1. ***Ormos Leivadi***: Im S-lichen Teil der Bucht macht man mit Bug oder Heck zum Kai von Korissia fest, wobei man sich vom Fähranleger hinter der Mole freihalten muß. Der Schutz vor dem Meltemi ist ganz ordentlich. Bei ruhigem Wetter kann man in der Bucht ankern. Der Grund, der aus Schlick und Seegrasbewuchs besteht, hält nicht überall besonders gut.
2. ***Ormos Vourkari***: Man ankert im NE-lichen Teil der Bucht oder macht an dem dafür gekennzeichneten Bereich

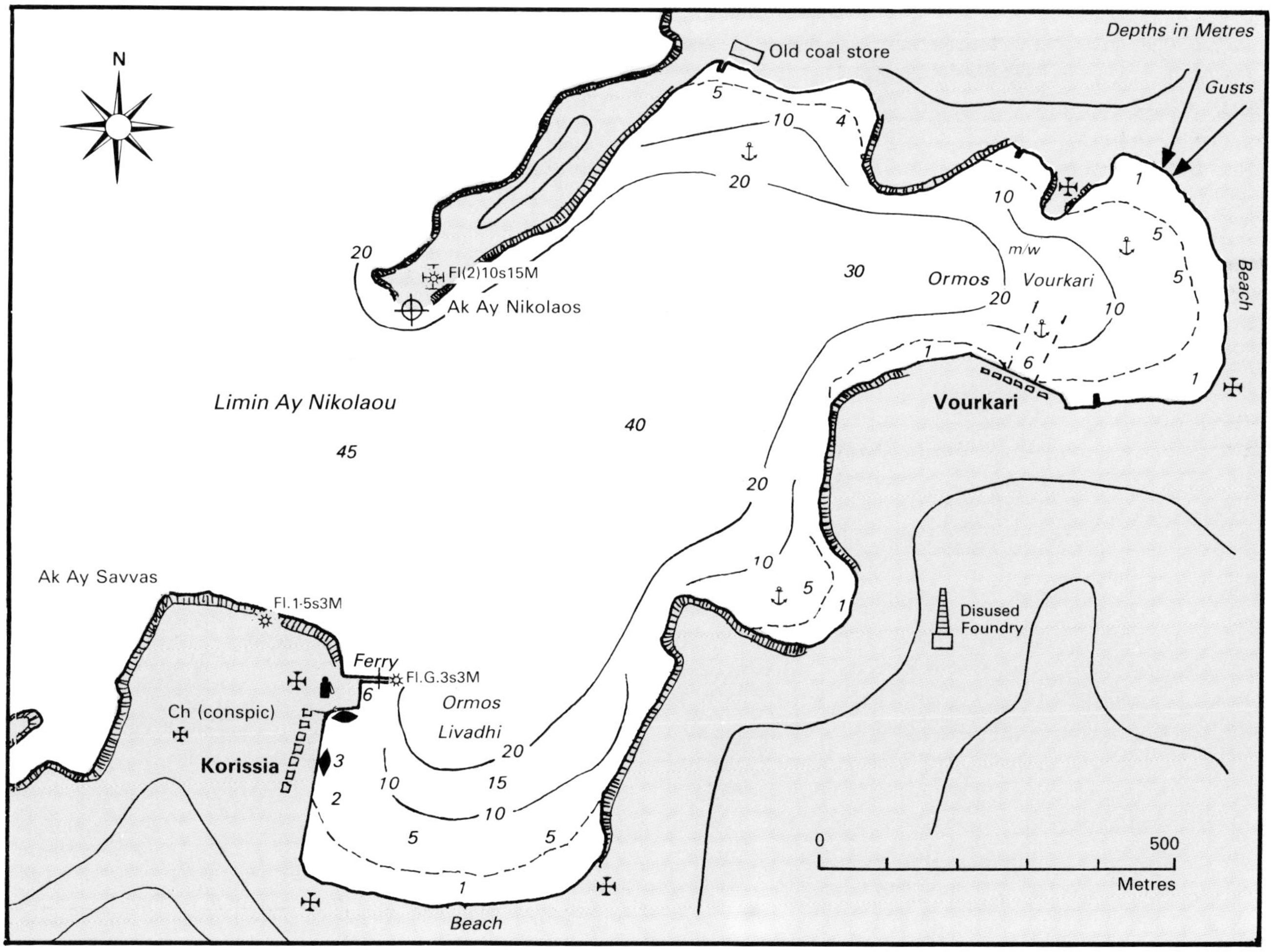

Limin A. Nikolaou.

des Kais fest. Der Grund steigt zum Kai hin schnell an, deshalb sollte man – falls möglich – besser mit dem Bug zum Kai anlegen. Zu beiden Seiten des bezeichneten Anlegeplatzes wird es am Kai schnell untief. Vom Ufer fällt der Grund steil ab, so daß man im Abstand von 30 m zum Kai bereits eine Wassertiefe von 10 m vorfindet. Man sollte sich also versichern, daß eine ausreichend lange Ankerkette zur Verfügung steht. Der Schlickgrund mit Seegrasbewuchs hält an einigen Stellen nicht gut. Da der Meltemi genau auf den Kai steht, sollte man sich unbedingt davon überzeugen, daß der Anker auch tatsächlich gefaßt hat.
Im Sommer wird die Bucht von sehr vielen Yachten besucht.
3. Der Ankerplatz, der im N-lichen Teil der Bucht vor der Kohle-Bunkerstation liegt, ist vor Winden aus N gut geschützt. Der Schlickgrund mit Seegrasbewuchs hält unterschiedlich gut.
Behörden: Wasserschutzpolizei.

Versorgung
Wasser: In der Nähe des Kais von Vourkarion gibt es Wasser, obwohl es im Sommer oft rationiert werden muß.
Treibstoff erhält man in der Nähe des Kais von Korissia. Ein Tankwagen liefert den Treibstoff aber auch an den Kai (Tel.: 24 100).
Lebensmittel: In Vourkarion und Korissia sind ein paar Lebensmittel erhältlich.
Restaurants: In Vourkarion und Korissia gibt es Tavernen.
Sonstiges: Telefon und eine unregelmäßige Busverbindung zur Chora. Eine Fähre verkehrt nach Lavrion.

Ormos Pisa

Etwa 1,5 Seemeilen N-lich des Kaps Ak Makryopounta, an der W-Küste von Kea, befindet sich diese kleine Bucht, die nach W und S hin offen ist. Bei Meltemi steht Schwell hinein, der das Liegen ungemütlich macht. Man ankert im Scheitel der Bucht auf 4 bis 8 m über Sandgrund. Es gibt keine Versorgungsmöglichkeiten. Eine kleine Einbuchtung unmittelbar N-lich von Ormos Pisa wirkt auf den ersten Blick ganz vielversprechend, aber die Wassertiefen sind bis dicht unter Land groß.

Ormos Kavia

37°34,5'N 024°16,5'E

Etwa 1 Seemeile E-lich des Kaps Ak Makryopounta findet man diese kleine Bucht. Von einem Riff, das sich etwa eine drittel Seemeile SSW-lich des Kaps erstreckt, sollte man sich gut freihalten. Eine markante Landmarke bilden mehrere Windmühlen, die an den Hängen um die Bucht herum stehen. Auch ein großes Gebäude an der N-Seite der Einfahrt ist gut auszumachen.
Man ankert auf 3 bis 6 m über Sandgrund und ist vor dem Meltemi gut geschützt, da die Bucht nur nach S hin offen ist.
Die Hänge rund um die Bucht wurden mit neuen Hotels und Häusern bebaut, allerdings recht behutsam.

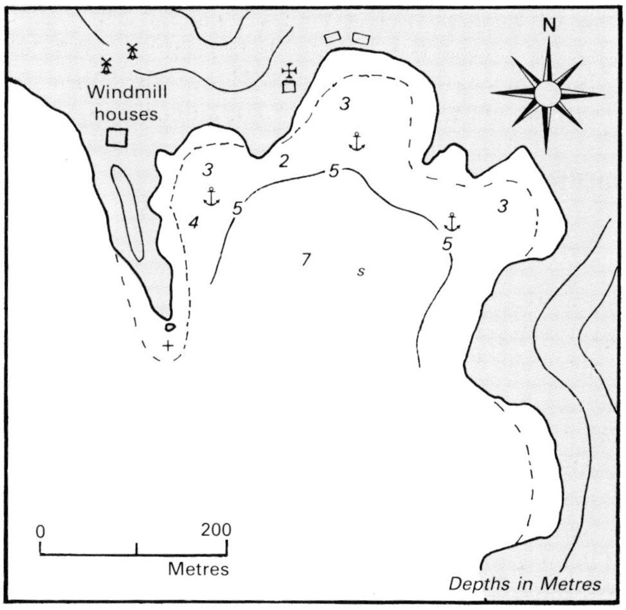

Ormos Kavia.

Manos, der hier eine Taverne betreibt, ist auch bei der Beschaffung von Lebensmitteln, Gas, Stangeneis, Wasser, Treibstoff, Duschen etc. – in der Tat so ziemlich allem, was auf Kea nur zu bekommen ist – behilflich. Er kann sich auch rühmen, etwas Deutsch, Englisch, Italienisch, Französisch und Arabisch zu sprechen.

Orgias

Diese kleine Einbuchtung ist an der N-Küste von Kea und bietet einen Schönwetterankerplatz. Im Scheitel der fjordähnlichen Bucht ankert man auf 4 bis 5 m über Sandgrund. An den Hängen ringsum stehen ein paar Häuser.
Hinweis: Ein Überwasserfelsen soll 0,4 sm E-lich der Einfahrt nach Orgias liegen.

Ormos Kalydonychi

37°38,7'N 024°24,2'E

Unterhalb des Kaps Ak Spathi an der NE-Küste der Insel liegt diese kleine Bucht, die einen Schönwetterankerplatz

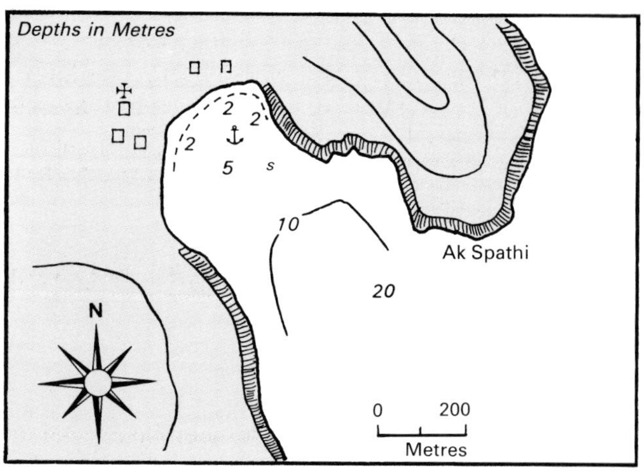

Ormos Kalydonychi.

bietet. Im Scheitel der Bucht ankert man auf 3 bis 5 m über Sandgrund und liegt vor dem Meltemi gut geschützt. Um die Bucht herum stehen die paar Häuser des Dorfes, und im Scheitel der Bucht hat eine Taverne geöffnet.

Ormos Polais

37°33,5'N 024°20'E

An der SE-Küste von Kea, etwa 3 Seemeilen NE-lich des Kaps Ak Tamelos, befindet sich diese offene Bucht, in deren Mitte ein Felsen liegt, der durch ein Riff mit dem Ufer verbunden ist. Man ankert E-lich von Felsen und Riff auf 3 bis 4 m über Sandgrund, der mit einigen Felsen durchsetzt und mit Seegras bewachsen ist. Der Anker hält nicht überall gut. Vor dem Meltemi ist man hier ganz ordentlich geschützt. An Land kann man die Ruinen der antiken Stadt Karthaia mit den Überresten eines Tempels besichtigen.

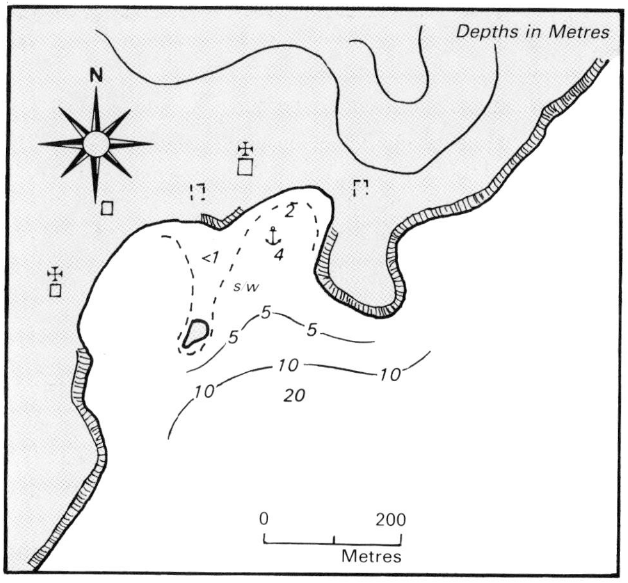

Ormos Polais

Die Insel Kythnos
(Nisos Kithnos)

Diese kahle felsige Insel liegt etwa 6 Seemeilen SE-lich von Kea. Die höchste Stelle der Insel befindet sich etwa in ihrer Mitte und erreicht eine mäßige Höhe von 294 m. Die Inselbewohner leben zum größten Teil in der Chora (Kythnos), dem Hauptort, der auf einem Berg oberhalb der Bucht Ormos Apokreiosis erbaut wurde, und in Mericha. Im Sommer hat sich ein bescheidener Tourismus entwickelt, aber insgesamt gesehen, ist die Insel weitestgehend unberührt geblieben.

Ormos Apokreiosis und Angali Phykiada

Karten: D 670

Allgemeines
Die beiden Buchten bieten nicht nur guten Schutz, sondern auch eine wunderschöne Umgebung und weiße Sand-

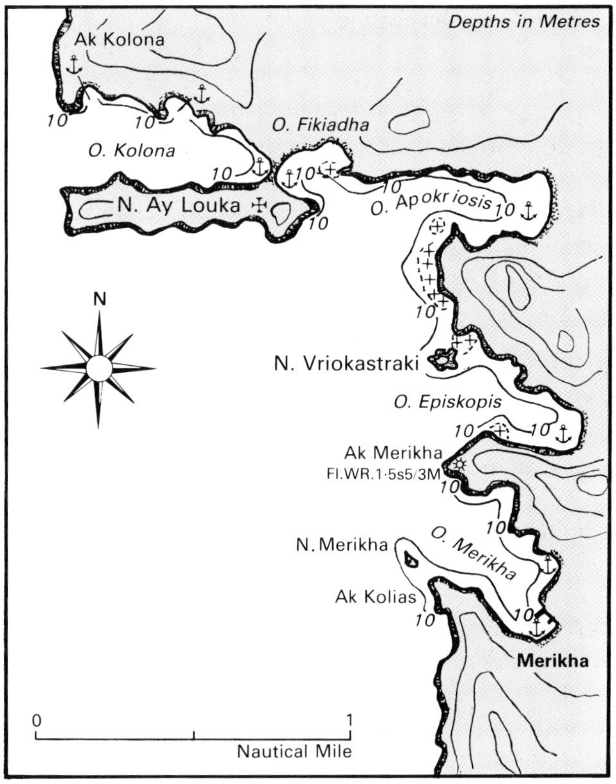

Kythnos: von Ormos Kolona bis Mericha.

strände. Ein paar Häuser und Villen stehen verstreut am Ufer.

Ansteuerung
Die beiden Buchten befinden sich etwa 1 Seemeile N-lich des Ortes Mericha, der leicht an seinen dicht um den Hafen gedrängt stehenden Häusern zu erkennen ist. An der S-Seite der Einfahrt in die Bucht Ormos Apokreiosis erstrecken sich Unterwasserfelsen, von denen man sich gut freihalten sollte. Auch an der NE-Seite der Einfahrt in die Bucht Phykiada gibt es überspülte Felsen.
Nachts: Keinerlei Befeuerung vorhanden.
Gefahren: In den Buchten und in den Ansteuerungen treten bei Meltemi heftige Fallböen auf.

Blick in die Bucht Phykiada aus S.

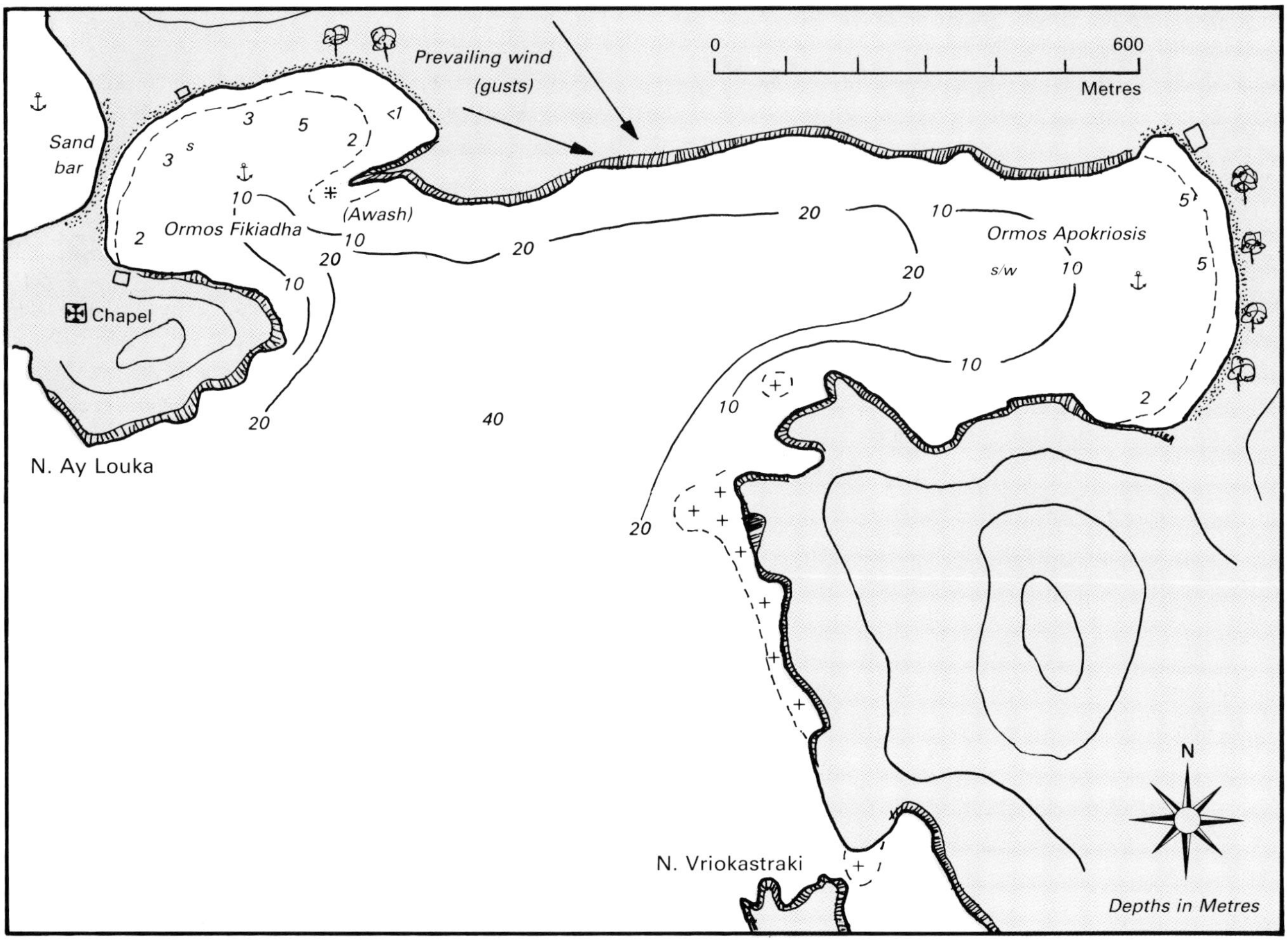

Ormos Phykiada und Ormos Apokreiosis.

Liegeplätze
In Ormos Apokreiosis ankert man im E-lichen Teil der Bucht, in Angali Phykiada in der Mitte. Der Sandgrund mit Seegrasbewuchs hält gut, wenn der Anker erst gefaßt hat. Man findet in den Buchten guten Schutz vor N-Winden, in Phykiada ist man nahezu rundum geschützt.

Versorgung
Keine.

Ormos Kolona

Unmittelbar W-lich von Angali Phykiada, auf der anderen Seite der Sandbarre, befindet sich eine schmale langgestreckte Bucht, die ebenfalls guten Schutz vor dem Meltemi bietet. In der kleinen Einbuchtung an der N-Seite oder im Scheitel der Bucht auf der W-Seite der Sandbarre ankert man auf 3 bis 5 m über Sandgrund, der gut hält. Man ist hier vor dem Meltemi gut geschützt; die Bucht ist nach W hin offen. Wundervolle weiße Sandstrände säumen die Buchten, in denen man praktisch in völlig unberührter Natur liegt.

Ormos Episkopis

Diese Bucht, die nach W hin offen ist, befindet sich zwischen Mericha und Ormos Apokreiosis. Bei ruhigem Wetter oder Winden aus SE bis E kann man hier auf 3 bis 10 m ankern, wo es einem gefällt. Bei Meltemi steht Schwell in die Bucht.

Mericha

WP 37°23,5'N 024°23,8'E / Karten: D 1089 Plan E

Allgemeines
Mericha, das eigentlich nur zur Versorgung des Fährhafens gebaut wurde, ist ein vergleichsweise moderner Ort. Unmittelbar N-lich von Mericha sind die Ruinen der antiken Stadt Vriokastro zu finden.

Ansteuerung
Der kleine Hafen mit dem Fähranleger befindet sich an der W-Küste der Insel Kythnos. Von See her sind die Gebäude des Ortes gut auszumachen.

Der Hafen von Mericha aus S (Foto: Nigel Patten).

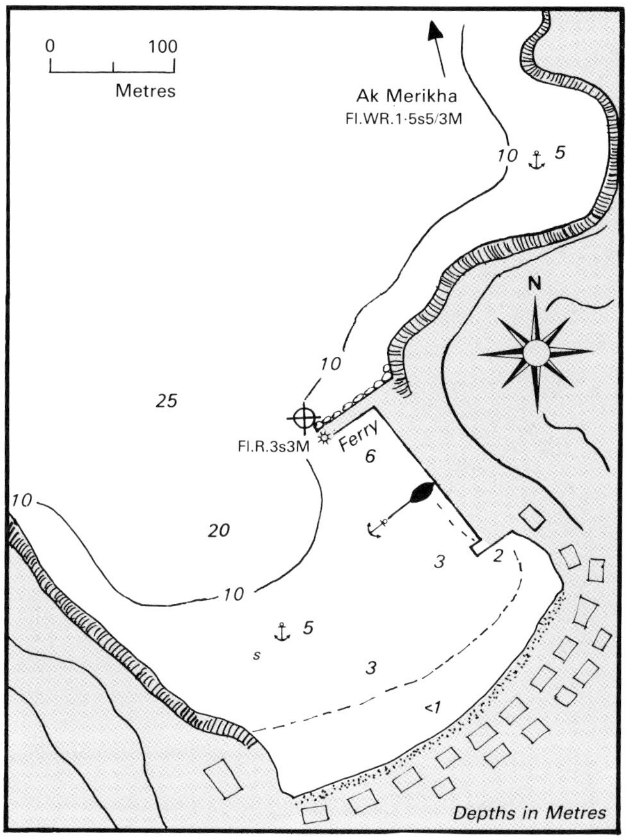

Mericha

Nachts navigiert man nach dem Feuer auf dem Kap Ak Mericha (Fl.WR.1,5s5/3M). Der rote Sektor (340°-R-030°) deckt auch Nisis Mericha vor der S-Huk der Einfahrt ab.

Liegeplätze
Falls man Platz findet, macht man mit Bug oder Heck zur inneren Mole fest oder ankert S-lich des Fähranlegers mit langer Leine zum Land. Am Kai vor dem Dorf ist es leider so untief, daß man dort nicht ankern kann.
Schutz: Auch wenn heftige Fallböen in die Bucht stehen, die das Liegen recht ungemütlich machen, ist man in Mericha ganz gut vor dem Meltemi geschützt.
Behörden: Zoll und Wasserschutzpolizei.

Versorgung
Treibstoff kann von einem Taxi geliefert werden.
Lebensmittel: Obwohl die Versorgung stark von der Fähre abhängig ist, sind die meisten Lebensmittel erhältlich.
Restaurants: Tavernen findet man um den Hafen herum.
Sonstiges: Telefon, Gas und eine Busverbindung zur Chora. Nach Lavrion verkehrt eine Fähre.

Loutra (Ormos Loutron)

Karten: D 1089 Plan O

Allgemeines
Die gesamte Geschichte hindurch wurden die heißen Thermalquellen (40°-55°C) sehr geschätzt – bis auf die heutige Zeit, in der Badekurorte aus der Mode gekommen sind.

Blick auf Loutra und den Yachtkai aus S (Foto: Nigel Patten).

Im Altertum nutzten Griechen und Römer die Quellen, und für Griechenlands ersten König, Otto von Bayern, wurden die Badekureinrichtungen erbaut, die heute noch existieren. Auch wenn keine Kurgäste mehr kommen, sprudeln die heißen Quellen weiter.
Ein Spaziergang von rund zwei Stunden führt einen zu den Ruinen einer mittelalterlichen Festungsanlage und Stadt, die nahe des Kaps Kephalos zu finden sind. Ein paar Häuser sind sogar noch erhalten geblieben.

Ansteuerung
Die Ansteuerung ist bei Tag und Nacht problemlos. Das Leuchtfeuer auf der S-lichen Einfahrtshuk bildet eine gute Landmarke.
Nachts navigiert man nach dem Feuer auf Ak Kephalos (Fl.4s9M) und dem Feuer auf der S-lichen Einfahrtshuk (Fl.1,5s3M). Der Kopf des Wellenbrechers ist mit Fl.G.3s3M befeuert.

Liegeplätze
Man kann vor der Ortschaft mit Bug oder Heck zum Kai festmachen oder in der SE-lichen Einbuchtung, Ormos A. Eirinis, ankern. Normalerweise ankert man in A. Eirinis und bringt eine lange Leine zur NE-Seite aus. Am Grund ist eine große Kette ausgelegt, die in etwa von NW nach SE verläuft und in der sich der Anker verfangen kann. Vor Loutra ist ein Teil des Kais für Yachten reserviert, und die kurze Mole bietet etwas Schutz vor dem Meltemi. Am SW-Ende des Kais betragen die Wassertiefen weniger als 1 m. Der Grund besteht aus Sand, Schlick und Seegras und hält nicht überall gut.
Schutz: Am Kai vor Loutra sowie in Ormos A. Eirinis findet man etwas Schutz vor dem Meltemi, auch wenn die umlaufende Dünung das Liegen ungemütlich machen kann.

Versorgung
Wasser gibt es gleich neben dem Kai von Loutra.
Treibstoff ist nicht immer erhältlich.
Lebensmittel: Begrenztes Angebot.
Restaurants: Es gibt verschiedene Tavernen und Cafés.
Sonstiges: Post und Telefon.

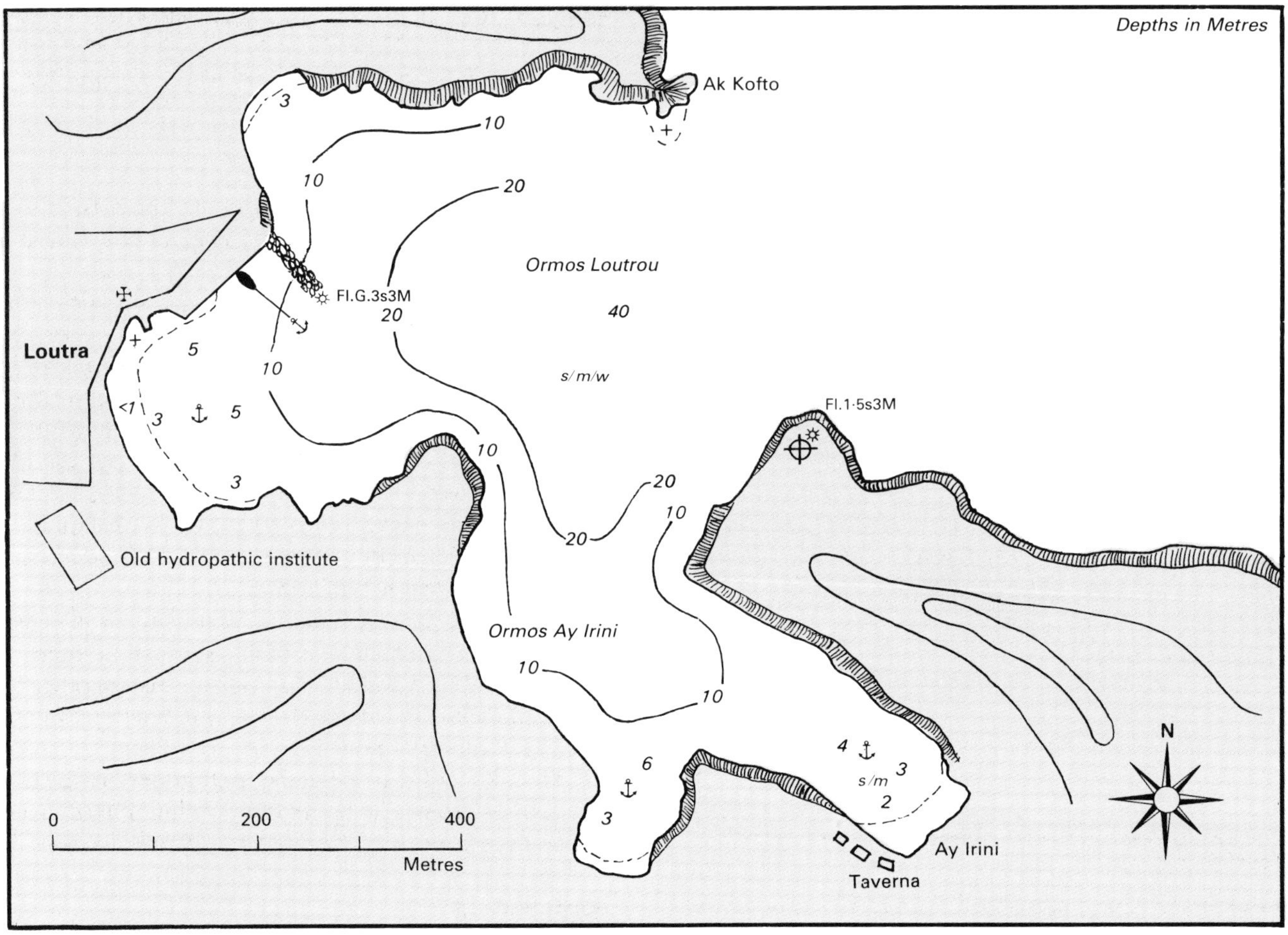

Loutra.

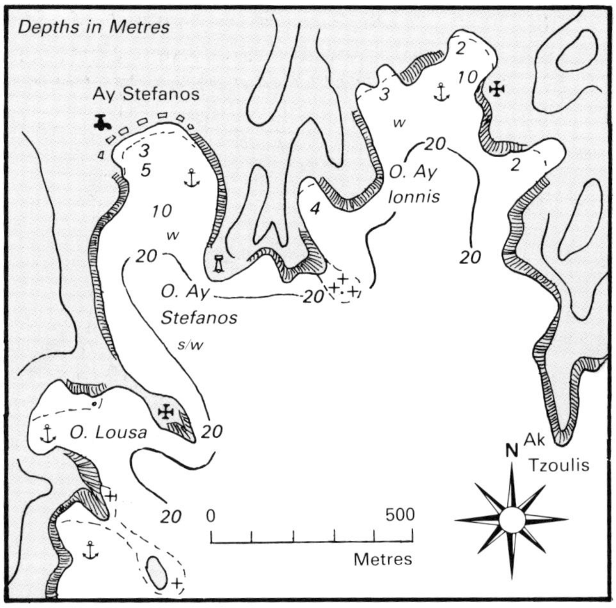

Ormos A. Stephanou und Ormos A. Ioannou.

Ormos A. Stephanou und A. Ioannou

37°24'N 024°27,5'E / Karten: BA 1538, D 1089 Plan M

Diese beiden Buchten an der E-Küste Kythnos bieten guten Schutz vor Meltemi. In der Einfahrt können von den hohen Bergen ringsum heftige Fallböen auftreten. Von einem Riff, das etwa 100 m SE-lich der Landspitze liegt, die diese beiden Buchten trennt, muß man sich gut freihalten. Man ankert jeweils im Scheitel der Buchten und bringt eine lange Leine zum Land aus, die man an einem Baum oder Fels befestigt. Abgesehen von Wasser gibt es hier keine weiteren Versorgungsmöglichkeiten. In dem kleinen Dorf Agios Stephanos gibt es nicht viel zu sehen, aber von den Fallböen, die bei Meltemi auftreten, einmal abgesehen, sind die Buchten durchaus einen Besuch wert.

Ormos Kanala und Ormos A. Nikolaou

4,5 Seemeilen bzw. 6,5 m SW-lich des Kaps Ak A. Ioannis entfernt, findet man diese beiden Buchten an der E-Huk von Kythnos. Der Schutz, den sie vor Meltemi bieten, ist nur mittelmäßig, sie eignen sich aber als Schönwetterankerplätze. Beide Buchten sind nach S und E hin offen und bieten keinerlei Versorgungsmöglichkeiten.
Ganz in der Nähe von Kanala steht das Kloster der »Panagia Kanala«, der Jungfrau aus dem Kanal, so genannt, weil die als wundertätig verehrte Ikone der heiligen Jungfrau im Kanal gefunden wurde – obwohl die genaue Stelle nicht bekannt ist. Zu den Feiertagen am 15. August und 8. September kommen Scharen von Pilgern hierher.

Die Insel Syros

Syros ist eine gebirgige, weitgehend kahle Insel. Der N ist rauh und wild und fast unbewohnt, während die Hänge im

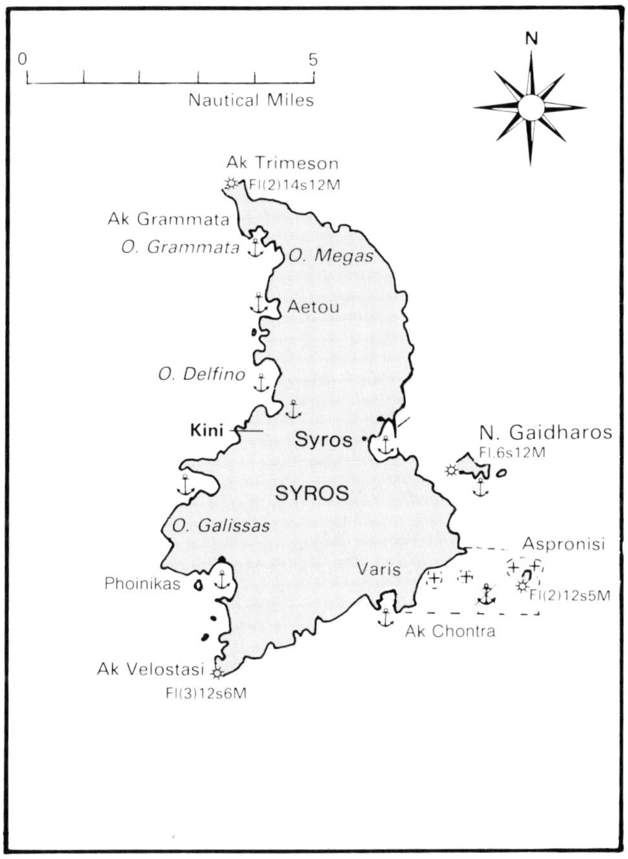

Die Insel Syros.

S sanfter werden und das Land an der Küste sogar bebaut wird. Die meisten Inselbewohner leben im Hauptort, Ermoupolis, der Hafenstadt der Insel. Außerdem ist Ermoupolis die nominelle Hauptstadt der Kykladeninseln.

An die antike Stadt Syros, die einst an dieser Stelle stand, erinnert nichts mehr. Im Mittelalter verlegten die Inselbewohner ihre Stadt weiter landeinwärts, bis die Venezianer, sich stets der Bedeutung von Häfen bewußt, die Insel besetzten. Die strategisch günstige Lage an der venezianischen Handelsroute in die Ägäis brachte die Insel wieder zu Wohlstand. Im 17. Jh. kam Syros unter den Schutz Frankreichs und entging so der türkischen Besetzung.

Die Zwillingsorte Syros und Ermoupolis, die sich auf den zwei Bergen oberhalb des Hafens gegenüberliegen, spiegeln die geschichtliche Bedeutung der Insel wider: Der Stadtteil Ano Syros (Alt Syros) wurde von Genuesern und Venezianern gegründet und ist bis heute das römisch-katholische Viertel. Die Flüchtlinge aus Psara und Chios bauten sich ihre eigene Stadt, Ermoupolis (Hermoupolis: nach Hermes, dem Gott des Handels), die bis zum heutigen Tag das griechisch-orthodoxe Viertel bildet. Ermoupolis wuchs und erstreckt sich nun von seinem ursprünglichen Standort aus um den Hafen herum.

Der Hafen ist noch immer ein Handelszentrum und Fährhafen, und die Insel ist immer noch berühmt für ihr »Loukoumi«: Dieser türkische Honig ist wirklich ganz ausgezeichnet und in keinster Weise mit einer diesen widerlich süßen Imitationen, die man sonst angeboten bekommt, zu vergleichen.

Ermoupolis / Der Hafen Syros

WP 37°26,2'N 024°56,8'E (Fl.G.6M) / Karten: BA 1538, Imray G31, D 1089 Plan F

Allgemeines

Obwohl Syros nominell noch immer die Hauptstadt der Kykladen ist – das Zentrum von Handel und Kultur ist es schon lange nicht mehr.

Vergangene Macht und Herrlichkeit lassen sich aber bis heute von den Gebäuden ablesen, die rund um den Hafen stehen: Ein von Bäumen angenehm beschatteter und ganz mit Marmor gepflasterter Platz, der von einem Musikpavillon geziert wird, stammt aus dem 18. Jahrhundert. Stattliche klassizistische Bauten wie das Rathaus, die Oper – eine Kopie der Mailänder Skala –, elegante Stadtvillen mit geschwungenen schmiedeeisernen Balkonen aus dem 19. Jh. und die große katholische St.-Georgs-Kathedrale gehören zum Panorama der Stadt.

So betriebsam, wie es hier im 19. und zu Beginn des 20. Jahrhunderts gewesen sein muß, ist es heute nicht mehr. Der Hafen wird von Handelsschiffen, Küstenfrachtern und Fähren angelaufen, aber mit dem Boomen einer Großstadt hat dies nichts gemein.

In einem kleinen Museum, das sich in der Nähe des marmorgepflasterten Platzes befindet, sind Funde von den umliegenden Inseln ebenso wie von Syros ausgestellt.

Ansteuerung

Auffällig: Die beiden Zwillingsorte auf den Bergkuppen oberhalb des Hafens sind von weitem gut zu erkennen. Auch die beiden Inseln Nisis Gaidaros und Nisis Strongylo unmittelbar ESE-lich des Hafens sind leicht auszu-

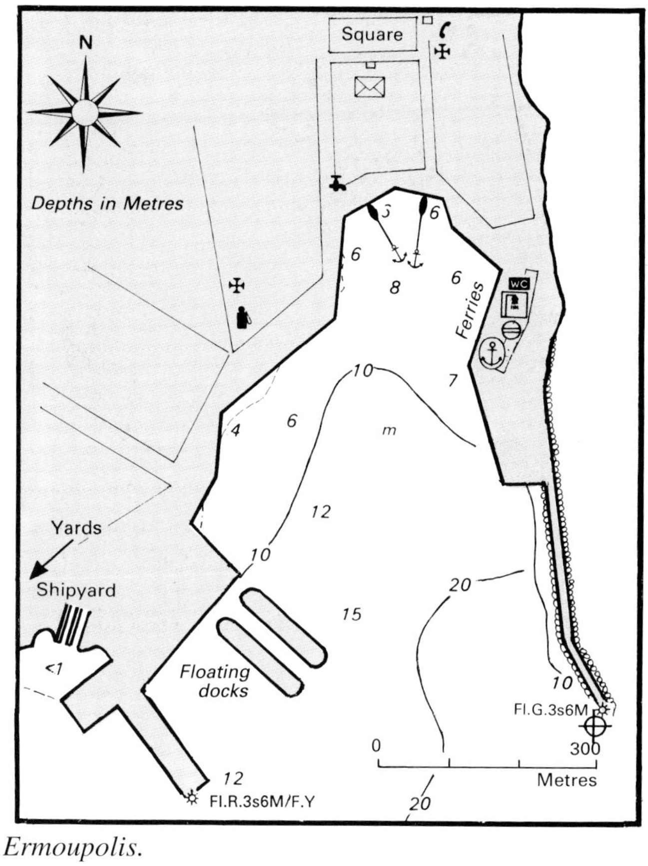

Ermoupolis.

machen. Beim Näherkommen wird die große Kathedrale auf der Anhöhe hinter der Stadt sichtbar. Markant ist auch der Wellenbrecher.
Nachts navigiert man nach den Feuern auf Nisis Aspro (Fl(2)12s5M) und Nisis Gaidaros (Fl.6s12M). Die Hafeneinfahrt ist befeuert: Ak Kontogiannis mit Fl.3s4M, der N-liche Wellenbrecherkopf mit Fl.G.3s6M und der S-liche Wellenbrecher mit Fl.R.3s6M. Die Klippe Yph. Karphomeni ist mit einer Leuchttonne (Q.R.) bezeichnet, man sollte sich aber nicht darauf verlassen.
Gefahren:
1. An der S-Seite des Hafens befindet sich gleich hinter der Einfahrt eine Bunkerstation für Öl.
2. Yph. Karphomeni, ein Riff mit einer Untiefe, bildet im S-Teil des Hafens eine Gefahrenstelle, von der man sich freihalten muß. Das Riff wird von einer Leuchttonne (occas) markiert. Wenn man sich dichter unter dem Kopf des N-lichen Wellenbrechers hält, bleibt man von der Bunkerstation und dem Riff gut frei, und die Wassertiefen sind hier ausreichend.

Liegeplätze
An den Kaianlagen im N oder W macht man mit Bug oder Heck zum Kai fest. Der Schlickgrund hält gut.
Schutz: Vor dem Meltemi ist man hier gut geschützt, auch wenn Fallböen auftreten können und sich Dünung entwickelt, die das Liegen ungemütlich macht. Auch der Wellenschlag der Fähren macht das Liegen unruhig. Bei SE-Winden steht Schwell in den Hafen, der das Liegen sehr unruhig und für kleinere Yachten möglicherweise gefährlich macht.
Hinweis: Da Abwässer in den Hafen eingeleitet werden, stinkt es an einigen Stellen ganz gewaltig.
Behörden: Ermoupolis ist Port of Entry – Zoll, Wasserschutzpolizei und Einwanderungsbehörde sind vor Ort.

Versorgung
Wasser gibt es am Kai, das aber kein Trinkwasser sein soll. Trinkwasser kann von einem Tankwagen geliefert werden.
Treibstoff bekommt man unweit des W-Kais. Tel.: 0281-23 784. Auf UKW-Kanal 08 kann man auch einen Mini-Tanker anfordern.
Reparaturen: Es gibt mehrere Bootswerften, bei denen Yachten aufgeslippt werden können.
Lefteris Akilas: Ein hydraulischer 65-t-Kran steht bereit. Wassertiefe von der Sliprampe 4 m. Tel.: 0281-23682. Fax: 0281-23445.
Vangelis Tzortis: Schlitten und Sliprampe. Geübt im Aufslippen von Yachten. Tel.: 0281-87 086. Fax: 0281-86 000.
Das Trockendock für Handelsschiffe ist wieder in Betrieb und kann sehr große Yachten aus dem Wasser nehmen. Mechanische Reparaturen und Arbeiten an der Maschine. Yachtausrüster sind unweit der Werften zu finden. Reparaturen an den Segeln können ausgeführt werden – bei Bedarf meldet man sich im Käseladen, Chiou 28! Für Notreparaturen können Yachten aus dem Wasser gehoben werden.
Lebensmittel: Gute Versorgungsmöglichkeiten in der Nähe.
Restaurants: Tavernen findet man um den Hafen und in der Stadt.
Sonstiges: Post (bis 2400 Uhr geöffnet), Telefonamt, Banken, Gas, Camping GAZ, Krankenhaus, Auto- und Motorrad-Vermietung und Busverbindungen zu den Hauptorten der Insel. Es bestehen Fährverbindungen nach Piräus, zu den umliegenden Kykladeninseln, nach Kreta und Samos.
Ankerverbotszonen
Jeweils 0,5 Seemeilen N-lich und S-lich der Insel Nisis Aspro sowie zwischen Aspro und Syros ist das Ankern verboten. Außerdem ist es verboten, in diesem Gebiet zu segeln.
Achtung: Ungefähr 1 Seemeile W-lich von Nisis Aspro befindet sich ein Riff, über dem etwa 1,6 m Wasser stehen. Auch Nisis Aspro selbst ist von einem Riff umgeben.

Nisis Gaidaros

Dem Kap Ak Kontogiannes gegenüber, an der S-lichen Einfahrt zum Hafen von Ermoupolis, liegt die Insel Gaidaros dicht vor der Küste von Syros. An der SE-Seite des kleinen Eilandes gibt es eine schmale Einbuchtung, die guten Schutz vor dem Meltemi bietet. Eine Barre, über der etwa 2,5 m Wasser stehen, erstreckt sich quer von einem zum anderen Ufer in der Mitte der Bucht. An der W-Seite der Barre liegt in Ufernähe ein versunkener Betonklotz. Wenn man die Barre passiert hat, ankert man auf 3 m über Sandgrund mit Seegrasbewuchs. Es bestehen keinerlei Versorgungsmöglichkeiten.

Ormos Varis

37°23,4'N 024°56,7'E

Unmittelbar W-lich des Kaps Ak Chontra an der SE-Küste von Syros befindet sich diese tief in das Land einschneidende Bucht, in deren Scheitel man auf 2 bis 4 m über gut haltendem Sandgrund ankern kann. An der W-Seite gibt es eine kleine Einbuchtung, in der man auf 3 bis 5 m Was-

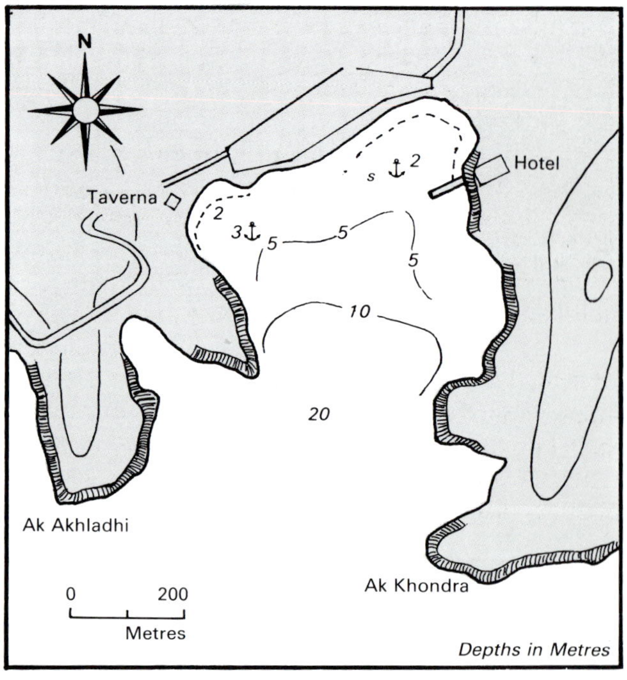

Ormos Varis.

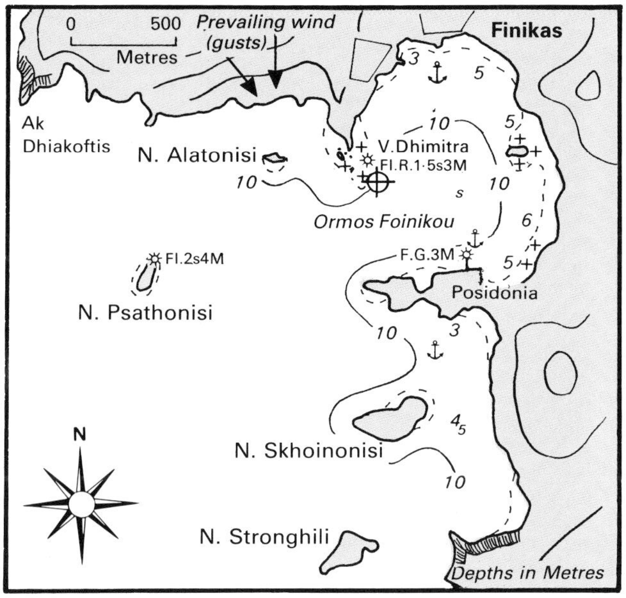

Ormos Phoinikas.

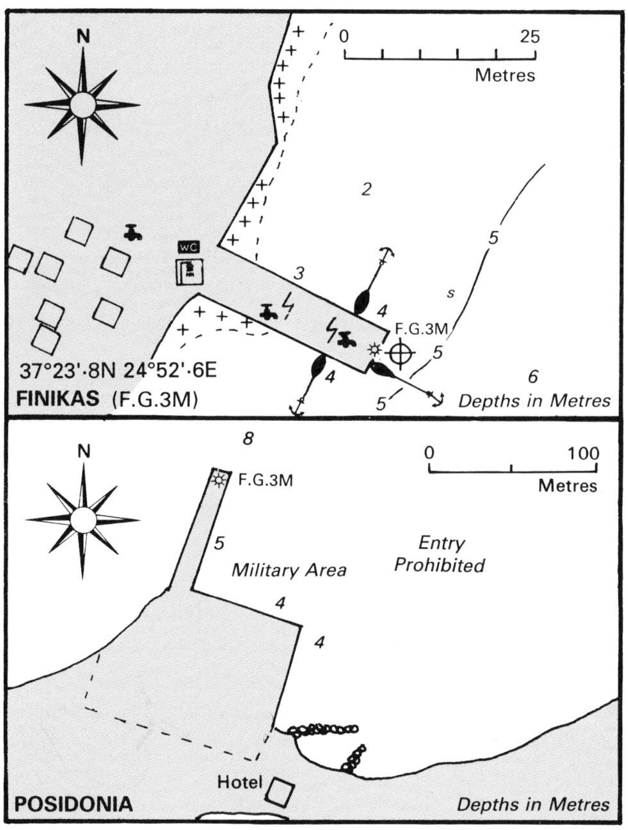

Phoinikas und Poseidonia.

sertiefe den Anker fallen lassen kann. Auch wenn Fallböen auftreten können, ist man vor Meltemi gut geschützt. Am Scheitel der Bucht steht ein Hotel, und entlang der Hafenpromenade gibt es mehrere Tavernen. Für Treibstoff muß man die Straße nach Ermoupolis 800 m hinuntergehen.

Ormos Phoinika

WP 37°23,6'N 024°52,5'E (Vr. Dimitra) / Karten: BA 1538, D 1089 Plan J
Eine geschützte Bucht an der SW-Küste von Syros.

Der Yachtpier in Phoinikas aus SW.

Allgemeines
Da die Bucht mit ihren schönen Stränden ausgesprochen anziehend wirkt, ist es kein Wunder, daß hier eine Reihe von Hotels gebaut wurden. Eigentlich ist jeder, der Phoinikas besucht, begeistert. Und betrachtet man den exzellenten Schutz vor dem Meltemi als Zugabe, ist diese Bucht wirklich einen Besuch wert.

Ansteuerung
Gute Landmarken bei der Ansteuerung bilden die Inseln Nisis Psathonisi sowie der Ort Phoinikas.
Nachts weisen die Feuer auf Psathonisi (Fl.2s4M) und auf der Klippe V. Dimitra (Fl.R.1,5s3M, nur im Bereich von 198°–085° sichtbar) den Weg.

Liegeplätze
Am Pier im NW des Hafens macht man mit Bug oder Heck fest. Bei Meltemi ist die S-Seite der Pier als Liegeplatz besser geeignet. Die Wassertiefen betragen im allgemeinen 3 bis 4 m, auch wenn zum Fuß der Pier hin Vorsicht geboten ist, da hier große Felsen ein Anlegen unmöglich machen. Der Grund besteht aus Sand mit Seegrasbewuchs und ein paar Felsen und hällt im allgemeinen ganz gut. Alternativ kann man auf 3 bis 5 m ankern. Der Schutz vor Meltemi ist gut, auch wenn Fallböen in die Bucht stehen.
Der Hafen an der SE-Seite, Poseidonia, gehört zu einem militärischen Sperrgebiet. Man sollte keinen Versuch unternehmen, hier festzumachen, bevor man nicht geklärt hat, ob dies überhaupt möglich ist.

Versorgung
Service: Wasser gibt es an der Pier, Stromanschlüsse können gelegt werden. Sanitäranlagen (Duschen und Toiletten) findet man am Fuß der Pier. Ein mobiler Reparaturservice kann auch Treibstoff (Diesel) liefern. Man meldet sich bei Maistrali Marine, Tel.: 0281-42 687. Fax: 0281-22 478.

Um die Bucht herum haben verschiedene Hotels und Tavernen geöffnet. Im Ort ist ein begrenztes Lebensmittelangebot erhältlich.

Ormos Galissas

Unmittelbar S-lich des Kaps Ak Katakephalos befindet sich diese kleine Bucht, in deren Scheitel man auf 4 bis 5 m über gut haltendem Sandgrund ankern kann. Die Wassertiefe beträgt, etwa 50 m vom Strand entfernt, 3 m. Auch wenn etwas Schwell in die Bucht steht, ist man recht ordentlich vor dem Meltemi geschützt.
An der S-Seite der Bucht wurde eine kurze Mole gebaut, hinter der einige wenige Yachten festmachen können und vor Meltemi besser geschützt sind. Da Geröll vor der Mole den Grund unrein macht, sollte man Abstand halten und eine lange Leine dorthin ausbringen.
An Land findet man einen kleinen Supermarkt, eine Taverne und eine Discothek, deren Musik einen geradezu gigantischen Lärmpegel erreicht.

Ormos Kyni

An der W-Küste von Syros, Ermoupolis an der E-Küste genau gegenüber, befindet sich diese kleine Bucht. Etwas mehr als 0,5 Seemeilen vor der Küste erstreckt sich WNW-lich der Bucht ein Riff. Von der S-Seite der Bucht dehnt sich eine Sandbarre, die eben überspült wird, bis fast zur Mitte. Man ankert im NE auf 3 bis 5 m und ist vor Meltemi recht ordentlich geschützt.
An Land gibt es eine Taverne, und ein begrenztes Lebensmittelangebot ist erhältlich.

Ormos Delphino

37°27,5'N 024°53,8'E

Etwa 1 Seemeile N-lich von Kyni befindet sich diese kleine Bucht, in der man dicht hinter einer winzigen Felsinsel, die in der Mitte der Bucht liegt, auf 3 bis 4 m Wassertiefe ankern kann. Der Schutz vor Meltemi ist vertretbar, aber von den umliegenden Bergen können heftige Fallböen kommen. Keine Versorgungsmöglichkeiten.

Ormos Aetou

1 Seemeile N-lich von Ormos Delphino findet man diese winzige Einbuchtung, in der man im N auf 4 bis 5 m ankern kann. Mit starken Fallböen muß gerechnet werden.

Ormos Megas Lakkos (Ormos Grammata)

37°30'N 024°53,3'E

An der NW-Küste von Syros befindet sich die Bucht Ormos Megas Lakkos. Das Kap Ak Grammata, eine glockenförmige, hellgelb leuchtende Felsklippe, die von See her gut auszumachen ist, bildet die W-liche Einfahrtshuk der Bucht, in der man an der W- oder E-Seite auf 4 bis 5 m über

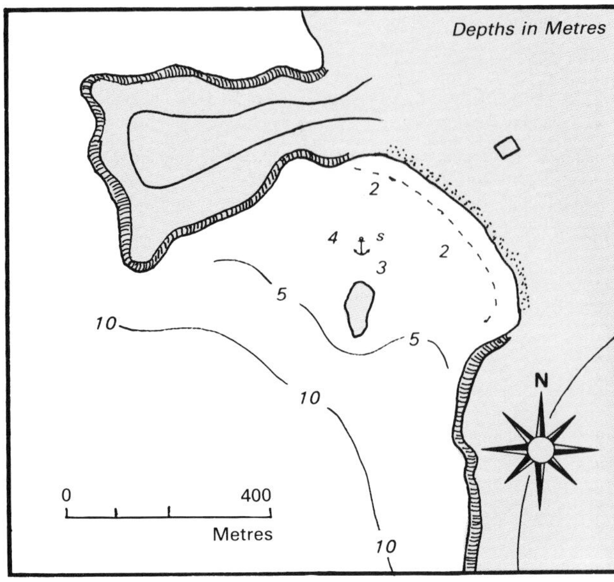

Ormos Delphino.

sandigem Grund ankern kann. Der Grund hält nicht allzu gut, und da starke Fallböen von den umliegenden hohen Bergen herabkommen, empfiehlt es sich, eine lange Leine zum Land auszubringen. Es gibt keine Versorgungsmöglichkeiten.
Das Kap Ak Grammata ist mit zahlreichen Namen von Seeleuten bedeckt, die hier durch die Jahrhunderte Schutz vor dem Meltemi gesucht haben. Ohne Zweifel wird so mancher Leser dieses Buches seinen Namen gleichermaßen auf diesem Felsen verewigen.

Nisos Gyaros (Sperrgebiet!)

Fast in der Mitte zwischen den Inseln Kea und Tinos, etwa 8 Seemeilen NW-lich von Syros, liegt diese Insel – ein kahler, unbewohnter Felsklumpen, der keine Ankermöglichkeit bietet. Zudem sind das Ankern vor der Insel sowie das Anlanden verboten. Bei Meltemi kommen heftige Fallböen die S-Küste hinunter, und man sollte sich von Gyaros fernhalten.

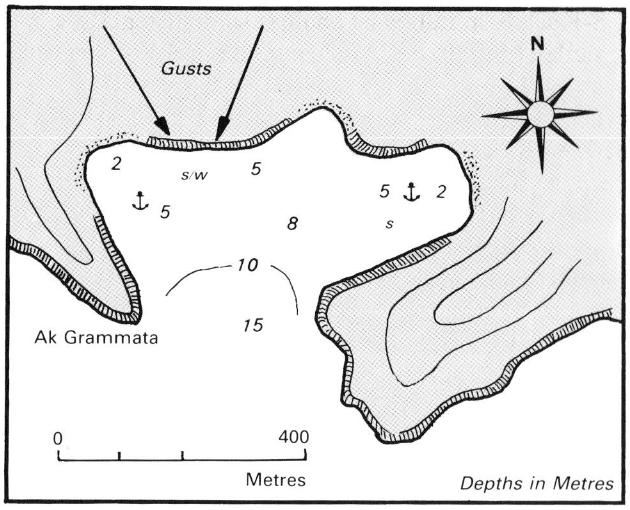

Ormos Megas Lakkos.

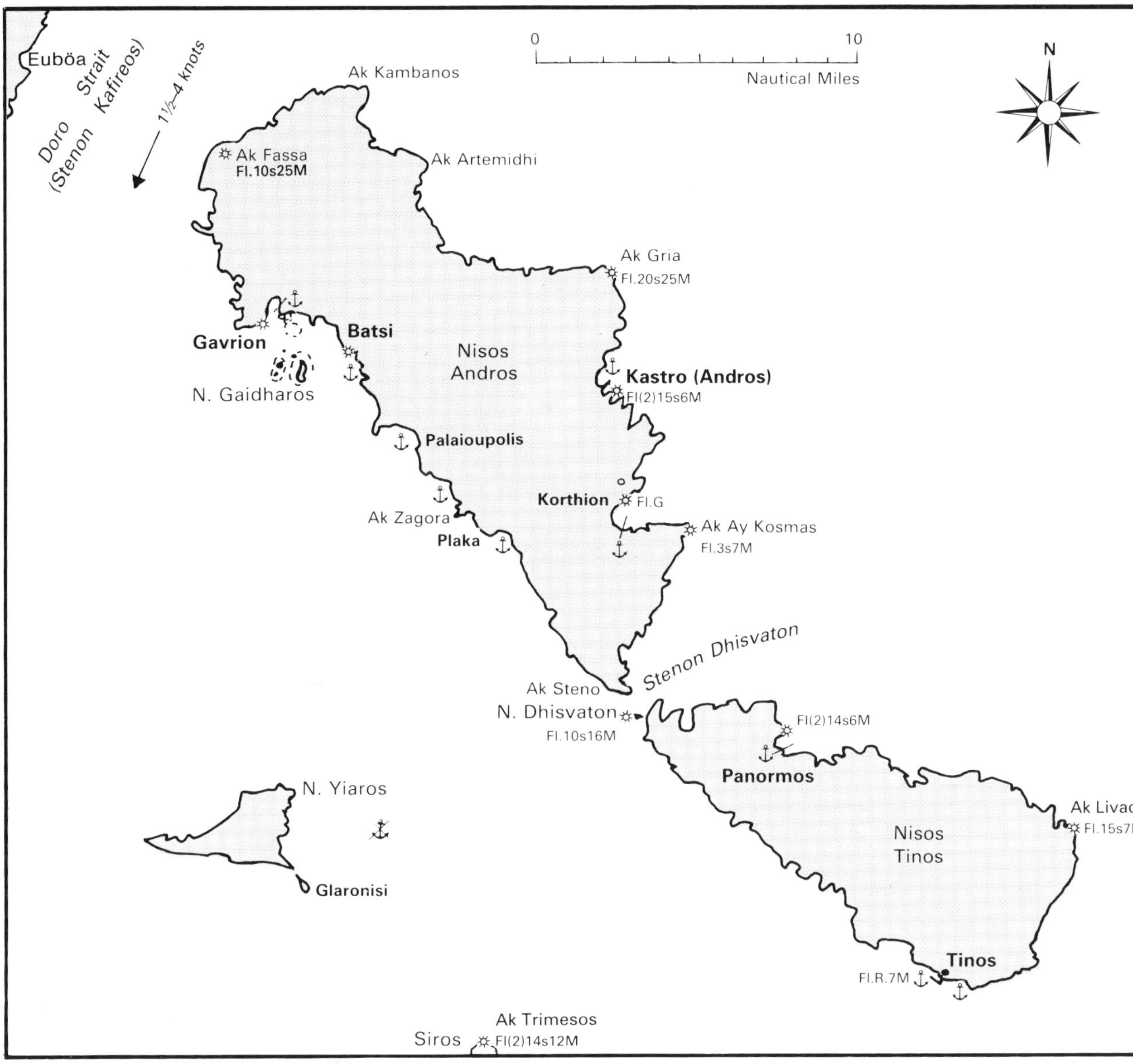

Die Inseln Andros und Tinos.

Stenon Kaphireos / Meerenge von Doro

Diese Meerenge zwischen der N-Spitze von Andros und der S-Küste von Euböa ist an ihrer schmalsten Stelle nur 6 Seemeilen breit. In der Passage setzt ein SW-licher Strom, der 2 bis 4 kn erreichen kann. Der Admiralty Pilot vermerkt jedoch, daß bei N-Stürmen im Stenon Kaphireos eine S-wärts setzende Strömung von bis zu 7 kn beobachtet wurde. Der Meltemi, der durch die Meerenge regelrecht geschleust wird, baut eine grobe steile See auf. Kleine Yachten sollten bei Stürmen aus N auch in der Umgebung der gefürchteten Passage mit äußerster Vorsicht navigieren. Selbst große Schiffe ziehen es vor, im Fahrwasser vor Karystos zu ankern, anstatt die Passage bei Sturm zu durchfahren. Die grobe See hält aber auch nach Abflauen des Meltemi noch eine ganze Weile an.
Im Fall N-licher Starkwinde kann man in Karystos auf Euböa oder in den E-lich davon liegenden Buchten Schutz suchen (siehe Kapitel »Euböa und die Nördlichen Sporaden« Seite 319).

Die Insel Andros

Die zweitgrößte Kykladeninsel Andros ist gleichzeitig auch die nördlichste. Die gesamte Insel ist gebirgig, der höchste Gipfel, der Kouvarion (1 134 m), erhebt sich in der Mitte der Insel. Nicht weit davon erhebt sich im NE ein zweiter Gipfel, der Petalon, der eine Höhe von 944 m erreicht. Die Bergspitzen sind im Winter mit Schnee bedeckt, der oft bis ins Frühjahr hinein liegenbleibt. Andros hat aber auch schön bewaldete Gebiete und etwas Landwirtschaft.
Die Insel ist nach dem kretischen General Andreus benannt. Während der persischen Invasion stellte sich Andros auf die Seite der Besatzungsmacht, was die Insel nach dem Sieg der Athener in der Seeschlacht von Salamis teuer zu stehen kam. Während des Peloponnesischen Krieges stand Andros auf der Seite Spartas – offensichtlich hegte die Insel einen dauerhaften Groll gegen Athen.

Heute ist Andros ein beliebtes Ziel griechischer Urlauber, aber auch ausländische Touristen haben die Insel inzwischen »entdeckt«. Die Chora, der Hauptort, bei Kastron ist durchaus einen Landausflug wert, insbesondere, wenn man es im Sommer nicht mit dem Meltemi aufnehmen möchte und daher auf eine Umrundung der Insel verzichtet.

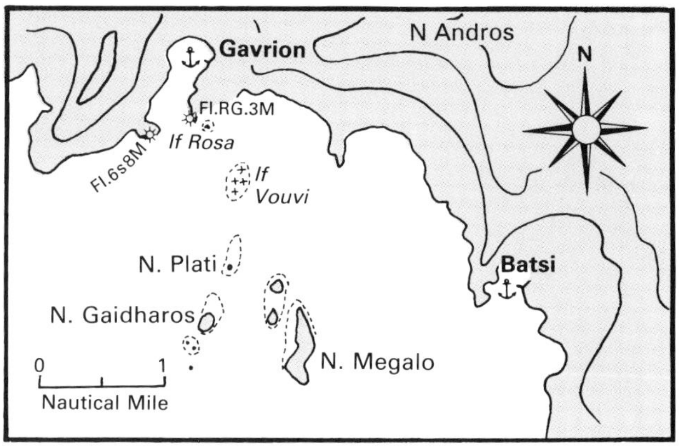

Ansteuerungen von Gavrion und Batsi.

Gavrion

WP 37°52,9'N 024°43,5'E (Q.G.3M) / Karten: BA 1538, Imray G31, D 1089 Plan K

Allgemeines

Dieser Naturhafen bietet den besten Schutz auf Andros. Der Ort selbst wirkt bescheiden und etwas phantasielos, ist aber nicht unfreundlich. Gavrion ist der Fährhafen der Insel, und im Sommer herrscht ein ständiges Kommen und Gehen von Fähren, auf denen Athener sind, die dem Smog ihrer Stadt entkommen möchten, um die klare Luft von Andros zu genießen. Aber auch Touristen, die von den überlaufenden Inseln flüchten, kommen Jahr für Jahr dazu. Gavrion ist als Hafen so sicher, daß man hier seine Yacht ohne Bedenken zurücklassen kann, um die Insel zu erkunden. Bei längerer Abwesenheit empfiehlt es sich, einen zweiten Anker auszubringen.

Ansteuerung

Auffällig: Die Einfahrt zur Bucht Ormos Gavriou ist aus der Entfernung nur schwer auszumachen. Gut zu erkennen ist aber die kleine Inselgruppe, die S-lich der Einfahrt liegt: Nisis Platy, Gaidaros, Akamatis, Prasso und Megalo. Beim Näherkommen werden das Leuchtfeuer auf der W-Huk der Einfahrt sowie die Gebäude der Ortschaft sichtbar.

Nachts navigiert man nach den Feuern zu beiden Seiten der Bucht: Ak Kastri (Fl.6s8M) und Ak Marmara (Fl.RG.2s3M, der rote Sektor deckt Yph. Vouvi sowie die zuvor beschriebenen Inseln mit 248°–005° ab). Der Kopf des Wellenbrechers ist mit Q.G.3M befeuert. Durch die Riffe und unbefeuerten Inseln S-lich der Einfahrt wird eine Ansteuerung bei Nacht schwierig.

Gefahren:

1. Yph. Vouvi: Ein Riff mit Untiefe erstreckt sich schätzungsweise 0,5 Seemeilen SE-lich der Einfahrt.
2. Bei der Ansteuerung aus S sind die Untiefen um die Inseln herum, insbesondere um Nisis Akamatis und Nisis Platy, zu beachten.
3. Steuert man Gavrion von Batsi aus an, muß man auf einen Überwasserfelsen, Vr. Rosa, sowie ein Riff, das sich etwa 200 m ESE-lich von Ak Marmara erstreckt, achten.
4. In Gavrion treten bei Meltemi starke Fallböen auf, und obwohl man hier gut geschützt liegt, können die Fallböen das Manövrieren an der Pier schwierig machen.

Hinweis: Die Fähren laufen in Gavrion mit einiger Geschwindigkeit ein und aus. Man sollte daher einen wachsamen Ausguck postieren, wenn man sich in der Nähe der Bucht aufhält.

Liegeplätze

Man ankert im Scheitel der Bucht oder macht mit Bug oder Heck zum Kai S-lich des Fähranlegers fest. Man kann auch im E des Fährkais festmachen. Allerdings hat dies einen Haken: Oft bleibt eine Fähre über Nacht hier, wobei eine lange Leine quer hinüber zum Kai ausgebracht wird. Diese Leine versperrt Yachten, die dahinter festgemacht haben, die Ausfahrt, bis die Fähre wieder losgeworfen hat.

Hat man sich fürs Ankern entschieden, sollte man sich so tief wie möglich in die NE-Ecke der Bucht verholen, um sicherzustellen, daß den großen Fähren ausreichend Raum für ihre Anlegemanöver bleibt. Ohnehin ist es schon etwas gewöhnungsbedürftig, wenn man diese »maritimen Schwertransporter« auf sich zuwalzen sieht, bevor sie endlich den Anker fallen lassen und hart achteraus am Fährkai anlegen. Der Grund besteht aus Schlick mit Krautbewuchs und hält gut, wenn der Anker erst einmal durch das Kraut gedrungen ist.

Schutz: Auch wenn mit heftigen Fallböen gerechnet werden muß, ist der Schutz vor dem Meltemi gut.

Behörden: Wasserschutzpolizei.

Hinweis: Während der Arbeiten an der Neuauflage dieses Buches wurden am Kai Bauarbeiten vorgenommen.

Versorgung

Wasser gibt es im Ort, der etwa 50 m vom Kai entfernt ist. Im Sommer kann es allerdings knapp werden.

Treibstoff gibt es in der Nähe des Kais.

Lebensmittel: Gute Versorgungsmöglichkeiten. Stangeneis ist unweit des Kais erhältlich.

Restaurants: Tavernen findet man im Ort und um den Strand herum.

Sonstiges: Post, Telefonamt, Auto- und Motorrad-Vermietung. Es besteht eine Busverbindung nach Kastron, und Fähren verkehren nach Raphina und Piräus.

Batsi

WP 37°51,2'N 024°46,7'E (Fl.G.2s3M) / Karten: D 1089 Plan K

Allgemeines

Batsi ist ein hübscher kleiner Ort, der leider von Touristen überlaufen ist. Die Einheimischen schlagen aus dem Ur-

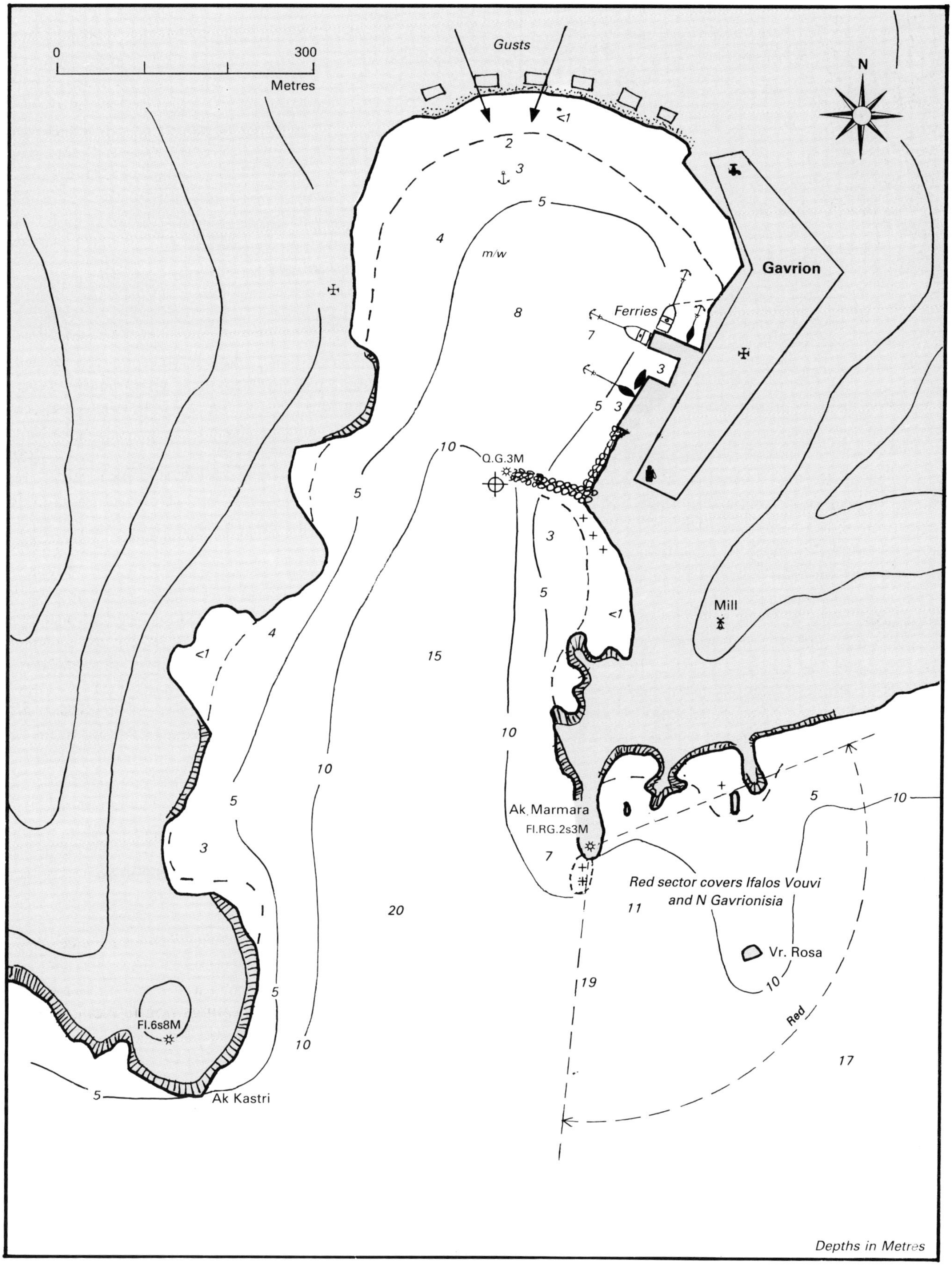
Gusts
0
300
Metres
N
<1
2
3
5
4
m/w
Gavrion
Ferries
8
7
3
5
3
10
Q.G.3M
5
3
5
<1
Mill
4
<1
15
10
10
5
Ak Marmara
Fl.RG.2s3M
5
10
7
3
Red sector covers Ifalos Vouvi
and N Gavrionisia
11
20
Vr. Rosa
19
10
5
Red
Fl.6s8M
10
17
5
Ak Kastri
Depths in Metres

Gavrion.

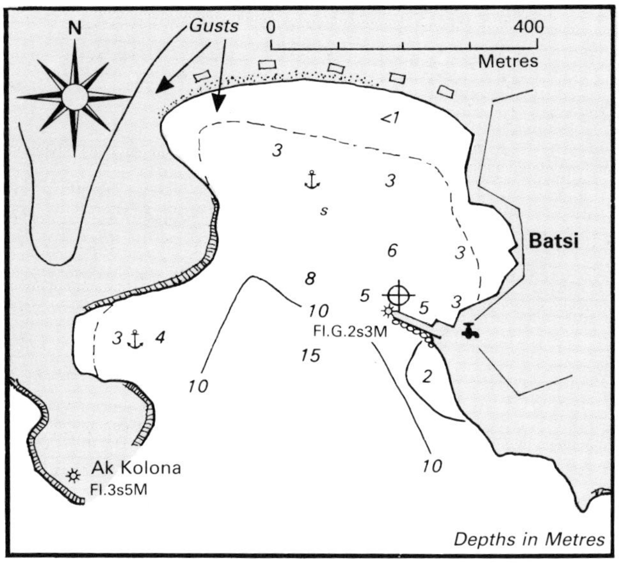

Batsi.

lauberstrom kein Kapital, indem sie Bars oder Boutiquen betreiben; die große Zahl an Fremden, die sich durch ihren Ort wälzt und nichts anderes zu tun hat, als sich in die Sonne zu legen und in Bars zu sitzen, scheint die Einheimischen eher zu lähmen.

Ansteuerung
Der kleine Hafen befindet sich etwa 3 Seemeilen SE-lich von Gavrion. Der Ort Batsi ist von See her gut auszumachen. Nachts navigiert man nach den Feuern auf Ak Kolona (Fl.3s5M) und dem Kopf des Wellenbrechers (Fl.G.2s3M). Bei Meltemi treten starke Fallböen von den umliegenden Bergen auf, die in die Bucht und die Ansteuerungen stehen.

Liegeplätze
Man macht mit Bug oder Heck zum Kai unweit vom Fuß der Mole fest – falls man Platz findet. Die Mole selbst ist für das Tragflügelboot und die Fischerboote reserviert. Vor dem Kai beträgt die Wassertiefe größtenteils 2 bis 3 m. Alternativ kann man im N oder W der Bucht ankern. Vor dem Meltemi ist man gut geschützt, auch wenn heftige Fallböen von den E-lichen Bergen das Liegen recht ungemütlich machen. Bei Starkwinden aus S steht Dünung in die Bucht.

Versorgung
Wasser gibt es am Kai.
Treibstoff im Ort.
Lebensmittel: Begrenztes Angebot ist im Ort erhältlich.
Restaurants: Tavernen sind im Ort und am Strand, Bars sind um den Hafen herum zu finden.
Sonstiges: Post und Telefonamt sowie eine Busverbindung nach Gavrion und Kastron.

Ormos Palaioupoleos

4 Seemeilen SE-lich von Gavrion findet man diese weite, offene Bucht, in deren N-Ecke man unterhalb des Kaps Ak Theiakion ankern kann. Auch wenn etwas Schwell hineinsteht, findet man hier recht ordentlichen Schutz vor Meltemi. Einigen Berichten zufolge ist der Halt des Grundes unsicher. Das klare Wasser und die wunderschöne Umgebung machen den Reiz der Bucht aus. Bei ruhigem Wetter kann man vor dem kleinen Fischerdorf, das auf den Ruinen der antiken Stadt Palaioupoleos erbaut wurde, ankern. Es sind nur wenige Ruinen wie die Überreste der Akropolis und Teile der alten Hafenanlagen (auf dem Grund des Meeres ist teilweise noch der antike Wellenbrecher zu sehen) erhalten geblieben. Die kleine Ortschaft ist ganz bezaubernd, und der Ankerplatz eignet sich hervorragend für eine Mittagspause.

Ormos Plaka

Unterhalb des Kaps Ak Zagora befindet sich diese kleine Bucht, in der man auf 2 bis 4 m über Sandgrund ankern kann. Bei Meltemi ist mit starken Fallböen von den umliegenden Bergen zu rechnen.

Kastron / Der Hafen Andros

WP 37°50,6'N 024°56,2'E (Fl.G.1,5s3M) / Karten: BA 1538, D 1089 Plan B

Allgemeines
Kastron, oder besser gesagt Andros, ist die Hauptstadt der Insel. Der Spaziergang um die Bucht herum zur Ortschaft, die sich auf der langen felsigen Landzunge erstreckt, die die S-Seite des Hafens bildet, ist recht lang und heiß, aber die Mühe lohnt sich. Die Ortschaft zieht sich auf der felsigen Landspitze entlang, die Häuser auf den braunen Felsen blicken über das windgepeitschte Wasser der Bucht. Auf der Spitze der Landzunge befindet sich ein kleines Seefahrtsmuseum, und am zentralen Platz des Ortes gibt es ein archäologisches Museum und ein weiteres mit moderner Kunst.
Bedauerlicherweise wurde in der N-Ecke des Hafens ein Kraftwerk gebaut, das ziemlichen Lärm macht und die Nachtruhe erheblich stört.

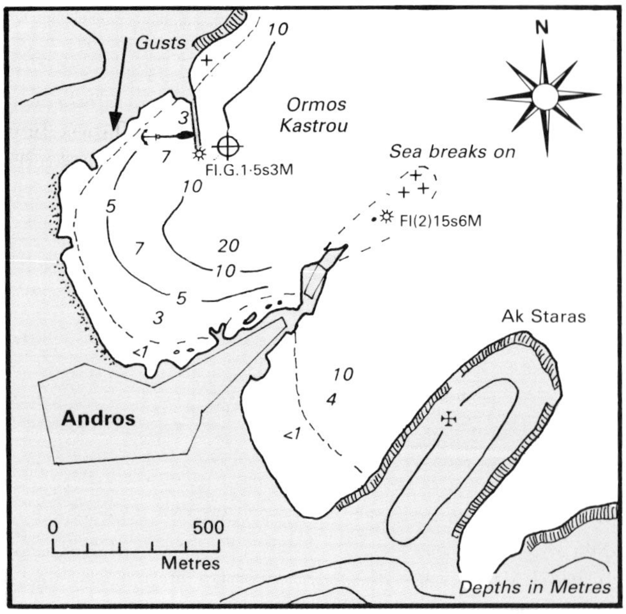

Kastron.

Ansteuerung
Der Hafen ist dem Meltemi vollständig ausgesetzt, was die Ansteuerung schwierig machen kann. Das Riff, das sich von der Landzunge aus seewärts erstreckt, ist leicht an der sich darüber brechenden See und Gischt zu erkennen. Man sollte sich dicht unter der N-Seite halten, wo ausreichende Wassertiefen vor dem Molenkopf vorhanden sind.

Liegeplätze
Mit Bug oder Heck macht man an der Innenseite der Mole fest. Der Grund ist felsig und mit Seegras bewachsen, der Halt schlecht. Für gewöhnlich ist aber hinter der Mole eine der ausgelegten Moorings frei. An einigen Stellen vor der Mole macht Geröll den Grund unrein. Bei Meltemi steht Dünung in den Hafen, daher ist es besser, von der Mole zu verholen und mit dem Dingi an Land zu rudern.

Versorgung
Wasser bekommt man aus einer örtlichen Quelle.
Treibstoff gibt es am Ortsrand.
Lebensmittel: Gute Versorgungsmöglichkeiten.
Restaurants: In Hafennähe gibt es eine Taverne und eine Bar, weitere findet man entlang der Hafenpromenade und im Ort.
Sonstiges: Post, Telefonamt und Bank sind vorhanden. Unregelmäßig verkehrt ein Bus nach Batsi und Gavrion.

Korthion

Etwa 6 Seemeilen S-lich von Kastron an der E-Küste gelegen, findet man die Bucht Ormos Korthiou. An der W-Seite der Bucht ist die Ortschaft Korthion, an der N-Seite das Kap Ak A. Aikaterinis, das mit (Fl.1,5s4M) befeuert ist. Das Feuer auf dem Kopf des Wellenbrechers zeigt (Fl.R.3M). Man ankert in der Bucht auf 2 bis 4 m. Bei Meltemi steht hier ein recht beachtlicher Schwell, der das Liegen sehr ungemütlich, wenn nicht gar gefährlich macht. An Land gibt es verschiedene Tavernen und Cafés, und ein begrenztes Lebensmittelangebot ist erhältlich.

Stenon Dysvaton

Diese Passage trennt das S-liche Ende von Andros und die N-Spitze von Tinos. Vor der NW-Huk von Tinos liegen zwei Inseln, Nisis Dysvaton und Nisis Kalogeroi. An ihrer schmalsten Stelle ist die Meerenge nur 0,5 Seemeilen breit. In der Passage setzt ein SW-licher Strom, allerdings nicht mit der Stärke des Stroms im Stenon Kaphireos. Bei Meltemi ist mit starken Fallböen in der Passage zu rechnen.

Die Insel Tinos

Unmittelbar S-lich von Andros, nur durch eine schmale Meerenge getrennt, liegt die zerklüftete gebirgige Insel Tinos. Ihr höchster Gipfel, der Koryphi Tsiknias, erhebt sich im SE der Insel auf 713 m, während sich der Polemos Kampos mit einer Höhe von 637 m in der Mitte der Insel erhebt. Tinos ist bewaldet, und an vielen Hängen sind Terrassenkulturen angelegt. Es gibt eine Vielzahl kleiner Dörfer, insgesamt sollen es 64 (!) sein, sowie viele venezianische Wachttürme und Taubenschläge. Hafen und »Hauptstadt« der Insel ist Tinos.
Im Altertum wurde die Insel »Ophiousa« genannt. Der Name rührt von den vielen Schlangen her, die es einst auf der Insel gab. Der Name »Tenos«, abgeleitet »Tinos«, könnte aus dem phönizischen Begriff »Tenok« für »Schlange« entstanden sein. Der Legende nach soll Poseidon die Insel von den Schlangen befreit haben, indem er Störche sandte, die die Schlangen fraßen.
1207 besetzten die Venezianer Tinos, das sie rund 500 Jahre in ihrem Besitz hielten, bis die Türken es 1714 übernahmen. Die lange venezianische Herrschaft führte auf Tinos den Katholizismus ein, und noch heute gibt es hier einen katholischen Konvent, Schulen und Kirchen, die über die gesamte Insel verstreut sind.
Ironie des Schicksals: Als man 1822 eine wundertätige Ikone der heiligen Jungfrau entdeckte, verwandelte sich die katholische Insel in einen orthodoxen Wallfahrtsort.
Auf Tinos keltert man einen recht ordentlichen Retsina und eher durchschnittliche Rot- und Weißweine.
Das Quellwasser der Insel soll angeblich das reinste von ganz Griechenland sein – allerdings beanspruchen auch andere Orte diesen Ruhm für sich.

Der Hafen Tinos

WP 37°32,2'N 025°09,5'E (Fl.G.2s3M) / Karten: BA 1538, D 1089 Plan D

Allgemeines
Neben dem beträchtlichen katholischen Bevölkerungsanteil ist Tinos auch ein Zentrum der Orthodoxen. Die Wallfahrtskirche Panagia Evangelistria ist ein Zentrum dieser Glaubensrichtung. Die prunkvolle Kirche, die in den Jahren 1823 bis 1830 entstand, steht oberhalb der Stadt und ist der wundertätigen Ikone der Panagia Megalochori, der gnadenreichen Jungfrau Maria, geweiht, die 1822 entdeckt wurde. Zweimal im Jahr, zu den Marienfesten am

Blick über den Hafen auf die Wallfahrtskirche Panagia Evangelistria (Foto: Neville Bulpitt).

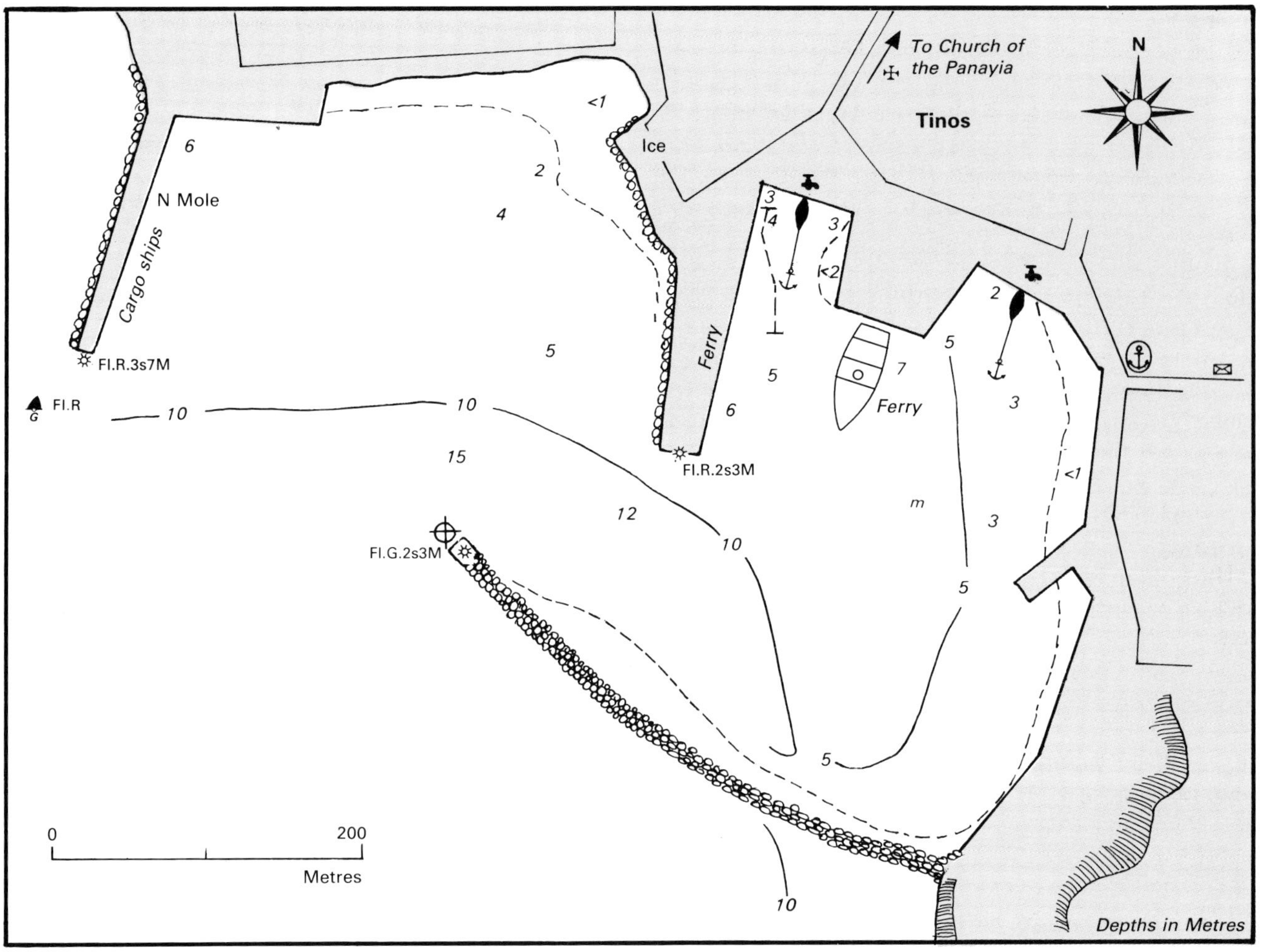

Hafen Tinos.

25. März und 15. August, kommen Tausende von Pilgern, kranke und verkrüppelte, um auf Tinos Heilung zu finden. Dieses griechisch-orthodoxe »Lourdes« hat offensichtlich schon viele geheilt, denn unzählige goldene und silberne Votivgaben schmücken die ohnehin reich mit Sakralkunst ausgestattete Kirche.
In der Kirche steht auch ein Schrein, der an die Versenkung des griechischen Kreuzers »Helle« (Elli) am 15. August 1940 erinnert. Der Kreuzer ankerte außerhalb der Bucht, um an der Prozession teilzunehmen. Obwohl Griechenland zu diesem Zeitpunkt nicht am Weltkrieg beteiligt war, wurde der Kreuzer von einem unbekannten, vermutlich italienischen U-Boot torpediert und versenkt. Ein Großteil der Crew kam dabei ums Leben. Dieses Ereignis versetzte das gesamte Land in Aufruhr.
In einem Museum unterhalb der Kirche sind interessante Funde ausgestellt, u. a. eine Sonnenuhr aus dem 1. Jahrhundert v. Chr.

Ansteuerung
Auffällig: Die große Stadt Tinos ist schon von weitem deutlich zu erkennen. Eine gute Landmarke bildet die Kirche Panagia Evangelistria oberhalb der Stadt. Beim Näherkommen sind der Wellenbrecher sowie die Hafeneinfahrt leicht auszumachen.
Nachts navigiert man nach der Befeuerung auf den Köpfen der Wellenbrecher: Fl.R.3s7M und Fl.G.2s3M und dem Feuer auf der inneren Mole (Fl.R.2s3M).

Gefahren:
1. Bei Meltemi muß in der Umgebung des Hafens mit heftigen Fallböen gerechnet werden.
2. Von einem Riff und einer Untiefe, die sich S-lich des Kaps Ak Akrotiri (S-Huk der Ansteuerung von Tinos) erstrecken, muß man sich gut freihalten. Das Ende des Riffs soll mit einer gelben Tonne markiert sein.

Liegeplätze
Man läuft in den inneren Hafenteil ein und macht mit Bug oder Heck zum N-Kai, der sich zwischen dem Handelskai und dem Fähranleger befindet, fest. Man kann sich auch einen Liegeplatz unmittelbar E-lich des Fähranlegers suchen. Dabei ist Vorsicht vor einem Felsvorsprung geboten, der unter Wasser vom Kai hervorsteht. Auf dem Plan ist die Stelle, an der die schwere Ankerkette eines Handelsschiffes den Grund unrein macht, durch eine gestrichelte Linie dargestellt. Bei ruhigem Wetter findet man auch in der SE-Ecke einen brauchbaren Kai zum Festmachen; allerdings macht Geröll vor diesem Kai den Grund unrein. Der Schlickgrund hält den Anker gut.
Hinweis: Im Hafen sollte nicht geankert werden, weil die großen Fähren den gesamten Platz zum Manövrieren benötigen.
Schutz: In Tinos ist man rundum gut geschützt, auch wenn Starkwinde aus S-lichen Richtungen Schwell verursachen.
Behörden: Wasserschutzpolizei und Zoll.

Versorgung
Wasser, das den Ruf hat, das reinste ganz Griechenlands zu sein, gibt es am Kai. *Treibstoff* ist in der Stadt erhältlich; er kann aber auch von einem Tankwagen geliefert werden.
Reparaturen: Ein paar mechanische Reparaturen sowie einfache Arbeiten an der Maschine können ausgeführt werden. Gute Eisenwarenläden.
Lebensmittel: Gute Versorgungsmöglichkeiten. Stangeneis ist in der Nähe des Kais zu bekommen.
Restaurants: Tavernen sind in der Nähe.
Sonstiges: Post, Telefonamt, Banken, Gas, Camping GAZ und Motorrad-Vermietung. Es besteht eine Busverbindung zu den Hauptorten der Insel, und eine Fähre verkehrt nach Piräus.

Ormos Panormou

Diese Bucht liegt an der NE-Küste von Tinos und bietet etwas Schutz vor dem Meltemi. Die N-Seite wird von dem Inselchen Nisis Planitis, das durch eine schmale Landzunge mit Tinos verbunden ist, gebildet. Nisis Planitis ist mit Fl(2)14s10M befeuert. Ein Riff an der N-Seite der Bucht wird von einer Bake bezeichnet. An der W-Seite gibt es eine kleine Einbuchtung, die zum Beladen von Schiffen mit Marmor aus dem Inselinneren benutzt wird. Es gibt zwei Stege, einen längeren, an dessen Kopf Wassertiefen von 5 bis 6 m zu finden sind, sowie eine kleine Pier mit 2 m Tiefe am Kopf. Bei starkem Meltemi kann diese Bucht gefährlich werden, da dann Schwell hineinsteht.

Die Insel Mykonos

Mykonos ist eine felsige, kahle Insel, die relativ flach ist. Im NW erhebt sich der A. Ilias auf 364 m, und der A. Anomeritas erreicht im SE eine Höhe von 351 m. Der größte Teil der Bevölkerung lebt in der Stadt Mykonos oder in Tourlani im Inneren der Insel. Die Stadt Mykonos, das Touristen-Mekka Griechenlands, ist mit ihren zahlreichen Kirchen und Windmühlen sowie den weiß getünchten Häusern tatsächlich eine Attraktion. Abgesehen von den wundervollen feinen Sandstränden hat die Insel aber wenig zu bieten.
Hinweis: Zwischen Naxos und Mykonos tritt nach länger anhaltendem Meltemi ein S-wärts setzender Strom auf.

Der Hafen Mykonos

WP 37°27,1'N 025°19,6'E (Fl.R.3s3M) / Karten: BA 1538, Imray G31, D 1089 Plan P

Allgemeines
Die Stadt besteht aus einem Haufen blendend weißer, kubischer Häuser, die an den Hängen oberhalb des Hafens wie in einem natürlichen Amphitheater versammelt sind. Mykonos verkörpert das ausgeprägte Gespür der Griechen für die meisterhafte Wahl der Lage sowie eine Architektur, die sich harmonisch in die Landschaft einfügt: Die Häuser, die Kirchen (von denen es übrigens 365 geben soll, was vermutlich etwas übertrieben ist) und die schmalen gewundenen Gassen machen fast den Eindruck, als wären sie von der Natur aus den Felsen geformt worden.

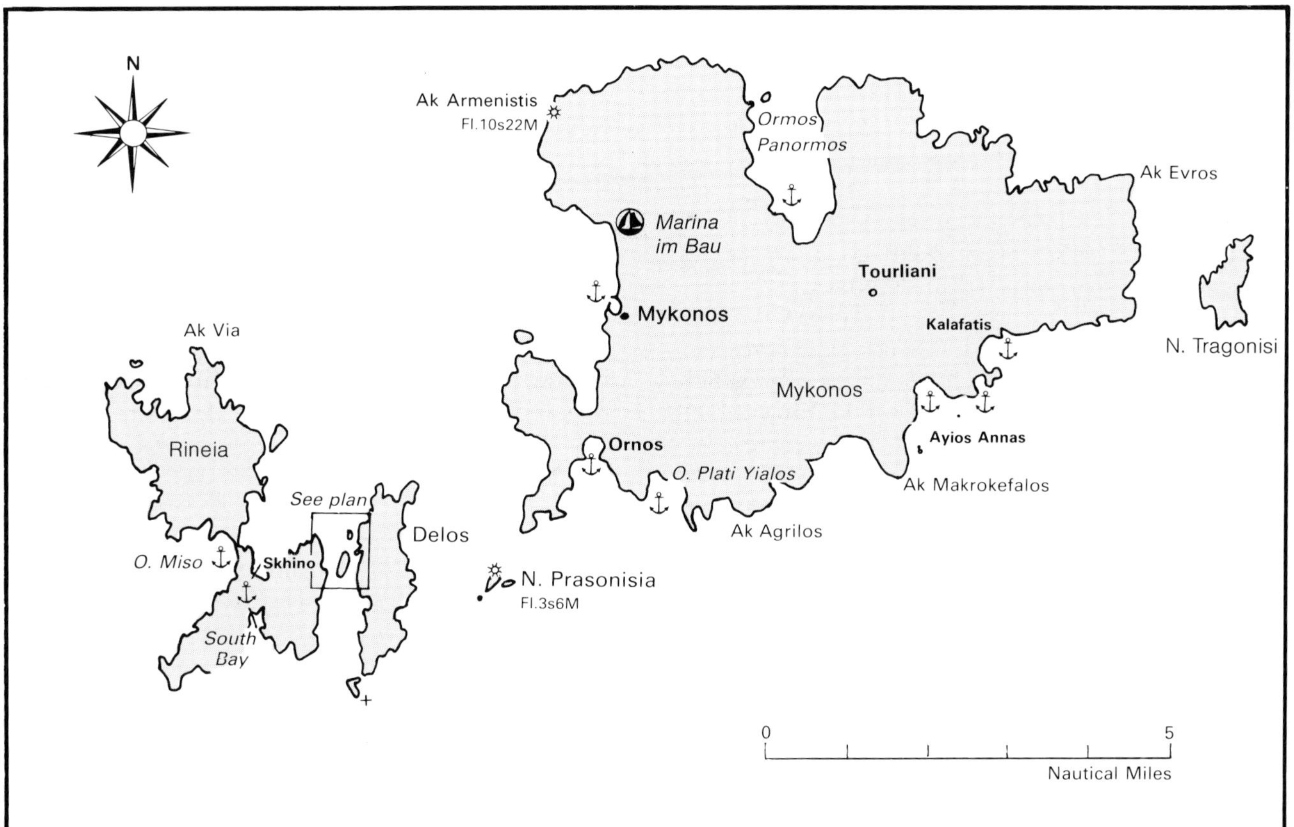

Die Inseln Mykonos, Dilos und Rineia.

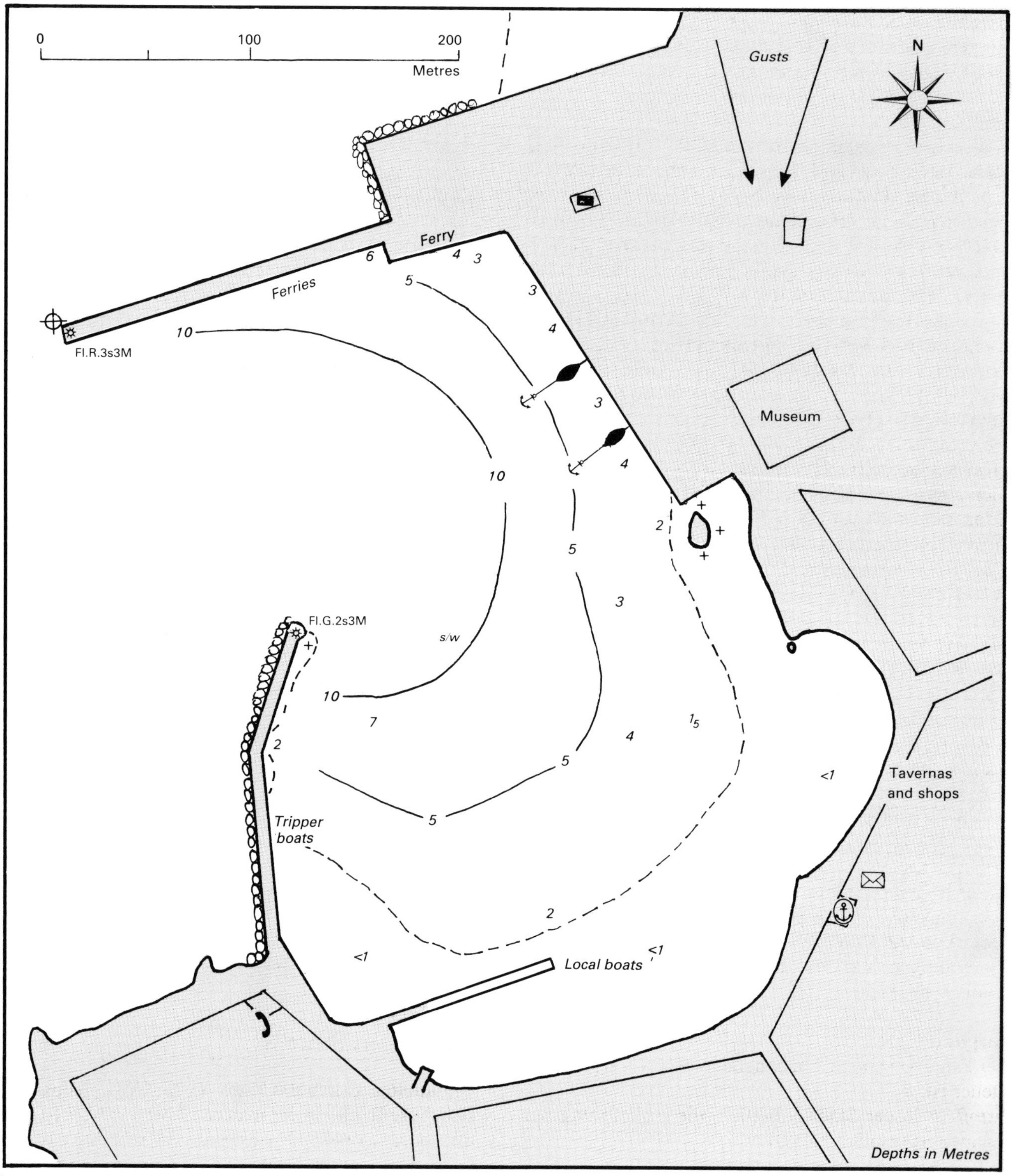

Mykonos.

Auch wenn Touristenhorden aus aller Welt hierher kommen und von Mykonos mehr Fotografien, Filme und Dokumentationen existieren, als von allen anderen Städten Griechenlands, so hat sich Mykonos doch seine wunderschöne Erscheinung und diese ganz besondere Architektur bewahrt. Für Yachtbesatzungen ist das kosmopolitische Flair der Insel eine erfrischende Abwechslung zu den schlichteren Freuden der anderen Inseln.

Ansteuerung

Auffällig: Die strahlend weißen Häuser der Stadt Mykonos sind schon von weitem leicht zu erkennen. Beim Näherkommen wird eine Reihe von Windmühlen, die auf einem flachen Landrücken hinter dem Hafen stehen, sichtbar, und die Wellenbrecher des Hafens sind auszumachen.

Nachts weist das Feuer auf dem Kap Ak Armenistis (Fl.10s22M) den Weg, und wenn man näher herangekommen ist, richtet man sich nach der Befeuerung der Wellenbrecherköpfe: (Fl.G.2s3M und Fl.R.3s3M).

Gefahren: Diese Ecke der Ägäis ist recht windig. Bei Meltemi können heftige Fallböen in der Umgebung des Hafens auftreten, und in der Hafeneinfahrt entsteht eine kabbelige See. Yachten mußten schon Wochen in Mykonos verbringen, weil sie es nicht riskieren konnten, sich hinaus in den heulenden Meltemi zu wagen.

Liegeplätze
Am Kai, der SE-lich der N-Mole verläuft, macht man mit Bug oder Heck zum Kai fest. Die Lücken im Yachtkai an der E-Seite des Hafens, vielen Seglern unter dem Namen »Drachenzähne« wohl bekannt, wurden in der Zwischenzeit geschlossen, so daß man hier nun einen glatten, schieren Kai hat; allerdings bestehen manche Stellen immer noch aus recht rohem Mauerwerk. Der Ankergrund im Hafen ist mit dickem Seegras bewachsen, so daß der Anker nicht immer sofort faßt. Manchmal empfiehlt es sich auch, einen zweiten Anker auszubringen. Der gesamte N-liche Kai wird von den Fähren beansprucht, und man sollte gar nicht erst versuchen, hier anzulegen.
Hinweis: Sollte ein Beamter der Wasserschutzpolizei auf dem Kai stehen, pfeifen, rufen und winken, so versucht er nur, den Neuankömmling zu einem Liegeplatz zu dirigieren. Man kann auch auf UKW-Kanal 12 anfragen, ob man einen Liegeplatz zugewiesen bekommen kann.
Schutz: Der Schutz vor dem Meltemi ist eigentlich nur als mäßig zu bezeichnen, tatsächlich behaupten manche Skipper, der Hafen sei gefährlich. Der Wellenschlag, den die Fähren insbesondere mit ihrem Bugstrahlruder verursachen, kann Probleme bereiten. Die größere Gefahr geht zweifellos von unerfahrenen Skippern und ihren Crews aus, die beispielsweise »aus Versehen« anderer Leute Anker lichten, und nicht so sehr von den geographischen Gegebenheiten des Hafens, der nach W und SE hin offen ist.
Behörden: Wasserschutzpolizei und Zoll.
Hinweis: Oft machen Fähren über Nacht mit Heck zum Fähranleger fest, der sich unmittelbar neben den Yachtliegeplätzen befindet. Auf diese Weise werden manche Yachten so eingekeilt, daß sie erst nach der Fähre den Hafen verlassen können. Um die Fähre in Position zu halten, werden in windigen Nächten außerdem zusätzliche Leinen zum Kai ausgebracht.

Versorgung
Wasser kann von einem Tankwagen geliefert werden, was aber teuer ist.
Treibstoff ist in der Stadt erhältlich, die Anlieferung per Tankwagen ist ebenfalls möglich.
Reparaturen: Begrenzte mechanische Reparaturen.
Lebensmittel: Gute Versorgungsmöglichkeiten in der Nähe. Stangeneis ist in Hafennähe erhältlich.
Restaurants: In Mykonos gibt es Tavernen jeden Typs und jeder Preislage.
Sonstiges: Post, Telefonamt, Banken, Gas, Camping GAZ, Auto- und Motorrad-Vermietung und Fahrrad-Verleih. Es besteht eine Fährverbindung nach Rhodos und Piräus. Inlandsflüge nach Athen und internationale Flüge.

Mykonos Marina

Die Bauarbeiten an der neuen Yachtmarina, die schon seit langem N-lich des Hafens entstehen sollte, haben nun endlich begonnen. Bei Drucklegung dieses Buches konnte sie aber noch nicht benutzt werden.

Ormos Ornos

37°25,3'N 025°19,5'E

Unmittelbar E-lich des Kaps Ak Alogomandra an der S-Küste von Mykonos findet man diese Bucht, in deren Scheitel man auf 5 bis 10 m Wassertiefe ankern kann. Der Sandgrund mit Seegrasbewuchs hält an einigen Stellen nur schlecht. Auch wenn starke Fallböen in die Bucht stehen, die nach S hin offen ist, liegt man hier doch gut geschützt vor dem Meltemi. Am Strand gibt es ein Hotel, verschiedene Tavernen, und ein Supermarkt ist auch nicht weit. Zur Stadt Mykonos sind es etwa 3 Kilometer, Busse fahren alle Stunde. E-lich von Ornos gibt es noch eine ganze Anzahl kleiner Buchten, in denen man Schutz vor Meltemi findet. Alle haben schöne Sandstrände und Tavernen in der Nähe.

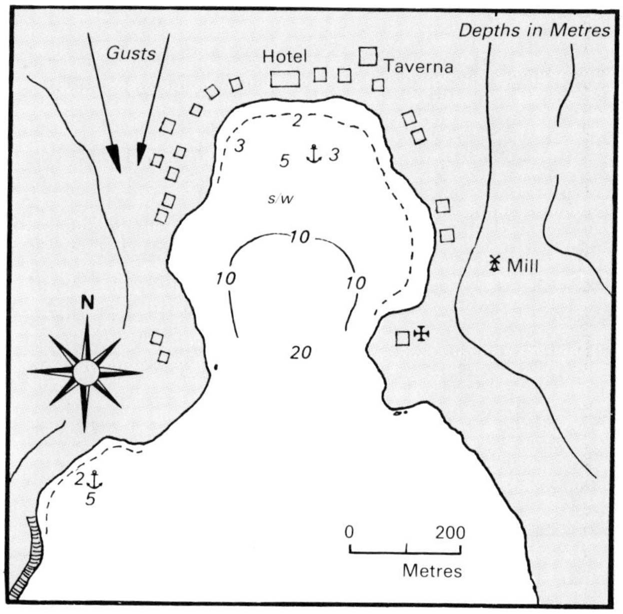

Ormos Ornos.

Ormos A. Annas

Unmittelbar E-lich des Kaps Ak Makrokephalos befindet sich diese Bucht, in der man auf 3 bis 6 m über Sandgrund mit Seegrasbewuchs ankern kann. Die Bucht ist nach S hin offen. Unmittelbar E-lich davon gibt es eine kleine Einbuchtung, die ebenfalls guten Schutz vor Meltemi bietet.
Hinweis: Zwischen A. Annas und der E-lichen Einbuchtung gibt es einen Kiesverladeplatz mit drei großen unbefeuerten Festmachetonnen vor der Laderampe.

Kalafatis

Die Bucht bietet recht annehmbaren Schutz vor Meltemi, obwohl sie nach S und E hin vollständig offen ist. Sie befindet sich unmittelbar E-lich von Ormos A. Annas und dem Kap Ak Tarsanas.
Vorsicht: An der W-Seite der Bucht verläuft ein Riff. Vor dem Hotelkomplex im N von Kalafatis ankert man auf

3 bis 4 m Wassertiefe. An Land gibt es eine Taverne und ein Café.

Ormos Panormos

Diese weite Bucht an der N-Küste von Mykonos kann man nur außerhalb der »Meltemi-Saison« anlaufen, da dieser Wind genau in die Bucht steht. Eine reizvolle kleine Einbuchtung findet man an der W-Seite, die auch ausreichende Wassertiefen zum Ankern aufweist. An Land gibt es eine Taverne.

Die Insel Dilos

Die kleine flache Insel ist größtenteils kahl. An ihrer W-Seite findet man das ausgedehnte Ruinenfeld der antiken Stadt Dilos.
Im Sommer kommen täglich Ausflugsboote mit Touristen, die die Ruinen besichtigen möchten, von Mykonos herüber.
Yachten ist es untersagt worden, vor Dilos zu ankern, und so bleibt nichts anderes übrig, als ebenfalls die Fähre zu benutzen, wenn man Dilos besuchen will. In dem kleinen Hafen wurde ein großes Hinweisschild aufgestellt, das kurz und bündig »No Yachts« verkündet. In der Bucht Ormos Phourni weist ein weiteres Verbotsschild darauf hin, daß hier sowohl das Anlanden wie auch das Ankern über Nacht verboten ist. Neueren Meldungen zufolge soll man nun angeblich doch tagsüber ankern dürfen, muß aber ab 15.00 Uhr wieder verschwunden sein, während andere Berichte von Yachten besagen, daß man nun auch über Nacht bleiben darf.
Im Altertum war Dilos ein politisches und religiöses Zentrum. Der griechischen Mythologie nach ist die Insel der Geburtsort Apollos, und auf der Nachbarinsel Rineia

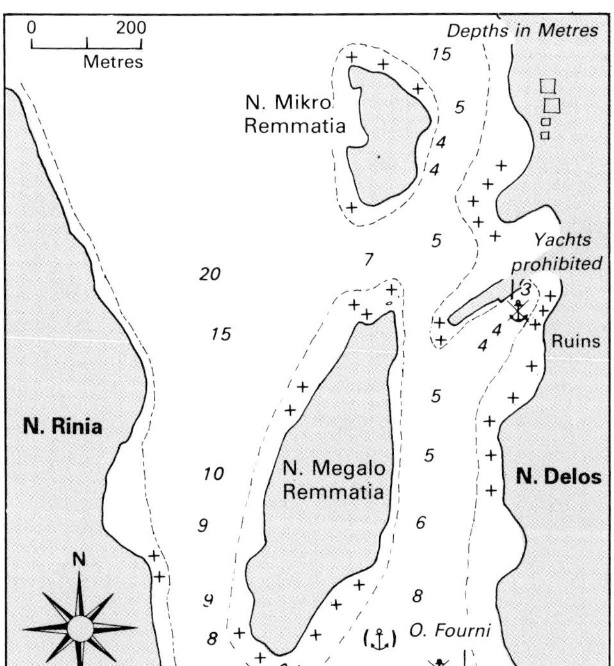

Die Passage Stenon Dilou.

Die Ruinen des antiken Delos.

wurde die Göttin Artemis geboren. Der Ruhm des Orakels von Dilos, das bei allen wichtigen Entscheidungen befragt wurde, wurde nur noch von dem Delphis übertroffen.
Auf die Frage, warum Dilos zum Zentrum der antiken Welt wurde, hat Ernle Bradford die bündigste Erklärung formuliert:

»Delos, die Radnabe, um die der Ring der Kykladen kreist, ist von der Natur so gestaltet, daß es zum Brennpunkt einer Seefahrerwelt werden mußte. Wer versucht ist zu fragen, warum und wieso eine so kleine Insel ohne natürliche Hilfsquellen zu dem werden konnte, was sie wurde, dem kann jeder Seefahrer die Antwort geben. Delos ist der letzte und zugleich beste Ankerplatz zwischen Europa und Asien. Nach Osten ist es von Mykonos abgeschirmt, nach Norden von Tinos und westwärts von Rheneia. Ein Blick auf die Seekarte zeigt, daß der direkte Schiffahrtsweg vom Golf von Nauplia auf 37° 10' nördlicher Breite geradewegs nach Patmos und Samos führt. Zugleich liegt Delos ziemlich genau im Zentrum der Seehandelswege zwischen den Dardanellen und Kreta. Bedeutende Stätten des religiösen Lebens können zuweilen, wie in Rom oder Lourdes, Handel und Geschäftsleben an sich ziehen. Häufiger findet man jedoch, daß dort, wo sich der Handelsverkehr konzentriert, auch Tempel stehen. Kaufleuten liegt damals wie heute daran, sich Sicherheit in beiden Welten zu erwerben.«
Ernle Bradford, Die griechischen Inseln

Der Hafen von Dilos war in der Antike größer und besser geschützt, als er es heute ist: Der Wellenbrecher war etwa 165 m lang, und der Hafen erstreckte sich 0,5 Seemeilen weit nach S. Molen unterteilten ihn in fünf Becken. Allerdings kann der Hafen nicht der Grund dafür gewesen sein, daß man Dilos in der Antike besiedelte und die kleine Felsinsel zum Mittelpunkt der Welt machte.

Der Hafen Mykonos aus E. Die „Drachenzähne" am Yachtkai wurden in der Zwischenzeit begradigt (oben); Blick aus E über den Hafen Leivadion auf Seriphos.

Insel Paros: Paroikia und die Bucht Ormos Paroikias aus SE (oben); Blick aus SE über die Bucht Ormos Naousis hinüber zur Ormos A. Ioannou und dem Kap Ak Almires an der Westseite der Einfahrt.

Der Hafen Naxos aus SW. Die kleine Insel Vakchos ist durch einen Damm mit Naxos verbunden (oben); Katapola auf der Insel Amorgos aus S. Im Hintergrund links ist das Kap Ak A. Ilias zu sehen.

Insel Milos: Adamas aus SW. Yachten machen an der Ostseite des Fähranlegers fest (oben); die kurze Yachtpier in Adamas aus N.

700 v. Chr. gewann Naxos die Herrschaft über die Insel, die zum Zentrum des Ionischen Bundes wurde. Athen schloß sich diesem Bund an, und schon bald war Dilos von Athen abhängig. Peisistratos ließ die Insel 543 v. Chr. »reinigen«, d. h. alle Gräber wurden aus dem Tempelbereich entfernt. Anschließend wurden alle Geburten und Todesfälle auf Dilos untersagt. Das bedeutete, daß alle Sterbenden und Frauen kurz vor der Entbindung auf die nahegelegene Insel Rineia gebracht wurden. In der Folge wurde die Insel Dilos bei mehreren anderen Gelegenheiten »gereinigt«, und sämtliche bestehenden Gräber wurden auf die Nachbarinsel Rineia verlegt.

Die erste wirtschaftliche Blütezeit begann für Dilos nach dem Sieg über die Perser in der Seeschlacht von Salamis. Während der makedonischen Zeit erhielt es Privilegien wie beispielsweise das des »Freihafens«, und sein Reichtum und seine Macht waren immens. 200 v. Chr. betraten die Römer als Protektoratsherren die Insel, und obwohl es den Athenern gestattet war zu bleiben, ging die Macht doch sehr bald an die Römer über. 88 v. Chr. wurde Dilos von Mithridates verwüstet, und obwohl man es wieder aufbaute, begann seine Macht zu schwinden. Um die Insel herum wurde eine Mauer gebaut, aber im Jahr 3 n. Chr. war Dilos wirtschaftlich am Ende, und es wurde nach einem Käufer gesucht, der sich aber nicht finden ließ.

Man sollte nicht versäumen, die antiken Stätten zu besuchen. Dilos ist mit Pompeji vergleichbar, nicht weil sich die Architektur so unbedingt ähnelt, sondern vielmehr, weil sich an beiden Orten durch den vollständigen Erhalt ein genaues Bild vom Leben in jener Zeit gewinnen läßt. Viele spätere Eroberer und Sammler antiker Gegenstände, aber natürlich auch die Griechen selber, haben dazu beigetragen, daß viele Ruinen mutwillig zerstört worden sind. Aber trotzdem ist noch vieles erhalten geblieben: Fünf schlanke Löwen, die den heiligen See bewachen, der Tempel des Apollo, der in einem großen Hof liegt, das Theater, wunderschöne Mosaiken von Delphinen, Panthern, Vögeln, Früchten und Blumen sowie die Überreste des betriebsamsten Hafens der antiken Welt.

Die Durchfahrt Stenon Dilou

Bei Meltemi müssen Yachten, die diese Meerenge passieren wollen, besondere Vorsicht walten lassen. Das Fahrwasser zwischen Dilos und Rineia sowie den beiden kleinen Inseln Megalo und Mikro Remmatia ist mit Felsklippen gespickt. Bei Meltemi verstärkt sich der Wind durch den sogenannten Düseneffekt in der schmalen Passage und kann gelegentlich Stärken bis zu Bft 7 erreichen. Das Zusammenwirken der schmalen, flachen, mit Riffen durchsetzten Passage, Starkwinden und kurzer steiler See kann die Navigation zu einer vertrackten Angelegenheit machen.

Die Insel Rineia

Die kahle flache Insel, die von Dilos nur durch die Meerenge Stenon Dilou getrennt wird, besteht aus zwei Hälften,

Rineia: Die Südbucht aus N (Foto: Nigel Patten).

die nur durch eine schmale Landzunge verbunden sind. Die N-liche Hälfte ist höher (149 m) als die S-liche. Auf der Insel gibt es ein paar recht große Bauernhöfe und Herden mit Kühen, Schafen und Ziegen.

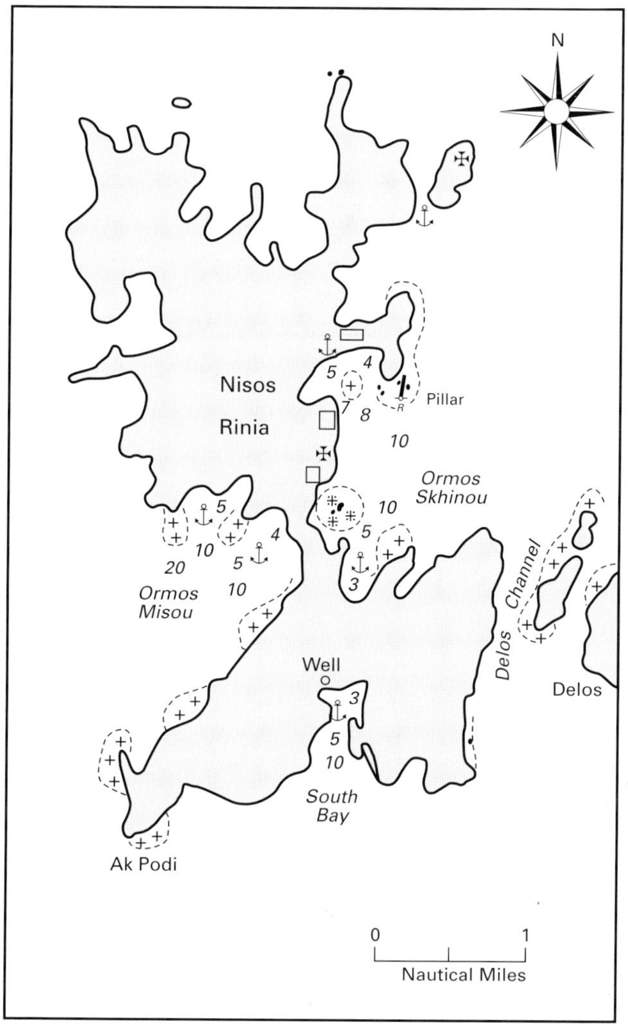

Die Insel Rineia.

Ormos Schino

Die Bucht wird von zahlreichen Über- und Unterwasserfelsen gesäumt, so daß erhöhte Vorsicht angeraten ist. Es gibt zwei mögliche Ankerplätze:
1. Im N der Bucht erstrecken sich vor der E-Seite Felsen, von denen einer mit einer kleinen Bakentonne bezeichnet ist. In der Mitte der Einfahrt lauert ein Unterwasserfels, der eventuell mit einer kleinen Tonne markiert ist. Man ankert auf 4 bis 5 m über Sandgrund und ist vor Meltemi gut geschützt.
2. Im S der Bucht wird die E-Seite der Bucht von Riffen gesäumt. Man ankert auf 3 bis 5 m Wassertiefe. Dieser Platz ist gegen Winde aus S geschützt, dem Meltemi aber ausgesetzt.

Kapellen-Bucht

N-lich von Ormos Schino liegt ein winziges Inselchen, auf dem eine Kapelle steht. Vor der SW-Huk der kleinen Insel kann man auf 6 bis 8 m Tiefe über Sandgrund ankern, der gut hält. Vor leichten N-lichen Winden ist man gut geschützt.

Südbucht

An der S-Küste von Rineia gibt es eine Bucht, in der man guten Schutz vor dem Meltemi findet. Im Scheitel der Bucht ankert man auf 3 bis 5 m über Sandgrund. Keine Versorgungsmöglichkeiten. Wasser kann man aus einer Quelle, die in der Nähe auf einem Feld sprudelt, holen.

Ormos Miso

Diese weite Bucht an der W-Küste bietet Schutz vor dem Meltemi. Im N der Bucht gibt es zwei kleine Einbuchtungen, in denen man, wie in der Karte verzeichnet, über Sandgrund ankern kann. Keine Versorgungsmöglichkeiten.

Die mittleren Kykladen

Die Insel Seriphos

Seriphos ist eine kuppelförmige kahle Insel, deren höchster Gipfel, der Troullos, eine Höhe von 585 m erreicht. SE-lich des Troullos leuchten die strahlend weißen Häuser der Chora, die auf einem kegelförmigen Berg steht. Von See her wirkt die Insel völlig kahl, aber um den Hafen Leivadion herum ist das Land wunderschön grün und bis an die Küste hinunter bewaldet. Im Inneren der Insel gibt es verschiedene grüne Täler, die einen überraschenden Kontrast zu den braunen verbrannten Bergen bilden. In Megalo Chorio an der W-Küste der Insel gibt es ebenso wie in Koutalas an der S-Küste einige Eisenerzminen. Heute wird hier aber kaum noch abgebaut.
Im Sommer hat sich in Leivadion ein bescheidener Tourismus entwickelt. Der überwiegende Teil von Seriphos ist aber nur noch mit alten Leuten bevölkert, da die Jungen die Insel verlassen haben, um in Athen ihr Glück zu machen.

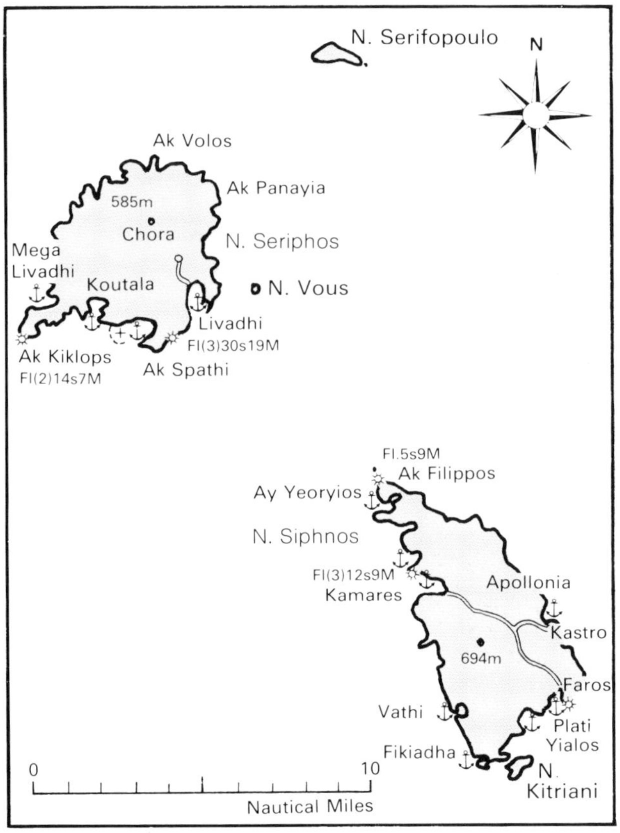

Die Inseln Seriphos und Siphnos.

Der Hafen Leivadion

WP 37°08,6'N 024°31,1'E (Fl.R.1,5s3M) / Karten: BA 1538, Imray G33, D 1090 Plan G

Allgemeines
Die Bucht, die fast vollständig von Land umschlossen ist, wird von Bäumen gesäumt, die willkommenen Schatten spenden, und die weißen Häuser der Chora auf dem Berg wirken wie Puderzucker auf einem Biskuit-Törtchen. Mit anderen Worten: Leivadion entspricht perfekt der Klischee-Vorstellung, die man von den Kykladen hat. Der Blick, den man von der Chora hinunter auf die Bucht, über das Meer und die verstreut liegenden Inseln hat, ist selbst einen heißen anstrengenden Spaziergang wert – falls man den Bus verpaßt haben sollte. Die Chora ist so geblieben, wie sie schon immer war. Nur unten um die Bucht herum findet man das übliche Drum und Dran, das der Tourismus so mit sich bringt. Auch laute Disco-Musik stört des Nachts die Stille dieses sonst ruhigen Ortes.

Ansteuerung
Auffällig: Wenn man um die S-Küste herumsteuert, bildet der Leuchtturm auf dem Kap Ak Spathi eine gute Landmarke. Von N und E aus ist Nisis Vous auszumachen, und beim Näherkommen sind die weißen Häuser der Chora auf dem Berg leicht zu erkennen. Hat man die Einfahrt der Bucht erst erreicht, ist alles Weitere kein Problem.
Nachts: Bei der Ansteuerung aus S richtet man sich nach den Feuern auf Ak Kyklops (Fl(2)14s9M) und Ak Spathi

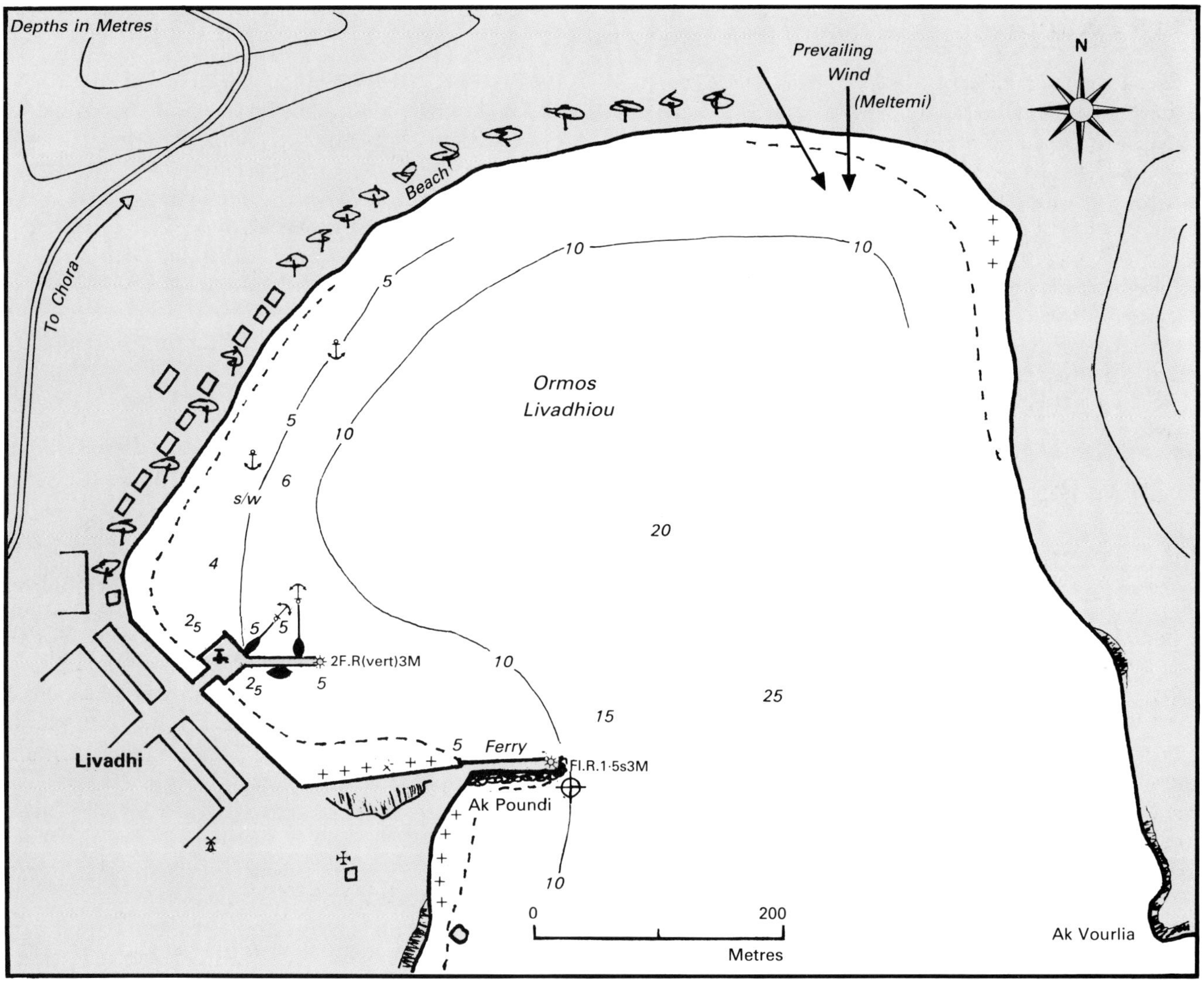

Leivadion.

(Fl(3)30s19M). Der Kopf des Wellenbrechers ist mit Fl.R.1,5s3M befeuert. Eine Ansteuerung aus N kann bei Nacht schwierig werden, insbesondere, wenn die Sicht vermindert ist. Kein hilfreiches Feuer weist den Weg, und die Insel Nisis Vous ist nicht befeuert. Wenn man aus dem Saronischen Golf kommt, ist eine Ansteuerung aus S sicherer, auch wenn sie etwas länger dauert.
Gefahren: Bei Meltemi muß mit starken Fallböen an der Lee-Seite der Insel sowie in den unmittelbaren Ansteuerungen von Leivadion gerechnet werden.

Liegeplätze
Man ankert in der Bucht oder macht mit Bug oder Heck zum kleinen Anleger vor dem Ort an der S-Seite der Bucht fest. Bei sommerlichem Meltemi macht man vorzugsweise an der S-Seite des Anlegers fest. An der N-Seite braucht man außer einem exzellenten Anker und jedem verfügbaren Zentimeter Ankerkette auch verdammt gute Nerven, wenn der Meltemi in Böen in die Bucht steht. Der Grund besteht aus Sand mit Seegrasbewuchs und hält meist gut. Wenn die Fähre gerade nicht da ist, können Yachten auch längsseits oder mit dem Heck zum Fährkai anlegen.
Schutz: Vor dem Meltemi ist man gut geschützt, auch wenn starke Fallböen in die Bucht stehen. Bei Starkwinden aus SE steht Schwell hinein. Im Sommer ist der Hafen oft mit Yachten überfüllt.
Behörden: Wasserschutzpolizei.

Versorgung
Wasser bekommt man am Anleger.
Treibstoff kann von einem Tankwagen geliefert werden. Tel.: 0281-51 512.
Lebensmittel: Die meisten Dinge sind in Leivadion erhältlich. Stangeneis gibt es in einem kleinen Supermarkt, der nicht weit ist.
Restaurants: Nette Tavernen sind im Ort und um den Strand herum.
Sonstiges: Post und Telefonamt in der Chora. Geldumtausch ist möglich. Gas. Busverbindung zur Chora. Motorrad-Vermietung. Es besteht eine Fährverbindung nach Milos und Piräus.

Ormos Koutala

37°08'N 024°27,5'E / Karten: D 1090 Plan H

Die weite Bucht an der S-Küste von Seriphos bietet guten Schutz vor dem Meltemi. Man ankert in einer der beiden kleinen Einbuchtungen im Scheitel von Ormos Koutala. In

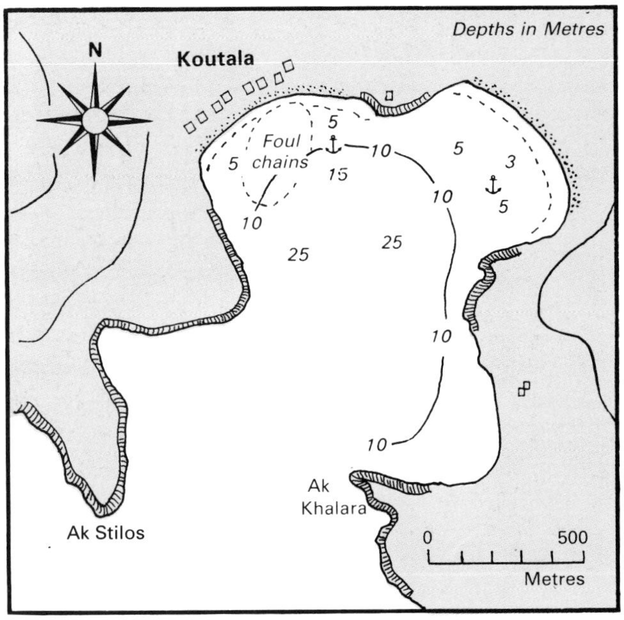

Ormos Koutala.

der NE-lichen Bucht liegt man auf 3 bis 5 m über Sandgrund, in der NW-lichen Einbuchtung ist der Grund an einigen Stellen unrein, da hier schwere Mooringketten ausgelegt wurden. Wie auf dem Plan angegeben, ankert man dort auf 6 bis 10 m über Sandgrund und ist vor dem Meltemi gut geschützt, auch wenn heftige Fallböen in die Bucht stehen.
Zu beiden Seiten der Bucht findet man Überreste der Eisenerzminen und Anleger. Die hohe Konzentration des Erzes im Boden verursacht örtlich magnetische Besonderheiten.
Um die Bucht herum wurden zahlreiche Villen gebaut.

Ormos Mega Leivadi

Diese kleine Bucht NE-lich des Kaps Ak Kyklops soll guten Schutz vor dem Meltemi bieten.

Nisis Seriphopoula

Diese kahle unbewohnte Insel liegt etwa 4,5 Seemeilen von Seriphos NE-lich von Serphos.

Die Insel Siphnos

7 Seemeilen SE-lich von Seriphos, nur durch eine oft sehr windige Meerenge getrennt, liegt die hohe, kahle Insel Siphnos. Die gesamte Insel ist gebirgig, und ihr höchster Gipfel, der Agios Ilias, der sich in ihrem Zentrum erhebt, erreicht eine Höhe von etwa 694 m. Die W-Küste wird von kahlen sonnendurchglühten Felsen gebildet, aber an der E-Seite von Siphnos, an der ein Großteil der Bevölkerung lebt, sind die Hügel sanfter und grüner und an manchen Stellen sogar bebaut. Die meisten Insulaner leben im Hauptort, Apollonia, der auf einem Berg landeinwärts erbaut wurde.
In der Antike erwarben sich die Bewohner von Siphnos den denkbar schlechten Ruf, habgierig und betrügerisch zu sein: Bewohner der Insel sollen dem Orakel in Delphi ein vergoldetes Ei anstelle des üblicherweise massiv goldenen Exemplars dargebracht haben. Apollo war darüber so erbost, daß er die Goldminen, die zuvor einen großen Teil des Reichtums von Siphnos begründet hatten, zerstörte.
An der E-Küste steht die verfallene mittelalterliche Stadt Kastro, ein ausgesprochen malerischer Ort, der von einer Mauer umgeben wird, in die zwei- und dreigeschossige Häuser gebaut wurden. Das Städtchen, das früher einmal die Hauptstadt war, überblickt die Bucht Ormos Kastro bis hinüber nach Antiparos und Paros.
Sehr beliebt sind heute die Strände an der SE-Küste der Insel, und eine Reihe kleiner Hotels sind entlang der Küste gebaut worden.

Ormos A. Georgiou

37°02'N 024°38'E

An der NW-Spitze der Insel findet man diese schmale, fjordähnliche Bucht, die guten Schutz vor dem Meltemi bietet. Bis auf Winde aus W liegt man hier gut geschützt. Ein oder zwei kleine Yachten finden im Scheitel der Bucht Platz. Zweckmäßigerweise ankert man mit Bug- und Heckanker, da kein Platz zum Schwojen ist. Festmachen läßt sich auch am S-Ende des Kais, wobei aber auf Unterwasserfelsen zu achten ist, die hier den Grund unrein machen. Ein einheimisches Ausflugsboot macht ebenfalls an diesem Kai fest. An der scharfen Krümmung der Bucht betragen die Wassertiefen 8 bis 10 m, in der Mitte des Fjords sind es nur 3 bis 4 m. Die 2-m-Linie reicht bis dicht unter Land, im Scheitel der Bucht ist es untief.
An Land kann man zwei Tavernen sowie zwei Töpferwerkstätten besuchen. Früher wurden hier per Hand die letzten großen amphorenähnlichen Krüge hergestellt.

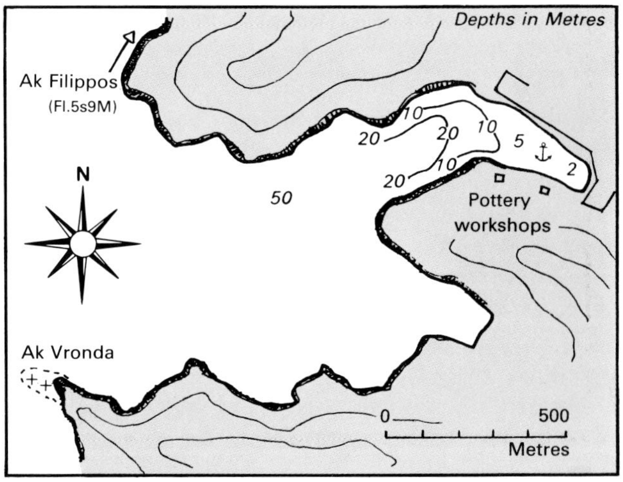

Ormos A. Georgiou.

Nordbucht

Etwas N-lich von Kamares gibt es eine kleine Bucht, die Schutz vor dem Meltemi bietet. Nur durch zwei Schluchten, die hier auslaufen, unterbrochen, rahmen hohe Klippen die Bucht ein. Man ankert auf 4 bis 5 m über Sandgrund mit Seegrasbewuchs, der nicht überall gut hält. Keine Versorgungsmöglichkeiten.

Ormos Vourlithia

Zwischen der Nordbucht und Ormos A. Georgiou liegt diese kleine Bucht, die man als Ankerplatz benutzen kann. Ein verlassener Ort fernab jeglicher Zivilisation, der nur geringen Schutz bietet – die nahegelegenen Ankerplätze bieten zumindest sehr viel besseren.

Kamares (Kamarais)

WP 36°59,5'N 024°40,5'E (Fl.G.1,5s3M) / Karten: BA 1538, D 1090 Plan K

Allgemeines
Kamares ist der Fährhafen von Siphnos. Und während die Lage des Ortes zwischen hohen steilen Felsklippen und Bergen recht spektakulär ist, fehlt der Stadt leider das gewisse Etwas. Trotzdem sind Ausflüge nach Apollonia und Kastro empfehlenswert.

Ormos Kamares aus ESE: Blick von den Bergen oberhalb der Bucht (Foto: Nigel Patten).

Ansteuerung
Auffällig: Die Einfahrt zur Bucht ist schwer auszumachen, und man bekommt den Eindruck, als würden die Schiffe aus einem Schlitz in den Klippen herausfahren. Steuert man aber die Einfahrt an, werden die Gebäude des Ortes und die äußere Mole sichtbar.
Nachts navigiert man nach dem Feuer auf dem Kap Ak Kokkala (Fl(3)12s9M) und der Befeuerung der S-lichen Einfahrtshuk (Fl.3s6M). Der Kopf des Wellenbrechers ist ebenfalls befeuert: Fl.G.1,5s3M.
Gefahren: Es ist ausgesprochen ratsam, die Segel zu bergen, bevor man in die Bucht einläuft. Bei Meltemi muß sowohl in der Einfahrt wie auch in der Bucht mit starken Fallböen gerechnet werden, die von überall herkommen können.

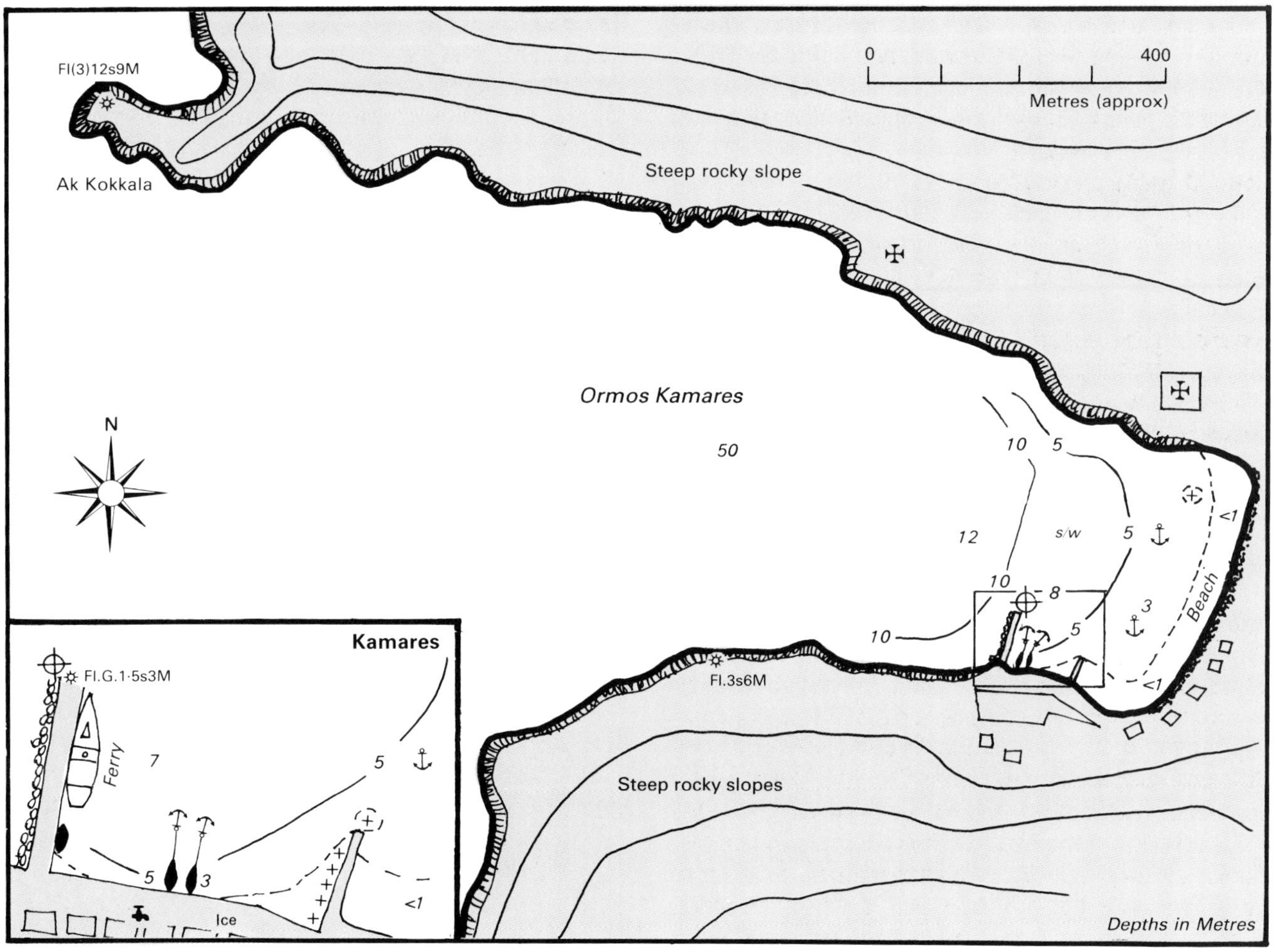

Ormos Kamares.

Liegeplätze
Am Kai, der sich zwischen den beiden Molen erstreckt, macht man mit Bug oder Heck zum Kai fest, oder man ankert im Scheitel der Bucht über hartem Sandgrund mit Seegrasbewuchs, der nur mäßig hält.
Schutz: Guter Schutz vor Meltemi, auch wenn man mit Fallböen rechnen muß. Bei Winden aus W steht Schwell in die Bucht.
Behörden: Wasserschutzpolizei und Zoll.

Versorgung
Wasser gibt es am Kai.
Treibstoff ist am Ort nicht erhältlich, eventuell kann man sich etwas an den Kai liefern lassen; Anfragen im Ort.
Lebensmittel: Die meisten Dinge sind zu bekommen, auch wenn das Angebot sehr stark davon abhängt, was die Fähre so mitbringt.
Restaurants: Gute Tavernen in der Nähe.
Sonstiges: Nach Apollonia und zur Hauptstadt der Insel verkehren regelmäßig Busse. In der Hauptstadt gibt es Post, Telefonamt und bessere Versorgungsmöglichkeiten. Es bestehen Fährverbindungen nach Milos und Piräus.

Ormos Vathy

WP 36°55,5'N 024°41,1'E (Fl.2s7M) / Karten: D 1090 Plan N

Die Bucht wird fast vollständig von Land umschlossen und bietet bei jedem Wetter den besten Schutz an Siphnos' Küste. Die Einfahrt ist nicht leicht zu finden. Auf der S-Huk steht ein Leuchtfeuer (Fl.2s7M). Man ankert im N der Bucht auf 3 bis 4 m über sanft ansteigendem Grund, der aus Sand und Seegras besteht und gut hält. Vor der Kapelle gibt es einen Kaiabschnitt, vor dem die Wassertiefe 2 bis 2,5 m beträgt. Ein paar wenige Boote können dort vorsichtig mit Bug zum Kai festmachen. An der S-Seite findet man eine Anzahl kleiner Einbuchtungen, in denen man ebenfalls ankern kann. Bei Meltemi stehen schwere Fallböen in die Bucht, aber der Halt des Grundes ist gut, und es läuft keine Dünung in die Bucht.

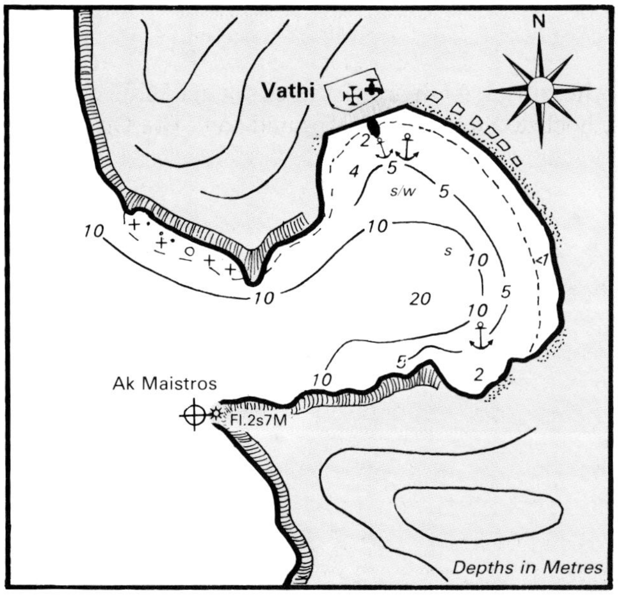

Ormos Vathy.

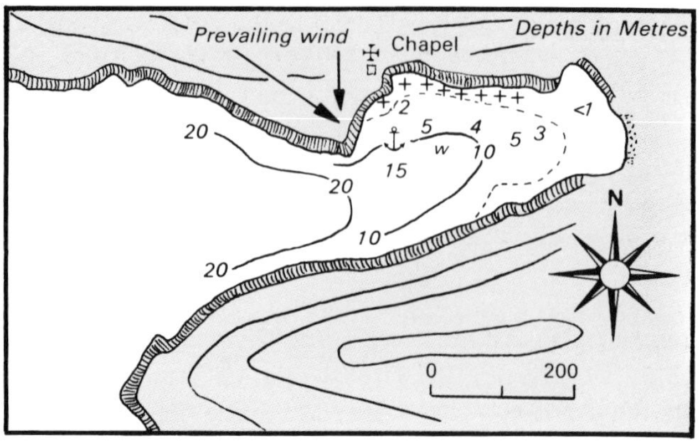

Ormos Phykiada.

An Land gibt es Tavernen, und Wasser bekommt man nahe der Kirche.
Die zauberhafte Umgebung, das türkis schimmernde, kristallklare Wasser und die Tavernen am Strand verführen zu einem Landgang.

Ormos Phykiada

36°54,3'N 024°42,3'E / Karten: D 1090 Plan M

Unmittelbar S-lich von Vathy liegt diese absolut einsame kleine Bucht, die recht ordentlichen Schutz vor Winden aus N, E und S bietet und nur nach W hin offen ist. Man ankert mit langer Leine zum Land oder macht mit dem Bug zur kurzen Pier (Wassertiefe 1,5 m am Kopf) unterhalb der Kapelle fest. Der Grund besteht aus Sand und Schlick und ist mit einigen Felsen durchsetzt; der Halt ist nicht überall besonders gut. Abgesehen von der Kapelle ist diese Bucht völlig einsam – einfach großartig!

Ormos Platys Gialos

36°55,5'N 024°44'E / Karten: D 1090 Plan C

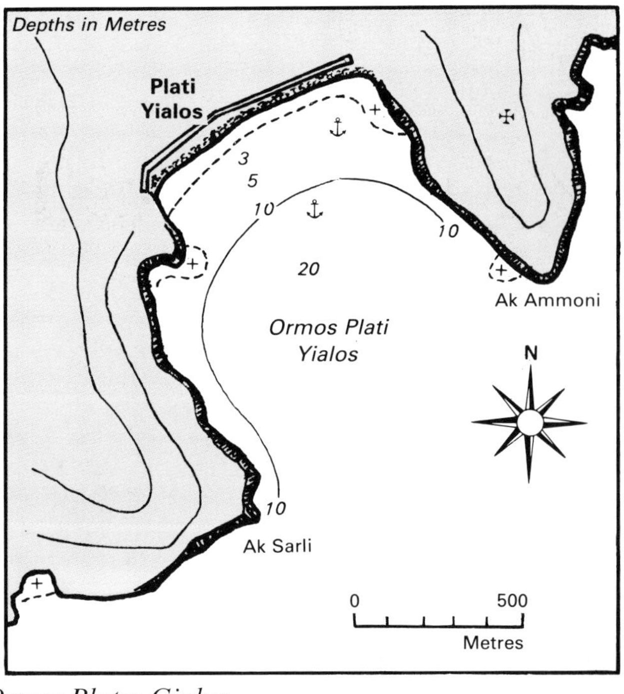

Ormos Platys Gialos.

Diese U-förmige Bucht befindet sich an der SE-Küste und bietet guten Schutz vor dem Meltemi, auch wenn mit starken Fallböen in der Bucht gerechnet werden muß. Vor der NE-Ecke ankert man auf 5 bis 7 m Wassertiefe. Ungefähr 80 m vor dem Strand beträgt die Tiefe noch 2 m. Der Grund, der aus Sand und Felsen besteht, hält nicht überall besonders gut. Am Strand stehen verschiedene Hotels und Tavernen.

Ormos Pharos

WP 36°56,3'N 024°45,4'E (Leuchtfeuer Ak Stavros)
Karten: BA 1538, D 1090 Plan L

Die schmale Bucht an der SE-Spitze von Siphnos, die nur nach S hin offen ist, bietet guten Schutz vor dem Meltemi. Gute Landmarken bilden die Kirche, die auf Ak Petalos, der W-lichen Einfahrtshuk, steht, sowie das Leuchtfeuer auf der E-Huk, Ak Stavros. Vor der Ortschaft ankert man auf 3 bis 12 m. In der NE-Ecke der Bucht befindet sich ein kurzer Kai, an dem einige Yachten eventuell mit Bug zum Kai festmachen können. Ansonsten ankert man in den Einbuchtungen an der W- und E-Seite hinter der Einfahrt. Der Grund, der aus Sand und Seegras besteht, hält gut. Auch wenn mit heftigen Fallböen zu rechnen ist, liegt man in der Bucht gut geschützt vor dem Meltemi. An Land findet man im Scheitel der Bucht verschiedene Tavernen und ein begrenztes Lebensmittelangebot. An den umliegenden Ufern sind ein paar Villen und kleine Hotels entstanden, die größtenteils von jungen Leuten besucht werden. Die Bucht, die von hohen Bergen umrahmt wird, ist ein ganz wundervoller Platz, und das klare Wasser lädt zum Schwimmen und Schnorcheln ein.

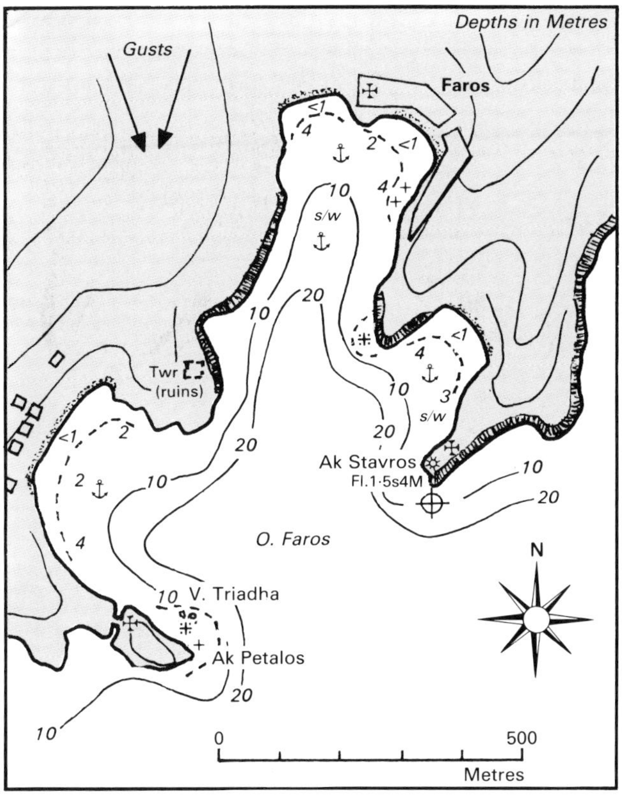

Ormos Pharos.

Ormos Kastro

36°58,3'N 024°45,1'E / Karten: D 1090 Plan E

Unmittelbar N-lich des Kaps Ak Myti befindet sich diese offene Bucht, die man nur bei ruhigem Wetter anlaufen kann, da sie den vorherrschenden N-lichen Sommerwinden vollständig ausgesetzt ist. Auf den Bergen oberhalb der Bucht thront das mittelalterliche Städtchen. Mit langer Leine zum Land ankert man vor dem winzigen Strand auf 3 bis 4 m. Der Grund besteht aus Sand mit Seegrasbewuchs und hält dementsprechend.
Am Strand am Fuß der Felsen gibt es ein kleines Dorf, von dem sich ein steiler Pfad zum mittelalterlichen Ort hinaufschlängelt. Die alten Häuser stehen dichtgedrängt an den steilen Felshängen. Wenn das Wetter ein direktes Anlaufen der Stadt unmöglich macht, sollte man Kastro mit dem Taxi oder Bus besuchen. Von Kamares fährt man nach Apollonia und von dort nach Kastro.

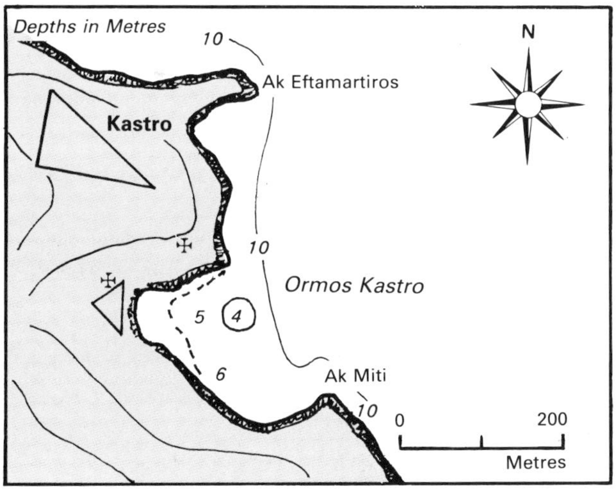

Ormos Kastro.

Die Insel Antiparos

Nur durch eine schmale flache Meerenge von Paros getrennt, liegt die Insel Antiparos vor der SW-Küste ihrer Nachbarinsel. Antiparos ist flach (in der Mitte erhebt sich die höchste Stelle auf 299 m) und kahl. Die Ortschaft Antiparos befindet sich an der E-Küste unweit der schmalsten Stelle der Meerenge zwischen beiden Inseln. Am S-lichen Ausgang der Durchfahrt gibt es eine tiefe Tropfsteinhöhle, in der außer einer kleinen Kapelle atemberaubende Stalaktiten und Stalagniten zu bewundern sind. Von den Orten Antiparos und Paroikia kann man hierher Besichtigungsfahrten mit Ausflugsbooten unternehmen.
Die beiden kahlen unbewohnten Inseln Nisis Despotiko und Nisis Strongylo liegen S-lich von Antiparos.

Nisis Despotiko

An der S-Küste der Insel gibt es eine verlassene Bucht, die guten Schutz vor dem Meltemi bietet. Sie ist nach S hin offen.

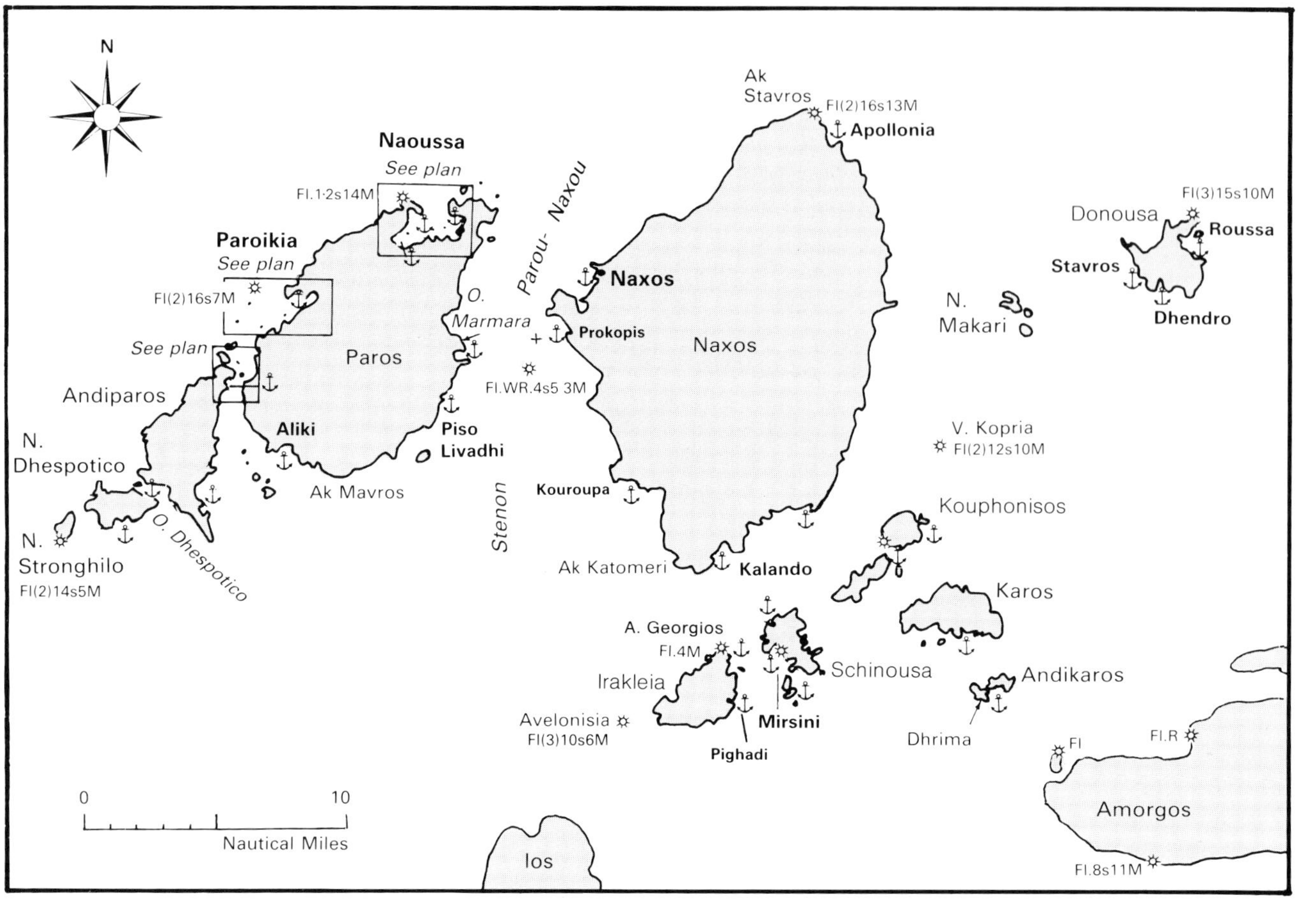

Antiparos, Paros, Naxos und die umliegenden Inseln.

Ormos Despotikou

WP 36°57,9'N 025°02'E (Feuer auf dem Kap Ak. Koutsouras)

Diese große Bucht wird im N und E von Antiparos geschützt, im S und W von Despotiko selbst und im NW von der kleinen Insel Tsimintiri. Das Fahrwasser an der N-Seite von Nisis Tsimintiri bietet weniger als 1 m Wassertiefe; die Passage an der S-Seite ist 2 m tief. Man sollte die Durchfahrt nur bei wirklich ruhigem Wetter und einem Ausguck am Bug, der einen lotst, wagen.

An der N-Seite ankert man auf 2 bis 4 m über Sandgrund mit Seegrasbewuchs, der gut hält. Im 16. und 17. Jahrhundert war diese Bucht ein berüchtigter Schlupfwinkel von Piraten. Erst kürzlich ist eine Reihe von Straßen gebaut worden, um das Gebiet zu erschließen. Im Sommer haben an der Küste von Antiparos ein paar Tavernen geöffnet.

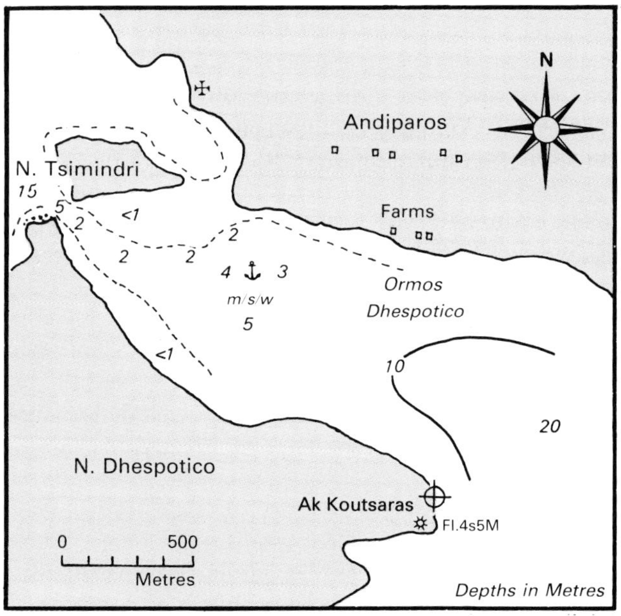

Ormos Despotikou.

Stenon Antiparou

Karten: BA 1539, Imray G33, D 1090, Plan B

Die schmale Passage zwischen den Inseln Nisos Antiparos und Paros sollte nur bei Tag und mit größtmöglicher Vorsicht benutzt werden. Die Insel Remmatonisi und die Küste von Paros werden von Über- und Unterwasserfelsen gesäumt, und bei Meltemi stehen heftige Fallböen in die Meerenge, die schnell eine kurze grobe See aufbauen. Tiefgehende Yachten sollten dann von einer Durchsteuerung der Passage absehen, kleine und mittlere Yachten den Stenon Antiparou nur mit einem Ausguck am Bug sowie unter ständiger Beobachtung des Echolots passieren. Beim ersten Mal sollte man die Passage nur bei ruhigem Wetter wagen, wenn die Sicht auf den Grund die Riffe, die die Passage säumen, gut erkennen läßt. Bei Meltemi ist das »Unterwasser-Mosaik«, das Grün sicherer Wassertiefen von dem Braun der Felsklippen, nur schwer zu unterscheiden. Sehr flachgehende Yachten können auch an der

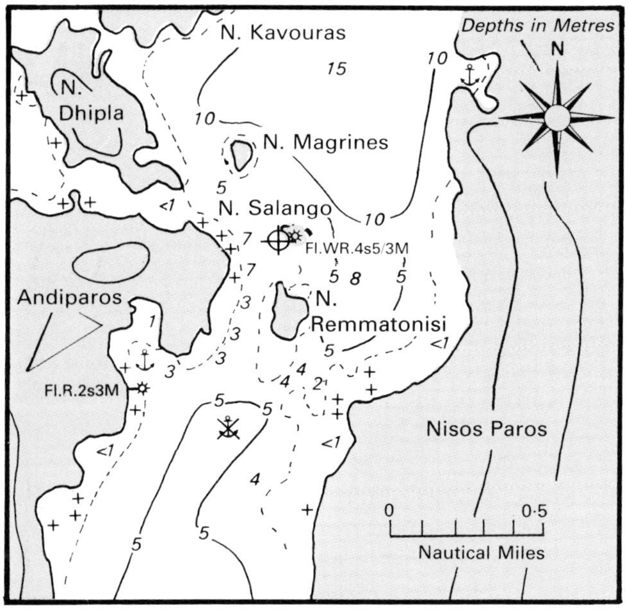

Die Passage Stenon Antiparou.

W-Seite von Remmatonisi durch die Meerenge fahren; allerdings auch hier mit größter Vorsicht und Aufmerksamkeit, weil die Tiefen noch geringer sind als an der E-Seite. *Hinweis*: Neuere Seekarten zeigen die tiefere Passage an der W-Seite von Remmatonisi, aber erfahrungsgemäß ist die E-liche Passage die sicherere. Erst kürzlich wurde die Mindesttiefe im W-lichen Fahrwasser mit 3,8 m angegeben.

Ankerplatz Antiparos

In einer Einbuchtung vor der Ortschaft an der W-Küste des Stenon Antiparou kann man etwas Schutz vor dem Meltemi finden. Man ankert auf 2 bis 3 m über Sandgrund. Am Kopf einer kurzen Pier beträgt die Wassertiefe 2 m, aber dieser Platz wird von den örtlichen Fähren und Fischerbooten beansprucht. Entlang des Hafens gibt es ein paar Tavernen, und im Dorf ist ein begrenztes Versorgungsangebot erhältlich.
Um den S-lichen Ausgang des Stenon Antiparou herum findet man zahlreiche bezaubernde kleine Buchten, die man bei ruhigem Wetter erkunden kann. Das untiefe Wasser und der sandige Grund lassen das Meer in jenen wunderschönen Blau- und Grüntönen schimmern, die auf Postkarten so beliebt sind.

Die Insel Paros

Diese große ovale Insel besteht eigentlich nur aus einem Bergmassiv mit zwei Gipfeln: Im NW erreicht der Agios Ilias eine Höhe von 771 m, im SE bringt es der Karampoli auf 747 m. Von beiden Gipfeln stürzen die Felsklippen steil ins Meer. Das Land ist weitgehend kahl und nur mit wenigen Bäumen bestanden, die Felsen wirken von der Sonne verbrannt. Der Hauptort und -hafen Paroikia befindet sich an der NW-Küste der Insel.
Paros wurde bereits früh von den zugewanderten Ioniern aus Kleinasien kolonialisiert; auch Kolonien in Thasos und Thrakien wurden von ihnen gegründet. Der Lyriker Archilochos (um 650 v. Chr.), der als Begründer des jambischen Versmaßes gilt, wurde auf Paros als Sohn eines Adligen und seiner Sklavin geboren. Als Soldat nahm er an der Kolonialisierung von Thasos teil und führte ansonsten ein recht unstetes Leben, bis er in einem Scharmützel mit den benachbarten Naxiern fiel.
Während der persischen Invasion stand Paros auf Seiten der Perser und kam folglich nach deren Niederlage unter die Herrschaft Athens. Im Mittelalter waren Venezianer die Herren der Insel, bis sie 1537 den Türken in die Hände fiel.
Der Marmor von Paros war in der antiken Welt berühmt: Der Lychnites-Marmor, der bei Lampenlicht unter Tage in Schächten abgebaut wurde, war wegen seiner reinweißen, durchscheinenden Beschaffenheit sehr geschätzt. Wegen der Schwierigkeiten beim Abbau gerieten die Minen nach der klassischen Antike in Vergessenheit. Ein letztes Mal wurde dieser Marmor 1844 für das Grabmal Napoleons benötigt. Noch heute sind die Schächte und Minen zu sehen.
Im Altertum war der Wein von Paros sehr begehrt, und auch heute noch ist der Rotwein, der auf der Insel produziert wird, ausgesprochen schmackhaft. Paros ist eine beliebte Urlaubsinsel, und im Sommer platzt Paroikia aus allen Nähten, was gute Versorgungsmöglichkeiten zur Folge hat.

Paroikia

Ansteuerung WP 37°06,3'N 025°08,6'E (Yph. Paroikia: Fl(2)10s6M)
Hafen WP 37°05,3'N 025°09,1'E (Fl.G.2s3M) / Karten: BA 1539, D 1090 Plan B

Allgemeines
Die Stadt, die auf einem sanften Hügel am Meer vor der Kulisse steiler Felsklippen erbaut wurde, ist typisch für die Kykladen. Häuser, Geschäfte und Kirchen sind alle würfelförmig und in blendendem Weiß gestrichen, dazwischen bilden Bougainvilleen und Glyzinien natürliche bunte Farbtupfer. Das alte Viertel, das sich um das Kastro aus dem 13. Jh. herum ausbreitet, ist mit seinen engen, verwinkelten Gassen und Torwegen, alten Steinhäusern und Geschäften mit steinernen Balkonen ein faszinierendes Plätzchen.
In Paroikia steht die schönste Kathedrale der Ägäis, die Katapoliani, was angeblich soviel wie »die Kirche mit den 100 Türen« bedeuten soll, wahrscheinlicher aber ist die Übersetzung »die in der Unterstadt gelegene«.
Tatsächlich besteht diese Kathedrale aus drei Kirchen, die alle unter einem Dach versammelt sind. Wegen ihrer schönen Innenausstattung sollte man einen Besuch auf keinen Fall versäumen. Das archäologische Museum gleich neben der Kathedrale zeigt einige recht interessante Funde, u. a. eine Marmortafel mit griechischen Geschichtsdaten, die bis in die vorhomerische Zeit zurückreichen sowie Statuen aus dem berühmten Lychnites-Marmor.
Im Sommer herrscht im Hafen ein reges Treiben, zahlreiche Fähren bringen Scharen von Urlaubern auf die Insel,

Das Kap Ak A. Phokas, die N-liche Einfahrtshuk in die Bucht Ormos Paroikias aus SE.

und in der Stadt hört man die unterschiedlichsten Sprachen, das Klicken von Fotoapparaten sowie die flehendlichen Bitten von Kellnern, ihrem Restaurant doch einen Besuch abzustatten.

Ansteuerung

Auffällig: In den Ansteuerungen von Paroikia gibt es zahlreiche Felsinseln, Klippen und Riffe, von denen die Bucht gesäumt wird. Von N kommend, sind dies: Portes – zwei kleine Inseln, die aussehen wie Buchstützen; Petrokaravo – ein fast vollständig überspülter Felsen, der in rauher See nur schwer zu erkennen ist; Vouves – eine flache Klippe mit einem Riff an ihrer NE-Spitze, und ein weiteres Riff, über dem etwa 3 m Wasser stehen, liegt ungefähr 0,2 Seemeilen SW-lich. Die Nisides A. Spyridonas sind hoch und zerklüftet, auf einem der Inselchen steht eine weiße Kapelle. Das E-lichste Eiland der Gruppe ist flach und Mavros Tourlos, das vor der N-Spitze von Nisis Kavouras liegt, ist ebenfalls hoch und zerklüftet. Weiter in die Bucht hinein liegen Kaki Skala und Peponas, die beide recht hoch sind. Ungefähr in der Mitte der Bucht erstreckt sich ein Riff, das leicht an seinem markanten Leuchtfeuer zu erkennen ist. Die weißen Gebäude der Stadt sind gut auszumachen, wenn man in die Bucht einläuft. Eine weiße Kirche mit einer blauen Kuppel, die auf dem Kap Ak A. Phokas steht, bildet ebenfalls eine gute Landmarke. Beim Näherkommen ist der Hafen von Paroikia leicht zu erkennen.

Nachts richtet man sich nach dem Feuer auf den Portas (Fl(2)16s7M), dem Feuer auf Ak A. Phokas (Fl.3s6M) und dem Feuer auf Yph. Paroikias (Fl(2)10s6M), dem Riff, das in der Mitte der Bucht von Ormos Paroikias liegt. Der Fähranleger wird von Straßenlaternen erhellt.

Gefahren:

1. Unmittelbar N-lich von den Nisides A. Spyridonas muß man sich von einem Riff und Überwasserfelsen freihalten. Vorsicht bei der Navigation ist auch in der Ansteuerung von Ormos Paroikias unmittelbar N-lich von Vouves geboten, da sich hier eine Untiefe erstreckt.
2. Ein Riff mit einem Flachwassergebiet erstreckt sich vom Kap Ak A. Phokas aus. 300 m S-lich des Kaps betragen die Wassertiefen weniger als 3 m.

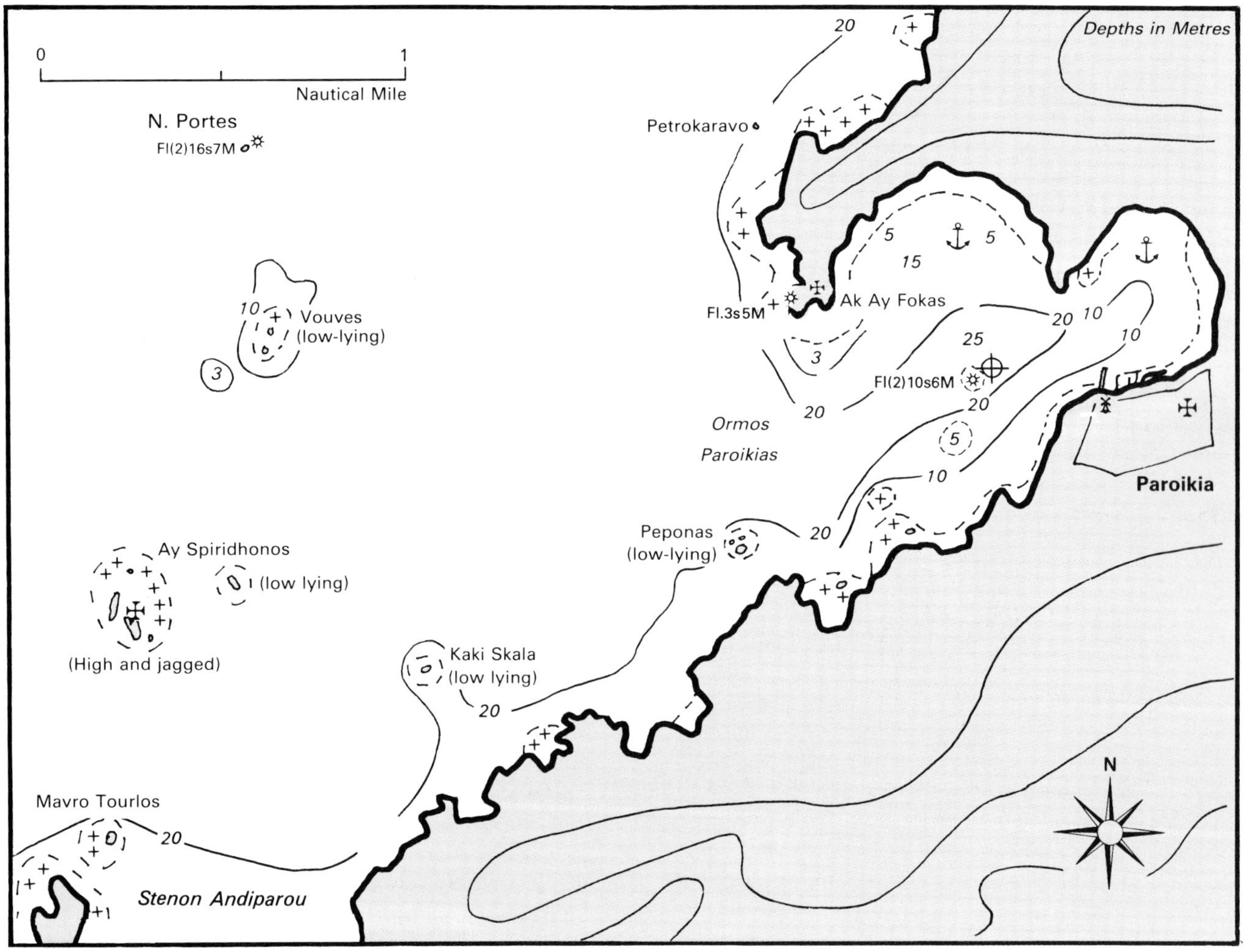

Ansteuerungen der Bucht Ormos Paroikias.

Blick vom Stadtkai über den Hafen von Paroikia aus SW.

3. Von der S-lichen Einfahrtshuk erstreckt sich von der Küste aus ein Riff in die Einfahrt der Ormos Paroikia.
4. Vor der Landzunge, dem Hafen von Paroikia gegenüber, machen Schutt und Geröll den Grund unrein.

Liegeplätze
Yachten machen im inneren Hafen mit Bug oder Heck zur Mole fest; bei ruhigem Wetter kann man auch an der Außenseite der Mole anlegen. Der Schlickgrund mit Seegrasbewuchs hält meist gut.
Schutz: Im Hafen ist man hervorragend geschützt. Falls der innere Hafen überfüllt ist und Meltemi das Festmachen an der Außenmole unmöglich macht, ist es das beste, wenn man in einer der kleinen Einbuchtungen im N von Ormos Paroikias vor Anker geht.
Behörden: Wasserschutzpolizei und Zoll.
Ankerplatz: Man kann in einer der beiden Buchten an der N-Seite von Ormos Pariokias ankern. Die NE-liche Einbuchtung bietet den besseren Schutz vor dem Meltemi.

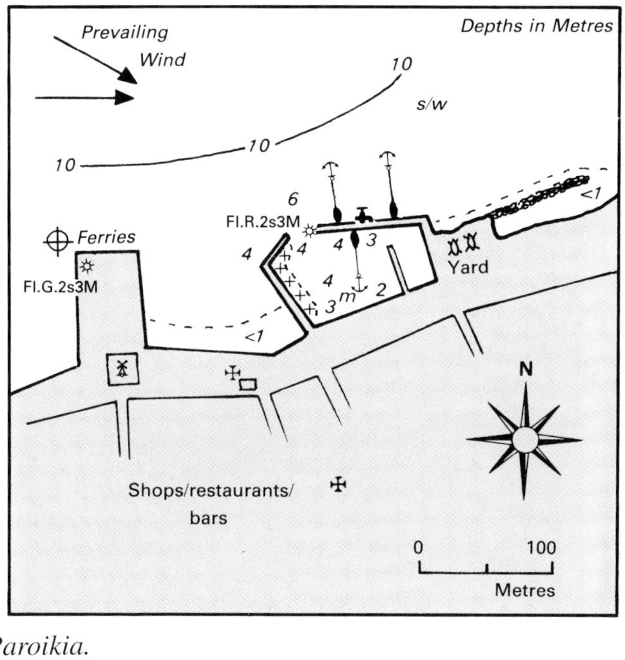

Paroikia.

Die Bucht Ormos Paroikias aus NE (Foto: Nigel Patten).

Man ankert auf 4 bis 6 m über Sand, Schlick und Seegras. Wenn der Anker erst gefaßt hat, hält er gut.

Versorgung
Wasser gibt es am Kai – wenn man den »Wassermann« erst einmal ausfindig gemacht hat.
Treibstoff ist in den Vororten der Stadt erhältlich, kann aber auch von einem Tankwagen zum Kai geliefert werden.
Reparaturen: Yachtservice Agentur. Man ruft Afros Yacht Service auf UKW-Kanal 73 oder unter Tel.: 0284-23 625. Einige mechanische Reparaturen sind möglich. Segelmacher. Eisenwarengeschäfte.
Lebensmittel: Gute Versorgungsmöglichkeiten in der Stadt. Stangeneis ist erhältlich.
Restaurants: Gute Tavernen jeden Typs. In den Seitenstraßen hinter dem Hafen findet man die typischen einheimischen Tavernen. Wer mag, kann in der Stadt aber auch vietnamesisch speisen.
Sonstiges: Post, Telefonamt, Banken. Gas und Camping GAZ. Motorrad- und Fahrrad-Vermietung. Zu den anderen Orten der Insel bestehen Busverbindungen. Fähren verkehren nach Piräus, Rhodos, Irakleion und zu den umliegenden Kykladeninseln.

Naousa

Ansteuerung WP 37°09,3'N 025°13,5'E (Feuer Ak Korakas)
Hafen WP 37°07,6'N 025°14,2'E (Fl.R.3M) / Karten: BA 1539, D 1090 Plan D

Allgemeines
Die Landschaft, die diese Bucht umgibt, besteht aus stark zerklüfteten, von der Sonne verbrannten Felsen; das kristallklare Wasser der Bucht schimmert in Blau und Türkis. Im Lauf der Zeit hat das Meer vielen der Felsen seltsame und wundervolle Formen gegeben, was der Bucht eine eigenartige Stimmung verleiht. Auch wenn Naousa im Sommer sehr beliebt ist, findet man fast immer noch irgendwo ein Plätzchen, wo man für sich ist. Außerhalb der Saison ist es hier himmlisch einsam.
Naousa war ursprünglich ein kleines Fischerdorf, das sich in der Zwischenzeit aber zu einem attraktiven Urlaubsort

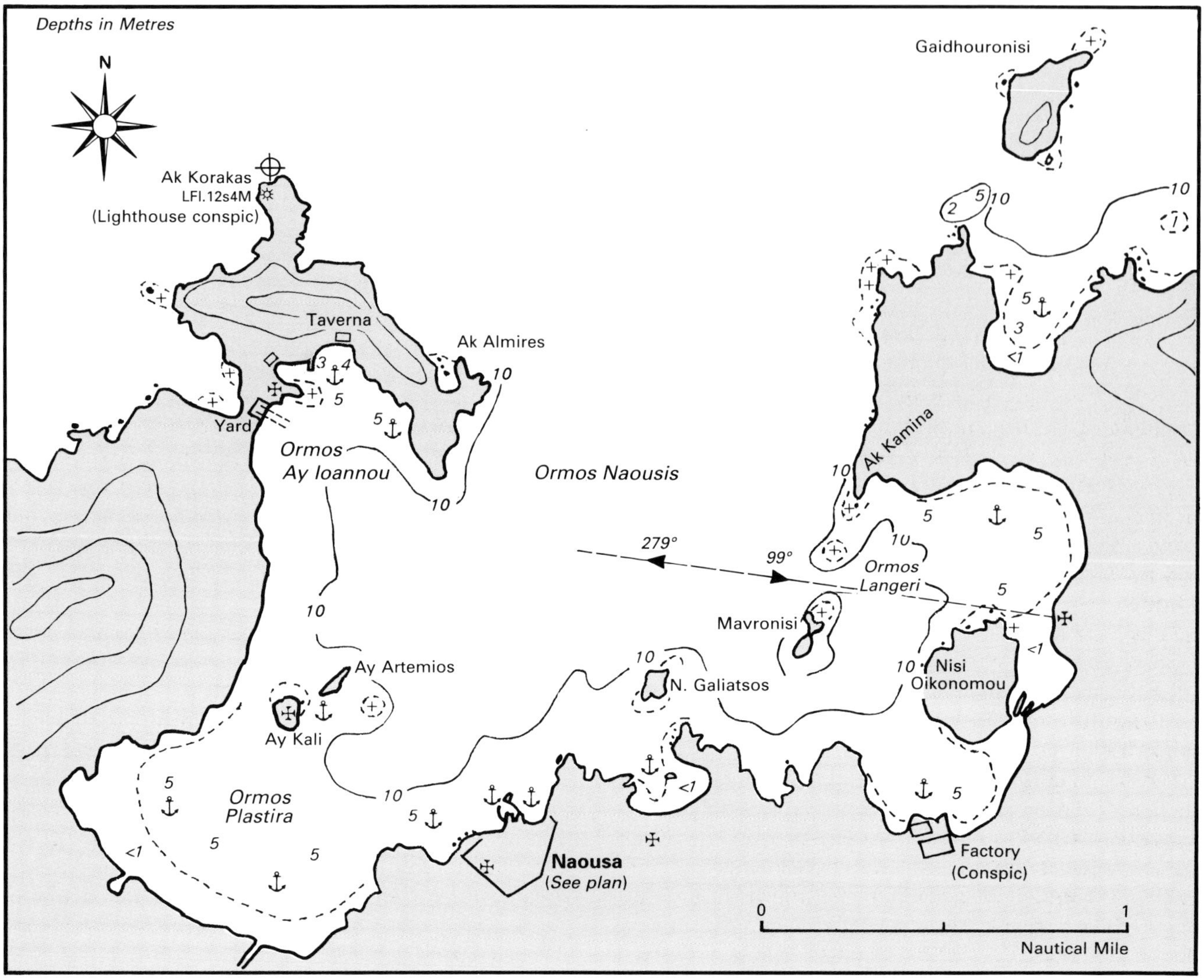

Ormos Naousis.

entwickelt hat. Um das innere Hafenbecken drängen sich Bars und Tavernen, in denen man vergnügliche Abende verbringen kann. Von einem Hotel an der E-Seite der Bucht aus betreibt eine Surfschule ihre Geschäfte.

Ansteuerung
Diese große Bucht, deren Ufer stark gegliedert ist, befindet sich an der N-Küste von Paros zwischen dem Kap Ak

Das Kap Ak Korakas mit dem Leuchtturm an der W-Seite der Einfahrt in die Bucht Ormos Naousis aus NE.

Korakas und der kleinen Insel Gaidouronisi E-lich davor. *Auffällig*: Der weiße Leuchtturm auf dem Kap Korakas bildet eine gute Landmarke. Von der Einfahrt der Bucht aus sind die Fabrikgebäude an der S-Seite von Ormos Langeri, die weißen Gebäude von Naousa sowie eine weiße Kirche mit einer roten Kuppel im Hintergrund der Ortschaft gut auszumachen.
Nachts: Von einer nächtlichen Ansteuerung ist abzuraten. Bei guter Sicht kann man sich nach dem Feuer auf Ak Korakas (LFl.12s14M) und der Befeuerung der Hafeneinfahrt von Naousa (Fl.R.1,5s3M und Fl.G.1,5s3M) richten.
Gefahren: Vor Über- und Unterwasserklippen, die die kleinen Inseln und die Ufer der großen Bucht säumen, sollte man sich gut freihalten.

Liegeplätze
Um die Bucht herum gibt es zahlreiche Ankerplätze:
1. ***Ormos Langeri***: In der N-Einfahrt zu diesem Ankerplatz befindet sich ein Riff, das sich zwischen Mavronisi und dem Kap Ak Kamina erstreckt. Steuert man mit einem Kurs von 99° auf die Kapelle am Strand ein, bleibt man von allen Gefahrenstellen frei, beim Verlassen der Bucht muß die Kapelle 279° achteraus peilen, damit man in sicherem Wasser bleibt. Im N der Bucht ankert man auf 4 bis 10 m über Schlick, Sand und Seegras, in dem der Anker

gut hält. Wenn man sich ganz tief in die N-Ecke verholt, ist man vor dem Meltemi gut geschützt. Bei beständigem Wetter oder S-lichen Winden kann man auch im S der Bucht ankern. Die S-Küste der Bucht wird durch eine große Fabrikanlage verschandelt.

2. ***Ormos A. Ioannou***: Im N dieser Bucht ankert man auf 3 bis 10 m über Schlick, Sand und Seegras, die den Anker gut halten, und liegt geschützt vor dem Meltemi. Eine kleine Kapelle in der NW-Ecke der Bucht bildet eine gute Landmarke. Daneben steht eine kleine Werft. Dieser Ankerplatz ist sehr idyllisch: wundervolle, bizarr geformte Felsen, klares türkis schimmerndes Wasser und die kleine weiße Kirche, die auf ihrem Felsen am Meer thront. Selbst die Werft mit den hell leuchtenden Caïquen, die hier an Land gestellt sind, paßt sich in die Landschaft ein. Kein Wunder also, daß dieser Platz im Sommer sehr beliebt ist. Im Sommer haben Tavernen geöffnet, und ein örtliches Ausflugsboot verkehrt bis 1800 Uhr im Halbstundentakt zwischen dieser Bucht und Naousa.

3. ***Ormos Plastira***: Bei ruhigem Wetter kann man hier auf 3 bis 4 m Wassertiefe ankern, wo man möchte. Bei Meltemi findet man auf 3 bis 4 m Wassertiefe Schutz hinter der Insel Nisis A. Kali.

4. ***Naousa***: Einheimische Boote und Ausflugsschiffe nehmen den größten Teil des Hafens ein. Yachten machen an der Außenseite der W-Mole fest, wobei der straffierte Bereich für die Fähre freibleiben muß. Die Wassertiefe beträgt vor dem Kai größtenteils 3 m, an manchen Stellen macht jedoch Geröll den Grund unrein. Der Anker hält gut, und man ist vor Meltemi bestens geschützt.

Die Bucht unmittelbar E-lich der venezianischen Festungsanlage bietet hübsche Schönwetterankerplätze. Vorsicht, eine Mooringkette, die etwa in W-E-Richtung in der Bucht liegt, macht den Grund unrein. Yachten können auch unmittelbar W-lich des Hafens auf 4 bis 10 m über Sandgrund mit Seegrasbewuchs ankern.

Guter Ankerhalt. Normalerweise steht der Meltemi nicht in die Bucht hinein, auch wenn es gelegentlich vorkommen kann.

Behörden: Wasserschutzpolizei.

Versorgung

Wasser gibt es am Kai.

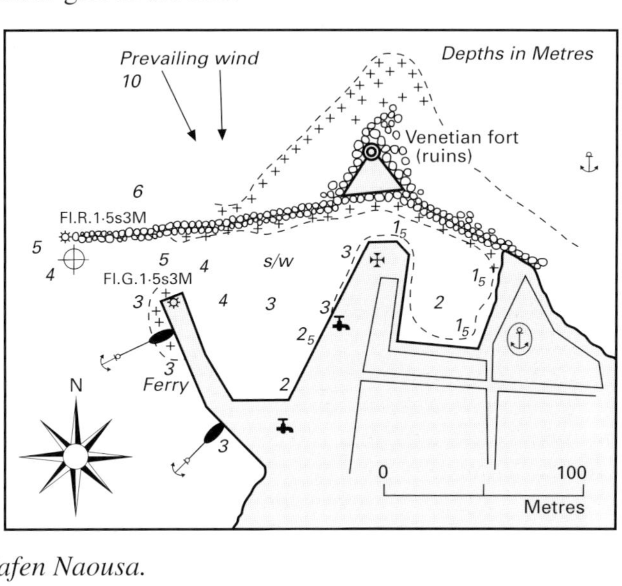

Hafen Naousa.

Treibstoff kann von einem Tankwagen geliefert werden.

Reparaturen: In Naousa sind kleinere Reparaturen möglich. Bei der Werft in Ormos A. Ioannou können Yachten eventuell aufgeslippt werden.

Lebensmittel: Die meisten Lebensmittel sind erhältlich.

Restaurants: In Naousa gibt es nette Tavernen.

Sonstiges: Post, Telefonamt, Bank, Gas, Motorrad-Vermietung und Fahrrad-Verleih. Ein Bus verkehrt nach Paroikia.

Ormos Marmara

An der E-Küste von Paros befindet sich diese weite Bucht. Auch wenn sie auf den ersten Blick so wirkt, als würde sie guten Schutz vor dem Meltemi bieten, steht doch Schwell hinein, wenn der Meltemi durch die Meerenge zwischen Paros und Naxos hindurchweht. Bei ruhigem Wetter oder leichten N-lichen Winden kann man im NW der Bucht ankern.

Piso Leivadi

37°02'N 025°15,5'E / Karten: D 1090 Plan A

Allgemeines

Weitab vom Gewimmel in Paroikia wirkt diese kleine Ortschaft, die im Sommer nur einen bescheidenen Tourismus vorweisen kann, heiter und unbeschwert. Das Dorf ist wunderschön an der Meerenge Stenon Parou-Naxou unterhalb der steilen Felshänge von Paros gelegen. Bei ruhigem Wetter ist der Ankerplatz im S-Teil der Bucht für eine Mittagsrast gut geeignet.

Ansteuerung

Der Hafen Piso Leivadi befindet sich etwa 1,5 Seemeilen SSW-lich von Ormos Marmara.

Auffällig: Ein Berggipfel unmittelbar N-lich des Ortes, dessen Spitze mit den typischen weiß getünchten Häusern bebaut ist, bildet eine gute Landmarke. Beim Näherkommen ist eine Gruppe von Villen und kleinen Hotels auszumachen, die um die Küste herum gebaut wurden. Der Wellenbrecher ist leicht zu erkennen, wenn man in die Bucht eingelaufen ist.

Nachts: Da es keinerlei Befeuerung gibt, ist eine Ansteuerung bei Nacht nicht zu empfehlen (siehe »Gefahren«).

Gefahren: E-lich des Wellenbrechers erstrecken sich ein Riff und eine Untiefe etwa 250 m in E-licher Richtung. Um sich von diesen Gefahrenstellen freizuhalten, sollte die Einsteuerung in die Bucht aus SE erfolgen.

Liegeplätze

Man macht mit Bug oder Heck am Wellenbrecher fest, zu dem eine lange Leine ausgebracht wird. Der Grund ist an manchen Stellen durch Dauermoorings, die hier verankert sind, sowie ein Wrack unrein. Mit einiger Vorsicht kann man auch mit dem Bug und langer Leine zum kurzen W-Wellenbrecher festmachen. Dort macht Geröll an einigen Stellen den Grund unrein.

Der Grund besteht aus Sand mit Seegrasbewuchs und hält gut. Wenn die Fähre – die gewöhnlich morgens und in den frühen Abendstunden kommt, aber nie lange bleibt – ihren

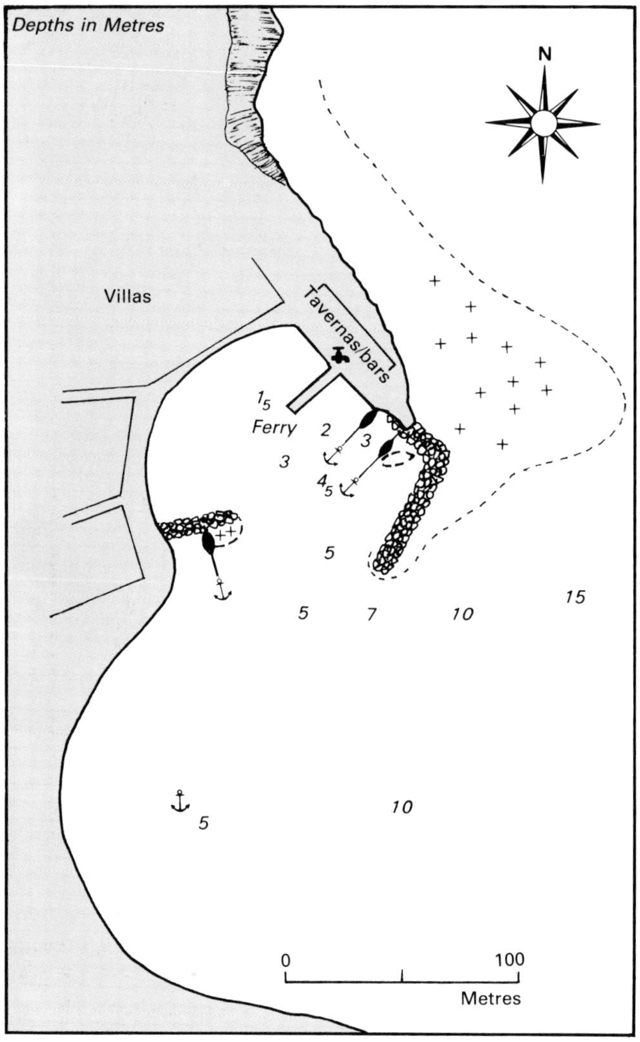

Piso Leivadi.

Liegeplatz nicht benötigt, können kleine Yachten auch mit dem Bug zur kurzen Pier festmachen, wo Wassertiefen von 1,5 bis 2 m zu finden sind.
Schutz: Der Schutz vor dem Meltemi ist ganz ordentlich, auch wenn länger anhaltender Meltemi Dünung im Hafen verursachen kann. Die Bucht ist nach SE hin offen, und das Liegen kann recht ungemütlich, wenn nicht gar gefährlich werden.
Ankerplätze: Bei ruhigem Wetter kann man auch im S-Teil der Bucht ankern.
Hinweis: Im Ansteuerungsbereich des Hafens sollte nicht geankert werden, da die Fähren Raum zum Manövrieren benötigen.

Versorgung
Wasser gibt es am Fuß der Mole.
Lebensmittel: Begrenztes Lebensmittelangebot im Dorf.
Restaurants: Um den Hafen herum findet man verschiedene Tavernen, von denen man einen wundervollen Blick über den Hafen und die Meerenge zwischen Paros und Naxos hat.
Sonstiges: Nach Naxos und Amorgos bestehen Fährverbindungen.

Aliki

An der SW-Küste von Paros, 2 Seemeilen NW-lich des Kaps Ak Mavros, findet man diese Bucht, in der man auf 2 bis 3 m Wassertiefe über Sandgrund ankern kann. An der E-Seite dieser Bucht gibt es mehrere Piers, an denen aber nur unzureichende Tiefen vorhanden sind. Am Kopf der mittleren Pier sind es zum Beispiel nur 1,5 m, an den anderen weniger als 1 m. An Land gibt es ein Hotel sowie eine Taverne.

Stenon Parou-Naxou

Die Meerenge, die die beiden Inseln Paros und Naxos voneinander trennt, wird von Felsklippen und Riffen gesäumt. Auch im Fahrwasser liegen zwei Riffe, Yph. Kalypso (Vr. Tsamban) und Vr. Amarides, auf dem ein markantes Leuchtfeuer steht (Fl.WR.4s5/3M, der rote Sektor deckt 185°–015° ab). Vor der S-Spitze dieses Riffs liegt ein Wrack, das in der Zwischenzeit allerdings unter der Wasseroberfläche verschwunden ist. Bei Meltemi setzt ein Strom mit etwa 0,5–1,5 kn S-wärts, bei S-lichen Winden entsteht ein N-setzender Strom. Diese Ströme sind auch um die Inselgruppe, die S-lich von Naxos liegt, spürbar. In der Passage verändern sich die Ströme, und es ist schwierig, die genauen Richtungen und Stärken festzustellen.

Die Insel Naxos

Naxos ist die größte und fruchtbarste Insel der Kykladengruppe. Von See her erscheint die W-Küste felsig und kahl, aber das Innere der Insel ist bewaldet und wird vielfach landwirtschaftlich bebaut. Die gesamte Insel ist gebirgig mit zwei hohen Gipfeln: Der Zeus, der sich etwas S-lich der Inselmitte erhebt, erreicht eine Höhe von 1084 m, der Korona, nur wenige Kilometer N-lich, hat eine Höhe von 1065 m. In den Tälern sind die Hänge terrassenförmig angelegt: Hier wachsen Oliven, Zitronen und Zypressen. Die tiefer gelegenen Ebenen sind mit Feigen, Wein und Gemüse bebaut.
Naxos ist die Insel, auf der Theseus auf seiner Heimreise von Kreta nach Athen Ariadne schmählich zurückließ, nachdem sie ihm geholfen hatte, dem Labyrinth des Minotaurus, ihrem Halbbruder, erfolgreich zu entkommen. Ariadne hatte sich in Theseus verliebt und er sich scheinbar auch in sie. Von Kreta flohen sie gemeinsam auf seinem Schiff, und Naxos war der erste Zwischenstopp, den sie einlegten. Warum Theseus seine Ariadne verließ, hat alle klassischen Gelehrten vor ein Rätsel gestellt. Catullus hat der Stoff jedoch zu einem seiner schönsten Gedichte inspiriert:

Zum Glück landete schon bald danach Dionysos auf Naxos, und Ariadne und er verliebten sich auf den ersten Blick ineinander. Es hat den Anschein, als wäre das Paar recht glücklich miteinander gewesen, denn Ariadne gebar dem Gott viele Kinder.
Dionysos, der griechische Gott des Weines, scheint umgänglicher und weniger rauh als sein römischer Kollege Bacchus gewesen zu sein. Er segnete Naxos mit besonderer Fruchtbarkeit und guten Weinen. Noch heute ist der Weißwein von Naxos recht annehmbar, vermutlich würde er aber den Ansprüchen von Dionysos nicht genügen – falls dieser mal vorbeikommen sollte.

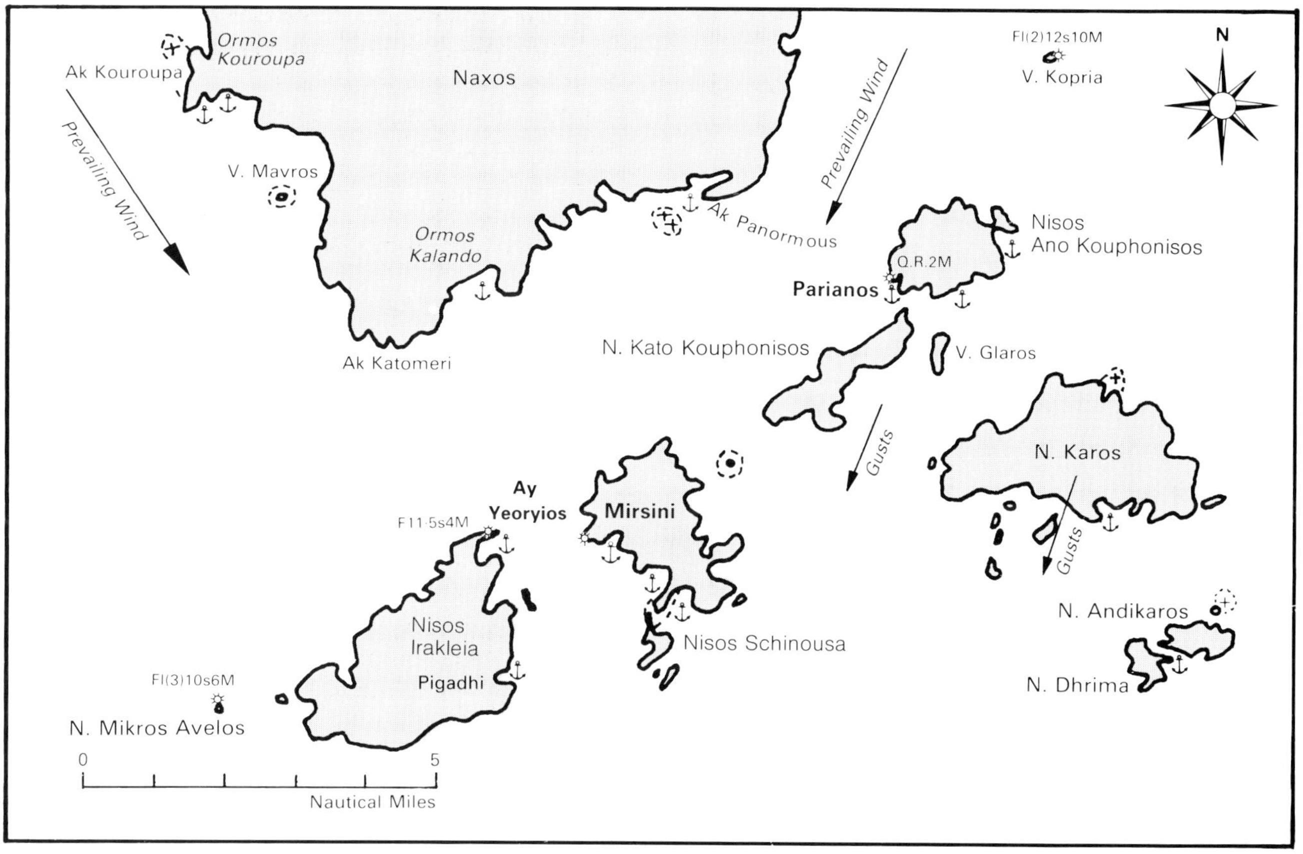

Naxos und die umliegenden Inseln.

Die Perser besetzten 490 v. Chr. die Insel, die danach standhaft die Athener unterstützte. 1207 wurde Naxos vom venezianischen Abenteurer Marco Sanudo erobert und blieb die folgenden 300 Jahre unter venezianischer Herrschaft. Die Dynastie der Sanudos, die Crispis, herrschten über die meisten Kykladeninseln, bis 1566 die Türken einfielen. 1832 wurde Naxos griechisch.

Wenn man die zauberhafte Landschaft der Insel erkunden möchte, sollte man seine Yacht in der Stadt Naxos, deren Hafen der sicherste der Insel ist, zurücklassen.

Der junge Byron war bei seinem Besuch auf Naxos so begeistert, daß er die Insel kaufen wollte, um sich bei seiner Rückkehr hierher zurückzuziehen.

Im Marmorbruch Apollonia liegt eine große, unvollendet gebliebene Marmorstatue von etwa 10,50 m – noch halb in ihrem Marmorblock, aus dem sie geschlagen wurde. Vermutlich wurde sie infolge der schlechten Qualität des Steins nicht fertiggestellt.

Auf Naxos gibt es eine ganze Reihe byzantinischer Kirchen, die mit schönen Fresken ausgemalt wurden.

Naxos

WP 37°06,5'N 025°22,1'E (Fl.WR.6/4M) / Karten: BA 1539, Imray G33, D 1090 Plan F

Allgemeines

Die Stadt wurde auf einer flachen kleinen Bergkuppe erbaut und gehört zu den typischen schneeweißen Kykladenorten, die hier und da ein paar Brocken venezianischer Architektur aufweisen. Der faszinierendste Teil der Stadt, mit gewundenen Gassen, Torbögen und Tunneln, erstreckt sich um die venezianische Festung herum, die auf dem Gipfel des Berges thront. Früher war dies das vornehmste Viertel der Stadt, und viele Eingänge ehemaliger Adelspaläste werden noch heute von Wappen jener Zeit geziert, als Naxos noch über seine Nachbarinseln herrschte.

Der Marmorbogen, der auf der kleinen Insel Nisis Vakchos steht, war Teil eines Tempels, dessen Bau zwar 530 v. Chr. begonnen, aber nie vollendet wurde. Das Archäologische Museum der Stadt beherbergt frühe Funde von den Kykladen, mykenische Keramik und Goldschmiedearbeiten sowie Statuen aus klassischer Zeit. Früher war das Museumsgebäude eine Schule, an der der Schriftsteller Nikos Kazantzakis (»Alexis Sorbas«) 12 Jahre lang unterrichtete, bevor er auf seine Heimatinsel Kreta zurückkehrte.

Ansteuerung

Auffällig: SW-lich der Stadt bildet das Kap Ak Moungri mit seinem Felskegel eine gute Landmarke. Beim Näherkommen wird der Buckel weißer Häuser der Stadt Naxos sowie der Marmorbogen auf der vorgelagerten Insel Nisis Vakchos, die durch einen Damm mit Naxos verbunden ist, sichtbar. Der Hafen und der Wellenbrecher sind leicht zu erkennen. Normalerweise sind immer ein oder zwei Fähren im Hafen bzw. beim Ein- oder Auslaufen, was die Identifizierung zusätzlich erleichtert.

Nachts: Der Kopf des Wellenbrechers ist mit Fl.WR.3s6/4M befeuert. Der rote Sektor deckt den Bereich 232°–139° ab.

Gefahren:

1. Ungefähr 1,25 Seemeilen WSW-lich des Hafens und 0,3 sm N-lich des Kaps Ak Moungri, der S-lichen Ein-

fahrtshuk von Ormos Naxou, erstreckt sich das Riff, Vr. Phrouros. Tagsüber und bei ruhigem Wetter ist diese Gefahrenstelle – zwei Überwasserfelsen umgeben von diversen Unterwasserfelsen und Untiefen – leicht auszumachen. Dann macht es keine Probleme, zwischen dem Kap und dem Riff zu passieren. Bei jeglichem Seegang jedoch ist die genaue Lage der Überwasserklippen schwer zu bestimmen, so daß es auf jeden Fall sicherer ist, die Gefahrenstelle seeseitig zu umfahren.
2. Bei Meltemi ist in der Hafeneinfahrt mit Fallböen und Schwell zu rechnen.
3. Im Ansteuerungsbereich des Hafens sollte man stets wachsam Ausguck nach den zahlreichen Fähren halten, die in den Hafen ein- oder auslaufen.

Liegeplätze

Man kann zwischen mehreren Ankermöglichkeiten wählen, je nachdem, aus welcher Richtung der Wind steht.
1. Im NE ankert man unterhalb des Wellenbrechers auf 4 bis 7 m Wassertiefe, wobei man sich von der 2-m-Untiefe, die auf dem Plan vermerkt ist, gut freihalten sollte. Der

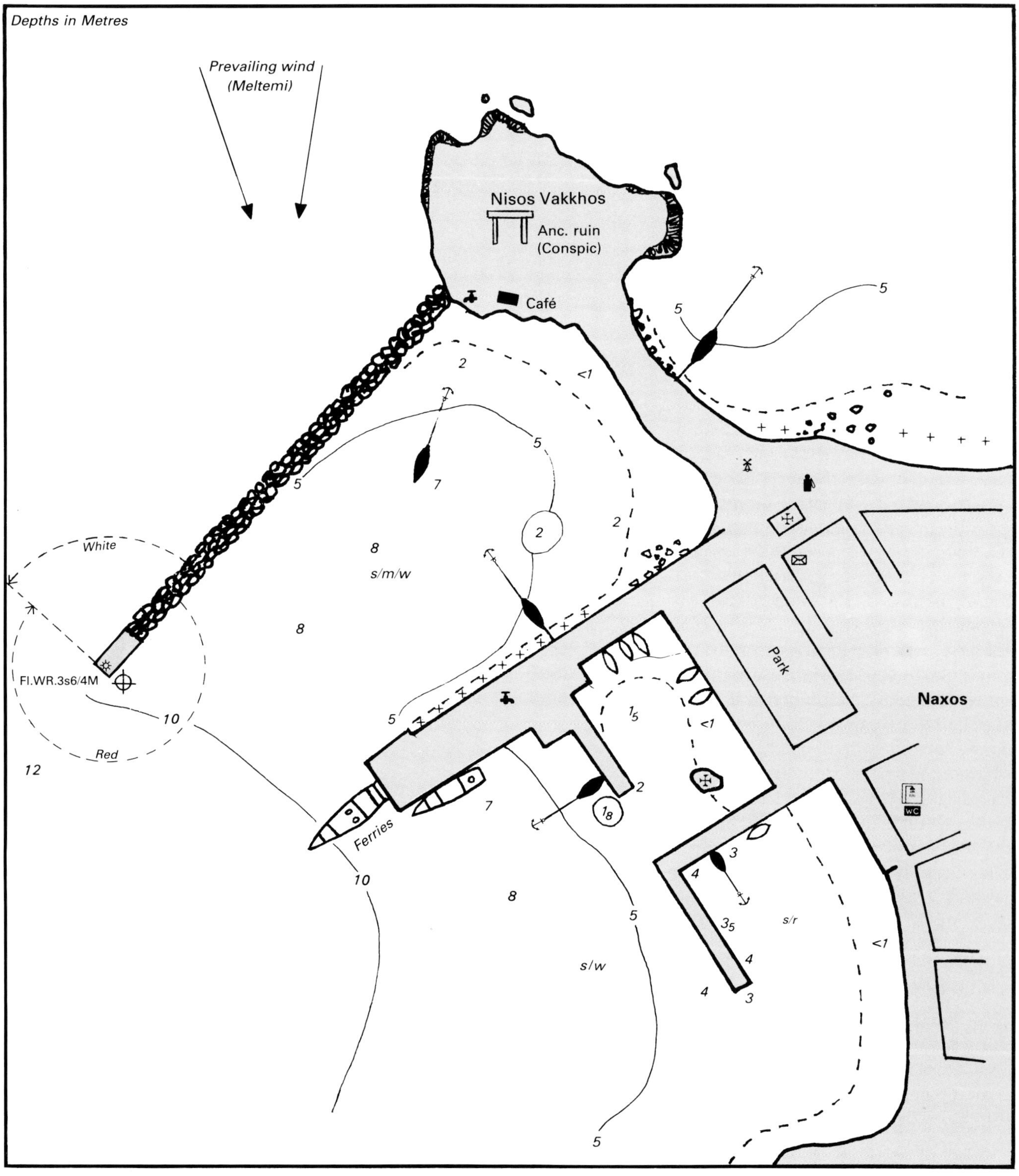

Naxos.

Ansteuerung des Hafens von Naxos aus NW.

Grund, der aus Sand, Felsen und Seegrasbewuchs besteht, hält den Anker gut, wenn dieser erst richtig gefaßt hat. Man ist hier vor dem Meltemi gut geschützt. Bei Winden aus S steht Schwell in den Hafen. Der einzige Nachteil an diesem Ankerplatz ist der Lärm, der des Nachts aus einer Diskothek auf Nisis Vakchos dringt.

2. Kleine Yachten können eventuell im alten Hafenbecken festmachen, aber meistens ist es schon mit einheimischen Booten überfüllt. Guter Schutz vor dem Meltemi.

3. Im neuen Hafenbecken, das unmittelbar S-lich des alten liegt, macht man mit Bug oder Heck zur Mole fest. Der Grund wird zum Ufer hin uneben, ansonsten betragen die Wassertiefen hier zwischen 2,5 und 3,5 m. Auch wenn Schwell ins Hafenbecken steht, ist man vor Meltemi geschützt. Bei mäßigen bis starken S-lichen Winden muß dieses Hafenbecken verlassen werden. Hinzu kommt der Wellenschlag der Fähren und Ausflugsboote, der in dieses Becken hineinsteht. Eigentlich ist dieser Hafenteil nur bei ruhigem Wetter zu benutzten, und selbst dann sollte man sich versichern, daß man weit genug vom Kai ab liegt und daß der Anker auch richtig gefaßt hat. Der Grund besteht aus Sand und Fels und hält nicht überall gleich gut.

4. An der NE-Seite der schmalen Landzunge, die Nisis Vakchos mit Naxos verbindet, kann man mit langer Leine zum Land ankern. Der Grund, der aus Sand, Fels und Seegrasbewuchs besteht, hält gut, wenn der Anker erst gefaßt hat. Dieser Ankerplatz ist zwar vor Winden aus S geschützt, dem Meltemi aber völlig ausgesetzt.

Schutz: Am besten ist man vor Meltemi geschützt, wenn man hinter dem äußeren Wellenbrecher ankert. Im neuen Hafenbecken im S verursacht der Meltemi Schwell, der die dortigen Liegeplätze ungemütlich und bestenfalls gerade erträglich macht. Bei Starkwinden aus S-lichen Richtungen sollten Yachten vor der NE-Seite des Isthmus ankern.

Behörden: Wasserschutzpolizei und Zoll.

Versorgung

Service: Wasser gibt es an der Haupt-Fährmole und in der Nähe eines Cafés mit Bar auf Nisis Vakchos. Duschen und WCs befinden sich in der Nähe des neuen Hafenbeckens.

Treibstoff ist am Fuß der Mole erhältlich, kann aber auch von einem Tankwagen zum Hafen geliefert werden.

Reparaturen: Einige mechanische Reparaturen sind möglich. In der Stadt gibt es Eisenwarengeschäfte.

Lebensmittel: Gute Versorgungsmöglichkeiten und Weine vom Faß. Stangeneis ist erhältlich.

Restaurants: Zahlreiche gute Tavernen in der Stadt.

Sonstiges: Post, Telefonamt, Banken, Gas, Camping GAZ, Auto- und Motorrad-Vermietung, Fahrrad-Verleih, und es bestehen Busverbindungen zu den anderen Inselorten. Fähren verkehren nach Piräus, Rhodos, Irakleion und zu den umliegenden Kykladeninseln.

Ormos A. Prokopiou

An der Lee-Seite des Kaps Ak A. Prokopis etwa 3 Seemeilen S-lich von Naxos befindet sich diese Bucht, in der man auf 6 m über Sandgrund ankern kann. Man ist hier zwar vor dem Meltemi geschützt, aber in der Bucht steht fast immer Schwell.

Gefahren:

1. Etwa 0,8 Seemeilen SW-lich des Kaps Ak A. Prokopis liegt die Klippe Yph. Kalypso (Vr. Tsamban).

2. 0,4 Seemeilen vor A. Nikolaos, im S von Ormos A. Prokopiou, erstreckt sich ein Riff, von dem man sich freihalten sollte.

3. Vorsicht ist vor Vr. Amarides geboten, das bereits erwähnt wurde.

4. Ungefähr parallel zur Linie Vr. Amarides und Kap Ak Parthenos erstrecken sich bis zu 1 Seemeile vor der Küste von Naxos Über- und Unterwasserfelsen.

Ormos Kouroupa

Unterhalb des Kaps Ak Kouroupas befindet sich diese weite Bucht, die von See her leicht an der großen Bauruine eines Hotelkomplexes auf dem Kap zu erkennen ist. Man ankert auf 4 bis 6 m Tiefe. Es gibt eine kurze Pier, die aber von Felsen umgeben ist. Der Grund besteht aus Sand und Fels, hält aber gut. In der Meerenge zwischen Paros und Naxos wird der Meltemi durch den Düseneffekt verstärkt und verursacht eine grobe See, die um das Kap herum läuft und das Liegen in der Bucht sehr unruhig macht.

Ormos Kalanto

36°56'N 025°28,5'E

Eine weite Bucht an der SE-Küste, etwa 1,5 Seemeilen NE-lich des Kaps Ak Katomeri. Im Scheitel der Bucht ankert man auf 3 bis 6 m über Sandgrund und ist vor dem

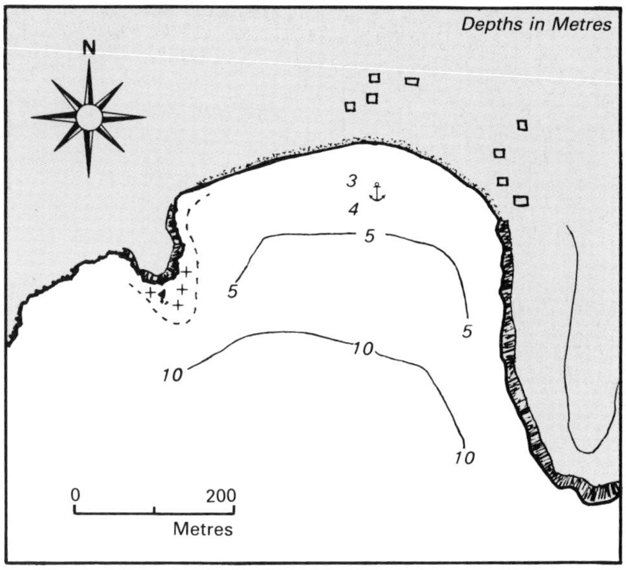

Ormos Kalanto.

Meltemi gut geschützt, auch wenn Fallböen in die Bucht stehen. Keine Versorgungsmöglichkeiten.

Ormos Apollona

37°11'N 025°33,3'E

Diese große Bucht befindet sich in der Nähe der NE-Spitze von Naxos. Ein kurzer Wellenbrecher bietet etwas Schutz vor dem Meltemi, auch wenn um dem Kopf des Wellenbrechers herum Schwell in die Bucht steht. Am äußeren Teil des Wellenbrechers macht man mit Bugleine und Heckanker fest und bringt eine lange Leine zum Land aus. Recht ordentlicher Schutz vor dem Meltemi. An Land gibt es ein kleines Dorf, das mehrere Tavernen und ein Hotel zu bieten hat. Ein kleines Stück landeinwärts des Dorfes liegt die unvollendete Apollo-Statue.

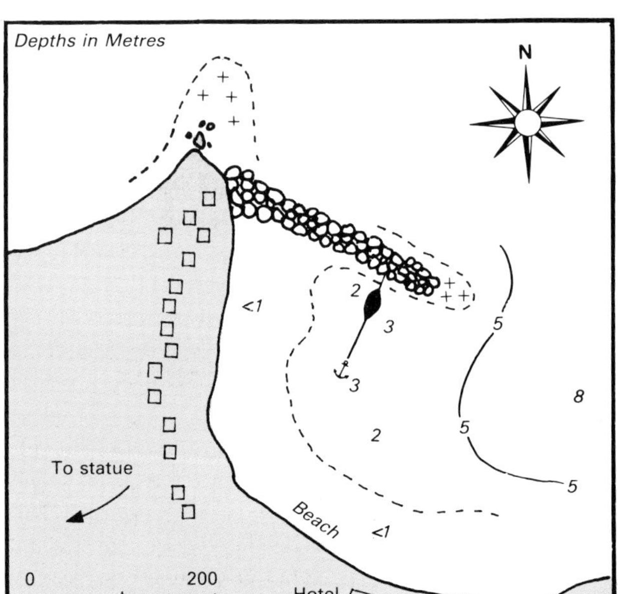

Ormos Apollona.

Die Insel Donousa

9 Seemeilen von Naxos' E-Küste entfernt, liegt diese kleine, aber hohe Insel (489 m). Donousa hat 3 Ankerplätze zu bieten: Ormos Roussa an der NE-Küste, Ormos Dendron im S sowie den Schönwetterankerplatz vor dem Dorf Stavros.

Ormos Roussa

37°07,4'N 025°49,8'E

An der E-Küste von Donousa findet man diese Bucht, die teilweise von der kleinen Insel Skylonisi geschützt wird. Auch wenn das schmale Fahrwasser zwischen Donousa und Skylonisi ausreichende Wassertiefen für eine Durchfahrt bietet, so ist es doch sicherer, diesen Ankerplatz aus SE anzusteuern. Die kleine Einbuchtung im N von Ormos Roussa (5 bis 6 m Tiefe) bietet den besten Schutz vor dem Meltemi, auch wenn hier der Halt des Ankers auf dem felsigen Untergrund nicht der beste ist. Eventuell ist es günstiger, wenn man seinen Ankerplatz im W der Bucht auf 3 bis 5 m Tiefe wählt, weil hier der Anker besseren Halt findet. Dieser Platz ist auch bei Meltemi sicher genug, wird aber ziemlich ungemütlich, wenn Schwell hineinsteht.
An Land gibt es unweit vom Strand ein »Geschäft«, in dem ein begrenztes Lebensmittelangebot erhältlich ist.

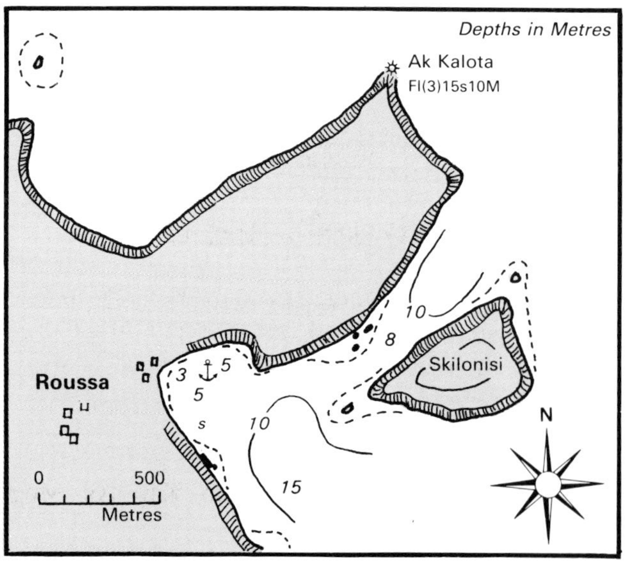

Ormos Roussa.

Ormos Dendron

37°05,5'N 025°48,5'E

Unmittelbar E-lich des Kaps Ak Dendro an der S-Küste von Donousa befindet sich diese Bucht. Eine gute Landmarke bildet eine Kapelle, die auf dem Kap steht. Von einem Riff, das sich vor dem Kap erstreckt, muß man sich freihalten. Im Scheitel der Bucht ankert man auf 5 bis 6 m und ist vor dem Meltemi gut geschützt, auch wenn gelegentlich Fallböen in die Bucht einfallen. Weiter innen in der Bucht (auf 3 bis 4 m) liegt ein Wrack.

Ormos Stavros

An der W-Seite des Kaps Ak Dendro befindet sich eine kleine Ortschaft, vor der man auf 4 bis 5 m Tiefe ankern kann. Falls Platz ist, kann man auch mit dem Bug zum Kai festmachen, wo die Wassertiefen etwa 1,5 m betragen. Der Schutz ist hier allerdings nicht so gut wie in Ormos Dendron, aber bei ruhigem Wetter oder leichten N-lichen Winden ist dieser Ankerplatz ganz brauchbar. An Land gibt es eine Taverne und ein Café. Auch ein begrenztes Lebensmittelangebot ist erhältlich.

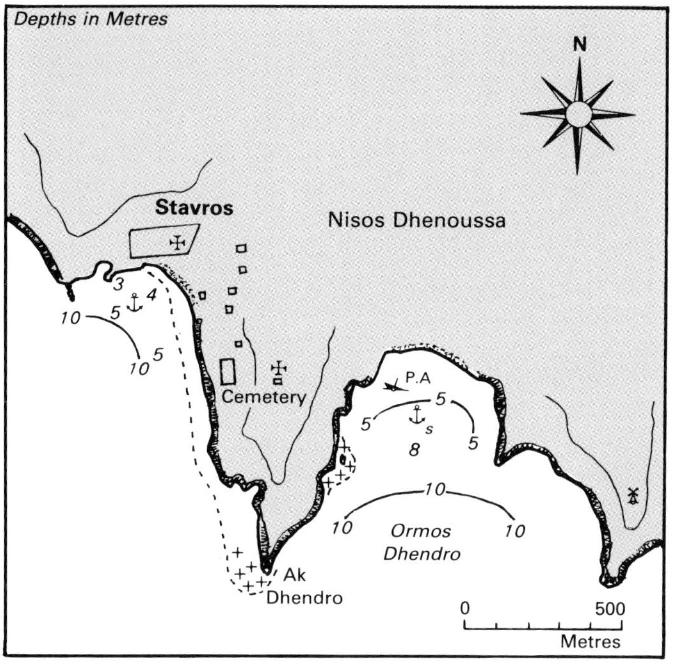

Ormos Dendron und Ormos Stavros.

Die Insel Irakleia

Diese kahle kleine Insel liegt 3 Seemeilen SSE-lich vom Kap Ak Katomeri entfernt. In der Bucht Ormos A. Georgiou gibt es ein kleines Dorf.

Ormos A. Georgiou

36°52'N 025°28'E (Feuer auf dem Kap Ak Megali Pounda) / Karten: D 673

An der NE-Spitze der Insel Irakleia befindet sich eine tiefe, fjordähnliche schmale Bucht, deren Einfahrt bei der Ansteuerung aus N nur schwer auszumachen ist. Hat man die Einfahrt aber erreicht, werden die Häuser, die um den Scheitel der Bucht herum stehen, sichtbar. Obwohl der Ankerplatz nach NE hin offen ist, steht der Meltemi hier nicht immer hinein. Man ankert auf 3 bis 6 m über Sandgrund, der mit ein paar Felsen durchsetzt ist, aber gut hält. An der kurzen Hafenmole im Scheitel der Bucht ist gerade eben Platz für ein paar kleine Yachten. Da der Grund wegen alter Mooringketten unrein ist, sollte man seinen Anker mit einer Trippleine versehen. Hinter der Mole ist man vor Meltemi gut geschützt.
An Land gibt es eine Taverne.

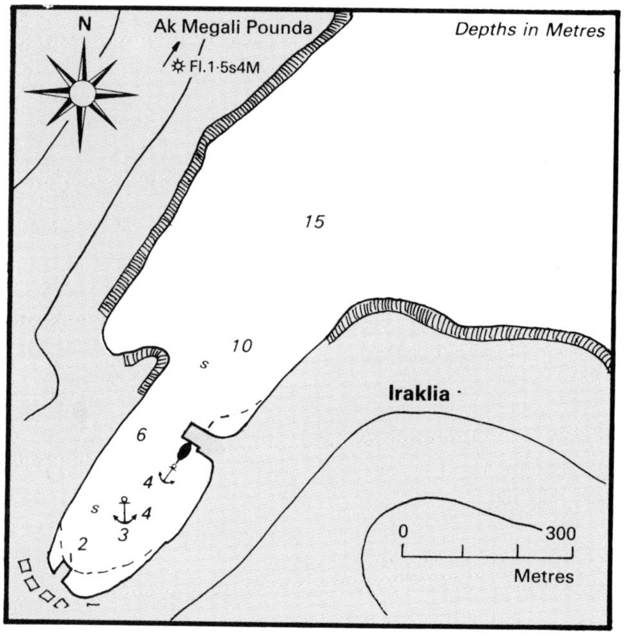

Ormos A. Georgiou.

Ormos Pigadi

Diese tiefe, fjordähnliche Bucht befindet sich in der Nähe der SE-Huk von Irakleia und ist nach ESE hin offen; folglich steht bei Meltemi Schwell hinein. Bei ruhigem Wetter jedoch ist dieser schöne Platz im Fjord einen Besuch wert. Man ankert im Scheitel der Bucht auf 6 bis 10 m über Sandgrund, der mit einigen Felsen durchsetzt ist und einigermaßen hält.

Ormos A. Georgiou auf der Insel Irakleia aus SSW (Foto: Nigel Patten).

Die Insel Schinousa

Diese kleine Insel liegt nur 1 Seemeile NE-lich von Irakleia und hat eine ganze Reihe pittoresker einsamer Ankerplätze um ihre Küste herum zu bieten, in denen man je nach Windrichtung Schutz findet. Der kleine Hauptort Myrsini, der auf einem Berg erbaut wurde, besteht nur aus wenigen Häusern. Vor der SW-Küste von Schinousa liegt das Inselchen Agrilos. Die Passage zwischen diesen beiden Inseln ist allerdings untief und mit Felsklippen gespickt.

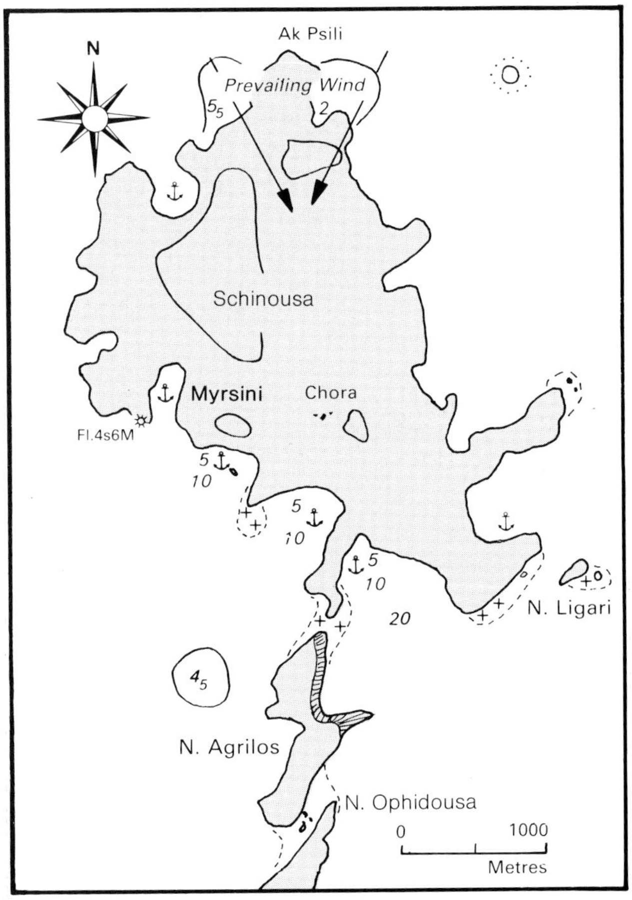

Die Insel Schinousa.

Ormos Myrsini

WP 36°52,1'N 025°30,5'E (Fl.4s6M)

Allgemeines
Im Sommer bringt die Fähre ein paar Touristen hierher, die meisten Besucher kommen aber auf eigenem Kiel. Der Hauptort Myrsini, der auf der Kuppe eines Berges errichtet wurde, ist völlig unverdorben und ursprünglich, und es ist wirklich ein Vergnügen, ihn zu besuchen. Außerdem kann man ein paar Lebensmittel bekommen und ein altmodisches »Kafenion« besuchen. Das lauteste Geräusch ist hier das Klacken der Spielsteine, die die alten Männer beim Backgammon setzen.

Ansteuerung
Die Einfahrt zu dieser schmalen, tiefen Bucht an der W-Küste von Schinousa, die A. Georgiou auf Irakleia genau gegenüberliegt, ist schwer auszumachen. Erst wenn man eine kleine weiße Kirche mit blauem Dach, die unmittelbar W-lich der Einfahrt steht, sowie das Leuchtfeuer erkennen kann, wird auch die Bucht sichtbar. Die W-Huk der Einfahrt ist mit Fl.4s6M befeuert, trotzdem sollte eine Ansteuerung bei Nacht nur mit äußerster Vorsicht erfolgen.

Liegeplätze
Man ankert auf 5 bis 8 m über Sandgrund, der mit Seegras bewachsen ist und nicht überall besonders gut hält. Genau

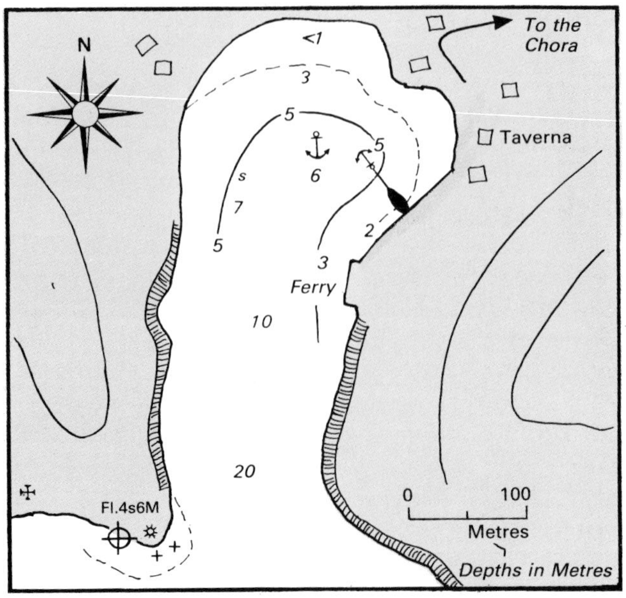

Myrsini.

N-lich des Fähranlegers können kleine Yachten versuchen, mit dem Bug zum Kai festzumachen. Auch wenn man mit Fallböen in der Bucht rechnen muß, liegt man gut geschützt vor dem Meltemi.

Versorgung
An Land gibt es verschiedene Tavernen. Fähren verkehren nach Naxos und Amorgos.

Schinousa: die Einfahrt zur Bucht Myrsini aus SSE.

Blick auf Myrsini aus WNW (Foto: Nigel Patten).

Ankerplätze S-lich von Myrsini

Zwei Buchten im SE von Myrsini bieten guten Schutz vor dem Meltemi, obwohl es besser ist, wenn man diese beiden nur bei ruhigem Wetter besucht.

Nisis Agrilos

Etwa 1 Seemeile SSE-lich von Myrsini erstreckt sich diese dürre Felsklippe S-lich der Insel Schinousa. Auch wenn es im Admiralty Pilot anders angegeben ist: Es gibt keine Durchfahrt zwischen der N-Spitze von Agrilos und Schinousa. Die Bucht unterhalb der Landzunge, die dem Inselchen gegenüberliegt, bietet recht ordentlichen Schutz vor dem Meltemi. Man liegt hier in rauher, aber sehr reizvoller Umgebung.

Kouphonisia

Parianos (Ano Kouphonisos) WP 36°56,1'N 025°35,6'E (Fl.R.3M)

Diese beiden Inseln liegen rund 1 Seemeile NE-lich von Schinousa: die flachere, Kato Kouphonisos, im SW und die höhere, Ano Kouphonisos, im NE. Die letztere hat drei Ankerplätze zu bieten:
1. Eine einsame Bucht an der NE-Huk der Insel bietet einigen Schutz vor dem Meltemi, auch wenn etwas Schwell hineinsteht. Sie ist nach E hin offen. Man ankert auf 3 bis 5 m über Sandgrund.
2. Vor dem Ort Kouphonisia ankert man auf 3 bis 5 m Wassertiefe über Sandgrund. Der Schutz vor Meltemi ist zwar ganz ordentlich, aber ein ständiger Grundschwell, der bei Meltemi entsteht, läßt die Yachten auf diesem Ankerplatz entsetzlich rollen. An der W-Seite der Bucht ist für die Fähre ein Wellenbrecher und ein Kai gebaut worden. Wenn die Fähre nicht im Hafen ist, können Yachten hier mit Bug oder Heck zum Kai festmachen. Der gemütlichste Platz ist es aber nicht, weil hier Schwell hineinsteht.
Der Ankerplatz ist nach S und E hin offen. An Land findet man verschiedene Tavernen, und ein paar Lebensmittel sind erhältlich. Im Keller eines Hauses im Dorf gibt es ein Telefonamt.

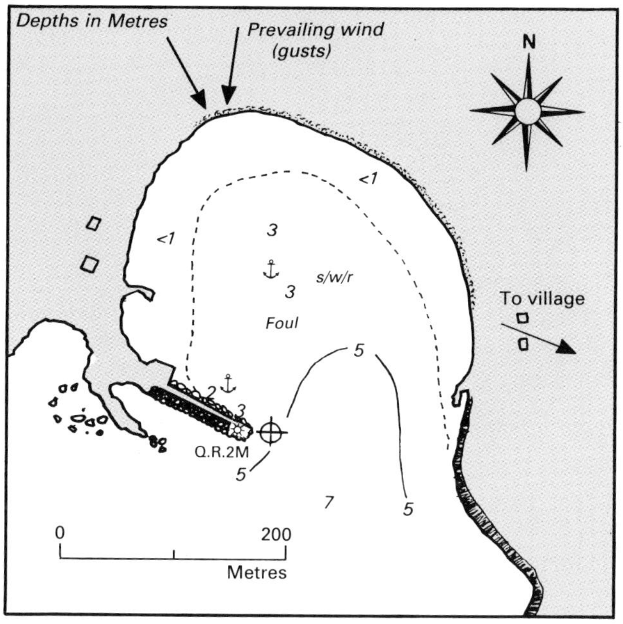

Parianos.

3. Parianos ist ein kleiner Hafen an der SW-Küste von Ano Kouphonisos. Eine Mole schließt die schmale Bucht teilweise ab. In der Einfahrt sind Wassertiefen von 5 bis 6 m, in der Bucht selbst sind 3 m vorhanden. Der Kopf der Mole ist mit Fl.R.2s3M befeuert.
Eine Anzahl Fischerboote liegt hier an Dauermoorings, und der Grund ist durch die zahlreichen Dauermoorings unrein. Man ankert mit einer Trippleine. Wenn man Glück hat und eine Mooring frei ist, kann man auch daran festmachen. Falls es möglich sein sollte, kann man auch mit Bug zum Kai anlegen, muß sich aber von einem Riff freihalten, das sich am Kai entlang und bis zu dem Bereich mit den Dauermoorings erstreckt. Der Schutz vor Meltemi ist gut, auch wenn mit Fallböen gerechnet werden muß.
Die Bucht ist nur einen schönen, 20minütigen Spaziergang vom Dorf entfernt.
Der Fischerhafen bietet einen wunderschönen Blick auf das kleine Dorf. Das Wasser der Bucht ist sauber genug zum Schwimmen.

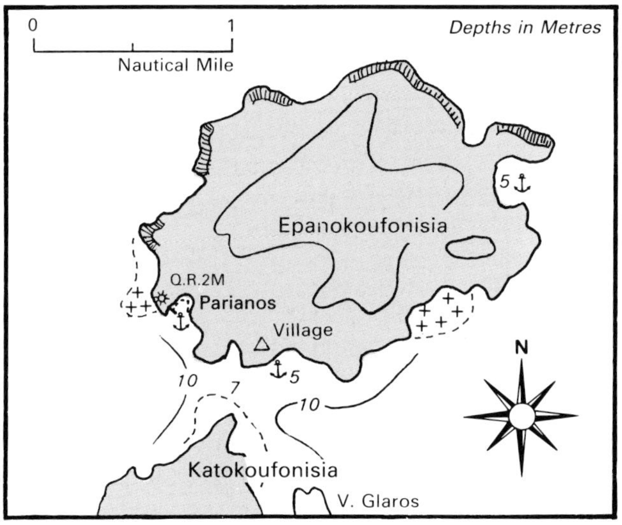

Ankerplätze um Ano Kouphonisos.

Ano Kouphonisos: Hafen Parianos aus E.

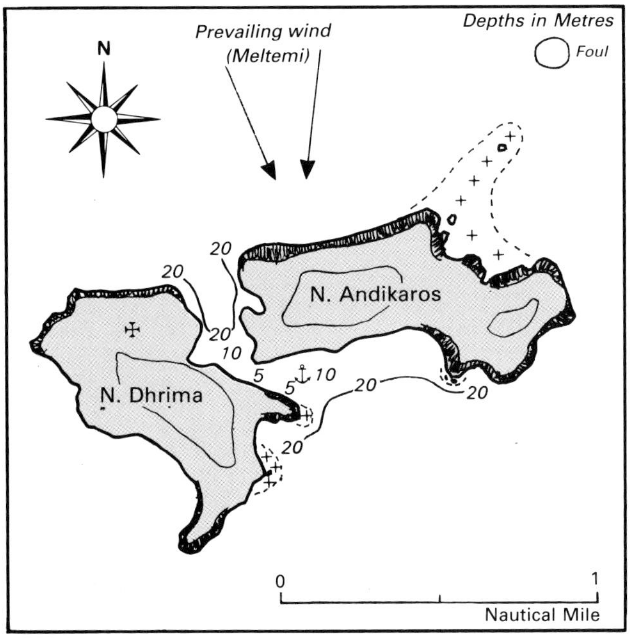

Die Inseln Drima und Antikaros.

Die Inseln Karos und Antikaros

Die SE-lichsten Inseln dieser Gruppe liegen vor der S-Küste von Naxos. Die SW-Huk von Amorgos befindet sich 3 Seemeilen SE-lich von Antikaros. Etwa in der Mitte der S-Küste von Karos gibt es eine winzige Einbuchtung, in die bei Meltemi allerdings heftige Fallböen stehen. Man ankert im Scheitel der Bucht auf 4 bis 5 m über Sandgrund mit ein paar Felsen; der Halt des Ankers ist nicht überall gut. Die Umgebung auf diesem sonnendurchglühten Eiland wirkt kahl und wenig einladend.

Antikaros besteht eigentlich aus zwei Inseln: Nisis Drima im SW und Antikaros im NE. Der schmale Sund dazwischen hat eine Mindesttiefe von 4 m. Bei ruhigem Wetter kann man am SE-lichen Ausgang der Durchfahrt ankern. Auch wenn mit starken Fallböen gerechnet werden muß, ist man vor dem Meltemi gut geschützt.

Hinweis: Etwa 0,25 Seemeilen N-lich der E-Huk von Antikaros gibt es eine Überwasserklippe. Diese Felsklippe sitzt auf einem Küstenschelf mit mindestens 10 m Wasser darüber und erstreckt sich ungefähr 0,5 sm von der E-Spitze von Antikaros nach N. Normalerweise ist dieser Überwasserfelsen gut auszumachen, aber bei Meltemi ist er schwer zu lokalisieren – bis man unmittelbar davor ist.

Vorsicht: Um die Inseln Kouphonisos, Karos und Antikaros herum können bei Meltemi an den Lee-Küsten schwere Fallböen auftreten. Bei stärkerem Meltemi muß ausgesprochen vorsichtig navigiert werden, da dann die Fallböen – insbesondere in der Durchfahrt Stenon Parou-Naxou – extrem gefährlich werden können!

Die Insel Amorgos

Abgesehen von den kleinen Inseln Kynaros und Levitha ist Amorgos die E-lichste Kykladeninsel. Amorgos ist eine kahle Gebirgsinsel mit jähen Felsklippen, die vielerorts senkrecht ins Meer stürzen. Der Krikclos an der NE-Spitze erreicht eine Höhe von 821 m, der A. Ilias erhebt sich in der Mitte der Insel auf 698 m. Der Gipfel des Korax (Rabe), an der SW-Huk erreicht eine Höhe von 607 m. Insbesondere an der NE-Küste sind die Klippen atemberaubend, ebenso an der S-Küste, wo sie aus einer Höhe von 300 m senkrecht ins Meer stürzen. Es wirkt, als wäre die Insel hier einfach »abgeschnitten« worden wie ein zu großes Stück Käse.

Amorgos besteht zum größten Teil aus kahlem sonnenverbranntem Fels, und nur im Inneren der Insel findet man Täler, in denen Landwirtschaft betrieben wird.

Schon während der klassischen Antike wurde die Insel kolonisiert, erlangte jedoch keine größere Bedeutung. Der Poet Simonides ließ sich auf Amorgos nieder und wurde als »Simonides von Amorgos« bekannt.

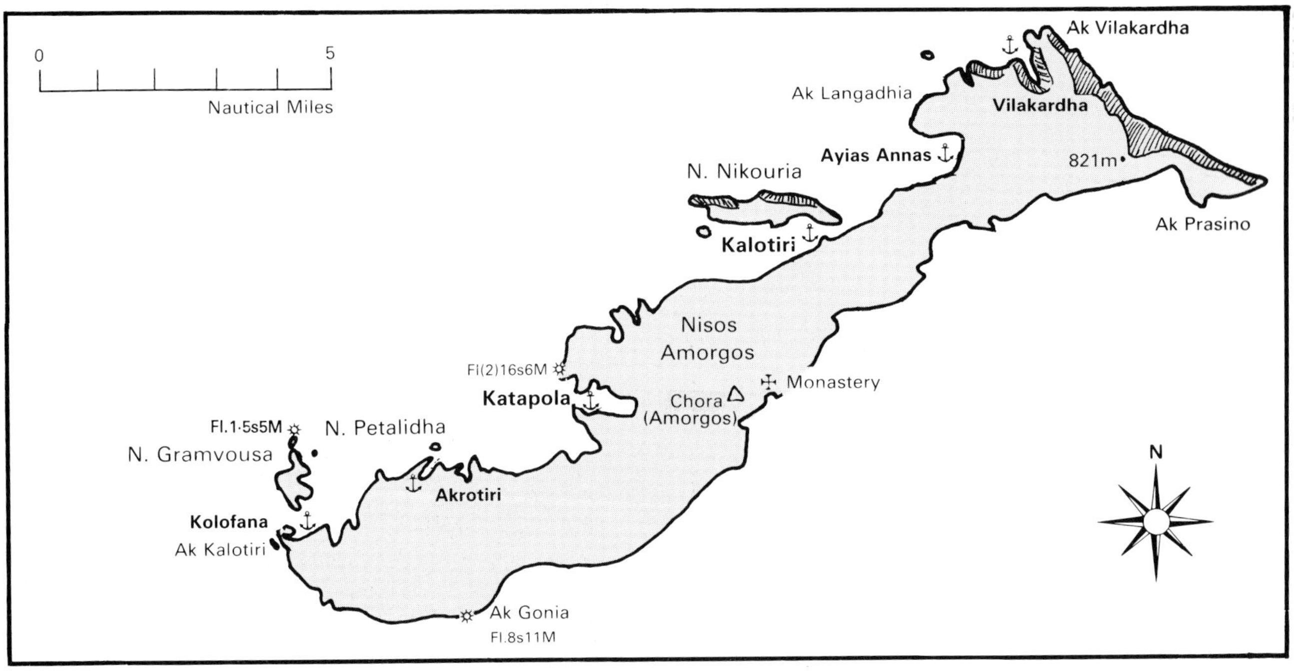

Die Insel Amorgos.

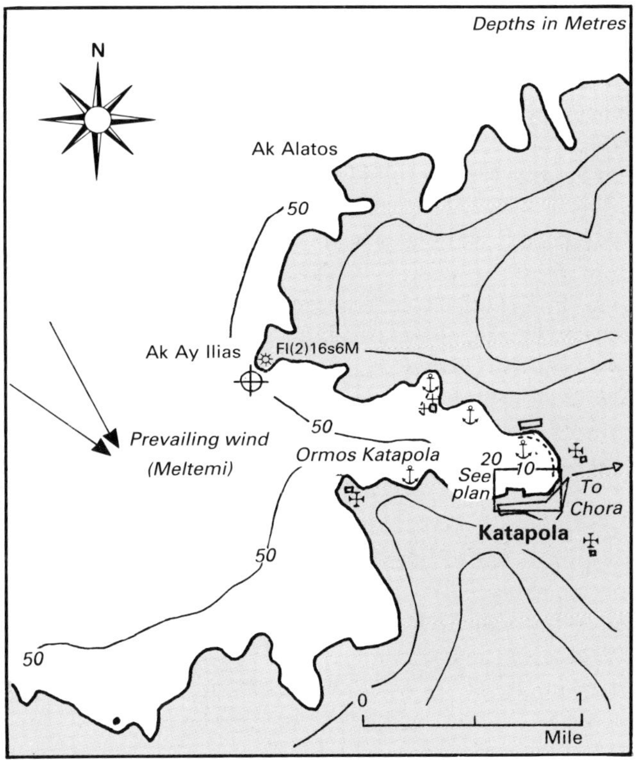

Ansteuerung der Bucht Ormos Katapola.

Ormos Katapola aus E.

Früher standen die Inselbewohner in dem Ruf, Strandräuber und Piraten zu sein.

Um ihre Küsten herum kann man wunderbar schnorcheln und auf Unterwasserjagd gehen. In der Nähe von Amorgos ist gelegentlich eine Delphin-Schule zu beobachten.

Hinweis: An der S-Küste von Amorgos treten bei Meltemi heftige Fallböen auf, und an der NW- sowie SE-Küste entsteht dann eine schwere See.

Katapola

WP 36°50,3'N 025°50,4'E (Feuer auf dem Kap Ak A. Ilias)
36°49,5'N 025°52'E (Hafen Katapola)

Allgemeines

Ormos Katapola ist eine ganz zauberhafte, tiefe Bucht mit steilen Felsklippen, die jäh ins Meer stürzen. In der kleinen

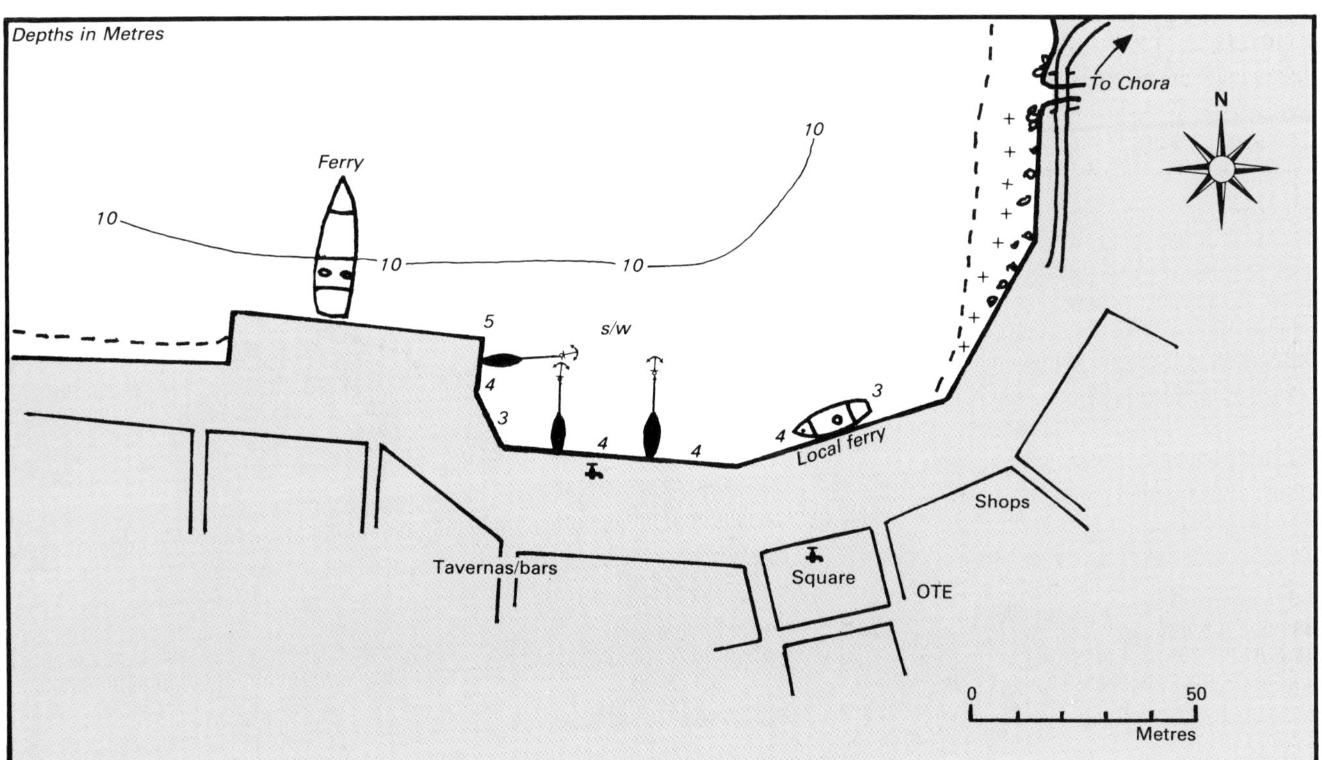

Katapola.

Ortschaft Katapola herrscht eine angenehm entspannte Atmosphäre, und der Hafen ist recht sicher. Hier kommen nur wenige Urlauber her. Leider hat der Andrang der Rucksack-Touristen in der letzten Zeit dem Ansehen ausländischer Urlauber bei den Einheimischen ziemlich geschadet.
Die Chora mit ihren weißen Häusern ist ein typischer Kykladenort. Von ihm führt ein Weg zum byzantinischen Kloster »Panagia Chozoviotissa«, das recht abenteuerlich in die Nische eines Felskliffs zwischen Himmel und Meer gebaut wurde. Die besten Möglichkeiten, zum Kloster zu gelangen, bestehen darin, sich ein Motorrad zu mieten oder den örtlichen Bus zur Chora zu nehmen. Der Busfahrer ist daran gewöhnt, Leute, die das Kloster besuchen möchten, unterwegs aussteigen zu lassen. Zum Kloster ist es dann aber immer noch ein ziemlich heißer steiler Anstieg (man sollte sich etwas zu Trinken mitnehmen).
Erstaunlicherweise bringt es die Atmosphäre im Kloster fertig, selbst in diesen weltlichen Zeiten auch dem größten Skeptiker Gefühle von Ehrfurcht und klösterlicher Ruhe einzuflößen.

Ansteuerung
Auffällig: Von See her bilden die Chora und eine Reihe von Windmühlen auf einem Berg oberhalb des Hafens gute Landmarken. Um den Scheitel der Bucht herum stehen verstreut Häuser und ein Kloster sowie in der Mitte eine markante Kirche mit blauer Kuppel. Der Ort Katapola selbst befindet sich im SE der Bucht.
Nachts richtet man sich nach dem Feuer auf dem Kap Ak A. Ilias (Fl(2)16s6M). Außer diesem einen Feuer gibt es keine weiteren. Trotzdem ist eine nächtliche Ansteuerung bei guten Sichtverhältnissen möglich.
Gefahren: Bei Meltemi treten in der Bucht starke Fallböen auf.

Liegeplätze
In Lee des Fähranlegers macht man mit Bug oder Heck zum Kai fest. Der Grund, der größtenteils aus Sand mit Seegrasbewuchs und vereinzelten Steinen besteht, hält gut, wenn der Anker erst gefaßt hat.
Schutz: In Lee des Fähranlegers ist der Schutz besser, als es zunächst den Anschein hat; selbst dann, wenn der Meltemi in den Hafen steht.
Hinweis: In den Hafen werden Abwässer eingeleitet, was in sommerlicher Hitze zu Geruchsbelästigungen führt.
Behörden: Wasserschutzpolizei.
Ankerplätze: In der Bucht gibt es verschiedene Ankerplätze, die man anlaufen kann:
1. Unmittelbar W-lich von Katapola gibt es eine kleine Einbuchtung, in der man geschützter liegt, als es zunächst den Anschein hat. Man ist hier in Lee von W- bis NW-Winden.
2. Vor dem Dorf im SE der Bucht findet man einen Schönwetterankerplatz. Hier ist jedoch Vorsicht angebracht, da ausgelegte Dauermoorings den Grund unrein machen. An Land gibt es gute Tavernen.
3. In der Einbuchtung W-lich des Dorfes, das sich im SE der Bucht befindet. Hier ist der Schutz vor dem Meltemi aber nicht der beste.

Versorgung
Wasser gibt es am Kai.
Treibstoff ist nur manchmal und in kleinen Mengen erhältlich.
Lebensmittel: Die meisten Lebensmittel sind zu bekommen.
Restaurants: Am Hafen findet man nette Tavernen und Bars.
Sonstiges: Post, Telefonamt, Wechselstube, Bank in der Chora, Gas, Motorrad-Vermietung. Fährverbindungen nach Naxos, Piräus und Rhodos.

Ormos Kolophana

Etwa 0,5 Seemeilen S-lich der S-Spitze von Nisis Gramvousa liegt diese kleine Bucht, in deren Scheitel man auf 3 bis 4 m über Sandgrund ankern kann. Bei Meltemi steht Schwell am Ankerplatz.

Ormos Akrotiri

Diese Bucht befindet sich auf halbem Weg zwischen Kolophana und Katapola. Eine kleine Insel, Nisis Petalida, liegt in der Einfahrt. Die Bucht ist nach NE hin offen. Am Kopf einer kleinen Pier beträgt die Wassertiefe 2 m.

Ormos Kalotyri

36°35'N 025°55,5'E

An der SE-Küste von Nisis Nikouria befindet sich diese Bucht, in der man an der NW-Seite auf 4 bis 5 m über Sandgrund ankern kann. Bei Meltemi treten in der Bucht heftige Fallböen auf. Durch eine Untiefe ist Nisis Nikouria mit Amorgos verbunden. Die schmale enge Durchfahrt, Stenon Kakoperator, soll 2,5 bis 4 m Tiefe im Fahrwasser aufweisen. Man sollte sich dicht unter der N-Küste halten, weil ein Riff und eine Untiefe sich von der S-Seite her in die Passage erstrecken.

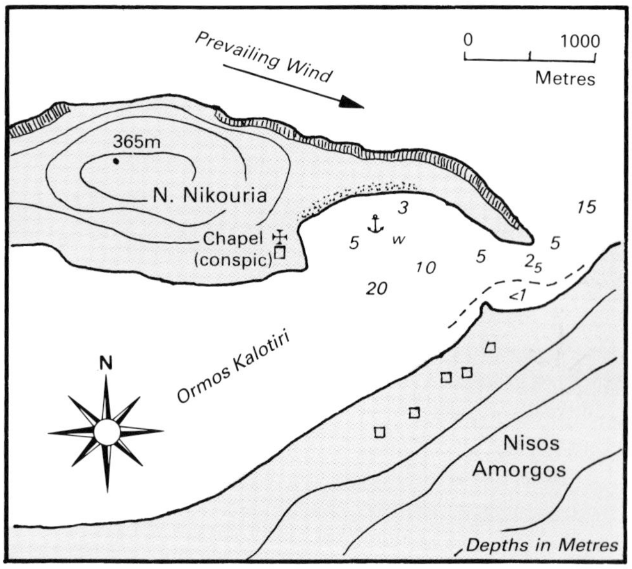

Kalotyri.

Ormos A. Annas

WP 36°54,2'N 025°58,5'E (Fl.G.3M)

Allgemeines
Trotz eines bescheidenen Fremdenverkehrs ist diese Bucht relativ ursprünglich und unberührt geblieben. Im

Die gewaltigen Steilklippen an der NE-Spitze von Amorgos.

Amorgos: Ormos A. Annas aus SW (Foto: Nigel Patten).

Inneren der Insel stößt man noch auf ein paar weitere Dörfer, bei denen man ins Grübeln kommt, wovon die Bewohner in dieser sonnendurchglühten Landschaft wohl leben.
Die Bucht mit ihren steilen Felshängen und den kleinen Dörfern ist ein wundervolles Fleckchen, das trotz des Meltemi durchaus einen Besuch verdient.

Ansteuerung
Im SE der Bucht Ormos A. Annas befindet sich das Dorf Aigiali mit einem kleinen Hafen. Von W kommend, sind die Häuser der Ortschaft leicht zu erkennen. Von E her sind die Gebäude erst auszumachen, wenn man in die Bucht einläuft. Das Inselchen N-lich des Kaps Ak Langadia ist leicht zu erkennen. Beim Näherkommen wird die Mole des Ortes sichtbar.
Nachts navigiert man nach dem Feuer auf dem Kap Ak Langadia (Fl.5s8M) und der Befeuerung des Molenkopfes (Fl.G.3s3M).
Gefahren: Heftige Fallböen stehen bei Meltemi in die Bucht, und in der Umgebung baut sich eine rauhe See auf.

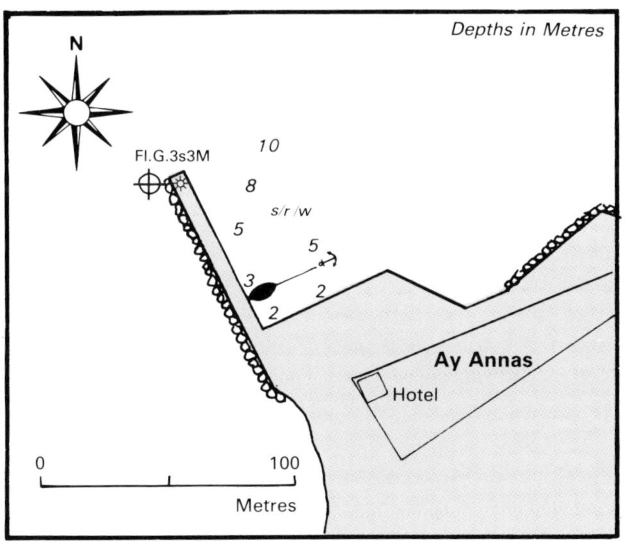

Ormos A. Annas.

Liegeplätze
Man macht mit Bug oder Heck zur Mole oder zum Kai fest, wobei man sich vom Liegeplatz der Fähre gut freihalten muß. Der Grund, der größtenteils aus Felsen besteht, hält entsprechend schlecht. Man sollte sich immer davon überzeugen, ob der Anker gefaßt hat.
Schutz: Die Bucht ist nach W bis NW hin offen, und bei Meltemi steht etwas Schwell hinein. Außerdem treten starke Fallböen auf.

Versorgung
Wasser gibt es in der Nähe.
Lebensmittel: Ein begrenztes Lebensmittelangebot ist im Ort erhältlich.
Restaurants: Tavernen findet man um den Hafen herum.

Ormos Vlychada

An der NE-Huk von Amorgos gibt es eine zauberhafte, fjordähnliche Bucht, die man bei ruhigem Wetter zum Ankern aufsuchen kann. Bei Meltemi steht Schwell hinein. Im Scheitel der Bucht ankert man auf annehmbaren Wassertiefen. Die hohen Felsklippen, die die Bucht umgeben, werden am Scheitelpunkt der Bucht von einer tiefen Schlucht durchzogen. Um das Kap Ak Vilakarda herum an der NE-Spitze von Amorgos findet man atemberaubend hoch aufragende Klippen, die sich zum Teil aus einer Höhe von 700 m spektakulär ins Meer stürzen.

Die Inseln Kynaros und Levitha

Kynaros ist eine zerklüftete Insel, die sich etwa 11 Seemeilen ENE-lich von Amorgos befindet. Sie wird nur zeitweise von einem Schäfer und seiner Herde bewohnt.
Levitha, die flacher wirkt als Kynaros, liegt 5 Seemeilen weiter E-lich. An ihrer S-Küste bietet eine tiefe Bucht Schutz. An dieser Bucht leben zwei Familien.
Eine kleine Anekdote berichtet, daß eines dieser Familienmitglieder genau zu dem Zeitpunkt sehr krank wurde, als die große Yacht eines griechischen Ministers in der Bucht ankerte. Dieser rief über Funk einen Hubschrauber,

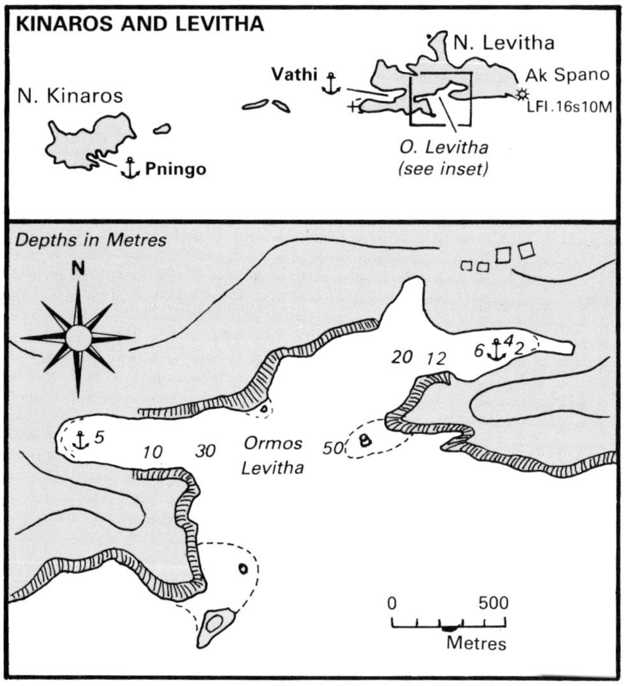

Ormos Levitha.

der den Patienten ins Krankenhaus brachte. Beunruhigt über diese völlige Abgeschiedenheit der Insel, ließ der Minister eine Funkstation auf der Insel installieren, damit die Bewohner Hilfe anfordern können, wann immer sie diese benötigen. Auf seine persönliche Anweisung hin soll jede Art von Unterstützung sofort gewährt werden.

Hinweis: Um die Inseln sowie um Amorgos herum setzt eine starke Strömung SE-wärts.

Ormos Levitha

37°00'N 026°27,5'E

An der S-Küste von Levitha befindet sich diese Bucht mit zwei Seitenarmen, die fast vollständig von Land umschlossen wird. Die Einfahrt zur Bucht befindet sich unterhalb des Bergsattels, der zwischen den beiden höheren Enden der Insel liegt. Unmittelbar W-lich der Einfahrt gibt es einen auffälligen großen Felsen.

Ankerplatz an der E-Seite der Bucht Levitha (Foto: Nigel Patten).

Im E-lichen Seitenarm der Bucht findet man den besten Schutz. Im Scheitel dieser Einbuchtung ankert man auf 5 bis 10 m und bringt eine lange Leine zum Poller an Land aus. Der Schlickgrund, der mit ein paar Felsen durchsetzt ist, hält gut, und man ist hier rundum gut geschützt.

Auf der Insel wohnen nur der Leuchtturmwärter und ein paar Fischer. In einem Bauernhaus, das einen Fußmarsch von etwa 15 Minuten vom Kai entfernt liegt, gibt es eine kleine Taverne, in der man vorzüglichen frischen Fisch in sehr hübscher Umgebung serviert bekommt. Für den Rückweg sollte man sich eine Taschenlampe mitnehmen.

Man kann auch in der W-lichen Einbuchtung von Ormos Levitha auf 4 bis 5 m Tiefe mit langer Leine zum Land ankern.

Ormos Vathy

An der W-Küste von Levitha findet man eine tiefe Bucht, die etwas Schutz vor dem Meltemi bietet, auch wenn Schwell hineinsteht. Im Scheitel der Bucht ankert man auf 4 bis 5 m über Sandgrund mit ein paar Felsen. Der Anker findet nicht überall guten Halt.

Ormos Pningo (Kynaros)

An der S-Küste von Kynaros gibt es eine lange schmale Bucht, in der man bei fast jedem Wetter gut geschützt ist. Im Scheitel der Bucht ankert man auf 4 bis 5 m über Felsgrund, der nicht sonderlich gut hält. Es ist ratsam, eine lange Leine zum Land auszubringen. Guter Schutz vor Meltemi. An diesem Ankerplatz, der tief in dieser wundervoll einsamen Bucht versteckt liegt, erscheint einem die Welt »da draußen« unendlich weit entfernt.

Die südlichen Kykladen

Die Insel Milos

Milos, die SW-lichste Insel der Kykladen, ist wie Thira vulkanischen Ursprungs. Eine Eruption, die vor Urzeiten stattfand, schuf die große Bucht der Insel. Der kreisförmige Gebirgszug, der diese Bucht umschließt, ist größtenteils kahl und unfruchtbar. Der höchste Gipfel, der Profitis Ilias im SW, erreicht eine Höhe von 751 m. Im Tagebau werden Alaun, Schwefel (noch heute gibt es heiße Schwefelquellen), Barium und Kaolin abgebaut. Die offenen Minen sind von See her leicht auszumachen.

In der vorminoischen Bronzezeit war Milos ein kulturelles Zentrum. Funde von charakteristischen Hexenskulpturen auf der Insel haben viel zu unserem heutigen Wissen über die frühe Besiedlung der Kykladen beigetragen. Es besteht kein Zweifel daran, daß die frühen Siedler die Insel als »Trittstein« bei der Besiedlung der Ägäis benutzten. Später wurde Milos minoisch und danach mykenisch.

Während des Peloponnesischen Krieges stand Milos auf Seiten der Spartaner, was die Athener derart in Wut

brachte, daß sie nach ihrem Sieg ein furchtbares Blutbad auf der Insel anrichteten. Die Athener belagerten Milos, das sich einige Monate später bedingungslos ergeben mußte. Alle männlichen Bewohner wurden erschlagen, Frauen und Kinder versklavt.
Die Franken und anschließend die Türken kolonisierten die Insel, ließen ihr aber beträchtliche Freiheiten, und wirtschaftlich gesehen, blühte Milos auf. Einen großen Teil seines Wohlstandes verdankte die Insel der umfangreichen Piratenflotte, die die »geräumigen« Ankerplätze um die Insel herum als Unterschlupf benutzte. Die Beute wurde auf Milos an Händler versilbert, die sie wiederum weiterverkauften.
Im Ersten Weltkrieg war der große Naturhafen ein Marinestützpunkt der Briten.
Während der hellenischen Epoche wurde die berühmte »Venus von Milos«, oder richtiger die Aphrodite von Milos, geschaffen. Sie gehört zu den bekanntesten Stücken griechischer Kunst der Antike und wurde im Verlauf der Jahrhunderte unzählige Male kopiert. In jedem kunstgeschichtlichen Buch ist diese Statue erwähnt. Erstaunlicherweise ist dafür die Insel, von der sie stammt, nur wenig bekannt. Gefunden wurde die »Venus« übrigens Ende des 19. Jahrhunderts von einem Bauern, der alte Steine für seinen Feldwall sammelte.

Adamas (Der Hafen von Milos)

Ansteuerung WP 36°43,3'N 024°26'E (Feuer auf dem Kap Ak Bomparda)
Hafen 36°43,5'N 24°27'E / Karten: BA 1539, D 1091 Plan C

Allgemeines

Der riesige Naturhafen sieht wirklich beeindruckend aus, aber jeder Seemann wird über diese Größe fluchen, weil sich hier bei Starkwinden eine schwere See aufbauen kann. Eigentlich besteht Adamas aus zu vielen Betonklötzen, um als attraktiv gelten zu können, und außerdem gibt es für die Größe des Ortes auch zu viele Touristen.

Die Chora (Milos) oben auf der Bergkuppe ist sehr reizvoll, und der Blick über das Meer und den Krater, der nun die weite Bucht bildet, ist einzigartig. Auch wenn man unter sich den Krater ganz deutlich erkennen kann, scheint es kaum vorstellbar, ihn mit einer Explosion der Größe, die ihn verursacht haben muß, in Verbindung zu bringen.

Ansteuerung

Auffällig: Der Leuchtturm auf Nisides Akradia sowie die Chora auf dem Gipfel an der E-Seite der Einfahrt bilden bei der Ansteuerung der Bucht gute Landmarken. Wenn man Ak Bomparda gerundet hat, werden die Gebäude von Adamas sichtbar.
Nachts richtet man sich nach den Feuern auf den Nisides Akradia (Fl.10s10M) und Ak Bomparda (Fl.4,4s6M). An der E-Seite von Ormos Milou gibt es Anleger für die Tagebau-Minen, die mit 2F.R.3M und F.R.3M befeuert sind.
Gefahren:
1. In der Einfahrt zur Bucht Ormos Milou bilden sich bei Meltemi schwere Kreuzseen. Besondere Vorsicht ist zwischen Vr. Kounidi und den Nisides Akradia angebracht, da hier die Dünung von der N-Küste von Milos zurückgeworfen wird und sich bis zu 1 Seemeile vor der Küste eine schwere See aufbaut.
2. Felsklippen und Riffe säumen die E-Huk der Einfahrt in die Bucht. Vr. Monopodro ist ein quadratischer Felsen, der leicht zu erkennen ist. Vor dem Kap Ak Phourkovouni gibt es ein paar vereinzelte Überwasserfelsen, die durch Wind und Wellen zu phantastischen Formen modelliert wurden.
3. Gelegentlich kann der Meltemi auch von den hohen Bergen um das Kap Ak Bomparda herunterwehen.

Liegeplätze

An der E-Seite des Fähranlegers macht man mit Bug oder Heck fest oder legt mit dem Heck zur kurzen Pier, die sich E-lich des Fähranlegers befindet, an. Der Schlickgrund ist mit Seegras bewachsen, und es liegen hier und da ein paar Felsen. Der Anker hält nicht überall gut.

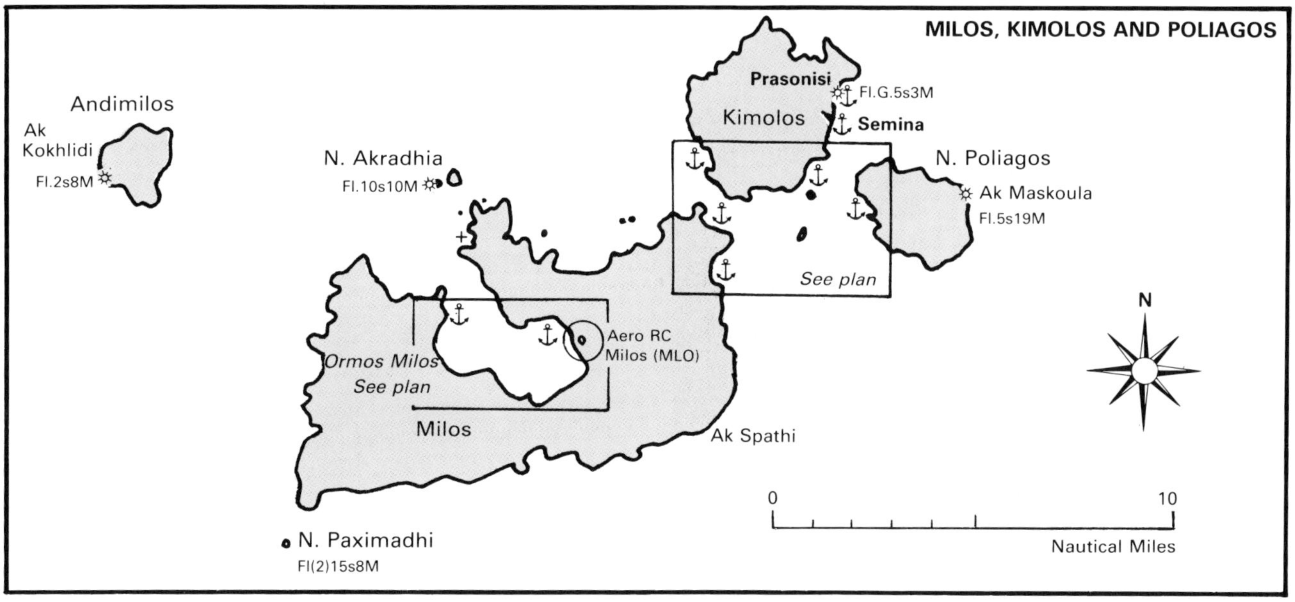

Die Inseln Milos, Kimolos und Pholegandros.

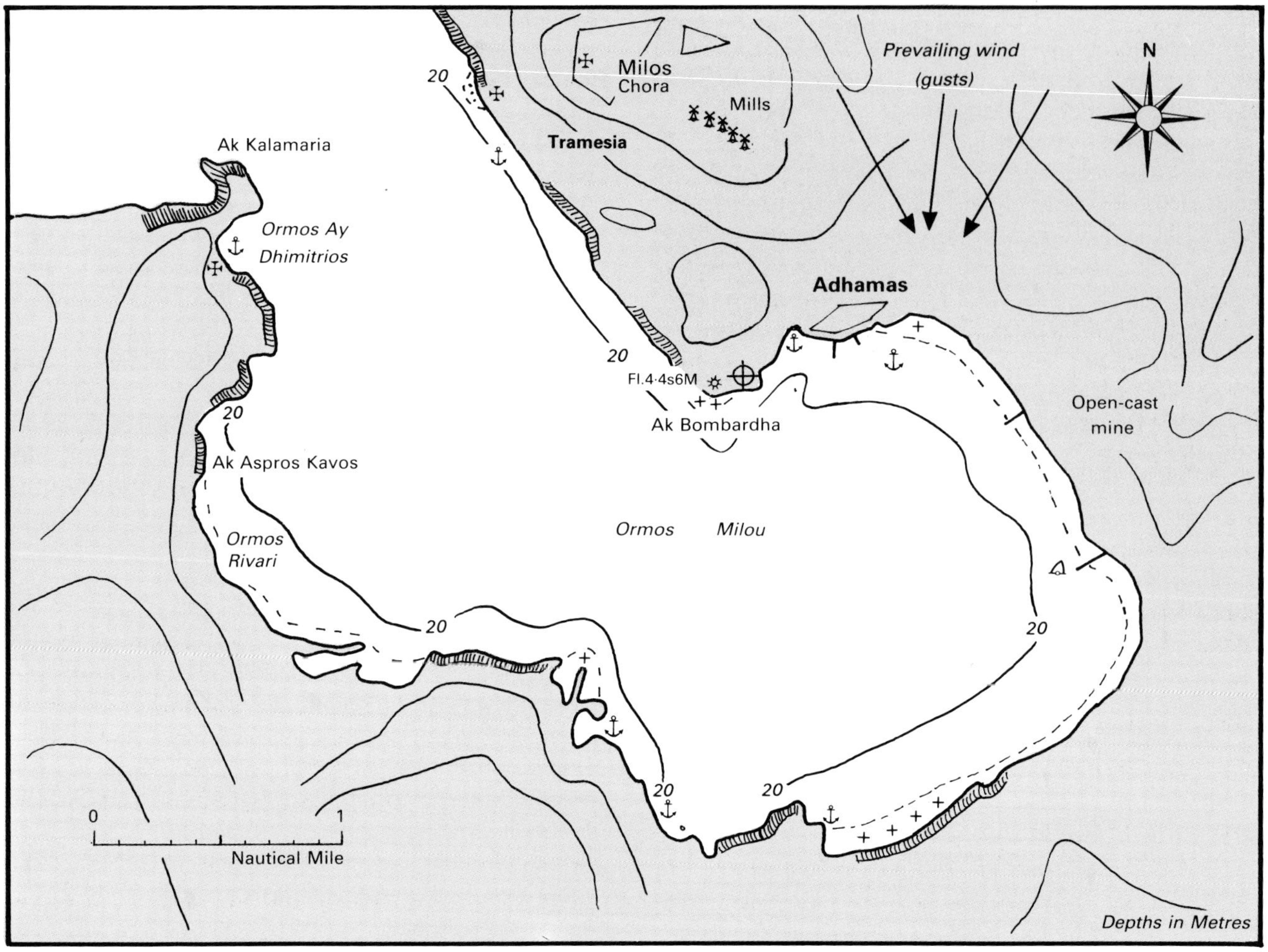

Ormos Milou.

Schutz: Obwohl etwas Schwell in die Bucht hineinsteht, ist man vor dem Meltemi gut geschützt. Bei Starkwinden aus S, die über die weite Wasserfläche kommen, wird der Hafen von Adamas gefährlich.
Behörden: Wasserschutzpolizei und Zoll.

Versorgung
Wasser gibt es am Fährkai; beim Touristenbüro in der Nähe melden.

Blick auf den kurzen Yachtkai von Adamas aus WNW.

Treibstoff ist am Stadtrand erhältlich; man kann ihn aber auch von einem Tankwagen liefern lassen.
Reparaturen: Begrenzte mechanische Reparaturmöglichkeiten. Eisenwarenläden.
Lebensmittel: Gute Versorgungsmöglichkeiten; Stangeneis ist erhältlich.
Restaurants: Die Tavernen des Ortes sind eher mittelmäßig.
Sonstiges: Post, Telefonamt, Bank; Gas, Camping GAZ, Auto- und Motorrad-Vermietung, Fahrrad-Verleih. Fähren

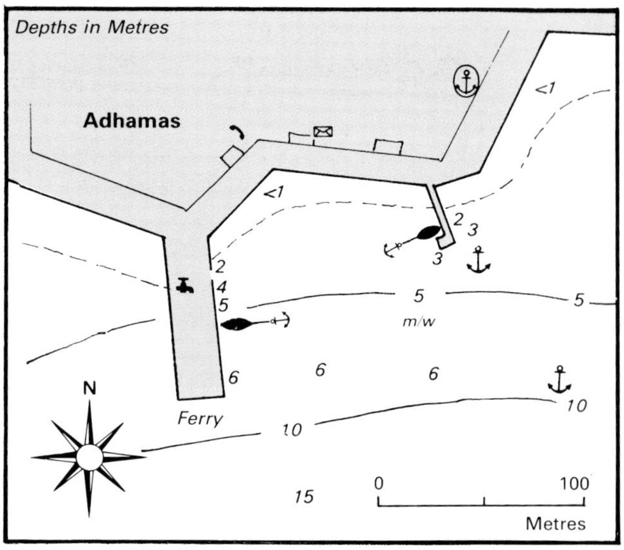

Adamas.

Die Insel Akradia mit dem Leuchtturm in der Ansteuerung von Ormos Milou aus S.

verkehren nach Piräus, Thira und Souda. Inlandsflüge nach Athen.

Weitere Ankermöglichkeiten in Ormos Milou

1. An der S-Seite von Ormos Milou, etwa SSW-lich des Kaps Ak Bomparda, findet man eine namenlose Bucht, die nach E hin offen ist. Sie macht den Eindruck, als würde sie guten Schutz vor dem Meltemi gewähren. Kleine Yachten können hier unterhalb der Landspitze ankern.

2. Ormos A. Dimitriou befindet sich an der W-Seite der Einfahrt im Inneren der Bucht. Dieser Ankerplatz ist nach NE bis E offen und nicht gerade die ideale Möglichkeit, um vor dem Meltemi Schutz zu suchen.

Die Insel Antimilos

5 Seemeilen WNW-lich von Milos entfernt, liegt die kleine, aber gebirgige und steile Insel Antimilos. Sie erhebt sich bis zu 682 m hoch aus dem Meer. Bei Meltemi treten heftige Fallböen an der SW-Küste auf. Auf dem Kap Ak Koklidi an der W-Küste der Insel steht ein Leuchtfeuer (Fl.2s 8M).

Die Insel Kimolos

Nur durch eine schmale Passage, Stenon Kimolou, getrennt, liegt diese flache, kahle Insel unmittelbar NE-lich von Milos. Die wenigen Bewohner leben in der Chora, dem Hauptort, oder in Psathi. Früher wurde die Insel wegen der vielen Seeigel, die man hier fand, »Echinousa« genannt – oder »Argentiera« wegen ihrer Silberminen.

Im Mittelalter war Kimolos ein berüchtigtes Piratennest.

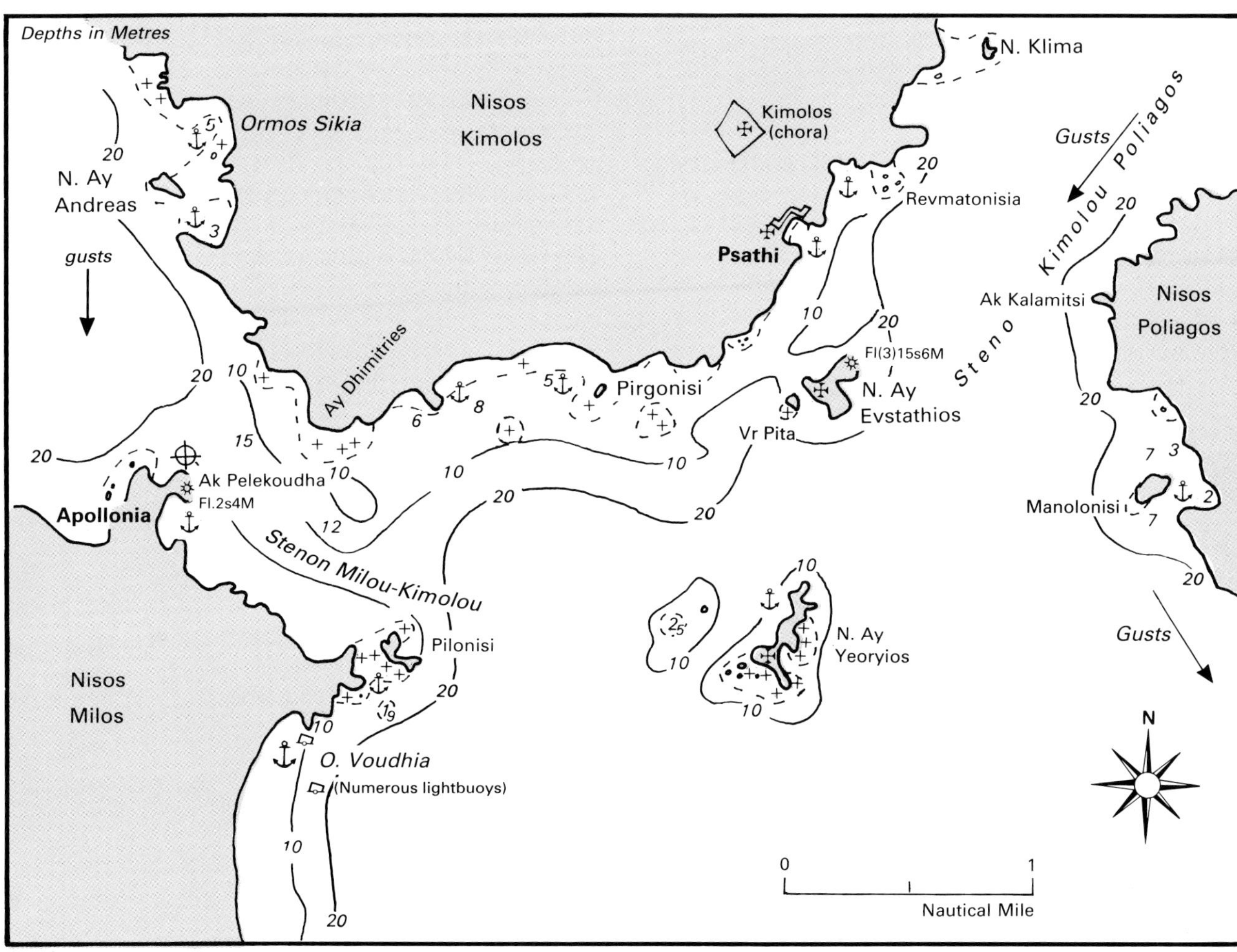

Die Passage Stenon Kimolou.

Ansteuerung von Pollonia aus E.

Stenon Kimolou

Karten: BA 1539, Imray G33, D 1091 Plan D

Das Seegebiet, das die Inseln Milos, Kimolos sowie Polyaigos umfaßt, stellt ein attraktives kleines Segelrevier dar, das eine ganze Reihe gut geschützter Ankerplätze zu bieten hat. Je nach Windrichtung findet man in der einen oder anderen Bucht Schutz. Die Inseln und kleinen Eilande werden von Riffen und Untiefen umgeben, vor denen man sich in acht nehmen muß. In den Plänen können leider nicht alle Details gezeigt werden.

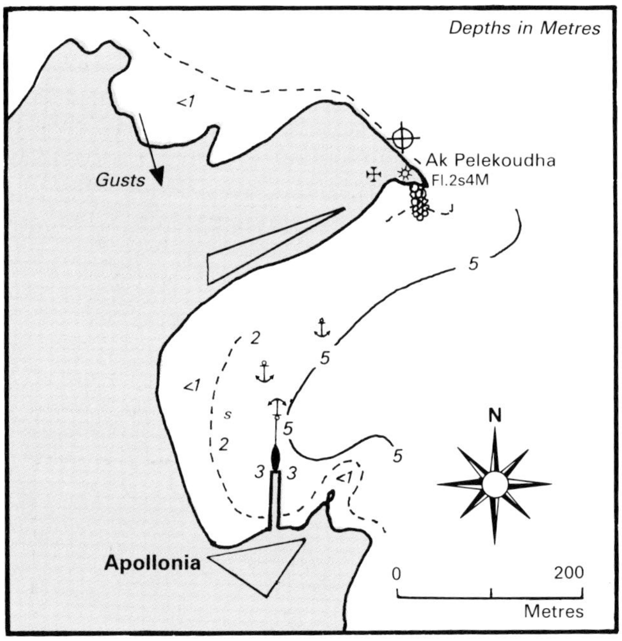

Pollonia.

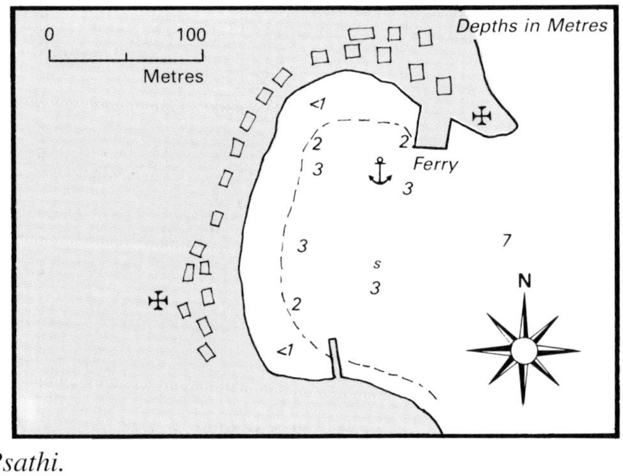

Psathi.

Vorsicht: An der SW-Küste von Nisis Polyaigos treten bei Meltemi heftige Fallböen auf, die in die Durchfahrt, Stenon Kimolou, stehen. Auch an der S-Küste von Kimolos ist mit Fallböen zu rechnen. Der Wind kann wirklich sehr stark sein, auch wenn sich in Lee der Inseln keine groben Seen aufbauen.

1. ***Ormos Sikia***: Diese Bucht, die nach W bis NW hin offen ist, liegt an der SW-Küste von Kimolos. Bei Meltemi ist dieser Ankerplatz unverzüglich zu verlassen. Ausreichenden Schutz findet man hier bei leichten N-lichen bis E-lichen Winden. Man ankert auf 3 bis 4 m an der E-Seite des Inselchens A. Andreas, das in der Mitte der Bucht liegt. *Vorsicht:* Ein Riff verbindet A. Andreas mit Kimolos. Auch im N der kleinen Insel kann man auf 3 bis 5 m Tiefe ankern.

2. ***Pollonia***: An der S-Seite der Passage, Stenon Milou-Kimolou, direkt unterhalb des Kaps Ak Pelekouda befindet sich diese Bucht, in der man auf 2 bis 4 m an der E-Seite vor dem Strand oder vor dem Dorf an der S-Seite ankern kann. Es ist auch möglich, mit Bug oder Heck an der Pier festzumachen, an deren Kopf Wassertiefen von etwa 3 m vorhanden sind. Der Sandgrund hält gut, und der Schutz

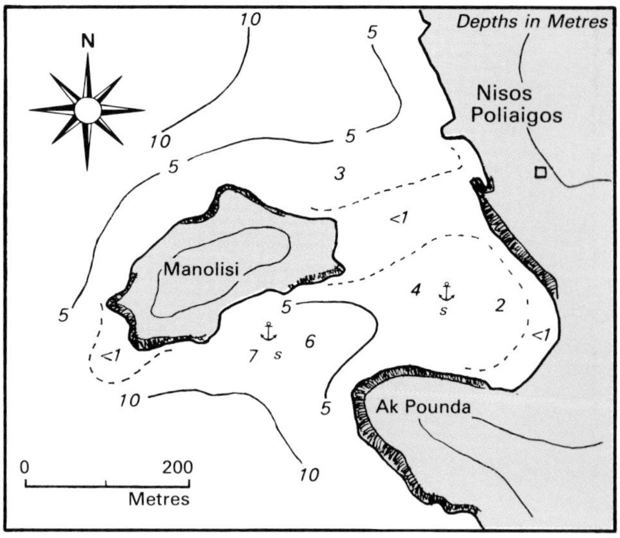

Manolonisi.

vor dem Meltemi ist besser, als es auf dem Plan den Anschein hat, auch wenn man mit heftigen Fallböen in der Bucht rechnen muß. Nach E hin ist dieser Ankerplatz völlig ungeschützt. An Land gibt es mehrere Tavernen und einen Mini-Supermarkt.

3. ***Ormos Voudia***: Etwa 1 Seemeile SE-lich von Pollonia befindet sich diese Bucht, wo man im N auf 5 bis 8 m Tiefe ankern kann. Eine Untiefe, über der 1,9 m Wasser steht, befindet sich ungefähr 0,2 Seemeilen S-lich von Pilonisi (mit Milos durch einen Damm verbunden). Guter Schutz vor Meltemi. An Land werden Mineralvorkommen im Tagebau gewonnen, und so gibt es einen Kai für Erzfrachter im Hafen. Die Minen machen diese Bucht nicht gerade zum attraktivsten Übernachtungsplatz.

4. ***Ankerplatz Pyrgonisi***: Ein langer Sandstrand, der sich fast um die gesamte S-Küste von Kimolos herum zieht. Vor dem Strand kann man überall ankern und liegt hervorragend geschützt vor dem Meltemi. Bei der Navigation ist Vorsicht vor einem Riff angebracht, das sich von W nach E erstreckt– etwa dort, wo im Plan die 6-m-Linie eingezeichnet ist – und über dem nur 1 m Wasser steht. Am E-lichen Ende des Strandes befindet sich das flache felsige Inselchen Pyrgonisi, das mit der Küste von Kimolos durch ein Riff verbunden ist. Vor dem Strand, im Schutz von Pyrgonisi, ankert man in wunderschöner Umgebung. Der Grund, der aus Sand und Seegras besteht, steigt zum Strand hin sanft an und hält den Anker gut. Entlang des Ufers sind ein paar Villen gebaut worden.

Hinweis: Auf dem Plan ist die ungefähre Lage eines Unterwasserfelsens, über dem die Wassertiefe etwa 1,5 m beträgt, verzeichnet. Ob dieser Felsen an dieser oder einer Stelle, die dichter zum Strand hin liegt, existiert oder nicht, ist zwar nicht sicher, trotzdem ist in der Umgebung der Insel Pyrgonisi Vorsicht angebracht.

5. ***Psathi***: Gute Landmarken bilden die Kathedrale in der Chora oberhalb der Bucht sowie vier Windmühlen auf einem Bergrücken. Beim Näherkommen werden die Häuser um die Bucht Psathi herum sichtbar. Der Kai, der sich an der N-Seite befindet, wird von der Fähre als Anleger benutzt. Man ankert in der Bucht oder macht vorsichtig mit dem Bug zur S-Seite des Kais fest. Besonders gut ist diese Bucht, die nach S bis SE hin offen ist, nicht vor Meltemi geschützt, weshalb man sie nur als Schönwetterankerplatz aufsuchen sollte. An Land findet man zwei Tavernen/Cafés und ein begrenztes Lebensmittelangebot. Als Fähre verkehrt eine Caïque nach Milos hinüber.

6. ***Semina Bucht***: Etwa 1,25 Seemeilen N-lich von Psathi befindet sich diese fjordähnliche Bucht, deren N-liche Einfahrtshuk mit (Fl.G.5s3M) befeuert ist. Berichten zufolge arbeitet das Feuer aber unzuverlässig.

Es gibt eine kurze Pier, die aber von den Fischern belegt wird. In der Bucht ankert man auf 4 bis 6 m, aber vor dem Meltemi, der durch die Meerenge Stenon Pirgi weht, findet man hier kaum Schutz.

7. ***Ankerplatz Prasonisi***: Unterhalb der NE-Huk der Insel, dem Kap Ak Anatoli, gibt es eine kleine Einbuchtung mit einem Inselchen in der Mitte. Zu beiden Seiten dieser kleinen Insel kann man auf 3 bis 4 m ankern, wobei man eine lange Leine zum Land ausbringen sollte. Vor einem Riff, das die kleine Insel mit Kimolos verbindet, muß man sich freihalten. Diese Ankerplätze bieten kaum Schutz vor Meltemi.

8. ***Manolonisi***: An der W-Küste von Polyaigos kann man hinter der Insel Manolonisi auf 2 bis 3 m über Sandgrund ankern und ist vor Meltemi etwas geschützt. Eine Sandbarre, über der 1 m bis 1,5 m Wasser stehen, verbindet die kleine Insel mit Polyaigos. Ein traumhafter, vollkommen abgeschiedener Ankerplatz.

Die Insel Polyaigos

Unweit der SE-Küste von Kimolos befindet sich diese kahle Insel. Abgesehen von dem Ankerplatz im Schutz des kleinen

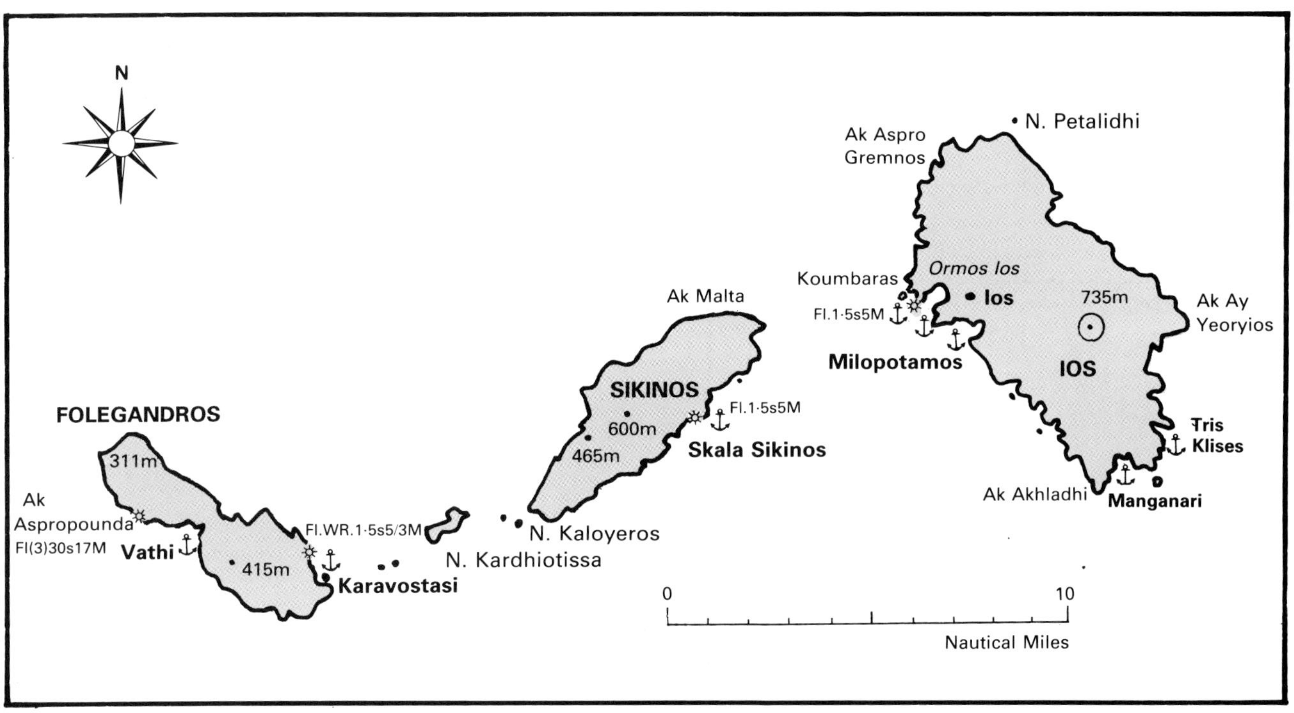

Die Inseln Pholegandros, Sikinos und Ios.

Eilands Manolonisi hat Polyaigos noch eine ganze Reihe von Schönwetterankerplätzen entlang seiner S-Küste zu bieten.

Die Insel Pholegandros

14 Seemeilen SE-lich von Milos befindet sich diese kahle felsige Insel. Die Steilküsten, insbesondere an ihrer S-Seite, sind beeindruckend. An der NW-Huk erreicht Pholegandros eine Höhe von 311 m, und an der SE-Spitze erhebt sich der Gipfel Elevtherios zu einer Höhe von 415 m. Die kleine Chora klebt geradezu abenteuerlich an der Kliffkante der NE-Küste. Mit ihren Bäumen und Sträuchern bildet sie eine wunderschöne grüne Oase auf der sonst kahlen Insel.

Karavostasi

Ansteuerung WP 36°37'N 024°57,2'E (Fl.WR.1,5s5/3M)
Hafen WP 36°36,9'N 024°57'E (Q.G.3M) / Karten: BA 1541, D 1091 Plan A

Allgemeines
Mit ihrer zerklüfteten Landzunge und den winzigen Inselchen in den Ansteuerungen ist diese Bucht mit ihrer ausgedörrten, sonnendurchglühten Atmosphäre recht reizvoll. Im Sommer kommen ein paar Rucksack-Urlauber hierher. Zur Chora, die hoch oben am Klippenrand erbaut wurde, benötigt man rund eine Stunde Fußmarsch (wesentlich schneller geht es mit dem Bus). Mit seinen Bäumen und dem vielen Grün bildet der Ort so etwas wie eine Oase, die einen Kontrast zur ansonsten kahlen Insel bildet. Hier gibt es ein paar Tavernen, und ein begrenztes Lebensmittelangebot ist erhältlich.

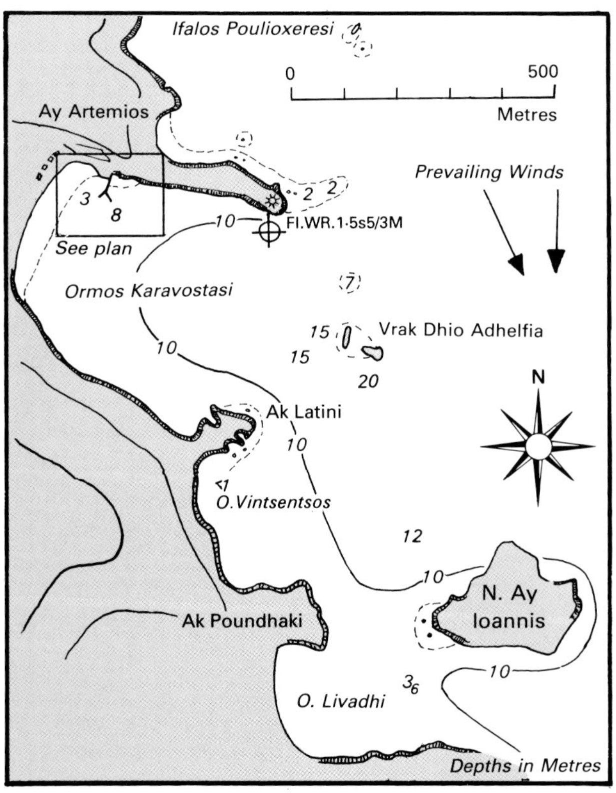

Ansteuerungen der Bucht Karavostasi.

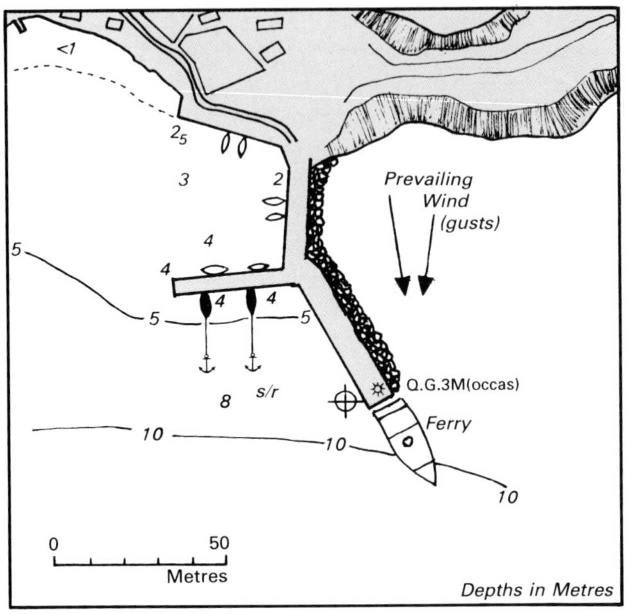

Karavostasi.

Wörtlich bedeutet »Karavostasi« soviel wie »Schiffshalt«. Bevor der neue Fähranleger gebaut wurde, ankerten die Fähren in der Bucht, und Passagiere und Waren wurden in kleine Boote umgeladen, um an Land gebracht zu werden. Selbst bei starkem Meltemi läßt sich die Fähre nicht aufhalten und donnert im wahrsten Sinne des Wortes in die Bucht, zum Ent- und Wiederbeladen – so schnell wie nur irgend möglich –, bevor sie wieder davonsteamt, auf dem Weg zu einem sicheren Hafen.

Ansteuerung
Auffällig: Die zerklüfteten kleinen Felsinseln Nisides Adelphia, die E-lich von Karavostasi und SW-lich von Nisis Kardiotissa liegen, sind leicht zu erkennen. Beim Näherkommen ist die kleine Insel, Dyo Adelphia, die genau in der Einfahrt von Ormos Karavostasi liegt, gut auszumachen. Markante Landmarken bilden die weißen Häuser um die Bucht herum sowie eine weiße Kirche, die auf einem flachen Hügel im Hintergrund steht.

Der Anleger von Karavostasi aus NW.

Nachts: Eine Ansteuerung bei Nacht ist nicht empfehlenswert. Man navigiert dann nach dem Feuer auf der N-lichen Einfahrtshuk (Fl.WR.1,5s5/3M, der rote Sektor deckt den Bereich 202°–248° und 344°–096° mit Yph. Poulioxeres ab) sowie der Befeuerung des neuen Molenkopfes (Q.G.3M).
Gefahren:
1. Vor der Felsklippe, Yphalos Poulioxeres, im NNE der Bucht sowie einem Riff, das sich von der N-lichen Einfahrtshuk NE-lich erstreckt, muß man sich freihalten.
2. Bei Meltemi treten heftige Fallböen auf, und in der Einfahrt bildet sich eine rauhe See.

Liegeplätze
Man macht mit Bug oder Heck an jenen Stellen der Mole fest, die im Plan angegeben sind. Wenn die W-Seite der Fährmole frei ist, kann man hier auch über Nacht längsseits festmachen. Falls der Hafen voll belegt sein sollte, kann man nur noch versuchen, sich im Bereich mit den Fischerbooten irgendwo dazwischenzuquetschen. Die Liegeplätze der Fischer werden allerdings eifersüchtig bewacht. Der Grund besteht aus Sand und Steinen und hält an einigen Stellen kaum.
Schutz: Der Schutz vor dem Meltemi ist ganz ordentlich, auch wenn länger anhaltender Meltemi Dünung in der Bucht verursacht, die das Liegen recht ungemütlich, aber nicht gefährlich macht. Ormos Karavastasi ist nach SE bis E hin offen.

Versorgung
Begrenzt. Ein paar Lebensmittel sind zu bekommen, aber das Angebot hängt stark von der Fähre ab. Es gibt verschiedene Tavernen und Bars. Ein Bus verkehrt zur Chora, und es besteht eine Fährverbindung nach Ios und Milos.

Ormos Vathy

36°37,8'N 024°53,6'E

E-lich des Kaps Ak Aspropounta an der W-Küste von Pholegandros liegt diese weite Bucht, in die bei Meltemi heftige Fallböen sowie Schwell hineinstehen. Bei ruhigem Wetter ankert man auf 4 bis 5 m über Sandgrund mit Seegras. An einigen Stellen faßt der Anker schlecht.

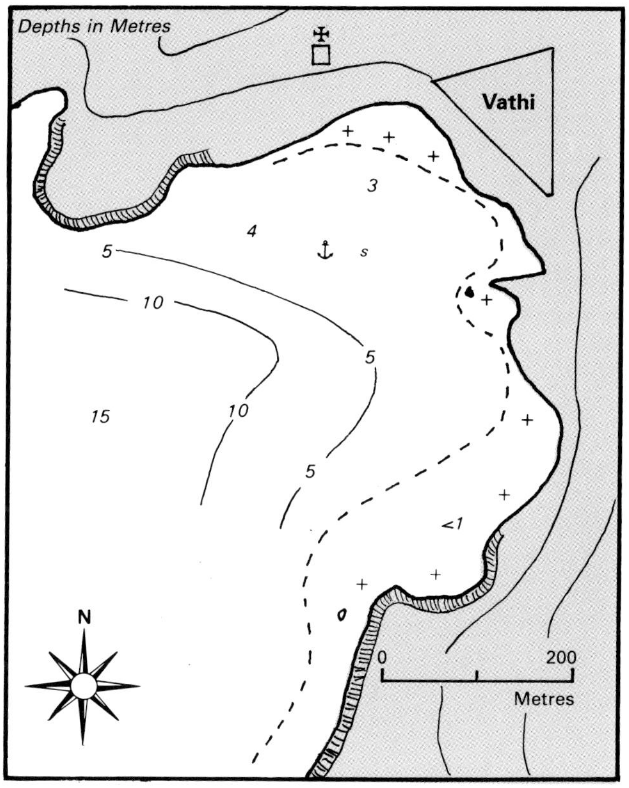

Ormos Vathy.

Die Insel Sikinos

Im E von Pholegandros liegt diese kahle trockene Insel, die früher einmal den Beinamen »die Weininsel« wegen ihrer exzellenten Weine hatte. Heute sind diese Erzeugnisse eher durchschnittlich. Die kleine Chora befindet sich im Inneren der Insel unterhalb eines ehemals befestigten Klosters, das heute aber nur noch eine Ruine ist.

Ormos Skala

Karten: D 1091 Plan E
3 Seemeilen SW-lich des Kaps Ak Malta befindet sich der einzige Hafen der Insel. Von S her sind die Gebäude um die Bucht herum gut auszumachen; kommt man jedoch von E, sind sie verdeckt. An der S-Seite der Bucht steht ein Feuer (Fl.1,5s5M) und auch die kurze Mole ist befeuert: (Fl.R.2s3M).
Die Mole und der Kai wurden erweitert, und so kann man nun hinter der kurzen Mole längsseits gehen; dabei muß jedoch ein Anker ausgebracht werden, der die Yacht vom Kai freihält. Am Kai N-lich der Mole liegen einheimische Boote. Ansonsten ankert man in der Bucht auf 2 bis 3 m über Sandgrund, der recht ordentlich hält. Der Schutz vor dem Meltemi ist hier gut, auch wenn man mit heftigen Fallböen rechnen muß. Ormos Skala ist nach S hin offen.
An Land findet man ein begrenztes Lebensmittelangebot und Tavernen. Bei griechischen Urlaubern ist das kleine Dorf, das sich um die Bucht herum zieht, sehr beliebt.

Die Inseln Adelphia in der Passage zwischen Pholegandros und Sikinos aus S.

Die Insel Ios

E-lich der Insel Sikinos, nur durch eine 3,5 Seemeilen breite Meerenge getrennt, liegt die kahle Gebirgsinsel Ios in der Ägäis. Im Zentrum der Insel erhebt sich der Gipfel Pyrgos zu einer Höhe von 790 m.
Die Insel Ios wird als der Ort angesehen, an dem Homer zur letzten Ruhe gebettet worden sein soll. Der alte blinde Barde verstarb auf einer Seereise von Samos nach Athen. Seine Leiche, die über Bord geworfen wurde, soll auf Ios angespült worden sein. Angeblich wurde er daraufhin an den Nordhängen des Pyrgos beigesetzt.
Heutzutage ist die Insel bei jungen Sonnenanbetern überaus beliebt. Auch wenn es – rein rechtlich gesehen – in Griechenland noch immer verboten ist, toleriert man auf Ios textilfreies Baden. Das ist auch der Grund, weshalb die Strände um die Insel herum mit einer Vielzahl krebsroter Körper bedeckt sind.

Der Hafen Ios

36°43,4'N 025°16,4'E / Karten: BA 1541, D 1091 Plan F

Allgemeines
Abends dringt aus den Bars und Diskotheken laute Musik, die den Hafen erbeben läßt. Ios ist ein Anziehungspunkt junger Rucksack-Urlauber, die an den umliegenden Stränden übernachten. Tagsüber beherrschen die FKK-Anhänger die Szene. Auf den Klippen wurde ein Schild aufgestellt, das »Kleidung verboten« verkündet, und unter diesem Motto versammeln sich hier junge Leute aller Nationalitäten an den Stränden.
Die Chora oberhalb der Bucht ist ein Irrgarten von Straßen und Gassen, die vollgestopft sind mit Bars und Boutiquen.

Ansteuerung
Auffällig: Die Chora, die auf dem Berg oberhalb des Hafens steht, sowie zwei Windmühlen unterhalb des Ortes bilden auf Ios markante Landmarken. Nisis Diakophto NW-lich der Einfahrt in die Bucht Ormos Iou ist leicht zu erkennen. Hat man die Einfahrt erst erreicht, ist das

Ormos Iou aus NE (Foto: Nigel Patten).

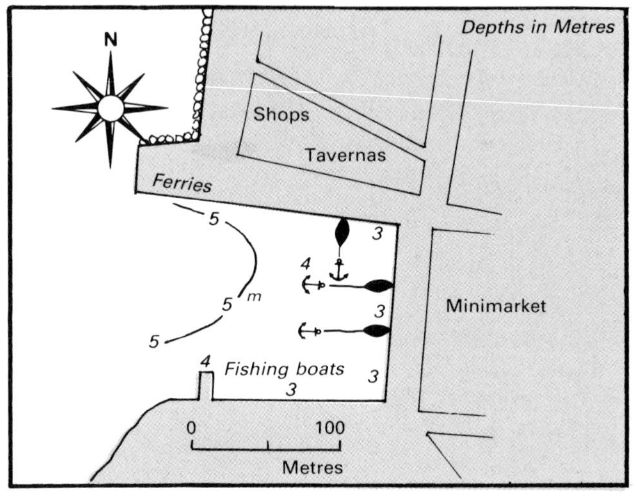

Ios.

Leuchtfeuer auf dem Kap Ak Phanari gut auszumachen, und die wenigen Gebäude, die um die Bucht herum stehen, werden sichtbar. Die Häuser am Hafen sind aber erst zu sehen, wenn man in die Bucht eingelaufen ist.
Nachts navigiert man nach dem Feuer auf Ak Phanari (Fl.4s7M) und dem Feuer auf dem Kopf des groben Wellenbrechers (Fl.G.2s3M).
Gefahren:
1. Etwa 100 m vor dem Kap Ak Xerxes erstreckt sich S-wärts ein Riff.
2. Bei Meltemi muß mit schweren Fallböen in der Bucht gerechnet werden.

Liegeplätze
Im Hafenbecken macht man mit Bug oder Heck zum Kai fest. Der Schlickgrund hält ganz hervorragend.
Schutz: Abgesehen von den Fallböen, die bei Meltemi in die Bucht stehen, liegt man hier rundum gut geschützt.
Behörden: Wasserschutzpolizei und Zoll.
Hinweis: Neuerdings ist es verboten, in der Ormos Iou zu ankern, da Fähren den Platz zum Manövrieren benötigen. Yachten müssen im Yachthafen festmachen.

Versorgung
Wasser gibt es auf dem Platz des Ortes.
Treibstoff kann von einem Tankwagen zum Hafen geliefert werden.

Der Hafen Ios aus S.

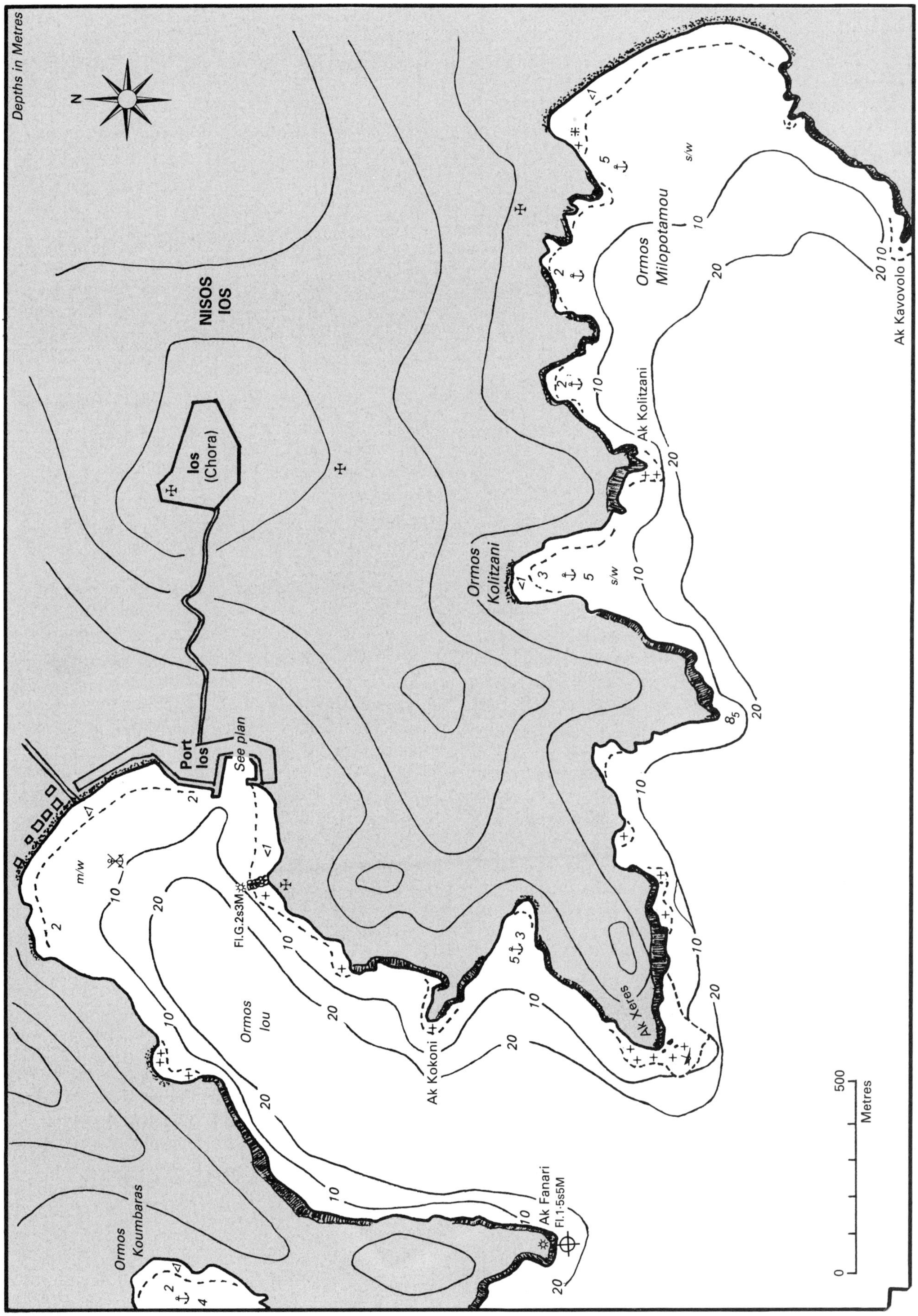

Ormos Iou und Ormos Mylopotamou.

Lebensmittel: Die meisten Lebensmittel sind in Hafennähe erhältlich; Stangeneis bekommt man in der NE-Ecke des Hafens.
Sonstiges: Post und Telefonamt in der Chora. Möglichkeiten zum Geldumtausch, Gas, Camping GAZ und Motorrad-Vermietung ebenfalls im Hauptort. Ein Bus verkehrt zur Chora. Fähren nach Piräus, Thira und Irakleion.

Ormos Koumparas

Karten: D 1091 Plan F

Unmittelbar N-lich des Hafens Ios befindet sich diese Bucht, in der man auf 3 bis 4 m Tiefe ankern kann. Vor dem Meltemi ist man hier nur leidlich geschützt.

Ormos Mylopotamou

Karten: D 1091 Plan F

Diese große Bucht befindet sich unmittelbar S-lich des Hafens von Ios. An der N-Seite dieser Bucht gibt es vier kleine Einbuchtungen, in denen man ankern kann. Am besten geschützt ist man in den beiden E-lichen. Wo man mag, läßt man den Anker fallen. Der Grund besteht aus Sand und hält gut. Auch wenn heftige Fallböen in die Bucht stehen, ist man vor Meltemi recht gut geschützt. Bei länger anhaltendem Meltemi steht Schwell in die Bucht, die nach W und S hin offen ist. Am Strand findet man mehrere Tavernen und Hotels.

Ormos Manganari

36°39,4'N 025°22,1'E / Karten: D 1091 Plan G

An der S-Küste von Ios findet man diese weite Bucht, in deren Scheitel man auf 3 bis 8 m, alternativ im W oder E, ankern kann. Im NE der Bucht gibt es ein felsiges Inselchen. Der Sandgrund hält den Anker ganz ausgezeichnet.

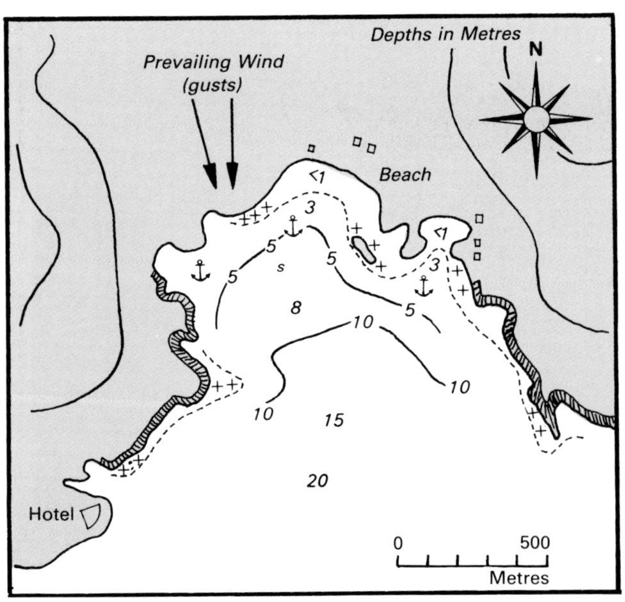

Ormos Manganari.

In der kleinen Einbuchtung im W, die nur nach S hin offen ist, kann man mit langer Leine zur N-Seite ankern. Guter Schutz vor dem Meltemi, auch wenn heftige Fallböen in die Bucht stehen. An Land gibt es ein kleines Hotel und Tavernen. Täglich bringt eine Caïque die »Naturliebhaber« (oben und unten ohne) in die Bucht.

Ormos Treis Klisies

36°40'N 025°23,5'E / Karten: D 1091 Plan H

An der S-Küste, etwa 1,5 Seemeilen NE-lich von Ormos Manganari, findet man diese Bucht, in deren zwei kleinen Einbuchtungen man auf 3 bis 5 m über Sandgrund ankern kann. Der Schutz vor dem Meltemi ist gut, auch wenn mit schweren Fallböen gerechnet werden muß. In Ormos Treis Klisies gibt es keine Versorgungsmöglichkeiten.
Von einem Riff, das sich an der W-Seite der Bucht erstreckt, muß man sich gut freihalten. Eine weitere Gefahr bildet eine untiefe Stelle im Scheitel der E-lichen Einbuchtung.

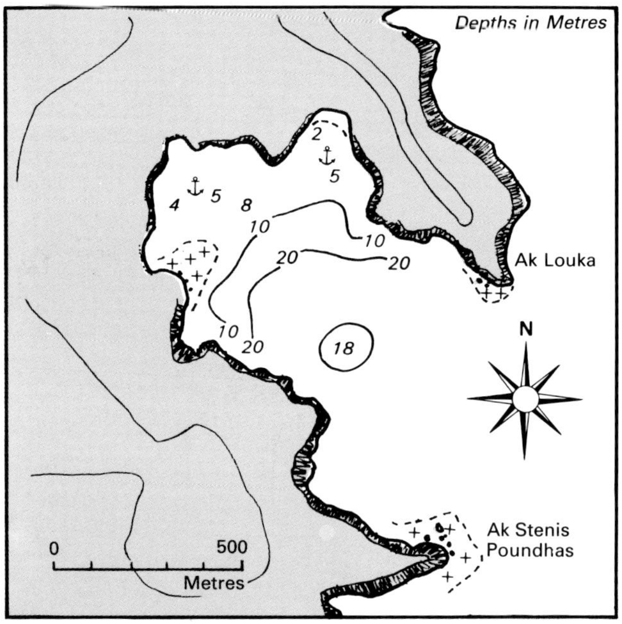

Ormos Treis Klisies.

Die Insel Thira (Santorin)

Ebenso wie Milos ist auch Thira (Thera = die Wilde) der Überrest eines versunkenen Vulkankraters. Die Hauptinsel Thira, die die Form eines zunehmenden Mondes hat, ist der aus dem Meer ragende Rand des ehemaligen Kraters, der nun mit Wasser gefüllt ist. Im NW liegt die Insel Thirasia, die ebenfalls ein Teil des Kraterrandes war bzw. ist. In der Mitte der großen Bucht erheben sich die aus Schlacke und Lava entstandenen grau-schwarzen Inseln Palaia Kammeni und Nea Kammeni – vulkanische Pfropfen.
Die W-Küste von Thira wird von steilen Felsklippen gebildet, buntscheckigen Bimsstein-Kliffs, die in Pastellfarben von Rot, Braun, Grün und Blaugrau schimmern und aus 150 m bis 300 m schroff zum Meer hin abfallen. Bis

zu 400 m setzen sich die steilen Klippen unter Wasser fort. Die E-Küste ist flacher, sie steigt zum Bergrücken hin, der um die Insel läuft, gleichmäßig an. Thiras höchster Gipfel ist der A. Ilias, ein kegelförmiger Berg im SE der Insel. Auf diesem Berg steht ein weißes Kloster sowie eine Gruppe von Sendemasten, die von See her gut auszumachen sind. Die kuppelförmigen Häuser des Hauptortes Thira ziehen sich auf dem Kliffkamm rund 213 m oberhalb des winzigen Hafens entlang und bieten von See her einen außergewöhnlichen Anblick: Er gehört zu den meistfotografierten Motiven Griechenlands.

Der Legende nach war Thira ursprünglich ein Klumpen Erde, der Jason und seinen Argonauten von Triton, einem afrikanischen Gott, geschenkt wurde. Dieser Erdklumpen fiel dort ins Meer, wo heute Thira, oder »Kalliste« (die Schöne), wie die Insel in der Antike genannt wurde, liegt. Auf der Insel gab es eine bedeutende minoische Siedlung, deren Blüte jäh durch den Ausbruch des Vulkans um 1440–1450 v. Chr. beendet wurde. Auch die minoische Kultur ging im Desaster der Eruption unter.

Jahrhunderte später war die Insel Athen untertan, und die ägyptischen Ptolemäer machten sie zu ihrem Flottenstützpunkt. Im Mittelalter gehörte Thira zum Herzogtum Naxos, und mit Beginn des 20. Jh. wurde die Insel zum Exil politischer Gefangener.

Thira ist mit keiner anderen Insel der Welt vergleichbar. Der Vulkankrater ist etwa 6 sm lang und 4 sm breit. Wenn man vom Ort Thira in den Krater hinunterschaut, scheint die Stärke einer Explosion, die ein derart massives Felsmaterial zu einer so tiefen Bucht aushöhlen konnte, kaum vorstellbar. In einer solchen Minute der Besinnung sollte man sich auch daran erinnern, daß der Vulkan noch immer aktiv ist und die kleine Yacht, mit der man gekommen ist, mitten im Krater ankert.

Sonderbare Landschaften regen die Phantasie auch zu seltsamen Geschichten an: So sollen auf der Insel Vampire

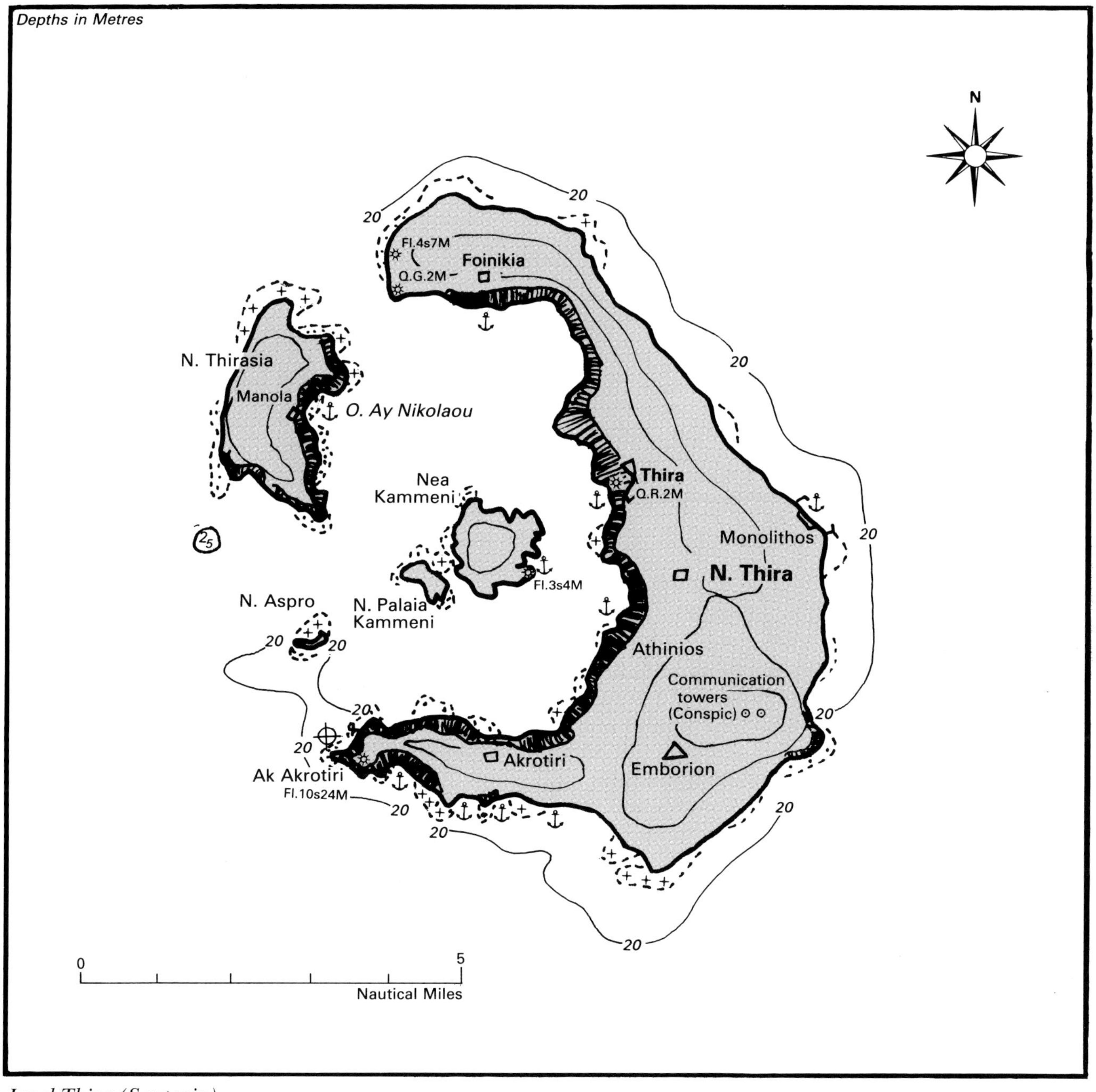

Die Insel Thira (Santorin).

leben, und die Insulaner berichten von geisterhaften Erscheinungen, die des Nachts auf Thira umgehen.
Die vulkanische Erde ist besonders fruchtbar, und ebenso wie die Landstriche um den Ätna und den Vesuv herum, läßt die Bimssteindecke besonders gute Weine gedeihen. Recht schmackhaft sind übrigens die Flaschenweine »Atlantis« rot und weiß sowie »Nikteri« weiß. Örtlich können einheimische Weine lose vom Faß gekauft werden.
Wegen seiner Einzigartigkeit gehört Thira folglich zu den Orten der Ägäis, deren Besuch »Pflicht« ist. Im Sommer können bis zu vier Kreuzfahrtschiffe in der Bucht vor dem Ort Thira ankern, die Tausende von Touristen für eine Stippvisite ausschiffen. Als Skipper auf eigenem Kiel kann man sich noch insofern glücklich schätzen, als daß man nach dem Landgang den Anker lichten und sich an einen friedvolleren Ankerplatz in der weiten Kraterbucht verholen kann.

Thira und die Legende von Atlantis

Der erste, der die Geschichte von Atlantis – eine Legende, die Historiker bis heute vor ein Rätsel stellt – zu Papier brachte, war Platon. Platons Beschreibung einer antiken Insel-Zivilisation, die durch eine enorme Naturkatastrophe unterging, wurde immer wieder variantenreich interpretiert und lokalisiert: auf den Antillen, in Amerika, auf einer Insel irgendwo auf dem Kontinentalschelf im Mittelmeer, auf Malta etc... . Oder man tat die Geschichte von Atlantis als reines Phantasieprodukt Platons ab. In den vergangenen dreißig Jahren hat sich die Suche nach der sagenhaften Insel auf Griechenland konzentriert, und viele angesehene Wissenschaftler halten Thira für Atlantis, da man weiß, daß Thira bereits 2000 v. Chr. besiedelt war und daß hier vor dem fatalen Vulkanausbruch ebenso wie auf Kreta eine hochentwickelte und sehr kreative minoische Zivilisation existierte. Auch wenn die Ausgrabungen in Akrotiri auf Thira ausgesprochen interessant sind, der technologische Wissensstand sowie die künstlerischen Leistungen der minoischen Kultur lassen sich am besten in Irakleion und am Palast von Knossos ablesen. Da diese Kultur völlig abrupt um 1400 v. Chr. verschwand, stellte man vor einiger Zeit die These auf, daß eine mykenische Invasion diese Kultur einfach hinweggefegt hat. Nun ja, auf Thira brach etwa zur selben Zeit der Vulkan aus, und Professor Marinatos und ein paar andere stellten die These auf, daß diese Mega-Eruption nicht nur Thira zerstört, sondern auch eine gigantische Flutwelle ausgelöst hat, die die minoischen Städte an den Küsten Kretas vernichtete. Thira ist der größte bekannte Vulkan der Welt, der noch aktiv ist. Er ist fünfmal größer als der Krakatau bei Java, und der Ausbruch von Thira wird etwa dreimal stärker geschätzt als die Eruption des Krakatau 1883.

»Im Lauf von nur zwei Tagen (am 26. und 27. August 1883) verschwanden nicht weniger als 23 km der alten Krakatauinsel – es war dies das Ergebnis einer Reihe unterirdischer Explosionen von wahrhaft verheerender Gewalt. Den brüllenden Donner der heftigsten Detonation, die sich am 27. August 1883 um 10 Uhr vormittags ereignete, hörte man noch an Orten wie Alice Springs in Mittelaustralien (ungefähr 3 500 km vom Krakatau entfernt), auf der Insel Rodriguez (östlich von Mauritius [Maskarenen] und Madagaskar) sowie auf Ceylon und in Hinterindien bis hin nach Nordvietnam. Ja, dreieinhalbmal rund um den Erdball liefen atmosphärische Schockwellen, und noch 160 km vom Zentrum der Katastrophe entfernt rief der Explosionsdruck schwere Gebäudeschäden hervor. Seebebenwellen folgten den Explosionen, und nach dem furchtbarsten Donnerschlag raste eine Flutwelle durch die Sundastraße, deren Höhe nach zuverlässigen Quellen beim Leuchtfeuer Vlakke Hoek, das 88 km vom Krakatau entfernt ist, 17 m betrug. Nicht weniger als 300 Städte und Dörfer in den umliegenden Küstengebieten Javas und Sumatras wurden von der Flutkatastrophe aufs schwerste betroffen, und ein großer Teil der Bevölkerung – mehr als 36 000 Menschen – ertranken in den Wogen«.
J. V. Luce, Atlantis – Legende und Wirklichkeit

Aus dieser Beschreibung kann man den Schluß ziehen, daß die Explosion auf Thira auch das Leben auf der nur 60 Seemeilen entfernten Insel Kreta wirkungsvoll auslöschen konnte. Allein die Wucht der Explosion hätte sämtliche Gebäude zerstört und Flutwellen von schätzungsweise 60 bis 100 m Höhe verursacht, die mit Geschwindigkeiten von ca. 160 km/h die Inseln in der Umgebung überschwemmt hätten. Kreta wäre unter einer Schicht Asche von 10 bis 75 cm Dicke begraben worden. Schon eine 10 cm dicke Schicht dieser Vulkanasche kann den Boden für zwei Jahre und mehr unbrauchbar machen.
Ausgrabungen in Akrotitri im S von Thira brachten eine blühende Stadt ans Licht, die dreigeschossige Häuser mit Wandmalereien von außergewöhnlicher Schönheit aufweist.
Die Ausgrabungen auf Thira haben das Rätsel um die Insel allerdings eher noch vergrößert: Kein einziger Bewohner jener Zeit, der von Asche und Bimsstein begraben wurde, konnte bisher gefunden werden. Ausgrabungen auf Kreta und anderen umliegenden Inseln haben jedoch gezeigt, daß der finalen Katastrophe von Thira bereits Eruptionen vorangegangen sind, und daher ist es wahrscheinlich, daß Thira bereits verlassen war, als die Explosion Akrotiri verschlang.
Seit jener gigantischen Eruption um 1400 v. Chr. ist der Vulkan von Thira bis heute aktiv geblieben. 236 v. Chr. trennte eine erneute Eruption Thirasia vom NW-lichen Ende Thiras ab. 196 v. Chr. tauchte die Insel Hiera Kammeni aus dem Meer. 1570 brach die S-Küste von Thira ab und versank im Meer. Drei Jahre später erschien die kleine Insel Mikra Kammeni. 1866 kam es erneut zu einem gewaltigen Ausbruch, der zwei Jahre andauerte. 1868 tauchte das kleine Eiland Aphotessa aus dem Meer, versank aber wieder.
Ein weiterer Ausbruch 1925/26 ließ die Insel Kammeni mit Nea Kammeni verschmelzen. Im Juli 1956 zerstörte ein heftiges Erdbeben viele Gebäude in Phoinikos und Thira. Das Epizentrum des Bebens lag vor der N-Küste von Amorgos und verursachte Riesenwellen, sogenannte »Tsunamis«, von 17 m Höhe.

Nisis Thirasia

Die W-lichste Insel des Archipels bietet nur einen Ankerplatz in der Bucht Ormos A. Nikolaou, in der man vor der kleinen Ortschaft am Fuß der Klippen ankert. Am Kopf der kleinen Mole, die von den Fähren nach Thira und Phoinika beansprucht wird, beträgt die Wassertiefe 3 m. Auch wenn man vor Meltemi gut geschützt ist, steht doch ständig etwas Schwell in die Bucht, die nach S und E hin offen ist. An Land gibt es natürlich Tavernen. Ein schmaler steiler Weg führt im Zickzack die Klippen hinauf zum Ort, wo man ein begrenztes Lebensmittelangebot findet.

Nisis Nea Kammeni

WP 36°24,1'N 025°24,3'E (Fl.3s4M)

Ursprünglich war diese Insel ein heißer Klumpen Asche und Schlacke aus der Kratermitte. Um Nea Kammeni herum gibt es eine ganze Reihe von sehr kleinen Einbuchtungen, in denen sich verschiedene Ankermöglichkeiten bieten. Da der Grund aus großen Felsen besteht, an denen sich der Anker leicht verhaken kann, sollte das Ankergeschirr eine Trippleine haben.

Die Einbuchtung an der SE-Spitze von Nea Kammeni.

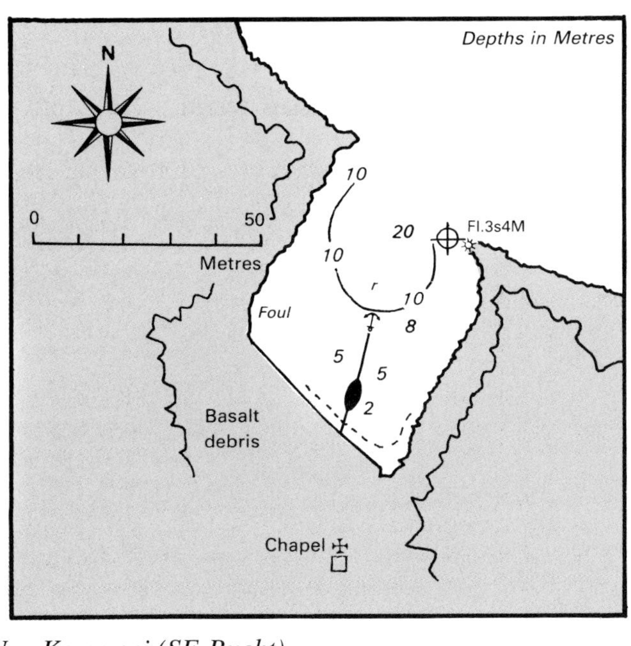

Nea Kammeni (SE-Bucht).

Der beste Ankerplatz befindet sich im SE von Nea Kammeni in einer kleinen Einbuchtung. Ein Leuchtfeuer mit der Kennung (Fl.3s 4M) steht auf der S-Huk Bucht. Auf der S-lichen Einfahrtshuk steht ein Leuchtfeuer (Fl.3s4M). Leider wird der größte Teil des Kais von örtlichen Ausflugsschiffen mit Beschlag belegt, und selbst kleine Yachten finden kaum Platz. An der W-Seite der Bucht, die nur nach E hin offen ist, ist der Grund unrein. An Land steht eine kleine Kapelle.
Yachten können auch unmittelbar N-lich der Einfahrt in die kleine Bucht mit langer Leine zum Strand ankern. Vor dem Meltemi ist man mittelprächtig geschützt. Mit etwas Vorsicht kann man auch in den verschiedenen Einbuchtungen an der N-Küste ankern.
Vorsicht: Nea Kammeni wird von ziemlich großen und sehr dreisten Ratten verseucht, die keine Scheu haben, an Bord zu kommen.

Thira

WP 36°25,1'N 025°25,7'E (Q.R.2M) / Karten: BA 1541, D 1091 Plan K

Die Hauptinsel bietet eine Reihe von Ankermöglichkeiten um ihre Küsten herum:
1. ***Phoinikos*** (Epanomeria): An der N-Küste von Thira unterhalb des Kaps Ak Epanomeria liegt dieser Ankerplatz. Am Kopf einer kurzen Mole, die gewöhnlich mit Fischerbooten und kleinen Fähren überfüllt ist, sind 6 m Wassertiefe vorhanden. An der W-Seite dieser Mole kann man auf 10 bis 20 m ankern. Der Grund ist felsig, und das Ankergeschirr sollte mit einer Trippleine versehen sein. Obwohl hier ständig Grundschwell steht, ist man etwas vor dem Meltemi geschützt. Der Platz ist nach S hin vollständig offen.
Am Hafen gibt es zwei Tavernen, und ein Pfad führt die Felsklippen hinauf zum Dorf Phoinikos.
2. ***Skala Thira***: Der Hafen des Hauptortes Thira, der hoch auf den steilen Felskliffs über dem Hafen thront, besteht eigentlich nur aus einem Kai, der am Fuß der Klippen aus dem Fels geschlagen wurde. Da man hier kaum geschützt ist, sollte man seine Yacht nicht unbewacht zurücklassen. Man macht mit Bug oder Heck zum Kai fest und bringt eine lange Leine zu einer großen Mooringtonne aus, die

Thira: Phoinikas aus SW.

Der Yachtkai von Skala Thira aus WSW.

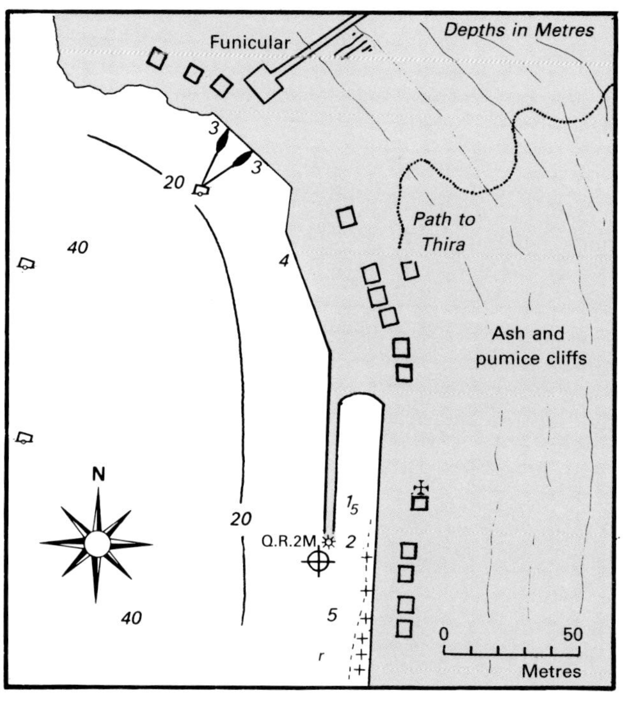

Skala Thira.

vor dem Kai ausgelegt ist. Jedesmal, wenn eine Yacht, die an der Innenseite festgemacht hat, auslaufen möchte, entsteht ein beachtliches Tohuwabohu: Alle anderen Yachten, die auf der einen oder anderen Seite festgemacht haben, müssen erst einmal ihre Leinen loswerfen oder sie um die auslaufende Yacht herumziehen. Diese Übung bietet vielfältige Möglichkeiten zu weiterem Wuhling. Der Schwierigkeitsgrad, sich aus diesem Spinnennetz von Festmacherleinen wieder zu befreien, wird noch zusätzlich vom Wellenschlag erhöht, den die vielen Ausflugsschiffe, Fähren und kleinen Boote verursachen, die die Passagiere der Kreuzfahrtschiffe an Land bringen. Obwohl sich die Liegeplätze am Kai in Lee des Meltemi befinden, steht Dünung am Kai. Außerdem ist der Schwell, den die Fähren und Kreuzfahrtschiffe verursachen, die in allernächster Nähe passieren, weitaus stärker als jede Dünung, die vom Wind erzeugt wird. Man sollte seine Yacht nicht unbewacht am Kai lassen. Der winzige Hafen ist einheimischen Booten vorbehalten.

Am Kai gibt es Wasser, und am Hafen finden sich verschiedene Tavernen mit Cafés.

Für den steilen Aufstieg zur Stadt oben auf dem Kliff kann man sich einen Esel mieten oder die kürzlich gebaute Seilbahn benutzen. In der Stadt Thira hat man gute Versorgungsmöglichkeiten und ausgezeichnete Bars und Restaurants. Einfach phantastisch ist die Aussicht, die man von hier oben hat.

Hinweis: Die besagte Mooringtonne liegt nicht immer an ihrer Position. Verantwortlich dafür sind nicht nur die Winterstürme, sondern vielmehr die Korrosion, da die Mooringkette in dem schwefelhaltigen Wasser schneller korrodiert, als die Behörden eine neue auslegen. Sollte die Tonne nicht an ihrem Platz liegen, hat man kaum Alternativen. Man kann seinen Anker fallen lassen oder mit Bug oder Heck festmachen, vor dem Kai steigt die Küste jedoch sehr steil auf 20 m Höhe an. Dazu kommt, daß der Grund durch große Felsblöcke unrein ist und das Ankergeschirr unbedingt mit einer Trippleine versehen werden sollte.

3. ***Ormos Athinio***: 4 Seemeilen ENE-lich des Kaps Ak Akrotiri befindet sich dieser kleine Hafen, der zum Laden von Bimsstein aus den nahen Steinbrüchen benutzt wird. Die Ortschaft Megalo Chorio steht oberhalb des Ladeplatzes auf den Klippen. Sollte man sich entschließen, hier festzumachen, ist auf eine versunkene Mole sowie Geröll unmittelbar W-lich der kurzen Pier zu achten. Die Wassertiefe vor dem Kai beträgt meist 6 m. Bevor man einen Versuch unternimmt, hier festzumachen, sollte man den Ankerplatz vom Dingi aus erkunden.

4. ***Ak Akrotiri***: An der S-Seite des Kaps Ak Akrotiri gibt es eine ganze Reihe von Ankerplätzen, an denen man vor dem Meltemi geschützt ist. Eine einsame Bucht, die nur von ein paar einheimischen Fischerbooten an Dauermoorings genutzt wird, liegt direkt unterhalb des Kaps. Man ankert hier auf 4 bis 6 m über felsdurchsetztem Grund; eine Trippleine für den Anker ist ratsam. Eine leichte Brise weht um die W-Huk der Bucht herum und läßt die Yacht leicht rollen – genau richtig, um sich behaglich in den Schlaf wiegen zu lassen.

Ungefähr 1,5 Seemeilen E-lich von Ak Akrotiri gibt es eine weitere Bucht mit ein paar Häusern und einer Taverne an Land. Man ankert auf 4 bis 5 m Tiefe. Noch 1,5 See-

Das Kap Ak Akrotiri mit dem Leuchtturm aus SSE.

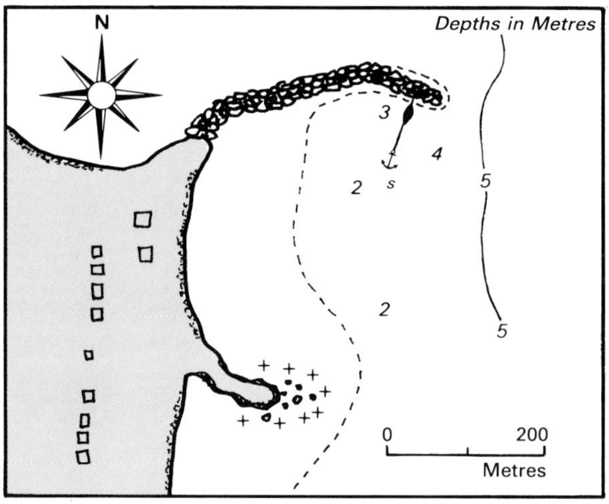

Monolithos.

Skala Anaphi (Foto: Nigel Patten).

meilen weiter ESE-lich befindet sich eine weitere Bucht, die von einheimischen Fischerbooten benutzt wird. Der Grund vor der S-Küste besteht aus grobkörnigem Sand, der den Anker gut hält. An den letztgenannten Ankerplätzen steht Grundschwell, der die Yachten ungemütlich stark rollen läßt.

5. ***Monolithos***: Ungefähr in der Mitte der S-Küste befindet sich dieser kleine Hafen. Ein grober Wellenbrecher erstreckt sich etwa 150 m in E-licher Richtung; an seinem Kopf findet man an der Innenseite etwa 2 bis 3 m Wassertiefe. Im W-Teil des Hafens ist es untief. Am Kopf des Wellenbrechers macht man mit Bug und langer Leine zum Wellenbrecher hin fest. Bei Meltemi steht Schwell in den Hafen. An Land gibt es eine Taverne und Duschen.

Nisides Christiana

Etwa 9 Seemeilen SW-lich des Kaps Ak Akrotiri gibt es eine Gruppe zerklüfteter Felsen, die unbewohnt sind und keine Ankerplätze zu bieten haben.

Die Insel Anaphi

Anaphi ist die SE-lichste Insel der Kykladen. Ein kahler, sonnendurchglühter Felsklumpen von einer Insel, der nur einen ungeschützten Ankerplatz vor seinem Hauptort an der S-Küste zu bieten hat.

Die Osthuk der Insel Anaphi aus SE. Die Kapelle auf der Bergspitze bildet eine gute Landmarke.

Der Legende nach erhob Apollo diese Insel aus dem Meer, um Jason und den Argonauten während eines Sturmes eine Zuflucht zu geben. Diese Geschichte hängt vermutlich mit der Eruption auf Thira zusammen.

Die langen Sandstrände der Insel ziehen im Sommer ein paar Rucksack-Reisende an.

Skala Anaphi

An der S-Küste der Insel findet man diese Bucht, die an der Chora hoch oben auf den Klippen sowie einem kleinen Dorf um den Anleger herum leicht zu erkennen ist. Das Leuchtfeuer von Skala hat die Kennung (Fl.4s5M).

Die E-Huk der Insel wird von einem hohen, steil abfallenden Gipfel gebildet, der von Flachland umgeben ist und von weitem wie eine separate Insel wirkt. Eine gute Landmarke bildet die weiße Kirche auf dem Gipfel.

Vor einem flachen Felsen, Voi Rokana, der rund 1,25 Seemeilen E-lich und etwa 0,25 sm seewärts des Dorfes liegt, ist Vorsicht geboten. Unmittelbar W-lich des Dorfes erstreckt sich ein zerstörter Wellenbrecher S-wärts, der etwas Schutz vor Winden aus W bietet. Man ankert auf 3 bis 6 m Tiefe. Bei Meltemi sollte man sich soweit wie nur möglich hinter den Wellenbrecher verholen und dorthin eine lange Leine ausbringen. Der Sandgrund hält den Anker gut. Es gibt eine kleine Pier, die aber ständig mit Caïquen voll belegt ist. Bei Meltemi treten Fallböen auf, und der Grundschwell macht diesen Ankerplatz äußerst ungemütlich. Hier ankernde Yachten rollen fürchterlich. Der Platz ist nach SW über S bis E hin offen. An Land findet man im Dorf ein begrenztes Lebensmittelangebot und Tavernen.

Etwa 3 Seemeilen E-lich liegt eine weite, offene Bucht mit einem langen Sandstrand, die man als Schönwetterankerplatz benutzen kann.

Ports of entry
N
Nördliche Sporaden
Fl.10s17M
Psathoura
Yioura
Pelagos
Piperi
VOLOS
Alonnisos
Pagasitikos Kolpos
(Gulf of Volos)
LFl.10s10M
Skiathos
Fl(3)30s30M
Skopelos
Peristeri
Ägäis
Trikeri
Pen
LFl(3)20s
20M
Stenon
Trikeri
Fl(2)WR.15s15 12M
Pondikonisi
Skantzoura
Fl.5s16M
N. Podhi
Fl.3s6M
39°N
Orei
Orei Chan
Levkonisia
Loutro
Skiros
Linaria
Fl(2)WR.10s12 9M
Kimassi
N. Valaxa
Fl(2)5s19M
Vorios Evvoikos Kolpos
(Nördlicher Euböa-Golf)
Fl(3)30s
16M
EUBÖA
Prasoudha
Fl.5s16M
Fl(2)8s7M
Kimi
Fl.3·5s6M
Ak Oktonia
Fl(2)R18s12M
Khalkis
Petries
GRIECHISCHES FESTLAND
Fl(2)12s6M
Notios Evvoikos Kolpos
(Südlicher Euböa-Golf)
Fl.4s7M
Ak Kafirevs
Fl(2)16s
6M
Fl(2)15s
10M
Korinthiakos Kolpos
Fl.4s6M
Karistos
38°N
Rafina
Fl.1·5s4M
ATHEN
Kanal von
Korinth
Fl(3)20s
15M
Kolpos Petalion
Andros
Saronikos Kolpos
N. Aigina
Lavrion
Fl.5s16M
Peloponnes
N.Makronisi
Gaidhouronissos
Ak Sounion
LFl.14s5M
Kea
23°E
24°E

Euböa und die Nördlichen Sporaden

Dieses Kapitel stellt die Insel Euböa, die parallel zur griechischen Festlandsküste verläuft, die Festlandsküste vom Kap Ak Sounion bis zur Halbinsel Trikeri sowie die Nördlichen Sporaden vor.
Wegen der geschützten Fahrwasser und der vielen sicheren Häfen und Ankerplätze wird die innere Route durch den schmalen Golf von Euböa gern gewählt.
An der E-Küste von Euböa gibt es nur wenige sichere Ankerplätze, die vor den vorherrschenden Winden geschützt sind. Trotzdem wählten zu Zeiten der Segelschiffahrt N-gehende Caïquen die Route über das offene Meer nach Skyros, um dann ihren Kurs schräg NW-lich auf Thessaloniki abzusetzen. Die Rückfahrt erfolgte immer auf der inneren Route durch den Euböa-Golf.
Während der Antike und zu venezianischen Zeiten waren Euböa und Skyros bedeutende Häfen, die für Zwischenstopps auf der N-lichen Ägäisroute zwischen Athen und dem, was heute die N-liche Türkei bildet, angelaufen wurden. Die Reise von W nach E war eine zermürbende Schinderei gegen die vorherrschenden Winde, auf der viel gerudert werden mußte.
Euböas Bodenschätze und die landwirtschaftlichen Erzeugnisse sicherten der Insel schon früh die Entwicklung zu einem machtvollen Staat mit einer großen Flotte. Später wurde Euböa Athen untertan.
Als die Venezianer die Insel einnahmen, hielten sie diese für so bedeutsam, daß sie Euböa den Rang eines Königreichs einräumten; die Insel erhielt den Namen Nekroponte. Ihre Standarte war eine der drei, die auf dem Markusplatz wehten.
Trotz ihrer Nähe zu Athen ist Euböa bis heute eine größtenteils wilde und unberührte Insel geblieben.
Im Altertum nahm jeder feindliche Eindringling, der den Wunsch verspürte, den Stadtstaat Athen einzunehmen, so ziemlich genau dieselbe Route: von N hinunter über Euböa und das angrenzende Festland zum S Griechenlands. Der Thermopylen-Paß und die Ebene von Marathon sind als die bekanntesten Schlachtfelder der Antike in die Geschichte eingegangen. Die Landstreitkräfte konnten angelandet und von See her unterstützt werden, und folglich hallte dieses Seegebiet öfter von Schlachtenlärm wider. Die bekannteste Seeschlacht dürfte die sein, bei der athenische Schiffe die Flotte von Xerxes im Trikeri-Kanal in Bedrängnis brachten. Aber nicht nur Xerxes und seine Perser, sondern auch Makedonier, Römer (unter Glabrio und Cato) und Türken nahmen diese Passage, um nach S- und W-Griechenland vorzudringen. Auch 1941 mußten sich britische Streitkräfte gemeinsam mit Australiern und Neuseeländern vor den anrückenden deutschen Truppen aus Mazedonien hierher zurückziehen, um von den Stränden Euböas und dem Saronischen Golf evakuiert zu werden.
Beliebte Törngebiete Athener Yachten sind der Petalische Golf, Kolpos Petalion, und der S-liche Teil von Euböa. Weiter N-lich jedoch – mit Ausnahme der Nördlichen Sporaden, auf denen eine Vielzahl von Charterflottillen beheimatet ist – sind nur wenige Yachten anzutreffen.

Das Wetter auf Euböa und den Nördlichen Sporaden

Der Meltemi ist der vorherrschende Sommerwind; er weht hier aus NE. Ebenso wie in den Kykladen fängt der Meltemi im Juni sporadisch an zu wehen, erreicht seine größte Stärke im Juli und August und flaut gegen Ende September / Anfang Oktober wieder ab. Im Juli und August weht er mit Stärken von Bft 4 bis 6 und kann gelegentlich auch Bft 7 erreichen. Im Frühjahr und Herbst kommt der Wind überwiegend aus N-lichen Richtungen (NE bis NW), aber auch Winde aus S-lichen Richtungen treten regelmäßig auf.
Neben den allgemeinen Wetterlagen gibt es noch eine ganze Reihe örtlicher Varianten. In den Meerengen von Trikeri und Oreon (Diavlos Trikeri und Diavlos Oreon) wird der Wind abgelenkt, so daß er hier aus E bis ENE kommt.
Im Frühjahr und Herbst weht im Golf von Volos (dem N-lichen Teil von Pagasitikos Kolpos oder Pagasäischer Golf) durch das Tal, das im Scheitel des Golfs liegt, oft ein NW-licher Wind mit Stärken von Bft 2 bis 5. In den Sommermonaten können auch S-liche Winde auftreten.
Im Winter kann es Stürme geben, die aus NW kommen und besonders rauh sind. Im Dezember 1980 erreichte ein NE-Sturm die Stärke Bft 10, und der größte Teil Euböas war bis hinunter zu den Stränden verschneit. In den Bergen lag der Schnee bis zu 1 m hoch und für drei Tage waren Stromversorgung und Kommunikation zusammengebrochen, ein Durchkommen war unmöglich. Schnee an Deck ist natürlich etwas, das man von Griechenland nicht unbedingt erwartet.
Wie auch in den Kykladen treten bei Meltemi Fallböen von den umliegenden hohen Bergen auf. Besonders berüchtigt sind hierfür u. a. die Küste Euböas am Petalischen Golf, die Küste Euböas N-lich von Chalkis sowie die E-Küste von Skyros.
Im Sommer erreichen die Lufttemperaturen 25/26° C. Thessalien hat den Ruf, im Sommer die heißeste Region Europas zu sein, und tatsächlich ist es auch in Volos sehr heiß (durchschnittlich 27° C).

Regenschauer und Gewitter können im Frühjahr und Herbst auftreten. Die Gewitter werden von Sturmböen begleitet, aber normalerweise sind sie nur eine kurze Angelegenheit und in etwa zwei Stunden vorüber. Die Winter sind hier jedoch rauher als weiter S-lich, mit niedrigeren Temperaturen und kräftigen Schneefällen.

Wichtige Angaben

Ports of Entry

Lavrion
Volos

Sperrgebiete

1. Im N-lichen Teil von Ormos Marathon sowie in der Bucht Ormos A. Marina ist das Ankern verboten.
2. Das Anlanden in der Umgebung von Ormos A. Marina sowie auf den umliegenden Inseln Styra, Verdougi und Kavaliani ist verboten.
3. Das Anlanden auf Nisis Gioura in den Nördlichen Sporaden ist verboten.

Die wichtigsten Leuchtfeuer

Nisis Patroklou (Gaidouronissos): LFl.14s5M
Ak Vrysaki: Fl.15s16M
Nisis Mandili (Stenon Kaphireos) Fl(3)20s15M
Ak Velani: Fl.1,5s4M
Vr. Dipsa: Fl.4s6M
Nisides Verdougi (Nisis Ligeia): Fl(2)16s6M
Ormos Oropou (SE-Huk): Fl.4s7M
Ak Avlis (Diavlos Avlidos): Fl(2)12s6M
Ak Kakokephali: Fl(2)R.18s12M
Ak Mnima: Fl.3,5s6M
Ak Stalamata: Fl(2)8s7M
Ak Arkitsa: Fl(2)5s19M
Nisis Strongyli (S-Insel): Fl(2)WR.10s12/9M
Ak Vasilinas: Oc.WG.5s14/11M
Yph. Panagitsa (Orei-Riff): Fl(2)12s9M
Argyronisos (E-Huk): Fl.5s16M
Ak Trikeri: LFl(3)20s20M
Volos (Anleger der Zementfabrik): Fl(2)10s12M
Pontikonisi: Fl(2)WR.15s15/12M
Yph. Levteris: Fl(2)8s8M
Ak Sipia: LFl.10s10M
Nisis Repi (Skiathos): Fl(2)WR.10s12/8M
Ak Gourouni (Skopelos): Fl(3)30s20M
Ak Teleion (Alonnisos): Fl(3)12s12M
Nisis Psathoura: Fl.10s17M
Ak Lithari (Skyros): Fl(3)30s16M
Nisis Arapis (Ak Kaphirevs): Fl(2)15s10M
Nisis Prasoudi (Kymi): Fl.5s16M
Levkonisia (NE-Euböa): Fl(3)15s6M

Kurzübersicht

	Schutz	*Liegeplätze*	*Treibstoff*	*Wasser*	*Lebensmittel*	*Restaurants*	*Hafenplan*
Euböa und angrenzende Festlandsküste							
Gaidouromandra (Olympic Marina)	A	A	A	A	C	C	•
Lavrion	B	A	A	A	A	B	•
Ormos A. Nikolaou	B	C	O	O	O	O	
Tourkolimano	C	C	O	O	O	O	
Porto Raphtis	B	AC	B	B	B	B	•
Raphina	O	A	B	B	B	B	•
A. Andreas	C	A	O	O	O	O	
Nea Makri	C	A	B	B	B	C	
Ormos Marathonos	O	C	O	O	O	O	
Ormos Oropou	O	C	B	B	B	C	
Ormos Karystou	B	C	O	O	O	O	
Karystos	A	A	B	A	A	A	•
Nisoi Petalioi	C	C	O	O	O	O	•
Marmari	C	AC	B	A	B	B	•
Nea Styra	C	C	O	B	C	C	
Almyropotamos	B	C	O	O	O	O	
Vouphalos	A	C	O	O	O	C	•
Aliveri	A	A	O	A	B	B	•
Amarynthos	O	C	B	B	B	B	
Nea Psara	B	C	B	B	A	B	•
Chalkis	B	AB	A	A	A	A	•
Larmes	C	C	B	A	B	C	•
Ormos Atalantis	B	C	O	O	C	C	•
A. Konstadinos	O	AB	O	B	B	B	
Nea Artaki	B	C	B	B	A	B	
Limni	O	C	B	B	B	C	
Loutra Adipsou	O	C	B	B	A	B	
Nördlicher Euböa-Golf und der Golf von Volos							
Limin Stylis	B	AB	B	B	A	C	•
Ormos Echinou	C	C	O	B	C	C	
Raches	C	C	O	B	C	B	
Ormos Vathykelou	A	C	O	O	O	O	
Ormos Glyphas	C	C	B	A	B	B	
Oreoi	B	A	B	A	B	B	•
Ormos Pteleou	B	C	O	B	C	B	
Trikeri	C	C	O	B	C	C	
Nisis Palio Trikeri	C	C	O	O	C	C	
Skala Trikeri	O	C	O	O	O	O	
Ormos Vathoudi	A	C	O	B	O	C	•
Petraki	B	C	O	O	O	O	
Amaliapolis	C	AC	B	A	B	B	•
Loutraki Amaliapolis	B	C	O	O	O	O	•
Nea Anchialos	C	A	B	B	C	B	
A. Georgios	A	AC	O	B	C	C	
Volos	B	A	A	A	A	A	•
Ormos Adriami	C	C	O	O	O	O	
Platania	B	BC	B	B	B	B	•
Pontikonisi	C	C	O	O	O	O	

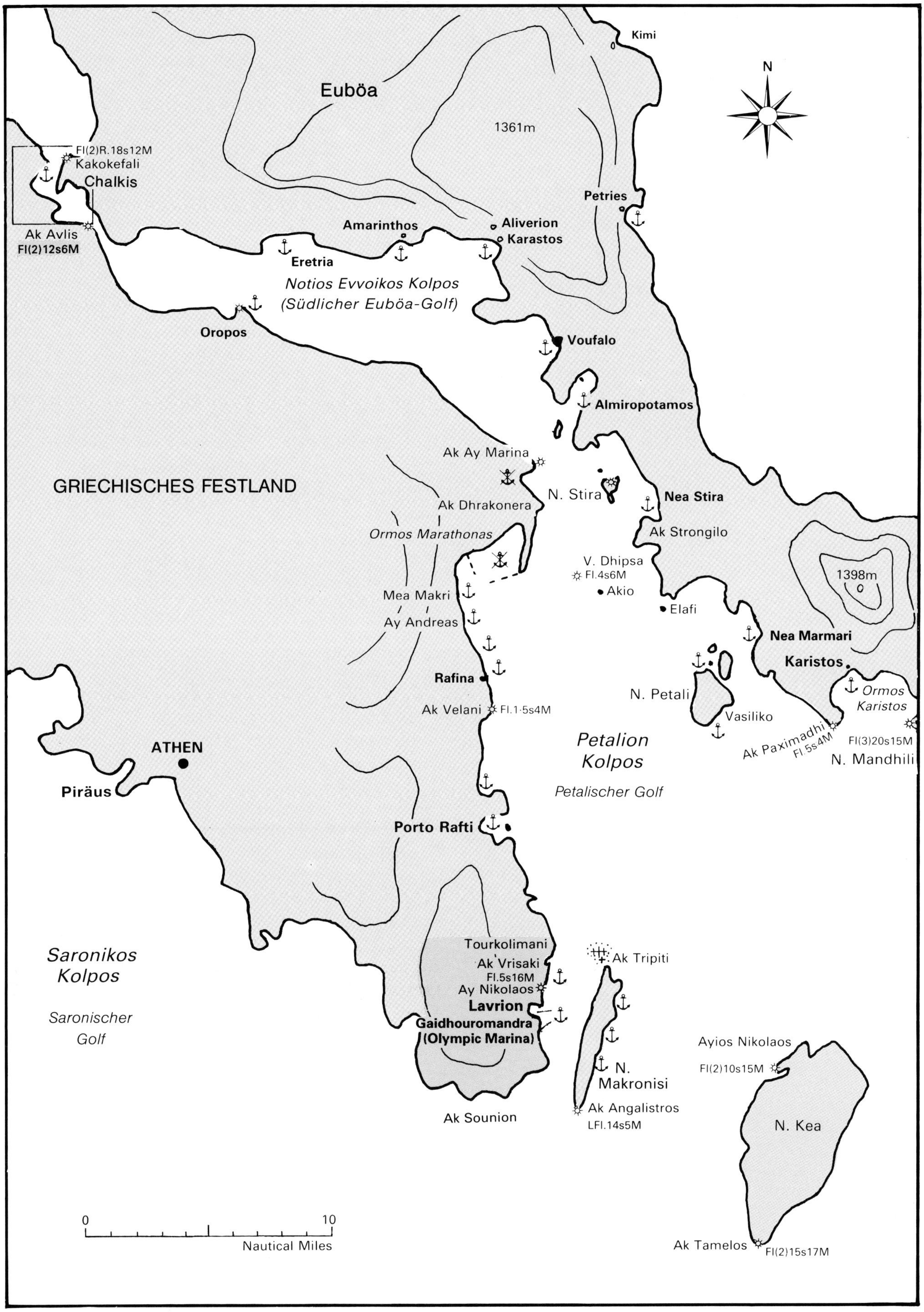

Der Petalische Golf und der Südliche Golf von Euböa.

	Schutz	Liegeplätze	Treibstoff	Wasser	Lebensmittel	Restaurants	Hafenplan
Skiathos							
Koukounaries	A	A	O	B	O	C	•
Skiathos	B	ABC	B	A	A	A	•
Skopelos							
Glossa	B	AC	O	A	C	B	•
Ormos Panormou	B	C	O	O	O	C	•
Ormos Agnontas	B	AC	O	O	O	C	•
Ormos Staphylos	C	C	O	O	O	O	
Skopelos	B	A	B	A	A	B	•
Alonnisos							
Ormos Mourtias	O	C	O	O	O	O	
Patitiri	B	A	A	A	B	B	•
Votsi	B	C	O	B	O	C	•
Ormos Tzortzi	B	C	O	O	O	O	
Stenivalla	B	C	O	O	O	C	
Ormos Phirakos	O	C	O	O	O	O	
Peristera							
Ormos Xero	B	C	O	O	O	O	
Ormos Vasiliko	A	C	O	O	O	O	
Pelagonisi							
Ormos Kyra Panagia	C	C	O	O	O	O	•
Ormos Planitis	A	C	O	O	O	O	•
Skantzoura							
Ormos Paurassa	C	C	O	O	O	O	
Ormos Skantzoura	C	C	O	O	O	O	
Skyros							
A. Phoka	C	C	O	O	O	O	
Linaria	B	C	O	O	O	C	
Ormos Linarias	B	A	B	A	B	C	•
Ormos Akladi	B	C	O	O	O	O	
Ormos Treis Boukes	O	C	O	O	O	O	
Ormos Renes	C	C	O	O	O	O	
Ormos Glyphada	B	C	O	O	O	O	
Ostküste von Euböa							
Ormos Petries	B	AC	O	B	C	C	•
Kymi	B	A	A	A	C	C	•
Ormos Loutro	C	C	O	O	O	O	

Die Westküste von Euböa und die gegenüberliegende Festlandsküste

Das Revier, das in diesem Kapitel vorgestellt werden soll, wird im E von Euböa und im W vom Festland begrenzt und ist in zwei Unterkapitel gegliedert: das Seegebiet S-lich von Chalkis (Kolpos Petalion und S-licher Euböa-Golf / Notios Evvoikos Kolpos) sowie das Seegebeit N-lich von Chalkis (Voreios Evvoikos Kolpos / N-licher Euböa-Golf).

Euböa (oder Evvoia oder Europos, nach der schmalen Durchfahrt von Chalkis benannt) oder Negroponte, wie sie die Venezianer nannten, ist eine langgestreckte gebirgige Insel, die sich parallel zur Festlandsküste in NW / SE-licher Richtung erstreckt. Sie ist nach Kreta die zweitgrößte Insel Griechenlands. Geographisch gesehen ist der zerklüftete Gebirgszug die Verlängerung des Pilion-Gebirges, das an der E-Küste des Golfs von Volos S-lich verläuft. Der höchste Gipfel der Insel ist der Dirphys, der etwa 60 Kilometer NW-lich des Kaps Ak Kaphirevs eine Höhe von 1874 m erreicht. Noch weiter N-lich erhebt sich der Pixaria zu einer Höhe von 1445 m, und der Ochi an der S-Spitze der Insel kommt auf eine Höhe von 1398 m. Zwischen diesen beachtlichen Gipfeln ist Euböa steil und zerklüftet mit fruchtbaren Schwemmlandebenen an der W-Küste.

Im Winter sind die Berge mit Schnee bedeckt, der oft bis ins späte Frühjahr hinein liegen bleibt. Die tiefergelegenen Hänge sind dicht bewaldet; hier wachsen Pinien, Platanen, Olivenbäume und Steineichen. Die Ebenen an der W-Küste sind sehr fruchtbar und werden landwirtschaftlich intensiv genutzt; hier werden Getreide, Wein, Feigen und Gemüse angebaut.

Die Festlandsküste auf der anderen Seite der Meerenge ist ebenfalls gebirgig, auch wenn die Berge nicht zum selben Gebirgsmassiv wie dem auf Euböa gehören. Der Knimis, der sich etwas landeinwärts des gleichnamigen Kaps im N erhebt, hat eine Höhe von 946 m. Der Gipfel, der sich genau gegenüber von Chalkis zu einer Höhe von 1030 m erhebt, weist in Gipfelnähe einen auffälligen weißen Fleck auf. Der Pendelikon in der Nähe von Athen ist 1119 m hoch. Die Gebirgszüge auf dem Festland sind größtenteils kahl oder mit Macchia (Marquis) bewachsen; die Hänge an den Küsten sind entweder bewaldet oder werden landwirtschaftlich genutzt.

Im Altertum war Euböa in sieben Stadtstaaten aufgeteilt, von denen Chalkis und Eretria die bedeutendsten waren. Wegen der Nutzung der fruchtbaren Ebene Lelantine, die zwischen den beiden Städten lag, wurden die beiden sehr schnell zu Rivalen. Schließlich gewann Chalkis den Kampf, weil Eretria nicht mehr existierte; es war von den Persern dem Erdboden gleichgemacht worden.

Nach den Perserkriegen kam Euböa unter die Herrschaft Athens, dann unter die der Römer und ohne viele Mätzchen in den Besitz der Byzantiner. Als die Venezianer die Macht auf der Insel übernahmen, benannten sie diese zunächst einmal um: Negroponte – Schwarze Brücke – war die Korrumpierung des Namens einer Brücke, die den Euripos-Sund an seiner schmalsten Stelle überspannte. Die venezianischen Herren machten aus Euböa ein Königreich. 1470 ging die Insel an die Türken über, deren Herrschaft bis 1830 andauerte. Dann wurde Euböa griechisch.

Die Nähe zu Athen, Rafina liegt an der Festlandsküste nur rund 25 Kilometer entfernt, hat dieser Region das zweifelhafte Vergnügen beschert, im Sommer zum »Vorort« von Athen zu werden. Zwischen Chalkis und Lavrion reihen sich große Villen entlang der Küste. Auch nach Euböa sind bereits viele Athener gezogen, aber die schlechten Straßen und die Größe der Insel sorgen dafür, daß Euböa weitgehend unberührt bleibt.

Die Küsten südlich von Chalkis

Ormos Gaidouromandra und Olympic Marina

Olympic Marina WP 37°41,9'N 024°03,3'E / Karten: D 670

Allgemeines
Die Marina, deren Bau vor der Werft Olympic Marine seit Jahren geplant war, ist nun endlich auch realisiert worden. Der äußere Wellenbrecher sowie ein Großteil der Innenausstattung der Marina und die Versorgungsmöglichkeiten an Land sind bereits weitgehend fertiggestellt. Da die Arbeiten aber sehr zügig vorangehen, wird die Marina bei Erscheinen dieses Buches bestimmt komplett sein.
Olympic Marine ist eine seit langem etablierte Werft, auf der früher die Olympic Yachten des Typs 33s, 37s und 39s sowie die Olympic 45s gebaut wurden, was die vergleichsweise große Zahl dieser Yachten in griechischen Gewässern erklärt. Nach dem Einstellen des Yachtbaus spezialisierte sich Olympic Marine auf Reparaturen und Wartungsarbeiten an Yachten und wurde nach anfänglichen Schwierigkeiten zu einer gut geführten Werft mit beeindruckender Infrastruktur und riesigen Werkhallen. Falls die Werft Olympic Marine wirtschaftliche Schwierigkeiten haben sollte, kann es nur daran liegen, daß sie doch ein ganzes Stück von Athen und Piräus entfernt ist. Wenn sehr spezielle Arbeiten ausgeführt werden müssen, kann es schon den größten Teil des Tages kosten, mit dem Bus nach Athen zu fahren, um dort alles zu organisieren. Allerdings sind auch die Straßen ausgebaut worden, und es geht trotz allem verhältnismäßig schnell.

Ansteuerung
Bei der Ansteuerung aus S muß zunächst das Kap Ak Phonias gerundet werden, bevor die Marina und die Werft sichtbar werden. Beim Einlaufen in die Bucht sind der Wellenbrecher und die Masten der Yachten sowie die großen Werftgebäude sofort zu erkennen. Kommt man von N, werden zunächst der Hafen sowie die Gebäude von Lavrion sichtbar; beim Näherkommen sind dann der Wellenbrecher und die Werftgebäude von Olympic Marine auszumachen. *Nachts* navigiert man nach dem Feuer auf Ak Phonias (Fl.2,4s6M). Die Einfahrt der Marina ist mit Fl.R. befeuert. Olympic Marine ist auf UKW-Kanal 12 zu erreichen.
Hinweis: Auch wenn die Bauarbeiten bei Erscheinen dieser zweiten Auflage eigentlich abgeschlossen sein sollten, sollte man möglicherweise stattfindende Arbeiten einkalkulieren und entsprechend vorsichtig navigieren.

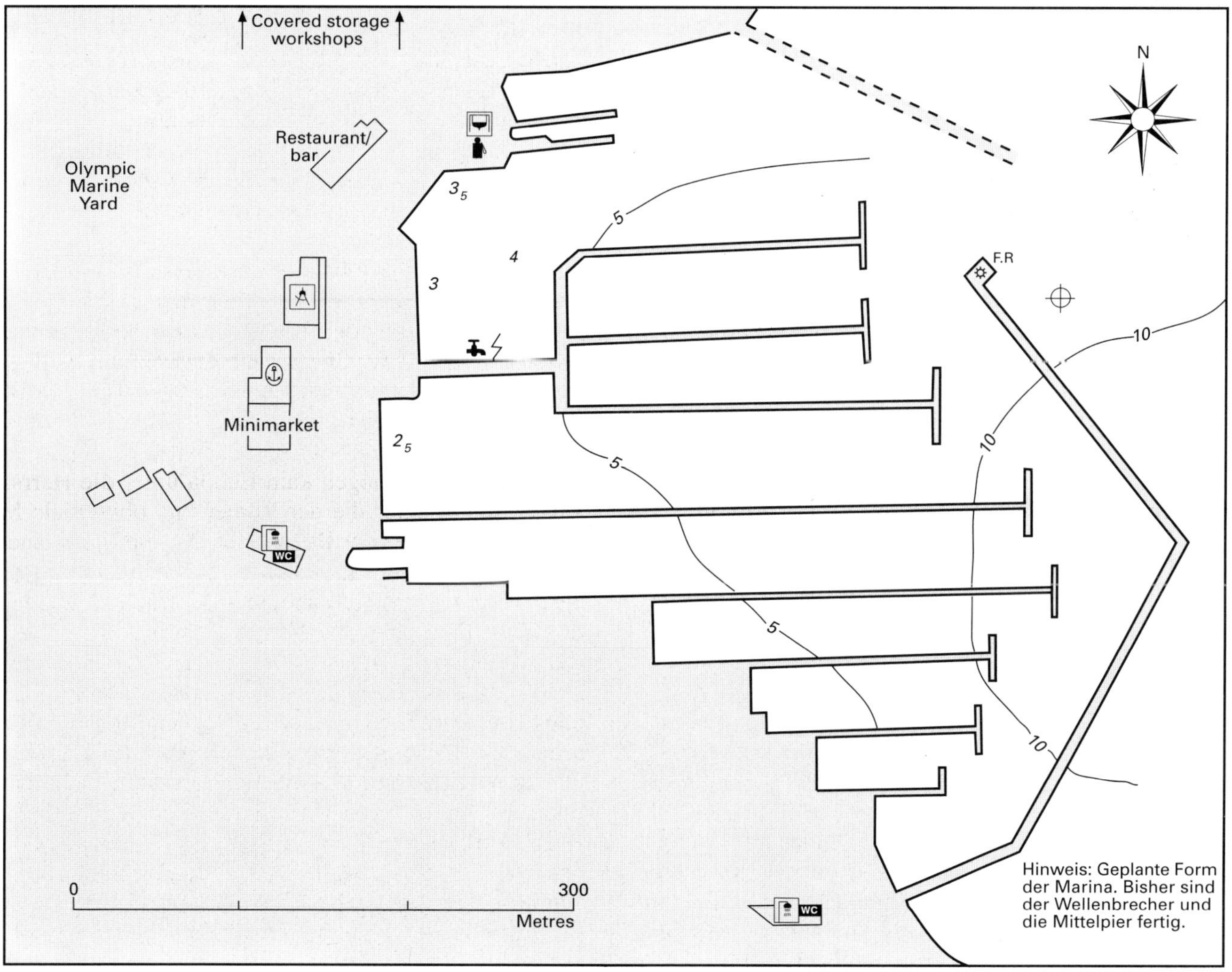

Olympic Marina.

Insel Pholegandros: Karavostasi aus SE. Im Vordergrund rechts die Insel A. Ioannis (oben); Skala Thira aus W.

Euböa: Blick aus ESE auf Nea Marmari und den Petalischen Golf (oben); der Hafen Katapola auf der Insel Amorgos (unten links). Der Nordhafen von Chalkis aus SSW (unten rechts).

Stadt und Hafen Skiathos aus E (oben); der Hafen Skopelos aus SW. Das Foto zeigt den Hafen vor dem Ausbau: Er wurde vergrößert und die Ostmole weiter nach Osten verlegt.

Insel Alonnisos: Blick aus E auf die Bucht Ormos Patitiri von der Einfahrt (oben); Ormos Planitis auf der Insel Pelagonisi. Im Hintergrund ganz oben im Bild die kleine Insel Gioura.

Liegeplätze
Insgesamt stehen 700 Liegeplätze inklusive Gastliegeplätzen für Yachten bis max. 30 m Lüa zur Verfügung. Die Wassertiefen variieren zwischen 2 m und 10 m.
Plätze werden angewiesen, Mooringtonnen sind ausgelegt.
Schutz: Man ist hier bei jedem Wetter gut geschützt.
Behörden: Wasserschutzpolizei und Zoll. Hafenmeister und Marinapersonal. Es wird eine Liegegeld erhoben: Kategorie 2 bis 3.

Versorgung
Service: Wasser und Strom gibt es an jedem Liegeplatz. Ein Sanitärblock mit Duschen und Toiletten ist vorhanden. Wäscherei-Service wird angeboten.
Treibstoff bekommt man am Kai.
Reparaturen: Olympic Marine bietet 1000 Landstellplätze, Travellifts mit 200 t bzw. 50 t. Überdachte Werkhallen. Sämtliche Reparatur- und Wartungsarbeiten können ausgeführt werden, inklusive Arbeiten an der Maschine, Holzarbeiten und spezielle GFK-Reparaturen. Ausgeführt werden können auch Behandlungen von Osmose-Schäden und Wartungsarbeiten an Rettungsinseln. Segelreparaturen können veranlaßt werden. Schiffsausrüster sind ebenfalls vor Ort.
Informationen: Olympic Marine S.A., GR 19500 Lavrion, Attika, Griechenland
Tel.: 0292-27 70 16, Fax: 0292-22 569.
Lebensmittel: In Lavrion. Am Donnerstag findet ein Wochenmarkt statt. In der Marina soll noch ein kleiner Supermarkt eröffnet werden.
Restaurants: Foti's Taverne auf dem Werftgelände bietet leckere Fischgerichte zu moderaten Preisen an. Für die Marina sind noch ein Yachtclub-Restaurant und eine Snackbar in Planung. Ansonsten findet man in Lavrion verschiedene Tavernen.

Lavrion

WP 37°42,9'N 024°04'E (Leuchtfeuer Ak Ergastira)
Karten: BA 1571, D 1089 Plan L

Allgemeines
Früher war Lavrion einmal ein bedeutender Industriehafen, wo Cadmium und Mangan sowie kleine Mengen Blei, aus den wieder eröffneten antiken Minen gefördert, verladen wurde.
Die Minen wurden vermutlich bereits 1000 v. Chr. betrieben, und während der antiken Klassik wurden große Mengen Silber in den Minen von Lavrion gewonnen, die den Reichtum und die wirtschaftliche Macht Athens stärkten.
Heute ist Lavrion ein schmuddeliger Hafen, dessen Küste von Erzhalden und Abraum verunstaltet wird. Trotzdem hat die Stadt einen gewissen Charme, der sich aus

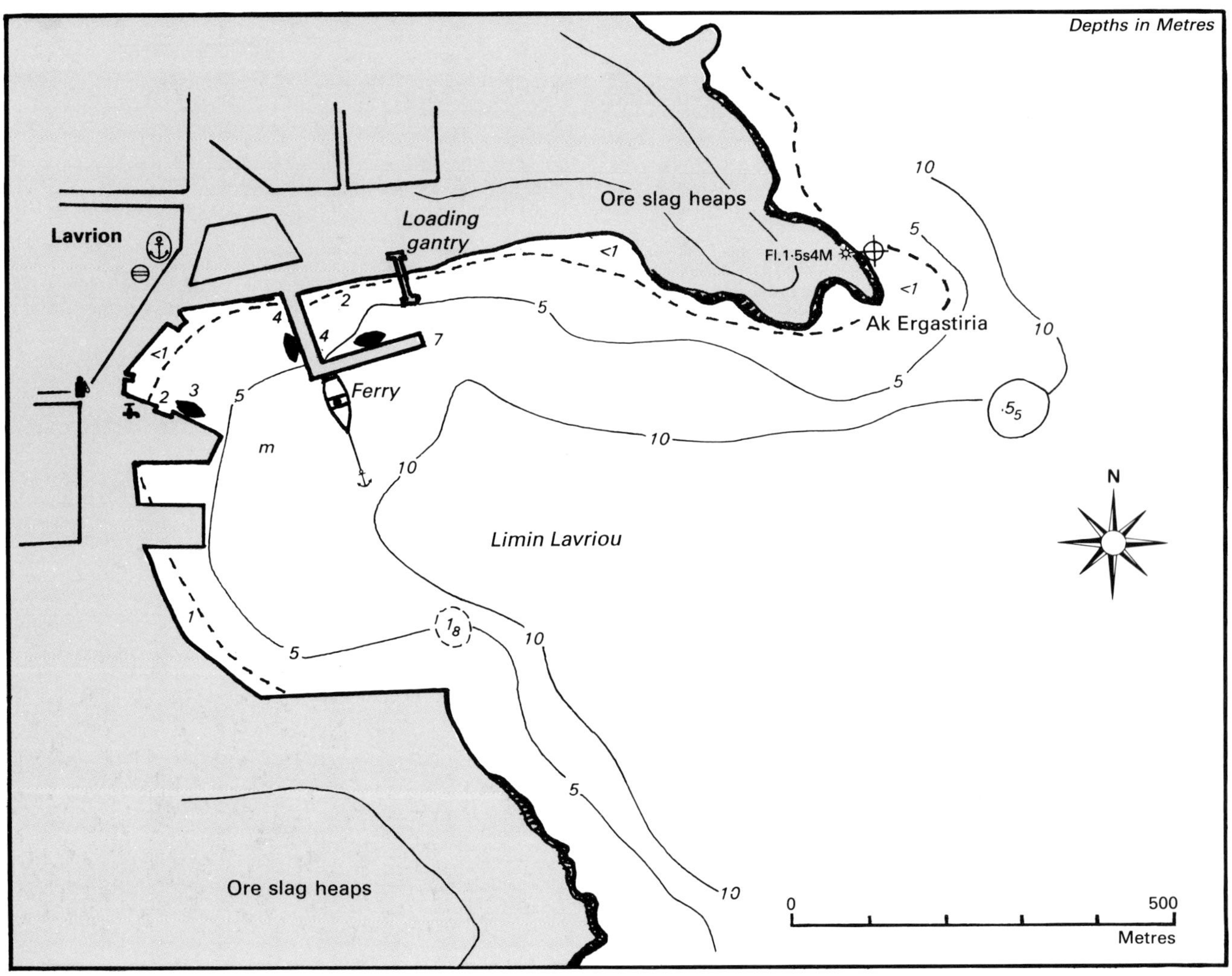

Lavrion.

Der Hafen von Lavrion aus NE (Foto: Nigel Patten).

verblaßter Würde und einer Ahnung vergangenen Reichtums zusammensetzt. Die meisten Leute, die hier eine gewisse Zeit verbringen müssen, weil an ihrem Boot auf der Olympic Werft gearbeitet wird, fassen eine unbestimmte Zuneigung zu diesem Ort, die sich bei einem ersten kurzen Besuch aber nicht einstellt.

Ansteuerung
Auffällig: Unmittelbar N-lich von Gaidouromandra befindet sich dieser Hafen, dessen Gebäude bei der Ansteuerung aus S leicht auszumachen sind. Kommt man aus N, sind zwei hohe Schornsteine in A. Nikolaos, der Bucht N-lich von Lavrion (Ormos Thorikou), sichtbar.
Nachts navigiert man nach den Feuern auf Ak Phonias (Fl.2,4s6M) und Ak Ergastira (Fl.1,5s4M). Die beiden Schornsteine in A. Nikolaos sind nachts mit roten Festfeuern versehen, die eine gute Reichweite haben.

Liegeplätze
N-lich der L-förmigen Pier macht man mit Bug oder Heck zur Pier fest oder geht längsseits, wobei der Anlegeplatz der Fähre freigehalten werden muß. Der Schlickgrund hält den Anker gut.
Schutz: Hinter der Pier ist man gut geschützt. Ebenso wie in Gaidouromandra sind leichte Winde aus E bis SE ungefährlich.
Behörden: Lavrion ist Port of Entry; Wasserschutzpolizei und Zoll sowie Einwanderungsbehörde sind vor Ort.

Versorgung
Wasser gibt es im W der Pier.
Treibstoff ist unweit des Kais an der W-Seite des Hafen erhältlich, kann aber auch von einem Tankwagen geliefert werden.
Reparaturen: Die meisten mechanischen Reparaturen können ausgeführt werden.
Lebensmittel: Gute Versorgungsmöglichkeiten in der Nähe.
Restaurants: In der Stadt findet man Tavernen.
Sonstiges: Post, Telefonamt, Bank, Gas, Camping GAZ. Gelegentlich verkehrt ein Bus nach Athen. Es bestehen Fährverbindungen nach Kea und Kythnos.

Ormos A. Nikolaou

Unmittelbar S-lich des Kaps Ak Vrysaki befindet sich diese Bucht, die Standort eines großen Elektrizitätswerkes und verschiedener Fabriken ist. Zwei hohe Schornsteine mit roten und weißen Bändern sind bereits von weitem zu erkennen. Es gibt eine solide Pier und Kai-Abschnitte, die den Frachtschiffen vorbehalten sind. Man ankert in der Bucht, die nur nach E hin offen ist, und liegt gut geschützt vor dem Meltemi.

Tourkolimano

Eine halbe Seemeile N-lich des Kaps Ak Vrysaki befindet sich diese Bucht, die nach SE hin offen ist, aber recht ordentlichen Schutz vor dem Meltemi bietet. Man ankert in der kleinen Einbuchtung im N.

Die Insel Makronisos

Diese lange, schlanke Insel erstreckt sich parallel zur attischen Festlandsküste zwischen Ak Sounion und der Insel Kea. Es handelt sich um eine zerklüftete Gebirgsinsel, die sich an ihrem S-Ende zu einer Höhe von 274 m erhebt. An der E-Küste der Insel gibt es zahlreiche Buchten und Einbuchtungen, die je nach Windrichtung zum Ankern benutzt werden können. Die meisten sind jedoch dem Meltemi ausgesetzt, der hier aus NE kommt.
Ormos Angalistros an der S-Spitze sowie Ormos Gerolimionas an der E-Küste sehen so aus, als würden sie vor Meltemi Schutz bieten. Das Riff, Yph. Angalistros, das etwa 0,15 sm S-lich der Einfahrt liegt, ist bei der Navigation zu beachten.
Hinweis: Bei der Passage der Meerenge, Stenon Makronisou, zwischen der Insel Makronisos und dem Festland, ist Vorsicht vor dem eben überspülten Riff, Yph. Trypiti, etwa 0,5 sm NW-lich von Ak Trypiti (der N-Huk von Makronisos) geboten. Das Wrack eines Küstenfrachters, das früher das Riff bezeichnete, ist mittlerweile verschwunden.

Porto Raphtis

WP 37°53,2'N 024°02,7'E (Leuchtfeuer auf Nisis Raphtis)

Allgemeines
Rund um die Küste dieses schönen Naturhafens herum haben Athener ihre Sommerhäuser gebaut und damit ein schlichtes Fischerdorf in eine wohlhabende Gemeinde von Athener Pendlern verwandelt. Leider wurde für die Neubauten die schrecklichste Architektur, die Stahlbeton zu bieten hat, gewählt. Besäßen die Bucht und die umliegende Landschaft nicht eine so außergewöhnliche Schönheit, man hätte den Eindruck, in einem Athener Vorort zu sein.
Auf der kleinen Insel Raphtis steht ein Standbild, das vermutlich aus römischer Zeit stammt und bei den Einheimischen als »Schneider« bekannt ist. Diese Statue (Raphti = Schneider) hat der Insel und dem Hafen seinen Namen gegeben.

Ansteuerung
Auffällig: Von See her bildet das große Standbild, das auf der Insel Raphtis steht, eine markante Landmarke. Beim Näherkommen werden auch die zahlreichen Villen und Appartementblocks, die das Ufer umgeben, sichtbar.
Nachts gibt es nur ein einziges Feuer, nämlich das auf der Insel Raphtis (Fl.2s9M). Eine nächtliche Ansteuerung sollte nur mit äußerster Vorsicht erfolgen, da die Kennung des Feuers (es könnte auch Q. sein) umstritten ist.
Gefahren:
1. In der Umgebung des Ankerplatzes muß wegen der zahlreichen Mooringleinen, die auf der Wasseroberfläche schwimmen, vorsichtig navigiert werden.
2. Vor der N-Küste von Limin Mesogaias ist der Grund unrein.

Liegeplätze
Man ankert im NW der Bucht auf 4 bis 10 m Tiefe. Im NW-lichen Teil der Bucht sind die Wassertiefen sehr unterschiedlich; einige Stellen sind untief. Langsam und vorsichtig fahren! Falls Platz ist, kann man auch mit Bug oder Heck zum Kai in der kleinen Einbuchtung an der N-Seite von Ak Pounda festmachen. Der Grund besteht aus Schlick oder Sand und hält gut.
Schutz: Man liegt gut geschützt vor dem Meltemi. Auch wenn die Bucht nach E und SE hin offen ist, sind Winde aus diesem Quadranten für hier ankernde Yachten nicht gefährlich, und die Insel in der Einfahrt hält den Schwell etwas ab. Eine Reihe von Yachten überwintert hier regelmäßig im Wasser.
Behörden: Wasserschutzpolizei.

Versorgung
Wasser bekommt man im Ort.
Treibstoff kann von einem Tankwagen geliefert werden.
Lebensmittel: Die meisten Lebensmittel sind erhältlich. Es gibt auch einen Supermarkt, obwohl dieser ein ziemliches Stück von Raphtis entfernt ist.
Restaurants: In Raphtis und am Strand entlang gibt es verschiedene Tavernen.
Sonstiges: Post und Telefonamt, und gelegentlich verkehrt ein Bus nach Athen.

Ormos Vraonas

2 Seemeilen N-lich von Porto Raphtis befindet sich diese Bucht, in der einheimische Boote an Dauermoorings liegen und in der man bei ruhigem Wetter ankern kann. Die Bucht wird zum Teil von einem kleinen Inselchen an der NE-Seite geschützt.

Artimedos Yacht Club

Die Küste zwischen Ormos Vraonas und Raphina wird von Villen und Appartementhäusern gesäumt, die sich ohne Unterbrechung am Ufer entlangziehen. Die Wirkung ist nicht besonders reizvoll. In Loutsa gibt es einen kleinen privaten Yachthafen, den Artimedos Yacht Club, in den kleine Yachten einlaufen können. Im Hafen liegt man gut geschützt, und Versorgungsmöglichkeiten und Tavernen sind in der Nähe.

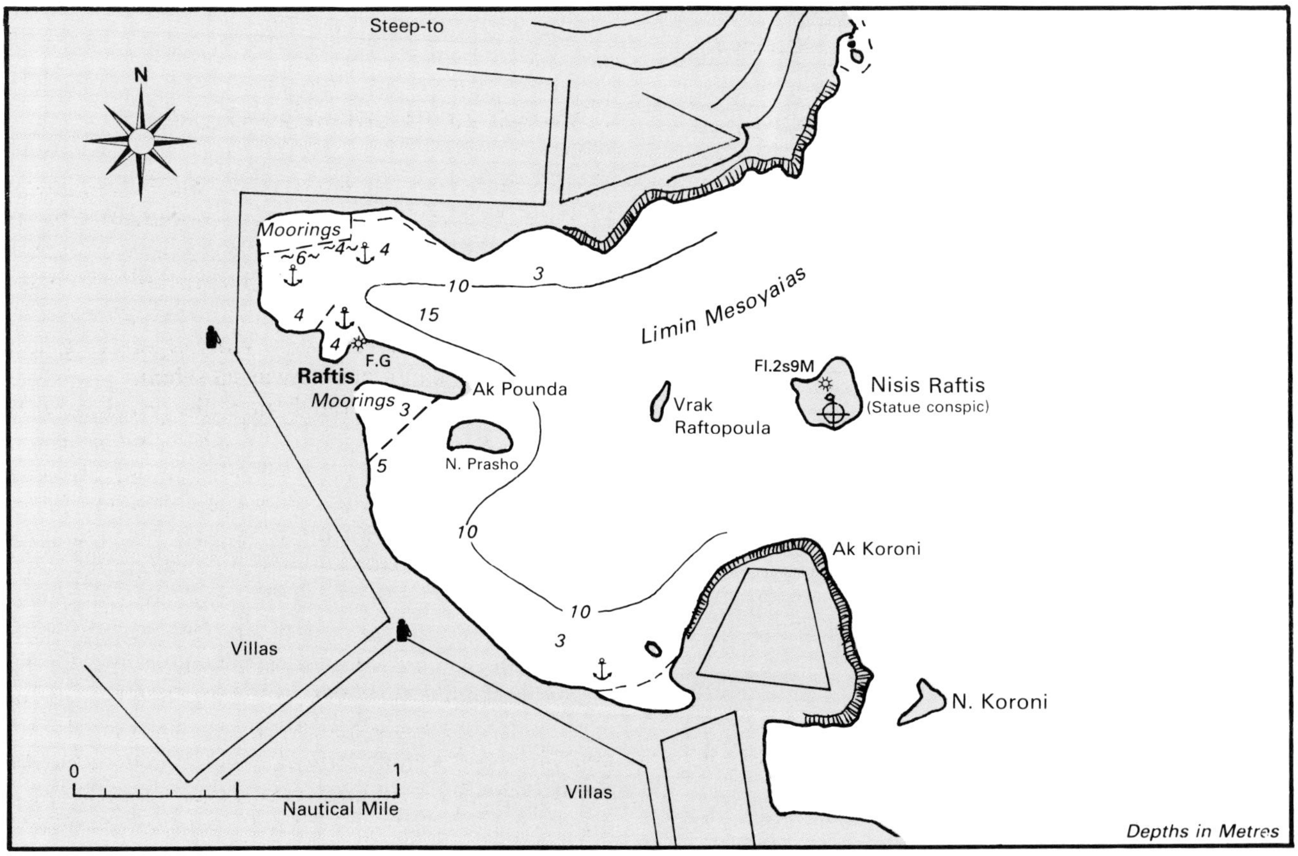

Porto Raphtis.

Raphina

WP 38°01,4'N 024°00,7'E / Karten: Imray G26, D 670

Allgemeines
Die Stadt wirkt recht freundlich, aber der Hafen ist derart ungemütlich, daß er die Erinnerungen der meisten Skipper, die hier einmal festgemacht haben, nachhaltig trübt. Selbst wenn das Meer draußen »platt wie ein Laken« ist, steht im Hafen Schwell, der schlicht unerträglich ist. Vielleicht verbessert sich der Schutz, wenn die neue Mole irgendwann einmal fertiggestellt ist.

Ansteuerung
7 Seemeilen N-lich von Porto Raphtis befindet sich dieser Fährhafen. Die Häuser des Ortes, die auf einem Berg oberhalb des Hafens stehen, sowie die dahinter befindlichen Hänge sind leicht zu erkennen. Beim Näherkommen wird die neue Mole sichtbar. Der Hafen mit Fl.G.1,5s3M und Fl.G.3M befeuert. Vor der neuen Mole ist eine Tonne ausgelegt, die mit Q.G befeuert ist.
Hinweis: Da der Hafen kaum sichere Liegeplätze für Yachten bietet, wäre es das beste, ihn gar nicht erst anzulaufen.

Liegeplätze
Bei ruhigem Wetter kann man versuchen, im S-lichen Hafenbecken festzumachen oder im Schutz des N-lichsten Wellenbrechers zu ankern.
Schutz: Im Hafen liegt man eigentlich immer ungemütlich. Der Schutz ist selbst bei moderaten Winden gering; bei Starkwinden aus N und S muß der Hafen verlassen werden.

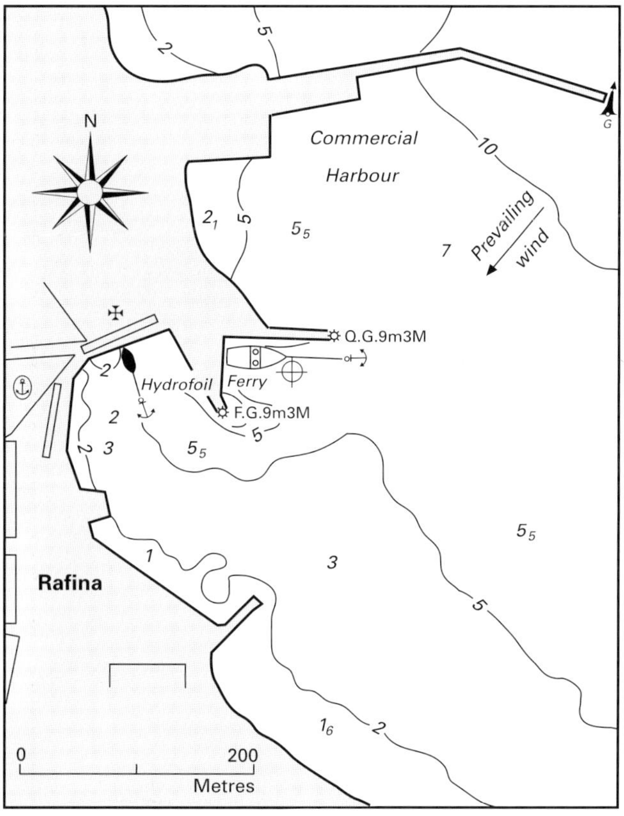

Raphina.

Versorgung
Wasser gibt es am Kai. Treibstoff in der Nähe. Die Stadt bietet Versorgungsmöglichkeiten und Tavernen, Post und Telefonamt. Nach Euböa und zu den Nördlichen Kykladen bestehen Fährverbindungen. Ein Bus verkehrt nach Athen.

Naoma

Etwa 0,75 Seemeilen N-lich von Raphina gibt es einen kleinen Bootshafen, der nach S hin offen ist, aber etwas Schutz vor Meltemi bietet. Im Inneren des Hafens soll die Wassertiefe 2 m betragen. Eine Reihe großer Hotelblocks ziert die nahe Umgebung.

A. Andreas

Ungefähr 2,5 Seemeilen N-lich von Raphina gibt es einen winzigen Bootshafen, der von einer geschwungenen Mole geschützt wird.

Nea Makri

Etwa 3,75 Seemeilen N-lich von Raphina bildet eine L-förmige Mole einen kleinen Hafen, der etwas Schutz vor Meltemi bietet. Hinter der Mole sollen die Wassertiefen 2 m betragen.

Ormos Marathonos

An der W-Seite dieser Bucht findet man einen Schönwetterankerplatz. Bei Meltemi steht beachtlicher Schwell in die Bucht. Davon abgesehen, ist es nicht besonders klug, vor einer Lee-Küste zu ankern.

Die Schlacht von Marathon

Die Schlacht von Marathon, in der die Athener die persischen Streitkräfte besiegten, ist als »Schlacht par excellence« in die Geschichte eingegangen, weil eine kleine tapfere Streitmacht über eine zahlenmäßig weit überlegene Armee triumphierte. Für den Laien gibt es auf dem antiken Schlachtfeld mit dem Grabhügel der gefallenen Athener heute kaum noch etwas zu sehen.
Die persischen Invasoren hatten die griechische Ebene ohne jede Behinderung erreicht. Die Athener, die mit 10 000 Mann vor Ort waren, kontrollierten die Straße zu ihrer Stadt. Die Stärke der persischen Streitkräfte betrug zwar 24 000 Mann, aber sie griffen nicht sofort an, weil die Athener eine strategisch sehr starke Position innehielten. Auf persischer Seite überlegte man, ob es nicht klüger wäre, Athen von See her anzugreifen und einzunehmen. Etwa Mitte August 490 v. Chr. begannen die Perser also damit, ihre Soldaten wieder an Bord zu nehmen, um die Invasion von See aus einzuleiten. Das war der Moment, in dem die Athener ganz überraschend angriffen. Die Perser, die auf eine Schlacht nicht vorbereitet waren, wurden von diesem Angriff völlig überrascht, was bei ihren Truppen ein heilloses Durcheinander verursachte. Bei ihrem Versuch, auf ihre Schiffe und auf See zu kommen, verloren

6400 persische Soldaten ihr Leben. Die Verluste bei den Athenern beliefen sich auf 192 Mann. Bis zu dieser Schlacht hatten die Perser als unbesiegbar gegolten; die Schlacht bei Marathon hatte diesem Mythos ein Ende gesetzt. Während die Schlacht tobte, sollen Pan und Theseus erschienen sein, um die Athener zu unterstützen, und seit dem Tag der Schlacht soll man auf der Ebene von Marathon immer mal wieder Waffengeklirr und Schlachtgeschrei hören.
Entgegen der normalen Gepflogenheit wurden die Toten dort begraben, wo sie ehrenhaft und heldenmütig gefallen waren. Ausgrabungen am Grabhügel haben gezeigt, daß diese antike Tradition erstmalig in Verbindung mit der Schlacht von Marathon verwendet wurde.

Sperrgebiete mit Anker- oder Anlandeverbot

1. Das Ankern ist in einem Gebiet verboten, das von einer imaginären Linie, die 2,25 sm SW-lich des Kaps Ak Marathonos und 1,5 sm NW-lich verläuft (die N-liche Hälfte der Bucht). In diesem Gebiet befindet sich eine schwimmende Zielscheibe.
2. Zwischen Ak Drakonera und einem Punkt, der 2 sm NW-lich von Ak A. Marina liegt, ist das Ankern verboten.
3. Es ist verboten, den Hafen, der unterhalb des Kaps Ak A. Marina liegt und von einer Mole umschlossen wird, anzulaufen.

Die Gebiete sowie der Hafen in A. Marina gehören der griechischen Armee und werden für vielfältige Freizeitaktivitäten genutzt.

Ormos Oropou

Diese offene Bucht, die direkt S-lich von Eretria liegt, ist der Fährterminal auf dem Festland für Fähren nach Eretria hinüber. Im Sommer liegen hier einheimische Boote an Dauermoorings. Der Schutz im Hafen ist ganz ordentlich. In Nea Palatea gibt es Tavernen und Versorgungsmöglichkeiten.

Euböas Küste südlich von Chalkis

Ormos Kastri

2 Seemeilen NE-lich von Nisis Mandili, an der SE-Küste von Euböa, befindet sich diese Bucht, die guten Schutz für Yachten bietet, die auf ein Abflauen des Windes und eine Beruhigung der See in der Meerenge Stenon Kaphireos warten. Man ankert im Scheitel der Bucht auf 4 bis 6 m über Sandgrund, der gut hält. 1,25 Seemeilen weiter NE-lich von Ormos Kastri gibt es eine weitere namenlose Bucht, die ebenfalls guten Schutz vor Meltemi gewährt. Keine Versorgungsmöglichkeiten.

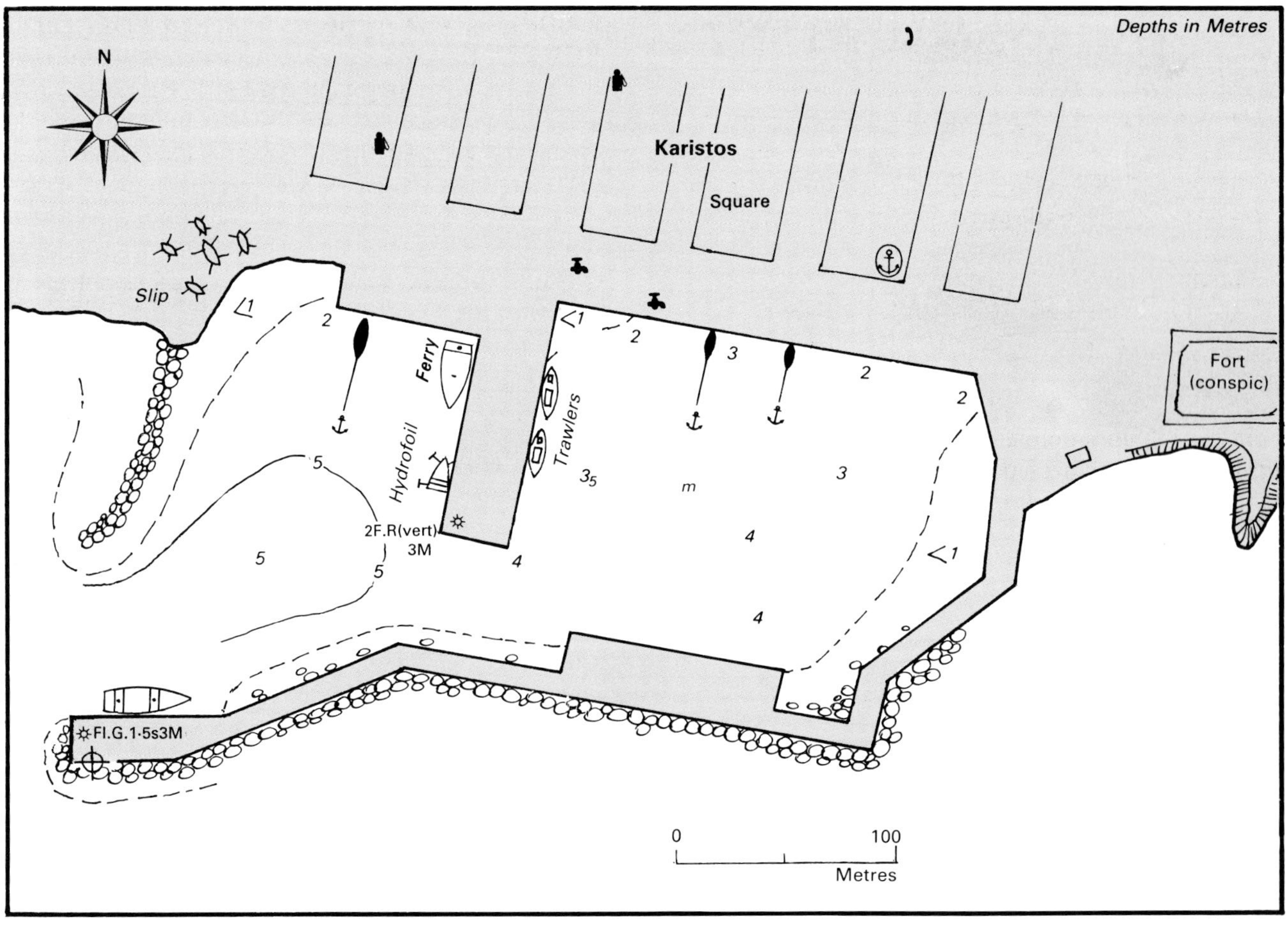

Karystos.

Karystos aus W.

Stenon Kaphireos

siehe unter »Andros« Seite 263.

Karystos

WP 38°00,5'N 024°25'E (Fl.G.1,5s3M)

Allgemeines
Karystos ist ein aufstrebender Urlaubsort, der auf einem schmalen Streifen Land am Fuß eines imposanten Gebirgszuges liegt. An manchen Stellen stürzen die Felsklippen aus einer Höhe von 500 m und mehr jäh ins Meer. Falls jemand besonders waghalsig oder tollkühn ist, kann er auf der Straße, die in die Felshänge geschlagen wurde, eine Busfahrt mitmachen. Die zerklüftete Landschaft ist für Trekking-Ausflüge bestens geeignet.

Ansteuerung
Auffällig: Die Stadt Karystos am Fuß des hohen steilen Gebirgszuges ist von See her leicht auszumachen. Die Insel Nisis A. Pelagia, auf der eine Kapelle steht, liegt 1 Seemeile SW-lich des Hafens. Eine gute Landmarke bildet auch ein Kastell unmittelbar E-lich des Hafens.
Nachts navigiert man nach den Feuern auf Nisis Paximadi (Fl.5s4M) und Nisis Mandili (Fl(3)20s15M). Ist man erst in die Bucht Ormos Karystou eingelaufen, sind die Hafenfeuer zu sehen: Fl.G.1,5s3M und 2F.R.(vert)3M.
Gefahren: Bei starken Winden aus N treten gefährliche Fallböen von den umliegenden Bergen auf. Im Admiralty Pilot wird eine leichte Wolke, die um den Gipfel des Oros Ochi (im Hinterland von Karystos) herum liegt, als zuverlässiger Vorbote N-licher Winde beschrieben.

Liegeplätze
Im Hafenbecken macht man mit Bug oder Heck zum Stadtkai fest. Meist ist es hier drinnen mit Fischerbooten überfüllt, dann kann man, falls man einen Platz ergattert, mit Bug oder Heck zum Kai W-lich des Fähranlegers festmachen. Der Grund besteht aus Schlick und hält gut.

Schutz: Man ist in Karystos rundum gut geschützt.
Behörden: Wasserschutzpolizei und Zoll.

Versorgung
Wasser gibt es in der Nähe des Platzes.
Treibstoff in der Stadt. Ein Tankwagen kann ihn aber an den Kai liefern. *Reparaturen*: Minimale Reparaturen an der Mechanik sind möglich.
Lebensmittel: Gute Versorgungsmöglichkeiten in der Stadt.
Restaurants: Tavernen und Bars findet man um den Hafen herum.
Sonstiges: Post, Telefonamt, Gas, Camping GAZ. Gelegentlich verkehrt ein Bus nach Chalkis. Fährverbindung und Tragflügelboot nach Raphina.

Die Petalischen Inseln (Nisoi Petalioi)

Diese Inselgruppe liegt vor der SW-Küste von Euböa, unweit der Insel Paximadi im NW. Die beiden größeren Inseln heißen Megalo und Xero.
Zwischen diesen Inseln gibt es zahlreiche Ankermöglichkeiten, und es ist kein Problem, je nach Windrichtung einen geschützten Platz zu finden.
1. ***Vasiliko***: An der S-Seite von Nisis Megalo befindet sich diese Bucht, die einen vertretbaren Schutz vor Meltemi bietet. Man ankert im Scheitel der Bucht auf 4 bis 6 m über Sandgrund. Die Bucht ist nach S hin offen.
2. ***Nisis Xero***: An der SW-Küste der Insel findet man eine kleine Einbuchtung, die etwas Schutz vor dem Meltemi bietet. Zu erkennen ist der Ankerplatz an einer großen Villa.
Bei der Ansteuerung muß man sich von einem Riff freihalten, das sich vor der SE-Küste von Nisis Tragos erstreckt und manchmal mit einer Stange bezeichnet ist. Es gibt hier zwar Fischzuchtanlagen, trotzdem ist es aber noch möglich, in die Bucht einzulaufen.

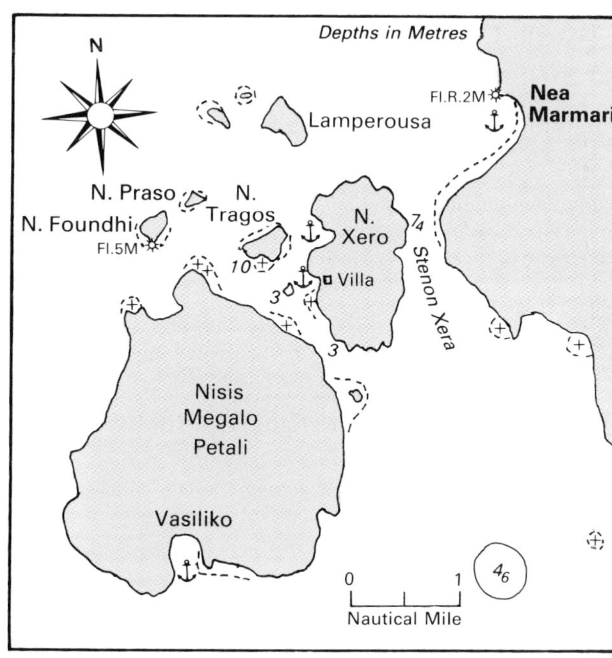

Inselgruppe Petalioi.

Ormos Marmari und die Inselgruppe Petalioi aus NE.

3. ***Nisis Tragos***: An der S-Küste steht eine große Villa, zu der ein kleiner Hafen gehört. Absolut privat!!
Vorsicht: In Ormos Marmari, zwischen Euböa und den Nisoi Petalioi, kommen bei Meltemi heftige Fallböen von den hohen Bergen ringsum.

Marmari

WP 38°03'N 024°19'E (Fl.R.1,5s3M)

Dem NE-lichsten Inselchen der Petalioi gegenüber befindet sich die Bucht Ormos Marmari mit der Ortschaft Marmari an der SE-Seite. Von See her ist das Dorf gut auszumachen. Man macht mit dem Heck zum Kai oder der Pier fest oder ankert davor. Im Bereich zwischen dem Kai und der Pier sind die Wassertiefen unterschiedlich, manche Stellen haben nur 2 m, daher ist Vorsicht geboten. Am Kopf der Pier sind 2 m bis 3 m vorhanden. Der Grund besteht aus Sand mit Seegrasbewuchs und vereinzelten Felsen. Die Bucht ist nach W bis SE hin offen, aber man ist hier gut vor Meltemi geschützt, auch wenn mit heftigen Fallböen zu rechnen ist. Fischerboote und Yachten liegen hier den ganzen Sommer über.
In Marmari ist Wasserschutzpolizei stationiert. Wasser bekommt man im Hafen, Treibstoff im Ort, wo auch gute Versorgungsmöglichkeiten bestehen. Tavernen findet man um den Hafen herum. Eine Fähre verkehrt nach Raphina.

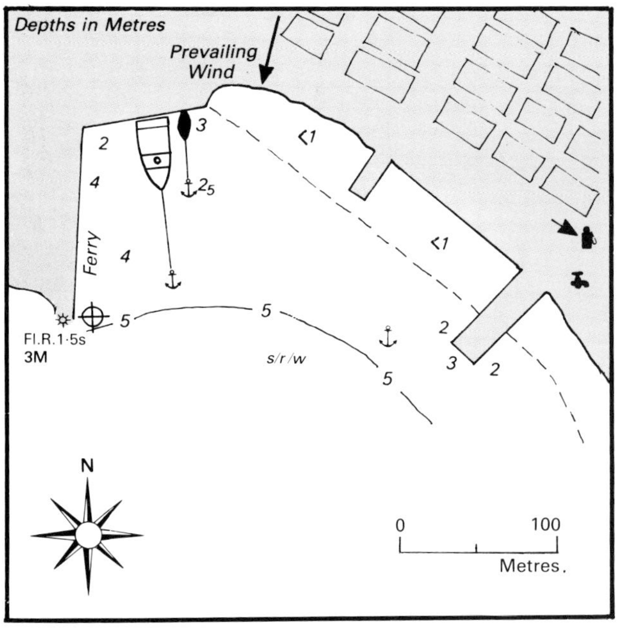

Marmari.

Nea Styra

3 Seemeilen NE-lich des Kaps Ak Strongylo liegt die kleine Ortschaft Nea Styra. Die natürliche Wölbung der Küste bietet etwas Schutz vor Meltemi, auch wenn mit starken Fallböen in der Bucht zu rechnen ist. Im Ort findet man Tavernen und ein begrenztes Lebensmittelangebot.

Anlandeverbot
Das Anlanden an folgenden Inseln ist verboten: Nisis Styra und die umliegenden kleinen Eilande, Nisides Verdougi sowie Nisis Kavaliani.

Ormos Almyropotamos

Diese tiefe, sehr reizvolle Bucht, die von steilen Berghängen umschlossen wird, bietet eine ganze Reihe von Ankerplätzen. Der Grund besteht zumeist aus Sand mit Seegrasbewuchs, der gut hält, wenn man ein Sandfleckchen gefunden hat. Bei Meltemi muß jedoch mit heftigen Fallböen in der Bucht gerechnet werden.
1. In der Einfahrt gibt es an der W-Seite eine kleine Einbuchtung, die nun von einer Fischzuchtanlage belegt sein soll.
2. In einer kleinen Einbuchtung NW-lich des Inselchens.
3. In der kleinen Bucht an der NE-Seite. Hier wurden mehrere Betonpiers und ein Fähranleger gebaut, so daß man mit Bug oder Heck zu einer der Piers festmachen oder davor ankern kann. Vom Dorf aus, das oberhalb der Bucht steht, verkehren zweimal täglich Busse nach Chalkis.

Ormos Vouphalos

38°18'N 024°07,5'E

Etwa 4 Seemeilen N-lich von Nisis Kavaliani findet man diese Bucht, die fast vollständig von Land umschlossen wird. Die Häuser des winzigen Dorfes, das sich hier befindet, sind von See her leicht auszumachen. W-lich der N-lichen Einfahrtshuk gibt es eine kleine Insel mit einer Fischzuchtanlage an ihrer E-Seite.
Von der E-Seite der Bucht erstreckt sich eine sandige Landzunge, auf der Betonblöcke liegen, und die dem Ankerplatz etwas Schutz gibt. Hinter der Landzunge ankert man auf 5 bis 6 m Tiefe. Ganz kleine Yachten können auch mit dem Bug zur kurzen Pier (1 m Wassertiefe) festmachen. Hinter der sandigen Landzunge ist man bei praktisch jedem Wetter gut geschützt. An Land gibt es ein paar schlichte Tavernen.

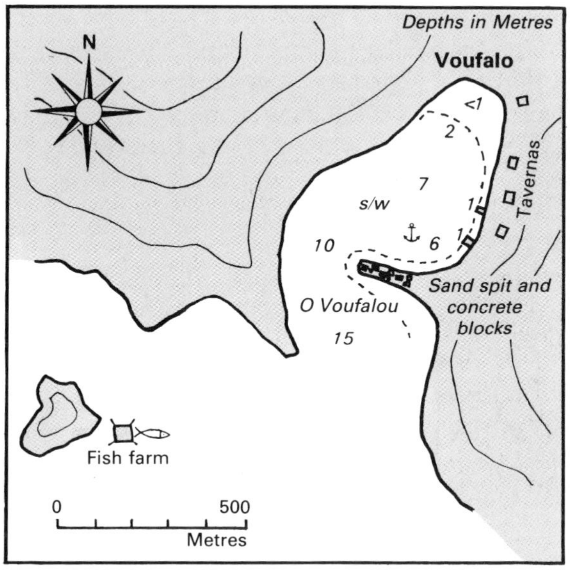

Ormos Vouphalos.

Aliveri

WP 38°23,5'N 024°02,4'E (Fl.R.1,5s3M) / Karten: BA 1571, Imray G26

Allgemeines
Der Hafen heißt eigentlich »Karastos«, während die Stadt, die etwas entfernt ist, »Aliveri« heißt. Dieser kleine Ort, an dem der Fremdenverkehr vorbeigezogen ist, ist wirklich ganz bezaubernd und friedlich. Das riesige Elektrizitätswerk von Pyrgos, das auf der anderen Seite der Bucht steht, nimmt man schon bald nur noch als Teil der Landschaft wahr und nicht als den Schandfleck, der es im ersten Moment zu sein scheint.

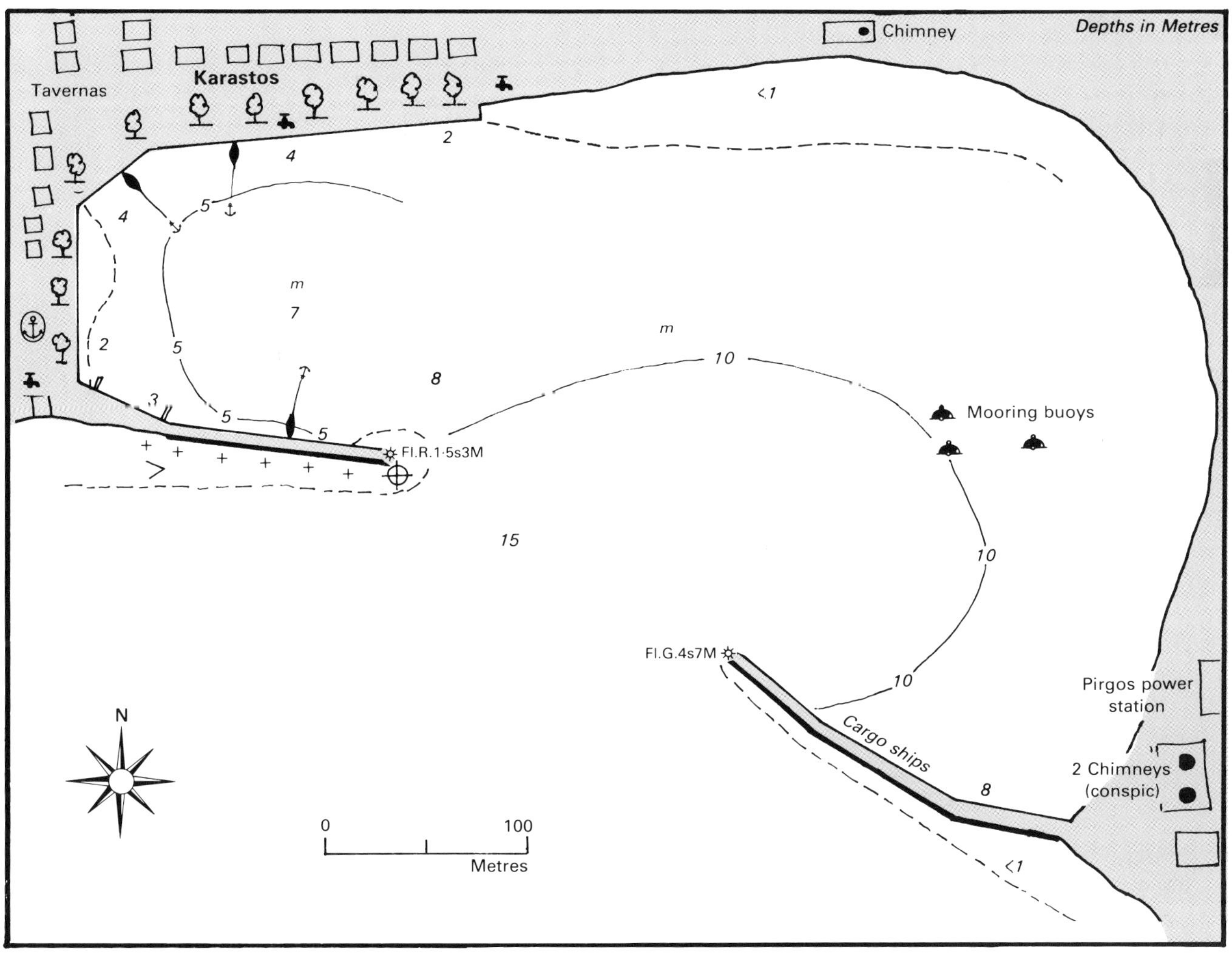

Aliveri.

Ansteuerung

Auffällig: Die beiden hohen Schornsteine des Elektrizitätswerkes von Pyrgos sind schon aus beachtlicher Entfernung zu erkennen. Beim Näherkommen bilden dann ein kleinerer Schornstein und der Wellenbrecher des Hafens gute Landmarken.
Nachts richtet man sich nach der Befeuerung der Hafeneinfahrt: (Fl.G.4s7M) und (Fl.R.1,5s3M). Das Elektrizitätswerk ist nachts hell erleuchtet.

Liegeplätze

Am Stadtkai und hinter der Mole macht man mit Bug oder Heck fest. Gelegentlich ist der lange Abschnitt des Kais von einem Küstenfrachter belegt. Der Schlickgrund hält ausgezeichnet.
Schutz: Man liegt hier bei jedem Wetter gut geschützt, auch wenn starke S-liche Winde Dünung verursachen, und die Gischt dann hoch über die Mole spritzt. Heftige N-Winde sind ungefährlich.
Behörden: Wasserschutzpolizei.

Versorgung

Wasser gibt es am Stadtkai sowie an der N-Seite des Hafens.
Treibstoff ist hier nicht erhältlich.
Lebensmittel: Begrenztes Angebot.
Restaurants: Um den Hafen herum gibt es mehrere Tavernen mit guter einheimischer Küche.
Sonstiges: In der Stadt Aliveri findet man Post, Telefonamt und Bank. Vom Hafen sind es dorthin etwa 30 Minuten Fußmarsch.

Amarynthos

Zwischen Aliveri und Eretria gibt es einen Ankerplatz vor dem Ort Amarynthos – ein kleiner Fischerhafen, der normalerweise »proppevoll« mit Fischerbooten belegt ist. Der Meltemi weht hier ohne seine sonst übliche Schärfe. Im Ort gibt es Treibstoff, gute Versorgungsmöglichkeiten und Tavernen.

Nea Psara (Eretria)

WP 38°22,9'N 023°47,4'E (Fl.WR.1,5s5/3M)

Allgemeines

Eretria wird auch Nea Psara genannt. Die Türken richteten nach einem Aufstand 1822 in Psara und Umgebung ein fürchterliches Blutbad an. Die wenigen Überlebenden von Psara flohen nach Euböa, wo man ihnen bei Eretria (Nea Psara) Land zur Verfügung stellte.
Eretria ist heute ein aufstrebender Urlaubsort, und so folgte unvermeidlich die Umbenennung der kleinen Insel an der E-Seite der Bucht in »Trauminsel«.

Ansteuerung

Diese Bucht befindet sich ungefähr 5 Seemeilen W-lich von Amarynthos. Die Ansteuerung ist gespickt mit Über- und Unterwasserfelsen; am besten steuert man die Bucht aus S an.

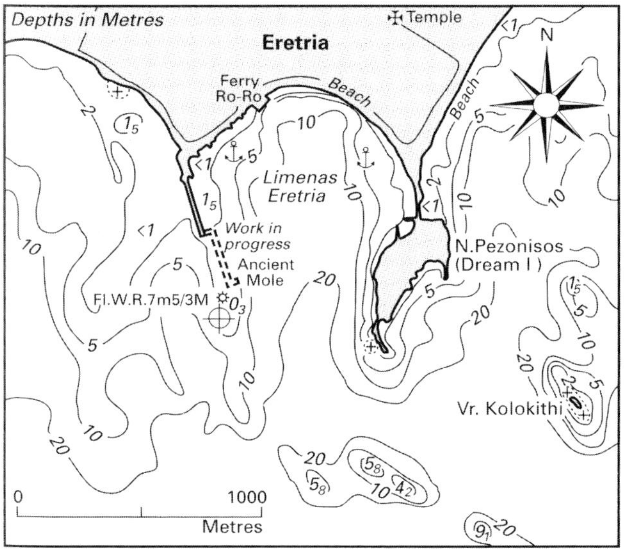

Nea Psara (Eretria).

Das Leuchtfeuer auf der W-Seite der Einfahrt (Fl.WR.1,5s5/3M, der rote Sektor deckt 061°-342° ab) steht auf dem Kopf einer versunkenen antiken Mole, die hier von der Küste aus seewärts verlief.

Liegeplätze

Im NE der Bucht ankert man auf 3 bis 10 m Tiefe. Auf der »Trauminsel« gibt es einen kleinen Hafen für Caiquen, der aber selbst für kleine Yachten zu eng und zu flach ist. Am Kai im NW, an dem auch die Autofähre anlegt, reichen die Wassertiefen für Yachten ebenfalls nicht aus. Die Bucht ist nach W und S hin offen, aber man findet hier guten Schutz vor Meltemi.

Versorgung

Im Hafen gibt es Wasserschutzpolizei und Zoll. Im Ort ist Treibstoff erhältlich, und es bestehen gute Versorgungsmöglichkeiten. Am Hafen findet man nette Tavernen. Busverbindung nach Chalkis sowie Fährverbindung nach Skala Oropou.

Diavlos Evripou (Ansteuerung von Chalkis)

Karten: BA 1554, Imray G2, Imray G26, D 667 Plan B

Allgemeines

Chalkis ist die moderne Hauptstadt der Insel Euböa und deren Zentrum. Auch das antike Chalkis war ein blühender Stadtstaat, der den Warenfluß im Euböa-Golf kontrollierte. Die gefährliche Strömung in der Meerenge wird bereits in den antiken Quellen erwähnt: Livius, Cicero, Plinius und Strabo berichteten darüber. Und Aristoteles sprang höchstpersönlich hinein, weil er nicht in der Lage war, dieses Phänomen zu erklären.
Die erste Brücke spannte sich bereits 411 v. Chr. über den Sund. Kaiser Justinian ersetzte die starre Brücke durch eine bewegliche Holzbrücke. Die Venezianer, die die Insel in Negroponte, also »Schwarze Brücke« umtauften, bezo-

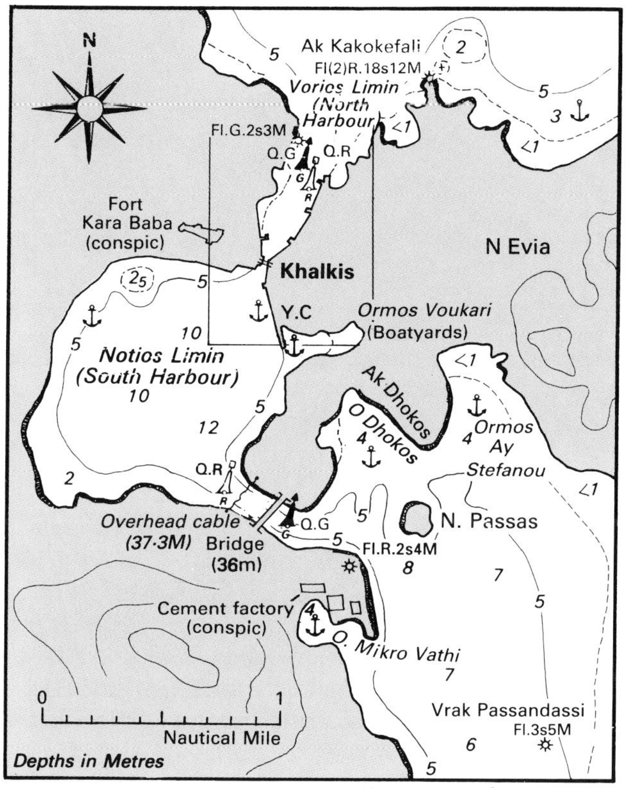

Ansteuerung des S-Hafens von Chalkis.

gen diesen Namen auf die Brücke, die von Chalkis hinüber zum Festland führte. 1896 baute eine belgische Gesellschaft eine eiserne Schwingbrücke, die bis 1962, als die heutige Brücke fertiggestellt wurde, ihren Dienst tat.

Ansteuerung aus S

Auffällig: Der große Komplex der Zementfabrik an der W-Seite der Einfahrt in den S-Hafen sowie die neue Straßenbrücke (lichte Höhe 36 m) bilden gute Landmarken, die bereits von weitem auszumachen sind. Vor der Einfahrt in die Ormos Mikro Vathy liegen immer ein paar Schiffe vor Anker. Die schmale betonnte Zufahrt zum S-Hafen ist aber leicht zu passieren.

Nachts weisen das Feuer auf Ak Avlis (Fl(2)12s6M) und die befeuerten Tonnen (Q.G.) und (Fl.G.2s) den Weg. Weiter in der Bucht kann man sich nach dem Feuer auf Vrak Passandassi (Fl.3s5M) und bei der Ansteuerung der Brücke nach den Feuern an der S-Seite (Fl.R.2s4M und 2F.R.3M) sowie der befeuerten Tonne (Q.R.) richten.

Hinweis:

1. 130 m W-lich der neuen Straßenbrücke quert ein Überwasserkabel (lichte Höhe 37,5 m) die Meerenge.
2. In der Passage Diavlos Stenon ist das Ankern verboten.

Ansteuerung aus N

Auffällig: Die großen modernen Gebäude von Chalkis sind bereits von weitem auszumachen. Ak Kakokephali, eine felsige kahle Huk ohne jegliche Bebauung, bildet eine markante Landmarke.

Nachts navigiert man nach dem Feuer auf Ak Kakokephali (Fl(2)R.18s12M), dem Feuer auf dem W-Ufer (Fl.G.2s3M) sowie den befeuerten Tonnen, die das Fahrwasser bezeichnen (Q.G / Q.R).

Liegeplätze

S-Hafen: Im S-lichen Hafen ankert man an der N-Seite des Beckens oder macht mit Bug oder Heck zum Kai an der E-Seite in Vourkari fest. Vorsicht, an der Kaimauer stehen an verschiedenen Stellen Metallteile hervor! An beiden Liegeplätzen liegt man vollständig außerhalb des Stromes.

Hinweis: Im NW der Bucht Ormos Vourkari hat der Chalkis Yacht Club seine Stege, und es ist eventuell möglich, hier einen Liegeplatz zu bekommen. Yachten machen normalerweise mit Bug zum Kai fest, da der Grund entlang des Kais durch Schotter unrein ist. Die Wassertiefen variieren zwischen 1 und 2 m vor dem Kai. Man findet hier Wasser und Stromanschlüsse, Duschen und Toiletten. Yachten können an Land gekrant werden.

N-Hafen: Im gekennzeichneten Bereich macht man mit Bug oder Heck zum Kai an der E-Seite des Hafens, oder an der kurzen Mole fest, die sich von der W-Seite erstreckt. Hier haben ein paar einheimische Yachten ihren Liegeplätze. Vor dem E-Kai soll ein Schiffahrtshindernis liegen. Am Stadtkai ist man vollständig aus dem Strom heraus, an der W-Mole kann eine schwache Strömung das Manövrieren schwierig machen. Im N-Hafen ist der Schutz vor Meltemi nicht sonderlich gut. Sehr große Yachten sollten besser in der Bucht E-lich des Kaps Ak Kakokephali vor Anker gehen.

Signale:

Folgende Signale werden am Signalmast an der W-Seite der Brücke gezeigt:

Tag	Nacht	Bedeutung
3 s. ○ skr.	F.G.F.F.R. skr.	Brücke geschlossen
—	F.R. in der Mitte	Brücke nachts geschlossen
—	2 F.G. an der W-, 2 F.R. an der E-Seite	Brücke geöffnet
s. △▽△ skr.	F.G.F.F.G. skr.	Brücke geöffnet für S-gehende Handelsschiffe bei Stillwasser oder mitlaufendem Strom
s. ○▽○ skr.	F.R.F.F.R. skr.	Brücke geöffnet für N-gehende Handelsschiffe bei Stillwasser oder mitlaufendem Strom
s. △▽△ skr. und 1 r. ○ an der E-Rah	F.G.F.F.G. skr. und F.R. an der E-Rah	Brücke geöffnet für S-gehende Kriegsschiffe mit Gegenstrom
s. ○▽○ skr. und 1 r. ○ an der E-Rah	F.R.F.F.R. skr. und F.R. an der E-Rah	Brücke geöffnet für N-gehende Kriegsschiffe mit Gegenstrom

Anforderung für das Öffnen der Brücke: 5 lange Töne in 20 s, Wiederholung nach dem Antwortsignal verboten. Ein Sirenenton und ein Blitzfeuer warnen die Schiffahrt, wenn die Brücke geöffnet wird.

Tidenströme: Im N-Hafen beträgt der Tidenhub etwa 0,8 m und bei Nippniedrigwasser etwa 0,2 m. Diese Größen sollte man immer »im Hinterkopf haben«, wenn man festmacht oder auf Grund läuft und die Brückenöffnung verpaßt.

Im S-Hafen ist der Tidenhub gering, und die Tiefenangaben in den Plänen beziehen sich auf mittleres Niedrig-

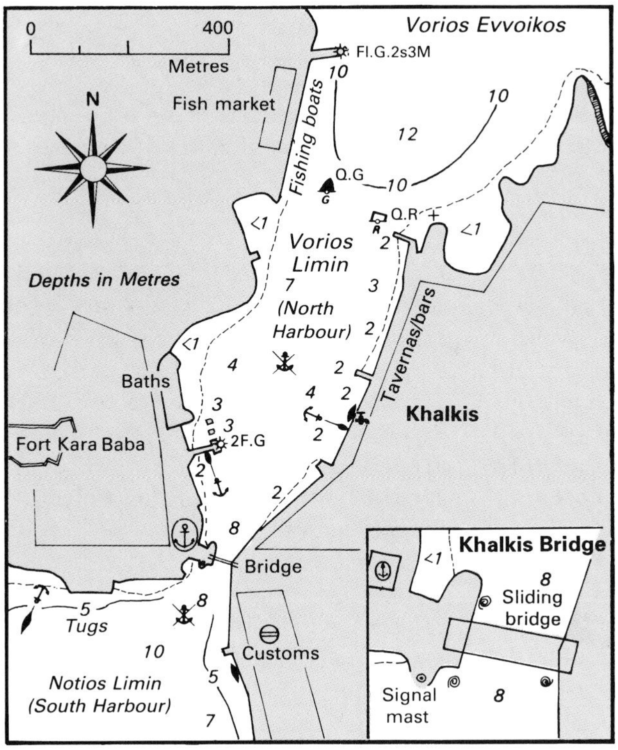

Chalkis.

Die Brücke in Chalkis von der N-Seite aus NE gesehen.

wasser. Hochwasser tritt im N-Hafen ungefähr 1 Stunde 12 Minuten nach dem Hochwasser im S-Hafen ein. Diese Unterschiede von Zeiten und Höhen verursachen starke Gezeitenströme, die 6 bis 7 kn erreichen können. Dies gilt allerdings nur für die schmalste Stelle, die von der Brücke überspannt wird. N-lich und S-lich der Brücke sind die Gezeitenströme deutlich geringer. Bei der Brückenöffnung kann der Strom mit 2 bis 3 kn setzen, aber es macht eigentlich keine Schwierigkeiten, den Engpaß zu durchfahren. Segeln ist hier verboten!

Die Brücke von Chalkis

Über die schmalste Stelle der Meerenge zwischen Euböa und dem Festland spannt sich eine Brücke. Die Öffnung ist 39,3 m breit, und die Brücke gleitet in eine Nische unter

Die neue Straßenbrücke von Chalkis aus NW (Foto: Nigel Patten).

der Straße zurück. Die Brücke wird nur bei Stillwasser geöffnet, allerdings nur für kurze Zeit und gewöhnlich nachts. Da sich die Stillwasserzeiten nicht exakt vorhersagen lassen, sollte man sich unverzüglich zur Wasserschutzpolizei begeben, um die Öffnungszeiten zu erfragen und die Durchfahrtsgebühr zu entrichten. Tagsüber wird die Brücke nur selten geöffnet, weil dadurch der Straßenverkehr unterbrochen wird.

Es hat schon Berichte von Yachten gegeben, die hier bis zu 30 Stunden warten mußten. Vorsorglich sollte man sich auf längere Verzögerungen einrichten. Die Brückenverwaltung ist zwar auf UKW-Kanal 12 hörbereit, das bedeutet aber nicht, daß ein Wort genügt, um durch die Passage zu kommen. Es wird eine Durchfahrtsgebühr erhoben, die sich an Wochenenden fast verdoppelt. Freitags bleibt die Brücke geschlossen.

Versorgung

Im N-Hafen gibt es Wasser und Treibstoff am Kai. Tel.: 22609-22 280 für Treibstoff; Tel.: 22213-29 770 für Wasser. Treibstoff ist auch an der S-Seite der Brücke erhältlich.
Reparaturen: Ein paar mechanische Reparaturen sind möglich. In der Werft von Voukari können Yachten aufgeslippt werden. Eisenwarengeschäfte.
Lebensmittel: Gute Versorgungsmöglichkeiten; Stangeneis ist auf dem Fischmarkt erhältlich.
Restaurants: In der Nähe gibt es zahlreiche Tavernen.
Sonstiges: Post, Telefonamt, Banken, Gas, Camping GAZ, Auto- und Motorrad-Vermietung und Fahrrad-Verleih. Bus- und Bahnverbindung nach Athen.

Die Küsten N-lich von Chalkis

Ormos Larmes (Larimna)

WP 38°34,3'N 023°17,3'E (Fl.5s5M) / Karten: BA 2802, D 669, D 667 Plan M

Schon aus beträchtlicher Entfernung ist ein sehr hoher qualmender Schornstein, der zu einem Kupfernickel-Hüt-

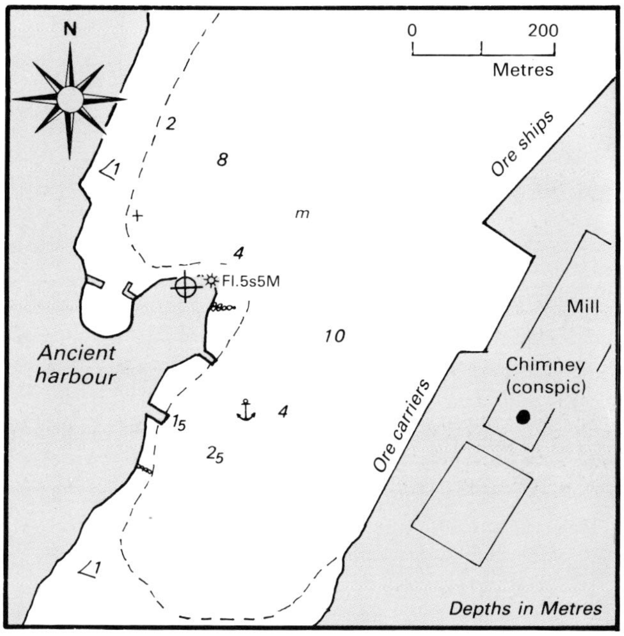

Larmes.

Vom Qualm des Hüttenwerkes ist der Ort rußig und schmuddelig. Unerfreulicherweise legt sich dieser Qualm auch als öliger Rußfilm über die Yacht.
Der antike Hafen, der noch recht gut erhalten ist, kann eigentlich als einziger Grund geltend gemacht werden, Larmes anzulaufen.

Namenlose Bucht

Etwa 2 Seemeilen SW-lich des Kaps Ak Larmes gibt es eine Bucht, die guten Schutz vor Meltemi bietet. An ihrer SW-Seite befindet sich eine flache Insel, die durch ein eben überspültes Riff mit der Küste verbunden ist. Einen großen Teil der Bucht beanspruchen Fischzuchtanlagen, aber für ein paar Yachten reicht der Platz zum Ankern immer noch aus. Man ankert auf 10 m Tiefe über klebrigem roten Lehm, der aber hervorragend hält.

Kolpos Atalantis

WP 38°41,1'N 023°05,5'E (Leuchtfeuer Nisis Atalanti)

tenwerk gehört, auszumachen. Er ist mit rot-weißen Bändern bemalt und nachts mit einem roten Festfeuer versehen. Man ankert davor oder macht mit dem Heck an einer kurzen Pier fest. Der Grund, der aus Schlick und Muschelschalen besteht, hält hervorragend. Treibstoff bekommt man in der Stadt, Wasser in der Nähe der Piers. Die meisten Lebensmittel sind erhältlich, und es gibt ein paar sehr mäßige Tavernen.

In dieser weiten Bucht an der W-Seite des N-lichen Euböa-Golfs findet man eine ganze Reihe von Ankerplätzen, die Schutz vor dem Meltemi bieten:

1. ***Ormos A. Ioannis Theologes***: Man ankert im Scheitel der Bucht, die nach W hin offen ist. Vom E-lichen Ende der Bucht wurde eine kurze Mole gebaut, die nun aber stets mit einheimischen Booten voll belegt ist. An Land gibt es gute Versorgungsmöglichkeiten und Tavernen.

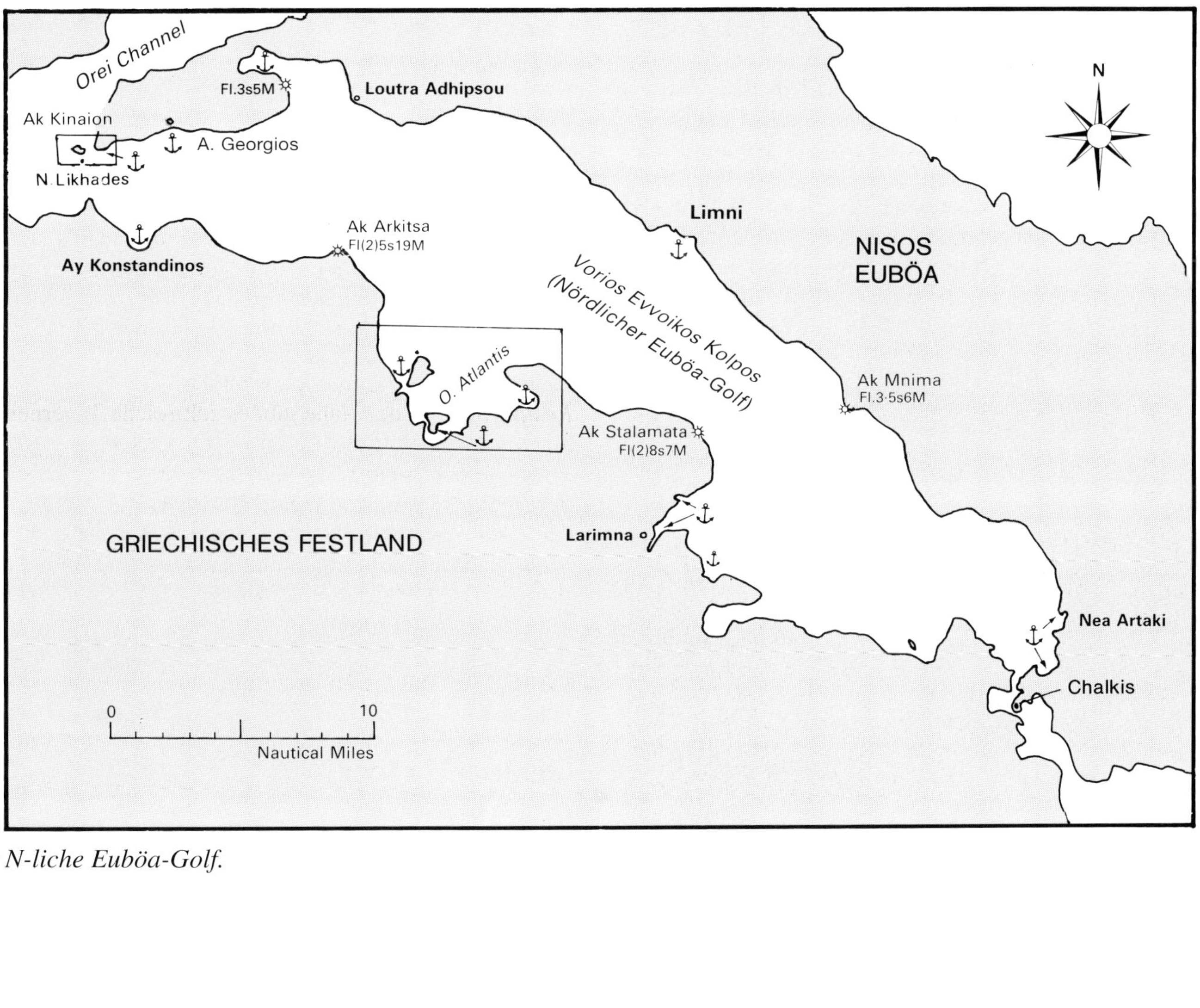

Der N-liche Euböa-Golf.

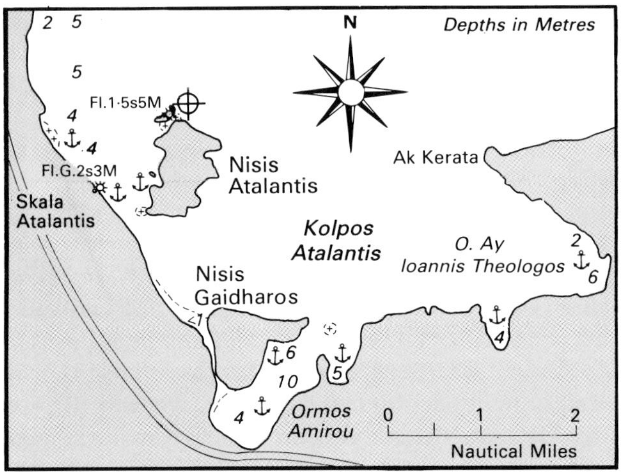

Kolpos Atalantis.

2. ***Ormos Armyro***: Im SW des Kolpos Atalantis in Lee der Insel Gaidaros befindet sich dieser Ankerplatz. Ein Unterwasserfelsen liegt genau in der Mitte der Einfahrt zur Bucht, also Vorsicht beim Einlaufen. Ein Teil der Bucht wird von Fischzuchtanlagen und Muschelbänken beansprucht, aber W-lich davon kann man ankern. In dieser Bucht ist man bei jedem Wetter gut geschützt, auch wenn bei W-Winden heftige Fallböen hineinstehen. Um den Scheitel der Bucht herum führt eine Autobahn entlang.

3. ***Nisis Atalanti***: An der SW-Seite der kleinen Insel gibt es eine Einbuchtung, in der man ankern kann. Auch hier sind Fischzuchtanlagen. Auf der Insel ist ein Wächter postiert, der sofort ungemütlich wird, wenn man die Insel betritt.

4. ***Skala Atalanti*** (siehe Hafenplan)
WP 38°40,4'N 023°04,6'E (Fl.G.2s3M)
Der kleinen Bucht an der Insel Nisis Atalanti gegenüber befindet sich ein kleiner Fischerhafen. Am äußeren Ende der Mole macht man mit Bug oder Heck fest. Beim Einlaufen in den Hafen ist Vorsicht geboten, da die Einfahrt zum Versanden neigt. Am Fuß der Mole befinden sich eine Taverne und ein Café. Gute Versorgungsmöglichkeiten bestehen in der Ortschaft Skala Atalanti auf einem flachen Hügel NNW-lich des Hafens.

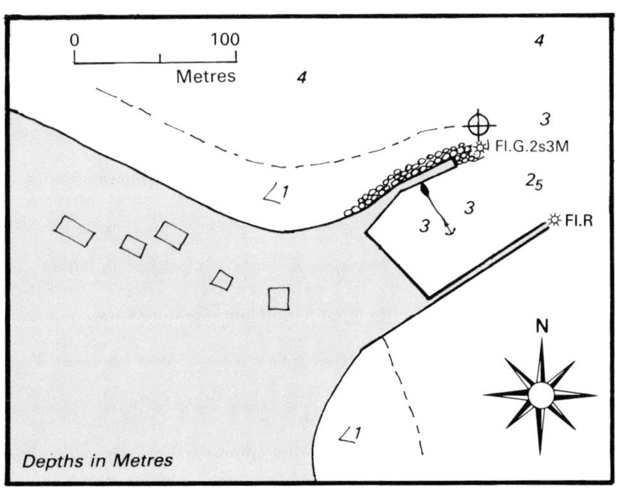

Skala Atalantis.

A. Georgios an der NW-Küste von Euböa (Foto: Kerr Whiteford).

A. Konstadinos

Der Festlandshafen der Fähre, die zur Sporadeninsel Skiathos verkehrt. Von der Küste erstrecken sich zwei Anleger seewärts, die als Fähranleger dienen. Auf dem Kopf eines der der beiden Anleger brennt ein Feuer (Q.R). Die Bucht ist nach N und E vollständig offen.
Es existiert auch ein kleiner (50 x 15 m!) Fischerhafen, der aber ständig mit Fischerbooten überfüllt ist. An Land gibt es gute Tavernen, und die meisten Lebensmittel sind erhältlich.

Euböas West-Küste

Nea Artaki

3 Seemeilen NNE-lich von Chalkis bietet diese Bucht, die nach W und ein kleines Stück nach S hin offen ist, etwas Schutz vor dem Meltemi. Man ankert in der Bucht. Eine große Zahl an Fischerbooten sowie einige Yachten liegen hier an Dauermoorings, woraus geschlossen werden darf, daß der Schutz wohl doch besser sein muß, als es auf den ersten Blick den Anschein hat. Bei Meltemi können heftige Fallböen in die Bucht stehen. An Land gibt es Tavernen und Lebensmittel.

Limni

Vor dem Dorf an der SW-Seite kann man auf recht erheblichen Wassertiefen ankern. Vor dem Dorf gibt es einen Kai. Der Ankerplatz ist nach S und W hin offen, und bei Meltemi muß mit heftigen Fallböen gerechnet werden.

Loutra Aidipsou

Der Fährterminal der Autofähre nach Arkitsa auf dem Festland.

Ormos A. Georgiou

Diese Dorf, vor dem sich eine etwa 60 m lange Pier erstreckt, liegt rund 3,5 Seemeilen E-lich der Lichades-Inseln. Die Fähren und einheimischen Boote benutzten die Liegeplätze an der W-Seite der Pier. Yachten können zum Kopf der Pier hin mit Bug oder Heck festmachen, wo die Wassertiefe 8 m beträgt. Die vorherrschenden Winde sind vornehmlich ablandig. Bei ruhigem Wetter findet man hier einen brauchbaren Liegeplatz. Wasser ist am Fuß der Pier erhältlich. Lebensmittel und Tavernen findet man im Dorf.

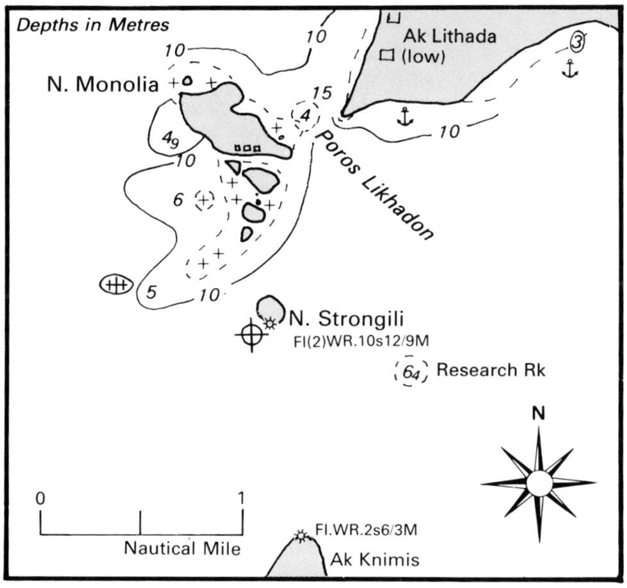

Inselgruppe Nisoi Lichades.

Die Lichades-Inseln (Nisoi Lichades)

Karten: BA 1571, D 667 Plan L

Diese Inselgruppe ist dem Kap Ak Kynaion, dem W-lichsten Punkt Euböas, unmittelbar vorgelagert. Zwischen den Nisoi Lichades und dem Kap gibt es ein schmales Fahrwasser, das navigatorisch aber keine Probleme bereitet. In der Passage kann ein Strom mit bis zu 2 kn setzen; seine Richtung ist vom Wind abhängig. Bei Meltemi entsteht ein S-setzender Strom, der normalerweise aber weniger als 2 kn stark ist. Hält man sich dicht unter dem Kap Ak Kynaion, hat man bis auf eine 4-m-Stelle, die sich 500 m NNE-lich vor der SE-Huk von Nisis Monoldia befindet, gute Wassertiefen. Man ankert an der S-Seite von Ak Kynaion, wo man vor Winden aus N gut geschützt ist.
Fischerboote ankern vor der S-Küste von Nisis Monolia, die aber nach E ungeschützt ist. In der Umgebung dieses Ankerplatzes ist Vorsicht geboten, da hier zahlreiche Über- und Unterwasserfelsen liegen.

Der Nördliche Euböa-Golf und der Golf von Volos

(Maliakos Kolpos, Diavlos Oreon, Diavlos Trikeri, Kolpos Volou oder Pagasitikos Kolpos /Pagasäischer Golf)

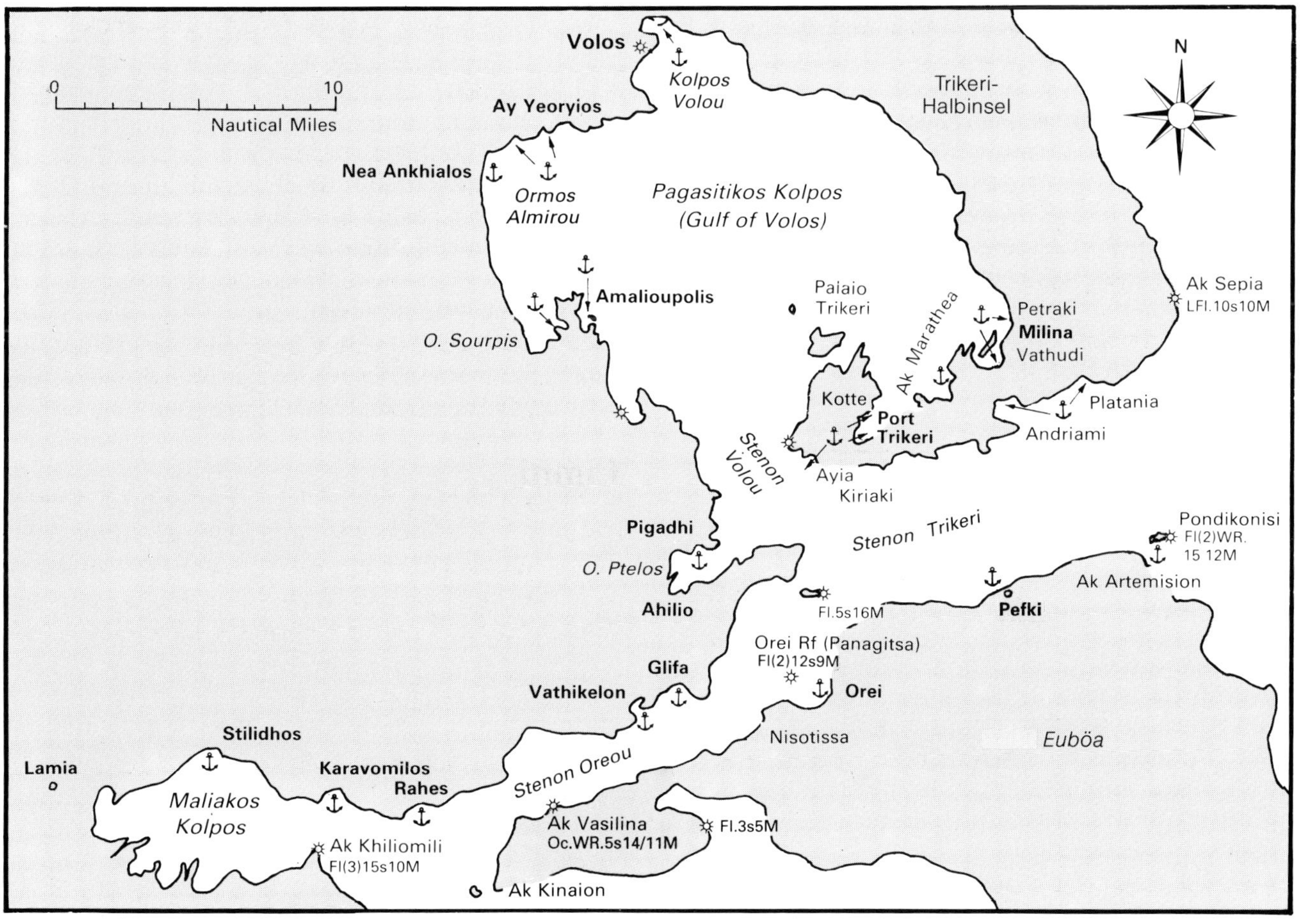

Die N-Küste von Euböa und der Golf von Volos.

Maliakos Kolpos (Malischer Golf)

Von der W-Spitze Euböas erstreckt sich ein flacher Golf nach W, dessen Küste ebenfalls überwiegend flach ist. Um den Scheitel des Golfs herum verläuft die Autobahn nach N. Nicht weit vom Golf entfernt ist der legendäre Thermopylen-Paß.

Stylis

WP 38°54,2'N 022°37,3'E (Fl.R.2s2M) / Karten: BA 1571, D 667 Plan K

Der Hafen der großen Stadt Lamia heißt Stylis und liegt an der N-Seite des Malischen Golfs. In den Hafen, der von einem Flachwassergebiet umgeben ist, führt eine ausgebaggerte Fahrrinne. Am äußersten Ende des Zufahrtkanals ist ein befeuertes Tonnenpaar ausgelegt (Q.G. und Q.R.). Auf der Insel Nisis Kalogeros, einem flachen sandigen Inselchen, steht eine Leuchtbake (Fl.R.2s2M), und vor der flachen Küste auf der anderen Seite zeigt eine Bake die Kennung (Fl.G.2s2M). An der Pier in der Mitte macht man mit Bug oder Heck fest oder geht längsseits. Der Schlickgrund hält ausgezeichnet, und man ist vor dem Meltemi gut geschützt. Der Ankerplatz ist nach S hin offen. Im Hafen ist Wasserschutzpolizei stationiert.
Treibstoff ist im Ort erhältlich. Kleine Yachten können mit einem Kran an Land gehoben werden. In der Stadt bestehen gute Versorgungsmöglichkeiten, und es gibt Tavernen. Busverbindung nach Athen und Volos.

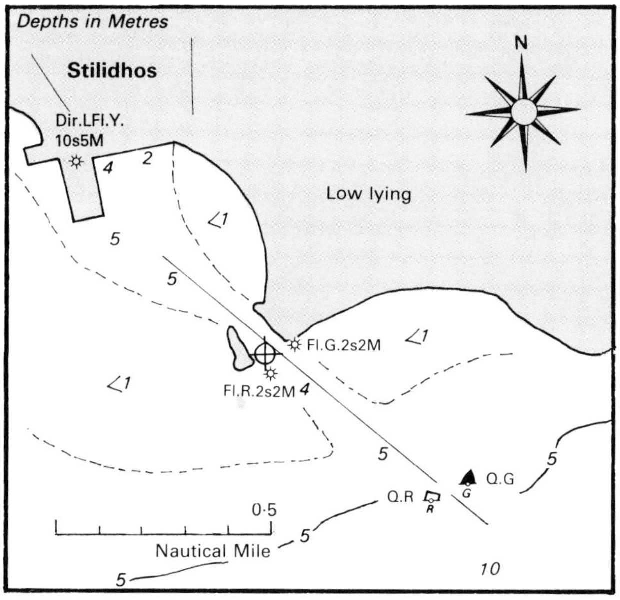

Stylis.

Ormos Echinou (Karavomilos)

Dem Kap Ak Chiliomili genau gegenüber befindet sich diese weite Bucht, die 4,5 Seemeilen SE-lich von Stylis liegt. Einheimische Fischerboote sind hier den gesamten Sommer über an Moorings festgemacht. Der Grund vor der E-Seite der Bucht unweit des Militärcollege besteht aus Schlick, der den Anker gut hält. Der Schutz vor Meltemi scheint gut zu sein. An Land gibt es Tavernen und Lebensmittel.

Raches.

Raches

Unmittelbar E-lich des Kaps Drepanon befindet sich diese gut geschützte Ankerbucht, in der einheimische Fischerboote sowie einige Yachten den gesamten Sommer über an Moorings vertäut liegen. Markante Landmarken bilden eine große Zementfabrik sowie ein Kai unmittelbar E-lich von Raches. Der Schutz, den die Bucht bietet, ist besser, als es der Karte nach den Anschein hat, auch wenn bei NE- bis N-Winden Schwell hineinsteht. An Land gibt es Tavernen und Lebensmittel.

Diavlos Oreon

Diese Passage trennt Euböa von der Küste Thessaliens. Die Meerenge ist sehr schmal, an manchen Stellen kaum mehr als 1 Seemeile von Ufer zu Ufer. In der Durchfahrt kann ein Strom, der an manchen Stellen bis zu 2 kn erreichen kann, setzen. Der Tidenhub bei Springhochwasser beträgt in Oreoi 0,8 m. Das ist der höchste Tidenhub im E-lichen Mittelmeer. Das Land ist vielfach gebirgig und bewaldet, auch wenn ein schmaler flacher Küstenstrich die Berge Euböas säumt.

Ormos Vathykelou

1,5 Seemeilen W-lich von Glyphas befindet sich diese fast vollständig von Land umschlossene Bucht, die guten

Ormos Vathykelou.

Schutz bei jedem Wetter bietet. Eine gute Landmarke bildet eine kleine Insel, die vor der W-lichen Einfahrtshuk liegt und auf der eine weiße Kirche steht. Zum Ankern ist das Wasser in der Bucht sehr tief – meistens zwischen 10 und 20 m um die NE-Seite herum. An der E-Seite, die wegen ihrer geringeren Tiefen zum Ankern besser geeignet wäre, befindet sich der nächtliche Liegeplatz der Autofähre nach Glypha. Der Schlickgrund, der an einigen Stellen mit Seegras bewachsen ist, hält gut, wenn der Anker erst durch den Bewuchs gedrungen ist. Es gibt keine Versorgungsmöglichkeiten. An den Hängen, die mit Olivenbäumen bestanden sind, stehen nur vereinzelte Villen. Etwa 20 m vor der E-Seite der Einfahrt liegt ein gefährlicher Felsen!

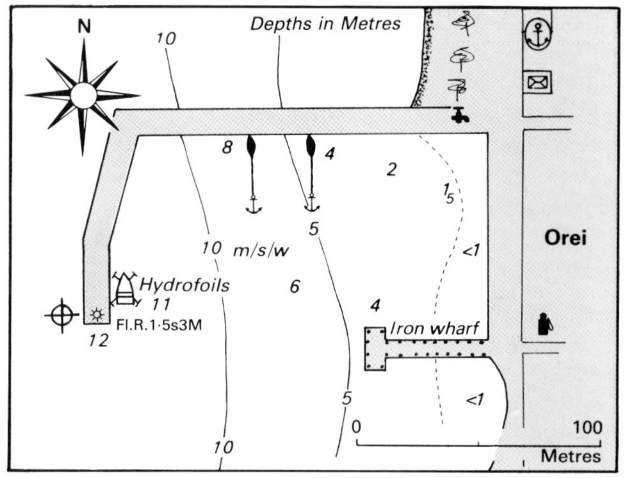

Oreoi.

Ormos Glyphas

Von diesem Fährhafen verkehren Autofähren nach Nisiotissa auf Euböa. Die kurze Pier wird von der Autofähre in Anspruch genommen. Bei Meltemi steht Schwell in die Bucht. Man ankert vor dem Dorf oder in der kleinen Einbuchtung E-lich davon. Treibstoff gibt es im Ort, Wasser am Kai. Die meisten Lebensmittel sind erhältlich, und es gibt verschiedene Tavernen.

Oreoi

WP 38°56,9'N 023°05'E (Fl.R.1,5s3M)

Allgemeines

Im Altertum war Oreoi eine bedeutende Hafenstadt. Die Ruinen der Akropolis, die den Hafen einst bewachte, sind oberhalb der Bucht zu sehen. 1965 fanden Fischer einen gewaltigen Marmor-Stier im Meer, der nun auf dem Platz des Ortes aufgestellt ist.

Oreoi ist eine freundliche und angenehme kleine Stadt, die im Sommer ein paar Touristen anzieht und Yachten, die den Diavlos Oreon erkunden wollen.

Ansteuerung

Auffällig: Dieser Teil der Küste ist flach und bewaldet, so daß es schwierig werden kann, einzelne Landmarken sicher zu identifizieren. Leicht zu erkennen sind die Hütte und der Metallturm auf Yph. Oreon bzw. Panagitsa, die etwa 0,5 Seemeilen vor der Küste liegen. Das Fahrwasser bietet zwischen dem Riff und der Küste gute Tiefen. Unmittelbar N-lich des Hafens bildet eine Fabrik eine gute Landmarke. Beim Näherkommen werden die Gebäude von Oreoi sowie die Mole und das Leuchtfeuer sichtbar.

Blick auf Oreoi aus SE (Foto: Nigel Patten).

Nachts navigiert man nach dem Feuer auf Yph. Oreon (Fl(2)12s9M) und dem in Oreoi (Fl.R.1,5s3M).

Liegeplätze

An der eisernen Pier oder der Mole macht man mit Bug oder Heck fest. Das Tragflügelboot hat seinen Liegeplatz am äußersten Ende der Mole. Der Sandgrund mit Seegrasbewuchs hält gut.

Ormos Glyphas aus ENE.

Schutz: Man liegt hier rundum gut geschützt. Der Meltemi steht nicht auflandig in die Bucht. Starkwinde aus E-lichen Richtungen verursachen Schwell in der Bucht.
Behörden: Polizei.
Hinweis: Man sollte stets daran denken, daß der Tidenhub in Oreoi rund 0,8 m ausmacht und sich entsprechend verhalten. Schon so mancher Skipper, der sich in der trügerischen Sicherheit wiegte, das Mittelmeer sei gänzlich tidenfrei, fand sich hier »auf Schiet« wieder.

Versorgung
Wasser gibt es am Fuß der Mole.
Treibstoff unweit der eisernen Pier.
Lebensmittel: Im Ort bestehen gute Versorgungsmöglichkeiten.
Restaurants: Einladende Tavernen findet man um den Hafen herum.
Sonstiges: Post, Telefonamt und eine unregelmäßige Busverbindung nach Chalkis. Das Tragflügelboot verkehrt nach Volos und zu den Nördlichen Sporaden.

Der Pagasäische Golf

(Pagasitikos Kolpos)

N-lich der Passage Diavlos Trikeri öffnet sich der Pagasäische Golf, der nach N hin im Kolpos Volou (Golf von Volos) ausläuft. Mit Ausnahme der W-Küste, die sich als flache Marsch zwischen Amalioupolis und Volos hinzieht, ist die Küste gebirgig. Die Halbinsel Trikeri, die mit dem 1548 m hohen Berg Pilion beginnt, ist zerklüftet und dicht bewaldet. Im Winter ist der Pilion mit Schnee bedeckt, der bis ins Frühjahr hinein liegenbleibt. Im Golf läßt sich eine Vielzahl reizvoller Ankerplätze finden, und ein »Umweg« von den N-lichen Durchfahrten lohnt sich.
Hinweis: Im Sommer kommen die vorherrschenden Winde aus NE oder SE.

Ormos Pteleou

Diese große weite Bucht befindet sich an der W-Seite der Einfahrt in die Passage Diavlos Volou, die zwischen Ak Pigadi und Ak Chondros liegt. Die N-Seite der Bucht ist bereits umfangreich erschlossen worden, und so steht nun eine Vielzahl von Villen an den umliegenden Hängen. Um die Bucht herum gibt es mehrere Ankerplätze:
1. ***Achilleion***: Der Ankerplatz befindet sich vor einem Dorf, das im SW der Bucht steht, und ist dem Meltemi ausgesetzt, der außerdem noch Schwell in der Bucht verursacht. Der Schutz vor Winden aus SE ist allerdings gut. An Land gibt es Tavernen und **Versorgung**smöglichkeiten.
2. ***Ormiskos Loutro***: Diese weite Bucht, die nach SE hin offen ist, befindet sich im NW und wird von flachen Marschen eingerahmt. Die Ruine eines Turmes, der »Achilles-Turm« genannt wird, steht auf der Landzunge E-lich der Bucht. Man ankert im N, wo man etwas Schutz vor dem Meltemi findet.
3. ***Ormiskos Pigadi***: Unmittelbar E-lich von Loutro befindet sich diese Bucht, in der man in einer kleinen Einbuchtung an der E-Seite auf 6 m Tiefe ankern kann. An der W-Seite der Bucht gibt es einen vorspringenden Kai, an dem man mit Bug oder Heck vorsichtig festmachen kann. Guter Schutz vor Meltemi. Der Ankerplatz ist über die Bucht hinweg nach SE offen.
Der »Achilles-Turm« an der W-Seite der Bucht wird so genannt, weil Achilles angeblich in dieser Bucht Segel gesetzt haben soll für seine Fahrt nach Troja.
4. Unmittelbar N-lich des Kap Ak Pigadi liegt eine kleine Bucht, an der eine Siedlung steht. Hier gibt es einen Kai, der von einheimischen Fischern benutzt wird und offensichtlich etwas Schutz vor Meltemi bietet. An Land findet man Tavernen und Lebensmittel.

Trikeri

Diese offene Bucht befindet sich an der E-Seite der Einfahrt in den Pagasäischen Golf. Die Ortschaft A. Kiriaki, die auf einem Berg oberhalb der Bucht steht, ist von See her leicht auszumachen.
Man ankert vor der Werft oder im SE der Bucht, die sehr tief ist. Der Ankerplatz ist meistens entsetzlich voll mit Fischerbooten. Unmittelbar E-lich der Werft ist ein neuer Kai gebaut worden, vor dem die Wassertiefen 2 bis 3 m betragen, allerdings steigen die Tiefen schnell an. Etwa 20 m vom Kai entfernt ist das Wasser bereits 30 m tief. Die Bucht, die nach W und S hin offen ist, bietet guten Schutz vor Meltemi. Eine weitere kleine Einbuchtung findet man unmittelbar W-lich des Fischerdörfchens, hier kann man ebenfalls ankern.
Eine zahlenmäßig recht umfangreiche Flotte von Fischerbooten ist in A. Kiriaki stationiert.
An Land findet man ein begrenztes Lebensmittelangebot sowie Tavernen und Cafés. Die Werft an der Bucht kann Yachten aufslippen. Bevor die holprige Straße zwischen Milina und dem Ort Ayia Kiriaki oberhalb des Hafens gebaut wurde, war die Versorgung des Dorfes weitgehend von der Fähre abhängig.
Ein grober Wellenbrecher, der etwas Schutz vor Winden aus S bietet, ist größtenteils mit Caïquen belegt.

Die Ortschaft A. Kiriaki an der Einfahrt in den Golf von Volos aus N.

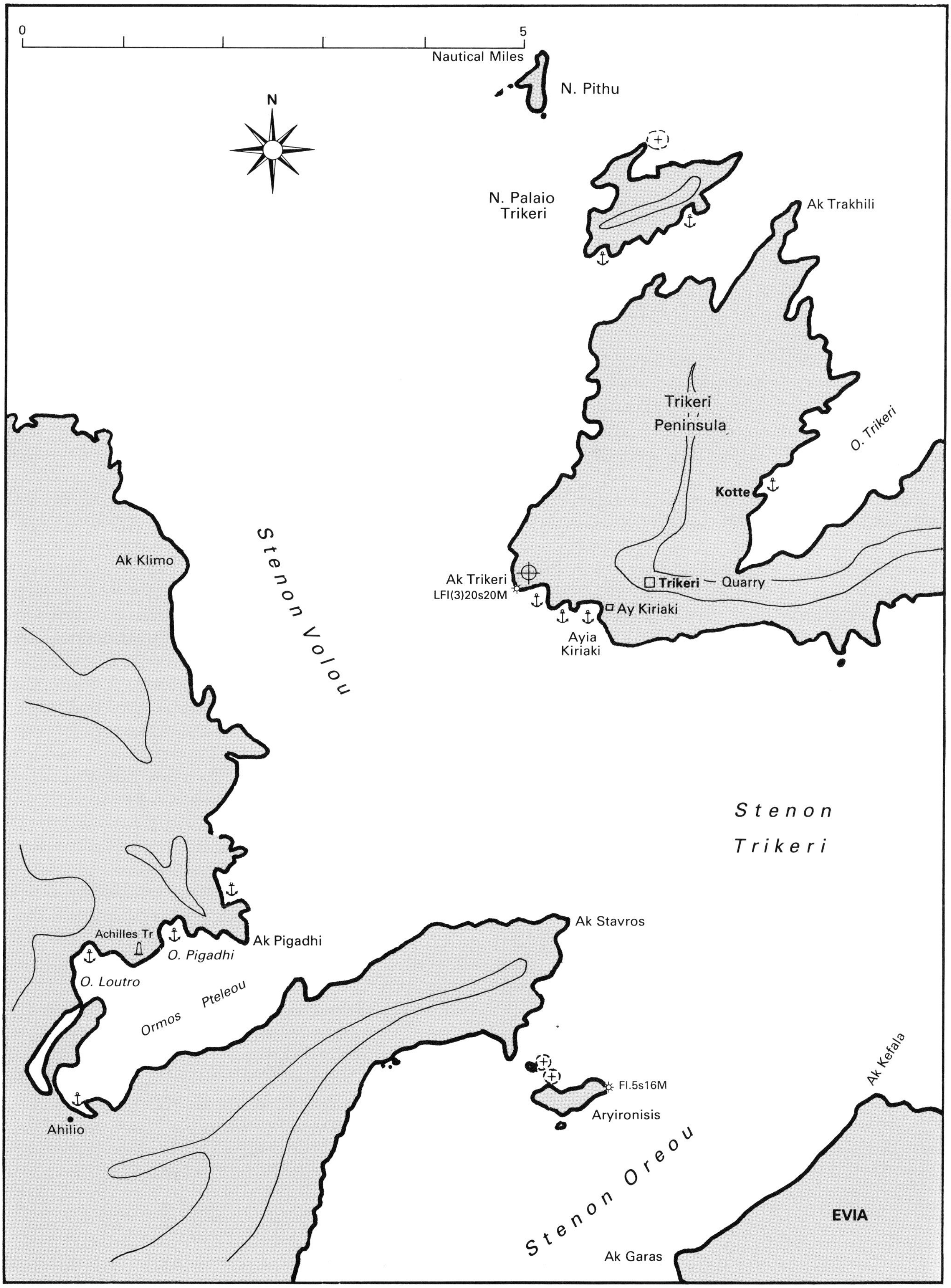

Die Passage von Volos.

Nisis Palio Trikeri

An der S-Küste der Insel ist ein kleines Dorf, Skala, das bei der Ansteuerung aus S gut auszumachen ist. Man ankert vor dem Dorf auf 8 bis 12 m Wassertiefe und ist vor Meltemi gut geschützt. Vorsicht, kaum Raum zum Schwojen! An Land findet man eine Taverne, und Trinkwasser ist aus einem öffentlichen Wasserhahn erhältlich. Täglich verkehrt ein Tragflügelboot nach Volos.

Ormos Trikeri

Diese Bucht schneidet sich tief in den SW der Halbinsel Trikeri ein. Bei ruhigem Wetter kann man vor dem Fischerdorf, Kortis, im Scheitel der Bucht ankern. Die Bucht ist nach NE bis E hin offen; die Umgebung mit ihren steilen Felshängen ist wunderschön. An Land hat eine Taverne geöffnet.
In der SW-Ecke der Bucht, die sich zum Ankern eignet, gibt es neuerdings einen Marmorsteinbruch. An der W-Seite der Bucht findet man noch weitere Ankerplätze, die sich für eine kleine Mittagspause eignen.

Ankerplatz Zasteni (Avra)

0,75 Seemeilen ESE-lich der Huk Ak Marathea finden kleine Yachten einen sehr idyllischen Ankerplatz. Im Scheitel der kleinen Bucht, die von N bis W offen ist, steht ein weißes Haus. Man ankert auf 6 bis 8 m Wassertiefe, der Grund hält nur mittelprächtig. Der Ankerplatz sollte wirklich nur bei ruhigem Wetter aufgesucht werden.

Ormos Vathoudi

39°09'N 023°12,5'E

Im SE des Pagasäischen Golfs findet man diesen Ankerplatz, der im W von der Insel Nisis Alatas und im E von

Der Ankerplatz Avra E-lich des Kaps Ak Marathea.

der Halbinsel Trikeri geschützt wird. Man kann diese Bucht von N her ohne Probleme ansteuern, da überall ausreichend Wassertiefen vorhanden sind. Im NE der Bucht ankert man auf 10 bis 15 m Tiefe. Vom Ufer aus erstreckt sich ein kurzer Anleger, an dessen Kopf das Wasser 1 bis 2 m tief ist. Der Grund besteht aus Schlick und Sand und hält gut. In Ormos Vathoudi ist man bei jedem Wetter gut geschützt.
Eine Reihe von Yachten überwintert hier im Wasser, und es kann schwierig werden, wegen der vielen Yachten im NE-Teil der Bucht, die hier an Dauermoorings liegen, noch Platz zum Schwojen zu finden.
Bei der Werft, die an der E-Seite der Einfahrt zum Golf ist, können Yachten aufgeslippt werden. An Land gibt es Tavernen und Cafés, am Fuß des Anlegers einen Wasserhahn. In Milina, einer Ortschaft, die etwa 3 Kilometer entfernt ist, findet man Tavernen und Versorgungsmöglichkeiten.
An den Hängen um die Bucht herum wurden Sommerhäuser gebaut.
Vorsicht: Auch wenn das Fahrwasser Tiefen von rund 3 m aufweist, muß in der S-lichen Passage zwischen Nisis Alatas und der Halbinsel vorsichtig navigiert werden, da Unterwasserfelsen die Durchfahrt säumen.

Blick auf die Insel Alatas, die die Bucht Vathoudi schützt aus SE.

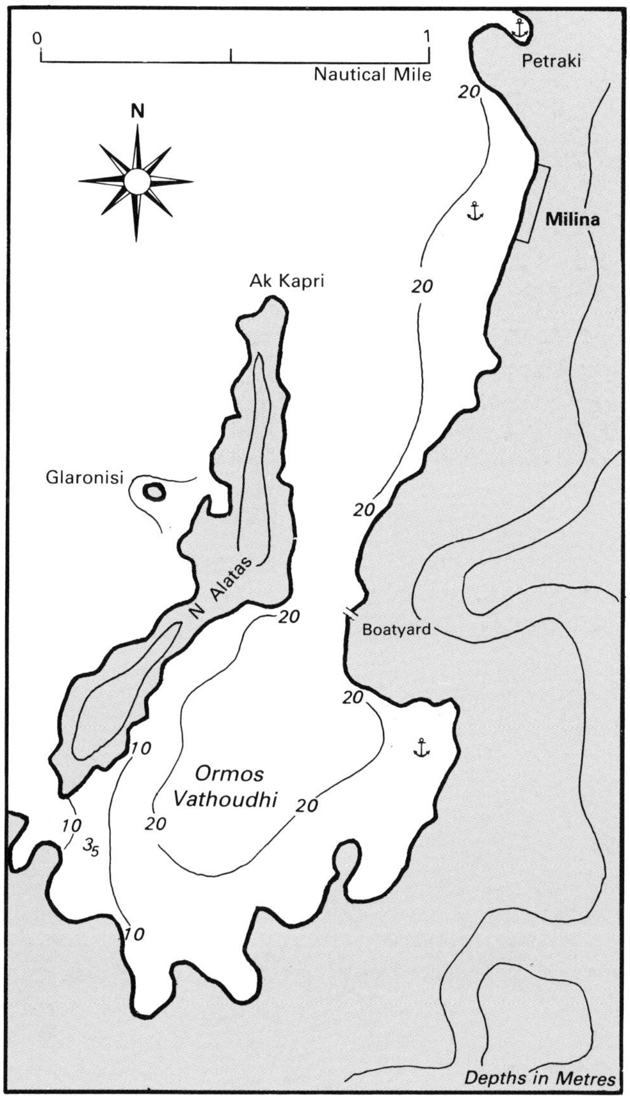

Ormos Vathoudi mit Ansteuerungen.

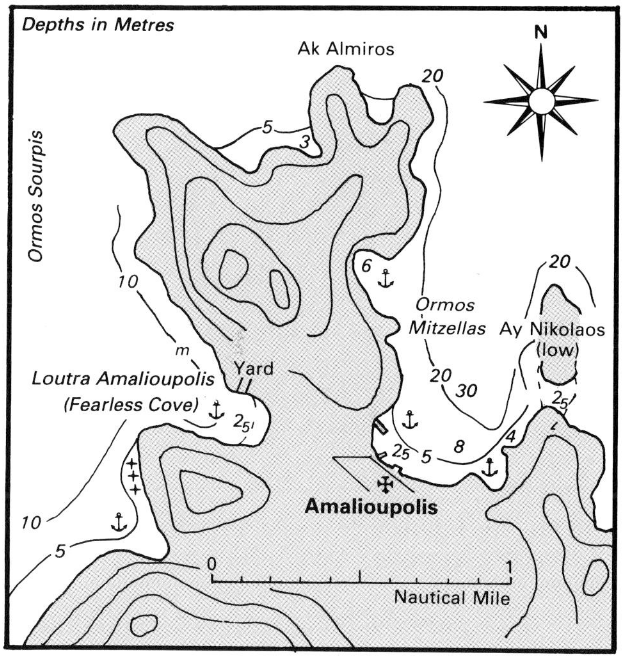

Amaliapolis.

Petraki

0,5 Seemeilen N-lich von Milina bietet diese kleine Bucht guten Schutz vor dem Meltemi. Sie ist nach NW hin offen.

Die Westküste des Pagasäischen Golfs

Amaliapolis und die nahegelegenen Ankerplätze (Ormos Mitzelas, Ormos Sourpis)

Karten: BA 1556, D 667 Plan G

An der W-Seite der Einfahrt zum Pagasäischen Golf springt eine steile Landzunge hervor, die in den Kaps Ak Almyros und Ak Periklis ausläuft. Durch eine Reihe von Buchten wird die Landzunge stark gegliedert, und der Ort Amaliapolis liegt an der E-Seite des Kaps im Scheitel der Bucht Ormos Mitzelas.

Hinweis: In einem Umkreis von 5 Seemeilen ist das Befahren eines militärischen Sperrgebietes (39°13,3'N 022°48,5'E) verboten. Allerdings halten sich einheimische Yachten nicht an dieses Befahrensverbot und ankern vor Amaliapolis und den nahegelegenen Ankerplätzen.

1. ***Amaliapolis***: Von See her ist das Dorf gut auszumachen. Man ankert vor der Stadt oder macht mit dem Bug an einer der beiden kurzen Piers vor dem Dorf fest, an deren Köpfen Wassertiefen von 2,5 m vorhanden sind. Der Sandgrund hält den Anker gut.

Der kleine Fischerhafen ist normalerweise mit örtlichen Booten voll belegt. Bei Meltemi steht Schwell in die Bucht. Guter Schutz vor SE-lichen Winden.

Wasserschutzpolizei ist im Hafen. Wasser bekommt man in der Nähe der Pier. Gute Versorgungsmöglichkeiten, Tavernen und Cafés an Land.

2. Eine namenlose Bucht befindet sich 0,5 Seemeilen N-lich von Amaliapolis; sie bietet etwas Schutz vor Meltemi. Man ankert auf 2 bis 4 m Tiefe im Scheitel der Bucht.

Amaliapolis aus N.

Ormos Phiirles (Loutraki Amalioupolis) aus ESE.

3. ***Loutraki Amaliapolis***: Eine geschützte Einbuchtung in Ormos Sourpis an der W-Seite der Landspitze bietet in ihrem Scheitel einen Ankerplatz auf 3 bis 6 m über Schlickgrund. Man ist hier bei jedem Wetter gut geschützt. Auch wenn die Bucht 1,5 sm weit nach W hin offen ist, werden Winde aus dieser Richtung nicht gefährlich. An der N-Seite der Bucht gibt es eine Werft, bei der Yachten aufgeslippt werden können.
4. ***Ormos A. Ioannis***: Unmittelbar S-lich von Loutraki Amaliapolis befindet sich diese Bucht, in der man auf 2 bis 5 m ankern kann. Zum Scheitel hin ist es untief. Guter Schutz vor Meltemi und Winden aus SE.
Hinweis: An der W-Seite von Ormos Sourpis gibt es einen großen Industriekomplex mit Vorratstanks und mehreren langen Anlegern.

Nea Angchialos

Etwa 7 Seemeilen N-lich des Industriekomplexes in Ormos Sourpis ganz im W des Golfs befindet sich dieser kleine kreisförmige Fischerhafen. Die Einfahrt ist erst auszumachen, wenn man schon dicht herangekommen ist und ein paar Felsblöcke, die sich vom Strand aus erstrecken, sowie ein halb versunkener Wellenbrecher sichtbar wird. Den Hafen erreicht man über einen schmalen Zufahrtskanal, der von einer kurzen Mole geschützt wird. Platz gibt es nur für ein paar Yachten entlang des äußeren Endes des Wellenbrechers. Die Wassertiefen betragen 1,5 bis 2,5 m. Flachgehende Boote können versuchen, im Inneren des

Blick auf die Einfahrt des kleinen Hafens Nea Angchialos.

Hafens einen Liegeplatz zu finden. In der Nähe gibt es Tavernen und Versorgungsmöglichkeiten.
Abgesehen von der vielbefahrenen Küstenstraße ist dieses Dorf wirklich ein Kleinod. Vom Hafen aus gesehen, nur über die Straße hinweg, befinden sich die Ruinen des antiken Pyrasos.

A. Georgios

Zwischen Nea Angchialos und dem Kap Ak Angistri liegt diese Bucht, die fast ganz von Land umschlossen wird. Einheimische Fischerboote sind an Dauermoorings an der S-Seite festgemacht. Man ankert davor oder macht mit dem Heck zum Kai an der W-Seite fest. An Land gibt es Versorgungsmöglichkeiten und Tavernen.

Agios Georgios aus NNE.

Volos

WP 39°21,2’N 022°56,6’E (Fl.G.1,5s3M) / Karten: BA 1571, D 667 Plan H und J

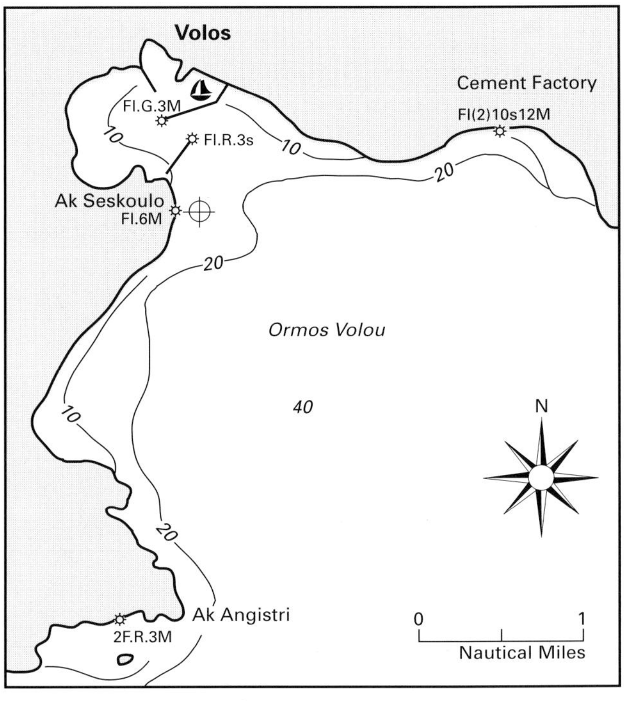

Ansteuerungen von Volos.

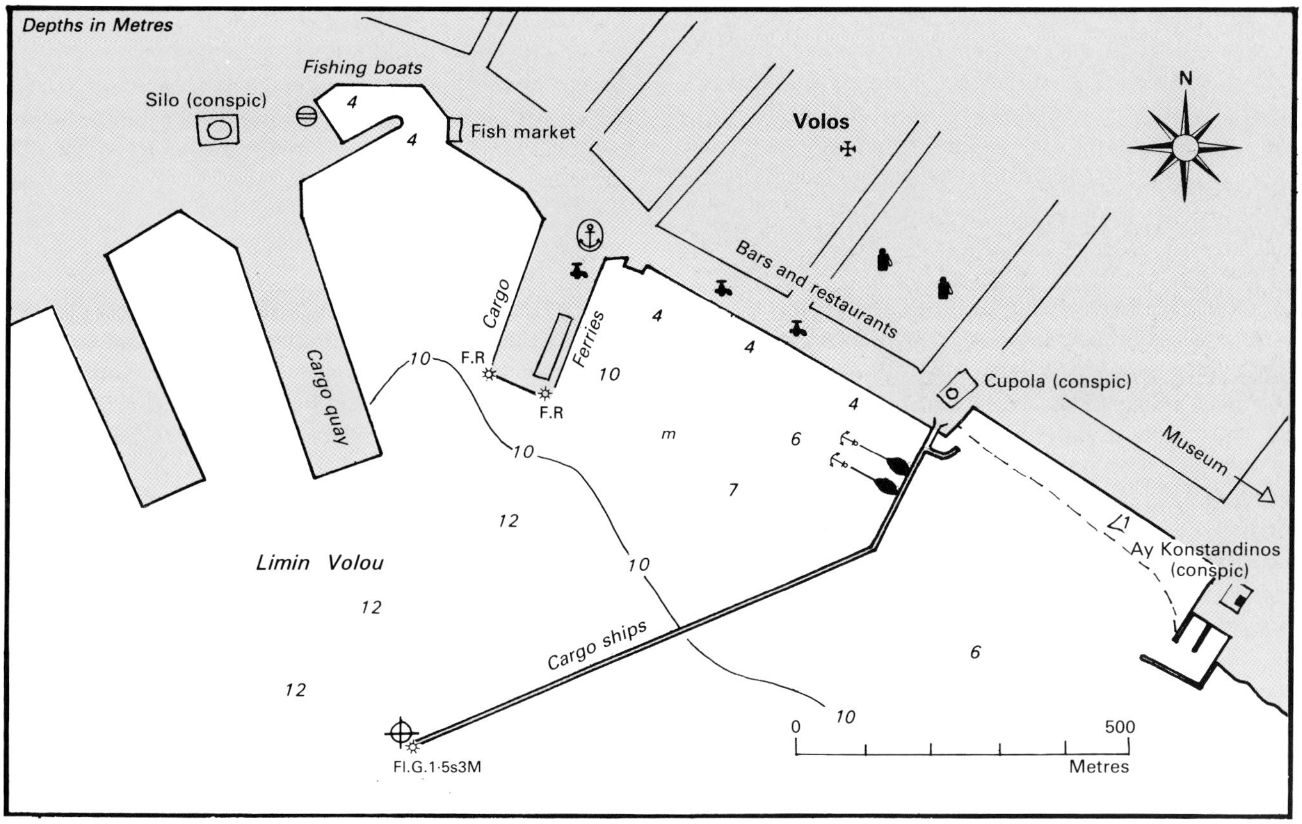

Volos.

Allgemeines
Volos ist einer der bedeutendsten Handelshäfen Griechenlands; über ihn wird ein Großteil der Produkte aus Thessalien verschifft: Getreide, Seide, Baumwolle, Olivenöl, Zucker und Seife.
Bis zu den beiden verheerenden Erdbeben 1954 und 1955 konnte Volos mit Piräus durchaus konkurrieren. Nach den Erdbeben, die große Teile der Stadt in Trümmer legten, wurde zügig mit dem Wiederaufbau begonnen, und der Hafen blühte wirtschaftlich erneut auf. Die heutigen Hafenanlagen stammen zwar aus dem Jahr 1912, aber Volos ist stets eine bedeutende Hafenstadt gewesen.
Jason und die Argonauten starteten zu ihrer Fahrt ins Schwarze Meer von Volos (später Iolkos) aus – ein geschichtliches Ereignis, an das eine Bronzestatue der »Argo« auf dem Platz vor dem Hafen erinnert. Der örtlich gekelterte Wein heißt darum auch passenderweise »Argo«.
Das sehenswerte Museum (am SE-Rand der Stadt gelegen) zeigt eine exzellente Sammlung von Kunstgegenständen, die in Iolkos und Pagasai-Demetrias (auf der gegenüberliegenden Seite der Bucht, S-lich von Volos) gefunden wurden. Die Sammlung bemalter hellenischer Grabstelen gehört zu den besten der Welt, und ein Museumsbesuch ist unbedingt zu empfehlen.
Die verblichenen Gemälde auf den Stelen zeigen bewegende Szenen aus dem täglichen Leben im antiken Griechenland: Protos, ein muskulös aussehender Mann, geht mit seinem Hund spazieren, Metrophanes streckt seine Hand nach seinem Kind aus, Hediste liegt matt auf ihrem Bett. Diese Szenen, die weit entfernt von jenen Freskenmotiven sind, auf denen Krieger im Streitwagen oder verwundete Löwen dargestellt werden, waren Teil antiker Beisetzungsformen.

Ansteuerung
Auffällig: Die große Stadt und die Zementfabrik nur 1 Seemeile E-lich davon sind schon aus einiger Entfernung leicht auszumachen. Gute Landmarken sind der Handelshafen, ein großes graues Silo im Hintergrund der Kaianlagen sowie die Kirche von A. Konstadinos (insbesondere der Glockenturm) unmittelbar hinter dem kleinen Yachthafen. Im allgemeinen ist der Handelshafen mit Frachtschiffen voll belegt.
Nachts navigiert man nach dem Feuer auf Ak Sesklo (Fl.R.3s3M) und dem auf der Zementfabrik (Fl(2)10s12M). Das E-liche Ende des freistehenden Wellenbrechers ist mit (Fl.R.3s) befeuert; der Kopf des Wellenbrechers mit (Fl.G.1,5s3M) bezeichnet. Auch der Kopf der Handelspier ist mit jeweils (F.R.) an jeder Ecke befeuert.

Liegeplätze
Wie aus dem Plan ersichtlich, macht man mit Bug oder Heck zum N-Ende der E-Mole fest. Für Yachten sind Dauermoorings ausgelegt, deren Zuverlässigkeit etwas zweifelhaft ist. Am besten benutzt man den eigenen Anker. Der Grund besteht aus weichem Schlick und selbst Pflugscharanker benötigen mehrere Anläufe, bevor sie richtig gefaßt haben.
Hinweis: In nicht allzu ferner Zukunft sollen Schwimmstege ausgebracht werden.

Schutz: Im Hafen ist man gut geschützt, auch wenn Winde aus S etwa 1 Seemeile quer über die Bucht kommen können.
Behörden: Volos ist Port of Entry – Wasserschutzpolizei, Zoll und Einwanderungsbehörde sind im Hafen.
Hinweis: Im E-Teil des Handelshafens wurde ein kleiner Yachthafen gebaut. Einheimische Yachten haben hier ihre Liegeplätze.

Versorgung
Wasser bekommt man am N-Kai.
Treibstoff gibt es am Kai, kann aber auch von einem Tankwagen geliefert werden.
Reparaturen: Die meisten mechanischen Reparaturen, einfache Arbeiten an der Maschine inklusive Schweißarbeiten an rostfreiem Stahl und allgemeine Reparaturen an der Elektrik. S-lich des Handelshafens können Yachten aufgeslippt werden. Es gibt gut sortierte Schiffsausrüster und hervorragende Eisenwarengeschäfte sowie Werkzeuggeschäfte.
Lebensmittel: Beste Versorgungsmöglichkeiten. Im W-Teil der Stadt ist ein großer Supermarkt. Man kann Weine vom Faß kaufen, und am Fischmarkt ist Stangeneis erhältlich.
Restaurants: Die Tavernen und Bars entlang des Kais sind zwar ziemlich protzig, aber von sehr unterschiedlicher Qualität. Allerdings finden sich auch gute italienische Restaurants darunter. Zum Fischereihafen hinunter und darüber hinaus Richtung SE findet man weitere gemütliche Tavernen sowie Ouzerien mit leckeren »Mezedes«.
Sonstiges: Post, Telefonamt, Krankenhaus, Banken, Auto- und Motorrad-Vermietung und Fahrrad-Verleih. Bus- und Bahnverbindung besteht nach Thessaloniki und Athen. Fähren verkehren zu den Nördlichen Sporaden und Syria. Inlandsflüge nach Athen.
Hinweis: Volos ist eine gute Ausgangsbasis, wenn man die berühmten Meteora-Klöster, die spektakulär auf bizarren Felsformationen erbaut wurden, besuchen möchte. Regelmäßig verkehren Busse und Bahnen dorthin.

Die Trikeri-Passage (Diavlos Trikeri)

Die Meerenge, die Euböa von der Halbinsel Trikeri trennt, heißt Diavlos Trikeri. Obwohl diese Durchfahrt breiter als die Passage von Oreon ist, kann hier trotzdem ein beträchtlicher Strom von bis zu 1,5 kn laufen, der normalerweise S-wärts setzt. An beiden Ufern ist die Küste gebirgig. Die Berge der Halbinsel Trikeri stürzen senkrecht ins Meer und wirken furchteinflößend. Sie sind ausgewaschen und meist ohne Vegetation oder Besiedlung.
Die Triremen der Athener hatten seinerzeit ihre ersten Scharmützel mit den vordringenden Persern unter Xerxes am Eingang dieses Golfs. Für die Athener war dies jedoch eher eine Verzögerungstaktik, um Zeit zu gewinnen als ein ernsthafter Versuch, die Eindringlinge aufzuhalten. Die Taktik hatte ungeahnten Erfolg: Nur wenig später ließ ein Sturm aus NE einen großen Teil der persischen Flotte Schiffbruch erleiden.

»Die persische Flotte ... steuerte die magnesische Küste zwischen Casthanea und Kap Sepia an, und bei ihrer Ankunft machten die führenden Schiffe am Land fest, während die übrigen, da das kurze Stück Strand nicht viel Platz bot, in Reihen zu je acht draußen vor der Küste vor Anker gingen. In dieser Aufstellung verblieben sie während der Nacht; doch bei Morgengrauen am folgenden Tag schlug das Wetter, das klar und ruhig gewesen war, urplötzlich um, und die Flotte wurde von einem schweren Wind aus dem Osten erfaßt – einem »Hellespontier«, wie die Leute dort ihn nennen –, der ein wildschäumendes Meer wie einen kochenden Kessel aufrührte. Jene, die rechtzeitig begriffen, daß der Schlag herannahte, sowie alle, die zufällig in geeigneter Stellung lagen, konnten ihre Fahrzeuge noch auf Strand laufen lassen und sie aus dem Wasser herausholen, ehe sie Schaden nahmen, und retteten solcherart zugleich ihr eigenes Leben; aber die Schiffe, die es weiter draußen erfaßte, gingen alle verloren; einige wurden vom Sturm an einen Ort, genannt die »Backöfen«, am Fuß des Berges Pelium getrieben, andere auf den Strand selbst.«
Ernle Bradford, Die Griechischen Inseln
Es ist eigentlich verwunderlich, daß die persische Flotte nicht im nahen Naturhafen von Skiathos Schutz suchte.

Ormos Adriami (Ormos Chondri Ammos)

Am N-Ufer der Durchfahrt befindet sich diese weite Bucht. Man ankert in einer Einbuchtung an der N-Seite auf 5 bis 8 m Tiefe und ist recht ordentlich vor Meltemi geschützt. Allerdings steht bei Meltemi Schwell in die Bucht, die nach S hin offen ist. Es gibt keine Versorgungsmöglichkeiten.

Platania

39°08,4'N 023°16,3'E

Etwa 2,5 Seemeilen E-lich von Adriami entfernt liegt diese offene Bucht, die zwar etwas Schutz vor Meltemi bietet, in

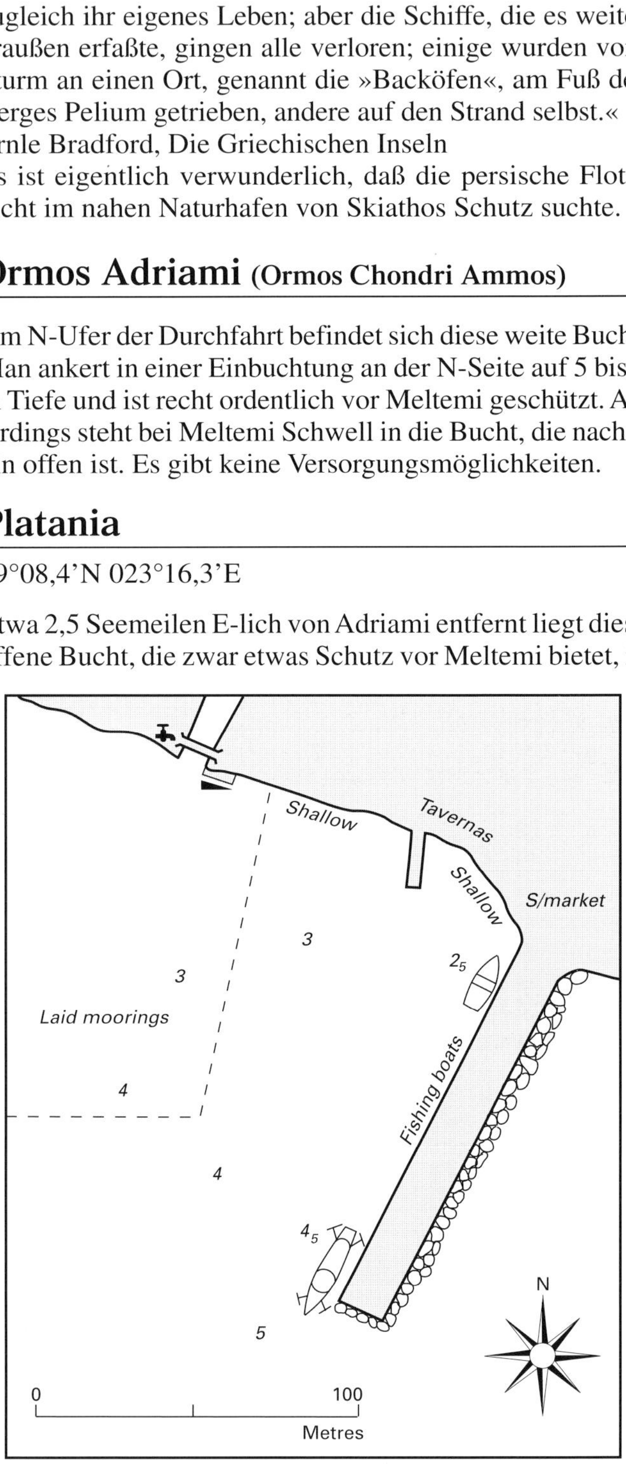

Platania.

die aber fast ständig Schwell steht. Die Ortschaft Platania, die in einer Talsohle erbaut wurde, ist von See her gut auszumachen. Am E-lichen Ende der Bucht, unweit des alten kurzen Anlegers, wurde eine neue Mole gebaut. Falls man an oder hinter dieser Mole einen Platz findet, ist man gut geschützt. Hat man einen Platz gefunden, macht man längsseits, mit Bug oder Heck fest. Der Liegeplatz des Tragflügelbootes befindet sich am äußeren Ende der Mole. Der Grund, der aus Schlick und Sand besteht, steigt zum Ufer sanft an und hält gut, so daß man sehr gut unweit der Dauermooring hinter der Mole ankern kann. Der Schutz vor Meltemi ist ganz ordentlich.
Nicht weit von der Brücke an der Hafenpromenade findet man einen Wasserhahn. Gute Versorgungsmöglichkeiten und zahlreiche Tavernen, die im Sommer geöffnet haben. Die Bucht ist wirklich wunderschön: Im bewaldeten Tal spenden zahlreiche Platanen Schatten – daher der Name Platania!

Pefki

WP 39°00,5'N 023°12,4'E

Der Hafen Pefki an der N-Küste von Euböa in der Trikeri-Passage (Foto: Kerr Whiteford).

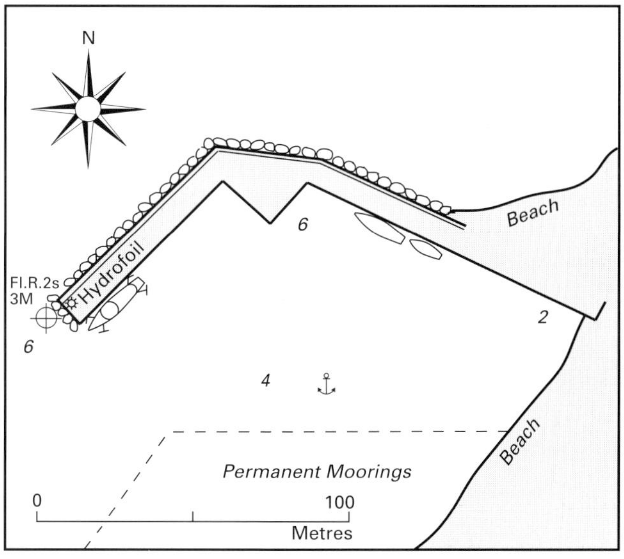

Pefki.

Schätzungsweise 4 Seemeilen E-lich des Kaps Ak Kephala wurde an der N-Küste von Euböa ein neuer Fischerhafen gebaut. Der Kopf der Mole ist mit Fl.R.2s3M befeuert.
Auch wenn der Hafen mit Fischerbooten voll belegt ist, kann man vielleicht einen Platz finden. Andernfalls ankert man so, daß man vom Bereich mit den Dauermoorings gut frei bleibt.
An Land findet man einen Wasserhahn, Lebensmittel und Tavernen. Tragflügelboot. Diese Gegend mit ihren wunderschönen langen Sandstränden ist im Sommer bei griechischen Urlaubern sehr beliebt.

Pontikonisi

An der S-Küste der Trikeri Passage, NE-lich des Kaps Ak Artemision auf Euböa befindet sich diese kleine Insel, die an ihrer SW-Seite einen Ankerplatz bietet, der gut vor Meltemi geschützt ist. An der N-Seite der Insel gibt es einen Landeplatz, von dem ein Weg zum Leuchtturm führt.

Die Nördlichen Sporaden

Die Sporaden, deren Name »die Zerstreuten« bedeutet, werden in zwei Inselgruppen unterteilt: die Nördlichen Sporaden, die im folgenden beschrieben werden und die Südlichen oder Östlichen Sporaden, die sich wie eine Kette vor der türkischen Küste (bzw. der Küste Kleinasiens) erstrecken: Heutzutage ist die letztere Inselgruppe besser unter dem Namen »Dodekanes« (von Karpathos bis Patmos) und die Östlichen Sporaden (die Inseln N-lich von Patmos bis Limnos) bekannt. Die Östlichen Sporaden werden sehr viel seltener besucht als die Nördlichen Sporaden, und folglich versteht man unter dem Namen »Sporaden« unweigerlich die nördliche Inselgruppe.
Die Hauptgruppe der Insel zieht sich sichelförmig von der S-Spitze der Halbinsel Trikeri N-wärts bis zum winzigen meerumtosten Eiland Psathoura. 40 Seemeilen weiter N-lich erhebt sich der Berg Athos an der Spitze der Halbinsel Chalkidiki aus dem Meer. SE-lich der Inselgruppe liegt Skyros, und obwohl es geographisch und politisch »dazugehört«, hatte Skyros eine eigenständige Entwicklung. Da die Insel etwas abseits der geschichtlichen Hauptpfade lag, gibt es hier auch nur wenige archäologische Funde. Bei Ausgrabungen in Staphylos auf der Insel Skopelos entdeckte man kürzlich Spuren minoischer Besiedlung.
Die Inseln gehörten zunächst zu Athen, später zu Makedonien und Rom.
Da Skyros genau an der Handelsroute zwischen Athen und Kleinasien lag, hatte die Insel von jeher mehr Bedeutung als ihre Nachbarinseln. Während des Mittelalters wurden die Inseln immer wieder leichte Beute für Piraten. Die Einwohner zogen sich in das Innere ihrer Inseln zurück, wo sie in befestigten Dörfern wohnten. Erst gegen Ende des 19. Jahrhunderts kehrten die Insulaner in ihre Küstenorte zurück. Folglich sind die meisten Städte am Meer vergleichsweise jung.
Die beliebte Architektur der Sporaden ist unverwechselbar: Die Häuser sind strahlend weiß, blau oder pink, die Giebeldächer mit grauem oder rotem Schiefer gedeckt. Die wunderschöne Landschaft und die feinen Sandstrände

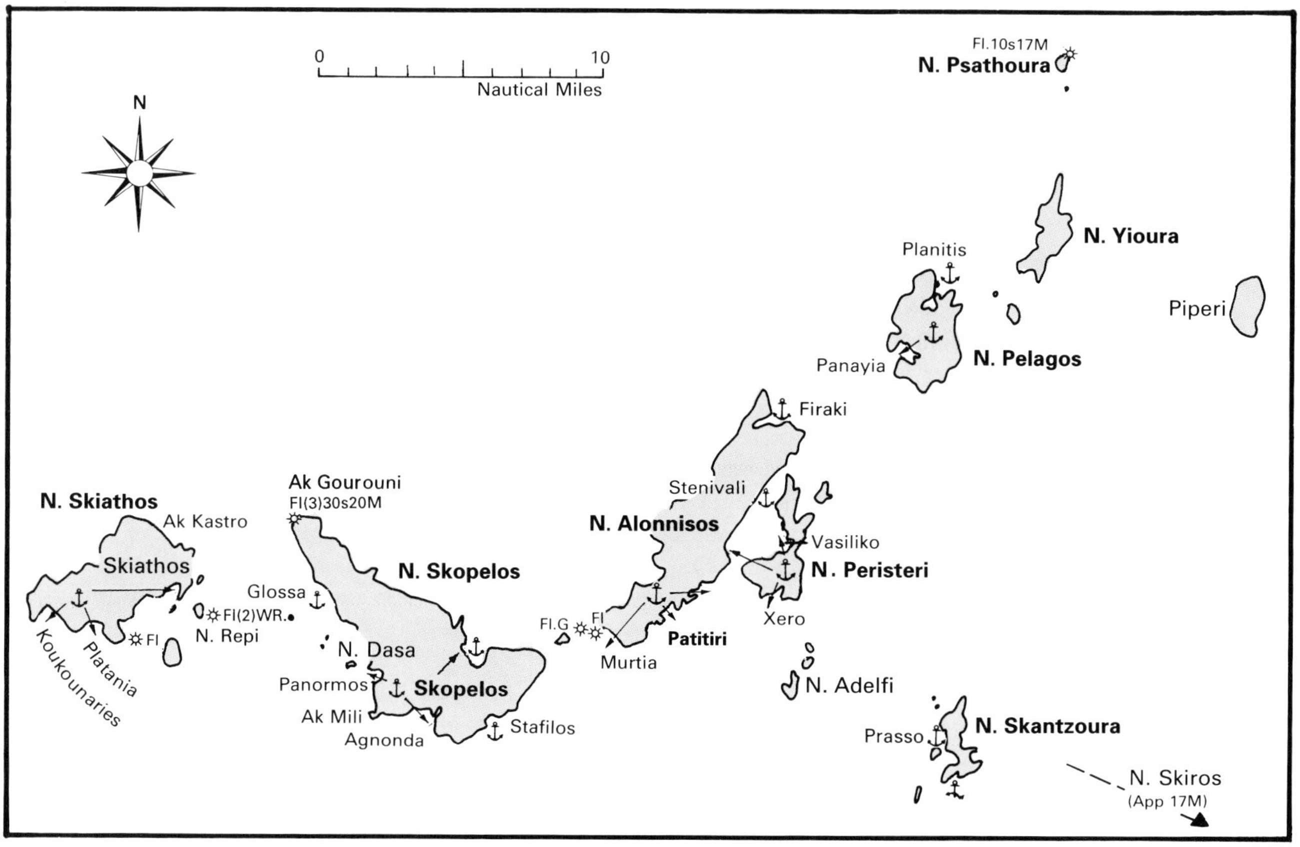

Die Inselgruppe der Nördlichen Sporaden.

ziehen eine ständig steigende Zahl von Urlaubern an – zumindest auf den leichter erreichbaren Inseln.
Hinweis: Die Inseln sind nicht gerade mit einem natürlichen Wasserreichtum gesegnet, und falls Wasser vorhanden ist, ist es zumeist kein Trinkwasser. Der ständig zunehmende Tourismus an den Küsten hat zu einer weiteren Verknappung der Trinkwasservorräte geführt. So ist es dann natürlich kein Wunder, wenn das »kostbare Naß« in den Häfen zu hohen, um nicht zu sagen exorbitanten, Preisen abgegeben wird.

Das Wetter in den Nördlichen Sporaden

Der Meltemi weht in den Nördlichen Sporaden nicht ganz so heftig, wie er es weiter S-lich tut. Er kommt hier aus NNE, aber seine Richtung verändert sich durch die Inseln und Passagen dazwischen. Die S-Küsten der Inseln fangen den Großteil des Seegangs ab – mit Ausnahme von Pegalos, die auch die aufgebauten Seen Nordgriechenlands abbekommt. Die Kombination von »sanftem Meltemi« und ruhiger See an den Lee-Küsten der Inseln sorgt für wahre Hochstimmungen beim Segeln. Kein Wunder also, daß dieses Revier bei Charterflottillen so beliebt ist.

Die Insel Skiathos

Der Festlandsküste am nächsten liegt die Insel Skiathos, die durch ihre guten Fähr- und Flugverbindungen mehr Urlauber anzieht als die übrigen Inseln.

Zwischen 1538 und 1830 zogen sich die Inselbewohner auf einen schier unzugänglichen Felssporn an der N-Huk der Insel zurück. Das Kastro, wie der Wohnort genannt wurde, war mit der restlichen Insel durch eine Zugbrücke verbunden, die im Fall einer Belagerung hochgezogen werden konnte. Heute ist das Kastro verlassen, und die gesamte Bevölkerung lebt in der Stadt Skiathos.

Diavlos Skiathou

Durch diese schmale Passage wird Skiathos vom Festland getrennt.
1,75 Seemeilen E-lich des Kaps Ak Arapis befindet sich eine Felsklippe, Yph. Levteris, in der Durchfahrt, die durch ein markantes Leuchtfeuer gekennzeichnet wird: Kennung (Fl(2)8s8M). In der Meerenge setzt ein Strom unterschiedlicher Stärke entweder N- oder S-wärts mit 0,5 bis 1,5 kn.

Koukounaries

39°09’N 023°24,5’E / Karten: D 669

Allgemeines
Es wird oft behauptet, daß Koukounaries einen der schönsten Strände der gesamten Ägäis sein eigen nennen könnte. In der Tat bietet der von Schirmpinien gesäumte feine Sandstrand einen wundervollen Anblick.

Ansteuerung
Der kleine Hafen liegt im NE der Bucht Ormos Koukounaries an der SW-Spitze von Skiathos. Das große »Palace

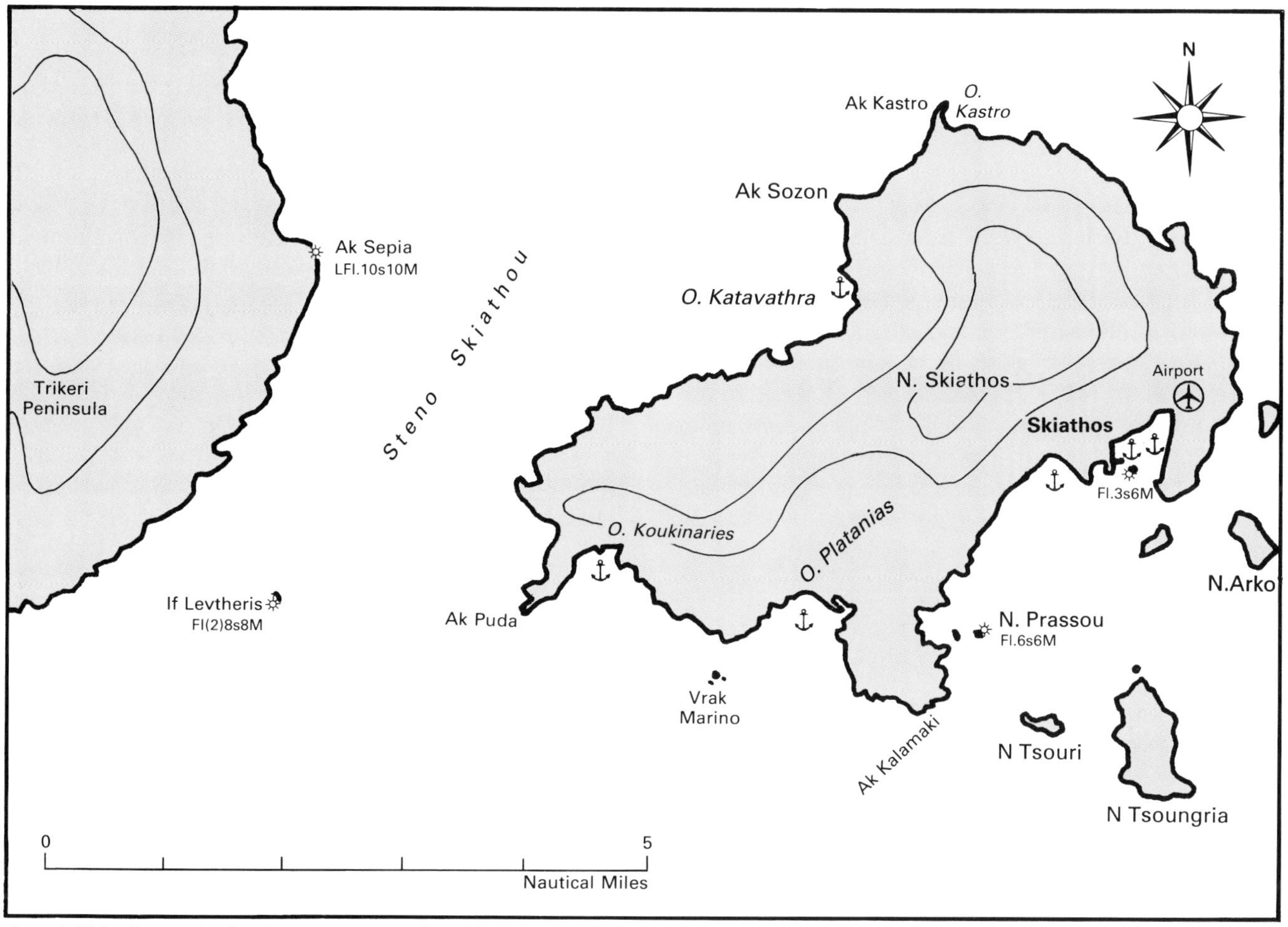

Die Insel Skiathos mit der Passage Diavlos Skiathou.

Hotel« an der E-Seite der Bucht bildet eine auffällige Landmarke; der kleine Hafen befindet sich unmittelbar unterhalb davon.

Liegeplätze
An beiden Molen kann man mit Bug oder Heck festmachen und liegt hervorragend geschützt. Hier überwintert eine ganze Reihe von Yachten im Wasser. Falls der kleine Hafen belegt sein sollte, kann man vor dem Strand ankern, wo man vor dem Meltemi geschützt ist.

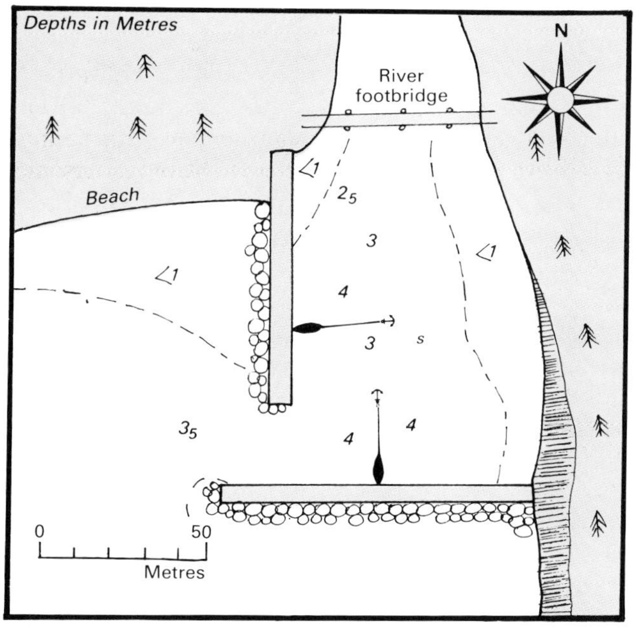

Koukounaries.

Versorgung
Verschiedene Tavernen sind in der Nähe.

Ormos Platanias

E-lich von Koukounaries findet man diese große Bucht, an der mehrere große Hotels entlang des Strandes stehen. Guter Schutz vor Meltemi.

Die Ansteuerung von Koukounaries aus S. Das auffällige Hotel oberhalb des Hafens ist eine gute Landmarke.

Skiathos

WP 39°09,8'N 023°29,6'E (Fl.R.1,5s3M) / Karten: BA 1571, Imray G25, D 667 Plan A

Allgemeines

Die Stadt Skiathos ist in den letzten Jahren zu einem »kleinen Mykonos« herangewachsen: Diskotheken, Bars und Restaurants bieten ein abwechslungsreiches Nachtleben. Im Sommer ist die Stadt voll von Touristen, die von den Sandstränden angezogen werden. Bis jetzt hat es die Stadt aber geschafft, eine recht angenehme Atmosphäre zu erhalten, und die Einheimischen sind immer noch sehr freundlich. Nur ruhig ist es hier eben nicht mehr!

Wenn man sich also nach weniger Lärm und weniger Menschen sehnt, ist man gut beraten, seinen Kurs E-wärts zu setzen.

Ansteuerung

Auffällig: Die Gruppe kleiner Inseln, die den Hafen von Skiathos umgeben, sind leicht zu erkennen. Der Leuchtturm auf Nisis Repi ist bei der Ansteuerung von S und E gut auszumachen. Auffällige Landmarken bilden die Gebäude von Skiathos, die um den Hafen herum stehen und insbesondere ein großes Gebäude, das auf der Landspitze steht, die die E-Seite des alten Hafens bildet. Auch eine Kirche mit einem markanten Glockenturm, die auf der Anhöhe N-lich des alten Hafens steht, ist eine gute Orientierungsmarke.

Nachts navigiert man nach folgenden Feuern: auf Prassoniso (Fl.6s6M), auf Nisis Repi (Fl(2)WR.10s12/8M, der rote Sektor deckt 261°-313° ab) und auf Daskalonisi, das unmittelbar in der Ansteuerung liegt (Fl.3s6M). Der Molenkopf ist ebenfalls befeuert (Fl.R.1,5s3M).

Liegeplätze

Im neuen Hafen macht man am N-lichen Kaiabschnitt mit Bug oder Heck fest. Meistens ist der Hafen aber mit einheimischen Botten und Charteryachten voll belegt. Der Grund besteht aus Schlick und Seegras und hält gut.

Der alte Hafen an der S-Seite ist zwar Ausflugsbooten vorbehalten, trotzdem können kleine Yachten hier eventuell einen Liegeplatz finden.

Schutz: Im neuen E-lichen Hafen liegt man gut geschützt vor Meltemi. Da der Wind hier aber quer zum Liegeplatz kommt, sollte man sich versichern, daß der Anker auch wirklich gut gefaßt hat. Bei S-lichen Winden steht Schwell in den Hafen, und auch wenn man sich so weit wie möglich hinter die Mole verholt hat, wird es ungemütlich.

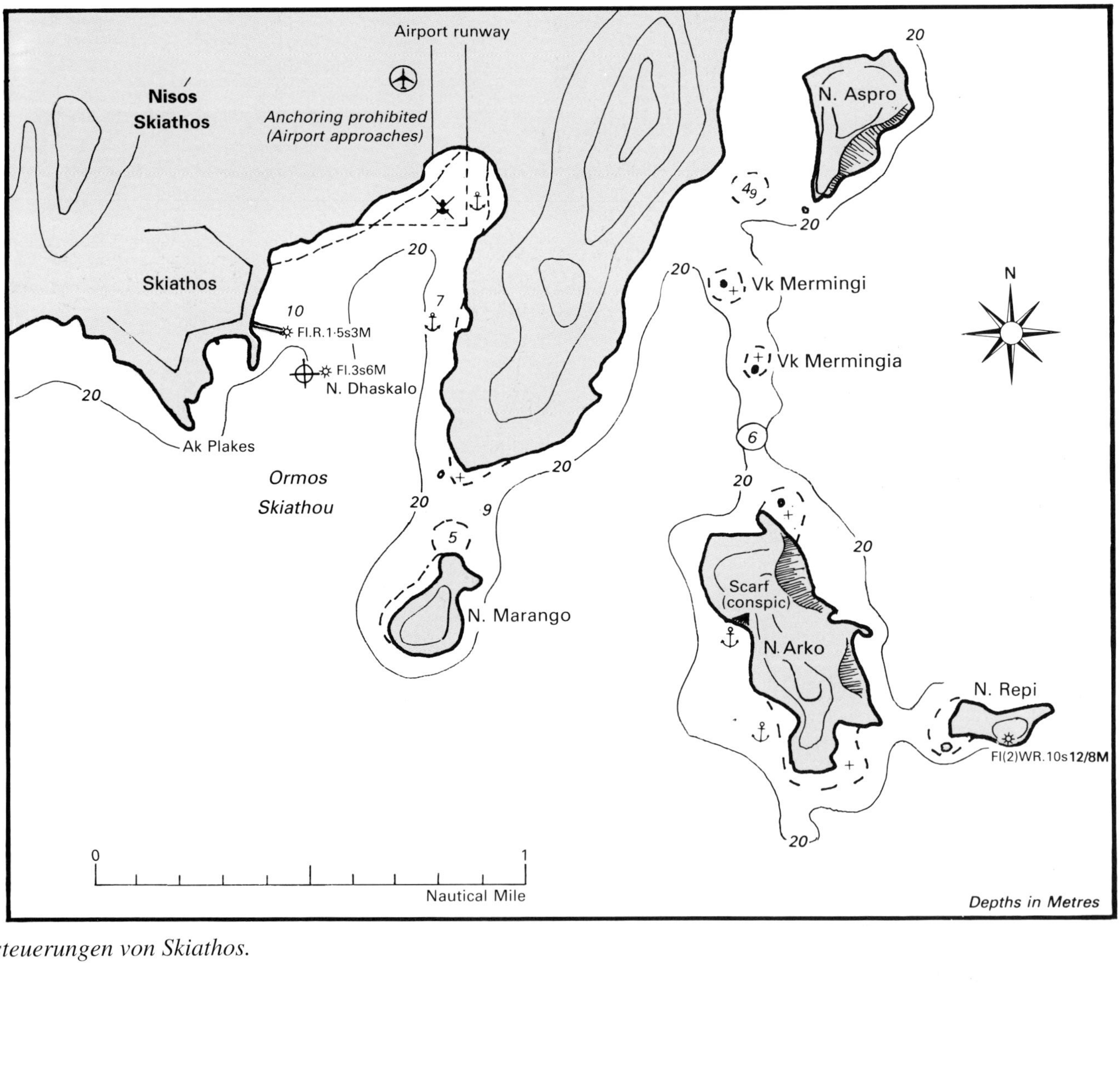

Ansteuerungen von Skiathos.

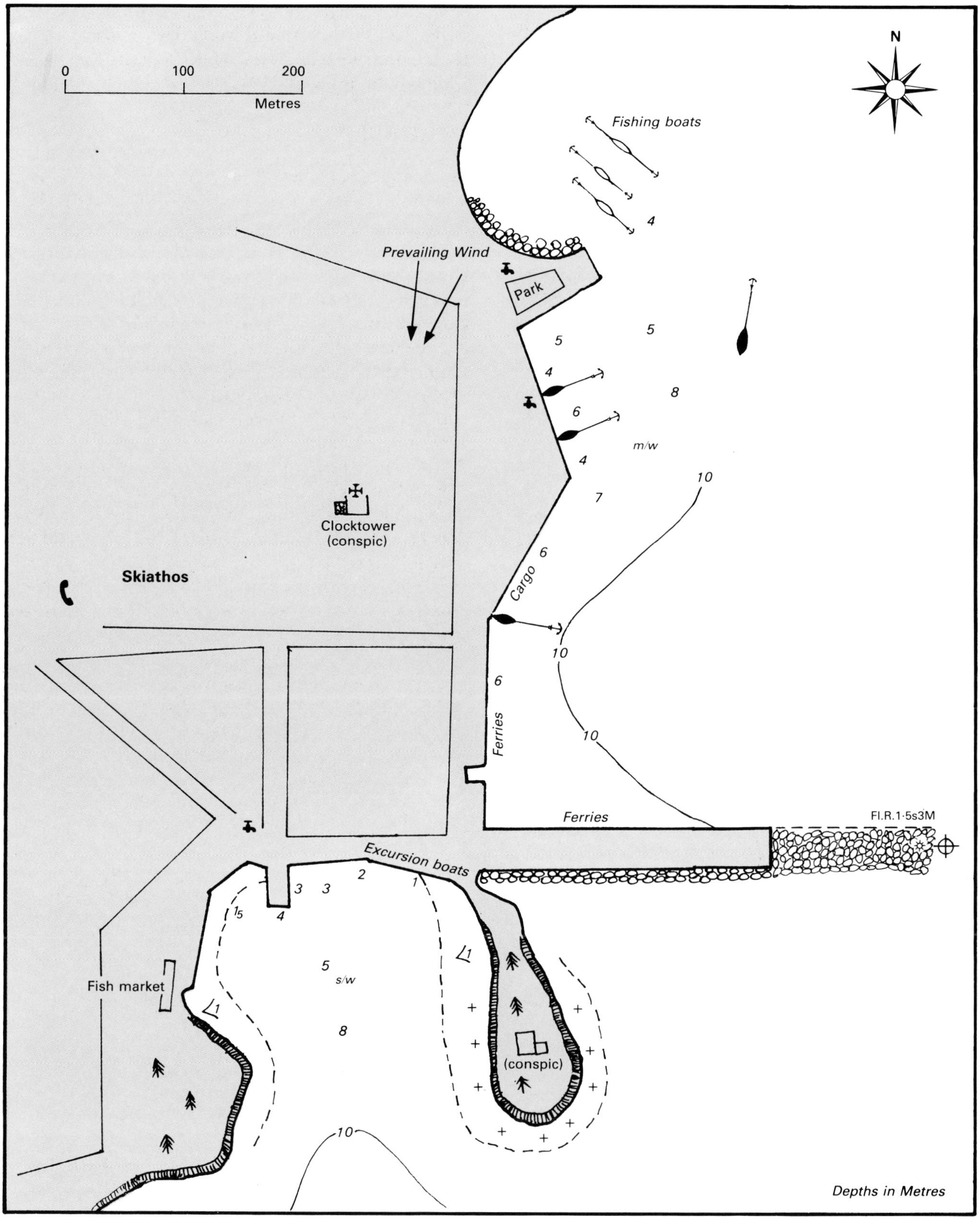
N
0 100 200
Metres
Fishing boats
4
Prevailing Wind
Park
5
5
4
8
6
m/w
4
10
7
Clocktower
(conspic)
6
Cargo
Skiathos
10
6
Ferries
10
Ferries
Fl.R.1·5s3M
Excursion boats
3 3 2 1
1 5
4
5
s/w
Fish market
1
1
8
(conspic)
10
Depths in Metres

Skiathos.

Behörden: Wasserschutzpolizei und Zoll.
Ankerplatz: Man kann auch im Scheitel der Bucht ankern, wo zahlreiche Yachten auch im Wasser überwintern.
Im Start- und Landebereich des Flughafens besteht ein Sperrgebiet, in dem Ankern verboten ist. Von diesem Bereich sollte man sich gut freihalten.
Der Ankergrund besteht aus Schlick, Sand und Seegrasbewuchs und hält gut.

Versorgung
Service: Wasser und Duschen gibt es am Kai, die einzige Schwierigkeit besteht darin, den »Wassermann« ausfindig zu machen, der den Anschluß aufschließt.
Treibstoff kann von einem Tankwagen zum Hafen geliefert werden. Man meldet sich bei der Wasserschutzpolizei unter Tel.: 42 921.
Reparaturen: Ein paar mechanische Reparaturen können ausgeführt werden. Bei der Werft im Scheitel der Bucht können Yachten aufgeslippt werden. Es gibt ein begrenztes Angebot an Schiffszubehör und gut sortierte Eisenwarengeschäfte.
Lebensmittel: Gute Versorgungsmöglichkeiten. Stangeneis kann bestellt werden.
Restaurants: In der Stadt gibt es nette Tavernen.
Sonstiges: Post, Telefonamt, Banken, Gas, Camping GAZ, Auto- und Motorradvermietung sowie Fahrradverleih. Fähren und Tragflügelboote verkehren nach Volos, A. Konstadinos und Skopelos. Vom Flughafen gehen europaweit Charterflüge sowie Inlandsflüge nach Athen und Thessaloniki.

Die Insel Skopelos

Skopelos, das antike Peparethos, ist ebenso wie Skiathos stark bewaldet; seine Hänge sind mit Pinien bewachsen. Der Boden der Insel ist sehr fruchtbar. Skopelos ist berühmt für seine Pflaumen, aber auch Wein, Oliven- und Mandelbäume sowie Pfirsiche und Zitrusfrüchte gedeihen hier. Daß auf Skopelos mehr Landwirtschaft betrieben wird als auf Skiathos mag daran liegen, daß die Bewohner dieser Insel eben Bauern und keine Seefahrer sind, die ihr Leben auf dem Meer riskieren. Es wird den Leuten von Skopelos nachgesagt, sie wären konservativer als ihre Nachbarn.
Der Hauptort von Skopelos (Chora-Skopelos) befindet sich an der E-Küste der Insel.
Lange Zeit galt die Insel Skopelos als abgelegen, und so wurden beispielsweise byzantinische Dissidenten hierher verbannt, um fernab jeder »Lustbarkeit« Konstantinopels ihr Leben zu fristen.
1538 wurde auf Veranlassung Kaiser Barbarossas die gesamte Inselbevölkerung massakriert, was den Schluß zuläßt, daß alle heutigen Insulaner von jenen Einwanderern abstammen müssen, die Skopelos im 16. Jahrhundert zu ihrer neuen Heimat machten.
An einigen Orten macht die Insel auch heute noch einen entlegenen Eindruck, insbesondere im Winter kann man sich hier von der Welt abgeschnitten fühlen.
Die heutige Inselbevölkerung ist ein fleißiges, wohlhabendes Völkchen, das sich über den Fremdenverkehr auf seiner Insel zu freuen scheint. Allerdings machen die Insulaner außerhalb der Städte Skopelos und Glossa nur wenige Zugeständnisse an den Tourismus.

Loutraki (Glossa)

WP 39°09,'N 023°37'E

Allgemeines
Loutraki ist zu einem Urlaubsort herangewachsen und wird Tag für Tag von Besuchern der Nachbarinsel Skiathos heimgesucht, die von den herrlichen Stränden SE-lich des Hafens angelockt werden. Zum Dorf Glossa hinauf ist es unter der sengenden Sonne ein recht beschwerlicher Weg, aber der traumhafte Blick über das Meer hinweg nach Skiathos und Euböa sind diese Mühsal wert.

Blick auf Glossa (Loutraki) und den Yachtschlengel aus NE (Foto: Hans van Rijn).

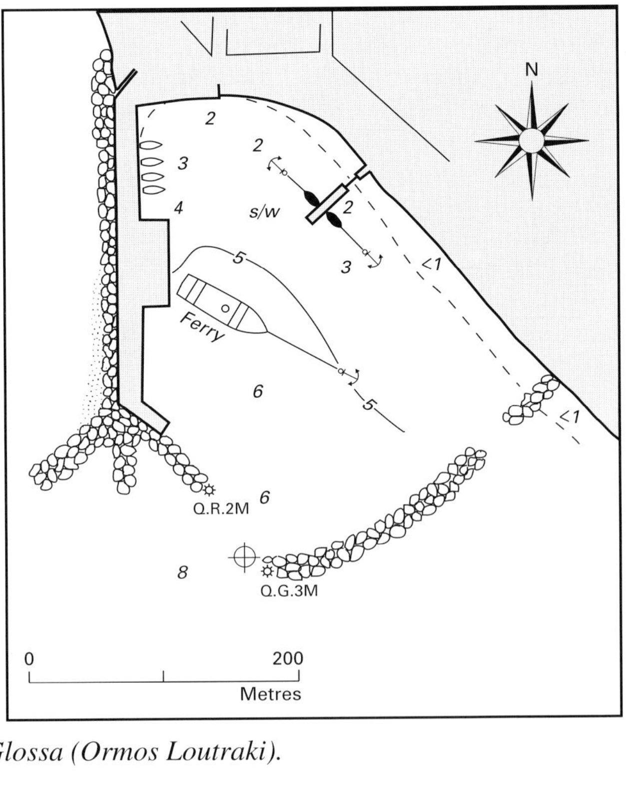

Glossa (Ormos Loutraki).

Ansteuerung
Auffällig: Die Ortschaft oberhalb des Hafens ist von See her bereits aus einiger Entfernung auszumachen. Eine große braune Kirche inmitten des Dorfes bildet eine gute Landmarke, und am Fuß der Berge ist die kleine Ansiedlung, die im Hintergrund des Hafens zu erkennen ist, zu sehen.
Nachts ist die Hafeneinfahrt mit (Q.G.3M) und (Q.R.2M) befeuert.

Liegeplätze
Man macht mit Bug oder Heck am neuen Schwimmsteg in der NE-Ecke des Hafens fest. Der Sandgrund mit Seegrasbewuchs hält den Anker gut.
Schutz: Man ist vor dem Meltemi gut geschützt. Starkwinde aus S-lichen Richtungen können jedoch problematisch werden.

Versorgung
Gute Versorgungsmöglichkeiten. Entlang der Hafenpromenade findet man nette Tavernen. Busverbindung nach Skopelos und Fährverbindung nach Skiathos.

Ormos Panormou

39°06,5'N 023°40'E

Allgemeines
Diese abgelegene Bucht im S der Insel kam mit Michael Carrolls Buch »Gates of the Wind« zu literarischen Ehren. Jeder, der dieses Werk gelesen hat, wird sofort das Haus an der E-Seite der schmalen Bucht erkennen. Alle, die es noch nicht gelesen haben, sollten sich schnellstens ein Exemplar besorgen.
Die Bucht ist wirklich ein ganz bezauberndes Plätzchen.

Ansteuerung
0,5 Seemeilen SE-lich der kleinen Insel Desa, die leicht zu erkennen ist, befindet sich diese Bucht. Die Einfahrt ist

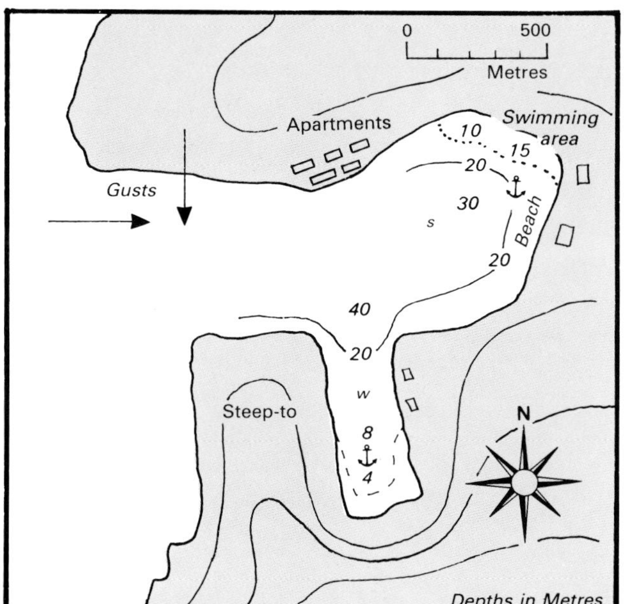

Ormos Panormou.

Ormos Panormou aus SE.

schwer auszumachen, insbesondere bei der **Ansteuerung** aus S. Eine gute Landmarke bildet der neue Appartementkomplex mit seinen roten Dächern an der N-Seite der Bucht.

Liegeplätze
Bis dicht unter Land sind die Wassertiefen in dieser großen Bucht recht erheblich. Vor der NE-Seite der Bucht ist ein Schwimm- und Badebereich durch kleine Tonnen abgegrenzt. Man ankert vor der E-Seite auf 10 bis 15 m außerhalb des Badegebietes. Der kleine Fjord, der sich von der Bucht aus S-wärts erstreckt, bietet besseren Schutz. Dort ankert man in der S-Ecke auf 4 bis 8 m und bringt eine lange Leine zum Land aus. Aus N oder NW können starke Fallböen in die Bucht stehen, deshalb sollte man sich versichern, daß der Anker gut gefaßt hat. Im Sommer ist diese hübsche Bucht oft mit Yachten und Booten jeden Typs und jeder Größe vollgestopft.

Versorgung
An Land gibt es ein begrenztes Versorgungsangebot und verschiedene Tavernen.

Limonari

Diese weite Bucht liegt 0,5 Seemeilen W-lich von Ormos Agnotas; um ihren Scheitel herum verläuft ein sehr beliebter Strand. Man ankert, wo es einem beliebt. Wenn gegen Abend die Tagesausflügler verschwunden sind, kehrt eine wundervolle Stille ein.

Ormos Agnontas

WP 39°05,4'N 023°42,1'E (Fl.R.2s3M)

2,5 Seemeilen E-lich des Kaps Ak Myti liegt diese umschlossene Bucht. Wenn Starkwinde aus N die Ansteuerung des Hafens Skopelos gefährlich machen, läuft die Fähre diese Bucht an, und ein Bus bringt die Passagiere nach Skopelos. Die Einfahrt der Bucht ist erst auszumachen, wenn man schon dicht herangekommen ist und die beiden markanten Leuchtfeuer auf den Einfahrtshuken (Fl.R.2s3M und Fl.G.2s3M) sichtbar werden.

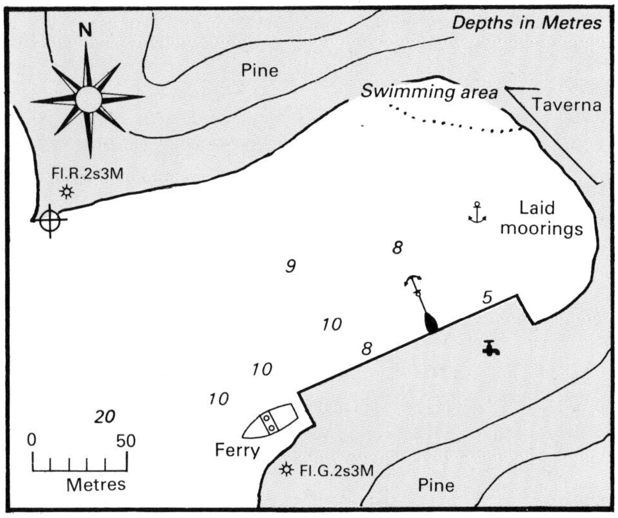

Ormos Agnontas.

In der Bucht ist der Platz zum Ankern leider begrenzt. Falls möglich, sollte man mit Bug oder Heck bzw. längsseits zum Kai festmachen. Vor Meltemi ist man zwar gut geschützt, aber bei S-lichen Winden steht Schwell hinein. An Land gibt es eine Taverne mit Bar. Im Sommer ist dieser von Pinien beschattete Platz auch bei den Insulanern selbst sehr beliebt.

Ormos Staphylos

Diese weite Bucht an der S-Küste der Insel befindet sich W-lich einer felsigen zerklüfteten Huk, die durch eine flache Landzunge mit Skopelos verbunden ist. Von einem Riff, das sich unmittelbar S-lich der kleinen Insel vor der W-Seite der Bucht erstreckt, muß man sich gut freihalten, auch wenn es nicht in der direkten Ansteuerung der Bucht liegt.

Die weite Bucht bietet guten Schutz vor Meltemi, auch wenn oft um die Huk herum Schwell hineinsteht. In der NE-Ecke kann man auf 3 bis 4 m Tiefe ankern. Die Bucht ist nach S hin offen.

An den Hängen rund um die Bucht stehen ein paar Sommerhäuser. Der Name der Bucht stammt übrigens von dem minoischen Prinzen Staphylos, einem Sohn von Dionysos und Ariadne. Erst kürzlich fanden Archäologen Beweise dafür, daß hier eine kretische Siedlung existierte. Zu den Funden gehören u. a. der vergoldete Griff eines Schwertes und ein goldenes Diadem. Staphylos ist die N-lichste minoische Siedlung, die man bisher gefunden hat.

Der Hafen Skopelos

WP 39°07,2'N 023°44,1'E (Fl.G.1,5s3M) / Karten: BA 1571

Allgemeines

Um das felsige Halbrund der Bucht Ormos Skorpelou herum sitzen die Häuser und Kirchen (es sollen angeblich 120 sein) oberhalb des Hafens wie in einem natürlichen Amphitheater übereinander. Dicht zusammengedrängt stehen die Gebäude entlang der gewundenen, schmalen Gassen, die nur Fußgängern, Eseln und gelegentlich lebensmüden Motorradfahrern zugänglich sind.

Alles in allem ist Skopelos ein liebenswerter, erholsamer Ort, der sich – abgesehen von ein paar mehr Tavernen und Bars – trotz der wachsenden Zahl von Touristen kaum verändert hat.

Ansteuerung

Auffällig: Bei der Ansteuerung aus E ist die Stadt Skopelos erst zu sehen, wenn man in die Bucht Ormos Skopelou eingelaufen ist. In der Bucht werden die dicht zusammengedrängten, strahlend weißen Häuser des Ortes oberhalb des Hafens sichtbar. Auch die Hafenmolen sind leicht zu erkennen.

Nachts navigiert man nach dem Feuer auf Nisis Mikro (Fl.4s6M) und der Befeuerung der Hafeneinfahrt (Fl.G.1,5s3M und Fl.R.1,5s3M).

Gefahren: Bei starken NE-lichen Winden sowie anhaltendem Meltemi baut sich über den Flachwasserbereichen in den Ansteuerungen des Hafens eine steile und gefährliche See auf. Unter diesen Bedingungen kann es schwierig, wenn nicht gar kritisch werden, den Hafen an- bzw. aus ihm auszulaufen. Bei solchem Wetter steuert die Fähre die Bucht Agnontas an der W-Küste von Skopelos an.

Hinweis: Im Hafen werden Bauarbeiten durchgeführt, so daß bei der unmittelbaren Einsteuerung und in der Einfahrt selbst Vorsicht geboten ist.

Liegeplätze

Am N-Kai macht man mit Bug oder Heck zum Kai fest. Parallel zum Kai ist im Abstand von 30 m eine schwere Mooringkette ausgelegt worden. Man muß also aufpassen, daß sich der Anker nicht darin verhakt. Der Ankergrund besteht aus Schlick, der ganz ausgezeichnet hält.

Hinweis: Bisher konnten Yachten immer noch am N-Kai festmachen. Es steht jedoch zu vermuten, daß sich das nach dem Umbau des Hafens ändern wird.

Schutz: Bei starkem Meltemi kann es im Hafen recht ungemütlich werden, so daß es ratsam ist, die Yacht mit einigem Abstand zum Kai festzumachen. Äußerst lästig ist

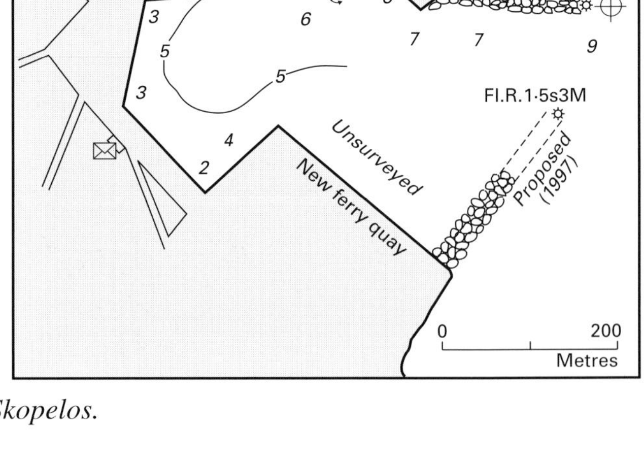

Skopelos.

auch der Schwell, den die zahlreichen Fähren und Tragflügelboote im Hafen verursachen. Insgesamt ist der Schutz in Skopelos jedoch gut.
Behörden: Wasserschutzpolizei und Zoll sind vor Ort.

Versorgung
Wasser kann von einem kleinen Tankwagen geliefert werden.
Treibstoff kann per Tankwagen von der FINA-Vertretung geliefert werden. *Reparaturen*: Begrenzte mechanische Reparaturen sind möglich. Eisenwarengeschäfte.
Lebensmittel: Gute Versorgungsmöglichkeiten. Stangeneis ist erhältlich.
Restaurants: An der Hafenpromenade und in der Stadt findet man gute Tavernen.
Sonstiges: Post, Telefonamt, Bank, Motorradvermietung und Fahrradverleih. Ein Bus verkehrt nach Glossa und eine Fähre nach Patitiri und Volos.

Die Insel Alonnisos

»Ilkos« lautete der antike Name dieser langgestreckten, wunderschönen Insel, deren sanfte Hügellandschaft dicht bewaldet ist. Als Transportmittel verläßt man sich auf Alonnisos auch heute noch auf Esel und Caiquen.
Die ehemalige Hauptstadt von Alonnisos, die sich auf einer Anhöhe im S der Insel befand, wurde nach einem schweren Erdbeben 1965 weitgehend verlassen. Die Insulaner zogen nach Patitiri und Votsi. Neuerdings wird der alte Gebirgsort aber wieder aufgebaut.
In Ormos Tzortzi wurden Siedlungsspuren aus dem Neolithikum sowie Wohnstätten der Antike gefunden. Es ist aber nicht ganz sicher, ob diese Bucht auch der Standort des antiken Halonessos ist, das alten Quellen zufolge nach einem katastrophalen Erdbeben im Meer versank.

Ormos Mourtias

Diese weite Bucht an der SW-Küste von Alonnisos bietet etwas Schutz vor dem Meltemi. Die Bucht ist nach S hin offen, und es steht Schwell hinein. Man ankert auf 4 bis 6 m Tiefe, wobei man sich von der Ankerverbotszone freihalten muß, in der Unterwasserkabel verlegt sind. Das Dorf Alonnisos steht oberhalb der Bucht auf einem Berg, und es bedarf eines strapaziösen, steilen Aufstiegs von etwa 30 Minuten, um die Ortschaft über einen Maultierpfad zu erreichen. Bei unbeständigem Wetter sollte man besser den sichereren Hafen Patitiri anlaufen, wenn man seine Yacht zurücklassen möchte, um dem Bergdorf einen Besuch abzustatten.

Ormos Patitiri

WP 39°08,7'N 023°52'E (Fl.G.1,5s3M)

Allgemeines
Ähnlich wie auf den anderen Inseln hat sich der Hauptort auch hier aus den Bergen herunter an die Küste verlagert.

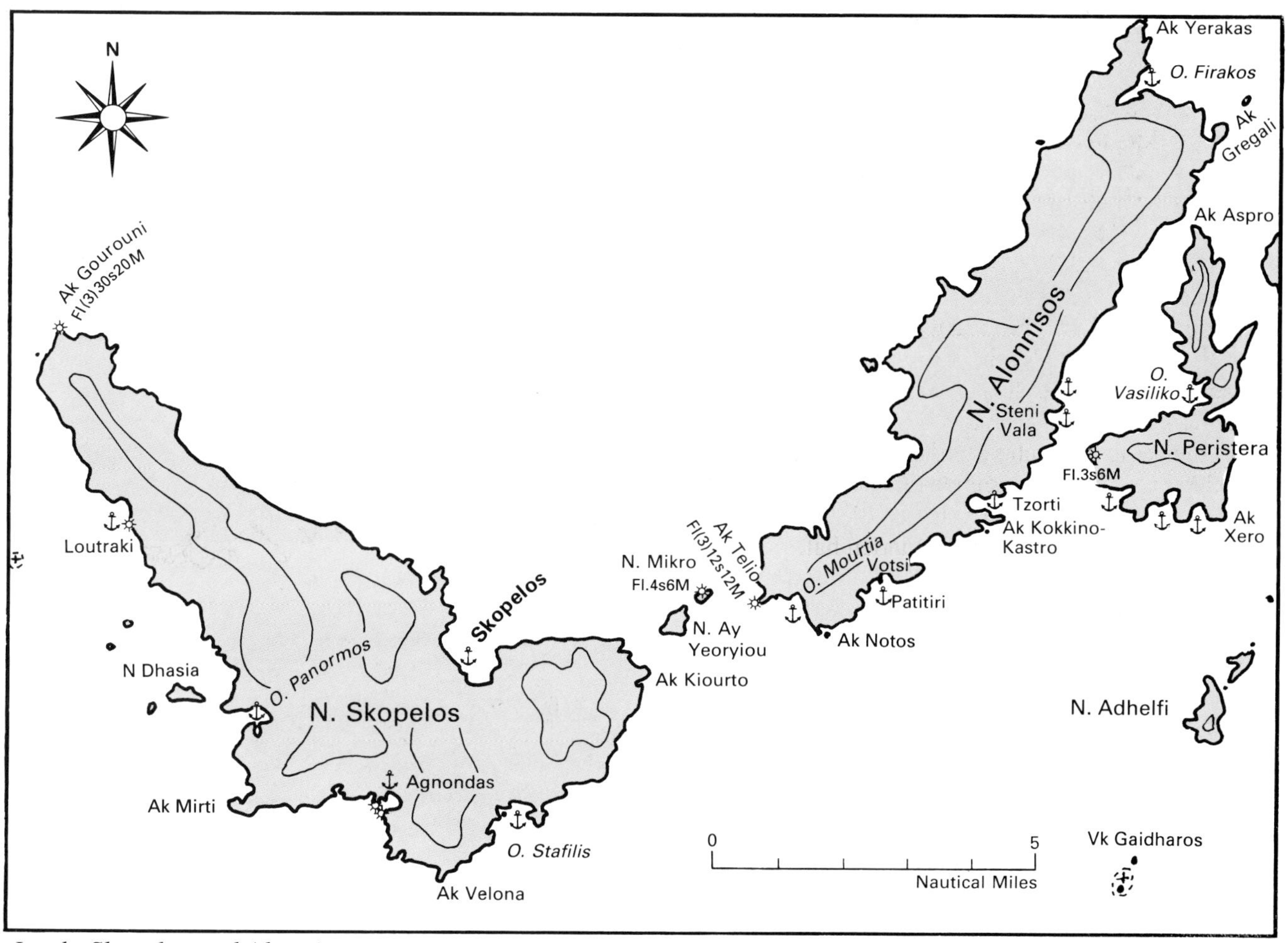

Die Inseln Skopelos und Alonnisos.

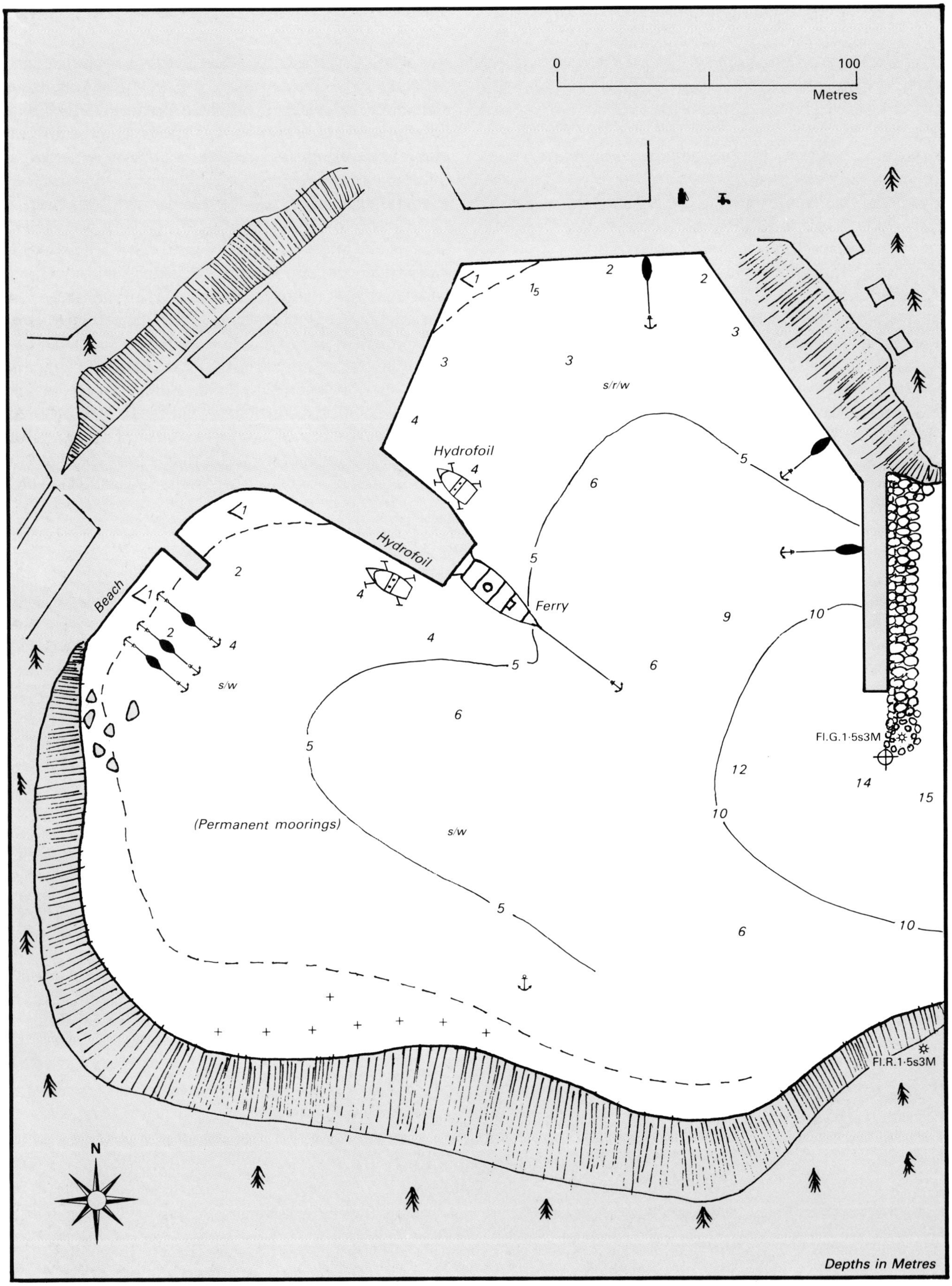

Ormos Patitiri.

Patitiri ist ein wunderhübscher Ort, der im S von steilen Klippen und dahinter von mit Pinien bewachsenen Hängen eingerahmt wird. Unweigerlich zieht diese Idylle eine steigende Zahl von Touristen an; bisher ist Patitiri jedoch ein angenehmes Fleckchen geblieben.

Ansteuerung

Auffällig: Von See her ist das alte Dorf Alonnisos oberhalb der Bucht gut auszumachen. Bei der Ansteuerung aus N oder S sind die Ortschaft und der Hafen von Patitiri erst zu sehen, wenn man dicht herangekommen ist.

Nachts ist die Hafeneinfahrt mit (Fl.R.1,5s3M) und (Fl.G.1,5s3M) befeuert.

Gefahren: In der schmalen Einfahrt muß man sich vor den ein- und auslaufenden Fähren in acht nehmen.

Liegeplätze

Mit Bug oder Heck macht man am NE-Kai fest oder ankert mit Bug- und Heckanker vor dem Strand an der W-Seite (siehe Plan). Der Grund besteht aus Sand und Seegrasbewuchs und hält gut.

Schutz: Auch wenn gelegentlich etwas Schwell in den Hafen steht, der die Yacht rollen läßt, liegt man hier vor Meltemi gut geschützt. Die Bucht ist teilweise nach E bis SE hin offen.

Behörden: Wasserschutzpolizei.

Versorgung

Wasser kann von einem kleinen Tankwagen geliefert werden.

Treibstoff gibt es unweit des Kais.

Lebensmittel: Gute Versorgungsmöglichkeiten. Stangeneis ist erhältlich.

Restaurants: Am Hafen findet man Tavernen und Bars.

Sonstiges: Post, Geldumtausch. Fähren und Tragflügelboote verkehren nach Skiathos und Volos.

Votsi

39°08,9'N 023°52,4'E

Unmittelbar N-lich von Patitiri befindet sich diese kleine Bucht, die eine ganze Reihe von Fischern dem Hafen

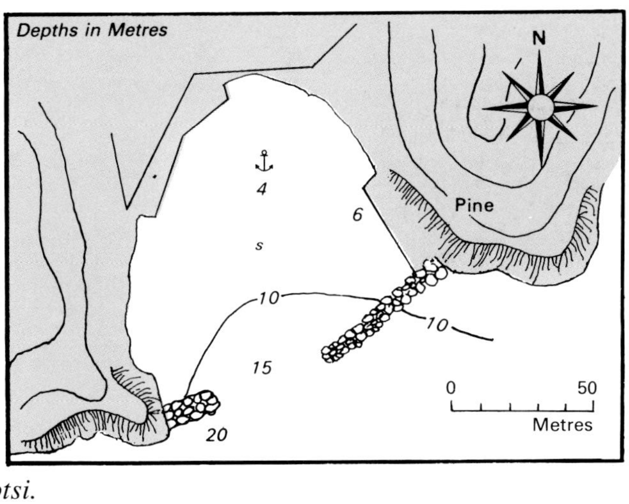

Votsi.

Patitiri vorzieht. An der E-Seite der Bucht erstreckt sich ein kurzer Wellenbrecher, dem sich von der W-Seite aus eine kleine »Wellenbrecher-Nase« entgegenstreckt. Der Platz ist zwar sehr begrenzt, aber vielleicht findet man ein Plätzchen in der NE-Ecke der Bucht, wo man auf 2,5 bis 4 m mit langer Leine zum Land ankern kann. Vorsicht, hier sind zahlreiche Dauermoorings ausgelegt. Alternativ kann man versuchen, hinter dem E-lichen Wellenbrecher festzumachen. Ein oder zwei Yachten können vielleicht auch mit Bug oder Heck am Kai an der W-Seite zwischen den einheimischen Fischerbooten festmachen.

Die Bucht ist nur nach S hin offen, und man ist hier gut geschützt vor Meltemi. Der Grund steigt zum Scheitel der Bucht sanft an.

An Land gibt es Tavernen, und ein kurzer Spaziergang über den Hügelkamm hinweg führt nach Patitiri.

Findet man in Votsi keinen Liegeplatz, kann man auch auf den Ankerplatz in der Bucht ausweichen, die zwischen Patitiri und Votsi liegt. Man ankert dort auf 8 m Wassertiefe; am Strand haben verschiedene Tavernen geöffnet.

Ak Kokkinokastro

Etwa 2,5 Seemeilen N-lich von Patitiri ragt dieses felsige rote Kap empor. »Kokkino« bedeutet »rot«. Man vermutet, daß Kokkinokastro der Ort ist, an dem im Altertum die Stadt Ilkos (500 v. Chr.) stand.

Ormos Tzortzi

Unmittelbar N-lich des Kaps Ak Kokkinokastro liegt diese große Bucht, in deren Scheitel sich ein Campingplatz befindet. Der Strand, der sich um die Bucht herum zieht, ist sehr beliebt.

Ormos Leptos Gialos

0,5 Seemeilen N-lich des Kaps Ak Kokkinokastro bietet diese kleine Einbuchtung guten Schutz vor Meltemi. Man ankert auf 6 bis 8 m Wassertiefe und bringt, falls nötig, eine lange Leine zum Land aus. Ein wunderschöner Sandstrand und mit Pinien bewachsene Hänge rahmen diesen Ankerplatz ein.

Ormos Stenivalla

In dieser kleinen Einbuchtung, die der S-Spitze der Insel Peristera genau gegenüberliegt, ist man gut geschützt vor Meltemi. Die Bucht ist nur nach SW hin offen. An der N-Seite erstreckt sich ein Kai, vor dem die Wassertiefen 2 bis 3 m betragen. Falls Platz ist, macht man dort mit Bug oder Heck fest.

An Land gibt es mehrere Tavernen. Dieser Platz ist übrigens bei Charteryachten sehr beliebt.

Man kann auch in der Bucht, die von Pinien und Bambus gesäumt wird, unmittelbar S-lich der »Tavernen-Bucht« ankern. Bei der Einsteuerung muß man sich von einem Inselchen freihalten, das an Bb.-Seite liegt. Man ist auf diesem Platz sehr gut geschützt.

Ormos Phirakos

An der N-Küste der Insel findet man diese Bucht, die recht ungeschützt ist und bei Meltemi sofort verlassen werden sollte. Bei ruhigem Wetter eignet sie sich jedoch für einen schönen Mittagsstopp. Im Scheitel der Bucht gibt es einen kleinen Kaiabschnitt, der von den Ausflugsbooten benutzt wird. Die Wassertiefen betragen dort etwa 2 bis 2,5 m.

Die Insel Peristera

Dicht vor der E-Küste von Alonnisos liegt diese kleine Insel, die sich etwa parallel zu ihrer großen Nachbarinsel erstreckt. Sie hat zwei Ankerplätze zu bieten, die vor Meltemi geschützt sind.

Ormos Xero

Unmittelbar W-lich des Kaps Ak Xero befindet sich dieser Ankerplatz an der S-Küste von Peristera, der nach S hin offen ist. Die Bucht ist unbewohnt.

Ormos Vasiliko

Diese kleine Einbuchtung befindet sich im N-Teil einer großen weiten Bucht an der W-Seite der Insel. Ein weißes Haus und die Ruine eines Hauses auf dem Berg oberhalb der Bucht, bilden gute Landmarken. An der W-Seite der Einfahrt erstreckt sich ein Riff, von dem man sich freihalten muß. In der Bucht ankert man auf 4 bis 8 m und ist bei fast jedem Wetter gut geschützt. An Land findet man ein paar verfallene Bootsschlitten und ein Haus, sonst nichts.
Hinweis: Eine Untiefe, die in den beiden Seekarten BA 1085 und 1087 mit 1,6 m Tiefe angegeben ist, erstreckt sich nicht wie in den Seekarten eingezeichnet quer über die N-liche Passage zwischen Alonnisos und Peristera, sondern ist in Wahrheit nur ein eher kleines Fleckchen vor Peristera. Das Fahrwasser bietet erhebliche Tiefen.

Die Insel Pelagonisi

4 Seemeilen NE-lich von Alonnisos befindet sich diese Insel, die abgesehen von einer großen Ziegenherde, zahlreichen Kühen, ein paar Pferden, einem gewaltigen schwarzen Bullen und einem einzelnen Bauern unbewohnt ist. 1970 wurden vor der Küste der Insel mehrere Wracks byzantinischer Schiffe entdeckt, und eine Menge antiker Töpferarbeiten konnte geborgen werden.
Hinweis: Erst kürzlich ist Pelagonisi gemeinsam mit den Inseln Gioura und Piperi von der griechischen Regierung zum Naturschutzgebiet erklärt worden, da dieses Revier zu den letzten Heimstätten der im Mittelmeer fast ausgestorbenen Mönchsrobben gehört. Außer diesem Revier kommen die Tiere nur noch vor der Insel Kephalonia im Ionischen Meer sowie an der Atlantikküste von Marokko vor. Yachten können auch weiterhin Pelagonisi einen Besuch abstatten. Die Crews sollten sich aber bemühen, die Tierwelt auf und um die Insel herum so wenig wie möglich zu stören, damit nicht doch noch ein Besuchsverbot für Pelagonisi ausgesprochen wird.

Die Klosterbucht (Monastiri)

An der E-Küste befindet sich diese kleine Einbuchtung, in der man bei beständigem Wetter ankern kann, wenn man das Kloster besuchen möchte. Das Kloster steht auf einer kleinen Huk am S-Ende der Bucht. Man ankert auf 5 m und bringt eine lange Leine zum Land aus. Die Bucht ist lediglich vor W-Winden geschützt und sollte wegen des geringen Schutzes wirklich nur als Schönwetterankerplatz benutzt werden.
Will man das Kloster, das mehrere hundert Meter über der Bucht thront, besuchen, muß man die Stufen, die in die Felsklippen geschlagen wurden, erklimmen. Da in der Zwischenzeit auch der letzte Mönch, der hier lebte, verstorben ist, wirkt der Ort etwas unheimlich und verlassen. Besucher sollten – ob gläubig oder nicht – sich bemühen, diesen klösterlichen Ort nicht zu entweihen.

Ormos Kyra Panagia

WP 39°18,8'N 024°02,3'E (Leuchtfeuer Pelerissa)

Diese Bucht befindet sich im SW von Pelagonisi. Die kleine Insel Pelerissa und das hohe Plateau an der SE-Seite der Bucht sind leicht zu unterscheiden. N-lich und S-lich von Nisis Pelerissa ist das Wasser frei von Untiefen. In der Bucht findet man guten Schutz vor Meltemi, auch wenn Winde aus N schwere Fallböen in der Bucht verursachen. Man ankert in einer kleinen Einbuchtung an der NW-Seite oder im Schutz des Inselchens inmitten der Bucht und bringt eine lange Leine zum Land aus. Der Sandgrund hält den Anker gut. Alternativ kann man in der Einbuchtung an der E-Seite auf 2 bis 4 m ankern. Hier besteht der Grund aus Sand mit dichtem Seegrasbewuchs, der Halt ist mäßig.

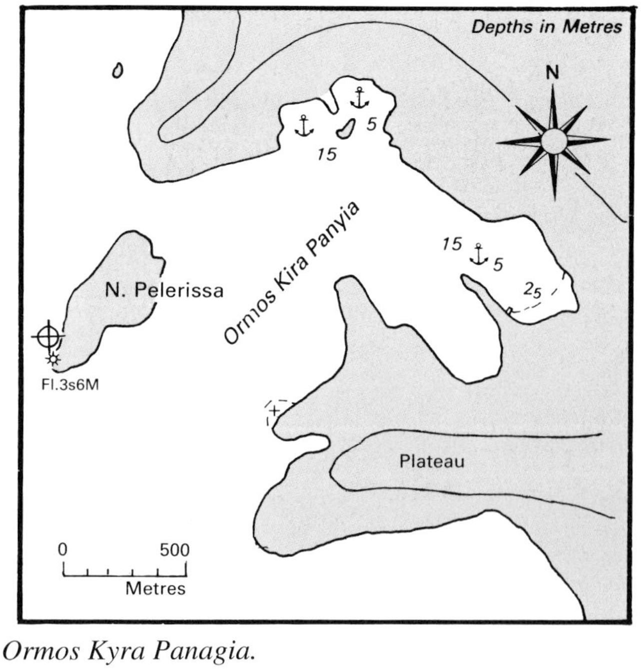

Ormos Kyra Panagia.

Ormos Planitis

39°21'N 024°04,5'E

An der N-Küste von Pelagonisi findet man diese Bucht, die fast vollständig von Land umschlossen wird. Dicht unter der W-Seite der schmalen Zufahrt, die erst auszumachen ist, wenn man bereits dicht herangekommen ist, liegt die kleine Felsinsel Spika. Bei Starkwinden aus N baut sich vor der Zufahrt nach Ormos Planitis eine beachtlich schwere See auf. Die Erfahrung, von Wind und See auf eine Einfahrt zugeschoben zu werden, die gerade mal 82 m Breite mißt, ist wirklich beängstigend. Umgekehrt kann es genauso schwierig werden, die Bucht bei heftigen N-lichen Winden wieder zu verlassen. Über einer Barre in der Einfahrt stehen immerhin 6 m Wasser. In der Bucht ist die See immer angenehm ruhig.
Ormos Planitis teilt sich in ihrem Inneren in zwei Einbuchtungen, in denen man jeweils im Scheitel ankern kann. Sehr beliebt ist der Ankerplatz in der NE-Ecke der S-licheren Einbuchtung. Hier liegt man auf 3 m Tiefe und ist bei jedem Wetter hervorragend geschützt. Der Grund besteht aus Schlick mit etwas Seegrasbewuchs und hält gut. Abgesehen von einer großen Ziegenherde und dem Zirpen einiger Millionen Zikaden ist der Platz völlig einsam.
Zwischen der S-Spitze von Nisis Spika und Pelagonisi gibt es eine untiefe Passage, die sich bei ruhigem Wetter für einen reizvollen Mittagsstopp eignet. Bei der Erkundung ist jedoch Vorsicht geboten.

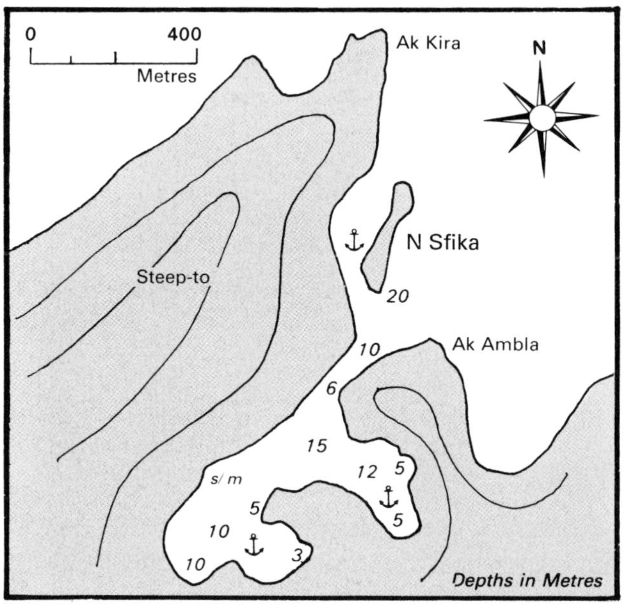

Ormos Planitis.

Nisis Gioura

Nisis Gioura ist eine steile zerklüftete Insel, die keine geschützten Ankerplätze zu bieten hat. Eine Herde wilder, selten gewordener Steinböcke lebt als einziger Bewohner auf der Insel. Jedes Jahr zieht eine wahre Armada von Caiquen hierher, um unter Aufsicht eines Beamten den überschüssigen Bestand an Steinböcken zu reduzieren. Eine recht lebendige Beschreibung dieser Jagd findet man in Michael Carolls Werk »Gates of the Wind«.

Nisis Piperi

Der »Pfefferstreuer« bietet keine Ankermöglichkeiten.

Die Insel Psathoura

Die N-lichste Insel der Nördlichen Sporaden ist die sehr flache (0,6 m), aber mit einem auffälligen Leuchtturm (40 m hoch) versehene Insel Psathoura. Vor ihrer N-Spitze soll eine im Meer versunkene große Stadt, möglicherweise das antike Halonessos, liegen.
Vorsicht: Um Psathoura herum und ebenso N-lich der Insel setzt ein starker Strom nach SW. Er soll eine Stärke von 1,5 kn haben, kann eventuell aber auch stärker sein. Bei heftigen Winden aus N oder S baut sich um Psathoura herum eine außergewöhnlich rauhe See auf.

Die Insel Skantzoura

15 Seemeilen E-lich der S-Huk von Skopelos liegt diese Insel, die von einer Vielzahl kleiner Inseln und Untiefen umgeben wird. An der W-Küste von Skantzoura kann man in der aus drei kleinen Einbuchtungen bestehenden Ormos Paurassa, der kleinen Insel Nisis Prasso gegenüber, auf 5 m Tiefe ankern. Auch die tiefe schmale Bucht an der S-Küste, Ormos Skantzoura, bietet einen Ankerplatz. Begrenzter Schutz vor Meltemi. In beide Buchten steht normalerweise Schwell hinein, wenn sich der Wind gelegt hat. Die Bucht ist nach W bis SW hin offen ist. Der Grund besteht aus Sand und Seegras. Um die Insel herum kann man hervorragend auf Unterwasserjagd gehen.
Vorsicht: Nisis Skantzoura sowie die umliegenden Felsklippen sind vergleichsweise flach und unbefeuert. In der Nähe dieser Inseln ist besondere Vorsicht bei der Navigation geboten – insbesondere nachts!

Die Insel Skyros

Am weitesten im E liegt die größte Insel der Nördlichen Sporadengruppe. Sie besteht aus zwei Hälften, die nur von einem schmalen Isthmus verbunden werden. Der höchste Punkt der Insel befindet sich auf dem gebirgigen zerklüfteten S-Teil. Hier erhebt sich der Kochylas zu einer Höhe von 792 m. Die tiefer gelegenen Hänge sind bewaldet oder mit Macchia bewachsen. Die N-liche Hälfte der Insel hat fruchtbaren Boden und wird stellenweise bebaut.
Der Hauptort Skyros ähnelt in seinem Erscheinungsbild mehr einem Kykladenort als einer Ortschaft seiner Nachbarinseln. Die weißen würfelförmigen Häuser mit ihren Flachdächern wurden an steilen Felshängen erbaut, auf deren Spitze ein venezianisches Kastell thront. Skyros' Gebäude werden von einer ungewöhnlich großen Zahl schöner Holzschnitzereien an Türen, Fensterläden, aber auch Stühlen und Schemeln geschmückt. Auch die kunstvollen Stickereien der Insel sind berühmt. In der Nähe des Kastells befindet sich das Faltaitz-Museum, in dem einige

der schönsten Stücke der Volkskunst von Skyros gezeigt werden. Das Museum gehört zu den besten dieser Art in Griechenland.

In der Antike war Skyros ein Königreich, und einer seiner Herrscher war König Lykomedes, der den Helden Theseus, seinerseits König von Athen, heimtückisch ermordete, indem er ihn über eine steile Klippe ins Meer stieß. Der Leichnam wurde erst vierzig Jahre später wieder entdeckt und nach Athen gebracht, um ihn dort seinem Rang entsprechend zu bestatten.

Später sandte Thetis ihren Sohn Achilles als Mädchen verkleidet auf diese Insel, um ihn davon abzuhalten, mit in den Trojanischen Krieg zu ziehen, denn es war geweissagt worden, daß er in diesem Krieg fallen würde. Der listige Odysseus, selbst auf dem Weg nach Troja, deckte die wahre Identität von Achilles auf und lockte ihn mit sich nach Troja – in den prophezeiten Tod.

Wegen seiner Lage auf der Handelsroute durch die N-liche Ägäis hatte Skyros von jeher Bedeutung. Die Athener machten die Insel zu einer ihrer Kolonien, und auch die Venezianer herrschten hier eine beachtliche Zeit. Die venezianische Festungsanlage, die oberhalb der Stadt Skyros thront, besteht zum Teil aus antikem Mauerwerk, das in den Bau eingefügt wurde. Mit größter Wahrscheinlichkeit war dies auch der Platz, an dem die antike Akropolis stand.

Bisher sind die Insulaner kaum mit dem Tourismus in Berührung gekommen, obwohl einige jüngere Leute ihn zu entdecken beginnen. Einige der alten Männer tragen noch Leinenhemden und schwarze Pantalons mit Stiefeln und natürlich große buschige Schnurrbärte.

Über die Insel zieht noch eine Herde wilder Ponys, Nachkommen einer antiken Züchtung, die den Shetland Ponys nicht unähnlich sind.

Ein Besuch auf Skyros ist zu empfehlen, auch wenn die See um die Insel herum rauh und die Winde recht heftig sein können. Die freundlichen Insulaner und die großartige wilde Landschaft machen es wieder wett.

Skyros

Der antike Name der Insel war »Anemosa«, was »windig« bedeutet, und völlig zutreffend ist. An dieser Insel, gegen die Wind und See anrennen, befinden sich alle Ankerplätze an der SW-Küste.

Ormos A. Phoka: Diese Bucht bietet nicht nur guten Schutz vor Meltemi, sondern auch eine wunderschöne bewaldete Umgebung. Man ankert mit langer Leine zum Land. Wenn sich der Wind abends legt und leichter Schwell in die Bucht steht, dreht man den Bug in den Schwell. Die Bucht wird nur von wenigen Urlaubern aus der nahen Umgebung besucht; der Kieselstrand ist besonders attraktiv. Im Sommer hat eine Taverne geöffnet.

Ormos Pevko: Diese große Bucht befindet sich genau N-lich der schmalen Durchfahrt zwischen der Insel Valaxa

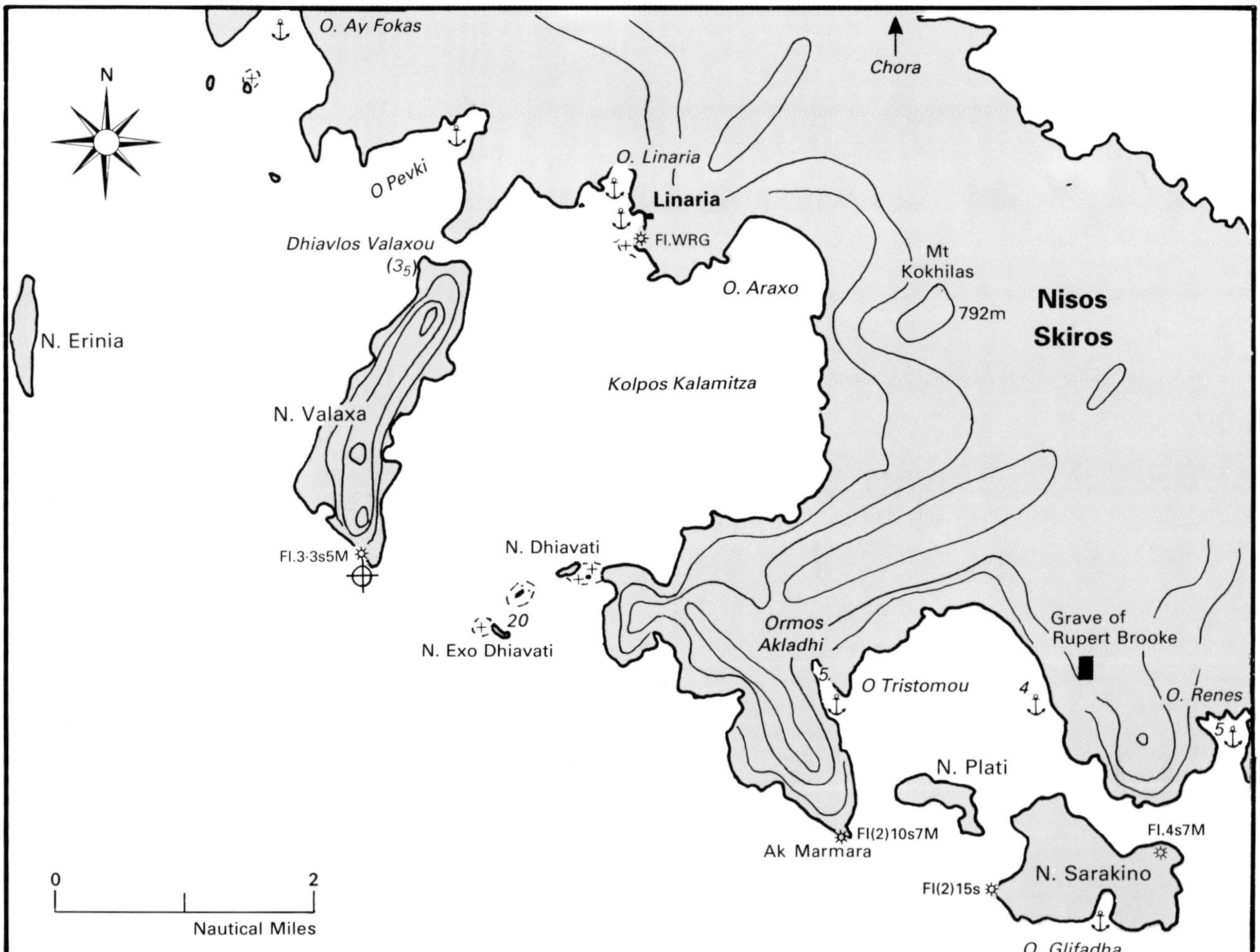

Die Westküste von Skyros.

und Skyros und bietet guten Schutz vor Meltemi sowie viel Raum zum Schwojen. An der S-Seite der Bucht gibt es einen Kai sowie eine Sliprampe für kleine Boote. Im Sommer ist der lange Strand sehr beliebt und belebt; und so haben denn auch mehrere Tavernen geöffnet.

Diavlos Valaxou: In der Durchfahrt zwischen der kleinen Insel Valaxa und Skyros betragen die Wassertiefen zwischen 2 m und 5 m. Man hält sich dicht unter der N-Huk von Valaxa oder in der Mitte der Passage. Normalerweise findet man Tiefen von mindestens 3,5 m bis 4 m. Diese Passage wird oft von der Fähre, die zwischen Linaria und Kymi verkehrt, benutzt.

Ormiskos Linaria: N-lich des Fährhafens Linaria befindet sich diese Bucht, die guten Schutz vor Meltemi bietet. Der Grund besteht aus Schlick, der gut hält. Am Strand hat eine Taverne geöffnet.

Limin Linaria

38°50,6'N 024°32,2'E (Fl.WRG.2,5s 6/4M)
Karten: BA 1571, Imray G18, D 669 Plan B

Allgemeines

In der Saison ist Linaria das Ziel vieler Yachten, deshalb ist der geringe Platz am Kai meistens »gut belegt«. Eigentlich ist dieser Hafen mehr ein Anleger für die Fährpassagiere, die die Chora besuchen möchten als eine richtige Ortschaft. Aber es ist sehr hübsch hier und außerdem die einzige Möglichkeit zum Festmachen, wenn man der Chora einen Besuch abstatten will.

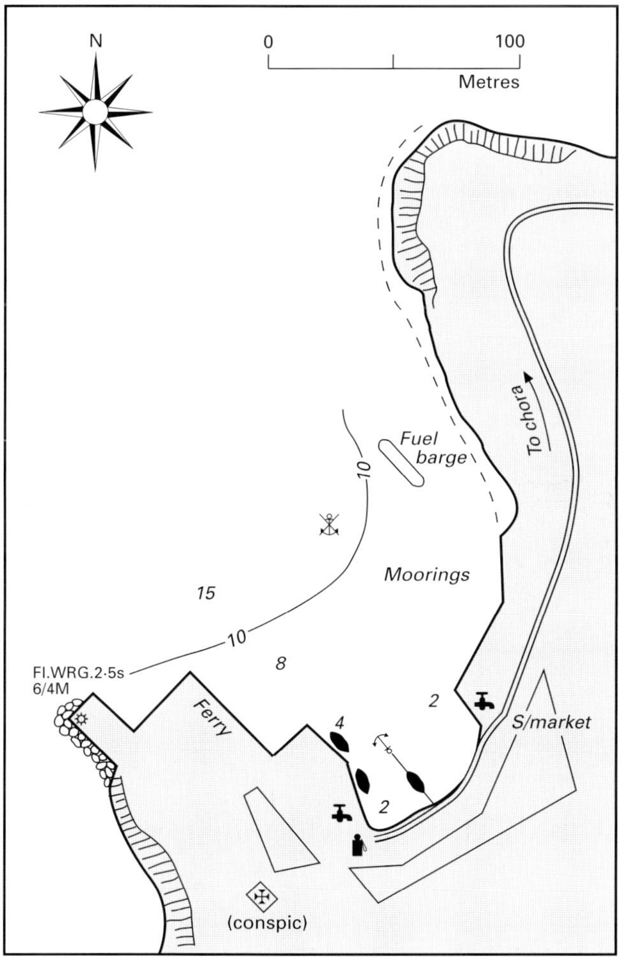

Ormos Linarias.

Der Hafen Linaria aus NE (Foto: Hans van Rijn).

Ansteuerung

Hat man die Insel Valaxa gerundet, werden einzelne Gebäude des Hafens sichtbar. Von S kommend, ist der Hafen selbst erst auszumachen, wenn man ihn schon fast erreicht hat.

Nachts navigiert man nach dem Feuer auf der S-Huk von Nisis Valaxa, Ak Valaxa (Fl.3,3s5M), und dem Feuer auf dem Molenkopf in Linaria (Fl.WRG.2,5s6/4M).

Gefahren: Bei Meltemi stehen von den hohen Bergen ringsum heftige Fallböen in die Bucht, und in der Ansteuerung des Hafens entsteht eine kabbelige See.

Liegeplätze

Man macht, wie im Plan angegeben, längsseits fest. Die E-Seite des Hafens soll erst kürzlich ausgebaggert worden sein, so daß man dort eventuell anlegen kann.

Schutz: Der Hafen ist nach NW bis W hin offen, aber vor dem Meltemi gut geschützt.

Behörden: Wasserschutzpolizei.

Versorgung

Wasser gibt es am Kai.

Treibstoff ist ebenfalls am Kai erhältlich.

Lebensmittel: Gute Versorgungsmöglichkeiten in Linaria. Ein umfangreicheres Angebot an Lebensmitteln findet man in der Chora, dem Hauptort.

Restaurants: In der Nähe und in der Chora gibt es verschiedene Tavernen. *Sonstiges*: Post und Telefonamt in der Chora, wohin ein Bus unregelmäßig verkehrt. Es bestehen Fährverbindungen nach Kymi und Volos, und mit dem Tragflügelboot kann man nach Skiathos gelangen.

Ankerplätze S-lich von Linaria

Ormos Akladi: An der W-Seite der Bucht Ormos Treis Boukes ist diese Bucht gelegen, die guten Schutz vor dem Meltemi bietet. Im Scheitel der Bucht ankert man auf 5 m Wassertiefe. Der Grund besteht aus Sand und Seegras.

Ormos Treis Boukes: Wer das Grab von Rupert Brooke besuchen möchte, kann vor der Flußmündung an der E-

Seite von Ormos Treis Boukes auf 4 bis 8 m über Sandgrund mit Seegrasbewuchs ankern – allerdings nur bei ruhigem Wetter.
Um zum Grab zu gelangen, braucht man lediglich dem Flußlauf zu folgen. Nach etwa 20 Minuten hat man es dann erreicht. Es liegt an der W-Seite in einem Olivenhain.
Ormos Renes: Man ankert in der kleinen Einbuchtung im NW- oder NE-Teil, obwohl es zum Ankern ziemlich tief ist. Der Grund besteht aus Sand und Seegrasbewuchs.
Ormiskos Glyphada: An der S-Küste von Nisis Sarakino liegt diese Bucht, in deren Scheitel man auf 4 bis 6 m über Sandgrund mit Seegrasbewuchs ankert. Auch wenn der Ankerplatz nach S hin offen ist, liegt man gut geschützt vor Meltemi.
Vorsicht: Bei Meltemi kommen von den hohen Bergen an der SW-Küste schwere Fallböen. Besonders gefährlich können diese in der Bucht Ormos Treis Boukes werden. An der Lee-Küste der Insel muß man sich doppelt vorsehen: vor den Fallböen und einer beachtlichen See, die vom Meltemi aufgebaut wird.

Marina in der Achilles Bucht

An der ungeschützten NE-Küste von Skyros ist diese große »Marina« gebaut worden. Sie befindet sich an der N-Seite der flachen Landenge, die den N- und den S-Teil der Insel verbindet. Das Hafenbecken ist praktisch fertig, wird aber von mehreren Baggerschuten »geziert«, die halb versunken zurückgelassen wurden. Die Einfahrt wird nicht nur von Felsen und Riffen gesäumt, sondern ist auch so ausgerichtet, daß der Meltemi genau hineinsteht und die gesamte NE-Ägäis hat, um »Anlauf zu nehmen«. Bei jeglichen Winden aus N-lichen Richtungen, wird sich also entsetzlich schwere See vor der Einfahrt aufbauen und entsprechender Schwell im Hafen stehen. Vermutlich gehört diese Marina mal wieder zu den typischen EU-Projekten, bei denen Bürokraten am grünen Tischen zu der Ansicht gelangt sind, daß dieses Stelle »genau richtig« für den Bau einer Marina wäre.

Die Ostküste von Euböa

Die E-Küste ist größtenteils steil und zerklüftet, so daß man kaum einen geschützten Winkel für seine Yacht findet. Die vorherrschenden Winde aus NE bauen in der N-lichen Ägäis beachtliche Seen auf, die dann an diese Küste anbranden. Das Land ist nur sehr spärlich besiedelt und die Landschaft wirklich atemberaubend und wild. Der einzige Hafen, den es hier gibt, ist Kymi, ungefähr in der Mitte der Küste gelegen. Es gibt aber eine Anzahl weiterer Ankerplätze, die etwas Schutz vor den vorherrschenden Winden bieten.

Ormos Petries (A. Apostoloi)

38°24,3'N 024°12'E

Etwa 23,5 Seemeilen NW-lich des Kaps Ak Kaphirev auf der anderen Küstenseite dem Ort Aliveri gegenüber befindet sich diese Bucht mit Schutz des Kaps Ak Pounda.

Der Hafen Petries aus ENE (Foto: Hans van Rijn).

Allgemeines
Der Ankerplatz in dieser Bucht ist einfach sensationell, während das Dorf selbst eine enttäuschende Ansammlung von Betonblöcken ist, die größtenteils in den letzten Jahren hochgezogen wurden. Trotzdem ist die Bucht einen Besuch wert, und für eine kleine Unterbrechung der Fahrt entlang der Seeseite Euböas liegt der Hafen gerade richtig.

Ansteuerung
Von N kommend, ist die Einfahrt schwer auszumachen. Beim Näherkommen wird das Leuchtfeuer (Fl.5s4M) sichtbar, und wenn man die Einfahrt der Bucht erreicht hat, sind Dorf und Wellenbrecher leicht erkennbar. Bei Meltemi steht Dünung in der Einfahrt, aber im Inneren der Bucht ist das Wasser völlig ruhig.
Vorsicht: Unmittelbar N-lich des Wellenbrechers liegt das Wrack eines großen Trawlers oder Frachters (35 m lang)

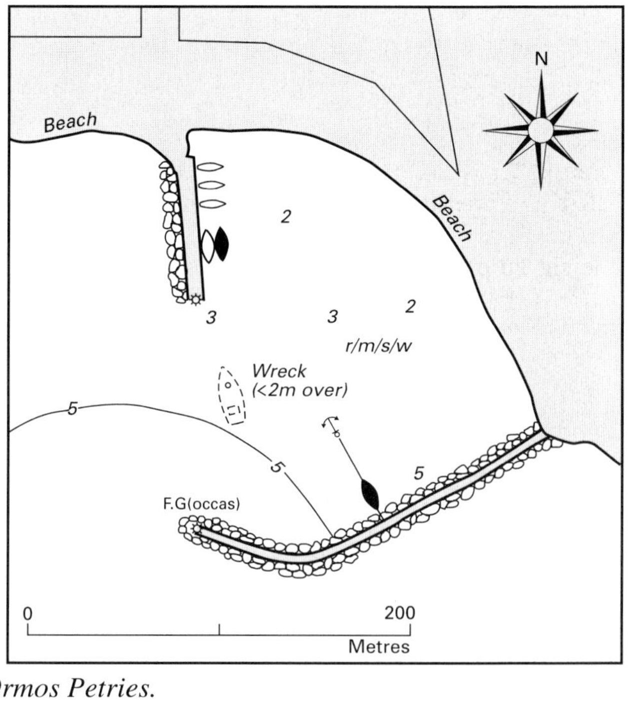

Ormos Petries.

auf dem Grund; der Bug des Wracks zeigt nach N. Über der Ankerwinsch stehen nur 2 m Wasser, ansonsten liegt es etwa 3 m unter der Wasseroberfläche. Bei ruhigem Wetter kann man das Wrack am Grund liegen sehen. Es ist also ratsam, entweder dicht unter dem S-lichen oder N-lichen Molenkopf in den Hafen einzusteuern.

Liegeplätze

In der Bucht ankert man auf 4 m bis 5 m Tiefe oder macht mit dem Bug zum Wellenbrecher und langer Leine zum Land fest. Der Sandgrund ist mit Seegras bewachsen und mit einigen Felsen durchsetzt; daher ist der Halt des Grundes nicht überall optimal. In der Bucht sind zahlreiche Dauermoorings ausgelegt, so daß auf schwimmende Festmacherleinen geachtet werden muß. Außerdem ist der Grund entsprechend unrein, und man sollte seinen Anker zusätzlich mit einer Trippleine versehen. Guter Schutz vor dem Meltemi.

Versorgung

In der Ortschaft findet man ein paar Tavernen und einen Mini-Supermarkt. Wasser ist aus einem öffentlichen Wasserhahn zu bekommen.

Kymi

WP 38°37,6'N 024°07,6'E (Fl.G.3s3M) / Karten: BA 1571, Imray G26, D 669

Allgemeines

Der schmuddelige Hafen und die dazugehörige Ortschaft (eigentlich Paralia, Kymi ist das Dorf, das oben auf dem Berg steht) wirken nicht besonders einladend, aber die Landschaft ist zauberhaft: Hohe, dicht bewaldete Berge werden von tiefen Schluchten durchzogen und stürzen in steilen Felswänden hinab zu langen Sandstränden, an denen sich gelegentlich wilde Seen brechen.

Die Straße, die zur Ortschaft Kymi hinaufführt, ist zwar schön bewaldet, aber ziemlich steil. Der grandiose Blick, den man dann anschließend von Kymi über das Meer hinweg nach Skyros genießen kann, entschädigt für alle Mühen.

Ansteuerung

Auffällig: Bei der **Ansteuerung** von S oder E ist die Ortschaft Kymi oberhalb des Hafens schon von See her auszumachen. Nisis Prasoudi und der Leuchtturm sind von N her leicht zu erkennen. Beim Näherkommen werden ein Funkturm sowie ein Parabolreflektor auf einem Bergrücken oberhalb des Hafens sichtbar. Die Hafeneinfahrt und der Wellenbrecher sind leicht zu erkennen.

Nachts navigiert man nach dem Feuer auf Nisis Prasoudi (Fl.5s16M) und der Befeuerung der Hafeneinfahrt (Fl.R.3s3M und Fl.G.1,5s2M).

Gefahren: Bei Meltemi steht vor der E-Küste Euböas eine schwere See. Und um das Kap Ak Kymi und in der Hafeneinfahrt ist das Wasser sehr kabbelig.

Liegeplätze

An der N-Mole oder am N-Ende des W-Kais macht man mit Bug oder Heck fest, wobei auf einen untiefen Bereich

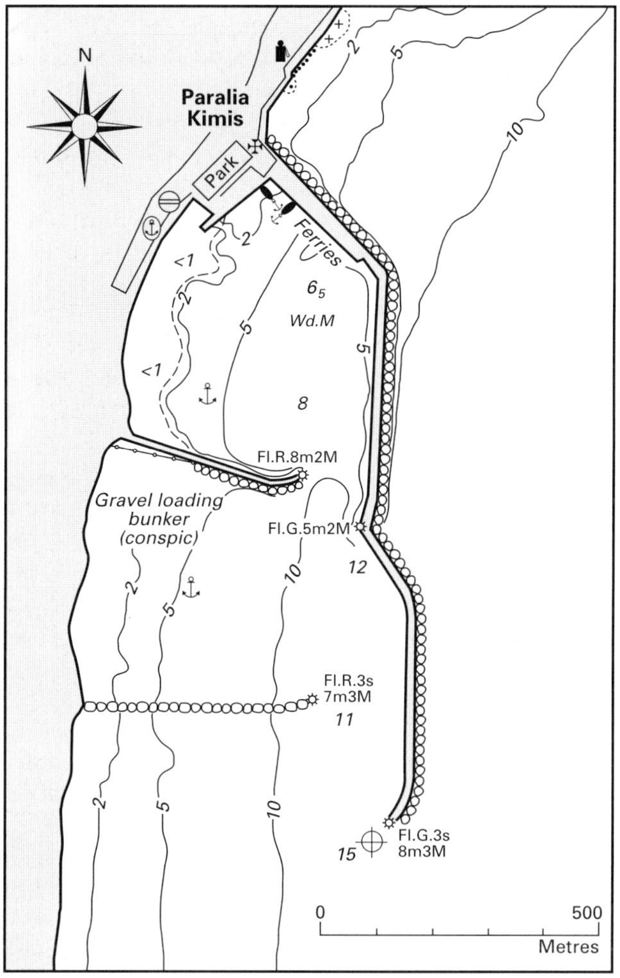

Kymi.

zu achten ist. Oft ist der Hafen mit Fischerbooten überfüllt, so daß es schwierig werden kann, einen Liegeplatz zu finden. Vorsicht, am Grund liegen die Ketten von Dauermoorings. Der Schlickgrund hält den Anker ausgezeichnet.

Schutz: Man ist vor Meltemi gut geschützt.

Behörden: Wasserschutzpolizei.

Versorgung

Wasser gibt es am Kai oder in der Stadt.

Treibstoff in der Nähe des Kais.

Lebensmittel: Begrenztes Angebot. Bessere Versorgungsmöglichkeiten bestehen in der Ortschaft Kymi, etwa 30 Minuten Fußmarsch den Berg hinauf. Stangeneis ist erhältlich.

Restaurants: Verschiedene Tavernen stehen um den Hafen herum zur Auswahl.

Sonstiges: Ein Bus verkehrt nach Chalkis, eine Fähre nach Skyros.

Ormos Loutro

Diese Bucht, die nach E und S offen ist, befindet sich etwa 9 Seemeilen SE-lich von Ak Artemision. Ein Riff erstreckt sich von der NE-Seite der Einfahrt etwa 350 m weit in SE-licher Richtung.

Man sollte die Bucht aus S ansteuern.

In der Bucht, in der man gut geschützt vor Meltemi ist, ankert man auf 3 bis 4 m.

Die Küsten Nordgriechenlands

In diesem Kapitel wird das Seegebiet zwischen dem Thermäischen Golf (Thermaikos Kolpos) im W und Alexandroupolis im NE Griechenlands vorgestellt. Obwohl es die großartigsten Landschaften und zweifellos die feinsten Sandstrände Griechenlands zu bieten hat, wird dieses Seegebiet nur selten von Yachten angelaufen. Versucht man einem Skipper, der bisher nur in den S-lichen Revieren Griechenlands auf Törn war, diesen N-lichen Teil zu beschreiben, wird er den Eindruck bekommen, man rede über ein Gebiet, das geographisch weit vom Mittelmeer entfernt ist.

Das Klima entspricht mehr dem des Balkans als dem des Mittelmeers, mit extremen Temperaturunterschieden zwischen Sommer und Winter. Die Winter sind kalt und hart mit durchschnittlich hohen Niederschlägen und gelegentlichem Schneefall – selbst bis hinunter auf Höhe des Meeresspiegels. Summa summarum also kein Platz zum Überwintern einer Yacht. Die Sommer sind brütend heiß und werden oft als »sich träge dahinschleppend« beschrieben. Die Landschaft ist gebirgig und stark bewaldet. Pinien, Walnuß, Platanen, Eichen und Pappeln findet man häufig bis hinunter zur Küste.

Die Küstenebenen, die von den großen Flüssen der Region angeschwemmt wurden, sind sehr fruchtbar: Mais, Tabak, Reis, Bohnen, Zuckerrüben, Sonnenblumen und natürlich Wein werden hier angebaut.

Auch die Fauna der Region ist sehr vielfältig. Hier sollen noch Schakale, Wildkatzen, Wildschweine und Rehe sowie in den entlegeneren Gebieten Wölfe leben. An den Seen und in den Marschen gibt es ein artenreiches Vogelleben: Geier, Seeadler, Störche, Reiher, Kormorane, Pelikane, Watvögel und Enten sind in großer Zahl zu beobachten. Auf den seichten Bänken der Flüsse leben Plattfische, Mies- und Jakobsmuscheln.

So wie das Klima mehr dem des Balkans ähnelt, so stammen auch die Menschen dieser Region teilweise ursprünglich von dort.

Im Altertum eilte den Bergvölkern der Ruf voraus, barbarisch und wild zu sein, zumindest aus der Sicht der »zivilisierten« Menschen, die um Athen herum lebten. Griechen, die es in diese Region verschlug und die sich mit Einheimischen verheirateten, wurden daher immer mit äußerstem Argwohn von ihren Landsleuten aus dem Süden betrachtet.

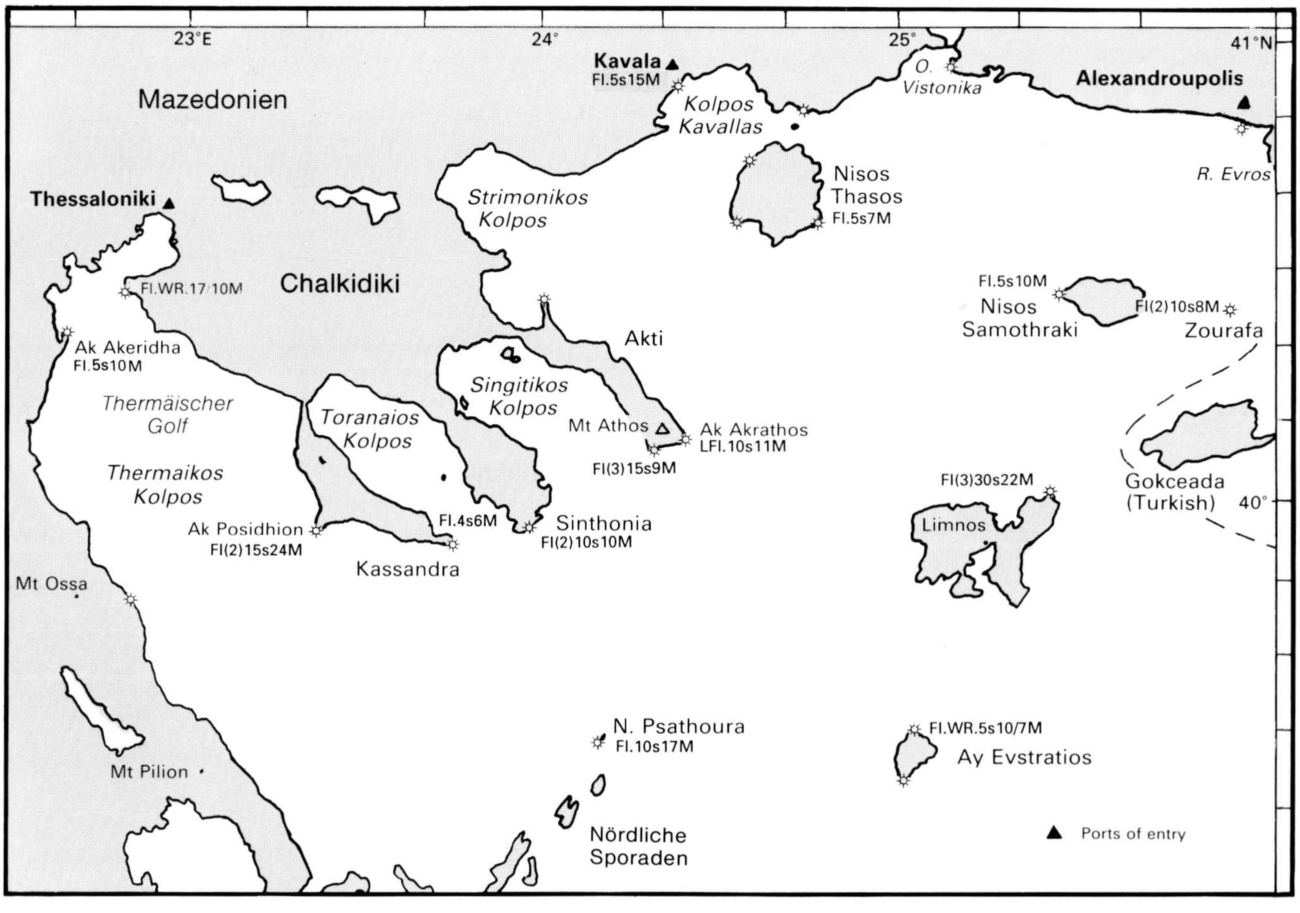

Die Bewegung »unabhängiges Makedonien« steigerte das Mißtrauen Restgriechenlands gegen die Bewohner des »griechischen Balkans« noch erheblich.
Geschichtlich gesehen, erreichte Nordgriechenland seinen Zenit unter Alexander dem Großen, der die Athener entmachtete und Makedonien zum Zentrum seines Imperiums wählte. Aber nicht, daß sich dadurch viel geändert hätte! Der junge Alexander war ein großer Bewunderer der Griechen und ihrer Kultur. Nach seinem Tod ging die Macht durch einen verlustreichen, fast zwei Jahrzehnte andauernden Kampf seiner Nachfolger wieder verloren. Dem Zusammenbruch der Machtposition folgten dann Invasionen in der bereits bekannten Reihenfolge. Die Eroberer verlangten dieser Region jedoch einen härteren Zoll ab als anderen Gebieten; ganz einfach deshalb, weil dies der erste griechische Grund und Boden war, den sie nach einem langen und entbehrungsreichen Marsch durch die Gebirge erreichten. Goten, Hunnen, Ostgoten, Bulgaren, Slawen und Sarazenen verwüsteten Makedonien. 1444 befestigten die Türken das Gebiet, das sie bis zum Beginn des Zweiten Weltkrieges in ihrem Besitz hielten.
Zu Beginn des Zweiten Weltkrieges versuchten vereinte Streitkräfte, bestehend aus Griechen, Engländern, Australiern und Neuseeländern, die vorrückenden deutschen Truppen aufzuhalten, wurden aber zurückgeschlagen und mußten sich schnellstens an S-licher gelegene Strände zurückziehen. Die alliierten Truppen wurden dann von den Küsten des Saronischen Golfs und Euböa evakuiert.
Im Ausland waren die N-lichen Provinzen bis vor wenigen Jahren kaum bekannt, und selbst das S-liche Griechenland betrachtete den Norden nur mit Argwohn.
In der Zwischenzeit hat der Fremdenverkehr für eine Öffnung der Region gesorgt, insbesondere um Kavala und Thasos herum. Trotzdem ist immer noch ein großer Teil der Küste nur von See her zugänglich.
Für Wassersportler, die sich nach Einsamkeit und absolut großartigen Landschaften sehnen, dürfte es schwierig werden, woanders überhaupt etwas mit den Küsten Nordgriechenlands Vergleichbares zu finden.

Das Wetter

Da es in diesem Revier keine besonders ausgeprägten Wetterlagen gibt, werden regionale Besonderheiten in den einzelnen Kapiteln angesprochen.

Wichtige Angaben

Ports of Entry

Thessaloniki
Kavala
Alexandroupolis

Sperrgebiete

Vor der Mündung des Evros in der Nähe der türkisch/griechischen Grenze befindet sich ein Sperrgebiet. Neuerdings befahren aber Fischerboote dieses Gebiet und ankern manchmal sogar während des Fischens.

Die wichtigsten Leuchtfeuer

Ak Sipia: LFl.10s10M
Ak Dermatas: Fl(2)10s11M
Ak Atherida: Fl.5s10M
Thessaloniki (Nisis Kavoura. Axios): Fl(2)WRG.12s 7/5M
Thessaloniki (Yacht Club): DirIso WRG.10s19M
Thessaloniki Airport: Aero Al.WG.6s13M
Ak Mikro Emvolon: Fl(3)G.15s5M
Ak Megalo Emvolon: Fl.WR.10s17/10M
Ak Epanomis: Fl(3)18s6M
Ak Posidion: Fl(2)15s24M
Ak Psevdokavos: Fl(2)10s10M
Ak Akrathos: LFl.10s11M
Nisides Stiliaria N-Insel: Fl.2,5s6M
Nisis Kavkanas: Fl(3)18s6M
Ak Kara Orman: Fl.5s15M
Ak Ammodis: Fl(2)10s6M
Ak Keramotis: Fl.WR.4s6/4M
Ak Prinos (Thasos): Fl.5s7M
Ak Atspas (Thasos): Fl(2)10s6M
Ak Boumpouras (Thasos): Fl.3s7M
Ak Phanari: Fl.8s6M
Alexandroupolis: Fl(3)15s24M
Ak Akrotiri (Samothraki): Fl.5s10M
Nisis Zourapha (Samothraki): Fl(2)10s8M

Kurzübersicht

	Schutz	*Liegeplätze*	*Treibstoff*	*Wasser*	*Lebensmittel*	*Restaurants*	*Hafenplan*
Damouchari	C	C	O	O	O	O	
Ormos Stomion	O	C	B	B	B	B	
Limeniskos Pieria	A	C	O	O	O	O	
Methoni	C	C	O	B	C	C	
Thessaloniki Marina	A	A	B	A	A	A	•
Kerasia	B	AB	B	B	B	B	
A. Epanomis	O	C	O	O	O	O	
Nea Kallikrateia	O	C	B	B	B	C	
Nea Moudania	B	AB	B	B	B	B	
Potidaias (Portas)	A	A	B	B	B	B	
Nea Phokaia	C	C	B	B	B	B	
Paliouri	C	C	B	B	B	B	
Neos Marmaras	B	A	B	A	A	A	•
Marina Porto Carras	A	A	B	A	C	A	•
Limin Koupho	A	ABC	B	A	B	B	•
Ormos Sykias	B	AC	O	B	O	C	•
Ormos Sartis	C	C	B	B	C	C	
Alada	C	C	O	O	O	O	
Nisos Diaporos	A	C	O	O	O	O	•
Pyrgadikia	C	C	B	B	C	C	
Ormos Panagia	B	AC	B	B	B	B	•

	Schutz	Liegeplätze	Treibstoff	Wasser	Lebensmittel	Restaurants	Hafenplan
Nisos Amouliani	B	C	B	B	C	B	•
Amouliani Caïquen-Hafen	B	AC	B	B	C	C	•
Ouranopolis	O	C	B	B	B	B	
Ormos Plati	A	C	O	O	O	O	•
Nea Roda	B	AC	B	B	C	C	
Ierissos	B	AC	B	B	B	C	•
Stratoni	C	C	O	B	C	C	
Ormos Olympiados	C	C	B	B	B	C	
Stavros	B	AC	B	A	B	B	
Ormos Elevtheron	A	A	B	B	B	B	•
Kavala	B	A	A	A	A	A	•
Keramoti	B	AB	B	B	B	B	•
Thasos							
Limin Thasou	A	A	B	A	A	A	•
Ormos Limenaria	B	C	B	B	A	B	
Limin Lagos	A	AB	B	A	B	C	•
Alexandroupolis	A	AB	B	A	A	B	•
Samothraki							
Kamariotissa	A	AB	B	A	B	B	•

Der Thermäische Golf und Thessaloniki

Der Thermäische Golf wird im S von den Nördlichen Sporaden begrenzt, im W von einem mächtigen Gebirgszug, an dem das Pilion-Gebirge beginnt und sich NW-lich bis zum alles überragenden Olymp mit seinen 2918 m erstreckt. Im E begrenzt die relativ flache Halbinsel Kassandra den Golf. Den Scheitel des Thermäischen Golfs bildet der Kolpos Thessaloniki. Das wuchtige Gebirgsmassiv, das sich die W-Küste von Thessalien nach Makedonien hinauf erstreckt, ist das markanteste Kennzeichen dieses Golfs. Im S erreicht der höchste Gipfel des Pilion-Gebirges, der Pilion, 1545 m. Nur wenige Kilometer weiter N-lich steigt der Ossa, der erste Gipfel des Olymp-Gebirges, zu einer Höhe von 1978 m an. NW-lich des Ossas ragen die anderen Gipfel des Olymps auf: Der Kato Olimbos (flacher Olymp) mit 1587 m erhebt sich S-lich des Pano Olimbos (hoher Olymp). Überragt wird das Massiv von den Gipfeln Mitikas (die Nadel) mit 2911 m und dem Stefani (der Thron des Zeus) mit 2909 m. Der höchste Berggipfel wird von neun weiteren Bergspitzen umringt, die alle immerhin über 2680 m hoch sind. Dieses mächtige Gebirgsmassiv ist das höchste Griechenlands, und bis ins späte Frühjahr hinein sind seine Gipfel schneebedeckt. Obwohl es noch weitere Gebirgszüge mit dem Namen Olymp in Griechenland gibt, ist dieses eben, wegen seiner Assoziation als Sitz der Götter.

Die erste Besteigung des Mitikas durch einen Sterblichen trug sich denn auch erst 1910 zu; bis 1921 war das Gebirgsmassiv nicht einmal vollständig kartographiert.

Das Wetter im Thermäischen Golf

In den Sommermonaten weht der Meltemi im Golf aus NE, ist aber nicht sonderlich konstant. Im S des Golfs weht der Meltemi sehr viel häufiger, normalerweise mit Stärken von Bft 3 bis 5, obwohl er gelegentlich auch Bft 6 bis 7 erreichen kann, wobei sich dann eine kurze steile See aufbaut. Auch wenn der Meltemi im N des Golfs nicht regelmäßig auftritt, kann er hier beachtliche Stärken bis zu Bft 8 erreichen.
Weht kein Meltemi, kommen die Winde sowohl im N-Teil wie im S des Golfs gewöhnlich aus W bis SW. Im Lauf des Vormittags frischt die Seebrise auf Bft 2 bis 4 auf, bevor sie gegen Abend wieder abflaut. Nachts kann ein leichter N-Wind wehen.
Im Frühjahr und Herbst kommen die vorherrschenden Winde aus N, obwohl auch S-liche Winde auftreten können. Im Frühjahr, Herbst und Winter tritt aus NW-licher Richtung Wind auf, der örtlich als »Vardaris« bekannt ist und dem »Mistral«, der die Rhône herabweht, vergleichbar ist. Der Vardaris, der in einem Zeitraum von einem Tag bis zu einer Woche anhalten kann, weht mit Bft 6 bis 8 den Axios hinunter.

Strom
Im März und April soll ein starker Strom aus dem Golf heraus setzen, der durch Meltemi und das Schmelzwasser aus den Bergen, das hier ins Meer strömt, verursacht wird.

Ormos Damouchari

Unmittelbar S-lich des Kaps Ak Damouchari befindet sich diese schmale Einbuchtung, die nur nach E bis SE hin offen ist. Bei Meltemi findet man hier recht ordentlichen Schutz.

Ormos Stomion

Rund 7 Seemeilen NW-lich von Kavo Dermatas liegt diese große Bucht, die von N bis E offen ist. Vor der Ortschaft findet man einen Schönwetterankerplatz.

Limin Litochorou

40°09,4'N 022°33,1'E
Hier gibt es einen kleinen Fischerhafen, der aber sehr flach ist. Die Hafeneinfahrt ist mit Fl.R.3s3M und Fl.G.3s3M befeuert. An Land findet man eine Taverne.

Limeniskos Pieria

40°22,8'N 022°38'E
1,75 Seemeilen NW-lich von Ak Atherida befindet sich dieses kleine Hafenbecken, das kleinen Booten guten Schutz vor fast allen Winden bietet. Der Zufahrtskanal soll auf 1,8 m ausgebaggert worden sein, und das Becken selbst

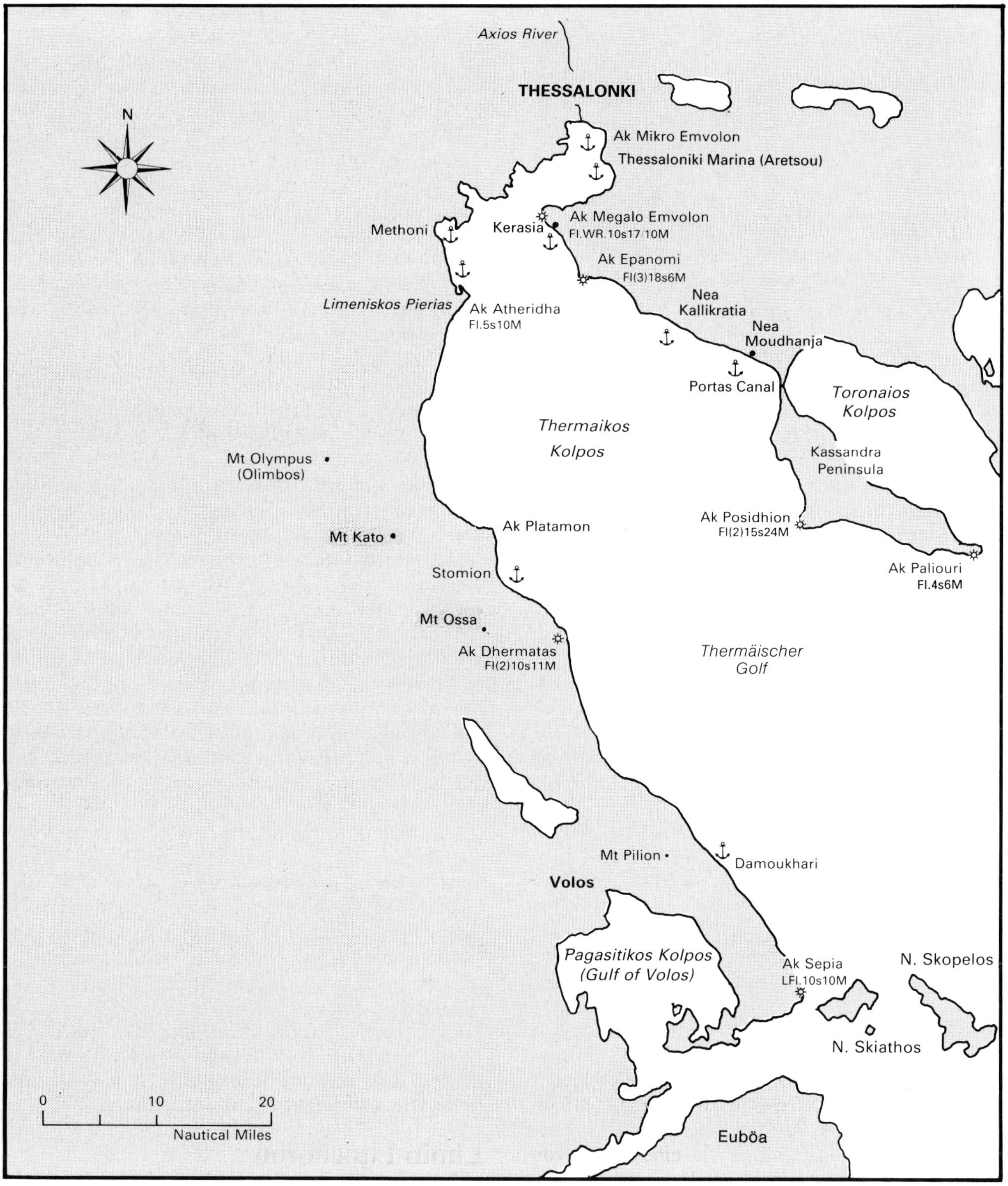

Der Thermäische Golf (Thermaikos Kolpos).

soll eine Tiefe von 5 m haben. Die Hafeneinfahrt ist mit Fl.R.3s3M und Fl.G.3s3M befeuert. Die Ansteuerung erfolgt aus NE, und man kann auf bequemen Wassertiefen ankern.

Ormos Methonis

6,5 Seemeilen NW-lich von Ak Atherida befindet sich die offene Bucht Ormos Methonis, die von Fischerbooten benutzt wird. Man ankert im SW der Bucht.

Bei der Einsteuerung ist Vorsicht geboten, da sich bis zu einem ganz beachtlichen Abstand zur Küste Untiefen erstrecken. An Land gibt es Tavernen.

Thessaloniki

WP 40°35,2'N 022°56,2'E
(Leuchtfeuer Ak Mikro Emvolon)
Karten: BA 2070, D 605, D 1082 Plan D

Ormos Methonis.

Allgemeines

Thessaloniki oder »Saloniki«, wie es noch immer von vielen genannt wird, ist die zweitgrößte Stadt Griechenlands. Obwohl die Geschichte der Stadt bis in die Antike zurückreicht, sind die sichtbaren Zeichen der Vergangenheit unter modernen Büro- und Appartementgebäuden, die sich strahlenförmig vom Zentrum Thessalonikis ausgebreitet haben, begraben worden. Thessaloniki ist eine laute Industriestadt, und diese Industrie hat auch das Wasser der Bucht stark verschmutzt, mit einer öligen Schicht überzogen und die Fische vergiftet. Wie auch in Athen ist es ratsam, im Restaurant danach zu fragen, ob der servierte Fisch womöglich vor Ort gefangen wurde. Falls dem so ist, sollte man von dem Verzehr absehen.

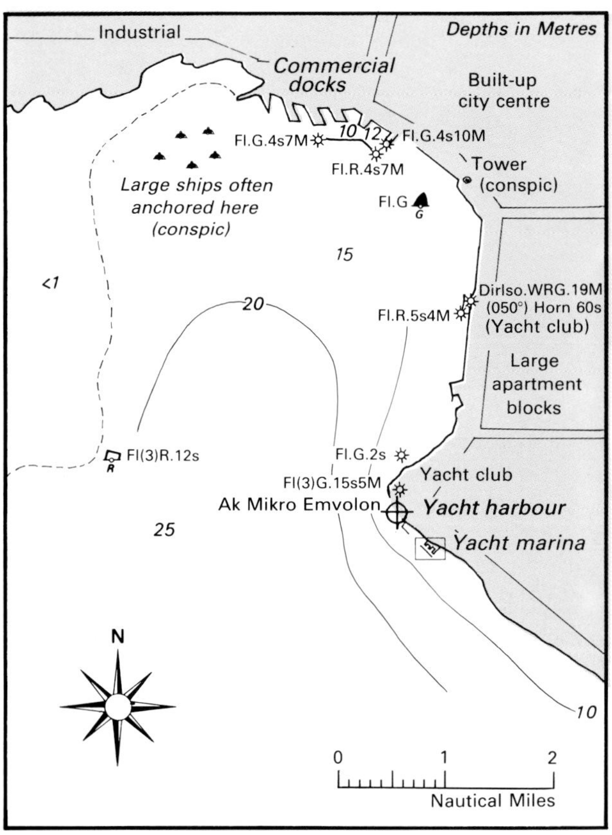

Thessaloniki.

Die Marina befindet sich außerhalb der entsetzlich verschmutzten Bucht im grün bewaldeten Aretsou.
Im Archäologischen Museum der Stadt sind bedeutsame Funde aus einem Zeitraum zwischen Neolithikum und byzantinischer Epoche ausgestellt.

Ansteuerung

Auffällig: Schon aus beachtlicher Entfernung ist die große Stadt auszumachen. In der Bucht liegen große Frachtschiffe auf Reede, und die Kaianlagen sind recht markant. Mit einer Yacht sollte man immer die Marina in Aretsou an der S-Seite des Kaps Ak Mikron Emvolon anlaufen. Eine Kirche auf einem Berg sowie ein Funkmast hinter der Marina bilden gute Landmarken. Der äußere Wellenbrecher sowie die in der Marina liegenden Yachten sind beim Näherkommen leicht zu erkennen.
Nachts navigiert man nach den Feuern auf Ak Megalo Emvolon (Fl.WR.10s17/10M, der rote Sektor deckt den Berich 335°-025° ab), Ak Mikro Emvolon (Fl(3)G.15s5M) sowie der Befeuerung der Marina-Einfahrt (Fl.G.2s5M) und (Fl.R.2s5M). Der Funkmast hinter der Marina ist mit einem roten Festfeuer gekennzeichnet.
Gefahren: Bei Meltemi stehen schwere Fallböen in die Bucht von Thessaloniki.
Hinweis: Yachten sind im überfüllten Handelshafen nicht willkommen! Das ist allerdings auch kein Verlust, da der Platz ohnehin nicht sonderlich einladend und das Wasser extrem verschmutzt ist. Am besten begibt man sich zur Marina Aretsou an der S-Seite des Kaps Ak Mikro Emvolon, einem privaten Yachthafen. Weitere 1,5 Seemeilen N-lich der Marina gibt es noch einen weiteren privaten Yachthafen und -Club, aber die dortigen Wassertiefen sind selbst für kleine Yachten unzulänglich.

Liegeplätze

Yachthafen AK Mikro Emvolon

Unmittelbar unterhalb des Kaps Mikro Emvolon befindet sich dieser Yachthafen, der früher einmal ein Fischerhafen war und guten Schutz bietet. Von weitem ist der Yachthafen nur schwer auszumachen, da der äußere Wellenbrecher mit Gras bewachsen ist und so mit den Hügeln des Hintergrunds verschmilzt. Auf dem Kopf des inneren Wellenbrechers steht eine weiße Kapelle, die beim Näherkommen sichtbar wird. Im Inneren des Hafens sind mehrere Schwimmstege ausgelegt.

Thessaloniki Marina (Aretsou)

WP 40°34,6'N 022°56,5'E (Fl.G.2s5M)

Von einem Mitarbeiter der Marina bekommt man einen Liegeplatz zugewiesen. Es sind Moorings ausgelegt, so daß man lediglich die kleinen Plastikbojen, die auf dem Wasser schwimmen, aufzunehmen braucht.
Schutz: Auch wenn W- bis SW-liche Winde hier ungemütlichen Schwell verursachen, ist man in der Marina bei jedem Wetter exzellent geschützt. Etliche Yachten überwintern hier im Wasser.
Behörden: Wasserschutzpolizei und Personal in der Marina. Es werden Liegegebühren erhoben; Kategorie: 2. Der

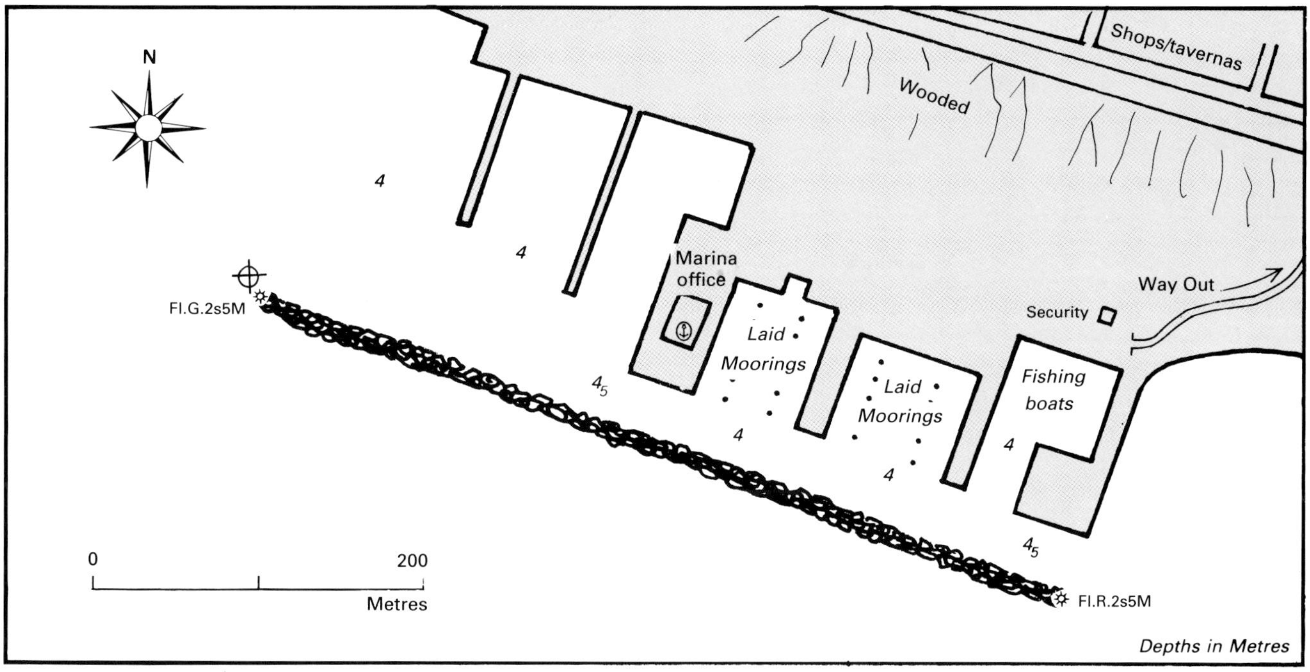

Thessaloniki Marina (Aretsou).

Handelshafen von Thessaloniki ist Port of Entry, und so sind die entsprechenden Behörden vor Ort.

Versorgung
Service: Wasser und Strom gibt es am Kai, Duschen und Toiletten sind vorhanden.
Treibstoff bekommt man am Kai.
Reparaturen: Ein Kran kann Yachten in der Marina an Land setzen. Die meisten mechanischen Reparaturen und Arbeiten der Elektrik können ausgeführt werden. Schiffsausrüster und Eisenwarenläden sind in der Stadt.
Lebensmittel: In der Umgebung der Marina sind die meisten Lebensmittel erhältlich; bessere Versorgungsmöglichkeiten hat man allerdings in Thessaloniki. Stangeneis kann bestellt werden.
Restaurants: Zahlreiche Tavernen gibt es in der Nähe der Marina.

Der Yachthafen Ak Mikro Emvolon befindet sich unmittelbar W-lich der Marina Aretsou.

Sonstiges: Post, Telefonamt, Banken, Gas, Camping GAZ. Am Stadtrand gibt es eine Gasfüllstation. Auto- und Motorrad-Vermietung. Ein Linienbus verkehrt alle 15 Minuten von der Marina in die Stadt. Busverbindung nach Kavala und Athen. Fährverbindung nach Limnos, Lesvos und Chios, Inlandsflüge nach Ioannina, Limnos und Athen, internationale Flüge zu verschiedenen europäischen Zielen.

Nea Michaniona

40°28,3'N 022°50,8'E

Dieser Fischerhafen befindet sich in einer weiten Bucht unterhalb des Kaps Ak Megalo Emvolon. Durch einen Anleger, der auf Pfählen steht, ist der Wellenbrecher mit dem Ufer verbunden. Unterhalb des Wellenbrechers erstreckt sich ein weiterer Anleger seewärts. Der Kopf des Piers ist (F.G.3M und F.R.3M) befeuert. Der Hafen ist ständig mit Fischerbooten voll belegt, Yachten können aber entlang

Thessaloniki Marina (Aretsou) aus N.

des Anlegers oder am Kaiabschnitt an der Innenseite des Wellenbrechers einen Liegeplatz finden. Der Schutz ist gut, auch wenn bei starken S-Winden Schwell hineinsteht. An Land befindet sich ein kleines Dorf, das Versorgungsmöglichkeiten und Tavernen bietet. Unmittelbar S-lich des Hafens gibt es eine kleine Bootswerft, die Yachten aufslippen kann.

A. Epanomis

Etwa 8,5 Seemeilen SE-lich des Kaps Ak Megalo Emvolon endet das flache Land. Das Kap ist mit einem Leuchtfeuer mit Kennung (Fl(3)18s6M) markiert. Vom Kap erstreckt sich eine Untiefe seewärts, die an ihrem Ende mit einer Leuchttonne (Fl.G) bezeichnet ist. Je nach Windrichtung kann man zu beiden Seiten des Kaps ankern. Der Platz ist nach W hin offen.

Nea Kallikrateia

Die kleine Stadt Nea Kallikrateia liegt 10 Seemeilen SE-lich von Ak Epanomis am Scheitel einer ungeschützten Bucht, die von NW über W bis S offen ist.

Nea Moudania

40°14,2'N 023°16,6'E

Etwa 5 Seemeilen NW-lich des Kanals Portidaia liegt dieser kleine Ort, vor dem ein neuer Hafen im Bau ist. Alle wesentlichen Bauarbeiten sind bereits abgeschlossen. Zwei L-förmige Wellenbrecher umschließen das Hafenbecken, und ein weiterer Wellenbrecher, der zusätzlichen Schutz bietet, erstreckt sich noch weiter hinaus. Zwei Leuchtfeuer sind auf der Einfahrt installiert worden, aber bisher arbeitet nur das eine (Fl.R.3s5M). An der S-Seite befinden sich die Liegeplätze einiger einheimischer Yachten, aber mit den fortschreitenden Bauarbeiten wird es auch mehr Platz am Kai geben. Der Schutz im Hafen ist gut. An Land gibt es eine kleine Urlaubssiedlung, in der man Post, Bank, Lebensmittel und Tavernen findet.

Die Halbinsel Chalkidiki

Die Halbinsel Chalkidiki ist die bekannteste Region Makedoniens. Mit ihren langen schlanken Halbinseln sieht sie wie eine Hand aus, die sich in die N-liche Ägäis streckt. Die »Finger« werden von den drei kleinen Halbinseln Kassandra, Sithonia und Agion Oros mit dem Berg Athos gebildet. Die E-Seite von Chalkidiki ist flach, und der höchste Punkt auf der Halbinsel Kassandra erhebt sich gerade mal 353 m hoch. Das übrige Chalkidiki ist gebirgig, und an der S-Spitze von Agion Oros steigt der Athos jäh aus dem Meer zu 2033 m Höhe an.

Das Land ist dicht bewaldet – zumeist mit Pinien, aber auch mit Oliven, Haselnuß, Eichen und Pappeln. An manchen Stellen erstrecken sich die Wälder aus Pinien und Pappeln bis hinunter zum Meer, wo sie an den vermutlich schönsten und feinsten Sandstränden Griechenlands Schatten spenden.

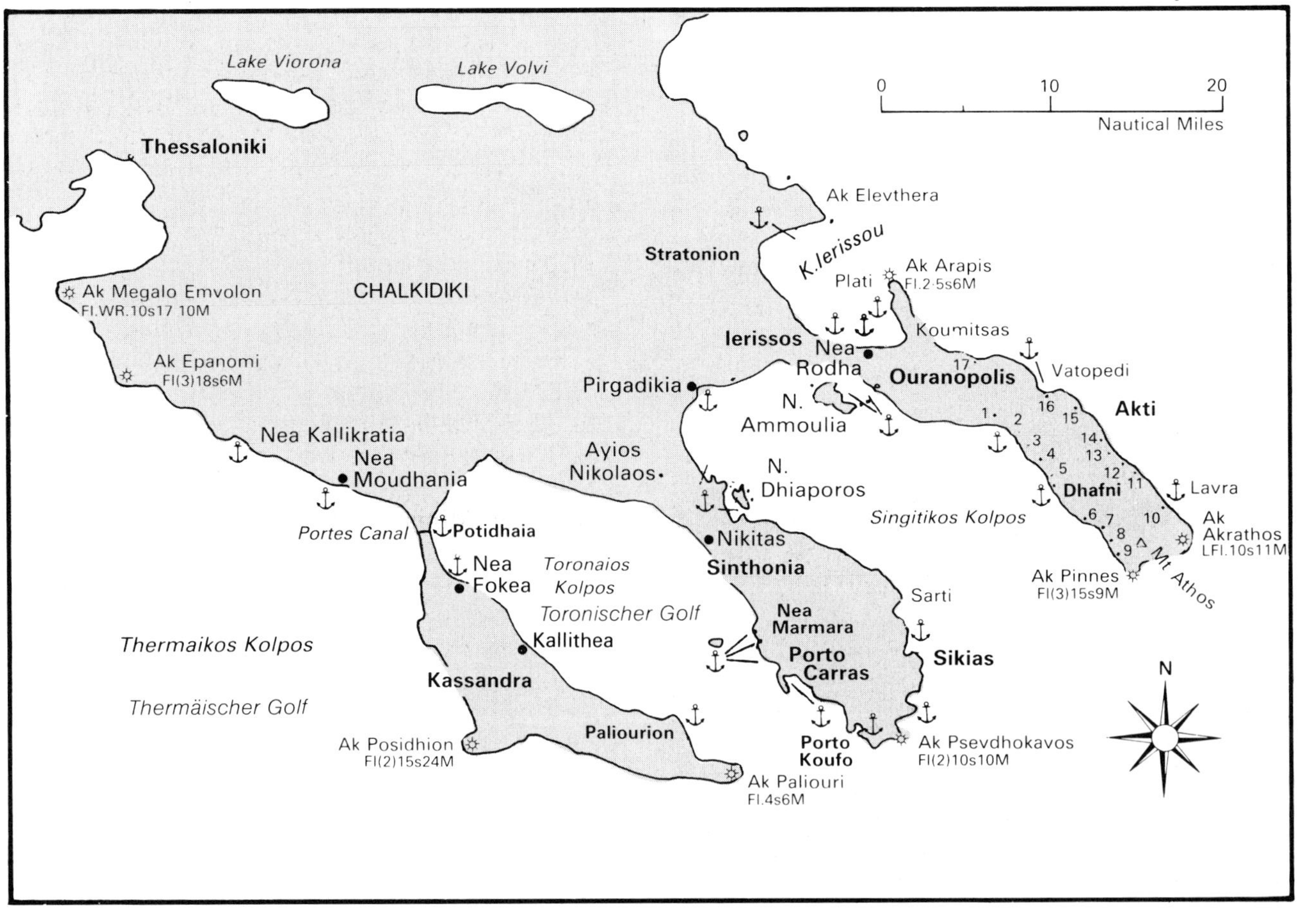

Die Halbinsel Chalkidiki.

Chalkidiki erhielt seinen Namen von der Stadt Chalkis (Euböa), die um 800 v. Chr. an dieser Küste viele Stadtkolonien gründete. Die bedeutendste Stadt, die sich aus diesen Kolonien entwickelte, war Olynthos, die sich im Scheitel des Golfs von Kassandra, Toronaios Kolpos, befand. Den Höhepunkt ihrer geschichtlichen Bedeutung erlangte die Stadt im 5. und 6. Jahrhundert v. Chr. Xerxes versammelte hier 480 v. Chr. seine Truppen und Schiffe für den Sturmangriff auf Thessalien und Attika. Zuvor aber hatte er noch einen Kanal durch die Landenge bauen lassen, die die kleine Halbinsel Agion Oros mit dem übrigen Chalkidiki verbindet. Auf diese Weise sollten die fürchterlichen Stürme, die um das Kap Ak Akrathos herum auftreten können, umgangen werden. An diesen Kanaldurchstich erinnern heute nur noch ein paar Erdfurchen.

Die Halbinsel Agion Oros

Diese zerklüftete Halbinsel hat die vergangenen 1000 Jahre ungestört vom Rest der Welt mit sich allein verbracht. Als die moderne Welt eines Tages die abgeschlossene Gemeinschaft orthodoxer Mönche entdeckte, gab es dort keine Straßen, keinen Strom und kein Telefon.
Die mittelalterlichen Klöster erheben sich an so spektakulären Stellen wie Felsvorsprüngen und steilen Klippen, den tibetanischen Klöstern in Potala und Lhasa nicht unähnlich.
Die Zeit wird hier immer noch nach dem Julianischen Kalender, der 13 Tage hinter dem Römischen Kalender zurückliegt, gerechnet, und der Tagesablauf wird durch die byzantinische Glocke bestimmt, die Stunden unterschiedlicher Länge schlägt …
Frauen ist der Besuch der Klöster nicht gestattet, und Yachten, die Frauen an Bord haben, dürfen sich der Küste von Agion Oros nicht mehr als 500 m nähern!
Früher waren die Regeln strenger, Constantin Monomachus formulierte 1060 den Satz: »Der Zugang ist allen Frauen, allen weiblichen Tieren, jedem Kind und jedem

Der Athos (Foto: Conrad Jenkin).

zarthäutigen Scheinheiligen verwehrt.« Offiziell ist diese Regel auch heute noch in Kraft, aber »mann« kann in der autonomen Mönchsrepublik schon hin und wieder mal ein weibliches Tier erblicken, und Besucher müssen nicht zwingend bärtig sein.
Die Klöster teilen sich in zwei Gemeinschaften auf: die Kinovia und die Idiorrhythma. In den Klöstern der Kinovia findet gemeinschaftliches Leben statt, die Mitglieder sind alle gleich gekleidet, und man lebt von gemeinsamen Lebensmitteln. In den idiorrhythmischen Klöstern leben die Mönche von einander getrennt und bestreiten ihre Lebensbedürfnisse selber.
Neben den 20 Großklöstern gibt es Einsiedler (Anchorites), die ganz für sich allein in kleinen Zellen leben, die an schier unzugänglich erscheinenden Stellen erbaut wurden; zum Teil an den steil ins Meer abfallenden S-lichen Hängen des Athos. Als Lebensform gibt es auch mehrere Mönchsdörfer, in denen zwei oder drei Mönche (Sarabaites) wohnen, sowie umherziehende Mönche.
Auch wenn die Halbinsel sowohl geographisch wie auch politisch zu Griechenland gehört, so ist sie doch autonomes Gebiet mit eigener finanzieller und juristischer Autorität. Aufgenommen werden hier Mönche jeder Nationalität. Neben Griechen leben auch Russen, Serben und Rumänen in der Mönchsrepublik, die jedoch alle beim Eintritt in die Gemeinschaft die griechische Staatsangehörigkeit bekommen.
Ohne Zweifel hat man von See her die beste Möglichkeit, Agion Oros zu erkunden. Die mittelalterlichen Klöster, die sich hartnäckig auf den Klippenkanten des wilden Landes behaupten, gehören zu einer Zeit, die von unserer modernen Welt schon lange verdrängt worden ist. Will man diese Region besuchen, ist es das einfachste, wenn man sich einer organisierten Gruppenreise anschließt, obwohl man bei einem geruhsamen individuellen Besuch eines Klosters natürlich mehr von dem Geist spürt, den diese Orte innehaben. Außerdem ist es an dieser verlassenen Küste bequemer, von seiner Yacht aus einen Landgang zu unternehmen.
Aufenthaltsgenehmigungen werden vom Griechischen Außenministerium (2, Zalokosta St., Athen) oder dem Ministerium Nordgriechenlands (48, Eleftheriou Venizelou St., Thessaloniki) ausgestellt.
Das Verfahren ist folgendermaßen: Man geht zunächst zum Konsulat des eigenen Landes, das sich für den Antragsteller verbürgen muß, dann zum Außenministerium bzw. dem Ministerium Nordgriechenlands, anschließend zur Ausländerpolizei, die die Papiere in Daphni kontrolliert, danach kann man nach Karyes reisen, wo man sich einer weiteren Polizeikontrolle unterziehen muß. Ist auch diese überstanden, kann man auf die Halbinsel Agion Oros einreisen. Es wird nur eine begrenzte Zahl von Einreisegenehmigungen (10 pro Tag) ausgestellt, so daß es zu Wartezeiten kommen kann. Für das Umfahren der Halbinsel benötigt man keine besondere Erlaubnis, aber natürlich darf man dann nicht an Land gehen.
Wenn man die Mönchsrepublik mit einer regionalen Fähre anlaufen möchte, empfiehlt sich Ierissos als sicherster Hafen, um seine Yacht zurückzulassen.

Skyros: Der Hafen Linaria aus ESE (oben); Blick vom Hafen hinauf zur Burg und der Stadt Mithymna auf der Insel Lesvos (unten links). Die Bucht an der Südseite der kleinen Ortschaft Sigri (unten rechts).

Der kleine Hafen von Pyrgadikia im Scheitel des Golfs Singitikos Kolpos (oben); Skala Loutron im dem fast vollständig von Land umschlossenen Kolpos Geras auf der Insel Lesvos.

Der Hafen der kleinen Insel Psara aus E (oben); Stadt und Hafen Chios auf der gleichnamigen Insel. Yachten machen an der Pier (links im Bild) fest.

Der Hafen Volissos an der Westküste der Insel Chios aus NE (oben); Blick auf Pythagoreion auf der Insel Samos aus E von der Einfahrt her.

Das Wetter um die Halbinsel Chalkidiki

Im Sommer weht der Meltemi mit bedeutend geringerer Stärke als weiter S-lich. Normalerweise kommt er aus NE bis E und erreicht eine Stärke von Bft 2 bis 4. Manchmal weht er tage- oder wochenlang nicht. Im Frühjahr und Frühsommer treten oft SE-Winde auf, die selten mehr als Bft 3 bis 4 erreichen.
Bei Starkwinden, egal aus welcher Richtung, ist in der Nähe von Agion Oros besondere Vorsicht geboten, da von den hohen Gebirgszügen heftige Fallböen kommen können. Besonders um den Athos herum können die Fallböen gefährlich werden, und um die Kaps Ak Akrathos und Ak Pinnes kann die See sehr grob werden.
Xerxes war allerdings übervorsichtig, als er einen Kanaldurchstich für seine Schiffe bauen ließ, um mit ihnen unbeschadet in den Singitikos Kolpos einlaufen zu können.

Nea Phokaia an der NE-Küste der Halbinsel Kassandra.

Der Portidaia-Kanal

40°11,9'N 023°19,3'E (W-Einfahrt)

Dieser flache Kanaldurchstich, der die Halbinsel Kassandra vom Festland trennt, ist mehr als eine halbe Seemeile lang und an der schmalsten Stelle nur 36 m breit. Eine Brücke, die den Kanal überspannt, hat eine lichte Höhe von 18 m. Der Kanal ist auf eine Mindesttiefe von 2,5 m ausgebaggert. An der W-Einfahrt und an seinen Ufern neigt er aber zu Versandungen. Die W-Einfahrt ist mit (Fl.R.2s3M) und (Fl.G.2s3M) befeuert. Die E-Einfahrt ist mit (Fl.G.2s3M) und (Fl.R.2s3M) gekennzeichnet.
Am W-lichen Ende gibt es einen kurzen Kai, der normalerweise mit einheimischen Fischerbooten voll belegt ist. Und auch im flachen kleinen Hafenbecken findet sich zwischen den Booten kaum Platz. Am E-lichen Ende des Kanals gibt es ein kleines Hafenbecken, in dem kleine Yachten eventuell einen Liegeplatz finden können. Zum Ufer hin wird es sehr flach. Die Ortschaft Portidaia liegt an der S-Seite des Kanals. Eine Tankstelle ist in der Nähe. Lebensmittel und Tavernen findet man im Ort.

Portidaia an der E-Einfahrt des Portidaia-Kanals. Die lichte Höhe der Brücke beträgt 18 m.

Nea Phokaia

Etwa 8 Seemeilen SE-lich des Portidaia-Kanals befindet sich diese kleine Urlaubssiedlung. Eine gute Landmarke bildet ein viereckiger Turm, der auf einem Felsvorsprung oberhalb der Bucht steht. An der N-Seite der Bucht unterhalb des Felsvorsprungs mit dem Turm sind einheimische Fischerboote an Moorings festgemacht. Vor der Ortschaft gibt es einen kurzen Anleger. Tavernen und Versorgungsmöglichkeiten an Land. Die Lage ist eigentlich sehr schön, auch wenn die moderne »Un-Architektur« wirklich eine Schande ist.

Kallithea

Vor dem kleinen Ferienort findet man einen Schönwetterankerplatz. Im Ort gibt es Telefonamt, Bank, Lebensmittel und Tavernen.

Nikitas

Diese kleine Urlaubersiedlung liegt im NE des Toronaios Kolpos, dem Golf von Kassandra. Bei ruhigem Wetter kann man vor dem Ort ankern. Der Ankerplatz ist nach S und W hin offen. An Land findet man Versorgungsmöglichkeiten und Tavernen.

Ormos Kannavitsa

Der einzige Ankerplatz an der W-Seite des Golfs, Toronaios Kolpos, ist dieser nach E hin völlig ungeschützte Naturhafen. Im Scheitel der Bucht ankert man vor einer Pier, an deren Kopf Wassertiefen von 2,5 m vorhanden sind.
Im Ort sind Treibstoff und ein begrenztes Lebensmittelangebot erhältlich.

Neos Marmaras

WP 40°05,8'N 023°46,8'E (Fl.R.1,5s3M)

Allgemeines
Wahrscheinlich war diese Bucht bereits sehr früh besiedelt, lange bevor die byzantinische Siedlung errichtet wurde, die ohne Zweifel auch den Naturhafen nutzte. Im Zuge einer Umsiedlung wurden Griechen aus der Türkei 1922 hier wieder angesiedelt und der neue Ort Neos Marmaras gegründet.
Diese Ortschaft hat sich zu einem sehr großen Urlaubsort entwickelt, so daß sich heute das ursprünglich kleine Dorf am Naturhafen den steilen Berg im Hintergrund des Hafens hinaufzieht.

Ansteuerung
Unterhalb der S-Küste von Ak Neos Marmaras befindet sich dieser Hafen. Die Gebäude der Stadt, die 3 Seemeilen NE-lich von Nisis Kelyphos liegt, sind leicht auszumachen. Eine Kirche am Hafen bildet eine gute Landmarke.
Nachts ist die Einfahrt des Hafens mit (Fl.R.1,5s3M) sowie (Fl.G.1,5s3M) befeuert.

Liegeplätze
Auf 1,5 bis 2 m Wassertiefe kann man hinter der W-Mole mit dem Bug zum Kai festmachen, oder man geht an der W-Seite der mittleren Pier längsseits. Es besteht auch die Möglichkeit, vor dem Strand an der N-Seite zu ankern. Man sollte sich seinen Ankerplatz mit gutem Abstand von der Pier suchen, an der die örtlichen Fähren festmachen.
Schutz: In Neos Marmaras liegt man vor N-lichen Winden gut geschützt.
Behörden: Im Hafen gibt es Wasserschutzpolizei.

Neos Marmaras aus ENE.

Versorgung
Wasser gibt es am Kai.
Treibstoff in der Nähe der Kais.
Lebensmittel: Es bestehen gute Versorgungsmöglichkeiten.
Restaurants: Am Hafen findet man Tavernen und Fischrestaurants.
Sonstiges: Post, Telefonamt, Bank, Gas, Camping GAZ, Auto- und Motorradvermietung. Ein Bus verkehrt nach Thessaloniki. Ein Tragflügelboot verkehrt zu den Nördlichen Sporaden.

Marina Porto Carras

WP 40°04,8'N 023°47,8'E (F.R.3M)

Allgemeines
Diese Marina wurde nach dem Vorbild der südfranzösischen Marinas an der Küste Languedoc-Roussillons vom

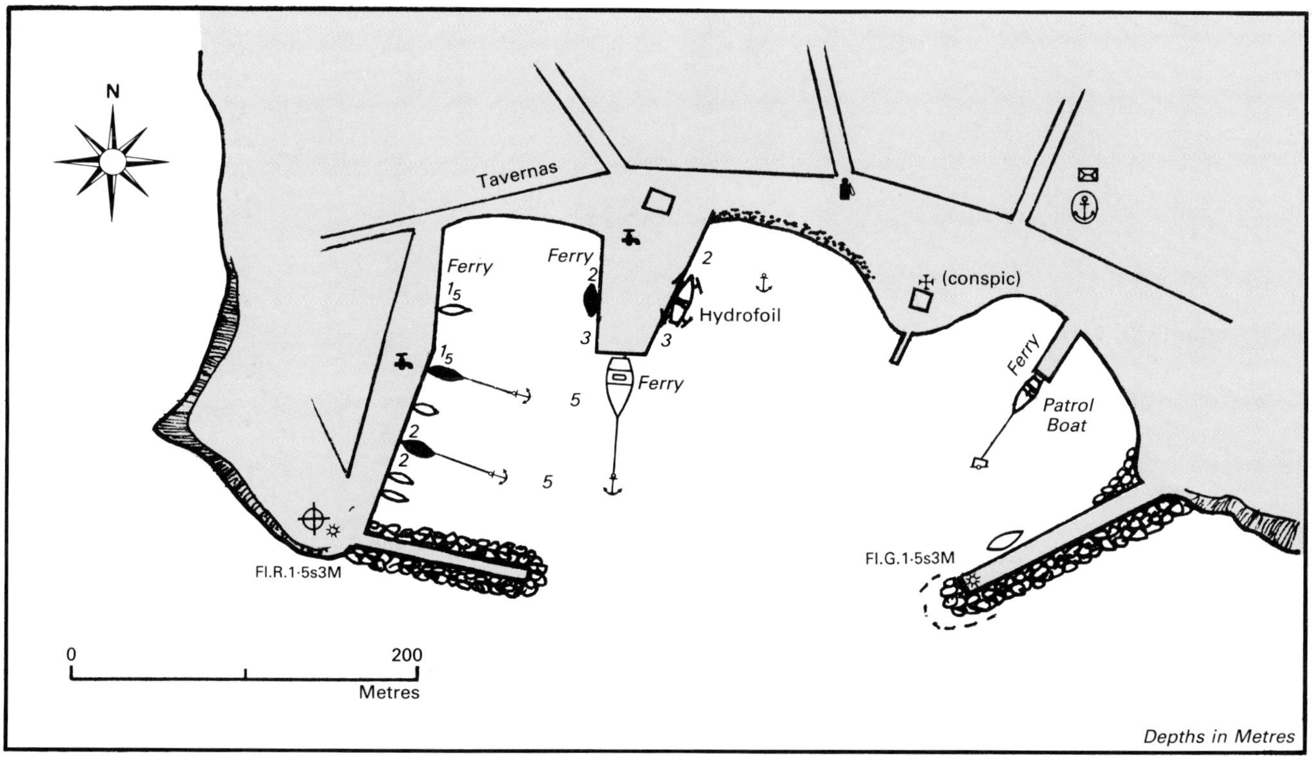

Neos Marmaras.

Die Marina Porto Carras aus SSE.

griechischen Reeder John Carras – daher der Name – erbaut. Zum Marinakomplex gehören zwei große Hotels, Squash- und Tennisplätze, ein Schwimmbad, ein Theater, ein Konferenz-Zentrum sowie Casino, Bars und Restaurants, dazu eine ansehnliche Palette von Boutiquen und anderen Läden.

Erst kürzlich wurde die Marina von der Firmengruppe Vernicos übernommen, und nun gibt es Pläne, die Versorgungseinrichtungen entscheidend zu verbessern.
Ganz in der Nähe gibt es einen Musterbauernhof, auf dem neue und effizientere Keltermethoden erforscht und erprobt werden. In der Tat sind die dort erzeugten Weine ganz exzellent. Man sollte nicht versäumen, die Rot- und Weißweine, die unter der Handelsbezeichnung »Porto Carras Domaine« verkauft werden, zu verproben.

Ansteuerung

Auffällig: Die beiden Superhotels des Marinakomplexes sind bei den Ansteuerungen aus N und W gut von den übrigen Gebäuden der Stadt Neos Marmaras zu unterscheiden. Wenn man von S kommt, sind bis zum Einlaufen in die Bucht nur die Häuser der Stadt zu sehen.
Nachts ist die Hafeneinfahrt mit (F.R.3M) und (F.G.3M) befeuert. Ein Richtfeuer führt in die Einfahrt: Unterfeuer (F.Y.3M) und Oberfeuer (F.Y.3M).
Gefahren: Bei heftigen Winden aus NW, W oder SW steht in der Hafeneinfahrt eine grobe See, drinnen ist das Wasser jedoch sehr ruhig.
Hinweis: Das Einsteuerungsfahrwasser ist normalerweise mit 4 Paaren kleiner roter Plastiktonnen bezeichnet, die jedoch nicht befeuert sind.

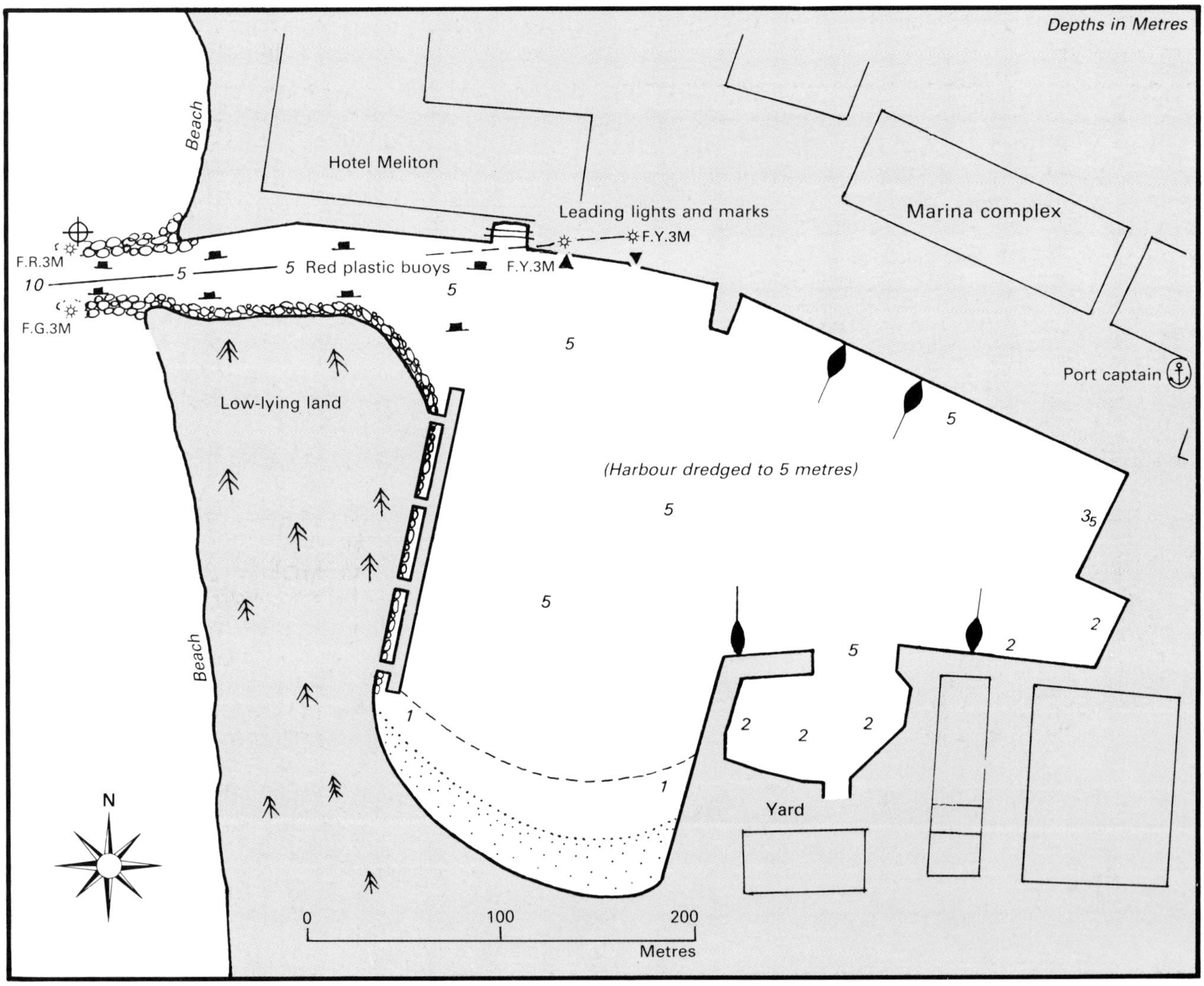

Porto Carras.

Porto Carras aus SE.

Liegeplätze
An dem zugewiesenen Platz macht man mit Bug oder Heck fest. Die Leinen der ausgelegten Mooringtonnen können am Kai aufgenommen werden. Der eigene Anker sollte nicht benutzt werden.
Schutz: Man ist bei jedem Wetter gut geschützt.
Behörden: Wasserschutzpolizei und Marina-Personal. Es wird Liegegeld erhoben, Kategorie: 3.
Hinweis: Der Hafen ist größtenteils auf eine Mindesttiefe von 5 m ausgebaggert.

Versorgung
Service: Wasser und Stromanschlüsse (220 V) sind vorhanden, ebenso Duschen und Toiletten. Wäscherei-Service wird angeboten.
Treibstoff kann von einem kleinen Tankwagen geliefert werden.
Reparaturen: Es gibt einen Travellift und überdachte Werkstätten, ein paar mechanische Reparaturen und Arbeiten an der Maschine können ausgeführt werden.
Lebensmittel: Das Angebot ist begrenzt, bessere Versorgungsmöglichkeiten bietet Neos Marmaras.
Restaurants: Um den Hafen herum gibt es zahlreiche Tavernen und Restaurants.
Sonstiges: Post; Geld kann man im Hotel tauschen, eine Bank befindet sich in Neos Marmaras. Krankenstation, Golf- und Tennisplatz und Reithalle, Telefon- und Faxservice. Auto- und Fahrradvermietung. Eine Caïquen-Fähre verkehrt nach Neos Marmaras.
Informationen: Porto Carras, Sithonia, 63081 Chalkidiki, Tel.: 0375-71 381, Fax: 0375-71 229

Namenlose Buchten S-lich von Porto Carras

Knapp 1 Seemeile S-lich von Porto Carras gibt es zwei kleine Einbuchtungen, in deren Scheitel feine Sandstrände liegen. Da sie nur nach W hin offen sind, bieten sie aus-

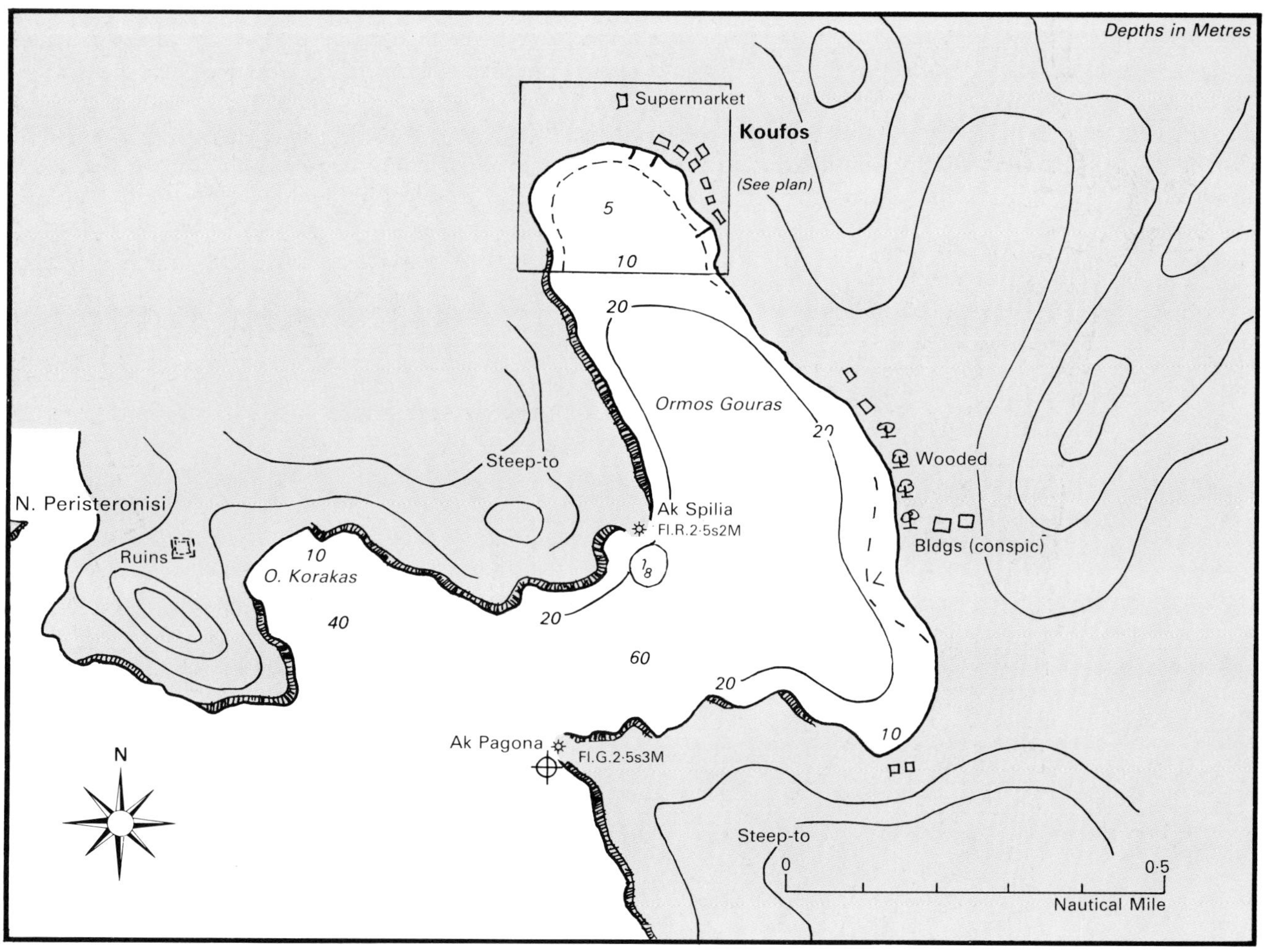

Limin Koupho.

reichend Schutz, um hier im Sommer über Nacht zu ankern. In der S-licheren der beiden gibt es eine kurze Pier, an der kleine Yachten mit dem Heck anlegen können.

Ormos Toronis

Im Scheitel der Bucht Ormos Toronis an der S-Seite des Kaps Ak Papadia befindet sich diese kleine Einbuchtung, die guten Schutz vor Winden aus N bietet, da sie nur nach S hin offen ist.

Limin Koupho

WP 39°57,6'N 023°55'E (Leuchtfeuer Ak Pagona)

Allgemeines
Limin Koupho gehört zu den schönsten Naturhäfen im Mittelmeer! Steile rote Kliffs rahmen die Einfahrt zu einer großen, fast ganz von Land umschlossenen Bucht, an deren Ufern sich Pappeln und Felder abwechseln. Im Sommer beherbergt der ehemals kleine Fischerhafen ein paar Touristen, im Winter ist Limin Koupho Basishafen einiger Thunfischfänger, die um Chalkidiki herum auf Fang gehen.

Ansteuerung
Auffällig: Aus der Entfernung ist die Einfahrt zu dieser geschützten Bucht nur schwer auszumachen. Gute Landmarken bilden eine weiße Hütte auf dem Kap Ak Laimos (0,5 sm S-lich von Ak Pagona) und die Insel Peristeronisi. Beim Näherkommen werden eine bewaldete Ebene sowie ein Haus, das auf der E-Seite der Bucht steht, sichtbar.
Nachts richtet man sich nach den Feuern auf Ak Pagona (Fl.G.2,5s3M) und Ak Spilia (Fl.R.2,5s2M).
Gefahren: Bei ablandigen Starkwinden muß mit schweren Fallböen in den Ansteuerungen von Limin Koupho gerechnet werden.

Liegeplätze
Man ankert in der Bucht auf 7 bis 10 m Tiefe. Im N und NW des Hafens sind Dauermoorings ausgelegt, die die Su-

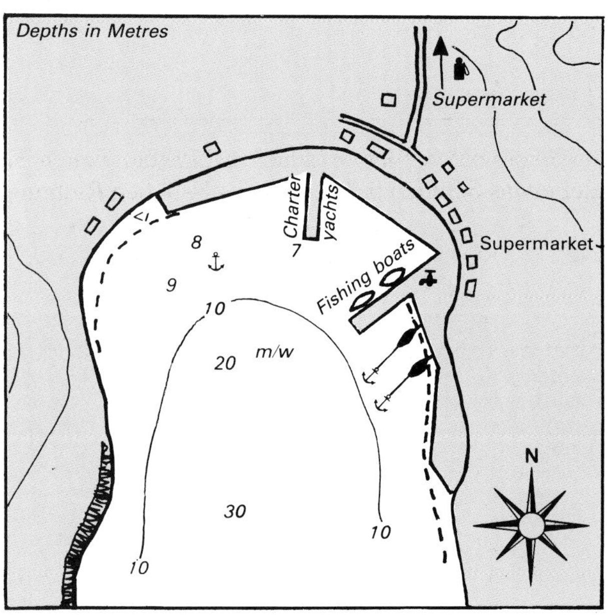

Limin Koupho.

Blick hinüber zur Einfahrt von Limin Koupho aus NNE (Foto: Nigel Patten).

che nach einem Ankerplatz schwierig gestalten. Alternativ macht man mit dem Bug zum Kai unmittelbar S-lich der E-Pier fest. Etwa 10 m vom Kai entfernt beträgt die Tiefe rund 2,5 m, in einem Abstand von 2 m vom Kai sind es nur noch 1 bis 2 m. Geröll macht den Grund an einigen Stellen des Kais unrein. Es empfiehlt sich, den angestrebten Liegeplatz zunächst vorsichtig zu erkunden. Große Yachten können versuchen, sich einen Liegeplatz an der N-Pier, die von einer Charterfirma belegt ist, auszuhandeln. Der Grund besteht aus Schlick und Seegras und hält gut, wenn der Anker erst gefaßt hat.
Schutz: In der Bucht liegt man sehr geschützt, auch wenn bei starken S-lichen Winden schwere Fallböen auftreten können.

Versorgung
Wasser gibt es in der Nähe der Pier; es soll aber kein Trinkwasser sein.
Treibstoff ist an der Straße nach Neos Marmaras zu bekommen; kann aber auch von einem Tankwagen geliefert werden.
Lebensmittel: In der Nähe des Kais sowie an der Straße, die aus dem Ort herausführt, findet man Supermärkte, von denen der eine auch Weine vom Faß verkauft. Stangeneis ist erhältlich.
Restaurants: Verschiedene Tavernen, von denen manche frischen Fisch anbieten.
Sonstiges: Münztelefone, Gas, Camping GAZ. Busse verkehren nach Marmaras und Thessaloniki.

Singitikos Kolpos

Ormos Kartali

2 Seemeilen N-lich des Kaps Ak Psevdokavos gibt es eine ungeschützte Bucht, in deren Einfahrt zahlreiche Über-

wasserfelsen liegen. Die Bucht ist nach S und E hin offen, bietet aber Schutz vor Winden aus N.

Ormos Sykias

WP 40°02,5'N 024°00,8'E (Leuchtfeuer Ak Adolo) / Karten: D 605

Allgemeines
Die Strände, die diese Bucht säumen, sind der Stoff, aus dem die Träume von Reiseunternehmern gemacht werden: Wundervolle feine, goldgelb schimmernde Sandstrände, die von Pinien und Pappeln beschattet werden.
Eine neue Straße hat das Dorf für Landurlauber erschlossen, und auch wenn Sykias nun nicht mehr ganz so abgelegen wirkt, ist der Ort doch immer noch wunderschön.

Ansteuerung
6 Seemeilen N-lich von Ak Psevdokavos befindet sich die weite Bucht von Ormos Sykias. Das Riff, Yph. Kepes, das sich von der S-lichen Einfahrtshuk seewärts erstreckt, ist zu erkennen. Beim Näherkommen werden Windmühlen sowie ein Haus, das im Scheitel der Bucht steht, sichtbar. Ein neues Gebäude verdeckt nun zwar die Windmühlen, bildet selbst aber eine gute Landmarke.
Nachts ist die S-liche Einfahrtshuk, Ak Adolo, mit (Fl.1,5s4M) befeuert, und der Kopf des Wellenbrechers von Skala Sykia ist mit (Fl.R.3s3M) bezeichnet. Eine nächtliche Ansteuerung ist aber nicht unbedingt empfehlenswert.
Gefahren:
1. Yph. Kepes: Ein Überwasserfelsen sowie ein Riff säumen die S-liche Einfahrtshuk und erstrecken sich etwa 700 m seewärts.
2. Yph. Sykias: Etwa 600 m SE-lich des Kaps Ak Sykia, der N-lichen Einfahrtshuk, erstreckt sich dieses Riff, über dem etwa 2,8 m Wasser stehen. Eine Felsklippe mit einem Riff erstreckt sich etwa 250 m SSE-lich dicht unter der N-Küste. Ein weiteres Riff liegt vor dem Kap Ak Sykia selbst.

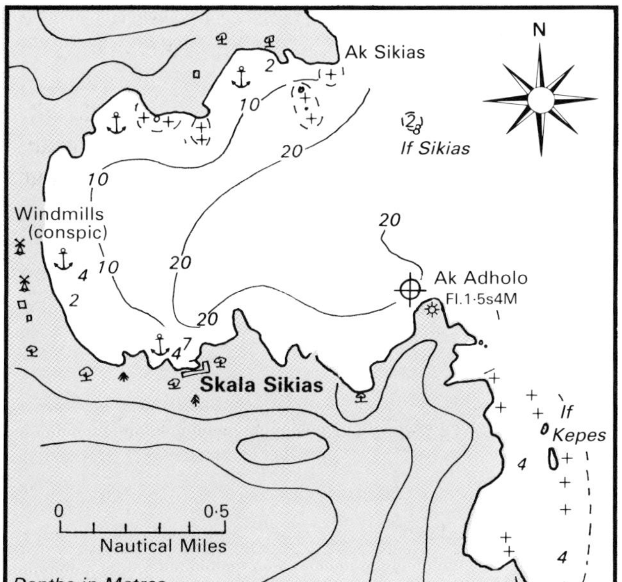

Ormos Sykias.

Skala Sykias: Blick auf die kurze Mole aus SW.

Liegeplätze
1. An der N-Seite der Bucht gibt es zwei kleine Einbuchtungen; in beiden kann man ankern. Der Sandgrund hält gut, und man ist vor Winden aus N bestens geschützt, auch wenn die Ankerplätze nach E bis SE offen sind.
2. Im Scheitel der Bucht ankert man vor einem wundervollen Sandstrand, der die Bucht säumt. Der Ankerplatz ist nach NE bis E hin offen.
3. ***Skala Sykias***: In der kleinen Einbuchtung vor dem Dorf ankert man auf 3 bis 5 m. Falls man einen Platz findet, kann man auch mit dem Bug zur kurzen Mole festmachen, an deren Kopf Wassertiefen von 3 m vorhanden sind. Hinter der Mole ist man vor fast allen Winden gut geschützt.
Schutz: Bei Winden aus NE steht recht ungemütlicher Schwell in die Bucht, der die Yacht rollen läßt. Nur hinter der Mole von Skala Sykias liegt man einigermaßen ruhig.

Versorgung
In Skala Sykias gibt es Wasser und eine Auswahl an Tavernen.

Ormos Sartis

Der Ankerplatz vor der Ortschaft im NW der weiten Bucht bietet etwas Schutz vor Winden aus N-lichen Richtungen. Bei der Navigation ist Vorsicht vor diversen Überwasserfelsen und einem Riff geboten, das sich unmittelbar NW-lich der Bucht erstreckt.
An Land findet man Versorgungsmöglichkeiten und Tavernen. Treibstoff bekommt man an der Hauptstraße nach N.

Alada

Unmittelbar N-lich von Ormos Sartis befindet sich dieser kleine Fischerhafen, in dem kleine Yachten mit dem Bug hinter der Mole festmachen können. Man sollte den Hafen zunächst vorsichtig erkunden. Bei den vorherrschenden Winden aus SE steht Schwell in den Hafen.

Fischerhafen Alada N-lich von Ormos Sartis.

Ankerplätze um Nisos Diaporos

Allgemeines

Hinter der Insel ist das Wasser etwas trübe, weil hier der Fluß einmündet, aber sonst ist das Wasser überall klar und schimmert über Sand und Felsen wundervoll türkis. Um die Küstenebene von Mesopanagia herum sind zahlreiche Villen und ein paar kleine Hotels gebaut worden, aber

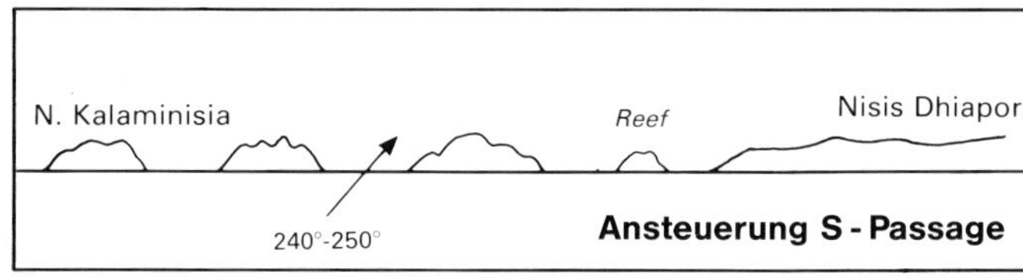

Skizze von SY Lucinda

davon abgesehen, ist die Küste wenig bebaut. Das Revier ist es durchaus wert, sich ein wenig Zeit zu lassen.

Ansteuerung

S-Einfahrt: Die S-liche Einfahrt führt in die Bucht Ormos Mesopanagia, die zwischen den beiden Kaps Ak Xipharas und Ak Plaka liegt. Die SE-Spitze der Insel Nisos Diaporos peilt in 240°. N-lich von Ak Xipharas erstreckt sich ein Riff, dessen Ende von den beiden Inselchen Petronisi und Kalamonisia bezeichnet wird. Ein weiteres Riff, dessen äußeres Ende von einem Überwasserfelsen markiert wird, erstreckt sich S-lich und E-lich von Ak Plaka.
Die S-Einfahrt führt zwischen den eben erwähnten Felsen und den Kalamonisia-Inselchen hindurch. Im Fahrwasser sind 4 m Wassertiefe vorhanden, und tagsüber sind die Felsen und Riffe gut zu sehen.
N-Einfahrt: Zwischen Nisis Peristeri und Nisis Ambelitsi führt diese Einfahrt in die Bucht Ormos Dimitri. E-lich und S-lich von Peristeri erstrecken sich Riffe, deren SE-licher Punkt von einem Überwasserfelsen markiert wird.

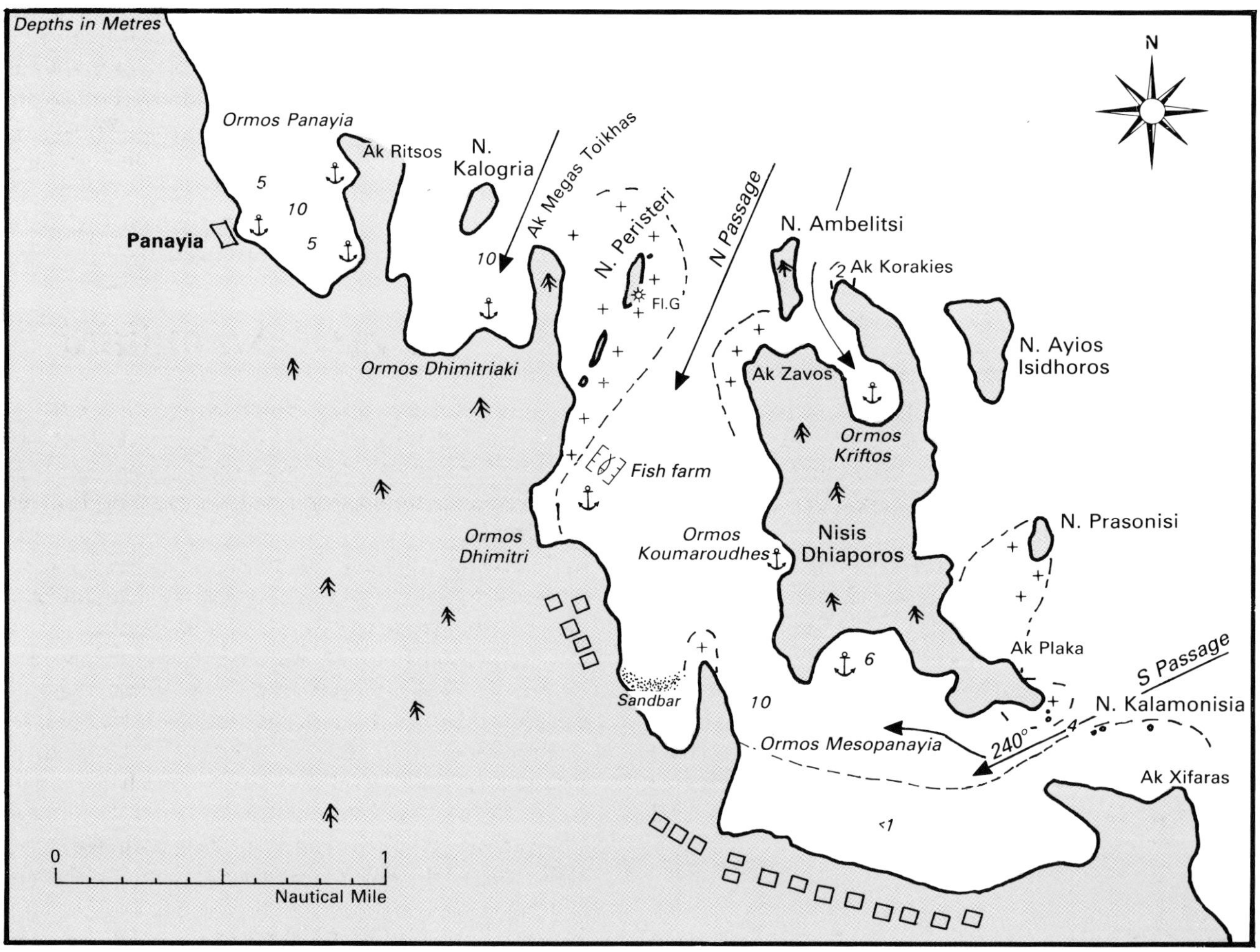

Ankerplätze um die Insel Diaporos herum.

Ormos Panagias: Blick von der Ortschaft Panagia nach SE.

Das Kap Ak Zavos, die NW-Huk der Insel Diaporos, wird von einem schmalen felsigen Riff gesäumt. Die N-Durchfahrt verläuft zwischen diesem Riff und jenem, das die Insel Peristeri umgibt.
Vorsicht: Auf dem beigefügten Plan war es leider nicht möglich, die Riffe und Überwasserfelsen sehr detailliert darzustellen. Bei der Ansteuerung sollte man mit äußerster Vorsicht navigieren und auf gar keinen Fall versuchen, hier bei Nacht einzulaufen. Tagsüber sind die Riffe und Überwasserfelsen gut zu sehen, und die Einsteuerung ist eigentlich einfacher, als sie sich in der Beschreibung anhört.

Liegeplätze
Um die Insel Diaporos und die angrenzende Küste herum gibt es zahlreiche Ankerplätze. Der Grund, der größtenteils aus Sand oder Schlick besteht, hält gut.
1. ***Ormos Mesopanagia***: An der N-Seite ankert man im Schutz von Nisis Diaporos. Der S-Teil der Bucht ist größtenteils untief, und man sollte sich dicht unter Diaporos halten, wenn man in die Bucht Ormos Mesopanagia einlaufen möchte.
2. ***Ormos Koumaroudes***: Man ankert in der Einbuchtung an der W-Seite von Nisos Diaporos.
3. ***Ormos Kriftos***: In diese Bucht, die an der N-Küste von Nisos Diaporos liegt, läuft man von der E-Seite von Nisis Ambelitsi her ein.
4. ***Ormos Dimitri***: Diese Bucht steuert man zwischen der kleinen Insel Nisis Kalogria und dem Ak Megas Troikas an. Yachten können auch im S der Bucht ankern. Hier besteht zwar eine Fischzuchtanlage, aber der Platz reicht zum Ankern immer noch aus.
5. ***Ormos Panagias***: Die Einsteuerung ist einfach und unkompliziert, und die Wassertiefen sind überall gut. Den besten Schutz hat man in der NE-Ecke der Bucht, muß hier aber aufpassen, weil ausgelegte Moorings den Grund unrein machen. Im W der Bucht gibt es eine Pier, die aber vom Ausflugsboot, das Tagesfahrten zur Halbinsel Agion Oros unternimmt, belegt wird. Wenn das Schiff gerade nicht da ist, kann man hier festmachen. Die Wassertiefe beträgt 3 m am Kopf der Pier. N-lich des Fähranlegers soll eine neue Mole gebaut werden.

Versorgung
Ormos Dimitri: Ein Campingplatz bietet Wasser und einen Mini-Supermarkt.
Ormos Panagias: Wasser gibt es an der Pier, Treibstoff im Ort. Die meisten Lebensmittel sind in einem Mini-Markt in der Nähe der Pier erhältlich. Stangeneis ist zu bekommen. Es gibt verschiedene Tavernen und Cafés. Weitere Versorgungsmöglichkeiten bestehen im Dorf A. Nikolaos, das etwa 2,5 Kilometer landeinwärts liegt.

Pyrgadikia

40°20,2'N 023°43'E (Q.R.2M)

Pyrgadikia im Scheitel des Golfs Singitikos Kolpos.

Diese kleine Ortschaft befindet sich im NW, im Scheitel des Golfs. Vor dem Ort gibt es eine kleine Pier, deren Kopf mit (Q.R.2M) bezeichnet ist. An der W-Seite des Berges, auf dem der Ort errichtet wurde, gibt es eine kleine Einbuchtung, in der einheimische Fischerboote und Yachten an Dauermoorings liegen. Der Schutz ist hier besser, als es zunächst den Anschein hat. Trotzdem sollte dieser Ankerplatz nur bei beständigem Wetter benutzt werden. An Land findet man Tavernen und Versorgungsmöglichkeiten.
Das kleine Dorf ist wirklich ein Kleinod und die Mühe wert, den steilen Weg hinaufzusteigen.

Die Insel Amouliani

Diese Insel, die je nach Windrichtung eine ganze Reihe guter Ankerplätze zu bieten hat, liegt im NE des Singitikos Kolpos. Vor der NW-Spitze der Insel liegen die kleinen Inseln Nisides Xiropotamina und vor der SE-Huk die Nisides Drenia.
Im Fahrwasser der Durchfahrt zwischen der E-lichsten Insel der Drenia-Gruppe und der Halbinsel Agion Oros sind Tiefen von wenigstens 4 bis 7 m vorhanden.
Die Ankerplätze um die Insel herum sind folgende:
1. An der ***W-Küste*** von Nisos Amouliani kann man in der Bucht Ormos Ftelies, die nach W offen ist, oder in Ormos Tsarki, die nach S offen ist, ankern. In beiden Buchten ist der Halt des Grundes unsicher, so daß man sich unbedingt versichern sollte, daß der Anker auch wirklich gefaßt hat. Freihalten muß man sich auch von den Riffen, die zu beiden Seiten in Ormos Tsarki die Ufer säumen.
2. ***Amouliani***: Das Dorf befindet sich im NE der Insel. Der Kopf der Mole ist mit (Fl.R.3s3M) befeuert. Man macht

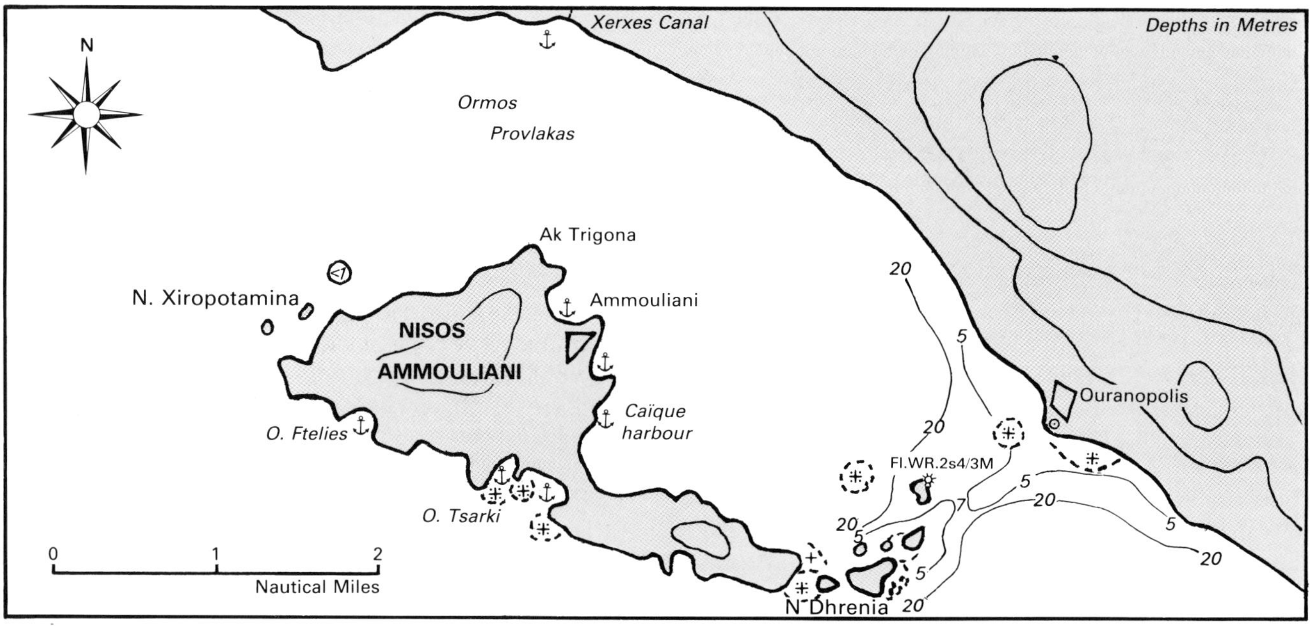

Die Insel Amouliani.

mit Bug oder Heck am äußeren Teil der Mole fest. Der Hauptkai, W-lich der Mole, wird von der Fähre beansprucht.
Alternativ kann man N-lich des Fähranlegers auf 3 m Wassertiefe ankern. An Land findet man Versorgungsmöglichkeiten und Tavernen. Treibstoff bekommt man im Supermarkt, der am Fuß der Mole ist, oder am Ortsrand.
3. In der Bucht unmittelbar S-lich von Amouliani ankert man auf 4 bis 6 m vor einer kurzen Mole; allerdings nicht sonderlich gut geschützt.

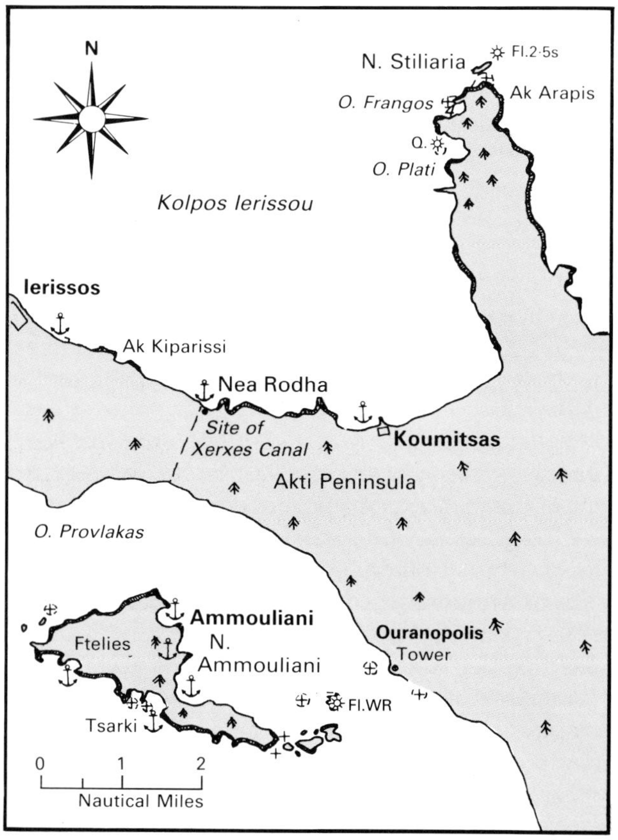

Kolpos Ierissou und Nisos Amouliani.

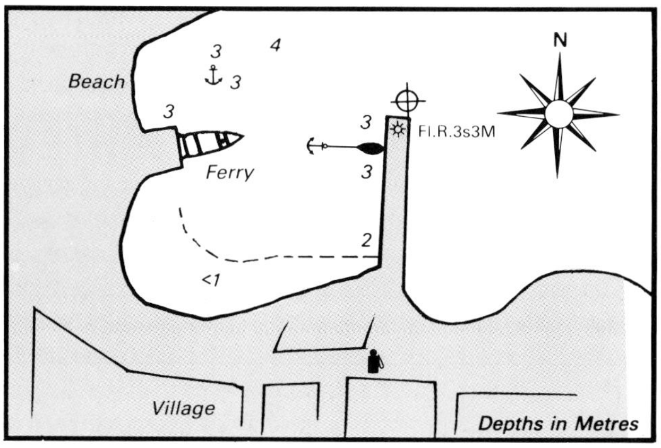

Amouliani.

4. ***Caïquen-Hafen***: Im N der großen Bucht, dem Dorf Amouliani gegenüber, ist ein Caïquen-Hafen gebaut worden, in dem kleine Yachten einen Liegeplatz finden könnten. Die Einfahrt ist etwa 4 m tief; die Tiefe vor dem Kai beträgt etwa 2 m. SW-lich des Hafens kann man auch ankern.

Ouranopolis

Vor dem Ort Ouranopolis in der Bucht Ormos Provlakas gibt es einen Schönwetterankerplatz. Der rechteckige Prosphorion-Turm (24 m hoch), der auf dem Kap Ak Pirgos steht, bildet eine gute Landmarke. Vorsicht: Eine Untiefe, die sich etwa 100 m SW-lich der Mole erstreckt, wird nicht immer von einer Stange bezeichnet. Der Ankerplatz vor dem Ort Ouranopolis ist nicht sehr sicher; es ist also ratsam, sich bei wechselhaftem Wetter zu einem anderen Ankerplatz um die Insel Amouliani herum zu verholen.
Die meisten Lebensmittel und Treibstoff sind in Ouranopolis erhältlich.

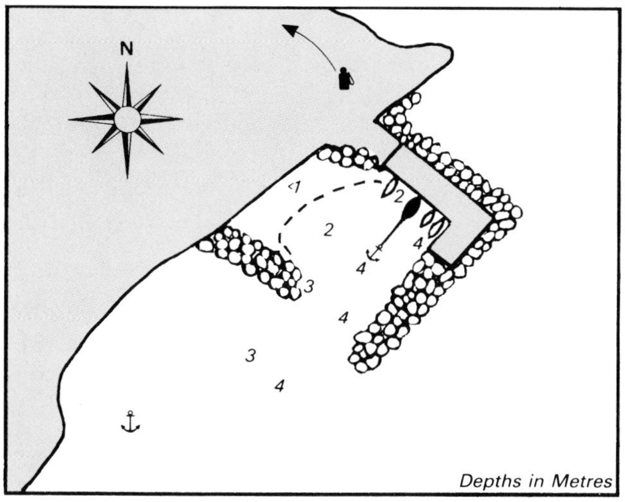

Der Caïquen-Hafen von Amouliani.

Daphni

Karten: D 1080 Plan H

Daphni ist der Kontrollhafen der Halbinsel Agion Oros, wenn man also irgendwo auf der Halbinsel an Land gehen möchte, muß man sich hier melden.
Daphni liegt 0,5 Seemeilen N-lich des Kaps Ak Kastanias in einer ungeschützten Bucht. Ein wenig Schutz vor Winden aus N bis NE bietet die natürliche Wölbung der Bucht, die aber nach NW über W bis S hin offen ist. Plötzlich einsetzender Grundschwell kann das Ankern schwierig machen. Am Kopf einer kurzen Steinpier sind 2 m Tiefe vorhanden, und man kann mit dem Heck zur Pier anlegen. Bei unbeständigem Wetter, wenn die vorherrschenden Sommerwinde aus NW bis W kommen und ungemütliche Dünung entstehen lassen, ist der Liegeplatz in der Bucht nicht sehr sicher. Die große Mooringtonne, die in der Bucht ausgelegt wurde, ist für große Schiffe reserviert.

Die Klöster von Agion Oros

(siehe Plan Seite 374)
1. Moni Konstamonitou (Kinovia): Gegründet wurde dieses Kloster im 11. Jahrhundert. Der größte Teil des Gebäudes, das in einen Hohlweg hineingebaut wurde, stammt aber aus dem 19. Jahrhundert. Bei ruhigem Wetter kann man in der Bucht vor dem Kloster ankern.
2. Dohiariou (Idiorrhythma): Dieses Kloster wurde im 10. Jh. gegründet. Von seiner Hauptkirche, der Katholikon, wird behauptet, daß sie die schönste am Berg Athos sei.
3. Xenophontos (Kinovia): Im 10. Jahrhundert von dem Mönch Xenophon gegründet.
4. Moni Agiou Paneleimonos (Kinovia): Dieses Kloster wurde 1169 gegründet und beherbergte früher 1500 russische Mönche. 1968 wurde das Kloster von einem Feuer stark beschädigt, aber es ist immer noch sehenswert. In der Nähe gibt es einen winzigen Hafen.
5. Xiropotamou (Idiorrythma): Dieses Kloster wurde im 10. Jahrhundert erstmalig erwähnt; die meisten seiner Gebäude stammen aus dem 18. Jahrhundert.
6. Simonopetra (Kinovia): Der heilige Simon gründete 1257 dieses Kloster, das eines der großartigsten auf der Halbinsel ist. Seine spektakuläre Lage auf einer schroffen Felsklippe, die nur durch eine Brücke mit dem Kliff verbunden wird, ist atemberaubend. Schwere, massive Tragbalken, auf denen das Kloster zum Teil erbaut ist, hängen rechts und links der Klippen buchstäblich im freien Raum zwischen der darunterliegenden See und dem Kliff.
7. Gregoriou (Kinovia): 1395 gegründet.
8. Dionysos (Kinovia): Das Kloster, das 1375 gegründet wurde, steht spektakulär auf einer vorspringenden Klippe.
9. Agiou Pavlou (Kinovia): Dieses Kloster, das im 11. Jahrhundert gegründet wurde, erhebt sich auf einer Klippe oberhalb einer Schlucht.

Um die S-Spitze der Halbinsel herum leben Mönche verstreut in kleinen Kolonien oder als Einsiedler in scheinbar unzugänglichen Behausungen, die oft abenteuerlich an die schroffen Felswände gebaut wurden. Zu den bedeutendsten Kolonien gehören die von St. Anne an der SW-Ecke sowie eine Gemeinschaft von Malern und Holzschnitzern in Kerassia an der SE-Ecke. Bei ruhigem Wetter kann man vor dem Kap Ak Diapori in Voulevtiria oder einer kleinen Einbuchtung 1 Seemeile ENE-lich des Kaps Ak Pinnes ankern. Die Yacht darf allerdings nicht unbeaufsichtigt bleiben und muß, bei den geringsten Anzeichen einer Wetteränderung, unverzüglich verholt werden.
Vorsicht: Bei Starkwinden, egal aus welcher Richtung, ist am Athos mit schweren Fallböen zu rechnen. Bei ruhigem Wetter macht es Spaß, dicht unter der Küste zu fahren und einen Blick auf die Klöster zu werfen. Bei stürmischen Winden und schweren Fallböen baut sich um die Halbinsel herum eine grobe See auf, die es ausgesprochen ratsam sein läßt, respektvollen Abstand zu halten.
10. Grand Lavra (Idiorrythma): Das größte Kloster der Halbinsel steht am Fuß des mächtigen hohen Gipfel des Athos. Es ist das einzige Kloster, das nie von einem Feuer verwüstet wurde.

Ormos Megistis Lavras

2 Seemeilen N-lich von Ak Akrathos befindet sich dieser winzige Hafen, der in die Felsen geschlagen wurde. Gute Landmarken bilden das Kastell und das Kloster oben auf den Klippen. Unmittelbar S-lich des Forts befindet sich die Einfahrt. Die Wassertiefe im Inneren des Hafens soll 1,8 m betragen. Aber schon bei leichtestem Schwell wird das Einlaufen selbst für kleine Yachten gefährlich.

11. Karakallou (Kinovia): im 15. Jahrhundert gegründet.
12. Filotheou (Idiorrythma): im 12. Jh. erstmalig erwähnt. Die Mönche dieses Klosters beschäftigen sich mit Holzschnitzereien.
13. Ivrion (Idiorrythma): 979 gegründet. Es gibt hier eine Pier, an deren Kopf Wassertiefen von 2 m vorhanden sind. Bei ruhigem Wetter kann man auf 4 bis 6 m ankern.
14. Stavronikita (Idiorrythma): 1542 gegründet.
15. Pantokrator (Idiorrythma): Das Kloster wurde im 14. Jahrhundert auf einem umspülten Felsen in einer kleinen Bucht erbaut. Bei ruhigem Wetter kann man eventuell vor dem Kloster ankern.
16. Vatopedi (Idiorrythma): Dieses Kloster, das im 10. Jahrhundert gegründet wurde, ist heute das modernste: Hier

gibt es Strom, Telefon und durch die Fähre von Ierissos eine regelmäßige Verbindung zur Außenwelt. Man ankert auf 5 bis 8 m Tiefe vor dem Kloster. Der Ankerplatz ist nach N hin vollständig offen.
17. Esphigmenou (Kinovia): Dieses Kloster, das am weitesten N-lich steht, wurde 1034 erstmals erwähnt. Bei ruhigem Wetter kann man davor ankern.

Ormos Plati

Diese Bucht, die sich an der W-Seite des Kaps Ak Arapis befindet, bietet guten Schutz vor den vorherrschenden Winden und ist nur nach SW hin offen. Man ankert auf 5 bis 8 m Tiefe in einer der beiden kleinen Einbuchtungen von Ormos Plati oder Ormos Phrangou, unmittelbar N-lich von Ormos Plati. Der Grund besteht aus Sand mit Seegrasbewuchs und hält gut.
Beide Buchten sind völlig abgeschieden, auch wenn gelegentlich Fischerboote aus Ierissos oder Koumitas hier Schutz suchen.
Hinweis: Dieses Gebiet gehört noch zur autonomen Mönchsrepublik und ist somit für das Befahren mit Yachten verboten. 1989 wurde eine Yacht von einem Patrouillenboot der Wasserschutzpolizei zum Verlassen des Ankerplatzes gezwungen.
Vorsicht: Die Durchfahrt zwischen den Inseln Nisides Stiliaria und dem Kap Ak Arapis ist flacher, als es in der Seekarte BA 1679 angegeben ist, und scheint außerdem stärker von Felsen umschlossen zu werden, als es verzeichnet ist. Man sollte die Inselgruppe Stiliaria seeseitig passieren.

Koumitsas

Im SE des Golfs von Ierissou befindet sich dieses kleine Dorf. Einheimische Fischer berichteten von einem kleinen Hafen, der »ungefähr 2 m Wassertiefe« aufweisen soll.

Nea Roda

Diese kleine Ortschaft liegt zwischen Koumitsas und Ierissos. An der W-Seite der Bucht gibt es eine kurze Pier. Eine Kapelle auf einem Felsvorsprung bildet eine gute Landmarke. Der Molenkopf ist mit (Fl.R.2s3M) befeuert. Kleine Yachten können am Ende der Mole mit Bug zur Mole festmachen; die Wassertiefen betragen hier 2 bis 3 m. Normalerweise ist dieser Platz aber mit Fischerbooten voll belegt. An der inneren Hälfte der Mole ist es untief (weniger als 1 m Wassertiefe). Versorgungsmöglichkeiten und Tavernen findet man im Ort, der einen staubigen Fußmarsch von etwa 20 Minuten entfernt ist.

Ierissos

40°24’N 023°’52,5E

Allgemeines
Zu beiden Seiten des Hafen gibt es sehr schöne grobsandige Strände, und das Hinterland ist wunderschön mit Pappeln, Pinien und Olivenbäumen bewaldet.

Der winzige Hafen von Nea Roda.

Ierissos hat sich in einen staubigen baufälligen Ferienort verwandelt, dessen Anziehungskraft nur in den nahen Sandstränden besteht. Der Hafen ist der sicherste in der Nähe des Xerxes-Kanals, der nur 2 Seemeilen SE-lich zu besichtigen ist. Man wird aber vermutlich enttäuscht sein, da heute kaum noch etwas von diesem berühmten Kanal zu sehen ist.

Ansteuerung
Der kleine Fischerhafen befindet sich etwa 0,5 Seemeilen SE des Dorfes Ierissos. Das große Hotel im Hintergrund bildet eine gute Landmarke.

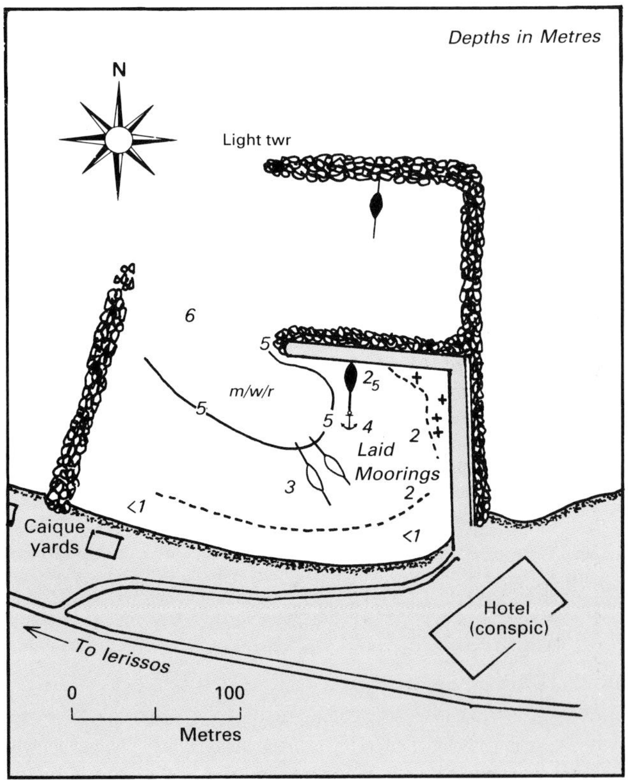

Ierissos.

Ierissos aus SW.

Eine Ansteuerung bei Nacht ist nicht empfehlenswert, da es hier keinerlei Befeuerungen gibt und eine Vielzahl unbefeuerter Moorings im Hafen ausgelegt ist.

Liegeplätze
Im äußeren Hafen macht man mit Bug oder Heck zum Wellenbrecher mit langer Leine fest. Im inneren Hafenbecken kann man ebenfalls mit Bug oder Heck und langer Leine zur Mole festmachen. Alternativ läßt sich im inneren und äußeren Teil des Hafens ankern. Der Innenhafen ist mit einheimischen Fischerbooten voll belegt. Im Hafen machen ein paar sehr große Mooringketten den Grund unrein, und an der Wasseroberfläche schwimmen zahlreiche Mooringbojen und Leinen.

Schutz: Bei starken N-Winden steht Schwell in den Hafen, der aber eher ungemütlich als gefährlich ist. Einheimische Fischerboote und ein Fährschiff haben hier rund ums Jahr ihre Liegeplätze.

Versorgung
Am Hafen gibt es Tavernen. Im Dorf Ierissos, das etwa 1,5 Kilometer vom Hafen entfernt liegt, sind Treibstoff und die meisten Lebensmittel erhältlich. Außerdem gibt es hier Post, Telefonamt und verschiedene Tavernen und Cafés. Ein Bus verkehrt nach Kavala.
Vom Hafen aus erstrecken sich am Strand entlang mehrere Bootswerften, die hölzerne Fischer-Caïquen bauen.

Ormos Stratoni

Karten: BA 1687

Die kleine Ortschaft Stratonion befindet sich im Scheitel der Bucht Ormos Stratoni, die im NW des Golfs Kolpos Ierissou, liegt. Man ankert vor dem Dorf. Zwei Piers, die zum Laden von Erz, das aus den nahen Mangangruben kommt, benutzt werden, erstrecken sich vom Ufer aus.
An Land gibt es nur ein begrenztes Versorgungsangebot und Treibstoff. Die Bucht ist nach E und S hin offen.
Zwischen Ormos Stratoni und dem Kap Ak Elevthera findet man eine Reihe von kleinen Buchten, die alle guten Schutz vor Winden aus N bieten, jedoch nach S offen sind. Den besten Schutz in wunderschöner Umgebung bietet die Bucht, die dem Kap am nächsten liegt. Sie ist nach S und W hin offen.

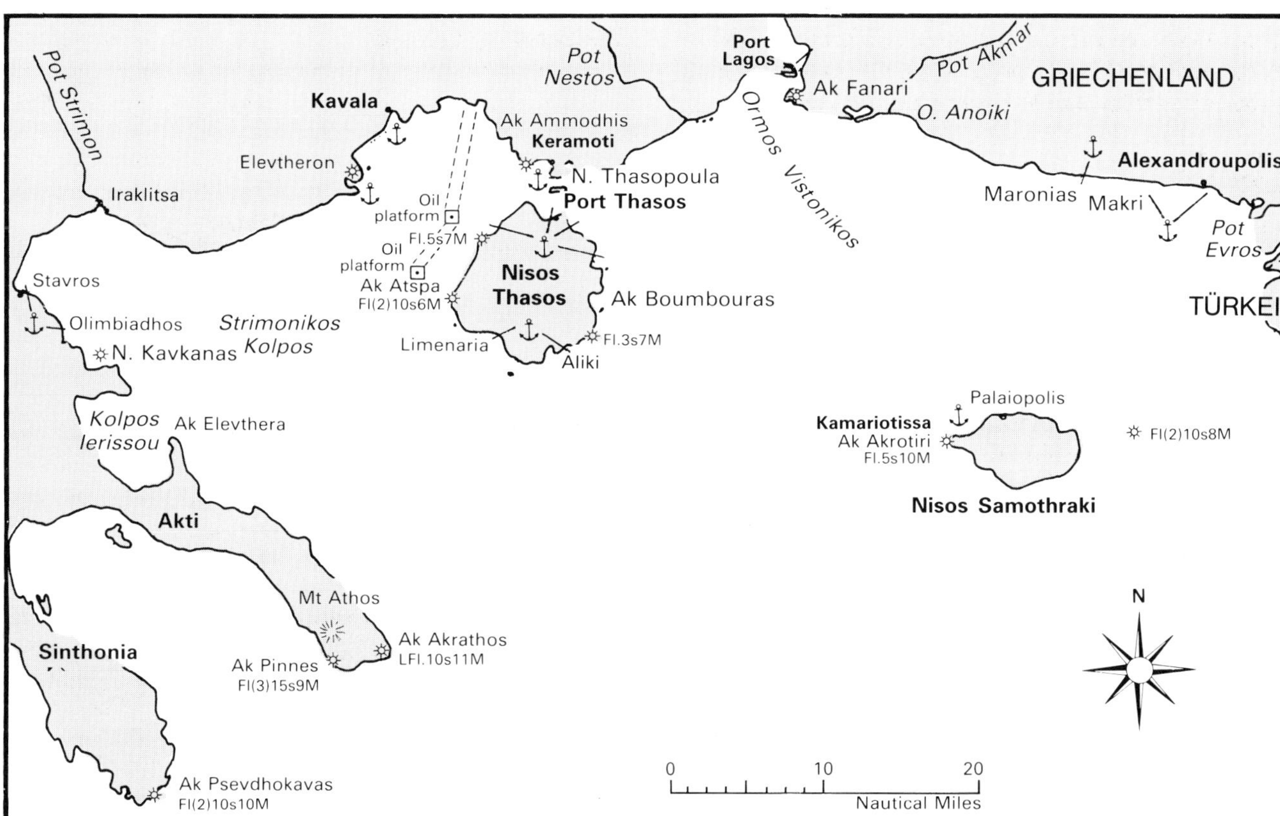

Die Festlandsküste zwischen Strymonikos Kolpos und Alexandroupolis.

Die Festlandsküste

In diesem Abschnitt werden die Festlandsküste Nordgriechenlands vom Golf (Strymonikos Kolpos) bis nach Alexandroupolis sowie die der Küste vorgelagerte Insel Thasos beschrieben.
Die Landschaft ist zwar gebirgig, das Panorama aber nicht atemberaubend, und über weite Strecken wird das gebirgige Hinterland von flachen Ebenen und Marschen gesäumt, die von den vier großen Flüssen, die hier ins Meer münden, angeschwemmt wurden: dem Strymon, dem Nestos, dem Akmar sowie dem Evros. Der Nestos bildet die Grenze der beiden Provinzen Makedonien und Trakien, der Evros trennt Griechenland und die Türkei.
Das Land ist größtenteils stark bewaldet; hier wachsen Pinien und Olivenbäume. Auf den Küstenebenen, die gut bewässert und fruchtbar sind, gedeihen große Mengen Getreide und Tabak.

Das Wetter in Nordgriechenland

Im Sommer weht der Meltemi in diesem Revier nur sehr unstet, meist aus NE mit einer durchschnittlichen Stärke von Bft 2 bis 5. An vielen Tagen weht jedoch nur eine leichte Brise, oder es ist völlig windstill.
Wenn kein Meltemi herrscht, brist oft gegen Mittag ein SW-Wind auf, der etwa Bft 2 bis 4 erreicht. Im Winter, Frühjahr und Herbst kommen die Winde hier meist aus NE oder S, schwere Stürme kommen aber meist aus NE.
Die See vor diesen Küsten ist vergleichsweise flach, insbesondere im Diavlos Thasou, in Ormos Vistonikos, Ormos Anoikto sowie den Untiefen vor Alexandroupolis, baut sich bei Starkwinden aus S eine sehr kurze steile See auf. An der Küste setzt ein Strom nach W, dessen Stärke zwischen 0,5 und 1,5 kn variieren kann und der die grobe See noch verstärkt. Im Diavlos Thasou setzt der Strom E-wärts.
Bei Winden aus S kann sich der Wasserspiegel auf bis zu 0,5 m anheben, umgekehrt senkt sich bei N-Winden das Niveau des Meeresspiegels.

Ormos Olympiados

Diese Bucht, die nach N bis NW hin offen ist, befindet sich etwa 6,5 Seemeilen NW-lich des Kaps Ak Elevthera. Im S der Bucht gibt es zwei kleine Einbuchtungen, von denen die E-liche auf 2 bis 4 m Tiefe einen Ankerplatz bietet, der vor Winden aus NE etwas geschützt ist. Sie ist nach N bis NW hin offen. Eine kurze Mole bietet zusätzlich etwas Schutz, und kleine Yachten können eventuell mit dem Bug zum Kopf der Mole festmachen.
In der Ortschaft findet man Versorgungsmöglichkeiten und Tavernen.
Die Lage der kleinen Ortschaft auf der Küstenebene, die von Mischwald mit Laub- und Nadelbäumen umgeben ist und von spektakulär steilen Berghängen umrahmt wird, ist wunderschön. Das Dorf selbst ist ein verschlafenes kleines Nest, das kaum vom Tourismus berührt worden ist.

Stavros

Karten: D 1080 Plan D

Im SW des Strymonikos Kolpos liegt diese weite Bucht. Vor der Ortschaft gibt es eine kurze Pier, und bei Drucklegung dieses Werkes waren in der Umgebung Bauarbeiten im Gang. Man schien an einer weiteren Mole zu bauen, um einen kleinen Hafen zu schaffen, der dann von einer L-förmigen Mole geschützt wird. Auf dem Kopf der Pier steht ein Leuchtfeuer mit der Kennung (F.R.1M). Wenn die Bauarbeiten abgeschlossen sind, könnte sich allerdings auch die Position des Leuchtfeuers ändern.
An der Pier sind Fischerboote festgemacht; weitere Fischerboote liegen an Dauermoorings, die vor der Ortschaft ausgelegt sind. Der Schutz scheint besser zu sein, als es zunächst den Anschein hat. Wasser bekommt man am Kai, Treibstoff kann von einem Tankwagen geliefert werden.
Der Ort hat sich zu einem wohlhabenden Urlaubsort mit Hotels, Bars und Cafés entwickelt, die sich nun am Strand entlangziehen. Außerdem gibt es hier Post, Bank und Lebensmittel sowie Tavernen.

Ormos Tsayezi (Iraklitsa)

Im N des Strymonikos Kolpos in der Flußmündung des Strymon gibt es ein seichtes Becken, das früher mal der Hafen von Amphipoleos war. Wie auch immer, nun soll die Einfahrt versandet sein, und die Tiefe weniger als 1 m betragen. Der Molenkopf ist mit Fl.R.3s3M befeuert.
Vorsicht: Im Mündungsbereich des Strymon sollen sich die Untiefen weiter ausdehnen, als es in der Seekarte angegeben ist. Hier soll ein Strom von 2 kn S-wärts setzen, der durch die beträchtliche Zufuhr von Süßwasser aus dem einmündenden Strymon verursacht wird.

Ormos Elevtheron

WP 40°50,6'N 024°19,7'E (Fl.3s 4M) / Karten: BA 1687, D 609

Blick über die Bucht Ormos Elevtheron aus SW.

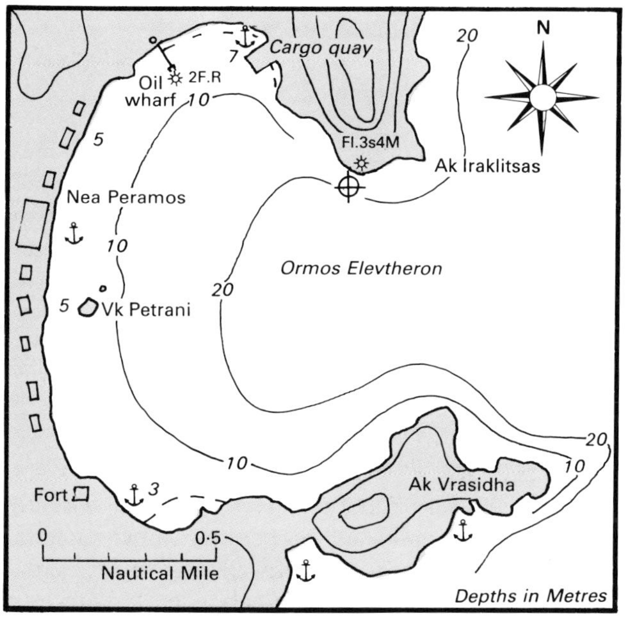

Ormos Elevtheron.

Allgemeines

Im S und W bietet diese Bucht wunderschöne Ankerplätze vor langen Sandstränden, die man aber nur bei ruhigem Wetter anlaufen kann. Dem Kastell an der S-Seite der Bucht sollte man unbedingt einen Besuch abstatten.

Ansteuerung

6 Seemeilen S-lich von Kavala liegt diese weite Bucht, an deren W-Seite am Strand entlang zahlreiche große Hotels stehen. Ein großes Silo am Fuß des Ölterminals bildet eine gute Landmarke.
Nachts navigiert man nach der Befeuerung der N-lichen Einfahrtshuk (Fl.3s4M).

Liegeplätze

Bei ruhigem Wetter ankert man im SW der Bucht vor der Ortschaft Nea Peramos. Bei unbeständigem Wetter macht man an der N-Seite der großen Handelspier im NE der Bucht von Nea Iraklitsa fest. Die Wassertiefen um den Kopf der Pier herum betragen 7 m.
Die Umgebung ist zwar nicht gerade die hübscheste, dafür ist man aber bei fast jedem Wetter gut geschützt. Bei heftigen S-Winden suchen viele Fischerboote, die normalerweise in Kavala zu Hause sind, hier Schutz.

Versorgung

In Nea Peramos sind die meisten Lebensmittel erhältlich, und man hat die Wahl zwischen verschiedenen Tavernen und Cafés.

Kavala

WP 40°55,9'N 024°24,3'E (Fl.G.1,5s3M) / Karten: BA 1687, D 609

Allgemeines

Kavala ist ein wichtiger Handelshafen. Auf den ersten Blick machen die Stadt und der Hafen mit seiner Vielzahl an Fähren, Schleppern, Versorgungs- und Arbeitsbooten, die für die Bohrinsel arbeiten, einen wenig ein-

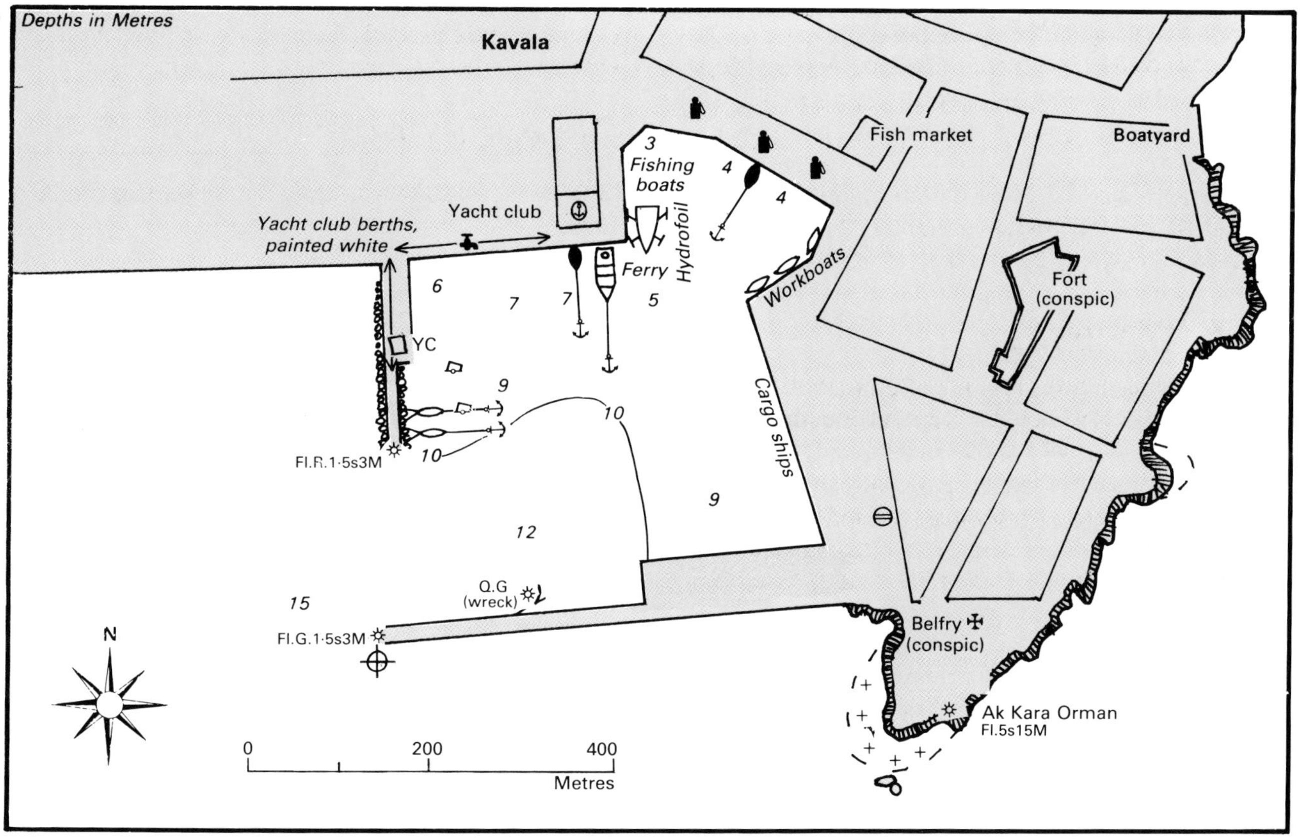

Kavala.

Der Hafen Kavala aus ESE (Foto: Nigel Patten).

ladenden Eindruck. Aber bereits nach kurzer Zeit beginnt man, diese betriebsame freundliche Hafenstadt zu mögen.

Eine Sehenswürdigkeit der Stadt ist das Aquädukt, das nach römischem Vorbild im 16. Jahrhundert von den Türken gebaut wurde. Das Haus des reichen und mächtigen Kaufmanns Mehmet Ali, das auf einer steilen Felsklippe steht, wurde restauriert und ist nun ein volkskundliches Museum. Im archäologischen Museum in der Nähe des Hafens sind antike Funde ausgestellt.

Hinweis: An der E-Seite von Ak Kara Orman gibt es einen kleinen Fischerhafen, in dem kleine Yachten eventuell einen Liegeplatz finden können. Der größte Teil des Hafens ist aber mit einheimischen Booten belegt. Treibstoff gibt es in der Nähe, und in der nahen Bootswerft können Yachten aufgeslippt werden. An Land findet man Versorgungsmöglichkeiten und Tavernen.

Ansteuerung

Auffällig: Schon von weitem ist die große Stadt, die sich auf dem Steilufer sowie den dahinterliegenden Hügel erstreckt, gut auszumachen. Beim Näherkommen bilden das Kastell sowie eine Kirche mit einer roten Kuppel, die auf einer steilen Felsklippe thront, gute Landmarken. Die Hafenmolen sind leicht zu erkennen.

Nachts richtet man sich nach dem Feuer auf dem Kap Ak Kara Orman (Fl.5s15M) sowie der Befeuerung der Hafeneinfahrt (Fl.G.1,5s3M und Fl.R. 1,5s3M). Ein Wrack, das etwa auf der Mitte der inneren S-Mole liegt, wird von einer Leuchttonne (Q.G.) bezeichnet.

Liegeplätze

Falls man einen Platz findet, kann man mit Heck zum N-Kai im äußeren Hafen festmachen.

Der Yacht Club ist ausschließlich privat und bietet Besuchern keinerlei Versorgungsmöglichkeiten. Berichten zufolge sollen dort auch die Manieren Gästen gegenüber sehr zu wünschen übriglassen.

Im äußeren Hafenbecken ist der Kai so hoch, daß man Schwierigkeiten hat, an Land zu kommen – es sei denn, man kann in der Nähe einer Leiter festmachen. Das innere Hafenbecken ist üblicherweise mit Fischerbooten vollgestopft, aber mit etwas Glück kann man hier einen Liegeplatz finden. Auf jeden Fall sollte man vorher fragen, ob man diesen Platz auch benutzen darf. Yachten, die sich einfach rücksichtslos zwischen Fischerboote drängeln, sollten sich nicht wundern, wenn sie ohne große Umstände bei Rückkehr des rechtmäßigen Besitzers »zwangsgeräumt« werden. Der Grund besteht aus Schlick und hält ganz ausgezeichnet.

Schutz: Bei starken Winden aus S entwickelt sich unangenehme Dünung, und viele Fischerboote suchen in Elevtheron Schutz. Im Sommer sind Starkwinde aus S aber ausgesprochen selten. Das ganze Jahr über liegt hier eine Anzahl von Yachten vor der N-Mole und dem Kai an Moorings.

Behörden: Elevtheron ist Port of Entry, und so findet man hier Zoll, Wasserschutzpolizei und Einwanderungsbehörde.

Versorgung

Wasser gibt es am N-Kai und am inneren Hafenbecken.

Treibstoff kann von einem Tankwagen zum N-Kai und in die Nähe des Kais im inneren Hafen geliefert werden.

Reparaturen: Die meisten mechanischen Reparaturen und allgemeine Arbeiten an der Maschine können ausgeführt werden. Es gibt Schiffsausrüster und exzellent sortierte Eisenwaren- und Werkzeugläden.

Lebensmittel: Hervorragende Versorgungsmöglichkeiten; am besten kauft man im Viertel hinter dem Fischmarkt ein, auf dem auch Stangeneis erhältlich ist.

Restaurants: Um den Fischmarkt herum gibt es phantastische Tavernen und Restaurants, die u. a. Delikatessen wie Seezunge, Kammuscheln und mit die besten Garnelen Griechenlands auf ihrer Speisekarte haben.

Sonstiges: Post, Telefonamt, Banken, Gas, Camping GAZ. Eine Gasfüllstation befindet sich etwas außerhalb der Stadt. Auto- und Motorradvermietung. Busverbindung nach Thessaloniki und Alexandroupolis. Eine Fähre verkehrt nach Thasos, und vom Flughafen gehen Inlandsflüge nach Athen.

Kavala Westhafen

Von der W-Seite der Bucht Ormos Kavala erstreckt sich ein gewinkelter Wellenbrecher schätzungsweise 300 m NE-wärts; er schützt einen Kaibereich, der ausschließlich Handelsschiffen vorbehalten ist. Yachten haben hier nichts zu suchen. Der Kopf des Wellenbrechers ist mit Fl(2)R.8s4M befeuert.

Kavala Handelshafen

Etwa 2 Seemeilen E-lich von Kavala befindet sich derzeit ein großer Handelshafen im Bau, der bereits auf den hochtrabenden Namen »Philipp II. von Makedonien« getauft worden ist. Es ist kaum anzunehmen, daß dieser Hafen auch Versorgungsmöglichkeiten für Yachten bieten wird. Bei Drucklegung dieses Werkes waren die Silos und Schüttvorrichtungen für die Zementierungsarbeiten des Hafens markante Landmarken – von der Baustelle selbst einmal abgesehen. Die Hafeneinfahrt ist mit Fl.R.2s und Fl.G.4s7M befeuert.

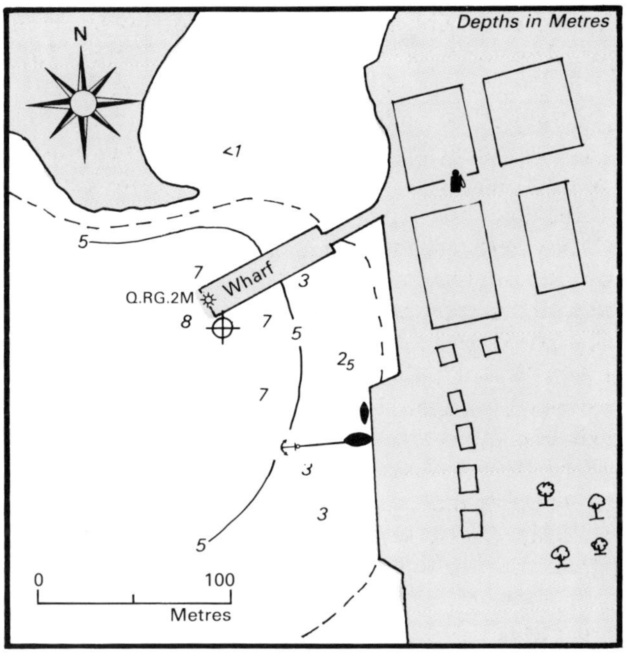

Keramoti.

Keramoti

WP 40°51,6'N 024°42,2'E (Q. RG.2M) / Karten: BA 1687

Ansteuerung
Der Fährterminal im Hafen von Keramoti stellt die hauptsächliche Verbindung der Insel Thasos zum Festland dar. Auf der flachen sandigen Landspitze, die im Kap Ak Keramoti ausläuft, stehen ein paar Häuser, und das dortige Leuchtfeuer ist bereits auszumachen, bevor die Landzunge selbst sichtbar wird.
Ist man erst in die Lagune eingelaufen, die hinter der sandigen Landzunge liegt, werden die Gebäude der Ortschaft Keramoti sichtbar, und der Hafen ist leicht zu erkennen.
Nachts richtet man sich nach dem Feuer auf dem Kap Ak Keramoti (Fl.WR.4s6/4M) und dem Feuer auf dem Kopf der Pier (Q.RG.2M).

Liegeplätze
Yachten machen am Kai fest. Der große Anleger ist normalerweise mit Frachtern und Fischerbooten voll belegt.
Schutz: Der Schutz in diesem Hafen ist besser, als es zunächst den Anschein hat. W-Wind kann etwas Schwell verursachen.
Behörden: Wasserschutzpolizei und Zoll.

Versorgung
Treibstoff gibt es unweit des Kais, und in Keramoti bestehen gute Versorgungsmöglichkeiten. Außerdem findet man hier Post, Telefonamt, zahlreiche Tavernen und Bars. Busse verkehren nach Alexandroupolis und Kavala, eine Autofähre nach Thasos.
Hinweis: Im N-Teil der Lagune ist eine Anzahl von Mooringtonnen ausgelegt, die mit senkrechten roten und weißen Streifen versehen sind und offensichtlich der griechischen Marine gehören. Es ist also nicht ratsam, in diesem Gebiet zu ankern.

Die Öl-Bohrinsel

3,5 Seemeilen NW-lich des Kaps Ak Prinos auf der Insel Thasos sowie 9,5 Seemeilen SSE-lich von Kavala befindet sich eine Öl-Bohrinsel, die bei Tag und Nacht gut auszumachen ist. Ungefähr 6,3 Seemeilen SSW-lich davon (etwa 4 Seemeilen von der Küste von Thasos entfernt) wurde kürzlich eine zweite Plattform errichtet. Versorgungsboote verkehren regelmäßig zwischen der Bohrinsel und Kavala. Nachts wird die Bohrplattform von einer Reihe heller weißer Lichter erleuchtet und kann leicht mit einem großen Passagierschiff verwechselt werden. Sie ist mit Mo(U)15s10M befeuert.

Ak Ammodis

0,5 Seemeilen SSW-lich von Ak Ammodis soll ein Felsen liegen, der nur eben (0,9 m) überspült wird.

Der Fluß Nestos

Die flachen Sandbänke, die sich im Mündungsbereich des Nestos befinden, sollen sich bis zu 0,5 Seemeilen weiter seewärts erstrecken, als es in den Seekarten angegeben wird. Eine Verfärbung des Wassers ist bis zu 1 Seemeile vor der Küste erkennbar, Tiefenunterschiede sind zu denen in der Seekarte deshalb aber nicht unbedingt feststellbar. Nichtsdestotrotz ist es ratsam, zum Mündungsbereich des Flusses einen respektvollen Abstand zu halten. Die Landschaft um die Flußmündung herum ist so flach, daß es schwierig sein kann, einzelne Landmarken zu unterscheiden. Ein paar Funkmasten, die knapp 1 Kilometer landeinwärts auf der Küstenebene stehen, bilden eine gute Orientierungshilfe.

Diavlos Thasou

Im vergleichsweise flachen Wasser der Meerenge sowie in der gesamten Bucht Ormos Vistonikos baut sich bei Starkwinden schnell eine kurze steile See auf. In der Durchfahrt, Diavlos Thasou, setzt ein Strom mit 0,5 bis 1,5 kn E-wärts.

Die Insel Thasos

Dieser »runde Klumpen Marmor«, der vom Festland nur durch eine flache Meerenge getrennt wird, besaß in der Antike erhebliche Macht und Reichtum. Durch ihre Lage war die Insel leicht zu verteidigen, aber bedeutender als das ist, daß die Insel bis heute nichts von ihrer Schönheit und ihrem Zauber verloren hat.
Ionische Parier waren die ersten, die Thasos zu ihrer Kolonie machten, und schon bald zogen sie aus den Goldminen der Insel Gewinn. Trotz der guten Verteidigungsanlagen wurde der mächtige Stadtstaat von den vorrückenden Persern unterworfen. Nachdem Xerxes in der Seeschlacht von Salamis geschlagen worden war, folgte eine wechselhafte Beziehung zu Athen. Die thasischen Kaufleute machten mit den Bodenschätzen der Insel (nicht zu ver-

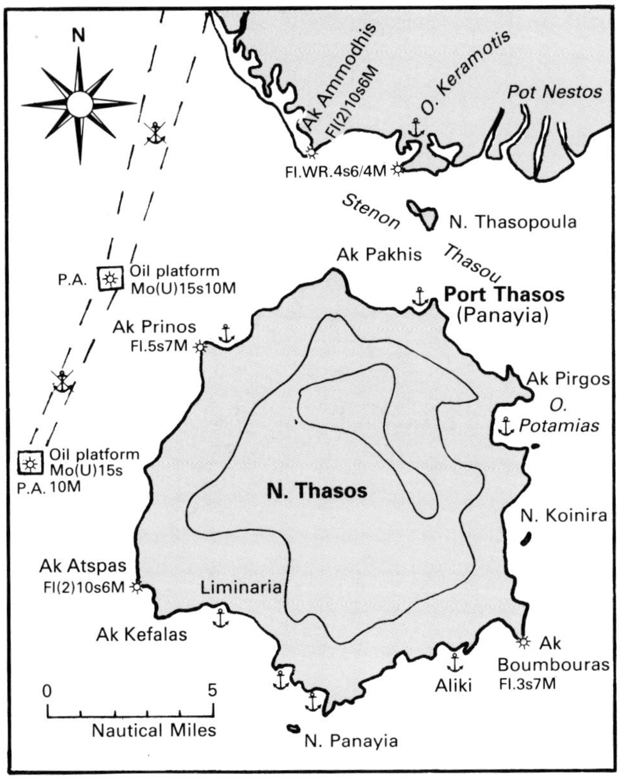

Die Insel Thasos.

gessen dem Marmor, der in der gesamten antiken Welt berühmt war) und dem ausgezeichneten dunklen Wein gute Geschäfte. Im Mittelalter litt die Insel unter ständigen Piratenüberfällen, die erst unter der Genueser Herrschaft und später unter der türkischen Besatzung beendet werden konnten, so daß die Ordnung auf der Insel wieder hergestellt wurde.
Ihr heutiges Wohlergehen verdankt die Insel ihrer natürlichen Schönheit: feine Sandstrände, Pinien bestandene Hänge, dahinplätschernde Flüsse, die selbst im Sommer nicht austrocknen, und eine Reihe antiker Stätten ziehen eine ständig steigende Zahl von Touristen an.

Thasos Nea Limani

WP 40°46,9'N 024°42,3'E (Fl.R.3s3M) / Karten: BA 1687

Ansteuerung

Der Hafen befindet sich unmittelbar W-lich des alten Hafens. Bei der Nahansteuerung werden die äußeren Wellenbrecher und die Leuchtfeuer auf der Einfahrt sichtbar.
Nachts ist die Hafeneinfahrt mit Fl.R.3s3M und Fl.G.3s3M befeuert.

Liegeplätze

Man macht mit Bug oder Heck am äußeren Wellenbrecher oder am Mittelteil des Stadtkais fest. Das Tragflügelboot hat seinen Liegeplatz in der SE-Ecke des Hafens.
Schutz: Man ist bei jedem Wetter gut geschützt.
Behörden: Wasserschutzpolizei und Zoll.

Versorgung

siehe Hafen Thasos.

Der Hafen Thasos (Limenas)

WP 40°47'N 024°42,7'E (Fl.G.2M) / Karten: BA 1687, D 609

Allgemeines

Inselhauptstadt und -hafen Thasos wurden an eben der Stelle erbaut, an der bereits das antike Thasos stand, und wenn man durch die Stadt schlendert, wird man entdecken, daß Thasos eine bunte Mischung aus Alt und Neu ist. Der größte Teil des neuen Thasos wurde innerhalb der etwa 3,5 Kilometer langen, von Türmen gezierten, antiken Stadtmauer erbaut.
Thasos kann zwei sehr schöne Häfen sein Eigen nennen: Der ovale alte Hafen war in der Antike Kriegshafen; der Handelshafen des Altertums, der E-lich davon lag, ist heute weitgehend zerstört. In der Nähe dieses letztgenannten Hafens findet man eine der schönsten Stellen, die diese Stadt zu bieten hat. Von Bäumen beschattet führt ein kurzer, aber steiler Weg dicht an den Ruinen der Agora vorbei den Berg hinauf zum antiken Theater und der Akropolis, die über der Stadt thronen. Die Fülle antiker Bausubstanz und die gesamte Atmosphäre der Stadt Thasos lassen einen mehr als anderswo erahnen, wie das Leben in einer griechischen Stadt des Altertums gewesen sein muß. Das Museum der Stadt beherbergt einige der wertvollsten antiken Funde aus der Gegend.
Thasos' berühmter dunkler Wein, der im Altertum legendär war, ist überall zu bekommen. Das moderne »Gebräu« ist aber eher mittelmäßig, und es geht das Gerücht, daß ein Großteil des »Weines von Thasos« auf dem gegenüberliegenden Festland produziert wird.

Ansteuerung

Auffällig: Die Häuser der Stadt am Fuß der Berge, die durch das Halbrund des Hafens ein natürliches Amphitheater bilden, sind bereits von weitem auszumachen. Schwer zu erkennen sind dagegen die Hafenmolen, die sehr flach sind. Die beiden weißen Leuchtfeuer, die jeweils auf den beiden Köpfen der Molen stehen, werden noch vor den Molen selbst sichtbar.
Nachts navigiert man nach dem Feuer im SE von Nisis Thasopoula (Fl.WR.4,5s6/4M) sowie der Befeuerung der Hafeneinfahrt (Fl.G.2s2M und Fl.R.2s2M).

Blick über den Hafen von Thasos aus E; vorn der alte Hafen, im Hintergrund der neue (Foto: Nigel Patten).

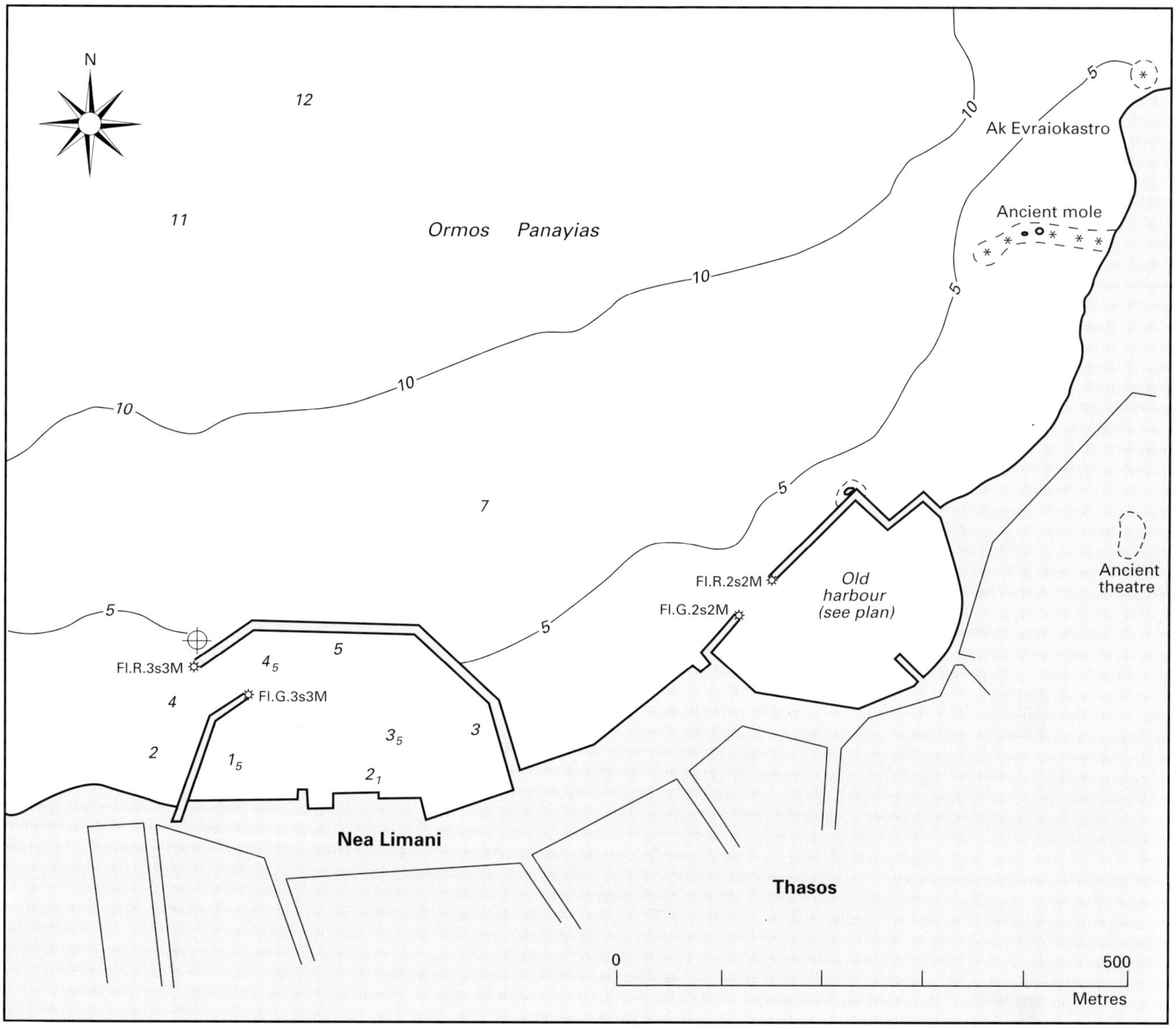

Ansteuerungen von Thasos und dem neuen Hafen.

Gefahren: Etwa 300 m NE-lich des Hafens muß man sich von den Überresten einer antiken Mole, die weitgehend unter der Wasseroberfläche liegen, freihalten. Es empfiehlt sich, den Hafen aus N oder NW anzusteuern.

Liegeplätze

Im SE des Hafens macht man mit Bug oder Heck zum Kai fest. Sollte hier alles belegt sein, kann man auch mit Bug zur E-Mole festmachen. Allerdings kommt man nicht sehr nah an die Mole heran, so daß man sein Dingi benutzen muß, wenn man an Land gehen möchte. Ursprünglich soll der Grund des Hafens aus Marmor bestanden haben, heute sind es aber eher Schlick und grober Kies, die ausgezeichnet halten.

Schutz: In Thasos genießt man einen exzellenten Rundum-Schutz, und vereinzelt überwintern auch Yachten hier.

Behörden: Am Fähranleger findet man Wasserschutzpolizei und Zoll.

Versorgung

Wasser gibt es am Kai.

Treibstoff bekommt man an der Hafenpromenade im W des Hafens; kann aber auch von einem Tankwagen geliefert werden.

Reparaturen: Begrenzte mechanische Reparaturen sind möglich. Im E des Hafens werden Caïquen gebaut und aufgeslippt.

Lebensmittel: Hervorragende Versorgungsmöglichkeiten und Wein vom Faß in der Stadt.

Restaurants: Am Hafen findet man exzellente Tavernen.

Sonstiges: Post, Telefonamt, Bank, Gas, Camping GAZ, Auto- und Motorradvermietung. Busse verkehren um die Insel herum. Fährverbindung nach Keramotis und Kavala.

Ankerplätze um die Insel Thasos herum

Ormos Prinou (Prinos)

An der N-Seite des Kaps Ak Prinos findet man diese offene Bucht, die aber durch ihre natürliche Wölbung etwas

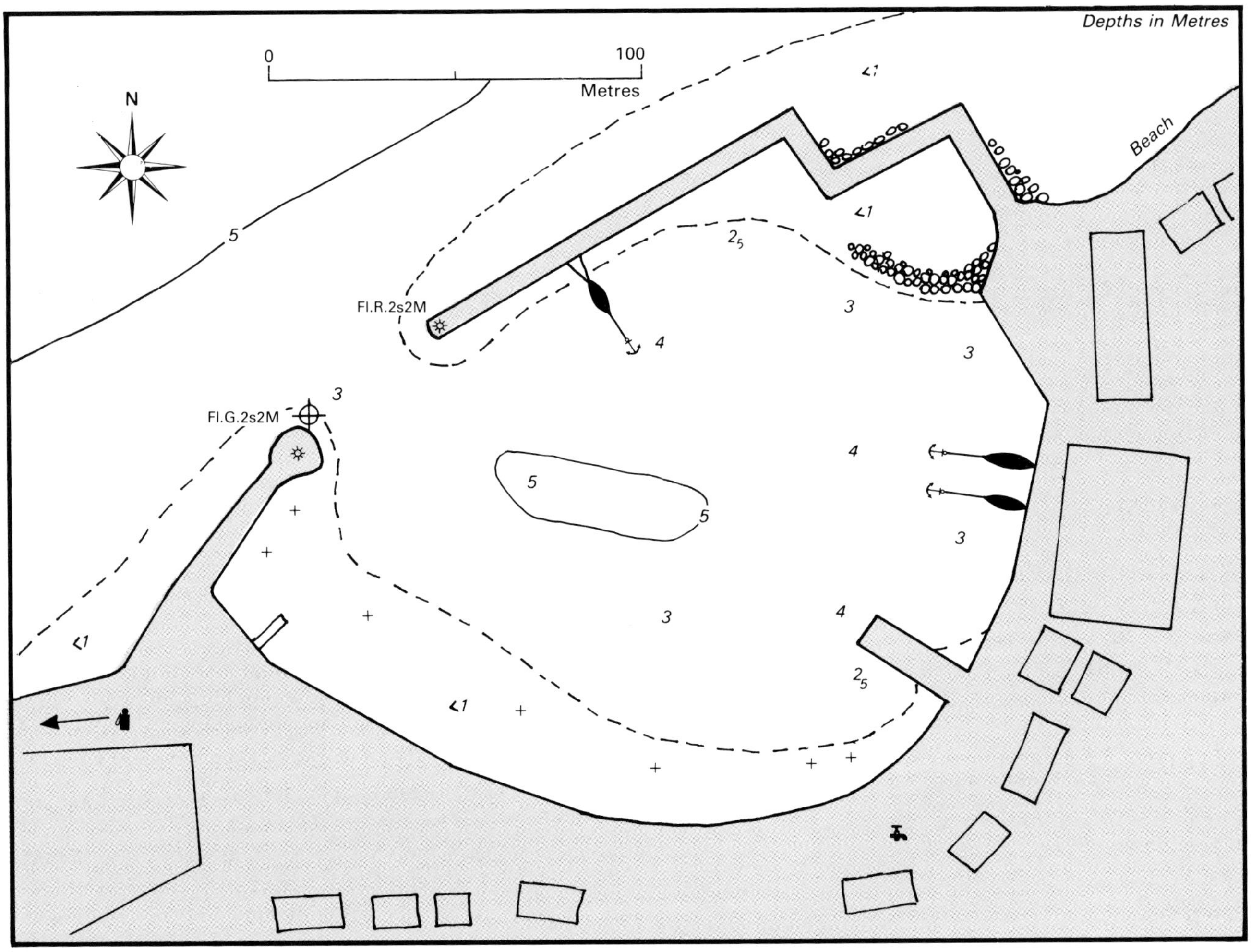

Der alte Hafen Thasos.

Schutz vor den vorherrschenden NE-Winden bietet. In der Ortschaft Prinos gibt es einen Anleger und eine kurze Pier, wobei letztere von der Autofähre von und nach Kavala beansprucht wird. Am besten ankert man in der Bucht. An Land gibt es ein begrenztes Lebensmittelangebot und eine Anzahl guter Tavernen.

Ormos Limenaria

Im SW der Insel Thasos liegt die Bucht, Ormos Limenaria, die guten Schutz vor N-Winden bietet, nach S hin jedoch offen ist. Man ankert in der Bucht. Es gibt zwei kurze Anleger, an deren Köpfen jeweils 2 m Wassertiefe vorhanden sind. Hält man sich in dem kleinen Hafen an Steuerbordseite, betragen die Tiefen 2 m, am S-Kai dagegen meistens 3 m. Kleine Yachten können hier eventuell einen Liegeplatz finden, der recht gut geschützt ist, obwohl ein ständig leichter Grundschwell in der Bucht steht, der gelegentlich ziemlich ungemütlich werden kann.
Wasser und Treibstoff sind an der Hafenpromenade erhältlich. Der Ort bietet gute Versorgungsmöglichkeiten sowie hervorragende Tavernen und Bars entlang des Hafens. Ursprünglich wurde der Ort gebaut, um die Arbeiter aus den nahen Minen unterzubringen. In den letzten Jahren hat sich der Ort aber zu einem Urlaubszentrum entwickelt.

Pefkari und Potos

SE-lich von Limenaria liegen die beiden Orte Pefkari und Potos an der Küste. Hier findet man Schönwetterankerplätze, die aber nach S hin ungeschützt sind.

Alyki

2 Seemeilen W-lich von Ak Boumpouras an der SE-Küste der Insel findet man eine ganze Reihe kleiner Einbuchtungen, die guten Schutz vor Winden aus N bieten und die nur nach S offen sind. Alyki ist die E-lichste, und an ihrem Strand hat eine Taverne geöffnet.

Ormos Potamias

Diese weite Bucht befindet sich an der E-Küste der Insel an der S-Seite der Landspitze Ak Pyrgos. Man ankert im N der Bucht, wo man ganz ordentlichen Schutz vor Winden aus NE findet. Der Grund, der sanft zum Ufer hin ansteigt, besteht aus Sand. Im S der Bucht vor dem Ort Skala Potamias gibt es einen groben Wellenbrecher, aber die Wassertiefen sind hier ungenügend – und nicht einmal für kleine Yachten ausreichend.

Ansteuerung des Hafens Lagos aus SSW.

Makriammos

Im NE der Insel befindet sich die große Bucht, Makriammos, in deren N-licher Ecke man eine kurze Mole findet, die etwas Schutz vor Winden aus NE bietet. Am Molenkopf, wo Wassertiefen von 2 m vorhanden sind, macht man mit dem Bug zur Mole fest.

Der Hafen Lagos

WP 41°00,2'N 025°07,6'E (Fl.R.2M) / Karten: BA 1636, D 609 Plan D

Allgemeines
Bedeutend ist der Hafen von Lagos für die Verschiffung des Weizens, der im Hinterland angebaut wird. Auch wenn Lagos eigentlich ein Handelshafen ist, sind sowohl die Ansteuerung wie auch die Lage recht attraktiv.
Die Marschen, die den Hafen umgeben, sind ein Paradies für Wasservögel aller Art, die man sonst nur noch selten in Griechenland zu Gesicht bekommt: Seetaucher, Kormorane, Reiher, Moorhühner, Austernfischer, Strandläufer und viele Arten von Möwen.

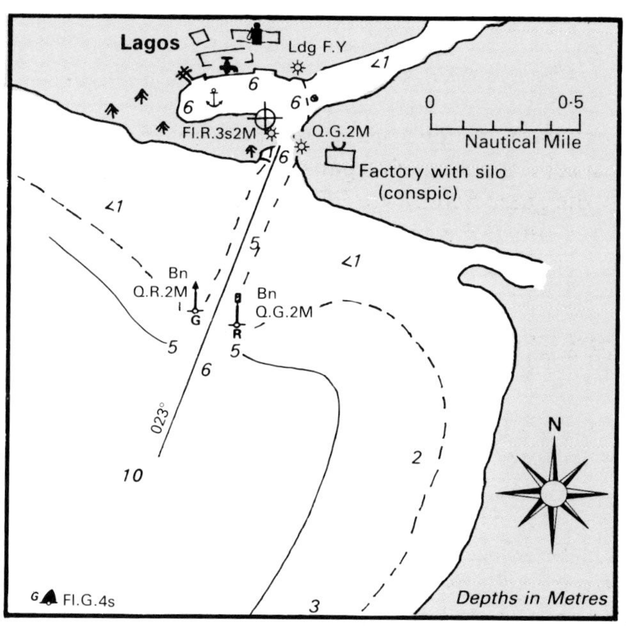

Lagos.

An der Hauptstraße unmittelbar E-lich von Lagos gibt es ein sehr schönes Kloster, das auf einem Inselchen inmitten einer Lagune erbaut wurde.

Ansteuerung
Im NE der Bucht Ormos Vistonikos liegt die Bucht Ormos Lagos. Die natürliche Lagune ist durch einen künstlichen Kanal mit dem Meer verbunden. Gute Landmarken bilden ein Hotel, das auf Ak Phanari steht, sowie eine große Fabrik mit einem Silo, die sich auf der E-Seite der Hafeneinfahrt befindet.
Die Untiefe, die sich vor dem Kap Ak Phanari erstreckt, ist an ihrer seeseitigen Spitze mit einer schwarzen Kegeltonne bezeichnet, die von See her aber schwer auszumachen ist.
Ist man erst in die Bucht Ormos Vistonikos eingelaufen, werden die Tonnen, die die ausgebaggerte Fahrrinne in den Hafen bezeichnen, sichtbar, und die Einsteuerung ist völlig problemlos. Das Fahrwasser und der Hafen sind auf 6 m Wassertiefe ausgebaggert.
Nachts navigiert man nach dem Feuer auf Ak Phanari (Fl.8s6M), der Leuchttonne vor dem Kap (Q(9)15s), den Leuchttonnen, die das Fahrwasser bezeichnen (Fl.G.1,5s und Fl.R.1,5s) sowie der Befeuerung der Hafeneinfahrt (Fl.R.3s2M und Q.G.2M).
Das Richtfeuer in Linie (F.Y. und F.Y.3M) führt mit 023,3° in den Hafen.

Liegeplätze
Am W-Kai macht man mit Bug oder Heck fest und ist bei jedem Wetter hervorragend geschützt.
Behörden: Wasserschutzpolizei und Zoll.

Das Hafenbecken von Lagos aus SW.

Versorgung
Wasser gibt es am Kai.
Treibstoff ist etwa 500 m vom Kai entfernt erhältlich.
Reparaturen: Im SW des Hafen können Yachten aufgeslippt und auf Landstellplätze transportiert werden.
Lebensmittel: Ein begrenztes Angebot sowie Stangeneis sind erhältlich.
Restaurants: Tavernen sind hier natürlich auch zu finden.
Sonstiges: Es gibt einen kleinen Yachtclub.

Ak Maroneias

1 Seemeile W-lich von Ak Maroneias gibt es einen groben L-förmigen Wellenbrecher, der sich von der Küste erst nach W, dann nach N erstreckt. Kleine Yachten können diesen Hafen als Schönwetterankerplatz benutzen.

Makri

7 Seemeilen W-lich von Alexandroupolis findet man diesen kleinen Caïquen-Hafen, der zu dem Ort Makri gehört, der sich oberhalb des Hafens auf einem Berg erstreckt. Die Einfahrt, die von Felsen gesäumt ist, bietet nicht einmal 2 m Wassertiefe. Im Inneren des Hafens könnte man aber hervorragend geschützt liegen. Die Hafeneinfahrt ist mit F.G/F.R.3M befeuert.
Eventuell kann man den Hafen bei ruhigem Wetter vorsichtig erkunden.

Alexandroupolis

WP 40°50,2'N 025°53,6'E (Fl.R.3s2M) / Karten: BA 1636, D 605, D 1080 Plan A

Allgemeines
Die äußerst betriebsame moderne Hafenstadt Alexandroupolis wurde nach König Alexander (1893 geboren) benannt – und nicht, wie fälschlicherweise immer geglaubt wird, nach Alexander dem Großen. Die Bedeutung der Hafenstadt besteht in erster Linie in ihrer Straßen- und Eisenbahnverbindung mit der Türkei, aber auch die Verschiffung von Weizen und Tabak aus dem Hinterland spielt eine Rolle.
Im Flachwassergebiet, etwa 8 Seemeilen SE-lich des Hafens, an der Stelle, an der der Evros ins Meer mündet, werden Plattfische, zumeist Seezungen, gefangen. Zwar wird ein Großteil des Fangs nach Thessaloniki und Athen verkauft, aber zum Glück bieten auch die Tavernen in Alexandroupolis diese Delikatesse an.

Ansteuerung
Auffällig: Schon von weitem sind die Gebäude der großen Stadt sichtbar. Gute Landmarken bilden der weiße Leuchtturm auf der Promenade sowie der rote dreigeschossige Vorratstank im Hintergrund des Hafens. Der äußere Wellenbrecher sowie die Hafeneinfahrt sind leicht auszumachen.
Nachts richtet man sich nach dem Feuer (Fl(3)15s24M) sowie der Befeuerung der Einfahrt (Fl.R.3s6M und Fl.G.1,5s3M).
Gefahren: Bei Starkwinden aus S entsteht über den flachen Bänken, die sich in den Ansteuerungen zum Hafen einige Meilen seewärts erstrecken, eine rauhe See.

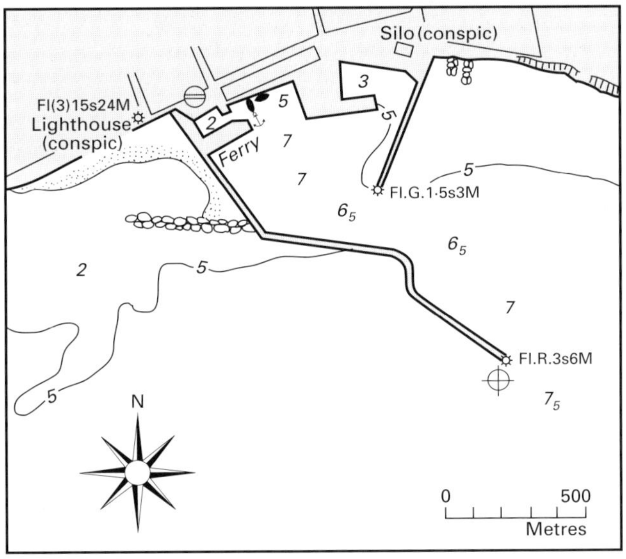

Alexandroupolis.

Liegeplätze
Man macht am N-Kai in der Nähe der Einfahrt zum Innenhafen oder im Innenhafen selbst fest. Der Grund besteht aus klebrigem Schlick, der hervorragend hält.
Schutz: Man ist gut geschützt, auch wenn Starkwinde aus S Schwell in den Hafen stehen lassen. Der macht das Liegen zwar ungemütlich, aber nicht gefährlich.
Behörden: Alexandroupolis ist Port of Entry; Wasserschutzpolizei, Zoll und Einwanderungsbehörde sind vor Ort.

Versorgung
Wasser gibt es am Kai im inneren Hafenbecken.
Treibstoff in der Nähe des Kais.
Reparaturen: Die meisten mechanischen Reparaturen sowie einfache Arbeiten an der Maschine können ausgeführt werden. Es gibt hier hervorragende Eisenwarenläden.
Lebensmittel: Gute Versorgungsmöglichkeiten. Stangeneis bekommt man in einem Fischgeschäft in der Nähe der Hafenpromenade.
Restaurants: In der Stadt sind nette Tavernen zu finden.
Sonstiges: Post, Telefonamt, Banken, Gas, Camping GAZ, Auto- und Motorradvermietung. Busverbindung nach Kavala und Istanbul. Bahnverbindung nach Thessaloniki und Istanbul, Inlandsflüge nach Athen.

Die Insel Samothraki

Bis vor kurzem gab es auf der Insel Samothraki nicht einmal einen sicheren Hafen. Diesem Umstand ist es vermutlich zu verdanken, daß die Insel lange Zeit geheimnisumhüllt für sich allein blieb. Der gigantische Marmorklumpen von Insel, der sich an seiner höchsten Stelle, am Phengari, auf eine Höhe von 1611 m aus dem Meer erhebt, wirkt von See her recht bedrohlich. An der W-Seite findet man N-lich vom Kap Akrotiri eine flache Bucht, in die sich der Hafen Kamariotissa schmiegt.
Die rätselhaften Inselbewohner, die Kabiren, die noch vor den Griechen die Insel besiedelten, verehrten eine Muttergottheit als Herrin der Erde; später hielten mit der klassi-

schen Antike die männlichen Götter Einzug. Die Kabiren betrachteten Samothraki als heilige Insel, und das »Heiligtum der großen Götter« begründete einen ganzen Kult. Sie hatten eine Schwäche für Seefahrer, und so gehörten Rituale, die günstige Winde und Schutz gegen Havarien erbitten sollten, zu ihrem Glauben. Die Machtposition der Kairen in der antiken Welt sicherte Samothraki die Unabhängigkeit bis in spätrömische Zeit.
Die Ruinen der antiken Tempelstadt liegen auf einer felsigen Anhöhe zwischen wilden Olivenbäumen und Macchia. Amerikanischen Archäologen ist es zu verdanken, daß diese Kultstätte weitgehend freigelegt und ein kleines Museum eingerichtet wurde, das die meisten der Fundstücke zeigt. Das berühmteste Stück, das hier auf Samothraki gefunden wurde, ist die geflügelte Nike, die Göttin des Sieges, die heute im Louvre in Paris zu bewundern ist. Von der großartigen antiken Tempelanlage hat man einen wunderbaren Blick hinüber zum Festland, und einen Besuch sollte man keinesfalls versäumen.

Kamariotissa

WP 40°28,6'N 025°28,2'E (Fl.R.3s3M)

Allgemeines
Kamariotissa ist in erster Linie ein kleines Fischerdorf, aber auch der Fährhafen der Insel. Die Einheimischen sind Yachtcrews gegenüber sehr freundlich, was daran liegen mag, daß sie nicht allzuviele davon zu Gesicht bekommen. Plant man einen Landgang mit Besuch der antiken Kultstätte im N der Insel, ist der Hafen sicher genug, um die Yacht zurückzulassen.
Um zu den Tempelanlagen der Kabiren zu gelangen, nimmt man sich am besten ein Taxi bis Paläopolis, wo man beim Hotel um Einlaß bittet. Bis zur Tempelstadt ist es nur ein kurzer Spaziergang. Die Ruinen umfassen verschiedene geweihte Gebäude und das Arsinoeion, das mit über 20 m Durchmesser der größte überdachte Rundbau des antiken Griechenlands war. Ein kleines Museum beherbergt die hier ausgegrabenen Fundstücke.
Wenn man schon einmal hier ist, sollte man auch unbedingt die Chora besuchen – sie ist nicht weit.

Ansteuerung
Auffällig: Bei der Ansteuerung von N oder W bilden ein Turm auf der NW-Huk der Insel und das kleine Fischerdorf Kamariotissa gute Landmarken. Von S her ist die flache sandige Landspitze, die im Kap Ak Akrotiri ausläuft, erst zu sehen, wenn man bereits sehr dicht herangekommen ist. Das Leuchtfeuer, das auf dieser Landspitze steht, ist allerdings schon aus einiger Entfernung auszumachen. Vier weiße Windgeneratoren bilden bei der Ansteuerung aus N und W gute Landmarken. Beim Näherkommen sind die Häuser von Kamariotissa und die Hafenmole leicht zu erkennen.
Nachts navigiert man nach dem Feuer auf Ak Akrotiri (Fl.5s10M) sowie der Befeuerung der Hafeneinfahrt: Fl.R.3s3M und Fl.G.3s3M.
Gefahren: In der Nähe des flachen Kaps Ak Akrotiri ist sowohl am Tag wie auch nachts bei der Navigation Vorsicht geboten, da die Entfernungen zwischen dem flachen Kap und den dahinterliegenden hohen Bergen täuschen können.

Liegeplätze
Ob an der Mole oder am Kai, man macht dort fest, wo man einen Platz findet. Der Grund besteht aus Sand und Kies und hält gut. Normalerweise ist der Hafen mit Fischerbooten voll belegt, so daß es schwierig werden kann, einen Liegeplatz zu finden. Eventuell muß man bei einem Fischerboot längsseits gehen und dann verholen, wenn es auslaufen will.
Schutz: In diesem Hafen liegt man rundum gut geschützt, auch wenn es hier bei Starkwinden aus SW recht ungemütlich werden kann.
Behörden: Wasserschutzpolizei.

Versorgung
Wasser gibt es am Fuß der Mole.
Treibstoff bekommt man an der Hafenpromenade, er kann aber auch von einem Tankwagen geliefert werden.
Lebensmittel: Die meisten Dinge sind im Dorf erhältlich.
Restaurants: Entlang der Hafenpromenade findet man Tavernen.
Sonstiges: Post und Telefonamt. Ein Bus verkehrt hinauf zur Chora und eine Fähre nach Alexandroupolis.

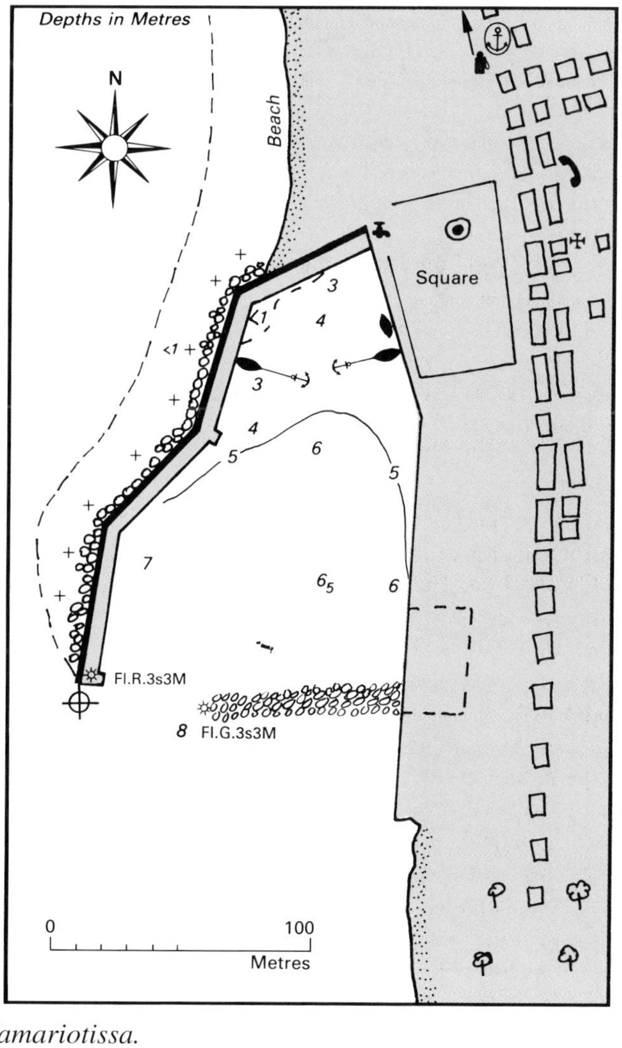

Kamariotissa.

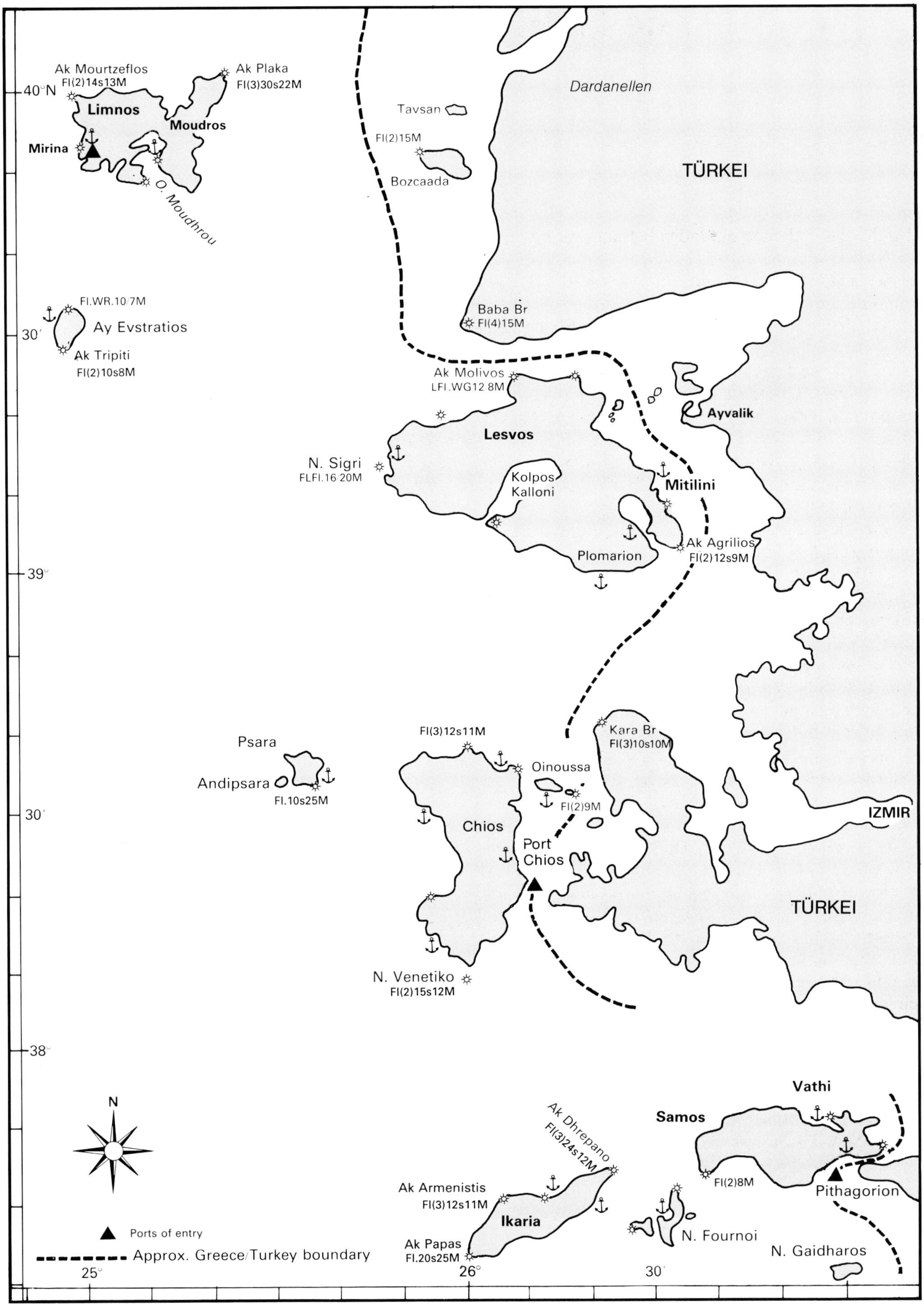
Ak Mourtzeflos
Fl(2)14s13M
Ak Plaka
Fl(3)30s22M
40°N
Limnos
Moudros
Mirina
O. Moudhrou
Tavsan
Fl(2)15M
Bozcaada
Dardanellen
TÜRKEI
Fl.WR.10/7M
Ay Evstratios
30′
Ak Tripiti
Fl(2)10s8M
Baba Br
Fl(4)15M
Ak Molivos
LFl.WG12/8M
Ayvalik
Lesvos
N. Sigri
FLFl.16/20M
Kolpos
Kalloni
Mitilini
Ak Agrilios
Fl(2)12s9M
Plomarion
39°
Psara
Andipsara
Fl.10s25M
Fl(3)12s11M
Kara Br
Fl(3)10s10M
Oinoussa
Fl(2)9M
Chios
Port
Chios
IZMIR
30′
TÜRKEI
N. Venetiko
Fl(2)15s12M
38°
N
Vathi
Samos
Ak Dhrepano
Fl(3)24s12M
Fl(2)8M
Pithagorion
Ak Armenistis
Fl(3)12s11M
Ikaria
N. Fournoi
Ak Papas
Fl.20s25M
N. Gaidharos
Ports of entry
Approx. Greece/Turkey boundary
25°
26°
30′

Die Östlichen Sporaden

Die Inseln der Östlichen Sporaden befinden sich vor der Küste Kleinasiens, der heutigen Türkei, und verbinden Nordgriechenland mit dem Dodekanes. Wie die übrigen Ägäisinseln sind auch die Östlichen Sporaden die Gipfel der Berge, die sich einst über der ägäischen Ebene erhoben.
Geographisch gesehen gehört eigentlich auch Samothraki zu den Östlichen Sporaden, wird aber politisch von Alexandroupolis verwaltet und fühlt sich selbst dem Norden verbunden.
Die N-lichste Insel dieser Gruppe, die hier beschrieben wird, ist Limnos, die inmitten der N-lichen Ägäis in einem Dornröschenschlaf liegt.
Allgemein sind diese Inseln grüner und fruchtbarer als die Kykladen und der Dodekanes. Insbesondere die beiden Inseln Samos und Lesvos (Lesbos) sind für den Besucher eine Überraschung, was ihre gut bewässerten, landwirtschaftlich genutzten Felder sowie die ausgedehnten Pinienwälder angeht.
Die Geschichte der Inselgruppe ist bruchstückhaft bekannt und nur schwer zusammenzufassen. Geschichtliche Besonderheiten sind in den jeweiligen Einführungstexten zu den Inseln zu finden.
Schon sehr früh war Limnos durch seine Lage eine Verbindung zwischen Europa und den Inseln im S. Eine hochentwickelte bronzezeitliche Kultur des minoisch/mykenischen Typs siedelte hier, und möglicherweise kam von hier auch die Kunst der Metallbearbeitung, die sich dann über die Kykladen bis nach Kreta ausbreitete. Nach dem Niedergang dieser Kultur siedelten sich hier Dorer und Ionier an. Um die Inseln Chios, Samos und das angrenzende Festland herum lag der Machtbereich des Ionischen Bundes, der zu wirtschaftlicher und kultureller Blüte gelangte und zeitweise sogar Athen ein ebenbürtiger Konkurrent war. Die Hauptstädte dieses Bundes waren Chios, Ephesus und Smyrna, die auch noch lange nach dem Niedergang des Ionischen Bundes wichtige Zentren blieben.
Die Insel Lesvos gehörte nicht zum Ionischen Bund und lebte in einer Art Anarchie bis es zu Beginn des 6. Jahrhunders v. Chr. dem klugen Tyrannen Pittakos gelang, die Insel mit Hilfe einer vortrefflichen Gesetzgebung zu befrieden. Nach einer Herrschaft von zehn Jahren legte er sein Amt und die Macht nieder. Später rechnete man ihn zu einem der Sieben Weisen Griechenlands.
Schon bald danach, etwa 540 v. Chr. begann Polykrates von Samos seinen kometenhaften Aufstieg zu Glück und Ruhm und vereinte die Inselgruppe zu höchster politischer und wirtschaftlicher Macht. Trotz seines Bündnisses mit den Persern wurde er von diesen hingerichtet.
Die Entscheidungsschlacht von Salamis vertrieb die Perser aus dem Östlichen Mittelmeer und leitete die bereits bekannte Reihenfolge der Invasoren ein: Römer, Sarazenen, byzantinische Herrscher, Venezianer und Genueser und schließlich die Türken.
Wenn man sich die Inseln heute ansieht, ist es schwer zu glauben, daß sie (mit Ausnahmen von Psara) mehrmals von ihren Bewohnern vollständig verlassen wurden, wenn die Invasion neuer Eindringlinge bevorstand und Piraten ein Übriges taten. Tatsächlich ist es sehr unwahrscheinlich, daß die heutigen Insulaner von den ursprünglichen Bewohnern abstammen. Die Inselgruppe wurde erst 1912 nach dem Balkankrieg griechisch.
Die Östlichen Sporaden werden als wichtige militärische »Vorposten« angesehen, und folglich sind auf all den Inseln Soldaten stationiert. Das Fotografieren vieler Häfen, einem Großteil der Küste und teilweise auch des Inselinneren selbst ist verboten. Überall verkünden Hinweisschilder in griechisch und englisch oder durch Piktogramme (Kamera mit rotem Kreuz darüber) das Fotografierverbot. Man sollte diese Verbote beachten, da es einem andernfalls passieren kann, daß die Filme beschlagnahmt und vernichtet werden. Mit Ausnahme von Samos sind die Inseln noch nicht vom Tourismus entdeckt worden, und so sind viele Versorgungseinrichtungen (falls vorhanden) unterentwickelt. Yachtzubehör und -service ist, abgesehen von dem, was die Fischer selber brauchen, nicht zu bekommen. Tavernen sind meistens ursprünglicher und weniger anspruchsvoll, als die, die man auf Korfu, Mykonos oder Rhodos findet. Dafür ist die Freundlichkeit der Einheimischen reichlich Entschädigung und macht die kleinen Unzulänglichkeiten wieder wett. Außerdem sind die Preise hier niedriger als anderswo.
Wesentliches ist aber vorhanden: gute Häfen, gute Zentren für Versorgung und Kommunikation – eigentlich fehlt nur ein bißchen der Glanz, was aber, unter uns gesagt, ein Segen ist.

Das Wetter in den Östlichen Sporaden

Im Sommer ist der Meltemi der vorherrschende Wind, der im Juni zunächst sporadisch weht und in den Monaten Juli, August, September seine volle Stärke erreicht, bevor er im Oktober wieder abflaut. Im Juli / August weht er recht stark, mit etwa Bft 4 bis 6, gelegentlich Bft 7. Im S der Inselgruppe kommt er aus N bis NNW, in Limnos jedoch aus NE. In den Inseln und an der nahen türkischen Festlandsküste wird der Meltemi häufig abgelenkt, so daß er hier auch aus W wehen kann. Im Frühjahr und Herbst treten auch Winde aus S auf, die aber selten mehr als Bft 4 bis 5 erreichen.

Im Winter kann es Starkwinde aus SE oder NE geben. Im N-lichen Teil der Inselgruppe kommen die Stürme meist aus NE, und selbst S-Winde können sich in starke NE-Winde verwandeln, die mehrere Tage anhalten. Besonders im Winter können diese Inseln von heftigen Stürmen heimgesucht werden.
Ebenso wie auf den anderen Ägäis-Inseln treten an der Lee-Seite der hohen Inseln Fallböen auf. Bei Meltemi sind insbesondere die Küsten von Samos, Ikaria sowie manche Bereiche der Insel Lesvos für schwere Fallböen berüchtigt.
Bei länger anhaltenden Starkwinden aus N kann sich, besonders um Limnos herum, eine schwere See aufbauen, so daß man noch einen Tag nach Abflauen des Windes verstreichen läßt, damit sich die See wieder beruhigen kann.

Wichtige Angaben

Ports of Entry

Myrina (Limnos)
Mytilini
Chios
Pythagoreion (Samos)

Sperrgebiete

Chios: Es ist verboten, in die kleine Einbuchtung N-lich von Langada einzusteuern und dort zu ankern – militärisches Sperrgebiet.
Das Fotografieren ist in vielen Häfen und an manchen Küstenabschnitten der Inseln Limnos, Lesvos, Chios und Samos verboten.

Die wichtigsten Leuchtfeuer

Nisis A. Evstratios
Ak Trypiti: Fl(2)10s8M
Apostoloi: Fl.WR.5s10/7M

Limnos
Ak Plaka: Fl(3)30s22M
Ak Mourtzephos: Fl(2)14s13M
Ak Kastro: Fl.6s11M
Vr. Kobi (Ak Lena): Q(2)6s10M
Ak Kavos (Sagradha): Fl.3s5M

Lesvos
Ak Korakas: Fl.WR.5s11/8M
Ak Molivos: LFl.WG.10s12/8M
Megalonisi (Sigri): F.LFl.30s16/20M
Nisis Garbia: Fl.3s6M
Ak Agrilios: Fl(2)12s9M
Mytilini: Fl(3)13,5s6M
Nisides Panagia: Fl.10s7M

Psara
Ak A. Georgiou: Fl.10s25M

Chios
Ak Anapomera: Fl(3)12s11M
Vr. Strovilo: Fl.5s10M
Ormos Mesta: Fl.3s6M
Nisides Venetiko: Fl(2)15s12M
Nisis Passa: Fl(2)20s11M

Ikaria
Ak Pappas: Fl.20s25M
Ak Armenistis: Fl(3)12s11M
V. Evdilos: Fl.7,5s6M
Ak Drepanon: Fl(3)24s12M

Samos
Ak Kotsikas: Fl(2)16s6M
Ak Gatos: Fl(3)14s6M
Ak A. Domenikos: Fl.3,6s5M
Ak Pangozi (Karlovasi): Fl.5s11M

Phournoi
Ak Trachili: Fl(2)15s7M
Ak Saita (Malaki): Fl(2)12s8M

Kurzübersicht

	Schutz	*Liegeplätze*	*Treibstoff*	*Wasser*	*Lebensmittel*	*Restaurants*	*Hafenplan*
Limnos							
Myrina	A	AB	B	B	A	B	•
Ormos Platy	B	C	O	O	O	O	•
Ormos Thanou	B	C	O	O	O	C	•
Ormos A. Pavlou	C	C	O	O	O	O	
Ormos Kontias	B	C	O	O	O	C	•
Ormos Moudrou	A	AC	B	B	B	C	•
Ormos Plaka	C	A	O	O	O	O	
Ormos Hephaisteia	C	C	O	O	O	O	
A. Evstratios	B	AB	O	A	C	C	•
Lesvos							
Mytilini	A	AB	B	A	A	A	•
Ormos Mistegnon	B	AC	O	B	O	C	•
Ormos Makrys							
Gialos	O	C	O	O	O	O	
Skala Sykamineas	O	A	O	B	C	C	
Mithymna	A	A	A	A	A	A	•
Petra	B	A	O	O	C	C	•
Gavdolos	B	AB	O	B	C	C	•
Ormos Sigri	B	C	O	B	B	C	•
Kolpos Kallonis	A	C	O	B	C	C	•
Plomarion	B	AC	B	A	A	B	•
Ormos Mersinia	B	C	O	O	O	C	•
Kolpos Geras	A	C	O	O	C	C	•
Psara	A	A	O	O	C	C	•
Nisoi Oinousai							
Oinousa	A	AC	O	A	C	C	•
Nisis Passa	B	C	O	O	O	O	•

	Schutz	Liegeplätze	Treibstoff	Wasser	Lebensmittel	Restaurants	Hafenplan
Chios							
Limin Chios	A	AB	B	A	A	B	•
Vrontados	B	A	O	A	C	C	•
Volissos	B	A	B	B	C	C	•
Marmaro	B	AB	B	B	C	C	•
Ormos Kolokythias	C	C	O	B	C	C	
SW-Küste	B	C	O	O	O	O	•
Ormos Mesta	C	C	O	O	O	O	•
Ormos Emporio	B	C	O	B	C	C	
Ikaria							
Evdilos	C	A	O	B	B	C	•
A. Kirykos	O	AC	B	A	A	B	•
Samos							
Karlovasi	B	A	B	A	B	B	•
Vathy	O	AB	B	B	A	A	•
Pythagoreion	A	A	A	A	A	A	•
Ormos Possidonion	B	C	O	O	O	O	
Nisis Samiopoula	O	C	O	O	O	C	
Marathokampos	O	C	O	B	C	C	
Ormos Limnionas	C	C	O	O	O	O	
Phournoi							
Ormos Korseon	C	C	B	B	C	C	•
Phournoi Ankerplätze	B	C	O	O	O	O	•

Die Insel Limnos

Obwohl Limnos durch seine Lage inmitten der N-lichen Ägäis geographisch gesehen zu den Östlichen Sporaden gehört, ist es doch von den anderen Inseln abgesondert. Nur wenige Touristen kommen hierher und Schiffe, die auf dem Weg zu den Dardanellen sind, legen hier nicht mehr an. Selbst die auf der Insel stationierten Soldaten scheinen die strategisch bedeutende Lage der Insel als pure Übertreibung »irgendwelcher hohen Tiere« zu betrachten, weshalb sie selbst der Ansicht zu sein scheinen, daß sie eigentlich anderswo sein sollten.

Im Altertum galt für diese Insel das genaue Gegenteil: Limnos war eine bedeutende Insel, die eine der herausragenden bronzezeitlichen Kulturen Griechenlands hervorgebracht hat.

Für die Bedeutung von Limnos gab es natürliche Gründe: Zum einen war die Insel inmitten der windgepeitschten Ägäis logischerweise ein natürlicher »Trittstein« zwischen Europa und Kleinasien. Es ist sehr wahrscheinlich, daß die Stadt Troja von Limnos aus gegründet wurde, außerdem wurden Beziehungen nach Lesvos und Nordgriechenland unterhalten. Als »Trittstein« bietet Limnos eine ganze Fülle von gut geschützten Naturhäfen, inklusive der großen Bucht von Moudrou.

Auch wenn die Insel heute nur noch stellenweise bewaldet ist, und nur an der E-Küste noch Landwirtschaft betrieben wird, bedarf es beim Anblick von Limnos' sanft geschwungenen Konturen keiner großen Phantasie, um sich vorzustellen, daß diese Insel einmal zu den schönsten der Nordägäis gehörte.

Der Name Limnos hat sich möglicherweise aus dem Namen einer minoischen Muttergottheit entwickelt, auch

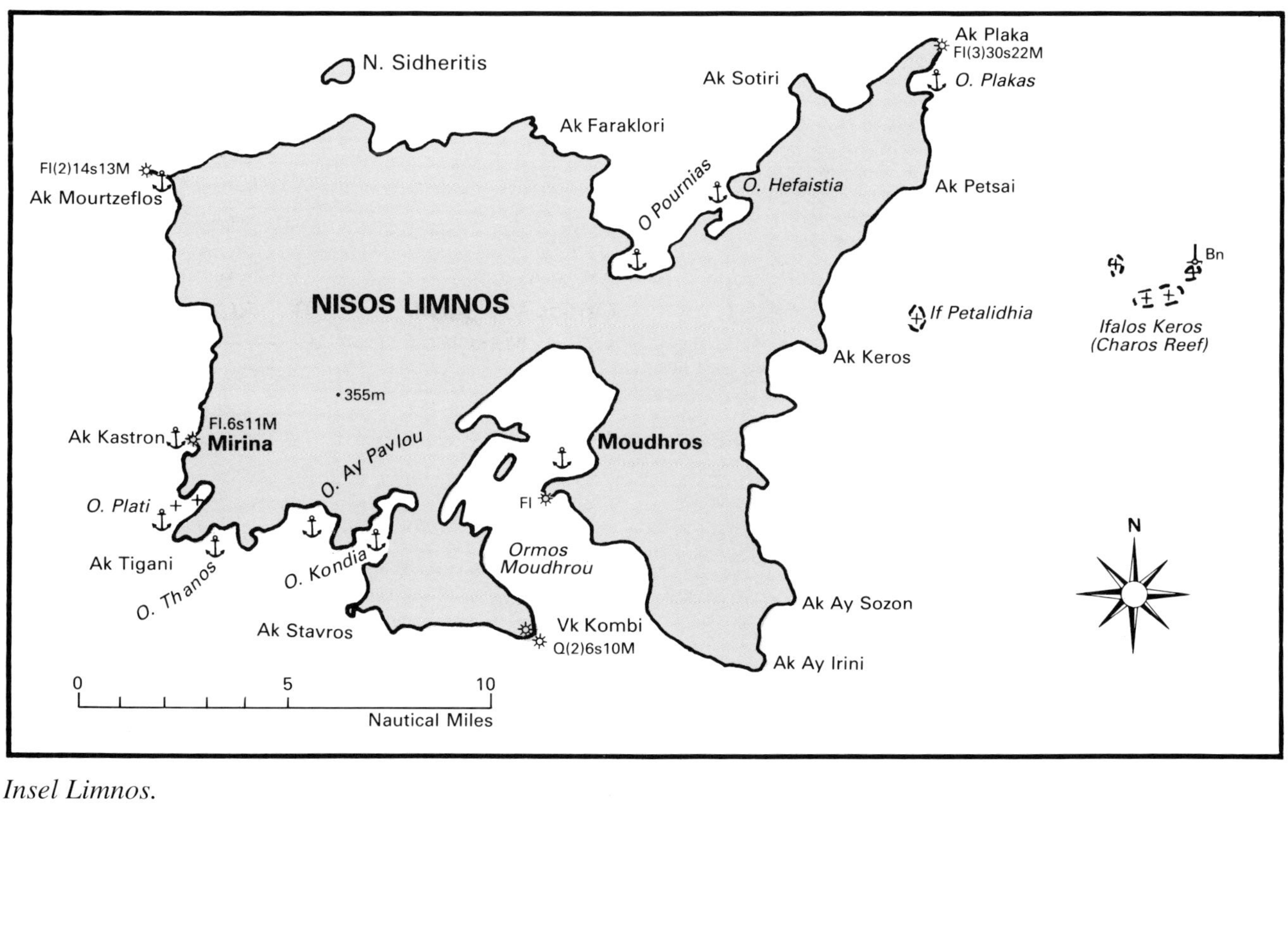

Die Insel Limnos.

wenn die »Hauptgötter« der Insel Hephaistos und die beiden Kabiren waren, die auf Samothraki ihre Heimat hatten. Der Mythologie nach wurde Hephaistos wegen seines schlechten Benehmens Hera gegenüber von Zeus aus dem Olymp geworfen. Er fiel direkt auf Limnos, wobei er sich beide Beine brach, und erst, nachdem er sich besondere Beinschienen aus purem Gold geschmiedet hatte, konnte er wieder laufen.
Dieser Mythos hat sich vermutlich daraus entwickelt, daß die Insel vulkanischen Ursprungs ist und Schmiedearbeiten seit frühester Zeit auf der Insel traditionell gepflegt werden.
In der klassischen Antike erwarb sich Limnos einen schlechten Ruf durch die sogenannten »Lemnischen Frevel«. Die Frauen der Insel weigerten sich, der Göttin Aphrodite zu dienen, da diese aus ihrem armen alten Gatten Hephaistos einen Narren machte, indem sie zahlreiche Affären mit anderen Göttern und Sterblichen hatte. Aphrodite »bedankte« sich bei den unglücklichen Frauen, indem sie sie mit einem furchtbaren Körpergeruch bedachte, der ihre Männer dazu veranlaßte, sich von ihnen fernzuhalten. Die aufgebrachten Damen von Limnos kamen so in Rage, daß sie die gesamte männliche Bevölkerung der Insel dahinmetzelten.
Als Jason und seine Argonauten bei ihren Abenteuern die Insel zwei Jahre später entdeckten, bestand die gesamte Inselbevölkerung nur noch aus enttäuschten Frauen. Kein Wunder also, daß er und seine Mannen zwei weitere Jahre auf Limnos blieben, um die Insel wieder zu bevölkern …
Der Touristenstrom ist an Limnos vorbeigezogen, und die Einheimischen fragen sich zu Recht, warum. Schließlich bietet die Insel schöne Strände, klares Wasser, geschützte Häfen und freundliche Einwohner.

Myrina

WP 39°52,3'N 025°0,2'E (Q.G.3M) / Karten: BA 1636, D 610

Allgemeines
Die Hauptstadt Myrina, die erst kürzlich ihren alten Namen wieder annahm, ist an derselben Stelle wie ihre antike Vorgängerin. Früher hieß die Stadt Kastron, nach dem Genueser Kastell, das über dem Ort thront. Die alten Festungsanlagen selbst sowie die Landschaft, in der sie stehen, sind durchaus eine Besichtigungstour wert – Fotografieren ist allerdings verboten.
Nur wenige Yachten kommen, um Myrina zu besuchen. Die meisten laufen diesen Hafen nur deshalb an, weil es am bequemsten ist, hier auszuklarieren, wenn man weiter zu den Dardanellen möchte.
Bis jetzt ist Myrina ein ausgesprochen freundlicher Ort, der sich gut als Ausgangsbasis eignet, wenn man auch die anderen Ankerplätze der Insel besuchen möchte.

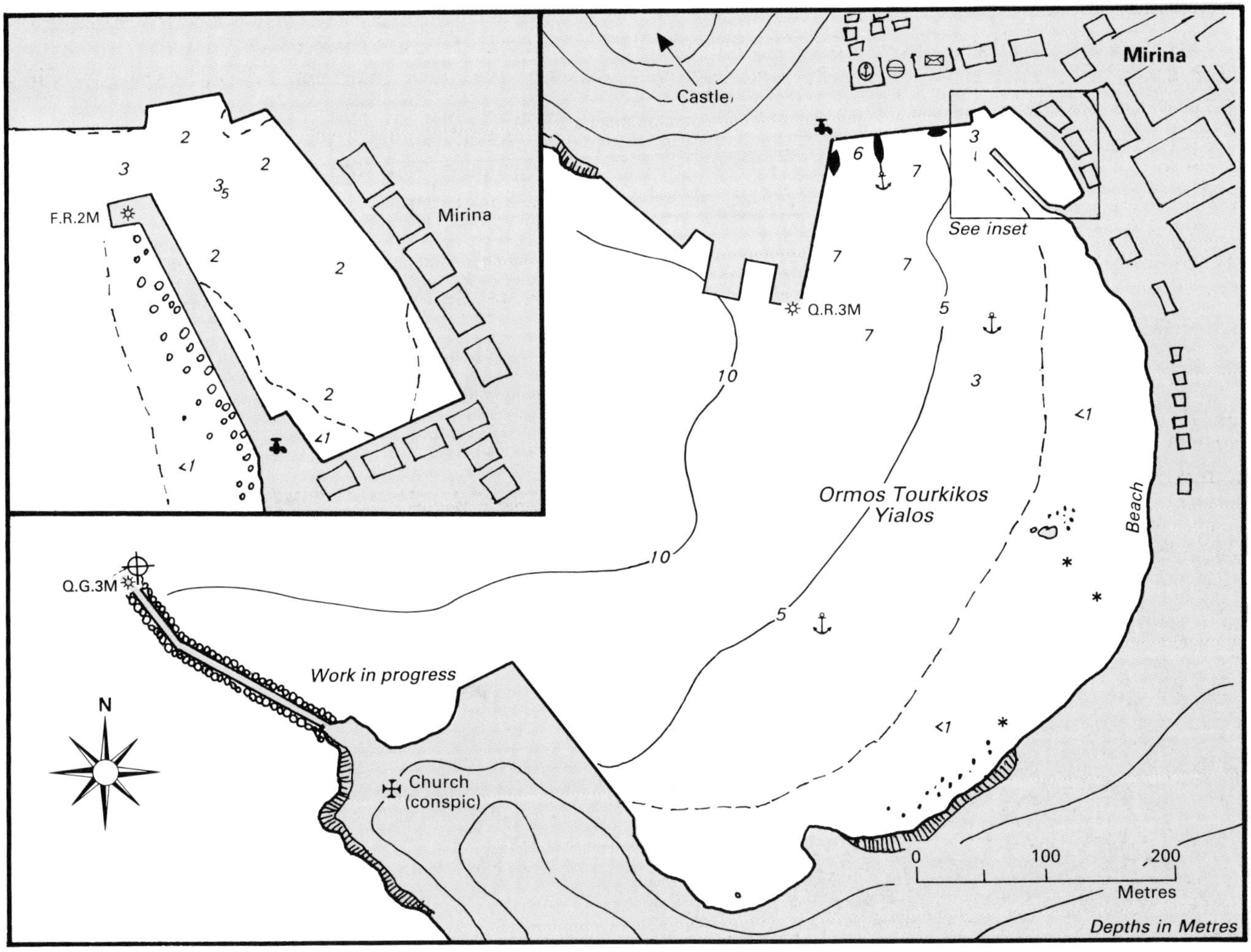

Myrina.

Blick auf den Hafen Myrina aus SW (Foto: Nigel Patten).

Ansteuerung
Auffällig: Die Festungsanlagen, die auf dem Felsvorsprung an der N-Seite des Hafens stehen, und eine weiße Kirche auf dem Kliff am Fuß des äußersten Wellenbrechers bilden gute Landmarken bei der Ansteuerung.
Von N oder W kommend, sind die Gebäude der Stadt zu sehen; bei der Ansteuerung aus S her sind sie erst auszumachen, wenn man in die Bucht einläuft. Der S-liche Wellenbrecher ist leicht zu erkennen.
Nachts navigiert man nach dem Feuer auf dem Kastell (Fl.6s11M) sowie der Befeuerung der Hafeneinfahrt (Q.R.3M und Q.G.2M). Das innere Hafenbecken zeigt ebenfalls ein Feuer (F.R.2M).

Liegeplätze
Man macht am Kai oder an der N-Mole fest. Der Grund besteht aus Schlick, der gut hält.
Schutz: Vor den vorherrschenden N-Winden ist man hier gut geschützt. Bei S-lichen Winden kann Dünung entstehen.
Behörden: Myrina ist Port of Entry – Zoll, Wasserschutzpolizei und Einwanderungsbehörde sind vor Ort. Wenn man die Dardanellen anlaufen möchte, ist es am bequemsten, wenn man hier ausklariert.
Hinweis: Das innere Hafenbecken ist normalerweise voll belegt mit Fischerbooten. Weil in diesem Hafenbecken kaum »Bewegungsfreiheit« ist, haben die Ankerleinen ein Reitgewicht. Yachten, die also gern hier liegen möchten, sollten nach einem Platz fragen und sicherstellen, daß ihre Ankerleine ein Gewicht hat. Unter normalen Umständen bietet der äußere Hafen so guten Schutz, daß man eigentlich nichts gewinnt, wenn man sich in den inneren Hafen quetscht.
Ankerplatz: Man kann auch unmittelbar hinter der 5-m-Linie vor dem Hafen ankern. Der Meltemi verursacht zwar Fallböen, die in die Bucht stehen, der Grund aus Sand und Krautbewuchs hält den Anker jedoch gut.
Hinweis: An der S-Seite der Bucht wird gerade an großen Kaianlagen gebaut, die vermutlich für die Handelsschifffahrt bestimmt sind. Für Yachten dürfte der Platz ziemlich ungemütlich sein, da der Meltemi über die weite Bucht genau auf den neuen Kai steht.

Blick vom Kai hinüber zum kleinen Hafenbecken.

Versorgung
Wasser bekommt man an einer Zapfstelle am Fuß der N-Mole.
Treibstoff gibt es von einer Tankstelle an Kai, kann aber auch von einem kleinen Tankwagen geliefert werden.
Reparaturen: Ein paar mechanische Reparaturen sowie einfache Arbeiten an der Maschine können ausgeführt werden. Gut sortierte Eisenwarenläden und Werkzeuggeschäfte.
Lebensmittel: Gute Versorgungsmöglichkeiten, Stangeneis ist in der Nähe erhältlich.
Restaurants: Am inneren Hafen und am Strand entlang findet man mehrere nette Tavernen.
Sonstiges: Post, Telefonamt, Banken, Gas und ein hilfsbereites Touristenbüro.
Busse verkehren zu den Hauptorten der Insel und Fähren nach Lesvos, Piräus und Kavala. Inlandsflüge nach Thessaloniki und Athen.

Ormos Platy

39°51,4'N 025°04,3'E

Diese Bucht, die sich N-lich des Kaps Ak Tigani befindet, ist nur nach SW hin offen und bietet guten Schutz vor Win-

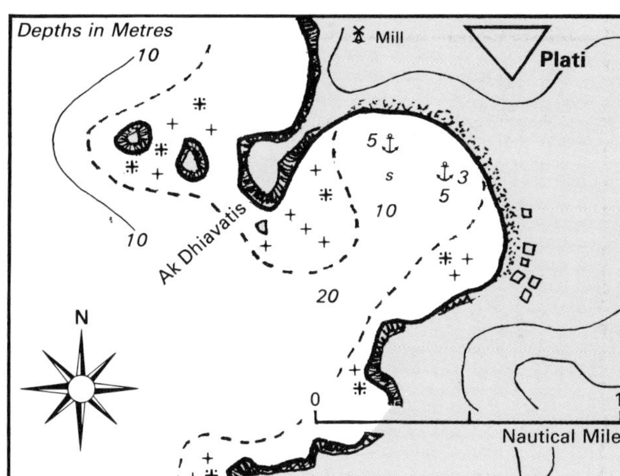

Ormos Platy.

den aus N. Vorsicht ist vor einem Riff, Vr. Diavates, geboten, das sich SE-lich der N-Seite der Einfahrt erstreckt, sowie vor einem weiteren Riff an der SE-Seite der Bucht. Man ankert hier auf 4 bis 8 m über Sand. Am Strand gibt es eine Taverne.

Ormos Thanos

39°50'N 025°03'E (Kap Ak Tigani)

Unmittelbar E-lich des Kaps Ak Tigani findet man diese Bucht mit zwei Scheiteln in ihrem Inneren. Bei der Ansteuerung muß man auf ein Riff und eine Untiefe achten, die sich etwa 0,5 sm SSW-lich vom Kap Tigani erstrecken. Der Felsen, Vr. Tigani, der gelegentlich auch trockenfällt, liegt schätzungsweise 0,2 sm SSW-lich von Nisis Tigani. Zwischen der Felsklippe Vr. Tigani und der Insel Tigani soll es eine Passage geben, die 7 m Wassertiefe aufweist. Eine Durchfahrt ist aber nicht zu empfehlen. Wenn man die Bucht ansteuert, sollte man das Kap mit genügendem Abstand passieren, bevor man in die Bucht einsteuert. Zum Ankern hat man verschiedene Möglichkeiten zur Auswahl.

1. ***Ormos Stiri***: Unmittelbar unterhalb des Kaps Ak Tigani gibt es eine kleine Einbuchtung, in der man mit langer Leine zum Land auf 4 bis 8 m ankern kann.

2. W-lich der kleinen Insel in der Bucht ***Ormos Thanos*** kann man auf 4 bis 8 m über Sandgrund ankern. Der Scheitel ist hier mit Felsen durchsetzt.

3. An der E-Seite der Bucht und dem Inselchen findet man den besten Ankerplatz. Hier ankert man auf 4 bis 8 m über Sand und liegt gut geschützt vor dem Meltemi. An Land gibt es eine Taverne.

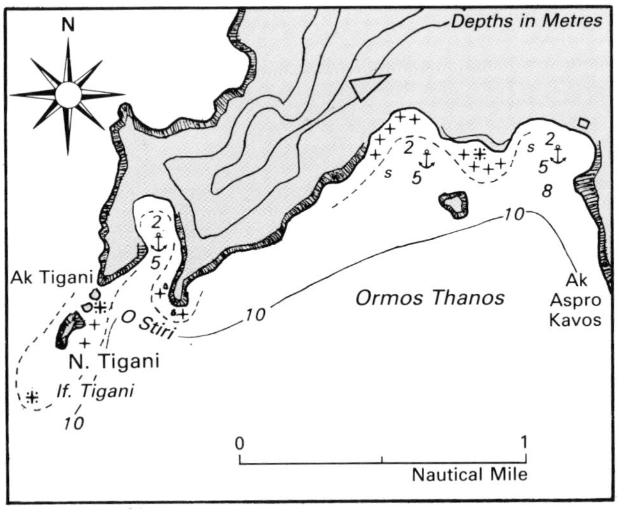

Ormos Thanos.

Ormos A. Pavlou

Karten: BA 1636, D 610

E-lich von Ormos Thanos findet man diese große weite Bucht, die eine ganze Reihe von Ankerplätzen bietet. Bei der Einsteuerung ist Vorsicht vor einem Riff geboten, das sich in der Mitte der Bucht erstreckt, bei ruhigem Wetter aber leicht zu erkennen ist.

1. Im SW der Bucht gibt es eine kleine Einbuchtung, deren Scheitel sowie die beiden Uferseiten von Riffen gesäumt wird. In der Mitte dieser Einbuchtung, in der man nur mittelmäßig vor Meltemi geschützt ist, kann man auf 4 bis 5 m ankern.

2. Im NW der Bucht findet man eine weitere kleine Einbuchtung, in der man im SW auf 4 bis 5 m über Sandgrund mit Seegrasbewuchs ankern kann. An der N-Seite dieser kleinen Bucht erstrecken sich Riffe und Untiefen. Der Schutz vor dem Meltemi ist auch hier nur mittelprächtig.

3. Im Scheitel der großen Bucht vor einem langen Sandstrand ankert man auf 4 bis 6 m über Sand und Kies und ist recht ordentlich vor Meltemi geschützt.

4. In der kleinen Einbuchtung an der E-Seite kann man auf 3 bis 6 m über Sandgrund ankern und ist gut vor Meltemi geschützt.

Ormos Kontias

WP 39°5,8'N 025°9,8'E (Fl.3s3M) / Karten: BA 1661, D 610

E-lich der weiten Bucht Ormos A. Pavlou sowie N-lich des Kaps Ak Stavros befindet sich diese Bucht, die mehrere Ankermöglichkeiten bietet:

1. Yachten können in verschiedenen kleinen Einbuchtungen an der W-Seite der Bucht, meistens auf 3 bis 8 m über Sandgrund ankern. Der Schutz vor Meltemi ist ganz ordentlich.

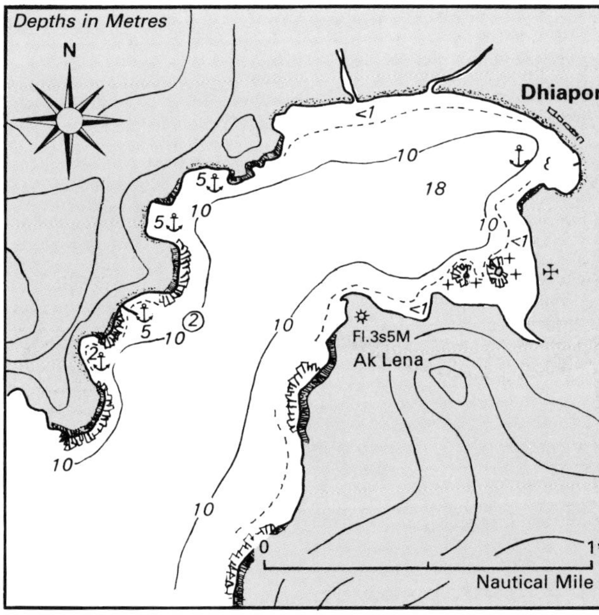

Ormos Kontias.

2. ***Diapori***: Der kleine Ort Diapori befindet sich an der NE-Seite im Scheitel der Bucht. Vor dem Dorf kann man auf 4 bis 7 m über Schlickgrund ankern und liegt gut geschützt vor dem Meltemi. An Land gibt es eine Taverne.

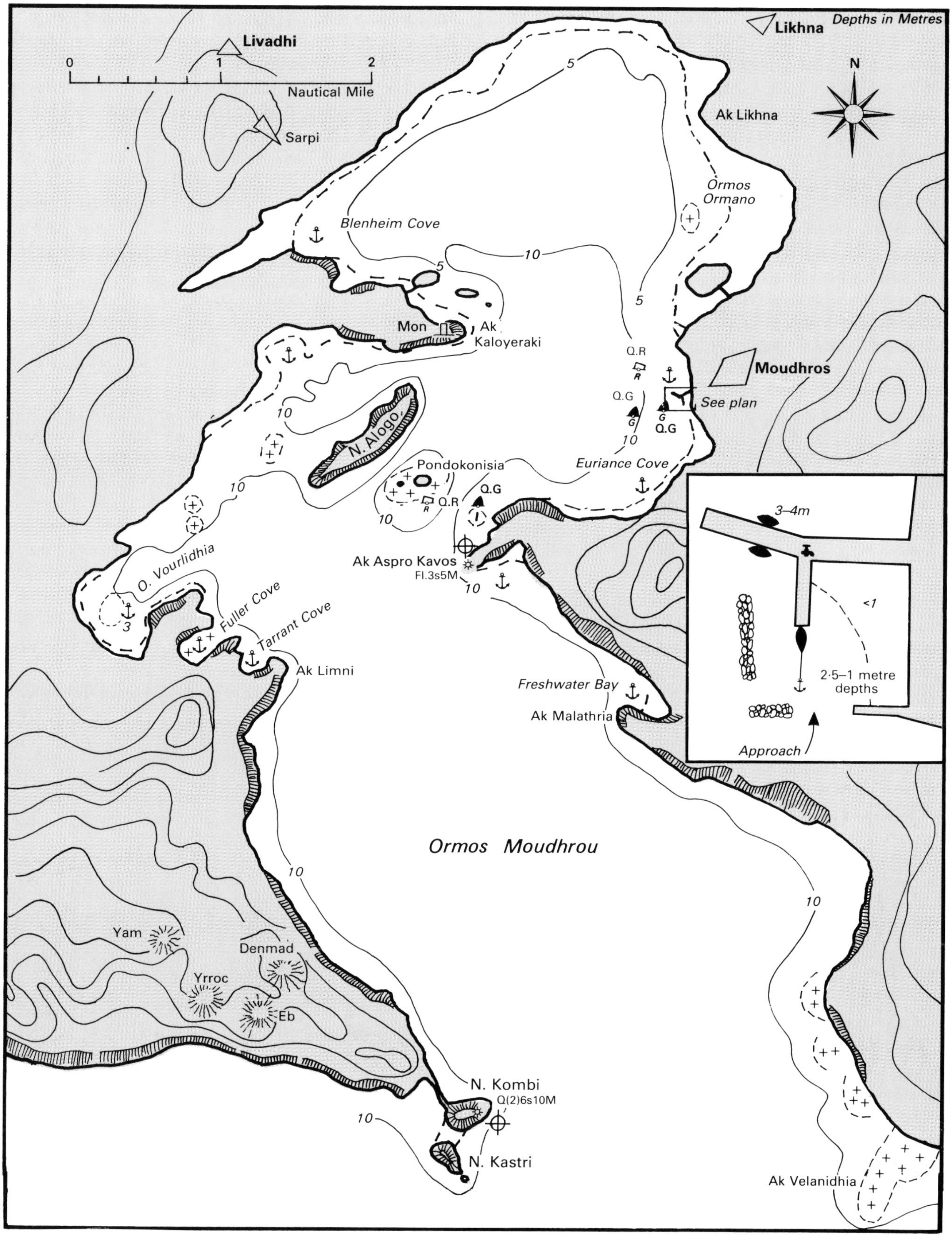

Ormos Moudrou - Hafen und Ankerplätze.

Ormos Moudrou

WP 39°47,7'N 025°14,2'E (Leuchtfeuer Kombi)
WP 39°51,1'N 025°14,3'E (Feuer Ak Aspro Kavos)
Karten: BA 1636, D 1080 Plan B

Allgemeines
Die Bucht Ormos Moudrou gehört zu den besten Flotten-Ankerplätzen der N-lichen Ägäis. Von hier aus wurde auch die verhängnisvolle Gallipoli-Offensive gestartet. N-lich der Ortschaft Moudros befinden sich die Australische und die Ägyptische Pier. Wenn man heute an dieser einsamen Bucht steht, fällt es außerordentlich schwer, sich vorzustellen, daß die gesamte Bucht einmal von Schlachtschiffen, Kreuzern, Zerstörern sowie Transportschiffen wimmelte. An einigen Stellen ist das Fotografieren verboten.

Ansteuerung
Auffällig: Die Einfahrt zu dieser großen Bucht ist leicht auszumachen. Gute Landmarken bietet die Insel Vr. Kombi, auf der auch der Leuchtturm steht. Hat man die Meerenge zwischen Kap Ak Aspros Kavos und Pondrikonisia passiert, ist die Ortschaft Moudros mit der Kathedrale leicht zu erkennen.
Nachts navigiert man nach dem Feuer auf Vr. Kombi (Q(2)6s10M) und auf Ak Aspro Kavos (Fl.3s5M) sowie den befeuerten Fahrwassertonnen (Q.G und Q.R) sowie den Leuchttonnen in Moudros (Q.G und Q.R) – man sollte sich aber nicht allzusehr darauf verlassen, daß die Feuer auch alle brennen.
Gefahren:
1. Bei der Navigation muß man auf ein Riff achten, das sich SW-lich von Ak Velanidia, der E-lichen Einfahrtshuk, etwa 0,5 sm erstreckt.
2. Befindet man sich querab des Ak Aspro Kavos, muß man sich von den ausgedehnten Riffen und Untiefen, die die Küsten und kleinen Inseln in der weiträumigen Bucht säumen, gut freihalten. Im Plan konnten die Positionen der einzelnen Gefahrenstellen nur in etwa eingezeichnet werden. Wenn man Ormos Moudrou ausführlich erkunden möchte, empfiehlt es sich, die Seekarte D 1080 oder BA 1636 an Bord zu haben.

Liegeplätze
In der Bucht hat man eine große Auswahl an Ankermöglichkeiten, wenn man nicht die Stadt Moudros an der E-Seite dieses Naturhafens anlaufen möchte.
In Moudros sind Wassertiefen von 3 bis 4 m am äußeren Teil der Pier vorhanden. Hier macht man längsseits fest; so dicht wie möglich zum Fuß der Pier hin, damit Platz zum Anlegen der Küstenfrachter bleibt. Als Liegeplatz empfehlenswerter ist die S-Seite der Pier, da man dort besser vor Meltemi geschützt ist.
Ein kleiner Hafen, dessen Einfahrt sich an der S-Seite befindet, ist größtenteils untief, kleine Yachten können jedoch vorsichtig versuchen, dort einzulaufen. *Schutz*: Der Schutz vor Meltemi ist gut.
Behörden: Wasserschutzpolizei.
Ankerplätze: Um die Bucht herum gibt es eine ganze Reihe von Möglichkeiten zu Ankern.
1. ***Blenheim Cove***: Nach NE bis E hin offen.
2. N-lich der Insel Nisis Alogo unterhalb der Landzunge, die im Kap Ak Kalogerarki ausläuft.
3. ***Ormos Vourlidia***: Nach NE hin offen. In der Bucht gibt es eine Untiefe. E-lich und SE-lich dieser Flachstelle betragen die Wassertiefen 3 m bis 4 m.
4. ***Fuller Cove***: Nach NE hin offen.
5. ***Tarrant Cove***: Nach NE hin offen.
6. ***Ormos Kavos***: Unterhalb des Kaps Ak Kavos. Nach S hin offen.
7. ***Freshwater Bay***: Guter Schutz vor Winden aus N-lichen Richtungen.

Versorgung
(in der Ortschaft Moudros)
Wasser gibt es am Kai.
Treibstoff in der Ortschaft.
Lebensmittel: Die meisten Lebensmittel sind erhältlich.
Restaurants: Es gibt mehrere Tavernen.
Sonstiges: Post, Telefonamt. Ein Bus verkehrt nach Myrina. Der Flughafen befindet sich in der Nähe des Scheitels der Bucht.

Die Ostküste

An der E-Küste findet man mehrere weite Buchten, die aber nur als Schönwetterankerplätze benutzt werden können. Bei der Ansteuerung muß man auf die Riffe Yph. Petalida und Yph. Keros, die vor der E-Küste liegen, acht geben.

Ormos Plaka

An der SE-Seite des Kaps Ak Plaka befindet sich diese weite Bucht mit einem kurzen Wellenbrecher an ihrem N-Ende. Am äußeren Ende des Kais, wo Yachten vorsichtig mit Bug zum Kai anlegen können, findet man Wassertiefen von 2 bis 4 m. Andernfalls ankert man in Lee des Wellenbrechers auf 3 bis 5 m.

Ormos Hephaisteia

An der W-Seite des Kaps Ak Plaka befindet sich die große Bucht von Ormos Pournias, an deren E-Seite die kleinere Bucht Ormos Hephaisteia liegt. In Hephaisteia ankert man auf 5 bis 8 m über Sandgrund und ist ein wenig vor dem Meltemi geschützt.

Ormos Kosinas

An der SW-Seite des großen Naturhafens Pournias findet man diese Bucht, die etwas Schutz vor Meltemi bietet, wenn man sich ganz tief unter die N-Seite der Bucht verholt. An Land ist ein Militärposten, und an der S-Seite der Bucht findet man eine Taverne.

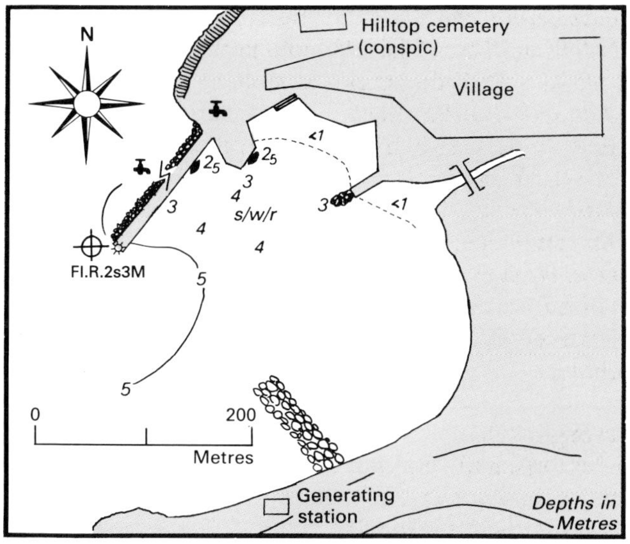

A. Evstratios.

Die Insel A. Evstratios

A. Evstratios

WP 39°32,4'N 024°59,2'E (Fl.R.2s3M)

Allgemeines
Seit dem Erdbeben 1968, das einen Großteil der Gebäude zerstörte, schrumpfte die Bevölkerung auf nunmehr etwa 300 Einwohner, die alle in einem Fischerdorf leben. Am neuen Wellenbrecher und dem Kai, die erst Ende 1986 fertiggestellt wurden, finden Besucher viel Platz, stoßen aber auf keinen Geschäftsgeist und ein völliges Desintresse. Für einen Zwischenstopp auf dem Weg von den Nördlichen Sporaden nach Lesvos ist der Hafen bestens geeignet. Die übrige Insel ist felsig und kahl, bietet aber ein paar sehr schöne Strände und Höhlen unterhalb der Kliffs.
Bis vor kurzem noch wurden politisch unliebsame Zeitgenossen auf diese Insel verbannt.

Ansteuerung
Auffällig: Der Hafen befindet sich 1,5 Seemeilen SSW-lich des Kaps Ak Kalamaki, unterhalb eines kleinen Hügels, auf dem ein auffällig weißgetünchter Friedhof steht. *Nachts* ist der Molenkopf mit Fl.R.2s3M befeuert.

Der Hafen A. Evstratios aus SE (Foto: Nigel Patten).

Liegeplätze
Entlang des neuen Kais betragen die Wassertiefen größtenteils 3 m; Yachten können hier längsseits oder mit Bug oder Heck festmachen. Der Sandgrund ist mit Felsen durchsetzt und hält mittelmäßig.
Schutz: Man ist vor Meltemi ganz ordentlich geschützt, auch wenn bei anhaltendem NE-Wind Schwell in den Hafen steht, der nach SW hin offen ist.

Versorgung
Wasser bekommt man am Kai; allerdings ist dazu ein langer Schlauch nötig.
Lebensmittel: Die meisten Dinge sind im Ort erhältlich.
Restaurants: Es gibt lediglich eine Taverne.
Sonstiges: Münztelefon in der Taverne. Postamt. Im Sommer verkehren unregelmäßig Fähren nach Euböa und Limnos.

Die Insel Lesvos

(Lesbos oder Mytilini)

Nach Kreta und Euböa ist Lesvos die drittgrößte Insel der Ägäis und die größte der Östlichen Sporaden. Die Insel ist ein wahres Juwel: grandioser, grüner und fruchtbarer als irgendeine andere Insel. Ihr Wohlstand begründet sich auf einer wirtschaftlichen Balance zwischen Landwirtschaft und regionaler Industrie, die man sonst kaum auf griechischen Inseln antrifft. Der Tourismus stellt lediglich das »Sahnehäubchen« auf dem Kuchen dar.
Die Form der Insel ist grob oval; an der S-Küste wird sie durch die beiden Golfe gegliedert, die tief in das Land einschneiden. Die gesamte Insel ist gebirgig: Im W erhebt sich der Ordymnos zu einer Höhe von 512 m, die beiden Gipfel des Olympos im S und der Lepetymnos im N haben alle eine Höhe von 958 m. Während der W der Insel felsig und kahl ist, sind die Inselmitte und der E schön mit Oliven- und Walnußbäumen, Eichen, Pinien und Pappeln bewaldet. Bedauerlicherweise fiel ein Großteil der Bäume 1992 einem Waldbrand zum Opfer. Auf den flachen Landstrichen baut man Gemüse und Tabak an. Die Oliven von Lesvos wurden von jeher gepriesen, und auch heute noch gelten die drallen Oliven und das Olivenöl von Lesvos als die besten des Landes.
Ebenso wie die Schönheit der ausgedehnten bewaldeten Insel verbanden sich in der Antike die schönen Künste der Musik und der Philosophie auf denkwürdige Weise mit Lesvos. Die herausragendste Gestalt dieser Insel ist die Dichterin Sappho, die um 612 v. Chr. auf der Insel geboren wurde – auch wenn man nicht genau sagen kann, wo – vielleicht in Eressou oder Mytilini.
Die unbewiesene Behauptungen, Sappho sei ihrem eigenen Geschlecht zugeneigt gewesen, bescherten der Welt den Begriff »lesbisch«. Tatsächlich stützt sich dieser »Verdacht« nur auf ein paar Fragmente ihrer Gedichte, und es scheint fast so, als wäre dies (im 7. Jh. n. Chr.) nur erfun-

den worden, um ein schlechtes Licht auf ihren Charakter und ihre Dichtung zu werfen. In der heutigen Zeit, in der Homosexualität nicht mehr als verwerflich angesehen wird, fängt man erst langsam an, Sapphos Lyrik zu entdecken.

Für den Zeitraum von fast 1000 Jahren wurde die Dichterin beinahe als Göttin verehrt, Plato nannte sie die zehnte Muse, und später kamen nur Catullus und Horaz ihrer sinnlich fließenden Lyrik nahe.

Die folgenden Zeilen wurden von Catullus direkt übersetzt:

Scheinen will mir, daß er den Göttern gleich ist,
jener Mann, der neben dir sitzt, dir nahe
auf den süßen Klang deiner Stimme lauscht und,
wie du voll Liebreiz
ihm entgegenlachst: doch, fürwahr, in meiner
Brust hat dies die Ruhe geraubt dem Herzen.
Wenn ich dich erblicke, geschiehts mit einmal,
daß ich verstumme.
Denn bewegungslos liegt die Zunge, feines
Feuer hat im Nu meine Haut durchrieselt,
mit den Augen sehe ich nichts, ein Dröhnen
braust in den Ohren,
und der Schweiß bricht aus, mich befällt ein Zittern
aller Glieder, bleicher als dürre Gräser
bin ich, bald schon bin einer Toten gleich ich
anzusehn …

Sappho, deutsch von Max Treu

Sappho soll ihrem Leben auch in wahrhaft poetischer Art ein Ende gesetzt haben, indem sie sich von den Klippen im SW von Levkas (dem Leukadischen Felsen) ins Meer stürzte – aus unerwiderter Liebe zum schönen Phaon. Es gibt allerdings keine sicheren Beweise, daß sie überhaupt jemals Levkas besucht hat. Aber natürlich ist die Tragik der Geschichte »angemessen« – auch wenn Sappho möglicherweise nach dieser unglücklichen Liebesgeschichte noch mit vielen anderen Liebhabern ausgelassen gelebt hat.

Sappho tauchte keineswegs aus einem kulturellen Vakuum auf, vielmehr verbindet sich mit der Insel Lesvos eine lange Namensliste von begnadeten Künstlern und weisen Denkern: der Dichter Terpandros, dem man die Erfindung der siebensaitigen Lyra zuschreibt, der Sänger Arion, der ein Freund von Delphinen war, Alkaios, ein Zeitgenosse Sapphos und der Tyrann Pittakos, der die Stadtstaaten der Inseln einte und so klug regierte, daß es ihm einen Platz unter den sieben Weisen Griechenlands eintrug. Epikur, dessen diesseits bezogene humanistische Philosophie nach der Christianisierung in Vergessenheit geriet und erst später wiederentdeckt wurde, lehrte in Mytilini; Aristoteles ließ sich zeitweise auf Lesvos nieder, und Aesop schrieb hier viele seiner Fabeln.

Wegen der geographischen Lage und den geschützten Naturhäfen war Lesvos von jeher ein bedeutsames Verbindungsstück im Handel zwischen Griechenland und Asien. Mytilini ruft auch heute noch Erinnerungen an die Levante und vergangenen Handelsrouten wach. Die Aufteilung zwischen Griechenland und der Türkei zerstörte die Bedeutung der Insel als Bindeglied des Handels.

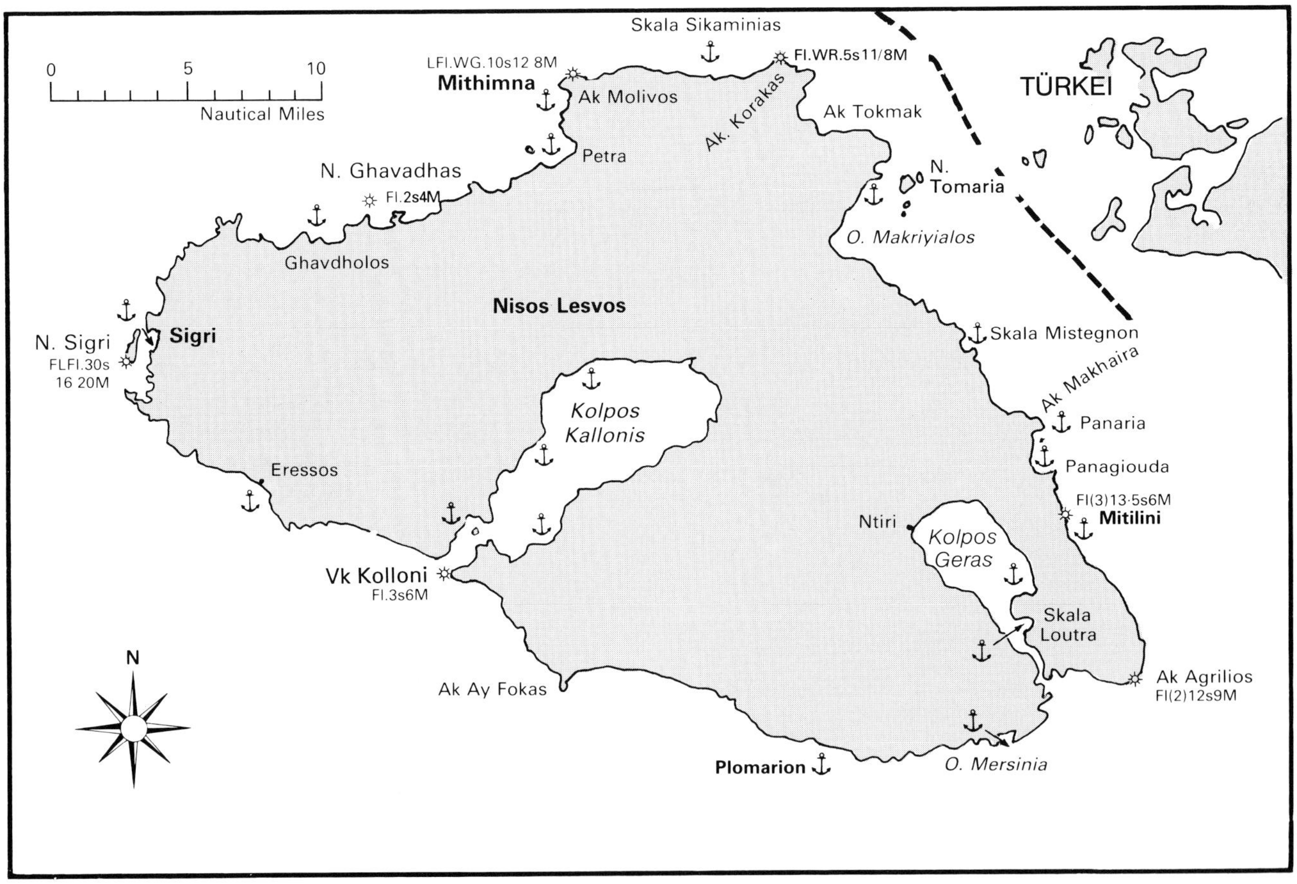

Die Insel Lesvos.

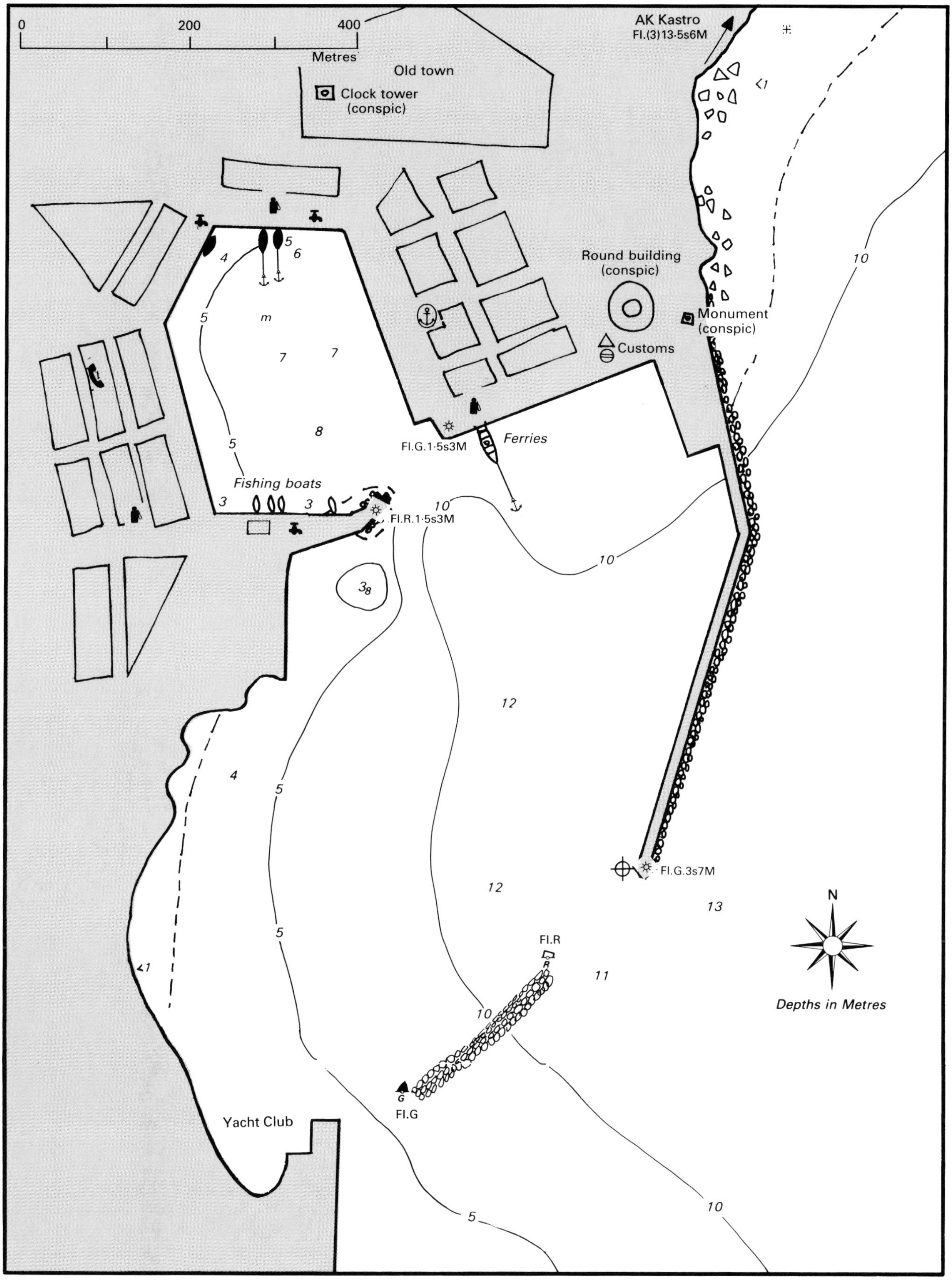
0
200
400
Metres
Old town
Clock tower
(conspic)
AK Kastro
Fl.(3)13·5s6M
Round building
(conspic)
Monument
(conspic)
Customs
Ferries
Fl.G.1·5s3M
Fishing boats
Fl.R.1·5s3M
Fl.G.3s7M
Fl.R
Fl.G
N
Depths in Metres
Yacht Club

Mytilini.

Mytilini: Die Einfahrt in den Innenhafen.

Nach der Blütezeit während der griechischen Antike und in römischer Zeit, litt Lesvos unter der Invasion von Sarazenen und Byzantinern. Kein Wunder also, daß sich die Bevölkerung von der Küste weg ins Innere der Insel zurückzog. Ruhe und Wohlstand kehrten erst im 14. Jahrhundert auf die Insel zurück, als diese an den Genuesen Francesco Gattelusi fiel und Lesvos erneut hundert Jahre zum Zentrum des Handels wurde. 1462 eroberten die Türken die Insel, die bis 1912 in ihrem Besitz blieb.
Das Erbe der Insel ist im Wesentlichen ein literarisches und kulturelles, während die archäologischen Überreste nur rar und eher durchschnittlich sind. Von Sappho stammt der Ausspruch, daß nur die Dichter Unsterblichkeit erlangen und man sich noch lange, nachdem selbst die Steine vergangen sind, an ihre Gedichte und ihre Liebe erinnern wird.

Mytilini

WP 39°06'N 026°33,8'E (Fl.G.3s7M) / Karten: BA 1675, Imray G27, D 611

Allgemeines

Mytilini ist das Wirtschaftszentrum der Insel. Kümos, Handels-Caïquen und große Fischtrawler liegen im Hafen. Die ansässige Industrie der Stadt »brummt«.
Die engen verwinkelten Gassen der Altstadt werden von Marktständen und Geschäften mit einheimischer Volkskunst gesäumt und erinnern stark an einen orientalischen Bazar. Das Ganze verbindet sich zu einer liebenswerten Mischung, wie man sie nur in der Levante findet: Die Stadt, die auf den ersten Blick laut und schmuddelig wirkt, schlägt den Besucher schon bald in ihren Bann. Prunkvolle große alte Häuser, die noch aus der Zeit der wirtschaftlichen Blüte Mytilinis stammen, findet man entlang der Hafenpromenade sowie verstreut in den Außenbezirken der Stadt. Das archäologische Museum zeigt Funde der klassischen Antike sowie wundervolle Mosaiken aus einer römischen Villa.

Ansteuerung

Auffällig: Schon aus einiger Entfernung bilden die Gebäude der Stadt sowie die Festungsanlagen, die auf der Landspitze stehen, gute Landmarken. Beim Näherkommen werden ein großes rundes Gebäude sowie ein Denkmal, das davor steht, sichtbar. Leicht zu erkennen sind die äußere Hafenmole und die Hafeneinfahrt.
Hinweis: Ein neuer Wellenbrecher ist derzeit im Bau. Er wird Vorios Limineas Mytilini an der N-Seite des Kaps Ak Kastro mit den Festungsanlagen umschließen und voraussichtlich den neuen Handelshafen bilden.
Quer über die weite Einfahrt in den Hafen von Mytilini wurde ein freiliegender Wellenbrecher ohne Verbindung zur Küste gebaut. Zwischen dem E-lichen Kopf dieses neuen Wellenbrechers und dem Kopf der alten E-Mole befindet sich nun die Einfahrt. Die Köpfe des separaten neuen Wellenbrechers sind an der W-Seite mit einer grünen Tonne sowie einer roten Tonne an der E-Seite bezeichnet.
Nachts richtet man sich nach dem Feuer, das auf dem Kastell auf der Landspitze steht (Fl(3)13,5s6M), dem auf dem äußeren Wellenbrecher (Fl.G.3s7M) sowie der Befeuerung der Einfahrt zum Innenhafen (Fl.G.1,5s3M und Fl.R.1,5s3M). Das Fl.G. der inneren Hafeneinfahrt ist sehr schwach und kann leicht mit dem Fl.G. des äußeren Wellenbrechers verwechselt werden.
Die Tonnen, die den separaten neuen Wellenbrecher bezeichnen, sind mit Fl.G (W-Seite) und Fl.R (E-Seite) befeuert; man sollte sich aber nicht darauf verlassen.

Liegeplätze

Man läuft in den Innenhafen ein und macht an der N- oder E-Seite fest. Der Grund besteht aus weichem Schlick, in dem manche Anker nicht recht fassen. Da hier Abwässer direkt in den Hafen eingeleitet werden, kann es gelegentlich zu Geruchsbelästigungen kommen.
Schutz: Im Hafen liegt man rundum gut geschützt, obwohl es bei Starkwinden aus S recht ungemütlich werden kann. Beim Auftreten solcher Winde liegt man am besten in der SW-Ecke des Hafens.
Behörden: Mytilini ist Port of Entry, und so sind Zoll, Wasserschutzpolizei und Einwanderungsbehörde vor Ort.

Versorgung

Wasser gibt es nach Absprache mit dem ansässigen »Wassermann« am Kai.

Treibstoff bekommt man unweit des Kais oder läßt ihn von einem Tankwagen anliefern.
Reparaturen: Allgemeine mechanische Reparaturen sowie einfache Arbeiten an der Maschine können ausgeführt werden. An der N-Seite vom Kastell gibt es eine Bootswerft, die Yachten aufslippen kann. Gute Eisenwaren- und Werkzeugläden sowie ein begrenzte Auswahl an Schiffsausrüstung.
Lebensmittel: Hervorragende Versorgungsmöglichkeiten; Ouzo und Weinbrand gibt es vom Faß. Außerhalb der Stadt ist Stangeneis erhältlich.
Restaurants: Auf der S-Mole findet man gute Tavernen, u. a. auch solche, die feine Fischgerichte anbieten.
Sonstiges: Post, Telefonamt, Banken, Gas, Camping GAZ, Auto- und Motorradvermietung. Zu den Hauptorten der Insel verkehren Busse. Fährverbindung nach Piräus und Ayvalik in der Türkei. Inlandsflüge nach Athen.

Panagiouda

Der kleine Hafen von Panagiouda befindet sich nur ein kurzes Stück NW-lich vom Kap Ak Asphali, der berühmten Huk 1,75 Seemeilen N-lich von Mytilini. Es gibt hier für Yachten kaum Platz, aber kleine Yachten können versuchen, sich vorsichtig hineinzutasten und mit Bug zum Kai vor der Ortschaft festzumachen. Die Wassertiefe beträgt hier etwa 1,5 bis 1,75 m. In der Hafeneinfahrt beträgt die Tiefe 2,5 m, aber man darf nicht nach W oder NE abweichen, da es schnell untief wird. In Panagiouda ist man vor Meltemi gut geschützt, und an Land findet man Versorgungsmöglichkeiten und Tavernen.

Panaria

Dicht unterhalb des Kaps Ak Machaira gibt es eine reizvolle Bucht, die Schutz vor Meltemi bietet. Im Scheitel der Bucht N-lich der kleinen Insel ankert man auf 4 bis 6 m Tiefe. An Land gibt es eine Taverne.

Ormos Mistegnon

39°13'N 026°29'E

7 Seemeilen NW-lich von Mytilini findet man den kleinen Hafen des Ortes Mistegna, der sich oberhalb der Bucht auf einem Berg befindet. Der Hafen ist teilweise nach SE hin offen. Am äußeren Ende der Mole macht man mit Bug zur Mole fest, wobei man auf Geröll, das den Grund unrein macht, achten muß. Da die Mole normalerweise dicht mit einheimischen Fischerbooten belegt ist, wird man vermutlich in der S-lichen Hälfte der Bucht ankern müssen. Der Ankergrund ist größtenteils Sand mit Seegrasbewuchs, es gibt aber auch vereinzelte Felsen.
Begrenztes Lebensmittelangebot und Tavernen im Ort. Das alte Thermalbad Paralia Thermis ist nur wenige Kilometer S-lich gelegen. Die heißen Thermalquellen existieren heute noch, und in der Nähe wurde ein Hotel gebaut. In der Antike waren diese Quellen berühmt, und britische Archäologen haben in den 30er Jahren einen Artemis-Tempel sowie einen Komplex von Badehäusern freigelegt.

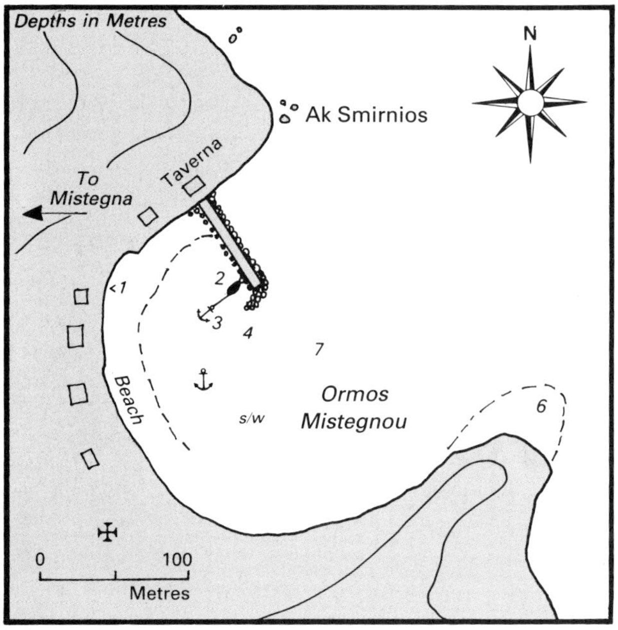

Ormos Mistegnon.

Ormos Makrys Gialos

SW-lich des Kaps Ak Tomari liegt diese weite Bucht von Makrys Gialos, die an ihrer N-Seite eine ganze Reihe von kleinen Einbuchtungen aufweist, die guten Schutz vor Meltemi bieten.
Vorsicht: Ormos Makrys Gialos und die kleine Insel Tomaria, die in der Bucht liegt, werden von zahlreichen Über- und Unterwasserfelsen gesäumt, so daß besondere Vorsicht bei der Navigation geboten ist.
Etwa 1 Seemeile S-lich von Ak Tomari erstreckt sich von der Küste her ein Riff ungefähr 400 m in NE-licher Richtung. Im S-Teil der Bucht Ormos Makrys Gialos befindet sich eine Insel, die allgemein als »Prasologos« bekannt ist. Das Eiland ist von Unterwasserfelsen umgeben. Besondere Vorsicht ist hier angebracht, da diese Unterwasserfelsen in der Seekarte nicht besonders vermerkt sind.

Skala Sykamineas

39°22,5'N 026°18,3'E

1,5 Seemeilen SW-lich von Ak Skamnia findet man vor dem Ort Skala Sykamineas die Miniaturausgabe eines Fischerhafens. Hier finden ein bis zwei kleine Yachten Platz, deren Tiefgang 1,5 m nicht übersteigt. Der Molenkopf ist mit Fl.G.3s3M befeuert. Am Kopf der Mole macht man mit dem Bug zur Mole fest und liegt gut geschützt vor Winden aus N. Bei Starkwinden aus NE kann der Hafen jedoch gefährlich werden. Im Fischerdorf gibt es eine Taverne sowie ein bescheidenes Lebensmittelangebot.

Mithymna

WP 39°21,8'N 026°10,2'E (Fl.R.3M)

Allgemeines
Der Dichter Arion, den, der Überlieferung nach, ein musikliebender Delphin vor dem Ertrinken rettete, wurde hier

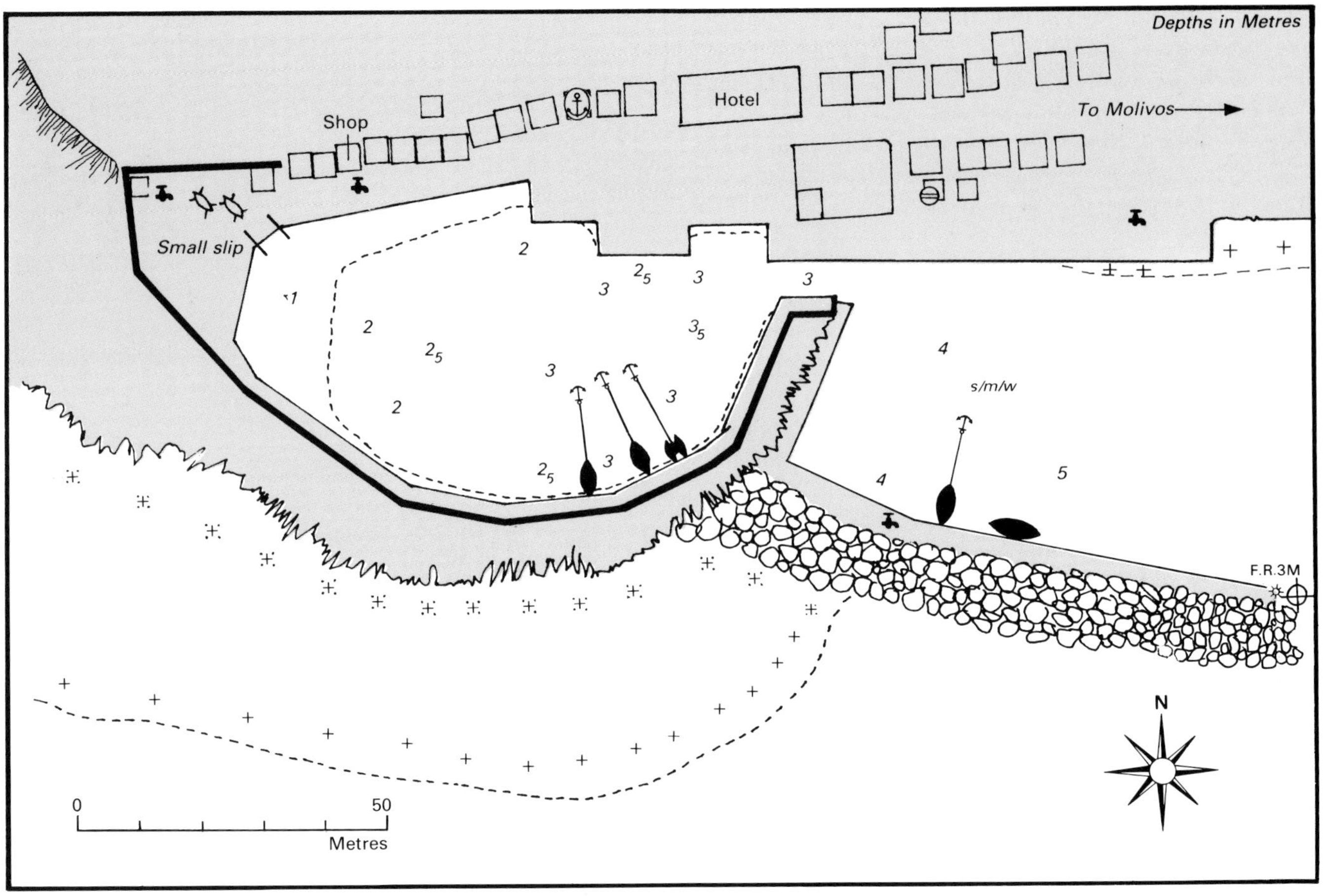

Mithymna.

625 v. Chr. geboren. Vermutlich ist es seinem Geist zu verdanken, daß sich dieser Ort ebenso zu einer Künstlerkolonie wie zu einem Urlaubsort entwickelt hat.
Die Stadt ist ein Gewirr von kopfsteingepflasterten Straßen und verwinkelten Gassen und Passagen, die zum mittelalterlichen Kastell führen. Ein Denkmalschutzgesetz soll dafür sorgen, daß dies auch in Zukunft so bleibt.
Die Häuser aus Holz und Stein, oft mit hölzernen Balkonen, blicken über das Kliff und die darunter liegende Bucht. Mithymna kann sich einer steigenden Zahl von Touristen erfreuen, und dies nicht nur, weil die Stadt so hübsch ist und wunderschöne Badestrände in der Nähe zu bieten hat, sondern auch, weil die Einheimischen ihre Besucher so herzlich willkommen heißen.

Der Hafen Mithymna aus E: Am neuen Wellenbrecher wird hier noch gebaut.

Ansteuerung
Auffällig: Die Festungsanlagen auf dem Berg oberhalb der Stadt sind schon aus einiger Entfernung auszumachen. Beim Näherkommen werden die Stadt sowie eine Gruppe von Häusern um den kleinen Hafen herum sichtbar.
Nachts ist besondere Vorsicht bei der Navigation nötig. Man richtet sich nach dem Feuer auf Ak Molyvos (LFl.WG.10s12/8M, der grüne Sektor deckt nur 219°-239° ab) sowie dem Feuer (F.R.3M) in Mithymna. Der Molenkopf ist mit Fl.R.3s3M befeuert.
Gefahren:
1. Das Kap Ak Molyvos sowie Teile der Hafenmole werden von Über- und Unterwasserfelsen gesäumt. Man sollte den Hafen von SE her ansteuern.
2. Die Einfahrt in das innere Hafenbecken ist sehr schmal (nur 10 m lichte Breite) aber frei von Hindernissen. In dieses Becken, das normalerweise mit Fischerbooten überfüllt ist, können nur kleine Yachten einlaufen.

Liegeplätze
Entlang der äußeren Hafenmole kann man festmachen, wie und wo es einem gefällt. Der Grund, der aus Schlick, Sand und Seegrasbewuchs besteht, hält gut.
Im Innenhafen gibt es zwischen den Fischerbooten kaum Platz. Der Grund besteht hier aus einer dünnen Schicht Schlick, die über felsigem Untergrund liegt – der Halt ist gering.
Schutz: Im äußeren Teil des Hafens ist der Schutz gut, im inneren sogar hervorragend.
Behörden: Wasserschutzpolizei und Zoll.
Ankerplätze: Bei schönem Wetter kann man auch in der Bucht ankern. Bei Meltemi entsteht jedoch Schwell, und der Ankerhalt ist unsicher.

Versorgung
Wasser gibt es am Kai.
Lebensmittel: Gute Versorgungsmöglichkeiten in der Stadt. Stangeneis ist am Kai erhältlich.
Restaurants: Im Mithymna und um den Hafen herum findet man nette Tavernen.
Sonstiges: Post, Telefonamt, Bank und Fahrradvermietung. Ein Bus verkehrt nach Mytilini.

Petra

39°20,5'N 026°10,5'E

Das kleine Dorf mit dem schönen Sandstrand liegt unterhalb des Kaps Ak Kavaki. N-lich der Ortschaft an der S-Seite des Kaps gibt es einen kleinen Hafen. Man ankert vor dem Ort auf 5 bis 10 m über Sand mit Seegrasbewuchs. Dieser Ankerplatz bietet kaum Schutz vor Meltemi; dagegen findet man hinter der Mole an der N-Seite recht ordentlichen Schutz vor diesem Wind. Der Kopf der Mole ist mit Fl.R.3s3M befeuert. Man macht mit Bug oder Heck zum äußeren Teil der Mole fest. Außer ein paar Fischerbooten, die hier liegen, ist der Platz völlig einsam.

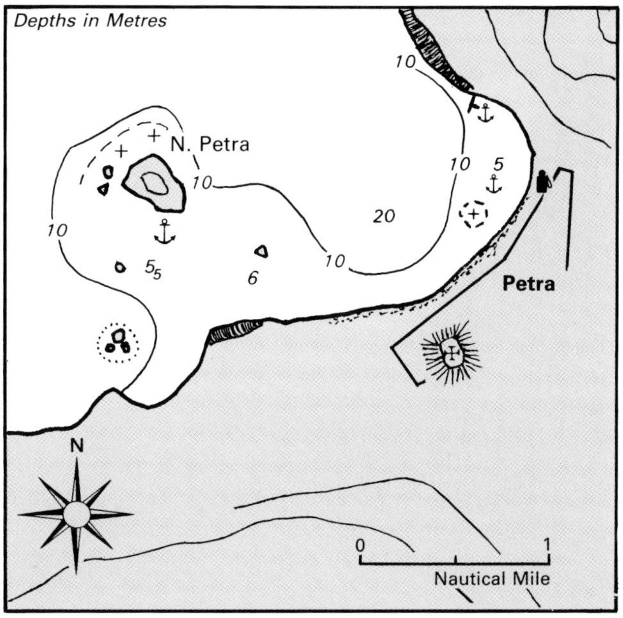

Petra.

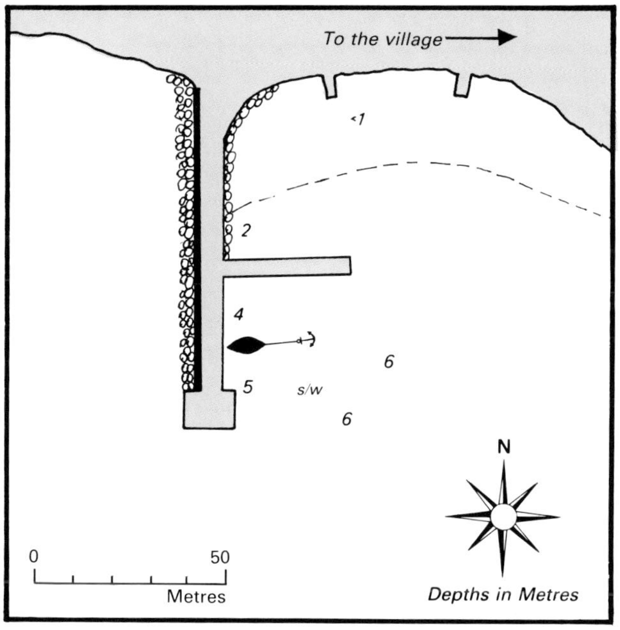

Petra.

Petra ist ein verschlafener Ort, der nur im Sommer durch etwas Tourismus belebt wird. Man findet hier ein bescheidenes Lebensmittelsangebot und Tavernen. Der Ort und die Bucht sind ausgesprochen reizvoll, wunderschön bewaldet und gut bewässert. Bemerkenswert ist an Petra die Kirche Panagia Glyfiloussa, die auf einem Felsen in der Nähe des Strandes steht und von See her gut auszumachen ist.
Vorsicht: In der Bucht vor der Ortschaft erstreckt sich ein Riff, von dem man sich freihalten muß. Manchmal wird das Riff durch eine Pricke gekennzeichnet, darauf sollte man sich aber nicht verlassen. Bei schönem Wetter kann man W-lich der kleinen Insel, die in der Bucht liegt, ankern. Hier ist jedoch Vorsicht geboten, da dieses Inselchen von Über- und Unterwasserfelsen umgeben ist.

Gavdolos

39°17'N 025°58,5'E

Allgemeines

Die Bewohner dieser kleinen freundlichen Ortschaft leben vom Fischfang und der Landwirtschaft, die auf dem fruchtbaren Boden um die Bucht herum betrieben wird. Angeblich soll es auch heiße Quellen geben, aber außer einem Hauch von Schwefelwasserstoffgeruch ist an der Küste nahe des Dorfes nichts festzustellen.

Ansteuerung

Gute Landmarken bilden die kleine Insel (Vr. Megalo Gavatha) E-lich des Hafens sowie eine Kirche und ein Glockenturm, die auf der Landzunge stehen. Hat man die Insel gerundet, werden Mole und Hafeneinfahrt sichtbar.

Liegeplätze

Man macht an der Mole fest, wie und wo man Platz findet.

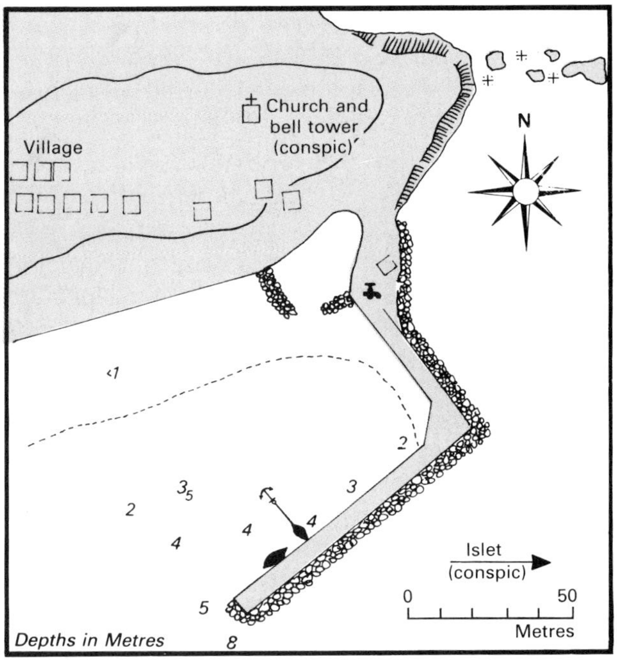

Gavdolos.

Blick auf den Hafen von Gavdolos aus NW.

Der Grund besteht aus Schlick mit Seegrasbewuchs und hält gut. Vor Meltemi ist man gut geschützt.
Gefahren: Um sich von den Untiefen an der W-Seite des Hafens freizuhalten, muß man bei der Ansteuerung hart nach Steuerbord eindrehen.

Versorgung

Wasser gibt es am Kai, eine Taverne und ein paar Lebensmittel im Ort.

Ormos Sigri

Ansteuerung WP 39°11,4'N 025°50'E (Feuer Ak Saratsina) WP 39°12,8'N 025°50,8'E (Fl.2s5M) / Karten: BA 1675, Imray G27, D 611 Plan B

Allgemeines

Dieses kleine Fischerdorf wird im Sommer nur von Touristen, die von den nahen Stränden herüberkommen, besucht. Ansonsten geht das Leben hier seinen Gang, wie es das immer schon getan hat.
Die meisten Reiseführer erwähnen Sigri wegen seines versteinerten Waldes, der vor mehr als 700 000 Jahren unter Vulkaneinfluß versintert ist. Die meisten Besucher sind jedoch von diesen Bäumen an der W-Küste nicht sonderlich beeindruckt.

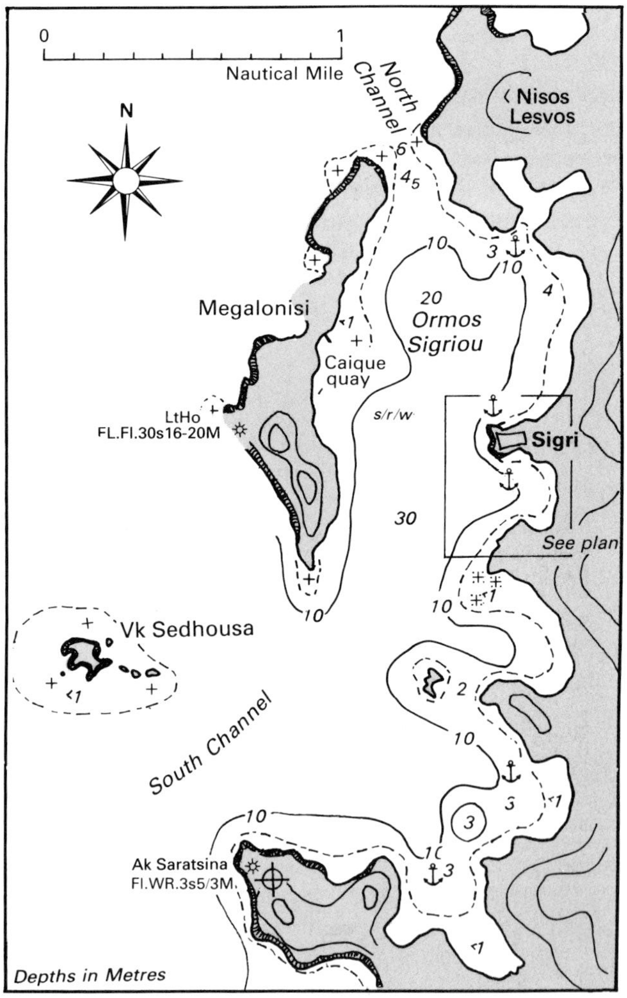

Ansteuerungen von Ormos Sigri.

Für Yachten sind die Überreste des versteinerten Waldes in der Nähe des Leuchtturms von Nisis Megalonisi (Sigri) besser zu erreichen.

Ansteuerung

Tagsüber kann man Sigri durch die schmale Passage zwischen Nisis Megalonisi und Lesvos von N her ansteuern. Das Riff, das sich NE-lich von Megalonisi erstreckt, wird von Brechern markiert. Die S-liche Passage zwischen Nisis Sedousa und Lesvos weist beträchtliche Wassertiefen auf.

Auffällig: Bei der Ansteuerung aus S bilden die Insel Sedousa, der Leuchtturm auf Nisis Megalonisi sowie die Ortschaft Sigri gute Landmarken.

Nachts richtet man sich nach dem Feuer auf Megalonisi (F.LFl.WR.30s16/20M) und dem Feuer auf dem Kap Ak Saratsina (Fl.WR.3s5/3M, der rote Sektor deckt 122°-160° und 219°-239° ab). Bei der nächtlichen Ansteuerung aus S ist Vorsicht geboten. Eine Ansteuerung bei Nacht durch die N-liche Passage sollte unter gar keinen Umständen unternommen werden! Im NW ist der Kai mit Fl.2s5M befeuert.

Gefahren: Besondere Vorsicht ist beim Befahren der N-lich Passage angebracht, wenn eine rauhe See schwere Brecher verursacht, die sich auf den Untiefen in der Umgebung der Durchfahrt und in ihr selbst brechen.

Liegeplätze

Man ankert in der kleinen Einbuchtung an der S-Seite vor der Ortschaft Sigri oder macht am Kai fest, wobei man seinen Liegeplatz so nah wie möglich zur NE-Ecke wählen sollte. Der Grund besteht aus Sand, Seegrasbewuchs und Felsen, so daß der Halt an einigen Stellen nicht der beste ist.

Schutz: Am Kai kann das Liegen etwas ungemütlich sein, ist meistens aber ungefährlich. Nur wenn der Wind auf W oder S dreht, sollte man den Kai schleunigst verlassen; in diesem Fall ankert man N-lich der Landzunge.

Behörden: Wasserschutzpolizei.

Versorgung

Wasser gibt es nahe des Caïquen-Hafens. Treibstoff ist unweit des neuen Kais erhältlich. Außerdem bietet Sigri Post und Telefonamt sowie ein begrenztes Versorgungsangebot. Es gibt verschiedene Tavernen und Cafés und ein Bus verkehrt nach Mytilini.

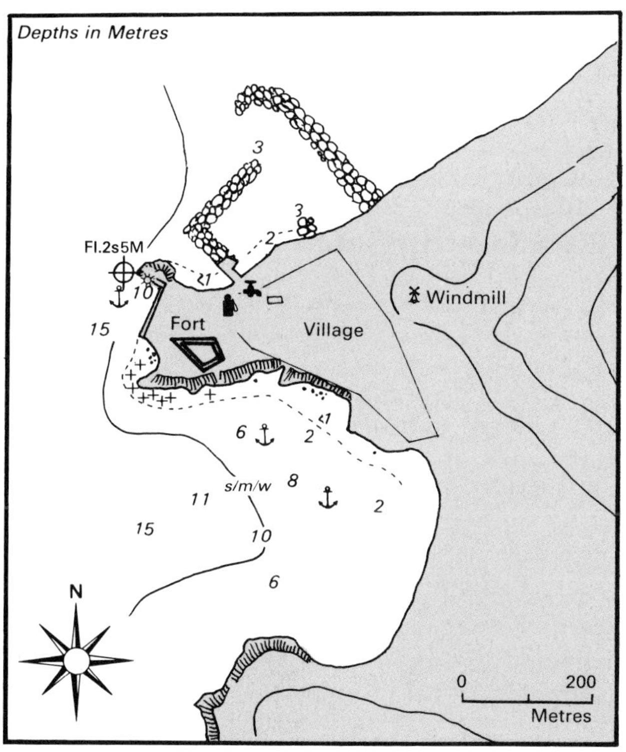

Ormos Sigri.

Ormos Sigri: Ankerplatz an der S-Seite der Landzunge.

Skala Eressou

Etwa auf der Hälfte des Weges zwischen Sigri und dem Kolpos Kallonis liegt dieser kleine Fischerhafen. Bei der Ansteuerung ist jedoch Vorsicht geboten, da ein eben überspülter Fels zwischen Vr. Nisaki und dem Kopf des Wellenbrechers liegt. Bei der Ansteuerung des Hafens sollte man Vr. Nisaki an Steuerbord passieren. Bei ruhigem Wetter kann man vor dem Strand auf 2 bis 4 m ankern oder – falls Platz ist – mit Bug oder Heck zum Kopf des Wellenbrechers festmachen. Kleine Yachten können eventuell im

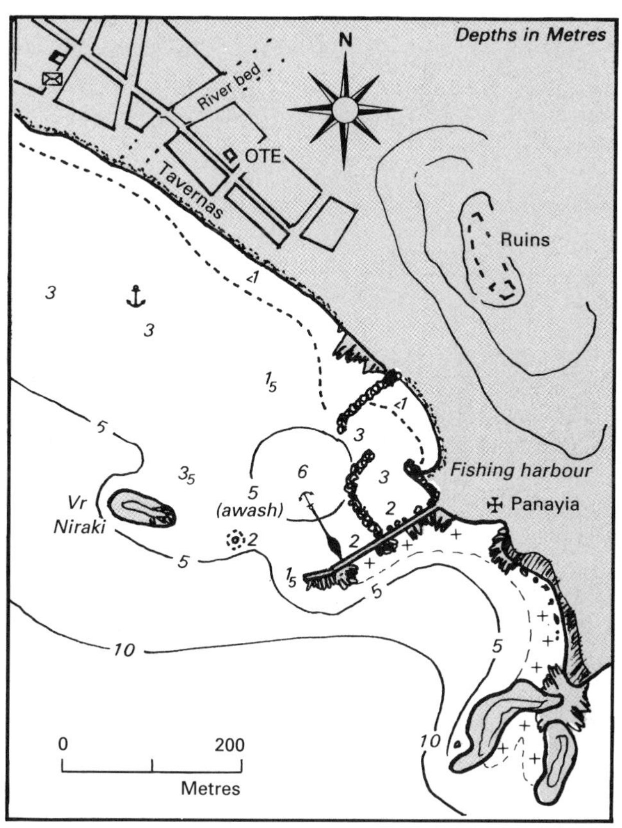

Skala Eressou.

Hafenbecken zwischen den einheimischen Booten einen Liegeplatz finden. Der Schutz vor den vorherrschenden Winden ist hinter dem Wellenbrecher angemessen. Der Hafen ist nach S und W hin offen. Die kleine Ortschaft ist ein liebenswerter Urlaubsort. Post, Telefonamt, Wechselstube, Lebensmittel und Tavernen sowie Taxis.
Die Ortschaft Eressos selbst liegt etwa 2 Kilometer landeinwärts; ein Spaziergang dorthin ist ausgesprochen schön.

Kolpos Kallonis

Ansteuerung WP 39°04,7'N 026°04,7'E (Feuer Vr. Kalloni)
Karten: BA 1675, Imray G27, D 611 Plan A

Ansteuerung und Einfahrt

Am Tag ist die schmale gebirgige Einfahrt zu diesem großen, von Land umschlossenen Golf leicht zu erkennen. Man passiert die kleine Insel Vr. Kalloni an ihrer N-Seite, wobei man auf ein Riff achten muß, das sich hier etwa 0,15 sm NE-lich erstreckt. Das Fahrwasser, das mit Tonnen gut bezeichnet ist, verläuft an der S-Seite der Untiefe; an der S-Seite dicht unter Land macht das Riff jedoch einen Großteil des Fahrwassers unpassierbar.
Nachts: Trotz der vorhandenen Feuer ist eine Ansteuerung bei Nacht nicht zu empfehlen! Im Bedarfsfall richtet man

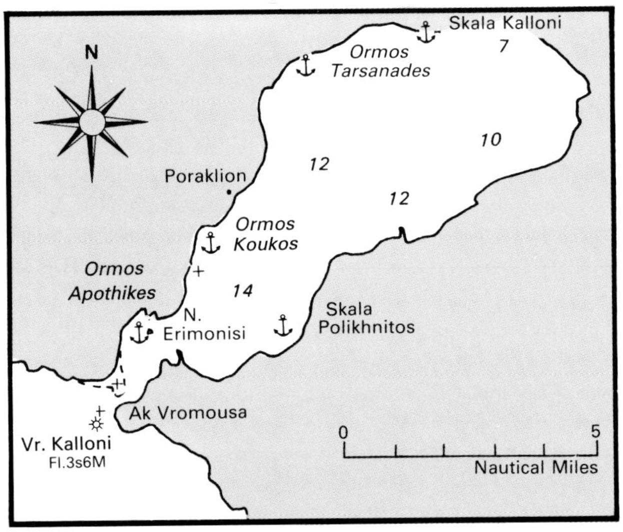

Kolpos Kallonis.

Ormos Apothikai aus NW.

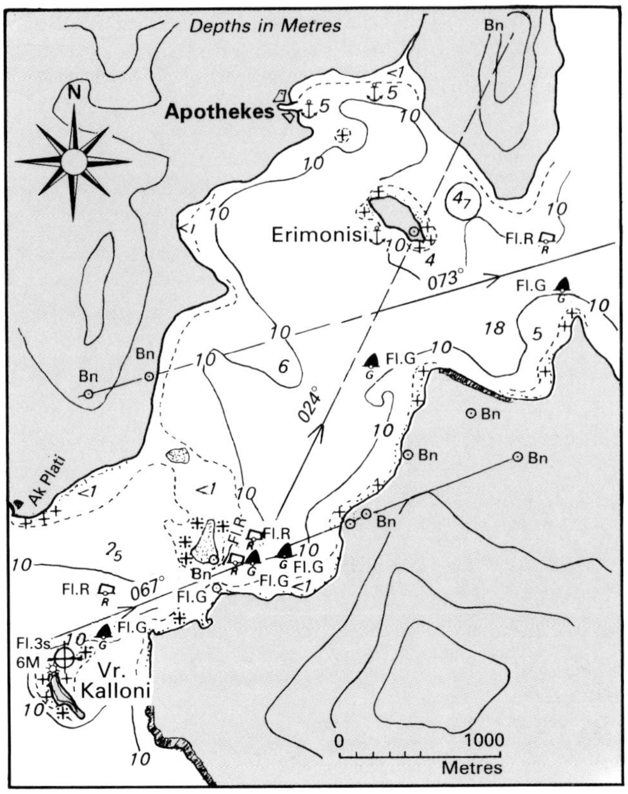

Die schmale Einsteuerung in den Kolpos Kallonis.

sich nach dem Feuer auf Vr. Kalloni (Fl.3s6M) sowie den Leuchttonnen, die das Fahrwasser markieren (Fl.R und Fl.G).

Ankerplätze im Golf

1. ***Ormos Apothikai***: Diese Bucht an der N-Seite der Einfahrt gelegen, bietet den besten Schutz im Golf. Um die Insel Erimonisi herum befinden sich Riffe und Untiefen. Etwa 250 m vor der Huk Ak Apothikai erstreckt sich ein weiteres Riff an der W-Seite der Einfahrt. In der Bucht ankert man auf 5 bis 10 m Tiefe oder macht mit Bug zur kurzen Pier fest, an deren Kopf etwa 3 m Wassertiefe vorhanden sind. Trotzdem ist auf Felsgeröll zu achten, das den Grund unrein macht.
In diesem kleinen Dorf lebt nur eine Handvoll Fischer mit ihren Familien. In der schlichten Taverne am Fuß der Pier bekommt man einfache Gerichte serviert.
2. ***Ormos Koukos***: Diese Bucht befindet sich etwa 2,5 Seemeilen N-lich der Einfahrt in den Golf. Man ankert auf 8 bis 10 m und ist vor Meltemi etwas geschützt.
3. ***Paraklion***: In dieser Bucht, die unmittelbar oberhalb von Koukos liegt, ankert man auf 4 bis 6 m vor einem kleinen Wellenbrecher, ist vor Meltemi aber kaum geschützt.
4. ***Ormos Tarsanades***: Diese Bucht, die sich im NW des Golfs befindet, bietet kaum Schutz vor Meltemi.
5. ***Skala Kallonis***: Im Scheitel des Golfs gibt es einen kleinen Hafen, der von einer L-förmigen Mole geschützt wird. Am äußeren Ende dieser Mole sind Wassertiefen von 1,5 bis 2 m vorhanden. Falls möglich sollte man längsseits festmachen. Weiter in den Hafen hinein wird es untief. Man kann auch vor dem Strand ankern. An Land gibt es Post, Lebensmittel und Tavernen.

6. ***Skala Polichnitou***: Dieser kleine Hafen, der eben E-lich der Einfahrt in den Golf zu finden ist, bietet Tiefen von 2 m in der Einfahrt sowie 2 m vor der kurzen E-Mole. In der Mitte des Hafens sind 2 bis 3 m vorhanden; Wassertiefen von 2,5 m oder mehr findet man am äußeren Teil der W-Mole. Man macht mit Bug zur Mole fest, da Geröll den Grund unrein macht. Guter Schutz vor Meltemi.
Wasser bekommt man am Kai, Treibstoff in der Nähe. An Land gibt es ein bescheidenes Lebensmittelangebot und Tavernen.
Hinweis: Bei Meltemi treten im Golf, Kolpos Kallonis, schwere Fallböen auf, und es baut sich trotz des begrenzten Raumes eine grobe See auf.

Plomarion

WP 38°58,4'N 026°22,2'E (Fl.R.2M)

Allgemeines
Gegründet wurde die Ortschaft Plomarion erst im 18. Jahrhundert, als die Insulaner damit begannen, wieder an der Küste zu siedeln, nachdem die Gefahr von Piratenüberfällen gebannt war. Enge kopfsteingepflasterte Gassen und Passagen winden sich zwischen den Häusern, die im türkischen Stil aus Holz und Stein mit hölzernen Balkonen erbaut sind. Die Umgebung der Stadt ist mit Olivenbäumen bestanden, und die bergigen Hänge dahinter sind mit einem dichten Wald aus Walnußbäumen und Pinien bewachsen, so daß Plomarion wunderschön eingebettet zwischen Bergen und Meer liegt.
Berühmt ist der Ort auch für seinen Ouzo, der als »Barbajanis Ouzo« im Handel ist und von Kennern des nach Anis schmeckenden Gebräus in der gesamtem N-lichen Ägäis gepriesen wird.

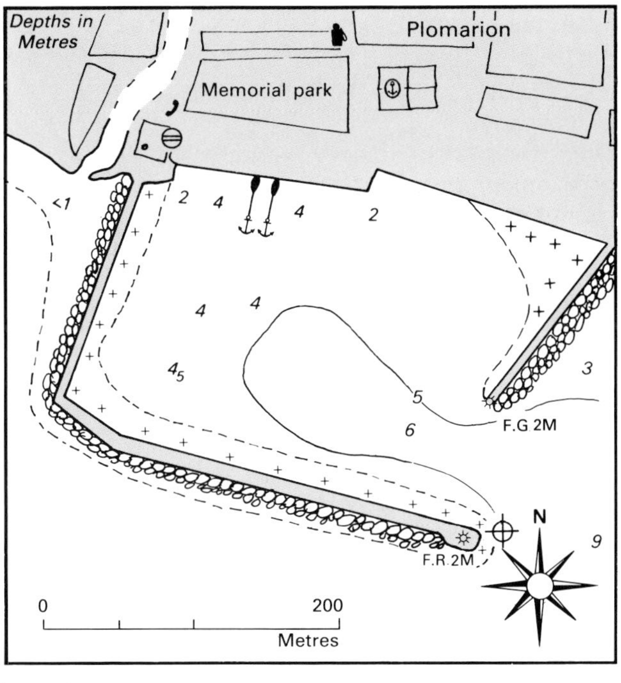

Plomarion.

Der Hafen von Plomarion aus NW.

Ansteuerung
Auffällig: Schon von weitem ist die Stadt von See her auszumachen. Eine gute Landmarke bildet eine Kathedrale mit einem Glockenturm im Hintergrund des Hafens. Auch die Hafenmolen und die Leuchtfeuer sind leicht zu erkennen.
Nachts navigiert man nach der Befeuerung der Hafeneinfahrt: (F.G.2M) und (F.R.2M).

Liegeplätze
Man macht am vorspringenden Kai oder an der W-Mole mit Bug oder Heck, eventuell auch längsseits, fest. Der Grund besteht aus Sand und ein paar Felsen.
Schutz: Der Schutz vor Meltemi ist gut, obwohl sich oft Dünung entwickelt, die das Liegen ungemütlich macht. Bei Winden aus S steht Schwell in den Hafen. Nichtsdestotrotz werden einheimische Fischerboote hier auch im Winter im SW des Hafens festgemacht.
Behörden: Wasserschutzpolizei und Zoll.

Versorgung
Wasser gibt es am Kai.
Treibstoff ist in der Stadt erhältlich, kann aber auch von einem kleinen Tankwagen geliefert werden.
Reparaturen: Einige mechanische Reparaturen sind möglich. Eisenwarenläden.
Lebensmittel: Hervorragende Versorgungsmöglichkeiten. Wein und Ouzo kann man lose vom Faß kaufen.
Restaurants: In der Stadt findet man gute Tavernen.
Sonstiges: Post, Telefonamt, Bank und Fahrradvermietung. Ein Bus verkehrt nach Mytilini.

Ormos Mersinia

WP 38°58'N 026°30,8'E (Vr. Mersinia)

3 Seemeilen SW-lich der Einfahrt in den großen Golf, Kolpos Geras, öffnet sich hinter dem Kap Ak Petras diese weite Bucht, die in ihrem Inneren in zwei Scheiteln ausläuft. Im Scheitel der W-lichen Einbuchtung ankert man auf 4 bis 10 m. Der Grund besteht aus Sand mit Seegras und hält nicht sonderlich gut, da der Anker nur ausgesprochen mühsam durch den dicken Krautbewuchs dringt. Vor

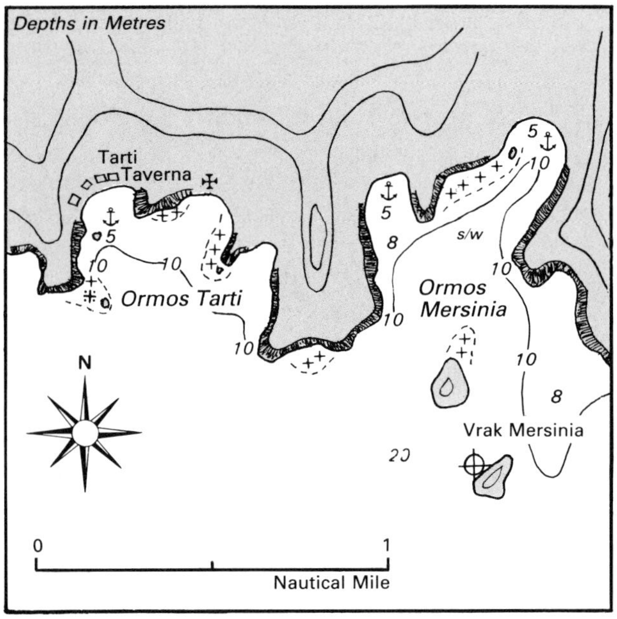

Ormos Mersinia.

dem Meltemi ist man gut geschützt. Alternativ kann man auch in der E-lichen Bucht auf 5 bis 10 ankern.
Unterhalb dicht bewaldeter Hänge gelegen, ist die Bucht Ormos Mersinia ein wirklich ganz bezaubernder Platz.
In der Bucht Ormos Tarti, unmittelbar W-lich, gibt es ebenfalls einen guten Ankerplatz.

Kolpos Geras

Karten: BA 1675, Imray G27, D 611 Plan D

Ansteuerung und Einfahrt
Der zweite von Land umschlossene Golf, Kolpos Geras, befindet sich etwa 25 Seemeilen E-lich von Kolpos Kallonis. Am Tag ist die Ansteuerung einfach und unkompliziert; von einer Ansteuerung des Golfs bei Nacht ist dringend abzuraten. Bei der Ansteuerung muß man sich von Kap Ak Kavourolimni gut freihalten, da sich von dort ein

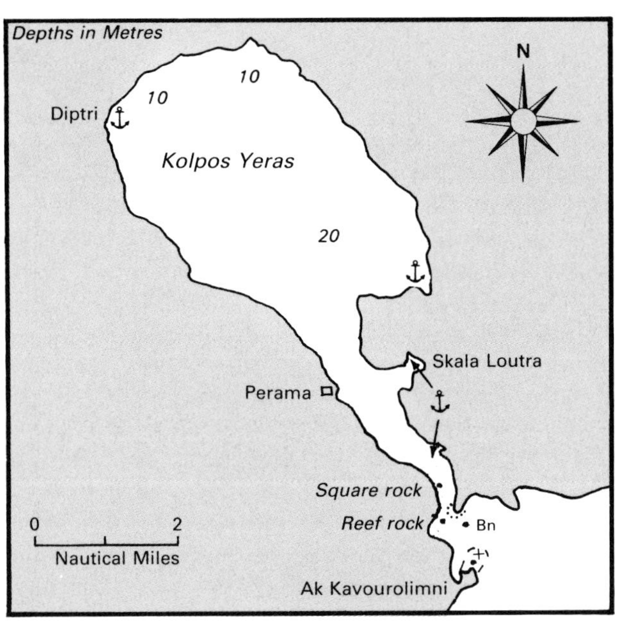

Kolpos Geras.

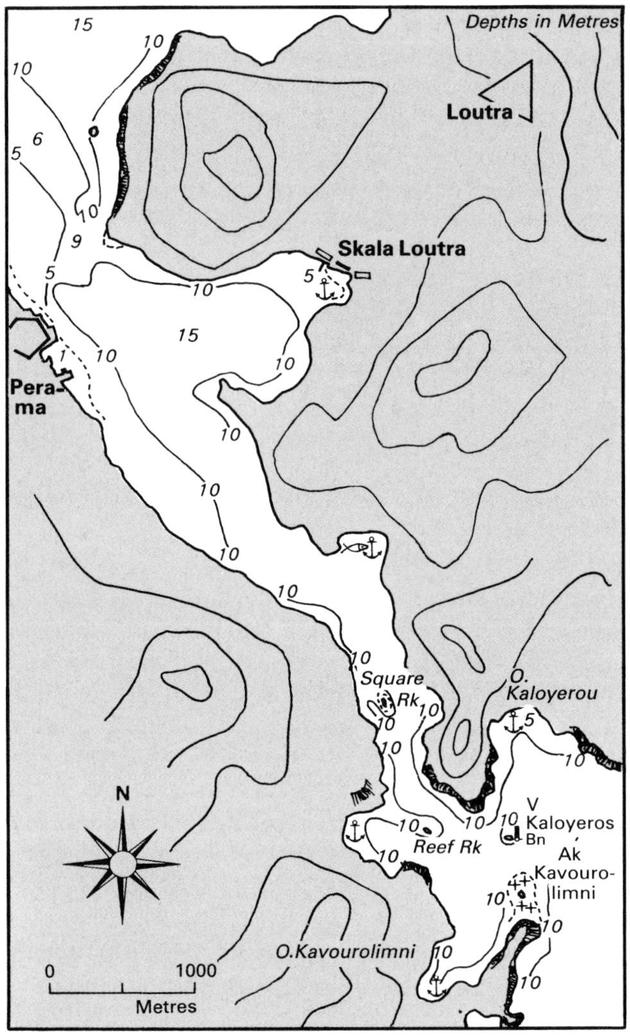

Einsteuerung in den Golf Kolpos Geras.

Riff N-wärts erstreckt. Man passiert zwischen dem Kap und dem Riff, Vr. Kalogeros, das mit einer Bake gekennzeichnet ist. Beim Einlaufen in die schmale Einfahrt passiert man die Bake 150 m an Steuerbord und läßt Riff (Vromonisi) und Felsen (A. Vrasifeios) an Backbord.

Ankerplätze im Golf

1. ***Skala Loutron***: In dieser Bucht, die an der E-Seite der Einfahrt in den Golf liegt, ankert man auf 5 bis 10 m über Schlick. Vor einer kurzen Pier sind größtenteils Wassertiefen von 2 bis 4 m vorhanden. Wasser ist an Land zu bekommen, und es gibt verschiedene Tavernen/Cafés. An der E-Seite der Bucht findet man eine Werft.
2. ***Palaioloutros***: In der kleinen Einbuchtung an der Einfahrt S-lich von Loutron sind neuerdings Fischzuchtanlagen ausgelegt. Aber Platz zum Ankern findet man immer noch.
3. ***Diption***: Im NW des Golfs findet man diesen Ankerplatz, wo man auf 5 m Wassertiefe vor dem Kopf einer Mole ankern kann. An Land gibt es eine Taverne.
4. Einen sehr reizvollen Schönwetterankerplatz findet man im SE des Golfs.
5. ***Perama***: An der W-Seite der Einfahrt findet man diesen Schönwetterankerplatz, wo man mit dem Bug zum Kopf einer Pier festmachen kann. Die Tiefe soll 2,5 m betragen.

Der Ankerplatz wirkt etwas heruntergekommen, und das Wasser ist von einer nahen Gerberei verschmutzt. In Perama gibt es Wasserschutzpolizei.
6. ***Ormos Kavourolimni***: Die Bucht versteckt sich hinter der W-lichen Einfahrtshuk zum Golf. Auch unmittelbar N-lich von Kavourolimni findet man an der W-Seite eine hübsche Ankerbucht.
7. ***Ormos Kalogeras***: Unterhalb der E-lichen Einfahrtshuk versteckt sich diese Bucht, die aussieht, als würde sie guten Schutz vor Meltemi bieten.
Hinweis: Bei Meltemi treten im Golf Fallböen auf, die aber nicht so heftig sind wie im Kolpos Kallonis.

Chios und die umliegenden Inseln

Die Insel Psara

10 Seemeilen W-lich der N-Küste von Chios liegt die kleine kahle Insel Psara im Meer. Gemeinsam mit Spetsai und Ydra war Psara eine der ersten Inseln, die sich gegen die Türkenherrschaft erhoben. Entlang der Küste überfielen und plünderten die Inselbewohner von Psara türkische Schiffe – mit bemerkenswertem Erfolg. Mehrmals machten sich die Türken zu Strafexpeditionen zur Insel auf, konnten Psara aber wegen schlechten Wetters nicht anlaufen – bis zum Juni 1824. In diesem Jahr kam Hosref Pasha mit einer großen Streitmacht und massakrierte die gesamte Inselbevölkerung. Ein paar Überlebende entkamen und gründeten die Stadt Nea Psara auf Euböa. Psara erlangte nie wieder seine einstige Bedeutung.

Psara

WP 38°32,4'N 025°34,1'E (Fl.R.1,5s3M) / Karten: BA 1058, Imray G28D 612

Allgemeines
Von der einst blühenden Stadt ist nicht mehr viel übrig geblieben: ein paar verfallene Häuser und Speicher, die Windmühlen auf dem Bergrücken und der große Naturhafen. In den letzten Jahren sind jedoch ein paar Häuser wieder aufgebaut worden, so daß ein bißchen Leben in den Ort zurückgekehrt ist.
Im Inneren der Insel, deren verdörrter felsiger Boden kaum Möglichkeiten für eine Bewirtschaftung bietet, fin-

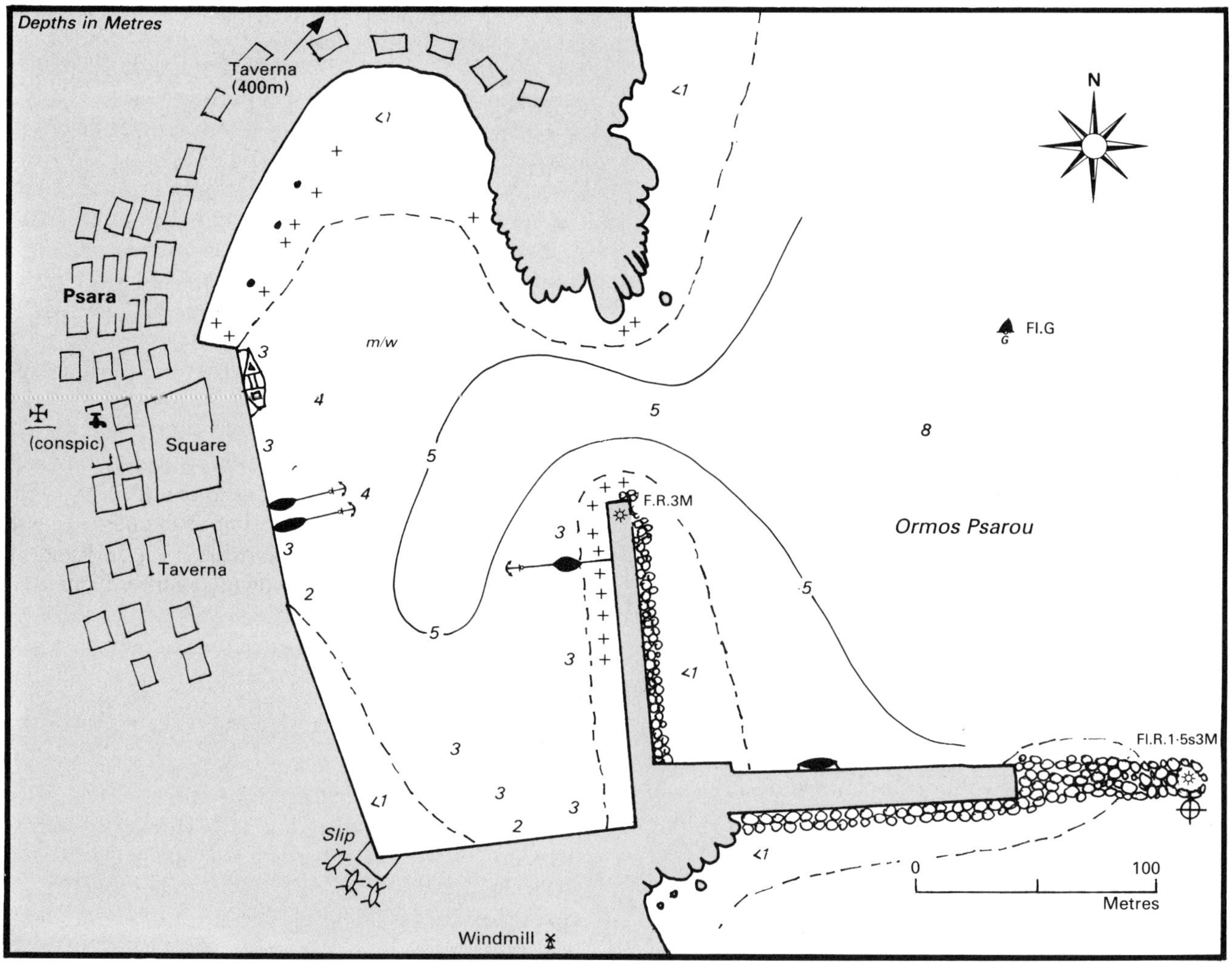

Psara.

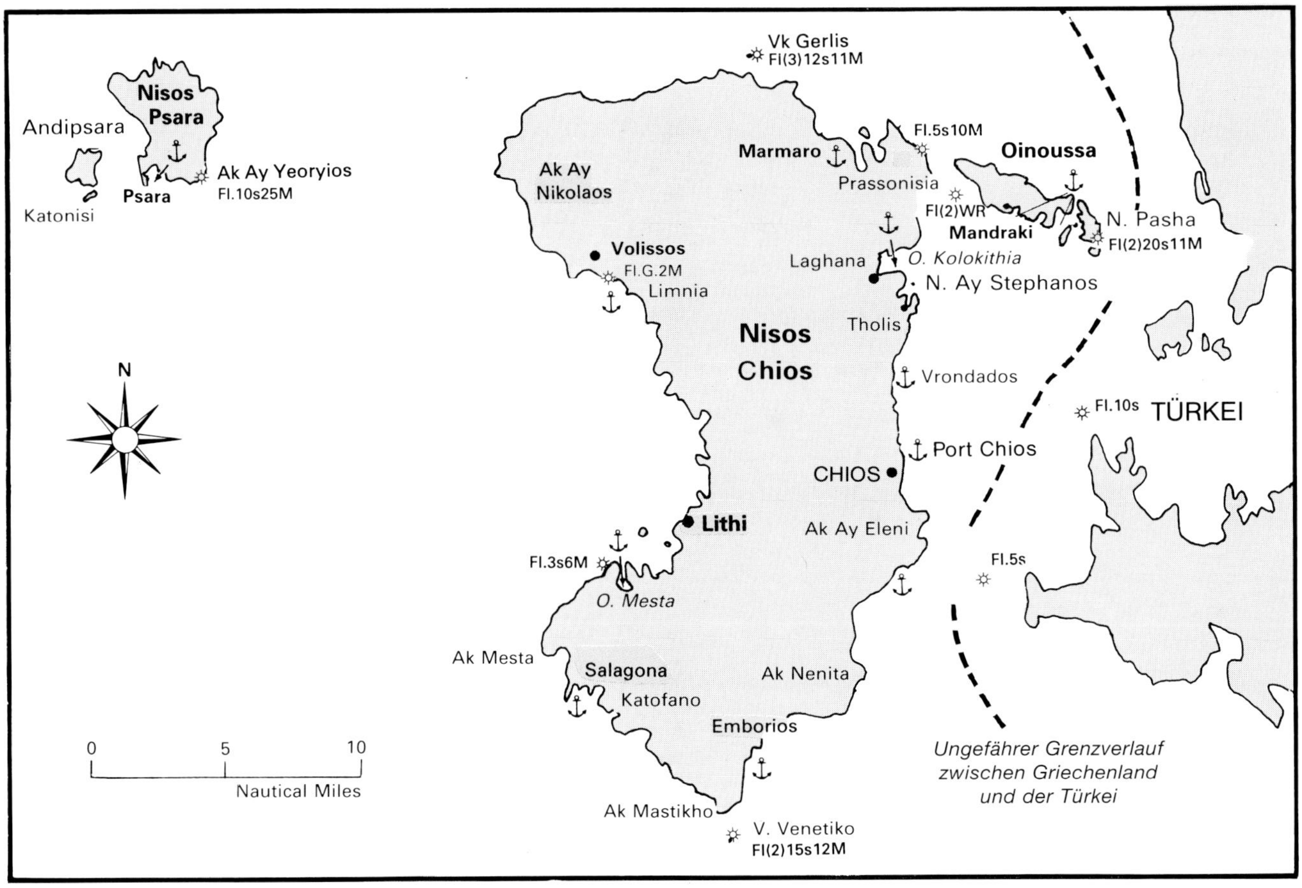

Chios und die umliegenden Inseln.

det man eine mykenische Nekropole, die bisher aber noch nicht systematisch ausgegraben wurde.
Bei Homer wird die Insel zwar als »Psyrie« erwähnt, aber über sie selbst findet sich nichts in den Texten. Abgesehen von der kurzen Zeitspanne, als die Insel eine reiche Handelsflotte besaß, die sie gegen die Türken komplett verlor, sagt den meisten Leuten der Name »Psara« heute kaum noch etwas.

Ansteuerung

Auffällig: Schon aus der Entfernung ist die Ortschaft, die auf dem niedrigen Bergrücken des Kaps Ak Skadali steht, leicht auszumachen. Bei der Ansteuerung aus E und S bilden zwei große Kirchen in der Ortschaft gute Landmarken. Die Mole ist allerdings erst zu sehen, wenn man bereits nah herangekommen ist. Etwa 150 m genau E der N-lichen Einfahrtshuk ist eine grüne Spitztonne ausgelegt.

Der Hafen von Psara aus SW.

Nachts navigiert man nach dem Feuer auf Ak A. Georgiou (Fl.10s25M) und dem Feuer auf der Einfahrt (Fl.R.1,5s3M). Auch die grüne Tonne ist befeuert (Fl.G); man sollte sich jedoch nicht unbedingt darauf verlassen. Der Kopf der Innenmole ist ebenfalls befeuert (F.R.3M). Auch die Hafenfeuer brennen nur unzuverlässig.
Gefahren: Bei der Ansteuerung aus W muß man sich von einem Riff freihalten, das die Insel Nisis Antipsara und die Felsklippe Vrakonisis Katonisi säumt. Diese Inseln und Klippen sind nachts nicht befeuert und machen die Ansteuerung aus dieser Richtung schwierig.

Liegeplätze

Man kann festmachen, wie und wo man mag. Der Grund besteht aus Schlick, Seegras und einigen Felsen, hält aber gut.
Schutz: In Psara ist man bei jedem Wetter gut geschützt, auch wenn starke NE-Winde das Liegen ungemütlich machen.
Behörden: Wasserschutzpolizei.

Versorgung

Wasser wird auf der Insel nur in begrenzten Mengen abgegeben.
Lebensmittel: Bescheidenes Lebensmittelangebot, da die Versorgung der Insel von der Fähre von Chios abhängig ist.
Restaurants: Es gibt mehrere Tavernen.
Sonstiges: Post. Eine örtliche Fähre verkehrt nach Chios.

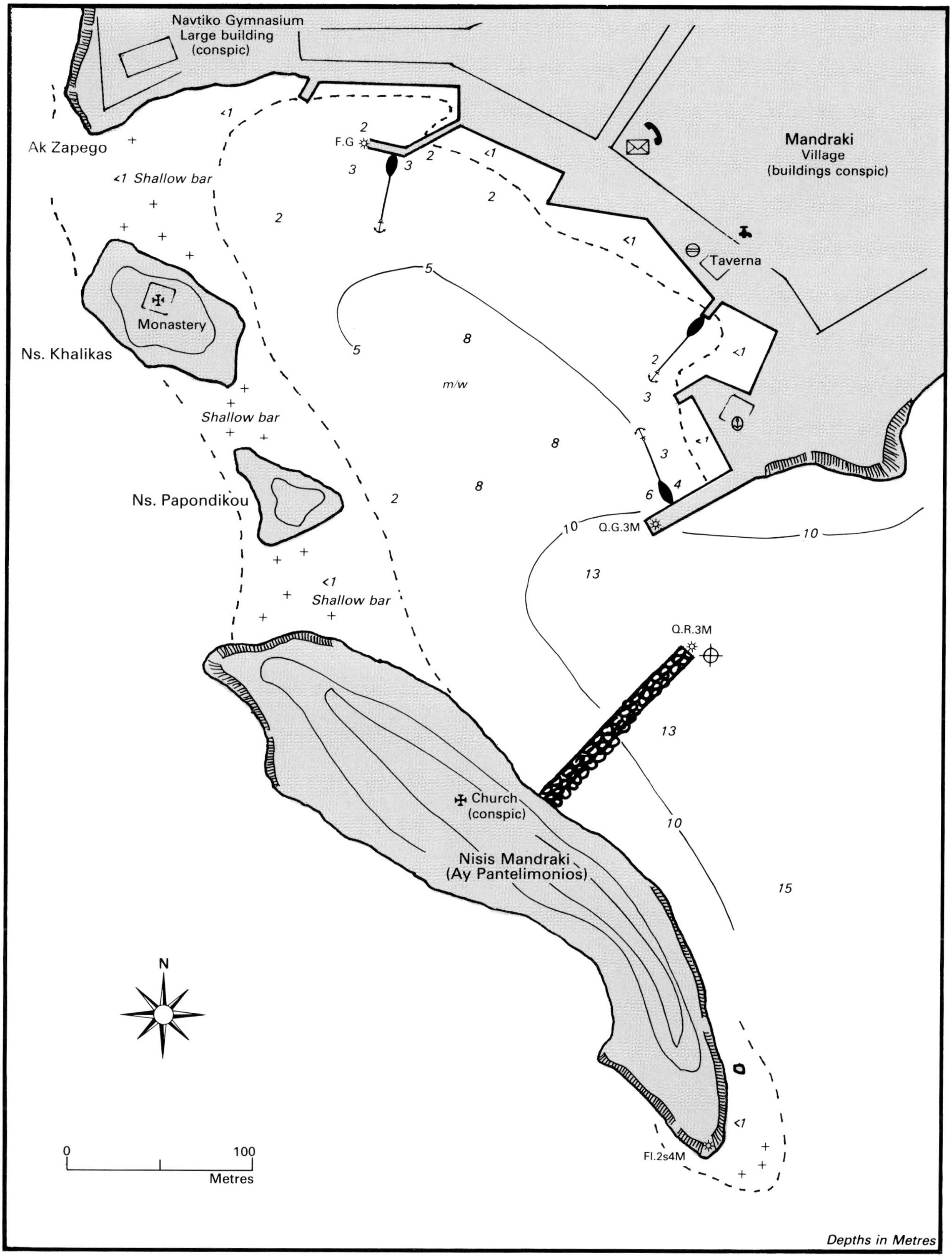

Mandraki (Oinousa).

Die Insel Oinousa

Etwas mehr als 1 Seemeile E-lich der N-Küste von Chios liegt diese kahle Insel, die früher einmal die Heimat einer wohlhabenden Gemeinde von Seefahrern war. Heute hat sich die Einwohnerzahl stark verringert.

Oinousa (Mandraki)

WP 38°30,7'N 026°13,2'E (Q.R.3M) / Karten: D 1084 Plan E

Allgemeines
Bei der Ansteuerung von Oinousa gewinnt man zunächst den Eindruck, es handele sich hier um ein blühendes, wohlhabendes Städtchen. Beim Näherkommen wird man dann aber gewahr, daß die Fensterläden geschlossen sind. Der Grund für den Verfall liegt in der Tatsache begründet, daß die Reeder der Insel nicht mehr hier leben, sondern in New York, London, Paris oder Athen – eben dort, wo sich heutzutage das Geschäftsleben abspielt.
Die Insel, die nun keinerlei wirtschaftliche Bedeutung mehr hat, ist die Heimat der reichsten griechischen Reeder-Familien – unter ihnen der Reichste von allen, Costa Lemos. Im Gegensatz zur landläufigen Meinung, die beiden reichsten Reeder Griechenlands wären Niarchos und der verstorbene Onassis, ist es in Wahrheit dieser Mann, dessen Name den meisten Leuten überhaupt nichts sagt.

Ansteuerung
Auffällig: Bei der Ansteuerung aus S ist die Ortschaft schon von weitem auszumachen. Kommt man von N, sind die Klippen, Vr. Prassonisia und das Leuchtfeuer darauf leicht zu erkennen. Beim Näherkommen bilden die Kirche und das Leuchtfeuer auf Nisis A. Panteleimonos gute Landmarken. Hat man die Insel gerundet, wird die Hafenmole sichtbar.
Nachts navigiert man nach dem Feuer auf Prassonisia (Fl(2)WR.10s5/3M), dem auf Nisis Mandraki (Fl.2s4M) sowie der Befeuerung der Einfahrt (Q.G.3M) und (Q.R.3M). Auch die Pier im Inneren des Hafen ist befeuert (F.G.3M).
Vorsicht: Die Insel Oinousa ist von Riffen umgeben. Schätzungsweise 0,7 Seemeilen SE-lich von Prassonisia erstreckt sich ein Riff, vor dem man sich freihalten muß. Normalerweise ist es gut zu erkennen, da sich die See darüber bricht. Zwischen diesem Riff und der Insel Oinousa ist das Fahrwasser 10 m tief. Die drei kleinen Inseln, die den Hafen zur See hin schützen, sind durch eine untiefe Barre verbunden, und zwischen ihnen ist eine Passage nicht möglich.

Der Hafen Mandraki (auf Oinousa) aus E.

Liegeplätze
Wo man mag, kann man mit Bug oder Heck zum Kai festmachen, oder vor dem Ort ankern. Der Grund besteht aus Schlick mit Seegrasbewuchs und hält gut.
Schutz: Man ist hier bei jedem Wetter gut geschützt. Im Hafen kann man immer ein sicheres Plätzchen finden; selbst bei Starkwinden aus SE, die in Oinousa aber nicht gefährlich werden.
Behörden: Wasserschutzpolizei und Zoll.

Versorgung
Wasser bekommt man aus einem Wasserhahn unweit des Kais.
Lebensmittel: Das Angebot ist bescheiden; die Auswahl hängt von der örtlichen Fähre ab, die von Chios herüberkommt.
Restaurants: Es gibt einige Tavernen, in denen gelegentlich auch frischer Fisch angeboten wird.
Sonstiges: Post. Eine Fähre verkehrt nach Chios.

Nisis Passa und die Passage zwischen den Inseln

WP 38°30,1'N 026°17,7'E (Feuer Passa) / Karten: BA 1625

Hinweis: Die Bucht an der NW-Spitze von Nisos Passa ist nun als militärisches Sperrgebiet ausgewiesen, und Yachten dürfen die Bucht und ihre unmittelbare Umgebung nicht ansteuern.

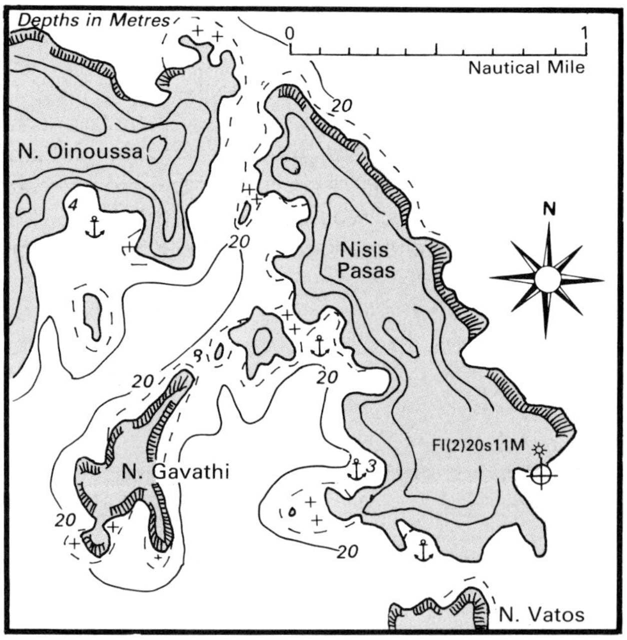

Die Insel Passa.

Vor der E-Huk von Nisis Oinousa liegt, nur durch eine schmale Passage mit wenigstens 3,5 m Tiefe im Fahrwasser getrennt, die kleine Insel Passa. Die W-Küste von Passa wird durch mehrere Buchten stark gegliedert. Die Einbuchtungen bieten guten Schutz vor dem Meltemi. Auch eine Bucht an der E-Küste von Oinousa bietet guten Schutz. Der Grund besteht größtenteils aus Sand mit etwas Seegrasbewuchs, der unterschiedlich gut hält.
In der letzten Zeit sind in verschiedenen kleinen Einbuchtungen Fischfarmen angelegt worden, die den Ankerraum um die Insel stark einschränken – allerdings gibt es immer noch genügend Platz für Yachten.
Vorsicht: Die Küsten von Oinousa, Passa und den umliegenden Inselchen werden von Riffen gesäumt, die bei Tag leicht auszumachen sind. Nachts ist jedoch Vorsicht geboten, da die Riffe auf dem beigefügten Skizzenplan nur grob eingezeichnet wurden.

Die Insel Chios

Obwohl viele Inseln für sich in Anspruch nehmen, die Geburtsstätte Homers zu sein, ist es doch am wahrscheinlichsten, daß diese Ehre Chios zukommt. Homer beschrieb die Insel als »schroff«, und dieser Beiname ist wirklich verdient. Ein hoher Bergrücken, der sich vom Prophites Ilias (1297 m) im N bis hinunter in den S erstreckt, wo er im flachen Kap Ak Masticho ausläuft, gleicht einer Mondlandschaft, die verdörrt und durch Erosion wie zerfressen wirkt. Im NW bedecken dichte Pinienwälder die sanfter werdenden Hänge. Nur die fruchtbaren Ebenen im S haben noch etwas Ähnlichkeit mit den antiken Beschreibungen der Insel, die ihre Fruchtbarkeit rühmen. Tatsächlich scheinen die Geographie und die Geschichte von Chios, ein Muster zu bilden, das im Lauf der Jahrhunderte so oft zerstört wurde, daß das ursprüngliche Konzept nicht mehr erkennbar ist: Fruchtbare Ebenen steigen sanft zu kahlen Felsmassiven an, herbe, schmucklose Plateaus senken sich zu einem bewaldeten Tal, das wiederum in einer felsigen, von der See zerklüfteten Bucht ausläuft.
Die Geschichte der Insel Chios war im Altertum strahlend, was jedoch von den Tragödien neuerer Zeit überdeckt wird. Der Name der Insel ist möglicherweise phönizischen Ursprungs und bedeutet »Mastix«. Gemeinsam mit Samos und Smyrna, dem heutigen Izmir, wurde Chios Mitglied des Ionischen Bundes, wodurch sie zu einem beträchtlichen Maß an Reichtum kam, und die Künste erlebten ebenfalls eine Blütezeit.
Homer, der »blinde alte Mann vom schroffen Chios«, Thales von Milet, Astronom, Mathematiker und Naturforscher sowie später der tragische Dichter Ion stammten von der Insel.
Chios wurde von den Römern geplündert und versank endgültig im Dunkel der Geschichte, als Sarazenen die Insel eroberten, die später eine Hochburg der Piraterie wurde.
Erst nachdem die Genueser Familie Gattelusio auf Lesvos das Ruder in die Hand genommen hatte, übernahm die Giustianni-Familie die Herrschaft auf Chios und führte die Insel mit Beginn des 14. Jahrhunderts wieder zu wirtschaftlichem Erfolg und Wohlstand.
1566 eroberten die Türken Chios, das bis 1912 unter ihrer Vorherrschaft blieb. Der griechische Kampf um Unabhängigkeit begann 1821, und ein Jahr später schlossen sich die Chioten den Aufständischen an. Erst die furchtbare, blutige Rache der Türken rüttelte die Welt auf. Die Stadt Chios wurde dem Erdboden gleich gemacht, 25 000 Bewohner wurden massakriert und 47 000 versklavt. In Nea Mon gibt es einen bedrückenden Raum, in dem die Gebeine von einigen der zigtausend Toten aufgestapelt sind. Delacroix hat das blutige Massaker in einem seiner berühmten Gemälde verewigt, und Victor Hugo wurde davon zu seinem Roman »Das Kind von Chios« inspiriert. Eine vergleichsweise bescheidene Rache übte der Admiral Kanaris noch im selben Jahr, indem er das Flaggschiff der türkischen Flotte samt Kommandanten versenkte. Aufgrund dieses Massakers nahm die Weltöffentlichkeit dann endlich Notiz vom griechischen Kampf um Unabhängigkeit.
Die Chioten, denen es gelang, dem Massaker zu entfliehen, wurden über ganz Europa verstreut; viele von ihnen wurden wohlhabende Kaufleute und Reeder, unter ihnen die Gebrüder Rellis aus London.
Kaum hatte sich Chios von dieser Katastrophe erholt, erschütterte 1881 ein schweres Erdbeben die Insel, bei dem 3500 Insulaner ihr Leben verloren.
Nun ist die Insel wiederentdeckt worden, und das moderne Chios summt und brummt geschäftig in der charakteristischen Art der Levante.
Der Anbau von Mastixsträuchern hat auf der Insel Tradition. Aus dem aromatischen Harz der Pflanze wird eine Süßigkeit hergestellt, die bereits in der Antike sehr beliebt war.
Die Haremsdamen des Sultans schrieben dem Mastix eine aphrodisische Wirkung zu und sicherten so den Anbau der Mastixstaude unter türkischer Herrschaft. Heute wird Mastix hauptsächlich zur Herstellung von »Masticha« verwendet, einem herbsüßen und ziemlich starken Likör. Und aus diesem hochprozentigen Gebräu wird ein »Unterseeboot« bereitet. Letzteres besteht aus einem Löffel voll dickem süßem Mastix-Sirup, der in ein Wasserglas gegeben wird. Wie man allerdings das Ganze zu sich nimmt, ohne sich alles über Bauch und Tisch zu gießen, bleibt vermutlich ein Geheimnis.

Limin Chios

WP 38°22,3'N 026°08,7'E (Fl.G.3s6M) / Karten: BA 1625, Imray G28, D 1084 Plan G

Allgemeines
Die Atmosphäre des lauten und betriebsamen Hafens von Chios erinnert mehr an die Levante als an die Inseln, die weiter W-lich liegen. Dreirädrige Zweitakter schwirren umher, kleine örtliche Fähren laufen unentwegt ein und aus, Kümos werden von Kränen knarrend und knirschend entladen – das einzige Geräusch, das diesen Lärmpegel noch übertönt, ist das Signalhorn der Inselfähre.
Die Gebäude der Stadt wurden zum größten Teil nach dem Erdbeben 1882 errichtet, das die Insel stark ver-

Insel Patmos: Blick über Skala Patmou aus SSE hinüber zur Bucht Ormos Mericha (oben); Hafen und Ortschaft Lipso auf der gleichnamigen Insel aus NE; im Hintergrund die Inselgruppe Nisides Chalavra.

Insel Leros: Blick aus E über die Ormos Lakki hinüber zum Yachthafen (oben); Ormos Pserimos an der Westküste der gleichnamigen kleinen Insel aus E.

Insel Kos: Blick aus NNE von der Einfahrt in den Hafen Kos (oben); die Stadt Rhodos mit dem Hafen Mandraki aus NNE.

Lindos an der Ostküste der Insel Rhodos aus NNE (oben); Skala Astypalaia: Blick über den Kai und die Chora mit dem venezianischen Kastell aus SE.

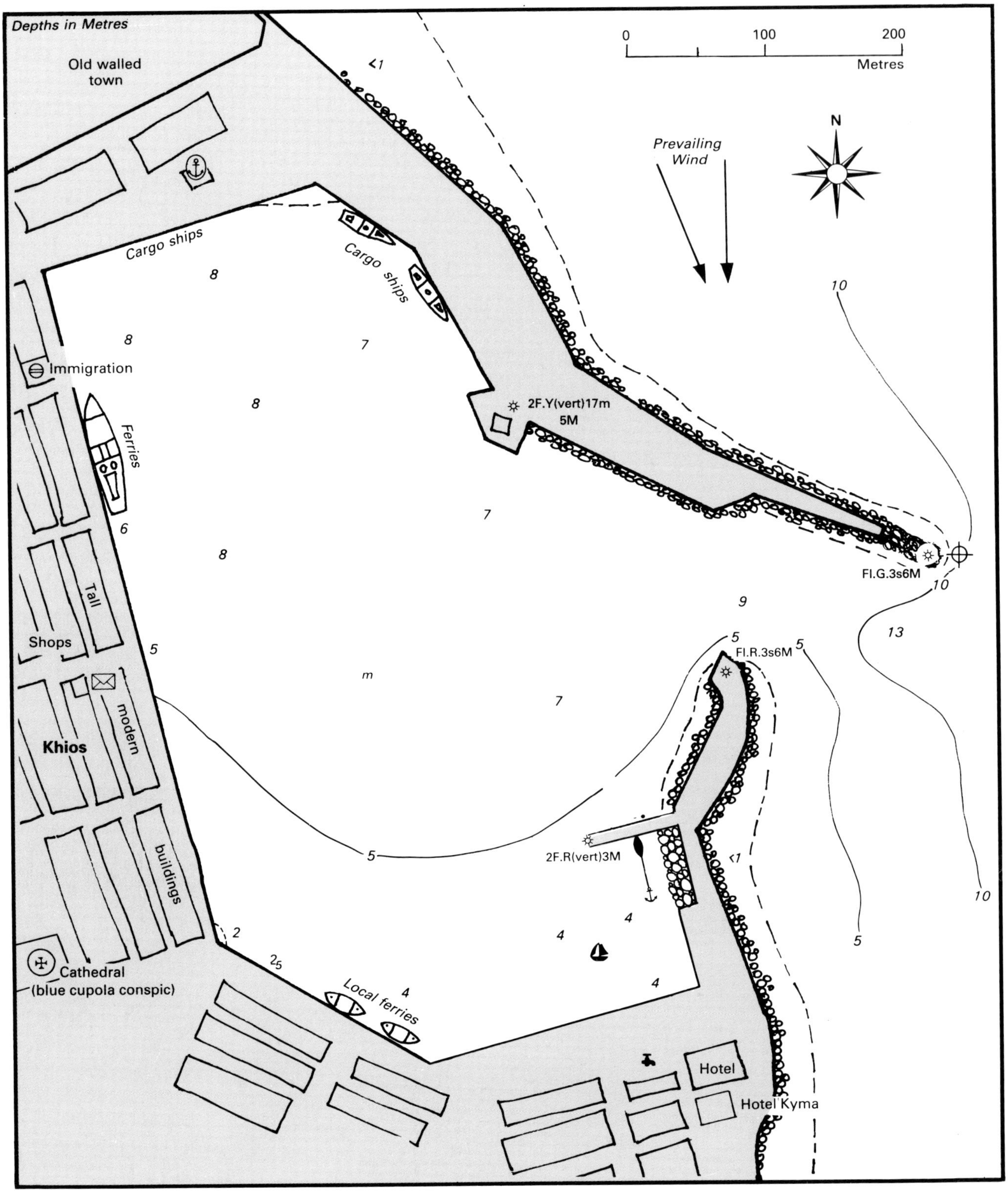

Limin Chios.

wüstete, und obwohl ein paar alte Häuser die Katastrophe überstanden haben, stehen sie nun im Schatten der neuen Gebäude. Selbst bei einer sehr großzügigen Beurteilung kann man die Stadt nicht gerade als architektonisch gelungen bezeichnen. An den Tourismus hat man kaum Zugeständnisse gemacht, auch wenn im SE des Hafens ein geradezu optimistisch großes Hotel entstanden ist.
Ein kleines Museum, das in einer umgebauten Moschee beheimatet ist, zeigt einige antike Funde.

Ansteuerung

Auffällig: Die hohen Gebäude der Stadt sind schon von weitem auszumachen. Der markante Fernsehturm bildet eine gute Landmarke bei der Ansteuerung des Hafens aus S. In der Stadt ist die Kathedrale mit der blauen Kuppel gut zu sehen. Auch die Hafenmolen und die Einfahrt sind leicht zu erkennen.
Nachts richtet man sich nach der Befeuerung der Hafeneinfahrt: (Fl.G.3s6M) und (Fl.R.3s6M). Das Feuer der N-Mole steht 290 m vom Kopf entfernt und hat die Kennung

(2F.Y(vert)5M). Auf dem Kopf des Anlegers, der sich vor dem S-lichen Wellenbrecher befindet, zeigt ein Feuer (2F.R.(vert)3M). Die Befeuerungen des Hafens sind vor der beleuchteten Stadt schwer zu erkennen.
Gefahren: Bei Meltemi baut sich in der Durchfahrt von Chios sowie in der Ansteuerung des Hafens eine unverhältnismäßig rauhe See auf. Der Grund dafür sind die vorherrschenden N-lichen Winde, die gegen den N-setzenden Strom stehen. Bei der Ansteuerung aus S kann die Durchfahrt daher zu einer länger andauernden und ungemütlichen Prozedur werden.

Liegeplätze
Man macht mit Bug oder Heck hinter der Mole in der SE-Ecke des Hafens fest. Auch wenn hier die einheimischen Boote festgemacht sind, findet man eigentlich immer noch ein Plätzchen, in das man sich hineinquetschen kann. Bei ruhigem Wetter macht man entlang der W-Mole S-lich des Fährkais fest.
Der Ankergrund besteht aus klebrigem Schlick, der ganz hervorragend hält.
Schutz: Im Schutz der Mole in der SE-Ecke des Hafen ist man bestens vor Meltemi geschützt. An anderen Plätzen im Hafen kann es bei Meltemi recht ungemütlich werden, da sich dann im großen (fast 0,5 sm) Hafenbecken Schwell aufbaut.
Behörden: Der Hafen Chios ist Port of Entry, Zoll, Wasserschutzpolizei und Einwanderungsbehörde sind vor Ort.
Hinweis: Abwasserrohre entlassen ihren Inhalt ungeklärt in den Hafen. Im Sommer führt das natürlich zu Geruchsbelästigungen, da die Abwässer in der Hitze schmoren …

Versorgung
Wasser gibt es am Kai, muß aber eventuell im Kanister an Bord transportiert werden.
Treibstoff gibt es in der Stadt, kann aber auch von einem Tankwagen geliefert werden.
Reparaturen: Die meisten mechanischen Reparaturen können ausgeführt werden, ebenso einfache Arbeiten an der Maschine. Hervorragende Eisenwarenläden und Werkzeuggeschäfte.
Lebensmittel: Beste Versorgungsmöglichkeiten, und Wein kann lose vom Faß erworben werden. Im Bereich hinter dem W-Kai findet ständig Markt statt. Stangeneis ist erhältlich.
Restaurants: In der Stadt gibt es natürlich diverse Tavernen.
Sonstiges: Post, Telefonamt, Banken, Gas, Camping GAZ, Krankenhaus sowie Auto- und Motorradvermietung. Zu den größeren Orten der Insel verkehren Busse, und es bestehen Fährverbindungen nach Piräus und Volos. Kleine örtliche Fähren bedienen Samos, Oinousa, Psara und Cesme in der Türkei. Inlandsflüge nach Athen.

Vrontados

2,5 Seemeilen N-lich des Hafens von Chios findet man diesen Miniatur-Fischerhafen, der kleinen Yachten guten Schutz bietet. Normalerweise ist er aber überfüllt, so daß man Schwierigkeiten haben wird, einen Liegeplatz zu finden. Beim Einlaufen und am Liegeplatz ist Vorsicht geboten, da der Grund ungleichmäßig ist und man kaum Platz zum Manövrieren hat.

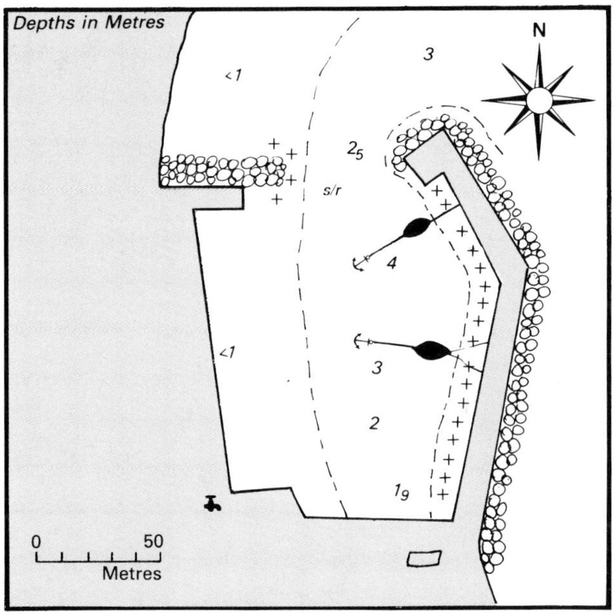

Vrontados.

Wasser gibt es unweit des Kais. Im Ort findet man Cafés und Tavernen. In diesem Gebiet schießen Hotels wie Pilze aus dem Boden, und die Zahl der Urlauber ist nicht unbedeutend.

A. Ioannis

Unmittelbar W-lich des Kaps Ak Pachy befindet sich diese schmale Bucht, in deren Scheitel es eine große Werft gibt, die auch sehr große Caïquen und Yachten aus dem Wasser heben kann. Laut Inhaber können Schiffe bis zu 1000 t aufgeslippt werden. Diese Zahl ist mit Vorsicht zu genießen, aber 200- bis 300-t-Caïquen und Motorboote mit einer Verdrängung von 25 t sind sicher kein Problem. Von der Werft einmal abgesehen, ist dieser Platz vollständig abgeschieden.

Ormos Kolokythias

Eben N-lich der Insel Nisis Agios Stephanos liegt diese weite Bucht, in deren SE-Ecke sich das kleine Dorf Langada befindet. Im SE der Bucht sind die Wassertiefen zum Ankern zu groß; schon in geringer Entfernung vom Kai an der N-Seite sind es 20 bis 25 m. An der S-Seite ankert man auf 10 bis 20 m und bringt eine lange Leine zum Strand aus. Im Dorf findet man Tavernen und ein paar Lebensmittel.
Hinweis: Die kleine Einbuchtung im NW der Bucht gehört zu einer Marine-Anlage. Das Anlaufen oder Navigieren in der Umgebung ist verboten.

Ormos Marmaro

WP 38°32,7'N 026°06,6'E (Fl.G.2s3M) / Karten: D 612

Allgemeines
Am Fuß einer wildromantischen Schlucht, die tief in die Berghänge eingeschnitten ist, befindet sich das wunder-

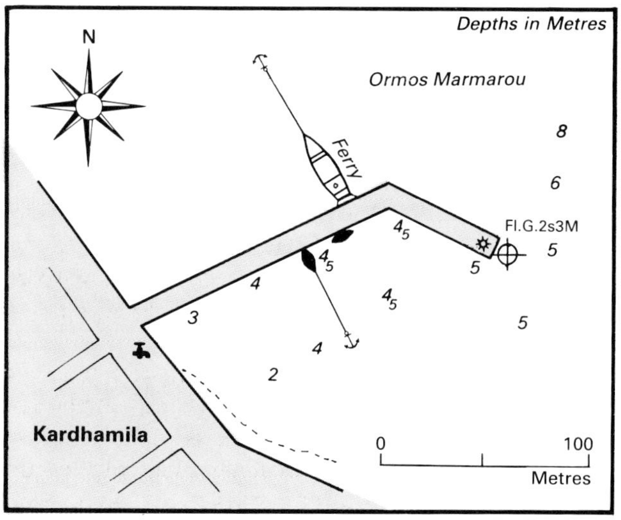

Marmaro.

schöne Dorf Kardamila. Im Gegensatz zu den umliegenden Berghängen, die durch ihre kahlen Felsen wie wahre Mondlandschaften wirken, sorgt ein Fluß dafür, daß in Kardamila und Umgebung selbst im Sommer alles schön grün ist.

Ansteuerung
Auffällig: Das Dorf wird erst sichtbar, wenn man in die Bucht einläuft. Eine Windmühle, die auf einem Felsvorsprung steht sowie die Ortschaft und ein Friedhof oberhalb davon sind leicht zu erkennen, wenn man die Einfahrt zur Bucht erreicht hat.
Nachts navigiert man nach den Feuern auf Nisis Margariti an der Einfahrt zur Bucht (Fl.3s5M) und der Befeuerung des Molenkopfes (Fl.G.2s3M).
Gefahren: Zwischen Nisis Margariti und der Küste betragen die Wassertiefen weit weniger als die 10 m, die in den Seekarten angegeben sind; tatsächlich sind es 2 bis 3 m. Es ist daher ratsam, die Insel Margariti seeseitig zu passieren.

Liegeplätze
An der inneren Molenseite kann man, wo und wie man mag, festmachen. Der Grund, der aus Schlick und Seegras besteht, hält nur stellenweise gut. Daher ist es empfehlenswert, an der Mole längsseits zu gehen, falls das möglich ist.
Schutz: Vor dem Meltemi ist man gut geschützt.
Behörden: Wasserschutzpolizei und Zoll.

Ansteuerung des Hafens Marmaro aus N. Die Windmühle bildet eine gute Landmarke.

Versorgung
Wasser gibt es am Fuß der Mole.
Treibstoff ist in der Stadt erhältlich.
Lebensmittel: Ein begrenztes Angebot und Stangeneis bekommt man im Ort.
Restaurants: Verschiedene Tavernen an der Hafenpromenade.
Sonstiges: Post, Telefonamt und Bank. Inselbusse verkehren nach Chios. Fährverbindung nach Psara und Chios.

Ormos Volissou

WP 38°28'N 025°55,5'E (Fl.G.1,5s2M) / Karten: D 612 Plan B

Allgemeines
Dieser Hafen, der wirklich sehr wenig Platz bietet, wird nur von wenigen Fischern benutzt. Die kleine Ortschaft ist verfallen bzw. baufällig – aber nichtsdestotrotz sehr liebenswert. Es gibt etwas Fremdenverkehr im Ort, der jedoch nicht überwältigend ist. Ortschaft und Hafen sind es aber durchaus wert, einen Abstecher an die W-Küste von Chios zu unternehmen.

Ansteuerung
Auffällig: Die Ortschaft Volissos und die Festungsanlage, die oberhalb des Ortes thront, sind schon von weitem gut auszumachen. Beim Näherkommen wird das Leuchtfeuer auf der SE-Seite der Einfahrt sichtbar.
Nachts: Eine Ansteuerung bei Nacht ist nicht zu empfehlen! Im Notfall richtet man sich nach dem Feuer auf der E-Huk der Einfahrt (Fl.G.1,5s2M).
Gefahren: Bei der Navigation ist auf die Über- und Unterwasserfelsen, die die Küste im Ansteuerungsbereich des Hafens säumen, zu achten.

Liegeplätze
Am Kai im NW des Hafens macht man mit Bug oder Heck fest. Der Sandgrund ist mit Seegras bewachsen und hält gut.
Schutz: Man ist bei jeden Wetter gut geschützt, auch wenn SW-Winde das Liegen im Hafen ein wenig ungemütlich machen.

Versorgung
Wasser bekommt man in der Taverne.
Treibstoff gibt es im Ort, der gut 2 Kilometer entfernt oberhalb des Hafens auf dem Berg erbaut wurde.
Lebensmittel: In Volissos (2 km) sind die meisten Lebensmittel erhältlich.
Restaurants: Am Hafen sind diverse Tavernen, weitere gibt es oben im Ort.
Sonstiges: Ein Bus verkehrt von Volissos nach Chios.

Lithion (Lithi)

38°20,6'N 025°59,5'E

Der kleine Fischerhafen wurde an der W-Küste von Chios unmittelbar oberhalb von Mesta gebaut. Von der W-Seite

Lithi oberhalb von Mesta an der W-Küste von Chios (Foto: Hans van Rijn).

der Bucht schützen zwei Wellenbrecher einen Kaiabschnitt und eine kurze Pier. Die Wassertiefen im Hafen betragen etwa 3 m. Der Schutz vor Meltemi ist gut. Bei der Einsteuerung und im Hafen ist Vorsicht geboten, da die Angaben über die Wassertiefen unsicher sind.

Ormos Mesta (Limani Meston)

38°18'N 025°55'E (Feuer Ak Oura)

An der W-Küste der Insel Chios, unterhalb von Lithion, befindet sich diese schmale, tief in das Land einschneidende Bucht. Auf der W-lichen Einfahrtshuk der Bucht, Ak Oura, brennt ein Feuer (Fl.3s6M); die innere Einfahrt von Ormos Mesta ist mit Q.G.2M sowie Q.R.2M auf dem Ende der N-Mole befeuert. Die beiden inneren Feuer arbeiten leider unzuverlässig.
An der SE-Seite der tiefen Bucht sind unweit des Scheitels mehrere lange Kaiabschnitte gebaut worden, vor denen gute Wassertiefen zu finden sind. Erst kürzlich sind außerdem zwei Schwimmstege ausgelegt worden. Mit Bug oder Heck bzw. längsseits macht man, wo es einem zusagt, fest. Der Schutz vor Meltemi ist besser, als es zunächst den Anschein hat. Bestens geschützt ist man vor Winden aus S-lichen Richtungen, auch wenn Starkwinde aus S Schwell verursachen können.
Wasser bekommt man aus einem Wasserhahn am Fuß der Pier. An Land findet man ein bescheidenes Lebensmittelangebot sowie mehrere Tavernen.

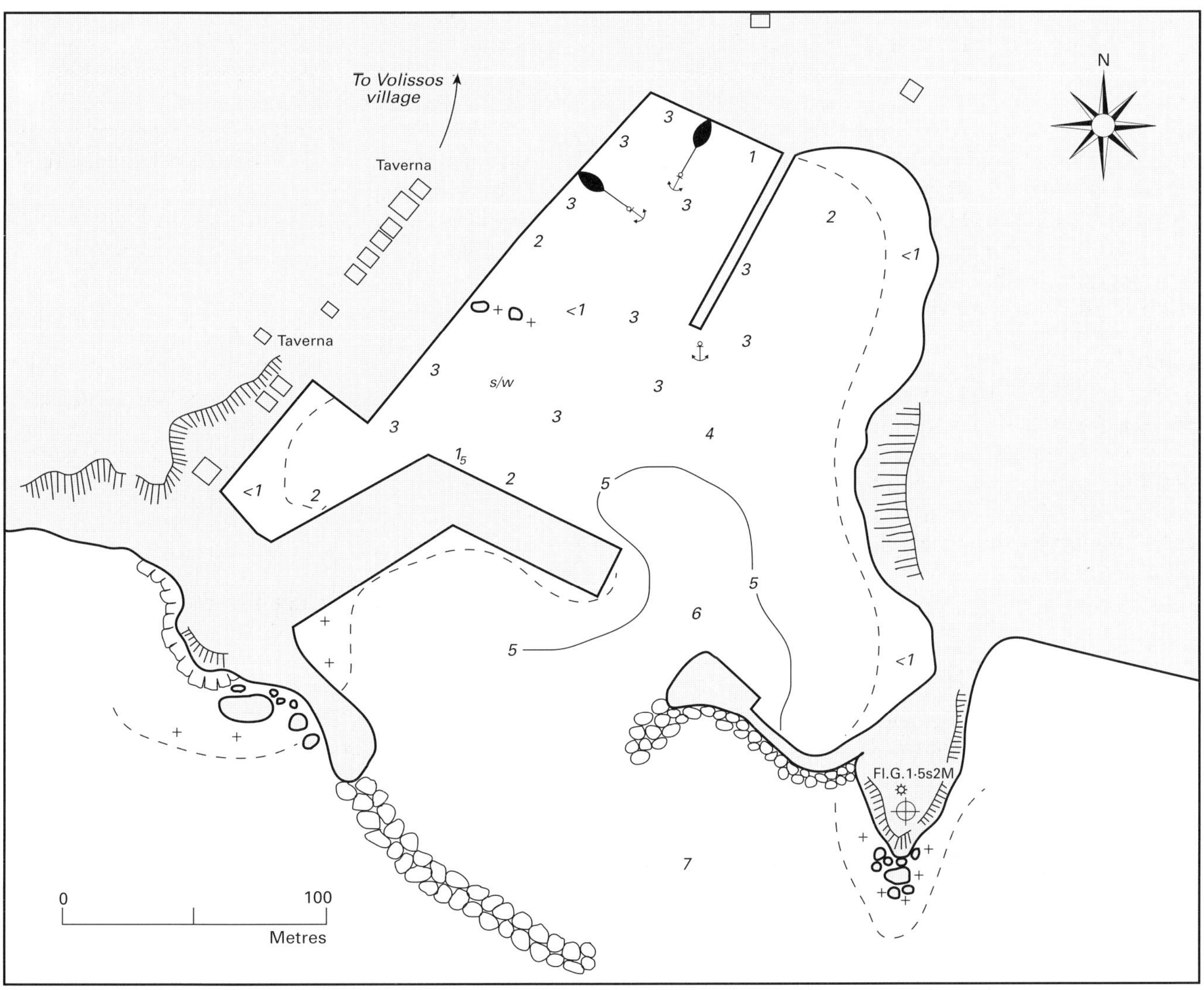

Volissos.

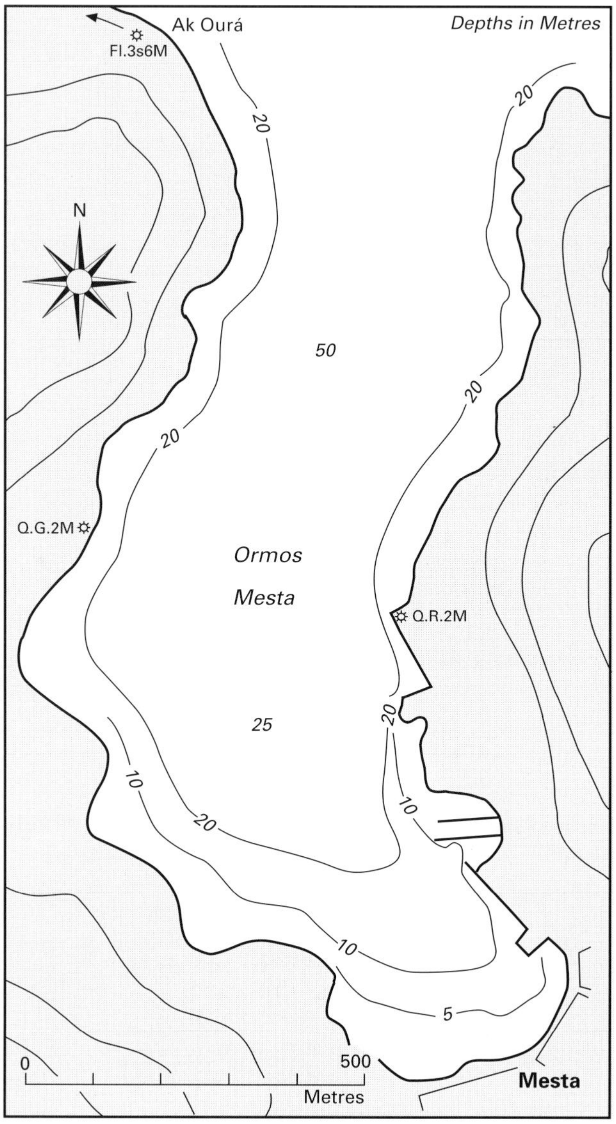

Mesta.

Die Südwestküste von Chios

(Ormos Trachilia, Ormos Salagonas, Ormos Kato Phanai)

An der S-Seite unterhalb des Kaps Ak Mesta, der SW-Küste von Chios, findet man mehrere Buchten, die guten Schutz vor Meltemi bieten. Da sie alle nach S hin offen sind, läuft man bei Winden aus dieser Richtung besser nach Ormos Mesta ab oder die Straße von Chios, Stenon Chiou, hinauf.
Wie auf dem Plan angegeben, ankert man in diesen Buchten, deren Grund zumeist aus Sand mit etwas Seegrasbewuchs besteht und gut hält. In Kato Phanai gibt es einen Campingplatz, und Ormos Salagonas ist etwas erschlossen worden.
Abgesehen von ein paar Wohnsitzen und Olivenhainen gibt es hier absolut nichts, was die Ruhe dieser stillen und bezaubernden Ecke der Insel stören könnte.

Ormos Emporio

3 Seemeilen NNE-lich des Kaps Ak Masticho findet man eine kleine Einbuchtung, die guten Schutz vor Meltemi

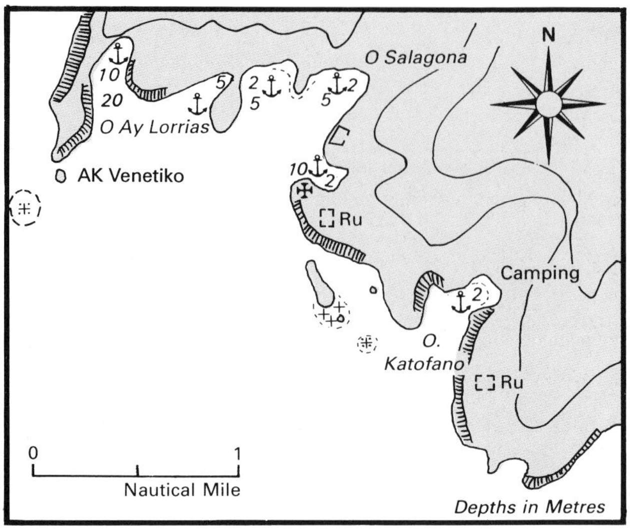

Trachilia, Angelia und Katophano.

bietet. Auf der Anhöhe unmittelbar N-lich des Ankerplatzes stehen die Ruinen eines Klosters, die von See her eine gute Landmarke bilden. Man kann ankern, wo man mag. Der Grund besteht aus Sand und hält gut. An Land gibt es Hotels und Tavernen.

Die Insel Ikaria

W-lich von Samos erhebt sich die Insel Ikaria als großer steiler Felsklops aus dem Meer. Im N ist die Insel wunderschön grün und bewaldet, mit Tälern, in denen Landwirtschaft betrieben wird. Die hohen schroffen Berghänge an der S-Küste sind weitgehend kahl.
Der Name »Ikaria« stammt wahrscheinlich vom phönizischen Wort »Ikor« ab, das sich auf die großen Fischvorkommen um die Insel herum bezieht. Auch heute noch fischt eine beachtliche Fischereiflotte in den Gewässern vor Ikaria sowie um die nahen Inseln Nisides Phournoi.
Eine andere Erklärung des Namens ist mythologischen Ursprungs und soll in der Legende von Daedalos und Ikaros liegen, die versuchten von der Insel nach Kreta zu fliehen, indem sie sich Flügel aus Federn und Wachs bauten. Ikaros flog so hoch, daß die Sonne das Wachs schmolz und er in der Nähe der Insel ins Meer stürzte und ertrank.

Evdilos

WP 37°38'N 026°10,9'E (Fl.G.2s3M) / Karten: D 673 Plan B

Allgemeines
Eingezwängt zwischen Felsvorsprüngen und hohen Bergmassiven steht diese winzige Ortschaft, die ebenso reizvoll wie gastfreundlich ist. Verglichen mit dem nahen Samos kommen nur wenige Touristen nach Ikaria, obwohl sich das mit dem neu eingerichteten Fährdienst ändern könnte.
Vor der schroffen Steilküste, die sich fast senkrecht ins Meer stürzt, findet man gute Schnorchelgründe.

Blick von der S-Seite der Bucht auf Evdilos (Foto: Neville Bulpitt).

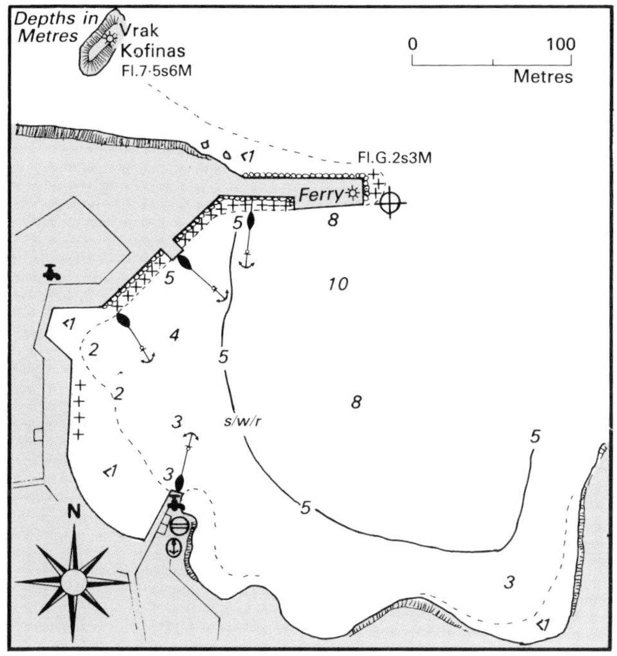

Evdilos.

Ansteuerung

Auffällig: Die Klippe, Nisis Kophinas, auf der ein Leuchtfeuer steht, bildet eine gute Landmarke. Bei der Ansteuerung aus E sind Dorf und Hafenmole gut zu erkennen. *Nachts* richtet man sich nach dem Feuer auf Nisis Kophinas (Fl.7,5s11M) sowie dem Feuer auf dem Kopf der Hafenmole (Fl.G.2s3M).

Liegeplätze

An der Mole oder an der Pier im S macht man mit Bug oder Heck fest; alternativ kann man davor ankern. An vielen Stellen der Mole sowie einigen an der Pier ist der Grund durch Schotter unrein, so daß man am besten mit Bug und Heckanker festmacht. Der Molenkai ist außerdem recht hoch, und nur wenige Liegeplätze sind mit Holzbalken gesichert.

Schutz: Bei starkem Meltemi steht um den Kopf der Mole herum Schwell in den Hafen. Bei heftigen Winden aus NE wird der Hafen unhaltbar.
Behörden: Wasserschutzpolizei und Zoll.

Versorgung

Wasser bekommt man aus einem Hahn unweit des Kais.
Lebensmittel: In der Ortschaft findet man ein bescheidenes Versorgungsangebot.
Restaurants: Verschiedene Tavernen und Cafés.
Sonstiges: Post. Busse verkehren nach A. Kirykos. Fährverbindung nach Piräus und Samos.

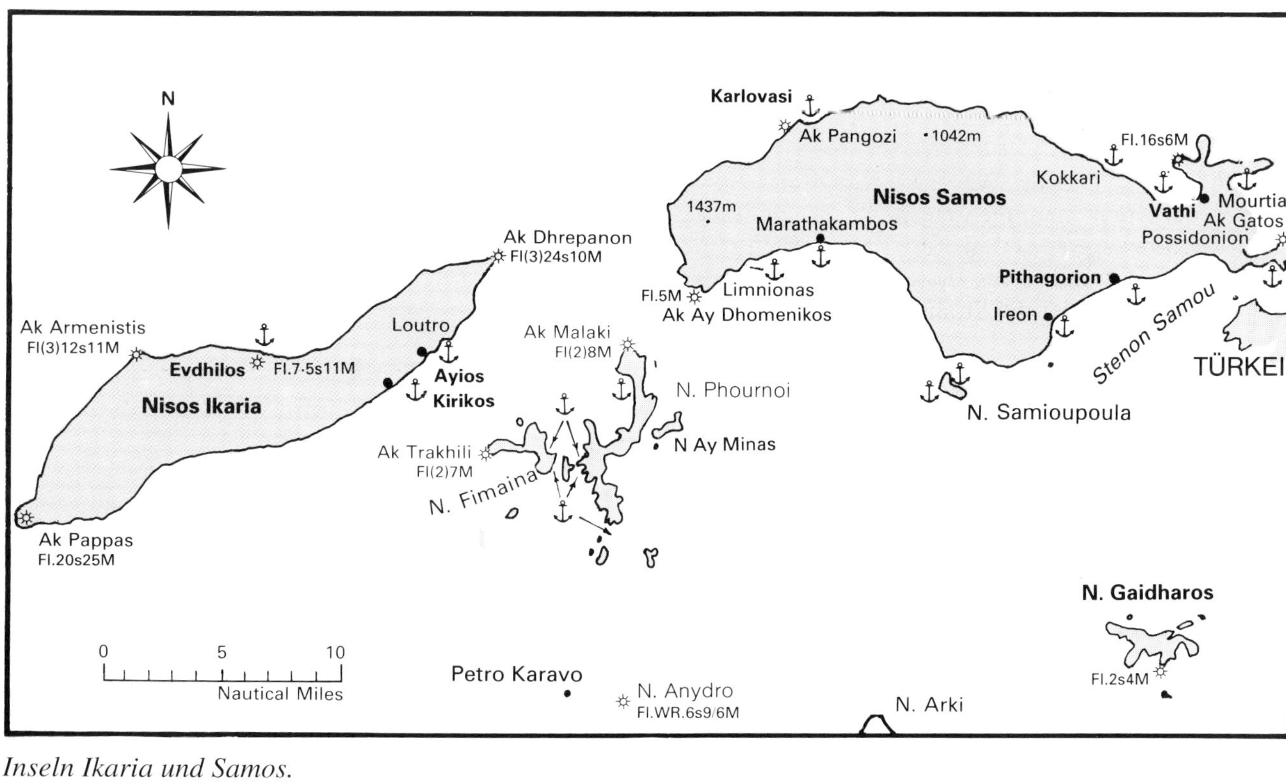

Die Inseln Ikaria und Samos.

Vorsicht
An der S-Küste von Ikaria muß mit schweren Fallböen gerechnet werden, die von den hohen Bergen herabstoßen.

Agios Kirykos (Ormos A. Kirykou)

WP 37°36,8'N 026°17,9'E (Fl.R.3s3M) / Karten: BA 1526, Imray G32, D 673 Plan G

Allgemeines
Die Stadt, deren Häuser sich nur mühsam an den steilen Hängen oberhalb des Hafens festzuhalten scheinen, ist recht reizvoll, und die Einheimischen sind sehr freundlich. Das einzige Problem in dieser Ecke der Welt ist der Meltemi, der die steilen Berghänge herabgeheult kommt und gelegentlich zu einem wahren Alptraum werden kann.

Ansteuerung
Die Hauptstadt, die gleichzeitig der Fährhafen der Insel ist, befindet sich an der SE-Küste.
Auffällig: Die Gebäude der Stadt und die Hafenmole sind schon von weitem leicht zu erkennen.
Nachts richtet man sich nach dem Feuer auf dem Kopf der Mole (Fl.R.3s3M).
Gefahren: Bei N-lichen Winden treten im Hafen und in der Ansteuerung schwere Fallböen auf. Besondere Vorsicht ist bei Meltemi angebracht.

Liegeplätze
Man macht, wie es einem beliebt, an einer der beiden Piers hinter dem neuen Wellenbrecher fest. Zu den landseitigen Enden der Piers wird es sehr flach!
Schutz: Man ist vor Meltemi geschützt. Nach dem Bau des neuen Wellenbrechers ist das Liegen im Hafen bei moderaten Winden aus S-lichen Richtungen nun vertretbar; bei Starkwinden aus S können die Liegeplätze allerdings unhaltbar werden.
Behörden: Wasserschutzpolizei und Zoll.

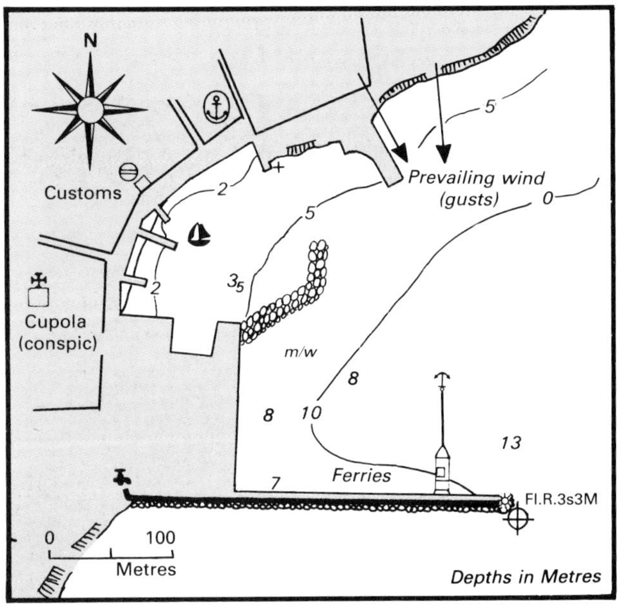

Agios Kirykos.

Versorgung
Wasser gibt es in der Nähe der Mole.
Treibstoff ist im Ort, der etwa 400 m entfernt ist, erhältlich, kann aber auch von einem kleinen Tankwagen geliefert werden.
Lebensmittel: Es bestehen gute Versorgungsmöglichkeiten.
Restaurants: Gute Tavernen.
Sonstiges: Post, Telefonamt, Bank und eine Motorradvermietung. Fähren verkehren nach Piräus.

Ormos Loutron (Thermia)

Etwas mehr als eine halbe Seemeile NE-lich von A. Kirykos befindet sich diese Bucht, die ganz ordentlichen Schutz vor Meltemi bietet. Man ankert in der Bucht; kleine Yachten können auch am Kai vor dem Thermal-Kurbad festmachen.
Der antike Name der Bucht, Thermia, deutet auf die heißen Radium- und Schwefelquellen hin, die vom Thermal-Kurbad genutzt werden.

Die Ortschaft Thermia in der Bucht Ormos Loutron aus SW (Foto: Nigel Patten).

Ak Drepanon

Unmittelbar S-lich des Kaps gibt es eine offene Bucht, die nur teilweise vor Meltemi geschützt ist. Wenn man die hellenische Festungsruine von Drakanos besichtigen möchte, kann man die Bucht eventuell als Schönwetterankerplatz benutzen. Von See her bildet der antike runde Turm eine gute Landmarke.

Die Insel Samos

Betrachtet man Lesvos als das Juwel der östlichen Sporaden, so ist Samos einem ungeschliffenen Diamanten vergleichbar. Der hohe Bergrücken, der die gesamte Insel durchzieht, ist eine Fortsetzung des Mykale auf dem türkischen Festland gegenüber. Von der SE-Spitze der Insel ist es nur eine einzige Seemeile hinüber zum Kap Mykale.

Damit liegt die griechische Insel Samos dem türkischen Festland am nächsten.
Im W von Samos erhebt sich der Gebirgszug jäh aus dem Meer und steigt zum Gipfel Kerketevs auf 1437 m Höhe an, um dann nach E zum Ampelos (1041 m) zu verlaufen. Die Berghänge und -gipfel sind von tief eingefressenen Wasserrinnen durchzogen und vernarbt; die Felsvorsprünge und Kliffs bilden Formen, die selbst die zurückhaltende Sprache des Admiralty Pilot als »phantastisch« bezeichnet. Die flacheren Hänge sind größtenteils von dichten Pinienwäldern bedeckt, und kleine Dörfer thronen auf bedenklich schmalen Plateaus. Unvergleichlich sind die Würde und Anmut, die Samos ausstrahlt.
Schon im Altertum wurde die Insel überschwenglich gepriesen: als »Parthenoarroussa« wegen seiner Schönheit, als »Dryoussa« wegen seiner Eichen, als »Anthemis« wegen der Blumen und als »Hydrele« wegen seines Reichtums an Quellen.
Wahrscheinlich stammt der Name »Samos« vom phönizischen Wort für »hoch« ab. Als Mitglied des Ionischen Bundes kam Samos zu Wohlstand, aber erst unter der Herrschaft des ehrgeizigen Tyrannen Polykrates im 6. Jahrhundert v. Chr. erklomm die Insel den Gipfel politischer und wirtschaftlicher Macht. Polykrates war wie viele Tyrannen seiner Zeit Staatsmann und Ästhet. Schnell gelangte er zu Macht, in dem er benachbarte Inseln eroberte und eine große Streitmacht und Flotte aufbaute. Auf die Insel Samos lud er Dichter und Künstler ein, und unter seiner Förderung wurden drei der bedeutendsten technischen Leistungen vollbracht: Der Hafen von Pythagoreion wurde gebaut, unterirdische Rohrleitungen und Tunnel angelegt und auf dem Kap Ak Kolonna ein Hera-Tempel errichtet. Der Tempel ist leider verloren gegangen, aber die Überreste des Hafens und die Tunnelanlagen existieren noch. Schließlich ließ sich Polykrates auf die Festlandsküste locken, wo er von den Persern buchstäblich gekreuzigt wurde.
Später wechselten die Besitzverhältnisse auf der Insel zunächst von den Spartanern an die Athener und von da zu den Römern. Vor der Seeschlacht von Aktium plünderte Marcus Antonius die Insel aus. Gemeinsam mit der ägyptischen Königin Kleopatra gab er ein gigantisches Fest auf Samos, zu dem er die gesamte damals bekannte und zivilisierte Welt einlud und das mehrere Monate andauerte. Das war seine Form der Kriegserklärung, und die Leute fragten sich eigentlich nur, wie wohl die Siegesfeier aussehen würde. Wie man weiß, gab es keine Siegesfeier, nur eine vernichtende Niederlage und als einzigen Ausweg aus hoffnungsloser Situation – Selbstmord.
Nach der römischen Herrschaft liegt die Geschichte der Insel weitgehend im dunkeln, und abgesehen von einer kurzen byzantinischen Periode verkam Samos zum Unterschlupf von Piraten. Die Insulaner flohen nach Chios und Lesvos und überließen ihre Insel 1566 menschenleer der türkischen Invasion. 1912 kam Samos zu Griechenland.
Nun könnte man ja vermuten, daß eine Insel, die solange Zeit von Korsaren immer wieder geplündert und verwüstet wurde, arm und heruntergekommen, geradezu jämmerlich sein müßte. Nichts davon! Samos vermittelt den Eindruck einer glücklichen Insel, die von freundlichen Menschen bewohnt wird. Und die Landschaft ist einfach großartig! Vom dichten Pinienwald an den Berghängen (das Holz der Samos-Pinien wird als das beste zum Bau von Caiquen angesehen) bis zu den bebauten Feldern.
Neben dem lieblichen Muskatwein, ist der hervorragende »Samaina weiß sec« in Vathy, Karlovasi und Pythagoreion erhältlich. Auch ein »Moschata« wird hier gekeltert.

Karlovasi

WP 37°47,9'N 026°40,9'E (Fl.G.4,5s3M
Karten: BA 1526, Imray G32, D 1084 Plan Q

Allgemeines
Der Hafen, ein verschlafenes kleines Nest, hat schon mal bessere Tage gesehen. Landeinwärts verstreut sich der Ort, der in erster Linien vom landwirtschaftlich geprägten Umland lebt, recht weit. Ganz reizvoll ist das Zentrum von Karlovasi mit kopfsteingepflasterten Straßen und alten Steinhäusern.

Ansteuerung
Auffällig: Die Gebäude der Stadt sind schon von weitem leicht zu erkennen. Auf einer vorspringenden Landspitze steht eine Kirche mit einer blauen Kuppel, und zwei weitere Kirchen mit blauen Kuppeln ragen in der Stadt auf; sie alle bilden gute Landmarken. Der Hafen befindet sich W-lich der Stadt, und die Hafenmolen sind leicht auszumachen.
Nachts navigiert man nach dem Feuer auf Ak Pangozi (Fl.5s11M) und der Befeuerung der Hafeneinfahrt (Fl.G.4,5s3M und Fl.R.4,5s3M).
Gefahren: Bei Meltemi kann sich im Hafen und in der Ansteuerung vor der Küste eine grobe See aufbauen.

Liegeplätze
Im SE des Hafens kann man mit Bug oder Heck zum Kai festmachen. Der Grund besteht aus Sand, Schlick und Seegras und hält gut.
Schutz: Im Hafen ist man gut geschützt, auch wenn bei Meltemi Schwell um die äußere Mole herum in den Hafen

Der Hafen von Karlovasi aus WSW.

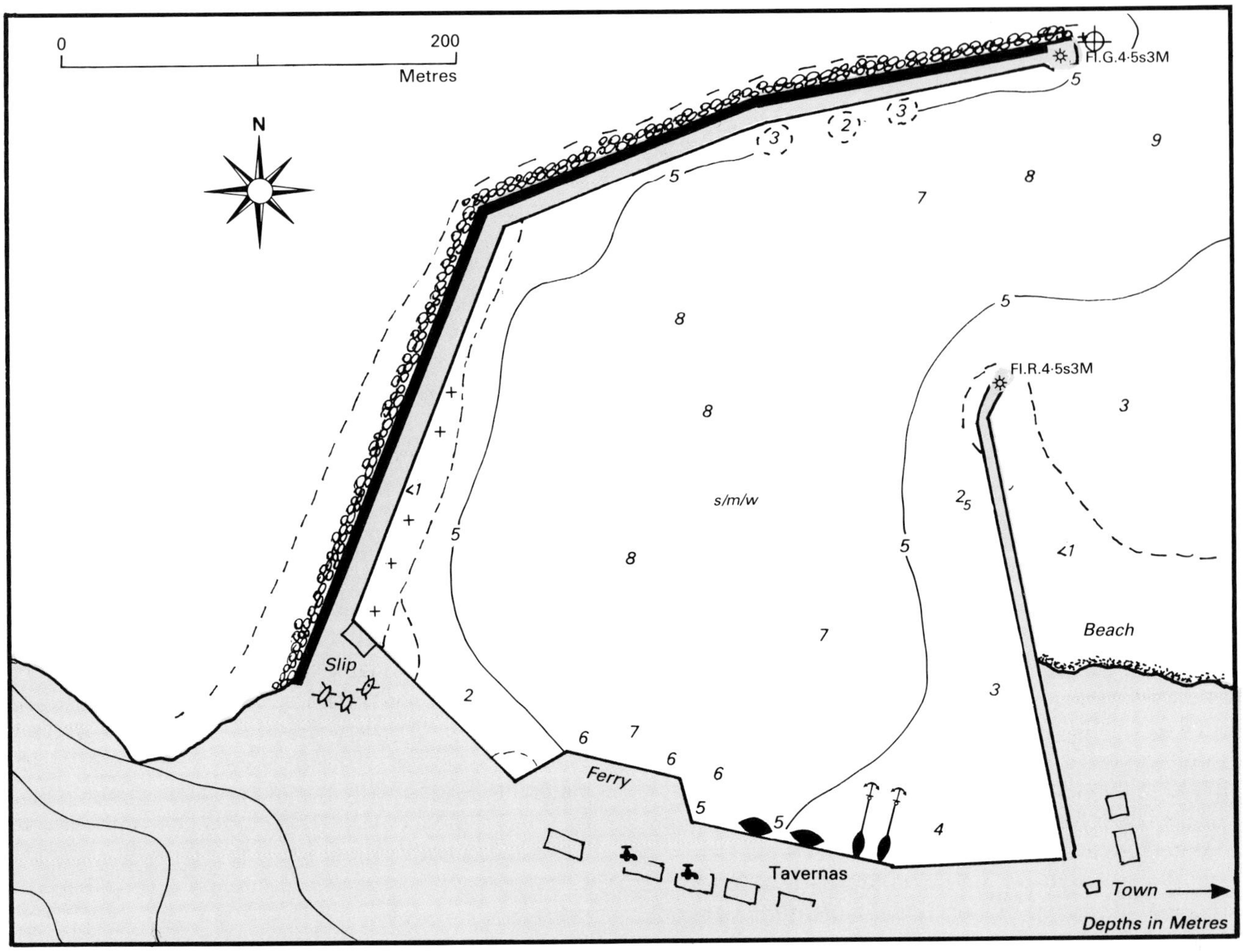

Karlovasi.

steht; es wird dann ungemütlich aber nicht gefährlich. Bei Starkwinden aus S muß mit Fallböen vom hohen Hinterland gerechnet werden.
Behörden: Wasserschutzpolizei und Zoll.
Hinweis: Das Fotografieren des Hafens sowie der Küste in W-licher Richtung ist verboten.

Versorgung
Wasser bekommt man am Kai.
Treibstoff ist im Ort, etwa 3 Kilometer entfernt, erhältlich.
Reparaturen: Begrenzte mechanische Reparaturmöglichkeiten. Die Bootswerft im SW des Hafens kann Yachten aufslippen.
Lebensmittel: Am Hafen ist das Angebot begrenzt, bessere Versorgungsmöglichkeiten bestehen in Karlovasi.
Restaurants: Um den Hafen herum findet man Tavernen.
Sonstiges: Post und Telefonamt in Karlovasi. Ein Bus verkehrt nach Vathy.

Kokkari

Etwa 3,5 Seemeilen W-lich des Kaps Ak Kotzikas liegt diese Bucht, in der man bei ruhigem Wetter oder leichten W-lichen Winden auf 7 bis 10 m vor der Ortschaft ankern kann. Der Sandgrund ist mit Seegras bewachsen. An Land gibt es eine Taverne.

Samos (Kolpos Vathy)

WP 37°45,4'N 026°58,2'E (Fl.R.3s4M) / Karten: D 613, D 1084 Pläne A und P

Allgemeines
Die Hafenpromenade ist eine häßliche Ansammlung moderner Gebäude, die sich an der staubigen Hauptstraße ent-

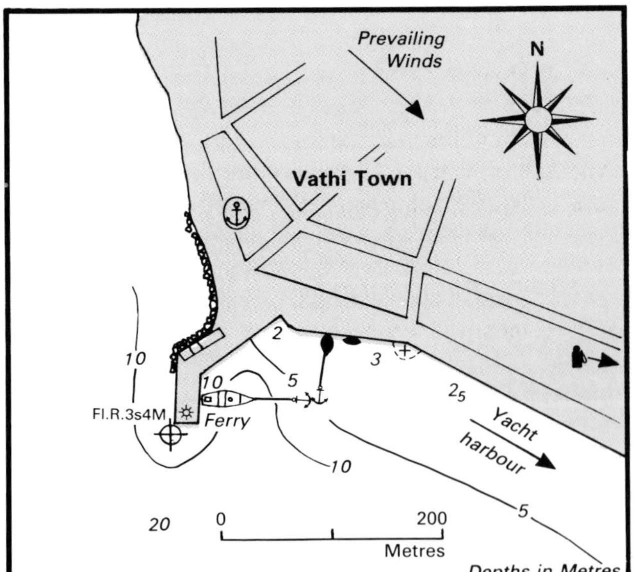

Vathy.

Vathy (Samos) aus SW.

langreihen. Wie auch immer, die große Bucht ist in ihrem Scheitel recht hübsch, und die alte Stadt oben auf dem Berg im Hintergrund ist ein nettes Fleckchen.

Ansteuerung

Samos (Vathy), Hauptstadt und Fährhafen der Insel, befindet sich an der NE-Seite von Samos.

Auffällig: Die Gebäude der Stadt, die an den steilen Hängen um die Bucht herum erbaut wurden, sind bereits von weitem leicht zu erkennen.

Nachts navigiert man nach dem Feuer auf Ak Kotzikas (Fl(2)16s6M) sowie dem Feuer auf dem Molenkopf (Fl.R.3s4M).

Gefahren: Kolpos Vathy ist nach N-NW hin vollständig ungeschützt; folglich steht bei Meltemi starker Schwell in die Bucht. Mit Fallböen von den umliegenden Höhen muß ebenfalls gerechnet werden.

Liegeplätze

Im SE des Hafens ist einer kleiner Yachthafen gebaut worden. Die Wassertiefen betragen hier größtenteils 3 m. An einem freien oder zugewiesenen Platz macht man mit Bug oder Heck fest. Die Leinen der ausgelegten Moorings können an kleinen Bojen aufgenommen werden.

Schutz: Man ist vor Meltemi gut geschützt, auch wenn Schwell in den Hafen steht, der das Liegen aber eher ungemütlich als gefährlich macht.

Im Yachthafen werden Liegegebühren erhoben.

Behörden: Wasserschutzpolizei und Zoll.

Versorgung

Wasser bekommt man am Kai.

Treibstoff ist im E des Hafens an der Hafenpromenade erhältlich.

Lebensmittel: Gute Versorgungsmöglichkeiten in der Nähe.

Restaurants: Nette Tavernen findet man ebenfalls in Hafennähe.

Sonstiges: Post, Telefonamt, Banken, Gas, Camping GAZ, Auto- und Motorrad-Vermietung. Zu allen größeren Orten der Insel bestehen Busverbindungen. Fähren verkehren nach Piräus, Kavala, Chios und Kusadasi auf dem türkischen Festland.

Samos-Straße (Stenon Samon)

Karten: BA 1526, Imray G 32, D 1084 Plan P

Die schmale Meerenge zwischen der E-Huk von Samos und dem türkischen Festland (die Türken nennen die Meerenge »Dilek Bogazi«) mißt an ihrer engsten Stelle weniger als 1 Seemeile. In der Durchfahrt liegt die kleine Felsinsel Bayrak Adasi (türkisch), die mit einem Leuchtfeuer (Fl.5s8M) bezeichnet ist. Das kleine Inselchen kann beidseitig passiert werden. An seiner N-Seite gibt es eine felsige Untiefe, über der das Fahrwasser mindestens 9 m tief ist. Größere Wassertiefen bietet die Durchfahrt an der S-Seite.

In der schmalen Passage setzt ein schwacher Strom nach N, der in einen starken Strom mit Stromkabbelungen mündet. Dieser Strom setzt E-wärts und kann eine Stärke von 3 bis 4 kn im engen Abschnitt der Samosstraße erreichen; normalerweise ist er jedoch geringer, etwa 1 bis 2 kn. Im N-lichen Fahrwasser sind die Stromkabbelungen gewöhnlich stärker als an der S-Seite.

Die Stromkabbelungen sowie die heftigen Fallböen, die bei Meltemi von den umliegenden Höhen heruntersausen, können die Passage der Samos-Straße zuweilen recht ungemütlich machen, und bei der Navigation ist besondere Vorsicht geboten.

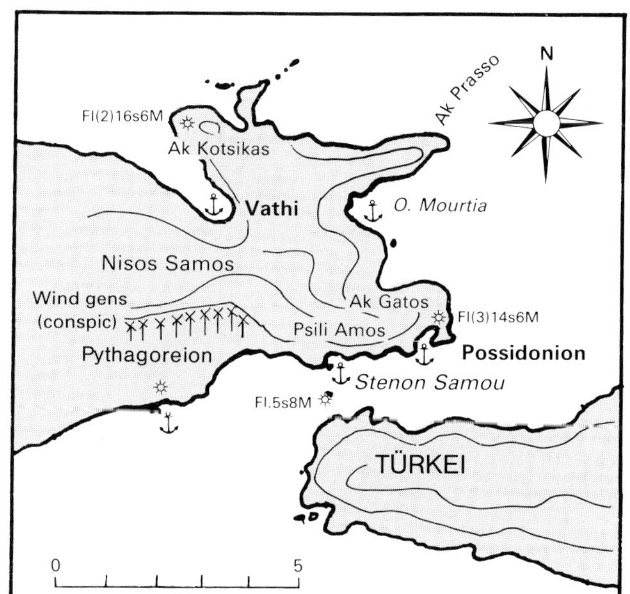

Die Samos-Straße (Stenon Samon).

Ormos Mourtias

Diese weite Bucht unterhalb der E-lichen Huk von Samos ist leicht an einem Kloster zu erkennen, das oberhalb der Bucht auf einem Berggipfel steht.

Im Scheitel der Bucht, wo man etwas vor Meltemi geschützt ist, ankert man auf 5 m Tiefe über Sandgrund.

Normalerweise steht Schwell in die Bucht, die nach S und E hin offen ist.

Ormos Posidonion

In dieser kleinen Bucht, die an der S-Seite des Kaps Ak Gatos, der SE-Huk von Samos, liegt, ankert man auf 5 bis 10 m über Sandgrund. Bei der Ansteuerung aus N ist das Leuchtfeuer (Fl(3)14s6M), das auf dem Kap steht, leicht auszumachen. Man ankert auf 5 bis 10 m Wassertiefe über sandigem Grund und ist vor Meltemi gut geschützt, auch wenn mit schweren Fallböen, die in die Bucht und die Meerenge stehen, gerechnet werden muß. An Land finden sich in wunderschöner Umgebung ein paar Häuser und mehrere Tavernen.
In Psili Amos, das sich ungefähr 2 Seemeilen W-lich befindet, gibt es im Schutz eines kleinen Inselchens einen weiteren Ankerplatz. Hier findet man an Land einige Häuser und eine schlichte Taverne.

Pythagoreion

WP 37°41,3'N 026°56,9'E (Fl.R.1,5s2M)
Karten: BA 1526, Imray G32, D 613, D 1084, Pläne L und P

Allgemeines

Der Ort Pythagoreion, der am Fuß von Pinien bestandenen Hängen liegt und über den schmalen Sund hinüber zum türkischen Festland blickt, hat sich immer mehr zu einem beliebten Urlaubsort entwickelt. Das ist nur zu verständlich, denn die Lage der kleinen Stadt inmitten einer bezaubernden Umgebung mit hohen bewaldeten Berghängen im Rücken und dem grandiosen Blick über die Samosstraße ist phantastisch, und ihre Größe ist gerade ausreichend, um einerseits gute Versorgungsmöglichkeiten zu bieten und andererseits klein genug, um vertraut und anheimelnd zu wirken.
Pythagoreion erhielt erst vergleichsweise spät, nämlich 1955, seinen Namen zu Ehren von Pythagoras, dem antiken griechischen Philosophen, der auf Samos geboren wurde. Davor hieß die Stadt Tigani, was »Bratpfanne« bedeutet und auf die Form der Bucht Bezug nimmt. Die heutige Stadt steht auch genau an der Stelle, an der bereits die antike Stadt Samos stand, die durch den Tyrannen Polykrates und seinen rasanten Aufstieg zur Macht bekannt wurde. Unter seiner Herrschaft, von Herodot aufgezeichnet, gelangte die Insel zu höchster politischer und wirtschaftlicher Macht, und es wurden drei der bedeutendsten technischen Leistungen der griechischen Antike vollbracht.
Eine davon war die Mole, die den Hafen schützte und von der bis heute Teile erhalten geblieben sind: als Teil des Kais und Molenfuß der äußeren Mole.
Der Hera-Tempel, der auf dem Kap Ak Kolonna stand, war zu seiner Zeit größer und schöner als alle anderen. Heute steht zwischen den Ruinen nur noch eine einzelne Säule. Ein kleines Museum in Pythagoreion zeigt einige Funde aus dem Tempelbezirk.
Die dritte technologische Leistung war ein Tunnel, der in den Berg geschlagen wurde, um die Stadt mit Wasser zu versorgen und der ihr vermutlich auch als Fluchtweg dienen sollte. Dieser Tunnel existiert heute noch, auch wenn

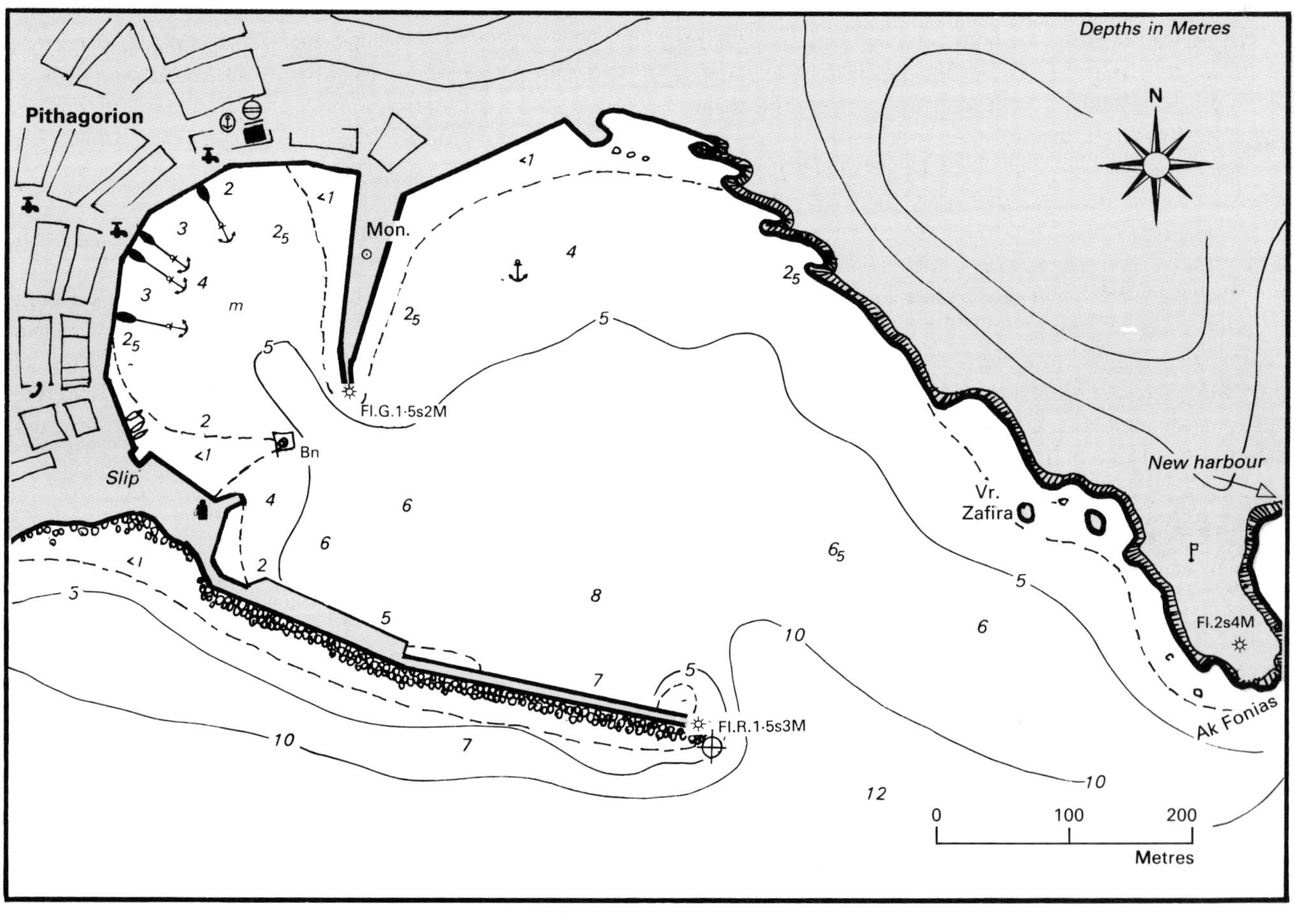

Pythagoreion.

Blick auf Pythagoreion aus ESE in das innere Hafenbecken.

das Mittelstück eingestürzt ist. Ursprünglich war der Tunnel etwa 1,5 km lang und 2,4 m breit und hoch, was für die Zeit, in der er gebaut wurde, eine ganz außerordentliche Leistung darstellt. Unmittelbar hinter der Stadt befindet sich der Eingang und alle, die nicht an Klaustrophobie leiden, können sich auf Besichtigungstour begeben; dabei ist jedoch Vorsicht geboten. Der Tunnel ist an drei Tagen in der Woche sechsmal geöffnet. Für nähere Informationen wendet man sich an das örtliche Touristenbüro.
Hinweis: Unmittelbar E-lich von Pythoagoreion ist ein neuer Hafen im Bau. Es gibt aber unterschiedliche Angaben dazu, ob es sich um einen Handels-, Yacht- oder gar Marinehafen handelt.

Ansteuerung
Auffällig: Eine Reihe von neuen Windgeneratoren auf einem Bergrücken E-lich von Pythagoreion sowie die Gebäude der Stadt sind schon aus einiger Entfernung zu sehen. Ein großes Hotel mit einem roten Dach im W der Stadt und das befestigte Kloster Metamorphosis am Hafen bilden ebenfalls gute Landmarken. Beim Näherkommen ist die Außenmole leicht auszumachen.
Nachts richtet man sich nach dem Feuer auf Ak Phonias (Fl.2s4M) sowie der Befeuerung der Hafeneinfahrt (Fl.R.1,5s3M und Fl.G.1,5s2M). Steuert man den Hafen aus W an, wird die Befeuerung der Hafeneinfahrt erst sichtbar, wenn man dicht herangekommen ist. Bei der Einsteuerung in den Innenhafen ist Vorsicht geboten, da hier eine unbefeuerte Bake ausgelegt ist.
Gefahren: Bei Meltemi muß mit starken Fallböen gerechnet werden, die von den umliegenden Höhen in die Ansteuerungen des Hafens herabstehen.

Ansteuerung von Pythagoreion aus S. Die Windgeneratoren bilden eine gute Landmarke.

Hinweis: Hat man die Außenmole passiert, ist die Bake, die das Ende der Untiefe an der S-Seite der Hafeneinfahrt markiert, leicht zu erkennen. Die Wassertiefen im Fahrwasser, das zwischen der Bake und der inneren Mole verläuft, betragen mindestens 4 m.

Liegeplätze
Man macht mit Bug oder Heck zum W-Kai fest; der Schlickgrund hält den Anker ganz hervorragend.
Schutz: Der Schutz im Innenhafen ist gut, auch wenn Meltemi ungemütlichen Schwell im Hafen verursacht. Gelegentlich ankern Yachten vor dem Strand außerhalb des Innenhafens auf 3 bis 5 m Tiefe. Der Schutz am Ankerplatz ist gut und das Liegen hier angenehmer.
Behörden: Pythagoreion ist Port of Entry, Wasserschutzpolizei, Zoll und Einwanderungsbehörde sind vertreten.

Versorgung
Service: Wasser bekommt man am Kai, wo auch Duschen und Toiletten sind.
Treibstoff ist in der Stadt erhältlich, die etwa 3 km entfernt ist. Man kann ihn aber auch von einem kleinen Tankwagen liefern lassen. An der Hafeneinfahrt gibt es zwar einen Bunkerquai, dessen Betriebszeiten sind aber nicht vorhersehbar.
Reparaturen: Ein paar Reparaturen können ausgeführt werden. Eisenwarenläden und ein begrenztes Angebot an Schiffsausrüstung.
Lebensmittel: In Hafennähe bestehen gute Versorgungsmöglichkeiten; auch Stangeneis ist erhältlich.
Restaurants: Gute Tavernen findet man sowohl in der Stadt wie am Hafen.
Sonstiges: Post, Telefonamt, Bank, Gas, Camping GAZ, Vermietung von Autos, Motor- und Fahrrädern. Nach Vathy verkehren Linienbusse, und es bestehen Fährverbindungen nach Patmos und Kusadasi in der Türkei. Inlandsflüge nach Athen.

Marina Kabovolos (Yachthafen Pythagoreion)

In der Bucht unmittelbar E-lich des Kaps Ak Phonias ist ein neuer Yachthafen im Bau. Zum Schutz des zukünftigen Hafens wurden Wellenbrecher aufgeschüttet, und die Arbeiten an den Kaiabschnitten im Inneren des Hafens gehen zügig voran. Wann die Marina fertiggestellt sein wird, ist allerdings noch nicht bekannt.

Ireon

Am W-lichen Ende der weiten Bucht, Limin Pythagoreiou, gibt es einen kleinen Ort mit einem Fischerhafen, Ireon. Ein kurzer Wellenbrecher bietet etwas Schutz. Man ankert vor dem Ort auf 3 bis 4 m Tiefe. In dieses Eckchen schickt der Meltemi keine Böen.
An Land findet man Versorgungsmöglichkeiten und Tavernen.

Nisos Samiopoula

Im Sommer verkehrt von Pythagoreion aus eine Caïque als Fähre, die Touristen zu dieser kleinen Insel hinüber bringt.

Sie ankert in der Einbuchtung an der E-Küste der Insel. An Land existiert ein winziges Dorf mit einer Taverne.

Limin Marathokampou

WP 37°42,5'N 026°42,3'E / Karten: BA 1526

An der SW-Seite von Samos gibt es einen kleinen Fischerhafen, Limin Marathokampou. An der E-Seite eines kleinen Naturhafens erstreckt sich ein äußerer Wellenbrecher seewärts, und ein kleiner innerer Wellenbrecher erstreckt sich von der Küste S-wärts. In der Einfahrt und im äußeren Bereich des Hafens betragen die Wassertiefen 3 bis 4 m. Man ankert im äußeren Teil oder macht mit Bug zur kurzen Pier fest, die vom Ufer verläuft. Am Kopf der Pier betragen die Wassertiefen 2 m. Da bei Meltemi schwere Fallböen von den Höhen in die Bucht stehen, sollte man sich versichern, daß der Anker gefaßt hat.
An Land gibt es Versorgungsmöglichkeiten und Tavernen. Die Umgebung dieses Hafens ist atemberaubend schön: Felshänge und Klippen steigen abrupt vom Ufer aus an. Bedauerlicherweise ist erst kürzlich ein Großteil des Pinienbestandes einem Waldbrand zum Opfer gefallen.
Hinweis: Der Hafen liegt in einem militärischen Sperrgebiet, das erst kürzlich für den Tourismus ein wenig geöffnet wurde. Fotografieren ist aber untersagt.

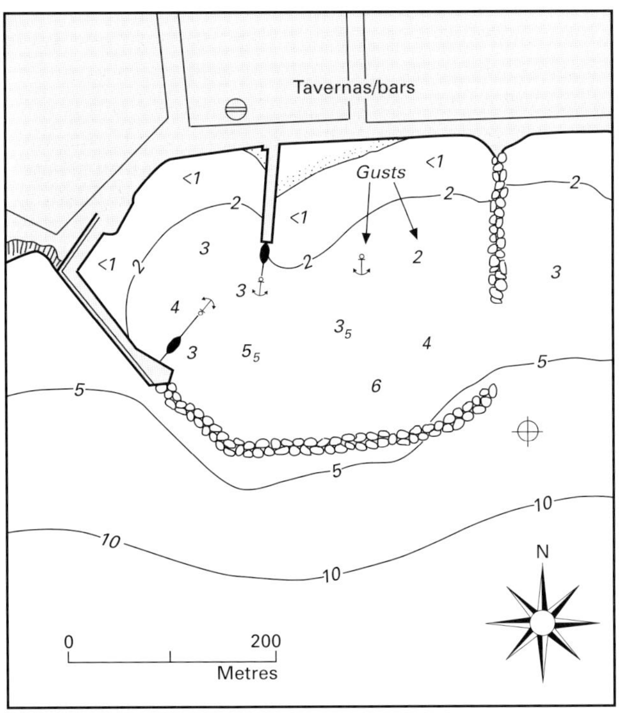

Limin Marathokampou.

Ormos Limnionas

Eben N-lich des Kaps Ak Chondros Kavos befindet sich diese Bucht, die guten Schutz vor Winden aus N gewährt, aber von schweren Fallböen von den umliegenden hohen Bergen heimgesucht wird. Sie ist nach S hin offen.
Vorsicht: Bei Meltemi muß an der W- und S-Küste von Samos mit heftigen Fallböen gerechnet werden, die von den hohen Bergen herabsausen. Wenn man sich auf der Fahrt nach Limnionas oder Marathokampos befindet, ist es klug, mindestens 2 bis 3 sm Abstand zur Küste zu halten.

Die Inselgruppe Phournoi

Nisis Phournoi

Karten: D 613, BA 1625

Allgemeines
Phournoi oder Kampos ist der einzige größere Ort auf der Insel, in dem auch die Bevölkerung und die Versorgungsmöglichkeiten konzentriert sind. In Phournoi ist eine große Fischereiflotte beheimatet; die Einheimischen sind zu Gastyachten sehr freundlich.
Die kleinen Buchten S-lich des Ortes sind meistens einsam und verlassen, und die stark zerklüftete Küstenlinie der Umgebung bietet hervorragende Möglichkeiten zur Unterwasserjagd.

Ansteuerung
Bereits aus einer Entfernung von vielen Seemeilen sind die schroffen Felsinseln Phournoi und Phimaina gut sichtbar; an ihrer N-Spitze ist die Insel Phournoi 515 m hoch.
Auffällig: Bei der Ansteuerung aus N ist der Ort Phournoi zu erkennen, und zwei Windmühlen auf einem Bergrücken im SW des Ortes bilden eine gute Landmarke. Bei der Ansteuerung aus S sind nur die Windmühlen sichtbar.
Nachts: Eine Ansteuerung bei Nacht ist nicht zu empfehlen, da es lediglich das Feuer auf Ak Svystokaminos (der S-Seite von Ormos Korseon) mit der Kennung (Fl.WR.2s4/3M, der rote Sektor deckt 034°-138° sowie 172°-243° ab) gibt.

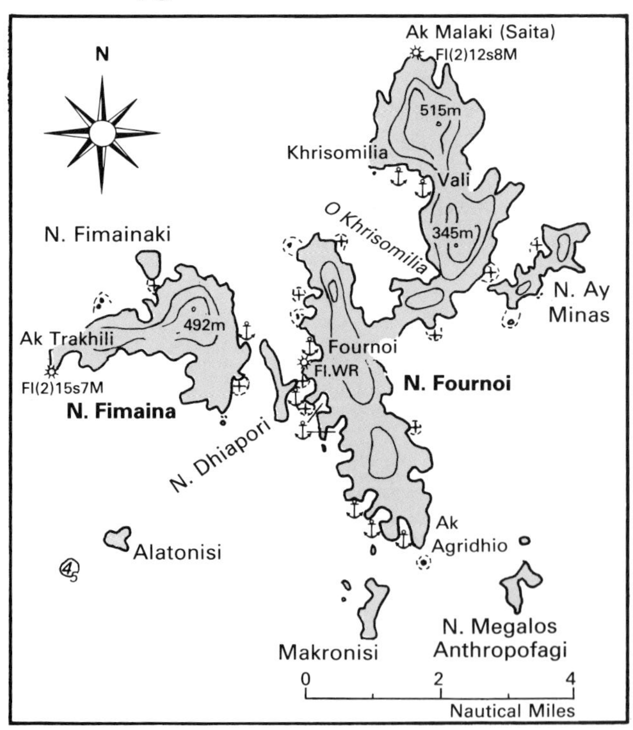

Die Inselgruppe Phournoi.

Ankerplatz der Insel Phournoi (Foto: Nigel Patten).

Liegeplätze

Man macht mit Bug oder Heck zum N-Kai fest; noch besser ist es, wenn man an einem Fischerboot längsseits gehen darf. Der Grund hält nämlich kaum; er besteht nur aus einer dünnen Schicht Schlick, der einen felsigen Untergrund bedeckt, und es ist ausgesprochen schwierig, eine Stelle zu finden, an der der Anker gut faßt.

Schutz: Der Schutz vor Meltemi ist ganz ordentlich, auch wenn der mangelhafte Halt des Ankergrundes bedeutet, daß dieser Ankerplatz nicht sonderlich sicher ist.

Behörden: Wasserschutzpolizei und Zoll.

Versorgung

Wasser gibt es aus einem Hahn unweit des Kais.

Treibstoff ist nur in geringen Mengen erhältlich.

Lebensmittel: Das Angebot ist begrenzt, denn die Bewohner der Insel sind von der Caiquen-Fähre abhängig, die von Ikaria herüberkommt. Stangeneis ist erhältlich.

Restaurants: Es gibt verschiedene Tavernen, die oft frischen Fisch anbieten.

Sonstiges: Post und Münztelefon. Es bestehen örtliche Fährverbindungen nach Agios Kirykos.

Ankerplätze in der Inselgruppe

1. ***Phimaina (Ormos Vagia)***: Gegenüber der Bucht Ormos Korseon liegt diese Bucht an der E-Küste von Phimaina. Sie bietet kaum Schutz vor Meltemi. An Land gibt es eine Taverne.

2. ***Nisis Diaporoi***: In der Bucht an der E-Küste unmittelbar SW-lich des Kaps Ak Svystokaminos gibt es einen Ankerplatz.

3. ***Cliff Bay***: In der schmalen Passage zwischen den beiden Inseln Phimaina und Diaporoi befindet sich an der W-Küste von Phimaina eine kleine Einbuchtung, die etwas Schutz vor dem Meltemi bietet.

4. ***Ormos Kambi***: Man ankert in der Bucht, die im W von der Insel Nisis Diaporoi geschützt wird und auch ganz vernünftigen Schutz vor Meltemi bietet.

5. ***Ormos Marmaron***: Mit langer Leine zum Land ankert man hier im N der Bucht. Die Wassertiefen sind beträchtlich, aber der Schutz vor Meltemi ist gut.

Die Bucht unmittelbar S-lich von Ormos Marmaron gilt als guter Ankerplatz bei starkem Meltemi. Man ankert auf 5 bis 8 m über gut haltendem Sandgrund mit Seegrasbewuchs. An Land gibt es einen alten Marmorbruch mit unvollendeten Säulen und anderen Marmorbruchstücken.

6. ***Ormos Petrokopio***: In der weiten Bucht unmittelbar S-lich von Marmaron findet man guten Schutz vor Meltemi. Im Scheitel der Bucht ankert man auf 5 bis 8 m; der Halt ist gut. An Land findet man antike Marmorblöcke und unvollendete Säulen sowie andere Teile und Bruchstücke vor.

7. Unmittelbar W-lich von Ak Agridio, der S-Spitze von Nisis Phournoi, befindet sich eine weite Bucht, die guten Schutz vor Meltemi zu bieten scheint. NW-lich von ihr liegt noch eine zweite kleine Einbuchtung, Ormos Kasidi.

8. ***Ormos Chrisomilia***: An der W-Seite der N-Spitze der Insel Phournoi liegt die große Bucht Ormos Chrisomilia, in der man bei ruhigem Wetter auf beachtlichen Tiefen ankern kann. Im E befindet sich die schmale Einbuchtung Vali, die etwas Schutz vor Meltemi bietet. Auch hier sind die Wassertiefen erheblich.

Vorsicht

Bei Meltemi kommen schwere Fallböen von den Küsten der hohen Inseln herab, und in der Durchfahrt zwischen Phimaina und Phournoi baut sich eine grobe See auf. Während der Meltemi-Saison ist um diese Inselgruppe herum besondere Vorsicht bei der Navigation angebracht. Diese »Ecke« der Ägäis gilt als ziemlich windig.

In der Durchfahrt zwischen Nisis Diaporoi und Nisis Phimaina verursacht ein N-setzender Strom eine kabbelige See bei Meltemi.

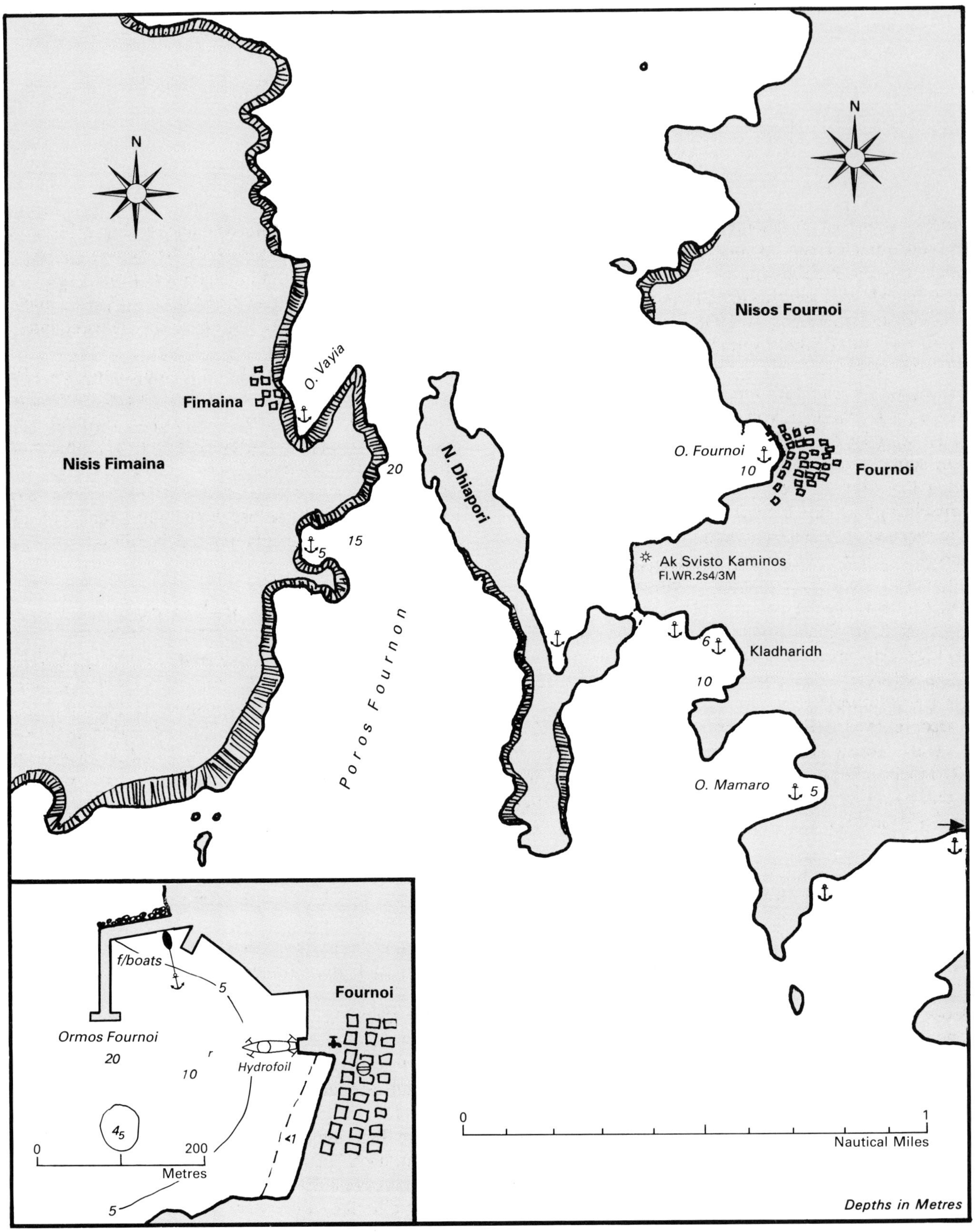

Ormos Phournoi.

Der Dodekanes

Die zwölf Inseln des Dodekanes erstrecken sich in einer halbmondförmigen Kette von der türkischen Festlandsküste W-wärts bis nach Kreta. Ihr ursprünglicher Name »Dodekanes« wurde erst vergleichsweise spät wieder eingeführt. Gebräuchlich wurde er 1908 als zwölf der Inseln ohne Lipso, Kos und Rhodos, dafür aber mit dem Außenseiter Ikaria, gegen den Entzug ihrer besonderen Handelsprivilegien und Steuerbefreiungen protestierten, die sie bereits im 16. Jahrhundert von den Türken erhalten hatten. Seit jener Zeit ist dieser Name wieder gebräuchlich geworden, schließt nunmehr aber Lipso, Kos und Rhodos mit ein, während Ikaria nicht mehr dazugehört. Bekannt ist diese Inselgruppe auch als Südliche Sporaden.

Wie die meisten Ägäisinseln sind auch die Inseln des Dodekanes die Gipfel von Bergen, die aus der weiten Ebene der Ägäis, die vor Urzeiten überschwemmt wurde, aufragen. Die Inseln sind weitgehend kahl und ohne Vegetation, allerdings nicht in einem solchen Ausmaß wie die Kykladen. Einige der Inseln werden von einer Vielzahl von Quellen bewässert; insbesondere Kos und Rhodos sind relativ grün und bewaldet.

Die Geschichte des Dodekanes ist eng mit dem Geschick von Rhodos verbunden, das von der Antike bis ins 19. Jahrhundert hinein den Handel in diesem Teil der Ägäis beherrschte. Heute »beherrscht« Rhodos den modernen Handel in diesem Teil der Welt, den Tourismus.

Im frühen Mittelalter drückten die Johanniter-Ritter (die »Rhodiser Ritter«), die ihre Festung auf Rhodos hatten, der gesamten Region ihren militärischen Stempel auf. Im Gegensatz zu anderen Teilen Griechenlands ist diese Militärarchitektur vergangener Jahrhunderte nicht so allgegenwärtig wie die der Venezianer und Genueser. Nichtsdestotrotz war die Besetzung dieser Inseln durch die Ritter für Venedig ein Freibrief zum Handel in diesem Teil der Welt. Als die Ritter letztendlich 1522 vor den Türken kapitulieren mußten, verblieben die Inseln des Dodekanes bis 1912 unter türkischer Herrschaft.

Trotz dieser langen ununterbrochenen Besatzungszeit sind die Inseln in ihrem Charakter griechisch geblieben. Im Gegensatz zu anderen Teilen Griechenlands gibt es hier kaum noch etwas, das an die langen Jahre türkischer Vorherrschaft erinnert.

Nach dem italienisch-türkischen Krieg von 1911/1912 wurden die Inseln italienisch, auch wenn sie laut Vertrag an Griechenland weitergegeben werden sollten. Praktischerweise »vergaß« man dieses Versprechen, und so blieben die Inseln des Dodekanes bis zum Zweiten Weltkrieg unter italienischer Herrschaft. 1947 konnten sie sich dann endlich Griechenland anschließen.

Für jemanden, der mit der neueren griechischen Geschichte nicht so vertraut ist, dürfte es eine gelinde Überraschung sein, zu erfahren, daß diese Inselgruppe erst seit so kurzer Zeit zu Griechenland gehört. Optisch und kulturell wirken die Inseln so »griechisch« wie jeder andere Teil des Landes auch.

Das besondere Privileg der Steuerbefreiung, das der Dodekanes bereits unter türkischer Herrschaft genießen konnte, existiert bis heute. Außerdem machen spezielle Befreiungen von Zollabgaben Alkohol und Zigaretten sehr preiswert – in manchen Fällen sogar billiger als »zollfrei«. Theoretisch kann man hier ausklarieren, wenn man den Dodekanes verläßt; selbst dann, wenn man ein anderes Ziel in Griechenland anlaufen möchte. Praktisch wird dies aber kaum gemacht.

Das Wetter im Dodekanes

Im Sommer ist der vorherrschende Wind der Meltemi, der von NW bis W kommt. Er beginnt im Juni sporadisch zu wehen, tritt im Juli bis September recht heftig auf und nimmt im Oktober wieder ab. In den Sommermonaten weht er regelmäßig mit einer Stärke von Bft 4 bis 6 und kann gelegentlich auch Bft 7 erreichen. Er tritt nicht jeden Tag auf, kann aber ohne Unterbrechung 5 bis 10 Tage anhalten.

Im Frühjahr und Herbst kommt der Wind häufig aus SE mit einer Stärke von etwa Bft 2 bis 4, obwohl er gelegentlich stärker werden kann. Im Winter ist die vorwiegende Windrichtung SE, obwohl Stürme auch aus N oder S kommen können.

Wenn der Meltemi im Juli und August seine größte Stärke erreicht, muß mit Fallböen an den Leeküsten der Inseln gerechnet werden, die dann sogar beachtlich heftiger sein können als der Wind auf der offenen See. Insbesondere treten Fallböen vor Patmos, Kalymnos, Kos, Nisyros, Tilos, Karparthos und Astypalaia auf. Im vergleichsweise ungeschützten Seegebiet zwischen Astypalaia und Karparthos baut sich eine schwere rauhe See auf, wenn der Meltemi mehrere Tage lang anhält. Auch wenn es möglich ist, bei Meltemi nach N abzulaufen, macht es doch mehr Sinn, im Juli oder August den Kurs nach S abzusetzen. Die typische kurze steile See, die bei Meltemi entsteht, macht das Segeln oder Motoren »gegenan« ausgesprochen ermüdend und anstrengend.

In den Sommermonaten ist es im Dodekanes sehr heiß, auch wenn der Meltemi etwas Erfrischung bietet. Die Temperaturen erreichen 35° C, obwohl die Durchschnittstemperatur darunterliegt. Im Winter ist das Klima sehr milde. Im Jahresmittel ist das Klima dem auf Kreta oder Sizilien vergleichbar.

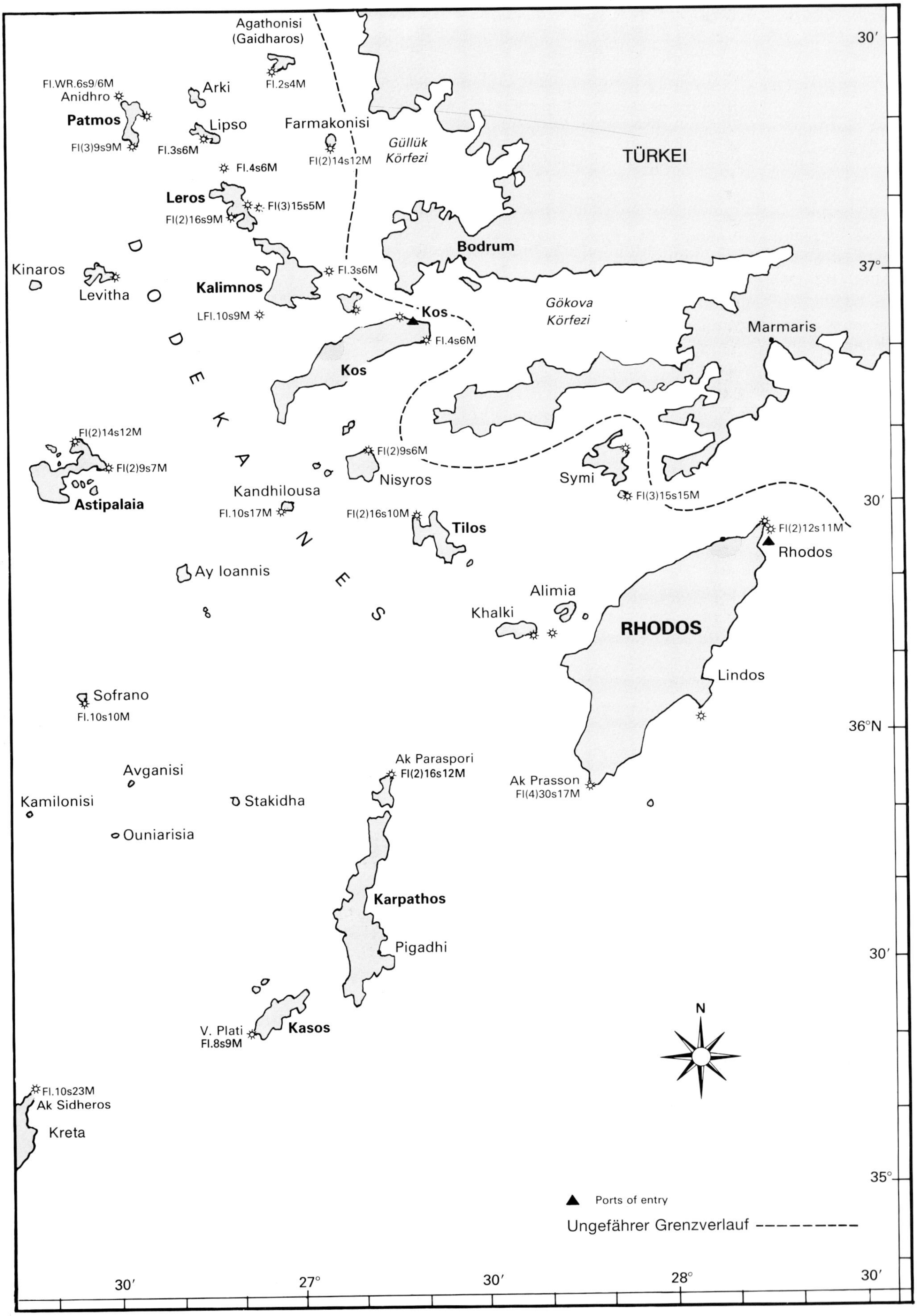

Der Dodekanes

Wichtige Angaben

Ports of Entry

Kos
Symi
Mandraki (Rhodos)

Sperrgebiete

1. *Leros*: An der S- und SW-Seite der Bucht Ormos Partheni ist das Befahren und Anlegen verboten.
2. *Leros*: Vor der S-Seite der Bucht Ormos Lakki sowie in der Umgebung der Militäranlagen ist das Befahren und Anlegen verboten.

Die wichtigsten Leuchtfeuer

Nisis Anydro: Fl.WR.6s9/6M
Patmos
Ak Geranos: Fl.3s7M
Ak Ilias: Fl(3)9s9M
Lipso
Ak Gatos: Fl.3 s6M
Nisis Kalapodi: Fl.4s6M
Vr. Saraki: Fl(2)8s6M
Nisis Gaidaros: Fl.2s4M
Nisis Pharmakonisi (S-Spitze): Fl(2)14s12M
Leros
Ormos Alintas: Fl.3s5M
Vr. A. Kyriaki: Fl(3)15s5M
Ormos Lakki (Ak Lakki): Fl(2)14s9M
Nisis Glaros: Fl.1,5s4M
Kalymnos
Nisis Kalolymnos: Fl.3s6M
Ormos Kalymnou: Fl.R.2s5M
Vr. Saphonidi: LFl.10s9M
Pserimos
Ak Rousa: Fl(2)WR.10s12/9M
Vr. Nekrothikes: Fl.WR.5s6/4M
Kos
Ak Ammoglossa: Fl.R.4s4M
Ak Louros: Fl(3)WR.15s6M
Ak Phouka: Fl.4s6M
Nisis Gyali (A. Antonios): Fl.2s4M
Nisyros (Ak Palos): Fl(2)9s6M
Nisis Kandilousa: Fl.10s17M
Tilos (Vr. Gaidaros): Fl(2)16s10M
Symi
Nisis Marmaras: Fl.3s6M
Nisis Chondros: Fl.3s5M
Ak Koutsoumpa: Fl.3s5M
Vr. Troumpeta: Fl(3)15s15M
Nisis Chalki (Skala): Fl.WR.6s8/6M
Rhodos
Nisis Tragusa: Fl(2)WR.14s8/6M
Skala Kameiros: Fl.3s5M
Ak Mylon (Zonari): Fl.WR.4s6/4M
Limin Rhodou (A. Nikolaou): Fl(2)12s11M
Vr. Paximadia: Fl.WR.4s9/6M
Ak Prassonisi: Fl(4)30s17M
Karpathos
Ak Kastellos: Fl.WR.3s7/4M
Nisida Despotiko: Fl.5s6M
Ak Paraspori (Saros): Fl(2)16s12M
Nisis Stakida: Fl.3s8M
Ounianisia: Fl(2)16s7M
Nisis Megalo Sophrano: Fl10s10M
Vr. Strongili: Fl(2)WR.10s7/5M
Kasos
Vr. Plati: Fl.8s9M
Astypalaia
Ak Phlouda: Fl(2)14s12M
Ak Exopetra: Fl(2)9s7M

Kurzübersicht

	Schutz	*Liegeplätze*	*Treibstoff*	*Wasser*	*Lebensmittel*	*Restaurants*	*Hafenplan*
Patmos							
Skala Patmou	B	AC	A	A	B	A	•
Ankerplätze um Skala Patmou	BC	C	O	O	O	C	•
Nisis Arki (Porto Augusta)	A	AC	O	B	C	C	•
Nisis Maratho	B	C	O	O	O	C	
Lipso							
Ormos Sokoro	B	AC	B	A	C	B	•
Lera Lipso	B	C	O	O	O	C	•
Nisis Agathonisi	B	AC	O	C	C	C	•
Nisis Pharmakonisi	C	C	O	O	O	O	•
Leros							
Ormos Lakki	B	AB	B	A	B	B	•
Ormos Partheni	A	C	O	B	C	C	•
Ormos Plakouti	C	C	O	O	O	O	
Xerokampos	B	C	O	O	O	O	
Ormos Alintas	C	AC	B	A	B	B	•
Ormos Panteli	B	AC	B	B	C	B	•
Kalymnos							
Limin Kalymnou	A	A	B	A	A	B	•
Vathy	B	A	O	B	C	C	•
Ormos Akti	C	C	O	O	O	C	
Baia Isolavecchia	O	C	O	O	O	O	
Baia de Sicati	O	C	O	O	O	O	
Ormos Emporio	B	C	O	B	C	B	•
Nisis Telendos	O	C	O	O	O	C	
Ormos Linarias	O	C	O	O	O	C	
Ormos Vlychadia	B	C	O	O	C	C	
Pserimos	C	C	O	O	C	B	•
Kos							
Mastichari	B	AB	O	B	C	B	•
Kos	A	A	B	A	A	A	•
Kardamena	B	AC	O	B	C	B	•
Ormos Kamari	B	BC	O	A	O	C	•

	Schutz	Liegeplätze	Treibstoff	Wasser	Lebensmittel	Restaurants	Hafenplan
Nisis Gyali	C	C	O	O	O	O	
Nisyros							
Mandrakion	C	AB	B	A	B	B	•
Paloi	B	A	O	B	C	B	•
Leivadia (Tilos)	C	BC	B	A	B	C	•
Symi							
Hafen Symi	B	A	B	A	A	A	•
Panormitis	A	C	O	O	C	C	•
Pedi	B	AC	O	B	C	C	•
Ormos Marathounta	C	C	O	O	O	O	
Ormos Phaneromeni	C	C	O	O	O	O	
A. Emilianos	C	AC	O	O	O	O	•
Nisis Seskli	C	C	O	O	O	O	
Rhodos							
Mandraki	A	A	A	A	A	A	•
Ormos Trianda	O	C	O	O	O	O	
Lindos	B	C	O	B	C	A	•
A. Apostoli	C	C	O	O	O	O	
Ormos Lardos	O	C	O	O	O	C	
Ormos Viglika	O	C	O	O	O	O	
Ormos Langonia	O	C	B	B	B	C	
Chalki	B	ABC	O	B	C	C	•
Potamos	B	C	O	O	O	O	
Alimia	B	C	O	O	O	O	•

	Schutz	Liegeplätze	Treibstoff	Wasser	Lebensmittel	Restaurants	Hafenplan
Karpathos							
Limin Karpathou	C	AB	B	B	A	B	•
Ormos Makrys Gialos	C	C	O	O	O	O	
Ormos Amorphos	C	C	O	O	O	O	
Foinikion	C	A	O	A	C	C	•
Tristoma	C	C	O	O	O	O	•
Kasos							
Limin Kasou	C	A	B	B	C	C	•
Ormos Chelatros	C	C	O	O	O	O	
Kasonisia	O	C	O	O	O	O	
Astypalaia							
Skala Astypalaia	B	ABC	B	A	B	B	•
Ormos Maltezana	B	BC	O	O	C	C	•
Porto Vathy	A	C	O	O	O	C	•
Ormos Agrilithi	B	C	O	O	O	O	•
Ormos Leivadia	C	C	O	O	O	O	

Die Insel Patmos

Die N-lichste Insel des Dodekanes besteht aus drei kahlen »Gesteinsklumpen«, die vulkanischen Ursprungs sind und nur durch zwei schmale Landengen miteinander verbun-

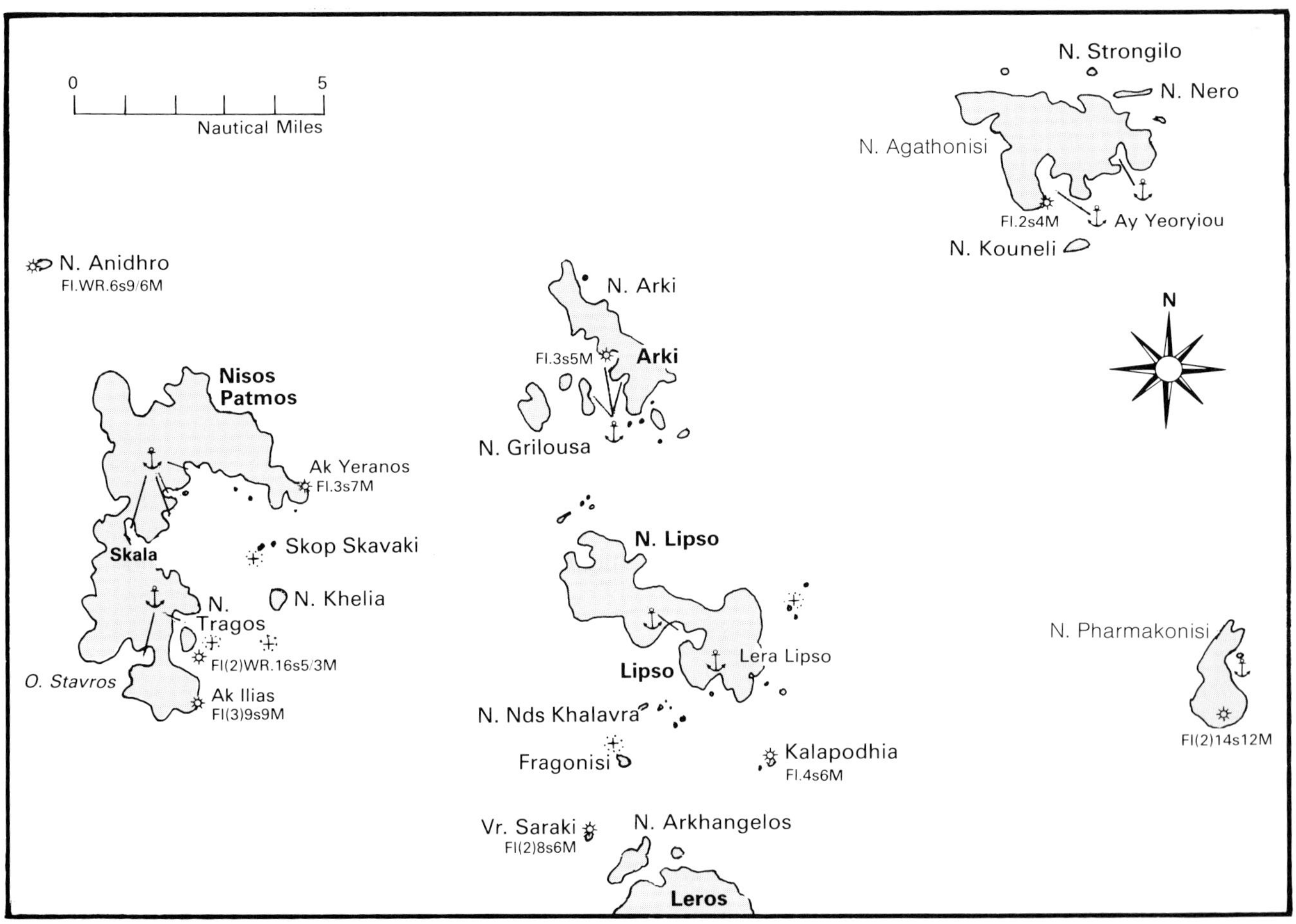

Patmos und die umliegenden Inseln.

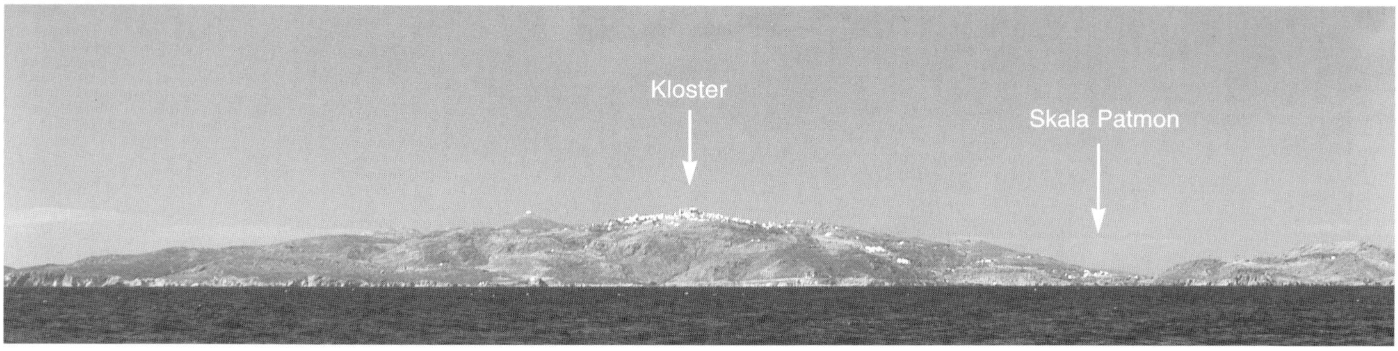

Ansteuerung von Patmos aus E. Die Häuser der Chora und das festungsähnliche Kloster bilden gute Landmarken.

den werden. Am mittleren Isthmus befindet sich der Naturhafen von Skala; oberhalb davon bildet die Chora von Patmos, die ihrerseits von den mächtigen Mauern und Zinnen der Klosterfestung, Agios Ioannis Theologos, überragt wird, das Zentrum der Insel.
Geschichtlich gesehen gehört Patmos mehr zur christlichen Zeit als zur Antike. Kaiser Domitian verbannte Johannes nach Patmos. Hier hatte Johannes seine apokalyptischen Visionen, die er in einer Grotte niederschrieb; hier fand er das Buch der Offenbarungen und seinen treuen Anhänger Prochorus. Das Apokalypse-Kloster steht auf halbem Weg zwischen dem Ort Skala und der Chora. Es umschließt die Grotte der heiligen Anne, in der Johannes die feurigen Worte Gottes von seinem Jünger aufschreiben ließ. Zumindest will es so die Legende. Tatsächlich gibt es aber keinerlei Beweis dafür, daß Johannes seine Apokalypse wirklich auf Patmos geschrieben hat.

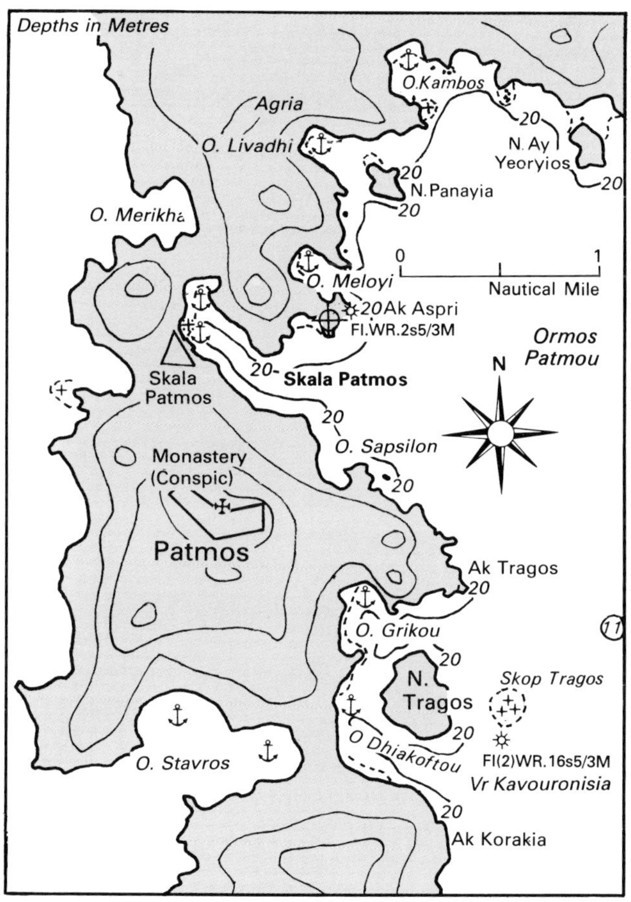

Ansteuerungen von Skala Patmou.

Jahrhundertelang war die Insel der Schlupfwinkel sarazenischer Piraten, bis schließlich 1088 der Abt Christodulos mit einer Übereignungsurkunde auf die Insel gesandt wurde, um hier ein Kloster zu Ehren des Evangelisten Johannes zu errichten. Da die Piraten weiterhin auf der Insel blieben, wurden die Festungsmauern, die das Kloster umgeben, notwendig. Das Kloster blühte wirtschaftlich auf, und seine Bibliothek wurde eine der größten Griechenlands – zumindest außerhalb der Mönchsrepublik vom Berg Athos. Leider sind viele der Manuskripte seitdem wieder in alle Welt verstreut worden. Geblieben ist aber der wertvolle Codex Porphyrus, der auf purpurrotem Pergament mit Silber und Gold geschrieben wurde und einige hervorragende byzantinische Illustrationen enthält. Des weiteren enthält der »Schatz« eine Anzahl wertvoller Ikonen und liturgischer Gewänder. Ein paar der Stücke sind ausgestellt.
Nach der Gemeinde auf den heiligen Berg Athos bildet Patmos das geistige Zentrum der griechisch-orthodoxen Kirche. In der Nähe des Apokalypse-Klosters ist eine neue theologische Schule entstanden, die von Schülern aus dem ganzen Land besucht wird.
Zu Ostern finden hier Prozessionen mit viel Pomp statt. Anschließend wird üppig getafelt.

Skala Patmou

WP 37°19,2'N 026°32,8'E (Fl.R.1,5s2M)
Karten: BA 1531, Imray G32, D 1085 Plan A

Allgemeines
Eigentlich ist der Ort Skala Patmou nur gewachsen, um den verschiedenen Wünschen und Bedürfnissen der zahlreichen Kreuzfahrtschiffe sowie den vielen Touristen, die täglich mit der Fähre herüberkommen, um das Johanniskloster zu besichtigen, entgegenzukommen.
Die meisten Gebäude um den Hafen herum stammen aus italienischer Besatzungszeit, und im Gegensatz zu vielen anderen Städten, die sich um einen Hafen herum entwickelt haben, ist Skala wirklich sehr hübsch.
Will man das Kloster besichtigen, sollte man daran denken, sich entsprechend zu kleiden. Bikinis und Shorts sind unpassend.

Ansteuerung
Auffällig: In den Ansteuerungen von Skala Patmou liegen zahlreiche Kliffs und Felsinseln, die bei Tag aber leicht er-

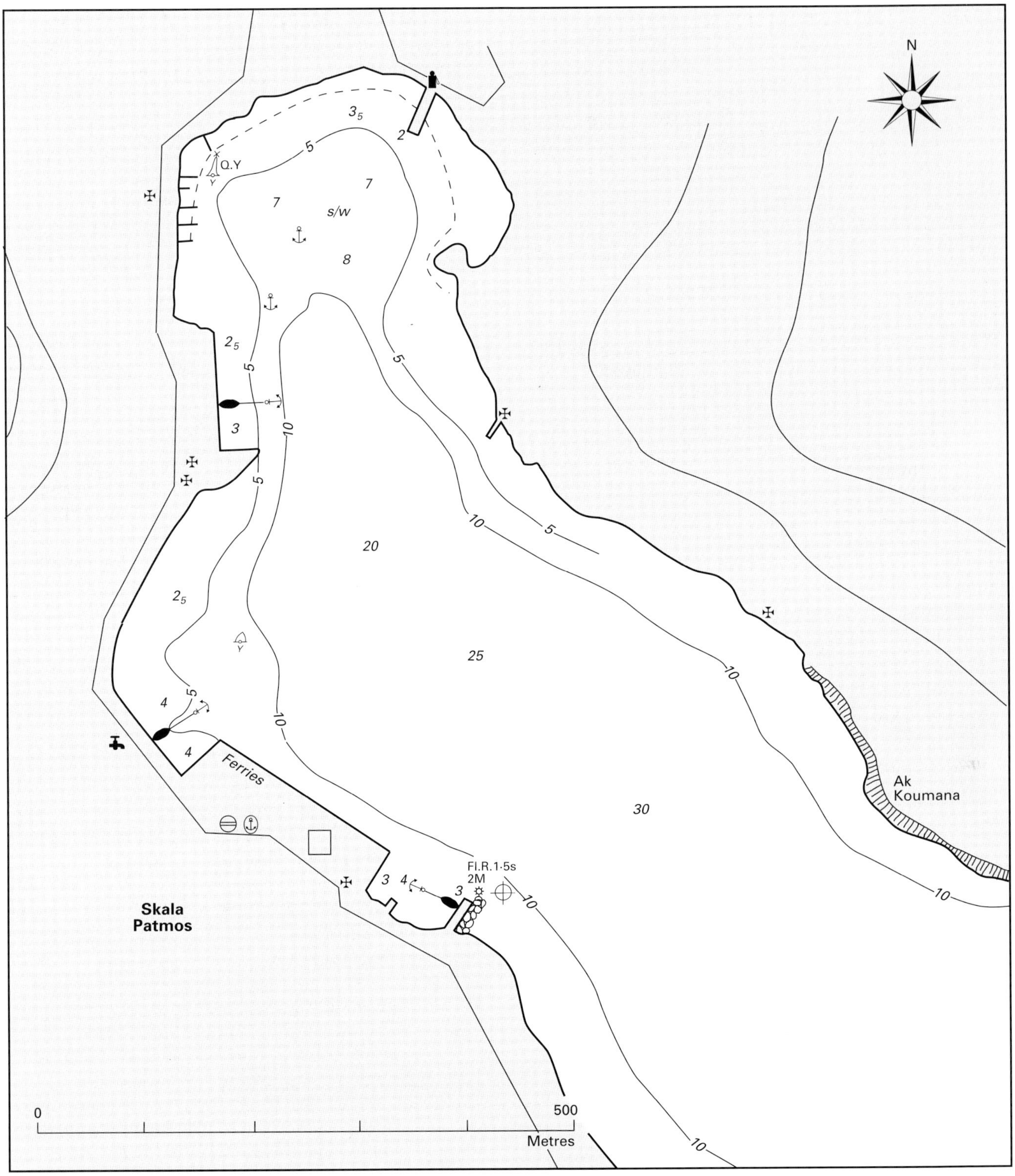

Skala Patmou.

kennbar sind. Der Hauptort der Insel und das festungsähnliche Kloster auf dem Bergkamm S-lich von Skala Patmou sind schon von weitem gut auszumachen. Der Ort Patmou befindet sich etwa in der Mitte der Insel an ihrem niedrigsten Punkt. Wenn man in die Bucht einläuft, sind die weißen Häuser der Stadt leicht zu erkennen.

Nachts richtet man sich nach den Feuern auf Ak Ilias (Fl(3)9s9M), Vr. Kavouronisia (Fl(2)WR.16s5/3M, der rote Sektor deckt 272°-320° mit den Felsinseln Yph. Chelia, Nisis Chelia und Skopeloi Sklavaki ab) und dem Feuer in Skala Patmou (Fl.R.1,5s2M).

Gefahren:

1. Bei der Navigation um Patmos herum ist insbesondere auf die zahlreichen Riffe, die mit den Klippen und Felsinseln in den Ansteuerungen verbunden sind, zu achten. Etwa 0,1 sm N-lich von Vrak Kavouronisia verläuft das Riff Skopeloi Tragos. Yph. Chelia liegt 0,6 sm S-lich von Nisis Chelia. Skopeloi Sklavaki befindet sich 0,2 sm SW-lich der W-licheren der beiden Sklavaki-Inseln.

Hinweis: Die Felsklippe Yph. Chelia liegt an der Grenze des roten Sektors des Feuers auf Ak Aspri.

2. Bei Meltemi muß in der Bucht mit schweren Fallböen von den umliegenden Bergen gerechnet werden.

Liegeplätze
N-lich des Fähranlegers oder ein bißchen weiter N-lich am neuen Kai macht man mit Bug oder Heck zum Kai fest. Eventuell findet man auch einen Liegeplatz an der kurzen Schutzmole im S. Der Ankergrund besteht aus Sand mit Seegrasbewuchs und hält gut.
Schutz: Der Schutz vor Meltemi ist besser, als es zunächst den Anschein hat. Die Bucht, die nach SE hin offen ist, wird schon bei mäßigen Winden aus SE ungemütlich; bei Starkwinden aus dieser Richtung unhaltbar.
Behörden: Wasserschutzpolizei und Zoll.
Ankerplätze: Im Scheitel der Bucht kann man auf 6 bis 10 m Tiefe ankern. Hier ist man vor Meltemi gut geschützt.

Versorgung
Wasser gibt es am S-Kai; im Skala-Hotel fragt man nach dem »Wassermann«.
Treibstoff: Am Scheitel der Bucht gibt es eine Tankstelle, von der man Treibstoff beziehen kann. Neben der Tankstelle gibt es einen Anleger, der an seinem Kopf 2 bis 3 m Tiefe aufweist. Ein kleiner Tankwagen liefert den Treibstoff aber auch an den Kai.
Reparaturen: Im Scheitel der Bucht gibt es einen Slip, auf dem einheimische Caiquen aufgeslippt werden können. Ein paar mechanische Reparaturen sind möglich. Es gibt gut sortierte Eisenwarenläden.
Lebensmittel: Skala Patmou bietet gute Versorgungsmöglichkeiten.
Restaurants: Entlang des Hafens findet man Tavernen.
Sonstiges: Post, Telefonamt, Bank, Gas, Camping GAZ, Fahrrad- und Motorrad-Verleih. Zum Kloster verkehrt ein Bus, und täglich gehen Fähren nach Piräus und Rhodos. Örtliche Fähren verkehren nach Kos und Samos.

Weitere Ankerplätze um Skala Patmou

Karten: BA 1531, Imray G32, D 1085 Plan A

In der Nähe von Skala Patmou findet man noch verschiedene andere Ankermöglichkeiten, die zwar vor Meltemi geschützt sind, dafür aber von Fallböen heimgesucht werden.
1. ***Ormos Melogi***: Die erste Bucht, die NE-lich von Skala Patmou liegt, ist nach SE hin offen. Man ankert im Scheitel der Bucht über Sandgrund, der stellenweise mit Seegras bewachsen ist. An Land gibt es eine Taverne.
2. ***Ormos Agria Leivadia***: Unmittelbar N-lich von Ormos Melogi befindet sich diese kleine Bucht, die von einer Felsinsel, Nisis Panagia, in der Einfahrt geschützt wird. Die kleine Insel ist leicht auszumachen. Man ankert im Scheitel der Bucht. Der Ankerhalt und der Schutz sind wie in Ormos Melogi.
3. ***Ormos Kampos***: Unmittelbar NE-lich von Ormos Agria Leivadia bietet diese Bucht, die nach S und SE hin offen ist, einen Ankerplatz. Der Ankerhalt ist wie in Ormos Melogi. Man ankert, wo man mag. An den Hängen um die Bucht herum steht eine Reihe von Villen. Es gibt eine Taverne sowie ein Geschäft, in dem man einige Grundnahrungsmittel bekommen kann.
4. ***Ormos Grikou***: 2 Seemeilen SE-lich von Skala Patmou befindet sich diese Bucht, in deren Scheitel man auf 8 bis 10 m Wassertiefe vor dem Dorf am Ufer ankern kann. An der N-Seite gibt es einen Anleger, an dem die Wassertiefe 2 m betragen soll. Der Grund ist dick mit Seegras bewachsen, das der Anker nur mühsam durchdringt. Man sollte sich unbedingt versichern, daß der Anker auch tatsächlich gut gefaßt hat. Die Bucht ist nach SE hin offen, obwohl Nisis Tragos etwas Schutz vor Winden aus diesem Quadranten bietet. An Land gibt es eine Taverne, und im Sommer verkehrt ein Bus nach Skala Patmou.

Ormos Stavros

An der W-Küste von Patmos, der Bucht Ormos Grikou gegenüber, findet man diese Bucht, die nach SW hin offen ist. Bei Meltemi steht für gewöhnlich etwas Schwell hinein.

Die Insel Arki

Diese stark gegliederte Insel liegt etwa 6 Seemeilen ENE-lich vom Kap Ak Geranos, der E-Huk von Patmos. Etwa auf der Mitte der W-Küste befinden sich Porto Augusta und Porto Stretto, die von einer Reihe winziger Inseln geschützt werden.

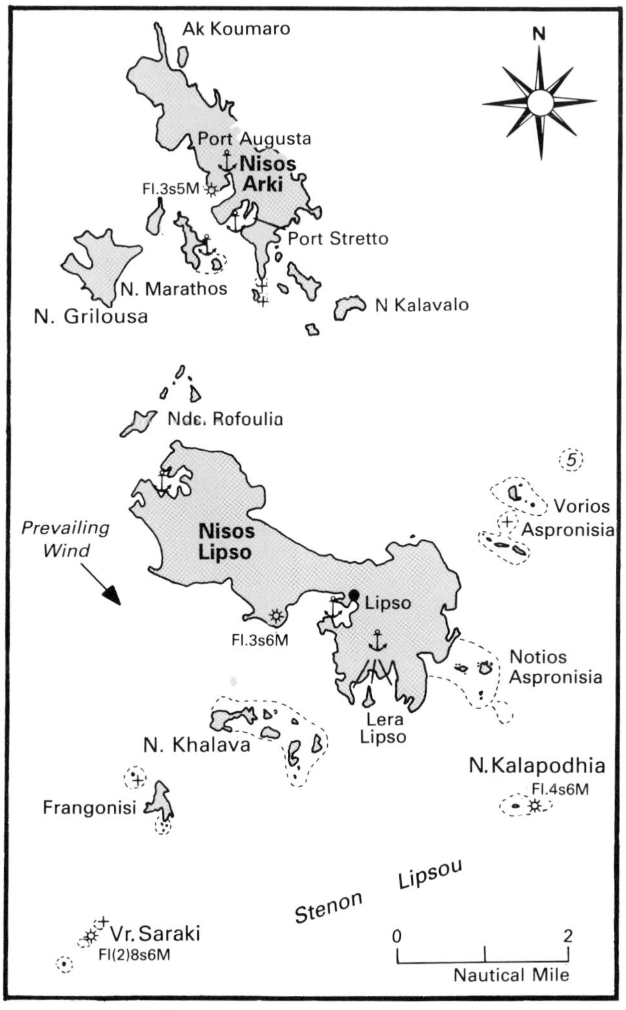

Die Inseln Arki und Lipso.

Porto Augusta

WP 37°22,9'N 026°43,8'E (Fl.3s5M) / Karten: D 613

Ansteuerung
Die gewundene Bucht befindet sich an der W-Küste von Arki. Gut auszumachen sind die kleinen Inseln, die in der Einsteuerung liegen, und das Leuchtfeuer bildet ebenfalls eine gute Landmarke. Die N-Huk der Einfahrt ist mit (Fl.3s5M) befeuert. Von einer nächtlichen Ansteuerung ist jedoch abzuraten. Vor einem Riff, daß sich etwa 15 m von der N-lichen Einfahrtshuk erstreckt, ist Vorsicht geboten.

Liegeplätze
Die Breite der Bucht nimmt hinter einer Biegung stark ab. Die Wassertiefen betragen in der Mitte 4 bis 5 m; der Grund steigt zu den Ufern allmählich an. Im Scheitel der Bucht macht man mit Bug oder Heck zum Kai fest, wo die Wassertiefen größtenteils 2 bis 4 m betragen. Der Schlickgrund ist mit Seegras bewachsen und mit ein paar Felsen durchsetzt. In Porto Augusta liegt man nicht nur in hübscher Umgebung, sondern auch bei jedem Wetter gut geschützt.

Porto Augusta aus SW.

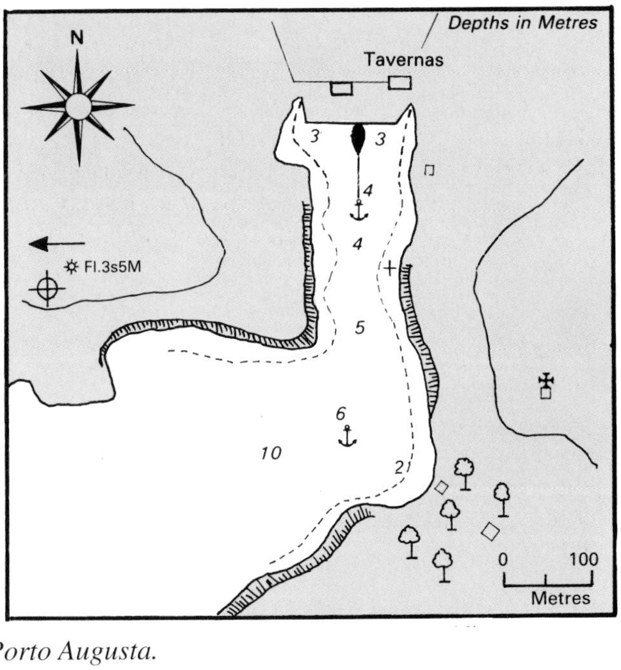

Porto Augusta.

Versorgung
An der Hafenpromenade findet man zwei Tavernen.

Porto Stretto

Unmittelbar S-lich von Porto Augusta gibt es zwei schmale Einbuchtungen, in denen man auf 4 bis 5 m in der W-lichen bzw. 10 bis 12 m in der E-lichen ankern kann. Der Sandgrund ist mit Seegras bewachsen, hält aber gut. Die Einbuchtungen sind nach S hin offen, aber vor Meltemi gut geschützt.

Die Insel Maratho

In den Ansteuerungen von Porto Augusta und Porto Stretto liegt diese Insel. Zwischen der S-Spitze von Nisis Maratho und dem kleinen Inselchen Spalato unmittelbar E-lich davon, erstreckt sich ein gefährliches Riff, über dem die Wassertiefe lediglich 2 m beträgt. Normalerweise ist das Riff als »grüner Fleck« im Wasser sichtbar. Zwischen dem Riff und Nisis Maratho gibt es eine Durchfahrt mit 5 m Tiefe.
In der Bucht an der SE-Seite der Insel findet man einen recht hübschen Ankerplatz, und im Sommer haben am Strand zwei Tavernen geöffnet. Die Leinen der ausgelegten Mooringtonnen können aufgenommen werden. Der Schutz vor Meltemi ist zwar gut, die Bucht ist aber nach S hin offen. Die Tavernen sind auf UKW-Kanal 12 zu erreichen und Yachten gern behilflich.

Die Insel Lipso

2 Seemeilen S-lich von Arki befindet sich diese Insel, an deren S-Küste eine kleine Gemeinde im Dorf Lipso ihr Dasein fristet. In der gewundenen Bucht Ormos Sokoro gibt es einen Hafen, und unterhalb der SW-Spitze der Insel findet man eine Reihe kleiner Einbuchtungen.

Ormos Sokoro (Lipso)

WP 37°17,8'N 026°45,8,E (F.R.3M) / Karten: BA 1531, D 613

Allgemeines
Auch wenn der kleine Ort ein wild zusammengewürfeltes Durcheinander ist, wirkt er äußerst reizvoll. Touristen kommen kaum hierher, und so leben die meisten Einwohner vom Fischfang und etwas Landwirtschaft.

Ansteuerung
Auffällig: Nisides Chalavra, die Felsklippen vor der SW-Spitze von Lipso, sind schon von weitem leicht zu erkennen. Beim Näherkommen wird auf der S-Huk der Einfahrt eine weiße Kapelle sichtbar, während das Leuchtfeuer auf der N-

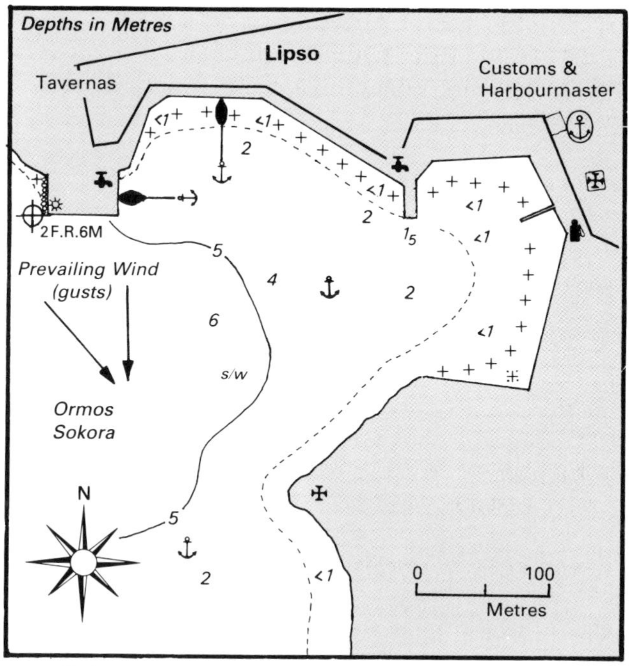

Ormos Sokoro (Lipso).

Huk der Einfahrt erst auszumachen ist, wenn sich die Bucht vor einem öffnet und die Häuser von Lipso sichtbar werden. *Nachts* navigiert man nach dem Feuer auf Ak Gatos (Fl.3s6M) und dem Feuer auf dem Kai in der Bucht (F.R.3M). *Vorsicht*: Bei Meltemi stehen schwere Fallböen in die Bucht.

Liegeplätze
Am Kai an der W-Seite macht man mit Bug oder Heck fest. Eventuell kann man an manchen Stellen auch mit Bug zum N-Kai festmachen. Da dort jedoch Geröll vor dem Kai den Grund unrein macht, ist Vorsicht geboten. Natürlich kann man auch in der Bucht ankern. Der Grund, der aus Schlick, Sand und Seegras besteht, hält schlecht.
Hinweis: An manchen Stellen wird der Hafen gerade ausgebaggert, so daß in Zukunft vermutlich mehr Liegeplätze am Kai zur Verfügung stehen werden.
Schutz: Auch wenn starke Fallböen in die Bucht stehen, ist man vor Meltemi gut geschützt. Bei Starkwinden aus S verholt man in den S-lichen Teil der Bucht, wo man auf 4 bis 5 m ankert.
Behörden: Wasserschutzpolizei und Zoll stationiert.

Der Hafen Lipso aus E (Foto: Nigel Patten).

Versorgung
Wasser gibt es am Kai. Vom Prädikat »ungenießbar« ist es allerdings
nicht weit entfernt.
Treibstoff bekommt man am E-Kai.
Lebensmittel: Im Dorf sind die meisten Dinge erhältlich.
Restaurants: In Hafennähe gibt es eine Reihe guter Tavernen, von denen einige frischen Fisch anbieten.
Sonstiges: Post, Wechselstube, Fährverbindung nach Patmos.

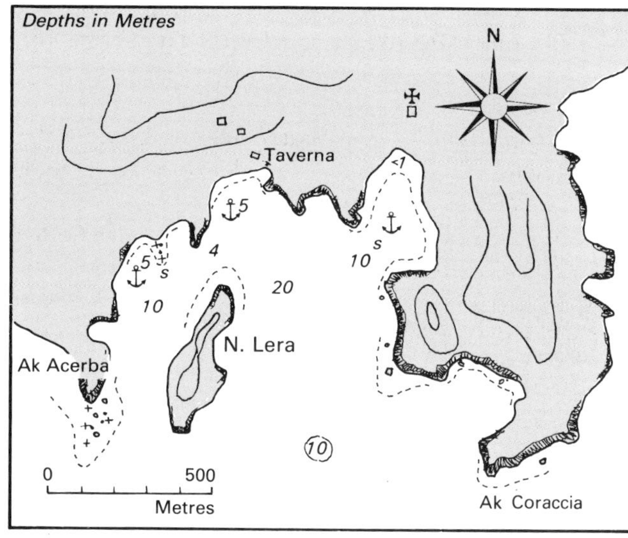

Lera Lipso.

Lera Lipso (Lira-Reede)

Zwischen den beiden Kaps Ak Acerba und Ak Coraccia liegt an der S-Küste von Lipso eine weite Bucht, deren verschiedene kleine Einbuchtungen alle guten Schutz vor Meltemi bieten.
S-lich von Ak Acerba erstreckt sich ein Riff, von dem man sich gut freihalten sollte. Beim Einlaufen in die Bucht kann man die kleine Insel Lira sowohl an ihrer W- wie auch an ihrer E-Seite passieren. In jeder der kleinen Einbuchtungen, die sich entlang der N-Küste befinden, kann man nach Belieben ankern. Vor der Taverne sind am Ufer Pfähle in den Grund gerammt worden, zu denen man eine lange Leine ausbringen kann. Der Sandgrund ist mit Seegras bewachsen und hält gut. Vor Meltemi ist man hier gut geschützt, aber nach S hin sind diese Einbuchtungen vollständig offen. In der mittleren Einbuchtung hat am Strand eine kleine Taverne geöffnet, darüberhinaus gibt es aber keine Versorgungsmöglichkeiten.

Die Insel Agathonisi

(Gaidaros)

Rund 10 Seemeilen NE-lich von Arki und etwa 8 Seemeilen W-lich der türkischen Festlandsküste liegt diese stark zerklüftete Insel, die schon aus einiger Entfernung leicht zu erkennen ist.
Hinweis: Dicht vor der E-Küste von Nisis Agathonisi liegt die kleine Insel Glaros; die Wassertiefe in der Durchfahrt

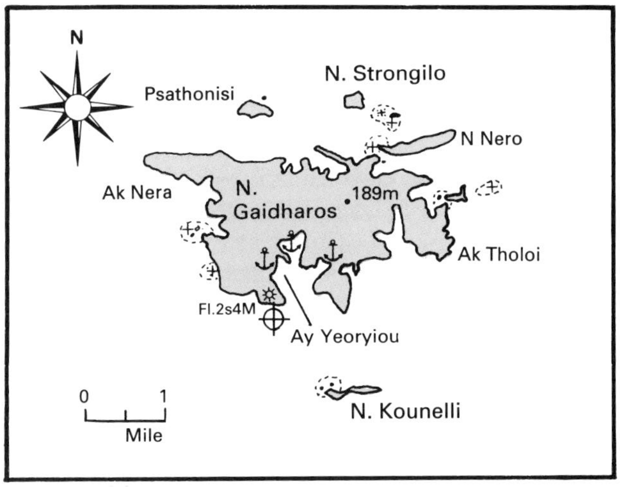

Die Insel Agathonisi.

zwischen den beiden Inseln wird auf der britischen und der griechischen Seekarte mit 8 m angegeben. Tatsächlich wird diese Durchfahrt aber von einer Sandbarre versperrt, und man sollte gar nicht erst versuchen, dort hindurch zu fahren. Nisis Glaros sollte stets seeseitig passiert werden. An der S-Küste gibt es zwei tiefe Buchten. Das winzige Fischerdorf, A. Georgiou, befindet sich im Scheitel der W-lichen, die für Yachten sehr zu empfehlen ist. Die W-liche Einfahrtshuk ist mit (Fl.2s4M) befeuert.

Vor der kleinen Ortschaft macht man mit Bug oder Heck am N-Teil des Fähranlegers fest. Der Grund besteht aus Schlick, Sand und Seegrasbewuchs und hält gut. Vor dem Meltemi ist man gut geschützt. Die Bucht ist nach S hin offen, und bei Starkwinden aus S-lichen Richtungen wird der Platz unhaltbar. Bei leichten SW-lichen Winden kann man sich eventuell in die kleine W-liche Einbuchtung quetschen, der Großteil der Bucht wird von Fischzuchtanlagen versperrt.

Es gibt zwar Wasser, aber ob es Trinkwasserqualität hat, ist nicht sicher. Im Dorf ist ein bescheidenes Lebensmittelangebot erhältlich, und es gibt drei Tavernen. Eine Fähre verkehrt nach Pythagoreion.

Das kleine Dorf wird von Fischern und ihren Familien bewohnt. Da die Fischgründe in türkischen Gewässern ergiebiger sind, sind die Fischer oft dort unterwegs. Sie sind ein freundliches und herzliches Völkchen.

Der Fischerhafen A. Georgiou aus NW (Foto: Nigel Patten).

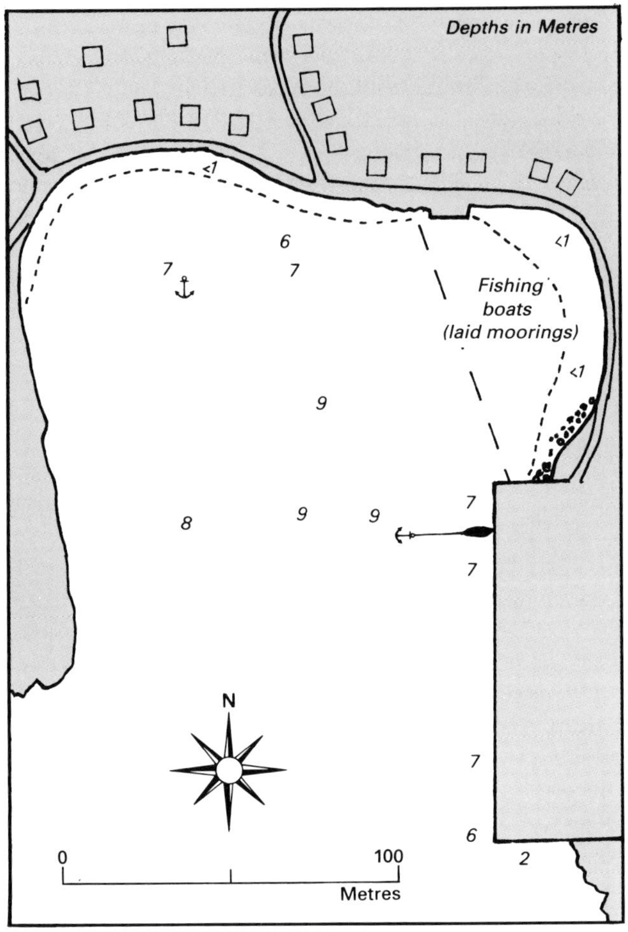

A. Georgiou.

Die Insel Pharmakonisi

14 Seemeilen E-lich von Lipso liegt diese kleine Insel unmittelbar vor der türkischen Küste. An der E-Seite der Insel findet man eine Bucht, die vollständig nach S und E hin

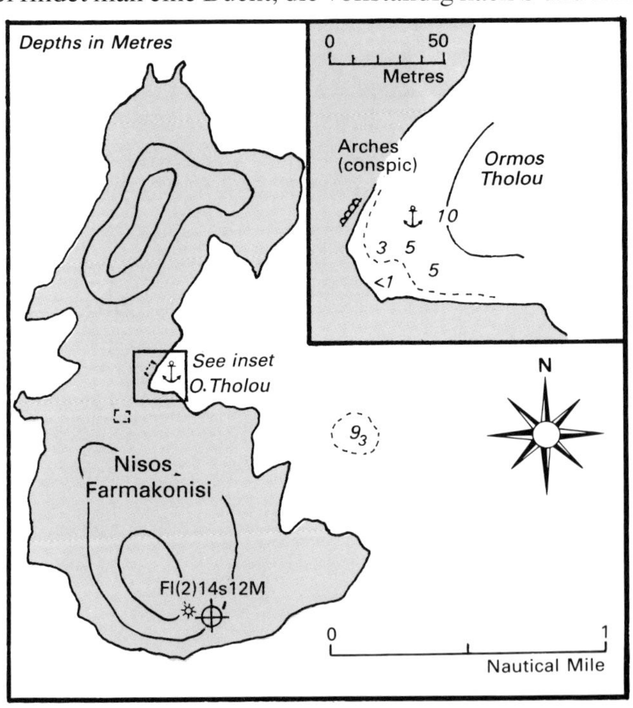

Insel Pharmakonisi.

offen ist, aber guten Schutz vor Meltemi bietet. Vier steinerne Bögen, die Ruinen einer römischen Villa, sind das markante Erkennungszeichen dieser Bucht.
Ein paar Ruinen, die aus römischer Zeit datieren sowie eine byzantinische Kirche sind an Land zu besichtigen. Auf dieser Insel wurde übrigens Julius Cäsar von Piraten gefangengenommen, 38 Tage als Geißel festgehalten und gegen Lösegeld wieder freigelassen. Wieder auf freiem Fuß, stellte er eine Strafexpedition zusammen und nahm seinerseits die Piraten gefangen, verurteilte sie zum Tode und ließ sie kreuzigen.
Hinweis: Es kann passieren, daß die griechische Marine der Insel einen Besuch abstattet und sich bei der Gelegenheit die Personal- und Bootspapiere zeigen läßt.

Die Insel Leros

Leros wird nur durch eine schmale Meerenge von ihrer S-lichen Nachbarinsel Kalymnos getrennt, und in der Antike sah man die beiden als eine Insel an (die Kalydnian-Inseln Lero-Kalymno).
Im griechischen bedeutet »Leros« schmutzig oder schmuddelig, und die Inselbewohner gelten als mürrisch, verlogen und unehrlich.
Tatsächlich ist Leros nichts davon: Sie ist einfach eine hübsche Insel, die mit freundlichen, großzügigen Menschen bevölkert ist. Auch landschaftlich gesehen ist Leros weniger rauh als ihre Schwesterinsel Kalymnos. Die Hänge der Berge sind sanfter, und die Landschaft um die Buchten Ormos Lakki und Goumes sind bewaldet und grün. Der Ort Platanos selbst ist ein Gewirr von Hibiskus, Jasmin, Bougainvillea und Oleander: Eine ganz und gar liebenswerte Inselhauptstadt mit freundlichen Einwohnern und einem wunderschönen Blick über die Buchten Ormos Alintas und Panteli.
In der Antike war die Insel ein Zentrum des Artemis-Kultes. Die Verehrung einer Mutter-Gottheit in einer Zeit, als sich alle Welt schon einem väterlichen Gott zugewandt hatte, brachte der Insel einen schlechten Ruf ein.

Ormos Lakki

WP 37°07,7'N 026°51'E (Fl.R.3s3M) / Karten: BA 1531, D 1085 Plan B

Allgemeines
Die großen Gebäude, die die Bucht von Lakki säumen, stammen noch aus der Zeit italienischer Besatzung, weil der große Naturhafen seinerzeit eine wichtige Basis der italienischen Marine darstellte. Einige der Gebäude wurden als Krankenhäuser genutzt: Es gab drei psychiatrische Anstalten, zwei Kinderkrankenhäuser und ein allgemeines Krankenhaus.
Vor einiger Zeit gerieten die psychiatrischen Hospitäler in die Kritik europäischer Medien, und die Insel Leros wurde wegen der Zustände in diesen Anstalten als »Teufelsinsel« etikettiert. In der Tat sind die Anstalten berüchtigt und die Bedingungen, unter denen die Heiminsassen leben müssen, beklagenswert. Man fühlt sich an die Zustände des 19. Jahrhundert erinnert. Die griechische Regierung hat aufgrund des Drucks verschiedener Menschenrechtsorganisationen Abhilfe versprochen.

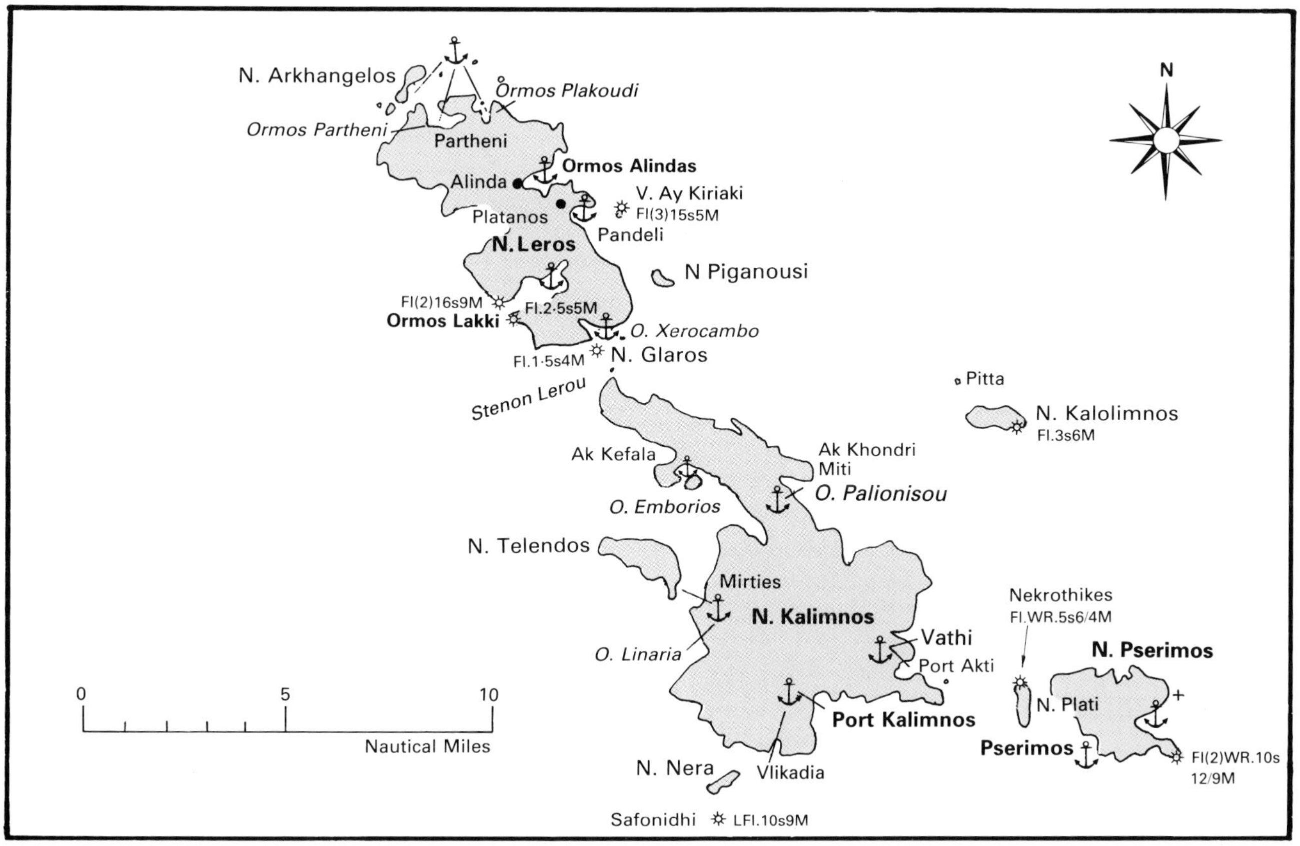

Die Inseln Leros und Kalymnos.

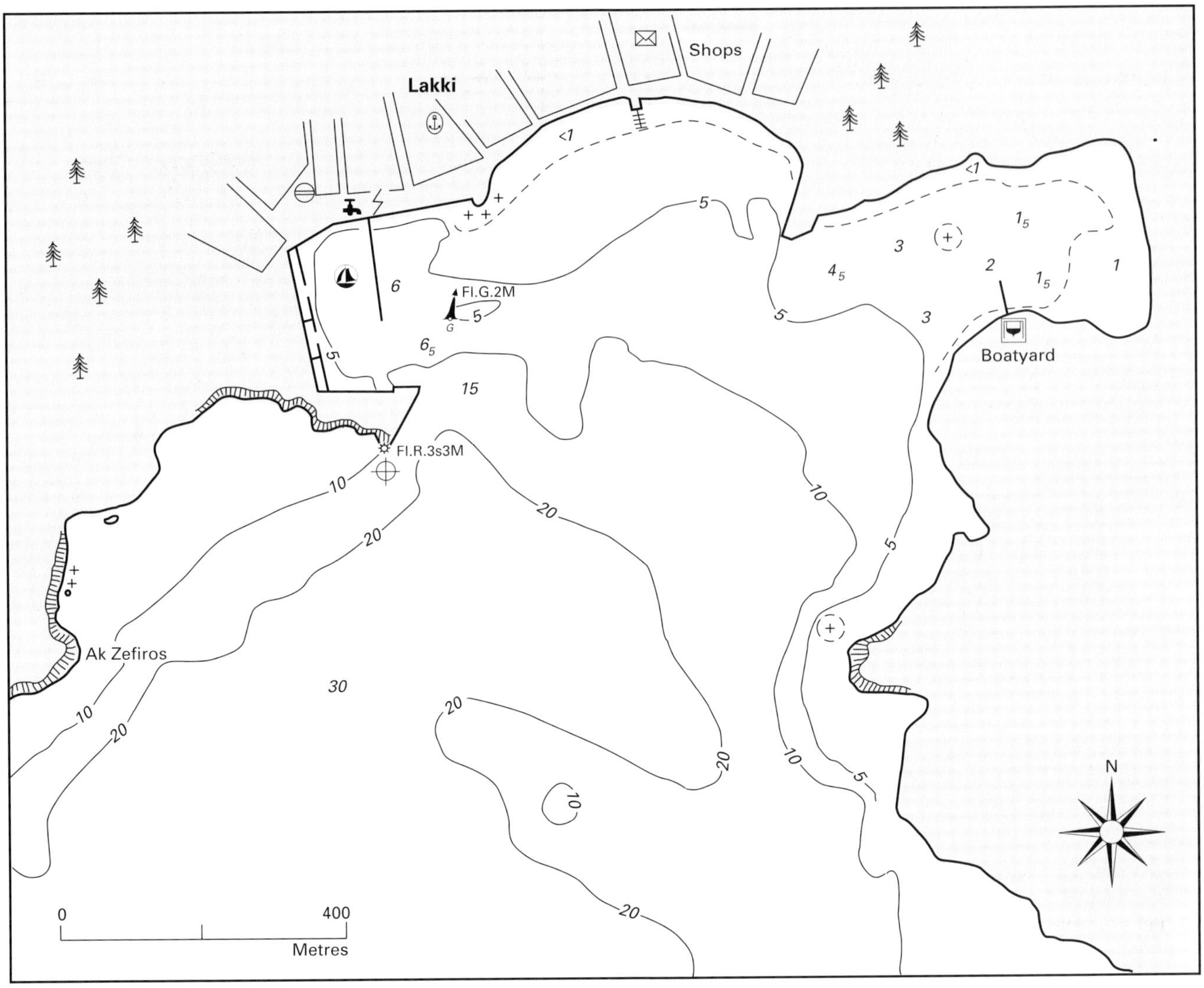

Ormos Lakki.

Ansteuerung

Auffällig: Bei der Ansteuerung aus W zeigt die Halbinsel Kalaboshi eine charakteristische helle Färbung. Beim Näherkommen werden ein Gruppe von Felsinseln NW-lich der Einfahrt sowie die beiden Leuchtfeuer auf den Einfahrtshuken sichtbar. Hat man die Einfahrt erreicht, sind die Festung und die vier Windmühlen in Alinta auszumachen. Beim weiteren Einlaufen in die Bucht werden die Windmühlen jedoch wieder von einem Bergrücken verdeckt. In der Bucht bilden die Gebäude von Lakki und die Hafenmole gute Landmarken.

Nachts richtet man sich nach dem Feuer auf den Einfahrtshuken der Bucht Lakki (Ak Katsouni Fl(2)14s9M und Ak Angistro: Fl.2,5s5M) sowie dem Feuer auf dem Molenkopf in Lakki (Fl.R.3s3M).

Die Marina in Lakki ist auf UKW-Kanal 11 , die Bootswerft auf UKW-Kanal 10 zu erreichen.

Gefahren:

1. Bei Meltemi stehen schwere Fallböen von den umliegenden Höhen in die Ansteuerungen und in die Bucht. In der Einfahrt zur Bucht entsteht dann eine kabbelige See.
2. Bei Starkwinden aus S treten Fallböen auf, und in der Bucht und ihrer Einfahrt baut sich erheblicher Schwell auf, der genau in die Bucht hineinsteht.

Hinweis: An der SE-Seite der Bucht Lakki besteht ein militärisches Sperrgebiet, das nicht angelaufen werden darf. Wenn man in die Bucht eingesteuert ist, sind die Gebäude des Marinestützpunktes gut auszumachen.

Hinter der N-lichen und der S-lichen Einfahrtshuk sind Fischzuchtanlagen ausgelegt; deren Lage kann nicht genau lokalisiert werden, da sie von Zeit zu Zeit verlegt werden.

Liegeplätze

Man macht mit Bug oder Heck in der neuen Marina fest, die innerhalb des Hafens von Lakki gebaut wurde. Die Leinen der ausgelegten Mooringtonnen können aufgenommen werden. Es ist nicht sicher, ob Yachten immer noch an dem verbleibenden Rest des ehemaligen öffentlichen Kais festmachen dürfen.

Schutz: Auch wenn Fallböen in den Hafen stehen, ist man vor Meltemi gut geschützt. Bei S-lichen Winden ist der Hafen nicht so sicher, wie es zunächst den Anschein hat, und es baut sich Schwell in der Bucht und im Hafen auf.

Behörden: Wasserschutzpolizei und Zoll.

Versorgung

Service: Wasser und Strom gibt es an jedem Liegeplatz. Duschen und Toiletten.

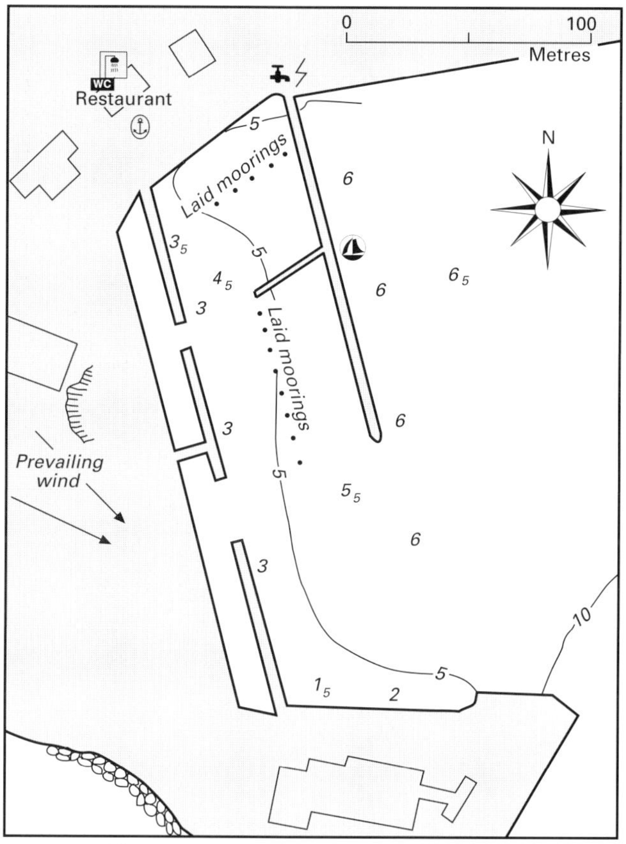

Marina Lakki

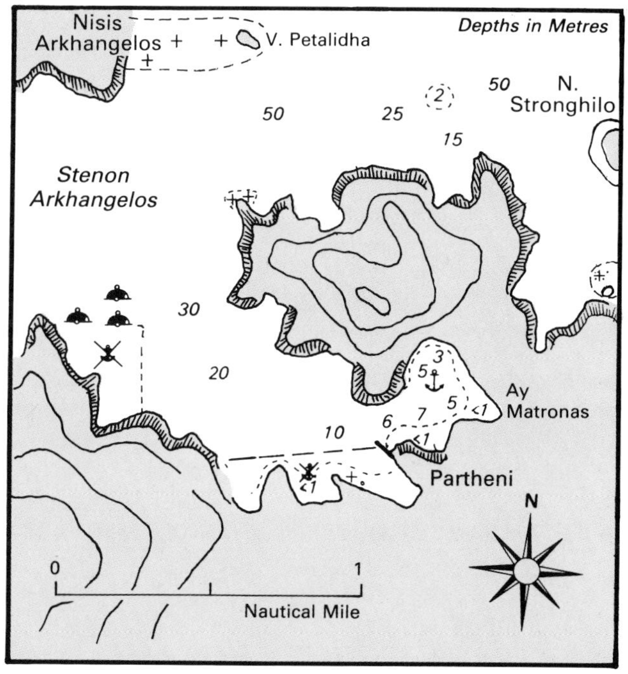

Ormos Patheni.

Reparaturen: Eine Bootswerft befindet sich im Scheitel der Bucht. Ein 50-t-Travellift steht zur Verfügung. Mechanische Reparaturen und kleinere Arbeiten an der Maschine können ausgeführt werden. Holz- und GFK-Arbeiten sind möglich. Schiffsausrüster. Duschen und Toiletten.
Informationen: Evros Boatyard, Constantin Kalantsopoulos, GR 85401 Nisis Leros, Tel.: 0247-23 921, oder 24 733, Fax: 0247-23 947, UKW-Kanal 10.
Athen. Tel.: 01363-2570, Fax: 01362-7005.
Lebensmittel: Gute Versorgungsmöglichkeiten in Lakki. Stangeneis kann von einer Fabrik etwas außerhalb der Ortschaft geliefert werden.
Restaurants: Tavernen findet man in der Nähe.
Sonstiges: Post, Telefonamt, Motorrad- und Fahrradverleih. Busse verkehren nach Platanos, der Inselhauptstadt in der Nähe von Ormos Alintas. Es bestehen Fährverbindungen nach Piräus und Rhodos.
Lakki Marina: Agnar Marine, Ay Marina, GR 85400 Nisis Leros, Tel.: 0247 – 24 812, Fax: 0247 – 23 921

Ormos Partheni

37°11,5'N 026°48'E / Karten: D 1085 Plan C

An der N-Küste von Leros befindet sich diese große gewundene Bucht, die bei jedem Wetter guten Schutz bietet. Das Sperrgebiet an der Einfahrt ist mit drei großen roten und weißen Stumpftonnen bezeichnet. Auch die S- und die SW-Seite der Bucht inklusive dem Betonanleger gehören zu einem militärischen Sperrgebiet. Yachten ist das Befahren der Umgebung verboten. Im Scheitel der E-lichen Bucht, die als Agias Matronas bekannt ist, ankert man auf 3 bis 8 m Tiefe. Der Grund besteht aus Schlick mit Krautbewuchs und hält gut. Die Bucht wird nur von ein paar Fischern angelaufen. An Land gibt es eine Taverne mit Café. Fotografieren ist in der gesamten Bucht verboten.

Nisis Archangelos

An der S-Seite der Insel Archangelos, etwa 1 Seemeile W-lich der Einfahrt in die Bucht Ormos Partheni, findet man diese Einbuchtung mit Sandstrand, in der man vor Meltemi ganz passabel geschützt ist. Am W-lichen Ufer sind Pfähle eingerammt worden, an denen man mit langer Leine festmachen kann. Um die umliegenden Felsen herum kann man ausgezeichnet schnorcheln.

Ormos Plakouti

Bis auf Winde aus NE bis E bietet die Bucht Plakouti an der NE-Spitze von Leros guten Schutz. Mehrere Überwasserfelsen, die jedoch beidseitig passiert werden können, liegen in der Mitte der Einfahrt zur Bucht. Die Wassertiefe beträgt zu beiden Seiten der Felsen etwa 5 m. Man ankert vor einem kleinen Fischerdorf.

Ormos Alintas (Agia Marina)

WP 37°09,7'N 026°51,5'N (Fl.3s5M) / Karten: D 1085 Plan L

Allgemeines
Die Ortschaft Agia Marina hat sich um den Hafen herum gebildet, während Leros oder Platanos, der Hauptort der Insel, oberhalb des Hafens auf einem Bergrücken thront, was etwa einen Fußweg von 15 Minuten ausmacht. Beide Ortschaften, Agia Marina und Leros sind wirklich sehr hübsch, und viele Häuser werden von Clematis und Bougainvillea üppig berankt.

Blick von Platanos nach W auf Ormos Alintas (Foto: Nigel Patten).

Ansteuerung

Diese tiefe Bucht befindet sich an der E-Küste von Leros und stellt für die Fähre einen Ausweichhafen dar, wenn starke W- bis SW-Winde das Anlaufen von Lakki unmöglich machen.

Auffällig: Bereits von weitem bilden die venezianische Festung auf der felsigen Kuppe von Ak Kastello und die vier Windmühlen auf einem Bergrücken markante Landmarken.

Nachts navigiert man nach dem Feuer W-lich von Ak Kastello (Fl.3s5M) und der Befeuerung der Pier in der Bucht (F.R.3M).

Gefahren: Bei Meltemi treten in der Bucht heftige Fallböen auf.

Liegeplätze

Wenn es nicht gerade aus N bläst, kann man mit Bug oder Heck an der kurzen Mole vor dem Kap Ak Kastro oder an der Mittelpier festmachen. Als Alternative bietet es sich an, vor der W-Seite der Pier zu ankern. Harter Sand und Fels bilden den Ankergrund, der entsprechend schlecht

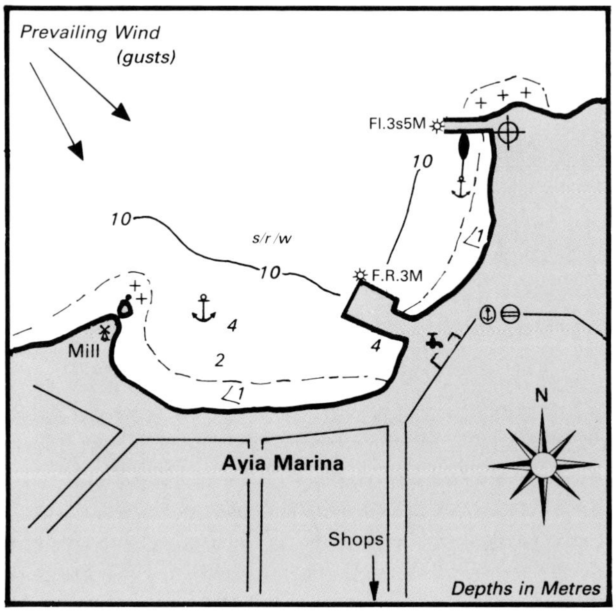

Ormos Alintas.

hält. Der beste Ankerplatz bei starkem Meltemi befindet sich im NW der Bucht. Dort ankert man auf 3 bis 6 m.

Schutz: Bei Meltemi verursachen Fallböen aus W bis NW in der Bucht eine ungemütlich kurze steile See. Der Ankerplatz vor der Ortschaft Agia Marina wird bei starkem Meltemi unhaltbar. Man sollte sich dann in den NW-Teil der Bucht oder nach Panteli verholen.

Versorgung

Wasser gibt es in der Nähe des Kais.

Treibstoff bekommt man im Ort.

Reparaturen: Agmar Marine am Hafen kann die meisten Reparaturen inklusive Arbeiten an der Mechanik organisieren. Agmar Marine ist außerdem ein gut sortierter Schiffsausrüster und unter Tel.: 0247-24 812, Fax: 0247-3 921 zu erreichen.

Lebensmittel: Die meisten Lebensmittel sind in der Nähe erhältlich.

Restaurants: Entlang der Hafenpromenade gibt es mehrere Tavernen.

Sonstiges: Post, Telefonamt und Bank.

Ormos Panteli

WP 37°09,1'N 026°51,8'E

Allgemeines

Die Lage ist einfach wunderschön! Um die Bucht herum stehen nur wenige Häuser, und die einheimischen Fischerboote liegen dicht bei dicht auf dem Strand. Im Ort wuchern üppig Oleander, Bougainvillea und Tamarisken; am Strand sind Fischernetze zum Trocknen aufgehängt. Der Ort Leros ist nur einen kurzen Fußweg von etwa 15 Minuten über den Bergrücken hinweg entfernt.

Ansteuerung

Diese weite Bucht liegt an der S-Seite des Kaps Ak Kastello, im Schutz des weit nach E vorspringenden Kaps Ak

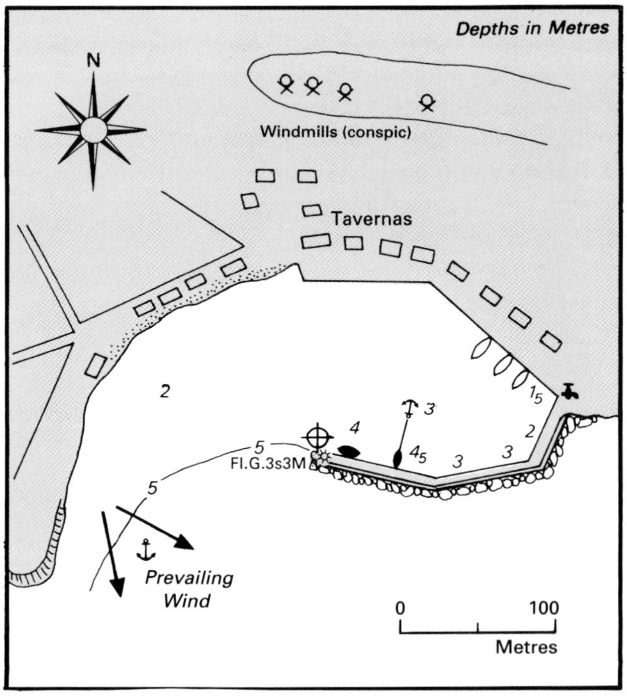

Ormos Panteli.

Der Hafen Panteli aus WSW.

Panteli. Der kleine Hafen des Ortes Panteli befindet sich an der NW-Seite der Bucht vor dem Strand. Der Molenkopf ist mit Fl.G.3s3M befeuert.

Liegeplätze
Man kann am äußeren Teil der Mole festmachen oder vor dem Strand auf 4 bis 8 m Wassertiefe ankern. Der Sandgrund ist mit Seegras bewachsen und hält gut. In der Bucht, die nach S und E hin offen ist, liegt man gut geschützt vor Meltemi. Die kleine Bucht unmittelbar W-lich kann ebenfalls als Ankerplatz benutzt werden.

Versorgung
Wasser bekommt man am Kai. Diesel kann von einem kleinen Tankwagen zum Kai geliefert werden. Um den Hafen herum ist das Versorgungsangebot begrenzt, bessere Auswahl hat man in Plananos auf dem Berg. Tavernen und Cafés. In einigen der Cafés kann man auch duschen.

Ormos Xerokampos

Diese große Bucht an der S-Küste von Leros bietet guten Schutz vor Meltemi. In der SW-Ecke der Bucht, die nur nach S hin offen ist, ankert man vor einem winzigen Dorf. An Land haben Tavernen geöffnet, und die Hänge um die Bucht herum sind mit Villen bebaut.

Die Insel Kalymnos

Unmittelbar S-lich von Leros, nur durch eine schmale Durchfahrt, den 1,5 km breiten Diavlos tis Lerou getrennt, liegt die Schwesterinsel Kalymnos.
Der große felsig-schroffe Gesteinsbrocken, der die Insel Kalymnos formt, ist größtenteils steil und kahl, bar jeglicher Vegetation. Die Insel Kalymnos wird von einer Aura völliger Zeitlosigkeit umgeben, und lange, nachdem der Mensch von der Erde verschwunden sein wird, wird die Insel noch unverändert so sein, wie sie heute ist. Es sind eigentlich nicht so sehr die Gebirgsmassive selbst (der Prophitis Ilias oder der Parasivia sind 679 m hoch) als vielmehr ihre schiere Masse, die von See her so ungeheuer beeindruckend wirkt.

Im Altertum und im Mittelalter war das Schicksal der Insel eng mit dem von Kos verbunden. Die Inselbewohner bekämpften die italienischen Besatzer 1912, indem sie überall die griechischen Nationalfarben anbrachten – einzig zu dem Zweck, die Invasoren zu ärgern. Während des Zweiten Weltkrieges mußten die meisten Inselbewohner Hunger leiden, weil man ihnen ihre Lebensgrundlage, das Schwammtauchen, durch Verbot entzogen hatte. So emigrierten viele in andere Teile der Welt. In der Hauptstadt trifft man sehr viele amerikanische und australische Griechen, die ihrer alten Heimat einen Besuch abstatten. Die schmuddelige, weit verstreut liegende Hauptstadt Pothia (Hafen Kalymnos) ist heute das Zentrum der Schwammtaucher in Griechenland.
In der Antike benutzte man Schwämme für Zwecke, zu denen man heute meist künstliche Schwämme nimmt: zum Waschen und Reinigen, zum Abwaschen von Geschirr. Schwämme wurden aber auch noch zu anderen Dingen benötigt:

»Die Diener in der Odyssee wischten die Tische damit ab; auch bei Künstlern, die Farben mit ihm auftrugen, und bei Soldaten, die ihn an Stelle von Trinkgefäßen verwendeten, war der Schwamm sehr gefragt. Im Mittelalter galt gebrannter Schwamm als Heilmittel gegen die verschiedensten Krankheiten. Getränkt mit Olivenöl ist er seit undenkbaren Zeiten von den Vertreterinnen des ältesten Gewerbes als empfängnisverhütendes Pessar benutzt worden. Ohne zu ahnen, daß sie schon in den Schriften des Athenaios vorkommen, prosperieren diese Damen auch heute noch in der Plaka Athens und bedienen sich etwa der gleichen volkstümlichen Sprache, in der dem Wort ‚Schwamm' so manche bildhafte Bedeutung zukommt.«
Lawrence Durell, Die Griechischen Inseln

Künstliche Schwämme haben heute die meisten Verwendungszwecke dieses kleinen Tieres ersetzt. Der größte Teil, der im Hafen von Kalymnos angelandeten Naturschwämme wird gespült und an Touristen verkauft.

Ormos Kalymnou

WP 36°56,9'N 026°59,5'E (Fl.R.2s5M) / Karten: BA 1531, Imray G34, D 1085 Plan M

Allgemeines
Kalymnos ist die Heimat der Schwammtaucher; ihre Boote die zumeist 10 bis 12 m lang sind, gehören zum Typ der Trehandiri und werden auf einer Bootswerft unmittelbar W-lich der Stadt gebaut.
Ursprünglich fischten Schwammtaucher in ganz seichten Gewässern, indem sie einfach mit einem Steingürtel beschwert über Bord sprangen, die Schwämme vom Boden abpflückten und in ein Netz steckten. Heute kann in den großen Wassertiefen vor der Nordafrikanischen Küste und Zypern nur noch mit Kompressor gearbeitet werden. Mit den Ausrüstungsgegenständen, die auch heute noch zum Einsatz kommen, könnte man wahrhaftig ein Museum einrichten.
Die Stadt Kalymnos wirkt von weitem ganz hübsch, viele Häuser sind in den verschiedensten Blautönen ge-

strichen, ein Relikt, das sich aus der italienischen Besatzungszeit erhalten hat. Die griechischen Nationalfarben sollten die fremden Herren daran erinnern, daß sie die Insel widerrechtlich hielten. Bei einer näheren Betrachtung wirkt die Stadt allerdings staubig und schmuddelig, Ausflugs- und Fischerboote wuseln ständig hin und her, laden Fracht ein und aus, und auf der Hafenpromenade herrscht ein lebhafter Verkehr von Lastwagen, Pkws, Lieferwagen, Motorrädern, Dreiradwagen und Kleinlastern. Natürlich gibt es überall Schwämme zu kaufen.

Ansteuerung

Auffällig: Die Gebäude von Kalymnos, die um die gesamte Bucht herum stehen, sowie eine Anzahl weißer Öltankanlagen E-lich der Stadt sind schon von weitem leicht auszumachen. Beim Näherkommen werden das Kloster auf einem Bergrücken oberhalb der Stadt und die silbern schimmernde Kuppel der Kathedrale an der Hafenpromenade sichtbar. Auch die äußere Hafenmole ist leicht zu erkennen.

Nachts navigiert man nach der Befeuerung der Hafeneinfahrt (Fl.R.2s5M) und (Fl.G.2s3M). Die geringe Anzahl

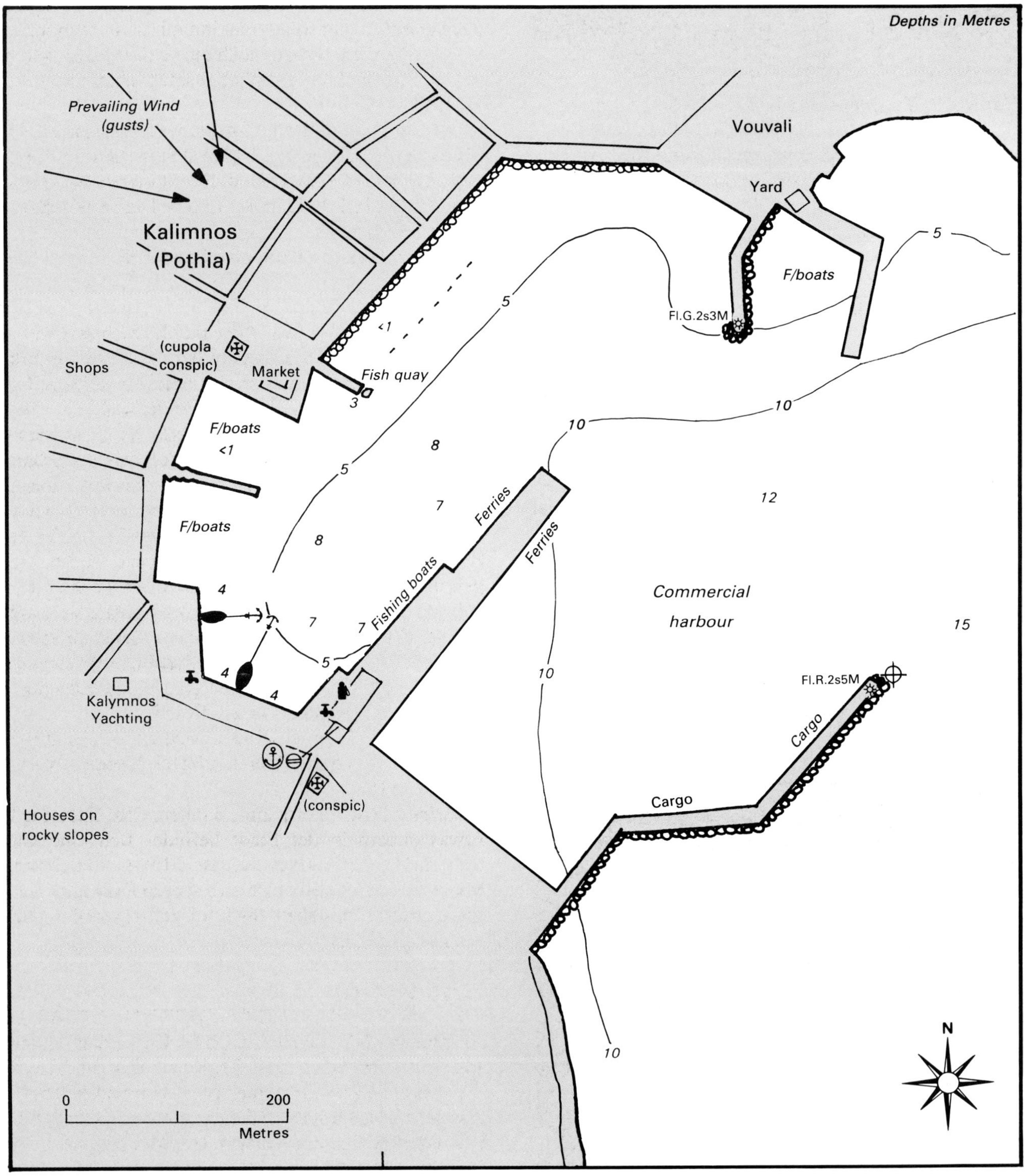

Ormos Kalymnou.

Der Hafen von Kalymnos aus WNW.

der Feuer in den Ansteuerungen des Hafens verlangt erhöhte Aufmerksamkeit bei der Navigation. Selbst in der Bucht sind die Hafenfeuer vor dem Hintergrund der erleuchteten Stadt nur schwer auszumachen. Auf einen Berg

Blick auf den Yachtkai von Kalymnos aus SW.

SE-lich der Stadt ist ein Kreuz, das von einer Flutlichtanlage angestrahlt wird, gut zu erkennen.
Gefahren: Bei Meltemi stehen von den umliegenden Höhen heftige Fallböen in die Ansteuerungen und in die Bucht Ormos Kalymnou hinein.

Liegeplätze

Am Kai im SW des Hafens macht man mit Bug oder Heck fest. Der Schlickgrund ist mit Seegras bewachsen, und der Halt des Ankers ist unsicher, wenn er nicht durch den dicken Krautbewuchs dringen kann.
An der Biegung des Yachtkais macht es kein Problem, den eigenen Anker mit denen anderer Yachten zu vertörnen; aus diesem Grund sollte man ihn mit einer Trippleine versehen. Allerdings gibt es auch eine ganze Reihe von Yachten, die Trippleinen gewohnheitsmäßig um ihre Propeller wickeln...
Schutz: In Kalymnos ist man gut geschützt, auch wenn bei Meltemi Fallböen in den Hafen stehen können, die jedoch nicht sonderlich schwer sind. Bei Starkwinden aus S steht zwar ungemütliche Dünung in den Hafen, die aber nicht gefährlich wird.
Behörden: Wasserschutzpolizei und Zoll.

Versorgung

Wasser gibt es am Kai. Man meldet sich bei Kalymnos Yachting unweit des Kais oder bei der Schwammfabrik.
Treibstoff bekommt man in der Stadt, man kann ihn aber auch von einem Tankwagen liefern lassen.
Reparaturen: Die meisten mechanischen Reparaturen sowie einfache Arbeiten an der Maschine können ausgeführt werden. Die Firma Kalymnos Yachting am Yachtkai kann Boote bis zu 10 t aufslippen; sie organisiert auch Reparaturmöglichkeiten und Bewachung. E-lich der Stadt gibt es eine Bootswerft, die große Caïquen und ein paar Yachten aufslippen kann. Hier werden die Boote der kalymnotischen Schwammtaucher gebaut. Gute Eisenwarenläden und Werkzeuggeschäfte. In verschiedenen Geschäften unweit des Fischereikais kann man etwas Schiffszubehör bekommen.
Lebensmittel: Kalymnos bietet gute Versorgungsmöglichkeiten, auch Stangeneis ist erhältlich.
Restaurants: Tavernen finden sich an der Hafenpromenade und in der Stadt. Um den Hafen herum gibt es leider viele laute Bars.
Sonstiges: Post, Telefonamt, Banken, Gas, Camping GAZ. Etwas außerhalb der Stadt befindet sich eine Gasfüllstation. Vermietung von Autos-, Motor- und Fahrrädern. Busse verkehren zeitweise zu anderen Ortschaften auf der Insel, und es bestehen tägliche Fährverbindungen nach Piräus und Rhodos.

Ormos Akti

Unmittelbar NW-lich des Kaps Ak Chali, der SE-Huk von Kalymnos, befindet sich die Bucht Ormos Akti. Etwas Platz zum Ankern ist immer noch vorhanden, auch wenn nun der meiste Teil der Bucht von einer Fischzuchtanlage in Anspruch genommen wird. Bei Meltemi steht Schwell in die Bucht, und von den umliegenden Höhen kommen Fallböen in die Bucht.

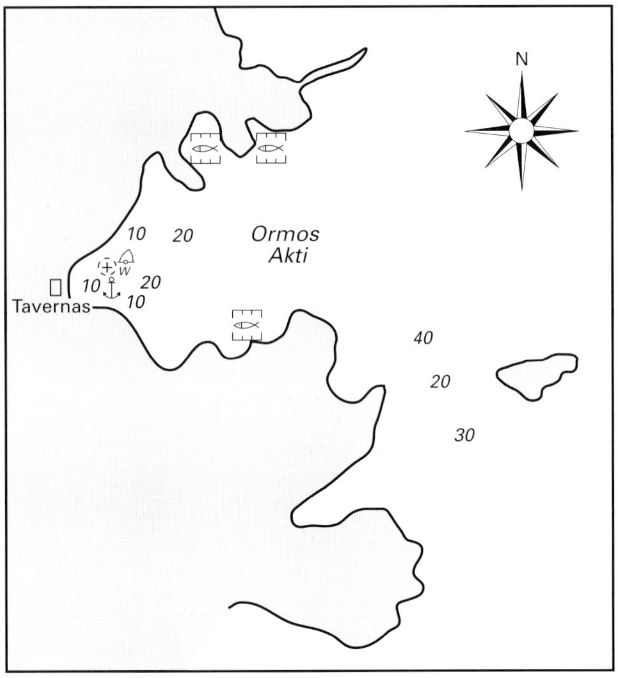

Ormos Akti.

Nicht weit vom Scheitel der Bucht entfernt lauert ein Unterwasserfelsen, der manchmal mit einer weißen Tonne bezeichnet ist. Man ankert an der S-Seite dieses Felsens auf 10 m Wassertiefe. Am Ufer laden Tavernen zu einem Besuch ein.

Ormos Vathy

1 Seemeile N-lich von Ormos Akti schneidet diese fjordähnliche Bucht tief in das Land ein. Bei der Ansteuerung der Bucht aus E ist der tiefe Einschnitt im Bergmassiv bereits von weitem gut auszumachen.

Man macht mit Bug zur Pier oder dem Kai hinter der Pier fest, wobei darauf zu achten ist, daß der Liegeplatz des Ausflugsbootes am Kai freibleibt. An manchen Stellen macht Geröll vor dem Kai den Grund unrein. Weiter innen in der Bucht kann man auch mit Bug- und Heckanker ankern; allerdings haben dort Einheimische eine Reihe von Dauermoorings ausgelegt.

Der Sandgrund ist mit Seegras bewachsen und hält gut. Auch wenn starke Fallböen vom umliegenden hohen Land herabsausen können, ist man vor Meltemi gut geschützt.

Die kleine Ortschaft, die sich um den Scheitel der Bucht herumzieht, bietet nur ein bescheidenes Versorgungsangebot und mehrere Tavernen. Wasser gibt es am Kai und ein »Yacht Club« ist nicht weit entfernt.

Das Tal, das sich von der fjordähnlichen Bucht landeinwärts erstreckt, ist außergewöhnlich schön. Hier bilden Orangen- und Zitronenhaine und saftig grüne Gemüsebeete einen lebhaften Kontrast zu den steilen roten Felshängen der Umgebung, in die das Tal eingebettet liegt. Das Tal gehört zu den üppigsten Regionen der Insel.

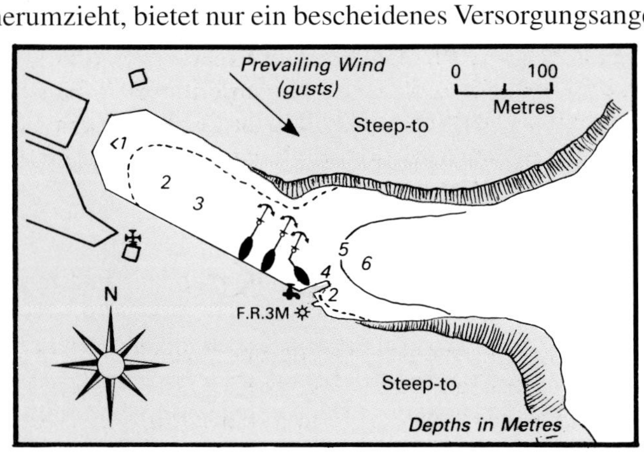

Vathy (Kalymnos).

Ormos Vathy aus E (Foto: Nigel Patten).

Ormos Palionissos (Baia Isolavecchia)

An der S-Seite des Kaps Ak Pounta befindet sich diese Bucht, die auf den ersten Blick einen ganz passablen Eindruck macht. Der felsige Grund ist jedoch nur mit einer ganz dünnen Schicht Sand und Seegras bedeckt, so daß der Halt des Ankers nur als miserabel zu bezeichnen ist. In Ufernähe sind ein paar Eisenpfähle eingerammt worden, an denen man festmachen kann, wenn man zusätzlich eine lange Leine zum Land ausbringt. Man sollte diese Bucht aber nur als Schönwetterankerplatz benutzen. Im Sommer hat eine Taverne geöffnet.

Ormos Emporio

Diese Bucht befindet sich an der SE-Seite des Kaps Ak Kephala. Die kleine Insel Kalavros, die in der Einfahrt

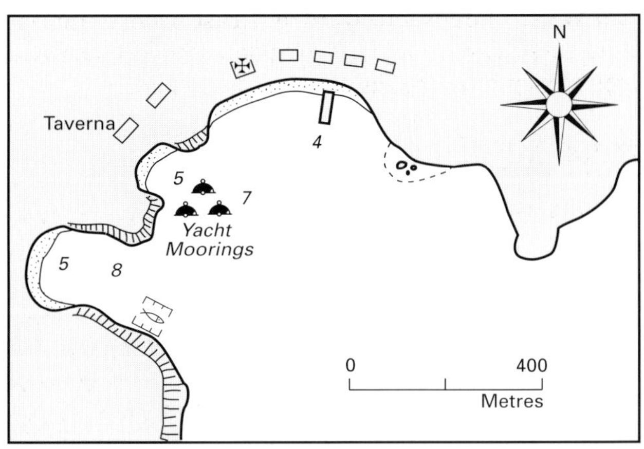

Emporios.

liegt, ist zu erkennen, und beim Näherkommen wird die Ortschaft um den Scheitel der Bucht sichtbar. Vor der Taverne nimmt man die Leine einer der ausgelegten Mooringtonnen auf. Falls man hier ankern möchte, sollte man daran denken, daß der Ankergrund nur schlecht hält und daher eine lange Leine zum Land ausgebracht werden muß. Der Grund besteht aus Sand mit dicken Krautbewuchs. Vor dem Kopf eines kleinen Anlegers im N der Bucht, der zumeist aber von Fischerbooten belegt ist, beträgt die Wassertiefe 4 m. Der Schutz vor Meltemi ist recht ordentlich.
An Land findet man einen kleinen Supermarkt und Tavernen. Die Bucht und ihre Umgebung sind ausgesprochen schön, und ihre Lage an der W-Küste von Kalymnos ist ausgesprochen praktisch.

Myrties

Dieser kleine Ort am Stenon Telendou hat einen winzigen Hafen zu bieten, der von einheimischen Caïquen und Ausflugsbooten benutzt wird, die Nisis Telendos anlaufen. Möglicherweise können kleine Yachten hier einen Platz finden oder bei ruhigem Wetter vor dem Hafen ankern. Wasser bekommt man am Kai, Lebensmittel und Taverne im Ort.

Nisis Telendos

Vor dem Dorf an der E-Küste findet man einen Schönwetterankerplatz, der einigermaßen gut vor Meltemi geschützt ist; von den hohen Bergen ringsum kommen jedoch schwere Fallböen. Flachgehende Boote können versuchen, sich vorsichtig bis an den Kai heranzutasten. Die hohe zerklüftete Felsinsel Telendos vermittelt eine Atmosphäre urgeschichtlicher Zeitlosigkeit – so wie sie immer war, wird sie auch immer bleiben. Tatsächlich ist sie auch schon seit grauer Vorzeit besiedelt; später von Griechen, Römern und dann im Mittelalter.
Bis zum 15. Jahrhundert war die kleine Insel mit Kalymnos verbunden. Ein Erdbeben änderte das: Die Landbrücke zwischen Telendos und Kalymnos versank.

Ormos Linarias

Dieser Ankerplatz sollte wirklich nur bei ruhigem, beständigem Wetter aufgesucht werden. Er ist nach W hin vollständig ungeschützt, und bei Winden aus S-lichen Richtungen stehen schwere Fallböen in die Bucht.

Ormos Vlychadia

1 Seemeile W-lich des Kaps Ak A. Georgios, an der S-Küste von Kalymnos, befindet sich diese Bucht, die nur nach S hin offen ist. Sie bietet guten Schutz vor Meltemi, auch wenn schwere Fallböen von den umliegenden Höhen kommen können. Der Grund besteht weitgehend aus Fels, wodurch das Ankern schwierig wird. Bevor man seinen Landgang antritt, sollte man sich des korrekten Ankerhalts versichern. An Land stehen mehrere Sommerhäuser und eine Taverne.

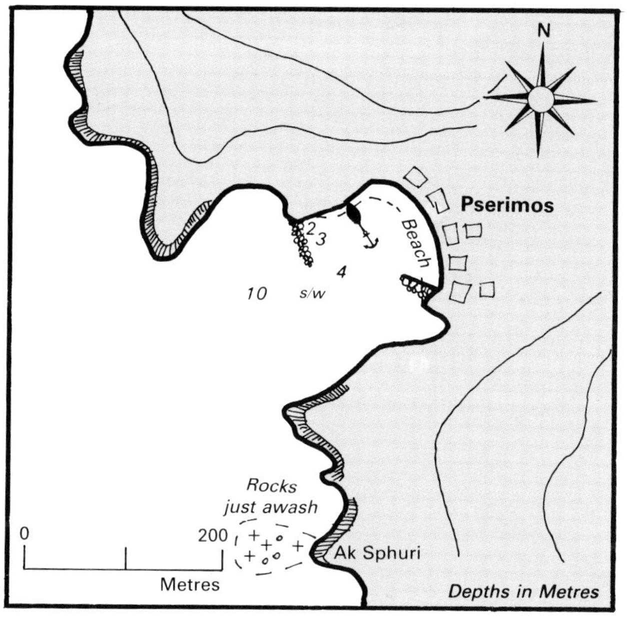

Pserimos.

Die Insel Pserimos

Pserimos

36°55,5'N 027°08'E / Karten: D 613

Die Einfahrt zu dieser Bucht, die an der SW-Küste der kleinen Insel liegt, ist nur bei der Ansteuerung aus SW zu sehen, sonst aber schwer auszumachen. Hat man die Einfahrt erst erreicht, sind die Häuser der Ortschaft und die grobe Steinmole leicht zu erkennen. Im Sommer wird der geschützte Platz am Kai von den Ausflugsbooten in Anspruch genommen, und Lücken sind ausgesprochen selten. Erst wenn die Ausflugsboote am Abend nach Kos zurückgekehrt sind, kann man bis zu ihrem erneuten Auftauchen am nächsten Vormittag am Kai festmachen. Der Sandgrund ist mit Seegras bewachsen und mit ein paar Felsen durchsetzt; im Sand hält der Anker gut. Bei Meltemi steht Schwell in die Bucht, wenn es einem aber gelingt, sich in die NW-Ecke des Hafens hinter die Mole zu verholen, wird es nicht übermäßig ungemütlich.
Am Strand haben Tavernen geöffnet, und das Dorf mit seinen strahlend weiß gestrichenen Häusern ist ein beliebter Urlaubsort der Einheimischen von Kos und Kalymnos.
Vorsicht: Von einem Riff, das sich unmittelbar N-lich von Ak Sphyri seewärts erstreckt, muß man sich gut freihalten. Die Klippen, die weiter draußen liegen, sind überspült und leicht auszumachen.

Die Insel Kos

Die Insel Kos schmiegt sich in die Bucht von Kos (dem antiken Keramik-Golf, türk.: Gökova Körfezi), die zwischen der Halbinsel Myndus im N und dem Dorischen Vorgebirge im S tief in die türkische Küste einschneidet. Die »Finger« des türkischen Festlandes scheinen nach der Insel zu greifen und das mächtige antike Handelsdreieck, das mit Rhodos um die Vorherrschaft in der SW-lichen Ägäis stritt, zu umschließen. Vermutlich war Kos kein sehr bedeutendes Mitglied der Hexapolis, der Gemeinschaft von sechs Städten (Kydnos, Halikarnassos, Lindos, Ialysos, Kameiros und Kos). Erst als die Stadt Kos 366 v. Chr genau an der Stelle gegründet wurde, an der sie heute noch steht, kam die Insel zu Wohlstand und wurde eine der bedeutendsten Seemächte. Noch heute erscheint der Hafen so wie zu den vermutlich goldenen Zeiten der Stadt.

Schon immer ist die Insel ihrer Fruchtbarkeit wegen gepriesen worden. Ein Bergrücken, dessen höchster Gipfel sich in der Nähe der E-Küste erhebt und 845 m mißt, erstreckt sich über die gesamte Länge der Insel. An der E-Küste ist Kos vorwiegend kahl und fällt schroff ab. Die gut bewässerte W-Küste ist sehr fruchtbar. Sandige Strände

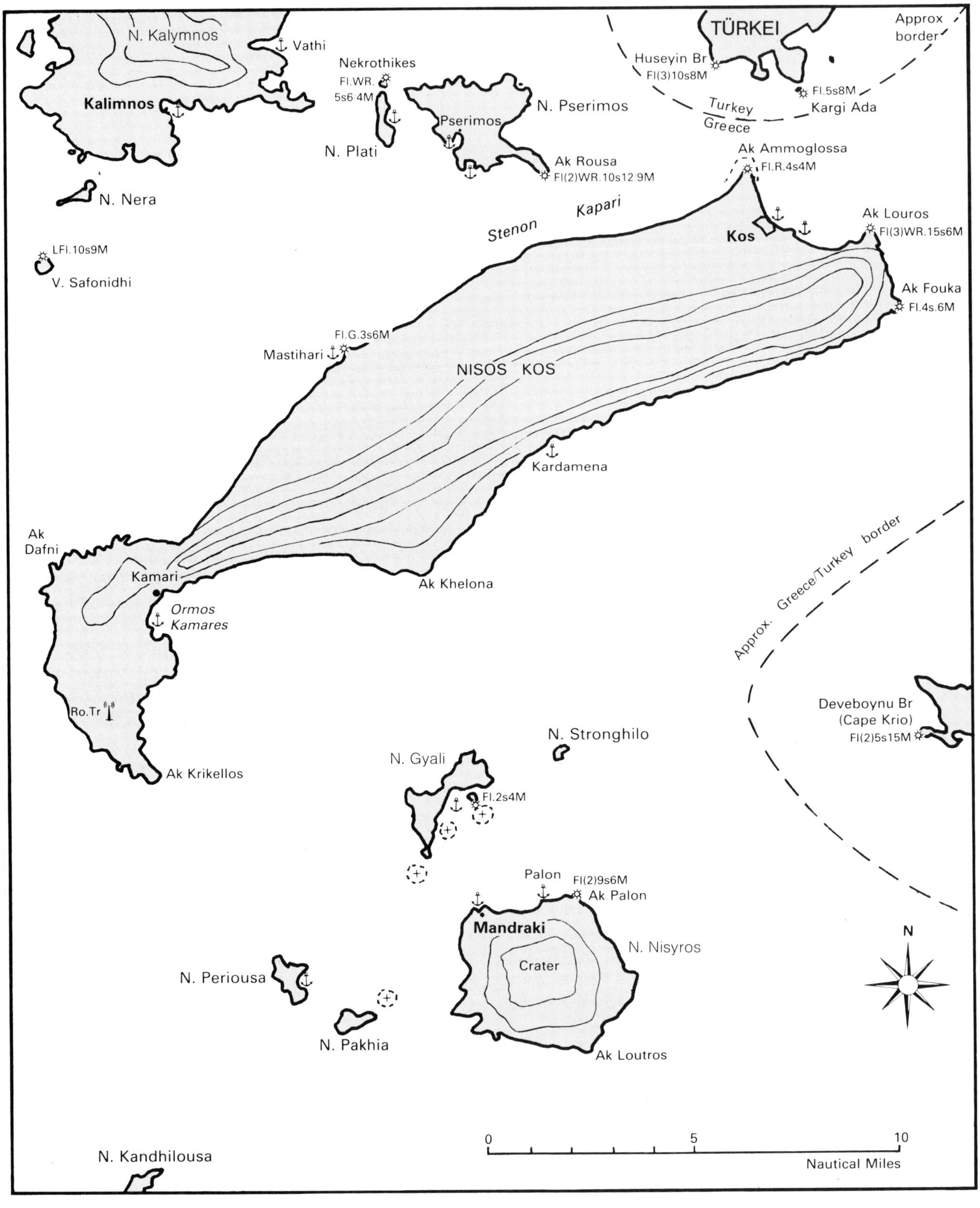

Kos und die umliegenden Inseln.

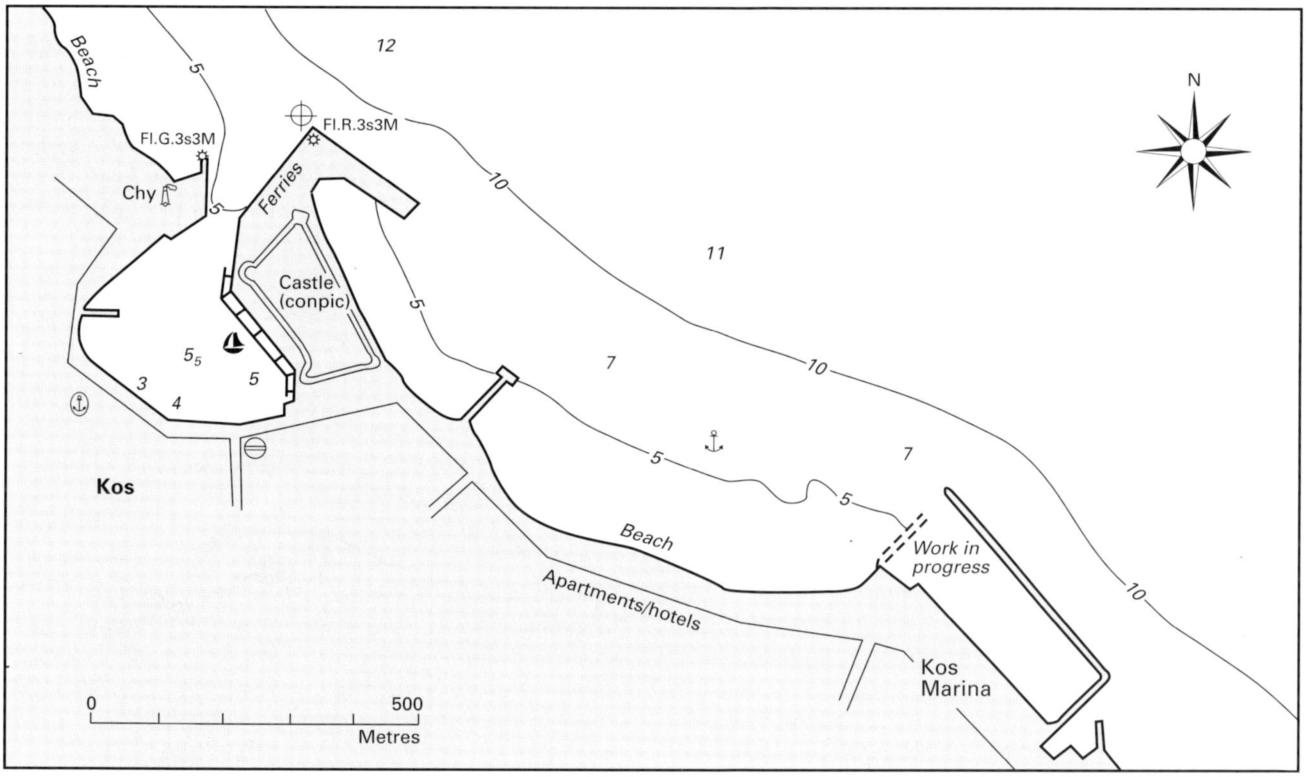

Ansteuerungen des Hafens Kos und der Marina Kos.

säumen die Felder und bebauten Hänge, auf denen feines Gemüse, Melonen und Weintrauben gedeihen. Von hier wurde eine koische Variante des Kopfsalates in England einführt. Möglicherweise standen bereits in der Antike an diesen Hängen Maulbeerbäume, auf denen Seidenraupen gezüchtet wurden. Kos war früher sehr berühmt für seine Seide, und insbesondere die »Coae vestes«, die koischen Kleider, die aus ganz leichter transparenter Seide gefertigt wurden, wurden von den Römerinnen sehr geschätzt. Bedauerlicherweise werden die Kleider heute nicht mehr getragen.
Das Kos des Altertums konnte auf viele berühmte Einwohner stolz sein: allen voran der große Arzt der Antike und Vater der modernen Medizin, Hyppokrates. Von den alten Heilmethoden ist heute nur noch wenig bekannt, aber man weiß, daß der Standort eines Sanatoriums für ebenso wichtig gehalten wurde, wie die Heilmethoden selbst. Die Ruhe und Stille des Ortes Epidauros, die schon lange vor Hyppokrates ihre Wunder taten, sind Beweis genug. Das Asklepieion liegt etwas außerhalb der Stadt Kos und ist unbedingt einen Abstecher wert. Von den drei Terrassen, auf denen das heilkundliche Heiligtum in friedvoller Umgebung nahe der Heilquellen stand, hat man einen wundervollen Blick über den Golf. Einen Großteil des Asklepieion wurde von italienischen Archäologen rekonstruiert und nach Originalplänen wieder aufgebaut, ohne die Ruhe dieses Ortes zu stören.
Hier ist die gegebene Stelle, um sich an den berühmten Eid des Hyppokrates zu erinnern:

»Ich schwöre bei Apollon Paion, bei Asklepios und Hygieia und Panakeia und allen sonstigen Göttern und Göttinnen, die ich zu Zeugen rufe, daß ich diesen Eid und dieses Versprechen halten will nach dem Vermögen meiner Kräfte und nach meiner Einsicht: Ich werde meinen Lehrer in dieser Kunst meinen Eltern gleichachten, ihn an meinem Leben teilnehmen lassen und ihm auf Verlangen geben, wessen er bedarf. Die Lehren, die Vorträge und den ganzen übrigen Wissensstoff werde ich meinen und meines Lehrers Söhnen und den eingeschriebenen und vereidigten Schülern mitteilen, aber niemandem anders ... Von dem ärztlichen Heilverfahren werde ich nur zum Nutzen der Kranken Gebrauch machen nach meinen Fähigkeiten und meiner Einsicht ... Weder werde ich jemandem auf Verlangen ein tödliches Mittel verabreichen noch einen dahin zielenden Rat oder Anleitung erteilen. Rein und gewissenhaft will ich mein Leben und meine Kunst halten ... Was ich bei der ärztlichen Behandlung sehe oder höre oder auch sonstwie über das Leben der Menschen erfahre, was nicht an die Öffentlichkeit gebracht werden muß, werde ich verschweigen und als Geheimnis achten.«

In den letzten Jahren ist Kos zunehmend vom Tourismus entdeckt worden, und entlang der Sandstrände sind einige große Hotels gebaut worden.
In so mancher Hinsicht erinnert die Insel an Rhodos: grüne Hänge, große Hotelblocks, im Hafen unterhalb der Ritterburg geschäftiges Treiben. Ebenso wie Rhodos möchte auch Kos ein möglichst großes Stück vom Tourismus-Kuchen abbekommen – koste es, was es wolle.

Kos

WP 36°53,9'N 027°17,4'E (Fl.R.3s3M) / Karten: BA 1531, Imray G35, D 1085 Plan H

Allgemeines

Architektonisch gesehen ist die Stadt Kos eine liebenswerte Mixtur aus mittelalterlich fränkischen und türkischen sowie einigen imposanten italienischen Stilelementen. Dazwischen blühen verschwenderisch Oleander, Bougainvillea, Jasmin und Hibiskus, und viele Überreste der Antike haben ganz überraschende neue Verwendungszwecke gefunden: Ein Sarkophag bildet das Wasserbecken für einen Springbrunnen, alte Marmorteile stützen die Äste eines Baumes, Bruchstücke von antiken Marmorsäulen geben den Unterbau für eine Blumenschale, und im Park begrenzen große bearbeitete Steinblöcke den Fußweg.

Die Festungsanlage und der angrenzende Park, der von einer weit ausladenden Platane beschattet wird, gehören zu den angenehmsten Aufenthaltsorten an einem heißen Sommertag. Angeblich soll unter dieser Platane bereits Hyppokrates gesessen und unterrichtet haben. Auch wenn dieser Baum in der Tat schon sehr alt ist – vermutlich 400 bis 500 Jahre – so alt, daß er schon zu Hyppokrates' Zeiten existiert haben könnte, ist er aber lange nicht. Trotzdem eine hübsche Geschichte. In der Stadt beherbergt ein kleines Museum Funde aus griechischer und römischer Zeit, die bei Ausgrabungsarbeiten gemacht wurden.

In den vergangenen Jahren hat Kos eine ständig wachsende Zahl von Urlaubern angezogen, und es hat fast den Anschein, als würde die antike Rivalität zwischen Kos und Rhodos neu entfacht. Die neuzeitliche Herausforderung ist der Kampf um die alljährliche wertvolle Fracht an Menschen mit dem heftigen Verlangen nach Sonne, Sand und Meer. Um diesem neuen »Handel« Rechnung zu tragen, hat sich die Stadt verändert, auch wenn viel von ihrem ursprünglichen Charakter erhalten geblieben ist.

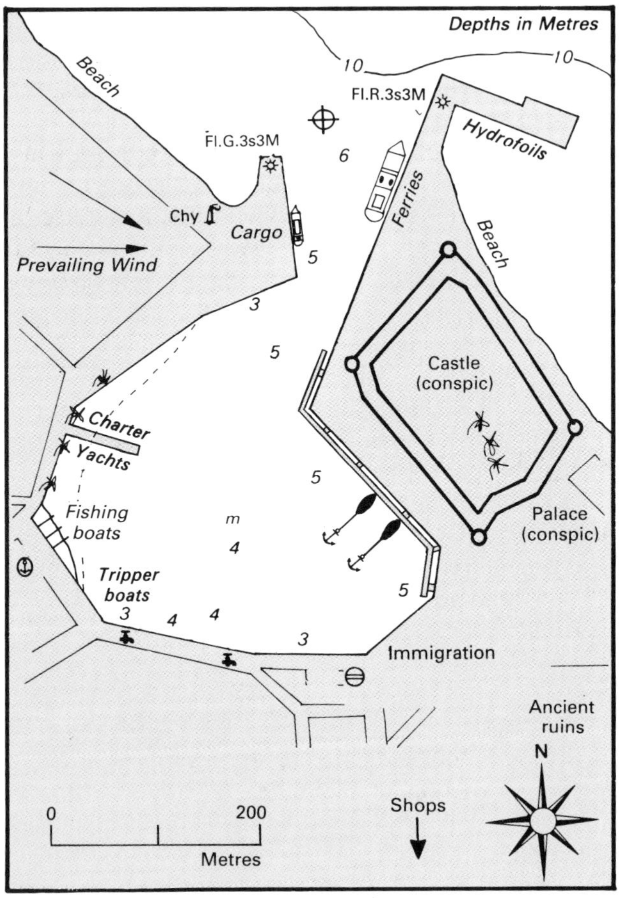

Kos.

Ansteuerung

Auffällig: Bei der Ansteuerung aus E bilden das Kastell, der Palast, ein Schornstein nahe der Hafeneinfahrt und ein Minarett in der Stadt gute Landmarken. Kommt man von N oder W ist ein großes braunes Hotel auf einer Landzunge, die im Kap Ak Ammoglossa ausläuft, schon aus einiger Entfernung auszumachen. Hat man diese Huk gerundet, ist die Hafeneinfahrt leicht zu erkennen.

Nachts navigiert man nach den Feuern auf Ammoglossa (Fl.R.4s4M), Ak Phouka (Fl.4s6M), Ak Louros (Fl(3)WR.15s6M) sowie der Befeuerung der Hafeneinfahrt (Fl.G.3s3M und F.R.3s3M).

Gefahren: Vom Kap Ak Ammoglossa erstrecken sich Untiefen, von denen man sich gut freihalten sollte. Vor Ammoglossa bildet sich bei starkem Meltemi eine kabbelige See, aber wenn man die Huk erst gerundet hat, wird die See vergleichsweise ruhig.

Liegeplätze

Man macht mit Bug oder Heck am neuen Kai an der E-Seite fest. Der Grund besteht aus Schlick und hält exzellent.

Schutz: Bei starkem Meltemi steht oft eine ungemütliche Dünung in den Hafen, auch wenn man an der E-Seite gut geschützt ist.

Behörden: Kos ist Port of Entry, Wasserschutzpolizei, Zoll, Gesundheits- und Einwanderungsbehörde sind vor Ort.

Ankerplätze: Bei beständigem Wetter können große Yachten S-lich der Einfahrt vor dem Strand ankern.

Versorgung

Wasser gibt es am Stadtkai. Wenn die Ausflugsboote ihre Liegeplätze verlassen haben, kann man zum Wasserbunkern am Kai festmachen. Am Yachtkai sollen Wasseranschlüsse gelegt werden.

Treibstoff ist in der Stadt erhältlich, kann aber auch von einem Tankwagen zum Kai geliefert werden.

Reparaturen: Begrenzte mechanische Reparaturmöglichkeiten sind möglich. Es gibt Eisenwarenläden und ein begrenztes Sortiment an Schiffszubehör.

Lebensmittel: In Kos bestehen hervorragende Versorgungsmöglichkeiten, und etwas oberhalb des Hafens findet ein Markt statt. In einer Fabrik am Stadtrand ist Stangeneis erhältlich.

Restaurants: Es gibt exzellente Tavernen in der Stadt.

Sonstiges: Post, Telefonamt, Banken, Gas, Camping GAZ, Auto-, Motorrad- und Fahrrad-Vermietung. Zeitweise verkehren Busse zu den anderen Orten der Insel. Es gibt tägliche Fährverbindungen nach Piräus und Rhodos sowie nach Bodrum in der Türkei. Vom Flughafen Kos bestehen nationale und internationale Flugverbindungen.

Marina Kos

Knapp 1 Seemeile SE-lich des alten Hafens ist eine neue Marina im Bau. Bei Drucklegung des Buches waren der äußere und der innere Wellenbrecher sowie ein Kaiabschnitt bereits fertiggestellt. Eigentlich sollte der Yachthafen 1998 komplett fertig sein, aber man weiß ja wie das ist...

Die Marina wird einmal rund 300 Liegeplätze und einen großen Bereich mit Landstellplätzen zur Verfügung haben.

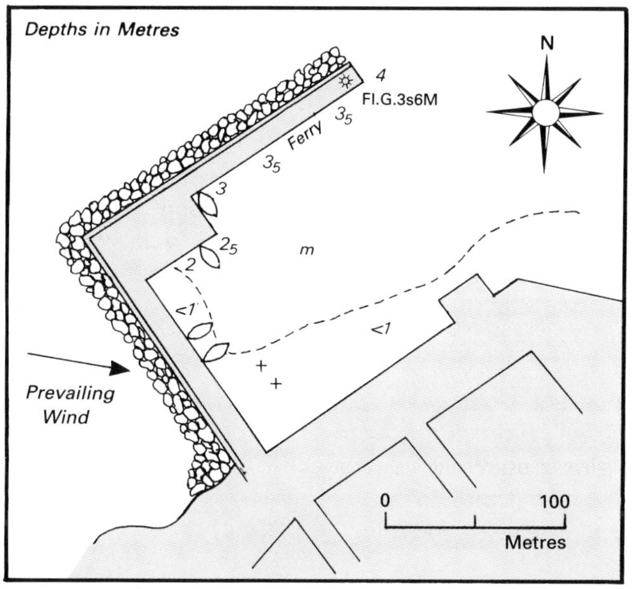

Mastichari.

Mastichari

WP 36°51,2'N 027°04,6'E

Etwa auf der Mitte der NW-Küste befindet sich dieser große neue Hafen. Ein L-förmiger Wellenbrecher bietet guten Schutz vor Meltemi. Die Hafeneinfahrt ist zwar mit (Fl.G.3s6M) befeuert, man sollte sich aber lieber nicht darauf verlassen.
Der Hafen wird von Fähren und Küstenmotorschiffen angelaufen.
Bereits kurz nach Fertigstellung hat der Hafen begonnen zu versanden, so daß wegen der Wassertiefen Vorsicht geboten ist. Am N-Kai in der Nähe des Kais am Dorfplatz macht man mit Bug oder Heck fest. Der Grund besteht aus weichem Schlick und abgestorbenem Seegras; der Ankerhalt ist schlecht. Die Tiefen am W-Kai betragen zumeist weniger als 1 m.
An Land findet man Tavernen und Versorgungsmöglichkeiten. Eine Fähre verkehrt nach Kalymnos.

Vorsicht
Vor der SE-Küste von Kos treten von den umliegenden Höhen schwere Fallböen auf. Zu den »übelsten Ecken« gehören die drei gut sichtbaren Kaps Ak Krikelos, Ak Chelona und Ak Phouka. Auch um das Kap Krio auf dem türkischen Festland herum treten schwere Fallböen und grobe Seen auf.

Kardamena

WP 36°46,8'N 027°09'E (Q.R.3M)

Allgemeines
Kardamena war ursprünglich einmal ein kleiner Fischerort, der sich nun zu einem beliebten Treffpunkt für Rucksack-Reisende entwickelt hat, die mit Touristik nichts zu tun haben möchten und jede erdenkliche Einrichtung frequentieren, die auch nur entfernte Ähnlichkeit mit dem hat, was man sich unter »typisch einheimisch« vorstellt. Die Horden vom und zum Flughafen zu transportieren, macht keine Schwierigkeiten, da dieser nur 5 Kilometer entfernt ist.
Der wunderschöne lange Sandstrand, der zu den schönsten des Dodekanes gerechnet wird, ist der ganze Stolz von Kardamena. Auch nachts pulsiert im Ferienort das Leben zum Sound lautstarker Musik aller Stilrichtungen. Man sollte sich darauf einstellen, daß man nicht allzuviel Schlaf bekommt.

Ansteuerung
Der kleine Hafen liegt fast genau in der Mitte der SE-Küste von Kos. Die Kette von Hotels, Bars und Tavernen, die sich an der Küste entlangzieht, ist gut auszumachen. Bei der Navigation ist Vorsicht vor zwei Schwimmplattformen geboten, die vor dem Hafen verankert und mit F.R. befeuert sind.
Vorsicht: Bei Meltemi treten von den umliegenden Bergen gefährliche Fallböen auf, so daß ständige Vorsicht geboten ist.

Liegeplätze
Vom Strand erstreckt sich eine Pier seewärts, an der man mit Bug oder Heck festmachen kann. Höflicherweise sollte man aber zunächst abklären, welchen Liegeplatz man benutzen kann. Der Sandgrund ist mit Seegras bewachsen und hält gut.
Schutz: Der Hafen, der nach S hin offen ist, ist vor Meltemi gut geschützt, auch wenn Fallböen von den umliegenden Höhen herabstehen können.

Versorgung
Wasser bekommt man am Fuß der Pier.
Treibstoff ist etwa 200 m weiter im Dorf erhältlich.
Lebensmittel: Gute Versorgungsmöglichkeiten.
Restaurants: Zahlreiche Tavernen und Bars sind in der Nähe.
Sonstiges: Post, Telefonamt, Wechselstube, Auto- und Motorrad-Vermietung. Vom 5 km entfernten Flughafen bestehen nationale und internationale Flugverbindungen.

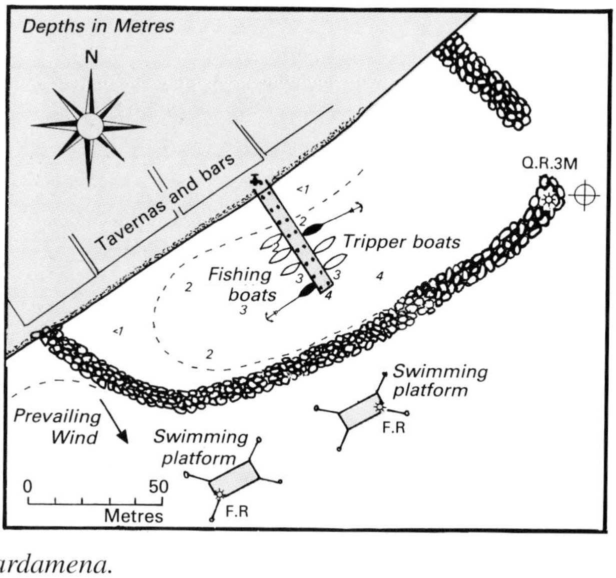

Kardamena.

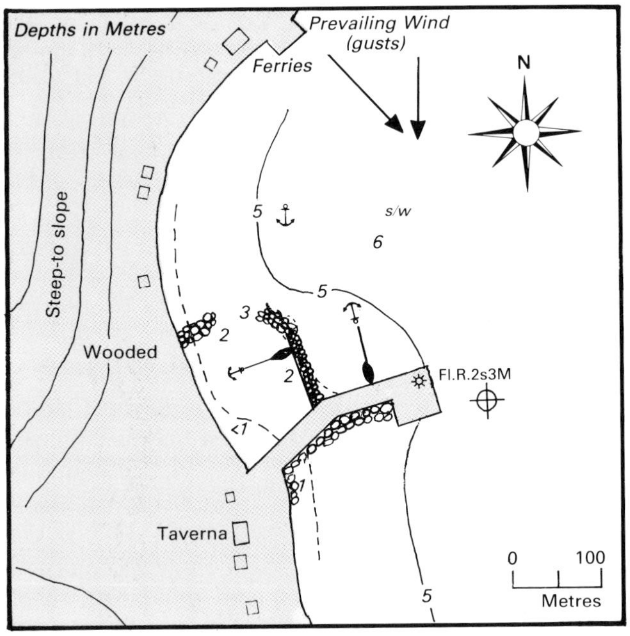

Kos. Ormos Kamari.

Kephalos (Ormos Kamari)

WP 36°44,2'N 026°58,3,E (Fl.R.2s3M)

Diese Bucht an der S-Spitze von Kos hat einen kleinen Hafen, der guten Schutz vor dem Meltemi bietet. An der N-Seite der Bucht steht ein großes weißes Hotel, das bei der Ansteuerung bereits aus einiger Entfernung auszumachen ist. An der W-Seite der Bucht befindet sich der kleine Hafen. Man ankert auf 4 bis 6 m oder macht am äußeren Ende der Mole fest. Im kleinen Fischerhafen ist auch für ein paar Yachten Platz. Der Sandgrund ist mit Seegras bewachsen und hält gut. Bei Meltemi stehen Fallböen in die Bucht, die aber weder sehr stark sind noch lange anhalten.
Wasser und eine Taverne findet man am Fuß der Mole, etwas weiter den Strand hinunter gibt es auch eine Diskothek. In Ormos Kamari sind die ruhigen Zeiten leider vorbei: Die Motorengeräusche von Jetskis und Wasserski-Booten verursachen einen Höllenlärm.

Die Insel Gyali

Karten: BA 1531
3 Seemeilen NW-lich von Nisyros gibt es an der Küste von Nisis Gyali eine weite Bucht, die etwas Schutz vor Meltemi bietet. Von den weitläufigen Steinbrüchen erscheint die Insel wie »vernarbt«, und in der Bucht erstreckt sich eine große Laderampe ins Meer. Das Wasser in der Bucht ist meistens vom Staub des Steinbruchs getrübt. Yachten, die hier Schutz suchen, sollten NE-lich der Laderampe auf 5 bis 6 m Wassertiefe ankern. Der Grund besteht aus Sand und hält gut. Von einem Riff, das sich 350 m S-lich der kleinen Insel Agios Antonios vor der E-Huk von Gyali erstreckt, muß man sich gut freihalten. Bei der Navigation ist auch auf zahlreiche große Mooringtonnen zu achten, die in der Nähe des Steinbruchs ausgelegt sind.
Vorsicht: Etwa 0,5 Seemeilen vor der SW-Spitze von Gyali erstreckt sich ein Riff, das eben überspült wird und – insbesondere bei Meltemi – nur schwer zu erkennen ist.

Die Insel Nisyros

Die beinahe quadratische Insel Nisyros ist ein erloschener Vulkankrater, der sich SW-lich von Deveboynu Burun (Kap Krio) aus dem Meer erhebt. Die fruchtbare Erdkrume, die die Hänge bedeckt, ist terrassiert und mit Oliven- und Zitronenbäumen bewachsen. Bis vor nicht allzu langer Zeit wurden die Schwefelquellen, die für ihre Heilwirkung bekannt sind, genutzt. Nun aber macht das Kurbad einen verwaisten Eindruck.
Wenn das Wetter es zuläßt, ist ein Ausflug zum Krater, der gut drei Kilometer entfernt ist, durchaus interessant. Vom Kraterrand hat man einen wirklich spektakulären Ausblick über die See und die Inseln.
Machen die Wetterbedingungen den Hafen von Mandraki unhaltbar, verholt man sich am besten nach Palon, wo man besser geschützt ist. Man kann aber auch mit einer Fähre von Kos herüberkommen.

Mandrakion

WP 36°36,9'N 027°08,5'E (Q.G.3M) / Karten: D 1085 Plan E

Allgemeines
Der Ort, der unterhalb der terrassierten Hänge erbaut wurde, wirkt ungemein anziehend, und bei beständigem Wetter ist der Hafen wirklich einen Besuch wert. Von Mandrakion aus verkehren Busse zum Krater »Volcano«, dessen Besuch man nicht versäumen sollte.

Ansteuerung
Bei der Ansteuerung von N sind die Gebäude um den Hafen herum sowie die Hafenmole im NW der Insel leicht zu erkennen. Tatsächlich aber liegt der Hafen etwas E-lich der Ortschaft Mandrakion.
Nachts weist nur ein einziges Feuer den Weg: die Befeuerung des Molenkopfes (Q.G.3M)

Mandrakion auf der Insel Nisyros aus ENE.

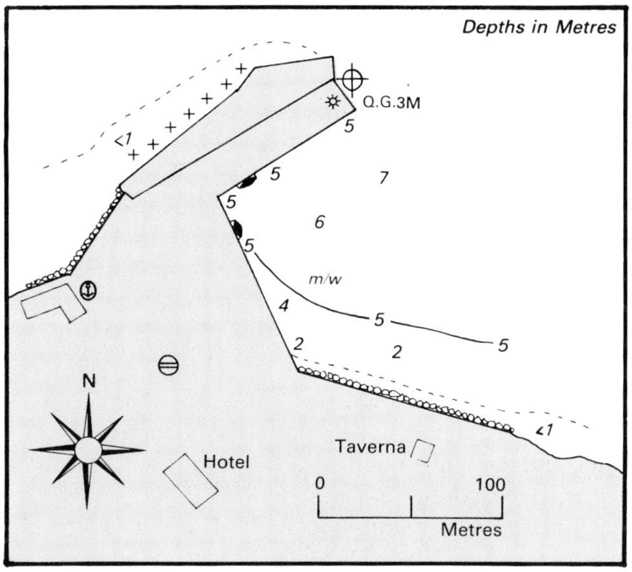

Mandrakion.

Liegeplätze
Am Kai oder an der Mole macht man mit Heckleinen und Buganker fest oder geht längsseits. Bei starkem Meltemi steht Schwell um den Kopf der Mole herum in den Hafen. Er macht die Liegeplätze ungemütlich, eventuell sogar gefährlich. Bei starken Winden aus N bis NE wird der Hafen unhaltbar. In Mandrakion gibt es Wasserschutzpolizei.
Hinweis: Im Hafen ist Vorsicht geboten, wenn die hier verkehrende Fähre einläuft. Sie ankert nämlich nicht, sondern hält sich mit ihrer Schraube frei, was einen erheblichen Wellenschlag an manchen Liegeplätzen verursacht.

Versorgung
Im nahen Dorf gibt es gute Versorgungsmöglichkeiten und Tavernen. Außerdem findet man hier Post und Telefonamt. Täglich verkehren Fähren nach Kos.

Paloi

WP 36°37,3'N 027°10,7'E (FlR.2s3M) / Karten: D 1085 Plan F

Allgemeines
Die Ortschaft und der kleine Hafen sind wunderschön. Im Hafen kann man schwimmen; das Hinterland ist grün und bewaldet. Die Tavernen befinden sich entlang des Hafens, und man kann dort einen guten Teil des Tages verbringen, kaltes Bier trinken und die Einheimischen beobachten, die ihrerseits die Fremden betrachten. Um Paloi herum läßt es sich recht gut kraxeln oder am Strand entlang wandern.

Ansteuerung
Dieser kleine Caïquen-Hafen befindet sich etwa 2 Seemeilen E-lich vom Hafen Mandrakion.
Auffällig: Bei der Ansteuerung aus E sind die verlassenen Gebäude des Heilbades – ein paar große Häuser mit roten Dächern – unmittelbar E-lich von Paloi gut auszumachen. Von W kommend, ist der Hafen erst zu sehen, wenn man das felsige Kap, das den Hafen schützt, gerundet hat. Unmittelbar W-lich der Landzunge sind an der Küste ein La-

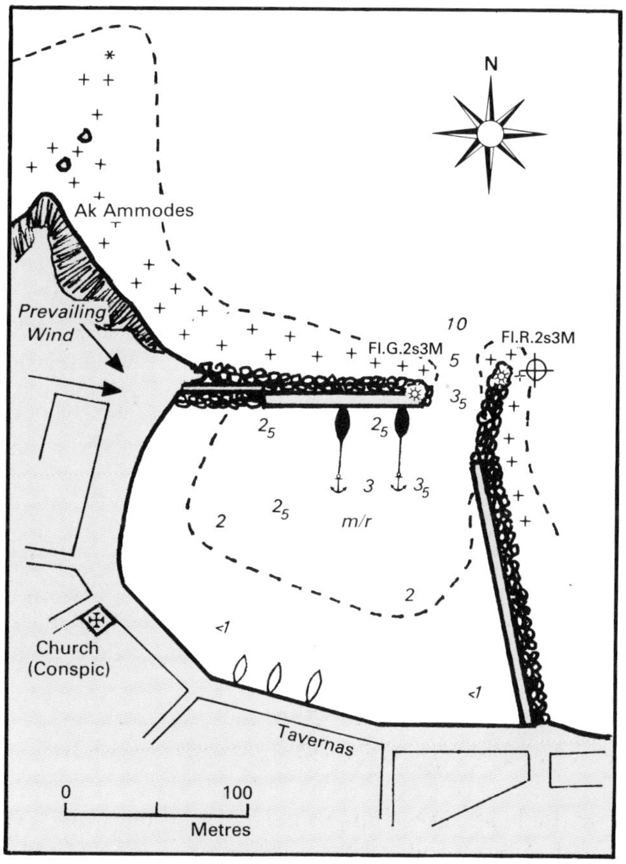

Paloi.

ger mit Fässern und einige Gebäude zu erkennen. Beim Näherkommen werden dann eine Kirche in der Ortschaft sowie der Wellenbrecher des Hafens sichtbar.
Nachts ist die Hafeneinfahrt mit Fl.G.2s3M und Fl.R.2s3M befeuert.
Gefahren:
1. Vorsicht ist vor einem Riff geboten, das sich 100 m N-lich von Ak Ammondes erstreckt. Die Einsteuerung in den Hafen sollte mit einem Kurs von genau S erfolgen.
2. Bei Meltemi muß mit schweren Fallböen und einer üblen kurzen See vor der N-Küste von Nisyros gerechnet werden.

Der Hafen Paloi aus W.

Liegeplätze
An der N-Mole macht man mit Bug oder Heck fest. Der Grund besteht aus Schlick, Sand und Felsen und hält gut.
Schutz: Man ist vor Meltemi geschützt, auch wenn bei länger anhaltendem Meltemi etwas Dünung entstehen kann, die die Einsteuerung schwierig, wenn nicht sogar gefährlich machen kann.
Hinweis: Es hat den Anschein, als würde der Hafen langsam versanden.

Versorgung
Das Dorf bietet einen Mini-Supermarkt und mehrere Tavernen. Gelegentlich kann man frischen Fisch bekommen. In unregelmäßigen Abständen verkehren Busse nach Mandrakion.

Die Insel Rigousa

Etwa 4,5 Seemeilen WSW-lich von Mandrakion liegt die kleine Insel Nisis Rigousa. An ihrer E-Küste befindet sich eine Bucht, in der einheimische Fischer gelegentlich Schutz vor Meltemi suchen.

Die Insel Tilos

Diese lange schlanke Insel, die zwischen Nisyros und Chalki liegt, wird nur recht selten von Urlaubern oder Yachten besucht.
Im Mittelalter war die Insel unter dem Namen »Episcopi« bekannt, ein Name, der vermutlich auf die zahlreichen Wachtürme zurückzuführen ist, von denen Lichtsignale nach Rhodos hinübergesandt wurden, wenn ein Feind im Anmarsch war. Die Italiener griffen den alten Namen wieder auf und nannten die Insel »Piscopi«. Heute ergeht es Tilos wie vielen anderen Inseln, an denen der Tourismus vorbeigezogen ist: Die jungen Leute verlassen ihre Heimat, um in den großen Städten auf Rhodos oder in Athen ihr Glück zu machen.

Ormos Leivadia

36°25'N 027°23,1'E / Karten: BA 1532

Tilos: Ormos Leivadia aus NE (Foto: Nigel Patten).

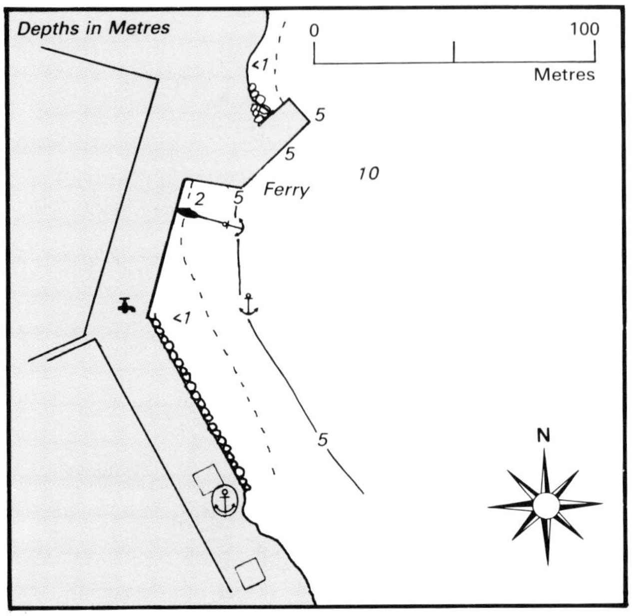

Ormos Leivadia.

Die weite Bucht von Leivadia befindet sich an der E-Küste von Tilos und hat einen kleinen Fähranleger. An der linken Kaiseite kann man zwischen den einheimischen Caïquen festmachen. Bei heftigem Meltemi kommen Fallböen von den umliegenden Höhen, und es steht Schwell in die Bucht, so daß es hier sehr ungemütlich werden kann. Vorsicht ist auch angebracht, wenn Fischerboote mit hoher Geschwindigkeit einlaufen und entsprechenden Wellenschlag verursachen. Man sollte daher stets mit gutem Abstand zum Kai festmachen oder ankern. Kai und Ankerplatz sind von NE bis SE hin völlig ungeschützt. In Livadia gibt es Wasserschutzpolizei.
In der Nähe des Kais findet man einen Wasserhahn. Die meisten Lebensmittel sind erhältlich, und es gibt eine Reihe von Tavernen. Bei beständigem Wetter ist Leivadia ein sehr reizvolles Plätzchen, das einen Besuch wert ist.
Hinweis: Im SE der Bucht gibt es einen winzigen Fischerhafen, der in seiner Einfahrt und vor dem N-lichen Wellenbrecher aber nur eine Wassertiefe von 2 m bietet. Kleine Yachten können sich hier eventuell vorsichtig hineintasten. Die Einfahrt ist mit Fl.R.3s3M befeuert.

Die Insel Symi

Die Insel Symi liegt vor der Einfahrt in den Golf von Doris (Yesilova Körfezi). Die Form der Insel erinnert an einen gigantischen Tintenklecks von Rorschach. Von See her wirkt die Insel kahl, unwirtlich und stark zerklüftet, in ihrem Inneren aber finden sich mit Pinien bewaldete Stellen. Die reichlich gegliederte Küstenlinie bietet eine Reihe von Ankerplätzen, und auch der Haupthafen der Insel ist einzig und allein von der Natur geschaffen worden.
Früher war Symi für seinen Schiffbau und die Schwammtaucherei berühmt. Symiotische Schiffswerften bauten viele der schnellen Galeeren für die Ordensritter des heiligen Johannes, später für ihre türkischen Herren. Selbst heute noch wirken die Caïquen hier noch gepflegter als auf anderen Inseln. Symiotische Schwammtaucher hatten

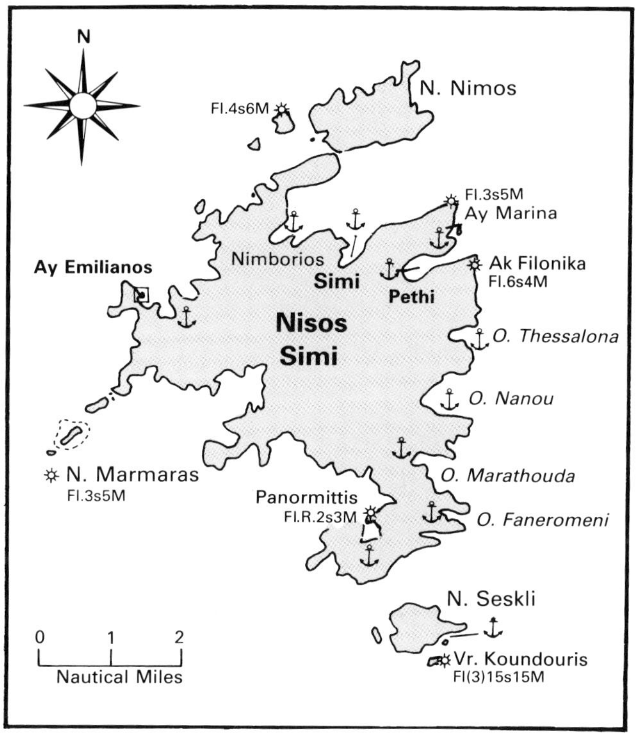

Die Insel Symi.

früher den Ruf, die besten der gesamten Ägäis zu sein – allerdings nahmen auch die Taucher von Kalymnos diesen Ruhm für sich in Anspruch. Heute nehmen nur noch wenige Symioten die Risiken der Schwammtaucherei auf sich, und Kalymnos ist nun das unbestrittene Zentrum.

Der Hafen Symi

WP 36°37,2'N 027°50,6'E (Q.G.2M) / Karten: BA 1532, Imray G35, D 614

Allgemeines

Die Erkundung Symis gleicht der Entdeckung eines exotischen Planeten in der Wüste. Die gedämpften Farben der Häuser in blau, gelb, creme und rosenfarben, die eins über dem anderen an den steilen Hängen der schmalen Bucht erbaut wurden, erinnern an die Städte, die in Baukästen, mit denen Kinder spielen, zu finden sind.
An der S-Seite des Hafens führt eine Treppe zu den Häusern hinauf, die oben auf dem Bergrücken stehen. Auch wenn dieser steile Aufstieg im Sommer immenses Herzklopfen verursacht, ist es die Mühe durchaus wert: zum einen wegen der wundervollen Aussicht, die man von hier oben hat, zum anderen wegen der schönen alten Häuser, die den felsigen Vorsprüngen und Neigungen folgen. Die Bewohner von Symi sind noch nicht vom täglichen An-

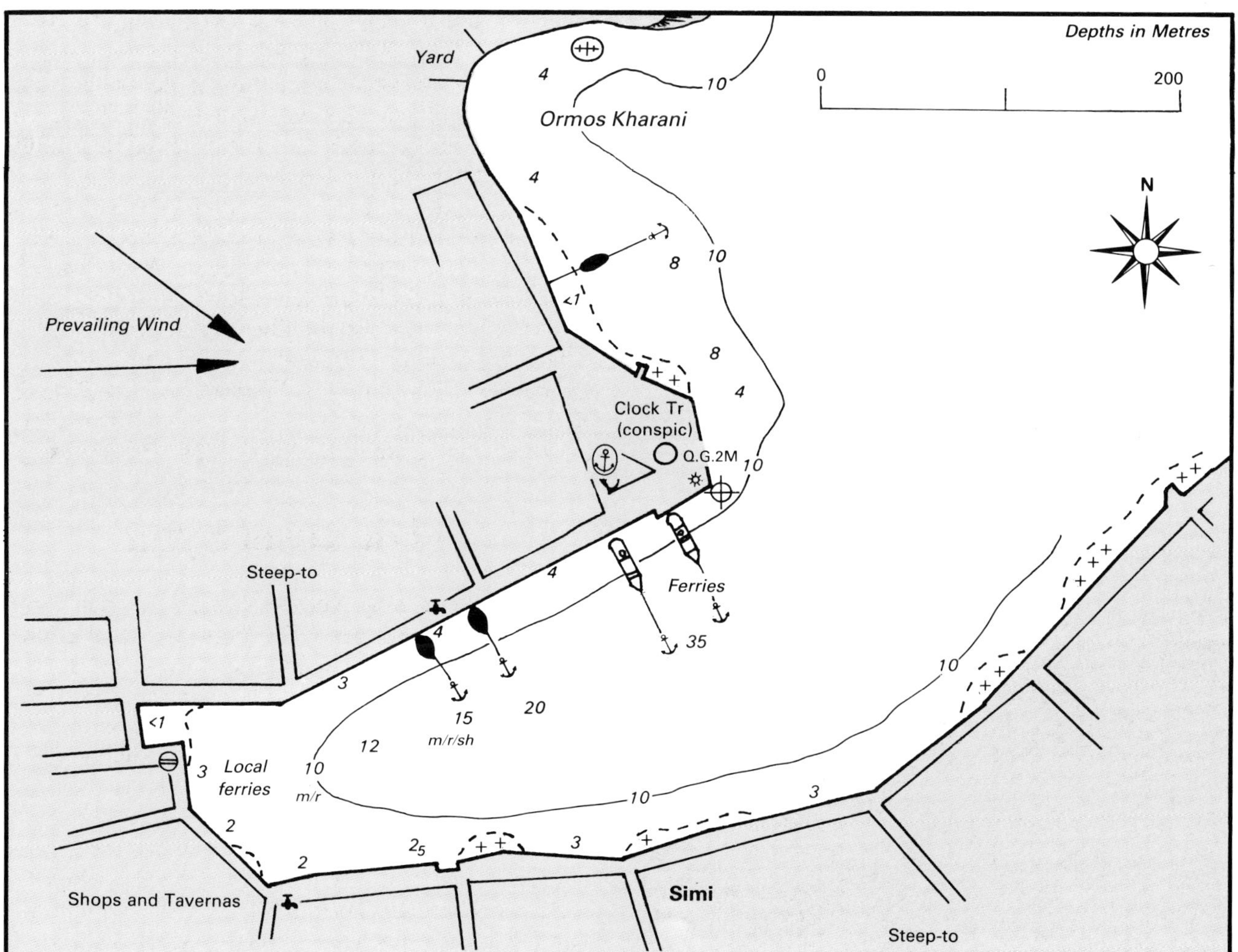

Symi.

sturm von Touristen, die mit der Fähre von Rhodos herüberkommen, abhängig. Und so kann man jedes Mal ein vernehmliches Seufzen hören, wenn die Fähre wieder abgelegt hat.
Symi war einstmals berühmt für seine Schwammtaucher. Symiotische Taucher wurden oft auch eingesetzt, um auf dem Meeresgrund nach versunkenen Antiquitäten zu suchen. Ein paar der Boote und ihre museumsreifen Ausrüstungen sind noch da, aber immer weniger Symioten wählen diesen Beruf.

Ansteuerung
Auffällig: Bei der Ansteuerung aus N bilden die Häuser auf dem Bergrücken oberhalb der Stadt eine gute Landmarke. Von S oder E kommend, ist der Hafen erst auszumachen, wenn man in die Bucht einläuft. Bei der Ansteuerung aus S ist die Einfahrt von Ormos Symis mit der von Pedi, einer großen Bucht unmittelbar SE-lich von Symis, sehr leicht zu verwechseln. Steuert man in die Bucht ein, werden die Gebäude der Stadt sofort sichtbar. Eine Kirche auf dem N-Kai bildet eine gute Landmarke.
Nachts richtet man sich nach dem Feuer auf Ak Koutsoumpa (Fl.3s5M) und der Befeuerung des Kais (Q.G.2M).

Liegeplätze
Am Kai an der N-Seite des Hafens macht man mit Bug oder Heck zum Kai fest. Dabei ist zu beachten, daß der Anlegeplatz der Fähren freibleiben muß. Der größte Teil des W-Kais ist einheimischen Ausflugsbooten und Fähren vorbehalten. Im Hafen fallen die Wassertiefen rapide ab, und man sollte darauf vorbereitet sein, auf 12 bis 20 m Tiefe zu ankern. Der Schlickgrund ist mit ein paar Felsen durchsetzt und der Halt an manchen Stellen miserabel.
Schutz: Im Hafen ist man recht gut vor Meltemi geschützt. Bei starken S-lichen Winden steht jedoch eine beachtliche Dünung in den Hafen, die sogar gefährlich werden kann, wenn der Wind aus S länger anhält. Die Fähren (im Sommer sind es mindestens fünf pro Tag) verursachen einen bemerkenswerten Wellenschlag, wenn sie am Vormittag einlaufen.
Behörden: Wasserschutzpolizei und Zoll. Es werden Liegegebühren erhoben; Kategorie 2.

Der Hafen Symi aus E (Foto: Nigel Patten).

Blick auf den Hafen Symi: an der N-Seite der Einfahrt steht der markante Uhrturm.

Versorgung
Wasser gibt es am Kai. Ein Hafenbediensteter kann den Anschluß aufschließen.
Treibstoff ist nur in geringen Mengen erhältlich. Ein Hafenbediensteter organisiert die Lieferung.
Reparaturen: Begrenzte mechanische Reparaturmöglichkeiten. In der N-lichen Einbuchtung des Hafens gibt es eine Bootswerft, die große Caïquen und gelegentlich eine Yacht aufslippen kann.
Lebensmittel: In Symi bestehen gute Versorgungsmöglichkeiten.
Restaurants: In der Stadt findet man hervorragende Tavernen, zum Teil in ganz entzückender Lage.
Sonstiges: Post, Telefonamt, Banken, Gas, Camping-GAZ, Motorrad-Vermietung. Täglich verkehren Fähren nach Rhodos.

Ormos Pedi

36°36'N 27°51,5'E / Karten: D 614

SE-lich von Symi, nur durch einen Bergrücken getrennt, schneidet die tiefe, fjordähnliche Bucht von Pedi in die Küste ein. Die S-Huk der Einfahrt, Ak Paidi, ist mit (Fl.6s4M) befeuert. Bei der Einsteuerung ist Vorsicht ge-

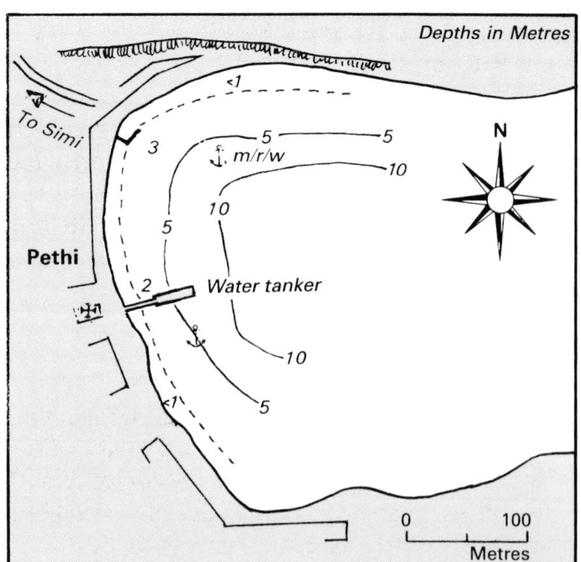

Pedi.

Ormos Pedi aus SSE.

boten, da ein Überwasserfelsen mitten in der Einfahrt liegt; am Tag ist er jedoch leicht auszumachen.
Man ankert auf 6 bis 10 m Wassertiefe N-lich der Pier oder vor dem Hotel S-lich der Pier. Der Ansteuerungsbereich der Pier muß unbeding freibleiben, da das Tankschiff mit Trinkwasser von Symi ständig ein- und ausläuft. Eventuell können ein paar Yachten an der Pier festmachen, wobei der Liegeplatz des Tankschiffs natürlich unbedingt freibleiben muß. Der Sandgrund, der mit Seegras bewachsen ist, hält an manchen Stellen nur schlecht. Vor dem Hotel an der S-Seite der Pier ist der Ankerhalt besser. Guter Schutz vor dem Meltemi, auch wenn mit Fallböen von den umliegen Höhen gerechnet werden muß. Es ist daher wichtig, daß der Anker auf guten Halt überprüft wird.
Entlang der Hafenpromenade finden sich einige Tavernen. Um Symi einen Besuch abzustatten, nimmt man am besten Bus, der vor dem Hotel hält.

Agia Marina

Unmittelbar N-lich der Einfahrt zur Ormos Pedi findet man im Schutz des kleinen Inselchens Agia Marina einen schönen Ankerplatz. An ihrer N-Seite ist die kleine Insel durch ein Riff mit der Küste verbunden, so daß die Ansteuerung von S her erfolgen muß. Man ankert auf 4 bis 5 m über Sandgrund. Der Ankerplatz ist so gut gegen Meltemi geschützt, daß es dort geradezu bemerkenswert windstill ist. Das Ufer, an dem auch eine Taverne geöffnet hat, wird unterhalb einer kunstvoll aufgeschichteten Steinmauer von einem schönen Badestrand gesäumt; das Wasser ist kristallklar.

Ormos Thessalona

Genau 0,5 Seemeilen S-lich von Ak Paidi (Philonika) befindet sich diese Bucht, deren atemberaubend steile Felswände im Scheitel der Bucht jäh ins Meer stürzen. Man kann ankern, wo man mag und findet etwas Schutz vor Meltemi, auch wenn manchmal etwas Schwell in die Bucht hineinsteht – je nachdem, wie stark der Meltemi weht.

Ormos Nanou

Diese weite Bucht liegt etwas S-lich von Thessalona und eignet sich gut für einen Mittagsstopp. Eine wilde steile Felsszenerie und wundervoll klares Wasser stellen die Attraktionen dieser Bucht dar.

Ormos Marathounta

3 Seemeilen S-lich von Pedi befindet sich die Bucht von Marathounta, die nach E hin offen ist. Man ankert im Scheitel der Bucht auf 4 bis 8 m Tiefe. Von den umliegenden Höhen stehen schwere Fallböen in die Bucht.

Ormos Phaneromeni

1 Seemeile von Marathounta entfernt liegt diese fjordähnliche tiefe Bucht, die nur nach E hin offen ist. Man ankert im Scheitel der Bucht. Vorsicht Fallböen!

Ankerplatz Nisis Seskli (Ormos Skomisa)

Die kleine Insel Seskli, die von Symi nur durch eine tiefe Passage (Stenon Seskli) getrennt wird, liegt vor deren S-Huk. Die Bucht Ormos Skomisa befindet sich an der SE-Seite von Seskli, unmittelbar N-lich von Vrakhonisis Troumpeta. Nach W bis SW wird der Ankerplatz teilweise von der kleinen Insel Artikonisi geschützt. Die Ansteuerung der Bucht, in deren Mitte man auf 5 bis 6 m Tiefe über Sandgrund ankert, sollte aus E erfolgen. In dieser idyllischen Einsamkeit ist man recht gut vor Meltemi geschützt.

Ormos Panormitis

WP 36°33,2'N 027°50,6'E (Fl.R.2s3M) / Karten: BA 1532

Allgemeines
Die Bucht wirkt auf ihre spartanisch karge Art ganz reizvoll; ein Eindruck, der von einem Kloster – ebenfalls recht karg – an der SE-Seite noch verstärkt wird.
Wenn die Fähren und Ausflugsboote in die Bucht einlaufen, ist es für ein paar Stunden mit der Ruhe vorbei, und es wird hier laut und voll. Aber wenn der Spuk wieder vorbei ist, verwandelt sich die Bucht umgehend in ein wunderbar friedvolles Plätzchen.

Ansteuerung
Die Bucht, die fast ganz von Land umschlossen wird, befindet sich an der SW-Küste von Symi. Eine weiße Windmühle auf der E-Huk der Einfahrt sowie die großen weißen Gebäude des Klosters bilden gute Landmarken.
Nachts navigiert man nach dem Feuer auf Nisis Marmaras (Fl.3s6M) sowie dem Feuer auf der NE-Huk der Einfahrt (Fl.R.2s3M). Bei der nächtlichen Navigation ist Vorsicht geboten, da nicht alle ankernden Yachten auch ein Ankerlicht gesetzt haben.
Gefahren: Bei Meltemi können Fallböen auftreten, und in der Einfahrt steht dann eine kabbelige See.

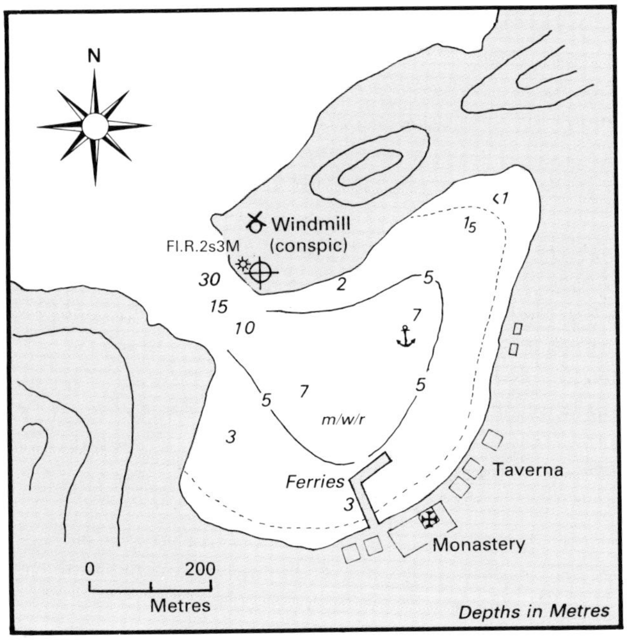

Panormitis.

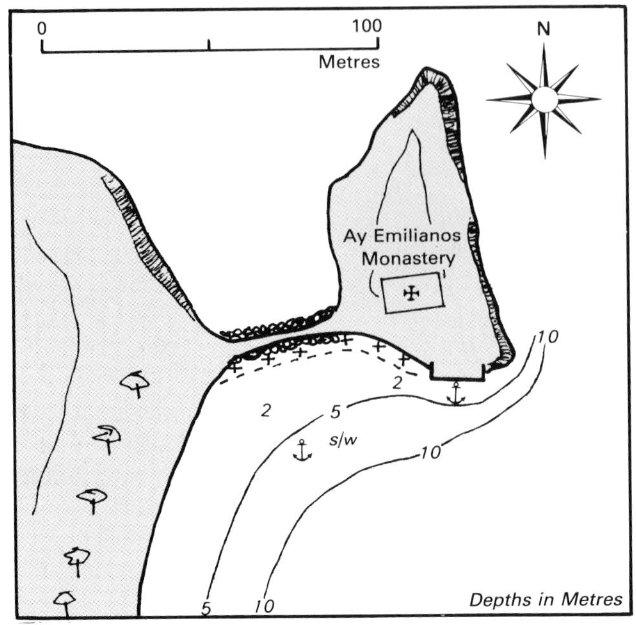

Agios Aimilianou.

Die Bucht Panormitis aus NE.

Liegeplätze
Vor der NE-Seite der Bucht ankert man auf 3 bis 6 m. An der S-Seite gibt es eine kleine Pier, an der gelegentlich auch ein Plätzchen zu finden ist. Meistens ist sie aber mit einheimischen Fähren und Ausflugsbooten belegt. Der Sandgrund ist mit Seegras bewachsen und mit einigen Felsen durchsetzt. Der Halt ist gut, wenn der Anker erst gefaßt hat.
Schutz: Man ist bei jedem Wetter gut geschützt.

Versorgung
An Land findet man ein bescheidenes Lebensmittelangebot und eine Taverne. Im Kloster kann man Brot bekommen.

Agios Aimilianou

36°36,4'N 027°46,5'E

Dieser Ankerplatz liegt an der W-Küste von Symi unterhalb einer kurzen Landzunge an der E-Seite des Kaps Ak Kephala. Hier findet man etwas Schutz vor dem Meltemi. Bei der Ansteuerung aus N sind das Kloster Agios Aimilianou, das auf der Landzunge steht, sowie ein weiteres Kloster an den Berghängen landeinwärts zu erkennen. An der S-Seite der Insel ankert man auf 8 bis 10 m Tiefe. An Land gibt es lediglich das Kloster.

Nisis Nimos

Unmittelbar N-lich von Symi, nur durch eine schmale Meerenge (Stenon Nimou) getrennt, liegt die Insel Nisis Nimos. Im Fahrwasser ist die Passage mindestens 4 m tief, und auch wenn die Durchfahrt auf den ersten Blick recht furchteinflößend wirkt, ist die Abkürzung doch sehr bequem, da sie das Runden der Insel erspart. Bei heftigem Meltemi bildet sich in der Durchfahrt Schwell, was die Wassertiefe aber höchstens um 1 m verringern kann. Beim Passieren der Meerenge bei einer solchen Wetterlage ist es ratsam, den Blick stur geradeaus zu halten, und nicht auf den wild bewegten Grund des Meeres zu blicken, der unter dem Kiel vorbeizieht.

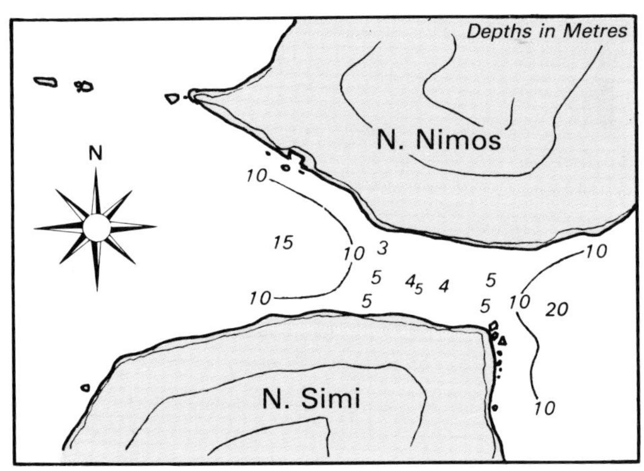

Stenon Nimou.

Die Insel Rhodos

Rhodos, die größte Insel des Dodekanes, liegt am S-lichen Ende der Inselkette, die sich vor der türkischen Festlandsküste entlangzieht. »Rhodos« ist ohne Zweifel auch der ursprüngliche Name, der möglicherweise von der griechischen Benennung jener Felsenrose herrührt, die überall auf der Insel blüht.

In der Antike hatte Rhodos viele Namen: Stadia – wegen der Ellipsenform; Ophioussa – wegen der zahlreichen Schlangen, die hier vorkamen; Poeissia – wegen der Fruchtbarkeit der Insel; Olyessa – wegen der Anfälligkeit für Erdbeben oder einfach »Makaria« – die simple Bezeichnung einer glücklichen Insel. Wie der altertümliche Name Stadia bereits vermuten läßt, ist die Form der Insel grob ellipsen- oder diamantförmig. Von N nach S erstreckt sich eine Gebirgskette, deren höchster Gipfel Atavyros sich an der W-Küste 1215 m hoch über dem Meer erhebt. Im Gegensatz zu einigen anderen Inseln dieses Archipels ist Rhodos nicht nur in seinen Tälern und auf den Ebenen fruchtbar, sondern auch auf den hohen Berghängen. Hier wachsen und gedeihen Pinien, Oliven-, Orangen- und Zitronenbäume, Feigen und Pfirsiche. Macchia und Wildblumen (insbesondere die Felsenrose) bedecken das Land, während Hibiskus, Bougainvillea und Jasmin verschwenderisch die Häuser der Dörfer beranken. Überall scheinen Schmetterlinge zu flattern. Es sind so viele, daß man Rhodos auch die »Insel der Schmetterlinge« nennt. Außer den Schmetterlingen soll die Fauna auch Rehe, Hirsche, Füchse, Hasen, Dachse, Rebhühner, Geier und eine ganz spezifische Eidechsenart, den »Drachen von Rhodos«, umfassen. Allerdings wird man im überbevölkerten Norden der Insel kaum Exemplare dieser Gattung zu Gesicht bekommen.

Die »Garteninsel«, deren Klima im Sommer heiß und trocken und im Winter angenehm mild (ähnlich dem Klima auf Sizilien) ist, war durch die gesamte Geschichte hindurch beliebt: Auf Rhodos lächelt der Sonnengott Helios herab; von Strabo wurde die Insel in den höchsten Tönen gepriesen; auch Tiberius liebte Rhodos, für eine Zeitlang verließ er dafür Capri mit seinem gesamten Gefolge; die Ritter des Johanniterordens verließen ihre Festung nur widerstrebend, auch wenn sie von freundlicher Nachbarschaft umgeben waren, und die Italiener, die Rhodos 1912 besetzten und »Rodi« nannten, hatten die Absicht, hier ein zweites »Capri« entstehen zu lassen. Ohne jeden Zweifel ist Rhodos heute die beliebteste Urlaubsinsel Griechenlands. Von der Stadt Rhodos aus erstrecken sich an der E- und W-Küste entlang Hotelbauten – und für die nach Sonne und Wärme lechzenden Nordländer bilden Sonne und Sandstrände einen unwiderstehlichen Reiz.

Die recht bedeutsame Geschichte der Insel Rhodos läßt sich fein säuberlich in zwei Perioden zusammenfassen: die Märchenbuch-Zeiten des antiken Griechenlands auf der einen und die gewalttätige Zeitspanne des Johanniterordens auf der anderen. Durch den großen Einfluß Rhodos' auf seine Nachbarinseln kann die Geschichte der Insel zu einem großen Teil auch als die des Dodekanes angesehen werden.

Zwischen Asien, Afrika, dem griechischen Festland und Italien gelegen, war Rhodos von jeher ein bedeutsames

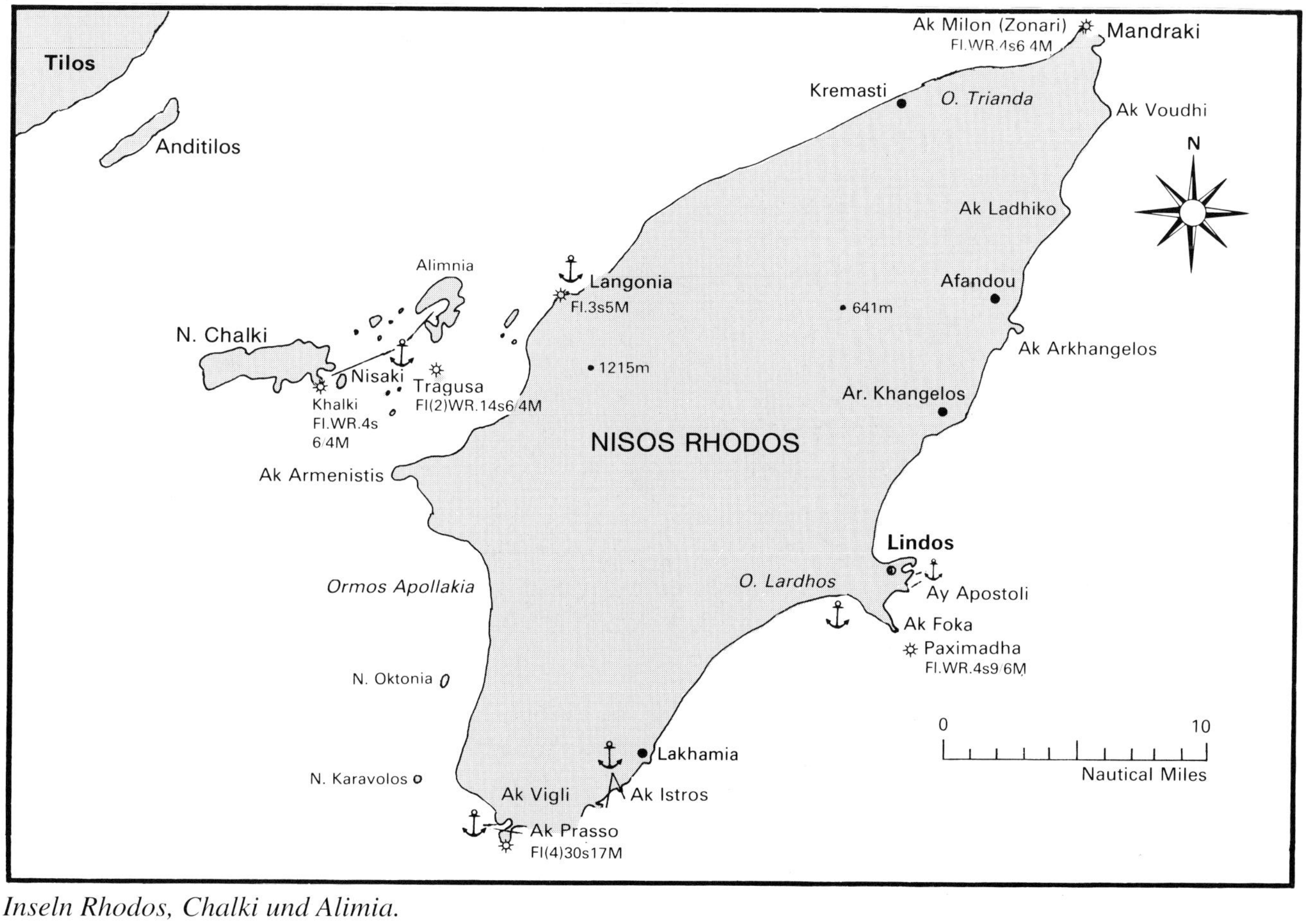

Die Inseln Rhodos, Chalki und Alimia.

Handelszentrum. Bereits Homer erwähnte die drei Städte von Rhodos: Lindos mit seinem schönen Naturhafen an der E-Küste der Insel, Ialysos im NW und Kamiros, das etwa 30 Kilometer vom Kap Ak Zonari (Mylon) an der W-Küste lag. Gemeinsam mit Kos, Knidos und Halikarnassos gewann Rhodos das Monopol auf den Handel in der SW-lichen Ägäis. 408 v. Chr. beschlossen die drei von Homer beschriebenen Städte den Bau der Stadt Rhodos – an eben der Stelle, an der sie auch heute noch steht. Der berühmte Städtebauer Hippodamos von Milet erhielt den Auftrag, die neue Stadt zu entwerfen. An der E-Seite der flachen Halbinsel, auf der die Stadt erbaut werden sollte, ließ er mehrere Hafenbecken anlegen. Schon sehr bald stellte die neue Stadt mit ihrem prächtigen Hafenkomplex die anderen drei Städte in den Schatten und stieg zu dem Handelszentrum und der bedeutendsten Stadt in der SW-Ägäis auf. Die Rhodier bauten sich eine eigene Handelsflotte auf und wurden zur mächtigsten Seemacht. Erstaunlicherweise erreichten sie dies alles, ohne den Argwohn ihrer kriegerischen Nachbarn zu erregen – auf heutige Verhältnisse übertragen vielleicht vergleichbar mit der kleinen Schweiz, die immer wohlhabender wird.

Die Rhodier verstanden es hervorragend, sich aus der internationalen Politik jener Zeit herauszuhalten – bis zum Tod Alexanders des Großen, der die gesamte Mittelmeer-Region ins Chaos stürzte. Rhodos verweigerte Antigonos bei seiner Invasion von Ägypten die Unterstützung (immerhin war Ägypten einer der Haupthandelspartner von Rhodos). Der Sohn von Antigonos, Demetrios Poliorketes, ein Möchtegern-Alexander, trat an dieser Stelle ins Licht der Geschichte, um den Rhodiern eine harte Lektion zu erteilen. Er sammelte eine große Streitmacht um sich, um Rhodos zu belagern. Mit seiner gigantischen Belagerungsmaschine, der Helepolis, mit der er schließlich berühmt geworden ist, und seinen Soldaten machte er sich sodann ans Werk. Der Belagerungsturm der Maschine war neun Stockwerke hoch, wog schätzungsweise 125 Tonnen und wurde auf riesigen Eichenstämmen zur Stadt hochgerollt. Das Ungetüm war mit großen Schleudermaschinen versehen und hatte Auslegebrücken, die heruntergelassen werden konnten, um das kämpfende Fußvolk gegen die Bastionen einsetzen zu können. Ganz oben war eine Art Nest aus Korbgeflecht, das mit Häuten verkleidet war, um den hier postierten Bogenschützen Schutz vor den feindlichen Pfeilen zu bieten. Noch heute kann man die großen Steinblöcke/-kugeln sehen, die einzeln oder zu Haufen zusammengetragen um die Burgmauern herum liegen, und mit denen Demetrios die Stadt beschossen haben soll. Er verursachte zwar einen erheblichen Schaden, konnte aber letztendlich die unbeugsamen Rhodier nicht besiegen. Schließlich unterzeichnete er mit ihnen einen Vertrag, in dem er verfügte, daß seine gesamte Kriegsausrüstung verkauft und von dem Erlös eine Statue zum Gedenken an seine großartige Belagerung errichtet werden sollte. So entstand die Skulptur des Sonnengottes Helios, die 302 v. Chr. von Chares aus Lindos begonnen wurde und zwölf Jahre später fertiggestellt war: der Koloß von Rhodos, 35 Meter hoch!

Vielleicht stand der Koloß ja tatsächlich mit gespreizten Beinen über der Hafeneinfahrt von Mandraki, vielleicht aber auch nicht. Wo immer jedoch diese 35 m hohe Statue gestanden haben mag, sie muß eine markante Landmarke für die Schiffahrt gewesen sein, die die Insel ansteuerte. 227 v. Chr. zerstörte ein Erdbeben das Standbild.

Bis zum Jahr 42 n. Chr., als Cassius die Stadt plünderte und zerstörte, konnte Rhodos seine wirtschaftliche Bedeutung und seine Seemacht erhalten. Das rhodische Seerecht wurde als allgemein anerkannt und Teile daraus gingen in das venezianische Seerecht ein; noch heute sind die Grundsätze dieses alten Rechts spürbar.

Jahrhundertelang war die Stadt ein Anziehungspunkt für Künstler und Kunsthandwerker. Zu römischen Zeiten besuchten Cäsar, Brutus, Antonius, Cicero und Tiberius die bekannten Rhetorikschulen auf Rhodos. Bei einem Besuch auf der Insel zählte Plinius 2000 Statuen, auf Rhodos entstand die berühmte Laokoongruppe. Von der berühmten Bildhauerschule sind kaum Stücke erhalten geblieben – so vollständig war die Zerstörung und Plünderung der Stadt durch Cassius. Bis 1309 trieb Rhodos unbemerkt mit dem Strom der Geschichte: von den Byzantinern beherrscht, von den Sarazenen geplündert, von den Venezianern eingenommen, später von den Genuesern übernommen. Die Genueser waren es dann auch, die den Ordensrittern des heiligen Johannes Schutz und Unterkunft gewährten – 1306 schwangen sich die Flüchtlinge zu den Herren der Insel auf. Sie bauten eine riesige Festungsanlage, die bis heute den Anblick der Stadt dominiert. Sie versammelten eine Flotte schneller Galeeren, die die türkischen Handelsschiffe die Küste hinauf und hinunter jagten, und von Rhodos breiteten sie sich nach Chalki, Alimnia, Symi und Tilos, Kos und Kalymnos aus. Die Burgen, die der Johanniterorden auf all diesen Inseln errichtete, sind heute – zumindest als Ruinen – noch zu bewundern. Die riesige Befestigungsanlage auf Rhodos widerstand immerhin zwei großen Belagerungen: 1444 von den Ägyptern und 1480 von den Türken. 1522 jedoch sammelte Sultan Suleiman der Prächtige eine Streitmacht von 10 000 Soldaten, die gegen 650 Ritter und 1200 Helfer antrat. Der Widerstand der Ritter gegen diese Übermacht ist als eine der großen militärischen Taten in die Geschichte eingegangen. Immerhin hielten die Ordensritter fünf Monate der Belagerung stand, bevor der Großmeister, Villiers de l'Isle-Adam, unter ehrenhaften Bedingungen kapitulierte. Angeblich soll Suleiman beim Abzug der Ritter und des Großmeisters gesagt haben: »... es geschieht nicht ohne einigen Schmerz, daß ich diesen Christen in seinem Alter zwinge, seine Heimat zu verlassen ...«

Rhodos blieb fast 400 Jahre unter osmanischer Herrschaft, bis Italien 1912 die Insel besetzte. In der Absicht, Rhodos in altem Glanz wiedererstehen zu lassen, begannen die Italiener mit umfangreichen Restaurierungs- und Aufräumarbeiten an Stadt und Festung. Die italienischen Bemühungen sind zwar heftig kritisiert worden, aber durch die Restaurierungen erhält man einen authentischen Eindruck vom Leben in einer mittelalterlichen Burg. Für Forscher und Anhänger mittelalterlicher Kriegskunst ist Rhodos vermutlich die besterhaltene Verteidigungsanlage in Griechenland. Während des Zweiten Weltkrieges war die Insel von den Deutschen besetzt und wurde 1947 gemeinsam mit dem übrigen Dodekanes griechisch.

Der Hafen Rhodos / Mandraki

WP 36°26,9'N 028°14,2'E (Leuchtturm A. Nikolaos)
Karten: BA 1532, Imray G3, G35, D 1085 Plan G, D 614

Allgemeines
Über die Stadt Rhodos scheint es nur zwei Meinungen zu geben: Die einen lieben sie, die anderen hassen sie. Während andere Inseln des Dodekanes in tiefem Dornröschenschlaf liegen, summt und brummt Rhodos vor Betriebsamkeit, wie es eben nur eine der größten Urlaubsinseln Griechenlands vermag. Allerdings geht es hier nicht übertrieben hektisch zu, und wenn man sich erst wieder einmal daran gewöhnt hat, in einer lebhaften Stadt zu weilen, gewinnt Rhodos an Sympathie.
Die Stadt besteht aus zwei getrennten Teilen: Der alte Stadtkern wird von Mauern umgeben, die bereits von den Ordensrittern errichtet wurden. Das moderne Rhodos entstand zum überwiegenden Teil während der italienischen Besatzungszeit, und die Italiener sind beschuldigt worden, Hollywood-Burgen und -Türme gebaut zu haben. Gnädigerweise hat die Zeit den Bauten jedoch eine Patina verpaßt, so daß die Steinmauern heute verwittert und ausgeblichen, eben »mittelalterlich« wirken. Auch die Hafenzeile wurde zum größten Teil von den Italienern gebaut.

Ansteuerung
Auffällig: Bei der Ansteuerung aus N oder W ist die Stadt Rhodos auf ihrer flachen Landzunge bereits aus einiger Entfernung auszumachen. Im W säumen große Hotelblocks die Strände. Von S oder E kommend, bilden ein Schornstein im S der Stadt und die E-Mole von Ormos Akandia markante Landmarken. Gut auszumachen sind

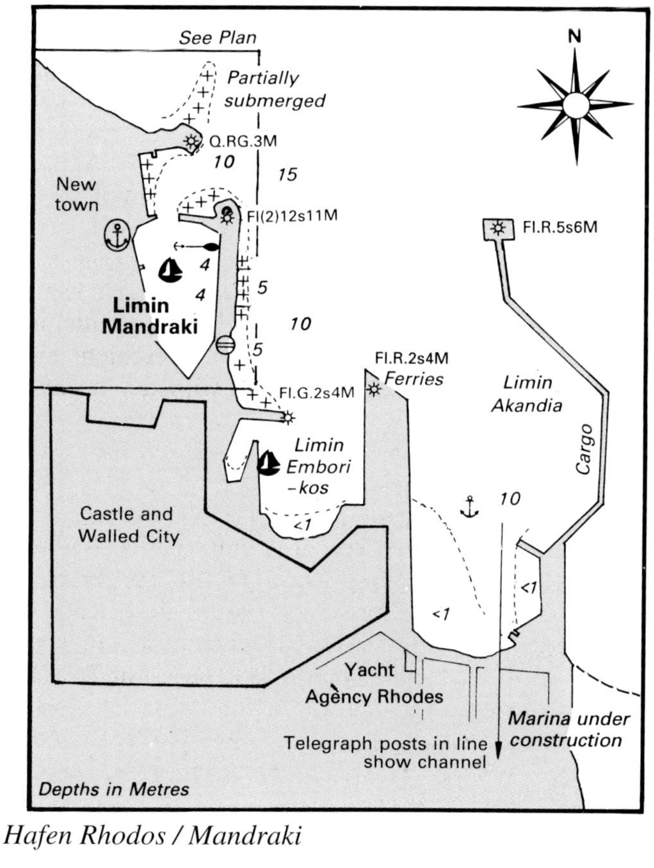

Hafen Rhodos / Mandraki

auch die großen Fährschiffe im Hafenbecken Limin Emporikos. Der Hafen Mandraki, den man mit seiner Yacht ansteuern sollte, ist ganz leicht an dem kleinen Kastell mit dem Leuchtturm, Agios Nikolaos, zu erkennen. Gut auszumachen sind auch eine Kuppel, ein Glockenturm, der Markt und drei Windmühlen auf der E-Mole von Mandraki. Zu beiden Seiten der Hafeneinfahrt wurden Säulen errichtet, auf denen die Bronzestatuen eines Hirschen und einer Hirschkuh stehen.
Nachts navigiert man nach den Feuern auf Ak Zonari (Fl.WR.4s6/4M, der rote Sektor deckt Yph. Kolona unter 286°-314° ab), Agios Nikolaos (Fl(2)12s11M), dem Feuer auf dem W-lichen Wellenbrecherkopf (Fl.R.2s4M), Limin Emporikos (Fl.R.2s4M) und der Befeuerung der Hafeneinfahrt von Mandraki (Q.RG.3M, F.R und F.G.2M). Vor dem Hintergrund der beleuchteten Stadt sind einige der Feuer nur schwer zu erkennen. Bei der Ansteuerung aus W ist das Feuer des Flughafens von Rhodos (Al.Fl.WG), etwa 15 Kilometer S-lich der Stadt, leicht auszumachen.
Gefahren:
1. Vom Kap Ak Zonari und von den Untiefen, die sich N-lich davon erstrecken, muß man sich gut freihalten. N-lich der äußeren Mole, die das Hafenbecken Mandraki schützt, erstreckt sich das Riff Yph. Kolona.
2. Bei heftigen Winden aus S ist Vorsicht geboten, da sich dann in der Einfahrt zum Hafen Mandraki eine grobe See aufbaut, auch wenn im Hafenbecken selbst davon nichts zu spüren ist.

Liegeplätze
Entweder läßt man sich einen Liegeplatz zuweisen, oder man macht dort, wo es einem passend erscheint, fest. Im Sommer ist der Hafen hoffnungslos überfüllt, und Yachten liegen zu zweit oder dritt im Päcken am Kai. Mandraki ist nun zwar als Marina ausgewiesen, an Versorgungseinrichtungen ist aber kaum etwas dazu gekommen.
Man kann nur hoffen, daß recht bald Moorings ausgelegt werden, damit vertörnte Anker und strapazierte Nerven der Vergangenheit angehören. Falls Platz ist, können Yachten auch am Schwimmsteg direkt hinter der Einfahrt an der W-Seite des Hafens festmachen.
Schutz: Der Hafen ist bei jedem Wetter gut geschützt, und zahlreiche Boote überwintern hier im Wasser.
Hinweis: Vertörnte Anker und Leinen sind in Mandraki an der Tagesordnung und wegen der zahlreichen Yachten ein normales Bild. Das Ankergeschirr kann sich aber auch in einer schweren Mooringkette, die schätzungsweise 30 m vom Kai entfernt am Grund liegt, leicht verhaken.
Behörden: Rhodos ist Port of Entry. In Mandraki befinden sich Zoll und Einwanderungsbehörde am Fuß der E-Mole, die Wasserschutzpolizei ist auf der W-Seite. Es werden Liegegebüren erhoben; Kategorie 2.

Versorgung
Service: Wasser und Strom gibt es am Kai und auf dem W-lichen Schwimmsteg. Duschen und Toiletten.
Treibstoff kann von einem Tankwagen geliefert werden.
Reparaturen: In Akandia können Yachten bis zu 40 t per Travellift aufgeslippt werden, die Zufahrt ist allerdings durch die Tiefen im Zufahrtskanal begrenzt. Dieser Zu-

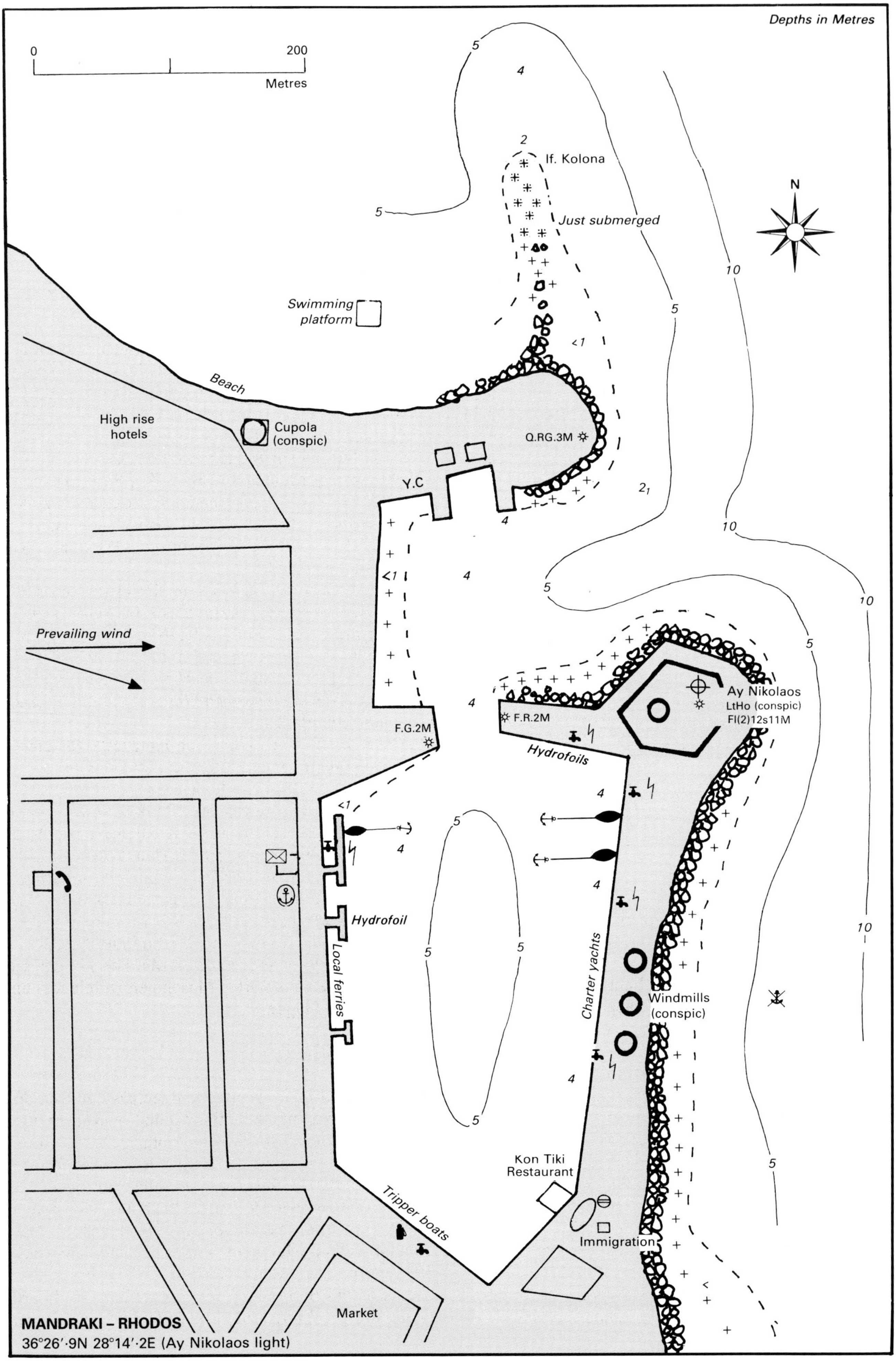
Depths in Metres
0
200
Metres
If. Kolona
Just submerged
N
Swimming platform
Beach
High rise hotels
Cupola (conspic)
Q.RG.3M
Y.C
Prevailing wind
F.G.2M
F.R.2M
Ay Nikolaos
LtHo (conspic)
Fl(2)12s11M
Hydrofoils
Hydrofoil
Local ferries
Charter yachts
Windmills (conspic)
Kon Tiki Restaurant
Immigration
Tripper boats
Market
MANDRAKI – RHODOS
36°26′·9N 28°14′·2E (Ay Nikolaos light)

Ansteuerung von Mandraki aus NE.

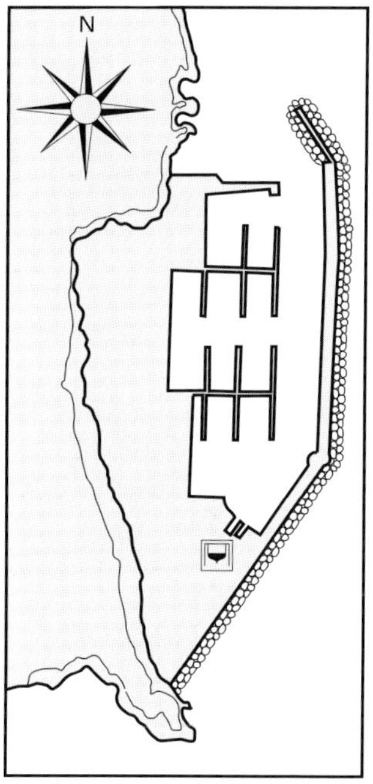

Marina Rhodos.

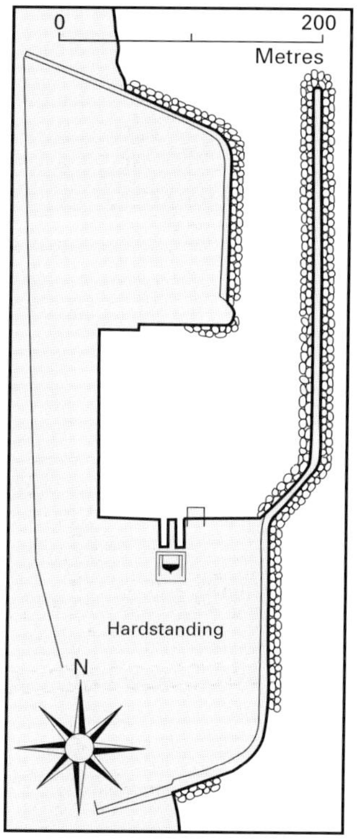

Bootswerft Rhodos.

fahrtskanal zum Werftbecken wird von Zeit zu Zeit auf 2 bis 2,5 m ausgebaggert, neigt aber zum Versanden und knappen 1,5 m Wassertiefe. Am besten erkundigt man sich zunächst bei der Werft und läßt sich die Fahrwassermarkierungen beschreiben. Um sich im Fahrwasser zu halten, müssen die Telegrafenmasten der Straße unmittelbar hinter dem Werfthafen müssen in Linie peilen.

Informationen: Rhodos Yard, Tel./Fax: 0241 – 22 717. Falls man sein Boot hier im Winterlager lassen möchte, ist eine rechtzeitige Reservierung angebracht.

Alle mechanischen Reparaturen können ausgeführt werden, die meisten Maschinen-Ersatzteile in wenigen Tagen aus Piräus besorgt werden. Holz- und GFK-Arbeiten, einfache Reparaturen an der Maschine inkl. des Schweißens von rostfreiem Stahl können erledigt werden. Elektrik-, Elektronik- und Segel-Reparaturen sind möglich. Wartung der Rettungsmittel. Es gibt gut sortierte Eisenwarenläden und Werkzeuggeschäfte, verschiedene Schiffsausrüster.

Yacht Agency Rhodes: Eine alteingesessene Firma auf der Insel bietet gut sortierten Yachtbedarf inklusive vieler importierter Teile und einer guten Auswahl an Seekarten und nautischen Büchern. Die Firma arbeitet außerdem als Broker und Vercharterer. Die Mitarbeiter verfügen über fundiertes Wissen und sind sehr hilfsbereit. Normalerweise sind die meisten Getriebeteile lieferbar. Post kann man sich hierher senden und aufbewahren lassen.

Yacht Agency Rhodos, P.O.Box 393, Byronos 1 und Kanada Street, GR-85100 Rhodos (an der Hafenzeile zwischen Bootswerft Nereus und dem Handelshafen), Tel. 0241-22 927, Fax 0241-23 393, UKW-Kanal 73, Ruf: Yacht Agency Rhodes.

Lebensmittel: In der Neustadt um den Hafen herum und im achteckigen weißen Marktgebäude findet man gute Versorgungsmöglichkeiten. In der Nähe des Marktes kann man Weißwein vom Faß kaufen. Im Industriegebiet hinter der Werft gibt es bei einer Flaschenabfüllanlage Weiß- und Rotwein, Brandy, Ouzo und Gin vom Faß. Stangeneis ist ebenfalls erhältlich.

Restaurants: Selbstverständlich bietet Rhodos eine Vielzahl von Tavernen; Le Bistro, Araliki und Cleo's – alle in der Altstad – sind zu empfehlen.

Sonstiges: Post, Telefonamt, Banken, Gas, Camping-GAZ, ein Türkisches Bad in der Altstadt, Auto-, Motorrad- und Fahrrad-Vermietung. Zu den Haupttorten der Insel verkehren Busse, und es werden organisierte Ausflüge nach Lindos, ins Tal der Schmetterlinge, Kamiros etc. angeboten. Täglich verkehren Fähren über Kreta oder die Nördlichen Kykladen nach Piräus. Im Sommer bestehen auch tägliche Fährverbindungen nach Marmaris in der Türkei. Vom Flughafen aus starten Maschinen zu Inlands- und internationalen Flügen.

Marina Rhodou

Nicht weit vom Fuß des Wellenbrechers entfernt, der das Hafenbecken Limin Akantias schützt, wird derzeit an einer neuen Marina gebaut. Im Moment ist man mit dem neuen Wellenbrecher beschäftigt. Der Termin für die Fertigstellung des Yachthafens ist, selbst bei denen, die es wissen müßten, natürlich nicht bekannt. Aber man strebt »etwas um 2000« herum an. Der Plan zeigt, wie die Marina einmal aussehen soll, vermutlich wird sich das aber im Verlauf des Baus noch ändern.

Geplant sind mindestens 300 Liegeplätze, jede erdenkliche Service-Einrichtung wie Wasser- und Stromanschlüsse, Sanitärblöcke mit Duschen und Toiletten, Bunkerkai und verschiedener Yachtservice.

Rhodes Yard

Ein von der Marina unabhängiges, weiteres Projekt für eine große Werft mit dazugehörigem Hafenbecken. Travellifte mit 550 t und 200 t Tragkraft. Sliprampe. 100.000 qm Landstellplätze. Dieses staatliche Bauvorhaben soll nach Fertigstellung privat bewirtschaftet werden. Bereits in naher Zukunft sollen die Bauarbeiten abgeschlossen sein.

Hinweis
Bei starkem Meltemi ist bei der Überfahrt von Rhodos nach Lindos mit schweren Fallböen von den nahen Bergen zu rechnen. Für die Passage von Lindos nach Rhodos macht man sich am besten sehr frühzeitig am Morgen auf den Weg, da zu dieser Zeit der Meltemi oft etwas abflaut. Bei ruhigem Wetter kann man in den verschiedenen Buchten zwischen der Stadt Rhodos und Lindos ankern.

Lindos

36°05,7'N 028°05,4'E / Karten: BA 1532, D 1085 Plan K, D 678

Allgemeines
Ganz früh am Morgen oder am späten Abend ist Lindos einmalig schön: mit seinen verwinkelten Gassen zwischen mittelalterlichen Häusern und der »Spielzeug«-Burg, die oberhalb der Bucht auf dem Felskamm thront.
Während der Tagesglut transportieren Busse und Fähren Hunderte von Touristen aus Rhodos heran. Die schmalen Straßen sind dann dicht gedrängt von Urlaubern, und der Strand erinnert an die Strände bei Cannes oder Nizza.
Lindos, das über einen hervorragenden Naturhafen verfügt, war einst die Hauptstadt der Insel, bevor 408 v. Chr. die Stadt Rhodos gegründet wurde. Inmitten der Kreuzritterburg erhebt sich die antike Akropolis, von der man einen wunderschönen Rundblick über Land und See hat.

Lindos aus SW (Foto: Nigel Patten).

Wenn man vor 10.00 Uhr oder nach 16.00 Uhr heraufkommt, sind hier nur wenige Besucher anzutreffen.
Die Hinterlassenschaften eines sehr wohlhabenden Mittelalters sind in Form schöner alter Häuser mit schwarz-weißen Mosaiken, Innenhöfen und Treppenhäusern zu bewundern.

Ansteuerung
Burg und Stadt bilden gute Landmarken bei der Ansteuerung. Nachts gibt es keine Feuer, die einen leiten. In einer klaren Nacht ist es aber durchaus möglich, sich vorsichtig nach Lindos hineinzutasten.

Liegeplätze
In der Bucht von Lindos kann man ankern, wo es einem beliebt. Der Sandgrund ist mit einigen Felsen durchsetzt und hält gut. Der Naturhafen ist nur nach E hin offen, aber bei S-lichen Winden steht Schwell hinein. Bei Meltemi muß mit schweren Fallböen von den umliegenden Höhen gerechnet werden. Man sollte sich daher versichern, daß der Anker auch tatsächlich gefaßt hat, bevor man von Bord geht.

Versorgung
Wasser gibt es nur in begrenztem Umfang von privat.
Lebensmittel: In der Ortschaft sind die meisten Lebensmittel erhältlich.
Restaurants: Es gibt zahlreiche hervorragende Tavernen – einige sind allerdings nicht ganz preiswert.
Sonstiges: Post, Telefonamt, Banken, Auto-, Motorrad- und Fahrrad-Vermietung. Nach Rhodos besteht eine Busverbindung.

Agios Apostoli

Diese Bucht befindet sich unmittelbar S-lich von Ormos Lindou. Weil der Schwojraum sehr begrenzt ist, sollte man zum Ankern eine lange Leine zum Land hin ausbringen.
Die fast ganz von Land umschlossene Bucht macht den Eindruck, als würde sie guten Schutz bieten, wenn allerdings Schwell hineinsteht, wird der Ankerplatz recht ungemütlich.

Ormos Lardos

Unterhalb des felsigen Kaps Ak Foka, S-lich von Lindos, öffnet sich die weite Bucht von Lardos. Bei ruhigem Wetter ankert man vor dem kleinen Dorf im E der Bucht. An Land gibt es eine gastliche Taverne.
Die Fallböen, die hier von den Höhen herabwehen, sind oft weniger beunruhigend als in Lindos.

Ak Istros

6 Seemeilen NE-lich von Ak Prassonisi, dem S-lichsten Punkt der Insel Rhodos, findet man vor einem kleinen Dorf an der SW-Seite des Kaps einen Ankerplatz.

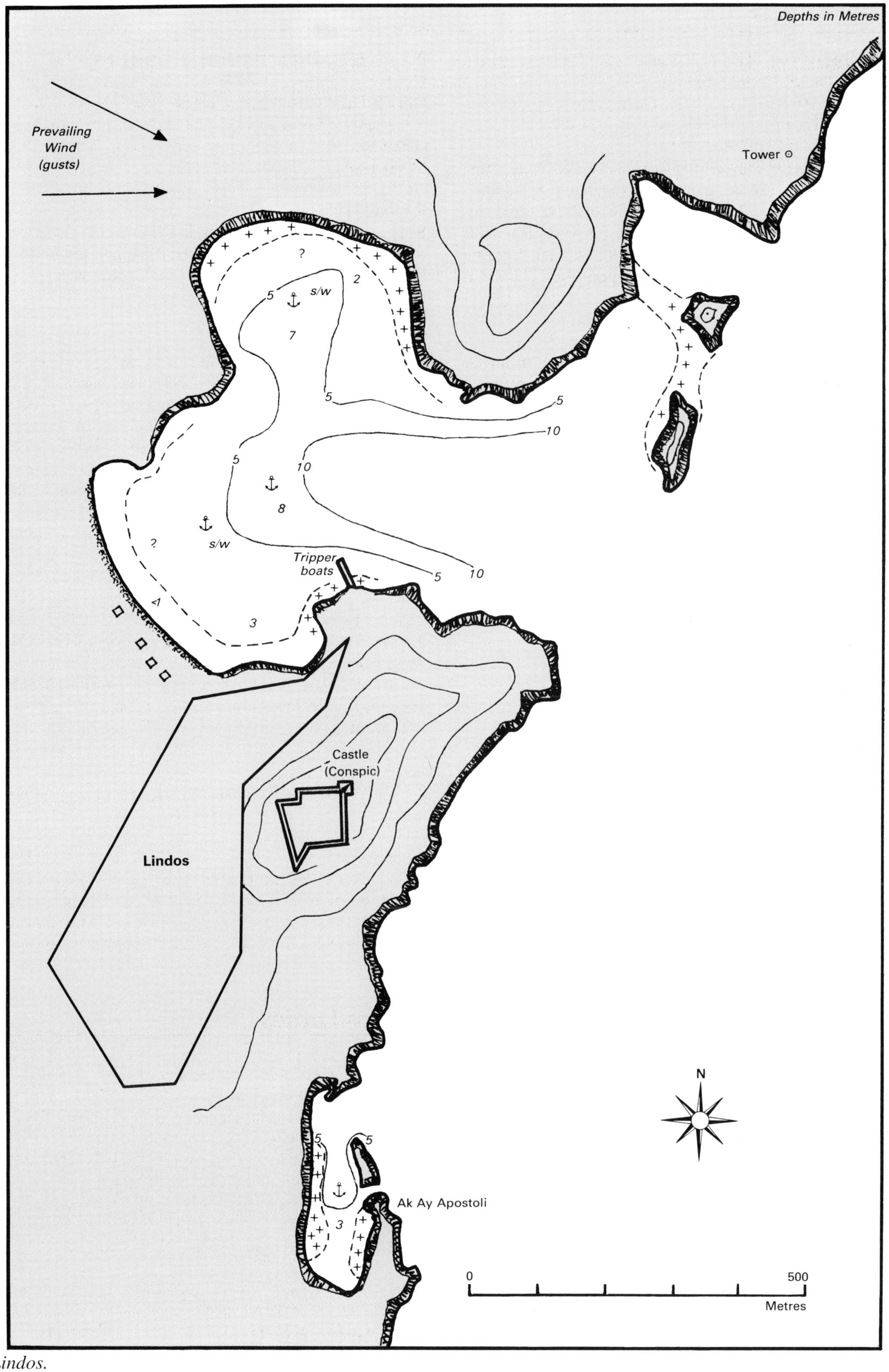

Depths in Metres
Prevailing
Wind
(gusts)
Tower
?
2
5
s/w
7
5
5
10
5
10
8
?
s/w
Tripper
boats
5
10
3
Castle
(Conspic)
Lindos
N
5
5
3
Ak Ay Apostoli
0
500
Metres

Lindos.

Ak Vigli

1 Seemeile SW-lich von Ak Istros reckt sich dieses Kap ins Meer, das recht einfach an einem Turm, der auf der Spitze des Kaps steht, zu erkennen ist.
Unter der N-Seite der Landzunge gibt es auf 3 bis 6 m Wassertiefe einen Ankerplatz, der etwas Schutz vor Meltemi bietet.

Ak Prassonisi

Was von weitem wie ein separates Eiland wirkt, ist in Wirklichkeit durch eine flache Landzunge mit der S-Huk von Rhodos verbunden. Das Kap mit dem Leuchtturm darauf bildet schon aus einiger Entfernung eine gute Landmarke. An der N-Seite der Landzunge gibt es auf 2 bis 4 m Wassertiefe einen Ankerplatz, der vor Winden aus S gut geschützt ist. Schutz vor dem Meltemi findet man an der S-Seite des Kaps in einer kleinen Einbuchtung auf 2 bis 4 m Tiefe. An beiden Ankerplätzen besteht der Grund aus Sand, der gut hält.

Hinweis
Bei der Fahrt entlang der E-Küste von Rhodos sind die flachen Felsen Vr. China, die 4 Seemeilen SE-lich vor Ak Vigli liegen, nur schwer auszumachen.

Ormos Langonia

An der W-Küste von Rhodos 1 Seemeile E-lich von Ak Kopria befindet sich die Bucht Langonia, die nur begrenzten Schutz vor Winden aus W und etwas Schutz vor S-Winden bietet. Bei Skala Kameiros gibt es einen Kai, an dem die Caïquen-Fähre aus Chalki anlegt. An Land gibt es Wasser und Treibstoff.

Ormos Trianta

Diese ungeschützte Bucht liegt an der NE-Spitze von Rhodos. Hier findet man nur etwas Schutz gegen Winde aus S und SE, bei Meltemi kann man hier nicht liegen. Vor dem Strand, der von großen Hotels gesäumt wird, ankert man auf 4 bis 8 m Tiefe. Der Grund besteht aus Sand und hält gut.

Phanes

An der NE-Küste von Rhodos soll ein neuer Hafen entstanden sein. Zwei Wellnbrecher schützen ein Hafenbecken von etwa 150 mal 150 m. Die W-Ecke ist des Hafen ist untief. An Land gibt es Wasser und Toiletten.

Die Inseln Chalki und Alimia

Die Geschicke dieser beiden Inseln, die vor der W-Küste von Rhodos liegen, waren von jeher von der großen Nachbarinsel abhängig. Die kleine schwindende Gemeinde von Chalki lebt fast geschlossen um den Hafen herum; Alimia ist unbewohnt.

Nisis Chalki / Hafen Chalki

WP 36°13,2'N 027°38'E (Fl.WR.6s8/6M)

Allgemeines
Die Häuser, die um die Bucht herum stehen, wirken recht einladend, auch wenn viele davon nur noch Ruinen sind. In mancher Hinsicht erinnert die Ortschaft an die Stadt Symi, auch wenn sie kleiner und karger ist. Ebenso wie das Kastell auf Alimia war auch die Festung auf dem jähen steilen Felsen, der sich kegelförmig hinter der Ortschaft erhebt (670 m) ein Wachposten für Rhodos. Innerhalb der Festungsmauern steht die kleine Kirche Agios Nikolaos.

Ansteuerung
Auffällig: Auf einem Bergrücken oberhalb des Ortes stehen drei Windmühlen, die schon aus einiger Entfernung gut auszumachen sind. Der Hafen selbst wird erst sichtbar, wenn man in die Bucht einläuft.
Nachts: Eine Ansteuerung bei Nacht ist nicht zu empfehlen, da unzählige unbezeichnete Felsen und Riffe in den Ansteuerungen lauern. Auf der kleinen Insel Nisaki steht ein Leuchtfeuer Fl.WR.6s8/6M (232°-R-244° und 280°-R-297°), und die N-Huk der Einfahrt ist mit Fl3s6M befeuert.
Gefahren: Vor den zahlreichen Über- und Unterwasserklippen, die in den Einsteuerungen sowie in der Passage zwischen Chalki und Alimia liegen, ist bei der Navigation besondere Vorsicht geboten. Obwohl die Klippe Xera etwas über die Wasseroberfläche hinausragt, ist sie nur schwer auszumachen. Auch das Riff unmittelbar W-lich von Nisaki wird nur eben überspült und ist schwer zu erkennen. Zwar sind auf vergleichsweise kleinmaßstäbigen Seekarten die meisten Klippen und Inselchen zu erkennen – trotzdem ist Vorsicht geboten.

Liegeplätze
Man kann am Fähranleger festmachen oder davor ankern. Hat man sich für einen Liegeplatz am Fähranleger entschieden (und die Fähre wird gerade erwartet), wird man etwa 30 Minuten vor Ankunft der Fähre von der Wasserschutzpolizei gebeten, sich zu verholen, bis die Fähre wie-

Blick auf den Hafen von Chalki aus WSW.

der ausgelaufen ist. Der Grund besteht aus Sand und Felsen, und der Halt ist an manchen Stellen unsicher.
Schutz: Auch wenn Fallböen in die Bucht stehen, ist der Schutz vor Meltemi gut. Bei Starkwinden aus S steht erheblicher Schwell in den Hafen.
Behörden: Wasserschutzpolizei.

Versorgung
Wasser kann man vor Ort nur in begrenzten Mengen bekommen.
Lebensmittel: Die meisten Lebensmittel sind erhältlich, obwohl die Versorgung der Insel von der Fähre abhängig ist.
Restaurants: Es gibt verschiedene gastfreundliche Tavernen, die gelegentlich frischen Fisch anbieten.
Sonstiges: Post und Telefonamt. Eine Fähre verkehrt nach Skala Kameiros/Rhodos.

Ormos Potamos

An der S-Seite von Chalkis unmittelbar W-lich des Hafens befindet sich diese Bucht, die guten Schutz vor dem Meltemi bietet. Im Scheitel der Bucht kann man ankern, wo es einem zweckmäßig erscheint. Der Sandgrund, der mit einigen Felsen durchsetzt ist, hält recht ordentlich.

Nisis Alimia / Ormos Alimia

36°16'N 027°44'E

Allgemeines
Die Insel ist unbewohnt, auch wenn ein paar Fischer von Chalki Häuser auf Alimia haben. Zur Festung, die oberhalb der E-lichen Einbuchtung auf einem Bergrücken steht, ist es ein langer heißer und steiler Anstieg. Von oben hat man dann allerdings einen phantastischen Blick hinüber nach Chalki und Rhodos. An der S-lichen Bucht stehen ein paar verlassene Gebäude aus dem Zweiten Weltkrieg.

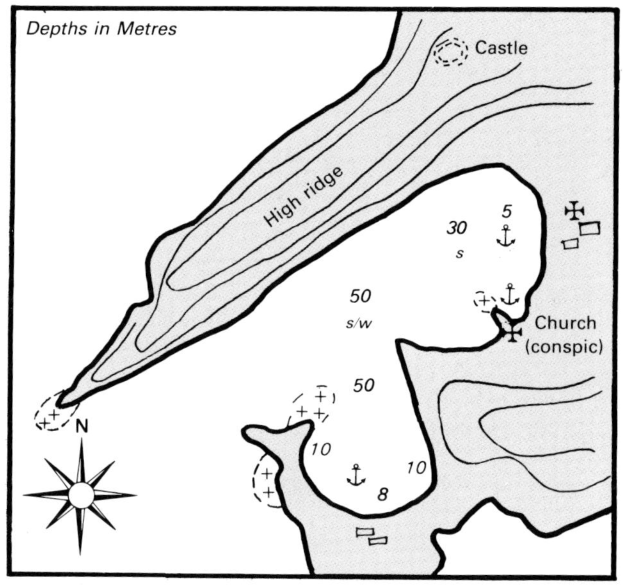

Ormos Alimia.

Ansteuerung
Steuert man die weite Bucht im S der Insel aus N oder S an, bilden die Ruinen der mittelalterlichen Festung oberhalb der Bucht eine gute Landmarke. Markante Punkte bilden auch einige weiße Häuser und eine Kirche, die sicht-

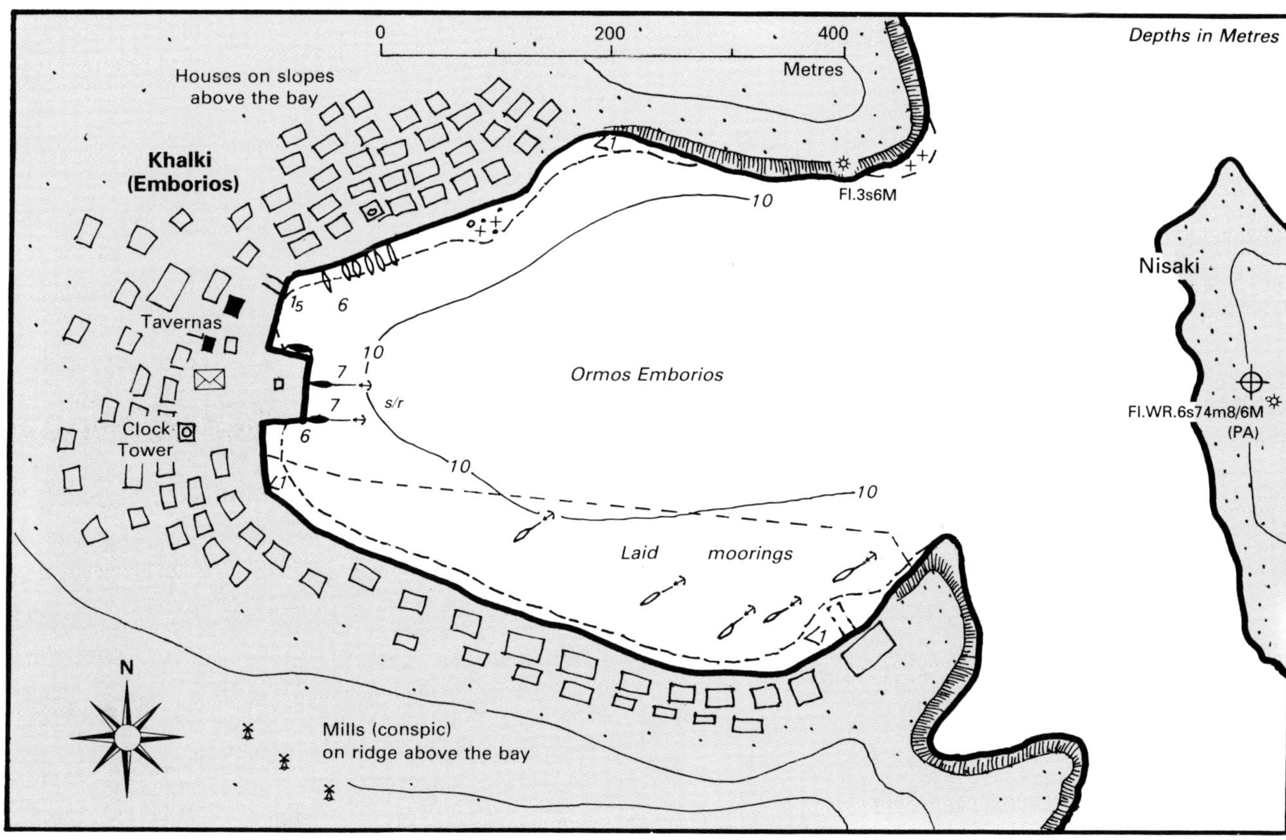

Ormos Emborio (Hafen Chalki).

Ormos Alimia aus NE.

bar werden, wenn man die Einfahrt der Bucht erreicht hat.
Nachts: Eine Ansteuerung bei Nacht ist nicht zu empfehlen, da es keinerlei Befeuerungen gibt und zahlreiche Klippen und Riffe das Anlaufen gefährlich machen.
Gefahren: In den Ansteuerungen sowie in der Passage zwischen Chalki und Alimia ist bei der Navigation besondere Vorsicht geboten, da hier unzählige Über- und Unterwasserfelsen die Schiffahrt gefährden. (Siehe Hinweis unter »Chalki«).

Liegeplätze
Man kann in beiden Einbuchtungen ankern. Die S-liche Bucht ist verglichen mit der N-Bucht, recht tief. Der Sandgrund ist mit Seegras bewachsen und hält gut.
Schutz: Auch wenn mit Fallböen gerechnet werden muß, ist man in der S-Bucht gut vor Meltemi geschützt. Bei starkem Meltemi kann in die N-Bucht Schwell hineinstehen, wenn man sich allerdings ganz tief hinter die Landzunge, auf der eine Kirche steht, verholt, findet man etwas Schutz.

Versorgung
Keinerlei Versorgungsmöglichkeiten vorhanden.

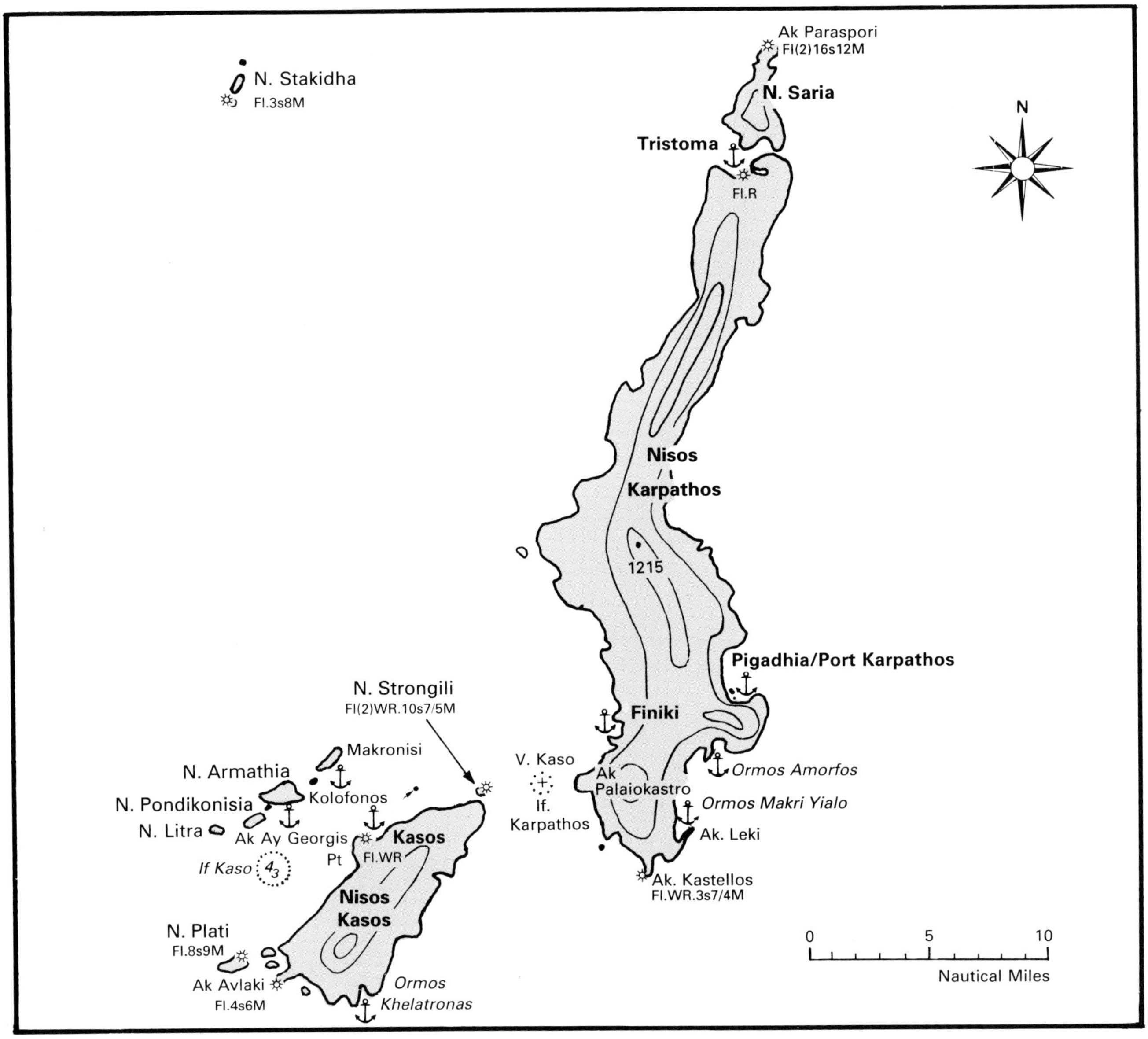

Die Inseln Karpathos und Kasos.

Die Inseln Karpathos und Kasos

Die beiden meerumtosten Inseln sind die S-lichsten des Dodekanes. Ihre Lage in einem rauhen Seegebiet zwischen Kreta und Rhodos scheint dafür verantwortlich zu sein, daß diese beiden Inseln vom Weltgeschehen »vergessen« wurden. Auch heute kommen nur sehr wenige Touristen hierher, und der überwiegende Teil der Insulaner selbst soll in Athen leben.
Die Form der Insel Kasos, die zu allen Seiten hin steil abfällt, ist oval. Vegetation ist kaum zu sehen, und selbst um den Hauptort Phry herum findet man nur wenig Grün. Kasos, das 1824 von den Ägyptern verwüstet wurde, macht den Eindruck, als hätte es sich von diesem Desaster nie wieder richtig erholt.
Auch Karpathos, das auch unter seinem mittelalterlichen Namen »Scarpanto« bekannt ist, ist ebenfalls steil und gebirgig, im Vergleich mit Kasos jedoch grün und fruchtbar. Der höchste Gipfel des Gebirgszuges, der von NE nach SW verläuft, ist der Kalolimni (Lastra); im Zentrum der Insel erhebt er sich auf 1200 m Höhe. Mit Ausnahme der Täler ist die W-Küste weitgehend kahl, die E-Küste dagegen mit Pinien bewachsen. Fruchtbare Täler und Ebenen findet man an der S-Küste; hier wachsen Oliven-, Zitronen- und Obstbäume. Die meisten Inselbewohner leben im S, wo es eine ganze Reihe reizvoller kleiner Ortschaften gibt. Wenn das Wetter es gestattet, kann man seine Yacht in Pigadia zurücklassen, und auf Erkundungstour gehen.

Der Hafen Karpathos (Pigadia)

WP 35°30,7'N 027°12,9'E (Q.R.1M) / Karten: BA 1532

Allgemeines
Die kleine Stadt Pigadia wird von grünen Gärten und Bäumen gesäumt und wirkt so hübsch und freundlich, daß sie ihren ungemütlichen Hafen mehr als wettmacht. In den letzten Jahren hat sich ein bescheidener Fremdenverkehr entwickelt. Für Landgänge ist Pigadia der beste Ausgangspunkt.

Ansteuerung
Auffällig: Die Stadt, die Mole sowie die kleinen Inseln, die unmittelbar S-lich des Hafens liegen, bilden gute Ansteuerungsmarken.
Nachts richtet man sich nach dem Feuer auf den Inseln Despotiko, die in der Bucht Ormos Pigadia liegen (Fl.5s6M) und der Befeuerung des Wellenbrecherkopfes (Q.R.1M). Unmittelbar W-lich der Stadt zeigt ein Fernsehturm ein rotes, festes Warnfeuer.
Gefahren: In den Einsteuerungen muß bei Meltemi mit schweren Fallböen gerechnet werden.

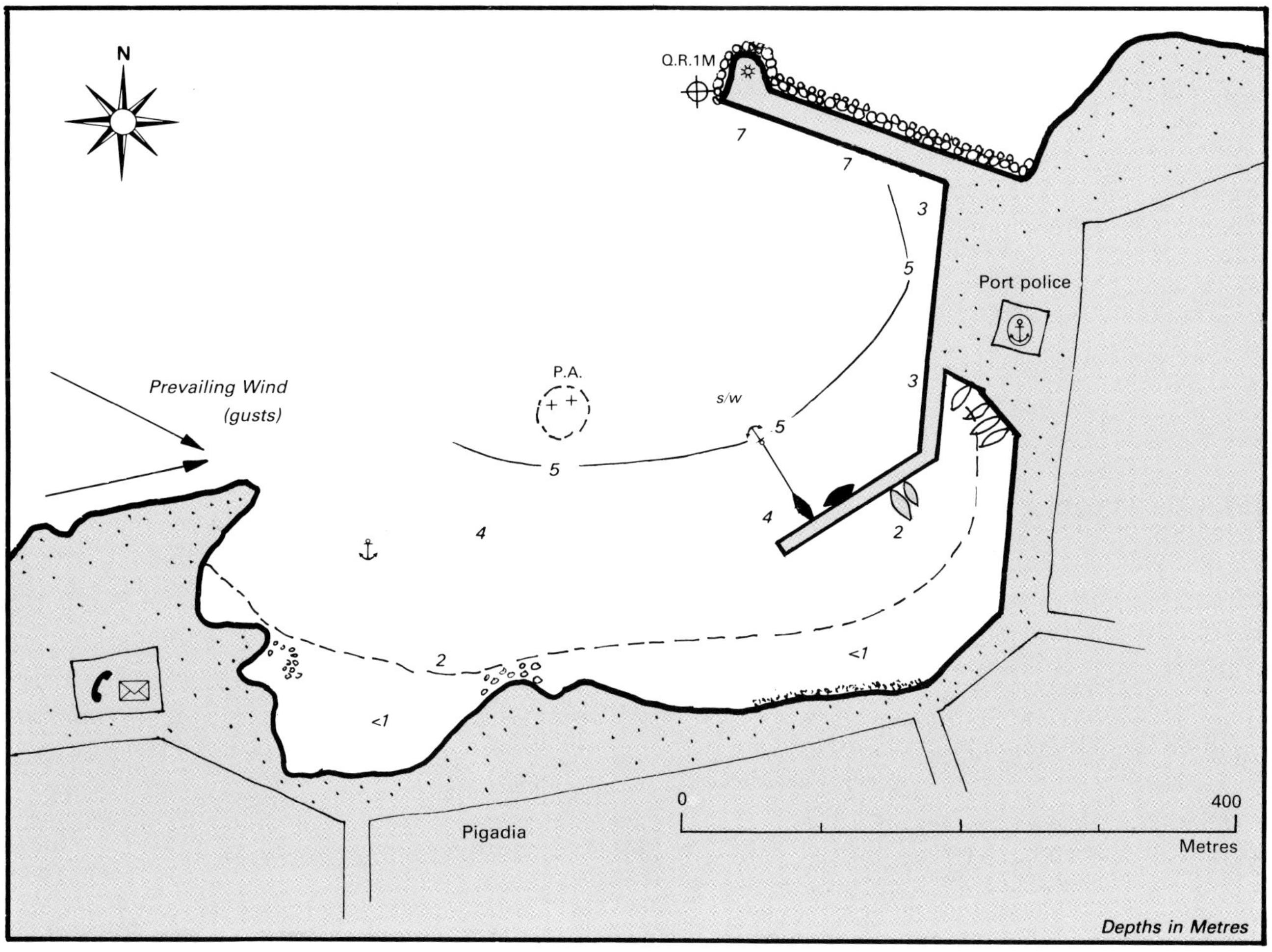

Der Hafen Karpathos.

Der Hafen Karpathos aus NE (Foto: Nigel Patten).

Liegeplätze

Man kann an der neuen Mole im SW des Hafens festmachen. Kleine Yachten können versuchen, sich hinter den Wellenbrecher zu drängeln, auch wenn hier die meisten Liegeplätze mit einheimischen Booten belegt sind. Wegen der unsicheren Tiefen sollte man sich der Mole nur ganz vorsichtig nähern. Am besten ist es, wenn man den möglichen Liegeplätze zunächst einmal erkundet.
Schutz: Bei Meltemi stehen heftige Fallböen in den Hafen, die das Liegen recht ungemütlich machen können. Nach NE hin ist der Hafen offen und bei starken S-lichen Winden steht Dünung hinein.
Behörden: Wasserschutzpolizei und Zoll.

Versorgung

Wasser bekommt man aus örtlichen Quellen.
Treibstoff ist in der Stadt erhältlich, kann aber von einem Tankwagen an den Kai geliefert werden.
Lebensmittel: Gute Versorgungsmöglichkeiten in der Ortschaft.
Restaurants: Nette Tavernen im Ort.
Sonstiges: Post, Telefonamt, Bank, Gas und Motorradvermietung. Fähren verkehren nach Rhodos und Piräus.

Ormos Amorphos

Die weite Bucht, die nach S und SE hin offen ist, befindet sich unterhalb des Kaps Ak Volokas. Man ankert im N der Bucht; der Sandgrund ist mit ein paar Felsen durchsetzt und hält den Anker gut. Die Bucht soll Fallböen nicht ganz so stark ausgesetzt sein wie die S-licher gelegene Bucht Makrys Gialos.

Ormos Makrys Gialos

In der Nähe der S-Spitze, eben N-lich des Kaps Ak Leki, befindet sich diese einsame Bucht, die nach E hin offen ist. Man ankert im Scheitel der Bucht auf 4 bis 8 m über Sandgrund, der den Anker gut hält. Auch wenn mit schweren Fallböen gerechnet werden muß, bietet die Bucht guten Schutz vor Meltemi.

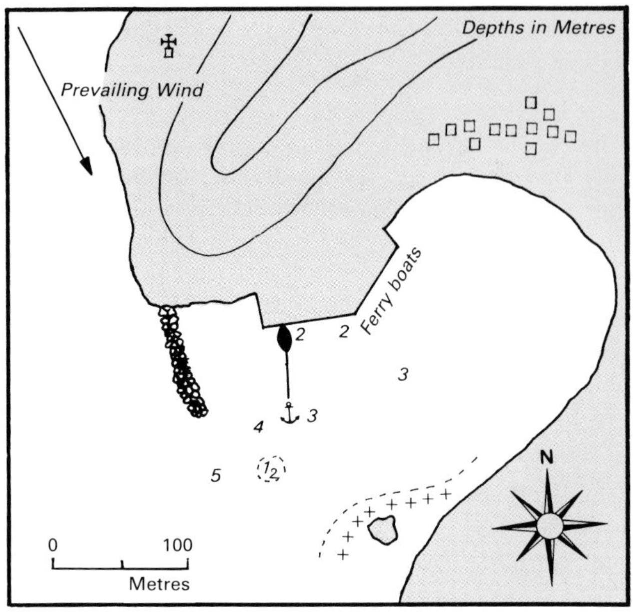

Foinikion.

Foinikion

35°29,5'N 027°08,5'E

Ansteuerung

Unmittelbar N-lich des Kaps Ak Palaiokastron gibt es eine Bucht, an deren N-Seite sich ein kleiner Hafen befindet. Beim Näherkommen werden die Häuser, die um die Bucht herumstehen, sichtbar. Der Kopf des Wellenbrecher ist mit Fl.R.3s3M befeuert.
Gefahren: Etwa 60 m SE-lich des Wellenbrecherkopfes erstreckt sich ein Riff, von dem man sich gut freihalten sollte. Man steuert dicht unter dem Kopf des groben Wellenbrechers in die Bucht ein.

Liegeplätze

Am Kai macht man mit Bug oder Heck fest. Die Wassertiefen betragen dort zwischen 2 und 2,5 m; die N- und E-Seite der Bucht sind untief.
Schutz: Der Hafen ist nach S hin offen, aber vor dem Meltemi ist man ganz annehmbar geschützt. Bei Winden aus S kommen gefährliche Fallböen, und es steht Schwell in den Hafen.

Versorgung

Außer einer Taverne mit Café gibt es in dem kleinen Fischerdorf keine weiteren Versorgungsmöglichkeiten.

Tristoma

WP 35°49,3'N 027°12,3'E (Leuchtturm Notia) / Karten: D 1091 Plan L

Diese fjordähnliche tiefe Bucht im NW von Karpathos scheint den bestgeschützten Ankerplatz der Insel zu bieten. Tatsächlich baut sich bei starkem Meltemi in der Einfahrt eine grobe See auf, und von den Bergen kommen grimmige Fallböen. Auch bei Starkwinden aus S muß in

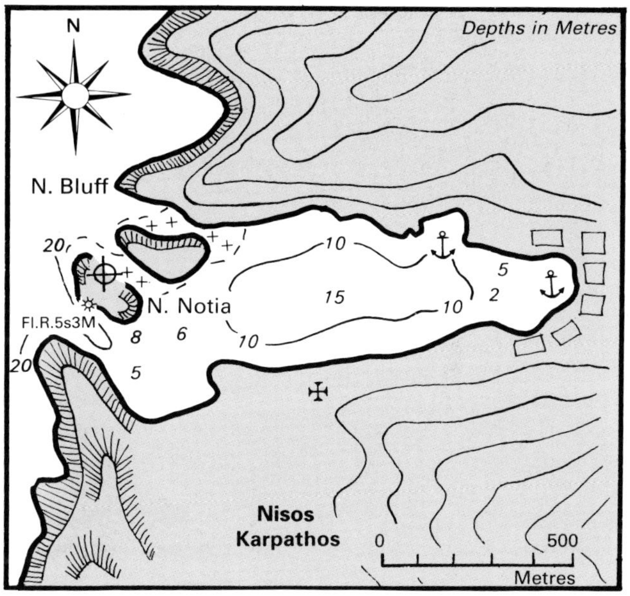

Tristoma.

der Bucht mit schweren Fallböen gerechnet werden. Die Zufahrt zur Bucht befindet sich in der S-lichsten Durchfahrt. Im Scheitel der Bucht oder in der Einbuchtung an der NE-Seite kann man ankern.

Nisis Saros

Nur durch eine schmale Passage getrennt, liegt die kleine Insel Saros unmittelbar N-lich von Karpathos. Die Durchfahrt zwischen den beiden Inseln bietet Wassertiefen von 3 bis 4 m, und bei ruhigem Wetter stellt eine Durchfahrt keine Schwierigkeit dar. Bei Starkwinden muß mit Fallböen gerechnet werden, die – je nachdem, aus welcher Richtung der Wind weht – aus der Passage herausstehen.

Yphalos Karpatho

In der Durchfahrt zwischen Kasos und Karpathos erstreckt sich nahe der SW-Spitze von Karpathos ein Riff, über dem nur knapp 2 m Wasser stehen und das nur schwer auszumachen ist, wenn Schwell in der Passage steht. Für Yachten, die die W-Küste von Karpathos entlangfahren, um die Passage zwischen den Inseln zu benutzen, stellt das Riff allerdings keine Gefahr dar.

Warnung
Während der Meltemi-Saison muß an der S- und E-Küste von Kasos und Karpathos mit schweren Fallböen gerechnet werden. Im Seegebiet zwischen Kasos und Kreta, insbesondere in der Durchfahrt Stenon Karpathou vor der S-Spitze von Rhodos, baut sich dann eine grobe schwere See auf. In letztgenanntem Seegebiet steigt der Meeresboden abrupt von 600 bis 700 m Tiefe auf 100 bis 200 m an, was üble Kreuzseen erzeugt.

Ormos Phry

Vor dem kleinen Hafen von Phry sind die Bauarbeiten für einen neuen Hafen in Gang. Der äußere Wellenbrecher und der E-Wellenbrecher sowie die Kaibereiche sind bereits fertig. Der Termin für die Fertigstellung des Hafen steht noch nicht fest, und man kann auch noch keine Aussage darüber machen, welchen Schutz dieser Hafen für Yachten bieten wird. Wegen der Bautätigkeit ist in der Umgebung von Phry jedoch Vorsicht bei der Navigation angebracht.

Emporio (Limin Kasou)

WP 35°25,3'N 026°57,4'E (Fl.G.1,5s3M)

Allgemeines
Der Ort Phry, der unmittelbar W-lich des Hafens liegt, ist eine schmuddelige Stadt, die irgendwie heruntergekom-

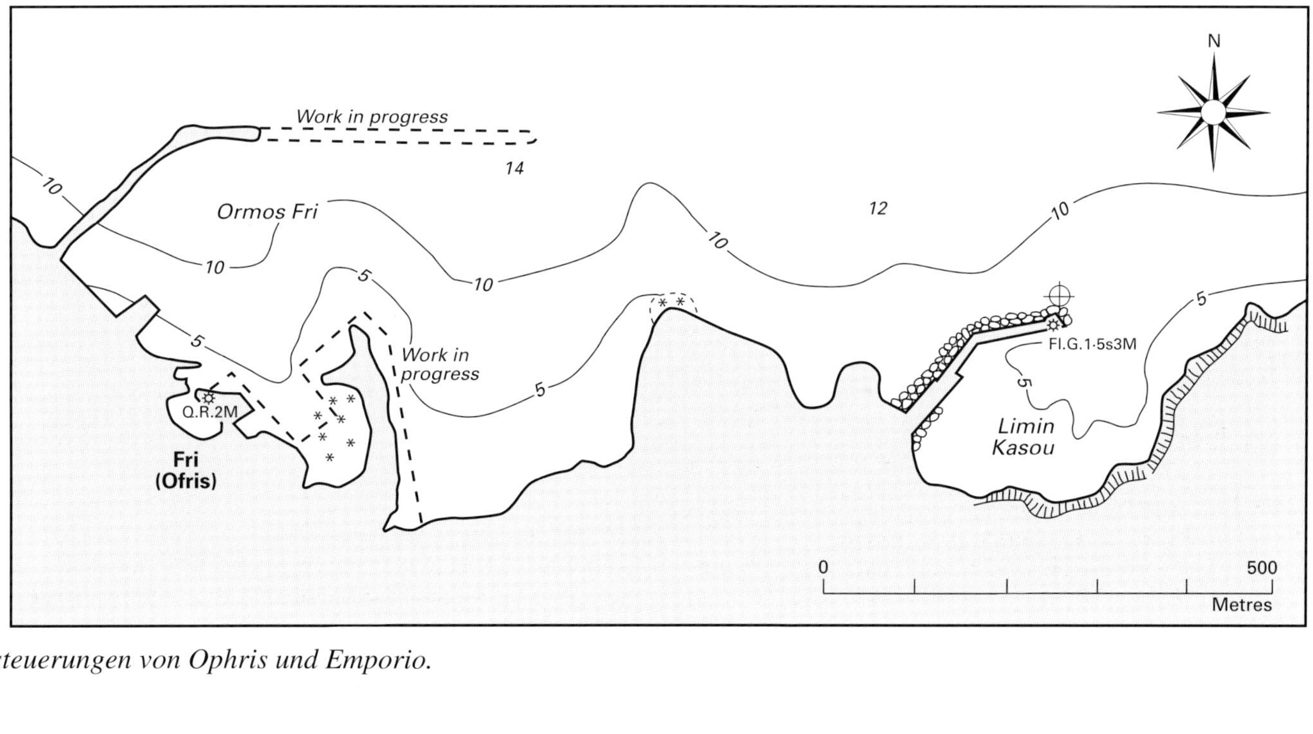

Ansteuerungen von Ophris und Emporio.

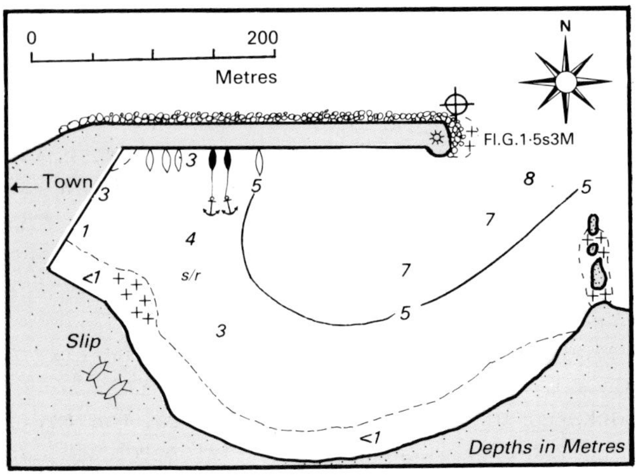

Emporio.

Der Miniaturhafen Ophris (Foto: Nigel Patten).

men wirkt. In mancher Hinsicht erinnert sie an Ortschaften in Nordafrika. Ein wirklich angenehmes Plätzchen ist der kleine Caïquen-Hafen, der von Häusern umstanden wird. Und die freundlichen Einheimischen machen den negativen ersten Eindruck vollständig wett.

Ansteuerung
Auffällig: Bei der Ansteuerung aus W bilden die Stadt Phry W-lich des Hafens und eine Kirche mit pinkfarbenen Dach und Palmen davor gute Landmarken. Bei der Einsteuerung aus E ist eine weiße Kirche auffällig, die auf der Landzunge E-lich des Hafens und der Mole steht.
Nachts ist der Kopf der Mole mit (Fl.G.1,5s3M) befeuert. Auf dem Kap Ak A. Georgios steht ein Leuchtfeuer mit der Kennung (Fl.WR.2,4s5/3M, der rote Sektor deckt 083°-175° sowie 241°-251° ab).
Bei der Navigation ist darauf zu achten, daß man nicht auf das Feuer (Q.R.2M) zuhält, das den Caïquen-Hafen vor der Ortschaft Phry bezeichnet. Der Hafen wird nämlich von Untiefen und Riffen gesäumt.
Gefahren: Bei Meltemi treten schwere Fallböen auf, und in den Ansteuerungen bildet sich eine grobe See.

Blick vom Wellenbrecher auf den kleinen Hafen Emporio aus NE (Foto: Nigel Patten).

Liegeplätze
An der Mole macht man mit Bug oder Heck fest. Der Grund besteht aus Sand und Fels.
Schutz: In Emporio findet man ganz vernünftigen Schutz vor Meltemi, auch wenn bei länger anhaltendem Meltemi Dünung in den Hafen steht, der nach NE hin offen ist. Bei Starkwinden aus S muß mit schweren Fallböen von den umliegenden Bergen gerechnet werden. Die einheimischen Fischer verholen sich bei S-lichen Winden an andere Plätze oder ankern vor der S-Seite des Hafens und bringen eine Warpleine zum Land hin aus.
Behörden: Wasserschutzpolizei und Zoll.

Versorgung
Wasser bekommt man aus einem Wasserhahn am Strand.
Treibstoff gibt es in begrenzten Mengen in Phry.
Lebensmittel: Die meisten Dinge sind im Ort erhältlich.
Restaurants: Im Ort gibt es mehrere Tavernen.
Sonstiges: Post, Telefonamt, Bank und Gas. Fähren verkehren nach Piräus und Rhodos.

Die Inselgruppe Kasonisia

Eine Reihe kleiner Einbuchtungen an den S-Küsten dieser Inseln bietet Schutz vor dem Meltemi. Schwammtaucher, die in diesem Gebiet arbeiten, ankern mit ihren Booten oft vor den flachen Inseln Makronisi oder Armathia, den größten des Archipels. Hier findet man etwas Schutz vor Winden aus N. Der Grund besteht aus Sand und hält den Anker gut.

Yphalos tis Kasou

In der Passage zwischen Kasos und Kasonisia erstreckt sich dieses Riff, das für die Sportschiffahrt aber eigentlich keine Gefahr darstellt, da etwa 4,5 m Wasser darüberstehen. Eine Durchfahrt zwischen Ak A. Georgios und Nisis Kolofonos ist gefahrlos.

Ormos Chelatros

Diese einsame Bucht befindet sich am S-lichen Ende von Kasos und bietet guten Schutz vor Meltemi. Im Scheitel der Bucht ankert man auf 4 bis 8 m über reinem Sandgrund, der den Anker gut hält. Das Wasser ist so klar, daß man zum Grund hinabsehen kann. Bei Meltemi muß mit Fallböen von den umliegenden Bergen gerechnet werden, und es steht Schwell in die Bucht, der die Yacht rollen läßt. Der Ankerplatz ist aber sicher genug. Die Umgebung ist sehr idyllisch, wirkt aber etwas gespenstisch.

Die Insel Astypalaia

Auch diese Insel gehört zu dem Teil des Dodekanes, der, von der Geschichte vergessen, in einem Dörnröschenschlaf vor sich hin dämmert.
Die Insel Astypalaia, im Mittelalter unter dem Namen »Stampalaia« bekannt, liegt 35 Seemeilen W-lich von Nisyros. Sie besteht aus zwei Gebirgszügen, die durch einen langen schmalen Isthmus verbunden sind. Bei der Ansteuerung von N oder S hat es den Anschein, als würde Astypalaia aus zwei getrennten Inseln bestehen. Die Küste ist sehr stark gegliedert und bietet eine Reihe sicherer Ankerplätze.
Früher war die Insel natürlich ein beliebter Unterschlupf für Piraten, bis zunächst die Römer und sehr viel später die Engländer die Piraterie im Mittelmeer bekämpften. Im Altertum war Astypalaia ebenso berühmt für seine Fischgerichte wie für seine Fruchtbarkeit, und Plinius pries die Insel ihrer Muscheln wegen. Das Seegebiet um die Insel herum hatte den Ruf, die besten Schwammgründe der Ägäis zu haben. Heute ist von alledem nichts mehr zu spüren: Das Land ist weitgehend kahl oder mit Gestrüpp bewachsen, die Muscheln gibt es auch nicht mehr, und die Schwammtaucher fahren mit ihren Booten vor die Nordafrikanische Küste. Allerdings tauchen öfter noch Langusten auf den Speisekarten der Tavernen auf.
Im Mittelalter war die Insel im Besitz der venezianischen Familie Quirini. 1912 war Astypalaia die erste Insel des Dodekanes, die von Italien besetzt wurde. Die Italiener bauten kaum Neues, und so hat die Insel eher den Charakter einer Kykladeninsel als das Flair des Dodekanes.
Achtung: Vom Kap Ak Poulari (Exopetra) die gesamte S-Küste Astypalaias entlang bis zum Kap Ak Cheilos muß bei Meltemi mit schweren Fallböen gerechnet werden.

Skala Astypalaia

WP 36°32,9'N 026°21,4'E (3F.G.3M)

Allgemeines
Der Hafenort und die Chora bilden im Grunde genommen eine Stadt, die sich von der Bucht hinauf zum Bergrücken erstreckt. Von See her wirkt der Ort ausgesprochen reizvoll, aber ein näherer Blick zeigt, daß die Ortschaft verfallen ist.

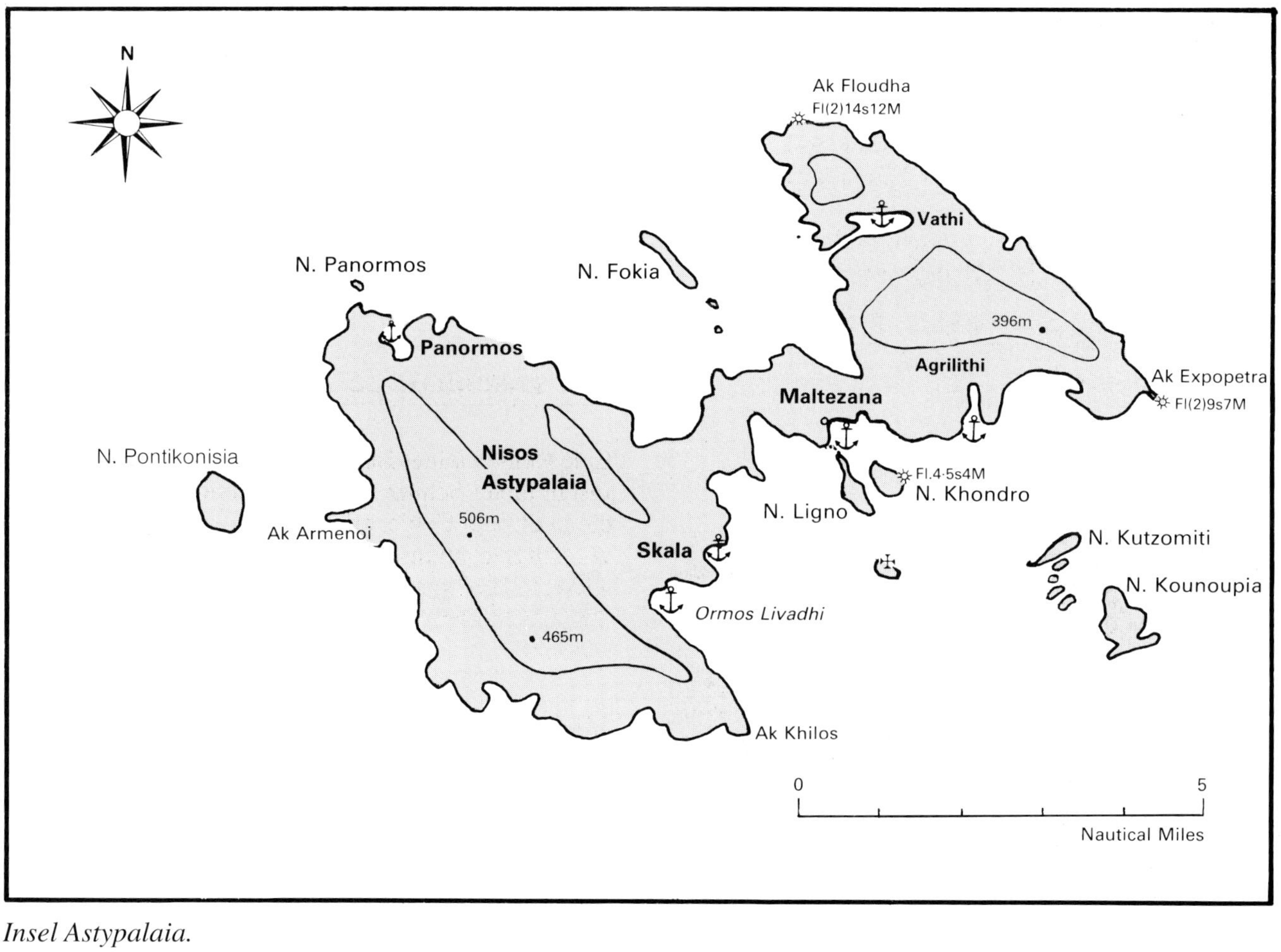

Die Insel Astypalaia.

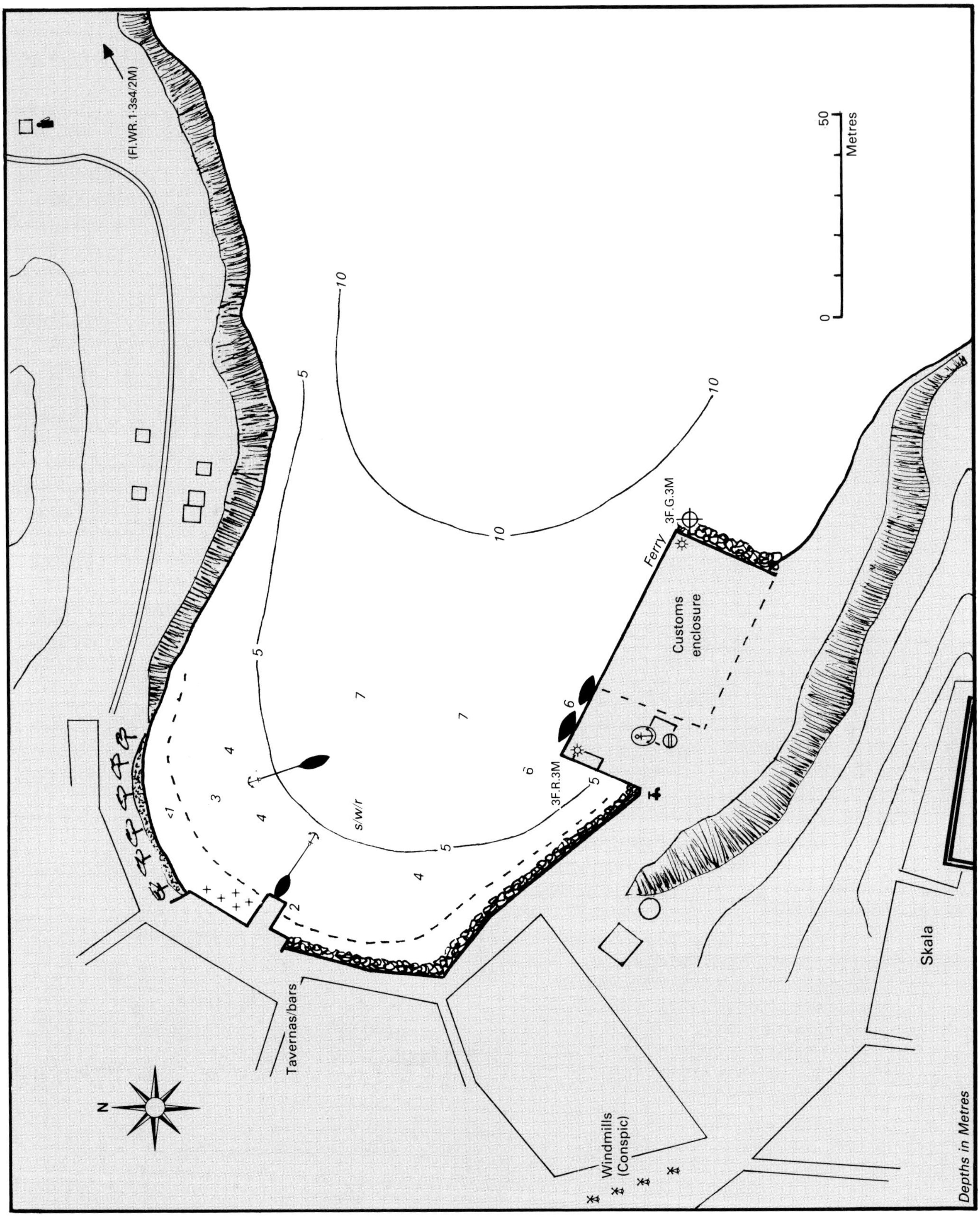

Skala Astypalaia.

Die Festung, die wahlweise als Astypalaia, Stampalia oder Kastello bezeichnet wird, stammt aus dem 13. Jahrhundert und wurde von der venezianischen Familie Quirini erbaut. Der Legende nach konnte diese Festung einmal nur deshalb gegen angreifende Feinde gehalten werden, weil die Belagerten Bienenkörbe auf die Angreifer warfen. Hier oben von Kastello hat man einen ganz zauberhaften Blick hinüber nach Maltezana im NE sowie zur Bucht Ormos Leivadia im SW.

Ansteuerung

Auffällig: Bereits aus der Ferne bildet die Festung mit den zwei weißen Kirchen in ihrer Mitte eine gute Landmarke. Ebenfalls recht markant sind die weißen Häuser der Chora

sowie eine Reihe von vier Windmühlen, die auf einen Bergrücken stehen. Beim Einlaufen in die Bucht sind die Häuser entlang der Hafenpromenade und der Kai gut auszumachen.
Nachts richtet man sich nach dem Feuer auf der N-Seite der Bucht (Fl.WR.1,3s4/2M, der rote Sektor deckt 261°–293° ab) sowie den zwei Feuern auf dem Kai 3F.R.3M und 3F.G.3M (jeweils die Punkte eines auf der Spitze stehenden Dreiecks bildend).
Gefahren: Bei Meltemi muß mit schweren Fallböen in den Ansteuerungen gerechnet werden.

Liegeplätze
Man kann längsseits des Fährkais festmachen, auch wenn man sich möglicherweise für kurze Zeit verholen muß, wenn die Fähre in den Hafen kommt. Alternativ kann man in der Bucht ankern. Ein paar Yachten können auch vorsichtig versuchen, an der kurzen Pier vor der Stadt anzulegen. Der Sandgrund ist mit Seegras bewachsen und hält ganz ordentlich.
Schutz: Bei Meltemi können Fallböen auftreten, die die Liegeplätze am Kai ungemütlich machen. Die Bucht ist nach SE hin vollständig offen, und bei Winden aus dieser Richtung verholen sich die einheimischen Fischer nach Maltezana.
Behörden: Wasserschutzpolizei und Zoll.

Versorgung
Wasser gibt es in der Nähe des Kais.
Treibstoff an der N-Seite der Bucht. Man kann ihn aber auch von einem Tankwagen an den Kai liefern lassen.
Lebensmittel: In der Ortschaft sind die meisten Lebensmittel erhältlich. Bei manchen Artikeln, inbesondere Obst und Gemüse, kann es schon mal zu Engpässen kommen, da die Versorgung der Insel weitgehend von der Fähre abhängt.
Restaurants: Entlang der Hafenpromenade findet man gute Tavernen, einige davon bieten zusätzlich einen wunderbaren Blick über die Bucht.
Sonstiges: Post, Telefonamt, eine Bankvertretung und kann Motorräder mieten. Fähren verkehren nach Rhodos und Piräus.

Ormos Maltezana

WP 36°34,6'N 026°23,3'E (Fl.G.2s3M) / Karten: BA 1541, Imray G17, D 1091 Plan N

Allgemeines
Die Bucht ist ausgesprochen reizvoll; das Küstenvorland am Fuß kahler verbrannter Berghänge ist (für die Verhältnisse auf Astypalaia) überraschend grün, und das Wasser der Bucht ist wundervoll klar. Als willkommene Zugabe finden Yachten hier außerdem guten Schutz vor Meltemi. An den Hängen NW-lich der Ortschaft liegt eine Start- und Landebahn für Flugzeuge.

Ansteuerung
Die Bucht befindet sich etwa auf der Mitte der S-Küste, wo die Insel bis auf einen schmalen Isthmus fast in zwei Hälften geteilt wird. Zu beiden Seiten der kleinen Insel Nisis Chondro (Nisis Skropha) kann man in die Bucht einlaufen.

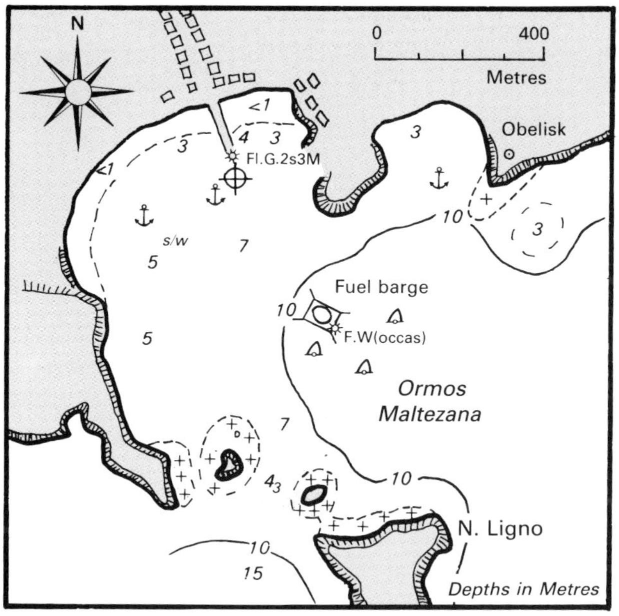

Ormos Maltezana.

Auffällig: Auf dem kleinen Eiland A. Kyriaki, einem flachen Inselchen eben S-lich von Nisis Ligno (Glinonisi), steht eine auffällige weiße Kirche. Nisis Chondro und Nisis Ligno sind schon von weitem zu erkennen, und beim Näherkommen werden die Mole und das Dorf sichtbar.
Nachts: Eine Ansteuerung bei Nacht ist nicht empfehlenswert. Gegebenenfalls richtet man sich nach dem Feuer auf Nisis Chondro (Fl.4,5s4M) sowie der Befeuerung des Molenkopfes (Fl.G.2s3M). Das große Bunkerboot und die Tonnen sind mit weißen Festfeuern bezeichnet; man sollte sich jedoch nicht darauf verlassen.
Gefahren: Bei Meltemi stehen schwere Fallböen in die Einsteuerungen.
Hinweis:
1. Eine Einsteuerung in die Bucht Ormos Maltezana ist zwischen der kleinen Insel, die durch ein Riff mit Nisis Ligno verbunden ist, und der Insel N-lich davon möglich.

Blick vom Ankerplatz auf die Pier von Maltezana.

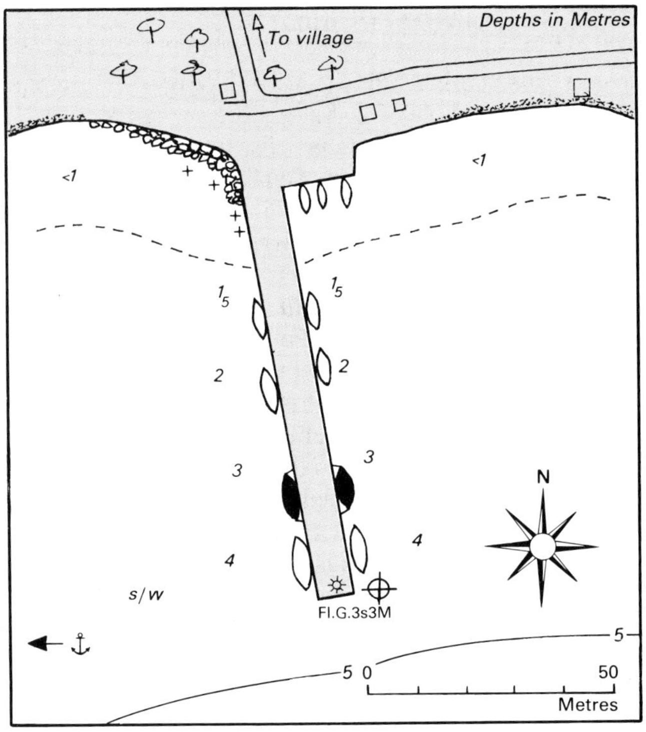

Maltezana.

Das Fahrwasser bietet mindestens 4,3 m Tiefe, und am Tag ist die Passage ohne Probleme befahrbar, auch wenn das kristallklare Wasser der Bucht die Durchfahrt flacher erscheinen läßt, als es tatsächlich der Fall ist.
2. Bei der Navigation ist Vorsicht geboten, da das Bunkerboot in etwa an der 10-m-Linie in der Mitte der Bucht verankert ist. S-lich und E-lich des Bunkerbootes sind 3 orangefarbene Tonnen ausgelegt – vermutlich Mooringtonnen für Tanker.
Hinweis: In der letzten Zeit soll das Bunkerboot nicht mehr auf seiner Position gelegen haben. Ob es nur vorübergehend verholt oder endgültig entfernt wurde, ließ sich nicht mit Sicherheit klären.

Liegeplätze

Man ankert in der Bucht oder macht an der Pier längsseits fest, falls man das Glück hat, dort einen Platz zu finden. An dem Teil der Pier, der den einheimischen Fischern vorbehalten ist, sollte man nicht anlegen. Der Sandgrund ist mit Seegras bewachsen und hält gut.
Schutz: Maltezana ist gut vor Meltemi geschützt, mit vereinzelten Fallböen muß aber gerechnet werden. Obwohl die Bucht teilweise nach SE hin offen ist, werden Winde aus dieser Richtung nicht gefährlich, und es steht kaum Schwell hinein.

Versorgung

Im Dorf ist ein begrenztes Lebensmittelangebot erhältlich, und es gibt verschiedene Tavernen und Cafés.

Porto Agrilithi

36°35'N 026°25,4'E

Etwa 1 Seemeile NE-lich von Nisis Chondro findet man diese schmale einsame Bucht, die guten Schutz vor Meltemi bietet, auch wenn mit Fallböen von den umliegenden Hängen gerechnet werden muß. Man sucht sich einen passenden Ankerplatz und bringt eine lange Leine zum Land aus. Der Sandgrund gut. Die einsame Bucht wirkt sehr ursprünglich, und wenn »draußen« der Meltemi heult, kann man sich wie in seinem eigenen kleinen Paradies fühlen.
Hinweis: Etwa 0,5 Seemeilen SE-lich der E-Huk der Einfahrt liegt die Untiefe Yph. Bavaka, über der etwa 4,5 m Wasser stehen und die bei ruhigem Wetter leicht auszumachen ist. Wenn sich jedoch bei Meltemi Dünung aufbaut, ist die Stelle schwer zu erkennen.

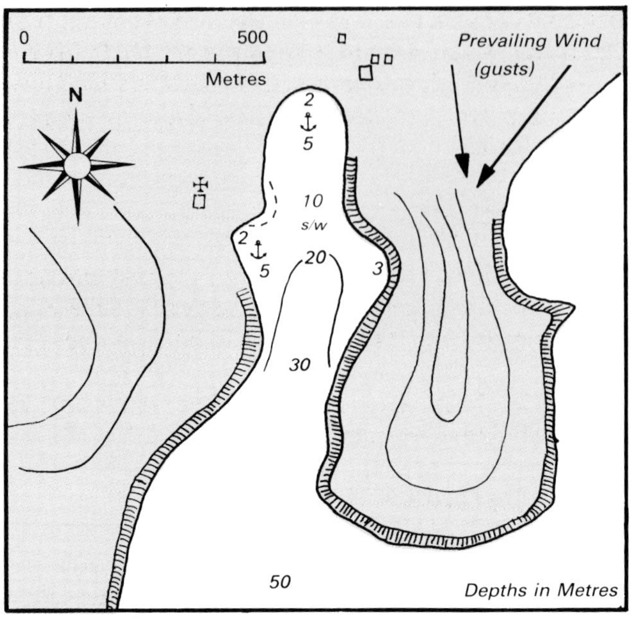

Porto Agrilithi.

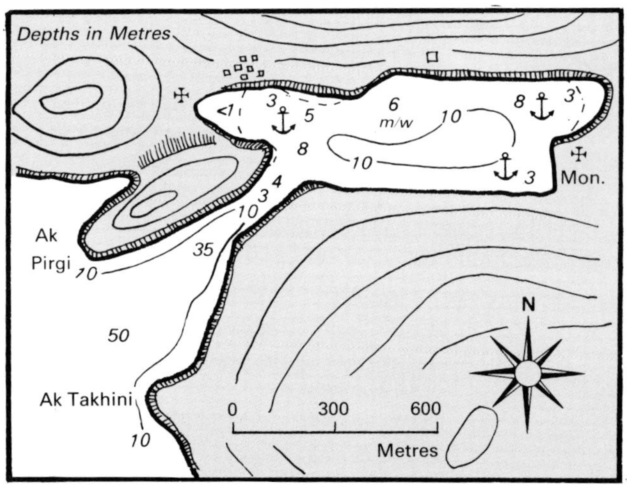

Porto Vathy.

Porto Vathy

36°37'N 026°25'E / Karten: BA 1666, D 1091 Plan M

Diese fast vollständig von Land umschlossene Bucht an der NE-Spitze der Insel bietet bei jedem Wetter guten Schutz. Zwischen den Kliffs ist die Einfahrt nur schwer zu erkennen. Vor dem kleinen Ort im W der Bucht ankert man auf 3 bis 5 m Tiefe. Der Grund ist dicht mit Seegras bewachsen, aber wenn man eine Stelle ohne Bewuchs findet, hält der Anker gut. Bei Meltemi stehen leichte Fallböen in die Bucht. Normalerweise liegen immer ein paar Trawler an Moorings vor dem Dorf. An Land findet man eine Taverne mit Café.

Panormou

An der NW-Huk von Astypalaia gibt es eine Bucht, in der man in einer kleinen Einbuchtung an der W-Seite Schutz vor Meltemi findet. Man ankert auf 4 bis 5 m über Sandgrund.
Es gibt keine Versorgungsmöglichkeiten, dafür aber eine wunderbar friedvolle Umgebung.

Ormos Leivadia

An der S-Seite der Chora (Astypalaia) gibt es eine weite Bucht, in deren Scheitel man einen netten Ankerplatz vor einem Strand findet. Der Grund besteht aus Sand, und die Fallböen, die vom Meltemi verursacht werden, sind nicht sonderlich hart.

Nisis A. Ioannis (Seirina)

Etwa 19 Seemeilen SE-lich von Astypalaia liegt diese wuchtige hohe Insel im Meer. Der Archipel, Nisides Adelphai, hohe zerklüftete Inseln, liegt wiederum etwa 4 Seemeilen NW-lich von Seirina. Die Inseln dieser Gruppe sind sehr markant und die kühne Silhouette von Seirina ist leicht erkennbar. In den Nisides Tria Nisia SE-lich von Seirina steht auf Nisis Plakida ein Leuchtturm (Fl.WR.3s9/6M). Trotzdem sollte man vermeiden, nachts in die Nähe dieser Inseln und Felsen zu geraten.
An der S-Küste von Seirina befindet sich eine weite Bucht, die von den einheimischen Fischern benutzt wird. Die Bucht ist größtenteils sehr tief und der Grund mit vereinzelten Felsen durchsetzt. Im NE der Bucht gibt es jedoch auch sandige Stellen. Hier haben die Fischer Dauermoorings ausgelegt und scheinen nichts dagegen zu haben, wenn Besucher die Moorings über Nacht benutzen, wenn sie selbst am Abend zum Fischen um die Nisides Tria Nisia hinausfahren. Der Platz ist vor Meltemi gut geschützt, und die Bucht nur nach S hin offen. Außer zwei kleinen Kapellen und Ziegen gibt es an Land nichts zu sehen.

Die Insel Kreta (Nisos Kriti)

Kreta ist die größte und bedeutendste Insel der Ägäis. Die Lage der Insel, die die S-liche Öffnung der griechischen Ägäis abriegelt, ermöglicht die Kontrolle der S-lichen Ansteuerungen nach Griechenland und stellt zusammen mit den anderen Inseln Kasos, Karpathos und Rhodos eine Verbindung zwischen dem Peloponnes und Kleinasien her. Obwohl Kreta politisch und geographisch zu Griechenland gehört, empfanden sich die Inselbewohner von jeher als etwas Eigenständiges: in erster Linie eben Kreter und in zweiter Griechen.

Über die gesamte Länge der Insel erstreckt sich ein Gebirgszug, der das Erscheinungsbild der Insel bestimmt. Bei der Ansteuerung von See her sind die Gipfel der Berge, die im Winter und bis ins späte Frühjahr hinein mit Schnee bedeckt sind, schon aus geraumer Entfernung auszumachen. Im Westen Kretas erheben sich die meist schneebedeckten »Weißen Berge«, Levka Ori, ein Gebirgszug, der 2469 m Höhe erreicht. In der Mitte der Insel ragt der Idi Oros (Berg Ida) mit seinen drei markanten Gipfeln in den Himmel; der höchste Gipfel, der Oros Psiloreitis oder Ida, reicht 2456 m hoch, und am E-lichen Ende Kretas steigt der Dikti Oros zu einer Höhe von 2133 m an. Bis auf die Ebenen an der N-Küste, die landwirtschaftlich genutzt werden, ist die Insel weitgehend kahl und felsig. Wie ein fruchtbarer Kelch wird das Hochplateau von den Bergen eingerahmt. Die S-Küste ist größtenteils Steilküste mit zum Teil jähen Felsabstürzen – mit Ausnahme um den Ort Ierapetra herum. Das milde Klima ermöglicht den Anbau einer großen Vielfalt von Obst und Gemüse: Oliven, Pampelmusen, Johannisbrot, Bananen, Pfirsiche, Orangen (angeblich die besten Griechenlands), Melonen, Tomaten (in Ierapetra werden die Frühtomaten aus Griechenland geerntet) sowie eine Reihe weiterer Früchte- und Gemüsesorten. Zu Kretas Flora zählen u. a. über 140 (!) verschiedene Arten, darunter viele Orchideen.

Die Geschichte der Insel war sowohl in der Antike wie auch in der Moderne oft recht turbulent. Kreta war bereits im Neolithikum besiedelt, den meisten Menschen ist Kreta jedoch als ein Zentrum der minoischen Kultur bekannt, die zwischen 2000 und 1450 v. Chr. ihre Blütezeit erlebte und das E-liche Mittelmeer beherrschte. Vermutlich zu den liebenswürdigeren Zivilisationen, die je existiert haben, zu rechnen, hinterließ diese Kultur der Nachwelt wunderhübsch dekorierte Töpferwaren, die heute im Archäologischen

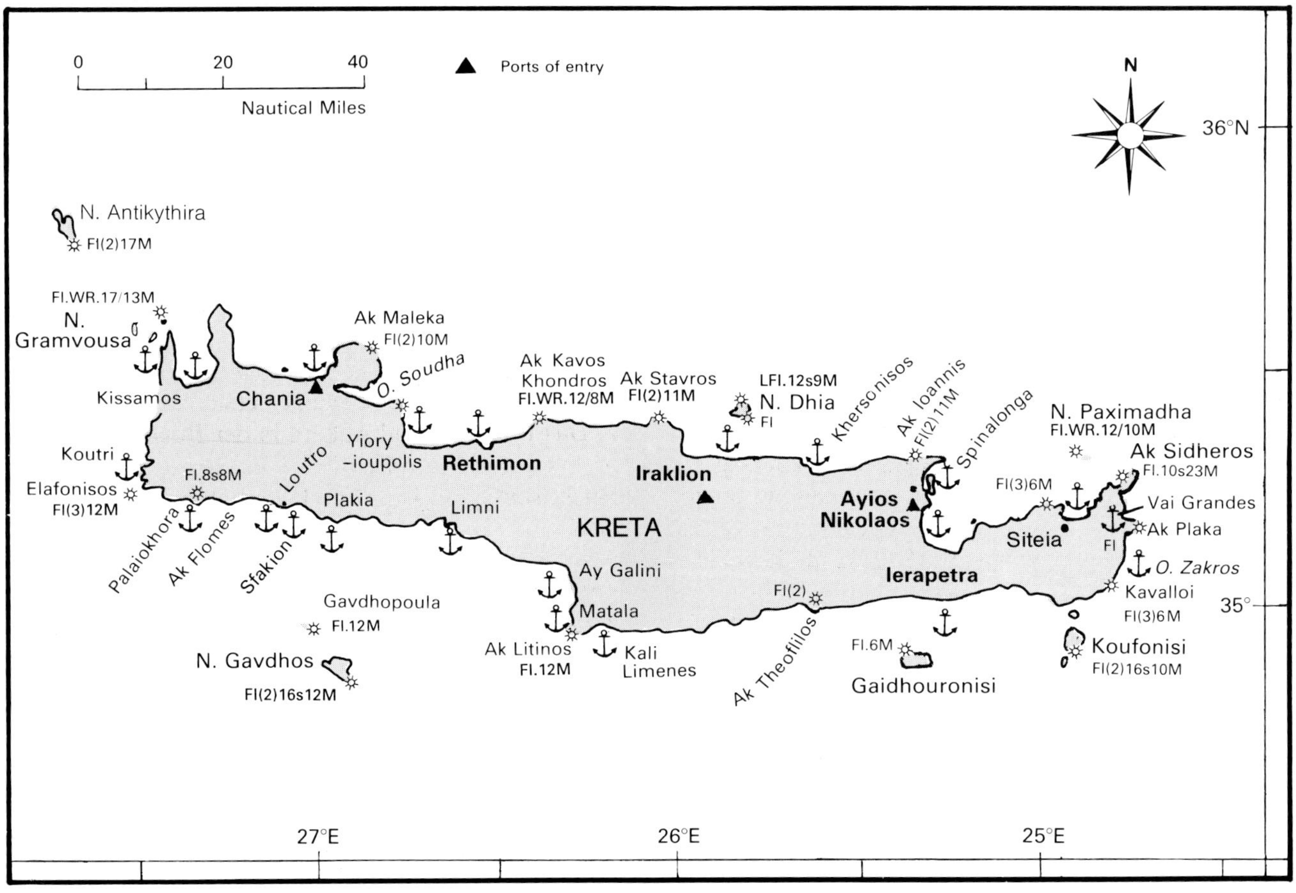

Museum in Irakleion zu bewundern sind. Außerdem so anmutige Paläste wie den von Knossos, der von Sir Arthur Evens liebevoll freigelegt und rekonstruiert wurde. Der Palast von Knossos ist der bekannteste, aber auch die Paläste von Phaistos an der S-Küste und Kato Zakros an der E-Küste sind einen Besuch wert, auch wenn es hier weniger zu sehen gibt. Ihre wunderschöne Lage und die Ruhe fernab der Touristenmassen machen das wieder wett.
Um das abrupte Ende der Minoischen Kultur, die sozusagen »über Nacht« etwa um 1450 v. Chr. wieder im Dunkel der Geschichte verschwand, gibt es viele Spekulationen. Zur gleichen Zeit fand der gewaltige Vulkanausbruch auf der Insel Thira statt, und so nimmt man an, daß ungeheure Flutwellen, Erdbeben und Ascheregen die Paläste, die Flotten und das Land zerstörten und verwüsteten.
Etwa um 800 v. Chr. siedelten sich dorische Griechen auf Kreta an, und während der Epoche des »klassischen Altertums« existierten über die Insel verstreut kleine Stadtstaaten. Geordneter wurde das politische Leben Kretas erst unter römischer Besatzung. Beim Zerfall des römischen Reiches kam Kreta an Byzanz, das die Insel bis 824 n. Chr. halten konnte. Aus byzantinischer Zeit sind der Nachwelt noch viele hübsche Fresken erhalten geblieben, die die kretischen Kirchen schmücken.
Die kretische Malschule mit ihrer typischen Freskenmalerei wurde derart beliebt, daß die Künstler von der Insel in ganz Griechenland gefragt waren.
824 n. Chr. eroberten arabische Sarazenen die Insel, die sie über ein Jahrhundert lang beherrschten. Danach fiel Kreta erneut an Byzanz. Um die Verteidiger zur Aufgabe zu zwingen, gab der Feldherr Nikephoros den bizarren Befehl, die Häupter der Gefangenen in die Festung von Irakleion zu katapultieren.
Die Genueser übernahmen schließlich die Herrschaft über Kreta nach dem vierten Kreuzzug, verkauften die Insel jedoch im 13. Jahrhundert an die Venezianer. Diese wiederum blieben bis 1669 Herren von Kreta. Die meisten Burgen und Kastelle, die man heute noch besichtigen kann, stammen aus dieser Zeit.
Die Häfen an der N-Küste waren für die venezianische Handelsroute vom Peloponnes nach Kleinasien lebenswichtig. Aus diesem Grund kämpften sie lange und erbittert, um die Türken von einer Übernahme Kretas abzuhalten. Schließlich jedoch siegten die Türken und nahmen 1669 die Insel ein, die sie bis 1898 hielten. Für die Kreter war dies eine harte und entbehrungsreiche Zeit: Viele Aufstände wurden von den Türken blutig niedergeschlagen. Der Dichter Nikos Kazantzakis hat den unbeugsamen Geist der Kreter und ihren Kampf um Unabhängigkeit in seinen Werken unsterblich gemacht. 1913 wurde Kreta ein Teil Griechenlands.
Die Kreter, die durch die gesamte Geschichte vom Pech verfolgt wurden, sind nun durch den Tourismus zu einigem Reichtum gekommen. Wie sehr einem auch die Bettenburgen entlang der Küsten mißfallen mögen, der Lebensstandard der Menschen ist spürbar gestiegen.
Kreta ist eine Urlaubsinsel, und der Yachtskipper kann sich glücklich schätzen, weil es auf eigenem Kiel möglich ist, Stellen der Insel zu erkunden, die dem »Normaltouristen« unerreichbar oder verborgen bleiben.
Die Kreter sind sehr reserviert, was leicht als Feindseligkeit mißverstanden werden kann. Hat man jedoch diese Zurückhaltung erst einmal überwunden, wird man als Gast spüren, daß man nicht nur willkommen ist, sondern als Freund behandelt wird.

Das Wetter auf Kreta

Im Sommer ist der vorherrschende Wind der Meltemi, der aus NW bis WNW weht. Ebenso wie in der übrigen Ägäis erreicht er im Juli/August seine größte Stärke. An der NKüste weht er aber für gewöhnlich nicht stärker als Bft 5 bis 6; meistens erreicht der Meltemi hier nur eine Stärke von Bft 3 bis 4. Im Frühjahr und Herbst kommt der Wind vorwiegend aus S mit Stärken von Bft 2 bis 4.
Die S-Küste von Kreta ist berüchtigt für die Fallböen, die von den hohen Bergen herabsausen und von den vorherrschenden Sommerwinden verursacht werden. Die Warnung im Admiralty Pilot ist knapp: »Bei Winden aus Norden treten schwere Fallböen von den hohen Bergen auf. Diese Fallböen kommen meist ganz überraschend und können dicht unter Land recht gefährlich werden.«
In den Sommermonaten ist es auf Kreta sehr heiß: Die durchschnittlichen Temperaturen erreichen im Juli/August oft 35/36° C, können aber auch auf 40° C ansteigen. Im Winter sind die Berggipfel mit Schnee bedeckt, der bis hinunter auf die tiefer gelegenen Hänge reicht. Das milde Klima der Küstenebenen im Winter macht die Hafenstädte zu sehr angenehmen Aufenthaltsorten, um im Wasser zu überwintern.

Wichtige Angaben

Ports of Entry

Chania
Irakleion
A. Nikolaos

Sperrgebiete

1. Das Befahren des Gebietes, das sich 500 m N-lich, NE-lich und E-lich von Ak Maleka erstreckt, ist verboten.
2. Das Befahren und Ankern in der Bucht Ormos Soudas ist bis auf ein bezeichnetes Fahrwasser in der Mitte der Bucht sowie in Limin Souda verboten. Das Einlaufen bei Nacht ist ebenfalls verboten.
3. In dem Gebiet, das sich 0,75 Seemeilen E-lich und SE-lich von Ak Souda erstreckt, ist das Ankern verboten.
4. In den gekennzeichneten Gebieten um Ak Souda herum ist das Befahren und Ankern verboten.

Die wichtigsten Leuchtfeuer

Nisis Gramvousa (NW-Huk): Fl.WR.10s17/13M
Ak Maleka: Fl(2)12s10M
Ak Drepanon: Fl(3)30s20M
Nisis Souda: Fl.G.4,8s5M

Ak Chondros Kavos: Fl.WR.6s12/8M
Ak Stavros: Fl(2)14s11M
Irakleion (Kopf der N-Mole): Oc.G.3s9M
Irakleion (Kopf der Pier): Oc.R.3s7M
Nisis Dia (N-Huk): LFl.12s9M
Nisis Dia (Ak Stavros): Fl.6s12M
Ak A. Ioannis: Fl(2)12,8s11M
Ormos A. Nikolaos (Mikronisos): Fl.WR.3s6/4M
Ak Vamvakia: Fl(3)18s6M
Nisis Paximadi: Fl.WR.6s12/10M
Ak Sideros: Fl.10s23M
Nisis Kavalloi: Fl(3)12s6M
Nisis Kouphonisi: Fl(2)16s10M
Gaidouronisi: Fl.7,5s6M
Ak Theophilos: Fl(2)12s6M
Megalonisi: Fl(3)24s11M
Ak Litinos: Fl.6s12M
Nisis Gavdopoula (NW-Huk): Fl.8s12M
Nisos Gavdos (Ak Tripili): Fl(2)16s12M
Nisis Loutro: LFl.10s5M
Nisis Schisto: Fl.8s8M
Nisis Elaphonisi: Fl(3)24s12M

Kurzübersicht

	Schutz	*Liegeplätze*	*Treibstoff*	*Wasser*	*Lebensmittel*	*Restaurants*	*Hafenplan*
Nordküste							
Kastellion	B	ABC	O	O	O	C	•
Chania	A	A	B	A	A	A	•
Ormos Soudas	A	ABC	B	B	B	B	•
Georgioupolis	B	BC	B	B	B	B	•
Rethymnon	B	AB	B	A	A	A	•
Ormos Bali	B	C	O	O	O	C	
Irakleion	A	A	B	A	A	A	•
Chersonisos	B	AC	B	B	B	A	•
Ormos Spinalongas	A	C	B	B	B	B	•
Agios Nikolaos	B	AB	A	A	A	A	•
Marina Agios Nikolaos	A	A	O	A	B	B	•
Pacheia Ammos	C	A	B	B	B	B	
Siteia	B	A	A	A	A	A	•
Ak Sideros	B	C	O	O	O	O	•
West- und Südküste							
Nisis Gramvousa	B	C	O	B	O	O	•
Ormos Koutris	O	C	O	O	O	O	
Palaiochoras	B	ABC	B	B	B	B	•
Loutro	B	C	O	B	C	C	•
Sphakion	OA	C	B	B	B	B	
Ormos Plaka	O	C	B	B	B	B	
Limni	O	C	O	O	O	O	
Agios Galini	B	A	B	A	B	B	•
Matala	C	C	B	B	B	B	
Kalon Limeon	B	C	B	B	C	C	•
Ierapetra	B	A	B	B	B	B	•
Kato Zakros	C	C	O	O	O	C	
Kolpos Grantes	C	C	O	O	C	C	

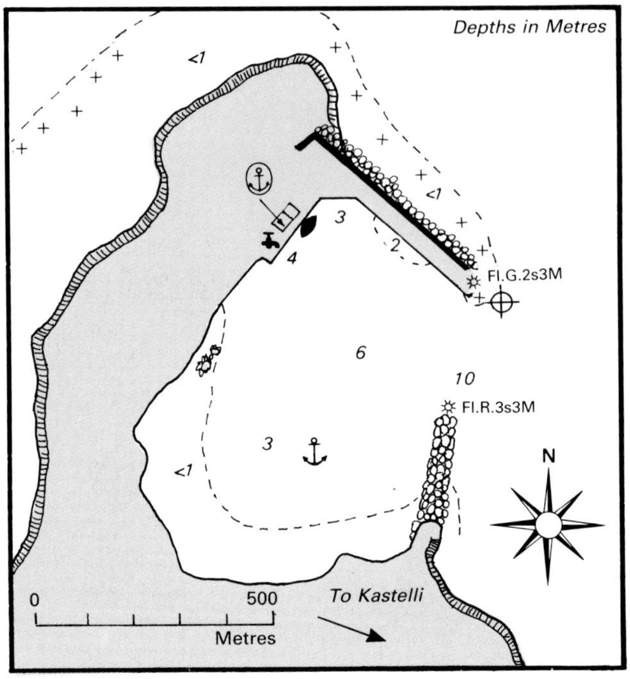

Kastellion (Kissamos).

Die Nordküste von Kreta

Kastellion (Kissamos)

WP 35°31'N 023°38,4'E (Fl.G.2s3M)

Allgemeines
Kissamos ist eigentlich der Hafen der Stadt Kastellion, die etwa 1 Seemeile E-lich des Hafens steht. Kissamos wird nur von ein paar Fischerbooten und Küstenfrachtern sowie einer Fähre, die einmal die Woche kommt, angelaufen.

Ansteuerung
Der Hafen befindet sich im SW der weiten Bucht Kolpos Kissamou, die sich E-lich einer felsigen Landspitze öffnet. Die Stadt Kastellion und die Hafenmole sind leicht zu erkennen. *Nachts* ist die Hafeneinfahrt mit Fl.G.2s3M und Fl.R.3s3M befeuert.

Liegeplätze
An der Mole macht man längsseits fest oder ankert im Hafen.
Schutz: Der Schutz vor Winden aus W und NW ist gut, auch wenn oft etwas Schwell hineinsteht. Der Hafen ist nach E und SE hin offen.
Behörden: Wasserschutzpolizei.

Versorgung
Wasser bekommt man aus einem Standroht. Im Hafen gibt es eine Taverne mit Café sowie ein Telefon. Ein Bus verkehrt nach Kastellion, wo Treibstoff und Lebensmittel erhältlich sind.

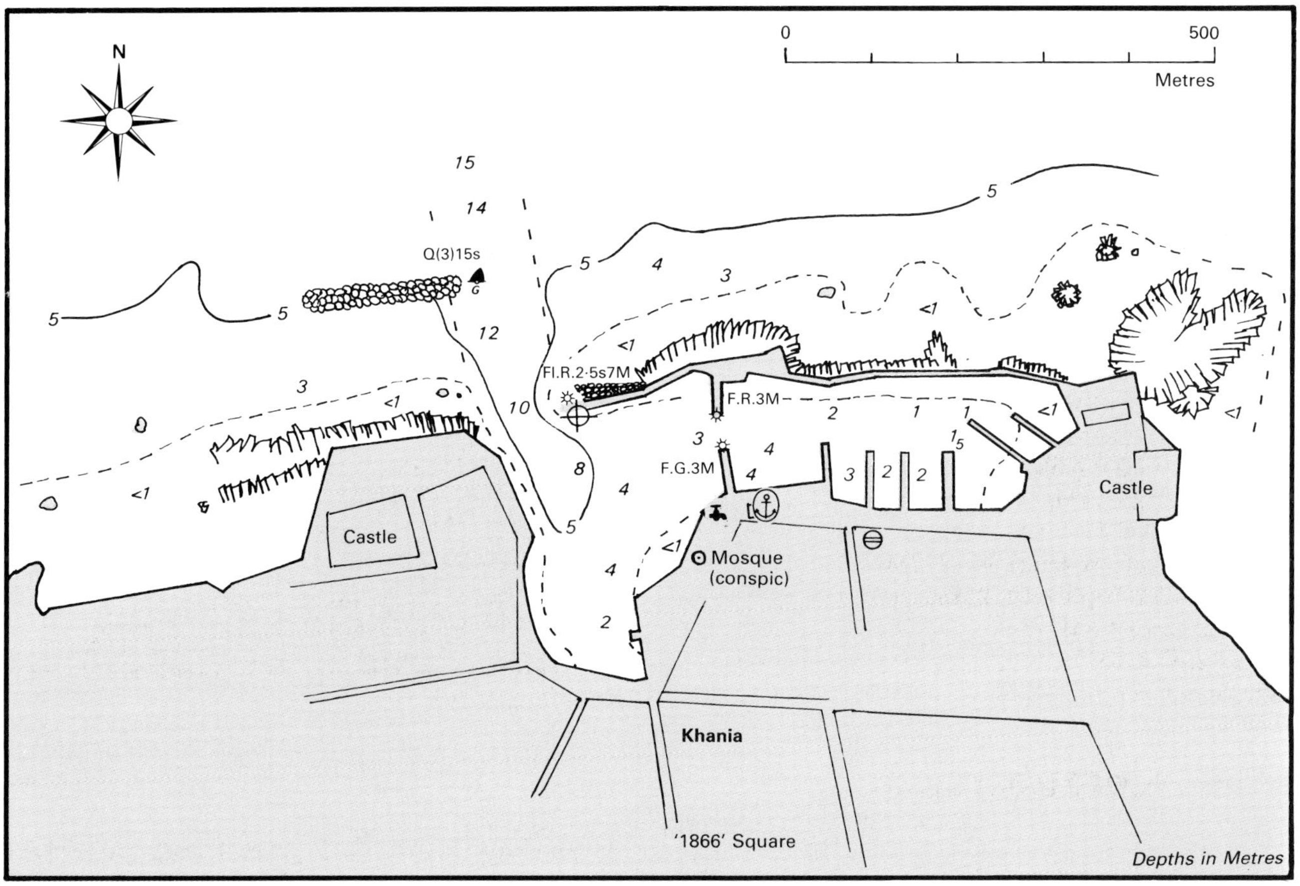

Chania.

Chania

WP 35°31,2'N 024°01'E (Fl.R.2,5s3M) / Karten: BA 1707, Imray G37, D 1093 Plan B

Allgemeines

Jahrhundertelang war Chania die Hauptstadt der Insel, und erst kürzlich verlor sie diese Stellung an Irakleion. Der alte venezianische Stadtkern um den Hafen herum ist faszinierend: Straßen mit Kopfsteinpflaster, eindrucksvolle venezianische Häuser, Moscheen, Minarette und der Markt. Auch der Leuchtturm, der auf der Mole steht, stammt aus venezianisch-türkischer Zeit. Aber nichts davon wirkt »aufgemotzt« oder wurde in eine Disneyland-Stadt verwandelt. Chania lebt mit modernen Zusätzen und verfallenen Ecken, und überall herrscht geschäftige Betriebsamkeit in seinen Mauern. In den letzten Jahren hat sich Chania in einen beliebten Touristenort verwandelt. Der Hafen jedoch ist eine Zufluchtsstätte vor all dem Trubel geblieben. Auch wenn der Hafen zuweilen etwas ungemütlich werden kann, so wird er doch von jedem, der hier einmal überwintert hat, empfohlen.

Über der Stadt liegt ständig ein Summen und Brummen, das selbst dann nicht verstummt, wenn die Touristen wieder verschwunden sind. Und im Gegensatz zu vielen anderen Urlaubsorten ist Chania auch im Winter nicht »tot«.

Ansteuerung

Auffällig: Bereits aus einiger Entfernung ist die Stadt auszumachen. Beim Näherkommen bilden eine weiße Moschee an der Hafenpromenade, der Leuchtturm auf der E-Seite der Einfahrt und eine Reihe von Schornsteinen in der Stadt gute Landmarken.

Nachts richtet man sich nach dem Feuer auf der E-Seite der Einfahrt (Fl.R.2,5s3M) sowie den Feuern zu beiden Seiten der Einfahrt in den Innenhafen (F.G.3M und F.R.3M). Die Tonne vor dem äußeren separaten Wellenbrecher ist mit Q.(3)15s befeuert.

Gefahren: Bei starken auflandigen Winden ist die Ansteuerung schwierig! Im flachen Wasser der Einfahrt baut sich eine gefährlich grobe See auf, und in den Zufahrten ist Vorsicht geboten. Der separate neue Wellenbrecher hat

Der Hafen von Chania.

die Situation zwar verbessert, aber bei auflandigen Winden ist das Einlaufen noch immer schwierig.
Hinweis: Am E-Ende ist der separate neue Wellenbrecher mit einer befeuerten Kardinaltonne E (Q(3)15s) bezeichnet.
In den letzten Jahren ist der separate Wellenbrecher etwas abgesunken, so daß er nun nur noch 1 m über der Wasseroberfläche liegt.

Liegeplätze
Das E-lichen Hafenbecken ist nun eine Marina, in der man nach Belieben an einem zugewiesenen oder freien Platz festmacht. Moorings werden noch ausgelegt.
Schutz: In Chania ist man bei jedem Wetter gut geschützt, auch wenn Starkwinde aus N-lichen Richtungen Schwell im Hafen verursachen und die Gischt dann über die Außenmole spritzt. Ein paar Yachten haben hier schon im Wasser überwintert; bei schweren N-Stürmen müssen allerdings zusätzliche Leine ausgebracht werden.
Behörden: Chania ist Port of Entry: Wasserschutzpolizei, Zoll und Einwanderungsbehörde sind vor Ort. Einen Hafenmeister kassiert das Liegegeld: Kategorie 2.

Versorgung
Service: Wasser und Strom gibt es an oder unweit jeden Liegeplatzes. Ein Sanitärblock mit Duschen und Toiletten ist im Bau.
Treibstoff ist in der Stadt erhältlich, kann aber auch von einem Tankwagen an den Kai geliefert werden.
Reparaturen: Mechanische Reparaturen sowie einfache Arbeiten an der Maschine sind möglich. Es gibt gute Eisenwaren- und Werkzeuggeschäfte. In der Straße Skrydlo 26 nahe des Platzes von 1866 findet man einen Schiffsausrüster.
Lebensmittel: Chania bietet hervorragende Versorgungsmöglichkeiten. Stangeneis ist erhältlich.
Restaurants: Gute Tavernen findet man entlang der Hafenpromenade und in der Stadt.
Sonstiges: Post, Telefonamt, Banken, Gas und Camping GAZ am Platz von 1866.
Auto-, Motorrad- und Fahrrad-Vermietung. Ein Bus verkehrt nach Irakleion und eine Fähre nach Souda. Inlandsflüge gehen nach Athen.

Ormos Soudas

WP 35°29,5'N 024°04,7'E / Karten: BA 1706, Imray G37, D 1093 Plan E

Hinweis: Es liegen Berichte vor, nach denen Yachten das Einlaufen in den Hafen von den Behörden, selbst nach langen Seepassagen, verwehrt wurde. Als sichere Alternativen bieten sich die Häfen Chania im W und Rethymnon E-lich von Ak Souda an.

Allgemeines
Obwohl Souda ein ganz hervorragender Hafen ist, ist die Stadt so langweilig und uninteressant, wie es nur ein Marinestützpunkt sein kann.

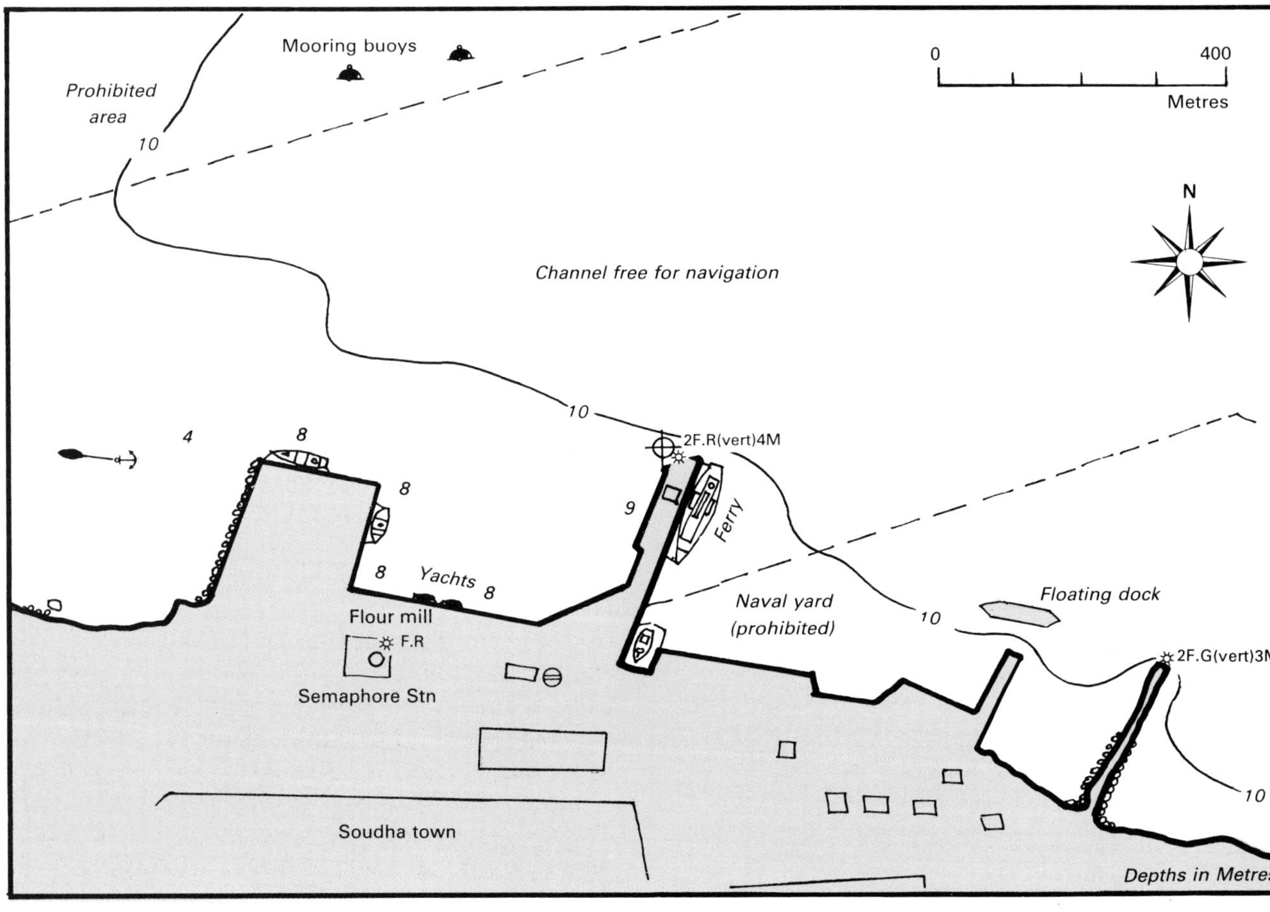

Ormos Soudas.

Ansteuerung
Auffällig: Schon von weitem ist die Hochebene der Halbinsel Akrotiri leicht auszumachen. Auf der Halbinsel steht eine Anzahl hoher Türme mit militärischen Radaranlagen. Eine gute Landmarke bildet Nisis Souda, auf dem eine Festung und Marinegebäude stehen. Zwei Leuchttonnen (Fl.R. und Fl.G.), die schwer auszumachen sind, bezeichnen den Beginn einer schmalen Fahrrinne, die frei befahren werden darf. Zu beiden Seiten sind bis zum Ufer hin schwarze Mooringtonnen ausgelegt, an denen U-Boot-Abfangnetze befestigt sind. Das frei benutzbare Fahrwasser, das in der Mitte der Bucht verläuft, ist nicht bezeichnet. Eine markante Landmarke bildet eine Getreidemühle in der Nähe des Hafens. Wenn man in Souda einläuft, sollte man darauf achten, daß man nicht in das Sperrgebiet gerät, das um die Marinewerft herum besteht.
Nachts: Das Anlaufen von Ormos Soudas bei Nacht ist verboten.
Vorsicht: Ormos Soudas ist der S-lichste Stützpunkt der griechischen Marine. Bei der Navigation ist Vorsicht geboten, um dem Sperrgebiet N-lich und E-lich der Halbinsel Akrotiri (es erstreckt sich von der Küste etwa 0,75 bis 1 am seewärts) sowie einem weiteren Sperrgebiet N-lich und S-lich der freien Fahrrinne nach Ormos Soudas (das Fahrwasser verläuft in 283° rechtweisend von der Leuchttonne in der Einfahrt und ist 0,2 sm breit) nicht zu nahe zu kommen.
Hinweis: Es hat eine Reihe von Zwischenfällen gegeben, bei denen Yachten das Einlaufen nach Souda verwehrt wurde. Das kann sowohl mit militärischen Übungen der Marine zusammenhängen oder auch nur zeitweilige Politik gewesen sein. Man sollte sich jedoch nicht darauf verlassen, daß man in Souda Schutz suchen kann.

Liegeplätze
Man kann am S-Kai festmachen wie es einem beliebt.
Schutz: Man liegt gut geschützt. Tatsächlich ist der Schutz so gut, daß der Wind in der Bucht nicht als verläßliches Anzeichen für tatsächliche Wetterverhältnisse außerhalb der Bucht angesehen werden kann.
Behörden: Wasserschutzpolizei und Zoll.

Versorgung
Wasser bekommt man an der Fährmole.
Treibstoff gibt es in der Stadt. Ein Tankwagen kann bestellt werden.
Lebensmittel: Souda bietet gute Versorgungsmöglichkeiten, auch Stangeneis ist erhältlich.
Restaurants: Die Qualität der Tavernen ist eher mäßig.
Sonstiges: Post, Telefonamt, Bank, Gas. Eine Fähre verkehrt nach Piräus. Souda ist der Fährhafen für Chania. Es besteht eine regelmäßige Busverbindung (alle 10 Minuten) nach Chania.

Ormos Almyrou (Georgioupolis)

35°22'N 024°16'E / Karten: BA 1707, Imray G37

Der kleine Hafen liegt an der Flußmündung des Almyros. Gute Landmarken bilden ein Hotel am Strand sowie eine

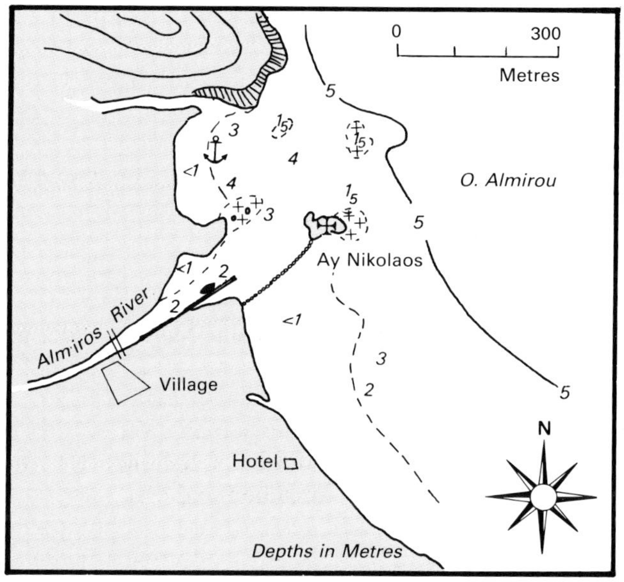

Georgioupolis.

Kirche, die auf einer Insel steht, die durch einen Damm mit dem Land verbunden ist. Bei der Ansteuerung ist besondere Vorsicht geboten, da die Bucht und die Zufahrt zum Hafen mit Untiefen und Riffen gespickt sind. In der Flußmündung sollte man sich dicht unter dem Kai halten, da die andere Seite des Flusses untief ist. Am Kai kann man längsseits festmachen und ist mit Ausnahme von Winden aus N bis NE gut geschützt.
In der Stadt sind Wasser und die meisten Lebensmittel erhältlich, und es gibt verschiedene Tavernen. Busse verkehren nach Chania und Irakleion. Georgioupolis ist ein freundlicher kleiner Ort, der einen Besuch wert ist.

Rethymnon

WP 35°22,5'N 024°29'E / Karten: BA 1707, Imray G37, D 1093 Plan F

Allgemeines
Die alte venezianische Stadt und ihr Hafen gehören zu den schönsten Orten Griechenlands. Falls man es schafft, sich in den Innenhafen hineinzuquetschen, liegt man nur einen Katzensprung entfernt von den Tavernen und Cafés der Altstadt. In der Stadt sind aber auch noch Reminiszenzen aus türkischer Zeit zu sehen: Häuser mit hölzernen Balkonen und zwei gut erhaltene Minarette.
In der letzten Juniwoche findet in Rethymnon alljährlich das »Kretische Weinfest« statt.

Ansteuerung
Auffällig: Bei der Ansteuerung aus W bilden die Festung auf der Landzunge und die Gebäude der Stadt markante Landmarken. Kommt man aus E, sind eine weiße Kirche auf einem Berg E-lich der Stadt sowie zwei Minarette in der Stadt gut auszumachen. Beim Näherkommen ist der Wellenbrecher leicht zu erkennen.
Nachts navigiert man nach der Befeuerung der Hafeneinfahrt (F.G.3M und F.R.3s6M). Der Kopf der Mole, die den Innenhafen schützt, ist mit F.G.3M befeuert.
Gefahren: In der Einfahrt steht oft Grundschwell.

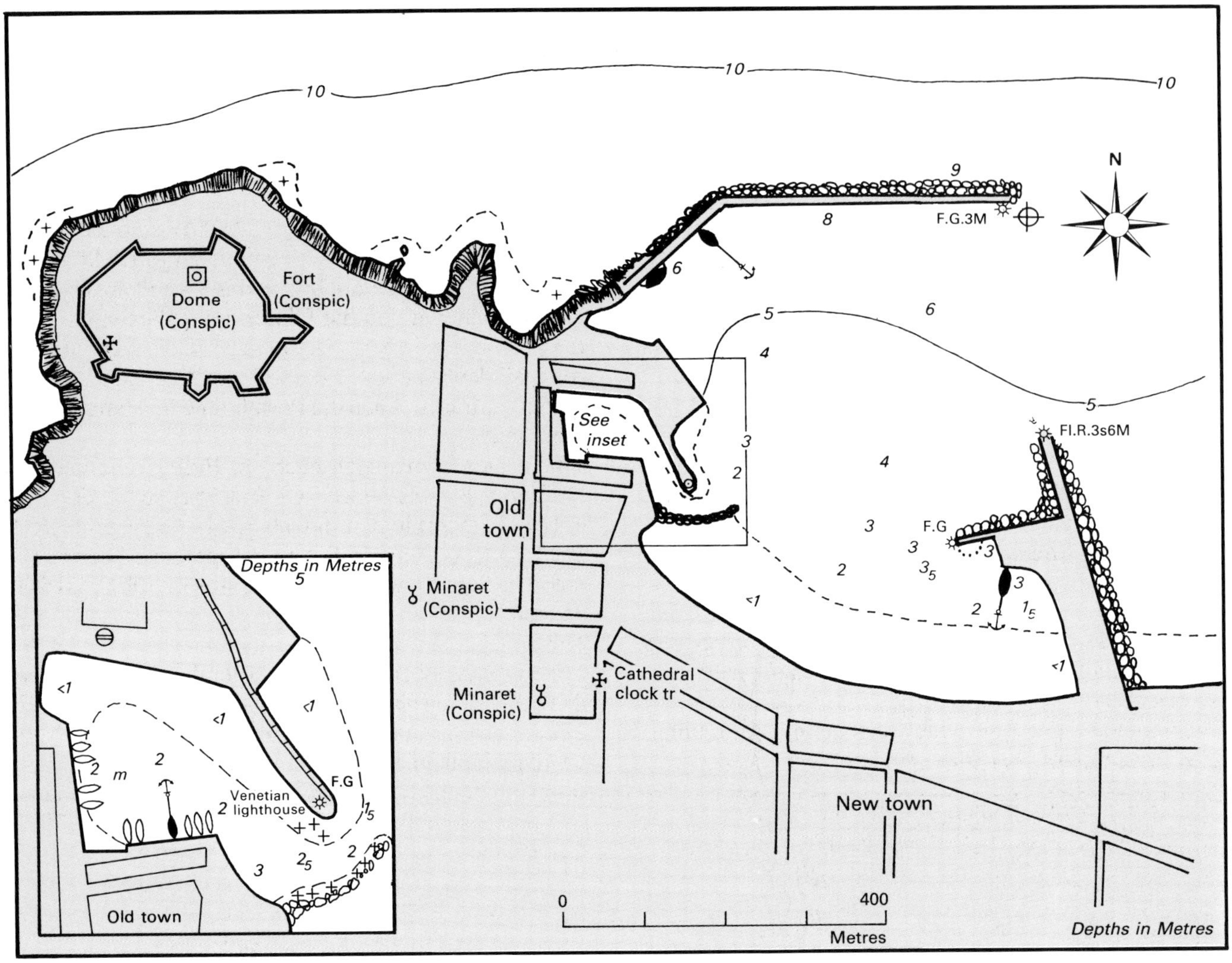

Rethymnon.

Liegeplätze

An der Innenseite des Anlegers an der E-Seite kann man mit Bug oder Heck festmachen, oder man geht am Kai im N längsseits. Beträgt der Tiefgang der Yacht nicht mehr als 1,5 m, kann man auch in den alten venezianischen Hafen einlaufen. Dabei ist jedoch Vorsicht geboten, da die Wassertiefen im alten Hafen unsicher sind und die Einfahrt zum Versanden neigt. Im venezianischen Hafen macht man mit Heck zum S-Kai fest. Normalerweise ist dieses Hafenbecken mit Fischerbooten überfüllt, so daß höchstens Platz für zwei bis drei Yachten bleibt.

Rethymnon: der alte venezianische Hafen.

Schutz: Hinter dem E-lichen Anleger ist man vor Meltemi gut geschützt; im Innenhafen liegt man bei jedem Wetter bestens geschützt.

Behörden: Wasserschutzpolizei und Zoll.

Versorgung

Wasser bekommt man am Kai.

Treibstoff ist in der Stadt erhältlich, kann aber auch von einem Tankwagen zum Kai geliefert werden.

Reparaturen: Ein paar mechanische Reparaturen sind möglich. Es gibt Eisenwarengeschäfte.

Lebensmittel: Gute Versorgungsmöglichkeiten, auch Stangeneis ist erhältlich.

Restaurants: In Rethymnon findet man hervorragende Tavernen, darunter ein paar ausgezeichnete Fischrestaurants um den venezianischen Hafen herum.

Sonstiges: Post, Telefonamt, Bank, Gas, Camping GAZ, Auto-, Motorrad- und Fahrrad-Vermietung. Busse verkehren nach Chania und Irakleion.

Ormos Bali (Balion)

35°24,8'N 024°47,2'E

Etwa 16 Seemeilen E-lich von Rethymnon befindet sich diese weite Bucht. Bei der **Ansteuerung** ist Vorsicht geboten, da sich von der W-Seite der Einfahrt aus Riffe erstrecken. Die beiden kleinen Einbuchtungen an der W-Seite von Ormos Bali bieten guten Schutz vor den vorherrschenden Winden. In der N-licheren gibt es außerdem einen kurzen Wellenbrecher, der zusätzlichen Schutz bietet. An Land gibt es Tavernen, Telefonamt und einen Supermarkt etwas außerhalb der Ortschaft.

Irakleion

WP 35°21,2'N 025°09,4'E (Oc.G.3s9M Befeuerung des äußeren Molenkopfes)
Karten: BA 1707, Imray G38, D 1093 Plan M

Allgemeines
Irakleion ist die fünftgrößte Stadt in Griechenland und scheint ausschließlich aus Reisebüros und Autovermietungen zu bestehen.
Für Yachten und ihre Crews, die wahrscheinlich nur kurze Zeit hier verbringen, wirkt die Stadt wenig reizvoll. Die Attraktion, die so viele Touristen hierherlockt, liegt auch außerhalb von Irakleion: Knossos. Im Archäologischen Museum in Irakleion kann man anschließend darüber nachsinnen, in was für einer Welt die Minoer wohl gelebt haben mögen.

Ansteuerung
Auffällig: Bei der Ansteuerung aus NW sind die Stadt und die lange N-Mole (über 1 Seemeile lang) leicht auszumachen. Gute Landmarken bilden das Kastell an der Einfahrt zum Innenhafen und die Fähren im Außenhafen. Kommt man aus E, sind ein großes braunes Gebäude am Flughafen im E der Stadt sowie die weißen Öltanklager im SE des Hafens auffällig. Auch die Portalkräne im Hafen sind recht markant.
Nachts richtet man sich nach der Befeuerung der Hafeneinfahrt (Oc.G.3s9M und Oc.R.3s7M) sowie den Feuern auf der Einfahrt in den Innenhafen (F.G.2M und F.R.2M). Die Handelspier mit Fl.R.1,5s3M befeuert. Auch der Flughafen E-lich des Hafens ist mit Aero Al.WG.4s15M bezeichnet.
Gefahren:
1. Bei Meltemi kann sich in der Einfahrt eine Kreuzsee bilden, im Hafen selbst ist das Wasser jedoch ruhig.
2. Bei der Einsteuerung in den Hafen ist äußerste Vorsicht angebracht, da hier zahlreiche Fähren ein- und auslaufen.

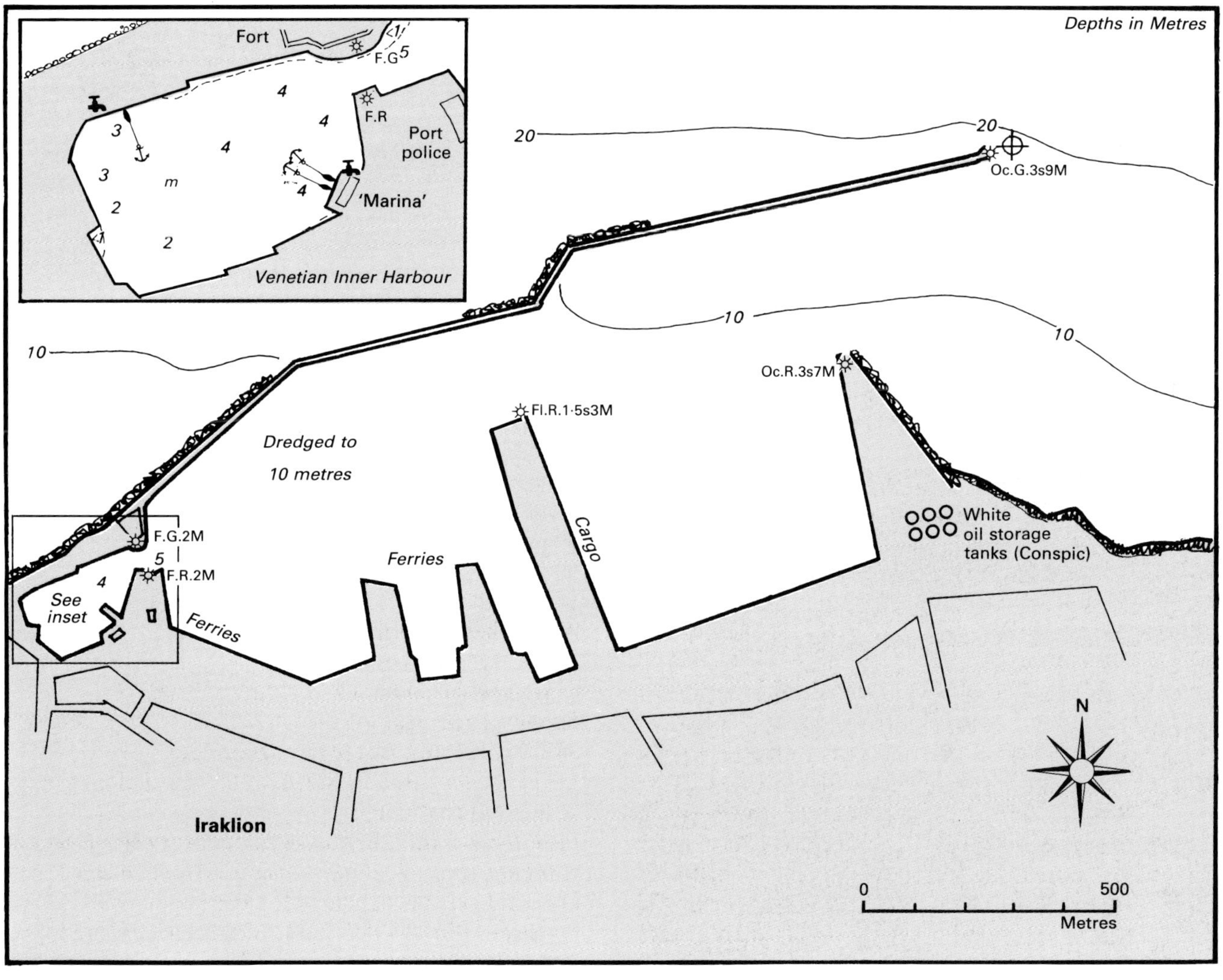

Irakleion.

Der Innenhafen von Irakleion aus W.

Liegeplätze

Am besten steuert man den venezianischen Innenhafen an, wo man mit Bug oder Heck zum sogenannten Marina-Kai an der E-Seite oder am Kai an der N-Seite festmachen kann. Hinlängliche Wassertiefen sind vor beiden Kais vorhanden. Im Schlickgrund hält der Anker gut. Es kann schwierig werden, im Innenhafen einen Liegeplatz zu finden, da er oft mit Fischerbooten überfüllt ist.

Schutz: Im Hafen ist man ganz hervorragend geschützt, auch wenn bei Starkwinden aus NE ungemütlicher Schwell entsteht. Ab und an überwintern Boote hier im Wasser.

Behörden: Irakleion ist Port of Entry; Wasserschutzpolizei, Zoll und Einwanderungsbehörde sind vor Ort.

Versorgung

Wasser gibt es am Kai.

Treibstoff ist in der Stadt erhältlich, kann aber von einem Tankwagen zum Kai geliefert werden.

Reparaturen: Ein paar mechanische Reparaturen können ausgeführt werden, ebenso leichte Arbeiten an der Maschine. In der »Marina« können kleine Yachten aufgeslippt werden. Im SE des Hafens gibt es eine Slipbahn, auf der große Caiquen aus dem Wasser genommen werden können.

Lebensmittel: Irakleion bietet hervorragende Versorgungsmöglichkeiten und Eisenwarengeschäfte, Stangeneis ist erhältlich. Frischen Fisch kann man oft im SW des Innenhafens kaufen.

Restaurants: Die Stadt bietet eine Reihe exzellenter Tavernen, darunter auch mehrere gute Fischrestaurants. Um den Markt in der Stadtmitte herum findet man beispielsweise nette Tavernen.

Sonstiges: Post, Telefonamt, Banken, Gas, Camping GAZ. W-lich der Stadt befindet sich eine Fabrik, in der Gasflaschen aufgefüllt werden können. In Hafennähe gibt es einen Waschsalon; Auto-, Motorrad- und Fahrradvermietung. Busse verkehren zu den meisten Teilen der Insel, und täglich gehen Fähren nach Piräus, etwas weniger regelmäßig nach Rhodos. Vom Flughafen bestehen regelmäßige Flugverbindungen nach Athen, gelegentlich auch nach Chania und Rhodos. Internationale Flüge zu vielen europäischen Flughäfen.

Knossos

Nicht weit von Irakleion entfernt, etwa 5 Kilometer SE-lich der Stadt, erstreckt sich die Ausgrabungsstätte des Palastes von Knossos, die man entweder zu Fuß oder mit einem der regelmäßig von der Stadtmitte verkehrenden Busse (15 Minuten) erreichen kann. Wie andere bekannte antike Stätten in Griechenland ist auch Knossos im Sommer völlig überlaufen, was diesem erhaltungswürdigen Ort irreparablen Schaden zufügt. Nichtsdestotrotz ist Knossos einen Besuch wert. Wenn man ganz früh am Morgen oder am späten Nachmittag kommt, wenn die meisten Besucher schon wieder weg sind, läßt sich noch ein wenig von der Atmosphäre des Ortes spüren. Knossos ist nicht der einzige minoische Palast auf Kreta, wird aber als archetypisch angesehen, und die Rekonstruktionsarbeiten von Sir Arthur Evans machen es dem Laien (im Vergleich zu Phaistos oder Zakros) einfacher, einen Eindruck der minoischen Architektur zu bekommen. Die ausgedehnten Palastanlagen, die zunächst von Sir Arthur Evans (ab 1900) liebevoll freigelegt wurden (später arbeiteten britische Archäologen weiter daran), wurden um 1700 v. Chr. erbaut. Das Herzstück von Knossos war ein zentraler Hof, in dem Handel getrieben wurde und den die Einwohner zum Diskutieren kleinerer und größerer Probleme aufsuchten. Um diesen Hof herum lagen Archive, Vorratskammern, Wirtschafts- und Wohngebäude, aber auch Räume für religiöse Zwecke, die alle gemeinsam diese Einheit schufen. Die insgesamt sehr ansprechende Architektur ist hell und luftig. Aber nicht nur aus diesem Grund war der Palast ein angenehmer Aufenthaltsort: Er hatte auch solche Annehmlichkeiten wie Bäder und Toiletten mit Wasserspülung und eine gut funktionierende Kanalisation zu bieten. An den Rekonstruktionen von Sir Arthur Evans ist zwar einige Kritik geübt worden, aber ohne dessen Arbeit gäbe es für den Laien kaum etwas zu sehen. Es wird vermutet, daß der Vulkanausbruch auf Thira den Palast von Knossos sowie die anderen minoischen Paläste auf Kreta zerstört hat. Tatsächlich scheint diese gewaltige Naturkatastrophe die gesamte minoische Zivilisation ausgelöscht zu haben. Auf jeden Fall aber verwischte sie die Spuren baulicher Strukturen, die selbst die heutige Architektur weit überflügeln.

Chersonisos

35°19,3'N 025°23,6'E / Karten: Imray G38

Allgemeines

Die Stadt Chersonisos wurde auf der antiken Stadt »Chersonesos« erbaut. Davon ist heute allerdings kaum noch etwas zu sehen, da sich nun eine Betonwildnis die Küste entlang erstreckt. Der Urlaubsort Chersonisos ist zu einem negativen Synonym wie »Benidorm« geworden und hat auch eine ähnlich geschmacklose Entwicklung hinter sich.

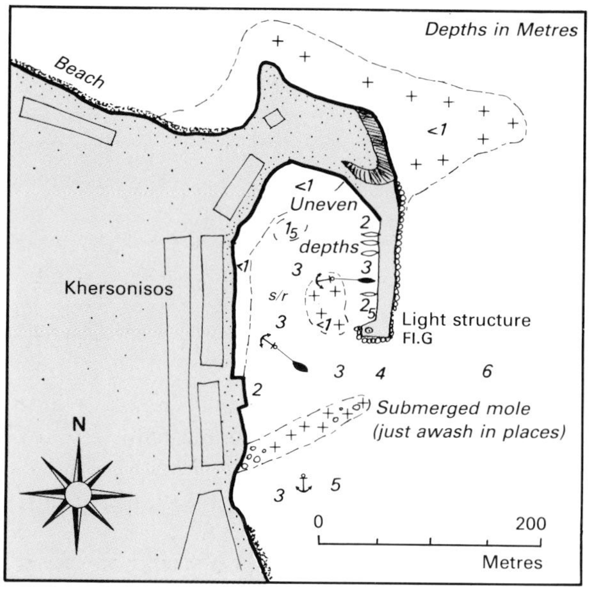

Chersonisos.

Die meisten Touristen, die hierher kommen, suchen offensichtlich nur Sonne, Sand und Sex.
Einen alten venezianischen Brunnen mit schönen Mosaiken kann man in einem der Hotels bewundern.

Ansteuerung
Auffällig: Bei der Ansteuerung aus W bilden eine weiße Kirche und eine Mühle auf dem Kap Ak Chersonisos gute Landmarken. Hat man die Landzunge gerundet, in deren Schutz der Hafen liegt, werden ein paar weiße Häuser E-lich des Hafens sichtbar. Bei der Ansteuerung aus E sind die Hotels, die sich an der Küste entlangreihen, markant.
Nachts: Ein Anlaufen des Hafens bei Nacht ist riskant, weil es hier keine Feuer gibt und zahlreiche Riffe den Hafen säumen.
Gefahren:
1. Der Hafen und die Küste werden von zahlreichen Riffen gesäumt. Bei der Navigation ist insbesondere vor dem Riff, das sich vor dem Kap Ak Chersonisos erstreckt, Vorsicht geboten. Ebenso vor einem Riff, das sich um den Steinquader herumzieht, der zwischen Kap und Hafeneinfahrt liegt. Außerdem erstreckt sich N-lich und E-lich der Landzunge und dem Hafen ein Riff.

Chersonisos aus N.

2. Beim Einlaufen in den Hafen ist besondere Vorsicht geboten, um sich von der versunkenen Mole freizuhalten, die eben überspült wird und von der nur ein paar Felsen aus dem Wasser ragen. Auch von der Untiefe, die unmittelbar W-lich des neuen Molenkopfes liegt, muß man Abstand halten (siehe Plan).

Liegeplätze
Man macht mit Bug zur neuen Mole fest oder ankert davor. Den Hafen sollte man am besten zunächst mit einem Dingi erkunden, da die Wassertiefen sehr unterschiedlich sind. Der Grund besteht aus Sand und Fels und hält den Anker kaum.
Hinweis: Der Hafen ist meist mit einheimischen Booten derart überfüllt, daß es äußerst schwierig werden kann, hier einen Platz zu finden.
Schutz: Der Hafen, der nach SE hin offen ist, bietet guten Schutz vor Meltemi.
Ankerplätze: Unmittelbar S-lich des Kaps Ak Chersonisos kann man in der Bucht ankern. Normalerweise steht jedoch immer etwas Schwell an diesem Platz.

Versorgung
Wasser gibt es in der Stadt. Da es sich dabei nicht immer um Trinkwasser handelt, sollte man sich zunächst erkundigen.
Treibstoff ist in der Stadt erhältlich.
Lebensmittel: Gute Versorgungsmöglichkeiten.
Restaurants: Eine breite Palette an Tavernen jeden Typs steht zur Auswahl. *Sonstiges*: Post, Telefonamt, Bank, Auto-, Motorrad- und Fahrradvermietung.

Nisis Dia

Diese kahle felsige Insel, die etwa 5 Seemeilen NNE-lich von Irakleion entfernt vor der kretischen Küste liegt, bietet an ihrer stark gegliederten S-Seite verschiedene Ankerplätze. In der Bucht Ormos Mesaios ist man vor Winden aus N-lichen Richtungen gut geschützt.

Ormos Spinalongas

Allgemeines
Es gehört zu den faszinierendsten Erlebnissen, durch die fast ganz von Land umschlossene Lagune zu fahren und nur wenige Meter unter dem Kiel des Schiffes den Meeresgrund vorbeiziehen zu sehen.
Auch den Besuch der Insel Nisis Spinalonga sollte man nicht versäumen. Neben einer venezianischen Festung gibt es hier eine verlassene kleine Siedlung, die einst eine Leprakolonie war. Die Siedlung und das venezianische Kastell umgeben vom seichten Wasser der Lagune gehören zu den malerischsten Orten. Nisis Spinalonga bietet sich für einen Mittagsstopp an, wenn man auf dem Weg nach A. Nikolaos ist.

Ansteuerung
Auffällig: Bei der Ansteuerung aus W und E bildet die kleine Insel Spinalonga mit dem venezianischen Kastell darauf eine gute Landmarke.
Einfahrt: Über einer Sandbarre in der Einfahrt zur Lagune, die sich zwischen Nisis Spinalonga und der Küste er-

Die Insel Spinalonga mit dem venezianischen Kastell aus S.

streckt, betragen die Wassertiefen etwa 3 bis 4 m. In der Lagune selbst variieren die Tiefen zwischen 3 und 6 m. *Gefahren*: Von den Bergen zwischen Ak A. Ioannis und Nisis Spinalonga kommen bei Meltemi für gewöhnlich Fallböen. In der Lagune sind die Fallböen aber sehr viel weniger heftig und nicht so häufig.

Liegeplätze

In der Lagune ankert man, wo es einem zweckmäßig erscheint. Hinter der Insel Spinalonga findet man ganz vernünftigen Schutz. Auch unter Elounta und Schisma findet man recht guten Schutz, auch wenn hier mit Fallböen gerechnet werden muß. An einer kurzen Pier betragen die Wassertiefen 1,5 bis 2,5 m, allerdings ist die Pier ständig mit Ausflugsbooten belegt.

Versorgung

Elounta: Die meisten Lebensmittel sind erhältlich. Außerdem gibt hervorragende Tavernen, darunter mehrere gute Fischrestaurants. In Elounta gibt es Post, Telefonamt, Auto-, Motorrad- und Fahrradvermietung.

Agios Nikolaos

WP 35°11,2'N 025°43'E (Fl.G.3s3M / Molenfeuer des Yachthafens)
Karten BA 1707, Imray G38, D 1093 Plan O

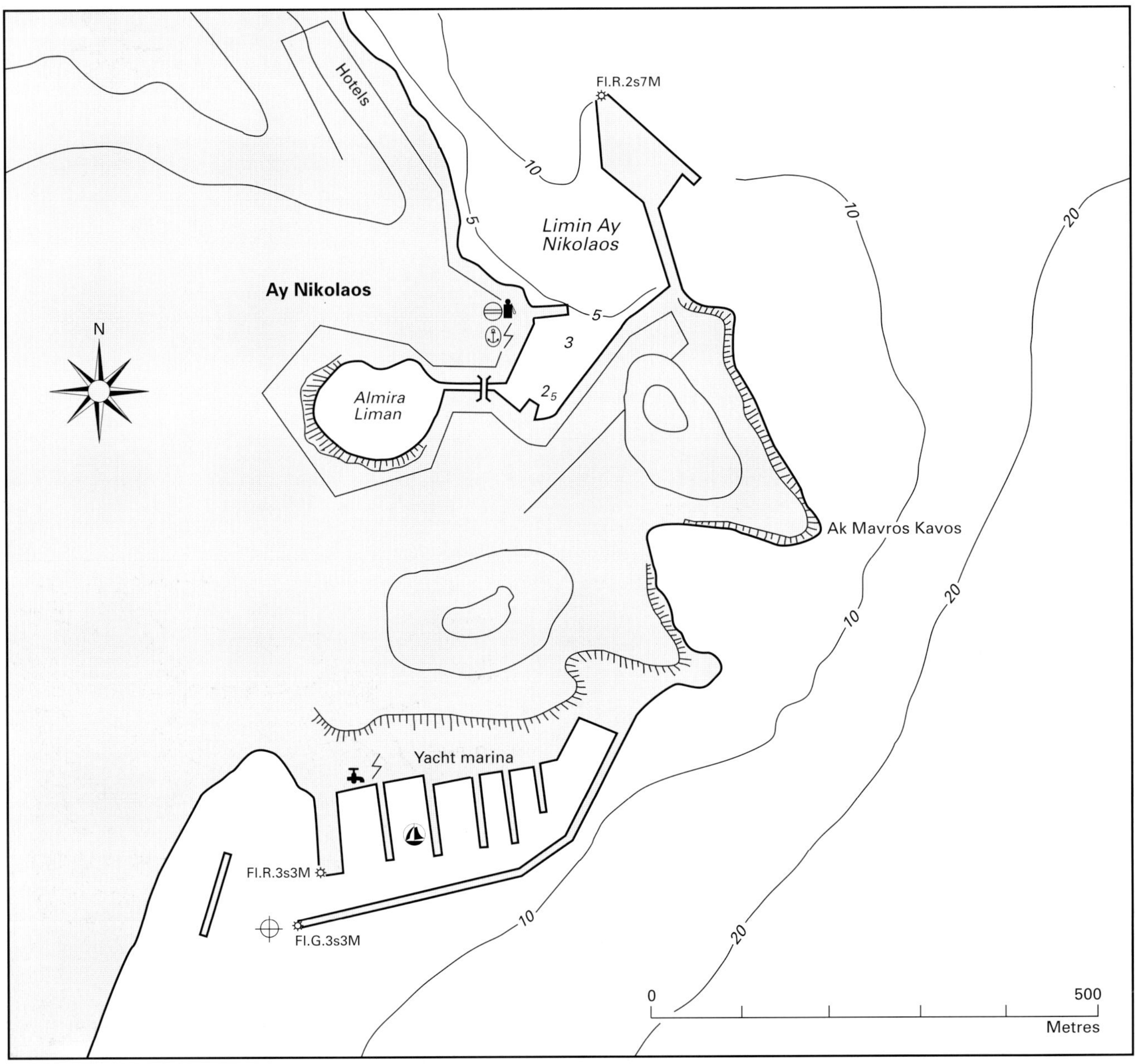

A. Nikolaos.

Allgemeines

A. Nikolaos war früher einmal ein kleiner Fischerhafen – heute ist es ein boomender Urlaubsort, der mit Hotels gepflastert ist. Manche Menschen mögen ja solche Orte, denen durch die Vielzahl an Gaststätten und Unterkünften Herz und Seele abhanden gekommen sind. Immerhin ist man in der Marina von den zahlreichen Urlauber etwas entfernt: die konzentrieren sich nämlich an der W-Seite von Agios Nikolaos.

Ansteuerung

Auffällig: Bei der Ansteuerung aus N oder E bildet die Insel Nisis A. Pantes mit der weißen Kirche darauf eine gute Landmarke. Markant sind auch die Gebäude der Stadt, unter ihnen viele große Hotels, die sich an der Küste entlangreihen. *Nachts* richtet man sich nach den Feuer auf Nisis Mikronisos (Fl.WR.3s6/4M, der rote Sektor deckt 036°-200° ab) und der Befeuerung, des Molenkopfes (Fl.R.2s7M). Die Marina-Einfahrt ist mit Fl.G.3s3M und Fl.R.3s3M befeuert.

Gefahren: Über dem Riff, Yph. Nikolos, das sich ungefähr in der Mitte der Bucht, Ormos A. Nikolaou, erstreckt, stehen mindestens 5 m Wasser.

Liegeplätze

Yachten dürfen nun nicht mehr im alten Hafen festmachen, sondern müssen in die neue Marina an der S-Seite der Landzunge einlaufen. An einem freien oder zugewiesenen Platz macht man wie es einem beliebt bzw. wie Platz ist fest. Die Leinen der ausgelegten Mooringtonnen können am Kai aufgenommen werden.

Schutz: Man ist bei jedem Wetter gut geschützt.

Informationen: Marina Ay Nikolaos, Tel.: 0841 – 82 384/5, Fax: 0841 – 82 386.

Behörden: Hafenmeister. Es werden Liegegebühren erhoben: Kategorie 2. Agios Nikolaos ist Port of Entry: Im alten Hafen sind daher Wasserschutzpolizei, Zoll und Einwanderungsbehörde zu finden.

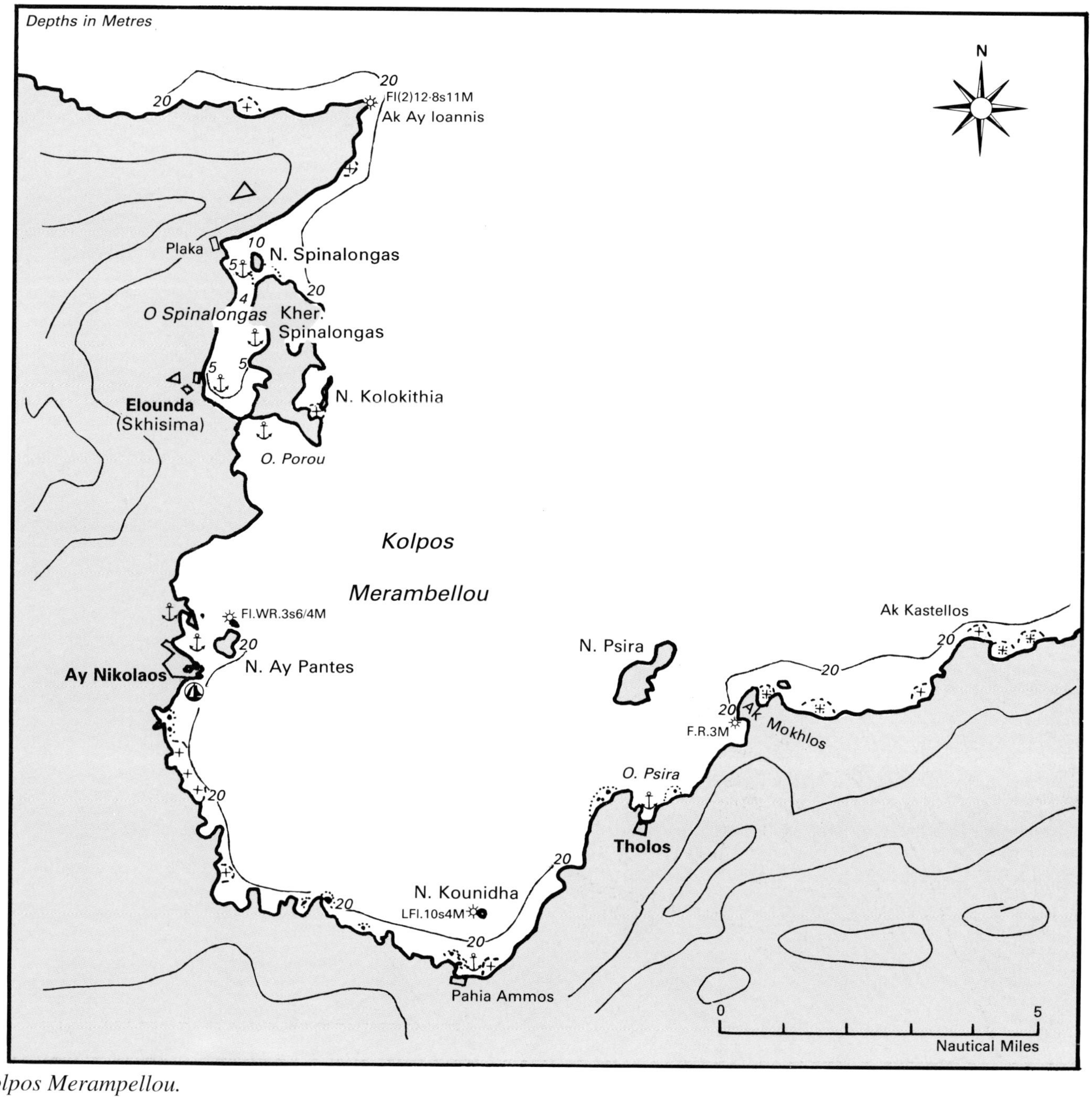

Kolpos Merampellou.

Versorgung
Service: Wasser und Strom ist an oder bei jedem Liegeplatz. Ein Sanitärblock mit Duschen und Toiletten ist im Bau.
Treibstoff kann von einem Tankwagen geliefert werden. Im alten Hafen gibt es außerdem einen Bunkerkai.
Reparaturen: Einfache mechanische Reparaturenkönnen ausgeführt werden.
Lebensmittel: A. Nikolaos bietet gute Versorgungsmöglichkeiten und Eisenwarengeschäfte. Stangeneis ist erhältlich.
Restaurants: Zahlreiche Tavernen in der Nähe.
Sonstiges: Post, Telefonamt, Gas, Camping GAZ, Auto-, Motorrad- und Fahrradvermietung. Nach Irakleion und Siteia verkehren Busse.

Pacheia Ammos

Karten: BA 1707, Imray G38, D 1093 Plan N

Bei der Ansteuerung des kleinen Hafens, der im SW des Kolpos Merampellou liegt, ist Vorsicht geboten. Riffe säumen die beiden kleinen Inselchen, die sich etwa 100 bzw. 400 m NNW-lich des Hafens befinden.
Die Ansteuerung des Hafens sollte aus NE erfolgen. Am Molenkopf betragen die Wassertiefen 2 bis 3 m. Manchmal hat ein kleiner Kümo mit Heck zum Molenkopf festgemacht und eine Warpleine quer über den Hafen hinweg zur gegenüberliegenden Pier ausgebracht. Dadurch ist dann der Weg in den Hafen versperrt.
Bei normalen Winden steht Schwell um den Molenkopf herum und macht das Liegen im Hafen, der nach NE bis E hin offen ist, ungemütlich.
In der kleinen Ortschaft ist ein begrenztes Lebensmittelangebot erhältlich, und es gibt mehrere Tavernen und Cafés.

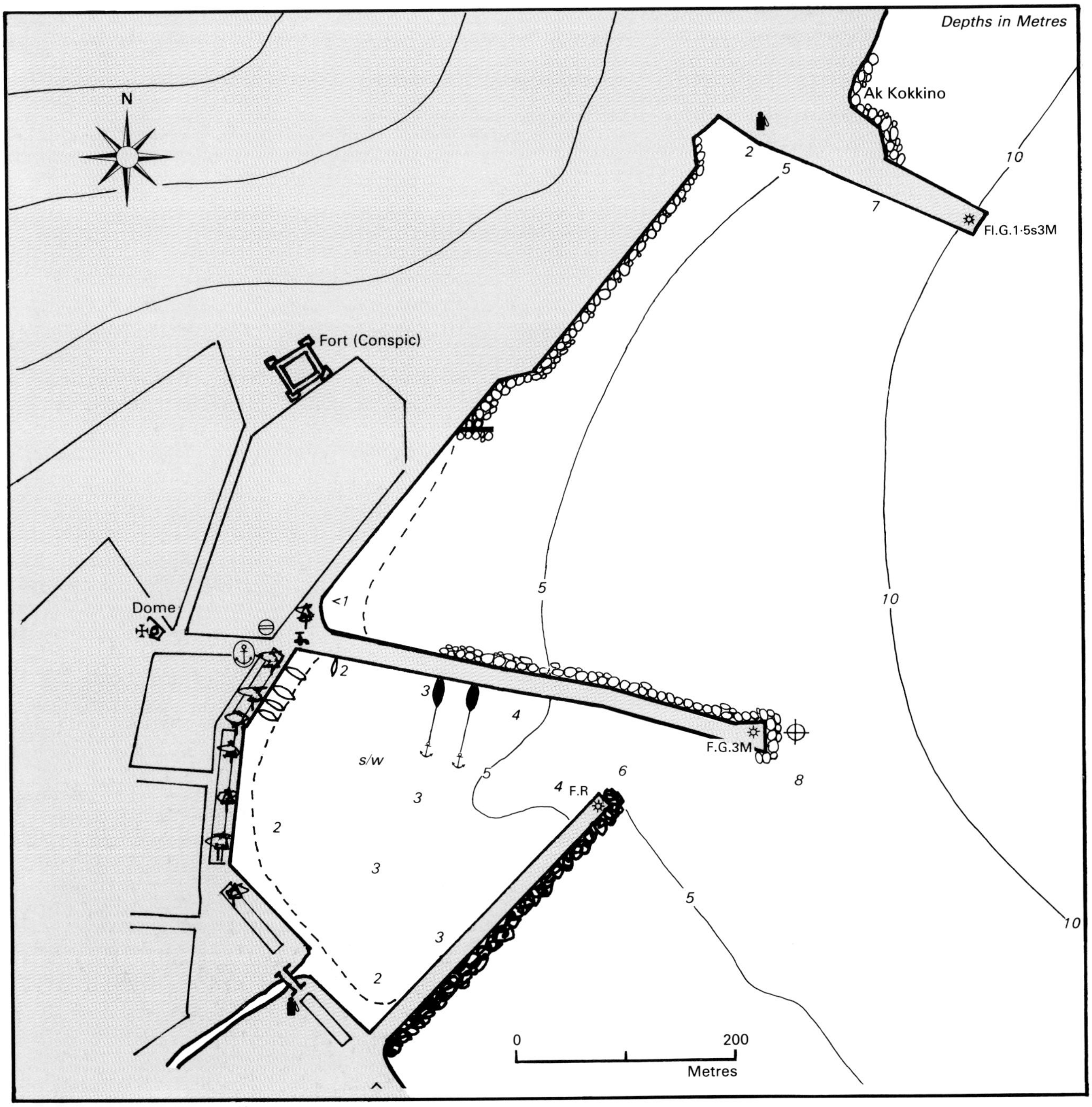

Siteia.

Siteia

WP 35°12,6'N 026°06,6'E (F.G.3M) / Karten: BA 1707, Imray G38, D 1093 Plan C,

Allgemeines

Von See her wirkt der Ort Siteia wie ein Häuserklumpen auf kahlem felsigem Hang. Beim Einlaufen in den Innenhafen wird dann die baumbestandene Promenade am Hafen zu einer unerwarteten Überraschung. Hier kann man in einer gemütlichen Taverne über einem guten Essen sitzen und beobachten, wie die Abenddämmerung über die Bucht fällt. Weiter ins Landesinnere hinein findet man grüne Ebenen, die vorwiegend mit Wein bebaut sind.

Ansteuerung

Auffällig: Bei der Ansteuerung aus W bildet ein weißer Leuchtturm auf dem Kap Ak Vamvakias eine gute Landmarke. Die Gebäude der Ortschaft Siteia und die N-liche Außenmole sind sofort zu erkennen, wenn man das Kap gerundet hat. Von E kommend, sind die Stadt und die Festung markante Landmarken.

Nachts navigiert man nach dem Feuer auf Ak Vamvakias (Fl(3)18s6M), dem Feuer auf der N-Mole (Fl.G.1,5s3M) und der Befeuerung der Hafeneinfahrt (F.G und F.R).

Liegeplätze

An der Innenseite der N-Mole macht man mit Bug oder Heck fest. Der Sandgrund ist mit Seegras bewachsen und mit ein paar Felsen durchsetzt.

Schutz: Bei Meltemi entsteht leichter Schwell, der im Hafen aber nicht nennenswert ist. Siteia ist nach NE hin offen.

Behörden: Wasserschutzpolizei und Zoll.

Versorgung

Wasser gibt es am Kai.

Treibstoff ist an der äußeren N-Mole und unweit des Hafens in der Stadt erhältlich.

Reparaturen: Begrenzte mechanische Reparaturen. Eisenwarengeschäfte.

Lebensmittel: Gute Versorgungsmöglichkeiten, Stangeneis ist erhältlich.

Restaurants: Siteia bietet hervorragende Tavernen, darunter verschiedene gute Fischrestaurants, einige davon in wundervoller Lage am Hafenrand.

Sonstiges: Post, Telefonamt, Bank, Gas, Camping GAZ, Auto-, Motorrad- und Fahrradvermietung. Busse verkehren nach A. Nikolaos, Irakleion und Ierapetra.

Ak Sideros

WP 35°19'N 026°18,7'E (Leuchtturm auf Ak Sideros)

Allgemeines

Vom Leuchtturmwärter und ein paar Fischern einmal abgesehen, gibt es hier keine Einwohner. Die Szenerie ist

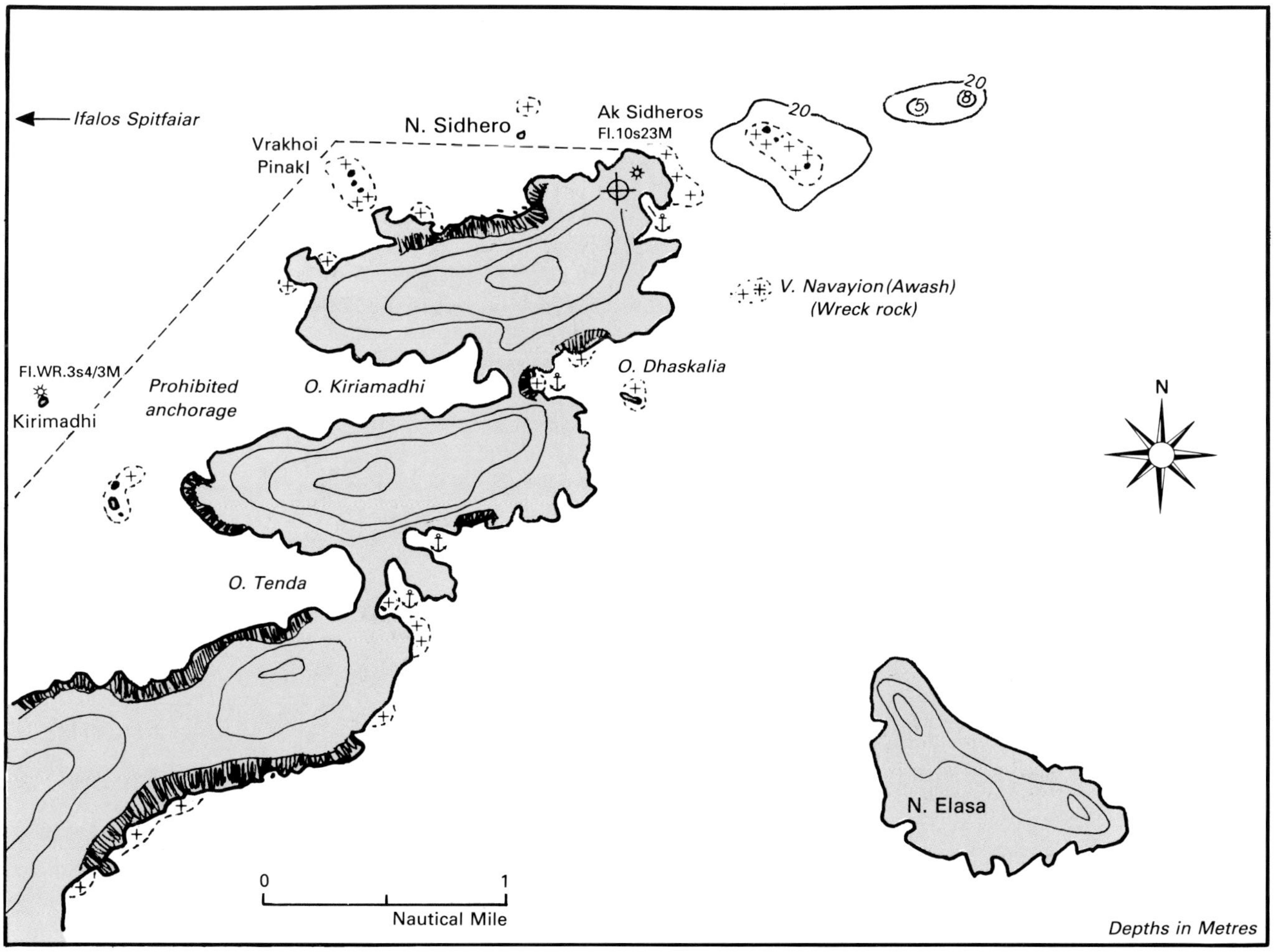

Ak Sideros.

überwältigend, und die Abgeschiedenheit, die völlige Stille und die rasiermesserscharfen Felsen, die die Küste säumen, können recht beängstigend wirken, wenn die Sonne untergegangen ist.

Ansteuerung
Der Leuchtturm auf dem Kap ist leicht auszumachen. Da das Kap von Über- und Unterwasserfelsen umgeben ist, sollte man bei der Ansteuerung besonders vorsichtig navigieren. Wegen der besagten Riffe und Felsen ist die Ansteuerung bei Nacht sehr riskant.
Gefahren:
1. ***Yph. Spitfaiar***: 3 Seemeilen W-lich von Ak Sideros liegt dieses einzelne Riff. Schon bei leichtem Schwell ist es nur schwer zu erkennen.
2. ***Vr. Pinakl***: Über- und Unterwasserfelsen erstrecken sich dicht unter der Küste bis knapp 1 Seemeile W-lich des Kaps Sideros .
3. ***Nisis Sideros***: 0,5 Seemeilen W-lich von Ak Sideros liegt eine kleine Insel. Etwa 200 m N-lich von diesem Inselchen lauert ein einzelnes Riff.
4. ***Skopeloi Sideros***: Eine Gruppe von Über- und Unterwasserfelsen NNE-lich von Ak Sideros. Die Überwasserfelsen sind leicht zu erkennen.
5. ***Vr. Karavi***: Ein überspültes Riff SE-lich von Ak Sideros.
6. Die E-Küste von Ak Sideros wird von Riffen gesäumt, die zum Teil überspült sind.

Liegeplätze
Tagsüber kann man in sämtlichen Buchten und kleinen Einbuchtungen, die auf dem Plan angegeben sind, ankern. In der kleinen Bucht unmittelbar S-lich des Kaps ist es notwendig, beim Ankern Bug- und Heckanker und eine lange Leine zum Land hin auszubringen. Der Grund besteht zumeist aus Sand, Fels und Seegrasbewuchs.
Hinweis: Die W-Küste von Ak Sideros ist militärisches Sperrgebiet, und das Aufsuchen der Ankerplätze, die in diesem Gebiet liegen, ist untersagt.

Versorgung
Keine.

Die West- und Südküste von Kreta

Nisis Gramvousa

35°36'N 023°35'E / Karten: Imray G37, D 1093 Plan K

An der NE-Seite der Insel gibt es eine Bucht, die vor Winden aus N-lichen Richtungen (NW-NE) geschützt ist. Man ankert in der Bucht an der S-Seite von Nisis Gramvousa auf 3 bis 6 m Wassertiefe. Bei S-lichen Winden kann man im Schutz des Isthmus, der von der Halbinsel Tigani gebildet wird, ankern. Auf Gramvousa gibt es einen Kai, der recht brauchbare Wassertiefen aufweist und an dem man vorsichtig mit Bug zum Kai anlegen kann. Wasser gibt es aus einer Quelle neben der Kapelle. Keine Versorgungsmöglichkeiten.
Früher war die Insel ein beliebtes Versteck für Piraten – bis eine anglo-französische Offensive das Treiben 1828 beendete.

Ormos Koutris

Vor der antiken Stadt Phalasarna und ihrem Hafen gibt es einen mittelmäßigen Ankerplatz, der nur bei ruhigem Wetter brauchbar ist. Der antike Hafen selbst, der aus dem soliden Fels gehauen wurde, liegt heute etwa 6 m unter dem Meeresspiegel.

Vorsicht
Bei W-lichen und N-lichen Winden treten entlang der gesamten S-Küste Kretas schwere Fallböen auf, die von den hohen Bergen herabstehen. Unter diesen Umständen ist besondere Vorsicht geboten, weil die Sturmböen außergewöhnliche Stärken erreichen. Falls man einen längeren Törn entlang dieser Küste unternehmen möchte, ist es durchaus der Mühe wert, 5 Seemeilen Abstand zur Küste zu halten – so wie es der Admiralty Pilot vorschlägt.

Ormoi Palaiochoras

WP 35°13,3'N 023°40,4'E (Leuchtturm Nisis Schisto)
Karten: BA 1707, Imray G37, D 1093 Plan J

Dieser Ankerplatz befindet sich in der Nähe der SW-Huk von Kreta. Die bekannte Landzunge mit dem Kastell ist

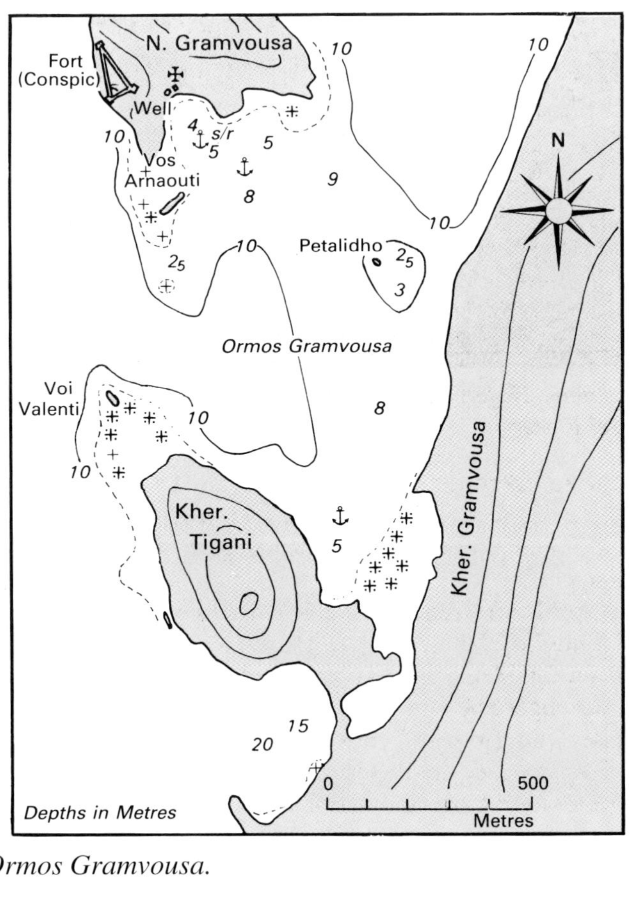

Ormos Gramvousa.

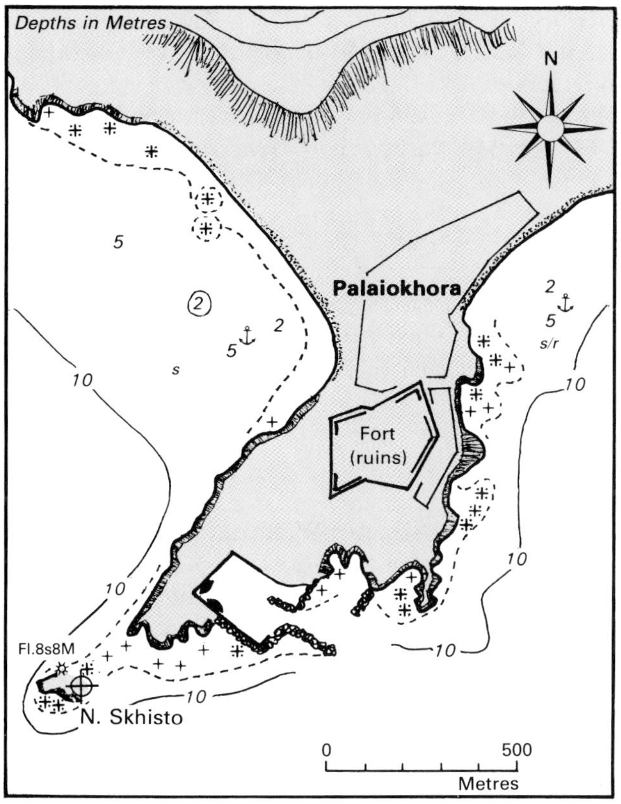

Ormoi Palaiochoras.

Der neue Hafen von Ormoi Palaiochoras aus N (Foto: Nigel Patten).

leicht zu erkennen. Man macht im neuen Hafen an der E-Seite der felsigen Landspitze fest, oder ankert je nach Windrichtung an der einen oder anderen Seite der Landzunge.
Hinweis: Der Hafenplan ist mit Vorsicht zu genießen. Man sollte die Gegebenheiten zunächst einmal mit dem Dingi erkunden. Im Hafen wird gebaut, und wenn die Bauarbeiten einmal abgeschlossen sind, findet man hier guten Schutz. Wasser und Treibstoff gibt es im Ort, wo man auch gute Versorgungsmöglichkeiten und Tavernen findet. Ein Bus verkehrt nach Chania. Palaiochoras hat sich in der letzten Zeit zu einem wohlhabenden Urlaubsort gemausert, und zahlreiche Hotels wurden entlang der Küste gebaut.

Ormos Sougias

Etwa 500 m W-lich der Ortschaft wurde ein Miniaturhafen gebaut. Eine kleine Yacht könnte an der Außenseite des W-Kais festmachen.

Ormos Phoinikias und Ormos Loutro

WP 35°11,8'N 024°05'E (Feuer Nisis Loutro)

Je nach Windrichtung findet man an einer der beiden Seiten von Ak Mouros Schutz. An der W-Seite bietet die Bucht Ormos Phoinikias Schutz vor Winden aus NE bis E. An der E-Seite ist die Bucht Ormos Loutro bestens gegen Winde aus N über W bis SE geschützt. In Ormos Loutro ankert man vor der Ortschaft auf 4 bis 10 m über Sandgrund, der gut hält. Beide Buchten sind nach S hin offen. An Land gibt es ein paar Tavernen, und ein begrenztes Lebensmittelangebot ist erhältlich. Loutro, das antike Phoenix, wird bereits im Lukas-Evangelium erwähnt und war damals hauptsächlich ein Stützpunkt der Schiffahrt Alexandrias.

Ormos Loutro aus NE (Foto: Nigel Patten).

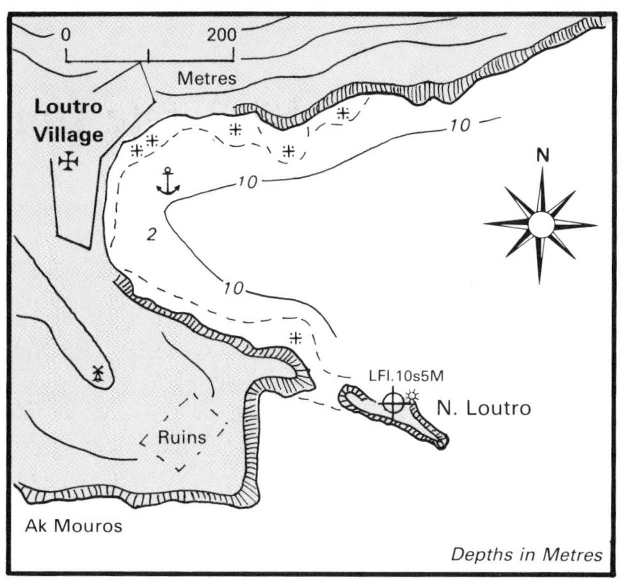

Ormos Loutro.

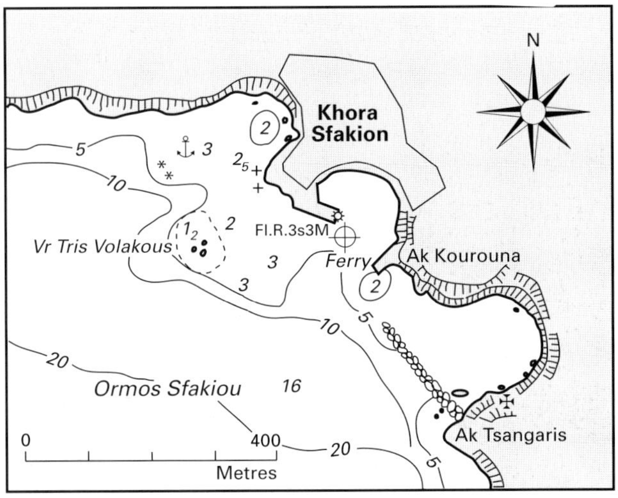

Sphakion.

Sphakion (Sfakia)

WP 35°11,9'N 024°08,3'E / Karten: Imray G37

Vor dem Dorf Sphakion gibt es einen Schönwetterankerplatz. Wegen der zahlreichen Über- und Unterwasserfelsen in der Umgebung ist jedoch Vorsicht angebracht. Unmittelbar SE-lich des Ortes ist ein neuer Hafen im Bau; bisher ist aber nur der äußere Wellenbrecher fertiggestellt worden. Eventuell kann man schon mit Vorsicht einsteuern und mit langer Leine zum Ufer oder zum Wellenbrecher festmachen. Das ehemals kleine Dorf hat sich in den letzten Jahren in einen boomenden Touristenort verwandelt. Es gibt hier gute Tavernen und Versorgungsmöglichkeiten. Täglich verkehren Busse nach Chania.

Nisis Gavdos

Diese kleine Insel liegt etwa 20 Seemeilen S-lich von Ak Mouros. Unterhalb der SE-Huk gibt es einen kleinen Kai, den die Caiquen-Fähren aus Palaiochoras zum Festmachen benutzen. Auf diesem südlichsten Punkt Europas – wenn man Inseln mit einbezieht – gibt es zwei Tavernen. Die Bevölkerung ist im Laufe der Jahre von 350 Familien (1945) auf 70 Personen (heute) zusammengeschmolzen. Zu Fuß benötigt man etwa 40 Minuten, um den Berg hinauf zur Ortschaft zu gelangen.

Phrangokastello

Dieser Ankerplatz liegt 6 Seemeilen E-lich von Sphakion. Ein verlassenes venezianisches Kastell (daher der Name »Franks Kastell«) steht einsam auf dem Kap.

Ormos Plaka

Etwa 8 Seemeilen E-lich vom Kap Kakomouri findet man diesen Ankerplatz, der nur bei ruhigem Wetter aufgesucht werden sollte.

Limni

Diese kleine Bucht liegt am Ausgang einer Schlucht, etwa 5 Seemeilen E-lich von Ormos Plaka. Während des Zweiten Weltkrieges wurde dieser Ort zur Evakuierung britischer, australischer und neuseeländischer Truppen von Kreta nach Ägypten benutzt.

A. Galini

WP 35°05,8'N 024° 41,5'E (F.R.3s3M) / Karten: BA 1707, Imray G37, D 1093

Allgemeines
Früher war A. Galini ein wichtiger Hafen für die Verschiffung der Erzeugnisse aus dem Hinterland. Seine Bedeutung schwand, als man begann, die Produkte per Lkw nach Irakleion zu transportieren, und von da zu verschiffen. In der letzten Zeit hat sich Galini zu einem beliebten Urlaubsort entwickelt, und um die Küste herum entstanden zahlreiche Hotels.

Ansteuerung
Die Stadt und die Mole sind von See her gut auszumachen. Der Molenkopf ist mit F.R.3s3M befeuert.

Liegeplätze
Man kann am Kai festmachen und ist vor den vorherrschenden Sommerwinden gut geschützt. Der Grund besteht aus Sand und hält gut. Mit der Verlängerung der Mole sollte der Schutz bei moderaten S-lichen Winden besser geworden sein; allerdings verursachen Starkwinde aus S immer noch erhebliche Probleme.
Behörden: Wasserschutzpolizei und Zoll sind im Hafen.

Versorgung
Wasser bekommt man am Kai, Treibstoff in der Stadt, die auch gute Versorgungsmöglichkeiten bietet. Hier findet man auch nette Tavernen, Post, Telefonamt. Busse verkehren nach Irakleion und Rethymnon.

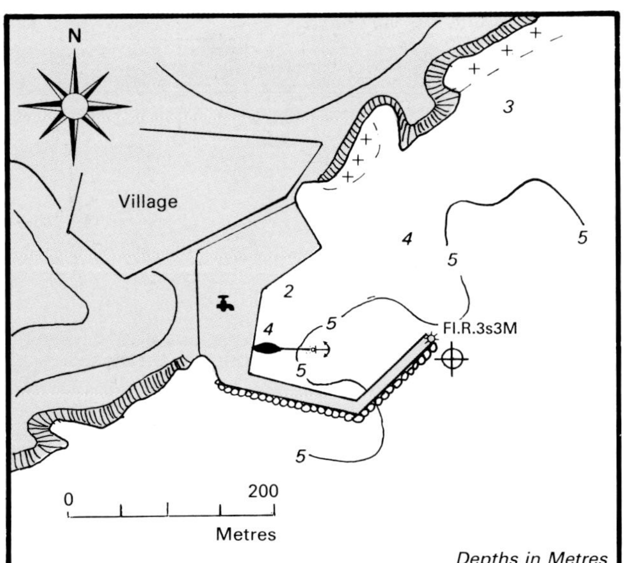

A. Galini.

Ormos Matala

34°59,7'N 024°44,9'E / Karten: BA 1707

Eine hufeisenförmige Bucht an der W-Seite des Kaps Ak Lithinon, die nur bei ruhigem Wetter aufgesucht werden sollte. Die vorherrschenden Winde verursachen Schwell, der in die Bucht steht. Täglich verkehren Busse nach Irakleion.
Matala findet bereits in der Odyssee Erwähnung, und zwar als der Ort, an dem die Schiffe des Menelaos auf dem Heimweg von Troja strandeten.
Matala war auch in römischen Zeiten ein bedeutender Hafen, der bis in byzantinische Zeiten benutzt wurde.

Ormos Kalon Limenon

34°56'N 024°48'E / Karten: BA 1707, Imray G38, D 1093 Plan A

Allgemeines
Die kleine Insel A. Pavlos, auf der mehrere auffällige Öltanks stehen, ist eine Bunkerstation, und die drei T-Piers sind nur für große Schiffe bestimmt. »Kalon Limenon« bedeutet »guter Hafen«. 49 n. Chr. besuchte der Apostel Paulus Kalon Limenon, als er mit einem Getreidesegler von Myra kommend, auf dem Weg nach Rom war. Schlechtes Wetter hatte das Schiff gezwungen, einen Kurs S-lich von Kreta zu wählen, und da es bereits spät im Jahr war, entschloß man sich, in Kalon Limenon zu überwintern. Dieser Entschluß wurde jedoch wieder revidiert, und man entschied sich, doch weiterzusegeln. Keine sehr glückliche Idee, denn das Schiff strandete später vor Malta.

Ansteuerung
Die kleine Bucht liegt an der E-Seite des Kaps Ak Lithinon. Eine Kirche an der S-Seite der Bucht und die Öltanks auf dem Inselchen Nisis A. Pavlos bilden gute Landmarken. Auf der Insel Megalonisi steht ein Leuchtfeuer mit der Kennung Fl(3)24s11M.

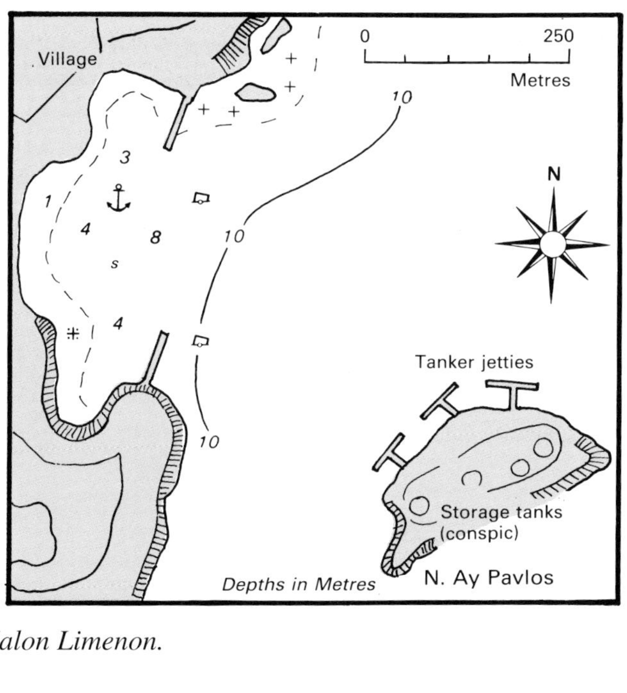

Kalon Limenon.

Kalon Limenon aus SW (Foto: Nigel Patten).

Liegeplätze
Man ankert in der Bucht auf 3 bis 6 m Wassertiefe und ist vor Winden aus N-lichen und W-lichen Richtungen gut geschützt. Die Bucht ist nach E und S hin offen. Man kann auch etwas weiter E-lich im Schutz der Insel Nisis Traphos ankern, wo man vor Winden aus E geschützt ist. Zoll und Wasserschutzpolizei sind vor Ort.

Versorgung
In der Ortschaft gibt es ein begrenztes Lebensmittelangebot und natürlich Tavernen.

Gaidouronisi

Vor der N-Küste dieser Insel kann man bei Starkwinden aus S recht ordentlichen Schutz finden. Von Ierapetra aus verkehrt eine Caïquen-Fähre, die im Sommer Touristen auf diese kleine Insel bringt, auf der es eine Taverne gibt.

Ierapetra

WP 35°00,3'N 024°44,4'E (Fl.R.3s4M) / Karten: BA 1707, Imray G38, D 1093 Plan H

Allgemeines
Ierapetra (sprich »Erapetra«) war während minoischer Zeit und später dann zu römischen Zeiten eine bedeutende Stadt, wovon heutzutage kaum noch etwas zu spüren ist. Heute ist das milde Klima sommers und winters von Bedeutung. Um Ierapetra herum werden vielerlei Gemüse angebaut, die als Frühprodukt in der Europäischen Union verkauft werden. Außerdem lockt Ierapetra eine steigende Zahl von Touristen an. Um für diesen neuen »Handel« gerüstet zu sein, wurden um die Bucht entlang der Küste mehrere Hotels gebaut.

Ansteuerung
Auffällig: Schon von Ferne ist die große Stadt am Fuß einer Ebene gut auszumachen. Ein Schornstein in der Stadt sowie die Festungsanlage mit dem Uhrturm am Hafen bilden beim Näherkommen gute Landmarken.

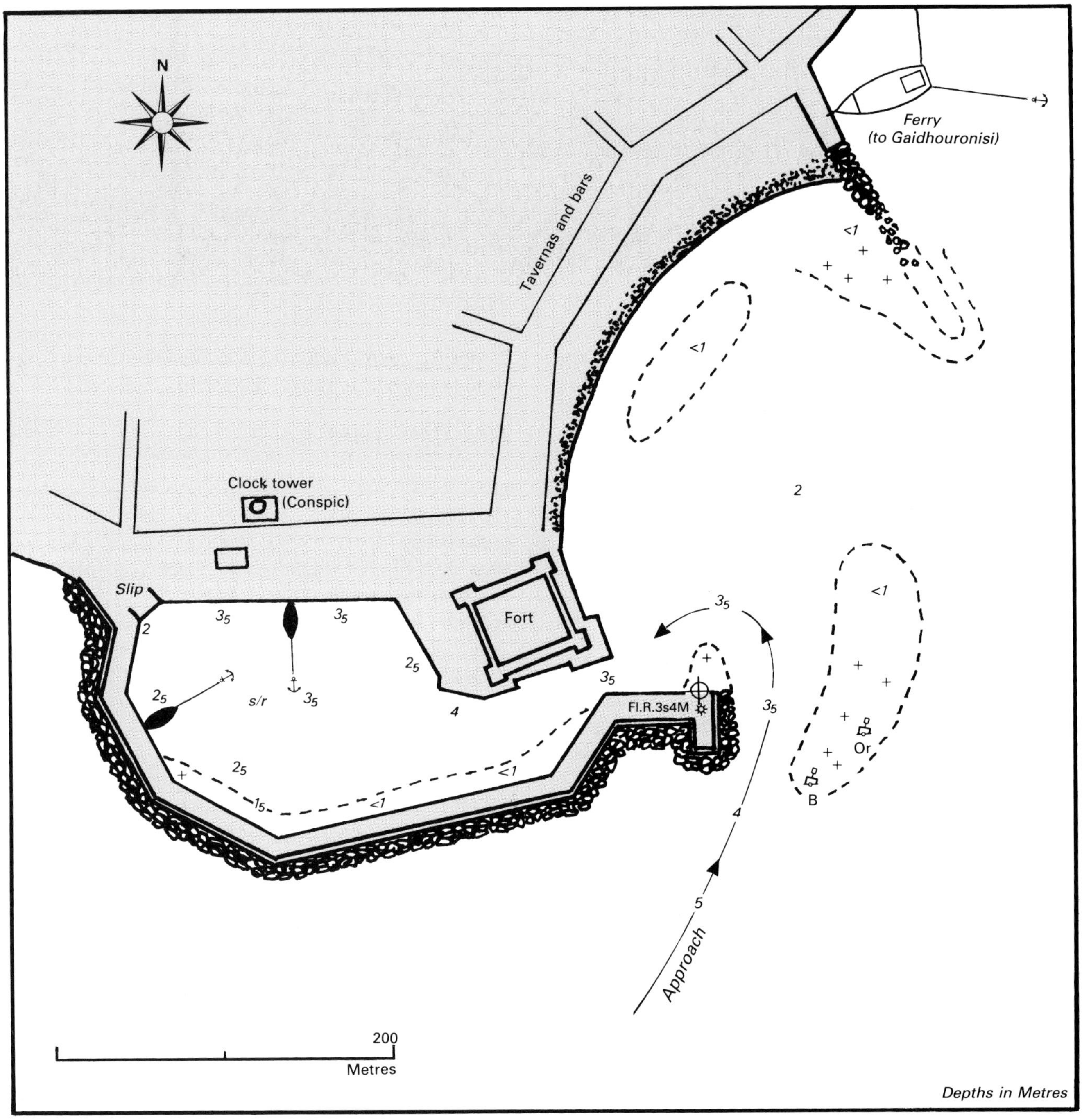

Ierapetra.

Nachts ist die Hafeneinfahrt mit (Fl.R.3s4M) gekennzeichnet. Eine Ansteuerung bei Nacht ist jedoch äußerst riskant, weil Riffe und Untiefen unmittelbar in der Einsteuerung liegen.

Gefahren:

1. Dicht vor der Einfahrt liegt ein Riff, von dem man sich gut freihalten muß. Die Spitzen des Riffs wurden mit zwei Tonnen bezeichnet, eine mit schwarzem Kegeltoppzeichen, die andere mit orangefarbenem Toppzeichen. Die Einsteuerung in den Hafen erfolgt zwischen diesem Tonnenpaar und dem Kopf des Wellenbrechers. Besondere Vorsicht ist aber auch geboten, weil die schweren Winterstürme in diesem Seegebiet auch die Lage der Sände dicht unter der Küste immer wieder verändern.

2. Bei Starkwinden aus S steht in der Einfahrt eine grobe See, die das Einlaufen durch die schmale Fahrrinne schwierig macht.

Liegeplätze

An der N- und W-Seite des Hafens macht man mit Bug oder Heck zum Kai fest. Der Grund besteht aus Schlick und Fels.

Schutz: Bis auf Starkwinde aus S, bei denen Brecher über die Mole kommen, liegt man hier gut geschützt.

In den vergangenen Wintern wurde die Hafenmauer wiederholt zerstört oder teilweise beschädigt.

Behörden: Wasserschutzpolizei und Zoll.

Hinweis: Seit ein paar Jahren gibt es Pläne, die Außenmole zu verlängern. Allerdings hat es nicht den Anschein, als

Ierapetra aus NE.

würde in absehbarer Zeit mehr gemacht werden, als am bestehenden Hafen die unmittelbar auftretenden Schäden zu beseitigen.

Versorgung
Wasser bekommt man in der Nähe des Kais.
Treibstoff in der Stadt.
Reparaturen: Einfache mechanische Reparaturen sind möglich. In Ierapetra gibt es Eisenwarengeschäfte.
Lebensmittel: Es bestehen gute Versorgungsmöglichkeiten.
Restaurants: Entlang der Hafenpromenade findet man gute Tavernen.
Sonstiges: Post, Telefonamt, Banken, Gas, Camping GAZ, Auto- und Motorradvermietung sind am Ort. Es besteht Busverbindung nach Irakleion und Siteia. Eine Fähre verkehrt nach Gaidaros.

Kouphonisi

Diese Inseln liegen vor der SE-Huk Kretas. Heutzutage sind sie unbewohnt, aber minoische und römische Ruinen auf der größten Insel der Gruppe belegen, daß dies nicht immer so war.

Ormos Zakrou

35°06'N 026°16'E

Diese weite sandige Bucht am Fuß einer pittoresken Schlucht kann man bei ruhigem Wetter als Ankerplatz benutzen. Man ankert im N der Bucht, wobei man sich von einem Riff freihalten muß, das sich in der Mitte der Bucht erstreckt; ebenso von ein paar Felsen, die die Küste säumen. An Land gibt es zwei Tavernen.

Kato Zakros (Foto: Nigel Patten).

In der Schlucht finden sich in wunderschöner Lage die Ruinen eines minoischen Sommerpalastes.

Kolpos Grantes

Diese weite Bucht befindet sich an der N-Seite des Kaps Ak Plaka. Der beste Ankerplatz befindet sich in Ormos Kouremenos, der N-lichen Einbuchtung, wo man vor den vorherrschenden Winden guten Schutz findet. 2 Seemeilen N-lich von Kouremenos liegt die Ortschaft Vai, wo man vor dem Strand ankern kann. Die sandige Bucht ist leicht an einem ausgedehnten Palmenhain entlang des Strandes zu erkennen. Berichten zufolge kann man im Sommer hier länger vor Anker liegen, ohne daß andere Winde als der ablandige Sommerwind auftreten. An Land gibt es ein Hotel und mehrere Tavernen.
»Vai« ist vermutlich ein altes Wort für Palmen, denn in den neuen griechischen Seekarten ist dieser Ort mit »Phoinikodasos« (Palmenhain) gekennzeichnet.

Ormos Grandes (Foto: Nigel Patten).

Vai (Foto: Nigel Patten).

Anhang

Wichtige Adressen

Botschaft der Bundesrepublik Deutschland
3 Odos Karaoli + Dimitriou
GR – 10675 Athen-Kolonaki
Tel. 7 28 51 11, Fax. 7 25 12 05

Botschaft der Republik Österreich
26 Leoforos Alexandras
GR – 10683 Athen 148
Tel. 8 21 10 36, 8 216 800
Fax. 8 21 98 23

Botschaft der Schweiz
Rue Iassiou 2
GR – 11521 Athen
Tel. 7 23 03 64/66, 7 24 91 30, Fax. 7 24 92 09

Deutschsprachiger Notruf des ADAC/ELPA: 01/7 77 56 44

Griechische Zentrale für Fremdenverkehr, Wittenbergplatz 3a, 10789 Berlin, Tel. 030/2 17 62 62–63
Griechische Zentrale für Fremdenverkehr, Abteistraße 33, 20149 Hamburg, Tel. 040/45 44 98
Griechische Zentrale für Fremdenverkehr, Neue Mainzer Straße 33, 60311 Frankfurt/Main, Tel. 069/23 65 61–63
Griechische Zentrale für Fremdenverkehr, Pacellistraße 2, 80333 München, Tel. 089/22 20 35/36
Griechische Zentrale für Fremdenverkehr, Opernring 8, A-1010 Wien, Tel. 0222/52 53 17–18
Griechische Zentrale für Fremdenverkehr, Löwenstraße 25, CH-8001 Zürich, Tel. 01/2 21 01 05

Yachtclubs

Hellenic Yachting Federation, 7 Akti Nvarchou Kountourioti, Piräus, Tel. 4 13 73 51
Hellenic Open Sea Sailing Club, 4 Papadiamandi Street, Mikrolimani, Piräus, Tel. 4 12 35 37
Hellenic Yacht Club, Mikrolimani, Piräus, Tel. 4 12 75 75
Hellenic Yacht Club, 4 Metamorfosseos Street, Kalamaki, Tel. 9 82 99 48

Preßluftfüllstationen

Hellenic Federation of Underwater Activities, Ag. Kosmas, Athen, Tel. 9 81 99 61
Kartelia School, 3 Karageorgi Servias Street, Kastelle, Piräus Poseidon Club, Paleokastritsa, Korfu
Korfu Yachting Club, Tel. 2 84 70
Naval Athletic Club of Kalamaria, Thessaloniki, Tel. 41 20 68
Koulias School, Rhodos, Tel. 2 22 96
Liami School, Piräus
Aga Chopri Co., 8 Marko Botsari Street, Piräus, Tel. 4 61 52 60

Bücher und Karten

Nautische Bücher

Herausgegeben vom Bundesamt für Seeschiffahrt und Hydrographie, Hamburg und Rostock

D 2030 Mittelmeer-Handbuch, IV. Teil. O-liche Adria und W-liche Ägäis

D 2031 Mittelmeer-Handbuch, V. Teil. Die Levante, Schwarzes Meer und Asowsches Meer
D 2159 Jachtfunkdienst Mittelmeer

Herausgegeben von der British Admiralty, Taunton

NP 47 Mediterranean Pilot, Vol. III. The Ionian Sea bordering the Western coast of Greece including the Patraikós Kólpos and Korinthiakós Kólpos and the Adriatic Sea
NP 48 Mediterranean Pilot, Vol. IV. Aegean Sea and Approaches with the adjacent coasts of Greece and Turkey
NP 49 Mediterranean Pilot, Vol. V. Coasts of Libya, Egypt, Israel, Lebanon and Syria; South coasts of Greek Islands from Kríti to Ródhos and Turkey with the Island of Cyprus
NP 78 List of Lights, Vol. E. Mediterranean, Black and Red Seas

Segelführer und weiterführende Literatur

H. M. Denham/Gerd Radspieler: Griechische Küsten. Ionisches Meer, Ägäis und Kreta; Bielefeld
Deutscher Segler-Verband/Kreuzer-Abteilung (Hrsg.): Hafenhandbuch Mittelmeer, Band IV: Ägäis West. Albanien, griechische West- und Ostküste bis Thessaloniki einschließlich vorgelagerter Inseln und Kreta; Hamburg
Deutscher Segler-Verband/Kreuzer-Abteilung (Hrsg.): Hafenhandbuch Mittelmeer, Band V: Ägäis Ost. Griechische Küste und Inseln östlich Thessaloniki – Türkei – Zypern; Hamburg
Rod Heikell (Hrsg.): Imray Mediterranean Almanac; St. Ives
Andrea Horn/Wyn Hoop: Türkische Küste: Karaburun/Izmir – Antalya. Ostgriechische Inseln: Chios – Rhodos; Hamburg
Lothar Kaufeld/Klaus Dittmer/Rolf Doberitz: Mittelmeerwetter; Bielefeld
Peter Kleinoth: Griechenland – Küsten aus der Luft; Bielefeld
Axel Kramer: Ionisches Meer. Griechenland – Korfu bis Kythira und Korinth; Seekirchen
Axel Kramer: Ägäis. Griechenland – Zentralraum und Kykladen; Seekirchen
Axel Kramer: Ägäis. Griechenland – Norden, Osten und Süden; Seekirchen
Hellmut Loos: Ionisches Meer von Korfu bis Kythira; Hamburg

Gerd Radspieler: Häfen und Ankerplätze in Griechenland 1: Ionische Inseln, Westgriechisches Festland, Golf von Patras, Golf von Korinth, Peloponnes, Argolischer Golf, Saronischer Golf, Attikaküste; Bielefeld
Gerd Radspieler: Häfen und Ankerplätze in Griechenland 2: Attikaküste, Petalischer Golf, Südlicher Euböa-Golf, Südteil von Euböa (Evvoia), Kykladen; Bielefeld
Gerd Radspieler: Häfen und Ankerplätze in Griechenland 3: Ostägäische Inseln, Dodekanes, Kreta; Bielefeld
Gerd Radspieler: Häfen und Ankerplätze in Griechenland 4: Nördlicher Euböa-Golf ab Chalkis, Pagasäischer Golf (Volos), Nördliche Sporaden, Chalkidiki, Nordgriechische Küste bis Alexandroupolis, Inseln Thasos, Samothraki, Limnos, A. Evstratios, Lesvos; Bielefeld

Deutsche Seekarten

Die Gebiete der deutschen Seekarten, herausgegeben vom Bundesamt für Seeschiffahrt und Hydrographie, Hamburg und Rostock entnehmen Sie den Übersichtskarten auf den Seiten 517 und 518.

Diese Übersichten wurden mit freundlicher Genehmigung der Firma Bade & Hornig, Hamburg abgedruckt.
Die näheren Angaben zu den Karten finden Sie auf der Seite 519.

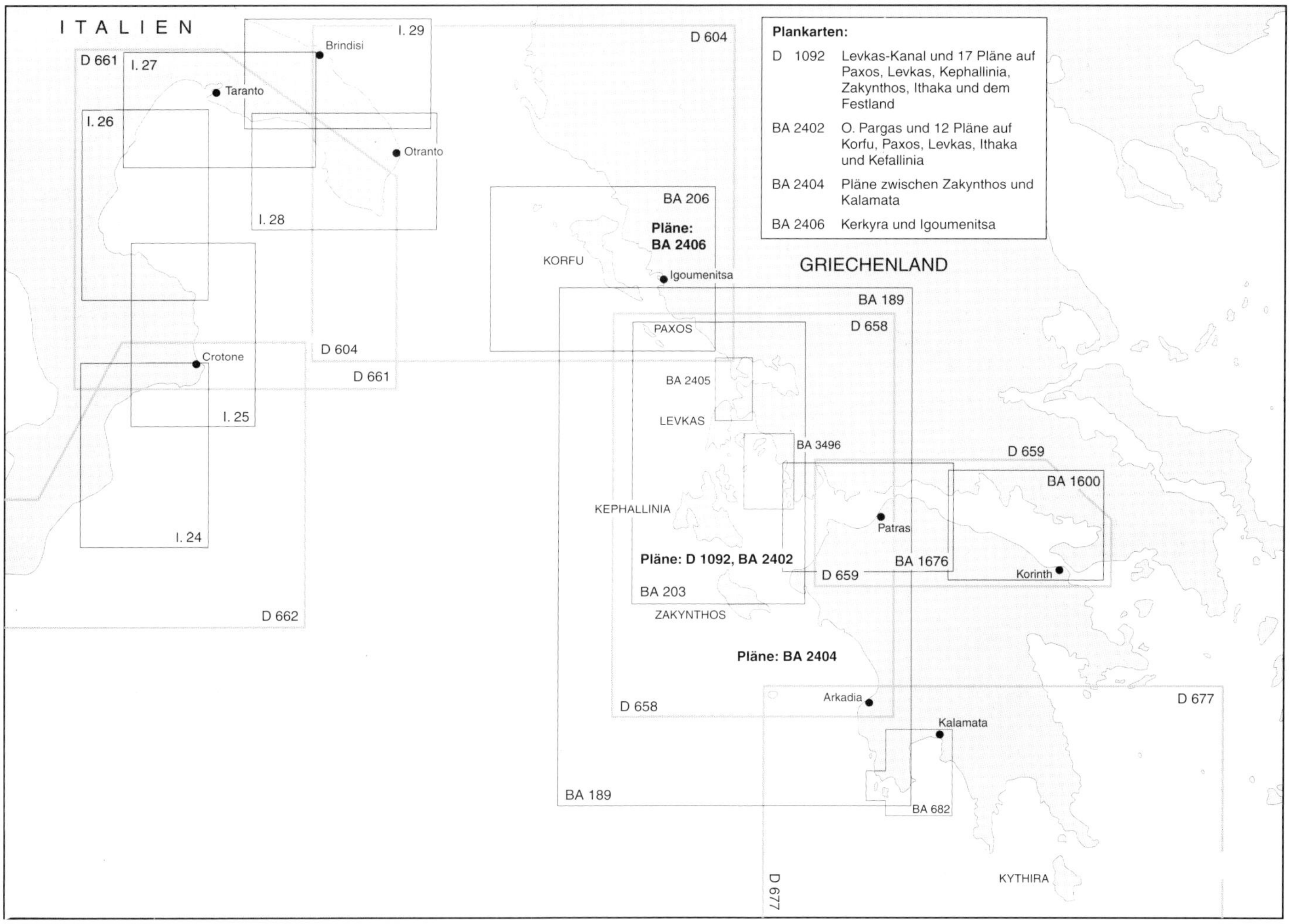

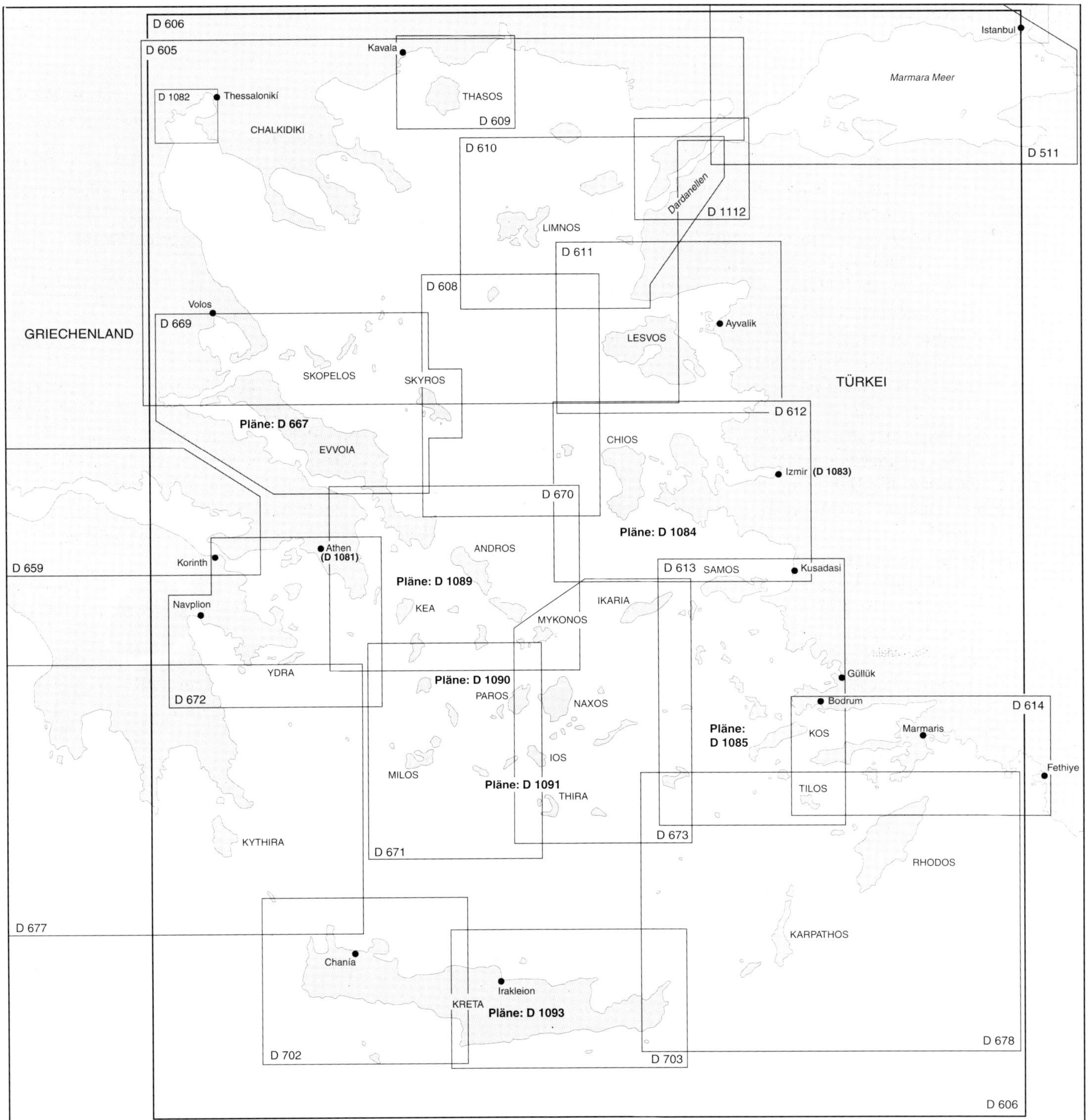

Plankarten mit Spezialplänen von Durchfahrten, Häfen und Buchten:

D 667 Pläne auf Evvoia und dem gegenüberliegenden Festland, auf Skiathos, Volos
D 1081 Ansteuerung und Häfen von Piräus
D 1083 Bucht und Hafen von Izmir
D 1084 Pläne auf Chios, Samos und an der Türkischen Festlandküste zwischen Ayvalik und Güllük
D 1085 Pläne auf Rhodos, Kastellorizon, Nisyros, Kos, Kalimnos, Leros, Patmos
D 1089 Pläne auf Andros, Tinos, Mykonos, Syros, Kythnos, Kea
D 1090 Pläne auf Seriphos, Siphnos, Paros, Naxos
D 1091 Pläne auf Milos, Pholegandros, Sikinos, Ios, Thira, Astypalaia, Karpathos, Rhodos
D 1093 Pläne auf Kreta

Deutsche Seekarten

Karten-nummer	*Titel*	*Maßstab*
511	Marmarameer	200 000
	Pläne: Erdek Körfezi, Karabiga, Bandirma, Mudanya, Gemlik, Istanbul, Tekirdag	
604	Straße von Otranto	250 000
	Pläne: Otranto, Palermos, Ormos Igoumenitsis, Voreion Stenon Kerkyras, Brindisi, Limin Kerkyras, Kerkyra, Ormos Gouvion	
605	Ägäisches Meer, nördlicher Teil	300 000
606	Ägäisches Meer	750 000
608	Nisos Skyros bis Nisos Psara und Nisos Agios Evstratios	150 000
609	Kavala bis Lagos	100 000
	Pläne: Ormos Keramotis, Limin Kavalas, Thasos, Vistinikos Ormos, Ormos Elevtheron	
610	Ece Limani bis Baba Burnu	150 000
	Pläne: Bozcaada Limani, Kuzu Limani, Aydincik Limani	
611	Baba Burnu bis Ilica Burnu	150 000
	Pläne: Einfahrt Kolpos Kallonis, Ormos Sigri, Limenas Mytilinis, Einfahrt Kolpos Geras, Sivrice-Ankerplatz, Skala Eressou, Dikili, Bademli Limani, Limin Plomariou	
612	Ilica Burnu bis Kuşadasi	150 000
	Pläne: Ormos Kolokythias, Ormos Volissou, Ormos Psaron	
613	Kuşadasi bis Bodrum	150 000
	Plan: Poros Phournon	
658	Nisos Paxoi bis Nisoi Strophades	200 000
659	Patraikos Kolpos und Korinthiakos Kolpos	150 000
	Pläne: Ormos Navpaktou, Limin Mesolongiou, Krissaios Kolpos, Armos Antikyron, Ormos Loutrakiou, Ormos Aigiou, Patrai, Istmos Korinthou, Kiaton	
669	Volos bis Akrotirion Aliveri	150 000
	Pläne: Nisos Skyros, Linaria	
670	Kykladen, nördlicher Teil	150 000
	Plan: Limin Raphinas	
671	Kykladen, südlicher Teil, Blatt I	150 000
672	Akra Velani bis Akra Trikkeri	150 000
	Pläne: Limin Porou, Stenon Spetson und Limin Cheliou, Limin Navpliou, Limin Ydras, Limin Aiginis, Limin Palaias Epidavrou	
673	Kykladen, südlicher Teil, Blatt II	150 000
	Pläne: Ormos Armenistou, Ormos Evdilou, Ormos Agiou Kirykou	
677	Peloponnisos, Südküste	250 000
	Pläne: Ormos Methonis, Limin Koronis, Limenas Lalamatas	
678	Karpathos und Rhodos	250 000
702	Nisos Kriti (Kreta), westlicher Teil	150 000
703	Nisos Kriti (Kreta), östlicher Teil	150 000
1082	Thermaikos Kolpos	50 000
	Plan: Thessaloniki	
1112	Çanakkale Bogazi (Dardanellen)	75 000
	Pläne: Ece Limani, Einfahrt Çanakkale Boğazi, Nara Geçidi	

Register

Griechische Namen und ihre Abkürzungen
Agia, Agios (A., Ag.) = Heilige, Heiliger
Akra (Ak) = Kap, Huk
Diavlos = Durchfahrt, Passage
Kolpos = Golf
Limin = Hafen
Nisis, Nisides (Ns., Nds.) = kleine Insel(n)
Nisos, Nisoi = Insel(n)
Ormos = Bucht
Yphalos (Yph.) = Untiefe